AUTEURS ET DIRECTEURS DES CO
Dominique AUZIAS & Jean-Paul LAB

DIRECTEUR DES EDITIONS VOYAG
Stéphan SZEREMETA

RESPONSABLES EDITORIAUX VOY
Patrick MARINGE et Morgane VESLIN

EDITION ✆ 01 53 69 70 18
Caroline HEMERY, Steven LEGENDRE,
Mélanie PANAIS, Agathe PONTHUS,
Maïssa BENMILOUD et Nadyne BENSADOUN

ENQUETE ET REDACTION
Pascale GERSON, Carole LESPRIT, Emmanuel ABOUT, Maya SAAD, Christian BOLLAERT, Philippe HENRY, Pscale JOHNSTONE, Cécile GAUDIN, Noémie SOURON, Peter SULLIVAN, Françoise ARNAUD, Michèle MEFFRE, Virginie SARAZIN, Romain BOGUET, Dominique GERSON et Barbara V. MUTZENBECHER

MAQUETTE & MONTAGE
Laurent MULLOT, Sophie LECHERTIER
Marie AZIDROU, Delphine PAGANO
et Jean-Georges GOUAZÉ

CARTOGRAPHIE
Philippe PARAIRE, Thomas TISSIER

REGIE INTERNATIONALE ✆ 01 53 69 65 34
Karine VIROT et Audrey LEVRIER

PUBLICITE ✆ 01 53 69 70 61
Luc REGNARD, Serge TOUKA,
Caroline de YRIGOYEN, Caroline GENTELET
et Perrine de CARNE-MARCEIN

RELATIONS PRESSE ✆ 01 53 69 70 19
Jean-Mary MARCHAL

DIFFUSION ✆ 01 53 69 70 06
Bénédicte MOULET, Carla de SOUSA,
Jean-Pierre GHEZ et Maud GHISOLFI

INTERNET
Alexandre HEYMAN

DIRECTEUR ADMINISTRATIF ET FINANCIER
Gérard BRODIN

RESPONSABLE COMPTABILITE
Isabelle BAFOURD assistée de Bérénice BAUMONT et Angélique HELMLINGER

DIRECTRICE DES RESSOURCES HUMAINES
Dina BOURDEAU assistée de Sandrine DELEE

LE PETIT FUTE AUSTRALIE 2007-2008

7e édition

NOUVELLES ÉDITIONS DE L'UNIVERSITÉ©
Dominique AUZIAS & Associés©
14, rue des Volontaires - 75015 Paris
Tél. : 33 1 53 69 70 00 - Fax : 33 1 53 69 70 62
Petit Futé, Petit Malin, Globe Trotter, Country Guides et City Guides sont des marques déposées ™®©
© Photos : Iconotec.com, Australian Tourist Commission, Catalina Cueto, P. Sommacal, H. R. Kinley Feustel, H. Foucault, V. Van Eycken, D.R.
ISBN : 2746915871
Imprimé en France par DEPREZ

Pour nous contacter par email, indiquez le nom de famille en minuscule suivi de @petitfute.com
Pour le courrier des lecteurs : country@petitfute.com

Qui n'a pas rêvé de s'évader, ne serait-ce qu'un instant, dans un monde parfait ? Un monde dans lequel la nature serait restée identique au premier jour, exhalant sa beauté, où que se pose notre regard, où que nous mènent nos pas.

L'Australie, c'est cela… et tant d'autres choses. Là-bas, le ciel est infini, la terre sans limite, et seul l'horizon semble pouvoir les séparer, scindant le monde en deux : le bleu et le rouge. Les animaux portent des noms étranges : quokkas, wombat, casoar, dugong, et nous sont parfois connus, tels l'émeu et le koala. Mais les a-t-on un jour rencontrés ces ornithorynques, dingos et autres habitants de ce lointain continent ? Si le kangourou reste le plus familier d'entre eux, en connaît-on pour autant les multiples espèces ? Et que savons-nous des chameaux sauvages des déserts du Centre ou des crocodiles marins et d'eau douce du Nord ? Rien, ou pas grand-chose pour la majorité d'entre nous. Et c'est peut-être tant mieux. Là-bas, la puissance des éléments se découvre au rythme des saisons. On y vit avec des heures de décalage, nous dormons à Madrid quand le jour se lève sur le Top End, Perth ou Sydney. Et nous en sommes encore à déjeuner à Dublin quand débute le ballet de milliers d'étoiles sur la voie lactée au-dessus d'Alice Springs. Et les hommes dans tout cela ? Ils sont là, bien sûr. Les aborigènes sont les premiers habitants de cette île continent où tout reste à faire pour l'homme « civilisé ». L'histoire est ici à deux vitesses. Il y a celle qui remonte à plusieurs dizaines de milliers d'années et qui s'étire depuis : des premières peintures rupestres aux impressions sur tissu des tribus tiwis, de l'invention du boomerang et du didgeridoo aux premières luttes de revendication des terres des aborigènes qui en furent entre temps dépossédés. Et puis il y a l'autre, plus rapide, celle de l'homme blanc et de ses conquêtes. De tout ce qu'il a dû faire et endurer pour relier par la route, puis le rail, les extrémités d'une terre aride, distantes de plus de 3 000 km de côte à côte. Le temps des ruées vers l'or et des mines fantômes, celui des nouveaux émigrants et de leurs rêves de liberté, de richesse et de réussite. L'Australien d'aujourd'hui vit majoritairement dans des cités modernes. Mais ces villes ne sont que quelques-unes dans l'immensité. L'Outback et ses fermes d'élevage, les cattles-stations, représentent pour « l'Aussie » un style de vie bien différent. Les cow-boys ne sont pas morts : les rodéos, la country music et les pubs poussiéreux des contrées désertiques sont là pour nous le rappeler.

Il y avait un magicien d'Oz. Il y a de la magie en Oz. Une magie qui nous attire chaque année de plus en plus nombreux vers ces antipodes. Rejoignons-les maintenant, pour vivre ce rêve qui nous a tous bercés un jour, une nuit, un instant, et nous habite sans doute encore. Mais rejoignons-les avec attention et discernement. La nature, malgré sa force, demande à être épargnée du tourisme « d'invasion » et mal contrôlé. Elle a tant à nous offrir en échange… et l'Australie est si belle.

L'équipe de rédaction

REMERCIEMENTS. nous tenons à remercier tout particulièrement Pascale GERSON, Philippe HENRY, Françoise ARNAUD, Romain BOGUET, Michèle MEFFRE, Virginie SARAZIN, Dominique GERSON, Barbara V. MUTZENBECHER

PHOTO DE COUVERTURE.
Panneaux d'indications routières de l'Outback
© Australian Tourist Commission

Sommaire

CANBERRA ACT

TASMANIE

WESTERN AUSTRALIA

Termitière.

ORGANISER SON SÉJOUR

Au Vieux Campeur
L'enseigne symbole du Voyage et de l'Aventure
L'enseigne symbole du Choix

PARIS Quartier Latin
Un village de 25 boutiques autour du 48 rue des Ecoles

LYON
Un village de 9 boutiques autour du 43 cours de la Liberté

THONON-les-Bains
48 avenue de Genève, en Haute Savoie

SALLANCHES
925 route du Fayet, en Haute Savoie

ALBERTVILLE
10 rue Ambroise Croizat, en Savoie

TOULOUSE Labège
23 rue de Sienne

STRASBOURG
32 rue du 22 novembre.

NOUVELLE BOUTIQUE OUVERTE EN DECEMBRE 2005

www.auvieuxcampeur.fr - infos@auvieuxcampeur.fr

Australie

Mer Arafura
INDONÉSIE
Melville Is.
Bathurst Is.
Timor Sea
Darwin
Jabiru
Kakadu National Park
Golfe Joseph Bonaparte
Terre d'Arnhem
Katherine
Joseph Boneparte Gulf
Wyndham
Kununurra
Argyle Lake
Kimberley
Océan Indien
Derby
Broome
Tennant Creek
NORTHERN TERRITORY
Port Hedland
Little Sandy Desert
Gibson Desert
1510
Mts Mac Donnell
Exmouth
Ayers Rock
Mt Olga
Yulara
1515
Mts Musgrave
WESTERN AUSTRALIA
SOUTH AUSTRALIA
Denham
Great Victoria Desert
Nullarbor Plain
Darling Ranges
Kalgoorlie
Wave Rock
Pinacles Desert
Perth
Great Australian Bight
Hyden
Esperance
Marareth River
Albany

IRIAN JAYA
PAPOUASIE NOUVELLE-GUINÉE
Strait Torres
Cape York
Grande barrière
Mer de Corail
Groote Is.
Gulf of Carpentaria
Cape York Peninsula
Port Douglas
Cairns
MARLIN COAST
Normanton
Charters Towers
Townsville
Flinders
Archipel de Whitsunday
Mount Isa
Mackay
Great Dividing Range
Winton
Longreach
Emerald
Tropique du Capricorne
Rockhampton
Alice Springs
Eyre
QUEENSLAND
Simpson Desert
Birdsville
Charleville
Fraser Is.
SUNSHINE COAST
Finke
Toowoomba
Brisbane
Surfers Paradise
Cooper's
Paroo
Warrego
Warwick
Cape Byron
Eyre Lake
Coober Pedy
GOLD COAST
Darling
Bourke
Coff's Harbour
Flinders Ranges
Broken Hills
NEW SOUTH WALES
Tamworth
Port Macquarie
Port Augusta
Barossa Valley
Port Pirie
Hunter
Hunter Valley
Lachlan
Sydney
Blue Mountains
G.de Spencer
Adelaide
Murrumbidgee
Canberra
Kangaroo Is.
Murray River
VICTORIA
2230
Mt Kosciusko
Océan Pacifique
Yarra Valley
Ballarat
Melbourne
Bass Strait
Furneaux Is.
King Is.
Launceston
Mer de Tasmanie (Mer de Tasman)
TASMANIE
Hobart
500 km

Forêt tropicale.

Aborigène Tjapukai, Cairns.

Jardin chinois, Sydney.

Oxford street, Sydney.

Grande Barrière de corail.

Les plus de l'Australie

Aborigènes

Ils sont en quelque sorte les premiers Australiens, une culture vieille de 50 000 ans, une des plus anciennes du monde qui a remarquablement su s'adapter à ce continent. L'art aborigène, aujourd'hui très prisé et les croyances de cette culture, le « *Dreamtime* » temps du rêve, est d'une grande richesse. Depuis quelques décennies, pas à pas, les Aborigènes recouvrent leurs droits sur leur terre, mais beaucoup de problèmes persistent quant à leur intégration dans la société australienne.

Barrière de corail

Le joyau de l'Australie, 2 000 kilomètres déclinent tous les bleus, le seul organisme vivant visible de l'espace, des milliers de lagons, d'îles coralliennes. Elle est classée au patrimoine de l'humanité. Un paradis pour les plongeurs de tout niveau, un superbe espace de navigation pour toutes les croisières et une seule raison pour s'y rendre au plus vite : le réchauffement de la planète la menace. Elle pourrait disparaître. Si l'océan se réchauffe de simplement quelques petits degrés, le corail perdrait ses couleurs éclatantes et mourrait.

Climat

L'Australie est un pays continent, la tête en bas. L'été commence en décembre et juin annonce l'hiver, mais tous les climats existent en Australie, méditerranéen, comme à Perth en Western Australia, tropical comme à Cairns sur la côte Est, désertique dans l'intérieur du pays, tempéré comme à Sydney. Les saisons dans le Nord de l'Australie se résument plutôt à deux périodes, la wet season (saison des pluies) et la dry season (saison sèche). Dans ce pays de la taille d'un continent, il est possible de s'y rendre tout au long de l'année.

Contrastes

L'Australie est le pays de tous les contrastes, un pays jeune, marqué par un peu plus de deux siècles de présence européenne, mais aussi terre de la plus ancienne culture du monde celle du peuple aborigène. C'est un pays moderne, avec des villes à l'américaine comme Sydney, Perth, Melbourne mais aussi un arrière-pays, l'Outback, où les routes sont des pistes et où le rythme de vie est plus proche des premiers colons que des hommes d'affaires de Sydney. Un pays mêlant l'héritage anglais et l'influence de l'Asie toute proche et certains aspects de la culture aborigène.

Coût du voyage

Contrairement à une idée répandue, faire un voyage en Australie n'est pas inabordable. Au regard de la distance, le prix du billet d'avion est raisonnable, on peut facilement en trouver à moins de 1 000 euros. La vie sur place est moins chère qu'en France, les locations de voitures et le prix de l'essence y sont moins élevés. Il existe beaucoup de formes d'hébergement et de transports économiques au pays des kangourous pour épargner ses précieux dollars et les consacrer principalement à découvrir ce pays continent.

Dauphins et baleines

Vous rêvez d'approcher des dauphins ou d'observer des baleines ? En Western Australia, à Bunburry ou à Monkey Mia, vous les approcherez, les caresserez et peut-être, nagerez-vous avec eux. Quant aux baleines et requins baleines, Byron bay et Hervey Bay sont des points d'observation du plus grand des mammifères.

Faune et flore

Grâce à son isolement pendant des millions d'années, l'Australie a développé une faune et une flore uniques et surprenantes à l'image du kangourou, du koala, du wombat, du gumtree ou du quokka. Cette richesse s'ajoute au fort sentiment de dépaysement qu'offre cet étrange contrée.

Outback

L'autre Australie, l'Australie intérieure, vide, désertique, rouge, envoûtante, immense, où l'esprit pionnier demeure et où y vivre est encore une aventure. Des fermes, certaines de la taille de la Belgique, occupent un peu l'espace. L'Outback, c'est aussi les médecins volants les « *Flying doctors* », l'école par radio « *School of the air* », l'Outback, c'est le Farwest à l'australienne.

Parcs nationaux

Un choix de 500 parcs nationaux protégés regroupe les plus beaux sites d'Australie, espaces sauvages ayant un intérêt environnemental ou naturel. Beaucoup de parcs sont parcourus de sentiers de randonnée et sont équipés de terrains de camping. Un grand nombre est classé au patrimoine mondial de l'humanité.

Pays continent

Quatorze fois la France, mais au regard de sa population de seulement 20 millions d'habitants massés sur les côtes dans quelques villes ultramodernes comme Perth ou Sydney, l'Australie est un petit pays. 37 000 kilomètres de côtes, tous les climats représentés, tous les types de paysages, des distances à donner le vertige entre les principales grandes villes australiennes, un pays qui a toutes les caractéristiques d'un continent.

Paysages

Les paysages australiens sont aussi uniques, l'absence de bouleversements géologiques depuis des dizaines de millions d'années, un climat contrasté, l'érosion, ont créé des paysages que vous n'observerez nulle part ailleurs et certains vous donneront le sentiment de voir la terre comme elle devait être, il y a des millions d'années.

Sports

Le sport en Australie est une religion. Le surf évidemment, mais aussi le rugby, le football australien (le footy, assez violent) et aussi les sports typiquement anglais tels le cricket et le bowling. L'Australie est aussi le royaume des sports d'extérieur. Si vous souhaitez faire un voyage sportif, trek, rafting, canoë, kayak... ce pays avec ses espaces naturels est la destination idéale.

Style de vie

No worries (pas d'inquiétude, tout va bien, relax) est une expression australienne qui est un bon résumé de l'esprit australien.

Décontractés, sans manières, tournés vers les espaces naturels, les Australiens sont accueillants ; une société qui, à certains égards, a quelque chose d'insouciant, loin de certains de nos maux et de nos inquiétudes quotidiennes.

Visa vacances travail

Si vous avez entre 18 ans et 30 ans, l'Australie offre, depuis janvier 2004, une superbe opportunité, le visa vacances travail (working holiday visa). Il vous permettra de travailler pour financer votre voyage au pays des kangourous pendant une année, une formidable occasion de vivre une expérience unique.

Vins

Œnologue ou juste amateur de bons vins, l'Australie n'a rien à envier à la France, de grands vignobles produisent d'excellents vins qui s'exportent dans le monde entier. Beaucoup de ces vignobles sont devenus des attractions touristiques comme la Yarra Valley proche de Melbourne, la Barossa Valley dans les environs d'Adelaide ou Margaret River, au sud de Perth dans le Western Australia, un des Etats les plus ensoleillés d'Australie, ce qui n'est pas pour déplaire au raisin.

Bordure de la Grande Barrière de corail, Queensland.

APPEL GRATUIT* 1800 888722

*depuis l'Australie

COTE EST MEGA DEAL

- 1 nuit à Coffs Harbour
- 1 nuit à Byron Bay
- 1 nuit à Brisbane
- 1 nuit à Noosa
- 2 nuits à Hervey Bay
- 3 jours/2 nuits Safari 4x4 sur Fraser Island
- 2 nuits à Airlie Beach
- 3 jours/2 nuits croisière dans les Whitsundays Islands
- 1 nuit sur Magnetic Island
- 1 nuit à Cairns

Coût Total

$439

FIJI UNE EXPÉRIENCE

- 6 JOURS/5 NUITS 3 ILES

- Jour 1 : voyage à travers les Yasawas pour admirer les autres îles sur le chemin de Nanuya Lailai
- Jour 2 : Si vous désirez rester actif, vous pourrez visiter les grottes de Sawailau, sinon journée libre
- Jour 3/4 : Sieste, plongée, pêche, direction Naviti tôt dans l'après-midi
- Jour 5 : Appréciez la journée avec un rapide transfert vers votre prochaine plage paradisiaque en milieu d'après-midi
- Jour 6 : Profitez de la fin de votre évasion fidjienne avant un retour au bateau

- Tous les repas sont inclus

Coût Total

$570

ÉVASION EN NOUVELLE ZÉLANDE

NORTH & SOUTH ISLAND AVENTURE

- AVENTURE
- CULTURE
- NATURE
- FÊTE
- FUN

Coût Total

$592

PASS BUS EGALEMENT DISPONIBLE

11235

WANDERERS-TRAVEL.COM
Backpacker and Student Specialist

810 George Street, Sydney 02 9280 4933
95 Jonson Street, Byron Bay 02 6680 7908
7 Shield St, Cairns 07 4041 0666

Réservations par e-mail : info@wanderers-travel.com - www.wanderers-travel.com

Fiche technique

Argent

La monnaie australienne est le dollar australien (AU$). Elle existe en coupures de 5, 10, 20, 50 et 100 dollars, ainsi qu'en pièces de 1 et 2 dollars, et de 5, 10, 20 et 50 cents.

Banques. Les grandes banques australiennes sont ANZ, National Australia Bank et Westpac.

Change. Le taux de change est d'un dollar australien pour 0,62 euro. Ainsi, 1 AU$ = 0,792 US$ et un 1 euro = 1,617 AU$. Il existe des bureaux de change dans tous les aéroports et dans les grands hôtels.

Cartes de crédit. Les cartes de crédit sont acceptées dans la plupart des lieux touristiques. Les plus courantes sont l'American Express, la Diners Club, la MasterCard et la Visa.

Travellers chèques. On peut s'en munir par précaution, de préférence libellés en dollars américains.

Taxes. Une taxe de 10 % est appliquée depuis 2000 sur les biens et les services en Australie (GST). Elle est incluse dans le prix de vente et peut être remboursée aux touristes (voir conditions dans « Organiser son séjour »).

Monorail, Sydney.

Vous devez déclarer toute somme supérieure à 10 000 dollars (6 200 euros) australiens à l'arrivée ou au départ. Voir le site www.customs.gov.au

L'Australie en bref

Le pays

Superficie : 7 682 300 km².

Capitale : Canberra.

Nature du régime : démocratie parlementaire sur le modèle britannique.

Reine d'Australie : Elizabeth II, reine d'Angleterre.

Chef de l'Etat, gouverneur : Michael Jeffery depuis août 2003.

Chef du gouvernement : John Howard depuis 1996.

Langue officielle : anglais.

Monnaie : le dollar australien.

Littoral : 37 000 kilomètres de côtes, plus de 7 000 plages.

États et Territoires

ACT Canberra : 2 358 km². Capitale : Canberra.

New South Wales : 800 628 km². Capitale : Sydney.

Northern Territory : 1 346 200 km². Capitale : Darwin.

Queensland : 1 723 936 km². Capitale : Brisbane.

South Australia : 978 810 km². Capitale : Adelaide.

Tasmania : 64 519 km². Capitale : Hobart.

Victoria : 227 600 km². Capitale : Melbourne.

Western Australia : 2 525 500 km². Capitale : Perth.

A savoir. Il existe un territoire intérieur mineur (Jervis Bay Territory, une base navale en Nouvelles-Galles du Sud) et plusieurs territoires extérieurs : L'île Norfolk, l'île Christmas, les îles Cocos (ou Keeling), le Territoire des îles de la mer de Corail, l'île Heard et les îles McDonald, le Territoire antarctique australien, les îles Ashmore-et-Cartier.

La population

Population : 20 358 000 habitants. D'origine européenne (britannique, italienne, grecque) et asiatique.

Densité : 3 habitants au km², la plus faible du monde.

Croissance démographique (taux de croissance) : 0,87 %.

Taux de fécondité : 1,76 naissance(s) femme.

Taux natalité : 12,26 naissances/1 000 habitants.

Taux mortalité : 7,44 décès/1 000 habitants.

Espérance de vie à la naissance (population totale) : 80,50 ans.

Répartition des âges : 0-14 ans : 19,8 %. 15-64 ans : 67,2 %. 65 ans et plus : 12,9 %.

Répartition des sexes : 0,99 homme(s) femme.

L'économie

PIB (2004) : 636 milliards US dollars (France : 1 648,40 milliards d'euros en 2004).

PIB par habitant – PPA (2003) : 27 818 US dollars (France : 26 510 € en 2004).

Taux de croissance (2004) : 4 %.

Taux de chômage (janvier 2005) : 5,1 %.

Richesses de l'Australie, les minerais : 1er au monde pour le charbon, le fer, le nickel, l'or, le diamant, l'uranium.

1re activité nationale : le tourisme.

Principaux clients de l'Australie : le Japon, la Chine, l'Union européenne (principalement le Royaume-Uni, les Pays-Bas, l'Italie) et la Corée du Sud.

Télécommunications

Pour appeler en Australie depuis la France, composer avant le numéro de votre correspondant le 00 + 61, puis : **2** pour la New South Wales, **3** pour le Victoria et la Tasmanie, **7** pour le Queensland, **8** pour South Australia l'Australie du Sud, Western Australia et le Northern Territory. **Exemple :** pour appeler Sydney : 00 + 61 + 2 + numéro local de votre correspondant (8 chiffres en général)

A savoir : les numéros commençant par 1300 et 1800 ne sont pas accessibles depuis l'étranger.

Téléphones portables. Le réseau de téléphones mobiles fonctionne sur deux systèmes dont le système GSM utilisé par le réseau français. La couverture est bonne sur la côte Est, Sud-Est, Sud-Ouest et les grandes villes mais en ce qui concerne l'intérieur des terres, en dehors des villes de moyenne importance, rien à faire sans un téléphone satellite ou, au minimum, un téléphone fonctionnant sur le réseau CDMA. Telstra, Vodafone, Orange, 3 mobile et Optus sont les principaux opérateurs.

Internet. Internet et les cybercafés sont très répandus en Australie. Les hôtels peuvent également offrir ce service. Telstra BigPond (www.bigpond.com) et Pacific Internet (www.pacific.net.au) font partie des nombreux fournisseurs d'accès locaux.

Décalage horaire

L'Australie compte 3 fuseaux horaires. Le décalage varie de 8 à 10 heures avec la France selon la saison et la longitude.

Découvrir le monde avec LibertyTV
LibertyTV est une chaîne non cryptée, sur Hotbird 13° Est (12 577 Mhz, polarisation horizontale) et sur Astra 19,2° Est (12 552 Mhz, polarisation verticale)
3W
la télé des vacances
Canalsat canal 59 TPS canal 83 Numéricâble canal 92
Noos/UPC canal 94 Ma Ligne TV canal 35
FreeBox TV canal 87 Neuf Telecom canal 65
Alice TV canal 71 Est Video Communication canal 77
France CitéVision canal 144 AOL TV
T-Online/Club internet Orange mobile 3G
Citéfibre canal 133 Erenis Paris canal 45
liberty TV
LibertyTV vous propose:
- des reportages sur le monde entier pour choisir vos prochaines vacances.
- des offres de vacances aux meilleurs prix toutes les 15 minutes.
- un journal sur le tourisme toutes les heures.
- des comparaisons sur toutes les destinations de vacances.
- les meilleures promotions de vacances en permanence.
0892 700 313 (0,34€/min)
www.libertytv.fr

- **Western starndad time :** Western Australia – GMT + 8 heures.
- **Central stantard time :** South Australie et Northern Territory – GMT + 9h30.
- **Estearn standard time :** Queensland, ACT Canberra, New South Wales, Victoria et Tasmanie – GMT + 10h.
- **Le changement d'heure au début de l'été (+ 1 heure)** n'a pas lieu dans le Northern Territory, le Queensland ni en Western Australia

Saisonnalité

Vous pouvez visiter l'Australie à n'importe quelle saison. Vu l'immensité du territoire national, vous trouverez toujours un coin de ciel bleu et des températures pour sortir les tee-shirts.

Le tout est de bien choisir votre destination. Dans la partie Sud, les quatre saisons sont inversées par rapport à nos latitudes.

- **Printemps :** de septembre à novembre.
- **Été :** de décembre à février.
- **Automne :** de mars à mai.
- **Hiver :** de juin à août.
- **Dans la partie Nord,** il existe deux saisons : la saison sèche, de mai à octobre, et la saison humide de novembre à avril, avec des taux de précipitations très importants.

Adelaide

Janvier	Février	Mars	Avril	Mai	Juin	Juillet	Août	Sept.	Octobre	Nov.	Déc.
16°/ 30°	17°/ 30°	15°/ 27°	13°/ 23°	10°/ 19°	8°/ 16°	7°/ 15°	8°/ 17°	9°/ 19°	11°/ 23°	13°/ 26°	15°/ 28°

Alice Springs

Janvier	Février	Mars	Avril	Mai	Juin	Juillet	Août	Sept.	Octobre	Nov.	Déc.
21°/ 36°	21°/ 35°	17°/ 32°	12°/ 27°	8°/ 23°	5°/ 19°	4°/ 19°	6°/ 23°	9°/ 27°	14°/ 31°	18°/ 34°	20°/ 36°

Perth

Janvier	Février	Mars	Avril	Mai	Juin	Juillet	Août	Sept.	Octobre	Nov.	Déc.
17°/ 29°	17°/ 29°	16°/ 27°	14°/ 24°	12°/ 21°	10°/ 18°	9°/ 17°	9°/ 18°	10°/ 19°	12°/ 21°	14°/ 24°	16°/ 27°

Sydney

Janvier	Février	Mars	Avril	Mai	Juin	Juillet	Août	Sept.	Octobre	Nov.	Déc.
18°/ 26°	18°/ 26°	17°/ 24°	14°/ 22°	11°/ 19°	9°/ 16°	8°/ 16°	9°/ 17°	11°/ 19	13°/ 22°	16°/ 23°	17°/ 25°

Prévisions météo à 15 jours
Statistiques mensuelles
Par téléphone
32 64
1,35 € l'appel, puis 0,34 €/mn.

Drapeau et drapeaux

Le drapeau australien

La version actuelle du drapeau australien fut adoptée officiellement en 1953, mais il présentait déjà une forme similaire le 1er janvier 1901, date à laquelle le Commonwealth australien fut proclamé. Constitué de l'Union Jack (le drapeau britannique), le drapeau australien possède en bas à gauche, l'étoile de la Fédération (Commonwealth), une étoile à sept branches qui symbolise les six états et les territoires de l'Australie. Dans sa partie droite, cinq étoiles représentent la Croix du Sud, constellation propre à l'hémisphère Sud qui symbolise la place de l'Australie dans l'univers.

Armoiries de l'Australie

Les armoiries représentent un blason sur lequel figurent les emblèmes de chaque état, entouré par le kangourou et l'émeu (deux animaux qui ne reculent jamais). En fond, l'acacia doré. Au-dessus, l'étoile de la Fédération.

Les drapeaux des états et des principaux territoires

- **L'état de Nouvelle Galles du Sud (NSW).** Son drapeau représente l'Union Jack et une croix St-George ornée d'un lion d'or et de 4 étoiles.
- **L'état du Queensland (QLD).** Son drapeau représente l'Union Jack et la couronne royale sur la croix maltaise.
- **L'état d'Australie méridionale (SA).** Son drapeau représente l'Union Jack et une pie bicolore posée sur une branche d'eucalyptus, les ailes déployées face au soleil,
- **L'état de Tasmanie (TAS).** Le drapeau original de 1878, essentiellement composé de l'Union Jack, a été complété en 1975 par un lion rouge.
- **L'état de Victoria (VIC).** Son drapeau représente l'Union Jack, la croix du Sud et la Couronne de Saint- Edward.
- **L'état d'Australie occidentale (WA).** Son drapeau représente l'Union Jack et un cygne noir sur une rivière.
- **Le Territoire de Canberra (ACT).** Son drapeau date de 1993. Il représente la croix du Sud et deux cygnes, un noir et un blanc placés de part et d'autre d'un écusson.
- **Le Territoire du Nord (NT).** Son drapeau date de 1978. Il est composé d'une croix du Sud et de la rose du désert à 7 pétales.

Le drapeau aborigène

Reconnu officiellement par le gouvernement le 14 juillet 1995, il a été crée en 1971 par l'artiste Aborigène Harold Thomas. Il est constitué d'un cercle jaune sur fond bicolore rouge et noir. Le fond noir représente les Aborigènes, le fond rouge la terre et le cercle jaune le soleil

Le drapeau des Îles du détroit de Torres

Les îles du détroit de Torres sont situées entre l'Australie et la Nouvelle-Guinée. Bien qu'il soit utilisé depuis 1992, ce drapeau fut reconnu officiellement le même jour que le drapeau aborigène. Son dessin est attribué à Bernard Namok de l'île de Thursday, avec un Dari blanc au centre, une coiffure traditionnelle des îles. L'étoile au sein de la coiffure symbolise la navigation et l'importance de la mer pour ces habitants. Le vert représente la terre, le noir les humains.

Idées de séjour

Séjours courts

8 jours (option 1) : Sydney et Centre Rouge (avec location de voiture) ou Sydney, Centre Rouge et Grande Barrière de corail

Le périple des contrastes, entre Sydney, la ville moderne, et le Centre Rouge, cœur de l'Australie intérieure et sauvage.

Jours 1 et 2. Commencez votre découverte de Sydney à pied, l'Opéra, le pont Harbour Bridge, le quartier des Rocks et en monorail le Darling Harbour, le centre commercial, l'aquarium de Sydney, les nombreux musées et restaurants. Le lendemain continuez votre découverte en prenant un ferry pour Manly ou en profitant de la vue du haut de la tour Centre Point, qui domine la ville. Proches du centre-ville par bus ou par ferry, les plages de Sydney sont les spots des surfeurs, la plus célèbre étant Bondi et, plus au nord, Manly.

Jours 3 et 4. En 2h30 de vol depuis Sydney vous arriverez à Alice Springs, la porte d'entrée du Centre Rouge blottie au milieu de la chaîne des Mac Donnell Ranges. Louez une voiture et filez plein sud sur la Stuart highway puis vers Kings Canyon à 323 km d'Alice. Une fois arrivé, louez une voiture pour aller admirer le coucher de soleil sur le canyon puis le lendemain prendre le temps d'explorer les spectaculaires falaises Nord et Sud, l'Amphithéâtre, la Ville Perdue et le Jardin d'Eden. De là mettre le cap vers Uluru (ou Ayers Rock) pour assister au spectacle magique du coucher du soleil sur le Rock.

Jours 5 et 6. Pour admirer l'étrangeté et la beauté d'Uluru, vous pouvez faire le tour en suivant un chemin balisé de 9 km à sa base. A 40 km de là, les 26 dômes des monts Olgas (Katadjuta) dominent l'Outback. Plusieurs trails (chemins) permettent de serpenter entre les monts et de visiter la vallée des Vents. Puis retour sur Yulara, centre touristique d'Ayers Rock pour visiter le Centre aborigène.

Jours 7 et 8. Retour sur Alice Springs en empruntant la Lasseter highway puis la Stuart highway, visitez la School of the Air, l'école de l'air qui permet aux enfants de l'Outback de suivre des cours par radio. Puis faites un tour par la base aérienne des Royal Flying Doctors les médecins volants, et regagner votre vol vers Sydney.

8 jours (option 2) : Sydney, Centre Rouge et Grande Barrière de corail

Jours 1 et 2. Arrivée à Sydney puis visite de la ville, Opera House, Harbour Bridge…

Jours 3, 4, 5 et 6. Vol de Sydney à Ayers Rock et début d'un circuit organisé. Visite de Uluru, Kata Tjuta, Kings Canyon. Retour à Alice Springs et vol vers Cairns.

Jours 7 et 8. Cairns et croisière sur la Grande Barrière de corail.

Sydney.

La Grande Barrière et les îles (10 jours)

En longeant la côte Est, de Brisbane à Cairns, vous suivrez la Grande Barrière de corail, et d'île en île, vous découvrirez les plus beaux endroits que vous offre l'océan Pacifique le long des côtes australiennes.

Jour 1. Une journée pour visiter la capitale du Queensland, tropicale, la Miami de la côte Est, sa superbe architecture coloniale. Faites une croisière sur la Brisbane River pour découvrir la ville et une visite au Botanic Garden pour la flore tropicale.

Jour 2. Direction le Nord, vers Hervey Bay, point de départ vers Fraser Island, la majestueuse, la plus grande île de sable du monde. Promenez-vous le long de la côte, sur les immenses plages, faites du kayak dans la baie et, de juillet à mi-octobre, observez les baleines.

Jour 3. Journée en 4X4 sur Fraser Island, avec ses 200 lacs d'eau douce, et ses forêts tropicales. Fraser est une île de sable de 120 km de long, la nature à l'état sauvage.

Jours 4, 5, 6 et 7. Retour sur la côte et direction Airlie Beach, point de départ d'une croisière dans l'archipel des Whitsundays. 74 îles à découvrir en jetant l'ancre la journée pour une balade ou du snorkeling et le soir pour un BBQ sur une plage. Découvrez l'île de Whitsunday et sa magnifique plage Whitehaven Beach.

Jours 8, 9 et 10. Cairns, la porte de la Grande Barrière de corail, croisières, plongées, forêt tropicale, vous trouverez toutes les manières de découvrir cette superbe région d'Australie en partant de cette ville dynamique, capitale touristique du Queensland.

Port de Cairns.

Séjours de durée moyenne

Séjour dans les parcs nationaux de la côte Ouest (11 jours)

Le Western Australia,, c'est cinq fois la superficie de la France et sûrement l'état des superlatifs, le plus isolé, le plus sauvage, le plus ensoleillé…

Jour 1. Départ de la ville la plus isolée et la plus ensoleillée d'Australie, Perth. Allez vous baigner sur la plage de Cottesloe, découvrir le quokka, sur la magnifique île de Rottnest Island, faire du vélo le long de la Swan River ou admirer cette ville moderne de Kings Park.

Jour 2. Cap au nord par la Brand Highway. Sur la route, faites une halte aux Pinnacles, étonnantes formations minérales. A Geraldon, une visite au Western Australian Museum pour ses belles expositions sur les Aborigènes. Geraldon est une ancienne ville minière et le centre de la pêche à la langouste.

Jour 3. Kalbarri National Park, parc aux magnifiques gorges et falaises qui s'enfonce de 1 000 km dans le bush. La nature à l'état sauvage.

Jour 4. Région de Shark Bay. Bifurquez de la route principale et dirigez-vous vers Monkey Mia pour voir des dauphins, puis entrez dans le Peron National Park, superbe avec ses plages vierges, falaises et lacs salés.

Jours 5 et 6. Ningaloo Reef et la côte de corail, un des endroits les plus beaux de toute l'Australie occidentale avec un récif corallien et une côte superbe jalonnée de merveilles naturelles telles que gorges, plages, récifs, cap. Faites une pause à Coral Bay, 120 habitants !

Des palmiers au milieu des buildings, Perth.

Jours 6 et 7. De Karratha, faites un circuit organisé dans le magnifique Karijini National Park, composé de gorges profondes et fraîches ; allez au point de vue Oxer, une crête surplombe les gorges de 300 mètres. Allez vous rafraîchir sous la cascade de Fortescue.

Jours 8 et 9. Direction Broome. Entrez dans la région du Kimberley et des étendues sauvages du nord du Western Australia. A Broome, allez à Cable Beach, peut-être la plus belle des 7 000 plages d'Australie. De Broome partez vers le parc de Purnululu et ses étonnantes formations géologiques, les Bungles Bungles

Jours 10 et 11. Remontez sur Darwin en découvrant le Litchfield National Park, grand plateau de grès entouré de falaises, un endroit idéal pour camper. Et profitez des piscines naturelles alimentées par des cascades après une superbe balade dans ce parc magnifique.

Séjour dans l'Outback (13 jours)

L'Outback, l'autre Australie, du sud au nord du continent par la célèbre Stuart highway (avec location de voitures)

Jour 1. Une journée pour profiter d'Adelaide, la seule grande ville d'Australie ayant échappé à l'américanisation, ville paisible et ayant gardé un certain style colonial, une journée avant de pénétrer dans l'Outback, les grands espaces.

Jour 2. D'Adelaide, empruntez la Stuart Highway, vers le nord et Port Augusta. A Port Augusta, visitez le Wadlata Outback Centre, pour ses expositions sur l'Outback et l'histoire aborigène, visitez le Royal Flying Doctor Service, le service des médecins volants, un avant-goût du bush avant de vous enfoncer dans l'autre Australie.

Jour 3. Cap sur le silence de l'Outback et sur Coober Pedy, la ville minière, capitale de l'opale. Coober Pedy, le « terrier de l'homme blanc » avec son habitat dans d'anciennes mines et ses 250 000 puits des chercheurs d'opales. La moitié de la population vit sous terre. Dormez aussi une nuit dans un hôtel souterrain.

Jours 4 et 5. Reprenez la route tôt pour un long trajet, jusqu'à Ayers Rock. Sur la route, faites une pause pour admirer le Painted Desert et la Breakaways Reserve avec ses paysages colorés, lieu du tournage de « *Mad Max* ». Arrêtez-vous ensuite pour dormir au Cadney Homestead (bungalows et chambre de motels). Cap sur Ayers Rock – Uluru.

Jours 6 et 7. Au lever ou au coucher, admirez le superbe spectacle sur Uluru qui se pare de tous les rouges, faites-en le tour à pied, puis marchez autour des 26 dômes des monts Olgas. Nuit à Yulara, tout proche, dans le camping, vous pouvez même y louer une tente équipée.

Jour 8. Il vous faudra au moins 3 heures de route pour arriver à Kings Canyon. Attention aux chameaux et kangourous sur le parcours. Pour découvrir Kings Canyon, prendre la Kings Canyon Walk (6 km), vous découvrirez le Garden of Eden, une vue superbe sur l'Outback et ses gorges de 100 mètres. Dormez sur place à Kings Creek station.

Jours 9 et 10. En route vers Alice, 230 km. Découvrez la ville et la School of the Air, l'école de l'air qui permet aux enfants de l'Outback de suivre des cours par radio. D'Alice faites un saut (4X4 conseillé, ou prendre une excursion) à la Rainbow Valley Conservation Reserve et le Simpson Gap pour faire de belles balades à pied.

Ayers rock, Parc national de l'Uluru.

Jour 11. En remontant sur Darwin, proche de la Stuart Highway, vous découvrirez les œufs du « serpent arc-en-ciel » (Rainbow snake, symbole de la mythologie aborigène), la formation rocheuse des Devil's Marbles. Passez Tennant Creek (3 200 habitants) et arrêtez-vous plus au nord à Daly Water le pub de l'Outback le plus connu d'Australie, camping sur place.

Jour 12. Direction Katherine. Visitez le Katherine George National Park, ses magnifiques gorges et rapides, prenez un bain rafraîchissant après la fournaise de l'Outback.

Jour 13. Cap sur Darwin, la tropicale, capitale du territoire du Nord et du Top End. Visite de la ville. En complément à ce circuit, visitez le parc national de Kakadu.

Séjour long

L'essentiel de l'Australie (28 jours)

De Sydney à Darwin, tous les visages de l'Australie, à la fois moderne et sauvage, de l'Australie de la Grande Barrière à celle de l'Outback. Pour finir par l'Australie aborigène et ne rien rater d'important de ce continent surprenant (avion et location de voitures).

Jours 1 et 2. Traversez le célèbre Harbour Bridge et prenez la route vers le nord. Sur la route vers Byron Bay vous traverserez Kempsey, Port Macquarie et Grafton. Lieu idéal pour se relaxer. Byron Bay est très réputée pour ses plages et sa culture très décontractée.

Jours 3 et 4. Vous entrez dans le Queensland. Vous pourrez observer Natural Arch, une chute d'eau spectaculaire qui coule à travers une formation rocheuse en forme d'arche. Puis direction la Gold Coast où vous découvrirez 40 km de plages et de stations balnéaires comme Surfers Paradise avant de rejoindre Hervey Bay.

Jours 4, 5 et 6. Vous prendrez le bateau pour rejoindre Fraser Island. Louez un 4X4 avant votre arrivée sur Fraser Island et découvrez cette magnifique île, immense banc de sable. Vous pourrez apprécier sa beauté, ses plages restées intactes, découvrir des lacs d'eau douce où vous vous baignerez. Fraser Island fait partie du patrimoine mondial de l'humanité.

Jours 7 et 8. Prenez la route vers Mackay, là où se trouve la plus grosse industrie de sucre du Queensland, puis vers Airlie Beach, le point de départ vers les Whitsundays. Réservez une croisière pour une des nombreuses îles.

Jours 9, 10 et 11. Partez à la découverte des Whitsundays, archipel de 74 îles entre la côte et la Grande Barrière. Allez faire de la plongée ou bien encore explorez la forêt tropicale. Départ pour Cairns.

Jours 12 et 13. Une journée de détente et de relaxation dans Cairns qui regorge d'activités. Vous pourrez faire une journée de rafting sur la Tully River ou partir à la découverte de la forêt tropicale. Une journée en croisière pour se rendre près de la Grande Barrière de corail et explorer ce paradis sous-marin à votre rythme. Plongée avec masque et tuba ou avec bouteilles.

Jour 14. Vol Cairns-Alice Springs. Vous observerez le contraste intense entre les deux destinations. Compter une journée pour explorer cette ville si singulière.

Jour 15. Partez en direction du sud vers le parc national d'Uluru-Kata Tjuta et admirez le coucher de soleil sur le plus célèbre monolithe d'Australie : Uluru (Ayers Rock).

Mer de la barrière de Corail.

Jour 16. Levez-vous tôt pour admirer le lever du soleil sur le rocher. Marche de quelques heures autour d'Uluru afin d'admirer d'un peu plus près la beauté du monolithe. Ou survolez-le en hélicoptère puis dirigez-vous vers Kata Tjuta (Les Olgas) et sa « Valley of the Winds » (vallée des Vents).

Jour 17. Direction Kings Canyon, une merveille de l'Outback. Une marche quelques heures sur les hauteurs du canyon vous fera profiter d'une vue extraordinaire. Observation les formations rocheuses assez particulières de Kings Canyon et découverte du Jardin d'Eden.

Jours 19 et 20. A Alice Springs, visite d'Anzac Hill d'où vous aurez une vue imprenable sur la ville et les montagnes environnantes. Petite visite aux « Royal Flying doctor » et à la « School of the Air ». Faites un tour en montgolfière le matin et une excursion dans les Mac Donnell Ranges pour voir le « Simpson Gap » et l'impressionnant gouffre de Standley.

Jours 21 et 22. Direction le nord sur la Stuart Highway. Découvrez les célèbres Devils Marble. Mis à part l'intérêt géologique, vous apprendrez là les valeurs aborigènes. Tennant Creek, ville prospère grâce à l'or et au gisement de cuivre. En route vers Katherine en passant par Larrimah et Mataranka, oasis pour voyageurs fatigués. Baignez-vous dans les eaux thermales et claires aux abords des rivières Waterhouse et Roper avant d'arriver à Katherine.

Jour 23. Visite du parc national de Nitmiluk, où vous découvrirez les Katherine Gorges puis les Edith Falls avant de reprendre la Stuart Higwhay, en passant par Pine Creek. Arrêt à Batchelor.

Jour 24. Le parc national de Litchfield, avec le plateau des Tabletop Ranges riche en cascades, un vrai paradis. Prenez la Arnhem Highway. Avant d'arriver à Mary River pour y passer la nuit, visitez « Window of the Wetland » pour avoir un point de vue sur les terres humides.

Jours 25, 26 et 27. Visite du parc national de Kakadu, inscrit au patrimoine mondial de l'Humanité. Le parc regroupe plusieurs sites rupestres majeurs. Vous observerez aussi de nombreuses espèces animales comme des crocodiles, des reptiles, des oiseaux… et vous ferez une excursion la journée en 4X4 pour la visite des Jim Jim et Twin Falls.

Jour 28. Retour vers Darwin pour visiter la ville et passer la fin d'après-midi à Mitchell Strett, Cullen Bay ou sur le Wharf.

Vue aérienne des Olgas, Territoire du Nord.

Un avion décolle d'une ferme près d'Alice Springs.

Parc national de Kakadu.

L'Australie sur Internet

Actualités

www.news.com.au – La presse australienne en ligne.

Tourisme – Informations pratiques

www.france.embassy.gov.au – Le site de l'ambassade d'Australie à Paris.

www.australia.com – Le site de l'office du tourisme d'Australie.

www.australie-voyages.com – Le site de tourisme d'une équipe de trois sympathiques Français passionnés par l'Australie, spécialistes de ce pays, qui proposent toutes les manières de découvrir le pays continent. Sur place, leur agence de Cairns sera l'endroit idéal pour obtenir les derniers détails nécessaires à la réussite de votre périple.

www.vacancesaustralie.com – Un site complet et convivial couvrant tous les sujets relatifs à votre voyage en Australie.

www.francaustralia.com – Un site pour les francophones qui souhaitent étudier en Australie. Pour vous aider à choisir votre programme, votre école de langue ou université. Les démarches, conseils, information, assistance, placement et suivi sur place.

www.australia-australie.com – Une mine d'informations pour préparer son voyage et rêver d'Australie.

www.e-australie.com – Le portail touristique francophone dédié à l'Australie.

www.boomerangaustralia.com – Un autre site spécialisé dans les études et les séjours pour étudiants en Australie.

Sites personnels

www.bourlingueurs.com/australie/sydney/index.htm – Un superbe carnet de voyage dans toute l'Australie et l'Outback australien.

www.chez.com/tramb – Un carnet de route agrémenté de très belles photos et réflexions sur le pays et ceux qui l'habitent. Une bonne manière de se faire une idée du pays à travers l'expérience de ces internautes.

http://perso.wanadoo.fr/cathozie – Un carnet de route original avec un brin d'humour qui conte le voyage de cette internaute. Un long récit, des cartes, des photos et… des chats omniprésents sur le site (sic !).

www.chateaudebrou.com/outback – Un site perso consacré essentiellement à l'Outback, loin des clichés et des sentiers battus. De nombreuses photos portent sur la chasse et la vie à la ferme, la vie du bétail, les grandes exploitations, et surtout la découverte des contraintes dues à l'isolement….

www.abm.fr/abm/recit/biblioth.html – Une bibliothèque de voyage à consulter, sans modération.

www.ludovichubler.com – Le site d'un jeune Français qui traverse le monde en auto-stop et le récit de son passage en Australie en 2006.

Découverte

L'Australie en 50 mots-clés

Art aborigène

L'art aborigène est vieux de 50 000 ans. Il est devenu depuis une dizaine d'années un art reconnu qui remporte un grand succès dans les galeries d'art à travers le monde. Religieux, cet art est en rapport avec les croyances des Aborigènes qui ont beaucoup débattu pour savoir si des non initiés pouvaient regarder leurs œuvres. Ce n'est que récemment que les artistes aborigènes utilisent des techniques modernes pour exprimer leur art. Pendant longtemps les créations étaient pour beaucoup temporaires ou dessinées sur des parois rocheuses, des écorces et n'avaient pas pour vocation d'être vues par d'autres que les initiés.

Aussie

Dans l'anglais version australienne, « le strine », tout ce qui est australien est aussie.

Ayers Rock

Montagne sacrée dans le Centre Rouge et désertique, devenue un must touristique.

Backpaker

Un style de voyage, souvent sac au dos, backpack (sac à dos). Les backpackers sont plutôt jeunes et voyagent seuls ou à deux. Ils privilégient la découverte en économisant sur l'hébergement et les transports. Un style d'auberges de jeunesse, les « Backpackers », répandus en Australie leur permettent de se loger à bon marché et faire des rencontres.

Barbie ou BBQ

Le barbecue ou barbie est une institution en Australie plus que partout ailleurs dans le monde. Tout est prétexte pour faire un barbie et se retrouver entre amis autour d'une bière.

Beers

Si les Australiens se tournent de plus en plus vers le vin, les bières restent la boisson reine. Victoria Beer (ou VB), XXXX, Swan, chaque Etat à sa marque de bière attitrée. Les femmes sont, comme les hommes, de grandes consommatrices de bière.

Billabong

Trou d'eau qui persiste à la saison sèche dans le lit d'une rivière asséchée. Lieu où l'on trouve une faune et une flore, abondantes et variées. Pendant la « dry season », le Kakadu National Park du Territoire du Nord est parsemé de Billabongs.

Boomerang

La magie du boomerang, qui revient à son point de départ a toujours fasciné les non initiés. Bien lancé, il peut atteindre 80 km à l'heure et tourbillonne sur lui-même à plus de dix tours par seconde. Parti presque à la verticale, il monte d'abord en roulant comme un cerceau aérien puis, tout en se couchant peu à peu, il exécute un virage complet à 360 degrés, toujours tournoyant. C'est la fameuse trajectoire en boucle. Il n'y a pas de secret, si

Voyageuse sac à dos.

ce n'est le « savant petit coup de poignet », un peu comme si on faisait claquer un fouet. Les « killing sticks » sont des « bâtons à tuer » pesant environ un kilogramme, dont se servent encore les Aborigènes pour chasser le kangourou. Cette arme primitive et meurtrière ne revient pas comme le boomerang.

Box jellyfish

La redoutable « méduse boîte », qui sévit surtout sur les côtes Nord du Queensland entre novembre et avril. Son contact peut être mortel. Même si les plages les plus fréquentées sont équipées de filets, il faut toujours s'informer pour se baigner auprès des maîtres-nageurs.

Bring your own

De nombreux restaurants, surtout les moins chers, pratiquent la formule BYO (« Bring your own »), apportez votre boisson alcoolisée.

Campagne

La campagne des Australiens, c'est l'Outback ou le bush. Les randonnées des Australiens blancs sont le « *bushwalking* », variante du « walkabout » des Aborigènes.

Casoar

Le casoar est un grand oiseau de près de 2 mètres incapable de voler, ressemblant à une autruche, et pouvant être agressif pour l'homme. Il se nourrit de fruits et de feuilles tendres. Il vit dans les forêts tropicales du nord de l'Australie et en Nouvelle-zélande.

Chameaux

Les premiers explorateurs ont importé des chameaux pour découvrir le continent. Cet animal des déserts est le seul capable de survivre dans les régions arides des déserts australiens. Les chameaux ont été importés surtout d'Afghanistan. Aujourd'hui, beaucoup sont retournés à l'état sauvage et se rencontrent dans le bush par groupes.

Cow-boys australiens

L'Outback a développé, une culture bien à lui avec des « personnages » qui dans la culture australienne si jeune ont une grande importance et s'apparentent aux cow-boys de l'Ouest américain, version australienne. Le « shearer » (tondeur de mouton) qui passe de ferme en ferme, le « stockman », le « drover » qui conduisent et rassemblent les troupeaux ou le « jackeroo », l'apprenti cow-boy.

Didjeridoo

Cet instrument à vent est l'objet rituel aborigène. Il est fait d'une branche ou du tronc d'un jeune eucalyptus creusé par des termites. Le didjeridoo mesure généralement entre 120 et 185 cm

Petroglyphes aborigènes dans le parc national de Kakadu .

et est peint de motifs du Dreamtime. Une technique particulière, appelée « respiration circulaire », ou « souffle continu », est nécessaire pour en jouer. Servant à marteler le rythme, le didjeridoo accompagne le plus souvent le chanteur, bien qu'il soit parfois joué en solo lors de représentations de corroborrees (danses traditionnelles). Découvert en Terre d'Arnhem, dans le Northern Territory, le didjeridoo est très certainement l'instrument de musique le plus ancien au monde.

Dingo

Chien sauvage, probablement venu d'Asie il y a des milliers d'années. Sur Fraser Island, Etat du Queensland, vous en rencontrerez beaucoup.

Distances

Il y a une expression pour qualifier le sentiment d'isolement des Australiens sur ce continent si lointain : « la tyrannie de la distance ». Distances intérieures, distances entre les villes principales, tout se calcule en milliers de kilomètres et le moindre trajet dans l'Outback en centaines de kilomètres. Un sentiment fort qui forge le tempérament australien.

Dreamtime

Mythologie et religion des Aborigènes.

Dugout

Habitation semi enterrée ou troglodyte. A Coober Pedy, capitale de l'opale en Australie du Sud, la température est telle que la plupart des habitants vivent sous terre dans des anciennes mines désaffectées, les dugouts.

Koala du zoo de Sydney.

Écologie

Les écologistes en Australie sont appelés des « greenies ». Ils ont lancé une campagne mondiale contre la pollution de la planète. On se souvient aussi de l'affaire du « Rainbow Warrior » à Auckland en Nouvelle-Zélande qui n'est pas loin, même si les Australiens ne semblent pas avoir gardé de griefs contre les Français, excepté en matière d'essais nucléaires dans le Pacifique Sud. Les jeux Olympiques de l'an 2000 ont été classés comme les Jeux Verts (écologiques).

Footie

Prenez un ballon ovale, 18 joueurs, un peu des règles du football et du rugby, et vous obtiendrez un sport très populaire en Australie, le Footie ou l'Australian rules ou encore Aussie rules.

Flying Doctors

La création des Flying Doctors, littéralement les médecins volants, répond au besoin de soigner les fermiers qui sont isolés dans le bush, à des centaines de kilomètres d'un médecin ou d'un hôpital. Pour les premiers soins, les fermiers et leur famille possèdent un kit médical, mais pour les problèmes plus graves, un avion est envoyé sur place avec un médecin.

Grande Barrière de corail

C'est la huitième merveille du monde, 2 000 km de coraux qui s'étirent le long de la côte Est de l'Australie.

Koala

L'un des symboles de la faune australienne, mangeur de feuilles d'eucalyptus. « Koala » signifie en langue aborigène « ne boit jamais ». Ce marsupial ne boit jamais si ce n'est la rosée sur les feuilles d'eucalyptus le matin. Difficile de l'apercevoir à l'état sauvage, à moins de vous rendre sur Kangaroo Island en Australie du Sud, sanctuaire des koalas et des kangourous.

Kookaburra

Ce martin-pêcheur australien est sûrement le plus célèbre oiseau d'Australie. Quand vous aurez entendu son cri dans une forêt tropicale, qui ressemble à s'y méprendre à un rire humain moqueur, vous comprendrez pourquoi.

Marsupial, du grec *marsipos* « sac »,

Sauf pour de très rares exceptions, les marsupiaux vivent en Australie, en Tasmanie ou en Nouvelle-Guinée.

Le groupe des marsupiaux est une sous-classe de mammifères. La femelle possède une poche abdominale (*marsupium*) dans laquelle son petit, né à l'extérieur de celle-ci, se réfugiera jusqu'à ce qu'il puisse se nourrir lui-même.

Naturisme

Certaines plages sont réservées aux nudistes. Ici, pas de phobie des seins nus comme aux Etats-Unis même si les Australiennes préfèrent généralement dérober les leurs aux regards.

Ned Kelly

L'un des héros populaires d'Australie le « Robin des bois » du bush, né en 1855. Ned Kelly a défrayé la chronique à l'époque. Gangster, pilleur de banques, il ridiculisait la police. Célèbre aussi pour avoir commis ses forfaits avec un heaume en acier sur la tête, un peu comme un chevalier des temps modernes australiens. Dans un pays peuplé par des bagnards, les convicts, on ne devrait peut-être pas s'étonner qu'un héros soit un gangster.

Opales

Les opales d'Australie sont parmi les plus réputées au monde, Coober Pedy dans l'Etat d'Australie du Sud en est la capitale. Les couleurs des opales diffèrent en fonction des régions d'où elles sont extraites.

Opera House

Les voiles d'un navire, un coquillage, l'Opera House, et surtout son toit, est un des symboles de Sydney et de l'Australie moderne. Mais étrangement, l'architecte est un Danois, Joern Utzon. Sa construction s'est révélée très difficile et longue, une loterie a été lancée pour le financer. Aujourd'hui c'est le principal centre artistique d'Australie.

Oyster shot

L'« Oyster shot » est une huître crue dans un verre de tequila, à boire cul sec (comme une tequila frappée).

Îlot de la Grande Barrière de corail.

Plage de Lady bay, Sydney.

Pistes

Pour vraiment découvrir l'Australie, surtout l'Australie intérieure, l'Outback, il faut emprunter des pistes. Souvent ces pistes, « *tracks* » ne sont praticables que pendant la saison sèche, en 4X4, en s'y préparant et en prévenant les rangers avant de partir. Les pistes s'étirent sur tout le continent ou sur tout un Etat, comme la Canning Stock Road, longue de 1 700 km, qui traverse le Sandy Desert et le Gibson Desert. Elles permettent de découvrir des régions isolées, des paysages splendides sauvages et vierges.

Plages

Avec 7 000 plages, l'Australie offre toujours un endroit paradisiaque pour étendre son drap de bain. La plupart des plages d'Australie sont vierges. Un conseil : toujours se baigner en ayant au préalable demandé conseil à des autochtones pour éviter les mauvaises surprises, genre méduses, stone fish, etc.

Problèmes

« No worries » (pas de problème) pourrait être la devise nationale. C'est ce qui rend les Aussies si sympathiques, moins stressants que les Américains. Mais cette nonchalance peut parfois agacer quand il s'agit de choses que l'on juge, nous, importantes.

Requins

Beaucoup de requins ont élu domicile dans les eaux australiennes, mais n'ayez crainte, vous avez plus de risque d'être foudroyé par un éclair que d'être attaqué par un requin.

Road signs

Les panneaux routiers australiens, surtout ceux du bush font partie du décor. Celui, très répandu, d'un kangourou noir sur fond orange avec comme inscription, « Next 50 km », vous indique que vous pourriez rencontrer, sur les 50 prochains kilomètres, des kangourous qui traversent les routes avec la fâcheuse habitude de se jeter sous les voitures.

Kangourous.

Road train

Les grands axes routiers de l'Outback sont parcourus par les camions gigantesques que sont les road trains, véhicules à plusieurs remorques transportant du bétail et atteignant souvent soixante mètres de longueur. Leur réservoir contient jusqu'à 2 000 litres d'essence (1 litre/km).

Camions sur la Darwin Road, Adelaide.

Roos

Un mot pour désigner les kangourous. En fonction des saisons, leur population varie de 15 à 30 millions d'individus, plus nombreux que les Australiens ! Il existe 70 espèces de kangourous, du plus petit au plus grand, dont le Red Kangourou de 2 m de haut. Le spectacle d'un groupe de kangourous filant dans le bush en sautant à 50 ou 60 km/h est magique.

School of the air

Les enfants des fermes de l'Outback suivent leur scolarité par radio, leur instituteur étant derrière un micro, l'élève devant son poste de radio. Plusieurs fois par an, les élèves de ces classes virtuelles se réunissent avec leur instituteur. Alice Springs et Port Augusta sont des centres importants de la SOTA, la School of the Air.

Serpents

L'Australie est sans conteste le pays où il y a le plus grand nombre d'espèces de serpents au monde. Ils sont partout, mais beaucoup ne sont pas venimeux et la plupart chasse la nuit.

Shout

Shout, c'est l'équivalent en Australie de « c'est ma tournée », tournée de bière évidemment !

Soleil

Sûrement le plus redoutable des dangers de l'Australie, car c'est celui dont on se méfie le moins. Le soleil est beaucoup plus fort et plus chargé en UV qu'en Europe. Il faut absolument se protéger avec une crème solaire d'indice élevé, porter un chapeau, et pourquoi pas un célèbre chapeau australien. Utiliser une bonne paire de lunettes, boire beaucoup, surtout dans l'Outback.

Strine

Le *strine*, c'est l'anglais des Australiens, des expressions qui émaillent l'anglais « britannique » plus conventionnel. Comme par réaction ou provocation et aussi pour se démarquer. Le strine est souvent composé d'expressions argotiques, crues, directes avec beaucoup de raccourcis comme « *Arvo* » pour afternoon « *roo* », pour kangourou, G'day pour Good day, POME pour les Anglais, POME comme Prisoner Of Mother England.

Station

Une station ou « Homestead » est une ferme de l'Outback australien. La ferme à l'australienne est immense, certaines sont de la taille de la Belgique. On rassemble le bétail en avion ou à moto.

Swag

Du même mot signifiant « balluchon », modifié en « swagmen » pour désigner les travailleurs ruraux itinérants. A la fois sac de couchage, et abri comparable à une petite tente, le swag permet de dormir dans le bush, au plus près de la nature, sans connaître les désagréments de la fraîcheur ou des petites bêtes qui pourraient vous importuner.

Vegemite

Créée par un chimiste, le Dr Cyril Callister, cette pâte à tartiner à base de levure de bière est depuis 1923 une icône de ce pays. 90 % des Australiens en consomment chaque jour. Tartinée sur des sandwiches ou incorporée à des sauces, des soupes ou des ragoûts, la vegemite est incontournable dans la cuisine australienne. Près de 22 millions de boîtes sont vendues chaque année. Très riche en vitamine B, elle est recommandée par les médecins dès 1939, et les soldats australiens ne manquent pas d'en apporter partout avec eux pour garder « un petit goût de la maison ». Pourtant, son goût incertain ne fait pas l'unanimité des touristes.

Vins

Les vignobles australiens font désormais concurrence aux vignobles français et californiens. Les vins australiens s'exportent dans le monde entier. Les Australiens ne s'y trompent pas et deviennent de grands consommateurs de ces vins ensoleillés de la Yarra Valley ou de la Barossa Valley. Rien de tel qu'un chardonnay à la terrasse d'un café en fin de journée.

Walkabout

Voyage initiatique, rituel sur les traces des Anciens au long duquel les Aborigènes chantent des airs du Dreamtime.

Water tank

Ces cylindres en tôle ondulée que l'on peut voir près de chaque maison sont destinés à la collecte des rares eaux de pluie. Avec les éoliennes qui pompent l'eau saumâtre des bores souterrains, c'est l'image la plus caractéristique de l'Outback australien.

Working Holiday Visa

Depuis janvier 2004, l'Australie accorde aux Français un visa vacances-travail, une formidable opportunité de travailler en Australie pour payer son voyage, d'une durée d'un an. Pour les 18-30 ans.

X-Ray

Littéralement « rayon X ». C'est une technique de peinture aborigène qui fait apparaître les organes des personnes ou des animaux dessinés. Les œuvres utilisant cette technique surprenante sont parmi les plus recherchées.

Faire – Ne pas faire

Faire

Une croisière dans la baie de Sydney. La baie de Sydney est sans conteste une des plus belles baies du monde. Pour en apprécier toute la diversité, les vieux bâtiments du quartier des Rocks, les buildings modernes de Circular Quay, l'étrange forme en portemanteau de l'Harbour Bridge, les quartiers résidentiels des environs de Sydney et surtout l'incomparable architecture de l'Opéra House, rien de tel qu'une petite croisière à bord d'un bateau. Faites-vous plaisir : pour peu de dollars, prenez le ferry en direction de Manly et savourez cette traversée.

Ecouter le silence de l'Outback. Vous êtes seul, au milieu de nulle part dans le Centre Rouge loin des trépidations des villes, des hôtels… C'est le petit matin. Au moment où les premiers rayons de soleil commencent à réchauffer l'atmosphère, pas un bruit dans le désert, pas le moindre souffle de vent. A vos pieds, l'immensité rouge infinie du bush, et là, à côté de vous, palpable, lourd, assourdissant, il est là, vous submerge, vous emporte… le silence !

Contempler les étoiles de l'hémisphère austral. Ne partez pas sans un guide des étoiles qui vous permettra de contempler nombre d'astres invisibles de notre côté de la planète. La Croix du Sud est sans conteste la constellation à voir en priorité.

Plonger sur la Grande Barrière de corail. Même si les coraux souffrent depuis plusieurs années du réchauffement climatique, la grande barrière reste un site incontournable pour les amoureux de la mer et de la faune marine. Petit détail : si vous oubliez votre brevet de plongée, il vous faudra remplir un minitest auprès des moniteurs accompagnateurs avant de pouvoir chausser les palmes en dehors des nombreux baptêmes organisés.

Admirer Uluru au coucher du soleil. Deuxième plus grand monolithe du monde après celui du mont Augustus (852 km au nord de Perth) et, sans conteste le plus célèbre. Culminant à 348 m de haut pour un périmètre de 9 400 m, tout en grès rose, il est superbe avec ses couleurs ocre, changeantes en fonction de la position de l'astre solaire.

Cavaliers au coucher du soleil dans l'Outback.

Visiter Kangaroo Island. Cette île d'Australie méridionale, troisième d'Australie en superficie, possède une faune et une flore tout à fait remarquables.

Assister à un match de football australien. Suivre ces athlètes que sont les joueurs de footy dans ce jeu palpitant, mais totalement inconnu de l'autre côté de la planète, vous fera passer un moment inoubliable.

Goûter au barramundi. Ce délicieux poisson à la chair blanche des rivières du nord-est de l'Australie est un vrai régal. Parmi les différents mets proposés sur l'île-continent, il est de ceux qu'on n'oublie pas.

Et plein d'autres choses encore…

Ne pas faire

Escalader Uluru. Quoi de plus tentant que d'escalader Uluru, ce magnifique monolithe rouge planté au milieu de nulle part. De son sommet, la vue doit y être fabuleuse… Mais il serait plus sage de vous abstenir. En effet, Uluru, lieu sacré des Aborigènes, fait partie intégrante de leurs croyances, de leur mythe. Aussi déconseillent-ils aux touristes cette escalade, pour préserver la paix de leurs ancêtres, et leur éviter les risques de faire cette montée dans de mauvaises conditions, dans une chaleur écrasante. Les Aborigènes locaux se sentent responsables de ce qui peut vous arriver sur leur rocher sacré. Soyez alors respectueux de leurs coutumes et contentez-vous d'en faire le tour ou pour les plus chanceux, de le survoler.

S'aventurer sur les pistes sans préparation. Eté comme hiver, les pistes du bush peuvent être dangereuses, l'immensité du pays leur donne des distances incroyables. En été, la chaleur y est torride et en hiver les pluies torrentielles s'y abattent… Avant de partir, mieux vaut s'assurer que le véhicule est en bon état et que les réserves d'eau et de carburant sont suffisantes pour votre parcours. Il est aussi indispensable de prévenir les rangers de votre itinéraire avant de partir, ils auront ainsi plus de facilité à vous rechercher au cas où vous auriez des problèmes.

Se baigner dans les zones indiquées comme dangereuses du fait de la faune présente (méduses, requins, crocodiles…), ou tout simplement des conditions météo. Le danger est réel, ne devant jamais être sous-estimé.

Transporter de l'alcool dans certains états ou territoires. Cette interdiction a pour objet, entre autres, de minimiser les risques liés à l'alcool dans les populations aborigènes.

Enfreindre la quarantaine. Vous avez l'obligation de vous défaire des produits susceptibles de transporter germes et maladies (notamment les fruits) avant le passage entre certains Etats, et même entre deux parties d'un même Etat, quarantaine oblige… Des panneaux d'information vous le rappelleront sur la route (dans le doute, un numéro gratuit d'appel des douanes en Australie ✆ 1800 06 1800).

Prendre des photos sans l'accord des personnes concernées, en particulier lorsqu'il s'agit d'Aborigènes. Il est également souhaité de ne pas utiliser d'appareil photo dans certains lieux sacrés.

Escalade dans le parc national des Grampians.

Survol de l'Australie

GÉOGRAPHIE

La superficie de l'Australie, presque comparable à celle des Etats-Unis, est égale à quatorze fois celle de la France. Cette « île continent » est baignée par les eaux de l'océan Pacifique à l'est, par celles de l'océan Indien à l'ouest, et par les quatre mers de Tasman, de Corail, d'Arafura et de Timor.

La traversée du continent représente 4 000 kilomètres d'est en ouest, et 3 200 kilomètres du sud au nord. Le point le plus au nord du pays, le cap d'York, n'est situé qu'à 1 000 kilomètres de l'équateur.

Les paysages australiens, parfois très beaux, présentent dans l'ensemble une certaine monotonie. L'impression générale que donne le relief est celle d'un pays plat, usé et raboté par les temps immémoriaux. Les seules véritables forêts se cantonnent sur la frange côtière est.

Le point culminant se trouve à 2 230 mètres, au mont Kosciusko, dans la Great Dividing Range. Cette « cordillère australienne » s'étend du Victoria au sud, en traversant les New South Wales, jusqu'au Queensland du Nord.

Le point le plus bas de l'Australie est le lac Eyre en South Australia, situé à 15 mètres en dessous du niveau de la mer.

La chaîne des montagnes de la Great Dividing Range détermine une ligne de partage des eaux, entre les rivières qui dévalent les pentes vers l'ouest pour se perdre dans les étendues désertiques, et celles qui s'écoulent vers l'est, vers la frange côtière fertile et le Pacifique.

Mais une grande partie du pays n'a pas de drainage normal vers la mer. Sur d'immenses étendues, l'insuffisance des pluies ne permet qu'une médiocre végétation : l'eau représente le principal problème de l'Australie.

Si l'intérieur du continent est monotone, l'Australie possède des côtes magnifiques où se succèdent promontoires rocheux et plages de sable blanc, estuaires frangés de mangroves, dunes, falaises et landes littorales.

Au large des côtes, des îles de toutes tailles et de toutes formes côtoient d'innombrables récifs coralliens.

Les États et Territoires du Commonwealth d'Australie

L'Australie est divisée en six Etats et en deux Territoires : la Nouvelle Galles du Sud (New South Wales = NSW), le Victoria (VIC), l'Australie-Méridionale (South Australia = SA), l'Australie occidentale (Western Australia = WA), le Queensland (QLD), la Tasmanie (TAS), le Territoire du Nord (Northern Territory = NT) et le Territoire de Canberra (Australian Capital Territory = ACT).

Queensland

Le Queensland est connu pour son ensoleillement, son climat subtropical et ses longues plages. On ne peut parler de cet Etat sans mentionner la Grande Barrière de corail (la huitième merveille du monde) et la multitude des îles qui la composent.

- **Superficie :** 1 723 936 km².
- **Population :** 3 590 000 habitants.
- **Capitale :** Brisbane (1 300 000 habitants).

Northern Territory

Le Northern Territory est synonyme de l'Outback avec ses vastes étendues de terre rouge sous un ciel d'un bleu violet intense, sa montagne monolithe sacrée Ayers Rock dans le « cœur rouge » de l'Australie, et le parc national de Kakadu dans le nord, sanctuaire des Aborigènes traditionnels et des crocodiles mangeurs d'homme.

- **Superficie :** 1 346 200 km².
- **Population :** 200 000 habitants.
- **Capitale :** Darwin (100 000 habitants).

Western Australia

Western Australia, le plus vaste des Etats (environ un tiers du continent australien, plus de quatre fois la France), englobe toute la côte Ouest, Les paysages sont très variés, allant de formations rocheuses impressionnantes au nord, en passant par des étendues désertiques, jusqu'aux vignobles verdoyants du Sud.

Chutes d'eau dans la forêt tropicale.

Tarversée des Craddle mountains, Tasmanie.

Lac Dove, Tasmanie.

Grande Barrière de corail, Snorkeling.

- **Superficie :** 2 525 500 km².
- **Population :** 2 000 000 habitants.
- **Capitale :** Perth (1 240 000 habitants).

South Australia

South Australia, cet Etat du Sud, premier producteur national de vin, est tributaire de climats désertiques et semi désertiques.

- **Superficie :** 978 810 km².
- **Population :** 1 520 000 habitants.
- **Capitale :** Adelaide (1 080 000 habitants).

Victoria

Le Victoria, c'est l'Etat jardin, avec ses vergers et vignobles dans les plaines fertiles du fleuve Murray. Ici, tout est d'un vert lumineux, le climat est tempéré, les montagnes sont couronnées de nuages.

- **Superficie :** 227 600 km².
- **Population :** 4 885 000 habitants.
- **Capitale :** Melbourne (3 400 000 habitants).

Australian Capital Territory

Canberra est le plus petit et le plus récent des Territoires, fondé en 1908 pour y établir la capitale. Le site fut choisi pour des raisons diplomatiques, une façon à mettre fin à la rivalité toujours vivante entre Sydney et Melbourne.

Tasmania

Au sud de Melbourne, la Tasmanie est une île très sauvage et montagneuse avec des paysages forestiers et des parties encore inexplorées.

- **Superficie :** 64 519 km².
- **Population :** 475 000 habitants.
- **Capitale :** Hobart (300 000 habitants).

New South Wales

New South Wales (Nouvelle Galles du Sud) est l'Etat où arrivèrent les bagnards à Sydney Cove en 1788.

- **Superficie :** 800 628 km².
- **Population :** 6 660 000 habitants.
- **Capitale :** Sydney (4 000 000 habitants).

Les différents visages de l'Australie

L'Australie est peu peuplée : 20, 1 millions d'habitants en 2004. Paradoxalement, c'est l'un des pays les plus urbanisés du monde. Les deux tiers de la population se concentrent dans les seules capitales des Etats et sur les côtes. Les immenses régions de l'intérieur, où la radio et l'aviation ont rompu un isolement jadis quasi complet, sont presque vides d'hommes.

La Boomerang Coast

Elle est située dans la partie sud-est du continent, entre les montagnes de la Great Dividing Range et les côtes du Pacifique.

Quiz ou quelques faits intéressants sur la géographie de l'Australie

- **La plus grande montagne :** Mount Kosciuszco 2 229 mètres.
- **Le plus haut pic :** Mawson Peaksur Heard Island (2 754 m).
- **L'Australie est le plus bas continent au monde** avec une moyenne d'altitude de seulement 330 mètres. L'endroit le plus bas est le lac Eyre en Australie du Sud, à 15 m en dessous du niveau de la mer.
- **Le plus grand monolithe du monde est le mont Augustus,** situé en Western Australia à environ 852 km au nord de la ville de Perth. Agé d'environ 1,7 milliard d'années, ce monolithe de 825 mètres est deux fois plus grand que celui d'Uluru pour une surface de 47,95 km².
- **Le point le plus austral** est SouthPoint, dans le parc national de Wilson's Promontory, au sud de Melbourne.
- **La plus grande rivière** est la Murray River.
- **Le plus grand Etat** est le Western Australia qui totalise plus de 2,5 millions de kilomètres carrés.
- **Le plus petit Etat** est la Tasmanie.
- **La température la plus chaude enregistrée en Australie** (Queensland en 1889) est de 53° C.
- **La température la plus froide enregistrée en Australie** (Charlottes Pass en 1994 dans les montagnes de la Great Dividing Range, près du mont Kosciuszko) était de -23° C.
- **L'endroit le plus sec en Australie** est le lac Eyre avec une moyenne annuelle des pluies de moins de 125 millimètres.

La Boomerang Coast, longue de 3 000 kilomètres, entre Adelaide au sud-ouest à Brisbane au nord-est, totalise un dixième de la superficie du pays. La chaîne de la Great Dividing Range arrête l'essentiel des pluies venant du Pacifique à l'est, et de l'Antarctique au sud.

De juillet à septembre – l'hiver en Australie – les sommets dans le Sud sont couverts de neige. Les plaines qui s'étirent à leur pied jusqu'à l'océan, régulièrement arrosées, sont favorables à l'agriculture, à l'élevage et à l'implantation urbaine.

Neuf Australiens sur dix habitent la Boomerang Coast. Ces régions de collines et de vastes plaines ondulées, c'est l'Australie utile, humide et tempérée, facile à défricher.

La côte au sud de Sydney est l'une des plus variées. De petites plaines côtières sont interrompues par des falaises hostiles. Des dépressions, envahies par la remontée du niveau de la mer, forment des baies magnifiques. La baie de Port Jackson (Sydney) est l'une des plus belles au monde.

Les plaines fertiles de la Murray River

Le principal cours d'eau d'Australie est la Murray. Ce fleuve définit la frontière entre les New South Wales et le Victoria. Dans le sud-ouest, les eaux se concentrent dans le seul grand bassin fluvial de l'Australie qui couvre une superficie deux fois plus grande que la France. Les berges de la Murray sont devenues d'immenses vergers irrigués. On y trouve, entre autres activités, l'élevage bovin pour les produits laitiers, la production de céréales et de légumes et les vignobles de la Murray Valley. La Murray, longue de 2 766 kilomètres, n'est bien alimentée qu'en amont. Certaines années, la Murray devient même incapable de percer le cordon littoral qui barre son embouchure près d'Adelaide. Les eaux de la rivière Snowy, qui prend sa source dans le massif du Kosciusko, ont été détournées vers le bassin de la Murray grâce à un tunnel de 20 kilomètres. C'est un énorme handicap pour l'Australie de ne pas posséder d'autres réseaux fluviaux.

La Great Dividing Range

La Grande Cordillère australienne présente plus souvent un aspect de plateau que de montagne. Dans les régions tempérées de Sydney et de Canberra, des plateaux de grès constituent les Blue Mountains. Ces montagnes sont couvertes de forêts à moitié cachées sous une vapeur bleue provenant de l'huile d'eucalyptus. Les vallées encaissées, véritables canyons dominés par de grands escarpements verticaux, forment un dédale impressionnant. Au sud de Canberra, se dresse le plus haut sommet de l'Australie : le mont Kosciusko. Ce massif est assez élevé pour se trouver enneigé une bonne partie de l'année. Les Australiens skient sur ses pentes, entre les eucalyptus rabougris.

La Grande Barrière de corail

Au large de la côte du nord-est s'étire le plus vaste récif, barrière du monde sur plus de deux kilomètres. Le Great Barrier Reef est un univers à part, merveilleux ; l'extraordinaire variété de ses poissons tropicaux et les incroyables couleurs de ses coraux en font un paradis pour les plongeurs. La barrière comprend une multitude d'îles au climat chaud et tropical, situées à la même latitude que Hawaï. Pour n'en citer que quelques-unes : Lizard Island, Hayman Island, Heron Island, Orpheus Island, Bedarra Island ains que Hamilton Island et Dunk Island. Ce sont des stations balnéaires de luxe très animées. Terrains de golf, courts de tennis, piscines font partie de l'équipement standard.

Les trois sœurs, Blue Mountains.

La péninsule du cap d'York

Dans l'extrême Nord tropical, les côtes basses sont recouvertes d'une mangrove inextricable de racines de palétuviers, en particulier autour du golfe de Carpentarie. Les jungles humides et les forêts pluviales sont ponctuées de plaines rasées par l'élevage intensif des moutons. Sur ces vastes pâturages se dressent les squelettes de grands eucalyptus morts. Ces arbres ont été empoisonnés par les éleveurs et laissés sur place pour éviter d'avoir à les abattre et à les transporter.

Le bush

Le bush désigne l'intérieur semi-aride des terres. Le bush ou l'Outback est romantique, magique, majestueux, mystique... Envoûtant. Il laisse le souvenir inoubliable de ses immensités et de l'émotion qu'elles provoquent. La sécheresse quasi permanente de l'Outback est en partie due à la Great Dividing Range qui arrête les pluies. Derrière cette barrière montagneuse s'étend l'immense plateau rocheux qui forme les deux tiers du continent. C'est un pays érodé dont l'ensemble apparaît comme une surface à peine ondulée. Les habitations éparses du bush sont facilement reconnaissables à leurs toits de tôle ondulée, comme d'ailleurs dans la majeure partie de l'Australie. Elles sont inévitablement flanquées d'un réservoir d'eau et d'une éolienne. Les petites villes de marchés au bétail ne sont pas sans rappeler le Far West américain. Les quelques larges rues se croisent à angle droit et débouchent sur la plaine poussiéreuse. Les principaux bâtiments sont en général une banque victorienne et un hôtel-pub aux vérandas et balcons somptueusement décorés de frises de fer forgé.

Le Grand Bassin artésien, the Channel Country

Une grande partie du bétail et des moutons est élevée dans ces régions qui séparent les vallées des rivières intermittentes. Ces dernières présentent un écheveau compliqué de chenaux et de bras morts qui descendent vers le Sud. Un drainage non coordonné, tout un faisceau de rivières temporaires (Cooper's Creek, Diamantina), converge vers la profonde dépression du lac Eyre. La mousson dans le Nord provoque souvent des inondations monstres dans ce pays plat qui déborde alors littéralement. Toutes les routes sont coupées et les cattle-stations restent isolées jusqu'à la baisse des eaux. Quelquefois, après la mousson, le drainage des eaux parvient à remplir le lac Eyre, mais cela n'arrive que deux fois par siècle environ. La dernière fois, ce fut en 1984. Mais la plus grande partie des eaux de ce système de rivières, le plus pauvre du monde, se perd dans les sables. Elles forment alors le Grand Bassin artésien, avec ses innombrables forages de puits d'eau plus ou moins chaude et saumâtre.

Les grands déserts et le « cœur rouge » de l'Australie

Ayers Rock se situe exactement au milieu de l'Australie. C'est un vestige de la grande cordillère de Peterman, vieille de 450 millions d'années. Ce curieux monolithe gigantesque, site sacré des Aborigènes et must touristique, s'entoure d'un bush maigre, parsemé d'eucalyptus aux troncs argentés et au feuillage gris vert. Ici, les conditions naturelles sont peu favorables à la colonisation qui est restée extrêmement éparse.

L'Australie est la plus vieille terre de notre planète, le pays le plus plat et le plus aride de notre globe. Par un phénomène inexpliqué, l'île continent n'a pas subi le contrecoup des plissements qui, au cours de cent millions d'années, ont façonné le relief montagneux des autres continents.

La petite ville d'Alice Springs et le célèbre Ayers Rock, qui forment le « nombril » géographique de l'Australie, sont encerclés de déserts : le Central Desert (réserve aborigène) au nord, le Great Victorian Desert au sud et le Simpson Desert à l'est. A l'ouest du continent, en Western Australia, le Great Sandy Desert et le Gibson Desert étirent leurs dunes de sable rouge presque au bord de l'océan Indien. Le Simpson Desert, couvert de grandes dunes stabilisées par une maigre végétation, étend sa « lande des morts » jusqu'à Birdsville à l'est et jusqu'au grand lac salé d'Eyre au sud. Celui-ci est une véritable mer de satin gris de 9 300 km². Sa croûte de sel peut atteindre une épaisseur de 50 cm. La dépression de la région du lac Eyre est séparée du sud par les monts Flinders et Lofty. A l'est, elle est séparée des plaines du Murray par les dômes de Broken Hill.

Le Top End, ultime frontière

L'extrême nord et nord-ouest, les plateaux de la Terre d'Arnhem et des Kimberley sont découpés par des rivières bien alimentées pendant les pluies tropicales de la mousson (janvier et février).

Le Kimberley. L'une des « dernières frontières sauvages » de la planète, le Kimberley se trouve au nord de Western Australia. Ce vaste plateau aride n'est occupé que par quelques rares cattle-stations si grandes que le bétail y retourne à l'état sauvage (scrub bulls), et par de fabuleuses mines de diamants roses, les Argyle Diamonds. La géologie de l'Australie est unique. Après une érosion de plusieurs millions d'années, les éléments nutritifs du sol ont presque entièrement disparu. Ces terres furent considérées comme improductives à jamais. On sait aujourd'hui que de nombreux gisements de minéraux tels que l'or, le nickel, le plomb, le fer, le manganèse et l'étain s'y trouvent en grandes quantités.

L'Ouest australien

Séparée des Etats de l'Est par 4 000 km de déserts inhospitaliers, Western Australia est un monde à part, tant par sa nature que par l'atmosphère heureuse qui y règne. Perth est une des villes les plus isolées du monde. Au printemps, les campagnes au sud se couvrent d'incroyables tapis de fleurs sauvages. Certaines variétés de forêts d'eucalyptus, les majestueux « Jarrah » et « Karri », comparables aux séquoias de Californie, n'existent que là.

L'intérieur et le Nord

Ces régions du pays sont en grande partie composés de déserts torrides, comme le Great Sandy Desert et le Victoria Desert.

La plaine de Nullarbor

La plaine de Nullarbor est totalement dépourvue de rivières. Les rares pluies s'infiltrent immédiatement, il n'y a aucun drainage et les nappes souterraines sont souvent salées. Cette région est l'une des plus désolées d'Australie… Au nord, les dunes des déserts intérieurs font peu à peu place à ce plateau calcaire qui descend lentement vers le sud, sur 300 km, pour dominer la mer de ses falaises de 70 mètres de haut. La côte présente une alternance de falaises et de cordons littoraux battus par les vagues gigantesques de la Great Australian Bight, la Grande Baie australienne.

L'île de Tasmanie

Au sud-est de l'Australie, l'île de Tasmanie est séparée du continent par le détroit de Bass. L'île est caractérisée par son relief escarpé et son climat océanique. C'est l'Etat de l'Australie dont le relief est le plus pittoresque. A l'est de l'île, les sommets du massif montagneux des Cradle Mountains atteignent 2 000 m. Au centre, la plaine de Launceston met en communication les côtes nord et sud. Les habitants sont surtout répartis sur la côte nord et autour de la capitale Hobart au sud.

Les plages

Il y a des plages en pleine ville, en bordure du désert, le long des grandes routes. Des plages de surf sur des dizaines de kilomètres sans interruption, des plages où les dauphins viennent jouer avec les touristes, des plages à filets anti-requins…

Il y a les plages des îles coralliennes sur les barrières de corail, très sûres et exemptes de méduses toute l'année, des plages à courants sous-marins dangereux, et des plages surveillées par les life-savers typiquement australiens.

CLIMAT

Située de part et d'autre du tropique du Capricorne dans l'hémisphère Sud, l'Australie a une position symétrique à celle du Sahara dans l'hémisphère Nord. Hormis la Tasmanie et une étroite bande littorale le long des côtes Sud, Est et Nord, le reste du continent australien bénéficie de plus de trois mille heures d'ensoleillement par an. De manière générale, le climat est sec, c'est le continent qui reçoit le moins de précipitations au monde. Les deux tiers de l'Australie sont arides ou semi-arides, ce qui explique que la population, dans sa majeure partie, habite dans les villes. Ce fait ne manque pas de surprendre les nombreux visiteurs qui s'imaginent que les Australiens sont pour la plupart des paysans vivant au fin fond de campagnes brûlées par le soleil. L'Australie est une terre de contrastes. Les périodes de sécheresse sont relativement courantes avec, quelquefois, des conséquences graves. Presque tout le continent est menacé par l'aridité, à tel point que l'élevage de bétail et de moutons connaît d'importantes fluctuations en fonction de l'alternance entre séries d'années de sécheresse d'une part, d'inondations de l'autre. Durant l'été austral, les températures élevées et l'humidité règnent le long des côtes du nord. La chaleur écrasante des régions de l'intérieur est difficilement supportable. La plupart des régions connaissent de fréquents épisodes caniculaires.

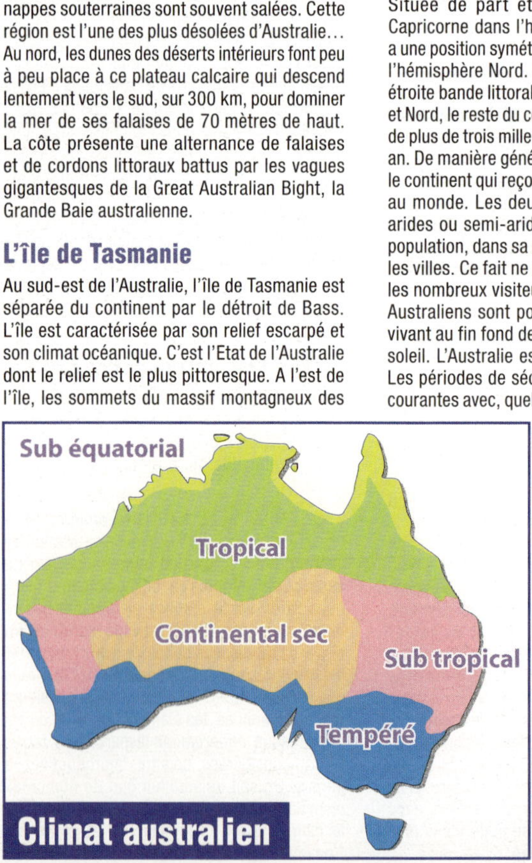

Climat australien

L'Outback australien

L'Outback, ce sont les terres de l'intérieur de l'Australie, cette poussière rouge, *bull dust*, qui s'immisce partout...

Le bush, appelé ainsi à cause de ces buissons typiques poussés par le vent, est recouvert de marécages et de boue qui empêchent tout passage d'octobre à mars.

Les distances sont infranchissables, à tel point que les médecins ont dû se transformer en aviateurs pour visiter leurs patients.

Quant aux écoliers, la School of the air, système de radio, leur permet de rester en contact avec les professeurs. Depuis, Internet est arrivé...

L'Outback, ce sont des ranchs, les stations, sur des étendues plus grandes que la Corse, avec des moutons et des vaches habitués à la liberté des grands espaces. On les rassemble, (mustering), comme font les cow-boys des westerns, mais aujourd'hui, autres besoins, autres moyens, si les chevaux sont toujours utilisés, on leur préfère les motos, les 4X4, voire les hélicoptères. Le bétail, le cattle, est transporté dans des camions, plutôt des trains sans rail, d'où le nom, road trains, qui sillonnent les tracks, des routes toutes droites, longues de centaines de kilomètres, sans croiser âme qui vive pendant des heures. Heureusement, au bout du chemin, il y a les pubs, surprenants, très exotiques, on y boit la « piss », c'est réellement ainsi qu'on y appelle la bière.

L'Outback, c'est une autre échelle, tout y est grand. Prenons quelques chiffres, histoire de briller devant les amis : 27 millions de bovins, 123 millions de moutons tondus par des « *shearers* » à raison de 170 à 180 bêtes par jour et par personne (quel boulot!), ce qui fait de l'Australie l'un des plus grands producteurs de laine au monde. Autres chiffres, pêle-mêle : la dingo ou dog fence, une barrière anti-chien de 5 400 kilomètres de long (il ne faut pas confondre cette clôture avec l'ancienne rabbit proof fence, en Western Australia, qui fut édifiée pour éviter l'invasion des lapins), cinq grands déserts représentant 70 % du territoire, la « Big Red », une dune de 60 mètres de haut et puis cette image emblématique du pays (autre que le koala, le kangourou, le boomerang, etc.), Ayers Rock, immense pierre posée sur la terre, de 348 mètres de haut, presque 10 kilomètres de circonférence, objet de culte pour les Aborigènes qui l'appellent Uluru, et devenu patrimoine mondial de l'Unesco.

Et peut-on parler d'« Oz » sans évoquer ces « magiciens », les Aborigènes, gardiens de cette terre depuis 60 000 ans, grands mystiques et grands artistes. Il y a un peu plus de 200 ans, l'arrivée des Européens s'est faite dans la douleur et les drames, heureusement depuis les choses ont évolué vers plus de tolérance envers les Aborigènes, même si beaucoup reste à faire.

L'Outback, ce sont des dangers également. Quand on pense à l'Australie, on pense plutôt aux requins, mais d'autres bébêtes plus petites ne sont pas plus agréables à rencontrer. Au pays de Crocodile Dundee, il y a aussi des araignées et des serpents dont huit des dix espèces les plus venimeuses au monde vivent ici. On ne se promènera donc pas pieds nus, mais pas de panique, les « chances » d'en apercevoir restent faibles, ils ont beaucoup plus peur que nous et ce sont eux qui risquent le plus leur vie.

Enfin, l'Outback, c'est la terre immuable, inchangée depuis des dizaines de milliers d'années, et qui sera encore là quand autant de temps aura passé. « *Mad Max* » y a planté son décor et n'a pas eu besoin d'effets spéciaux pour un film sur Mars, les terres rouges sont déjà là. Mais ce n'est pas un film, c'est la réalité. Quand bien même, la confusion est compréhensible, tant ce pays reste mystérieux, terra encore incognita pour les hommes qui s'y aventurent. Comment pourrait-on décrire l'émotion que l'on peut ressentir quand on foule un sol que peut être personne n'a jamais foulé, quand on entend un tel silence que seuls les battements du cœur peuvent briser, devant ces couleurs inédites, un rouge, un vert, un bleu, qui n'existent qu'ici.

C'est beau, c'est envoûtant, c'est un pays magique, unique, éternel, d'où l'on ne peut revenir inchangé.

Merci à Frédéric Carpentier
www.australia-australie.com

La région du nord, le Top End, est occasionnellement menacée par des cyclones tropicaux qui naissent principalement dans la mer de Timor en été et au début de l'automne. Il arrive aussi que le pays soit ravagé par des feux de brousse (bushfires). En décembre 2001 et janvier 2003, ce sont les faubourgs de Sydney puis de Canberra qui ont fait la une de l'actualité à la suite des immenses incendies qui ont ravagé plusieurs milliers d'hectares de bush, détruit une partie de ces villes et causé la mort de plusieurs personnes. Le 20 janvier 2003, le journal « *Le Monde* » faisait état des événements de Canberra sur son site Internet :

« ... Samedi (18 janvier) à midi, les responsables des pompiers de Canberra affirmaient pourtant que le risque était « mince » que les quartiers résidentiels puissent être atteints par les feux qui ravageaient déjà le parc national Namadgi, au sud et à l'ouest de la capitale. Trois heures plus tard, les premières maisons étaient en flammes, l'incendie étant propagé par de violentes rafales de vent qui propulsaient des débris enflammés depuis le parc Namadgi à la forêt de pins de Stromlo, qui borde la banlieue. Sous l'effet de la sécheresse qui frappe l'Australie depuis quelques mois, les pins brûlaient comme des allumettes. Les rues offraient un spectacle de désolation avec des centaines de véhicules brûlés, aux vitres et moteurs parfois fondus, témoignant de la violence du feu et de l'ampleur du désastre. Une épaisse fumée surplombait la ville, plongée dans l'obscurité en plein jour, alors que les coupures de courant dans la majeure partie de la capitale avaient provoqué d'immenses embouteillages samedi, aggravés par la fermeture de routes. Les hélicoptères anti-incendies ont d'ailleurs été cloués au sol à cause du manque de visibilité. La canicule et des vents violents combinés à la sécheresse persistante ont favorisé ces incendies après que les mêmes conditions eurent déjà provoqué d'importants feux de forêts à Sydney en décembre. »

POUR EN SAVOIR PLUS SUR LES INCENDIE DE CANBERRA EN 2003 : www.univ-lr.fr/international/australie.recherche/page28einfo/page28e11incen2003/page28e11incecanberra.htm

Hydravion survolant la côte dorée.

POUR EN SAVOIR PLUS SUR LES INCENDIES DE SYDNEY EN 2001 : www.univ-lr.fr/international/australie.recherche/page28einfo/page28e1incendie/page28f.htm

En hiver, des températures basses et des vents froids et puissants peuvent s'abattre pendant de courtes périodes sur les régions du Sud.

Au sud, Adelaide et Perth bénéficient d'un beau temps anticyclonal au ciel toujours bleu. Dans les régions agricoles au sud de Perth, ainsi que sur l'île de Tasmanie, les fronts froids de l'Antarctique produisent de fortes précipitations.

Zones climatiques

En raison de son immensité, l'Australie comprend plusieurs zones climatiques : subtropicale (Sydney et Brisbane), tropicale (Cairns et Darwin), semi-aride (Alice Springs, Ayers Rock), tempérée chaud (Perth et Adelaide), tempérée frais (Melbourne et Hobart).

Le climat tropical est caractérisé par l'opposition entre une saison sèche, en juillet, et une saison pluvieuse, principalement en janvier, mais de plus en plus longue à mesure que l'on se dirige vers le nord. Alors qu'à Wyndham, dans le Kimberley, le total des précipitations n'atteint que 688 mm, Darwin reçoit en moyenne 1 545 mm de pluies.

Les températures très élevées en saison chaude ne connaissent plus le rafraîchissement hivernal. Les variations sont très faibles à Darwin, de 5° C entre le jour et la nuit, contre 29° C à Wyndham. Sur la côte Nord du Queensland, le climat tropical est particulièrement arrosé (Cairns surtout). Des pluies considérables tombent pendant la mousson de décembre à mars.

Plus de la moitié du Queensland, presque tout le Northern Territory et la majeure partie du Western Australia sont situés sous les tropiques, à quelques degrés de latitude seulement au sud de l'équateur.

Le climat désertique, prolongé par une zone semi-aride, couvre plus de la moitié de l'Australie. En raison de la sécheresse de l'air, les températures sont très contrastées. Les étés sont très chauds partout, mais les hivers peuvent être frais dans les déserts du centre et autour d'Alice Springs. La moyenne est de 11° C, mais les températures peuvent descendre à - 4° C pendant les mois d'hiver, en juin ou en juillet. Les pluies sont rares, mais elles existent. Quand elles tombent, elles font refleurir le désert! En Australie, il n'existe pas de zone aussi totalement sèche que le Sahara.

Le climat tempéré, avec quatre saisons, des étés chauds et des hivers frais, est celui des New South Wales, de South Australia, du

Victoria, du sud de Western Australia et de la Tasmanie. La région d'Adelaide et le sud de Perth connaissent des températures moyennes assez élevées en été, par suite de vagues de chaleur et d'un vent de type sirocco. Il y a quelques pluies d'hiver en juillet, mais pas de coups de froid comme en Europe.

Le climat océanique concerne l'extrême sud-est de l'Australie et en particulier la Tasmanie. Des précipitations en toutes saisons sont dues à l'air polaire maritime et aux températures modérées. Les zones montagneuses de Kosciusko, dans le sud de la Great dividing Range, et les sommets de Tasmanie sont couverts de neige.

POUR CONNAÎTRE LE TEMPS AU JOUR LE JOUR EN AUSTRALIE : www.bom.gov.au/weather

TEMPÉRATURES DE L'AIR EN ° C		
Villes	**Été maxi-mini**	**Hiver maxi-mini**
Sydney	26/18	16/8
Melbourne	26/13	14/6
Brisbane	29/21	21/10
Adelaide	28/16	15/7
Perth	30/19	18/9
Darwin	32/25	31/20
Hobart	22/12	12/4
Cairns	31/24	26/17
TEMPÉRATURES DE L'EAU EN ° C		
Villes	**Été maxi-mini**	**Hiver maxi-mini**
Sydney	20/22	18/16
Melbourne	18/16	14/13
Brisbane	25/24	20/19
Adelaide	20/17	15/14
Perth	21/20	19/18
Darwin	29/28	26/24
Hobart	15/13	12/11
Cairns	28/27	23/22
PRÉCIPITATIONS EN MM		
Villes	**Été maxi-mini**	**Hiver maxi-mini**
Sydney	128/80	131/81
Melbourne	58/50	50/40
Brisbane	164/130	69/47
Adelaide	27/20	72/62
Perth	14/8	186/139
Darwin	391/240	3/2
Hobart	56/41	57/49
Cairns	464/167	51/26

ENVIRONNEMENT ET ÉCOLOGIE

Les Australiens, depuis les années 1990, prennent conscience des importants problèmes d'écologie et d'environnement auxquels ils sont confrontés.

Bien que le pays soit immense et peu peuplé (20 millions d'habitants), les bouleversements écologiques qui se produisent depuis le début de la colonisation commencent à avoir des effets graves sur l'environnement et le cadre de vie.

La faune et la flore australienne menacées

De nombreuses espèces ont été introduites en Australie. Alors que, pendant des centaines de milliers d'années, un équilibre s'était créé, l'introduction de ces espèces a bouleversé l'écosystème. Déjà, un dixième des mammifères australiens a disparu, en particulier des espèces en concurrence avec le renard ou le chat sauvage, introduits par les Européens.

La flore a subi le même sort pour de nombreuses espèces qui font de l'Australie une terre à part, unique, donc fragile à l'introduction incontrôlée d'espèces animales et végétales (qui n'ont pas ici de prédateurs)

Un exemple parmi tant d'autres : en 1862 l'introduction de quelques lapins, a en un siècle conduit à la colonisation foudroyante de l'Australie. Ils étaient plus d'un milliard en 1950.

La salinisation des fleuves et rivières

Un autre des problèmes graves concerne l'agriculture. Les sols fertiles et fragiles de l'Australie piétinés par des millions de bovins et d'ovins sont aujourd'hui beaucoup plus sensibles aux inondations ou à la sécheresse. Quand on sait que 1,5 % des terres de l'Australie représentent 95 % de la valeur des terres agricoles, et que ces terres s'appauvrissent, le problème est crucial pour l'économie et l'environnement.

Les systèmes d'irrigation dans un pays si pauvre en rivières et fleuves ont été décidés sans aucune planification, à l'époque où la conquête du territoire et le développement de l'économie étaient cruciaux.

Les rivières ont été détournées pour subvenir aux besoins d'une agriculture toujours plus avide d'eau et de production. Le bassin de la Murray-Darling River, le principal bassin d'irrigation de toute l'Australie, souffre de voir ses eaux devenir de plus en plus salées au risque d'être impropres pour l'agriculture et la consommation.

L'érosion des sols entraîne une augmentation des sels dans les fleuves, qui, si rien n'est fait, seront trop salés dans dix ou vingt ans entraînant une catastrophe pour l'économie australienne.

La Grande Barrière bientôt disparue ?

Il est surprenant de penser que cet organisme vivant de 2 000 km de long, qui fait la fierté et la fortune de l'industrie australienne du tourisme, inscrite au patrimoine mondial de l'humanité, pourrait disparaître dans les décennies qui viennent.

A qui la faute ? Au réchauffement climatique. Si les eaux de l'océan Pacifique baignant la Grande Barrière s'élèvent en moyenne de quelques degrés, le corail ou plutôt le polype, l'organisme vivant qui habite le corail et construit ces squelettes de calcaire, disparaîtra, et le corail, progressivement, blanchira puis disparaîtra à son tour.

Déjà l'agriculture intensive de l'Etat du Queensland, qui longe la Barrière, est responsable des superficies importantes de coraux qui meurent victimes des engrais et pesticides que les rivières et fleuves rejettent dans l'océan et donc vers la Grande Barrière si proche de la côte.

Le gouvernement australien et beaucoup d'associations comme l'organisation Landcare (www.landcareaustralia.com.au), les associations Australian Bush Heritage Fund (www.bushheritage.asn.au) ou l'Australian Wildlife Conservancy (www.australianwildlife.org) ont compris l'ampleur des problèmes auxquels est confrontée l'Australie.

National Trust Fund a investi 2,5 milliards de dollars pour commencer à s'attaquer à ces problèmes qui constituent des défis pour l'Australie dans les années à venir.

PARCS NATIONAUX

Les îles

Sur la Grande Barrière de corail, il existe une telle multitude d'îles paradisiaques que les autorités demandent aux photographes qui les survolent de bien vouloir donner une copie de leurs photos pour pouvoir les répertorier toutes !

Les Australiens ont l'habitude d'y pratiquer des petits sauts de puce pendant le week-end, tellement elles sont belles et nombreuses : des îles coralliennes (cay) aux cocotiers frangés de plages immaculées, des îles aux sables multicolores, des îles désertes comme suspendues entre une mer turquoise et un ciel bleu profond.

Crocodylus porosus dans le parc national de Kakadu.

Phasme dans la forêt humide, Queensland.

Parc national de Kakadu.

Herbe du diable, Blue Mountains.

Grande Barrière de corail, Queensland.

New South Wales

BLUE MOUNTAINS, à 100 km à l'ouest de Sydney. 208 000 hectares de canyons de grès, de forêts d'eucalyptus, fleurs sauvages, peuplés de perroquets. **Activités :** bushwalking (randonnées en brousse), camping, escalade, pique-nique.

KURING-GAI CHASE, à 30 km au nord de Sydney. 14 000 hectares de roches de grès sculptées par les rivières, fleurs sauvages. **Activités :** bushwalking, pêche, natation, pique-nique.

KOSCIUSKO, à 450 km au sud-ouest de Sydney. 630 000 hectares des plus hautes montagnes et des plus grandes étendues de neige d'Australie. Activités : ski, bushwalking, camping, pêche.

Du sud au nord à partir de Sydney

MORETON. A 140 km au sud-ouest de Sydney. 113 000 hectares de rochers de grès, les chutes Fitzroy et Belmore. **Activités :** bushwalking, camping, canoë, escalade, vélo, pêche, pique-nique.

ROYAL. A 32 km au sud de Sydney. 15 000 hectares de plages de sable, côte sauvage, forêts (*woodland*). **Activités :** bateau et canoë, pêche, baignade, pique-nique, bushwalking.

DHARUG. A 75 km au nord-ouest de Sydney. 15 hectares de rochers de grès, richesse de la faune et de la flore.

BRISBANE WATERS. A 75 km au nord de Sydney. 17 000 hectares de forêts d'eucalyptus, chutes d'eau, peintures rupestres aborigènes. **Activités :** bushwalking, pêche, pique-nique.

MYALL LAKES. A 260 km au nord de Sydney. 33 000 hectares d'un grand système de lacs. **Activités :** navigation, canoë, baignade, ski nautique, bushwalking, camping.

BARRINGTON TOPS. A 320 km au nord de Sydney. 16 000 hectares de hauts plateaux, gommiers (arbres à gomme) alpins de neige, rainforest (forêt tropicale), lyrebirds (oiseaux lyre), bower birds. **Activités :** bushwalking pour observer les oiseaux, pêche, camping, pique-nique.

WARRUMBUNGLE. A 500 km au nord-ouest de Sydney. *Ouvert de septembre à novembre et de mars à mai.* 20 000 hectares de pics et de dômes créés par des volcans. **Activités :** randonnées en brousse pour observer les oiseaux, escalade, camping.

NEW ENGLAND. A 80 km à l'est d'Armidale (près Coffs Harbour). *Ouvert de septembre à novembre et de mars à mai.* 24 000 hectares de rochers abrupts, vallées, rainforest avec gommiers supportant la chaleur et la neige.

Queensland

LAMINGTON. A 100 km au sud de Brisbane. *Ouvert de septembre à novembre et de mars à mai.* 20 000 hectares de forêts subtropicales, hêtres antarctiques, oiseaux, gorges, caves, chutes d'eau. Dans le parc, O'Reilly's Guest-House et Binna Burra Lodge. **Activités :** observation d'oiseaux, bushwalking, pique-nique.

GLASS HOUSE MOUNTAINS. A 65 km au nord de Brisbane sur la Sunshine Coast. *Ouvert toute l'année.* 700 hectares de collines et de dômes, fleurs sauvages de septembre à novembre. **Activités :** bushwalking, escalade, pique-nique.

MORETON ISLAND. A 50 km au nord-est de Brisbane. 19 000 hectares de plaines, de lacs, de dunes, de plages. **Activités :** baignade, pêche, bushwalking, camping, pique-nique.

CARNARVON GORGE. A 460 km au sud-ouest de Rockhampton. *Ouvert de juin à août.* 27 000 hectares de caves, d'oasis, de gravures rupestres aborigènes, fleurs sauvages de septembre à novembre. **Activités :** observation d'oiseaux, bushwalking, camping.

DAINTREE. 85 km au nord de Cairns. 56 000 hectares de rainforest tropicales et de zones forestières, chutes d'eau, kangourous arboricoles, golden bowerbird. **Activités :** bushwalking, pique-nique.

Les régions classées au patrimoine mondial

- Kakadu National Park.
- Shark Bay.
- Uluru National Park (Ayers Rock).
- Tasmanian Wilderness.
- Great Barrier Reef.
- Lord Howe Island Group.
- Wet Tropics of Queensland.
- Willandra Lakes Region.
- Australia East Coast Temperate et Subtropical Rainforest Parks.
- Les parcs nationaux sont ouverts toute l'année, sauf mention contraire.

LE SITE WEB DES PARCS NATIONAUX AUSTRALIENS : www.atn.com.au/parks/parks.htm

CAPE TRIBULATION. A 140 km au nord de Cairns. 17 000 hectares de rainforest vierge qui descend jusqu'aux plages, dragons Boyd's (lézards du désert), kangourous arboricoles, crocodiles de mer mangeurs d'homme. **Activités :** bushwalking, baignade, camping.

SIMPSON DESERT. A 100 km à l'ouest de Birdsville. *Ouvert de juillet à septembre.* 700 000 hectares de collines et de désert de sable, animaux du désert. **Activité :** camping.

À partir de Brisbane

SPRINGBROOK. A 100 km au sud de Brisbane. 2 150 hectares de rochers, gorges, chutes d'eau, rainforests, oiseaux (lyrebirds, whipbirds), fleurs sauvages de septembre à novembre. **Activités :** observation d'oiseaux, bushwalking, camping, pique-nique.

BURLEIGH HEAD. A 90 km au sud de Brisbane sur la Gold Coast. 24 hectares de roches de basalte, forêts de lianes et d'eucalyptus, koalas. **Activités :** bushwalking, baignade.

TAMBOURINE MOUNTAIN. A 75 km au sud de Brisbane. 630 hectares de végétation subtropicale, chutes d'eau, fleurs sauvages de septembre à novembre. **Activités :** observation d'oiseaux, bushwalking, baignade, pique-nique.

MAIALA. A 42 km au nord-ouest de Brisbane. 1 150 hectares de chaînes montagneuses avec de belles vues sur la plaine côtière. **Activités :** bushwalking, pique-nique.

BUNYA MOUNTAINS. A 240 km au nord-ouest de Brisbane. 1 200 hectares de pins Bunya, chutes d'eau, gorges, fleurs sauvages de septembre à novembre. **Activités :** observation d'oiseaux, bushwalking, camping.

À partir de Mackay

EUNGELLA. A 82 km à l'ouest de Mackay. *Ouvert de mai à novembre.* 50 000 hectares de gorges, chutes d'eau, rainforest. **Activités :** observation d'oiseaux, bushwalking, pique-nique.

À partir de Cairns

MILLSTREAM FALLS. A 140 km au sud-ouest de Cairns. 370 hectares. Les chutes d'eau les plus étendues du Queensland, platypus (voir « Faune et flore »). **Activités :** observation d'oiseaux, bateau, bushwalking, camping, pique-nique.

PALMERSTON. A 125 km au sud de Cairns. 14 200 hectares de rainforest, de chutes d'eau, de gorges, emerald doves (pigeon émeraude), king parrots (perroquet royal). **Activités :** observation d'oiseaux, bushwalking, baignade, pique-nique.

MOUNT HYPIPAMEE. A 105 km au sud-ouest de Cairns. 360 hectares de rainforest, cratère rempli d'eau. **Activités :** bushwalking, pique-nique.

BARTLE FRERE. A 60 km au sud de Cairns. 31 000 hectares. Bartle Frere, la plus haute montagne du Queensland, chutes d'eau, forêt tropicale. **Activités :** bushwalking, baignade, pique-nique.

CHILLIGOE-MUNGANA CAVES. A 220 km à l'ouest de Cairns. *Ouvert d'avril à novembre.* 1 900 hectares. Caves de calcaire, fossiles marins, tours guidés. **Activité :** pique-nique.

BARRON GORGE. A 30 km au nord-ouest de Cairns. *Ouvert de janvier à mars.* 2 880 hectares de forêt tropicale, des chutes d'eau, le train touristique de Kurunda de Cairns aux chutes de Barron. Activité : pique-nique.

Northern Territory

À partir de Darwin

KAKADU NATIONAL PARK. Le parc national de Kakadu reste une base de repli pour le peuple aborigène Gagudju. Zone indécise, inondable à l'ouest et bordée au nord par les falaises du plateau d'Arnhem, c'est un paradis pour la faune. On y dénombre plus de 50 espèces de mammifères (en majorité des marsupiaux), 75 de reptiles et 275 d'oiseaux (le tiers des espèces d'oiseaux de l'Australie). Si les sites de peintures rupestres sont nombreux, deux seulement sont accessibles aux visiteurs qui viennent à raison de 200 000 par an, perturbant la vie des Aborigènes. Des gisements importants d'uranium ont été découverts sous les terres ancestrales de la tribu des Gagudjus. Si le gouvernement fédéral de Canberra n'autorise pour l'instant que l'exploitation d'une seule mine, les Aborigènes demeurent néanmoins soumis aux exigences de « l'intérêt national ».

NITMILUK. A 30 km au nord-est de Katherine. *Ouvert de mai à septembre (le reste de l'année, les inondations peuvent bloquer les accès).* 180 000 hectares. Canyons creusés par la rivière, promenades en bateau à travers Katherine Gorge. **Activités :** bushwalking, canoë, survol en avion léger ou en hélicoptère.

LITCHFIELD. A 120 km au sud de Darwin. *Vérifier l'ouverture selon les conditions climatiques.* 143 000 hectares. Chutes d'eau, rainforest. **Activités :** camping, baignade, bushwalking.

4x4 dans le Parc national de Kakadu.

Parc national de l'Uluru.

Vue de Perth.

Oiseaux près d'Alice Springs.

Les Bungles Bungles.

■ **GURIG. Huit heures de route en 4X4 au nord-est de Darwin.** *Ouvert de mai à novembre. 220 000 hectares.* Réserve aborigène, complexe hôtelier dans une contrée sauvage. **Activités :** observation d'oiseaux, bateau, bushwalking, camping, survol en avion, baignade interdite à cause des crocodiles.

■ **ULURU. A 450 km à sud-ouest d'Alice Springs.** 12 600 hectares. Le site d'Ayers Rock et des monts Olgas. **Activités :** randonnées et découverte d'Ayers Rock au coucher du soleil.

■ **EMILY AND JESSIE GAPS. A 12 km à l'est d'Alice Springs.** 700 hectares. Végétation au bord de rivière, fleurs sauvages, peintures aborigènes. **Activités :** observation, d'oiseaux, baignade, pique-nique.

■ **SIMPSON GAP. A 18 km à l'ouest d'Alice Springs.** 30 900 hectares. Profonde brèche spectaculaire. **Activité :** bushwalking.

■ **ORMISTON GORGE AND POUND. A 132 km à l'ouest d'Alice Springs.** *Ouvert de mars à novembre.* 4 600 hectares. Gorge profonde et trous d'eau, parois rocheuses multicolores. Y aller tôt le matin (7h30-8h) pour voir les kangourous avant qu'ils ne s'abritent de la chaleur. **Activités :** bushwalking, camping, pique-nique.

■ **FINKE GORGE. A 140 km à l'ouest d'Alice Springs.** *Ouvert toute l'année mais risques d'inondation. 4X4 seulement.* 46 000 hectares. Oasis du désert aux rares palmiers préhistoriques. **Activités :** bushwalking, pique-nique.

■ **WATARRKA. A 325 km au sud-ouest d'Alice Springs.** *Ouvert d'avril à septembre.* 72 000 hectares de trous d'eau profonds, caves, anciens lits de rivières formant des gorges, palmiers. **Activités :** observation d'oiseaux, bushwalking, escalade.

Western Australia

■ **BUNGLE BUNGLE. A 175 km au sud de Kununurra.** *Ouvert de mai à novembre.* 300 000 hectares de dômes de grès multicolores. **Activités :** survol en avion léger, bushwalking.

■ **CAPE RANGE. A 1 700 km au nord-ouest de Perth.** *Ouvert toute l'année mais balades recommandées d'avril à septembre.* 50 000 hectares. Chaîne de montagnes calcaires, parallèle à Ningaloo Reef (l'autre barrière de corail de l'ouest). **Activités :** observation d'oiseaux, camping, pêche, baignade.

■ **NAMBUNG. A 200 km au nord de Perth.** 17 000 hectares. Les Pinacles, colonnes de grès dans un paysage désertique. **Activités :** pêche, baignade.

■ **STIRLING RANGE. A 322 km au sud de Perth (près d'Albany).** 115 000 ha. Réserve botanique, fleurs sauvages de septembre à novembre. **Activités :** bushwalking, camping, escalade, pique-nique.

Du nord au sud

■ **GEIKE GORGE. A 2 600 km au nord de Perth (près Fitzroy Crossing).** *Ouvert de mai à novembre.* 3 000 hectares. Rochers sauvages colorés, caves au niveau de l'eau, crocodiles protégés. **Activités :** bateau, bushwalking, camping, pique-nique, baignade.

■ **MILLSTREAM-CHICHESTER. A 1 500 km au nord de Perth.** *Ouvert d'avril à octobre.* 150 000 ha. Région sèche du Pilbara, oasis à Millstream. **Activités :** observation d'oiseaux, bateau, camping.

■ **HAMERSLEY RANGE. A 1 400 km au nord de Perth (région de Pilbara).** *Ouvert d'avril à septembre.* 617 000 hectares. Gorges de rivières, chaînes sauvages, grands arbres. **Activités :** bushwalking, camping, baignade.

Du nord au sud à partir de Perth

■ **KALBARRI. A 590 km au nord de Perth.** 186 000 hectares. Fleurs sauvages de septembre à novembre. **Activités :** camping, canoë, pêche, baignade.

■ **YANCHEP. A 50 km au nord de Perth.** *Ouvert de juillet à octobre.* 2 700 hectares. Caves de calcaire, terres marécageuses, « woodlands », faune et flore. **Activités :** bushwalking, camping, tours guidés des caves, pêche, golf, tennis, surf, baignade.

■ **YALGORUP. 130 km au sud de Perth.** 11 500 hectares de dunes de sable, plages. **Activités :** observation d'oiseaux, canoë, pêche, baignade.

■ **LEEUWIN-NATURALISTE. A 260 km au sud de Perth.** 15 000 hectares. Paysages côtiers, caves de grès, forêts d'arbres karri (variété rare d'eucalyptus). **Activités :** bateau, bushwalking, camping, pêche, baignade.

■ **CAPE LE GRAND. A 740 km au sud-est de Perth (près d'Esperance).** Paysages côtiers, plages, opossum de miel. **Activités :** bateau, bushwalking, camping, pique-nique, baignade.

■ **CAPE ARID. A 820 km au sud-est de Perth (à l'est d'Esperance).** *Ouvert de septembre à mars.* 280 000 hectares de côtes. **Activités :** bushwalking, pêche.

À partir d'Albany

▪ **TORNDIRRUP. A 5 km au sud-ouest d'Albany.** 3 800 hectares de paysages côtiers, fleurs sauvages. **Activités :** bateau, pêche, baignade.

▪ **PORONGORUP RANGE. A 40 km au nord d'Albany.** 2 400 hectares. Forêts de karri, pics de granit. **Activités :** bushwalking, escalade, pique-nique.

▪ **WALPOLE-NORNALUP. A 112 km à l'ouest d'Albany.** Forêts de karri et de jarrah (autre variété d'eucalyptus), paysages côtiers. **Activités :** bateau, bushwalking, camping, pêche, baignade, ski.

▪ **FITZGERALD RIVER. A 180 km au nord-est d'Albany.** 270 000 hectares. Paysages côtiers, gorges de rivières, fleurs sauvages, faune. **Activités :** bushwalking, camping, pêche, baignade.

South Australia

▪ **FLINDERS CHASE (Kangaroo Island). A 200 km au sud d'Adelaide.** 59 000 hectares. Côte spectaculaire, oies de Cape Barren, lions de mer. **Activités :** observation d'oiseaux, camping, pique-nique.

▪ **FLINDERS RANGES. A 450 km au nord d'Adelaide.** 78 000 hectares de chaînes montagneuses, fleurs sauvages de septembre à novembre. **Activités :** observation d'oiseaux, bushwalking, camping, escalade.

À partir d'Adelaide

▪ **LINCOLN. A 700 km à l'ouest d'Adelaide.** 14 000 hectares. Côte rocheuse, oiseaux (orfraies, whipbirds). **Activités :** observation d'oiseaux, camping, pêche, baignade.

▪ **INNES. A 300 km à l'ouest d'Adelaide.** 9 000 hectares. Hautes dunes, côte rocheuse, aigles de mer, perroquets de roche, whipbirds. **Activités :** observation d'oiseaux, pêche, baignade.

▪ **MOUNT REMARKABLE. A 270 km au nord d'Adelaide.** 8 500 hectares. Paysages de gorges sauvages du sud de Flinders Ranges, reptiles. **Activités :** observation d'oiseaux, bushwalking, camping.

▪ **GAMMON RANGES. A 680 km au nord d'Adelaide.** *Ouvert d'avril à octobre.* 100 000 hectares. Régions vierges sauvages. **Activités :** observation d'oiseaux, bushwalking, camping.

Victoria

▪ **PORT CAMPBELL. A 250 km au sud-ouest de Melbourne.** *Ouvert d'octobre à mai.* 1 700 hectares. Ceinture de la Great Ocean Road, côte à formations rocheuses appelées les « Douze Apôtres ». **Activités :** bushwalking, pêche, pique-nique, baignade.

▪ **WILSON PROMONTORY. A 250 km au sud-est de Melbourne.** 49 000 hectares. Plages, affleurements de granit. **Activités :** bushwalking, camping, pêche, pique-nique, voile, plongée et snorkeling (avec masque et tuba, sans bouteille), baignade.

D'ouest en est, à partir de Melbourne

▪ **MOUNT ECCLES. A 330 km à l'ouest de Melbourne.** 5 500 hectares. Cratère d'un volcan éteint. **Activités :** bushwalking, camping, pique-nique, baignade.

▪ **GRAMPIANS. A 260 km à l'ouest de Melbourne.** 167 000 hectares. Chaîne de montagnes de grès, chutes de McKenzie Falls, sites d'art aborigène. **Activités :** bateau, bushwalking, escalade, pêche, pique-nique, baignade.

▪ **OTWAY. A 200 km au sud-ouest de Melbourne.** *Ouvert de septembre à mai.* Paysages côtiers, rainforests. **Activités :** bushwalking, camping, canoë, pêche, pique-nique, surf, baignade, plongée.

▪ **BRISBANE RANGES. A 150 km à l'ouest de Melbourne.** 7 500 hectares. L'étendue la plus grande de fleurs sauvages du Victoria. **Activités :** bushwalking, camping, pique-nique.

▪ **KINGLAKE. A 65 km au nord-est de Melbourne.** 11 000 hectares. Chutes d'eau, petits ravins de fougères. **Activités :** bushwalking, camping, escalade, équitation, pique-nique.

▪ **MOUNT BUFFALO. A 330 km au nord-est de Melbourne.** 31 000 hectares. Station de ski populaire. **Activités :** bushwalking, camping, escalade, pique-nique, ski, baignade.

▪ **WYPERFELD. A 450 km au nord-ouest de Melbourne.** 100 000 hectares. Semi-désert, dunes de sable denses fourrés d'eucalyptus rabougris (mallee scrub). **Activités :** bushwalking, camping, vélo, pique-nique.

▪ **HATTAH-KULKYNE. A 480 km au nord-ouest de Melbourne.** *Ouvert d'août à décembre.* 50 000 hectares de lacs asséchés, plaines semi-arides à « mallee scrub ». **Activités :** bateau, bushwalking, camping, canoë, pêche, pique-nique, baignade.

Tour Victoria, Melbourne.

■ **VICTORIAN ALPINE. A 365 km au nord-est de Melbourne.** 646 000 hectares. Haute montagne, paysages alpestres. **Activités :** bushwalking, canoë, escalade, vélo, pêche, équitation, ski, baignade, visite de caves.

■ **SNOWY RIVER. A 450 km à l'est de Melbourne.** 95 000 hectares. Gorges profondes, rivières rapides. **Activités :** bushwalking, camping, canoë, pêche, pique-nique, rafting, baignade.

Territoire de Canberra

■ **NAMADGI. A 60 km au sud-ouest de Canberra.** 94 000 hectares de collines boisées, rivières, contrées subalpines sauvages. **Activités :** bushwalking, camping (avec permis), pêche, équitation, pique-nique.

Tasmanie

■ **CRADLE MOUNTAINS – LAKE ST CLAIR. A 155 km à l'ouest de Launceston.** 137 000 hectares. Rivières, lacs, chutes d'eau, le sommet le plus haut de Tasmanie, la piste Overland Track.

■ **WALLS OF JERUSALEM. A 110 km à l'ouest de Launceston.** *Ouvert de décembre à février.* 11 500 hectares. Rochers abrupts, lande subalpine. **Activités :** bushwalking, camping.

■ **FRANKLIN-LOWER GORDON WILD RIVERS. A 200 km au nord-ouest de Hobart.** *Ouvert de décembre à février.* 195 000 hectares. Contrée complètement vierge et sauvage, rainforest. **Activités :** bushwalking, canoë, rafting.

■ **STRZELECKI (Flinders Island). Ile à 165 km au nord-est de Launceston.** *Ouvert de décembre à février.* 4 200 hectares. Pics de granit, plaines côtières. **Activités :** bushwalking, camping.

■ **MOUNT WILLIAM. A 160 km à l'est de Launceston.** *Ouvert de décembre à février.* 14 000 hectares. Sanctuaire du kangourou Forester. **Activités :** bushwalking, camping, pique-nique.

■ **FREYCINET. A 180 km au sud-est de Launceston.** 10 000 hectares. Paysages côtiers, formations granitiques uniques : les « Hazards ». **Activités :** observation d'oiseaux, bateau, bushwalking, camping, pêche.

■ **ROCKY CAPE. A 100 km à l'ouest de Devonport.** 3 000 hectares. Paysages côtiers. **Activités :** observation d'oiseaux, bushwalking, camping, pique-nique.

■ **MARIA ISLAND. A 100 km au nord-est de Hobart.** 9 700 hectares. Ruines d'une colonie pénitentiaire.

■ **MOUNT FIELD. A 70 km à l'ouest de Hobart.** 16 200 hectares. Rainforest, végétation alpine, les chutes Russels Falls. **Activités :** bushwalking, camping, pêche, baignade, ski.

■ **HARTZ MOUNTAIN. A 85 km au sud-ouest de Hobart.** 8 600 hectares. Paysages de montagne, lacs, flore alpine. **Activités :** bushwalking, pêche, ski.

■ **SOUTH WEST. A 160 km à l'ouest de Hobart.** 442 000 hectares. Le plus grand parc national de Tasmanie, végétation alpine. **Activités :** bushwalking, camping, ski.

FAUNE ET FLORE

Une particularité de la faune et de la flore uniques au monde

250 des 295 espèces de mammifères, 710 des 800 reptiles et 80 à 90 % des insectes présents sur le territoire sont uniques à l'Australie. De la même manière, 15 000 des 18 000 espèces de plantes à fleurs y sont spécifiques. Parmi la flore, on retiendra l'eucalyptus, le spinifex, le baobab, le banksia, le mimosa, la fougère arborescente, le pois du désert, le bougainvillier, le palétuvier et le frangipanier. Mais des centaines d'autres plantes et fleurs sont à découvrir dans les parcs nationaux et le bush.

En ce qui concerne la faune australienne, ces principaux représentants vous sont présentés ici.

Marsupiaux et autres mammifères terrestres ou aquatiques

Cousou ou phalanger renard (brushtail possum)

C'est un petit marsupial arboricole nocturne à queue préhensile très fréquent en milieu urbain. Il est principalement connu pour ses incursions régulières dans les maisons et les bruits nocturnes dont il est la cause.

Diable de Tasmanie

Le diable de Tasmanie est le plus grand marsupial carnivore qui subsiste depuis l'extinction en 1936 du Tigre de Tasmanie. Il mesure entre 50 et 75 cm et pèse environ 10 kg à l'âge adulte. On ne le trouve qu'en Tasmanie. C'est un charognard nocturne à l'appétit démesuré responsable de véritables razzias dans les volaillers. Malgré son nom effrayant, et aussi surprenant que cela paraisse, il peut être domestiqué. **Voir le site :** http://membres.lycos.fr/tasmandiab/

Dingo

Ce chien sauvage importé d'Asie du Sud-Est par les ancêtres des Aborigènes mesure jusqu'à 50 cm et pèse de 10 à 20 kg. Son poil ras est souvent jaune ou roux. Il représente un problème majeur pour les éleveurs dont il décime les troupeaux de moutons. Afin de diminuer l'incidence de ce fléau, les autorités ont érigé une barrière de part et d'autre du continent : la dog fence. D'une hauteur de plus de 2 m, cette clôture coupe le continent en deux sur 5 400 km, de la Gold Coast dans le Queensland à Ceduna dans le South Australia. Bien que domestiqués par les Aborigènes, les dingos peuvent être responsables d'attaques envers les hommes.

Dugong

Grand mammifère marin de plus de 2,50 m et pesant jusqu'à 500 kg, le dugong, ou vache marine, est un herbivore qui vit dans les eaux tropicales de l'océan Indien et du Pacifique. Comme le lamantin, son cousin d'eau douce, il fait partie de l'espèce des siréniens et pourrait être à l'origine de la légende des sirènes. Longtemps chassé pour sa graisse, son huile et sa peau, et mis en danger par la pollution des eaux, il est aujourd'hui en voie de disparition. Toutefois, les dugongs sont encore des milliers dans le Territoire du Nord, sur les côtes du Queensland et dans le golfe de Carpentarie, où il vit dans les embouchures des fleuves et en mer peu profonde. Skark Bay, en Australie occidentale, est sans aucun doute la zone du globe qui, avec plus de 10 000 animaux recensés, compte le plus de dugongs.

Echidné

Ce marsupial couvert d'épines d'environ 45 cm ressemble à un gros hérisson. Le petit échidné n'ayant ses épines qu'à partir de 2 mois, il peut se réfugier durant cette période dans la poche de sa mère sans risque de la blesser. L'échidné se nourrit de fourmis et de termites qu'il attrape avec sa longue langue gluante. Comme l'ornithorynque, il fait partie de l'ordre des monotrèmes et pond des œufs.

Opossum.

Yellow waters.

Faune colorée.

Kangourou

C'est incontestable, quand vous demandez à quelqu'un de par le monde de citer un animal de la faune australienne, c'est le kangourou qui arrive en premier. Mais le connaissez vous vraiment ?

Déjà pourquoi ce nom de kangourou? Eh bien non, ce n'est pas le nom du scientifique qui l'a découvert, pas plus qu'un nom latin mixé à la mode australienne... Son nom vient simplement d'une incompréhension entre les Aborigènes et les explorateurs européens. Lorsque ceux-ci sont arrivés sur le pays-continent, ils ont été intrigués par cet étrange animal bondissant et lorsqu'ils ont demandé son nom à la population locale, ils ont obtenu un « KAN GA ROO », ce qui veut tout simplement dire « je ne comprends pas » en langage aborigène... C'est en 1629 que, pour la première fois, un explorateur hollandais en fait sa description au cours d'un de ses voyages.

Mammifère de la famille des marsupiaux, on ne le trouve qu'en Australie. On dénombre 53 espèces de kangourous, allant de la taille d'un rat à celle d'un homme, comme le Red Kangaroo qui peut mesurer jusqu'à 2 mètres et peser plus de 100 kg.

Ils ont su s'adapter parfaitement à la dure vie du bush. Le manque d'eau n'est pas un problème pour eux, car ils peuvent rester sans boire durant des semaines. Cet herbivore trouve dans son habitat (les prairies, savanes et forêts) toute sa nourriture.

Koala.

Leur particularité : les bonds! Ils peuvent faire des sauts de 15 m et courir jusqu'à 70 km à l'heure, nous offrant ainsi d'inoubliables moments.

Les mâles, appelés « Boomer » se battent entre eux pour conquérir leur belle et celui qui gagne le combat de boxe emporte toutes les femelles.

Les femelles nommées « flyer » gèrent leur reproduction en fonction des conditions climatiques. Elles peuvent retarder ainsi la naissance de leur rejeton « Joey » jusqu'à 12 mois, alors que la durée normale de gestation est de 35 jours. A sa naissance, le nouveau-né mesurant à peine 25 mm migre vers la poche ventrale de sa mère et reste ainsi accroché à une des quatre tétines pendant environ 5 mois.

Plusieurs petits d'âges différents peuvent cohabités dans la poche maternelle.

Face à la surpopulation des kangourous (des dizaines de millions d'individus), due en partie au développement des zones cultivées et des points d'eau, le gouvernement australien autorise des « prélèvements » pour son industrie, ils fluctuent en fonction des conditions climatiques. Chaque année entre 15 et 20 % des kangourous sont tués.

Largement représenté dans l'art aborigène sous toutes ses formes, le kangourou fait également partie des mythes et croyances du « Dreamtime ».

Ces fascinants mammifères vous font rêver? Pour les rencontrer, rendez-vous dans les zoos, les parcs où vous pourrez les toucher. Mais pour les inconditionnels de la vie sauvage, partez dans le bush au petit matin ou au crépuscule, délectez-vous du spectacle magique qu'ils vous offriront et emportez avec vous ces inoubliables souvenirs...

Copyright www.australia-australie.com

Koalas

En liberté, ces adorables marsupiaux qui ressemblent à des nounours somnolents vivent de dix à douze ans. Les koalas boivent très rarement, ils trouvent l'humidité nécessaire dans les feuilles d'eucalyptus.

Il existe plus de six cents espèces d'eucalyptus en Australie, mais les koalas sont si difficiles qu'ils ne se nourrissent que d'environ quarante-huit d'entre elles. Sommeillant près de vingt heures par jour, ils sont plus actifs la nuit, mais se réveillent aussi dans la journée.

Leur habitat naturel correspond en gros à la configuration de la « boomerang coast » sur les côtes est et sud du continent australien.

Une légende encore vivante : le thylacine, tigre ou loup de Tasmanie

Officiellement disparu depuis cinquante ans, le thylacine est aujourd'hui classé espèce éteinte, mais l'animal continue à survivre à travers de nombreux mythes et rapports d'observateurs.

Aussi longtemps qu'il restera de vastes régions de Tasmanie non explorées, il y aura toujours quelqu'un pour affirmer avoir vu un spécimen de ce mystérieux animal.

Les colons britanniques le craignaient et le tuaient dès que l'occasion s'en présentait. En quelques décennies, il arriva au bord de l'extinction. La plupart des colons pensaient qu'il s'agissait d'un chien indigène ou d'une hyène.

En réalité, la ressemblance du thylacine avec le chien n'est qu'une coïncidence, une évolution convergente de deux espèces complètement différentes. Car le thylacine est (était...) un marsupial, son parent le plus proche étant le diable de Tasmanie. Et comme tous les marsupiaux, il élève ses petits dans une poche ventrale.

Il est vrai que le thylacine a des airs de long chien bas sur pattes, rayé sur l'arrière-train et possédant une grosse tête. Son nom scientifique de « Thylacinus cynocephalus » signifie « chien à poche et tête de loup ».

A l'âge adulte, il mesure environ 1,80 m de la tête au bout de la queue, pour une hauteur de 60 cm. Le thylacine est farouche et secret. Il a toujours évité le contact avec l'homme. Malgré son surnom de « tigre », il est d'un tempérament calme et inquiet comparé à son cousin, le diable de Tasmanie. Muet le plus souvent, le thylacine inquiet ou excité produit une série d'aboiements, et en chassant, des jappements.

Lors de leur capture, les thylacines se résignaient généralement sans combat, et nombre d'entre eux mouraient soudainement, d'une mort apparemment causée par le choc.

Mythe ou réalité ?

Jadis, cet animal vivait partout en Tasmanie, sur les collines tapissées de denses forêts d'eucalyptus ou dans les forêts pluviales, se prélassant sur les roches lors de son repos diurne.

Des fossiles et des peintures rupestres aborigènes ont prouvé que le thylacine vivait sur tout le territoire australien et en Papouasie Nouvelle-Guinée. Sa rivalité avec le dingo peut avoir contribué à la disparition de l'espèce. Un reliquat de population a survécu sur l'île sanctuaire de Tasmanie.

Mais l'arrivée de colons britanniques a marqué le début de son extinction. La dernière capture d'un thylacine remonte à 1933, dans la Florentine Valley. L'animal fut vendu au zoo de Hobart, et le dernier thylacine est mort le 7 septembre 1936 dans ce même zoo.

En 1986, le thylacine fut déclaré espèce mondialement éteinte.

Documentation

- « ***Search for the Tasmanian Tiger*** », par Q. Beresford et M. Bailey, Blubberhead Press, Hobart, 1981.
- « ***Thylacine, the tragedy of the Tasmanian Tiger*** », par E. Guiler, Oxford University Press, Melbourne, 1985.
- « ***The Tasmanian Tiger in Pictures*** », par E. Guiler, St Davis Park Publishing, Hobart, 1991.
- « ***Tasmanian Tiger : extinct or merely elusive ?*** » par A. Park, Australian Geographic, Vol. 1, n° 3, July/Sept., 1986.
- « ***The Tasmanian Tiger – 1980*** », par S.J. Smith, rapport technique édité par National Parks & Wildlife Service, Tasmania, 1981.

Quokka

Rottnest en néerlandais veut dire « nid de rat ». Le Hollandais Wilhelm de Vlamingh, qui découvrit l'île en 1696, prit les quokkas, petits cousins des kangourous, pour des rats géants. Le quokka est un résident privilégié de Rottnest Island. On a peu de chances de le voir ailleurs.

Aussi, les bateaux venant de Perth dégorgent sur la petite île des centaines de touristes qui, armés de caméras et d'appareils photo, se portent à la rencontre des quokkas. A bicyclette pour les plus gaillards, en bus pour les plus aisés.

Le chauffeur du bus est maître du ballet. Un coup de klaxon, et les quokkas accourent pour accueillir le convoi. On se croirait au Club Med. Cacahuètes et croûtons de pain sont distribués. Emerveillements indiscrets, clic-clac et caresses ! Rien ne les fait fuir, au contraire, les quokkas adorent les touristes. Les cyclistes, qui arrivent à leur tour, essoufflés par deux côtes traîtresses, sonnent le second service.

Ornithorynque

Sorte de grosse loutre au nez de canard, aux pattes palmées et à la queue plate, ce marsupial vit près des rivières et des lacs de l'est de l'Australie. Il est principalement actif la nuit et se reproduit en pondant des œufs. Le mâle possède un éperon creux d'approximativement 15 millimètres placé juste au-dessus du talon de chaque patte antérieur.

Cet éperon peut être employé pour injecter le poison produit par une glande dans la cuisse. Il peut ainsi causer la mort d'un chien de petite taille. Avis à ceux qui voudraient l'approcher de trop près ! **Pour en savoir plus sur cet étrange animal :** http://ornithobleu.free.fr/

Wombat

Grand marsupial aux allures d'ours menacé d'extinction, le wombat est l'emblème représentatif de la faune de l'Australie méridionale.

Il est principalement localisé dans le Queensland, dans l'Epping Forrest National Parc. Les plus grands wombats peuvent mesurer jusqu'à 1,2 mètre et peser 39 kg. Le wombat est végétarien et se nourrit de racines d'arbres, d'écorces et d'herbe. Comme pratiquement tous les marsupiaux, il est nocturne.

Oiseaux et mammifères volants

Chauve-souris arboricole (*flying fox*)

Eh oui, la chauve-souris est un mammifère ! La flying fox, ou renard volant, appartient à la famille des roussettes et peut atteindre plus d'1,5 m d'envergure. Sa tête évoque celle d'un renard et sa queue est atrophiée. Elle ne mange que des fruits et, comme toutes les chauves-souris, vit la nuit. Inoffensive, elle peut toutefois être porteuse de maladies (virus Hendra). Son contact est donc à éviter.

Casoar (*cassowary*)

Cet oiseau de la famille des casuaridés est uniquement présent dans les forêts tropicales de l'Australie et en Nouvelle Guinée. Il ressemble à une autruche à la tête surmontée d'une crête osseuse. Il mesure de 1,20 m à 1,80 m et pèse de 35 à 60 kg. Les doigts sont dotés d'un ongle long, droit et acéré, extrêmement dangereux au vu du caractère parfois agressif de l'oiseau.

Le plumage est brun avec des reflets noirs La tête et le cou sont nus mais de couleurs vives dans un mélange de rouge, de jaune et de bleu. Il se nourrit de fruits et de feuilles tendres.

Émeu

Proche cousin de l'autruche, cet oiseau de grande taille, environ 1,75 m et 50 kg vit partout sur le continent australien.

Son alimentation se compose de fruits, d'insectes et de graines. Vivant une dizaine d'années, l'émeu privilégie la vie en groupe. Il pond en moyenne de 9 à 12 œufs et c'est le mâle qui s'occupe de les couver

Si cet animal ne peut voler en raison de la taille réduite de ses ailes, c'est un très bon coureur. Gare à lui sur les routes. Sa viande est appréciée pour les aussies BBQ.

Kookaburra

Oiseau mythique dans la culture aborigène (il aurait créé le soleil), le kookaburra est le plus grand martin-pêcheur au monde. Il se trouve sur la côte est et en Australie occidentale. Le chant de cet oiseau ressemble à un rire rauque, souvent repris en cœur par ses congénères.

Lézards

Diable épineux (*thorny devil*)

Etrange lézard pouvant atteindre 20 cm et dont la peau semble couverte d'épines, le diable épineux se trouve dans les régions désertiques du centre et du sud-ouest de l'Australie.

Il se nourrit exclusivement de fourmis. Il peut boire en se plaçant sur de la terre humide – la buée est recueillie dans les fentes entre ses écailles et remonte ensuite, par ces mêmes fentes, jusqu'à sa bouche.

Tout comme le caméléon, il peut changer de couleur en fonction de son environnement. Le diable épineux a une espérance de vie supérieure à 20 ans.

Moloch.

Cacatoès.

Émeu.

Dragon d'eau australien.

Lézard à collerette (*frilled neck lizard*)

Le lézard (ou dragon) à collerette est un emblème de l'Australie (il a figuré sur la pièce de monnaie de deux cents). On le trouve partout dans la partie nord. Un adulte peut mesurer près d'un mètre de long. Lorsqu'il est provoqué ou attaqué, il se dresse sur ses pattes arrière, déploie sa crête et s'agite de droite à gauche, ce qui est une stratégie d'intimidation destinée à le rendre plus imposant face aux éventuels prédateurs. En cas de fuite, il se déplace très rapidement debout sur ses seules pattes arrière.

Ceux qui mordent et qui piquent

L'exceptionnelle diversité de la faune et le caractère sauvage de la plus grande partie de l'Australie doit faire prendre conscience au voyageur de l'existence de merveilles de la nature mais aussi de dangers inconnus sous nos latitudes. C'est pourquoi la plupart des animaux qui mordent et qui piquent susceptibles d'être rencontrés dans votre périple sont présentés ici. Il ne faut pas pour autant résumer l'Australie à ces derniers. Pour vous rassurer, et vous tenir compagnie, rappelez-vous qu'on estime à 40 millions le nombre de kangourous sur le territoire australien. Et eux ne mordent pas…

Crocodiles

Deux espèces occupent les eaux du nord de l'Australie, au-dessus d'une ligne reliant Broome (Western Australia) à Rockhampton (Queensland) : le « *saltwater* » ou « *salty* », qui n'hésite pas à attaquer l'homme, et le « *freshwater* ».

▶ **Le crocodile de mer (*saltwater*) est le plus grand reptile du monde.** On le trouve en mer et à plus de 100 km à l'intérieur des terres, à proximité des rivières et des plans d'eau. Il peut mesurer jusqu'à 7 mètres et vivre plus de 70 ans.

▶ **Le crocodile d'eau douce (*freshwater*) se trouve également dans les estuaires.** Bien que certains spécimens puissent dépasser 3 mètres, leur taille moyenne est d'environ 1,5 mètre. Ils mangent essentiellement des poissons et des petits vertébrés. Si les crocodiles d'eau douce ne sont pas considérés comme dangereux, les approcher est néanmoins déconseillé.

Méduses

Les méduses, principalement présentes sur les côtes entre septembre et mai, sont annuellement responsables de plus de victimes que toutes les attaques de requins et de crocodiles réunies. Elles représentent un fléau pour les baigneurs que de nombreux filets anti-méduses sont chargés de protéger. Deux espèces pouvant être mortelles sont à signaler. Il existe un anti-venin efficace (*box jellyfish antivenim*) disponible dans les trousses des secouristes sur les plages touchées par les méduses.

La box jellyfish

La box jellyfish (*méduse boîte*) ou sea wasp (*guêpe de mer*) est la plus connue.

Elle se trouve dans les eaux du nord de l'Australie et la grande barrière de Corail. Ses tentacules peuvent atteindre plus de 2 mètres de longueur et contiennent des toxines susceptibles de provoquer en quelques minutes l'arrêt des fonctions cardio-respiratoires de celui qu'elles ont touchées.

L'irukandji

L'irukandji a pour sa part été découverte très récemment dans les eaux du nord de l'Australie. Ne mesurant que 2,5 cm de diamètre, elle peut néanmoins, comme la box Jellyfish, être mortelle.

▶ **Premiers soins :** très peu de nématocystes (capsules urticantes) délivrent d'emblée leur contenu et les tentacules transparents restent accrochés à la peau des victimes. Dans un premier temps, calmer la victime et l'empêcher de se frotter les lésions pour éviter de décharger les nématocystes.

Rincer immédiatement les blessures à l'eau de mer pour éliminer les nématocystes non déchargés. Ne pas utiliser d'eau douce qui les activerait.

Rincer ensuite au vinaigre les parties touchées. Le vinaigre un excellent inhibiteur des nématocystes (les alternatives sont : l'alcool 40-70 %, le bicarbonate, l'huile d'olive, et… l'urine).

Après 30 minutes d'application, éliminer précautionneusement les débris résiduels sans s'exposer, à l'aide de mousse à raser ou de sable pour « piéger » les débris de méduses qui seront alors ôtés à l'aide d'un carton rigide. Rincer à nouveau à l'eau de mer et évacuer la victime vers un centre médical.

Une immersion chaude à 40° C durant plusieurs minutes pourra inactiver le venin et développer un effet anesthésique.

Poisson-pierre (*Stonefish*)

Le poisson pierre habite les eaux peu profondes le long de la côte. Ventru et trapu, le poisson adulte mesure entre 30 et 40 centimètres. Il est d'une couleur blanche à violette difficilement définissable lui permettant de se confondre avec son environnement. Ses épines dorsales empoisonnées et son camouflage le rendent extrêmement dangereux pour l'homme, spécifiquement pour les baigneurs qui marcheraient sur lui.

Premiers soins : la plaie doit être lavée avec de l'eau de mer puis désinfectée avec un antiseptique. Le venin délivré par le poisson étant thermolabile, il peut être détruit par la chaleur. On peut donc plonger le membre atteint dans un bain d'eau chaude. Les bandages et garrots sont déconseillés.

Pieuvre à anneaux bleus (*blue ring octopus*)

La pieuvre à anneaux bleus est une pieuvre venimeuse pouvant être mortelle. Son diamètre, tentacules compris, est d'environ 20 centimètres. Elle habite les eaux chaudes et les récifs peu profonds des côtes d'Australie. Son venin, d'origine salivaire, agit en quelques minutes et provoque une détresse respiratoire grave.

Premiers soins : immobilisation, désinfection, glaçage, évacuation vers un centre médical.

Requins

Sur les 370 espèces recensées dans le monde, près de la moitié se trouve dans les eaux australiennes. Le nombre d'attaques mortelles recensées contre des baigneurs ou des plongeurs depuis l'année 2000 s'élève à un peu plus d'une dizaine, essentiellement en Australie méridionale et dans le Queensland. La dernière attaque mortelle s'est déroulée sur une plage du Queensland le 7 janvier 2006 et est attribuée à des requins taureaux.

Toutefois, et malgré le caractère parfois atroce des différentes histoires rapportées, le nombre d'attaques recensées est insignifiant au regard du nombre de plongeurs, surfeurs et baigneurs présents tout au long de l'année dans les eaux australiennes. Nul doute qu'il est nécessaire de faire attention, sans pour autant sombrer dans la psychose.

Les attaques

La plupart des attaques sérieuses sont essentiellement attribuées à quatre espèces : le *bull shark* (requin taureau ou requin bouledogue), le *tiger shark* (requin tigre), le *great white shark* (le grand blanc) et le *oceanic shark* (requin océanique).

Le requin taureau évolue dans les eaux tropicales et subtropicales mais aussi dans les estuaires et les fleuves d'eau douce.

Le requin tigre ne s'approche des côtes qu'à la tombée du jour. C'est le plus dangereux des squales tropicaux.

Le grand blanc est le plus grand de tous et son attaque est en général fatale. Ce requin est responsable d'agressions au large de l'Australie méridionale. Il est protégé en Australie depuis 1997. Les requins blancs se nourrissent entre autres de lions de mer, d'otaries et de tortues, dont la forme ressemble étrangement aux plongeurs (avec palmes) ou aux surfeurs (allongés sur leur planche, mains et jambes dépassant sur le côté) lesquels, vus de dessous, peuvent être facilement confondus avec des tortues ou des otaries

Le requin océanique reste en bande et est responsable d'attaques au grand large

Quelques conseils pour éviter les mauvaises rencontres

Éviter les baignades la nuit et à la tombée et au lever du jour.

Éviter d'entrer dans l'eau si vous saignez d'une quelconque façon.

Eviter de vous baigner après de fortes pluies ou après un cyclone, car les modifications physiques et chimiques des eaux côtières attirent certains requins dangereux.

Eviter les entrées de ports et les eaux sans visibilité.

Eviter les maillots de bain ou combinaisons aux couleurs vives et contrastées.

Eviter de nager avec un animal (chien, entre autres) qui fait des éclaboussures.

Si vous faite de la plongée ou de la pêche sous-marine : éviter de garder à la ceinture des poissons capturés, éviter les objets qui scintillent, rester attentif à un comportement anormal de la part des poissons.

Quelle que soit l'activité nautique pratiquée, essayer de rester près du groupe (nageurs, surfers ou plongeurs).

Crocodile.

La véritable histoire des « *Dents de la Mer* »

Peter Benchy (auteur du best-seller) s'est inspiré des faits survenus dans une petite station balnéaire du New Jersey, aux Etats-Unis. Le 1er juillet 1916, Charles Vansant fut attaqué par un requin alors qu'il nageait à quelques mètres du rivage de la plage Haven ; il mourut dans la nuit. Quelques lignes perdues au milieu du New York Times mentionnèrent à peine l'accident. Le 6 juillet 1916, Charles Bruder fut attaqué au même endroit et succomba à ses blessures sur la plage.

Des pressions s'exercèrent sur les autorités locales afin qu'elles prennent des mesures adéquates pour ne pas effrayer les vacanciers (un bateau spécial partit vainement en chasse, jetant des morceaux de viande dans l'eau tandis que les marins à bord surveillaient l'eau, un fusil à la main).

Le 12 juillet 1916, à vingt kilomètres à l'intérieur des terres, Lester Stilwell se baignait dans la rivière quand le requin l'entraîna par le fond. En essayant de secourir Lester, Stanley Fisher se fit happer à son tour et périt la même nuit à l'hôpital.

Les jours suivants, la ville était à la limite de la panique générale et la rivière fut dynamitée de long en large. Les experts s'accordent à dire aujourd'hui que le requin responsable de ce carnage devait être un requin taureau, car ceux-ci n'ont aucun problème pour vivre en eau douce.

Et pour vous faire vraiment peur...

... ce qui n'est pas une obligation, voici quelques autres histoires connues. Evidemment, les circonstances rapportées le sont avec plus ou moins de rigueur scientifique !

Phoques sur la plage de Seal Bay.

En 1935, un requin tigre fut offert à l'aquarium de Coogee. Au bout de quelques jours, le requin devint fou et commença à éperonner les parois de sa prison. Puis, devant le public horrifié, il régurgita le bras d'un être humain.

La police fut alertée. Le bras présentait un tatouage qui permit d'identifier la victime, James Smith. Rapidement, la police arrêta un suspect pour meurtre. Après avoir été dépecé, le corps avait été jeté dans une malle sauf ce bras jeté directement dans l'eau et avalé par notre requin tigre. On ne comprend pas pourquoi le bras est resté intact avant d'être régurgité 8 jours plus tard.

En mars 1961, Brian Rodgers participait à une compétition de pêche au fusil harpon à Aldinga, en Australie du Sud. Il avait déjà une bonne pêche pendue au bout de sa ligne quand il fut saisi à la jambe par un grand blanc.

Après une courte lutte, il réussit à se libérer de l'emprise du monstre et alors que le requin revenait à la charge, Brian lui tira son harpon à la tête.

Après avoir encaissé le coup, le requin disparut. Après avoir enroulé le caoutchouc du fusil harpon autour de sa jambe, Brian commença sa lente nage vers le rivage.

Il eut plus de deux cents points de suture à l'hôpital d'Adelaide, ce qui ne l'empêcha pas de participer à la même compétition l'année suivante.

En 1963, Rodney Fox (considéré aujourd'hui en Australie comme une sommité en ce qui concerne l'étude des grands blancs) participait à une compétition de chasse sous-marine sur la plage d'Aldinga, en Australie du sud. En pleine descente pour tirer un poisson, il fut attrapé par un énorme grand blanc qui le saisit fermement dans sa gueule. Son premier réflexe fut d'essayer de frapper le requin dans les yeux (partie la plus sensible) ; il réussit à se libérer de l'emprise du monstre et émergea à la surface, mais le requin le suivit.

C'est alors qu'il s'enroula autour du corps du requin pour éviter la gueule et, après une courte lutte au fond de l'océan, le requin abandonna sa proie et disparut. Rodney fut emmené d'urgence à l'hôpital Adelaide, où il eut 462 points de suture.

Il est aujourd'hui connu pour ses études sur les grands blancs et pour les expéditions d'observation dans des cages à requins.

En 1964, Henri Bource faisait de la plongée à la frontière sud du Victoria, dans une île appelée Lady Percy Island, réputée pour sa colonie de phoques. En l'espace de quelques secondes, tous les phoques disparurent et Henri fut entraîné vers le bas par un grand requin blanc qui lui arracha la jambe. Il réussit à remonter à la surface et fut conduit d'urgence à l'hôpital, où il reçut une transfusion de sang après en avoir perdu plus de trois litres.

Voir site www.membres.lycos.fr/grandblanc/henribource.htm

Serpents

On recense environ 140 types de serpents en Australie, dont 8 des 10 plus venimeux au monde. Ces 8 serpents extrêmement dangereux sont : le brown snake, le taipan, le death adders, le copperheads, le fierce snake, le tiger snake, le gwardar Gibson desert et le red bellied black.

Le coté positif est que plus de 100 espèces ne devraient pas vous poser de réel problème !

Pour éviter de mauvaises rencontres : ne jamais marcher dans les herbes hautes sans chaussures et pantalon, ne pas mettre ses mains dans les trous et crevasses et être vigilant en ramassant du bois.

Premiers soins : ne pas inciser ni laver la plaie. Bander le membre qui a été mordu sans faire de garrot et rester calme. Appeler les secours ou vous rendre au plus vite dans un hôpital ou un dispensaire.

VISITER LE SITE www.australianfauna.com

Les araignées australiennes

Sydney Funnel Web

La Sydney Funnel Web est sans aucun doute la plus dangereuse des araignées australiennes, suivie de près par la Red back. Elle se trouve uniquement dans un rayon de 200 kilomètres autour de Sydney. D'une largeur avoisinant les 7 cm, toute noire, cette agressive et répugnante bestiole a des crochets suffisamment larges et puissants pour traverser un ongle ou un pantalon en cuir, et suffisamment toxiques pour tuer un homme si un anti-venin n'est pas injecté dans les heures qui suivent. Quand elle se sent agressée, elle se cabre et sort ses crochets venimeux avant de saisir sa victime et de la mordre à plusieurs reprises. Le mâle est légèrement plus petit que la femelle, mais son venin est cinq fois plus toxique ; curieusement l'homme y est très sensible alors que le chien et le chat ne sentent presque rien.

Les symptômes : la morsure est la plupart du temps immédiatement douloureuse et les symptômes se manifestent souvent dès les premières minutes.

Le sujet va souffrir d'une transpiration excessive, d'hypertension et de contractions musculaires. Ces symptômes sont suivis de vomissements, de difficultés à respirer, de spasmes musculaires, d'une dilatation des pupilles, puis d'un évanouissement suivi par la mort si des soins ne sont pas prodigués dans les heures qui suivent.

Premiers soins : immobiliser le patient et appliquer une compresse froide (pas un garrot) afin de ralentir la circulation du poison dans le sang. Appeler de préférence une ambulance ou emmener de toute urgence la victime dans un centre médical capable de lui administrer de l'anti-venin et de la mettre sous respiration artificielle.

Red Back

Il s'agit d'une araignée rencontrée dans toute l'Australie, y compris en milieu urbain, moins dangereuse que la Sydney Funnel Web. La femelle, seule à présenter un danger pour l'homme du fait de sa taille (le mâle est minuscule), fait à peu près 3 cm de long, avec une raie rouge très distincte sur le dos de son abdomen noir. Sa morsure est très douloureuse et affecte généralement la totalité du membre qui a été mordu.

Les symptômes : ils sont similaires à ceux provoqués par la Funnel Web (transpiration excessive, d'hypertension et de contractions musculaires) et peuvent empirer pendant les 24 heures suivant la morsure.

Premiers soins : l'application d'une compresse est souvent peu recommandée car le membre touché risque d'être extrêmement douloureux et le venin de la Red back, de toute façon, se déplace très lentement dans le sang. On peut appliquer une compresse de glaçons sur la morsure (pour refroidir et non pas geler). Il n'est pas nécessaire d'administrer l'anti-venin si les symptômes ne se manifestent pas avec intensité. Dans tous les cas, consulter en milieu médical.

Huntsman spider

L'huntsman spider est présente partout en Australie du Sud-Est, y compris dans les régions urbaines où elle pénètre à l'intérieur des maisons. Cette grande araignée qui peut mesurer jusqu'à 15 cm inquiète souvent les touristes. Sans être dangereuse, sa morsure peut cependant provoquer un gonflement douloureux. Une compresse froide peut soulager les symptômes dans l'attente d'une consultation médicale.

Enfin, pour clore cette partie peu réjouissante des petits tracas dus à nos amis les animaux, reportez-vous à la partie « Organiser son séjour – Santé » concernant les moustiques et les tiques.

Histoire

Terra Australis Incognita

Si l'idée leur venait de regarder une carte d'Australie, les Français contemporains seraient sans doute particulièrement surpris de constater que la plupart des noms de toute la côte Ouest, de la mer de Timor près de l'équateur dans le Nord, jusqu'à la Grande Baie australienne au sud, sont des noms français : golfe Joseph Bonaparte, cap Bougainville, cap Voltaire, archipel Bonaparte, cap Lever, îles de MonteBello, cap Cuvier, chenal du Géographe, cap Rondon, île Bernier, cap Saint-siège, péninsule Perron, île Faure, baie Ganteaume, cap Hamelin, pointe d'Entrecasteaux, archipel de la Recherche, etc.

Le continent australien, du moins sur la côte Ouest, a été découvert par des marins et des savants français. Western Australia aurait pu être la base d'une grande implantation française dans l'hémisphère Sud, et une bonne partie des Australiens d'aujourd'hui auraient pu être francophones…

Les premiers explorateurs

Jusqu'au XVIIIe siècle, le monde savant en Europe avait cru en l'existence d'une Terra Australis incognita (du latin auster – vent du sud), un quatrième continent dans l'hémisphère Sud, qui aurait servi de contrepoids pour empêcher la terre de basculer.

Mais les navigateurs de la fin du XVIIIe siècle vont mettre un terme à cette croyance en découvrant non pas un continent, mais un océan immense parsemé d'îles dont la plus grande du monde allait s'appeler l'Australie. C'est justement de cette vaste île continent que le sire Binot Paulmier de Gonneville prend possession au nom du roi de France le 6 janvier 1504. Il lève l'ancre à bord de sa petite caravelle « *L'Espoir* » et quitte le port de Honfleur pour les Indes, comme tous les navires à cette époque, qu'ils battent pavillon de France, d'Angleterre, du Portugal, d'Espagne ou des Pays-Bas.

Il découvre, par hasard, le 6 janvier 1504, après une dérive d'un mois à la suite d'un très violent orage, une vaste terre quasi paradisiaque dans l'hémisphère Sud, qu'on appellera désormais la « France australe ». La France va pouvoir bénéficier d'un relais sûr vers les Indes. Mais l'ennui est que Gonneville ne peut indiquer avec précision la direction de sa dérive à partir du cap de Bonne-Espérance. On cherche, mais sans trouver; les marins français vont trop loin vers l'est et vers le sud.

La découverte officielle revient finalement à un Hollandais, Janssen, qui, en 1605, touche la pointe nord de l'Australie. Cette « Nouvelle-Hollande » est loin alors de soulever des passions. Un Espagnol, Torres, traverse en 1606, entre le Nord de l'Australie et la Nouvelle-Guinée, le détroit qui désormais porte son nom. En 1616, le Hollandais Dirk Hartog aborde, sans en avoir l'intention, la côte Ouest du continent, à l'emplacement actuel de Shark Bay et de sa très jolie plage touristique, Monkey Mia.

En 1642, une expédition pour explorer l'Ouest et le Sud de l'Australie est commanditée par Anton Van Diemen, gouverneur général des Indes orientales. En partant de Djakarta, son envoyé, Abel Tasman, débarque sur la côte Ouest de la Terre de Van Diemen (plus tard la Tasmanie), dont il prend possession au nom de la Hollande. Un peu plus tard, l'Anglais William Dampier, l'un des plus célèbres corsaires du XVIIe siècle, ravage les établissements espagnols d'Amérique et en profite pour explorer le Pacifique. Il rédige un rapport suffisamment intéressant pour que les autorités britanniques lui confient, en 1688, le commandement du navire Roerbuck afin qu'il continue ses explorations, notamment sur la côte Nord-Ouest du continent australien.

Enfin, plus de deux cents ans après la première découverte française, Saint-Allouarn (re)touche terre sur la côte Ouest. En 1772, il en prend possession au nom du roi Louis XV. Pendant ce court regain d'intérêt français, en 1766, Bougainville longe la Grande Barrière de corail. Aujourd'hui il ne reste de ces périples que des documents jaunis, enterrés dans les archives ministérielles, et quelques noms français sur des cartes. La France s'était encore une fois désintéressée de la future Australie pour des raisons de changements de régimes politiques et de rivalités sur le terrain.

Les Anglais, pour leur part, entreprennent alors une politique d'exploration systématique, notamment avec les expéditions scientifiques de James Cook, le premier grand héros de la conquête de l'Australie, en 1770. Tandis que les Anglais, inquiets des incursions françaises, s'établissaient sur la côte Est, la France, elle, cherchait déjà plus loin sa chimère en annexant la Nouvelle-Zélande. Sous la pression britannique, vers 1840, les Français, qui ont déjà abandonné toute prétention sur l'Australie, vont aussi quitter la Nouvelle-Zélande. Finalement, c'est encore plus loin à l'est dans le Pacifique qu'ils s'établiront, en Nouvelle-Calédonie… Et c'est pourquoi la France est aujourd'hui propriétaire des cailloux les plus isolés et les plus battus par les tempêtes glacées du sud de l'océan Indien : les îles Crozet, Kerguelen, Saint-Paul.

Chronologie

- **50 000 avant Jésus-Christ** > Arrivée des ancêtres des Aborigènes à partir de la Nouvelle-Guinée.
- **1642** > Abel Tasman découvre la Tasmanie.
- **1770** > James Cook « découvre » l'Australie.
- **1788** > Débarquement du premier contingent de bagnards anglais.
- **1808** > Introduction de moutons mérinos par Lachlan Macquarie.
- **1823** > La Nouvelle-Galles-du-Sud devient officiellement colonie de la Couronne.
- **1851** > Début de la ruée vers l'or.
- **1862** > Introduction de quelques lapins, devenus plus d'un milliard en 1950.
- **1868** > Arrivée du dernier bateau de bagnards.
- **1901** > Création de la Fédération australienne.
- **1927** > La capitale est transférée de Melbourne à Canberra.
- **1936** > Mort du dernier tigre de Tasmanie.
- **1948** > Les Aborigènes obtiennent la citoyenneté australienne.
- **1950** > Rupert Murdoch hérite de News Ltd.
- **1956** > Jeux Olympiques à Melbourne.
- **1964** > Record de vitesse de Donald Campbell avec la Bluebird Proteus sur les plaines de sel du lac Eyre.
- **1966** > Premières revendications des Aborigènes pour leurs droits fonciers.
- **1967** > Un référendum confère la citoyenneté australienne aux Aborigènes.
- **1967** > Conversion au système décimal.
- **1970** > Abolition de la politique d'immigration pour une « Australie blanche ».
- **1975** > Indépendance de la Papouasie Nouvelle-Guinée.
- **1983** > America's Cup gagnée par un Australien, parrainé par Alain Bond, après 50 ans de suprématie américaine.

Drapeau australien, Sydney.

1986 > L'Australia Act consacre l'indépendance de l'Australie.

1992 > Un jugement rendu par la Haute cour d'Australie reconnaît le droit à la terre des Aborigènes des îles Murray et met fin à l'illusion de la « terra nullius ».

1994 > Le gouvernement met en place une loi sur les titres de propriété aborigènes, le Native title act.

1995 > Violente campagne antifrançaise après les essais nucléaires ordonnés par le président Chirac.

1996 > John Howard devient Premier ministre.

1999 > 54,8% des Australiens rejettent, lors d'un référendum, la république et choisissent de rester une monarchie, avec Elizabeth II comme chef d'Etat.

L'Australie prend la tête d'une force d'intervention au Timor oriental où des milices pro-indonésiennes sèment la terreur.

2000 > Jeux Olympiques à Sydney.

2001 > Centenaire de la Fédération.

L'Australie expulse des centaines de boat people et fait installer des camps pour les immigrés sur l'île de Nauru.

2002 > Des associations humanitaires et un rapport de l'ONU dénoncent la politique de détention des demandeurs de droit d'asile dans des camps. Des grèves de la faim et des mutineries se produisent dans le camp de Woomera, situé dans le désert au sud du pays.

16 septembre : le ministre de la Défense annonce que le gouvernement pourrait participer à une action des Etats-Unis contre l'Irak même sans le feu vert de l'ONU.

12 octobre : attentat de Bali. Parmi les 190 victimes, de nombreux Australiens ; l'Australie devient une cible du terrorisme international.

2003 - 22 janvier : l'Australie participe à la guerre en Irak au coté des USA, mais l'opinion publique australienne y est majoritairement opposée.

5 février : le Premier ministre John Howard est l'objet d'une motion de défiance du Sénat à propos de sa gestion de la crise irakienne, ce qui constitue une première dans l'histoire du pays.

Juillet : intervention armée aux Îles Salomon en proie à l'anarchie.

L'Australie organise la Coupe du monde de rugby. Les relations franco-australiennes se réchauffent, signature de nombreux accords de coopération – mise en place notamment d'un nouveau visa pour les jeunes, le working holiday visa.

2004 > **Mars :** le dirigeant travailliste Mark Latham se déclare pour un retrait des soldats australiens déployés en Irak d'ici Noël s'il remporte les élections prévues à l'automne.

Juillet : l'Australie annonce l'envoi d'une trentaine de soldats supplémentaires en Irak afin d'améliorer la protection de ses diplomates, portant à environ 880 le nombre de ses soldats dans le Golfe.

Août : 43 anciens hauts responsables des ministères des Affaires étrangères et de la Défense, adressent une lettre ouverte au Premier ministre, l'accusant de « tromperie » pour avoir justifié l'envoi de soldats australiens en Irak par la présence d'armes de destruction massive.

9 septembre : un attentat devant l'ambassade d'Australie à Jakarta fait neuf victimes indonésiennes.

Octobre : le parti libéral de John Howard remporte les élections législatives, pour la quatrième fois consécutive.

2005 > **Janvier :** des incendies sans précédent dans le bush et aux alentours de Sydney et de Canberra font une dizaine de victimes.

Août : partenariat Asie-Pacifique sur le climat (initiative « alter-Kyoto ») entre 6 pays : Australie, Japon, Chine, Inde, Corée du Sud et Etats-Unis.

Novembre : quelques jours après le durcissement de la législation antiterroriste, la police opère un coup de filet dans les milieux islamistes à Sidney et à Melbourne, assurant avoir déjoué un attentat majeur.

Décembre : des agressions commises par de jeunes néonazis provoquent des émeutes à Sydney.

2006 > **Janvier :** réorganisation du gouvernement de John Howard après la démission des ministres de la Défense et des droits à la famille.

La découverte « officielle » de l'Australie

A la fin du XVIIe siècle, les Européens ne savaient toujours pas si la terre de Van Diemen et la Nouvelle-Zélande étaient soudées à la Nouvelle-Hollande, ou si elles en étaient séparées, constituant des parties du grand continent antarctique. Le Siècle des Lumières cherchait à repousser les frontières du connu dans tous les domaines de la science. La botanique, la géographie, la zoologie ou l'astronomie passionnaient les sociétés savantes. Ainsi, n'ignorait-on pas que, le 3 juin 1769, la planète Vénus allait passer entre la Terre et le Soleil et la Royal Society de Londres ne voulait pas rater un événement qui ne se reproduirait pas avant un siècle. Le gouvernement anglais commandita une expédition dans les mers du sud pour une mission d'observation, doublée de nouvelles recherches sur la mystérieuse Grande Terre australe. L'homme choisi pour diriger l'expédition, James Cook, était non seulement un navigateur exceptionnel, mais aussi un cartographe et un astronome. En vue de ce long voyage, on affréta l'« *Endeavour* », un voilier large et ventru de trente mètres de long.

La Royal Society demanda à Cook de prendre à bord l'un de ses membres, Joseph Banks, avec une suite de sept personnes comprenant le botaniste Solander et le naturaliste Spöring, tous deux Suédois, le jeune dessinateur Parkinson, qui allait répertorier les spécimens d'histoire naturelle, le peintre Buchan, pour peindre les paysages et croquer les portraits, et quatre serviteurs. C'était la première fois qu'un navire embarquait autant de savants, et dans un but aussi précis. Après avoir observé le passage de Vénus à Tahiti, Cook devra naviguer jusque sous la latitude de 40 degrés sud pour y chercher la Terra Australis incognita. Mais une violente tempête venue du sud emportera l'« *Endeavour* » trop au nord, lui faisant rater la Terre de Van Diemen.

La plus belle rade du monde

Le 19 avril, le lieutenant Hick perçoit la pointe sud-est de ce que l'on appellera plus tard l'Australie. « *La terre présente un aspect agréable et prometteur... Le paysage est d'altitude modérée et d'une grande variété* » peut-on lire dans le journal de bord. La fumée de plusieurs feux montre que l'endroit est habité. Cook cherche un bon abri, et le 29 avril 1770, sous les yeux de quelques Aborigènes, le navire jette l'ancre sur le site de la future ville de Sydney. La célèbre Botany Bay est ainsi nommée en raison des centaines de plantes inconnues que sir Joseph Banks y récolte.

Le botaniste note que les indigènes sont très différents de ceux de la Nouvelle-Zélande et « *qu'ils n'étaient certainement ni des Polynésiens ni des Nègres* ». Noirs, maigres et agiles, avec des cheveux épais et broussailleux et une langue rauque incompréhensible, ils ne manifestent aucun désir de communication avec les Européens et Cook remarque tristement : « *Tout ce qu'ils souhaitent, c'est que nous partions... Ils peuvent sembler être le peuple le plus misérable de la terre, mais en réalité ils sont beaucoup plus heureux que nous autres Européens. Ils vivent dans une tranquillité que ne perturbe en rien la qualité inférieure de leur condition... Ils semblent ne pas donner de valeur à rien de ce que nous leur apportons...* »

L'« *Endeavour* » restera huit jours dans Botany Bay, qui est à présent un lieu de pèlerinage en Australie. Lorsque Cook reprend la mer, il aperçoit, à quelques kilomètres au nord de Botany Bay, l'entrée d'un port naturel qui lui paraît constituer un mouillage sûr. Derrière les heads (falaises) gardant l'entrée, se trouve ce que le capitaine Phillip, dix-huit ans plus tard, appellera « *la meilleure rade du monde, sur laquelle mille vaisseaux peuvent évoluer en toute sécurité* ». La baie de Jackson abrite aujourd'hui la ville de Sydney. Pendant plus de quatre mois encore, le capitaine Cook longe la côte est de l'immense île continent qu'il vient de découvrir.

Son journal de bord se couvre de noms nouveaux. Noms de princes, de lords ou de villes d'Angleterre, noms dus aux difficultés rencontrées... Après cap Tribulation, « *les ennuis* », comme le dit Cook par euphémisme, ne cessent plus. Ilots, rochers, récifs et hauts-fonds de la Grande Barrière de corail tendent leurs pièges à chaque instant. Les dons exceptionnels du navigateur Cook sauvent maintes fois le navire du désastre.

Le 22 août, Cook atteint enfin la pointe nord de l'Australie, jusqu'alors appelée Nouvelle-Hollande. Au nom de George III, il prend officiellement possession de l'ensemble de la côte Est, qu'il rebaptise Nouvelle Galles du Sud (New South Wales). Puis il retrouve le détroit entre Australie et Nouvelle-Guinée que l'Espagnol Torres avait découvert en 1606. La route de Batavia (Djakarta) est enfin ouverte.

Plus tard, les deuxième et troisième voyages de Cook, respectivement en 1772 et en 1776, ajouteront de nouvelles connaissances sur le Pacifique.

> *« Would Australians have done anything different*
> *if their country had not been settled as the jail of infinite space?*
> *Certainly they would.*
>
> *They would have remembered more of their own history. »*
>
> Robert Hughes, « *The Fatal Shore* », 1987.

Première colonisation

Les régions découvertes par le capitaine Cook dans le Pacifique Sud restèrent longtemps non exploitées.

Ce n'est qu'à la déclaration d'indépendance des colonies américaines, et à la suite de leur refus de continuer à accueillir les cargaisons de déportés, que l'Angleterre s'est vu contrainte de chercher une nouvelle terre d'exil pour ses prisonniers. C'est ainsi que, en janvier 1787, les premiers bateaux chargés de bagnards prennent la mer en direction de l'hémisphère Sud, à l'autre bout du monde, sous le commandement du premier gouverneur, le capitaine Arthur Phillip. Ayant reconnu le port naturel situé à quelques kilomètres au nord de Botany Bay et que Cook avait baptisé Port Jackson, Phillip juge l'emplacement meilleur et apte à accueillir au moins « *mille voiles* ». Curieux pied de nez de l'histoire, il croise à Botany Bay le navire français du comte de La Pérouse.

Une fois le drapeau planté à Sydney Cove le 7 février 1788, la colonie de New South Wales (New South Wales) est officiellement créée. Les condamnés de sexe masculin débarquent en premier. Une semaine plus tard, les femmes arrivent à leur tour et s'ensuit alors ce qui restera dans l'histoire comme « *l'orgie d'inauguration de l'Australie* ». Mais de tels divertissements sont rares à l'époque. Le gouverneur Phillip se trouve confronté au problème permanent de l'approvisionnement des colons en denrées alimentaires. La vie est très rude et la colonie ne survit que de justesse les deux premières années. La plupart des condamnés, d'origine citadine, sont peu doués pour le travail des champs. La discipline est très sévère, les châtiments corporels et les pendaisons fréquentes, en particulier pour vol de nourriture alors que le rationnement est nécessaire pour la survie de tous.

En Angleterre, on n'accorde qu'un intérêt médiocre à ces terres lointaines. Il semble clair que le gouvernement britannique n'a l'intention de dépenser que le minimum d'argent et de matériel pour cette colonisation. Le début des hostilités avec la France en 1793 vient confirmer que peu de temps et d'argent seront consacrés à une colonie pénitentiaire à l'autre bout du monde.

Le passé « honteux » des colons bagnards

La déportation de forçats d'Europe avait déjà été pratiquée aux XVIIe et XVIIIe siècles. En Angleterre, la Poor Law de 1717 avait été sanctionnée par un décret du Parlement sous Elizabeth Ire. A cette époque, une grande demande de domestiques et d'ouvriers se faisait sentir aux Etats-Unis. Grâce à cette nouvelle peine légale, 30 000 prisonniers anglais furent expédiés dans les colonies d'Amérique. Mais les guerres de l'indépendance des colonies américaines mirent fin à ces déportations. En même temps, une nette augmentation de la petite délinquance, due à des problèmes sociaux, et à la soudaine augmentation des populations urbaines, rendait urgente l'ouverture de nouveaux bagnes pour décongestionner les geôles anglaises. La colonisation de l'Australie se fit par trois apports successifs : les convicts déportés jusqu'en 1851, les farmers et squatters (colons agricoles) et les chercheurs d'or, notamment en 1850 et en 1880. Il y eut environ 123 000 hommes et 25 000 femmes bagnards (dont 13 % condamnées pour prostitution envoyées au Van Diemen's Land). La moitié des prisonniers était condamnée à sept ans et le quart à vie. Deux tiers de ces condamnés venaient d'Angleterre, un tiers d'Irlande et quelques-uns d'Ecosse. Deux tiers d'entre eux étaient des protestants, et un tiers, des catholiques. Ils appartenaient tous à la classe ouvrière, étaient âgés en moyenne de 26 ans, et 75 % d'entre eux étaient célibataires. La moitié des prisonniers avait déjà été condamnée, en général pour rapine, car en ces temps de disette en Europe, on pouvait facilement se voir envoyé aux galères pour le vol d'une miche de pain.

A mesure que la colonisation en Australie se développait et prenait de l'ampleur, les forçats étaient parfois conduits comme du bétail vers les domaines de leurs nouveaux maîtres colons. D'autres étaient envoyés dans la nouvelle colonie pénitentiaire de l'île de Norfolk dans le Pacifique, à plus de 1 600 kilomètres au nord-est de Sydney.

Ce bagne devint justement célèbre pour la brutalité qui y régnait. Les traitements y étaient si inhumains que certains détenus préféraient commettre un crime passible de la peine de mort et être pendus plutôt que de rester prisonniers dans cette île. Désaffecté en 1856, le bagne de Norfolk accueillit, par une bizarrerie de l'histoire, les descendants des mutinés du « *Bounty* » venus de l'île de Pitcairn.

Aujourd'hui, territoire extérieur placé sous l'autorité directe du gouvernement fédéral australien, Norfolk est devenu un centre de tourisme très fréquenté. Au Queensland, à son tour, un genre d'esclavage s'est développé quand des Kanaks furent importés par des Blackbirders (négriers locaux) pour travailler dans les champs de canne à sucre, dans des conditions extrêmement pénibles.

Jusque dans les années 1820, les bagnards et leurs descendants dominèrent par leur nombre. Ils constituaient la grande masse de travailleurs qui posaient les fondements de l'Australie. Mais la présence des forçats donnait mauvaise réputation au pays. Aussi les colons libres luttaient-ils pour obtenir l'abrogation des déportations. Ils auront gain de cause pour les New South Wales en 1840.

En Tasmanie les déportations se poursuivront jusqu'en 1853, et en Western Australia jusqu'en 1868. Quant à l'Etat de Victoria, il avait depuis toujours refusé d'accueillir des forçats. Les premiers colons libres étaient arrivés à Sydney en 1793, en petit nombre tout d'abord, puis plus régulièrement, et enfin massivement lors des ruées vers l'or dans les années 1850. Tout comme Sydney, les premières villes ont été fondées sur les lieux de leur débarquement, Melbourne en 1835, Adelaide en 1836.

Les débuts de la colonisation furent marqués par de sombres querelles à propos du sort des bagnards. Il fallait décider s'ils devaient travailler pour le gouvernement ou pour le profit des colons. Il devenait urgent de déterminer le statut des bagnards émancipés et celui de leur descendance. Les premiers gouverneurs vendaient nourriture et marchandises dans des entrepôts d'Etat aux prix qui leur semblaient les plus équitables pour la survie de la colonie. Le labeur des forçats et des « emancipists » (forçats ayant fini de purger leur peine) servait à la production de nourriture et d'autres biens indispensables à la colonie. Après le départ du gouverneur Phillip en 1792, le petit groupe d'officiers du corps d'armée de New South Wales, surnommé le « *Corps du Rhum* », prit le contrôle jusqu'à l'arrivée du nouveau gouverneur, John Hunter, en 1795. Ces anciens officiers et leurs associés finissaient par causer de sérieuses difficultés aux autorités. Ils ne désiraient rien moins que d'avoir les convicts à leur disposition, ainsi que le monopole sur les importations, en particulier sur le rhum devenu une monnaie de troc avec laquelle on payait les salaires. Cette économie fondée sur la tyrannie et le rhum fut néfaste à la petite communauté et à son avenir. Elle éveilla par ailleurs les ambitions et initiatives créatrices de l'industrie de la laine, seule base de la future économie australienne. Le pionnier de cette industrie, John MacArthur, incarne à la fois le bien et le mal qui en découleront. En 1797, il introduisit le mouton mérinos dont les troupeaux devinrent une des sources de richesse locale. Plus tard, on verra se multiplier des domaines immenses que les squatters (éleveurs) se réserveront aux dépens des settlers (cultivateurs). Le reste des colonisations se présente sous forme de peuplements isolés les uns des autres.

L'épisode le plus connu de cette époque du corps d'armée de New South Wales concerne le capitaine Blight, déjà célèbre pour la mutinerie du « *Bounty* ». Nommé gouverneur en 1805, il tenta d'interdire l'utilisation du rhum en tant que monnaie d'échange. Dix-huit mois plus tard, il sera déposé par le « *Corps du Rhum* ». Le calme ne reviendra qu'avec le rapatriement de ce corps en Angleterre. Une statue du capitaine Blight et une réplique du « *Bounty* » se trouvent au Circular Quay de Sydney.

Le « père » de l'Australie

Le gouverneur Lachlan Macquarie, nommé en 1810, eut la permission de faire venir son propre régiment dans la colonie. Il est décrit comme un despote, mais il en fallait certainement un pour mettre de l'ordre dans cette société aux différences énormes, entre libres et captifs, riches et pauvres. Néanmoins, sa politique favorisa l'émancipation des forçats et leurs chances de regagner leur liberté pour s'établir comme petits fermiers. Cet homme, que tout le monde s'accorde à considérer comme le père de l'Australie, fit construire des bâtiments publics, fonda une banque, encouragea l'exploration du continent et l'élevage. Il introduisit la monnaie pour en finir avec le pouvoir du rhum. C'est aussi Macquarie qui stimula l'expansion de la colonie. Sous son mandat, on réussit enfin, en 1813, à pénétrer au-delà des Blue Mountains, ouvrant ainsi la possibilité d'exploiter les riches pâturages de l'intérieur. A Sydney, son empreinte est toujours visible, notamment dans les bâtiments officiels. Lady Macquarie's Chair, taillée dans le roc au bout des Royal Botanic Gardens, offre l'un des meilleurs points de vue de Sydney, toujours très apprécié des touristes.

Explorations du continent

A cette époque, les Anglais redoutaient les incursions des Français qui, sur la côte Ouest, se lançaient eux aussi à la recherche de nouvelles colonies. Afin de les prendre de vitesse, les Anglais multipliaient des missions d'explorations à partir de Sydney pour fonder de nouvelles colonies pénitentiaires.

- **En 1798,** George Bass faisait voile sur Van Diemen's Land et en dressait la carte côtière. Cinq ans plus tard, une nouvelle colonie de bagnards s'y installait. Matthew Flinders, en 1796, explorait une grande partie de la côte Est. Cependant, jusqu'en 1813, peu de territoire était connu, à part la mince bande côtière. La colonie était enfermée par les Blue Mountains à l'ouest et par le Pacifique à l'est.

Le « *Corps du Rhum* »

« Jack se souvenait que sa mère avait toujours vanté les forçats et dit qu'ils étaient une bénédiction pour la colonie…

Ils avaient besoin des forçats pour faire un réel progrès : les forçats avec leurs lois, leur discipline, leur outillage gouvernemental et leurs travaux forcés. Soldats, docteurs, avoués, pasteurs spirituels et maîtres de la terre… et les forçats condamnés à obéir. Ceci était le commencement de la colonie ».

D. H. Lawrence, « *Jack dans la brousse* ».

En 1813, Gregory Blaxland, William Lawson et W.-C. Wenthworth passent à travers les Blue Mountains coupées de canyons, qui rendent ce plateau presque aussi profond que haut. De l'autre côté, une plaine infinie couverte de riches herbages allait faire le bonheur des squatters. Cette expédition marque le début de l'exploration de l'intérieur. En 1824, Hume et Hovell partent en direction du sud-ouest où ils rencontrent d'abord le fleuve Murrumbidgee, puis le plus grand fleuve de l'Australie, le Murray. Ils traversent ensuite la totalité de ce qui allait devenir l'Etat du Victoria. Conscient du problème posé par les rivières qui s'écoulent toutes vers l'ouest en direction de l'intérieur aride, le gouverneur, sir Ralph Darling, envoie en 1828 Charles Sturt pour essayer de trouver la destination finale de leurs cours. Sturt se dirige vers l'ouest jusqu'à une rivière qu'il nomme Darling. Mais le problème reste le même, car il y a encore d'autres rivières plus au nord et on présume qu'elles se déversent dans quelque lac intérieur.

En 1840-1841, Edward John Eyre déploie de grands efforts pour explorer les terres au nord et à l'ouest d'Adelaide, mais il ne trouve rien. Son expédition vers le centre de l'Australie ne relève que des plaines arides et salées au lieu de cette grande mer intérieure chimérique. Et, tout le long de la Great Australian Bight (la Grande Baie australienne), la plaine de Nullarbor ne présente qu'immensités arides totalement inadaptées à une exploitation quelconque.

L'exploration du Queensland du Nord est entreprise à peu près en même temps. En 1844, Ludwig Leichardt erre à travers les marécages, forêts et plaines herbeuses autour du golfe de Carpentarie au cours d'une expédition de dix-neuf mois. Cette tentative enflamme l'imagination des colons et provoque une extension de la colonisation. Puis Leichardt tente une malheureuse traversée du continent d'est en ouest d'où il ne reviendra jamais. Dix ans plus tard, les efforts se concentreront sur la traversée sud-nord du continent.

En 1860, John McDouall Stuart tente de gagner le prix de 10 000 £ offert par le gouvernement de Western Australia au premier qui réussirait un tel exploit. Il doit rapidement abandonner. A peu près à la même époque, la colonie du Victoria équipe une expédition d'un coût de 12 000 £ pour une autre tentative de traversée de Melbourne jusqu'au golfe de Carpentarie. Dirigée par Robert O'Hara Burke et William John Wills, celle-ci est méticuleusement planifiée avec des bases d'eau et de nourriture établies tout le long du parcours. Ils réussiront en effet à arriver si près du but qu'ils entendront la mer. Cependant, ils seront incapables de traverser l'inextricable mangrove qui borde toujours les rives du golfe de Carpentarie et, sur le chemin de retour, ils mourront de faim et d'épuisement. Ces expéditions illustrent bien les difficultés de cette tâche immense qu'étaient l'exploration, la colonisation et le développement de l'Australie.

En 1862, Stuart repart explorer le Nord au-delà de la limite de ses premiers échecs, dissipant une fois pour toutes la légende d'une mer intérieure. Il continue vers la mer de Timor, au nord, à travers la Terre d'Arnhem, le long Adelaide River jusqu'aux rivages de l'océan Indien. La petite ville d'Albany, sur la côte Sud-Ouest, avait déjà été fondée, en 1826, par Lockyer, à la tête d'un détachement de quarante-quatre hommes qui annexa en même temps Western Australia à la couronne britannique. La capitale, Perth, fut fondée en 1829 par James Stirling. Mais la vraie exploration de l'Ouest ne commença qu'en 1874 avec Ernest Giles, qui voyagea d'Adelaide à Perth à travers la partie nord de la plaine de Nullarbor. A partir de Perth, il continua vers le nord, puis traversa les déserts du centre vers l'est.

Toutes ces expéditions ne firent que confirmer le fait que la plus grande partie de l'Australie ne convenait guère à l'établissement d'autres colonies. En 1875, les configurations les plus importantes du continent étaient déjà répertoriées. Cependant, de grandes parties de Western Australia, du Queensland et du Northern Territory ne furent explorées que bien plus tard et il reste encore de nos jours des coins reculés pratiquement inconnus.

Les expéditions ultérieures eurent surtout pour but la recherche de minerai et l'étude des Aborigènes.

La ruée vers l'or

En 1851, la découverte de l'or près de Bathurst, dans les Blue Mountains, provoquait la ruée de milliers de prospecteurs, dont de nombreux Californiens, qui contribuèrent au peuplement de l'intérieur des terres. Toute une population d'aventuriers et de pionniers se lança à la recherche de nouveaux filons. Les gisements du Victoria attirèrent plus de quarante mille Chinois. La population de la colonie quadrupla en vingt ans.

Ces nouveaux immigrants formeront la classe moyenne, absente jusqu'à cette époque en Australie. Depuis lors, les flux migratoires se sont toujours poursuivis. Sur les camps des chercheurs d'or naissent des villes comme Ballarat et Bendigo près de Melbourne. Les derniers filons importants sont découverts en Coolgardi, en 1892, et surtout à Kalgoorlie, qui restera le gisement d'or le plus important et dont l'exploitation a été reprise.

L'Australie, qui n'a jamais connu de conflit sur son territoire, ni avant ni après l'Eurêka Stockade, fut profondément choquée par cet épisode sanglant de son histoire : harcelés par des taxes de plus en plus lourdes, et par d'incessants contrôles de licences d'exploitation, les chercheurs d'or décidèrent de se barricader sur les champs aurifères de Ballarat. L'affrontement avec la police fut bref mais violent, et fit quelques dizaines de morts. Cet épisode ouvrit la voie à un nouveau processus de démocratisation du pays et, en 1856, au suffrage universel. Aujourd'hui, le site de Ballarat est transformé en une sorte de gigantesque Luna Park.

Réformes agraires

A partir de cette fin du XIXe siècle, l'Australie connaît un important essor industriel qui, à son tour, entraîne un développement des voies de communication jusqu'alors quasi inexistantes.

L'agriculture est stimulée, elle accueille les chercheurs d'or déçus désireux de s'établir. Les nouveaux settlers (cultivateurs), dont le nombre s'est brusquement accru, exigent qu'une partie du sol contrôlé par les squatters (éleveurs) redevienne « terre ouverte ».

Dans le Victoria, la presque totalité des terres cultivables était déjà soit achetée par les éleveurs, gros fermiers, propriétaires de cheptels immenses, soit louée par l'Etat aux squatters pour les pâturages. L'une des grandes revendications de l'époque fut le « déverrouillement » de ces terres. Une résolution sera introduite auprès du gouvernement en 1859, mais les squatters contrôlaient la majorité. D'autres conflits semblables auront lieu un peu partout dans les colonies au cours des trente années qui suivront.

En 1861, il y aura un assouplissement, et, durant les cinq années suivantes, plus de dix-sept mille familles s'installeront à la campagne. Cependant les squatters récupéreront plus que leurs droits. Ils utiliseront la méthode de « peacocking » en choisissant systématiquement les meilleures terres, celles autour des sources ou celles comprenant tous les ruisseaux, laissant ainsi le sol d'alentour inutilisable par manque d'eau.

Pouvoir fédéral

Au cours de la décennie 1880, naquit un mouvement en faveur de la séparation d'avec la Grande-Bretagne. Il eut pour résultat le groupement des colonies en 1901, donnant à l'Australie la structure fédérale qu'exigeait l'immensité de son territoire.

La juridiction de la Haute Cour et la procédure référendaire, très utilisée, furent les garants les plus appréciables contre toute initiative gouvernementale contestable. La création du Commonwealth d'Australie groupait les six colonies, qui devenaient alors des Etats. Seul le Nord, trop peu peuplé, ne constituait qu'un Territoire (ces anciennes colonies, devenues indépendantes, ont cependant encore reconnu tout récemment la souveraineté de la reine d'Angleterre.)

La politique, essentiellement réformiste, fut soutenue par le vif sentiment de la démocratie qui animait la masse des colons, dont les origines européennes étaient souvent modestes. Les travaillistes, restés au pouvoir jusqu'en 1914, appliquèrent un programme modéré. Tout en accentuant le protectionnisme, ils pratiquèrent une politique de hauts salaires, développèrent l'instruction, imposèrent la journée de travail de huit heures, créèrent des institutions d'assistance. Le niveau de vie de l'Australie devint alors l'un des plus hauts du monde. L'emplacement de la capitale fédérale fut choisi en 1908 et le premier Parlement fut tenu à Canberra en mai 1927. Ce premier Parlement fédéral comprenait des représentants des trois partis politiques australiens : les protectionnistes, les libre-échangistes et les travaillistes.

Première Guerre mondiale

La nation australienne demeurait néanmoins étroitement associée à de nombreuses autres nations dans le giron du Commonwealth britannique. Vers l'extérieur, l'union du Commonwealth se sentait fortement rattachée par des liens économiques et stratégiques à Londres, qu'elle soutint à plusieurs reprises, notamment au Soudan en 1885 et contre les Boers en 1900.

En 1914, les volontaires australiens se précipitèrent pour défendre la mère patrie, « *jusqu'au dernier homme, jusqu'au dernier shilling* » selon le Premier ministre de l'époque, Fisher. Les corps expéditionnaires volontaires australiens et néo-zélandais regroupèrent au total 300 000 hommes. Selon de nombreux Australiens, l'esprit national ne s'éveilla véritablement qu'en 1915, sur les plages ensanglantées de Gallipoli, en Turquie. De courageux soldats australiens combattirent dans des conditions désespérées aux côtés de ceux de la nation sœur, la Nouvelle-Zélande, dans le cadre de l'Anzac.

Les Alliés qui les y envoyèrent ne réalisèrent qu'après plusieurs mois que la prise des Dardanelles était plus qu'improbable.

Le nombre limité des forces n'avait aucune chance de réussir, et la topographie de la région rendait l'opération impossible. L'évacuation fut finalement ordonnée neuf mois plus tard, mais seulement après une véritable hécatombe des braves soldats australiens. Appelé Anzac Day, ce 25 avril est désormais célébré comme fête nationale. Et depuis cette date tragique, une partie de la population australienne ose mettre en doute le bien-fondé de sa fidélité envers la vieille mère patrie, l'Angleterre.

Après la guerre, avec l'avènement de l'administration Bruce en 1923, le slogan « men, money and markets » donne le ton d'une nouvelle prospérité. Mais pendant la crise économique des années 1930, le marché japonais, qui manque de matières premières, apparaît pour la première fois aux yeux des Australiens comme un contrepoids possible au marché de Londres. Le Japon devient alors l'un des principaux acheteurs de la laine et de la viande australiennes.

Seconde Guerre mondiale

L'Australie suivit de quelques heures la Grande-Bretagne dans sa déclaration de guerre contre l'Allemagne. En 1940, des forces australiennes furent engagées en Italie, en Grèce, en Crète, et en Afrique du Nord où les Australiens firent courageusement face pendant huit mois aux armées conjointes germano-italiennes de Rommel. Mais, en 1941, le Japon, dont les troupes débarquèrent en Papouasie Nouvelle-Guinée, menaça l'Australie. La chute de Singapour aux mains des Japonais signifiait que, pour la première fois de son histoire, l'Australie se trouvait confrontée à la responsabilité d'assurer seule sa propre défense. En 1942, Darwin, Broome et Wyndham dans le nord de l'Australie, furent bombardées. Après avoir perdu 22 000 prisonniers en Malaisie et en Indonésie, l'Australie ne disposait plus chez elle d'un nombre suffisant de troupes entraînées et équipées. Le gouvernement australien réalisa que la Grande-Bretagne n'aurait pas assez de troupes pour les envoyer dans le Pacifique, la mère patrie étant bien trop occupée à lutter pour sa propre survie.

L'Australie décida alors de faire appel à l'aide des Etats-Unis. Le Premier ministre invita le général américain MacArthur à qui, on donna toute liberté pour transformer l'île continent en une immense base à la disposition de la gigantesque force combinée nécessaire pour repousser les Japonais. Ceux-ci furent arrêtés par les forces américaines dans les batailles de la mer de Corail et en Papouasie Nouvelle-Guinée. Conjointement aux Américains, les Australiens pratiquèrent l'« island hopping » pour nettoyer les îles du Pacifique des troupes japonaises (entre autres à Bornéo, sujet dont traite la première partie du roman Une ville comme Alice, de Nevil Shute). En 1951, l'Australie, la Nouvelle-Zélande et les Etats-Unis signèrent un traité de défense garantissant une aide mutuelle et la coopération en cas d'attaque armée contre l'un des pays membres.

De nouvelles libertés

Après la Seconde Guerre mondiale, l'Australie intensifia l'immigration. Deux millions d'immigrants gagnèrent le continent à un rythme jamais égalé à aucune autre période ou par aucun autre pays au monde. Jusqu'alors

de prédominance anglo-saxonne, l'Australie devenait cosmopolite et pluriculturelle. Cela ouvrit la voie à un nouveau développement économique et suscita une prospection intensive de son sous-sol. Dans ses immensités arides, dans ses déserts considérés comme des terres stériles sans aucun avenir, une énorme surprise attendait les prospecteurs : ce sol renfermait tous les minéraux, même les plus rares, et en quantité colossale.

A partir de 1960, ces découvertes déclenchent le grand « boom australien ». Des capitaux affluèrent, la Bourse explosa, les usines se multiplièrent, le béton jaillit de toutes parts. Le niveau de vie du pays devint l'un des plus élevés du monde.

Ayant enfin pris conscience de sa situation géographique près du monde asiatique, l'Australie se tourna vers ses plus proches voisins qui devinrent aussitôt ses meilleurs clients. Les Japonais emportaient maintenant dans leurs cargos les fruits de cette terre australienne qu'ils n'avaient pu conquérir par les armes.

Afin de barrer la route au communisme, le Premier ministre libéral Menzies envoya des troupes en Corée de 1950 à 1953, puis au Viêtnam de 1965 à 1972. Il tenta même de faire passer une loi, en 1951, pour essayer d'éradiquer le Parti communiste australien. Malgré sa ratification par le Parlement, cette loi fut cassée par la Haute Cour et finalement complètement rejetée par un vote qui prouve bien l'attachement de l'Australien moyen à toutes les libertés.

Au cours des années 1972-1975, le gouvernement travailliste, sous Gough-Whitlam, veut freiner l'immigration non blanche. Mais à la suite d'une crise gouvernementale, le gouverneur général d'Australie congédie Whitlam et ordonne un nouveau référendum.

Malcom Frazer est alors élu et forme un nouveau gouvernement. En 1975, l'Australie accorde l'indépendance à la Papouasie Nouvelle-Guinée. Un violent débat écologique éclate en 1980 contre le projet de construction d'un barrage sur le fleuve Gordon, dans de magnifiques contrées sauvages au sud-ouest de la Tasmanie.

Avec l'accord de la Haute Cour, le gouvernement fédéral doit annuler le projet, créant ainsi un précédent pour l'intervention des pouvoirs publics centraux dans les questions d'écologie. En 1985, le Parlement ordonne une commission d'enquête sur les essais nucléaires effectués par les Britanniques dans les années 1950. Cette commission constate une carence des mesures de sécurité qui entraîne des risques inacceptables pour les populations aborigènes.

En 1988, profitant des grandes festivités qui ont lieu à l'occasion du bicentenaire de la colonisation européenne, la plus importante manifestation depuis deux siècles, les Aborigènes organisent un défilé de protestation contre les « envahisseurs ». Un référendum qui fait date dans l'histoire australienne, celui de 1967, leur donne enfin le droit à la citoyenneté australienne.

En 1974, une nouvelle politique d'immigration supprime toute discrimination raciale en abolissant la doctrine de « l'Australie blanche ». Deux ans plus tard, le vote d'une loi permet d'attribuer des terres aborigènes traditionnelles à des groupements fonciers aborigènes dans le Northern Territory. En 1993, la Haute Cour de justice donna raison, pour la première fois dans l'histoire australienne (et mondiale), aux insulaires du détroit de Torres qui réclamaient des « droits ancestraux » sur leurs terres, dans le célèbre cas Abo qui durait depuis dix ans. De 1993 à 1996, Paul Keating installe son gouvernement avec l'aide du Labour Parti et essaie tant bien que mal, en se tournant de plus en plus vers ses voisins asiatiques, de donner un second souffle à une économie plongeante ; hélas, le taux de chômage avoisinant les 9 % et le difficile redressement économique ne lui permettent pas le renouvellement de son mandat, c'est la coalition menée par John Howard qui remporte les élections de 1996.

Ce nouveau gouvernement, toujours en place en 2004, donne moins d'importance au développement des relations économiques et politiques avec l'Asie. Cela se fait sentir non seulement dans le système d'immigration (qui est devenu beaucoup plus stricte avec les visas pour les pays comme la Chine, le Vietnam ou le Japon), mais aussi dans les mœurs politiques, avec l'émergence d'un nouveau parti d'extrême droite One Nation, dirigé par la fameuse Pauline Hanson (l'équivalent de notre Le Pen). Et si la tendance de ces dernières années se prête à anticiper la création d'une République et la nomination d'un président, les élections récentes en faveur du parti conservateur de John Howard sont là pour nous rappeler que, malgré ces Robespierre de comptoir, l'Australie demeure sentimentalement attachée à une couronne.

> « *Australian history is full of surprises and adventures, and incongruities, and incredibilities, but they are all true, they all happened* ».
>
> « *L'histoire australienne est pleine de surprises et d'aventures, et d'incongruités et d'invraisemblances, mais tout cela est vrai, tout cela est arrivé* ».
>
> Mark Twain, « *Following the Equator* », 1897

Politique

Système politique

L'Australie a un Parlement fédéral composé de deux chambres : le Senate (Sénat), avec 76 sénateurs, et la House of representatives (Chambre des représentants), avec 150 députés. Les députés sont élus dans des circonscriptions (officiellement divisions, ou electorates ou seats) à raison d'un député par circonscription.

Plus un état est peuplé, plus il a de députés à la House of representatives, avec un minimum de cinq par état.

Au Sénat, chaque état est représenté par 12 sénateurs, et chaque territoire par 2 sénateurs. Les députés sont élus pour trois ans et les sénateurs pour six. Les élections ont lieu tous les 3 ans, renouvelant le Sénat de moitié à chaque élection.

Le gouvernement est formé dans la House of representatives. Le chef du parti majoritaire est Premier ministre.

Politique intérieure

Elu en 1996, le Premier ministre libéral John Howard fut reconduit dans son mandat pour la 4e fois après avoir choisi de tenir des élections anticipées le 9 octobre 2004. Au cours de ces élections, les conservateurs renforcèrent leurs positions à la chambre des représentants et prirent la majorité au Sénat.

Sur le Harbour bridge, Sydney

Même si certains ont vu dans l'attentat de Bali de 2002 et dans celui de 2004 visant l'Ambassade d'Australie à Jakarta des actions visant à souligner le prix d'un soutien à Washington, la majorité de la population apprécie d'avoir un Premier Ministre résolu à lutter sans réserve contre le terrorisme. Les performances économiques de John Howard constituent un atout complémentaire et significatif (13 années de croissance économique ininterrompue ; le taux de chômage le plus bas depuis 1981 ; depuis sept ans, l'Australie enregistre le taux de croissance le plus élevé de l'OCDE après l'Irlande).

L'une des principales conséquences de la reconduite du mandat de John Howard fut le maintien des troupes australiennes aux côtés des etats-Unis en Irak.

Depuis 2005, les principaux changements au sein des différents partis politiques sont :

La démission de Mark Latham de la direction du Labor, le parti travailliste et principal parti d'opposition, au bénéfice de Kim Beazley le 18 janvier 2005.

La restructuration du gouvernement de John Howard à la suite de la démission du ministre de la Défense et du ministre de la Famille et Services sociaux en janvier 2006.

Politique extérieure

États-Unis

En optant pour un resserrement des liens avec Washington, Canberra s'éloigne de la dynamique imprimée par les anciens responsables travaillistes à la diplomatie australienne au sein des enceintes multilatérales. Le rapprochement avec Washington au cours de l'ère Howard a connu son premier temps fort avec la conduite australienne de l'intervention internationale au Timor oriental en 1999.

Depuis le 11 septembre 2001, l'alliance entre Canberra et Washington s'est manifestée sur plusieurs terrains : la crise iraquienne (840 soldats présents) ; l'Afghanistan (300 hommes opérationnels à partir de début mars 2006), le Golfe Persique (480 hommes en soutien naval et aérien), le bouclier anti-missiles (accord de lutte anti-missiles signé le 7 juillet 2004).

Le 8 février 2004, l'Australie et les Etats-Unis ont conclu un accord de libre-échange entré en vigueur au 1er janvier 2005 (99 % des produits manufacturés américains et 97 % des produits manufacturés australiens sont exemptés de droits de douane).

Multilatéralisme

Le rapprochement Canberra-Washington n'a pas été sans impact sur la vigueur de la diplomatie multilatérale déployée sous les gouvernements précédents. Après avoir critiqué la Convention de 1951 sur les Réfugiés lors de l'affaire des « boat people » du Tampa, l'Australie a annoncé qu'elle estimait inutile de se soumettre au Protocole de Kyoto en l'absence d'une adhésion américaine. S'associant aux Etats-Unis, à la Chine, au Japon, à l'Inde et la Corée du Sud, leurs économies représentant près de la moitié des émissions mondiales de gaz à effet de serre, elle a lancé un partenariat Asie-Pacifique sur le climat début août 2005 (initiative « alter-Kyoto ») Au sein du Groupe de Cairns, l'Australie exprime ses critiques à l'endroit de la PAC.

La non-prolifération reste un domaine important de l'activité multilatérale de l'Australie. L'action menée dans le cadre du Groupe Australie afin de prévenir l'exportation de produits chimiques ou biologiques « militarisables » ou à double usage vers des pays « proliférants » est appréciée.

- **Chef de l'État :** Reine Elizabeth II d'Angleterre.
- **Gouverneur Général (représentant de la Reine) :** Michael Jeffery.
- **Premier ministre :** John Winston Howard (Parti libéral australien) : depuis le 11 mars 1996.

Leaders des principaux partis politiques

- **John Winston Howard :** Parti libéral.
- **Mark Vaile :** Parti national.
- **Kim Beazley :** Parti travailliste (Labor party).
- **Lyn Allison :** Parti démocrate.
- **Bob Brown :** les Verts (Greens).
- **Pauline Hanson :** One Nation (extrême droite).

Asie

La Chine et le Japon constituent les 3e et 4e partenaires commerciaux de Canberra après l'Union européenne et les Etats-Unis. La visite du Président chinois, HU Jintao, du 22 au 24 octobre 2003, a fourni l'occasion à l'Australie de se positionner comme un des principaux fournisseurs de la Chine en matière d'énergie et de formation. Des négociations pour un accord de libre-échange ont été entamées depuis 2005.

L'ASEAN a décidé fin 2004 d'entamer la négociation d'un accord de libre-échange avec l'Australie et a signé avec ce pays en juillet 2004 une déclaration commune de coopération en matière de lutte contre le terrorisme. La position australienne en faveur d'« attaques préventives » n'est plus d'actualité depuis que le pays s'est engagé, fin juillet 2005, à signer le Traité d'amitié et de coopération (TAC) avec l'ASEAN. Sydney devrait accueillir le Sommet de l'APEC en septembre 2007.

L'Australie poursuit son dialogue étroit avec les pays d'Asie du Sud-Est, à l'instar de l'Indonésie avec qui la coopération est très étroite. Le pays est un des pourvoyeurs les plus actifs d'aide d'urgence et à la reconstruction de la zone touchée par le tsunami.

Pacifique Sud : Avec une contribution annuelle d'aide publique au développement de la région de près de 470 M€ pour le budget 2004-2005 (291 M€ pour 2003-2004), l'Australie constitue le principal bailleur de fonds du Pacifique Sud.

L'Australie contribue à endiguer l'instabilité de certains pays, en mettant l'accent sur la bonne gouvernance et la sécurité. La méthode australienne (investissement financier et humain), éprouvée lors de l'intervention de la mission régionale d'assistance conduite par les Australiens aux Salomon (RAMSI) depuis juillet 2003, est mise en œuvre dans les autres pays (Papouasie-Nouvelle-Guinée, Vanuatu, Nauru), malgré des critiques d'ingérence (Papouasie-Nouvelle-Guinée notamment).

L'Australie s'est toutefois trouvée face à une fronde des petits Etats insulaires lors de la dernière du Forum des Iles du Pacifique à Port Moresby en octobre 2005. Le « Plan Pacifique » adopté à cette occasion a mis l'accent sur le développement durable.

Environnement

La diplomatie environnementale australienne constitue un enjeu entre les exigences économiques, la proximité de vue avec les Etats-Unis, mais aussi les attentes de l'opinion publique plutôt acquise au protocole de Kyoto, et le souci d'exporter l'image d'un pays en pointe dans ce domaine notamment à des fins touristiques.

L'Australie n'a toutefois pas ratifié le protocole de Kyoto arguant de son inefficacité et a lancé avec les Etats-Unis une initiative « après Kyoto » avec des partenaires asiatiques (Chine, Inde, Corée, Japon) fondée sur des partenariats public-privé et des avancées technologiques misant sur une réduction de moitié des émissions à effet de serre d'ici la fin du siècle.

Source : www.diplomatie.gouv.fr/ (mise à jour : 02.02.06).

Économie

Quelques chiffres

- **PIB (2004) :** 636 milliards US dollars (France : 1 648,40 milliards d'euros en 2004).
- **PIB par habitant – PPA (2003) :** 27 818 US dollars (France : 26 510 € en 2004).
- **Taux de croissance (2004) :** 4 %.
- **Taux de chômage (janvier 2005) :** 5,1 %.
- **Taux d'inflation (2004) :** 2,6 %.
- **Solde budgétaire (2003/2004) :** 2,7 milliards d'euros (0,6 % du PIB).
- **Balance commerciale :** déficitaire.
- **Principaux clients :** ASEAN (Association of Southeast Asian Nations), Japon, UE, Etats-Unis.
- **Principaux fournisseurs :** Japon, UE, ASEAN, Etats-Unis.
- **Part des principaux secteurs d'activités dans le PIB :** agriculture : 3 %, industrie : 25 %, services : 73 %.

L'Angleterre n'entendait faire de l'Australie qu'un bagne autosuffisant qui la débarrasserait de ses encombrants prisonniers. Elle voyait d'un bon œil que l'on exportât des matières premières. Les débuts de la colonie-prison, très éprouvants, s'accompagnèrent de quelques dizaines d'années de famine.

A l'instar des Etats-Unis, l'Australie a connu depuis 1992 une phase de forte croissance avec des taux supérieurs à 3 % par an. Cette expansion repose principalement sur la consommation des ménages, elle-même alimentée par un fort recours au crédit, et une politique monétaire flexible. Elle a également été rendue possible par des réformes du marché du travail et l'ouverture de l'économie à la concurrence internationale. L'année 2003 s'est traduite par une moindre performance (3,2 %), en raison de la sécheresse (réduction de la production agricole d'environ 20 %) et de l'impact de la conjoncture (SARS, guerre en Irak) sur les exportations. Le taux de croissance de 2004 était de 4 % et celui de 2005 entre 3,5 et 3,8 %.

En recul progressif depuis le début de 2002, le taux de chômage s'établit aujourd'hui à 5,1 % (taux le plus bas depuis 1976). L'inflation est de 2,6 %. La situation financière de l'Australie est saine. La coalition libérale mène en effet depuis 1996 une politique budgétaire orthodoxe, qui a permis de dégager des excédents ces dernières années (0,4 % du PIB pour l'estimation 2004/2005). La dette publique est maîtrisée (5,5 % du PIB en 2002, 3,9 % du PIB en 2003, et 3,2 % du PIB en mai 2004).

La balance commerciale australienne est traditionnellement déficitaire en raison de la structure de ses échanges : vente de matières premières minérales (charbon, uranium, fer, or, diamant...), énergétiques (gaz) et agricole (viande, céréales, coton, laine...) aux cours fluctuants, et achat de biens d'équipement et de consommation. La balance courante se creuse mécaniquement.

La dette extérieure continue de croître. Elle s'élève aujourd'hui à 49 % du PIB, mais ce niveau élevé n'inspire pas d'inquiétude, la dette étant souscrite presque exclusivement par des banques ou des entreprises ayant des ressources en devises et dont les comptes sont sains.

En matière de commerce international, l'insertion de l'Australie dans la région Asie Pacifique se renforce. La Chine est aujourd'hui le 3e partenaire commercial de l'Australie, son 3e client et son deuxième marché à l'exportation. Le commerce de marchandises avec la zone représente 70 % des échanges (19 % avec l'UE, 16 % avec les Amériques, dont 13 % avec les Etats-Unis). Toutefois, l'Océanie ne compte que pour 7 % des échanges de marchandises. La zone Asie Pacifique accueille 71 % des exportations australiennes (14 % à destination de l'UE, 9 % des Etats-Unis) et fournit 69 % de ses importations (contre 24 % en provenance de l'UE et 16 % des Etats-Unis). Les échanges de services suivent globalement la même tendance (22 % avec l'UE, 17 % avec les Etats-Unis, 15 % avec l'ASEAN et 8 % avec le Japon).

En revanche, les investissements directs étrangers en Australie sont majoritairement issus des pays occidentaux, notamment de l'Union européenne (stock de 148 Mds € fin 2003 ; part du stock UE 35 %, Etats-Unis 23 %, Japon 9 %, Singapour 5 %). L'Australie est un des pays de l'OCDE les plus ouverts aux IDE. Elle détient 2,1 % du stock mondial, représentant 34 % de son PIB (contre 23 % en moyenne pour les pays développés).

Agriculture

Aujourd'hui, elle nous impose l'image d'un pays principalement exportateur de laine. Cependant, depuis le début du siècle, son marché s'est considérablement diversifié. Les immenses cattle-stations australiennes de l'Outback ont vu leur cheptel diminuer à la suite de grandes sécheresses des années 1980. Nombre d'éleveurs ont fait faillite. Actuellement, le blé, dans la région de la Wheat Belt, et la canne à sucre constituent d'importantes ressources de son 'agriculture. Le pays produit aussi des vins fort agréables : les plus grands vignobles sont situés dans la Hunter Valley, près de Sydney, la Murray Valley, près de Melbourne, la Barossa Valley, près d'Adelaide, et à Margareth River, au sud de Perth. Bien que la part cultivée de l'Australie soit modeste par rapport à sa surface, les conditions climatiques extrêmement variées dont elle bénéficie permettent la culture de nombreux fruits et primeurs. Dans les régions tropicales du Queensland : ananas, mangues, bananes, avocats, ainsi que du coton et du tabac. Dans les plus tempérées au sud : raisins, baies et légumes de toutes sortes. En Tasmanie : surtout des pommes.

Pêche

Les côtes australiennes sont riches en poissons, langoustes et crevettes, coquillages, saumons et crabes géants de Tasmanie. La chair du requin est vendue pour les fish & chips. La France est le quatorzième marché d'exportation de l'Australie et représente environ 2 % de ses exportations totales, essentiellement en laine et charbon, mais aussi en fruits de mer : coquilles Saint-Jacques, homards et crevettes (vivantes ou congelées). Le Japon est le plus gros partenaire économique de l'Australie, mais les échanges avec la Chine, le Vietnam, la Corée et Singapour pourraient bien changer la donne économique.

Minerais

A Pilbara, comme au mont Newton, on exploite intensivement le charbon. Les gisements prennent souvent la forme de gigantesques mines à ciel ouvert, ce qui réduit le coût d'extraction. Le charbon est acheminé par train vers les ports, avant d'être exporté, vers le Japon et la France. Les Australiens sont très sensibilisés à l'écologie, et une loi oblige les sociétés minières à remblayer et à replanter les sites au fur et à mesure de leurs travaux d'excavation. En New South Wales, Broken Hill est surnommée « Silver City » en raison de ses gisements d'argent, les plus riches du monde, mais regorge aussi de plomb et de zinc. Mount Isa est une immense ville minière perdue au fin fond de l'Outback dans le Queensland. Ici, on exploite d'énormes quantités de cuivre, d'argent, de plomb et de zinc. L'Australie est aussi le seul pays au monde à posséder des mines d'opale.

Avant de perdre sa fortune, le milliardaire Alain Bond profita de la hausse des cours de l'or en exploitant les anciennes mines de Kalgoorlie. Sa Golden Mile, la parcelle la plus riche au monde, peut être visitée… A condition de rester à bonne distance, enfermé dans des cars spécialement affrétés.

Pétrole

L'Australie est autosuffisante en pétrole. Les forages se font dans le détroit de Bass, dans l'île Barrow, près des îles Abrolhos sur la côte ouest, et sur le grand plateau au nord-ouest, dans l'Australie centrale et au Queensland. Un complexe hydroélectrique géant existe dans les Snowy Mountains.

Tourisme

Depuis plusieurs années, l'industrie du tourisme est en pleine extension et contribue de manière significative à la création d'emplois, aux recettes d'exportation et au développement des différents états et territoires.

Source : www.diplomatie.gouv.fr (mise à jour : 02.02.06).

Quais du port Franklin, Hobart.

Population

L'Australie compte, d'après les dernières statistiques, une population de 19,8 millions d'habitants pour un pays aussi vaste que les Etats-Unis (sans l'Alaska).

Cette population est répartie principalement sur la Boomerang Coast (nord-ouest), avec la ville de Melbourne (2,88 millions d'habitants) et la ville de Sydney (3,29 millions) qui totalisent, à elles seules, plus d'un tiers de la population nationale.

Quand on sait que l'Etat du Victoria et celui du New South Wales totalisent presque onze millions d'habitants à eux deux, on mesure le faible peuplement du centre du pays, ce qui n'est pas vraiment étonnant si l'on considère l'importance des étendues désertiques de l'Outback. Aujourd'hui la population australienne est très hétéroclite, avec toujours une prédominance européenne.

Après l'ouverture des frontières de ce vaste continent au lendemain de la Seconde Guerre mondiale, Italiens, Grecs, Yougoslaves, Allemands, Libanais... s'y sont rendus pour tenter de faire fortune, ou simplement fuir la misère ou l'oppression dans leur pays. L'Australie, après la guerre du Vietnam, a ouvert ses portes aux réfugiés vietnamiens, puis, dans un souci de rapprochement avec l'Asie, elle a accueilli un grand nombre de Chinois (ce qui explique la présence d'un Chinatown dans toutes ces grandes villes), de Japonais, de Coréens. N'oublions tout de même pas les premiers Australiens, ou Aborigènes, qui sont aujourd'hui près de 350 000, répartis surtout dans les réserves du Northern Territory et du centre de l'Australie.

Ce qui est frappant de constater, c'est que l'immigration, dans ce pays, s'est toujours faite par vagues et par nationalités. Si, après la Seconde Guerre mondiale, l'Australie prônait une immigration blanche, il était beaucoup plus difficile, il y a àpeinneune dizaine d'années, d'y immigrer si l'on ne venait pas d'Asie.

Bien entendu, les religions pratiquées en Australie coïncident de très près avec la répartition de la population, et il n'est pas étonnant de constater que près de 60 % de la population est chrétienne, avec une prédominance pour le catholicisme, même si l'Eglise unifiée (protestante) est assez présente.

Cependant, si un cinquième de la population australienne se considère comme athée, on y trouve également toutes sortes de minorités, dont les principales sont représentées par le judaïsme, le bouddhisme et l'islam.

Depuis 1997, la population augmente de 1,2 % par an. La population est vieillissante avec une moyenne d'âge de 35 ans. 10,7 % est âgée de 65 ans et plus. Parmi l'ensemble de la population née à l'étranger, 36,2 % vient de Grande-Bretagne, de Nouvelle-Zélande et d'Irlande, le reste vient d'Italie, du Vietnam, de Grèce, de Chine et d'Allemagne.

Les descendants des Aborigènes ont augmenté d'un tiers, passant de 265 458 en 1991 à 352 970 aujourd'hui. Plus de 56 % de cette population est recensée dans le New South Wales et le Queensland. Cette population a augmenté de 23,7 % dans le Northern Territory.

Il y a plus de femmes (50,5 %) que d'hommes (49,5 %) dans tous les Etats sauf dans le Northern Territory.

Quelques chiffres

- **Croissance démographique :** 1,2 %.
- **Espérance de vie :** 79 ans.
- **Taux d'alphabétisation :** 99 %.
- **Religions :** catholicisme, anglicanisme, protestantisme.
- **Communauté française en Australie :** 60 000 (17 000 immatriculés).
- **Communauté australienne en France :** environ 3 000.

LES ABORIGÈNES

La civilisation aborigène est sans doute la plus ancienne du monde encore existante. Cette civilisation, qui a souvent été perçue comme pauvre et démunie, est en fait d'une très grande richesse sociale et culturelle.

L'un de ses aspects fondamentaux est le « Dreamtime », ou Temps du Rêve, qui englobe dans une vaste mythologie la relation de l'homme avec le cosmos et la symbolique de la vie quotidienne, privée ou collective.

Bien qu'ils n'aient obtenu leur citoyenneté qu'en 1967, les Aborigènes se sont néanmoins battus dans les deux guerres mondiales aux côtés des troupes alliées, au même titre que les autres soldats australiens. Ils ont contribué au développement économique du pays, tout particulièrement dans les secteurs agricoles et d'élevage. Par ailleurs, leur contribution au rayonnement de ce pays sur le plan culturel n'est pas des moindres. Ils excellent dans la peinture, la musique et la danse.

Leur peinture a frappé l'imagination de nombreux amateurs d'art dans le monde entier. 1993, l'année internationale des peuples indigènes, a permis de recentrer les débats sur les problèmes affectant les peuples autochtones de ce continent.

Il reste maintenant à résoudre la grave question concernant le droit de récupération de leurs terres ancestrales après le célèbre jugement Mabo, un cas de jurisprudence qui a bouleversé l'histoire australienne et, peut-être, toute l'histoire coloniale mondiale.

Jadis...

La découverte de l'Australie au XVIIIe siècle alla de pair avec celle d'une race nouvelle, car les indigènes, bien que noirs de peau, n'étaient pas des négroïdes. Par commodité, les anthropologues de l'époque les baptisèrent australoïdes. Venant probablement de l'actuelle Inde du sud et de la Mélanésie, leur immigration remonte à la nuit des temps.

On ignore la date exacte à laquelle ils se sont installés sur le continent. Anthropologues et archéologues estiment que ce fut il y a environ 50 000 à 60 000 ans. Certains disent même 100 000 ans. Des peintures et gravures rupestres ont été datées de 45 000 ans, et leur emplacement suggère que les Aborigènes y vivaient déjà depuis un certain temps.

Avant d'atteindre l'Australie, ils eurent à traverser une zone d'îles et de détroits à bord d'embarcations légères, à une époque où le niveau des eaux permettait de naviguer à vue. Le niveau des eaux ayant monté, les Aborigènes se trouvèrent isolés des autres continents.

Un deuxième groupe d'indigènes, les insulaires du détroit de Torres, est proche des peuples aborigènes, tout en possédant sa propre histoire et sa propre culture. Ce groupe peuplait à l'origine les îles du détroit de Torres qui séparent l'extrémité nord du Queensland de la côte sud de la Papouasie Nouvelle-Guinée.

Les insulaires sont au nombre de 28 000, dont 80 % vivent aujourd'hui sur le territoire métropolitain, la plupart est réparti le long de la côte nord du Queensland, et concentré dans les villes de Townsville et de Cairns. Une quinzaine de communautés, de 30 à 400 personnes chacune, vivent toujours dans les îles. Thursday Island, où a lieu chaque année un important festival de traditions populaires, abrite plus de 2000 insulaires.

Jusqu'en 1947, le gouvernement du Queensland les avait empêchés de s'installer sur le continent. A partir de 1960, ils furent libres de chercher du travail et d'habiter là où ils le désiraient. A l'époque de l'arrivée des premiers Aborigènes, la terre était probablement plus humide qu'aujourd'hui, plus fertile et couverte d'une végétation luxuriante.

Diverses raisons pourraient expliquer pourquoi ce peuple n'est pas devenu sédentaire. La faune et la flore indigènes ne se prêtent pas à la domestication ou à la culture. D'autre part, les techniques de chasse et de cueillette des Aborigènes leur permettaient aisément de subvenir à leurs besoins. Ainsi, au fil des siècles, ont-ils élaboré un mode de vie en parfaite harmonie avec leur environnement.

Calendrier aborigène.

Les dates clefs de l'histoire récente des indigènes

- **1962** > La législation électorale de la fédération est amendée pour que les Aborigènes et les insulaires du détroit de Torres puissent voter volontairement.
- **1966** > Premières revendications des Aborigènes pour leurs droits fonciers.
- **1967** > Adoption par référendum de dispositions donnant autorité au gouvernement australien pour légiférer au nom des peuples aborigènes et pour les inclure dans les recensements.
- **1969** > Le Bureau d'aide sociale aux Aborigènes est aboli 96 ans après sa création.
- **1971** > Neville Bonner est le premier Aborigène à entrer au Parlement fédéral. Premier déploiement du drapeau aborigène, sur Victoria Square, à Adelaide.
- **1972** > Le pasteur Douglas Nicholls, un Aborigène, est anobli (Chevalier) par la Couronne.
- **1972** > Le gouvernement travailliste de M. Gough Whitlam introduit une politique d'autodétermination et crée la Commission des droits fonciers des Aborigènes.
- **1975** > M. Whitlam remet le bail de Daguragu, à Wave Hill Station au peuple gurindji.
- **1976** > L'avocat Pat O'Shane est le premier Aborigène admis au barreau.
- **1977** > Proclamation de la loi de 1976 sur les droits fonciers des Aborigènes.
- **1981** > Le chef du gouvernement d'Australie Méridionale, M. David Tonkin, remet au peuple anangu un titre de propriété perpétuelle et libre pour une superficie de 102 603 km^2.
- **1984** > La législation électorale est modifiée pour rendre obligatoire le vote des Aborigènes et des insulaires du détroit de Torres.
- **1984** > Charles Perkins devient le directeur du ministère fédéral des Affaires aborigènes ; c'est le premier Aborigène à assumer une responsabilité de cette nature.
- **1985** > La Société foncière d'Uluru-Kata Tjuta (autrefois Ayers Rock et les Mont Olgas), dans le Territoire du Nord, accepte le titre du parc national au nom de ses propriétaires traditionnels.
- **1987** > L'Association des artistes aborigènes du nord et du centre de l'Australie est créée pour promouvoir la production de l'art aborigène au profit des artistes.
- **1989** > La propriété de Nitmiluk (Katherine Gorge, Territoire du Nord), est rendue au peuple Jawoyn.
- **1991** > Formation du Conseil de réconciliation avec les Aborigènes.
- **1992** > Décision Mabo de la Haute Cour sur le titre indigène.
- **1993** > Le défunt Eddie Mabo est nommé Australien de l'année.
- **1994** > La Loi de 1993 sur le Titre Indigène, le Native title act, commence à être appliquée.
- **1995** > Une commission d'enquête nationale rend son rapport sur les enlèvements d'enfants aborigènes ayant eu lieu entre 1910 et 1970 sous la tutelle de la police gouvernementale.
- **1996** > L'Agrément du Cape York légifère les intérêts des groupes indigènes, le syndicat des éleveurs de bétail et l'Association australienne pour la Conservation.
- **1997** > Convention australienne pour la réconciliation aux bureaux du Congrès mondial à Melbourne.
- **1998** > Amendement de la loi sur le Titre indigène.

Le « Dreamtime » ou « Temps du Rêve »

Depuis quelque cinquante millénaires, les Aborigènes avaient été les seuls habitants des immensités australes. A l'arrivée des Britanniques blancs, les hommes « bruns » se trouvaient divisés en 350 tribus totalisant entre 350 000 et 500 000 individus (les chiffres sont controversés). Contrairement à ses techniques primitives mais parfaitement adaptées aux besoins de chacun, l'organisation sociale aborigène était celle d'une société hautement évoluée qui assurait à ses membres une grande sécurité économique, sociale et psychologique. L'ordre et la loi étaient maintenus sans chef véritable, par un réseau de réciprocités économiques et morales fondé sur un système de relation de parenté complexe et débordant largement celle de la simple parenté consanguine.

Ce peuple vivait en étroite symbiose avec la terre sur le plan économique mais aussi spirituel. Dans le grand mythe d'origine, le Dreamtime, le passé, le présent et l'avenir, l'homme et tout ce qui fait l'univers visible et invisible, matériel et immatériel, s'articulent dans un système de croyances complexes qui s'exprime par le biais d'une abondante littérature orale, du chant et de la danse. Au cœur de ce système, on trouve le totémisme. Cette croyance en une relation de parenté entre chaque être humain et tout ce qui participe de la Création agit comme principe d'organisation et d'identification tant individuelle que collective : la personne (ou le groupe) ayant telle espèce d'animal ou de plante pour totem est soumise à un ensemble d'obligations et d'interdits liés à cette espèce ; elle est en quelque sorte responsable de son bien-être et de sa pérennité.

Ainsi le totémisme exprime et explique à la fois le grand respect des Aborigènes à l'égard de la nature en son entier. Animaux, plantes, sources, montagnes, rochers, etc., jusqu'au simple caillou, sont investis d'une valeur spirituelle liée aux mythes fondateurs, au Temps du Rêve. Ce Temps du Rêve est un concept fondamental de la religion aborigène, un temps cosmique sans commencement ni fin, dans lequel le présent, le passé et le futur coexistent.

Avant, le monde était informe, une masse molle et mal équilibrée. Le premier, Warramurrungundji est sorti de la mer pour donner naissance aux êtres humains. Il a été suivi d'autres esprits, qui ont sculpté le relief de la terre jusqu'alors plate. Ginga, l'ancêtre crocodile, a façonné les contrées rocheuses. Gandajitj, le kangourou géant, a creusé les dépressions. Almudj, le serpent arc-en-ciel, a engendré les alignements des collines. Connu sous des noms différents, il se déploie en de nombreux endroits sur tout le continent, tapi au fond des caves ou dans des trous d'eau. S'y baigner, pêcher, ou même parler à voix haute à proximité porte malheur. En outre, il ne faut surtout pas y jeter des cailloux. Le Serpent est le gardien et protecteur de ces lieux vitaux pour la survie dans les régions désertiques.

Une fois leurs actes créateurs terminés, les grands esprits ancestraux sont apparus en rêve aux premiers êtres humains pour leur indiquer en détail les itinéraires de pèlerinage de ces « Sites du Rêve ». Voyant leur vie comme un voyage en quête de leurs ancêtres, les Aborigènes allaient de site en site (walkabout) suivant ces chemins préétablis appelés « *songlines* ». Lors de ce parcours initiatique, ils chantaient des airs du Dreamtime adaptés à chaque lieu – colline, source ou rocher – car les esprits demeurent à jamais dans ce qu'ils ont créé.

Le temps des nomades

Dans la jungle pluviale frangeant la côte Est, les Aborigènes étaient relativement sédentaires. En revanche, dans les immenses régions semi-arides de l'intérieur, les tribus devaient voyager sur des espaces infinis à la recherche de nourriture et d'eau. Les Aborigènes contribuaient à préserver leur environnement par leur style de vie, en limitant leur population par une régulation des naissances, et en se déplaçant quand les sources de nourriture commençaient à s'épuiser.

Cette nécessaire mobilité les obligeait à ne posséder que les ustensiles indispensables à la vie de chaque jour.

Les hommes chassaient le kangourou et les lézards au moyen de lances et de boomerangs de deux sortes. Le boomerang qui revient à son point de départ était principalement utilisé pour pousser une volée d'oiseaux vers un filet. Celui qui ne revient pas, plus grand et moins incurvé que le premier, était une arme redoutable capable de tuer un grand kangourou.

Les femmes étaient chargées de la cueillette de plantes, des ignames, et de la récolte du miel. Leur outil principal était le simple bâton à fouir. Il servait à déterrer des crapauds gonflés d'eau qui s'enterrent pendant les longues périodes de sécheresse, ainsi que des Witchetty Grubs, grosses larves au goût de miel, très riches en protéines et vivant près des racines des arbres. De récentes études ont montré que cette nourriture était équilibrée et non pas misérable, comme on l'avait d'abord cru.

Les Aborigènes avaient l'un des systèmes de parenté les plus complexes du monde. Leurs relations familiales s'étendaient à la tribu tout entière, laquelle pouvait compter de 100 à 1 500 individus. Leur société, sans chef au sens moderne du terme, était parfaitement égalitaire. Ceux qui avaient apporté la preuve de leur talent de chasseur, tout en faisant preuve de sagesse, devenaient les Anciens, responsables de l'application des lois sociales et religieuses.

Le temps des massacres

L'arrivée des colons anglais en 1788 se traduisit par l'expulsion des Aborigènes de leurs terres, la destruction d'une partie de leurs cultures et leur désintégration sociale. Les Anglais apportèrent des maladies contre lesquelles les Aborigènes n'avaient pas de système immunitaire.

Le choc des deux cultures, séparées par cinquante siècles, infligea aux Aborigènes un traumatisme particulièrement grave dont ils commencent seulement à se relever. Les colons considéraient l'Australie comme une Terra nullius, une terre sans propriétaires.

Ils convertirent une partie des terres de chasse des Aborigènes en d'immenses propriétés de squatters (éleveurs de bétail). Ils introduisirent des animaux étrangers au pays, qui détruisirent à leur tour certaines sources de nourriture. De violentes échauffourées entre groupes aborigènes et colons aboutissaient souvent à des représailles sévères contre les indigènes. Dans certains endroits, les colons pratiquaient « la chasse à l'Aborigène », ou les empoisonnaient avec la ferme intention de les exterminer. Ce qui est bel et bien arrivé aux Aborigènes de Tasmanie. L'extermination y fut organisée dès 1828. Le dernier Aborigène mourut en 1877.

La situation des Aborigènes sera moins dramatique dans le Nord. Leurs bras étant nécessaires aux premiers colons-éleveurs qui ne bénéficiaient pas du travail bon marché des bagnards.

Nombre de ces éleveurs eurent de l'estime pour les Aborigènes, allant jusqu'à leur payer de petits salaires. Les Aborigènes de la péninsule de Cape York connurent des conditions moins favorables, souffrant mille sévices de la part de pêcheurs de perles et d'éleveurs peu scrupuleux.

Des colons allèrent même jusqu'à importer des Kanaks de Nouvelle-Calédonie pour les faire travailler comme esclaves sur les plantations de canne à sucre du Queensland. Le roman *Sucre brun*, de Nancy Cato, raconte l'histoire de ces plantations du Queensland où il fallait bien exploiter indigènes et esclaves kanaks pour pouvoir s'offrir de luxueux palais, des jardins délicieux et des cohortes de domestiques. A l'autre bout du pays, sur la côte Ouest, la rencontre des deux civilisations fut plus pacifique.

Là encore, les pionniers ne bénéficiaient pas de la main-d'œuvre bon marché des forçats, peu nombreux dans cette partie du continent. Ils eurent donc besoin de celle des autochtones. En travaillant avec eux, ils apprirent à mieux les connaître.

Ils les perçurent comme des hommes « *fiers et intelligents* », ce que contredisaient radicalement les colons de l'Est.

D'autres Aborigènes encore se trouvèrent parqués dans des réserves quasi carcérales. Ces déplacements de population, et les mélanges de tribus qui les accompagnaient, menaçaient gravement leur identité. Des efforts systématiques étaient mis en œuvre pour les « européaniser ». On leur imposait notamment des noms européens et le port de vêtements.

Pétroglyphes aborigènes dans le parc national de Kakadu.

Les épidémies, l'alcool, ou le chagrin tout simplement, les décimèrent cruellement. En outre, « The Aborigene Protection Board » prélevait des enfants des réserves pour les mettre en apprentissage de tâches ménagères et manuelles. On les plaçait ensuite dans des maisons européennes et dans de grandes cattle-stations (fermes d'élevage) avec interdiction de retourner dans leur famille. De même, un grand nombre d'enfants métis furent tout particulièrement sujets à de réelles crises d'identité. C'est l'un des thèmes forts de romans tels que Capricorni et We of the Never Never.

Le tournant de la Seconde Guerre mondiale

A la fin des années 1930, les initiations rituelles aborigènes n'existaient pratiquement plus. La natalité avait baissé en raison d'une alimentation peu appropriée et d'une perte d'espoir dans l'avenir. La Seconde Guerre mondiale apporta alors de grands changements pour les quelques milliers d'Aborigènes enrôlés dans l'armée. Ils eurent 10 pences par jour et des rations complètes, tout comme les autres soldats australiens. Cette nouvelle situation provoqua une prise de conscience, suivie en 1945 d'une grève armée des Aborigènes de Pilbara, sur la côte nord-ouest, pour obtenir l'égalité des salaires.

La presse de Perth s'enflamma en qualifiant la grève de complot organisé par les communistes. Après trois années de grève, les éleveurs cédèrent aux exigences des Aborigènes.

La répartition géographique

Lors du débarquement des premiers bagnards anglais, les Aborigènes, disséminés sur un territoire grand comme quatorze fois la France, se répartissaient en cinq cents tribus parlant deux cents dialectes, ce qui ne facilitait guère leur unité ni ne favorisait leur intégration dans la société blanche – intégration qu'ils ne souhaitent d'ailleurs généralement pas. N'ayant jamais obtenu de signer de traité avec leurs envahisseurs, ils ne bénéficièrent d'aucune protection juridique pendant plus de cent cinquante ans. Aujourd'hui, ils ne sont plus que 257 000, dont 28 000 insulaires et environ un tiers de métis.

Sur 17,5 millions d'habitants que compte actuellement l'Australie, ils ne représentent que 1,5 % de la population.

Le tiers d'entre eux vit en zone rurale, et moins d'un quart en zone urbaine avec un mode de vie à l'occidentale. Tous les autres, soit la majorité, vivent dans l'arrière-pays semi-aride de l'Outback, selon leurs coutumes et usages traditionnels. Le Northern Territory représente aujourd'hui la mémoire vivante de l'Australie, avec la plus grande densité d'Aborigènes (22 %), plus ou moins sédentarisés.

« Australia is my birthplace
but I cannot call it my own
as well as my native land,
for I have no right to live
there until a treaty is agreed
with the original inhabitants,
I shall be homeless in the world. »

« L'Australie est mon lieu de naissance,
mais je ne peux l'appeler mon pays
ni ma terre natale,
car je n'ai pas le droit d'y vivre,
avant qu'un traité ne soit conclu
avec ses habitants d'origine,
je serai sans foyer au monde. »

Germaine Geer, « *Journal of the Plague Year* » (Journal de l'année de la peste), 1988.

Le temps des luttes

Les dernières sédentarisations forcées des Aborigènes remontent aux années 1960, mais à partir de 1963, un certain nombre d'Australiens se sont émus de cette situation et ont commencé à manifester leur soutien aux autochtones.

Cependant, dans l'histoire de l'Australie, le grand tournant au profit des Aborigènes se situe en 1967, date du référendum qui donnera enfin à ces « citoyens de troisième zone » la nationalité australienne. Avec une confortable majorité de « oui » (91 %), le référendum consacre, près de deux cents ans après l'arrivée des colons anglais, la citoyenneté sociale et juridique des deux peuples indigènes : les Aborigènes d'Australie et les insulaires du détroit de Torres. Ils peuvent désormais exiger la restitution de leurs terres et s'opposer à la confiscation de leurs lieux sacrés.

Mais de gros intérêts sont en jeu car les itinéraires traditionnels des « walkabout » aborigènes correspondent à peu près à la carte des richesses minières du pays.

Si l'uranium, l'or, le fer et les opales abondent sous les sites sacrés, les Aborigènes considèrent leur exploitation comme profanatrice.

En 1969, un procès fut intenté à la toute puissante société australo-suisse Nabalco, qui lui conteste le droit d'exploiter la bauxite et de construire une ville sur un site sacré. Les Aborigènes perdirent le procès, ne sauvant qu'un arbre sacré de l'abattage, mais l'exemple était donné.

En 1972, le gouvernement fédéral décida la création d'un ministère des Affaires aborigènes. A l'occasion de cette première entrée sur la scène politique, les Aborigènes se définissent comme une nation et adoptent pour leur drapeau un rond jaune sur deux larges bandes horizontales rouge et noire : symbole d'un peuple noir sur sa terre rouge et sous le soleil de l'espérance.

Ce drapeau officieux fut créé par Harrold Thomas, un Ancien de la tribu aranda du désert du Centre.

En 1990, deux instances statuaires furent créées : la Commission des Aborigènes insulaires du détroit de Torres (ATSIC) et le Conseil de réconciliation aborigène (ARC). Ces deux instances permettent une meilleure participation des populations indigènes à la formulation et à l'application des mesures gouvernementales.

Les objectifs principaux de l'ATSIC sont de promouvoir l'autogestion et l'autosuffisance, d'assurer le progrès économique, social et culturel des deux peuples indigènes.

De son côté, l'ARC va essayer de constituer un forum de réconciliation entre les communautés aborigènes et les autres Australiens.

L'objectif est de promouvoir cette réconciliation avant le 1er janvier de l'an 2001.

L'incroyable décision Mabo

Le 3 juin 1992, la Cour suprême d'Australie prit une décision qui allait réécrire toute l'histoire juridique de la colonisation. Les plaignants, des insulaires venant de Murray Island, dans le détroit de Torres, eurent gain de cause : pour la première fois l'Australie n'était plus considérée comme une terra nullius, mais bel et bien comme un pays occupé par les Aborigènes et les insulaires avant 1788.

Il fut établi que les Aborigènes possédaient déjà leurs propres lois et coutumes, et la Haute Cour leur accorda des « *droits ancestraux* » antérieurs à ceux de l'annexion de l'Australie à la Couronne britannique.

La Haute Cour introduisait ainsi un nouvel élément dans la législation australienne.

La signification profonde et les conséquences futures de cette décision ont alimenté des débats enflammés au gouvernement, dans les médias, parmi les peuples indigènes eux-mêmes, et surtout au sein des industries minières et chez les éleveurs. Ces derniers craignent en effet une déstabilisation de l'économie australienne tout entière.

En réalité, ces nouveaux droits seront probablement applicables seulement dans certaines régions du pays, et uniquement sur des Crown Land (terres domaniales) ou sur des terres déjà occupées par des Aborigènes. Mais la décision Mabo est aussi politique et symbolique.

Elle redonne aux deux peuples indigènes dignité et équité devant la justice. Mais elle n'a pas manqué d'envenimer les relations entre les peuples indigènes et les Australiens blancs.

L'après Mabo

Le 3 juin 1993, on reprocha au Premier ministre Paul Keating d'avoir trop promis aux Aborigènes pendant sa campagne électorale. Mais cette jurisprudence résultait d'un jugement de la Cour suprême et non pas d'une décision gouvernementale.

Ce procès, le plus important de l'histoire de l'Australie, a mis en cause d'énormes intérêts miniers en impliquant des royalties et en transférant des titres fonciers des terres gouvernementales, des parcs nationaux, et des réserves au groupement des peuples aborigènes et insulaires. La législation fédérale, les lois des Etats et des territoires doivent à présent être révisées en tenant compte de ce nouveau « droit ancestral ».

Le grand problème laissé en suspens par le jugement concerne la définition des terres litigieuses. Il faudrait aussi savoir si la reconnaissance de ces droits ancestraux va annuler toutes les autres revendications sur les terres concernées et dans quelle mesure ces droits pourraient s'appliquer également aux terres des éleveurs, aux immenses cattlestations dans l'Outback ou même à la Grande Barrière de corail.

Certains leaders aborigènes contestent les locations-ventes des terres du gouvernement aux éleveurs et aux compagnies minières.

Le cas Mabo

Eddie Mabo était un membre de la tribu Meriam de Murray Isle, dans le détroit de Torres. En 1982, il entreprit un procès pour obtenir confirmation des droits ancestraux de son peuple sur la terre où il vivait. Le procès se déroula sur une période de dix ans, à la Cour suprême fédérale et à la cour du Queensland.

Au cours de cette période, trois des quatre plaignants décédèrent, y compris Eddie Mabo, ainsi que plusieurs des témoins principaux. La cour du Queensland déclara par un décret, en 1985, que les îles ayant déjà été annexées à la couronne faisaient partie intégrante du Queensland. De ce fait, nul ne pourrait jamais plus formuler de réclamation les concernant. Cependant, la Cour suprême fédérale cassa ce décret en 1988 en statuant qu'il était discriminatoire et contraire à la loi antiraciale de 1975.

A la fin du procès, le 3 juin 1992, elle confirmait les revendications des insulaires en jugeant que « *l'Australie n'était pas terra nullius et que le peuple Meriam, plus qu'un autre peuple au monde, était en droit de posséder, occuper, exploiter et jouir des terres de Murray Isle.* »

Pour maintenir leurs projets d'investissements, ces derniers n'accepteront pas de ne pas voir leur bail renouvelé à son terme au profit des « droits ancestraux ».

Le Queensland et South Australia seront les Etats les plus touchés par la jurisprudence Mabo. Quelques territoires ont déjà été restitués aux indigènes, ce qui crée parfois de graves tensions avec les Blancs. Certains se demandent si, dans quelque temps, il restera encore de la place pour les White European Australians.

Déjà en 1989, trois grandes locations-ventes pastorales ont été transférées aux Aborigènes dans la région des Kimberley. Un rapport de septembre 1993 a été établi sur les tractations entre peuples indigènes et les industries minières et pastorales.

La question du dédommagement des spoliations des terres a été reportée.

La redistribution des terres

Actuellement, les Aborigènes ont des titres de propriété sur environ 12 % du territoire national. Dans le Northern Territory, ils possèdent des titres de propriété sur plus du tiers de la superficie, soit quelque 480 000 kilomètres carrés.

Les Aborigènes sont aussi propriétaires de deux des plus célèbres parcs nationaux australiens, Kakadu et Ayers Rock. Ce dernier a repris son nom aborigène d'Uluru. Dans le Kakadu, d'importantes négociations ont été menées entre les compagnies d'exploitation et les communautés aborigènes. Le résultat se traduit par le paiement de royalties que les compagnies versent à ces communautés. Aujourd'hui, avant d'exploiter un nouveau gisement, les compagnies minières doivent obtenir une autorisation du conseil aborigène concerné (Land Council).

Les organisations touristiques utilisant les sites aborigènes sont, elles aussi, soumises à ces obligations.

Une vie toujours précaire

Malgré la revendication de leurs terres, encouragée par des avocats métis ou blancs, malgré les efforts considérables du gouvernement fédéral et celui des Etats, les Aborigènes des villes, le plus souvent sans travail, et alcooliques, forment la seule classe nécessiteuse de l'Australie.

Parmi eux, seuls les jackeroos (cow-boys des stations d'élevage) vivent dans des conditions économiques comparables à celles de leurs collègues blancs.

L'espérance de vie des « abo » reste très en dessous de la moyenne nationale : 52 ans, alors qu'elle est de 72 ans pour les Blancs.

Le premier service de santé spécifiquement aborigène fut créé en 1971 à Redfern, dans la banlieue de Sydney.

Immigration

Elle est devenue beaucoup plus problématique depuis quelques années. Il faut pouvoir être accueilli par de la famille proche, disposer de capitaux à investir, ou bien encore posséder des qualifications particulières qui manquent en Australie (voir rubrique « Visa »).

Mais le problème le plus préoccupant est le chômage et sa terrible conséquence, l'alcoolisme. En 1991, le taux de chômage chez les Aborigènes était de deux à trois fois plus élevé que dans le reste de la population australienne.

La raison majeure en est le manque d'un niveau suffisant d'études et de qualification professionnelle. Certains Aborigènes ont préféré revenir sur leurs terres, dans les profondeurs de l'Outback et du bush.

Dans ces villages en pleine nature, malgré l'insalubrité des installations, la vie se révèle plus compatible avec leurs aspirations que dans les ghettos urbains où tentent de survivre 90 000 déracinés. En multipliant leurs revendications territoriales et culturelles, les Aborigènes tentent de construire au sein du continent australien une nation qu'ils s'efforcent de faire reconnaître sur le plan international. Car la majorité d'entre eux n'a aucun désir de s'intégrer au système des Blancs. « *La seule vraie religion des Blancs, le travail* » n'est pas la leur.

« I am born of the conquerors, you of the persecuted.
Raped by rum and alien law, progress and economies,
are you and I at once loved land peopled by tribes and trees,
doomed by traders and stock-exchanges,
bought by faceless strangers. »

« Je suis née des conquérants, toi des persécutés.
Violentées par le rhum et les lois étrangères, le progrès et l'économie,
sommes-nous, toi et moi – terre aimée peuplée de tribus et d'arbres –
vouées à des marchands et des boursicoteurs, achetées par des étrangers sans visage. »

Judith Wright (1915)
Ce poème est dédié à Kath Walker, maintenant Oodgeroo Nooucal.

Source : www.diplomatie.gouv.fr (mise à jour : 02.02.06).

Arts et culture

50 MILLÉNAIRES D'ART ABORIGÈNE

L'art est un lien privilégié entre l'homme et le sacré. La peinture est la facette la plus connue de l'art aborigène, qu'il s'agisse d'œuvres traditionnelles comme les peintures sur écorce avec des pigments naturels, ou bien de toiles à la peinture acrylique incorporant des éléments contemporains. Les danses exécutées au cours des cérémonies rituelles appelées « corroborrees » présentent un autre aspect notable de la culture aborigène. Les danseurs sont accompagnés par des musiciens jouant du didjeridoo, un mince tronc d'eucalyptus évidé, et de clapsticks, deux courts bâtons que l'on entrechoque. Il n'existe pas de mot aborigène pour art ou artiste, ni aucune distinction entre art et artisanat. Pour peindre, il fallait atteindre un certain niveau d'initiation rituelle, mais la société aborigène traditionnelle ne comportait pas d'artistes professionnels, même si l'on reconnaissait à certains plus d'habileté qu'à d'autres. Une peinture n'était pas la vision personnelle d'un « artiste », mais la vision collective d'une expérience, ce qui donnait plus de puissance, de présence symbolique aux représentations des animaux totémiques.

Peintures aborigènes.

Les peintures rupestres

Les plus anciennes peintures rupestres datent d'au moins 25 000 ans avant la dernière ère glaciaire. Comment ne pas être fasciné par une tradition picturale datant de dizaines de milliers d'années ? Les Aborigènes peignaient sur les parois cachées sous la roche des êtres fantastiques comme les Wandjinas des montagnes de Kimberly, les esprits mimis ou les Hommes Tonnerre du plateau d'Arnhem. De cette façon, ils assuraient la continuité du Temps du Rêve. Les parois portent parfois plusieurs couches de fresques superposées, dont les plus récentes datent d'il y a une dizaine d'années. On trouve des peintures rupestres un peu partout en Australie, mais les plus célèbres sont celles de l'ouest de la Terre d'Arnhem dans le Northern Territory, des montagnes de Kimberley en Western Australia, et de la péninsule de Cape York au nord du Queensland. Les peintures rupestres du parc national de Kakadu, sur la Terre d'Arnhem, sont innombrables. Les représentations les plus anciennes – silhouettes humaines et animales d'un dessin très délié – seraient l'œuvre des esprits mimis, bien disposés envers l'homme, mais un peu timides. Les Mimis ont appris aux premiers Aborigènes l'art de chasser le kangourou et de peindre. Ils vivent dans des anfractuosités de rochers, et n'en sortent que pour pêcher et peindre, lorsque le temps est parfaitement calme. Si quelqu'un survient, ou si le vent se lève, ils soufflent sur la roche qui se fend pour les laisser rentrer, et qui se referme sur eux. Quelquefois, les Mimis attirent les gens vers les rochers pour les y enfermer.

L'art aborigène

L'art aborigène date d'au moins 50 000 ans. L'engouement est dû en partie à l'apparition préhistorique de celui-ci et à son aspect esthétique. Les peintures des déserts du centre et de l'ouest de l'Australie séduisent par leurs motifs originaux, leurs couleurs et les textures utilisées. Chaque peinture raconte une histoire ou décrit un mythe. Ceux-ci sont perçus par les Aborigènes comme partie de leur « dreamings ». La plupart racontent la terre et la relation des Aborigènes à celle-ci, notamment durant la période de la création où les ancêtres du « dreamtime » rôdaient à travers le pays. En effet, les mots « dreamtime » et « période de création » doivent être considérés conjointement, tellement leurs sens se mêlent. N'ayant pas de tradition littéraire, ils utilisaient les images gravées sur le sable ou peintes à même le corps avec de la craie et de l'ocre pour solliciter la mémoire collective, pour transmettre aux générations la mythologie aborigène. Aujourd'hui, les artistes aborigènes utilisent des toiles et de la peinture acrylique.

Des artistes comme Clifford Possum Japaltjarri, Billy Stockman et Johnny Warungkula Jupurulla ont aidé au développement des infrastructures et des galeries facilitant la collection et le marketing de cet art hors-normes. Ces artistes sont encore aujourd'hui les figures de proue de l'art aborigène. Des expositions internationales ont lieu de plus en plus souvent. Durant l'année 1999, Pinta Desert Art (Sydney) a organisé des accrochages à Rome, Washington et New York, bien d'autres sont en projet.

Les peintures sur écorce

Ces peintures, directement inspirées des légendes du Temps du Rêve, sont apparues voilà 9 000 ans. Sur de nombreuses représentations d'animaux, apparaissent le squelette et les organes internes. Le peintre les voit déjà dépecés sous forme de nourriture potentielle. D'autres détails, normalement invisibles, lui servent à spécifier le sexe de l'animal comme les œufs à l'intérieur d'un lézard permettent d'identifier la femelle. Cette technique est appelée de nos jours « X-Rays », le style rayon X. Il n'en existe aucun autre exemple en dehors du parc national de Kakadu et de ses abords immédiats. Subjectiviste, le peintre sur écorce ne reproduit pas la réalité, il en souligne les symboles. Ainsi, il peindra le fœtus sur le corps d'une femme, pour signifier qu'elle est enceinte. Quant aux organes génitaux masculins, il les représentera de dimensions très exagérées. L'acte de peindre étant une activité essentiellement religieuse, une fois la cérémonie rituelle achevée, l'œuvre est généralement détruite car elle perd toute signification et valeur… sauf sur le marché de l'art contemporain.

Le marché de l'art aborigène

Tout récemment encore, l'art aborigène restait confiné aux sections ethnographiques des musées et était perçu comme une relique d'une culture perdue – ou en voie de l'être. Cependant, dès les années 1950, des anthropologues s'y intéressent et constituent des collections. L'un d'eux, Karel Kupka, peintre d'origine tchèque, rassemble, pour le musée des Arts d'Afrique et d'Océanie de Paris ainsi que pour le musée d'Ethnographie de Bâle, les plus importantes collections d'Europe. A Paris, on peut voir deux cents peintures sur écorce témoignant de la production artistique du début des années 1960 dans le Nord australien. Bien que cette peinture soit toujours profondément imprégnée de rituels aborigènes, elle n'en est pas moins résolument moderne. Depuis une dizaine d'années, elle a atteint une qualité qui lui a ouvert les portes des galeries occidentales. L'osmose entre l'homme et la nature s'y exprime à travers une création esthétique surprenante. Dans le Nord de l'Australie, de grands artistes aborigènes ont développé une œuvre picturale considérable sur écorce d'eucalyptus.

Dans les communautés du désert du Centre, les acryliques ont remplacé les matériaux traditionnels (sable, végétaux, plumes colorées…). Selon un récent sondage réalisé en Australie, les touristes ont acheté peintures pointillistes, tee-shirts, foulards et autres articles aux motifs aborigènes pour une valeur de 45 millions de dollars australiens. Plus de la moitié des touristes visitant le pays se sont montrés intéressés par la culture aborigène, plus d'un tiers a visité des galeries, des musées, ou a voyagé dans l'Outback pour en savoir davantage.

La petite histoire

L'art traditionnel provenant de l'immense désert du centre de l'Australie a toujours été complexe et impressionnant. Employé lors des cérémonies, il s'exprimait sur de larges surfaces irrégulières, telles les parois rocheuses, ou il était peint sur les corps et des objets façonnés tels les blasons, les planches sacrées et les poteaux de cérémonies. En 1971, un jeune instituteur de race blanche, Geoff Bardon, fut le catalyseur d'une explosion de l'expression artistique des Aborigènes de Papunya. Tout commença par le projet scolaire d'une peinture murale, très rapidement pris en charge par les anciens qui utilisèrent leur art pour peindre « Honey Ant Dreaming » (la fourmi de miel rêveuse). Après la réalisation de ce projet, les hommes de Papunya commencèrent à utiliser de la peinture acrylique sur toutes sortes de matériaux, contre-plaqué, linoléum ou toile. La peinture acrylique des Aborigènes de l'Australie centrale est sans aucun doute un des développements majeurs de l'art moderne australien. Bien que le matériel utilisé soit d'origine européenne, le contenu et l'exécution de la toile demeurent intimement liés à la culture aborigène.

Les peintures représentent des paysages ou des cartes mythiques, à l'image des conceptions forgées par leurs ancêtres. Dans cette grande tradition, les sculptures, les peintures, les danses et les chants en relation avec le « dreamtime » (le temps des rêves) sont une répétition de l'œuvre des ancêtres et conserve ainsi leur univers en vie.

L'ancien Premier ministre Paul Keating remarquait que le peuple aborigène utilisait son art comme un moyen de communication et de partage de sa culture si singulière (discours d'ouverture du Modern Art Ancient Icons).

Présentation de quelques artistes aborigènes

Billy Stockman Japaltjarri

Billy vient de la tribu Anmatyerre de l'Australie centrale. Avant de se lancer dans la peinture en 1971, il gagna sa vie comme éleveur de bétail. Il se distingua très rapidement parmi les artistes dominants de Papunya, l'endroit où le mouvement artistique du désert émergea. Son ascension est due partiellement au fait qu'il est un des anciens gardiens de la terre et des histoires significatives du « dreaming ». C'est certainement une des raisons pour lesquelles ses peintures ont pris une importance considérable. Pendant l'année 1988, il fit un séjour aux Etats-Unis où une partie de ses œuvres furent exposées lors de la manifestation intitulée « *Dreamings, The Art of Aboriginal Australia* » aujourd'hui considérée comme légendaire, à la « Asia Society Gallery » à New York.

Clifford Possum Japaltjarri

Né à Napperby Station en 1932, Clifford est le plus célèbre des peintres aborigènes australiens encore en vie. Il est l'un des créateurs du mouvement artistique et possède une connaissance encyclopédique des traces du « dreaming » qui se croisent et se recroisent dans son pays au nord-ouest d'Alice Springs. Il est passionné et raconte dans sa peinture l'histoire du « dreamtime » de ses ancêtres, et de ce pays qu'ils ont créé et auquel ils ont donné un nom. Ses œuvres ont été exposées et reconnues internationalement et sont présentées dans un grand nombre de prestigieuses collections privées.

► ***Turkey Tolson Spear Dreaming* – 1997.** D'après la mythologie, un groupe d'hommes campa au lieu appelé Ilyingaugau situé près des grottes secrètes de Mitukatjirri, au sud-ouest de la communauté Kintore. Au travers de cette peinture, on découvre des lignes en pointillés qui représentent le pays de l'artiste. Les hommes sont en train de redresser ces lances en les chauffant légèrement au-dessus du feu et en les forgeant tant qu'elles sont chaudes. Ils préparent leurs lances car ils ont entendu parler d'une confrontation avec un groupe d'hommes de la région Tjikari située plus au nord.

► ***Goanna Dreaming* – 1999.** Dans cette peinture, Clifford raconte le voyage de l'ancêtre du Goana sur le lieu de « Red Hill », près de Napperby Station. Cette peinture représente aussi les événements modernes de la chasse et de la collection de Goana à la manière autorisée par les lois traditionnelles. On y trouve aussi la transmission de la tradition de cette histoire dont Clifford est le gardien. Les traces du Goana à travers les rochers sont représentées, ce dernier étant en quête de fourmis et d'araignées en guise de repas. L'araignée a construit une toile protectrice autour de son trou et des insectes comestibles y sont peut-être piégés, c'est pourquoi le Goana tire sur la toile pour atteindre le trou de l'araignée. Un des adages de loi aborigène dit « Cherche où habite le Goana et il y aura toujours de la nourriture ».

Ada Bird Petyarre

► ***Body Painting Design* – 1998.** Cette peinture plonge ses sources dans la peinture traditionnelle des corps et raconte une cérémonie de femmes associée à la région de l'utopie. Elle célèbre l'abondance des sources de nourriture dans le pays de l'artiste et la santé et la fertilité générale qui règnent dans la communauté. Les dessins de la cérémonie sont portés sur le thorax et la poitrine de la femme détentrice de ce dreaming.

■ **POUR EN SAVOIR PLUS** sur d'autres artistes aborigènes, visiter la collection de Jinta Désert Art de Sydney sur www.jintaart.com.au, ainsi que le site www.aboriginalart.org

Enfin, il serait impardonnable de ne pas citer les artistes australiens qui ont contribué à la décoration du musée Quai Branly à Paris, qui a ouvert ses portes en juin 2006.

John Mawurndjul

Originaire de la Terre d'Arnhem, du peuple kuninjku, s'est vu confier le plafond de la librairie-boutique ainsi qu'une colonne dans ce même espace.

Pourquoi il est important d'acheter dans une galerie d'art

Ces dernières années, il est devenu possible d'acheter de l'art aborigène dans des endroits très variés, dont la légitimité et la réputation sont parfois douteuses. Quand vous achetez de l'art aborigène dans une grande galerie comme Jinta (à Sydney) ou Aboriginal Desert Art (à Alice Springs) vous faites davantage qu'un investissement, car ces galeries, dont la réputation n'est plus à faire, vous font bénéficier de leur expérience et de leur savoir, ce qui vous permet de suivre non seulement un coup de cœur, mais d'en connaître la signification et la portée symbolique. Vous recevrez lors de votre achat, un certificat d'authenticité (garantissant la valeur de l'œuvre), une biographie complète de l'artiste et ce qu'on appelle une « *money back guarantee* ». Les galeries de cette qualité cultivent de solides relations avec les artistes aborigènes les plus prestigieux et se font un devoir de vous renseigner sur cette forme artistique hors du commun.

Lena Nyadbi

Originaire de l'ouest de Kimberley, du peuple kija, dont les motifs peints sont traduits sous forme de scarifications recouvrant la moitié de la façade.

Paddy Nyunkuny Bedford

Originaire de l'est de Kimberley, du peuple kija, a créé une œuvre sur verre sablé, installée sur la partie gauche de la paroi de verre du rez-de-chaussée.

■ **POUR EN SAVOIR PLUS SUR LE MUSÉE QUAI BRANLY :** www.quaibranly.fr

CINÉMA

La période de l'après-guerre fut marquée par l'afflux des compagnies américaines et britanniques que l'Australie attirait par l'originalité de ses sites de tournage. La production cinématographique locale était presque inexistante, avec une exception notoire : « *Jedda* » (1953) de Charles Chauvel, le premier film australien en couleurs qui abordait le problème des rapports entre Aborigènes et Blancs.

Le début des années 1970, période de mutation sociale, de contestation politique et de revirements culturels, suscita à Melbourne et à Sydney un essor cinématographique marginal. Les premières œuvres réalisées à cette époque – « *Stork et Alvin Purple* » de Tim Burstall, « *The adventures of Barry McKenzie* » de Bruce Beresford – exploitaient la veine de l'humour australien. Les personnages d'une simplicité bon enfant étaient sympathiques au public, mais certains spectateurs, offusqués par leur côté fruste, réclamèrent un cinéma qui donne une image plus raffinée de l'Australie. Des films comme « *Sunday too far away* » et « *Picnic at Hanging Rock* » répondirent à cette demande. L'aide financière accordée au tournage d'œuvres expérimentales offrit à de nombreux jeunes metteurs en scène la possibilité de faire leurs premières armes. Des cinéastes aujourd'hui célèbres, comme Peter Weir et Gillian Armstrong, tournèrent alors leurs premiers films.

Dans les années 1980, le gouvernement fédéral mit sur pied un plan d'aide fiscale pour encourager l'investissement de capitaux privés dans la production. Cette initiative vit naître des œuvres remarquables telles que « *Puberty blues* » de Bruce Beresford, « *Starstruck* » de Gillian Armstrong, « *Mad Max* » de George Miller ainsi que «*Lla dernière vague* », « *L'Année de tous les dangers* » et « *Gallipoli* » de Peter Weir. Certains obtinrent un grand succès commercial comme « *Breaker Morant* », « *Mad Max 2* », « *The Man from Snowy River* » et « *Phar lap* ». C'était l'époque où les cinéastes commençaient à s'intéresser aux feuilletons télévisés. Le succès que remporta la série « *A Town like Alice* » (Le Testament) en 1980 fut suivi d'une dizaine d'autres séries au cours de la décennie, essentiellement sur des sujets historiques, allant des colonies pénitentiaires (« *La justice des hommes* », « *Sara Dane* », « *Under Capricorn* »), à la conquête de l'Outback (« *The Last Outlaw* »), en passant par l'esprit pionnier (« *L'Australienne* »), la montée du nationalisme (« *Eureka Stockade* »), les Aborigènes (« *Women in the sun* »), la crise économique des années 1920 (« *Waterfront* ») et la chute du gouvernement Whitlam (« *The Dismissal* »).

La percée sur le marché international

Pour attirer de gros capitaux, il fallait distribuer les films aux Etats-Unis et en Europe. De nombreux cinéastes relevèrent le défi en réalisant des films authentiquement australiens mais capables de plaire à un public international. C'est ainsi que fut tourné « *Crocodile Dundee* » (1986). En outre, de courtes séries télévisées comme « *Return to Eden* », « *The Anzacs* », « *Fields of fire* » et « *The last Frontier* » remportèrent un franc succès aux Etats-Unis et en Grande-Bretagne. En novembre 1985, on créa un programme de coproductions permettant aux réalisateurs australiens de s'associer à des producteurs étrangers tout en continuant de bénéficier des mêmes avantages fiscaux.

En 1988, le gouvernement fédéral fonda la Film Finance Corporation en la dotant de 70 millions de dollars pour la première année. Cinquante épisodes d'une nouvelle série de télévision ont été tournés pour la 9e chaîne en 1993 : « *Surfers Paradise* » (Surf, Sex and Sales), la réplique australienne de « *Beverly Hills* ». La série va s'exporter sur Canal Sky en Angleterre, sur 222 stations à travers les Etats-Unis en prime time de 17h30, ainsi que dans les hôtels en Espagne, Allemagne, Nouvelle-Zélande, Hollande, Scandinavie, Grèce, Turquie, Thaïlande et Colombie. Les coproducteurs Village Roadshow Pictures et la compagnie de production américaine New World Entertainment ont coordonné la publicité internationale et des produits publicitaires vont bientôt envahir le monde. Youpi !

Outre Nicole Kidman et Mel Gibson pour les acteurs ou Peter Weir et George Miller pour les réalisateurs, d'autres noms méritent d'être cités.

Côté réalisateurs

Baz Luhrmann

Né le 17 septembre 1962 dans le New South Wales, Baz Luhrmann a débuté en tant qu'acteur. Après quelques petits rôles joués au début des années 80, il rejoint l'Institut national des Arts dramatiques de Sydney en 1985. Peter Brook le choisit pour être son assistant sur le film « *The Mahabarata* ». Après avoir réalisé en 1991 « *Ballroom dancing* », il adapte en 1996, « *Romeo + Juliet* » de William Shakespeare avec Leonardo Di Caprio et Claire Danes. En 2001, « *Moulin Rouge* », dans lequel il dirige Nicole Kidman et Ewan Mc Gregor, fait l'ouverture du festival de Cannes. Malgré un accueil mitigé au festival, le film est un succès mondial qui lui vaut d'être nominé dans plusieurs catégories aux Oscars 2002. En 2004 il réalise la publicité pour Chanel avec Nicole Kidman.

Phillip Noyce

Né le 29 avril 1950 à Griffith (Nouvelles Galles du Sud), il réalise son premier court-métrage « Castor and Pollux » à 17 ans et remporte plusieurs prix pour ce documentaire. Il se fait remarquer en 1989 avec le thriller « Calme blanc », où il dirige Nicole Kidman, Sam Neill et Billy Zane. Il fit de très grand succès commerciaux à Hollywood, avec des films comme « *Jeux de guerre* » (1992), « *Sliver* » (1993) et « *Danger immédiat* » (1994). Ces films les plus récents sont : « *Bone collector* » (1999), « *Patriot Games* », « *Up Close* » (TV) (2002), « *Le Chemin de la liberté* » (2002), « *Un Américain bien tranquille* » (2002), « *Bem-Vindo a São Paulo* » (2004).

Alex Proyas

Il est né en Egypte en 1965. Ses parents émigrent en Australie alors qu'il a 3 ans et à 17 ans, il est admis à l'Australian Film and Television School de Sydney. Après plusieurs reportages, il réalise de nombreux clips pour des groupes musicaux tels qu'INXS, Joe Jackson, Fleetwood Mac, Yes, Cutting Crew, Colin Hayes, et des publicités pour Nissan, Nike, Coca-Cola, Pepsi et Swatch. Après « *Spirits of the Air* », « *Gremlins of the clouds* », son premier long métrage datant de 1987, il se fait connaître en 1994 avec l'adaptation de la B. D. « *The Crow* », film au cours duquel décédera l'acteur Brandon Lee. Ses autres films marquants sont « *Dark City* »(1998) avec William Hurt, et « *Les Robots : I, Robot* » (2004) avec Will Smith.

Côté acteurs

Cate Blanchett

De son vrai nom Catherine Elise Blanchett, est née le 14 mai 1969 à Melbourne. Elle est connue pour de nombreux films dont « *Elisabeth* » de Shekhar Kapur et la trilogie du « *Seigneur des Anneaux* » de Peter Jakson. Plus récemment, on a pu la voir dans : « *Veronica Guerin* » (2003) de Joel Schumacher, « *La Vie aquatique* » (2004) de Wes Anderson, « *Aviator* » (2004) de Martin Scorsese, et « *Les disparues* » (2005) de Ron Howard.

Geoffrey Rush

Il est né le 6 juillet 1951 à Toowoomba, dans le Queensland. Après des études artistiques, il commence sa carrière au théâtre en 1979, puis fait ses débuts au cinéma deux ans plus tard. C'est en 1996 que sa carrière est bouleversée par sa performance dans « *Shine* » (1997) de Scott Hicks, ou il interprète un pianiste australien de génie : il obtient l'Oscar du meilleur acteur et le film (australien) est un grand succès au box-office mondial. Ses films les plus récents sont : « *Elisabeth* » (1998) de Shekhar Kapur, « *Shakespeare in Love* » (1999) de John Madden, « *Frida* » (2003) de Julie Taymor, « *Intolérable cruauté* » (2003) de Joël Cohen, « *Pirates des Caraïbes* » (2003) de Gore Verbinsky, « *Moi, Peter Sellers* » (2004) de Stephen Hopkyns, « *Munich* » (2005) de Steven Spielberg.

Heat Ledger

Né le 4 avril 1979 à Perth, il débute sa carrière en 1996 dans diverses séries télévisées. Après un premier film en 1997 « *Blackrock* » de Steve Vidler, il est vraiment connu du public pour son rôle dans « *The Patriot* », « *Le chemin de la liberté* » (2000) où il donne la réplique à Mel Gibson. Ses derniers films sont : « *Chevalier* » (2001) de Brian Helgeland, « *Frères du désert* » (2001) de Shekhar Kapur, « *A l'ombre de la haine* » (2002) de Marc Forster, « *Le Purificateur* » (2002), de Brian Helgeland, « *Four feathers* » (2002), « *Ned Kelly* » (2003) de Gregor Jordan, « *Les Seigneurs de Dogtown* » (2004) de Catherine Hardwicke, « *Le Secret de Brokeback Mountain* » (2005) de Ang Lee, « *Frères Grimm* » (2005) de Terry Gilliam, « *Casanova* » (2005) de Lasse Hallström.

Hugo Weaving

Acteur australien, né le 4 avril 1960 à Austin (Nigeria), il a commencé sa carrière avec « *Maybe This Time* » (1980). Il est devenu populaire en Europe grâce aux films de la trilogie Matrix des frères Wachowski (où il interprète l'agent Smith) et de la trilogie du « *Seigneur des Anneaux* » de Peter Jakson (où il joue Elrond). Il a joué dans près d'une cinquantaine de films dont « *Priscilla, folle du désert* » (1994) de Stephan Elliott, « *V for Vendetta* »(2004) de James McTeigue et « *Eucalyptus* » (2005) de Jocelyn Moorehouse.

Toni Colette

Est née le 1er novembre 1972 à Sydney. Inoubliable pour sa performance dans Muriel

(1994) de P. J. Hogan, elle a depuis joué dans plusieurs films devenus célèbres dont « *Sixième Sens* » (1999) de M. Night Shyamalan et « *The Hours* » (2001) de Stephen Daldry . Ses derniers films sont « *Connie and Carla* » (2004) de Michael Lembeck, « *In her shoes* » (2005) de Curtis Hanson, « *The night listener* » (2006) de Patrick Stettner.

MUSIQUE

La musique classique et contemporaine

Alors que la capitale de chaque état (Sydney, Melbourne, Adelaide, Perth, Hobart et Brisbane) possède son propre orchestre symphonique contrôlé par l'Australian Broadcasting Corporation (ABC), l'organisation Musica Viva Australia est le plus grand organisateur indépendant de concerts de musiques de chambre au monde.

Créée en 1974, l'Australian Music Center a pour sa part la vocation de promouvoir la musique classique et contemporaine et de faire connaître au-delà des frontières les compositeurs australiens. Deux des compositeurs classiques australiens les plus connus sont Percy Grainger (1882-1961) et Peter Sculthorpe (1929-/).

À consulter

- **www.amcoz.com.au/composers** – Pour tout savoir sur les compositeurs australiens

- **www.newmusicnetwork.com.au** – Le site consacré à la musique contemporaine

- **www.ausjazz.com et www.sima.org.au** – Pour le jazz et la musique d'improvisation.

Si dans le domaine de la musique, les œuvres classiques et contemporaines trouvent une place de choix, il demeure que dans ce pays jeune et à l'esprit pionnier, les styles les plus populaires sont la pop-rock et la country, auxquelles se mêlent les influences de la culture aborigène.

La musique aborigène

La musique aborigène, traditionnelle ou non, s'est principalement développée grâce à la CAAMA (Central Australia Aboriginal Media Association) qui contribue à la sauvegarde de l'identité culturelle en diffusant des programmes en langues aborigènes.

- **www.caama.com.au**

- **VIBE AUSTRALIA, MÉDIA ABORIGÈNE,** vous permet d'en savoir davantage sur son site dédié à la musique : www.vibe.com.au

Chaque année en septembre, The Deadlys awards récompense les meilleurs artistes (et sportifs) aborigènes au cours d'une cérémonie à l'opéra de Sydney. www.deadlys.vibe.com.au/deadlys_new/index.asp

La musique pop-rock

L'Australie est le berceau d'une multitude de chanteurs et de groupes pop-rock au succès bien souvent international.

C'est dans ce style que l'on trouve l'essentiel des ventes musicales.

Chanteurs

John Farnham, Paul Kelly, Nick Cave, Pete Murray, Darren Hayes (ex Savage Garden), Jimmy Barnes (ex Cold Chisel), Alex Lloyd, Archie Roach (pop – aborigène), Kev Carmody (pop – aborigène).

Chanteuses

Kylie Minogue, Nathalie Imbruglia, Tina Arena, Kate Ceberano, Vanessa Amorosi, Delta Goodrem, Wendy Matthews, Ruby Hunter – compagne d'Archie Roach (pop – aborigène).

Groupes les plus connus

- **AC/DC :** groupe légendaire du hard rock formé en 1973.

- **Midnight Oil :** formé en 1976, militant écolo-humanitaire.

- **INXS :** formé en 1986, son chanteur Mickael Huchtense est décédé en novembre 1997.

- **Rose Tattoo :** groupe culte de hard-rock formé en 1976, admiré par les Guns'N'Roses.

- **Little River Band (ex-groupe de John Farnham) :** 1975 –1991.

- **Nick Cave & The Bad Seeds :** groupe de rock formé en 1984.

- **Silverchair :** groupe formé en 1995, influencé par Nirvana et Pearl Jam.

- **Savage Garden – 1994-2001 :** duo pop au succès international ayant vendu plus de 23 millions d'albums.

- **The Seekers et The Easybeats :** deux groupes mythiques des années 60.

- **The Bee Gees :** un groupe mondialement célèbre des années 70 qui commença sa carrière en Australie.

- **The Go betweens :** groupe de folk-pop formé en 1978.

- **The Church** 1980.

- **Autres groupes actuels.** Jet/ The Vines/ Powderfinger (dont « *Not my kind of scene* » fut le tube du film « *Mission impossible 2* »)/ John Butler Trio/ The Drones/ Wolfmother/ You am I/ Whitlams/ Spiderbait/ Grinspoon/ Killing Heidi/ Regurgitator.

Groupes rock aborigène

- **Yothu Yindi :** un des groupes les plus connus en Australie.

- **NoKTuRNL et Warumpi band.**

La musique country

La musique country est le deuxième genre musical favori en Australie. On estime qu'un tiers des plus 18 ans aime écouter ce style de musique. De plus, près de la moitié des amateurs de country préfère la country australienne, aux accents de musique aborigène.

La ville la plus célèbre pour la country est Tamworth, NSW (à 459 km au nord-ouest de Sydney), où se déroule en janvier le Tamworth Country Music Awards.

Chanteurs

Keith Urban, James Blundell, Adam Brand, Lee Kernaghan, Slim Dusty, John Williamson (guitare), Warren Williams (country – aborigène), Troy Cassar – Daley (country – aborigène).

Chanteuses

Kasey Chambers, Missy Higgins, Gina Jeffries.

Groupes les plus connus

The Blue Heeler, Band Karma, County Runaway Train, The Donovans (country – aborigène).

Festivals

En Australie, les festivals sont nombreux et concernent tous les genres de musique. Voici plusieurs festivals « populaires » et les sites web où vous pourrez trouver plus d'informations :

Festivals de musique pop

- **Big Day Out.** Il se déroule tour à tour dans différentes villes d'Australie, en janvier. www.bigdayout.com

- **Womadelaide, World Music Festival,** Adelaide, en mars. www.womadelaide.com.au

- **Brunswick Music Festival,** Melbourne, en mars/avril. www.brunswickmusicfestival.com.au

- **Apollo Bay Festival,** Victoria, en avril. www.apollobaymusicfestival.com

- **Queenscliff Music Festival,** Victoria, en novembre. www.qmf.net.au/_home.asp

- **Falls Festival,** Lorne, Victoria et Marion bay, Tasmanie, en décembre. www.fallsfestival.com

Festivals de country music

- **Tamworth Country Music Festival,** NSW, en janvier. www.tamworthragepage.com

- **Port Fairy Folk Festival»,** Victoria, en mars. www.portfairyfolkfestival.com

- **Katherine Country Music Muster.** En avril. www.kcmm.com.au

- **Gympie Muster Music Festival,** Queensland, en août www.muster.com.au/home.html

- **Mildura Country Music Festival,** Victoria, en septembre www.milduracountrymusic.com.au/about.html

Festival de musique aborigène

- **Garma Festival,** Territoire du Nord, en août, www.garma.telstra.com

- **POUR EN SAVOIR DAVANTAGE SUR LE CALENDRIER DES FESTIVALS FOLK :** http://folkaustralia.com

Autres sites à visiter

- **WIKIPÉDIA : http://en.wikipedia.org/wiki/Category:Australian_musical_groups** – Bien plus complet que le site français dans les domaines spécifiques à l'Australie, l'adresse anglophone de Wikipédia vous permet de connaître en détail la carrière des chanteurs et groupes australiens.

- **HOWLSPACE : www.howlspace.com.au** – A voir, notamment pour son encyclopédie « pop-rock » des années 50 à nos jours : www.howlspace.com.au/years/1954.htm

- **AUSTRALIAN MUSIC ONLINE (AMO) : www.amo.org.au** – Il s'agit d'un site destiné à la promotion de la musique australienne sous toutes ses formes. On peut y consulter des avis d'internautes et écouter les morceaux de futures stars.

- **www.mp3.com.au** – Ce site permet d'écouter des morceaux d'artistes australiens, entre autres, au format MP3.

Cuisine australienne

La cuisine traditionnelle australienne, à l'origine anglaise, est actuellement en pleine évolution, influencée par la cuisine méditerranéenne, asiatique et du Moyen-Orient.

Poissons et fruits de mer sont devenus la spécialité australienne. L'Australie a gardé d'étonnantes réminiscences de la cuisine anglaise, tel le « jaffle sandwich », un sandwich aux spaghettis ! Heureusement, plus de bars à huîtres branchés et excellents que ce genre de curiosités.

Actuellement, grâce aux nombreuses influences internationales, le pays découvre la cuisine française, grecque, thaïe, japonaise, cantonaise, indonésienne, indienne... Les Australiens, traditionnellement anglo-saxons, ont aujourd'hui un palais très cosmopolite !

Les différents climats australiens – des tropiques au nord jusqu'aux régions fraîches, et même glacées du sud de la Tasmanie – produisent une multitude de très bons produits. Le Sud et l'Est permettent la culture d'une grande variété de fruits et de légumes classiques, allant de la pomme de Tasmanie aux fruits tropicaux des plantations du Queensland.

Pour n'en citer que quelques-uns : ananas, mangues, papayes, mangoustans, durians, figues, tamarins, poivre vert et petites courgettes du nord. Les élevages de moutons et de bœufs, également réputés, donnent une viande de grande qualité. A Junee, dans le nord-ouest de New South Wales, l'agneau et le veau sont nourris sous la mère.

Une incroyable variété de poissons et de coquillages abonde dans les eaux qui baignent cette île qu'est l'Australie.

Les anguilles de Fitzroy, le saumon de Tasmanie, les huîtres vertes de Sydney, les moules de Bruny Island, les écrevisses et les Coffin Bay scallops (coquilles Saint-Jacques) sont tous excellents.

Ne manquez pas de goûter au fameux barramundi, succulent poisson pêché dans le nord de l'Australie.

Et, enfin, n'oubliez pas les fromages comme le brie de Tasmanie.

Si vous souhaitez vous essayer à la cuisine australienne, le plus difficile sera de trouver les ingrédients de base pour les plats typiques (water buffalo, crocodile, kangourou, barramundi...). Pour l'accomodation, consulter : www.saveursdumonde.net

Terrasse du « Stockehouse restaurant », Saint Kilda.

BOISSONS

Bières

L'Australie est réputée pour ses nombreuses bières dont les plus connues sont Four XXXX, Foster's, Coopers, VB, Tooheys. Toutes ces bonnes bières australiennes se dégustent dans les « hotels », c'est la dénomination des pubs en Australie. Elles sont servies à la pression (« **on the tap** »), en schooners ou pints. « **My shout** » veut dire « ma tournée ».

Vins

Les vignobles dans le Sud donnent de très bons vins, moins chers que ceux de France. Le climat étant très ensoleillé, les blancs sont particulièrement fruités et se boivent aisément en apéritif. Il y a également une production australienne de champagne, assurée par Chandon et Pernod-Ricard. Quand la première flotte arriva à Sydney en 1788, le capitaine Arthur Phillip débarqua avec des plants de vignes provenant du cap de Bonne-Espérance. Après à peine trois années, de magnifiques vignes offraient des raisins pour de grands vins. La mère patrie, l'Angleterre, demeurant le premier port d'export, les vignobles australiens orientèrent la production vers des vins forts et lourds, très au goût des Britanniques et surtout capables de supporter le long voyage vers l'autre continent.

Cependant, même si les régions au chaud climat bénéficièrent de cette production, des régions plus fraîches, comme la Yarra Valley dans le Victoria ou la High Eden Valley dans l'Australie du Sud, surent tirer leur épingle du jeu en produisant des vins plus raffinés. Depuis ces débuts prometteurs jusqu'à aujourd'hui, l'industrie du vin australien a toujours regardé de l'avant et compte de nos jours parmi les plus grandes mondiales.

Avec presque sept cents vignobles et un taux de consommation de vin par habitant deux fois supérieur à celui des Etats-Unis, l'Australie possède l'une des industries viticoles parmi les plus polyvalentes et les plus développées.

- **Les New South Wales,** centre spirituel et l'âme de la vigne australienne, ainsi que son berceau, est aujourd'hui le deuxième Etat producteur de vin. Terre pleine de contrastes, entre les immenses vignes des plaines de Riverina (près de Griffith), les hauts plateaux de Mudgee dans le Nord, ou encore les collines et les crêtes de la fameuse Hunter Valley (première véritable vigne australienne) à une centaine de kilomètres de Sydney.

Hunter Valley. Elle est séparée en deux régions, « viticolement » parlant.

- **La Basse Hunter** produit des sémillons, des chardonnays et des shiraz, en dépit d'un climat chaud et humide et d'un sol argileux, et la renommée de ces vignobles n'est plus à faire. Lindemans et McWilliams produisent des sémillons classiques et riches, alors que d'autres vignobles, comme Tyrrells, Rothbury Estate et Brokenwood, produisent des sémillons plus fins ainsi que des cabernet sauvignon et des shiraz très en chair.

La proximité de cette vallée avec Sydney en fait une destination préférée des touristes.

- **La Haute Hunter** a connu un développement beaucoup plus tardif et ce n'est que dans les années 1960 que les cépages de Arrowfield et de Rosemount Estate ont commencé à envahir la vallée. Reynolds Yarraman produit un délicieux sémillon.

Le climat, moins humide et plus pluvieux, donne d'excellents vins blancs comme le chardonnay.

Ne laissez plus vos écrits dans un tiroir !

Les Editions Publibook

Recherchent de nouveaux manuscrits à publier

Vous avez écrit un roman, des poèmes... ?
Envoyez-les nous pour une expertise gratuite.

Les Editions Publibook vous éditent et vous offrent leur savoir-faire d'éditeur allié à leur esprit novateur.
Plus de 1500 auteurs nous font déjà confiance.

Editions Publibook - 14, rue des Volontaires - 75015 Paris
Tél : 01 53 69 65 55 - Fax : 01 53 69 65 27
www.publibook.com - e-mail : auteur@publibook.com

Après la Great Dividing Range se trouve Mudgee, qui a connu un renouveau de ses vignobles dans les années 1970 grâce à Montrose, et le Huntington Estate qui produisent des cabernet sauvignon vieillissant exceptionnellement bien. La Riverina, située à proximité de la ville de Griffith, s'est développée grâce à la création du système d'irrigation de la rivière. A Murrumbridgee, dans les années 1900, un sol sablonneux, un climat méditerranéen et une abondante irrigation ont permis à des vignobles réputés comme Cranswick Estate, de Bortoli ou encore McWilliams de produire des vins fruités de bonne qualité tels que shiraz, chardonnay, cabernet, sauvignon, riesling, sémillon et muscat.

Le Victoria peut revendiquer le plus grand nombre de vignobles en Australie (un peu plus de deux cents), dont la plupart sont des entreprises familiales. Ces vignobles, disséminés dans tout l'Etat, combinent une diversité de paysages allant des massifs montagneux des Grampians aux vastes plaines du nord-est, ce qui fait de la route des vins un parcours on ne peut plus pittoresque. La plus importante production viticole de l'Etat, Lindemans'Karadoc, est basée près de la Murray River.

La Yarra Valley, avec Geelong et la Mornington Peninsula, est à l'origine de la viticulture du Victoria dans les années 1830.

Le climat tempéré de la Yarra Valley et son sol fertile ont donné à ses vins une élégance et un raffinement reconnus et primés à l'exposition de Paris en 1989. Même si à leurs débuts, les vignobles de la Yarra et de Geelong donnèrent la priorité au shiraz, de nos jours les efforts sont concentrés sur la production du pinot noir, du cabernet sauvignon et du chardonnay.

L'Australie du Sud. Dans les années 1850, Johann Gramp et Joseph Seppelt, deux immigrés allemands, établirent des vignobles dans la Barossa Valley, au nord d'Adelaide. D'autres non moins fameux comme Samuel Smith et Carl Henschke suivirent et, en l'espace de quelques années, la Barossa Valley devint un incontournable centre viticole à l'accent germanique fort prononcé. Les vignobles de la Barossa Valley, comme Penfolds, Seppelt, Orlando, Yalumba, Leo Buring, Wolf Blass, Peter Lehmann, Elderton et St Halletts, sont particulièrement célèbres pour leurs shiraz et cabernet-sauvignon, ainsi que leurs rieslings. A 550 kilomètres au sud d'Adelaide, Coonawarra est considérée comme le fief indiscutable du cabernet, ce qui est dû sans doute à son climat contrasté. Il s'y produit aussi d'excellents shiraz et merlot. Juste au nord de Coonawarra, Hardys et Lindemans commencèrent à exploiter Padthaway dans les années 1960, en produisant un fantastique chardonnay. Le sol y est favorable à la production de grands blancs tels le sauvignon et le riesling. La Barossa Valley et Coonawarra sont considérées comme les plus grands domaines viticoles d'Australie, mis à part la Hunter Valley. Dans les Adelaide Hills, le vignoble de Pibbin produit un pinot noir de grande qualité et dans la Clare Valley, le vignoble Pikes produit un riesling qui a déjà gagné plusieurs prix.

Western Australia. Margaret River est sans aucun doute une des régions viticoles les plus connues d'Australie. Isolés au milieu de nulle part, à des kilomètres de Perth, les producteurs de Margaret River sont réputés pour l'élégance de leurs cabernets, merlots et shiraz, sans oublier bien sûr leur excellent sémillon (Arlewood Estate).

Quelques bons vins australiens

Rosemount Estate 1995. *Sémillon-chardonnay – Australia AU$8.* Vraiment fruité, avec des arômes de vanille, citron et figue, frais et vibrant, ce vin délivre au palais un joli corps velouté.

Rosemount Estate 1992. *Cabernet-sauvignon – Show Reserve AU$16.* Un peu sévère au palais, ce vin au goût fruité finit au goût chenu un peu strict, à laisser respirer un peu.

Hardys 1993. *Eileen hardy shiraz – Padthaway/McLaren Vale/Clare Valley AU$21.* Ici prédominent les séduisantes saveurs de cerise, myrtille, mûre et groseille sublimées par des saveurs de cuir, tabac et poivre blanc. Un concentré de saveurs qui font de ce vin un grand gagnant.

Café

Les cafés sont très à la mode et on les trouve partout. Les Australiens aiment tant la culture méditerranéenne qu'ils ont adopté une « café culture » avec de bons gâteaux glanés un peu partout dans le monde : carrot cake, banana cake, Sacher Torte, strawberry cake, mais aussi, éclairs et religieuses bien français. On boit des cappuccinos bien sûr, mais pas seulement.

- **Long black :** café allongé.
- **Short black :** café serré.
- **Cafe latte :** café italien.
- **Vienna coffee :** café viennois.
- **Flat white :** café au lait.
- **Mocca coffee :** café moka.
- **Eccochno :** décaféiné.
- **Hot marshmallow chocolate :** chocolat chaud aux marshmallows (c'est délicieux !).

Jeux, loisirs et sports

L'Australie est le paradis des sportifs. Les must : faire une plongée sur la Grande Barrière de corail, un saut à l'élastique (bungee jump) ou surfer la vague à peu près partout sur la côte Nord. L'Australie se targue d'avoir les plus beaux greens du monde (demandez aux Japonais qui viennent en foule jouer au golf !).

L'Australie a accueilli pour la dernière fois les jeux Olympiques en 2000. Lors des cérémonies d'ouverture, la torche olympique voyagea sur une planche de surf à la plage de Bondi (Sydney), à bord d'un des coucous des docteurs volants (au-dessus de l'Outback), dans le train Indian-Pacific (dans la plaine du Nullarbor), ou encore à dos de chameau (à Broome).

A noter : en guise de petit cocorico, la victoire d'Amélie Mauresmo à l'Open d'Australie de Melbourne le 27 janvier 2006. Elle remportait là son premier titre du Grand Chelem en battant la Belge Justine Henin-Hardenne sous des températures avoisinant les 40 degrés.

LES SPORTS LES PLUS PRATIQUÉS

Surf

L'Australie a donné au monde les plus grands champions de surfeurs. Normal quand on a 7 000 plages, et les plus beaux spots du monde. Importé à Sydney en 1915 par le surfer hawaiien Duke Kahanamoku, le surf s'imposa vite en Australie comme sport national où il est aujourd'hui une institution. Vous pouvez aisément faire le tour de l'Australie en surfant, avec quelques arrêts indispensables (mais attention, on ne peut pas surfer dans certaines régions).

En New South Wales. Les plages du nord de Sydney, en passant par Newcastle, Coffs Harbour, Jervis Bay, Byron Bay, sans oublier bien sûr la célèbre plage de Bondi.

Dans le Queensland. Les plages de la Gold Coast (la fameuse plage de Burleigh Heads), Surfers Paradise, ou encore les plages au nord de Noosa.

Dans le Victoria. La fameuse plage où se déroule la dernière scène du film « Point Break », Bells Beach et Torquay, tout au long de la Great Ocean Road, les plages du parc national de Winston Promontory ou enfin la dangereuse côte de Port Campbell.

En Tasmanie. Cremorne Point, près de Hobart, qui abrite de belles vagues, ou sur la côte Ouest, près de Marrawah.

En Australie du Sud. Le coin le plus connu des surfers est sans aucun doute Cactus Beach.

Pêche au gros

Cairns, dans l'état du Queensland est la capitale de la pêche au gros.

Voile

L'archipel des Whitsundays et les îles de la Grande Barrière sont un superbe espace de navigation de croisière, en louant un bateau pour l'occasion.

Rafting

La haute vallée de la Murray River est l'endroit idéal pour pratiquer le rafting.

Randonnées équestres

Quel que soit l'endroit où vous êtes, vous aurez toujours la possibilité de monter à cheval (les ranches et les manèges abondent en Australie).

Que vous soyez un cavalier émérite ou simple débutant, une balade à cheval (à travers les Blue Mountains du NSW, les plages du Queensland ou les déserts du Northern Territory) vous laissera un souvenir inoubliable.

L'avantage du cheval est de pouvoir aller là où les voitures ne passent pas et de pouvoir aller plus loin que si vous étiez à pied.

Renseignements auprès de l'office du tourisme local.

Randonnées pédestres dans le bush (Buswalking). Les 500 parcs nationaux d'Australie offrent une grande variété de randonnées pour découvrir de la meilleure façon la faune et la flore.

La planche à voile, un des sports favoris des Australiens.

Base de voile olympique.

Surfeur, Australie occidentale.

Stade olympique, Sydney.

Centre international aquatique de Sydney.

Course de drag queens, Sydney.

Cricket à Bondi.

Ski

A votre grande surprise, selon la saison à laquelle vous visiterez le pays, vous y découvrirez une industrie de la glisse en plein essor. Bien entendu, les pistes et les stations n'ont rien à voir avec nos bonnes vieilles Alpes, mais si vous êtes là de juin à septembre, vous pourrez profiter de la neige dans les Snowy Mountains (NSW), les Alpes du Victoria, ou encore sur les pistes de Tasmanie.

Cependant, c'est cher et peu impressionnant, et les Australiens préfèrent aller skier chez leurs voisins de Nouvelle-Zélande. Tous les sports peuvent se pratiquer en Australie et souvent dans un cadre grandiose : golf, tennis, parapente, cyclotourisme, parachutisme et escalade.

LES SPORTS LES PLUS POPULAIRES

Footy ou Australian Rules Football

Le football australien se pratique sur un terrain ovale variant de 135 à 185 mètres de long sur 110 à 155 mètres de large. Il oppose deux équipes de 18 joueurs sur un terrain ovale en quatre quart-temps de 20 minutes. Le match se pratique avec un ballon ovale (footy) que les joueurs peuvent se transmettre au pied ou à la main. Toutefois, il ne peut y avoir de course balle en mains de plus d'une quinzaine de mètres. Les buts sont constitués de quatre poteaux à chaque extrémité du terrain.

Une balle qui passe entre les deux poteaux centraux rapporte six points ; un seul point est marqué si la balle passe entre les poteaux latéraux ou si elle touche l'un des poteaux. De même, tout ballon touché par un adversaire avant de passer entre les grands poteaux ne rapporte qu'un point. Bien que des coups francs soient joués en cas de faute, il n'y a jamais d'exclusion durant le match. Toute faute grave commise par un joueur est jugée ultérieurement par une commission qui peut suspendre le fautif durant plusieurs rencontres.

POUR EN SAVOIR PLUS : www.footballaustralien.com/regles/regles.htm

Cricket

D'origine britannique, le cricket est le sport des six mois d'hiver. Les matchs peuvent durer cinq jours d'affilée. Pour les non-initiés, en voici un descriptif sommaire :

Terrain et positions. Le cricket se joue entre deux équipes de onze joueurs, sur un terrain ovale généralement en gazon, qui mesure 135 m sur 150. Les équipes sont composées de joueurs aux qualités complémentaires : certains sont batteurs, d'autres lanceurs, certains sont à l'aise dans les deux positions. Le gardien possède un équipement de protection spécial. Au centre du terrain, on trouve le wicket (ou square ou pitch), représenté par une surface rectangulaire dont l'herbe est coupée plus court. A chaque extrémité du wicket se trouve un groupe de trois piquets de bois (stumps), rapprochés les uns des autres de telle sorte que la balle ne puisse passer entre eux. Les piquets sont surmontés de deux témoins (bails). L'ensemble forme un guichet. La distance entre les deux guichets est généralement d'une vingtaine de mètres. Le pitch est dessiné au sol par des lignes de craies (creases). Une ligne de 4 pieds (1,30 m) de long est tracée devant les guichets, c'est la popping crease, territoire sûr pour le batteur, l'équivalent du but au base-ball. Le jeu est arbitré par deux arbitres (umpires). Le premier se tient derrière le guichet d'où le lanceur joue (fielding side), l'autre se tient à une vingtaine de mètres, à angle droit par rapport à l'autre guichet. Ils peuvent faire appel à un troisième arbitre qui vérifie le déroulement de jeu grâce à une caméra couplée à un enregistrement vidéo.

Structure d'un match. La rencontre est divisée en innings (tours de batte, ou périodes). Les équipes alternent à la batte, c'est l'équivalent du service au tennis. L'équipe qui batte est dite in. Le but de l'équipe in est de marquer le plus grand nombre de points (runs) avant que l'équipe adverse ne l'en empêche. L'objectif de l'autre équipe est de faire sortir le batteur adverse aussi vite que possible. Pour qu'une équipe soit all out, l'équipe de défense doit faire manquer leur coup à dix batteurs, le joueur restant étant appelé le not out. Chaque période est subdivisée en manches (overs), qui consistent en six lancers de balle. A la fin d'une manche, l'équipe qui défend doit échanger les positions de ses lanceurs et renvoyer la balle à l'autre bout du terrain, puis à l'autre membre du duo de batteurs. Ouf ! Difficile tout çà. Pour plus d'information, voir le site http://fr.wikipedia.org/wiki/Cricket

Rugby

Les Australiens sont de grands amateurs de rugby et soutiennent activement leurs équipes. Le Rugby League (12 joueurs) est beaucoup plus populaire que le Rugby Union (15 joueurs).

Lawn bowling

Il s'agit d'un jeu de boules anglaises réservé, en règle générale, à l'ancienne génération. Il se joue sur un terrain dont la pelouse est coupée au millimètre.

Plongée sous-marine

C'est évidemment l'une des spécialités sportives des Australiens. Les plus beaux sites de plongée sont répartis sur la côte Est et au sud.

Plonger dans la Grande Barrière de corail

2 000 km de fonds marins avec la plus belle faune sous-marine, le paradis des plongeurs de tous niveaux.

Plonger en New South Wales

Quelques-uns des plus beaux spots de plongée d'Australie se trouvent le long des 2 000 km de côte qui bordent le New South Wales.

Byron Bay

Une faune et flore tropicales dues au courant venant de la Grande Barrière de corail.

- **Windara Banks.** Description : récif à 20 km au nord de Byron Bay (12 km off shore). Profondeur : 16 m à 40 m. Flore aquatique : superbe récif. Faune marine : grey nurse shark, wobbegongs, tortules, eagles rays, barracudas, kingfish…

- **Cape Pinacles.** Description : crêtes de coraux à côté de Cape Byron. Profondeur : 25 m à 40 m. Faune marine : grey nurse shark, Queensland gropers, bronze whaler sharks…

- **Julian Rocks Marine Reserve.** Description : une douzaine d'excellentes plongées (The Nursery, The Cod Hole, The Needles…). Profondeur : jusqu'à 25 m. Flore aquatique : grottes et fonds. Faune marine : anemonefish, lionfish, turtles, blind sharks, moray eels, sea star, wobbegongs, leopard shark (l'été).

- **Ballina.** Cette grande ville, à deux pas de la Richmond River, ne met pas en avant son activité de plongée, cependant il y existe de très bons spots comme Lennox Pinacles, Richmond River, Black Head… Ballina peut aussi être un point de départ économique pour la plongée sur les populaires sites de Byron Bay.

- **Black Head.** Description : un récif de roche à l'embouchure de la Richmond River. Profondeur : 8-10 m. Flore aquatique : récif. Faune marine : wobbegongs, stingrays, lobsters, reef fish…

Brooms Head

A égale distance entre Byron Bay et Coffs Harbour, ce lieu de villégiature n'a été découvert que récemment en tant que destination de plongée, et ce en grande partie grâce au spectaculaire Pimpernel Rock.

- **Pimpernel Rock.** Description : un rocher avec des grottes marines à 6 km de la côte. Profondeur : de 8 à 42 m. Flore aquatique : 2 caves souterraines dont une de 10 m de haut. Faune marine : plus de 40 grey nurse sharks ont déjà été vus en bande dans la plus grande des grottes. Surgeonfish, turtles, wobbegongs, eagle rays, lobsters, lionfish…

Coffs Harbour

Cette grande ville est une destination touristique connue. On y pratique des activités telles que le whitewater rafting ou la fameuse big banana. En 1991, le gouvernement déclara cette région (notamment les Solitary Islands) réserve maritime à cause de sa faune marine (que l'on trouve d'habitude sur la Grande Barrière) inhabituelle.

- **North West Solitary Island.** Description : le site Manta Reef situé sur la face ouest de l'île. Profondeur : de 6 à 22 m. Flore aquatique : grotte et récif corallien. Faune marine : manta ray, tropical fish, invertébrés…

South West Rocks

Une petite ville balnéaire à quelques heures de route de Sydney, très populaire pour son fameux site de plongée Fish Rock Cave, et d'autres spots intéressants comme Agnes Irving Shipwreck, Green Island, Black Rock.

- **Fish Rock Cave.** Description : la partie immergée de ce « rocher au poisson » héberge une grotte souterraine de plus de 120 mètres de longueur, avec des poches d'air par endroits. Profondeur : entrée à 24 m, sortie à 10 m. Flore aquatique : coraux de toutes sortes. Faune marine : wobbegongs, cuttlefishs, rock lobsters…

Port Macquarie

- **Coral Reef.** Description : un récif corallien de 20 m de haut. Profondeur : 20 m. Flore aquatique : éponges et coraux. Faune marine : wobbegongs, blue gropers, manta ray.

Northfolk Island

Colonie pénitentiaire de 1788 à 1856, cette île, à 1 600 km de Sydney, est aujourd'hui un sanctuaire de beautés naturelles. Northfolk et les îles des alentours sont entourés de récifs coralliens servant de refuge à de nombreux poissons et invertébrés.

- **Cook's Arch.** Description : situé dans la baie de Duncombe. Profondeur : 21 m.

Flore aquatique : coraux et éponges. Faune marine : gropers, moray eels, lionfishs, rock lobsters.

Lord Howe Island

Inscrite sur la liste du Patrimoine mondial en 1982, cette île, à 770 km de Sydney, est considérée par certains comme la plus belle du monde. Deux petites montagnes, Mount Gower et Mount Lidgbird, bordent le lagon qui abrite plus de cinq cents espèces de poissons, sur la face ouest de l'île.

- **Roach Island.** Description : un énorme rocher incrusté de toutes sortes de coraux. Profondeur : entre 18 et 30 m. Flore aquatique : coraux. Faune marine : angelfish, japanese boarfish, moray eels, parrotfish, Galapagos shark.

Forster et Seal Rock

- **Pinacles.** Description : un ensemble de rochers à quelques kilomètres de la côte (un des meilleurs endroits pour nager avec les grey nurse sharks). Profondeur : entre 30 et 45 m. Flore aquatique : coraux et éponges. Faune marine : grey nurse sharks, Port Jackson sharks et wobbegongs ; parfois des merlins font des apparitions furtives.

Port Stephens

Certainement les meilleures plongées à partir du rivage.

- **Halifax Park (classé réserve maritime en 1983).** Description : à proximité de la côte, un récif rocailleux regorgeant d'espèces marines les plus diverses. Profondeur : jusqu'à 30 m. Faune marine : sea horse, sea star, tropical fish, pineapple fish, moray eels, blue gropers, cat fish, wobbegongs...

Central Coast

Un endroit parfait pour plonger si vous êtes basé à Sydney ; nombreuses plongées depuis le rivage.

- **The Cave.** Description : une cave entourée de rochers à quelques mètres du rivage de Terrigal. Profondeur : entre 15 et 45 m. Flore aquatique : de tout à profusion. Faune marine : stingrays, blue gropers, shrimps.

Sydney

Un grand nombre de superbes plongées peuvent s'effectuer à partir de Sydney : plongées du rivage, épaves et récifs...

- **Palm Beach.** Description : de l'extrémité sud de cette superbe plage du nord, une jolie plongée au milieu des récifs rocailleux. Profondeur : entre 10 et 16 m. Flore aquatique : rochers. Faune marine : lobster, cuttlefish, sea dragon et Port Jackson shark.

Jervis Bay

Site protégé depuis 1994, un lieu de villégiature à ne pas manquer.

- **The Arch.** Description : une arche rocailleuse de 10 m de haut. Profondeur : entre 28 et 38 m. Flore aquatique : une flore tout en couleur. Faune marine : wobbegongs, reef fish et stingrays.

Montague Island

A 9 km de la ville de Narooma, l'île de Montague héberge depuis peu une colonie de trois cents phoques.

- **Seal Bay.** Description : la plupart des phoques ont élu domicile de ce côté de l'île, et c'est sans doute le meilleur endroit pour nager avec eux. Profondeur : 30 m. Faune marine : des phoques bien sûr, mais aussi grey nurse sharks, Port Jackson sharks, wobbegongs...

Merimbula

Entre Sydney et Melbourne.

- **« *Empire Gladstone* ».** Description : ce bateau de 140 m de long sombra en 1950 et repose aujourd'hui par 12 m de fond. Profondeur : entre 6 et 12 m. Faune marine : cuttlefishs, wobbegongs, moray eels.

Jindabyne

- **Lac Jindabyne, au sud de Canberra.** Un site non conventionnel à 914 m d'altitude dans les Snowy moutains : une ville immergée sous l'eau après la construction d'un barrage.

Plonger avec les requins

Quelques exemples :

- **RODNEY FOX. Port Lincoln, South Australia © (08)8363 1788. www.rodney-fox.com.au** – A partir de AU$1995 pour 3 jours et 4 nuits.
- **GALOO BLUE. Exmouth, Western Australia © 1800 811 338 / 08 9949 1119. www.ningalooblue.com.au** – Plongée avec les requins baleines à partir de AU$335 la journée.

Plongée sur le Net

- **www.cairnsdive.com.au** – Cairns, Qld
- **www.divevictoria.com.au** – Portsea, Vic
- **www.dolphinscuba.com.au** – Perth, WA
- **www.eaglehawkdive.com.au** – Eaglehawk, TAS
- **www.kidivingsafaris.com** – Kangaroo Island, SA
- **www.shellharbourscuba.com.au** – Shellharbour, NSW

Enfants du pays

Tina Arena

De son vrai nom Filippina Lydia Arena, est née le 1er novembre 1967 à Melbourne. Elle débute dès 6 ans dans la chanson. Entre huit et quinze ans, elle apparaît chaque semaine devant les six millions de téléspectateurs du show TV « **Young Talent Time** ». En 1989, son premier album devient disque d'or en Australie. Son deuxième album « **Don't Ask** » sort en 1995. En 1998, c'est au tour de « **In Deep** ». On la découvre alors en France avec « **I want to spend my lifetime loving you** », B. O du film « **Le Masque de Zorro** », et « **Aller plus haut** », qui la classent parmi les meilleures ventes de disques. Tina Arena interprétera ensuite le rôle d'Esmeralda dans la version anglaise de « **Notre Dame de Paris** ». Après l'album « **Just Me** » en 2001, elle revient en 2005 avec « **Un Autre Univers** », un album entièrement en français.

Alain Bond

Multimilliardaire de Perth, propriétaire des brasseries Four XXXX, de la célèbre Golden Mile à Karlgoorlie (le carré d'or le plus riche du monde). Il a fait de la prison pour une faillite dont il se relève déjà. Bond est en quelque sorte l'homme d'affaires type de Perth, qui fait de l'argent pour le plaisir de le dépenser.

Peter Carey

Ecrivain né près de Melbourne en 1943. Il a fait des études scientifiques avant de devenir rédacteur publicitaire. Ses premières nouvelles, où il pratiquait un réalisme fantastique, ont fait les délices des lecteurs. Son talent original est souvent empreint d'un humour grinçant. Son œuvre la plus récente, traduite en français, « **Oscar et Lucinda** », a été couronnée par la plus prestigieuse récompense littéraire britannique, le Booker Prize. Ce roman complexe et touffu est une histoire d'amour qui raconte le destin tragi-comique de deux personnages passionnés et hors du commun dans l'Australie du siècle dernier.

Cathy Freeman

Née en 1973 à Mackay, cette jeune athlète d'origine aborigène fut la première championne du monde australienne du 400 m (en 1997). Rivale et dauphine de la reine de la discipline, Marie-José Pérec, elle s'est finalement imposée aux J. O. de Sydney 2000 après le forfait de la Française. Revendiquée aussi bien par le peuple aborigène pour lequel elle fait figure de porte-drapeau, que par le public australien, dont elle représente également les couleurs, elle a réussi, non sans peine, à réconcilier ses deux publics, par sa réussite incontestable. Elle a d'ailleurs été choisie pour embraser la flamme olympique lors de l'inauguration des Jeux de Sydney.

Peter Garett

Ex-chanteur et membre leader du célèbre groupe de rock Midnignt Oil, Peter Garett est membre du Parlement australien. En décembre 2002, il abandonne le groupe Midnight Oil pour se consacrer à son engagement dans la défense de l'environnement. Depuis 1998 Peter Garett est président de l'Australian Conservation Foundation, organisation de défense de l'environnement.

Mel Gibson

Mel Columcille Gerard Gibson est né le 3 janvier 1956 à Pickskill dans l'état de New York, aux Etats-Unis. C'est seulement en 1968 que son

père décide d'émigrer en Australie, dans la famille de sa femme, pour que ses fils ne soient pas envoyés au Vietnam. Initialement connu pour sa prestation dans la série des Mad Max, on ne peut ignorer les nombreux autres films auxquels il a participé, ou qu'il a lui-même réalisés, depuis ses débuts auprès de Peter Weir dans « **Gallipoli** » et « **L'Année de tous les dangers** ». Entre autres, pour les années 90 : « **L'Arme fatale** », « **La Rançon** », « **Braveheart** » (1er film en tant qu'acteur, réalisateur et producteur), « **Complots** », « **Payback** ». Depuis 2000 : « **The Patriot, le chemin de la liberté** », « **Ce que veulent les femmes** », « **Nous étions soldats** » et « **Signes** » sont devenus des succès internationaux. Toutefois, en 2004, « **La Passion du Christ** » peine à trouver des distributeurs aussi bien aux Etats-Unis qu'outre-Atlantique. Malgré les fortes attaques qui pèsent contre lui, Gibson en sort vainqueur après seulement un mois d'exploitation. De quoi éponger le relatif échec de sa précédente production « **The singing Detective** » (2003) qui, en dépit de son casting, n'a pas franchi les frontières américaines.

David Gulpilil

L'acteur aborigène le plus célèbre d'Australie. La terre de ses ancêtres est Arnhem Land, dans le Top End. Quelques-uns des films dans lesquels il s'est produit : « **To the End of the World** », « **Stormboy** », « **Walkabout** », « **The Last Wave** », « **Crocodile Dundee** ».

Paul Hogan

Alias Crocodile Dundee, né en 1941. Ouvrier sur le pont de Sydney, il s'immisce un jour dans une émission de variétés destinée à promouvoir des talents amateurs. Sa nonchalance virile séduit les fabricants de bière et de cigarettes. Il devient un showman accompli et ses émissions successives à la télévision, « **A current affair** », puis le « **Paul Hogan Show** », ravissent le public. Ensuite, il commença à plancher sur le scénario de « **Crocodile Dundee** » qui allait pulvériser tous les records de recettes en Australie et aux Etats-Unis.

Natalie Imbruglia

De son vrai nom Natalie Jane Imbruglia est née le 4 février 1975 à Sydney. Elle commence sa carrière d'actrice à 16 ans dans le soap-opera australien « **Neighbours** ». Deux ans plus tard, elle rejoint Londres pour suivre une carrière de comédienne au théâtre qui n'aboutira pas. Elle décide alors d'écrire ses propres textes de chansons et est repérée en 1997 par la maison de disques BMG. Son premier album « **Left of the Middle** », sera un succès fulgurant avec plus de 6 millions d'albums vendus dans le monde. Ce sera ensuite l'album « **White Lilies Island** » en 2001. Elle devient en 2002 l'égérie de l'Oréal puis s'essaie avec succès au cinéma avec la comédie « **Johnny English** ». Le 31 décembre 2003, Natalie épouse Daniel Johns, le chanteur du groupe australien Silverchair. Son troisième album « **Counting Down The Days** » est sorti en 2005.

Nicole Kidman

Née le 20 juin 1967 à Hawaii, cette actrice a été l'épouse de Tom Cruise de 1990 à 2001 avant d'épouser en juin 2006 le chanteur australien Keith Urban. Ancienne élève de l'Actors Studio, elle fut nommée pour l'Oscar de la meilleure actrice dans un premier rôle en 2002 pour « **Moulin Rouge** » de Baz Luhrmann, avant de remporter la récompense en 2002 avec « **The Hours** ». Ces principaux flims sont : « **Eyes Wide Shut** » (1999) de Stanley Kubrick, « **Les Autres** » (2001) d'Alejandro Amenábar, « **The Hours** » (2002) de Stephen Daldry ,« **Dogville** » (2003) de Lars von Trier, « **Retour à Cold Mountain** » (2003) d'Anthony Minghella, « **Et l'homme créa la femme** » (2004) de Frank Oz, « **L'Interprète** » (2005) de Sydney Pollack, « **Ma sorcière bien-aimée** » (2005) de Nora Ephron. Elle s'est engagée en janvier à promouvoir la cause des femmes dans le monde, en acceptant sa nomination comme ambassadrice de bonne volonté du Fonds de développement des Nations unies pour les femmes (Unifem). Elle était déjà ambassadrice de bonne volonté du fonds des Nations-unies pour l'enfance (Unicef) depuis 1994.

Wayne Lynch

Ce surfer australien a été élu meilleur shaper (constructeur de planches de surf) de sa génération. Une véritable légende vivante.

David Malouf

Ecrivain, il est né à Brisbane, en 1934. Son inspiration doit peut-être à un grand-père libanais cette dimension originale qui perce dans « **Johnno** », roman autobiographique qui s'enracine dans le régionalisme, tout comme « **L'enfant du pays barbare** », traduit en français. Dans d'autres romans, il oppose l'innocence édénique du Queensland au gâchis des tranchées de la guerre. Mais Malouf s'attache surtout à montrer comment des existences individuelles façonnées par le vaste mouvement de l'Histoire prennent une valeur exemplaire. Il évoque les dilemmes personnels, les pressions de la société sur les consciences en quête d'elles-mêmes.

Collen McCullough

L'auteur, entre autres, du best-seller mondial « **Les oiseaux se cachent pour mourir** ». Le feuilleton télévisé qui en a été tiré eut également un grand succès en France.

Elle McPherson

Mannequin et actrice australienne, née le 29 mars 1964 à Sydney, et surnommée « The Body » dans la profession. Après avoir joué son propre rôle dans le film « **Alice** » (1990) de Woody Allen, elle joua une bourgeoise anglaise dans le film « **Jane Eyre** » (1996) aux côtés de Géraldine Chaplin et Charlotte Gainsbourg.

George Miller

Le réalisateur de « **Mad Max** » a fui Hollywood pour se consacrer à la production cinématographique dans son Australie natale. Déçu par les grands studios qui lui imposaient leur diktat et rendirent houleux le tournage des « **Sorcières d'Eastwick** », George Miller s'est promis de revenir seulement pour réaliser des sujets qui le passionnent (tel « **Lorenzo** », en 1993).

Kylie Minogue

Née le 28 mai 1968 à Melbourne, cette chanteuse australienne connaît une carrière internationale depuis plusieurs années. Après avoir débuté sa carrière à 12 ans dans plusieurs séries TV, dont la très populaire « Neighbours », elle est remarquée en 1984 par le producteur du groupe Bananarama. Enchaînant très rapidement les succès, elle multiplie les disques d'or et se place en tête des hit-parades du monde entier. En 2001, son album « **Fever** » finit sa course avec plus de 6 millions de copies vendues. Son dernier et neuvième album, « **Body language** », date de 2003.

Rupert Murdoch

Partant d'un quotidien local à Adelaide, Rupert Murdoch a bâti le plus puissant empire de presse du monde. A la mort de son père, en 1952, il hérite d'une importante participation dans News Ltd. En 1964, il lance « **l'Australien** », un quotidien national. En 1985, il prend la nationalité américaine pour contourner les obstacles à ses achats de sociétés américaines dans le domaine de la presse et de la communication. Il devient l'unique propriétaire de la 20 th Century Fox, et son empire média-culturel s'étend actuellement sur trois continents.

Mudrooroo Nyoongah (ex-Colin Johnson)

Il est l'un des principaux représentants de la littérature aborigène, branche récente mais importante de la littérature australienne. Né en Western Australia, il est le premier aborigène romancier. Fier de ses origines, il a abandonné son nom anglo-saxon pour reprendre son nom aborigène. Wildcat Falling étudie les problèmes d'identité que rencontrent les jeunes aborigènes de sang mêlé dans l'Australie d'aujourd'hui. « **Doctor wooreddy's prescription for enduring the ending of the world** » (1983) raconte, avec une grande fidélité historique, le début de l'extinction des Aborigènes de Tasmanie que les Blancs exterminèrent jusqu'au dernier en quelques décennies à peine. Dans son recueil de poèmes, « **The song of Jacky** », il exprime la colère du peuple aborigène humilié et spolié par les envahisseurs européens.

Peter Weir

Né à Sydney le 21 août 1944, il quitte l'Australie après l'Université pour tenter sa chance en Angleterre. Après avoir découvert sa vocation d'homme de spectacle à Londres, il retourne en Australie pour travailler comme machiniste et régisseur à la télévision. En 1970, il réalise un moyen-métrage « Michael » pour lequel il reçoit le Grand Prix de l'Australian Film Institute. Trois années plus tard, il réalise son premier long-métrage « **Les voitures qui ont mangé Paris** » (1975) qui sera le début d'une carrière particulièrement prolifique. Outre les films « **Pique-nique à Hanging Rock** » et « **L'Année de tous les dangers** » (1982), Peter Weir est aussi le réalisateur de « **Witness** » (1985), « **Le cercle des poètes disparus** » (1989), « **Green card** » (1991), « **The truman Show** » (1998) et « **Master et Commander** » (2003). Il est installé aux Etats-Unis depuis 1985.

Patrick White

Né en 1912, prix Nobel de littérature en 1973, cet écrivain est considéré comme le plus grand romancier australien. White est issu d'une famille de propriétaires terriens fixée en Australie depuis 1826. Il quitte la propriété familiale vers sa treizième année, et part faire ses études en Angleterre où il se spécialise en langues. Après avoir participé à la Seconde Guerre mondiale comme officier des renseignements dans la RAF, il s'installe près de Sydney, où il s'occupe d'horticulture et d'élevage de chiens et de chèvres avant de consacrer tout son temps au métier d'écrivain.

Prévisions météo à 15 jours - Statistiques mensuelles
Par téléphone
32 64
1,35 € l'appel, puis 0,34 €/mn.

Communiquer en australien

Quel que soit votre pays de destination, vous n'en franchirez réellement les frontières qu'en abattant – partiellement – celle de la langue, c'est-à-dire en communiquant avec les habitants. Pour communiquer, il vous suffit de comprendre... un peu et de vous faire comprendre. Nous nous proposons de vous y aider avec ces quelques pages.

En vous soufflant des "mots de passe" pour la plupart des situations que vous serez appelé à rencontrer dans vos voyages, nous mettons à votre disposition un sésame indispensable. Notre ambition n'est pas que vous vous exprimiez d'une manière académiquement parfaite, mais que vous entriez dans le monde anglophone d'un pas assuré. Vous aurez tout loisir par la suite, si le cœur vous en dit, d'approfondir vos connaissances par un apprentissage plus intensif.

Où parle-t-on l'anglais ? En un mot... partout ! Le monde anglophone s'étend bien au-delà des pays de langue anglaise : où que l'on aille, en effet, n'a-t-on pas recours à l'anglais pour comprendre et se faire comprendre ? Raison de plus pour vous y mettre – ou vous y remettre pour rafraîchir vos souvenirs. Nous vous promettons qu'en très peu de temps, avec un minimum de connaissances grammaticales, de vocabulaire utile et d'informations sur le pays, vous deviendrez un interlocuteur de choix, celui – ou celle – qui a fait l'effort de faire un pas vers l'autre en apprenant sa langue : cette démarche, encore trop rare, est très appréciée, et vous en serez largement récompensé(e) par l'accueil d'autant plus chaleureux que vous recevrez en échange.

Cette rubrique est réalisée en partenariat avec ASSiMiL évasion

Prononciation - Intonation

Si vous trouvez la grammaire relativement facile, vous risquez en échange de rencontrer quelques difficultés avec la prononciation... Mais rassurez-vous, même les meilleurs anglicistes ont parfois des doutes ! Les règles de prononciation anglaises étant assorties de toute une gamme d'exceptions, bien trop nombreuses pour que nous vous les infligions ici, nous avons opté pour une prononciation figurée sous chaque mot, qui devrait vous rendre la vie plus facile. Dans cette transcription phonétique simplifiée, nous avons souligné les syllabes accentuées, car l'intonation, elle aussi, est difficile à maîtriser, et elle est très importante en anglais.

Quoi qu'il en soit, la meilleure façon de parler..., c'est de parler ! Plus vous pratiquerez, plus vous apprendrez vite.

La transcription phonétique utilisée ici

• Consonnes et groupes de consonnes

Lettre	*Trans. phonét.*	*Prononciation*	*Exemple*
b	*b*	comme dans *beau*	**beer** *bier*
c	*k*	comme dans *cloche*	**clock** *klok*
	s	comme dans *cirque*	**circus** *sœrkœss*
d	*d*	comme dans *dire*	**dear** *di*[er]
g	*g/gu*	comme dans *gars*	**go** *gôou*, **give** *guiv*
	dj	comme dans *badge*	**george** *djordj'*
h	*H*	toujours "aspiré"	**house** *Haouss*
j	*dj*	comme dans *fidji*	**jeans** *djinns*
n	*n/nn*	comme dans *gamine*	**in** *inn*
r	*r*	langue au palais et légèrement recourbée en arrière	**rope** *rôoup'*
s	*s/ss*	comme dans *sel*	**sell** *sell*
	z	comme dans *bise*	**please** *pli:z*
sh	*ch*	comme dans *chaussure*	**shoe** *chou:*[e]

sch	*sk*	comme dans *ski*	**school** *skou:l*
sp	*sp*	comme dans *spatule*	**spell** *spell*
st	*st*	comme dans *stupeur*	**stone** *stôounn*
th doux	*DH*	placez la langue sur les dents du haut et soufflez doucement	**that** *DHat*
th fort	*TH*	même chose en soufflant fortement	**thorn** *THô:nn*
v	*v*	comme dans *voiture*	**vote** *vôout*
w	*w*	toujours comme dans *watt, whisky*	**window** *winndôou*, **where** *wèr*
x	*x*	comme dans *exprès*	**taxi** *tèxi*
y	*y/i*	comme dans *yahourt*, ou comme dans *lit*	**yes** *yèss*, **silly** *sili*
z	*z*	comme dans *zèbre*	**zebra** *zibra*

• Pour les francophones, la prononciation du **-th** anglais est particulièrement difficile. Exercez-vous en poussant avec votre langue sur les dents du haut tout en soufflant (comme si vous aviez un cheveu sur la langue), vous devriez y arriver. Si c'est trop compliqué, laissez-vous guider par les transcriptions que nous vous proposons (par exemple, l'article défini **the** sera transcrit *DHœ*).

• Le **r** – autre difficulté de la prononciation anglaise –, ne se prononce pas lorsqu'il est suivi d'une consonne ; il sera alors suivi de ":", comme dans **barman** *ba:mèn* ; il se prononce, par contre, lorsqu'il est suivi d'une voyelle, comme dans **rat** *rèt*. N'oubliez pas : langue au palais et légèrement recourbée en arrière ; facile, non ?

• Quand vous verrez une consonne doublée (*kk, mm, pp*, etc.), c'est pour vous avertir que la voyelle qui précède doit être prononcée court. Exemple : **book** *boukk*.

• Le **h** est toujours "aspiré" (transcrit *H*) : expirez l'air comme si vous vouliez embuer un miroir.

• Le **n** est souvent figuré *nn*. Associé à une voyelle comme dans "gamin", il doit être prononcé "ine" comme dans "gamine".

Les autres consonnes ne posent pas de problèmes particuliers.

Voyelles

Lettre	*Trans. phonét.*	*Prononciation*	*Exemple*
a	*a*	comme dans râle	**last** *last*
	è	comme dans mère	**back** *bèkk*
	èi	comme dans pays	**name** *nèim*
	ô	comme dans môle	**all** *ô:l*
	œ	un e dans l'o court comme dans cœur	**about** *œbaout*
e	*è*	comme dans diète	**egg** *ègg*
	i^{e}	comme dans comédie	**deer** *di:*^{er}
	è^{e}	le è est prolongé d'un e	**there** *DHè*^{e}*r*
i	*i*	comme dans mi	**sick** *sik*
	aï	comme dans aïe	**nice** *naïss*
	œ	comme dans œufs	**first** *fœ:st*
o	*aou*	comme dans Raoul	**how** *Haou*
	ôou	le ô est suivi du son ou	**own** *ôounn*
	o	comme dans note	**not** *nott*
	ô	comme dans pôle	**short** *chô:t*
	a	comme dans lave	**love** *lav*
u	*a*	comme dans basse	**bus** *bass*
	ou	comme dans chou	**sure** *chou*^{e}*:r*
	œ	comme dans œufs	**difficult** *diffikœlt*

La prononciation du **-er** en fin de mot s'apparente plutôt au "a" court ou au "e" muet suivi d'un léger "r". Dans notre transcription, nous mettrons un "er" en exposant.

Pour signaler qu'il faut allonger une voyelle, nous l'avons fait suivre de ":", comme dans **first** ou **short** *(fœ:st – chô:t)*.

Diphtongues

Lettre	Trans. phonét.	Prononciation	Exemple
ay/ai	*èi*	comme dans *pays*	**pay** *pèi*
ea	*œ:*	comme dans *œuvre*	**earn** *œ:n*
	i:	comme dans *mie*	**lead** *li:d*
ee	*i:*	comme dans *amie*	**see** *si:*
ie	*è*	comme dans *cèdre*	**friend** *frènnd*
ou	*aou*	comme dans *Raoul*	**out** *aout*
	ou	comme dans *mou*	**you** *iou*
oy	*oï*	comme dans *boycotter*	**boy** *boï*
oo	*ou*	comme dans *bouc*	**book** *boukk*
	ou:	plus long comme dans *boule*	**cool** *kou:l*

Notez que la terminaison "**-ive**" se prononce généralement *-iff.* La préposition **of**, de, est plutôt prononcée *ov* de même que **give**, *donner*, est prononcé *guiv*.

L'accent tonique est généralement souligné. S'il porte sur une voyelle prononcée en diphtongue, il sera indiqué par un soulignement de la voyelle tonique.

Lorsque un mot se termine par **-tion**, nous transcrivons par *chœn*.

Quelques mots que vous entendrez souvent

Voyons dès maintenant ces mots que nous serons amenés à rencontrer immédiatement et qui nous seront indispensables dans la vie quotidienne :

oui	**yes**	*yèss*
non	**no**	*nôou*
peut-être (il se peut que)	**maybe**	*mèïbi*
peut-être	**perhaps**	*pœrHaps*
merci	**thank you**	*THènk you*
s'il vous plaît	**please**	*pli:z*
et	**and**	*ènd*
ou	**or**	*or*
avec	**with**	*wiDH*
sans	**without**	*wiDHaout*
vrai	**right**	*raït*
faux	**wrong**	*wronng*
ici	**here**	*Hi:r*
là	**there**	*DHèer*
ceci	**this**	*DHiss*
cela / que	**that**	*DHat*
où est... ?	**where is...?**	*wèr iz*
où sont... ?	**where are...?**	*wèr ar*

L'ordre des mots dans la phrase

Dans la phrase anglaise, les mots se placent ainsi : **sujet** (qui ou quoi ?) – **verbe – complément d'objet** (qui ou quoi ?).

qui (sujet)	verbe	quoi (objet)
Jill	**books**	**a trip**
djil	*boukks*	*œ tripp*
Jill	réserve	un voyage

Dans la proposition affirmative, le sujet et le verbe se suivent toujours. Cet ordre sera donc conservé, même si d'autres éléments interviennent :

circonstantiel (de temps)	Sujet	verbe	circonstantiel (de lieu)
At nine o'clock	**John**	**goes**	**to the museum**
èt naïnn o klok	*djonn*	*gôouz*	*tou DHœ miouziœm*
À neuf heures,	John	va	au musée.

Cet ordre reste également inchangé dans les phrases plus complexes qui combinent propositions principales et subordonnées :

sujet	verbe	objet	conjonction	sujet	verbe
I	**eat**	**a pizza**	**because**	**I**	**am hungry**
aï	*i:tt*	*œ pidza*	*bikôouz*	*aï*	*èm Hangri*
Je	mange	une pizza	parce que	j'	ai faim

Verbes et temps

En anglais, les verbes et leurs conjugaisons nécessiteraient un chapitre entier. Contentez-vous de retenir les temps les plus importants, ceux que vous utiliserez dans toute conversation.

1 – Le présent (je vais),

2 – L'imparfait (il allait),

3 – Le passé composé (tu es allé),

4 – Le futur (nous irons).

Si vous savez conjuguer à ces quatre temps, vous pourrez converser sans problème. Oublions les nuances entre le passé (simple) et le passé composé, car même les personnes de langue maternelle anglaise ont parfois du mal à s'y retrouver !

La forme progressive

Avant de vous consacrer à l'étude des différentes conjugaisons, notez que l'anglais nous offre deux solutions :

- utiliser le temps dans sa forme simple : je vais (**I go** – *aï go*)

- ou indiquer l'accomplissement de l'action : je suis en train d'aller (**I am going** – *aï am goïnng*, mot à mot "je suis allant"). Cette deuxième forme s'appelle la forme progressive.

En anglais, la forme progressive est largement utilisée dans la conversation. Elle indique qu'une action ou un événement est en cours au moment où l'on parle. Elle s'emploie aussi pour parler du futur proche, comme le présent français. Ex : **I am seeing John tomorrow** *(aï am si:inng djonn toumorô)* : Je vois John demain.
Dans les deux cas, le français utilise généralement la forme simple.

Le présent

• *Forme simple*

L'anglais est plus simple que le français, car seule la troisième personne du singulier diffère des autres. Il suffit d'ajouter un **-s** à l'infinitif du verbe.

I eat	*aï i:t*	je mange
you eat	*you i:t*	tu manges
he/she/it eats	*Hi/chi/it i:ts*	il/elle mange
we eat	*wi i:t*	nous mangeons
you eat	*you i:t*	vous mangez
they eat	*DHèï i:t*	ils/elles mangent

Presque tous les verbes se conjuguent de cette façon. Notez toutefois que les auxiliaires "être" **(to be)** et "avoir" **(to have)** font exception. En voici la conjugaison :

I am	*aï èm*	je suis
you are	*you ar'*	tu es
he/she/it is	*Hi/chi/it iz*	il/elle est
we are	*wi ar'*	nous sommes
you are	*you ar'*	vous êtes
they are	*DHèï ar'*	ils/elles sont
I have	*aï hèv*	j'ai
you have	*you hèv*	tu as
he/she/it has	*Hi/chi/it hèz*	il/elle a

we have	*wi hèv*	nous avons
you have	*you hèv*	vous avez
they have	*DHèï hèv*	ils/elles ont

• Forme progressive

L'anglais simplifie notre formulation française "je suis en train de" suivi d'un verbe à l'infinitif, en faisant appel à l'auxiliaire **to be**, suivi du verbe**+-ing**.

I am travelling	*aï èm trèvellinng*	je voyage (suis en train de voyager)
you are travelling	*you ar' trèvellinng*	tu voyages (es en train de...)
he/she/it is travelling	*Hi/chi/it iz trèvellinng*	il/elle voyage (est en train de, etc.)
we are travelling	*wi ar' trèvellinng*	nous voyageons
you are travelling	*you ar' trèvellinng*	vous voyagez
they are travelling	*DHèï ar' trèvellinng*	ils/elles voyagent

La plupart des verbes anglais se construisent sur le même modèle : infinitif**+-ing**.

they are sleeping
DHèï ar' sli:pinng
ils dorment (ils sont en train de dormir)

I am smoking
aï am smôoukinng
je fume (je suis en train de fumer)

Le passé

Pour parler du passé, l'anglais utilise le **prétérit** (simple et progressif) et le **passé composé.** Le "prétérit" peut correspondre, selon le contexte, à notre imparfait, notre passé composé ou notre passé simple. Il s'emploie surtout pour parler d'actions ou de faits complètement terminés.

Last year I rented an appartment.
last yi:r aï renntid ènn apa:tment
L'année dernière j'ai loué un appartement.

• Forme simple

Pour former le prétérit des verbes **réguliers,** il suffit d'ajouter le suffixe **-ed** à l'infinitif du verbe. Il existe – malheureusement – des verbes **irréguliers**, dont vous pourrez consulter la liste dans la rubrique suivante ; un conseil : apprenez-les en mémorisant pour chaque verbe l'infinitif, le prétérit et le participe passé.

Une consolation! Les verbes réguliers sont largement plus nombreux que les verbes irréguliers et se terminent toujours en **-ed** à toutes les personnes.

I rented	*aï rènntid*	je louais/j'ai loué/je louai
you rented	*you rènntid*	tu louais/as loué/louas
he/she rented	*Hi/chi rènntid*	il/elle louait/a loué/loua
we rented	*wi rènntid*	nous louions/avons loué/louâmes
you rented	*you rènntid*	vous louiez/avez loué/louâtes
they rented	*DHèï rènntid*	ils/elles louaient/ont loué/louèrent

ASSiMiL® évasion

Ce guide vous propose les bases de la grammaire et du vocabulaire de la langue anglaise, comprise dans de nombreux pays.
Des phrases utiles vous permettront de vous débrouiller rapidement.

Pour le verbe avoir, **to have** : **had** reste inchangé à toutes les personnes.

I had	*aï hèd*	j'avais
you had	*you hèd*	tu avais, etc.

Pour le verbe être, **to be** :

I was	*aï waz*	j'étais
you were	*you wèr'*	tu étais
he/she/it was	*Hi/chi/it waz*	il/elle était
we were	*wi wèr'*	nous étions
you were	*you wèr'*	vous étiez
they were	*DHèï wèr'*	ils/elles étaient

• Forme progressive

Elle s'emploie pour indiquer qu'une action était en train de se produire à un moment du passé. Exemple :

- **What did you do when I called you? – I was eating.**
  wat did you dou wènn aï kô:ld you – aï waz i:tinng.
  Que faisais-tu quand (au moment où) je t'ai appelé ? – Je mangeais (j'étais en train de manger).

Récapitulons :

présent	présent progressif	prétérit	prétérit progressif
I eat	**I am eating**	**I ate**	**I was eating**
aï i:t	*aï am i:tinng*	*aï èit*	*aï waz i:tinng*

Conjugaison du verbe **to eat** (manger) au prétérit progressif :

I was eating	*aï waz i:tinng*	je mangeais (j'étais en train de manger)
you were eating	*you wèr i:tinng*	tu mangeais (tu étais en train de...)
he /she was eating	*Hi/chi waz i:tinng*	il/elle mangeait (il/elle était en train de...)
we were eating	*wi wèr i:tinng*	nous mangions (nous étions en train de...)
you were eating	*you wèr i:tinng*	vous mangiez (vous étiez en train de...)
they were eating	*DHèï wèr i:tinng*	ils/elles mangeaient (ils/elles étaient en train de...)

Si vous avez des difficultés à mémoriser le prétérit des verbes irréguliers, remplacez-le par la forme progressive, on vous comprendra tout aussi bien.

Le passé composé

En anglais, le passé composé se forme **uniquement** avec le verbe **to have** suivi du participe passé, qui se construit, lui aussi, en ajoutant **-ed** à l'infinitif du verbe (pour les verbes réguliers).

Conjugaison du verbe **to travel** (voyager) au passé composé :

I have travelled	*aï Hèv trèvelld*	j'ai voyagé
you have travelled	*you Hèv trèvelld*	tu as voyagé
he/she has travelled	*Hi/chi/ Hèz trèvelld*	il/elle a voyagé
we have travelled	*wi Hèv trèvelld*	nous avons voyagé
you have travelled	*you Hèv trèvelld*	vous avez voyagé
they have travelled	*DHèï Hèv trèvelld*	ils/elles ont voyagé

En français, nous utilisons le passé composé pour souligner qu'une action s'est déroulée et terminée à un moment non précisé du passé. En anglais, vous l'utiliserez pour indiquer que l'action a commencé dans le passé et continue dans le présent.

Deux conjonctions commandent l'utilisation du passé composé : **"since"** et **"for"**. Toutes les deux signifient «depuis» à une nuance près :

– **Since** indique **un moment particulier** écoulé dans le passé,

– **For** indique **une période** donnée.

À noter qu'en français, c'est la préposition «depuis» qui indique le commencement de l'action dans le passé. Le verbe conjugué au présent montre clairement la continuation de l'action au moment où l'on parle.

- **I have lived in London for one year.**
  aï Hèv livd inn Lonndonn fo: wan' yi:r
  Je vis à Londres depuis un an (sous-entendu : j'y vis encore actuellement).
- **Since Christmas she has waited for an answer.**
  sinnss kristmess chi Hèz wètid fo: ènn annser
  Elle attend une réponse depuis Noël.
- **For three months she has waited for an answer.**
  fo: THri: monnTHs chi Hèz wouètid fo: ènn annser
  Elle attend une réponse depuis trois mois.

Le futur

Le futur se forme essentiellement à partir de deux auxiliaires : **"shall"** et **"will"**, auxquels s'ajoute l'infinitif du verbe sans **to**. À l'origine, **will** signifiait "vouloir".

Shall s'emploie pour la première personne du singulier et du pluriel, et **will** pour les autres. Notez que dans la langue parlée **will** est souvent utlisé à toutes les personnes.

Conjugaison du verbe **to go** (aller) au futur.

I shall go	*aï chèl gôou*	j'irai
you will go	*you wil gôou*	tu iras
he/she/it will go	(etc.)	il/elle ira/ça ira
we shall go		nous irons
you will go		vous irez
they will go		ils/elles iront

En français, nous nous servons souvent du présent pour indiquer un futur proche. Dans ce cas, l'anglais utilise le présent progressif et non le présent simple :

- **What are you doing tomorrow?**
  wat ar' you douinng toumôro
  Qu'est-ce que tu fais (feras) demain ?

Auxiliaires de mode

Les auxiliaires de mode **can**, **may** (pouvoir) et **must** (devoir) servent à exprimer qu'une action peut ou doit se réaliser. Ils s'utilisent suivis du verbe à l'infinitif sans **to**. **Can** indique plutôt la possibilité physique d'accomplir une action. Exemple : "I can swim" (je sais nager, dans le sens de "je suis capable de...") ; **may** implique soit une demande d'autorisation dans une phrase interrogative : **"may I come in?"** (puis-je entrer ? ai-je le droit d'entrer ?), soit une éventualité dans une phrase affirmative : **"I may come tomorrow."** (il est possible que je vienne demain).

Auxiliaire de mode

Personne	présent	passé	infinitif
I	**can**	**could**	**read**
aï	*kèn*	*koudd*	*ri:d*
je	peux	pouvais	lire
she	**may**	**might**	**go**
chi	*mèi*	*maït*	*gôou*
elle	peut	pouvait	aller
they	**must**	*	**ask**
DHèï	*mœst*	—	*assk*
ils/elles	doivent	—	demander

* **Must** n'existe qu'au présent. À l'infinitif et aux autres temps, on doit faire appel aux formes de **to have to** (avoir à) : Exemple :

- **I had to leave my camera behind.**
  aï hèd tou li:v maï kamœra biHaïnnd
  J'ai dû laisser mon appareil photo.

Au présent, ces auxiliaires sont invariables à toutes les personnes et ne prennent donc pas de **s** à la troisième personne du singulier **(he, she, it)**. Ils n'ont pas de forme progressive. La négation s'exprime avec **not** ou sa forme contractée **n't**.
"he mustn't go" (il ne doit pas [s'en] aller).

Can n'a pas d'infinitif. On le remplace par **to be able to** (être capable de). Il n'a pas non plus de futur ; il est alors remplacé par **will be able to**. Au prétérit et au conditionnel, il se transforme en **could** dans certains cas.

- **I could not** (ou : **could'nt**) **walk.**
  aï koudd not (koudnn't) wôk
  Je ne pouvais pas marcher.

- **I could not see you.**
  aï koudd not si: you
  Je ne pouvais pas te voir.

L'auxiliaire de mode "vouloir" est traduit par **want**. Il se conjugue normalement à tous les temps. Si **want** est suivi d'un autre verbe, celui-ci sera obligatoirement précédé de **to**.

- **She wants another drink.**
  chi wonnts ennaDH^er drink
  Elle veut un autre verre.

- **He didn't want to take her home.**
  Hi didenn't wonnt tou tèïk Hœ: Hôoum
  Il n'a pas voulu la raccompagner chez elle.

Liste des principaux verbes irréguliers

Infinitif	Prétérit	Participe passé	Traduction
to be	**was/were**	**been**	être
to become	**became**	**become**	devenir
to begin	**began**	**begun**	commencer
to break	**broke**	**broken**	casser
to buy	**bought**	**bought**	acheter
to catch	**caught**	**caught**	attraper
to come	**came**	**come**	venir
to do	**did**	**done**	faire
to drink	**drank**	**drunk**	boire
to drive	**drove**	**driven**	conduire
to eat	**ate**	**eaten**	manger
to fall	**fell**	**fallen**	tomber
to feel	**felt**	**felt**	sentir
to find	**found**	**found**	trouver
to fly	**flew**	**flown**	voler
to forget	**forgot**	**forgotten**	oublier
to get	**got**	**got**	devenir / recevoir
to give	**gave**	**given**	donner
to go	**went**	**gone**	aller
to know	**knew**	**known**	savoir / connaître
to lead	**led**	**led**	mener / conduire
to leave	**left**	**left**	laisser
to lose	**lost**	**lost**	perdre
to make	**made**	**made**	faire
to meet	**met**	**met**	rencontrer
to pay	**paid**	**paid**	payer
to put	**put**	**put**	mettre
to read	**read**	**read**	lire
to ring	**rang**	**rung**	sonner / téléphoner
to say	**said**	**said**	dire

to see	**saw**	**seen**	voir
to send	**sent**	**sent**	envoyer
to shut	**shut**	**shut**	fermer
to sit	**sat**	**sat**	s'asseoir
to sleep	**slept**	**slept**	dormir
to speak	**spoke**	**spoken**	parler
to take	**took**	**taken**	prendre
to think	**thought**	**thought**	penser
to understand	**understood**	**understood**	comprendre
to wake	**woken**	**woken**	(se) réveiller
to write	**wrote**	**written**	écrire

La phrase interrogative

Les pronoms interrogatifs

where?	*wèr*	où ?
what?	*wat*	quoi ?
who?	*Hou*	qui ?
whom?	*Houm*	qui / à qui ?
whose?	*Houz*	de qui / à qui ?
when?	*wèn*	quand ?
why?	*waï*	pourquoi ?
how?	*Haou*	comment ?
how many?	*Haou mènni*	combien de ? (+ pluriel)
how much?	*Haou mœtch*	combien de ? (+ singulier)
how long?	*Haou lonng*	combien (de temps) ?

L'ordre des mots dans la phrase interrogative

• Si le pronom interrogatif est le sujet : pas de changement.

sujet	verbe	objet (qui) (indirect)	objet (quoi) (direct)
Who	**told**	**you**	**that news?**
Hou	*tôould*	*you*	*DHèt niouz*
qui	dit	[à] toi	cette nouvelle
Qui	t'a donné		cette information ?

• Mais ceci est un cas rarissime, car la règle habituelle veut que l'on utilise l'auxiliaire do (faire), qui s'intercale entre le pronom interrogatif et le sujet.

pronom interrogatif	auxiliaire	sujet	verbe	
	When	**does**	**the boat**	**leave?**
	wènn	*dœz*	*DHœ bôout*	*li:v*
	quand	fait	le bateau	partir
	Quand	part	le bateau ?	

auxiliaire	sujet	verbe
Does	**the boat**	**leave?**
dœz	*DHœ bôout*	*li:v*
fait	le bateau	partir
Le bateau part-il ?		

Réponses :	**Yes, it does.**	**No, it doesn't.**
	oui, il fait	*non, il ne fait pas*
	Oui.	Non.

• Au passé, vous interrogerez de cette façon :

auxiliaire	sujet	verbe	objet
Did	**my brother**	**forget**	**his ticket**
did	*maï broDH^er^*	*fo:guèt*	*His tikètt*
faisait	mon frère	oublier	son billet

Mon frère a-t-il oublié son billet ?

Réponses :	**Yes, he did.**	**No, he didn't.**
	ièss, Hi did	*nôou, Hi diden't*
	oui, il a fait	non, il n'a pas fait
	Oui.	Non.

Notez que le verbe restant invariable, c'est l'auxiliaire **do** (faire) qui prend la forme du passé **did**. Cette forme reste inchangée à toutes les personnes.

Les salutations / La politesse

Bonjour ! (matin)	**Good morning!**	*goud mo:ninng*
Bonjour ! (après-midi)	**Good afternoon!**	*goud èftœ:noun*
Bonsoir !	**Good evening!**	*goudd ivninng*
Bonne nuit !	**Good night!**	*goud naït*
Bienvenu (e) !	**Welcome!**	*wellkomm*
Comment allez-vous (vas-tu) ?	**How are you?**	*Haou ar' you*
Très bien.	**Very well.**	*vèri well*
Comment allez-vous ? (plus formel)	**How do you do?**	*Hao dou you dou*
Merci, je vais bien.	**Thanks, I'm fine.**	*THankss aïm faïn'*
Salut ! (bonjour)	**Hello!**	*Hèlo*
Au revoir !	**Good bye!**	*goud baï*
Salut ! (au revoir)	**Bye-Bye! / Bye!**	*baï*
	Cheerio*!	*tchirio*
Salut ! (À plus tard !)	**See you (later)!**	*si you (lèt^er^)*
À bientôt !	**See you soon!**	*si: you sou:nn*
Ça va.	**It's O.K.**	*its ôoukèï*
Je ne sais pas.	**I don't know.**	*aï doounnt nôou*
Je suis désolé/e. / Pardon.	**(I am) sorry.**	*(aï am) so:ri*
Il n'y a pas de quoi.	**You are welcome.**	*you ar' wellkomm*
Dites-moi...	**Tell me...**	*tèll mi*
Je ne me sens pas bien.	**I don't feel well.**	*aï doounnt fi:l well*
Aidez-moi, s'il vous plaît.	**Please help me.**	*pli:z hèlp mi*
À votre santé !	**Cheers!**	*tchi:rs*

***Cheerio** veut dire aussi "Santé !", "À la vôtre !".

- Comment t'appelles-tu ? / Comment vous appelez-vous ?
  What's your name?
  wotts yo:r nèïm
- Je m'appelle Jacques.
  My name is Jacques.
  maï nèïm iz Jacques

En général, les Américains s'appellent très vite par leurs prénoms.

s'il vous plaît / merci

- Passe(z)-moi le beurre s'il te (vous) plaît !
  Pass me the butter, please!
  pass mi DHœ batt^er^ pli:z
- Je vous (t') en prie / il n'y a pas de quoi !
  You're welcome!
  you:r welkomm

- Ce n'est rien !
  That's all right!
  DHats ô:l raït

- Comment ?
  Pardon?
  pa:donn

- **Thank you!** — Merci !
- **Thanks!** — Merci !
- **Thank you very much!** — Merci beaucoup !
- **Thanks a lot!** — Merci beaucoup !

Ou est... ?

- Excusez-moi, s'il vous plaît. Où est... ?
  Excuse me, please. Where is...?
  ixkiouz mi, pli:z. wèr iz...

- Pouvez-vous m'indiquer le chemin pour... ?
  Could you tell the way to...?
  koudd you tèl mi DHœ wèï tou

- C'est là-bas à droite.
  It's over there on the right.
  its ôouver DHèr onn DHœ raït

- Tournez à gauche dans le centre-ville.
  Turn left into the centre.
  tœrn lèft inntou THœ sènnter.

- Allez tout droit, c'est en face de l'église.
  Go straight on, it's opposite the church.
  go strèït onn, its oppozit DHœ tchœrtch

Bon voyage avec...

L'avion

- Je voudrais réserver un aller (aller-retour) pour Brisbane.
  I'd like to book a (return) flight to Brisbane.
  aïd laïk tou boukk œ (ritœ:nn) flaït tou Brizbann

- Y a-t-il une correspondance pour Perth ?
  Is there a connecting flight to Perth?
  Iz DHèr œ konèkting flaït tou pœrTH

aéroport	**airport**	*è:po:tt*
arrivée	**arrival**	*œraïvœl*
atterrir	**to land**	*tou lènd*
bagages	**luggage/baggage**	*lœguèdj/bœguèdj*
comptoir d'information	**information desk**	*innformèïchœn dèsk*
départ	**departure**	*dipa:tch[er]*
horaire	**timetable**	*taïmtèbœl*
passager	**passenger**	*pœssèndjœr*
réservation	**booking**	*boukkinng*
salle d'attente	**departure lounge/hall**	*dipa:tch[er] laondj/Hô:l*
sortie	**exit**	*èxit*
vol	**flight**	*flaït*

Le bateau

- Quand le bateau part-il pour la Tasmanie ?
  When does the boat leave for Tasmania (Apple Isle) ?
  wènn dœz DHœ bôout li:v for tasmèniœ (èpœl aile)

ASSiMiL®
Le voyage en poche
collection évasion :
l'indispensable
pour comprendre et être compris
Le Russe
Le Breton
Le Grec de poche
Le Turc de poche
Le Marseillais de poche
Le Japonais
L'Italien de poche
L'Alsacien de poche
Le Chinois de poche
L'Arabe Marocain de poche
L'Espagnol de poche
Le "Chtimi" de poche
Parler du Nord et du Pas-de-Calais
L'Anglais britannique
Le Croate de poche

- Combien de temps la traversée dure-t-elle ?
  How long does the crossing take?
  Haou lonng doez DHœ krossinng tèïk

- Je voudrais réserver...
  I'd like to book...
  aïd laïk tou boukk...

- un billet pour...
  a passage to...
  œ passèdj to...

bateau	**boat**	*bôout*
bateau à vapeur	**steamer**	*sti:m^{er}*
canot de sauvetage	**lifeboat**	*laïfbôout*
côte	**coast**	*ko:st*
ferry	**ferry**	*fèrri*
gilet de sauvetage	**life-jacket**	*laïfdjèkèt*
port	**harbour**	*Harbo:r*
traversée	**crossing**	*krossinng*

Le train / Le bus

- Où est l'arrêt du bus / la gare routière ?
  Where is the bus stop / station?
  wèr iz DHœ bas stop/stèïchœn

- Un billet pour Sydney, s'il vous plaît.
  A ticket to Sydney, please.
  œ tikèt tou Sidnè pli:z

- Combien coûte un billet pour... ?
  How much is a ticket to...?
  Haou mœtch iz œ tikèt tou

- Quand y a-t-il un bus / train pour... ?
  When is there a bus / train to...?
  wènn iz DHhèr œ bas/trèïnn tou

compartiment	**compartment**	*kommpa:tment*
conducteur	**driver**	*draïv^{er}*
départ	**departure**	*dipa:chœr*
direction	**direction**	*dirèkchœn*
(non)-fumeur	**(non)-smoker**	*(nœn)-smôouk^{er}*
prix	**fare**	*fè:r*
terminus	**terminus**	*terminœs*
wagon lit	**sleeper**	*sli:p^{er}*

La voiture

- Où est la station service la plus proche ?
  Where's the nearest petrol-station?
  wèrz DHœ ni:rest pètrol stèïchœn

- Le plein s'il vous plaît !
  Full, please!
  foul pli:z

- Pouvez-vous contrôler l'huile / la batterie / la pression des pneus ?
  Can you check the oil / battery / tyre pressure?
  kèn you tchèk DHi oïl/bèttri/taïer prèchœr

- Je suis en panne !
  I have a breakdown!
  aï Hèv œ brèkdaoun

- Pouvez-vous remorquer ma voiture ?
  Can you take my car in tow?
  kèn you tèk maï ka: inn taou

autoroute	**motorway**	*moto:wèï*
batterie	**battery**	*bèttri*
feux tricolores	**traffic-lights**	*trèffik-laïts*
freins	**brakes**	*brèks*
gasole	**diesel fuel**	*di:sel fioul*
moteur	**engine**	*èndjinn*
ordinaire	**regular petrol**	*règuioul^{er} pètrol*
parking	**car park**	*ka: pa:rk*
permis de conduire	**driving licence**	*draïvinng laïssennss*
phares	**headlight**	*Hèdlaït*
super	**super petrol**	*sœpp^{er} pètrol*

Hébergement

Hôtel / Pension

- Bonjour, je voudrais une chambre simple/double pour deux nuits.
  Hello, I'd like a single room/double room for two nights.
  Helleou, aïd laïk œ sinngœl roum/dobbœl roum for tou naïts

- C'est combien ?
  How much is it?
  Haou mœtch iz it

- Le petit déjeuner est-il compris ?
  Is the breakfast included?
  iz DHœ brèkfest inkloudid

ascenceur	**lift/elevator**	*lift/èlèvèïtœr*
auberge de jeunesse	**youth hostel**	*youTH host'l*
chambre avec petit déjeuner	**bed and breakfast**	*bèd ènd brèkfœst*
chauffage	**heating**	*Hi:tinng*
clef	**key**	*ki:*
couverture	**blanket**	*blènkètt*
douche	**shower**	*chaou^{er}*
drap	**sheet**	*chi:t*
étage	**floor**	*flo:r*
lit	**bed**	*bèd*
oreiller	**pillow**	*pilœou*
place de camping	**campsite**	*kèmpsaït*
réception	**reception**	*rissèpchœn*
robinet	**water-top**	*wot^{er} top*
sac de couchage	**sleeping-bag**	*sli:pinngbèg*
salle de bains	**bathroom**	*bèTHroum*
tente	**tent**	*tènnt*
toilettes	**toilet/lavatory**	*toïlèt/lèvetri*

- Avez-vous une place pour une petite tente / caravane ?
  Have you got a place for a small tent / caravan?
  Hèv you gott œ plèïss for œ smô:l tènt / kèrèvèn

- Où sont les douches / prises de courant ?
  Where are the washing-rooms / sockets?
  wèr ar' DHœ waching roums / sokèts

Au restaurant

- Pouvons-nous avoir le menu, s'il vous plaît ?
  Can we have the menu, please?
  kèn wi Hèv DHœ mèniou, pli:z

- Nous aimerions commander.
  We would like to order.
  wi woud laïk tou o:d^{er}

- Je prendrai une soupe de tomates et du poulet rôti, s'il vous plaît.
  I'll have tomato soup and roast chicken, please.
  aïl Hèv tomèto soup ènd rost tchikœn, pli:z

Nota : En anglais, on ne vous souhaitera pas **"bon appétit"**, tout au plus pourrez-vous entendre :

- **Enjoy your meal!**
  endjoï yô:r mi:l
  Prenez-plaisir [à] votre repas.

- Pouvons-nous avoir l'addition, s'il vous plaît ?
  Can we have the bill, please?
  kèn wi Hèv DHœ bill, pli:z

- Le repas était excellent.
  The meal was excellent.
  DHœ mi:l ouaz exssèllœnnt

bière	**beer**	*bi^{er}*
boisson	**drink**	*drinnk*
café	**coffee**	*koffi*
cuit au four	**baked**	*bèïkt*
déjeuner	**lunch**	*lœntch*
dessert	**dessert**	*dizœrt*
dîner	**dinner**	*dinn^{er}*
eau minérale	**mineral water**	*minnèrol wat^{er}*
frit	**fried**	*fraïd*
fromage	**cheese**	*tchi:z*
fruit	**fruit**	*frou:t*
gâteau	**cake**	*kèïk*
glace	**ice-cream**	*aïsskri:m*
hors d'œuvres	**starter (GB)**	*sta:t^{er}*
hors d'œuvres	**appetizer (US)**	*èpœtaïz^{er}*
jus de fruit	**juice**	*djou:ss*
lait	**milk**	*milk*
légumes	**vegetables**	*vèdjètèbœls*
pain	**bread**	*brèd*
petit-déjeuner	**breakfast**	*brèkfœst*
poisson	**fish**	*fich*
poivre	**pepper**	*pèpp^{er}*
porc	**pork**	*po:k*
poulet	**chicken**	*tchikœnn*
sel	**salt**	*sô:lt*
souper	**supper**	*sœpp^{er}*
veau	**veal**	*vi:l*
végétarien	**vegetarian**	*vèdjètèrienn*
viande	**meat**	*mi:t*
volaille	**poultry**	*poltri*

Le shopping

- Bonjour, vous vendez des cartes postales ?
  Hello, do you sell postcards?
  Hellôou, dou you sell postka:ds

- Je veux acheter une chemise, s'il vous plaît !
  I want to buy a shirt, please!
  aï wonnt tou baï œ chœrt, pli:z

- C'est combien / Combien ça coûte ?
  How much is it?
  Haou mœtch iz it
- Pouvez-vous changer de l'argent ?
  Can you change money?
  kènn you tchèïnndj manni
- C'est trop cher.
  This is too expensive.
  DHiss iz tou ixpènsiff
- Je n'aime pas ça / Ça ne me plaît pas.
  I don't like it.
  aï dôounnt laïk it

acheter	**to buy**	*tou baï*
boucher	**butcher**	*batcher*
boulanger	**baker**	*bèïker*
boutique	**boutique**	*bouti:k*
carte bancaire	**cheque card**	*tchèk ka:d*
carte postale	**postcard**	*postka:d*
ceinture	**belt**	*bèlt*
chemise	**shirt**	*chœrt*
chèque	**cheque**	*tchèk*
cher	**expensive**	*ixpènnsiff*
pas cher	**cheap**	*tchi:p*
distributeur automatique de billets	**cash-machine (GB)**	*kèch mœchinn*
distributeur automatique de billets	**A.T.M. (US)** *	*èï-ti:-èmm*
imperméable	**raincoat**	*rennkôout*
journal	**newspaper**	*niouzpèïppœr*
jupe	**skirt**	*skœ:t*
kiosque	**kiosk**	*kiosk*
magasin	**shop**	*chopp*
grand magasin	**department store**	*dipa:tmennt stor*
magasin de souvenirs	**souvenir shop**	*souvennir chopp*
monnaie	**change**	*tchèïnndj*
pantalon	**trousers**	*traouzœrss*
papeterie	**stationer**	*stèïchœnner*
poste	**post office**	*pôoustoffiss*
pressing	**dry-cleaner**	*draï-cli:nner*
pullover / tricot	**pullover**	*poulôouvœr*
robe	**dress**	*drèss*
supermarché	**supermarket**	*sœpœrma:kèt*
timbre	**stamp**	*stèmp*
vendre	**to sell**	*tou sèll*
veste	**jacket**	*djèkètt*

* **A.T.M. : automated teller machine** (mot à mot : « machine-caissier-automatisée »).

- Où puis-je changer de l'argent ?
  Where can I change money?
  wèr kèn aï tchèïnndj manni

S'orienter dans le temps

L'heure

une heure	**an hour**	*ènn aouer*
une minute	**a minute**	*œ minnitt*
une seconde	**a second**	*œ sèkœnd*
une demi-heure	**half an hour**	*haff œnn aouer*
un quart d'heure	**a quarter of an hour**	*œ qwo:ter ov ènn aouer*
ponctuel, à l'heure	**in time**	*inn taïmm*

- Quelle heure est-il, s'il vous plaît ?
  What's the time, please?
  wots DHœ taïm pli:z
- Pouvez-vous me dire l'heure ?
  Can you tell me the time?
  kènn you tèl mi DHœ taïm
- Il est tard / tôt.
  It's late / early.
  its lèit / œ:li
- Quelle heure est-il ?
  What time is it?
  wot taïm iz it

Pour la première demi-heure, de 0 à 30 minutes, par exemple 9h10, dites d'abord les minutes : **ten** (dix min) suivies de **past** (passé, après) suivies de **nine** (9 heures) – **ten past nine**.

Pour la deuxième demi-heure, de 30 à 60 minutes, par exemple 9h40 ou 10 heures moins 20, dites d'abord les minutes **twenty** (vingt min) suivies de **to** (jusqu'à, avant) **ten** (dix heures) – **twenty to ten**.

- deux heures vingt-quatre
  twenty four minutes past two
  touènnti fo: minnitts pèst tou
- dix-sept heures trente
  half past five
  haff pèst faïv
- quinze heures quarante-cinq
  a quarter to four
  œ qwo:ter tou fô:
- douze heures / midi
  twelve o'clock
  touèlv o klok

jour	**day**	*dèï*
semaine	**week**	*wi:k*
mois	**month**	*mannTH*
date	**date**	*dèït*
hier	*yesterday*	*yèsstœdèï*
demain	**tomorrow**	*toumorô:*
aujourd'hui	**today**	*toudèï*

Pendant la journée

(le) matin, (dans la) matinée	**(in the) morning**	*inn DHœ mo:nninng*
ce matin	**this morning**	*DHiss mo:nninng*
(à) l'heure du déjeuner	**(at) lunch time**	*ètt lœntch taïm*
(dans l') après-midi	**(in the) afternoon**	*inn DHi: èftœ:nou:nn*
soir	**evening**	*iv'ninng*
ce soir	**tonight**	*tounaït*
(dans la) nuit	**(in the) night**	*inn DHœ naït*

Les jours de la semaine

dimanche	**Sunday**	*sœnndèï*
lundi	**Monday**	*monndèï*
mardi	**Tuesday**	*tiouzdèï*
mercredi	**wednesday**	*wenn'esdèï*
jeudi	**Thursday**	*THœ:sdèï*
vendredi	**Friday**	*fraïdèï*
samedi	**Saturday**	*sètœhdéï*
le lundi	**on Monday(s)**	*on mondèï(z)*

Les mois

janvier	**January**	*djannioueri*
février	**February**	*fèbroueri*
mars	**March**	*ma:tch*
avril	**April**	*èipril*
mai	**May**	*mèï*
juin	**June**	*djounn*
juillet	**July**	*djoulaï*
août	**August**	*o:gœsst*
septembre	**September**	*sèptèmber*
octobre	**October**	*oktôouber*
novembre	**November**	*nôouvèmber*
décembre	**December**	*dissèmber*

Les saisons

saison	**season**	*sizonn*
printemps	**spring**	*springg*
été	**summer**	*sammer*
automne	**autumn**	*o:tœmn*
hiver	**winter**	*winnter*

Les nombres

0	**zero**	*zirôou*
1	**one**	*wann*
2	**two**	*tou*
3	**three**	*THri:*
4	**four**	*fo:*
5	**five**	*faïv*
6	**six**	*six*
7	**seven**	*sèvenn*
8	**eight**	*èïtt*
9	**nine**	*naïnn*
10	**ten**	*tènn*
11	**eleven**	*ilèvenn*
12	**twelve**	*touèlv*
13	**thirteen**	*THœrti:nn*
14	**fourteen**	*fo:ti:nn*
15	**fifteen**	*fifti:nn*
16	**sixteen**	*sixti:nn*
17	**seventeen**	*sèvennti:nn*
18	**eighteen**	*èïti:nn*
19	**nineteen**	*naïnnti:nn*
20	**twenty**	*touènnti*
30	**thirty**	*THœrti*
31	**thirty one**	*THœrtiwann*
40	**forty**	*fo:ti*
50	**fifty**	*fiffti*
60	**sixty**	*sixti*
70	**seventy**	*sèvennti*
80	**eighty**	*èïti*
90	**ninety**	*naïnnti*
100	**hundred**	*Hanndred*
500	**five hundred**	*faïv hanndred*
1 000	**thousand**	*THaouzend*
10 000	**ten thousand**	*tènn THaouzend*

L'ANGLAIS AUSTRALIEN

Nous savons tous que la langue d'un pays est un concept vivant qui connaît une évolution permanente. Elle témoigne de l'histoire de ce pays et des personnes qui le constituent, de leur interaction et de leur attitude face à leur environnement. Elle renseigne également sur la capacité de ce pays à s'ouvrir aux influences extérieures. Aussi trouverez-vous en Australie un anglais bien particulier, différent de celui parlé aux États-Unis, lui-même différent de l'anglais britannique. Mais différent en quoi ?

Différent, d'abord, parce que vous entendrez une foule de termes inconnus ailleurs, des termes qui remontent à l'époque des premiers colons blancs, lesquels, pour une grande part, parlaient **cockney**, *le langage populaire londonien. Vous relèverez aussi dans le vocabulaire australien des termes d'origine aborigène, d'autres qui vous rappelleront que l'Australie fut en premier lieu une colonie pénitentiaire pour des forçats anglais et irlandais, qui apportèrent avec eux leur propre argot, puis une vaste contrée qu'éleveurs et agriculteurs entreprirent de conquérir, employant des termes idiomatiques ou spécifiques à leur activité et à leur mode de vie, tout comme ceux que laissèrent ensuite les chercheurs d'or. Et tout ceci reste précieusement inscrit dans le lexique australien.*

Mais la différence la plus frappante est ce fameux accent australien, ce fameux **strine** *(mot qui, apparemment, reproduit les sons qu'une oreille bien British entend quand un Australien dit* **Australian**). *Cette façon nasale de parler et d'agglutiner les syllabes n'est fortement accentuée que dans le bush.*

Spécificités

Plusieurs théories sont avancées quant à l'origine de l'accent australien et à la façon dont il s'est formé, mais rassurez-vous, nous vous en épargnerons ici le détail !
Parmi les sons "bizarres" que captera votre oreille habituée aux autres accents de la langue anglaise, en voici quelques-uns qui vous paraîtront "déformés" :

- le **i** ne se prononce pas *aï* mais *oï* : **I like** = *oï loïke* et non *aï laïke*.
- le **a** s'étire, devient *aa*, et même *aaa* : **bastard** = *baaastard*.
- la diphtongue **ay** ne se prononce pas *èï* mais *ii* : **yesterday** = *yèsterdii* et non *yèsterdèï*.

En début de mot, le **h** et le **th** ne sont pas prononcés, ce qui donne :

- **av** pour **have** ;
- **e** pour **he** ;
- **ows** pour **how is** ;
- **im** et **em** pour **him** et **them**.

En fin de mot, les consonnes **d**, **g** et **t** sont souvent avalées, comme par exemple : **shoutin'**, **rainin'**, **las' roun'** (**last round**).
Quant à **you**, il devient **ya**.

Le trait le plus marquant du **strine**, et le plus déroutant, même pour les Anglo-Saxons, réside dans le fait de téléscoper les mots. Les expressions suivantes se contracteront donc ainsi :

I bet you	→	**betcha**	*bètia*
I don't know	→	**dunno**	*donno*
how much is it?	→	**emma chisit?**	*èma tchizite*
give me	→	**gimme**	*gui mi*
give us	→	**giz**	*guize*

ASSiMiL évasion

Ce guide vous propose du vocabulaire et des phrases typiques de l'anglais d'Australie ainsi que des informations sur les Australiens et leurs coutumes.
Bref, tout ce qu'il faut savoir avant d'aller faire un petit séjour en Australie.

À ceci il faut ajouter l'habitude australienne de ne pas s'encombrer, dans les formes interrogatives ou négatives, des auxiliaires **to do**, **to be** et **to have** :

- **Do you want a biscuit?** → **Ya want a bickie?** *ye wanna biki*

Nous avons choisi de vous présenter ici un petit condensé de vocabulaire et d'expressions colorées propres au parler populaire australien.
Veillez donc à les utiliser dans un contexte qui s'y prête !

Saluer, prendre congé

- salut ! bonjour ! (**good day!**) — **g'day! / gidday!**
- salut ! — **hi! / hiya! / howdy!**
- ça va ? (**how are you going, mate – all right?**) — **how ya goin' mate – orright?**
- ça va ? (**how do you do?**) — **how-de-do?**
- comment va ? quoi de neuf ? — **how's things? / how's tricks?**
- à bientôt ! — **see you later alligator!**
- à la prochaine ! — **catch you later!**
- à plus ! à bientôt ! — **see you / youse!**

(**youse** est le pluriel de **you** – une forme grammaticalement incorrecte)

- salut ! — **hoo-roo!**
- salut ! ciao ! — **ta-ta! / tally-ho!**

S'étonner, s'enthousiasmer

- Je n'en reviens pas !
  I'll be a monkey's uncle!
- J'en suis resté comme deux ronds de flan.
  You could have knocked me down with a feather!
- absolument ! et comment donc ! — **too right!**
- allez, vas-y ! lance-toi ! — **give it a go / a bash / a fly!**
- d'accord ! OK ! — **righto!**
- excellent, génial — **bonza, bonzer**
- félicitations ! t'as bien fait ! bien joué ! — **good on ya!**
- formidable, du tonnerre — **extra grouse**
- génial ! incroyable ! — **far out!**
- il n'y a rien à craindre ! — **no risk!**
- pas de problème ! — **no probs!**
- super ! fantastique ! — **beauty! / bewdy!**
- top, merveilleux — **crash-hot**
- top ; sensationnel — **tops**

Sur les routes...

- à l'intérieur des terres — **inland**
- l'Australie — **Lucky Country / down under**
- l'arrière-pays — **fly country**
- arrière-pays reculé — **never-never**
- la campagne australienne — **bush**
- poussière sur les pistes du bush — **bull dust**
- région aride rocailleuse — **gibber country**
- se mettre au vert — **to go bush**
- se planquer, prendre le maquis — **to take to the bush**
- vivre à la campagne — **to live in/up the bush**

En voiture...

- avoir un accident de voiture — **to prang**
- capot — **bonnet**
- carburateur — **carbie** → **carburettor**
- coffre arrière — **boot**
- cric — **jack**
- l'ensemble des gadgets et accessoires stéréophoniques destinés à équiper une voiture — **all the fruits**

immatriculation	**reggo → registration**
klaxonner	**to hoot**
moteur	**donk**
pare-chocs supplémentaire installé à l'avant d'un véhicule afin d'amoindrir les dégâts causés en cas de collision avec un animal (**roo**, *kangourou*)	**bull / roo-bar**
plaque d'immatriculation	**number plate**

- Cette voiture est en bon état.
  This car is in good nick.

La cuisine australienne

baguette de pain ; rouleau à pâtisserie	**husband-beater**
barbecue, la spécialité australienne	**BBQ, barbie → barbecue**
Bring Your Own : se dit des restaurants où l'on apporte sa propre boisson	**B.Y.O**
bonbons	**chonks**
confiture	**flybog**
dîner, ou nourriture	**din-dins**
écrevisse	**yabbie**
langouste (de **crayfish**)	**cray**
œuf	**goog, cackleberry**
pain du bushman	**damper**
petite épicerie du coin	**milk bar**
pomme de terre	**murphy**
préparer du thé ou une autre boisson chaude	**to boil the billy**
repas pris dans un pub, comprenant un plat du jour	**counter meal**
restes de viande et de légumes que l'on fait revenir ensemble	**bubble and squeak**
sandwich	**sambo, sanger, sammie**
sandwichs préparés à la maison pour le déjeuner	**cut lunch**
saucisses	**bangers / mystery bags**
soupe	**loop-the-loop**
tasse de thé ou de café (contraction de **cup of**)	**cuppa**
tourte à la viande	**meat pie**
tranche de cake où sont apparents des raisins secs	**fly cemetery**

- J'ai l'estomac dans les talons.
  I could eat a goanna between two slabs of bark.
- Il a un bon coup de fourchette.
  He's good on the fang.
- Je suis rassasié.
  I am full as a goog.

Flip-flops & Togs (les vêtements)

bermudas que portent les surfeurs (marque déposée)	**Billabongs**
bottes en caoutchouc	**wellies, gummies**
chapeau	**titfer**
chaussures de tennis, de plage	**runners**
habits du dimanche	**glad rags**
maillot de bain	**bathers, togs, cossie**
pantalons	**daks**
pull ou sweater ample	**sloppy joe**
sandales en plastique, tongs	**flip-flops, thongs**
vêtements	**gear**

Sydney

A
B
C
D
E
1
2
3
4
5
6
7
8
9
DAWES POINT
Walsh Bay
HICKSON
Wharf Theatre
ROAD
Sydney Harbour Tunnel
Sydney Harbour
Bennelong Point
Sydney Opera House
MANSION HO.
HICKSON ROAD
POTTINGER STREET
LOWER FORT STREET
BRADFIELD HIGHWAY
GEORGE ST
HICKSON ROAD
The Earth Exchange
THE ROCKS
Campbells Cove
Harbour Control Tower
DALGETY ROAD
TOWNS PL
RODENS LANE
MERRIMAN ST
BETTINGTON ST
WINDMILL STREET
Hero of Waterloo
Holy Trinity Church
Sailor's Home
Sydney Visitors Centre
Sydney Cove
KENT
ARGYLE
WATSON RD
Merchant's House
Westpace Museum
STREET
Cadman's Cottage
Cove
Writer's Walk
QUAY
EAST
Observatory Park
UPPER FORT ST
GLOUCESTER ST
HARRINGTON
STREET
Museum of Contemporary Art
CIRCULAR
Government House
HICKSON
ROAD
HIGHT STREET
Sydney Observatory
STREET
Ferry Station
CIRCULAR QUAY
MILLERS POINT
CUMBERLAND
CAHILL EXPRESSWAY
National Trust Centre
ALFRED
STREET
Custom House
Justice & Police Museum
ESSEX
ST
REIBY PL
LOFTUS
Observatory Tower
GROSVENOR PLACE
HARRINGTON ST
GEORGE
UNDERWOOD
Conservatorium of Music
CONCERVAT. RD
St-Patricks & College
Post
DALLEY ST
STREET
SUSSEX
KENT
GROSVENOR ST
BRIDGE
STREET
AIDC Tower
St-Philips
Quantas Trade Ctr.
Lands
Stock Exchange
PHILLIP
STREET
Herb. Garden
Royal Botanic Gardens
Darling Harbour
JAMISON
ST
SPRING ST
BOND ST
BENT
STREET
Rose Garden
WESTERN DISTRIBUTOR
STREET
CLARENCE
MARGARET ST
O'CONNELL ST
Sydney Tropical Centre
YORK
CARRINGTON ST
GEORGE ST
HUNTER
BLIGH ST
Qantas Centre
Main depot and Nursery
Darling Harbour Overseas Passenger Terminal
WYNYARD
PITT
STREET
Endeavour Fontain
State Library of NSW
ERSKINE ST
STREET
St-Stephens
DARLING HARBOURG
SUSSEX
NRMA
STREET
WYNYARD ST
ANGEL PLACE
HOSKING PLACE
ELIZABETH ST
Parliament House
The Domain
KENT
BARRACK SR
MARTIN
Cenotaph
PLACE
MACQUARIE
Sydney Hospital
Theatre Royal
MARTIN PL.
STREET
PHILLIP
CASTLEREAGH
Law Courts
The Mint
ART GALLERY ROAD
KING
STREET
KING
STREET
Hyde Park Barracks Museum
Art Gallery of NSW
Darling Harbour
Sydney Aquarium
CLARENCE
YORK
CITY CENTRE
St-James
PR. ALBERT ROAD
Land Titles Office
The Domain
Post
MMI Centre
STREET
AMP Tower
STREET
PYRMONT BRIDGE
STREET
MARKET
GEORGE
State Theatre
STREET
Hyde Park
ST MARY'S ROAD
SIR JOHN YOUNG CRES
James Craig
BT Tower
Post
STREET
Wesley Chapel
ST JAMES
St-Marys Cathedral
SYLVIA CHASE SQUARE
Eye Hospital
STREET
CATHEDRAL ST
Cockle Bay
Genesion Theatre
Post
CASTLEREAGH
Sandringham Memorial Gardens
STREET
STREET
Phillip Park
STREET
DAY STREET
DRUITT
ST
Great Synagogue
PITT
Post
PARK
RILEY
STREET
ROSELLA LANE
PALMER
Town Hall
TOWN HALL
STREET
Cook Park
BATHURST
STREET
St Andrew Cathedral
STREET
St-Geaorges
Hyde Park
WILLIAM
STREET
DAY STREET
BATHURST
STREET
MUSEUM
Australian Museum
Sega World
KENT STREET
Regent Theatre
STREET
COLLEGE
YURONG
STREET
CROWN
STREET
Sydney Exhibition Centre
Tumbalong Park
SUSSEX
CENTRAL ST
PITT
STREET
ELIZABETH
STANLEY
St-Pauls
FRANCIS ST
STREET
STREET
Chinese Park
HARBOUR
DIXON
LIVERPOOL
ANZAC War Memorial
RILEY
PALMER
DARLING
Downing Centre
STREET
LIVERPOOL
STREET
Baptist Church
Sydney Plaza & Australia Th.
CLARKE ST
AVENUE
State Bank
OXFORD
SREET
STREET
PIER
STREET
LITTLE PIER ST
GOULBURN
Chinatown
STREET
GOULBURN
STREET
EAST SYDNEY
BURTON STREET
DR
Sydney Centre
STREET
LITTLE HAY
BRISBANE STREET
PELICAN ST
Entertainment Powerhouse Museum
GEORGE
CAMPBELL ST
CASTLEREAGH
NITHSDALE ST
WENTWORTH
GOULBURN
STREET
HARRIS ST
DARLING
HAY
Paddy's City Market City
STREET
CENTRAL SQUARE
STREET
ELIZABETH
FOSTER ST
HUNT ST
Sydney Police Centre
STREET
CROWN
BOURKE
Hay Market
Barclay Theatre
HAY
Capitol Theatre
CAMPBELL
RILEY
OMNIBUS LANE
DR
QUAY ST
ULTIMO ST
HAYMARKET
PITT
WEATH
STREET

Sydney
F
G
H
I
J
1
2
3
4
5
6
7
8
9
N
O
E
S
0
100 m
Fort Denison
Garden Island
Naval Dockyard
Boat Harbour
Boat Harbour
Farm Cove
Potts Point
Royal Botanic Gardens
Macquarie Wall
Visitor Centre
National New Herbarium of NSW
MRS MACQUARIES ROAD
The Andrew Boy Charlton Pool
Woolloomooloo Bay
Woolloomooloo Finger Wharf
LINCOLN COURT
COWPER WHARF ROADWAY
WYLDE STREET
GRANTHAM
OAK LANE
ST NEOT AV
MACDONALD
MACDONALD LANE
CHALLIS AV
Elizabeth Bay
Elizabeth Bay House
Dept. of Supply
St-Vincents School
ROCKWALL CR
ONSLOW PLACE
ONSLOW AVENUE
BILLYARD AVENUE
Beare Park
Elizabeth Point
ELIZABETH BAY
Macleay Point
POTTS POINT
MANNING
MACLEAY STREET
BLANC ST
NICHOLSON ST
WILSON ST
PLUNKETT
GRIFFITHS ST
Plunkett Public School
HARMER ST
STEPHEN ST
St-Stephens
BOURKE STREET
DOWLING STREET
HUGUES ST
ORWELL ST
VICTORIA STREET
GREENKNOWE AVENUE
ITHACA ROAD
GARDENS ROAD
BAYSWATER
WOOLLOOMOOLOO
Wayside Chapel
Fitzroy Gardens
ELIZABETH BAY ROAD
OLDSWORTH AVENUE
Rushcutters Bay
CATHEDRAL ST
FORBES
BROUGHAM
MCELHONE
JUDGE STREET
DARLING HURST ROAD
ROSLYN
KELLETT ST
St-Lukes Hospital
GARDENS
WARATAH STREET
The Red Bartley Oval
RUSHCUTTERS BAY
Cruising Yacht Club
NEW BEACH ROAD
YARRANABE ROAD
LOFTUS ROAD
KINGS CROSS
WILLIAM ST
M
BAYSWATER
CLEMENT
Rushcutters Bay Park
ST PETER ST
PREMIER LANE
KINGS CROSS ROAD
WARD AVENUE
Vehicular Tunnel
CRAIGEND
FARRELL AV
CLAPTON PL
KIRKETON RD
School
BAYSWATER ROAD
MONA LANE
MONA ROAD
DARLING POINT ROAD
NEW SOUTH HEAD
school
Stables Theatre
CRAIGEND STREET
SURREY
SURRY
WOMERAH AVENUE
MCLACHLAN AVENUE
Bay Park
REDDY ST
SOUTH STREET
THOMSON ST
DARLEY ST
LIVERPOOL
Sydney Jewish Museum
KINGS CROSS
School AVENUE
WALKER AV
GLENMORE
NEW MACLEAN ST
BURTON
STREET
WEST ST
DARLING-HURST
White City Courts
Bay Park
Trumper Park
St-Vincents Carritas Centre
Green Park
St-Vincent Hospital
DILLON ST
GLENVIEW ST
NEILD
LAWSON STREET
ALMA ST
School
DARLINGHURST
VICTORIA
Hospital
BARCOM
MACDONALD ST
BURTON STREET
BOUNDARY
LIVERPOOL ST
BROWN ST
The Scottish Hospital
STEPHEN
GLEN ST
GOODHOPE ST
GOODHOPE LANE
GLENMORE ROAD
CAMBRIDGE
CASCADE
P
F
G
H
I
J

Index des rues

ABC

DEF

GHI

JKL

MN

OPQ

RS

TUV

WY

Sydney

Histoire

Les temps où un voyage à Sydney était synonyme de bagne ne sont pas si loin. Il y a deux cents ans à peine, il suffisait de voler un mouchoir à Londres, et la mère patrie (« Mother England », d'où le surnom des Anglais en Australie de « Pom ou Pome » c'est-à-dire « Prisoner Of Mother England »), expédiait ses sujets aux antipodes espérant peupler ainsi cette partie inconnue du monde. Mais aussi et surtout dans le but d'empêcher les Français d'y prendre pied.

A la fin du XVIIIe siècle, l'Angleterre est en pleine crise économique et démographique. Les Etats-Unis s'organisent et refusent d'accueillir davantage de prisonniers. L'Angleterre décide de coloniser l'Australie et d'en faire une colonie pénitentiaire. Port Jackson, la future ville de Sydney, va être un lieu propice à la première installation. Très vite, les convicts (forçats) sont envoyés comme futurs colons. De nombreuses concessions leur sont faites ainsi qu'aux soldats qui acceptent de se fixer à Sydney. En 1792, 3 470 acres de concessions sont octroyées, autant de terres enlevées aux Aborigènes qui résistent difficilement à ces spoliations.

En 1770, le capitaine Cook, à bord de l'« *Endeavour* », passe au large de la baie de Sydney. Estimant les passes impraticables, il accoste dans les marécages de Botany Bay. Il nomme la région New South Wales et la déclare propriété de la couronne britannique. Presque vingt ans plus tard, une flottille de onze vaisseaux prend la mer sous le commandement du capitaine Arthur Phillip. Cette First Fleet (première flotte) jette l'ancre à Botany Bay. Signe du désintérêt de la France, deux navires arborant la fleur de lys (les bateaux de l'expédition La Pérouse) saluent le débarquement des Anglais en mettant voile vers d'autres cieux. Malgré la description élogieuse du capitaine Cook, il s'avéra impossible de fonder une colonie à Botany Bay. Le sol était maigre et l'ancrage mauvais. Phillip envoya des éclaireurs plus au nord qui retrouvèrent Port Jackson, bien caché derrière l'étroite entrée par les Heads, une immense baie bien abritée avec une source d'eau douce à l'emplacement de l'actuel quartier de Rocks.

L'endroit fut appelé Sydney Cove en l'honneur de Lord Sydney, qui l'avait choisi pour la future colonie. Le jour du débarquement des prisonnières, un violent orage s'abattit sur les habitations sommaires, transformant le camp en un terrain boueux. Les prisonniers mâles, après des mois en mer, se lancèrent aussitôt à la poursuite des femmes pour les violer. Les marins, après avoir déniché quelques tonneaux de mauvais rhum, firent de même. Ainsi l'histoire de l'Australie blanche débuta par une orgie sexuelle ! Le lendemain, Phillip avertit les prisonniers, tenus en joue par les soldats, que toute nouvelle tentative de pénétrer dans le quartier des femmes serait punie de mort – et tout rentra dans l'ordre.

La ville de Sydney s'est bien agrandie et « civilisée » depuis ces temps de colonisation brutale. Elle compte actuellement une population métropolitaine d'environ 4,3 millions d'habitants, appelés Sydneysiders, qui constituent plus de 20 % de la population australienne. Devenue capitale du New South Wales (Nouvelle Galles du Sud), l'un des Etats de l'actuel Commonwealth d'Australie, Sydney a énormément profité de l'essor économique des XIXe et XXe siècles, ce que traduit bien son architecture contrastée.

Aux structures solides des bâtiments victoriens se juxtaposent les lignes épurées des gratte-ciel de verre et d'acier. On compare souvent Sydney à San Francisco, soleil en prime, et c'est d'ailleurs une idée communément répandue que l'Australie ressemble aux Etats-Unis. Il y a pourtant de grandes différences sur de nombreux points.

Géographie

Sydney est située au fond d'une immense baie à l'embouchure de la rivière Parramatta. C'est un port sûr, aux eaux calmes et bien abritées derrière les deux promontoires des Heads, qui coupent la forte houle des longs rouleaux incessants du Pacifique sud. Les plages de Sydney au nord des Heads, à partir de Manly Beach, sont d'ailleurs réputées pour leur excellent surf. Une soixantaine de kilomètres à l'intérieur des terres, derrière Sydney, commencent les Blue Mountains, un labyrinthe de collines et d'escarpements qui, pendant plusieurs décennies, empêchèrent les colons d'explorer le pays au-delà de cette « frontière ». L'actuel centre d'affaires de Sydney se trouve près du Harbour et des Rocks, cerné par les deux symboles de la ville : le Harbour Bridge, surnommé le Coathanger, et le célèbre Opéra à l'extrémité des très beaux jardins, les Botanic Gardens. Ceux-ci accueillirent les premières tentatives de plantations, destinées à parer à la famine qui menaçait constamment la toute jeune colonie pendant les premières années.

Les immanquables de Sydney

- **Lézarder** sur la plage de Bondi.
- **Assister** à un spectacle à l'Opéra.
- **Admirer** une vue à 360° de la baie en haut de la Sydney Tower, du Harbour Bridge, d'un hydravion ou hélicoptère.
- **Se faire** peur au milieu des requins à l'aquarium.
- **Faire** ses emplettes à Paddy's Market, le cœur vibrant de Chinatown.
- **Admirer** le coucher de soleil sur l'Opéra et le Harbour Bridge depuis le Jardin botanique.
- **Prendre** un cocktail à Darling Harbour ou Cockle Bay.
- **Déguster** un plateau de fruits de mer au Fish Market.
- **Flâner** dans les allées du marché des Rocks le dimanche.
- **Faire** une balade en bateau dans la baie.

Pourquoi Sydney ?

- **Sa situation** dans la plus belle baie du monde.
- **Son ciel** presque toujours bleu et son climat agréable.
- **Ses plages** dans la ville, Manly et Bondi.
- **Sa vie culturelle,** ses extravagances, son cachet européano-américain.
- **Ses restaurants** inventifs, très bons, à prix raisonnables.

Monuments incontournables

- **L'Opéra** sur l'eau avec ses toits en forme de voiles de bateau.
- **Le « Coathanger »,** le pont de Sydney qui ressemble à un cintre en fil de fer.
- **Les Rocks,** le premier quartier habité par des colons et des forçats.
- **Les Jardins botaniques,** une féerie de forêts tropicales au centre-ville.

Mise en garde

- **Ville chic** et étonnamment « pointue » malgré son apparente décontraction.
- **Les grosses vagues** qui balaient parfois les rochers les plus exposés.
- **Les requins.** Plages et criques sont souvent protégées par des filets antirequins.

nationalchange.com
Vos devises livrées à domicile
www.nationalchange.com
ou par téléphone au 0 820 888 154 *
(*) Prix appel local
Un cadeau offert avec le Code Avantage : PF06

Jardin botanique, Sydney.

Sorrento.

Darling Harbour.

Au nord et au sud de la City, s'étirent les verdoyantes banlieues et les plages de sable blanc. Un grand nombre d'hommes d'affaires et d'employés du centre se rendent à leur bureau en JetCats et autres ferries rapides. On dit même que certains arrivent sur leur planche de surf ! Sa modernité, son site, son climat exceptionnel, son ciel saturé d'indigo presque toujours au bleu fixe, et l'azur des eaux du Pacifique qui s'insinue profondément entre les différents quartiers, font de Sydney l'une des plus belles villes au monde.

Climat

N'oubliez pas que les saisons sont inversées par rapport à l'Europe. Donc l'été chez nous, c'est l'hiver là-bas, mais même l'hiver à Sydney n'est pas très froid et le soleil brille la plupart du temps.

Une promenade matinale le long de Circular Quay vous rendra jaloux des employés et hommes d'affaires de la City qui partent au travail en ferry sur des eaux bleues et sous un soleil éclatant.

Les températures moyennes en été, de décembre à février, sont de 17° C à 25° C, en hiver, de juin à août, de 9° C à 17° C. Attention, les Australiens se sont bien convertis au système métrique et les températures se mesurent toujours en degrés Celsius.

La première chose en arrivant à Sydney, c'est l'impression de grandeur, d'écrasement donnée par la City qui surgit de l'eau et de la verdure. Sydney est véritablement une ville magnifique, et et pour ceux qui ne seraient pas habitués aux grandes villes, on s'y sent à l'aise, en sécurité et avide de découvrir toutes ses facettes.

Car Sydney est une ville multiple où il est impossible de perdre son temps !

TRANSPORTS

Avion

- **SYDNEY KINGSFORD SMITH AIRPORT** ✆ **(02) 9667 9111 – www.sydneyairport.com.au** – Situé à Mascot, à 10 km du centre-ville. Le terminal international est relié au terminal domestique par des navettes gratuites « Airport Shuttle Bus ».

Quitter l'aéroport

- **En navette :** plusieurs services commerciaux établis dans les terminaux font du porte-à-porte entre l'aéroport et les hôtels de la ville : Super Shuttles (AU$15 l'aller simple, ✆ (02) 93113789), KST Sydney Airporter (AU$10 l'aller simple, ✆ (02) 9666 9988).

Il n'est pas nécessaire de réserver pour un pick-up depuis l'aéroport, mais il est souhaitable de réserver le retour au moins trois heures à l'avance.

- **En train :** le Airport Link métro part toutes les 10 minutes, gagnant le centre-ville en 15 minutes. Il s'arrête à Central Station, Museum, St James, Town Hall, Wynyard et Circular Quay (AU$12 l'aller simple) mais n'est pratique que pour des hôtels situés sur la ligne City Circle. S'agissant d'un service de banlieue, il peut être encombré aux heures d'affluence.

- **Un taxi (station à la sortie des arrivées)** coûte entre AU$30 et AU$35 pour le centre-ville et prendra environ 25 minutes.

- **En bus :** le service 400 part toutes les trente minutes pour Maroubra, Randwick et Bondi Junction.

Compagnies aériennes

- **QANTAS** ✆ 13 13 13 (numéro vert) – www.qantas.com.au
- **JETSTAR** ✆ 13 15 38 – www.jetstar.com.au
- **VIRGIN BLUE** ✆ 13 67 89 (numéro vert) – www.virginblue.com.au
- **REGIONAL EXPRESS** ✆ 13 17 13 (numéro vert) – www.rex.com.au

Voyage en car (Sydney Central)

■ **SYDNEY COACH TERMINAL. Corner Eddy Ave et Pitt Street** ✆ (02) 9281 9366. Situé à Central Station, le terminal traite avec toutes les grandes compagnies. La plus importante d'entre elles est Greyhound ✆ 13 14 99 – www.greyhound.com.au

■ **MURRAYS** ✆ 13 22 59 – www.murrays.com.au

■ **PREMIER MOTOR SERVICE** ✆ 13 34 10 – www.premierms.com.au

■ **FIREFLY EXPRESS** ✆ 1300 730 740 – www.fireflyexpress.com.au

▸ **Sydney-Brisbane (environ 16h)** par le Pacific Highway qui suit la côte, est la route la plus fréquentée avec cinq départs par jour. Environ AU$100 (réductions pour les étudiants). La ligne qui passe à l'intérieur du pays emprunte le New England Highway. Les arrêts les plus importants sur la côte sont Port Macquarie AU$60 (7h), Coffs Harbour AU$70 (9h30), Byron Bay AU$ 100 (13h), Surfers Paradise AU$100 (14h30). Cette ligne est fréquentée assidûment par les surfers australiens avec leur planche pour seul bagage.

▸ **Sydney-Canberra (4h)** offre également de très nombreux départs journaliers pour AU$35.

▸ **Sydney-Melbourne** environ AU$ 70, par la route la plus directe, le Hume Highway (14h). La plus jolie, la Princes Highway, suit la côte mais est plus longue et plus chère.

▸ **Sydney-Adelaide (24h)** environ AU $150, en passant par Canberra, Wagga, Narrandera et Mildura. Par Melbourne env. AU$130 (26h30).

▸ **Sydney-Alice Springs (43h)** AU$ 360, en passant par Melbourne et Adelaide.

▸ **Sydney-Perth (54h)** environ AU$ 400, en passant par Melbourne et Adelaide.

Train

■ **CENTRAL RAILWAY STATION. Eddy Avenue** ✆ (02) 9379 3000.

■ **COUNTRYLINK XPT SERVICES. Pour les tarifs, horaires et réservations** ✆ 13 22 32 **– www.countrylink.info –** Arrive tous les jours de Melbourne (à 6h56 et 19h55) et de Brisbane (à 7h08 et 21h54).

■ **GREAT SOUTHERN RAILWAYS dessert l'Indian-Pacific et le Ghan** ✆ 13 21 47 **– www.trainways.com.au –** Sydney-Perth par le mythique Indian-Pacific, deux fois par semaine, via Broken Hill, Adelaide, Port Augusta et Kalgoorlie (56 heures = 3 nuits) ; le siège seul AU$560, couchette économique AU$1 290, première classe AU$1 690. C'est un trajet de 4 000 km traversant l'Australie d'Est en Ouest, de l'océan Pacifique à l'océan Indien, dont une section sur la Nullarbor Plain compte 478 km sans virage. L'Indian-Pacific offre l'un de ces fabuleux voyages à l'image du Transsibérien, à défaut d'être luxueux comme l'Orient-Express. Depuis le nouveau lien ferroviaire créé entre Alice Springs et Darwin en 2004, il existe un service une fois par semaine du célèbre Ghan de Sydney à Darwin (73 heures = 3 nuits) ; le siège seul AU$770, couchette économique AU$1 930, première classe AU$2 510.

Bateau

■ **SPIRIT OF TASMANIA. www.spiritoftasmania.com.au –** Cette croisière iconique vous emmènera de Sydney à Devonport, au Nord de la Tasmanie, en moins d'une journée pour un prix relativement raisonnable. A partir de AU$160 (l'aller simple) par personne et AU$59 par véhicule. Différents modes d'hébergement à bord.

Voiture

▸ **La route principale arrivant au nord de Sydney s'appelle la Pacific Highway ou Highway n° 1.** Nous recommandons cependant d'arriver par la F3 Freeway, au sud de Newcastle, qui est beaucoup plus rapide. L'itinéraire direct entre Sydney et Melbourne passe à l'intérieur et s'appelle la Hume Highway, connue aussi comme Highway 31. Le trajet côtier, la Highway 1 ou Princes Highway, est plus long mais beaucoup plus agréable.

En fait la Highway 1 suit la côte à travers le pays, mais attention, elle change de nom selon la région (Pacific Highway, Princes Highway, etc.).

▸ **La Highway n° 5** va à Canberra par Liverpool et Campbelltown.

▸ **La n° 4,** dans les Blue Mountains, par Paramatta et Penrith.

▸ **La n° 2,** à Windsor. Il y a aussi quelques routes à péage à Sydney, connues comme Motorways, et portant le même numéro que la route nationale correspondante.

▸ **La M4** va en direction des Blue Mountains, **la M2** en direction de Windsor et **la M5** en direction de Canberra. Les péages coûtent entre AU$3 et AU$4 et il est conseillé de prendre la file à gauche avant d'arriver au péage.

▸ **Les Highway n° 7 et 3** contournent Sydney avec des connections pour toutes ces routes. La dernière, allant de Sutherland à Mona Vale et les Northern Beaches, constitue le périphérique intérieur.

Location de voitures

■ **AUTO ESCAPE** © **0 800 920 940 (appel gratuit en France)/33 (0)4 90 09 28 28 – www.autoescape.com –** Une formule nouvelle et économique pour la location de voitures. Un broker qui propose les meilleurs tarifs parmi les grandes compagnies de location. Cette compagnie qui loue de gros volumes de voitures obtient des remises substantielles qu'elle transfert à ses clients directs. Payez le prix des grossistes pour le meilleur service. Pas de frais de dossier, pas de frais d'annulation.

■ **AVIS RENT A CAR. 200 William Street, Kings Cross** © (02) 9357 2000 – www.avis.com.au

■ **BAYSWATER CAR RENTAL. 180 William Street, Kings Cross** © (02) 9360 3622 – www.bayswatercarrental.com.au

■ **BRITZ. 653 Gardeners Road, Mascot** © (02) 9667 0402 – www.britz.fr – Spécialisé dans la location de vans.

■ **BUDGET RENT A CAR. 93 William Street, Kings Cross** © (02) 8255 9600 – www.budget.com.au

■ **HERTZ RENT A CAR. Au coin de William et Riley Streets, East Sydney** © (02) 9360 6621 – www.hertz.com.au

■ **THRIFTY RENT A CAR. 75 William Street, East Sydney** © (02) 9374 6177 – www.thrifty.com.au

■ **TRAVELLERS AUTO BARN. 177 William Street, Kings Cross** © 1800 674 374 – www.travellers-autobarn.com – Une agence de location spécialement adaptée aux jeunes voyageurs en vadrouille. Vendent également des véhicules d'occasion avec la garantie de les racheter à votre retour !

OZez Britz, le spécialiste en location de camping-cars, pour des vacances inoubliables en OZ !

Parking

En bas des jardins du Domain, en semaine de 7h à 21h, le week-end de 10h à 18h pour AU$5 à l'heure (maximum de AU$22). A dix minutes de marche de l'Opera House et la City. Informations ✆ (02) 9232 6944.

Parking aussi à Darling Harbour du côté ouest de Murray Street, **et sous l'Exhibition Building** sur la Merino Drive.

Se déplacer

Tickets de réduction

Le ticket Travel Ten, valable pour dix voyages sans limite dans le temps, permet de gagner 25 % du prix d'un ticket à l'unité pour le bus. Un Blue Travel Ten, valable pour deux sections, coûte AU$13,60, un Brown Travel Ten, pour cinq sections, AU$22,40, et un Red Travel Ten, pour neuf sections, AU$29,60. Ces tickets sont pratiques car on peut les composter une fois par personne, permettant à plusieurs personnes de le partager sur le même trajet. En vente aux dépôts de bus, dans les stations de trains et chez les marchands de journaux.

Le ticket Sydney Pass reste le plus populaire pour les touristes. Il permet de voyager sans limite sur les trains de City Rail et les bus de la City, y compris le Red Sydney Explorer (26 arrêts sur un parcours de 28 km avec un bus toutes les 20 minutes, entre 8h40 et 19h10), le Blue Bondi Explorer (19 arrêts sur un parcours de 30 km, toutes les trente minutes, de 8h45 à 18h15), ainsi que l'Airport Link métro et trois trajets sur les ferries Harbour Cruises (durée d'une heure le matin, deux heures et demie l'après-midi, une heure et demie dans la soirée). Le Sydney Pass est également valable sur tous les Sydney Ferries, Manly Ferries, les JetCats pour Manly et les RiverCats pour Parramatta. Ce Pass est en vente au Sydney Ferries Information Centre à Circular Quay, à bord de tous les Explorer bus, dans les gares, aux Sydney Visitor Centres ou encore à l'aéroport international. **Tickets adultes – enfants – familles :** 3 jours AU$110 AU$55 AU$275. 5 jours AU$145 AU$70 AU$360. 7 jours AU$165 AU$80 AU$410.

POUR TOUTE INFORMATION ✆ 13 15 00 – www.sydneypass.info

Bus dans la City

L'arrêt principal est Circular Quay, coincé entre gratte-ciel et mer, d'où partent les bus vers les banlieues est (numéros composés de 300), sud et ouest (numéros de 400 et de 500). Pour les banlieues nord et ses plages (numéros de 100 et de 200) départ de Wynyard Park. Pour les quartiers ouest, départ à York Street. Bornes d'informations dans les State Transit Kiosks à Circular Quay et à Wynyard. La plupart des bus sont bleu et blanc. Les trajets sont divisés en sections d'environ 500 mètres. Le prix du ticket d'autobus varie en fonction de la longueur du trajet et va de AU$1,70 pour les adultes et de AU$0,80 pour les enfants (pour deux sections) jusqu'à AU$5,40.

POUR TOUTE INFORMATION ✆ 13 15 00 – www.131500.info

Train – Métro

La ligne City Circle s'arrête aux stations suivantes : Central, Museum, St James, Circular Quay, Wynyard et Town Hall. Le ticket CityHopper permet de voyager autant que l'on veut dans la journée : adultes AU$6,80, enfants AU$3,40.

La ligne Eastern Suburbs, avec correspondance pour le City Circle à Town Hall et à Central, est le moyen le plus rapide pour joindre Martin Place, Kings Cross, Edgecliff et Bondi Junction.

D'autres lignes desservent Cronulla, Hornsby, Liverpool, Parramatta et les Blue Mountains. Nous conseillons de prendre un aller-retour plutôt que deux allers simples, il est 20 centimes moins cher qu'un aller simple. Après 9h du matin, vous avez aussi droit à une réduction.

Monorail

Meilleur moyen pour aller de la City à Darling Harbour avec une vue aérienne. Départs du City Centre, dans Pitt Street, toutes les cinq minutes en passant par le Musée maritime, Sydney Aquarium, le Powerhouse Museum et le Chinatown. Prix : AU$4,50 par trajet et AU$9 le coupon pour la journée. Pour un usage régulier, il est intéressant d'acheter une carte disponible dans les stations ci-dessous.

■ **POUR PLUS D'INFORMATIONS** ✆ (02) 9285 5600 – www.metromonorail.com.au

▸ **De City Centre Station, les quartiers suivants sont desservis :** David Jones, Grace Bros, Sky Gardens, QVB – Queen Victoria Building, Pitt Street Mall, Piccadilly Court, Sheraton on the Park, Sydney Tower et Skytour (Centrepoint).

▸ **De la World Square Station :** George Street Cinema, Sydney Southern Business District et Museum Station.

▸ **De Park Plaza Station :** Sydney Town Hall, Town Hall Railway Station, QVB – Queen Victoria Building.

▸ **De Darling Park Station :** Cockle Bay, Matilda Cruises, Sydney Aquarium, IMAX Theatre et King Street Wharf.

▸ **De Harbourside Station :** Darling Harbour, Harbourside Shops and Restaurants, National Maritime Museum, Ibis Hotel, Mercure Grand Apartments.

▸ **De Convention Centre Station :** Novotel Sydney, Convention and Exhibition Centres.

▸ **De Powerhouse Museum Station :** Sydney Entertainment Centre, Pumphouse Brewery Tavern, Powerhouse Museum, Chinatown.

Ferries

■ **LE TERMINAL PRINCIPAL est à Circular Quay.** Les prix d'un aller simple : Inner Harbour AU$5, Manly AU$6,20, Sud JetCat AU$7,90. Vous accéderez à un grand nombre de lieux touristiques pour un coût bien moins cher que les visites guidées en bateaux de Sydney Harbour : Taronga Zoo, Double Bay, Rose Bay, Watsons Bay, Manly, Cremorne, Balmain et Parramatta, commentaires en moins. Compter une demi-heure pour le ferry de Manly.

■ **POUR TOUTE INFORMATION** ✆ 13 15 00 – www.131500.info

Water-taxis

La manière la plus excitante de se déplacer et de découvrir en même temps Sydney Harbour. Ce moyen de transport rivalise de popularité avec la location de stretch-limousines. On peut faire une petite traversée jusqu'à l'Opera House, contourner les Rocks en passant sous le Coathanger pour Darling Harbour, emporter un panier de pique-nique sur l'une des îles du Port Jackson ou aller dîner à Watsons Bay.

■ **TAXIS AFLOAT** ✆ 1300 300 925.

■ **YELLOW WATER TAXIS** ✆ 1300 138 840.

■ **WATER TAXIS COMBINED** ✆ (02) 9555 8888.

■ **WATERTOURS** ✆ (02) 9211 7730.

▸ **De Darling Harbour à Circular Quay ou l'Opera House,** il faut compter AU$15 au départ plus AU$10 par personne.

▸ **De Circular Quay à Watsons Bay,** compter AU$55 au départ, plus AU$8 par personne.

Taxis

Les prix sont affichés au compteur. Le tarif de jour est de AU$2,80 au départ, plus AU$1,62 au kilomètre. Limite de quatre personnes par voiture, sauf les Maxi Taxis (jusqu'à onze personnes, service à supplément, préavis nécessaire).

■ **ABC TAXIS** ✆ 13 25 22.

■ **LEGION CABS** ✆ 13 14 51.

■ **PREMIER CABS** ✆ 13 10 17.

■ **RSL TAXIS** ✆ 13 22 11.

■ **TAXIS COMBINED** ✆ 13 10 08.

■ **MAXI TAXIS** ✆ 13 19 24.

PRATIQUE

Horaires

La plupart des magasins sont ouverts de 9h à 18h, le jeudi jusqu'à 21h, le samedi jusqu'à 17h et le dimanche jusqu'à 16h. Les bureaux de poste sont ouverts du lundi au vendredi de 9h à 17h. Les banques, de 9h30 à 16h du lundi au jeudi et le vendredi de 9h30 à 17h.

Tourisme

Centres d'informations touristiques

■ **SITES INTERNET.** Australian Tourist Commission : www.australia.com – Tourism New South Wales : www.visitnsw.com.au et www.sydneyaustralia.com (en français) – Partir à Sydney : www.partir-a-sydney.info

■ **EN ARRIVANT À L'AÉROPORT : SYDNEY VISITOR CENTRE. International terminal, Sydney Airport ✆ (02) 9667 6053.** *Ouvert tous les jours de 6h à 23h.*

■ **EN VILLE PRÈS DE CIRCULAR QUAY : SYDNEY VISITOR CENTRE. 106 George Street, The Rocks ✆ (02) 9255 1788 – www.sydneyvisitorcentre.com –** *Ouvert tous les jours de 9h30 à 17h30.* Installé dans l'ancienne morgue de la ville dont le cas le plus célèbre fut le « Shark Arm Case » en 1935, concernant un criminel en cavale dont le bras tatoué a été retrouvé dans l'estomac d'un requin. Grand choix de documentation sur les endroits à visiter et les possibilités d'hébergement.

■ **EN VILLE, PRÈS DU QUEEN VICTORIA BUILDING : TRAVELLERS CONTACT POINT. 428 George Street, 7e étage, Sydney ✆ (02) 9221 8744 – www.travellers.com.au –** *Ouvert de 9h à 18h en semaine.* Cette adresse est particulièrement intéressante pour les étudiants et les backpackers qui débarquent à Sydney car on y trouve de nombreuses annonces d'offres d'emploi et de colocations.

Vivez le rêve Australien
www.roadsign.fr
ROADSIGN australia

■ **A DARLING HARBOUR : SYDNEY VISITOR CENTRE. Palm Grove, Darling Harbour ✆ (02) 9281 0788 – www.sydneyvisitorcentre.com –** *Ouvert tous les jours de 10h à 18h.* Mêmes services que les autres visitor centres.

■ **NATIONAL PARKS AND WILDLIFE SERVICE. Cadman's Cottage, 110 George Street, The Rocks ✆ (02) 9247 5033 – www.npws.nsw.gov.au –** A côté du Visitor Centre. Librairie et centre d'information pour les parcs nationaux, le Sydney Harbour National Park inclus. Réservations et visites à Fort Denison et aux îles de la baie de Sydney.

■ **PLUS LOIN SUR LES PLAGES : MANLY VISITOR INFORMATION CENTRE ✆ (02) 9977 1088 – www.manlytourism.com –** *Sur le quai à Manly. Ouvert tous les jours de 9h à 17h (de 10h à 16h les samedi et dimanche).*

Visites guidées

■ **AUSTRALIAN ECO ADVENTURES ✆ (02) 9971 2402 – www.ozeco.com.au –** Spécialiste des tours en petits groupes, avec commentaires détaillés sur l'histoire, la culture aborigène, la flore, la faune et la géologie permettant de comprendre l'évolution du pays. Excursions tous les jours dans les Blue Mountains et la Hunter Valley à partir de AU$195. Des excursions de 2 et 3 jours aux alentours de Sydney.

■ **MOUNT 'N BEACH SAFARIS ✆ (02) 9439 3010 – www.mountnbeach.com.au –** En petits groupes avec commentaires en français plusieurs jours de la semaine. Blue Mountains en voiture tout terrain pour AU$174, en français pour AU$188. Découverte de la faune australienne en français : tous les mercredi et dimanche. Sydney Panoramique en français : les mardi, jeudi et dimanche (demi-journée) pour AU$77. Et aussi visites guidées des vignobles de la Hunter Valley. Tours privés en français sur demande.

■ **DAL MYLES TOURS ✆ (02) 9972 0899 – www.dalmylestours.com –** La journée commence par un petit-déjeuner dans un zoo avec la présentation à table de quelques animaux. Découverte des Blue Mountains illustrée de la mythologie aborigène. Visite des Three Sisters puis verre de mousseux avec des kangourous sauvages. La pause déjeuner se passe dans le plus ancien hôtel d'Australie et son décor au charme désuet. Les guides prennent en compte le fait que tous les passagers ne sont pas anglophones. Journée en 4X4 guidée tout compris à AU$159, en minibus à AU$125. Visites guidées aussi dans la Hunter Valley.

■ **OZ EXPERIENCE. 804 George Street, Central ✆ (02) 9213 1766 – Fax (02) 9281 5828 – www.ozexperience.com –** Cette société de transport s'adresse aux jeunes ou à ceux qui ont l'esprit festif. Les trajets ne suivent pas les routes communes et toutes les nuits le groupe s'arrête dans un backpacker. A chaque arrêt on peut descendre ou monter dans le bus. A bord, jeux, films, musiques… Des stops pour des activités (à votre charge) rythment les journées. En réservant un Pass on peut faire un tour dans les Blue Mountains pour AU$85, et une visite gratuite de la ville un mercredi. Pass dans toute l'Australie.

■ **AAT KINGS. Jetty N° 6, Circular Quay ✆ (02) 9700 0133 – www.aatkings.com.au –** Grande sélection de tours en car. « Sydney Sights » est un tour de huit heures pour AU$104 qui comprend la City, Darling Harbour, Kings Cross, Double Bay, Paddington, les plages de Manly au nord, de Bondi au sud, ainsi qu'un tour en bateau dans la baie de Sydney, déjeuner compris. Les Blue Mountains en car à partir de AU$108, en 4X4, à partir de AU$188, et les vignobles de la Hunter Valley en car à partir de AU$145.

■ **GRAY LINE TOURS. Star City Coach Terminal, Darling Harbour ✆ 1300 858 687 – www.grayline.com.au –** Tours en car de la ville, le matin ou l'après-midi, à AU$58, dans les Blue Mountains à AU$116 et dans la Hunter Valley pour AU$143.

AUSTRALIAN PACIFIC TOURING ✆ **1300 655 965 – www.aussiesights.com.au –** Visites de la ville en car à partir de AU$57, excursion à Jervis Bay à AU$143, Canberra à partir de AU$122.

En bus

Les bus rouges du Sydney Explorer s'arrêtent dans les sites touristiques sur leur trajet de 28 km à travers Sydney. AU$39 (enfants AU$19, famille AU$97) pour la journée. On peut s'arrêter et reprendre le bus où l'on veut. Carte et renseignements dans les bus Explorer et les TransitShops à Circular Quay, Wynyard et dans le QVB. Départ toutes les 20 minutes, de 8h40 à 17h20, en face des embarcadères de Circular Quay. Le circuit dure deux heures.

Le Bondi Explorer permet de visiter les environs de Sydney. Le circuit d'une durée de deux heures s'arrête dans 19 sites (Double Bay, Bondi Bay, Rose Bay, Vaucluse, Coogee Beach, retour par Paddington). Cars bleus, tarif AU$39 pour la journée (principe de montée et descente identique au Sydney Explorer). Départs toutes les 30 minutes du Circular Quay au même endroit que le Sydney Explorer.

En bateau

Une multitude de bateaux touristiques offrent un grand choix de visites guidées, depuis le petit tour en ferry au grand dîner dans un showboat à aubes.

CAPTAIN COOK CRUISES. N° 6 Jetty, Circular Quay ✆ **(02) 9206 1122 – www.captaincook.com.au –** L'une des plus grandes compagnies de bateaux proposant différents tours au départ de N° 6 Jetty, Circular Quay. En tout, seize croisières quotidiennes de AU$24 sur le Sydney Harbour Highlights (durée 1h15, départs fréquents) jusqu'à AU$159 pour l'excellent Sky Deck Gold Dinner Cruise (durée 3h30, départs à 19h et 19h30 tous les jours). Le Harbour Explorer à AU$29 permet aux voyageurs de descendre et de remonter aux arrêts suivants : The Rocks, Watsons Bay, Taronga Zoo, Darling Harbour et Shark Island. Captain Cook Cruises propose aussi des croisières de deux nuits (AU$420) autour de Sydney.

Opéra de Sydney et le Bounty.

SYDNEY FERRIES. En face du wharf n° 4 au Circular Quay © (02) 9207 3170 – www.sydneyferries.info – Offre trois croisières à différents moments de la journée. Départs tous les jours de la jetée n° 4 (N° 4 Jetty) à partir de 10h30. Tarif adulte à partir de AU$18.

MATILDA CRUISES. King Street Wharf N° 4, Darling Harbour © (02) 9264 7377 – www.matilda.com.au – Le Rocket Harbour Express s'arrête à Darling Harbour, Circular Quay, l'Opéra, Taronga Zoo et Watsons Bay Adultes AU$29, enfants AU$15. La compagnie propose également des croisières avec déjeuner ou dîner à partir de AU$59.

MAGISTIC CRUISES. Jetty N° 6, Circular Quay © (02) 8296 7222 – www.magisticcruises.com.au – Une bonne sélection de croisières, parmi lesquelles le CruiseSmart d'une heure à AU$25 (avec une bière offerte) et le Total Harbour Experience de deux heures à AU$39.

KOOKABURRA CHALLENGE © (02) 9660 9133 – www.kookaburragroup.com.au – Croisière le long de la baie sur le voilier SPIRIT challenger de la America's Cup à San Diego en 1992. Départs de Jones Bay Wharf #21, Pyrmont derrière le casino Skycity, les vendredi et samedi après-midi et samedi matin seulement. Prix adultes AU$93.50 (avec la pause café).

SYDNEY SHOWBOATS. King Street Wharf N° 5, Darling Harbour © (02) 8296 7200 – www.sydneyshowboats.com.au – Embarquez à bord de cette réplique d'un bateau à aube d'époque, et vous découvrirez l'équivalent du Lido à l'australienne. Tout en parcourant la baie de Sydney, vous dînerez face à un spectacle de danseuses dans le genre des Folies-Bergère. Le showboat est une attraction intéressante si vous voulez vous offrir une soirée sur l'eau. Dîner-spectacle à partir de AU$110.

AUSAIL YACHT CHARTERS. 235 Spit Road, Mosman © (02) 9960 5451 – www.ausail.com.au – Si vous avez quelques notions de voile et si vous désirez passer un week-end ou une journée pas comme les autres, appelez le patron du club (Richard) et découvrez vous-même la baie de Sydney et ses environs à la barre d'un superbe voilier pour des prix tout à fait raisonnables. La baie de Newport regorge de petites plages paradisiaques, notamment l'America Beach, où vous pouvez vous ancrer après trois heures de navigation et vous rincer sous une cascade naturelle accessible uniquement par la mer. Location de « Catalina », un neuf-mètres, pour AU$400 la journée en basse saison et un onze mètres pour AU$750 la journée en basse saison. Vous pouvez même louer les services d'un skipper.

HAWKESBURY RIVERBOAT POSTMAN. Dangar Road, Brooklyn © (02) 9985 7566. Ne pas manquer la traversée à bord de ce bateau poste (il assure la distribution des résidents côtiers). La croisière part de Brooklyn du lundi au vendredi à 9h30. Prenez le train à la Central Railway Station, direction Newcastle, à 8h16, et descendez à Hawkesbury River Station. Adultes AU$35, enfants AU$17,50. Possibilité de déjeuner à bord.

PALM BEACH AND HAWKESBURY RIVER CRUISES © 0414 466 635 – www.sydneyscenic-cruises.com – Croisière en ferry de Palm Beach à Bobbin Head, sur la Hawkesbury River dans le Ku-Ring-Gai Chase National Park. Départs à 11h du lundi au vendredi, retour à 15h30.

HOLIDAYS AFLOAT HOUSEBOATS. 65 Brooklyn Road, Brooklyn (à 50 minutes de la Central Station en train; la gare s'appelle Hawkesbury River) © (02) 9985 7368 – www.holidaysafloat.com.au – Si vous êtes avide de grands espaces et si la navigation vous attire, vous apprécierez de découvrir le Hawkesbury River à bord de ces fameux house-boats australiens. Ces bateaux-maisons équipés de tout le confort moderne sont louables à la journée comme à la semaine.

À pied

LE SYDNEY VISITOR CENTRE. 106 George Street. The Rocks, près de Circular Quay, donne des dépliants avec des suggestions d'itinéraires à suivre plus ou moins longs.

THE ROCKS WALKING TOURS. 23 Playfair Street, The Rocks © (02) 9247 6678 – www.rockswalkingtours.com.au – Promenade guidée d'une heure et demie du quartier le plus vieux de Sydney. Adultes AU$20, gratuit pour les enfants de moins de 10 ans.

THE ROCKS PUB TOUR © (02) 9240 85 79 – www.therockspubtour.com.au – Départ de Cadman's Cottage, 106 George Street The Rocks à 17h le lundi, mercredi, vendredi et samedi (sauf jours fériés). Promenade guidée avec visite de trois pubs (boissons comprises). Adultes uniquement AU$34,50, durée de 1h45.

Le parc olympique

SYDNEY OLYMPIC PARK. A Homebush Bay, à 12 km à l'ouest du centre-ville. Centre d'information : 1 Showground Road, Herb Elliott Avenue, Homebush Bay © (02) 9714 7888 – www.sydneyolympicpark.com.au – *Accès par train à la gare Olympic Park ou, plus agréable, par le RiverCat ferry de Circular Quay jusqu'à Homebush Bay et puis le bus 401.* Site principal des jeux Olympiques de l'an 2000, avec le Stadium Australia (maintenant le Telstra Stadium), Sydney International Aquatic Centre (ouvert au public), Sydney International Tennis Centre, le Athletics Centre, le Sports Centre et le Sydney Superdome. Ouvert tous les jours de 9h à 17h, avec promenades guidées (se renseigner au Visitor Centre). L'impressionnant stade principal, le Telstra Stadium (© (02) 8765 2300 – www.telstrastadium.com.au), est ouvert tous les jours de 10h30 à 15h30, avec visites guidées toutes les 30 minutes. La visite d'une heure coûte AU$27,50. Même pour ceux qui aiment peu le sport, c'est une expérience mémorable.

SYDNEY ARCHITECTURE WALKS © (02) 9518 6866 – www.sydneyarchitecture.org – Promenade guidée de deux heures par un architecte. Départ du Museum of Sydney, au coin de Bridge et Phillip Streets, les mercredi (sur Sydney) et samedi (sur l'Opéra) à 10h30. Adultes AU$25, l'entrée au Museum of Sydney comprise.

BRIDGECLIMB. 5 Cumberland Street, The Rocks © (02) 8274 7777 – www.bridgeclimb.com – Faites l'ascension du célèbre pont de Sydney et soyez récompensé par une vue spectaculaire de la ville. Expérience inoubliable. Les prix commencent à AU$165 selon le jour et le moment de la journée.

En avion ou en montgolfière

SYDNEY HARBOUR SEA PLANES. New South Head Road, Rose Bay © (02) 9388 1978 ou 1300 732 752 – www.seaplanes.com.au – Une balade aérienne de 15 minutes de Rose Bay aux Heads, Bondi et l'Opéra pour AU$145 par personne, vol de 30 minutes de Rose Bay à Palm Beach, retour par l'Opéra pour AU$225, 45 minutes pour AU$350. Pique-nique gourmet à Barrenjoey Lighthouse (4 heures aller-retour) AU$370 par personne.

SOUTHERNCROSS SEAPLANES. Bases au Woollahra Sailing Club, Vickery Avenue ©1300 780 284 – www.southerncrossseaplanes.com.au – Balades aériennes simples ou combinées avec des repas dans des restaurants de qualité plus accessibles par voie d'eau que par véhicules. A partir de AU$ 160 par personne pour les vols simples, et de AU$ 445 par personne pour vol et lunch/dîner.

RED BARON © (02) 9791 0643 – www.redbaron.com.au – Si les débuts de l'aviation vous passionnent, voici l'adresse qu'il vous faut... Mettez vos lunettes d'aviateur et votre cagoule en cuir, et envolez-vous dans un de ces vieux coucous d'avant-guerre pour une visite aérienne de la splendide Sydney. A partir de AU$250. Vous pouvez choisir l'option acrobaties aériennes sur les plages du nord. Inoubliable !

SYDNEY HELI-SCENIC. Mascot © (02) 9317 3402 – www.avta.com.au – Un survol de l'Opéra House ou du Harbour Bridge en hélicoptère est certainement le meilleur moyen de découvrir Sydney. Le tour de trente minutes coûte AU$269 et comprend les transferts d'hôtel.

DISCOVERY AIR TOURS. Terminal Building, Bankstown Airport © (02) 9791 9 900 – www.discoveryairtours.com.au – Le samedi soir, au coucher de soleil, un survol d'une heure de Sydney et de ses environs dans un DC3 pour AU$245 par personne ; le dimanche, un survol de 45 minutes des plages de Bondi à Palm Beach : AU$199.

GLOBAL BALLOONING – www.globalballooning.com.au – A une heure de Sydney, dans la vallée de Camden. Au lever du soleil, vous embarquerez à bord d'une de leurs montgolfières et, bercés uniquement par le bruit du vent, vous découvrirez un paysage de pâtures verdoyantes. L'heure de vol suivie du déjeuner au champagne coûte AU$295 pour les adultes et AU$170 pour enfants. Des combinés avec hébergement au Camden Golf Resort peuvent être réservés sur demande. Un souvenir inoubliable.

Symbole olympique - Darling Harbour.

Chaudron olympique, Sydney.

Stade olympique, Sydney.

Site olympique d'Homebush Bay.

À moto

- **EASTCOAST MOTORCYCLE TOURS ✆ 0408 618 982 et 1800 800 184 (numéro gratuit) – www.eastcoast-mc-tours.com.au –** Possible à partir de votre hôtel. Pantalons et bonnes chaussures indispensables. Casque, blouson et gants fournis. Tour d'une heure AU$95, à partir de AU$365 la journée, le déjeuner compris. Seulement des Harleys. City Beach Tour de la City -Tunnel et Bridge – Mrs Macquaries Chair – Kings Cross – Watsons Bay – Bondi Beach – Bronte – Paddington – City (se fait également « by night » pour voir les lumières de la ville) : durée deux heures pour AU$170. Palm Beach Tour de la City – Kirribilli – Palm Beach – Manly – North Head – City : durée 3 heures pour AU$225. Tour de Palm Beach et le Ku-Ring-Gai Chase National Park (vues) : 4 heures pour AU$265.

Urgences

- **AMBULANCE, POMPIERS OU POLICE** ✆ 000.
- **POLICE (Sydney)** ✆ (02) 9281 0000.
- **CONSULAT DE FRANCE.** 31 Market Street ✆ (02) 9261 5779.
- **HÔPITAL ST VINCENT.** Darlinghurst ✆ (02) 8382 1111.
- **DENTISTE** ✆ (02) 9211 2224.
- **PHARMACIE** ✆ (02) 9966 8377.
- **DEPANNAGE VOITURE NRMA** ✆ (02) 13 11 11 (numéro vert).

Télécommunications – Poste

Internet

Il y a des cybercafés disséminés un peu partout dans Sydney, les principaux étant :

- **GLOBAL GOSSIP. www.globalgossip.com –** Plusieurs endroits dans Sydney.
- **EVERYWHERE INTERNET. Situé à l'angle de Castlereagh et Liverpool Streets** – www.everywhere internet.com

Mais vous en trouverez beaucoup dans la plupart des quartiers de Sydney, les moins chers se situant dans le sud de la City et à Chinatown.

Téléphone

- **Téléphone public (Payphones).** L'appel local coûte 50 cents, à durée illimitée. On peut téléphoner avec une carte de crédit dans la plupart des Payphones. Par ailleurs, les cartes téléphoniques prépayées en vente chez les marchands de journaux et dans les convenience stores (petits magasins de quartier) sont un très bon moyen, peu cher, de passer des coups de fil vers l'Europe. Comptez AU$10 pour plus 500 minutes de communication !
- **Téléphone portable.** N'hésitez pas à débloquer votre téléphone portable avant de venir en Australie. Vous pourrez vous y procurer une nouvelle carte SIM pour une dizaine de dollars, puis recharger votre crédit facilement grâce au système de cartes prépayées. Les principaux opérateurs de téléphonie mobile australiens : Vodafone, Optus, 3 et VirginMobile.
- **Indicatif pour Sydney et tout le New South Wales :** 02.
- **Indicatif pour la France :** 0011 33.

Poste

- **POSTE CENTRALE (GPO = General Post Office).** 1 Martin Place, entre Pitt et George Streets. *Ouvert du lundi au vendredi de 9h à 18h, le samedi de 10h à 16h.*

Journaux

Gratuits

Les principaux sont « *MX* » (distribué gratuitement dans le métro), « *This Week in Sydney* » (pour touristes), « *Week-end Living* » (beaucoup de pub), « *Sydney's Child* » (loisirs pour les enfants), « *Sydney City Hub* », « *Sydney Central* » « *The Word Australia* », « *Aussie Backpacker* » et « *TNT* » (voyager intelligemment et pas cher). Des journaux comme « *Drum Media* », « *3D World* », « *The Brag* » et « *Beat* » vous informent sur la vie la nuit.

Enfants

Demander le journal gratuit « *Sydney's Child* » qui répertorie les organisateurs d'anniversaires thématiques pour les jeunes enfants, les amuseurs professionnels, un calendrier d'événements et de spectacles pour enfants, les boutiques spécialisées et les parcs d'amusement – www.sydneyschild.com.au

Presse française

Vous trouverez des journaux et magazines français dans les librairies suivantes :

- **ALLIANCE FRANCAISE.** 257 Clarence Street.
- **CENTERPOINT NEWS AGENCY.** Aux coins de Market et Castlereagh Streets.
- **ANGUS AND ROBERTSON BOOKSHOP.** 168 Pitt Street.

ORIENTATION ET QUARTIERS

La City

De Circular Quay à Central Station, et de Darling Harbour à William Street, la City foisonne de restaurants, bars et « eateries ». Au crépuscule, la ville s'illumine et les jeunes cadres tombent la veste pour fêter la nuit. Les jeudis et vendredis soir surtout, les rues sont encombrées de fêtards célébrant la fin de la semaine. La City est le rêve de tout noceur, les bars étant pratiquement côte à côte. Darling Harbour et Circular Quay sont les principaux pôles d'attraction. Les plus grandes salles de cinéma sont situées sur George Street et le mardi soir les séances sont demi-tarif. Les jeunes remplissent les pubs environnants par vagues. Le plus couru avant la séance est le Century Tavern © (02) 9264 3157 (au-dessus du Hungry Jacks, sur George Street au n° 640). C'est l'un des rares pubs avec tables de billard, et de ce fait il reste très populaire parmi les jeunes gens. A l'autre bout de la City, Darling Harbour avec, du côté City, Cockle Bay Wharf. Ce quartier de shopping et restaurants touristiques offre aussi un grand choix de possibilités nocturnes. La brasserie de bière Pumphouse (17 Little Pier Street, © (02) 8217 4100) est idéale pour boire un verre tranquille en écoutant de la musique live. Pas loin, à Cockle Bay, la boîte la plus grande de Sydney, Home, est ouverte tous les soirs. Au bout de Darling Harbour, sur les quais à King Street Wharf, ne manquez pas un verre au Cargo Bar, surtout au coucher de soleil.

The Rocks

Quartier avec quelques-unes des meilleures « eateries », un peu cher cependant et fréquenté par de nombreux touristes. Des pubs comme le Fortune of War (137 George Street) attirent une clientèle jeune. L'Orient Hotel (au coin de George et Argyle Streets) produit un orchestre tous les soirs et les après-midi des week-ends. C'est peut-être le pub le plus populaire de Sydney, et le complexe sur plusieurs étages se réveille le soir comme une mer bouillonnante brassant bruits, vapeurs d'alcool et chair humaine.

Vue de Darling Harbour, Sydney.

Sydney.

Kings Cross

Tout y reste ouvert quand tous les autres ferment. Avec un nombre impressionnant de pubs et de clubs aussi bien que de restaurants et de eateries, il y a toujours quelque chose à y faire à n'importe quelle heure du jour ou de la nuit. Dans ce quartier, les petites épiceries, les kiosques à journaux et les tatoueurs (!) sont ouverts toute la nuit pendant le week-end. Quartier de mauvaise réputation, il draine une foule bigarrée de fêtards. La rue principale, la Darlinghurst Road, est bruyante et brillante de néons. Prostituées et dealers hèlent les passants, les cars et les taxis klaxonnent sans cesse. Devant la boîte de strip-tease Pink Pussycat, grand rassemblement de motards à casques de l'armée et « Nomad Australian » dans le dos, sur leurs Harleys style Mad Max (un peu vieillissants, il est vrai, et pas très agressifs, et le ventre gonflé de Fosters et autres bières australiennes).

Mais l'ambiance est aussi bon enfant dans les échoppes de glaces danoises au lait et de glaces néo-zélandaises aux fruits. De nombreux Suédois vivent dans le quartier. Plusieurs hôtels pour backpackers sont situés vers la fameuse fontaine ronde El Alamein, dans le square tropical Fitzroy Garden. A quelques pas de la fontaine, au n° 24 de Darlinghurst Road, le Bourbon reste ouvert jusqu'à 6h du matin tous les jours de la semaine, pour le petit-déjeuner, le brunch, le lunch, le dîner et le souper. Musique live sur deux étages de 17h à 4h, disco le week-end de 22h à 6h du matin. On dîne devant les fenêtres ouvertes sur Darlinghurst Road avec vue sur les passants. Le barman vous mixe en un tour de main tous les cocktails possibles et imaginables pour aller jusqu'au bout de la nuit. Les noms sont évocateurs : Slippery Nipple (Sambucca, Bailey's), Hard On (Kahlua, crème de banane, crème), Silk Stockings (tequila, crème de cacao blanc, grenadine, crème), Orgasme (Cointreau, Bailey's), Screaming Orgasm (Cointreau, Bailey's, tequila), Strawberry Paradise (Cointreau, Malibu, liqueur de fraise, crème de coco). Fréquentation populaire, sympa et pas snob pour un sou.

Oxford Street

Un quartier différent, un monde à part, mais un endroit magique pour le « socialising » avec les Sydneysiders. Toute la rue est bordée de coffee shops, de restaurants ethniques, de bars et de boîtes de nuit. En bas d'Oxford Street, près de Hyde Park, le Burdekin est le point de départ idéal. Juste un peu plus haut, le Exchange, où des gays et des très jeunes gens dansent au son d'une musique à plein tube. Ici se trouve aussi le DCM, où l'on peut danser jusqu'au petit matin en compagnie de jeunes hommes dénudés et de magnifiques jeunes femmes. Tous les pubs alignés le long d'Oxford Street ne sont pas forcément gays. L'Oxford, au coin de Bourke Street et Taylor Square, est gay, mais le Cocktail Bar au premier « Gilligans » est prisé des noctambules chics.

De l'autre côté de Taylor Square, le Kinselas est une grande boîte de nuit sur trois niveaux, avec un bar billard au rez-de-chaussée, un bar de cocktails au premier et la meilleure disco de techno, de hip-hop et de rap tout en haut. Happy hour de 17h à 19h, sinon cocktails à AU$8. Entrée AU$10 pour la disco (nuits gays les mardis). Code d'habillement : éviter le trop peu et le too much ; les jeunes sont habillés grunge et/ou légèrement dévêtus (beaux mecs torse nu). Vient ensuite une série de bons restaurants peu chers qui séparent Darlinghurst de Paddington, tels le Balkan Seafood et Thainesia. Plus loin, on trouve les pubs branchés de Paddington, comme le Paddington Inn, le Royal, le Grand National et le Light Brigade.

HÉBERGEMENT

Backpackers et YHA (auberges de jeunesse)

Dans le centre

■ **WAKE UP ! SYDNEY CENTRAL. 509 Pitt Street © (02) 9288 7888 – www.wakeup.com.au** – *De AU$24 à AU$34 en dortoir, chambres simples ou doubles entre AU$88 et AU$98.* Idéalement situé, dans le centre-ville, à quelques mètres des bus et de la gare centrale. Navette à partir de l'aéroport. Réception 24h/24. Etabli dans un immeuble Art déco du centre-ville, cette auberge moderne est pour beaucoup de jeunes le point de départ de leur aventure en Australie. Chambres très propres, personnel agréable et à l'écoute, ambiance décontractée. Laverie, cuisine, casiers sécurisés et salle Internet et vidéo sont mis à disposition. L'auberge possède également son propre bar, le Side Bar, où il règne tous les soirs une ambiance de franche camaraderie, un bon moyen de faire des rencontres.

wake up!®

n plein centre ville
ortoirs et
ambres
dividuelles
éception et
curité 24h/24
opre et
nfortable
r et cafeteria
moires sécurisées
ns toutes les
ambres
salons TV
achines à laver à
aque étage
uisine
ternet
ureau
nformations
yages
sistance petit
ulots
unions
nformation

first up! at wake up!

Restez à la meilleure auberge de jeunesse de Sydney.

Elue la meilleure auberge de jeunesse du monde (de taille moyenne) Et la meilleure d'Océanie!!

ppelez au
-61 2
9288
7888

www.
wakeup.
com.au

509
Pitt Street
Sydney
(opposite Central Railway Station)

ackpackers : bar : café : internet : voyage

$5 de réduction sur votre première nuit*

city central backpackers

752 George St
Sydney Australia
Ph: +612-9211-9999
Free call - 1800 249 910
www.ccbackpack.com.au

Libre accès Internet
Café et thé offerts
Navette aéroport gratuite

Chambre double à partir de $55 la nuit
Dortoirs à partir de $18 la nuit
Tarifs 3 nuits et semaine disponibles

*sur un séjour d'au moins 3 nuits

11237

RAILWAY SQUARE YHA. 8a Lee Street ✆ (02) 9281 9666 – www.yha.com.au – *Dortoirs de AU$28 à AU$37.50, chambres doubles de AU$82 à AU$95.50 avec salle de bains privée.* Situé à quelques pas de la gare centrale. Ce YHA a été construit à l'intérieur des anciens bâtiments de la poste avec un accès direct sur le quai de la gare, encore en activité. Des wagons du début du siècle ont été reconstitués et servent de dortoirs (insonorisés) donnant sur le quai ! Les dortoirs de 8 lits dans le bâtiment principal sont les plus ensoleillés. Jacuzzi extérieur, tour desk, cuisine, salle TV, grandes pièces communes, casiers dans les chambres.

CITY CENTRAL BACKPACKER & DOWNTOWN CITY BACKPACKERS. 752 & 707 George Street ✆ (02) 9211 9999 – enquiries@ccbackpack.com.au – www.ccbackpack.com.au – *Dortoirs à partir de AU$ 18, Twin/Double room équipée de télé et frigo à partir de AU$ 70.* 2 backpackers situés dans le centre de Sydney. A proximité de la plupart des sites touristiques et animés de la ville que vous trouverez à 10 minutes à pied ou en bus étant donné la proximité de Central Station. Réservés aux voyageurs voulant consacrer un minimum d'argent à leur hébergement, vous y ferez sans aucun doute de nouvelles rencontres dans une ambiance chaleureuse et détendue. Salle télé et cuisine communes, laverie, un accès internet illimité et gratuit, casiers. Des tarifs réduits sont disponibles pour des réservations de 3 jours ou plus. L'amabilité du personnel vous aidera dans vos différentes démarches (voyages, emploi...).

BASE BACKPACKERS. 477 Kent Street ✆ (02) 9267 7718 – www.basebackpackers.com – *Lit en dortoir à partir de AU$28.* En plein cœur de la City, à quelques pas du centre de loisirs de Darling Harbour, cette auberge est idéale pour les noctambules qui pourront profiter pleinement des pubs et des discothèques du centre-ville.

BIG HOSTEL. 212 Elizabeth Street, Sydney ✆ (02) 9281 6030 – Fax (02) 9281 6031 – bighostel.com – reception@bighostel.com – *A partir de AU$ 27.* A 300 mètres de Central Station, ce backpacker saura vous faire apprécier votre séjour. Il offre un accès handicapé, un étage réservé aux filles ainsi que des chambres familiales et bien évidemment des dortoirs ordinaires allant de 4 à 8 lits sans oublier les chambres simples et doubles. Il propose également un bureau d'excursions, un café, une réception 24/24, un accès Internet gratuit, salle commune et cuisine très correctes. Bien que pourvu de 145 lits, Big Hostel bénéficie d'une atmosphère calme et décontractée.

Big Hostel

Hébergement de charme pour un budget de backpacker !
Idéalement situé prés de Central Station et à seulement quelques pas des célèbres sites touristiques de la ville. Dortoirs superbement décorés (filles ou mixes), chambres jumelles, simples, doubles ou familiales avec salle de bain privée et TV. Vous pourrez préparer vos repas dans une cuisine moderne toute équipée ou goûter aux plats de notre café pour un petit prix .
Dortoirs à partir de 27$ par personne et par nuit.
Les tarifs comprennent le petit déjeuner, l'utilisation de vélos, planches de surf, internet, barbecue, soirées repas et films.
Bureau de réservations pour les excursions.

Contacts :
reception@bighostel.com
bighostel.com
freecall 1800 212 244

NOMADS
IT'S NOT FLASHPACKING, IT'S PARTYPACKING
Nomads Maze Backpacker
417 Pitt St, Sydney NSW 2000
Tél. : 1800 813 522 / +61 (0) 2 9211 5115 - Fax: +61 (0) 2 9281 9605
www.mazebackpacker.com - info@mazebackpackers.com
Dortoirs à partir de $23, chambres à partir de $50

■ **GLEBE POINT YHA. 262-264 Glebe Point Road, Glebe ✆ (02) 9692 8418 – www.yha.com.au** – *Lit en dortoir de AU$25 à AU$29 (AU$19 pour les moins de 18 ans), chambres simples ou doubles à AU$70. Possibilité de loger la semaine à AU$175. A 2,5 km de la gare centrale et 15 km de l'aéroport (prenez le bus 431 ou 434 à Railway Square, Central Station).* Située dans le quartier étudiant de Glebe, dans une rue calme où se trouve une myriade de restaurants. Une auberge confortable tenue par une équipe sympa qui organise plein d'activités. La terrasse sur le toit offre une vue magnifique de la ville. Barbecue, salle de télévision, billard, accès Internet.

■ **NOMADS MAZE BACKPACKER. 417 Pitt St, Sydney NSW 2000 ✆ (02) 9211 5115 – appel gratuit 1800 813 522 – Fax: (02) 9281 9605 – www.mazebackpacker.com info@mazebackpackers.com** – *Dortoir à partir de AU$ 23 et chambre à partir de AU$ 50.* Situé au coeur de la ville, soirées vins et fromages gratuites, activités quotidiennes gratuites, ambiance festive, réception 24/24, dortoirs réservés aux filles, travel desk et internet.

■ **SYDNEY COLLAROY YHA. 4 Collaroy Street, Collaroy Beach ✆ (02) 9981 1177 – www.yha.com.au** – *A partir de AU$26 par adulte.* Située sur les Northern Beaches, une magnifique série de plages de surf à 20 km du centre-ville, et 30 km de l'aéroport (prendre le bus L90 à Railway Square – Central Station ou Wynyard). Une nouvelle auberge offrant un hébergement parfait et pas cher, avec la plage en face. Piscine chauffée, salles de jeux et de billard, salle vidéo, salon avec cheminée. Mise à disposition de surfs, vélos, planches de boogie…

À Bondi

■ **BONDI BEACHOUSE YHA. Au coin de Fletcher et Dellview Streets, Bondi Beach ✆ (02) 9365 2088 – www.yha.com.au** – *A partir de AU$28 par personne. Prendre le bus 380 ou L82 de Circular Quay ou d'Oxford Street.* Près de la plage, avec planches de surf gratuites, spa et terrasse sur le toit, et une équipe aimable.

■ **BILTMORE ON BONDI BACKPACKERS. 110 Campbell Parade, Bondi Beach ✆ (02) 9130 4660 – www.bondibackpackers.com.au** – *Dortoir à partir de AU$19.* Sur la plage, petit-déjeuner gratuit.

À Balmain

■ **BALMAIN LODGE. 415 Darling Street, Balmain ✆(02) 9810 3700 – www.balmainlodge.com.au** – *Chambres confortables à AU$79.* Plein de charme, et situé dans un quartier historique, entouré de boutiques, restaurants et pubs. L'endroit idéal pour un séjour de longue durée.

À Darlinghurst

■ **SYDNEY STAR ACCOMMODATION. 273 Darlinghurst Road, 2010 Darlinghurst ✆ (02) 9358 1445 – Fax : (02) 9327 2664 – www.sydneystar.com.au – sstar273@bigpond.net.au** – *Chambre (dortoir de 4) à partir de AU$ 20 jusqu'à AU$ 100.* En plein cœur du quartier de Darlinghurst, lieu réputé pour ses cafés, bars et restaurants, ce sympathique petit backpacker offre les fonctionnalités classiques. A noter tout de même, l'accès gratuit Internet sans fil dans les chambres. Il vous suffira de 5 minutes pour rejoindre le cœur de la city ou le remuant quartier de Kings Cross.

SYDNEY STAR ACCOMMODATION
Hébergement économique à Darlinghurst, à proximité des cafés, bar, restaurants et commerces ainsi que du port et de la gare. Dortoirs, chambres simples, doubles et communicantes avec TV, réfrigérateur, micro-ondes et bouilloires. Cuisine, buanderie et patio avec BBQ à disposition. Accès gratuit à internet.
273-275 DARLINGHURST RD, DARLINGHURST 2010, NSW, AUSTRALIA
FREECALL: 1800 13 44 55 WWW.SYDNEYSTAR.COM.AU

À Kings Cross

■ **ASYLUM SYDNEY. 201-203 Boughram Street, Kings Cross © (02) 9368 1822.** *Lit en dortoir à partir de AU$22.* Nouveau venu dans cette catégorie, Asylum Sydney est le seul backpacker de la ville à offrir un accès Wi-Fi dans les chambres.

■ **D LUX BUDGET HOTEL. 30 Darlinghurst Road © 9331 7485 – Fax : 9331 7489 info@dluxbudgethotel.com.au –** *Dortoir à partir de AU$ 25, chambre particulière à partir de AU$ 70.* Nouveau Backpacker à 5 min de la gare de Kings Cross, il propose tout ce dont vous avez besoin dans un tel établissement, Internet, salle télé, cuisine commune et une laverie. Tous les dimanche lors du BBQ gratuit sur la terrasse, vous profiterez d'une vue magnifique sur Harbour Bridge, l'Opéra House et le Business district de Sydney. Avec une possibilité de chambres Twin/Double ou dortoirs (maximum de 8 personnes). Chacune est équipée d'une salle de bain individuelle. Le D.Lux est un choix judicieux pour les voyageurs voulant limiter leurs dépenses.

■ **JOLLY SWAGMAN BACKPACKERS. 27 Orwell Street, Kings Cross © (02) 9358 6400 et 1800 805 870 (gratuit depuis l'Australie) – www.jollyswagman.com.au –** *Lit en dortoir à AU$22, chambre privée à AU$30.* Avec sa façade colorée, c'est l'auberge de jeunesse la plus célèbre du Cross. Depuis plus de 20 ans, cet hôtel voit défiler des jeunes voyageurs venus du monde entier. Chambres propres, et staff sympathique.

■ **FUNKHOUSE BACKPACKERS. 23 Darlinghurst Road, Kings Cross & (02) 9358 6455 – Fax (02) 9358 3506 – www.funkhouse.com.au –** *Lit en dortoir à AU$23.* Un backpacker « à l'ancienne » où règne une ambiance baba-cool. Marcus et son équipe vous accueilleront dans cette auberge haute en couleur et décontractée. Salle TV, barbecue sur la terrasse tous les mercredis soir, traveldesk.

■ **GLOBE BACKPACKERS. 40 Darlinghurst Road, Kings Cross © 1800 806 384 (appel gratuit) – www.globebackpackers.com –** Tarifs très avantageux pour les filles en dortoir unisexe : à partir de AU$12 la nuit !

À Manly

■ **MANLY BACKPACKERS. 28 Raglan Street, Manly © (02) 9976 6757 – www.sydneybeachhostels.com –** *Lit en dortoir de deux ou quatre : AU$22.* Loin de l'activité trépidante de la City, au cœur de Manly. A quelques minutes de la plage et de la place piétonnière The Corso, c'est le backpacker idéal pour les jeunes surfers, qui pourront attaquer les vagues au saut du lit ! Accès à Internet gratuit.

À Newtown

■ **BILLABONG GARDENS. 5-11 Egan Street, Newtown © (02) 9550 3236 – www.billabonggardens.com.au –** *Lit en dortoir à partir de AU$23, chambre privée à partir de AU$49.* Wi-Fi, piscine extérieure chauffée, grande salle télé confortable, jardin tropical à deux pas de la King Street, l'artère la plus dynamique avec ses myriades de restaurants ethniques. Situé à proximité de l'Université de Sydney.

Bien et pas cher

Dans le centre

■ **Y ON THE PARK. 5-11 Wentworth Ave, Surry Hills © (02) 9264 2451 – www.ymcansw.com.au –** Ancien YWCA situé près du centre de Sydney au coin du Hyde park avec différents types d'hébergement : du lit en dortoir à partir de AU$35 par personne au studio à partir de AU$118.

■ **CASTLEREAGH BOUTIQUE HOTEL. 169 Castlereagh Street © (02) 9284 1000 – www.castlereaghinn.com.au –** *Chambre double à partir de AU$160.* Au cœur de la City, à quelques minutes de Centrepoint et des grands magasins. Toutes les chambres sont équipées de salle de bains, télévision, téléphone, radio-réveil, réfrigérateur, café et thé.

Sydney.

■ **PENSIONE HOTEL. 631-635 George Street ✆ 9265 8888 – Fax : 9211 9825 – www.pensione.com.au – info@pensione.com.au** – Vaste choix de chambres Simple, Double Triple, Quadruple et Famille à partir de AU$ 115. Situé dans le cœur du quartier animé de Sydney (à 2 minutes de Central Station, 5 minutes de Darling Harbour, à proximité de l'Entertainment Center), le Pensione Hôtel est l'un des établissements les plus abordables du centre de la ville. Il est spécialement destiné aux voyageurs souhaitant associer confort et budget raisonnable. La petite cuisine commune mise à disposition vous permettra de vous restaurer au calme.

■ **VIBE. 111 Goulburn Street, Surry Hills ✆(02) 9282 0987 – www.vibehotels.com.au** – *Chambre à partir de AU$185.* Hôtel récent et très propre à quelques pas du centre-ville. Bonnes prestations. Piscine sur le toit, sauna, bar et restaurant. Egalement à Milsons Points et Rushcutters Bay.

À Darling Harbour

■ **HOTEL IBIS DARLING HARBOUR. 70 Murray Street, Pyrmont ✆ (02) 9563 0888 – www.accorhotels.com.au** – *Chambre à partir de AU$155.* Hôtel de 256 chambres avec vue spectaculaire sur Darling Harbour. Un passage couvert mène au shopping centre de Darling Harbour. Accès au CBD (Central Business District) par le monorail qui s'arrête devant l'hôtel.

À Darlinghurst

■ **HOTEL ALTAMONT. 207 Darlinghurst Road ✆ 9360 6000 – Fax : 9360 7096 www.altamont.com.au – reservations@altamont.com.au** – Hôtel chic et abordable, le bâtiment d'aspect manoir colonial a été rénové pour vous offrir un établissement alliant charme et modernité. De AU$ 79 à AU$ 140, cet hôtel vous propose un large choix de chambres lumineuses, du loft spacieux avec large salle de bain et penderie au dortoir avec lits superposés. La terrasse ensoleillée sur le toit et accessible pour tous ceux qui cherchent un endroit relaxant.

PENSIONE HOTEL
SYDNEY

"Hôtel de Luxe à bas budget"

Situé au coeur du Sydney CBD, le Pensione Hôtel est un point de repère pour la majorité des activités de la ville.Toutes nos chambres se composent d'une salle de bain avec Mosaïque,TV câblée, air conditionné ainsi qu'un mini réfrigérateur. Doté d'un vaste choix de chambres: Simple, Double, Triple, Quadruple et Famille. Le Pensione Hôtel n'est comparable à aucun autre!

Chambres á partir de AUS $115 (soit 68€ Euro)

www.pensione.com.au

EIGHT HOTELS
www.eighthotels.com

Pensione Hotel | 631-635 George Street | Sydney NSW 2000
T +61 2 9265 8888 | F +61 2 9211 9825 | info@pensione.com.au

À Kings Cross

MACLEAY LODGE. 71 Macleay Street, Kings Cross © (02) 9368 0660 – *Chambres doubles à partir de AU$65 la plupart avec salle de bains sur le palier.* Petit hôtel simple mais propre, situé dans la partie upmarket de Kings Cross, appelée Potts Point où se trouvent des cafés-restaurants branchés.

BERNLY HOTEL. 15 Springfield Avenue, Kings Cross © (02) 9358 3122 – www.bernlyprivatehotel.com.au – *Chambres doubles à partir de AU$66.* Rez-de-chaussée rénové avec chambres et salles de bains individuelles. Le reste n'est pas très moderne ; extrêmement bien placé pour les noctambules. Terrasse sur le toit.

À Glebe

HAVEN INN. 196 Glebe Point Road, Glebe © (02) 9660 6655 – www.haveninnsydney.com.au – *Chambres spacieuses et propres à partir de AU$99. Réduction pour les backpackers.*

À Manly

PERIWINKLE GUESTHOUSE. 18 East Esplanade, Manly © (02) 9977 4668 – www.periwinkle.citysearch.com.au – *Jolies chambres avec vue sur le port entre AU$110 et AU$190. Situé à droite du ferry, à 300 m et à quelques minutes à pied de la plage.* Construit au bord de l'eau en 1895, le bâtiment a gardé son charme d'antan et offre une retraite calme et agréable.

MANLY LODGE. 22 Victoria Parade, Manly © (02) 9977 8655 – www.manlylodge.com.au – *Chambres pour 1, 2, 3 ou 4 personnes de AU$120 à AU$295, et à partir de AU$98 en hiver (petit-déjeuner compris).* Situé à 500 m du ferry et à quelques minutes à pied de la plage.

Confort ou charme

Dans le centre

HARBOUR ROCKS HOTEL. 34-52 Harrington Street, The Rocks © (02) 9251 8944 – www.harbourrocks.com.au – *Chambre double AU$350. Avec vue sur l'Opéra AU$420.* Le Harbour Rocks, classé monument historique, il fut construit il y a cent cinquante ans par des « convicts ». Une partie servait d'entrepôt, l'autre partie, les Scarlett's Cottages, était composée de six terrace houses nommées d'après Scarlett, reine de la nuit locale au tout début de la colonisation de Sydney. Elle fut la bien-aimée d'Eric, un homme mélancolique au destin tragique qui, la nuit, continue à hanter les couloirs de l'hôtel à la recherche de sa Scarlett. L'hôtel se trouve à quelques pas du Circular Quay, du centre d'affaires et de l'Opéra.

OLD SYDNEY HOLIDAY INN. 55 George Street, The Rocks © (02) 9252 0524 – www.sydney.holiday-inn.com – *Chambre double AU$300.* Très bon hôtel situé au cœur des Rocks, à quelques minutes de Sydney Harbour et de l'Opéra. Piscine avec spa et sauna.

THE RUSSELL. 143a George Street, The Rocks © (02) 9241 3543 – www.therussell.com.au – *Chambre double de AU$140 à AU$280, petit-déjeuner compris.* Construit en 1887, Le Russell est une vraie perle d'architecture qui a su garder toute sa grâce victorienne. Quatre lits à baldaquin et du feu dans la cheminée vous transportent au XIXe siècle. Entouré de pubs de l'époque coloniale, de boutiques et de bâtiments du siècle dernier, le Russell est un petit hôtel de seulement vingt-neuf chambres, dont dix-huit disposent d'une salle de bains individuelle. Les suites sous les combles offrent une vue splendide sur Sydney Harbour. La vue à partir du jardin sur le toit embrasse tout Circular Quay.

À Darlinghurst

KIRKETON HOTEL 229 Darlinghurst Road © 9332 2011 – Fax : 9332 2499 www.kirketon.com.au – info@kirketon.com.au – Le Kirketon hôtel est reconnu comme l'un des hôtels les plus stylés d'Australie ! Situé dans le quartier animé et cosmopolite de Darlinghurst, entre Kings Cross et Paddington, cet établissement offre une ambiance feutrée, calme et repos. Des chocolats seront à disposition à votre arrivée, ainsi qu'un set de toilette Aveda, un réseau Internet sans fil et un room-service de qualité. Les chambres à partir de AU$ 145 sont d'un confort rare à ce prix. Le restaurant doté d'une touche chic à la française est des plus agréable.

À Paddington

■ **SULLIVANS HOTEL. 21 Oxford Street, Paddington ✆ (02) 9361 0211 – www.sullivans.com.au –** *De AU$145 à AU$225 pour une chambre de famille.* Charmant, il est situé dans ce quartier chic et historique, célèbre pour ses boutiques spécialisées et ses galeries d'art. Le propriétaire, Peter Sullivan, parle couramment le français. Piscine, salle de gym, parking, accès Internet et vélos gratuits. Le petit-déjeuner-buffet est superbe. Forfaits Blue Mountains intéressants. Point de chute idéal pour explorer la ville, avec des bus à Circular Quay, Central Station, Bondi Beach et Watsons Bay.

À Potts Point

■ **VICTORIA COURT. 122 Victoria Street, Potts Point.- ✆ (02) 9357 3200- www.victoria-court.com.au –** *Chambre double de AU$130 à AU$200.* Situées dans une rue ombragée par de grands arbres, deux terrace houses de 1881, restaurées et réunies, constituent le Victoria Court au charme très victorien. Les chambres avec salle de bains sont toutes différentes, la plupart avec une cheminée de marbre et un lit à baldaquin, certaines avec un patio, d'autres encore avec une terrasse surplombant Victoria Street (classée par les monuments historiques). Parking gardé.

■ **REGENTS COURT. 18 Springfield Ave, Potts Point ✆ (02) 9358 1533- www.regentscourt.com.au –** *Studios spacieux avec coin cuisine de AU$220 à AU$250.* Petit hôtel de charme situé dans un cul-de-sac paisible. Salon de thé, jardin sur le toit avec BBQ, parking.

■ **SIMPSONS OF POTTS POINT. 8 Challis Avenue ✆ (02) 9356 2199 – www.simpsonshotel.com –** Hôtel intime avec 14 chambres dans une grande maison historique qui date de 1892. Divers types de chambres, les doubles à partir de AU$175 (petit-déjeuner compris).

À Sydney Nord

■ **THE MCLAREN. 25 McLaren Street, North Sydney ✆ (02) 9954 4622 – www.mclarenhotel.com.au –** *Chambre double à partir de AU$155.* Superbement restauré, l'hôtel McLaren évoque l'atmosphère du passé victorien de l'Australie avec ses vingt-sept chambres aux lits en bois tourné

Sullivans Hotel Sydney

- Situation superbe
- Piscine
- Internet gratuit
- Parking
- Vélos gratuits
- Salle de fitness

Situé dans le quartier chic de Paddington, parmi boutiques de mode, librairies, galeries d'art, cinémas et restaurants. Le centre-ville est 15 min à pied, avec bus au Circular Quay, Central Station et Bondi Beach. Recommandez-vous du PF pour des tarifs réduits.

21 Oxford St Paddington NSW 2021
T + 61 2 9361 0211 F + 61 2 9360 3735
sydney@sullivans.com.au

SULLIVANS ★★★ HOTEL

www.sullivans.com.au

(doubles, queen ou king size) et ses draperies à petites fleurs couleur crème et abricot. Il est situé dans le centre d'affaires de Sydney North (près de Taronga Zoo et de l'accès vers les plages du nord). Le petit-déjeuner, servi dans le jardin sous l'atrium, comporte fruits frais et croissants. Parking couvert.

À Woollahra

HUGHENDEN BOUTIQUE HOTEL. 14 Queen Street, Woollahra © (02) 9363 4863 – www.hughendenhotel.com.au – *Chambre double à partir de AU$148. Hôte : Elizabeth Gervay.* Le Hughenden est un imposant manoir victorien de 1876. Les cheminées en marbre noir, le magnifique escalier et les lourdes portes en chêne massif lui donnent du cachet. Endroit parfait pour fouiner dans les boutiques d'antiquité.

Luxe

Il est souvent plus intéressant de passer par une agence car les prix sont déjà négociés.

Près de l'aéroport

STAMFORD SYDNEY AIRPORT. A l'angle de O'Riordan et Robey Streets, Mascot © (02) 9317 2200 – www.stamford.com.au – *Chambre double AU$185.* Idéal à l'arrivée pour récupérer des huit heures de décalage horaire et des vingt-trois heures de vol lorsqu'on arrive d'Europe. Hall d'accueil pour les arrivées matinales avec douches à la disposition des clients. Le restaurant The Grove propose une cuisine internationale et un service impeccable. Lobby bar aux fauteuils moelleux. Piscine extérieure chauffée et centre de remise en forme ultramoderne.

HOLIDAY INN SYDNEY AIRPORT. Au coin de Bourke Road et O'Riordan Street, Mascot © (02) 9330 0600 – www.holiday-inn.com – *A partir de AU$167 la chambre double.* Un peu plus loin que le Stamford, ce confortable hôtel propose à ses clients un service de navette à l'aéroport toutes les 30 minutes (*AU$2 par personne*).

Dans le centre

FOUR SEASONS HOTEL. 199 George Street © (02) 9238 0000 – www.fourseasons.com – *A partir de AU$295.* Grand hôtel parfaitement situé près de Circular Quay et des Rocks pour accéder à tous les centres d'intérêt de Sydney ainsi qu'aux transports en commun. Entièrement rénové en l'an 2000 pour les jeux Olympiques.

HOTEL INTERCONTINENTAL. Corner of Bridge and Phillip Streets © (02) 9253 9000 – Fax (02) 9240 1240 – www.sydney.intercontinental.com – *Chambre double AU$478, avec vue sur la City.* Dans un bâtiment historique, à une courte distance de l'Opéra de Sydney, un hôtel construit en partie sur le site de la maison du premier gouvernement. Cinq cent deux chambres de luxe et des suites avec vue sur le Harbour, l'Opéra ou les Royal Botanic Gardens. N'hésitez pas à commander un apéritif ou un afternoon tea ou un snack à The Cortile, au cœur du InterContinental Sydney, agréable pour son cadre architectural distinct en « sanstone » ; appréciez l'un des meilleurs buffets de fruits de mer au Cafe Opera avec une vue spectaculaire sur la baie ou encore un lunch au menu innovateur ou un cocktail au Mint Bar and Dining, moitié lounge et moitié restaurant.

NOVOTEL SYDNEY ON DARLING HARBOUR. 100 Murray Street, Pyrmont © (02) 9934 0000 – www.accorhotels.com.au – *Chambre double à partir de AU$220.* Cet hôtel de 530 chambres offre un service quatre étoiles et de belles vues sur Cockle Bay et la City, avec accès direct au monorail qui va jusqu'au CBD (Central Business District). Piscine, courts de tennis éclairés (avec herbe synthétique), salle de gym et sauna.

SHERATON ON THE PARK. 161 Elizabeth Street, Sydney © (02) 9286 6000 – www.sheraton.com/sydney – *Chambre double à partir de AU$360.* Situé au cœur de Sydney, avec une belle vue sur le verdoyant Hyde Park, un hôtel de 560 chambres luxueuses de 40 mètres carrés au minimum. Salles de bains de marbre noir, douche et baignoire séparées.

À the Rocks

THE PARK HYATT HOTEL. 7 Hickson Road, The Rocks © (02) 9241 1234 – www.sydney.park.hyatt.com – *Compter AU$600 pour une chambre double avec vue sur l'Opera House.* Situé sur les quais et offrant une vue magnifique du port de Sydney, c'est véritablement l'hôtel de luxe de la ville et presque le seul auquel les clients peuvent accéder par voie d'eau (yacht, taxi d'eau ou croiseur). Gymnase entièrement équipé, sauna, piscine chauffée, spa. Leur restaurant et bar Harbourkitchen vaut le détour pour le cadre et la vue sur l'Opéra.

■ **OBSERVATORY HOTEL. 89-113 Kent Street, The Rocks © (02) 9256 2222 – www.observatoryhotel.com.au** – *Chambres de AU$380 à AU$655.* Bel hôtel à caractère intime et raffiné, bénéficiant d'un service du plus haut niveau. Chambres spacieuses et très bien meublées. Toutes les commodités d'un hôtel de ce genre ainsi qu'une salle de réunion.

■ **SHANGRI-LA HOTEL SYDNEY. 176 Cumberland Street, The Rocks © (02) 9250 6000 – www.shangri-la.com** – *A partir de AU$328 la chambre double.* De grandes pièces décorées par des artistes australiens et une piscine superbe. Vues merveilleuses de toutes les chambres sur la ville et la baie.

À Woolloomooloo

■ **BLUE. 6 Cowper Wharf Road, Woolloomooloo © (02) 9331 9000 – www.tajhotels.com/sydney** – *Chambre à partir de AU$575 la nuit.* Hôtel ultrachic situé sur les quais à Woolloomooloo, près d'excellents restaurants et cafés. Salle de gym, piscine, bar ultramoderne. Cet hôtel offre les meilleures prestations pour les hommes d'affaires en déplacement, à savoir bureau équipé de téléphone sans fil, connexion à Internet et vidéo conférence.

À Darlinghurst

■ **MEDUSA. 267 Darlinghurst Road, Darlinghurst © (02) 9331 1000 – www.medusa.com.au** – *Chambre à partir de AU$270.* Notre coup de cœur. Un petit hôtel somptueux situé au cœur du quartier branché de Darlinghurst, à quelques pas de la station de métro de Kings Cross. La déco, à la fois moderne et classique, a été élaborée par un designer australien de renommée. Pour les professionnels, l'hôtel dispose également d'une salle de travail équipée de connexion Wi-Fi, et d'une salle de conférence.

■ **HOTEL DIAMANT. 14 Kings Cross Road © 9332 2000 – www.diamant.com.au – info@eighthotels.com** – Le premier Hôtel de luxe de 78 chambres situé dans le coeur du quartier le plus animé de Sydney. Appréciez sa vue exceptionnelle sur la plupart des icônes de la ville de Sydney : Le Port , l'Opera House, William St. Boulevard et le centre d'affaires de la ville. Le Diamant hôtel est destiné à devenir l'une des meilleures adresses de la ville, un hôtel de grande qualité à l'élégance sophistiquée et une beauté moderne !

Gay et lesbien

■ **BIG HOSTEL. 212 Elizabeth Street, Surry Hills © (02) 9281 6030 – www.bighostel.com** – *Lit en dortoir à partir de AU$27.* Idéalement situé dans le quartier de Surry Hills, à quelques pas du centre-ville, cette auberge de jeunesse offre de bonnes prestations. L'été, la terrasse illuminée par les lumières de la ville se prête volontiers à un barbecue. Petit-déjeuner continental offert.

■ **PARK LODGE HOTEL. 747 South Dowling Street Moore Park © (02) 9318 2393 – www.gaysydneyhotels.com** – Boutique Hôtel gay friendly à 5 minutes à pied de Oxford St, sympa et familial. Chambres doubles à partir de AU$82; à la même adresse pour des séjours de 7 nuits minimum : **ACACIA LODGE** (*semaine à partir de AU$290*) et **CROWN STUDIO APPARTMENTS** (*semaine à partir de AU$550*) – www.budgethotelsydney.com -

■ **VICTORIA COURT HOTEL SYDNEY. 122 Victoria Street, Potts Point © (02) 9357 3200 – www.victoriacourt.com.au** – *Chambres doubles à partir de AU$80.* Petit Bed & Breakfast au charme victorien situé dans la pittoresque Victoria Street à quelques minutes à pied de Kings Cross.

■ **CAMBRIDGE LODGE. 109 CAMBRIDGE ST, STANMORE, 10 minutes en bus du centre-ville © (02) 9564 6822- www.cambridgelodge.com.au** – *Chambres doubles à partir de AU$79.* Petit budget hôtel simple et propre de 31 chambres.

■ **HUGHENDEN BOUTIQUE HOTEL. 14 Queen Street, Woollahra © (02) 9363 4863 – www.hughendenhotel.com.au** – *Chambre double à partir de AU$148. Hôte : Elizabeth Gervay.* Le Hughenden est un imposant manoir victorien de 1876. Les cheminées en marbre noir, le magnifique escalier et les lourdes portes en chêne massif lui donnent du cachet. Endroit parfait pour fouiner dans les boutiques d'antiquité.

■ **MEDUSA. 267 Darlinghurst Road, Darlinghurst © (02) 9331 1000 – www.medusa.com.au** – *Chambre à partir de AU$270.* (Voir rubrique Hébergement - Luxe)

« Bring Your Own » ou « BYO »

A Sydney, comme dans toute l'Australie, vous lirez souvent sur la devanture des restaurants la mention « BYO » ou « Bring Your Own ». Cette mention signifie que l'établissement vous invite à apporter avec vous votre propre boisson, alcoolisée ou pas, afin d'en accompagner votre repas. Cette option s'avère économique. Attention toutefois aux établissements qui pratiquent des « corkage fees » et qui réclament entre AU$2 et AU$4 par personne lorsque vous apportez votre propre bouteille. Généralement, cette mention figure sur le menu.

RESTAURANTS

La réputation des restaurants de Sydney est basée sur les traditions culinaires de ses immigrants venus d'Europe, d'Asie, du Moyen-Orient et d'Amérique du Sud. Ces immigrants ont apporté un vaste choix de cuisines ethniques comprenant des recettes chinoises, japonaises, indiennes, thaïes, italiennes, françaises, grecques et africaines. Fort de cette riche culture importée, les grands chefs de Sydney ont développé une cuisine australienne contemporaine unique, utilisant les meilleurs fruits de mer, poissons, viandes, fromages, fruits et légumes qu'offre le pays.

Restauration rapide et sur le pouce (moins de AU$20)

HARRY'S CAFE DE WHEELS. Cowper Wharf Road, Woolloomooloo © (02) 9347 3074 – *Ouvert jusqu'à 4 heures du matin le week-end.* Pour moins de AU$5, vous pourrez y déguster une traditionnelle meat pie australienne accompagnée de petits pois et de purée de pommes de terre. Cette échoppe iconique de Woolloomooloo fut ouverte en 1954 et continue d'attirer du monde, et même du beau monde à en voir les photographies qui ornent les murs.

Où manger ?

La City foisonne de restaurants, petits ou grands, et de fast-foods, à tous les prix. Par ailleurs, on trouve en ville beaucoup de food courts, situés le plus souvent soit au sous-sol, soit au dernier étage des centres commerciaux. Leur principe est simple : vous y trouverez un vaste espace rempli de tables, le tout entouré de nombreux petits restaurants tous différents les uns des autres. Chacun peut ainsi trouver son bonheur, et l'on peut partager un repas en famille ou entre amis sans forcément partager les mêmes préférences culinaires. Comptez généralement moins de AU$12 pour un repas. Nos food courts préférés à Sydney se trouvent dans les centres commerciaux suivants :

- **SYDNEY CENTRAL PLAZA.** Pitt Street Mall, City.
- **FOODBASE FOOD COURT.** Au coin de Castlereagh et Pitt Streets.
- **SUSSEX CENTRE.** 401 Sussex Street, Chinatown.
- **MARIGOLD CITYMARK.** 683 George Street, Chinatown.
- **BROADWAY SHOPPING CENTRE.** Au coin de Broadway et Bay Streets, Broadway.

Surry Hills et Darlinghurst sont les deux quartiers réputés pour leurs restaurants. Baladez-vous dans Crown Street à Surry Hills, ou dans Victoria Street à Darlinghurst, et vous trouverez sans doute une table qui vous conviendra. De la cuisine la plus simple à la plus élaborée, le choix est vaste et varié, et toutes les bourses peuvent s'y retrouver.

King Street à Newtown foisonne d'une myriade de restaurants, plus particulièrement asiatiques, et est très animée le soir.

À Woolloomooloo et Kings Cross, vous trouverez une multitude de restaurants ethniques et de fish and chips pas chers, et souvent ouverts jusque très tard dans la nuit.

Le quartier de Glebe, et notamment son artère principale Glebe Point Road, est aussi réputé pour ses nombreux restaurants ethniques.

GLOBAL BURGERS. 106 Darlinghurst Road, Darlinghurst © (02) 9356 4535 – *Compter AU$15 pour un menu complet (hamburger, frites et boisson).* Sans aucun doute les meilleurs burgers de Sydney ! Ici la fraîcheur des produits et l'originalité des recettes sont au rendez-vous, et c'est bien meilleur. L'accueil est très sympathique, et à la fin de votre repas vous n'aurez qu'une envie : y retourner au plus vite.

EFES TURKISH PIZZA. 124 King Street, Newtown © (02) 9516 4276. *Environ AU$15.* Très bons kebabs et délicieuses pizzas turques.

SYDNEY FISH MARKET. Bank Street, Pyrmont – *Compter AU$12 minimum pour un petit repas mémorable.* Une institution à Sydney, et un paradis pour les amateurs de poissons et de fruits de mer. Outre le fait que l'on peut y acheter en gros des produits fraîchement pêchés, on peut également y déguster sur place un bon fish and chips ou quelques sushis.

Bien et pas cher (entre AU$20 et AU$40)

ZACHARY'S GOURMET PIZZA. 28 Bayswater Road, Kings Cross © (02) 9380 4500 – www.zacharyssydney.com.au – *Pizza entre AU$13 et AU$18,50.* Ce bel établissement situé dans une des rues les plus animées du quartier rouge a remporté en 2005 et 2006 le prix du Meilleur Restaurant de Kings Cross. Ambiance lounge, décor moderne, et jolie terrasse. Pour les plus gourmands, le restaurant propose une formule pizza à volonté à AU$15,50 le jeudi soir.

PIZZA E BIRRA. 500 Crown Street, Surry Hills © (02) 9332 2510. *Pizza à partir de AU$16,50.* Notre pizzeria préférée à Sydney. Le propriétaire, un des meilleurs chefs italiens d'Australie, a ouvert cet établissement en avril 2006. Dans un style épuré et moderne, presque industriel, ce restaurant propose des pizzas de recettes italiennes délicieuses. De plus, vous pourrez accompagner votre pizza d'une rafraîchissante bière maison, exclusivité de l'établissement.

LE KILIMANJARO. 280 King Street, Newtown © (02) 9557 4565. *Moins de AU$20, BYO.* Un bon petit restaurant de spécialités africaines.

MUSASHI. 447 Pitt Street, Haymarket © (02) 9280 0377. *Moins de AU$30.* Souvent bondé, ce restaurant japonais propose une carte diversifiée et d'excellente qualité. Vous pourrez y déguster des plats teppanyakis, des sushis et des sashimis, mais également de nombreux plats aux saveurs plus occidentales.

IL BARETTO. 496 Bourke Street, Surry Hills © (02) 9361 6163. *Moins de AU$30.* Petit café-restaurant italien. Toujours bondé, donc risque d'attente.

UNA'S. 340 Victoria Street, Darlinghurst © (02) 9360 6885 – www.unas.com.au – *Moins de AU$30.* Cette chaîne de restaurants possède d'autres adresses à Broadway et Double Bay. On y mange bien et pas cher.

THAI RIFFIC. 109 King Street, Newtown © (02) 9517 3066. *Environ AU$30.* Thai Riffic est une chaîne de restaurants thais, vous en trouverez donc plusieurs à Sydney, notamment à Cronulla et North Sydney. Cependant, cette adresse à Newtown est notre préférée. Les plats y sont très bons et justement épicés. La décoration intérieure est somptueuse, et la cour extérieure très agréable les soirs d'été.

KIKA TAPAS BAR. 247 Victoria Street, Darlinghurst © (02) 9360 7865. *Environ AU$30.* C'est l'adresse incontournable pour tous les amoureux de tapas. Une fois la porte franchie, on retrouve toute la chaleur de l'Espagne dans ce petit restaurant plein de couleurs. Le service est agréable et décontracté, et les plats de bonne qualité. Ne ratez pas les churros au dessert, un régal.

ICHIOKU JAPANESE TEPPANYAKI. 467 King Street, Newtown © (02) 9557 5599. *Environ AU$30.* Atmosphère chaleureuse. Le chef cuisinera devant vous vos plats, sur un large grill teppanyaki, avant de jouer avec vous…

GIUSEPPE'S. 123 Blues Point Road, McMahons Point © (02) 9922 5601. *Moins de AU$40.* Un peu plus haut, sur McMahons Point. Cuisine traditionnelle italienne, avec de bonnes choses simples comme du pain frais et du bon café. Réservation recommandée.

ZAAFFRAN. Harbourside Shopping Centre, Level 2, Shop 345, Darling Harbour © (02) 9211 8900. *Moins de AU$40.* Très bon restaurant indien avec vue magnifique sur la City. Cuisine raffinée. Le poulet khoorus biryani est to die for.

■ **PRASIT NORTHSIDE THAI. 77 Mount Street, North Sydney ✆ (02) 9957 2271.** *Environ AU$40.* L'un des restaurants les plus fréquentés de Sydney. Ses goûts subtils et ses produits de première qualité font sa différence avec les nombreux autres restaurants thais. La cuisine peut être adoucie à la demande. Réservation indispensable.

■ **TAGINE. 679 Darling Street, Rozelle ✆ (02) 9810 6108 –** *Environ AU$40.* Envie de déguster un bon tagine ou un couscous ? Ce restaurant est l'adresse à ne pas manquer ! Vous y dégusterez les meilleurs de Sydney. Le tagine de poulet est délicieux.

■ **SHAKESPEARE'S PIES. 13 The Corso, Manly ✆ (02) 9977 5909.** Si vous n'avez pas encore goûté les meat pies (spécialité australienne) ou si vous avez déjà goûté et que vous n'aimez pas, Shakespeare's Pies est l'occasion de changer d'avis. Affaire familiale depuis 1994 à Manly, c'est maintenant une institution. Offre des pies de toutes sortes. Pour l'anecdote, ils furent sélectionnés pour délivrer les pies officielles pour les jeux Olympiques de l'an 2000 !

Végétariens

■ **IKU WHOLEFOOD KITCHEN. 25a Glebe Point Road, Glebe ✆ (02) 9692 8720.** Restaurant bio où l'on mange toutes sortes de salades surprenantes, tofu, grains de couscous pour environ AU$15. Un comptoir style new-yorkais, avec tabourets hauts pour huit à l'intérieur, et une arrière-cour ombragée avec quelques bancs à l'extérieur. Egalement à Darlinghurst et à Martin Place.

■ **GOVINDA'S. 112 Darlingurst Road, Darlinghurst ✆ (02) 9380 5155.** *Buffet à AU$15,90.* Govinda's est un établissement comprenant un restaurant, une salle de cinéma, et une salle de méditation où sont dispensés des cours de yoga. Leur restaurant zen d'inspiration indienne propose un buffet végétarien à volonté. Pour AU$6 de plus, laissez-vous tenter par un film après le dîner, confortablement allongé sur un fauteuil exceptionnel.

Fruits de mer

■ **SYDNEY FISH MARKET. Bank Street, Pyrmont.** Passage indispensable pour tous les amoureux de fruits de mer et de poissons. Outre les fish and chips, vous pourrez y déguster des plats plus élaborés à des prix raisonnables. C'est le plus grand marché aux poissons de l'hémisphère Sud. La galerie commerciale du bord de mer offre une grande variété de restaurants et de terrasses. En dégustant un plateau de fruits de mer ou des fish & chips achetés au marché (des tables sont aménagées à cet effet sur les planches du port), on se trouve assailli par des mouettes criardes et d'énormes pélicans au bec rose. Quelques prix : huîtres de roche de Sydney AU$13 la douzaine, moules aux lèvres vertes AU$9 le litre, homards vivants à AU$25 le kilo, crabes géants de Tasmanie (vraiment impressionnants) AU$35 le kilo, anguilles AU$8 le kilo, barramundi (le fameux poisson des rivières du Nord) AU$22 le kilo, poisson perroquet AU$18 le kilo. Mais, il y a aussi une foule d'autres poissons, comme le ling australien, des bébés pieuvres, des leather jackets, des snappers, des king fish, des truites dorées et des truites de Tasmanie, des moon-fish, des petits mud crabs (crabes de vase) très bons, sans oublier les coquilles Saint-Jacques que l'Australie exporte surgelées en masse en France et que l'on trouve facilement à Carrefour !

■ **A FISH CALLED PADDO. 239 Glenmore Road, Paddington ✆ (02) 9326 9500.** *Moins de AU$40, BYO.* Situé au croisement des Five Ways, en plein cœur du quartier typique de Paddington, cet agréable petit restaurant propose des recettes de poissons et de fruits de mer originales, à acheter au poids, pour un prix relativement raisonnable.

■ **GOLDEN CENTURY. 393 Sussex Street, Haymarket ✆ (02) 9212 3901 –** *Environ AU$40, BYO.* Toujours bondé, dû à l'excellente cuisine cantonaise et aux prix abordables. Vous pourrez choisir votre poisson ou votre crustacé vivant dans un aquarium avant de le déguster. Gage de qualité : beaucoup de professionnels de la restauration viennent y déjeuner.

■ **DOYLE'S ON THE BEACH. 11 Marine Parade, Watsons Bay ✆ (02) 9337 2007 –** *Restaurant-brasserie, environ AU$50. Ouvert à midi et le soir tous les jours. Réservation indispensable.* Demandez une table à l'extérieur, près de l'eau, et vous serez récompensé par l'une des plus magnifiques vues sur les lumières de la ville le soir, ou sur les bateaux et les baigneurs le jour. A la carte, des snappers, barramundis et saumons de Tasmanie. Le serveur proposera de griller ou frire votre poisson. Pour les gourmets, de grands plateaux de fruits de mer et des mud crabs.

Bonnes tables (de AU$40 à plus de AU$100)

■ **OTTO. 6 Cowper Wharf Road, Woolloomooloo ✆ (02) 9368 7488 – www.ottoristorante.com.au** – *Environ AU$60.* Situé le long du pittoresque Finger Wharf de Woolloomooloo, ce restaurant fréquenté par les stars propose une cuisine italienne moderne et savoureuse.

■ **MCA CAFÉ. 140 George Street, The Rocks ✆ (02) 9241 4253.** *Environ AU$40.* Situé entre les Rocks et l'eau : réservez une table à l'extérieur et savourez une des meilleures vues de Sydney. Cuisse de canard braisée, friture de moules et d'épinards. Les pâtes à la sauce de champignons sauvages méritent une mention spéciale. On peut aussi se contenter d'une tranche de cake aux poires et au gingembre, à l'extérieur, sous les ombrelles couleur crème.

■ **BILLY KWONG. 355 Crown Street, Surry Hills ✆ (02) 9332 3300.** *Environ AU$60, BYO.* Excellent restaurant chinois branché au cœur du quartier animé de Surry Hills. Cuisine à la fois traditionnelle et avant-gardiste et de très haute qualité utilisant une majorité de produits organiques. Ne prennent pas de réservations.

■ **BATHERS' PAVILION. 4 The Esplanade, Balmoral Beach ✆ (02) 9969 5050** – *De AU$45 au café à minimum AU$90 au restaurant (menu dégustation à partir de AU$135).* Ancien Q. G. des sauveteurs en mer, presque les pieds dans l'eau, ce bâtiment a été reconverti en un café et restaurant de luxe, offrant une cuisine australienne revue et corrigée à la mode asiatique. Des saveurs nouvelles et une vue imprenable sur Balmoral Beach. Réservation recommandée. Le soir, on voit par la fenêtre le filet antirequin sur lequel viennent se percher les mouettes pour la nuit. Fréquenté par des publicistes de la télévision. C'est tout le charme de l'excellente cuisine australienne actuelle, qui marie les bons produits du pays à un savoir-faire français relevé de goûts exotiques.

■ **BAYSWATER BRASSERIE. 32 Bayswater Road, Kings Cross ✆ (02) 9357 2177.** *Environ AU$50.* Un peu à l'écart de la trépidante Darlinghurst Street, la Bayswater Brasserie offre, dans un cadre branché, divers plats cuisinés. Essayez des huîtres au bar en attendant. La spécialité est le saumon aux fines herbes.

■ **BISTRO LULU. 257 Oxford Street, Paddington ✆ (02) 9380 6888.** *Environ AU$50.* Meilleur bistrot dans ce quartier branché. Clientèle moyenne d'âge 35 ans. Le samedi c'est un bon choix à midi lors d'une visite aux Paddington Markets.

■ **OH ! CALCUTTA ! 251 Victoria Street, Darlinghurst ✆ (02) 9360 3650.** *Compter AU$50.* Un très bon restaurant indien.

■ **TABOU. 527 Crown Street, Surry Hills ✆ (02) 9319 5682.** *Environ AU$45. Ouvert tous les soirs et à midi du lundi au vendredi.* Accueil façon bistrot du coin à la française. On ne s'en lasse jamais !

■ **THE BOWER. Marine Parade, Fairy Bower, Manly ✆ (02) 9977 5451.** *Ouvert tous les jours de 7h à 15h.* Un des must pour prendre son brunch face à la mer. Ce restaurant à la mode est situé sur l'esplanade, entre la grande plage de Manly et Shelly Beach. Vous pouvez y accéder en longeant la corniche à droite de la grande plage. N'y allez pas sans réserver une table en terrasse (spécialement le week-end où il faut parfois attendre une heure pour obtenir une table).

■ **MANLY WHARF HOTEL. East Esplanade, Manly Wharf ✆ (02) 9977 1266.** La situation de ce restaurant est spectaculaire, donnant directement sur l'eau à Manly. Bonne cuisine à prix abordables, environ AU$45.

Luxe

■ **BISTRO MONCUR. Dans le Woollahra Hotel, au coin de Queen et Moncur Streets, Woollahra ✆ (02)9363 2519.** Tenu par le célèbre chef Damien Pignolet, ce restaurant ne déçoit jamais avec ses plats simples mais toujours superbement exécutés. Desserts exceptionnels. Clientèle raffinée du coin.

■ **CLAUDE'S. 10 Oxford Street, Woollahra ✆ (02) 9331 2325.** *A partir de AU$120, menu gastronomique à AU$150.* Le chef et propriétaire, Tim Pak Poy, voit régulièrement son établissement élu parmi les meilleurs restaurants de Sydney. Réservation indispensable.

■ **ICEBERGS DINING ROOM AND BAR. 1 Notts Avenue, Bondi Beach ✆ (02) 9365 9000.** *Environ AU$80.* Perché sur les rochers au-dessus de la plage de Bondi, avec des vues saisissantes. Cuisine méditerranéenne moderne. Le bar aussi vaut le détour.

LUCIO'S. A l'angle d'Elizabeth et Windsor Streets, Paddington © (02) 9380 5996. Une belle collection d'art contemporain sublime la cuisine italienne sophistiquée.

MARQUE. 355 Crown Street, Surry Hills © (02) 9332 2225. Il a la réputation d'être le meilleur restaurant français à Sydney...

THE PIER. 594 New South Head Road, Rose Bay © (02) 9327 6581. *Environ AU$80.* Un restaurant chic en bord de mer, fréquenté par des politiciens et hommes d'affaires. Une carte où le poisson est la vedette, préparé de diverses manières. Filet de thon à la japonaise aux nouilles de concombre et salade de mangues, fruits de mer. Le service est excellent, et la vue sur Rose Bay, superbe.

YOSHI. 115 Harrington Street © (02) 9247 2566. *Dîner entre AU$100 et AU$120.* Cuisine japonaise contemporaine, dite la meilleure à Sydney.

LEVEL FORTY ONE. The Chifley Tower, 2 Chifley Square, Sydney © (02) 9221 2500. *A partir de AU$120.* Situé au 41e et dernier étage de la Chifley Tower (d'où son nom), ce restaurant est un joyau incrusté dans un écrin somptueux. Vous en garderez un souvenir inoubliable.

Cuisine australienne moderne

Votre séjour à Sydney sera l'occasion rêvée pour goûter à la cuisine Modern Australian, plus communément appelée Mod Oz ou Fusion. Généralement gastronomique, vous y découvrirez un mélange exceptionnel de saveurs européennes, d'épices asiatiques et de produits australiens.

ROCKPOOL. 107 George Street, The Rocks © (02) 9252 1888 – *Environ AU$100, avec menu dégustation à AU$160.* Impossible de parler des meilleurs restaurants à Sydney sans mentionner Rockpool, tenu par le célèbre chef Neil Perry, l'un des créateurs de la cuisine australienne moderne.

SAILS ON LAVENDER BAY. 2 Henry Lawson Avenue, McMahons Point © (02) 9955 5998 – *Ouvert à midi tous les jours sauf lundi et le soir du mardi au samedi. Sur l'embarcadère de McMahon, presque en face du Circular Quay. Prendre le ferry sur jetty n° 6 ou un Water Taxi.* Vue formidable sur l'Opéra et le Coathanger.

DEEP BLUE BISTRO. 56 Carrstreat Street, Coogee Beach © (02) 9315 8811. Le menu dégustation Outback est exceptionnel, et vous fera découvrir des saveurs uniques pour AU$100, vin compris.

GUILLAUME AT BENNELONG. Sydney Opera House, Bennelong Point © (02) 9241 1999 – Cuisine moderne australienne de très bonne qualité, environ AU$100. La clientèle est surtout composée de touristes venus après un spectacle à l'Opéra. Réservation indispensable.

QUAY. Upper Level, Overseas Passenger Terminal, West Circular Quay, The Rocks © (02) 9251 5600 – *Environ AU$100.* Si vous voulez l'expérience « quintessencielle » de Sydney, ne cherchez plus. Appréciez une cuisine délicieuse combinée à des vues inoubliables de l'Opéra. Réservation indispensable.

LONGRAIN RESTAURANT & BAR. 85 Commonwealth St, Surry Hills © (02) 9280 2888 – Cuisine moderne thaie très en vogue, où vous êtes assis sur des bancs et partagez une longue table avec d'autres gastronomes. Parfait pour faire des connaissances. Ne prennent pas de réservations, mais offrent un espace bar pour attendre confortablement.

SORTIR

Sydney a la réputation d'avoir l'une des plus intéressantes vies nocturnes du monde. Les événements sont annoncés dans les journaux gratuits que l'on trouve dans les magasins de disques et chez les libraires. En ce moment, le grand chic consiste à ne pas aller se coucher après une nuit blanche.

La tournée des pubs est aussi intéressante pour écouter de la musique. Tous les grands groupes australiens, y compris INXS et Midnight Oil, ont fait leurs classes dans les pubs de Sydney.

Les passionnés de jazz ne seront pas déçus par le Basement © (02) 9251 2797 – www.thebasement.com.au – 29 Reiby Place (près de Circular Quay) ; Soup Plus © (02) 9299 7728 – 383 George Street, City ou le Side On Cafe © (02) 9516 3077 – 83 Parramatta Road, Annandale.

Bars

▪ **COCK'N BULL. 89 Ebsley Street, Bondi Junction ✆ (02) 9389 3004.** L'un des meilleurs pubs irlandais de Sydney. Spécialement les jeudis soir quand la piste de danse en bas est ouverte. Entrée gratuite.

▪ **MERCANTILE. 25 George Street, The Rocks ✆ (02) 9247 3570.** Le Mercantile est incontestablement le plus célèbre des pubs irlandais d'Australie. Le soir, ça déborde de partout et les gens envahissent la rue, bière à la main, pour faire la conversation. Si vous avez la chance d'être à Sydney un 17 mars, ne manquez pas la Saint-Patrick Day au Mercantile.

▪ **ORIENT. 89 George Street, The Rocks ✆ (02) 9251 1255.** *Night-club les vendredis et samedis jusqu'à 4h du matin.* Commencez la soirée avec un king size T-bone steak (600 g).

▪ **EXCELSIOR. 64 Foveaux Street, Surry Hills ✆ (02) 9211 4945.** *Ouvert jusqu'à minuit en semaine.* L'Excelsior est le genre de pub qui regroupe une faune très hétéroclite. Bonnes bières.

▪ **DARLO BAR. Au coin de Liverpool Street et Darlinghurst Road, Darlinghurst ✆ (02) 9331 3672.** *Ouvert tous les soirs jusqu'à minuit.* Un pub de quartier très populaire.

▪ **BALD ROCK. 17 Mansfield Street, Balmain ✆ (02) 9818 4792.** Un des nombreux pubs de Balmain plein de caractère.

▪ **MARLBOROUGH HOTEL. 145 King Street, Newtown ✆ (02) 9519 1222 –** Les habitués l'appellent Marly. Au cœur de Newtown, avec une terrasse dont la vue donne sur King Street, c'est l'endroit idéal pour boire une bière après une journée de travail ou de visites.

▪ **GREEN PARK HOTEL. 360 Victoria Street, Darlinghurst ✆ (02) 9380 5311.** Un pub de quartier très chaleureux où les habitués aiment venir jouer au billard.

▪ **THREE WISE MONKEYS. 555 George Street, Sydney ✆ (02) 9283 5855 –** Un pub emblématique du centre-ville qui s'étend sur trois étages. Des groupes de musique s'y produisent tous les soirs. Le 3e étage est une piste de danse, souvent bondée le week-end.

▪ **PADDY MACGUIRE'S. Au coin de George et Hay Street, Haymarket ✆ (02) 9212 2111.** Un chaleureux pub irlandais situé en plein cœur de la City. Le pub idéal pour prendre un apéro après le bureau.

▪ **OPERA BAR. Sydney Opera House ✆ (02) 9247 1666 –** Sans aucun doute le bar le plus pittoresque de Sydney, avec une vue imprenable sur l'Opéra, Circular Quay et le Harbour Bridge. Souvent bondé en été, ce bar a les faveurs des touristes du monde entier.

▪ **MINUS 5. Shop 18, East Circular Quay, Sydney ✆ (02) 9251 0311.** Le bar le plus « cool » de Sydney. Ici la température ambiante est de -5° C. Passez la porte et enfilez un chapka et un épais manteau d'hiver, mis à disposition, et laissez-vous surprendre par ce décor surréaliste en dégustant un cocktail à base de vodka, accoudé au bar sculpté dans la glace. Le voyage a un prix : AU$30 pour y rester une demi-heure (cocktail inclus).

▪ **ESTABLISHMENT. 252 George Street, City ✆ (02) 9240 3000.** *Le jeudi soir, champagne gratuit de 17h à 19h donc souvent bondé.* C'est là où se donnent rendez-vous les employés de la City après leur longue journée de travail.

Discothèques

▪ **HOME. 101 Wheat Road, Cockle Bay, Darling Harbour ✆ (02) 9266 0600 –** *Entre AU$20 et AU$50 dollars l'entrée.* La plus grande discothèque d'Australie, avec une capacité de 2 000 personnes. DJ locaux et internationaux s'y succèdent. La musique et la clientèle varient selon le jour (vérifier à l'avance). Toujours bondée, avec des milliers de clubbers se trémoussant sur la piste de danse.

▪ **TANK CLUB. 3 Bridge Lane, Sydney ✆ (02) 9240 3094 –** *Entre AU$15 et AU$30 l'entrée.* L'une des discothèques les plus en vogue actuellement. Clientèle jeune et internationale. Très bonne musique électronique.

▪ **THE CHINESE LAUNDRY. 111 Sussex Street, Sydney ✆ (02) 8295 9950 –** *Environ AU$20 l'entrée.* Une boîte branchée au décor d'inspiration asiatique où vous pourrez apprécier des sets de DJ talentueux.

BEACH ROAD HOTEL. 71 Beach Road, Bondi ✆ (02) 9130 7247. *Entrée gratuite.* Un des plus grands pubs de Sydney. On est sûr d'y trouver ce qui nous convient, il suffit de chercher la bonne salle. Au rez-de-chaussée, le bar est énorme et facilement accessible. A l'étage, vingt-trois tables de billard attendent le client. Sur l'estrade les groupes se succèdent, réservant parfois quelques bonnes surprises. Meilleures soirées, les mercredis soir.

THE BOURBON. 24 Darlinghurst Road, Kings Cross ✆ (02) 9358 1144 – *Entrée gratuite.* Ouvert toutes les nuits jusqu'à 4h du matin pour manger, boire ou danser, le Bourbon propose deux pistes de danse. Ce n'est certainement pas le pub typiquement australien, mais ce n'est pas surprenant à Kings Cross qui n'est pas non plus une banlieue typiquement australienne.

CARGO BAR. 52-60 The Promenade, King Street Wharf, Darling Harbour ✆ (02) 9262 1777 – *Entrée gratuite.* Un bar où règne tous les soirs une bonne ambiance. Les prix des boissons sont raisonnables, et il n'y a pas de droits d'entrée.

MARS LOUNGE. 16 Wentworth Avenue, Surry Hills ✆ (02) 9267 6440 – www.marslounge.com.au – *Entrée payante.* Un bar de quartier chic et très animé les soirs du week-end.

ÜBER BAR. Coin de Playfair et Argyle Streets, The Rocks ✆ (02) 9247 7785 – www.lowenbrau.com.au – *Entrée gratuite.* Au premier étage du pub allemand Löwenbräu, ce petit bar offre une piste de danse bien fréquentée.

WORLD BAR. 24 Bayswater Road, Kings Cross ✆ (02) 9357 2755 – www.theworldbar.com.au *Entrée gratuite.* Un bar fréquenté par les backpackers de Kings Cross, principalement par les jeunes Britanniques. On peut y boire notamment des théières remplies de cocktails, à des prix abordables.

THE VERANDAH BAR. 60 Castlereagh Street, Sydney ✆ (02) 9238 0888 – *Entrée AU$20.* Ce bar chic fréquenté par les jeunes des quartiers Est plaira aux amateurs de R'n'B et de rap. Ambiance électrique le samedi soir.

SIDE BAR. 509 Pitt Street, Sydney ✆ (02) 9288 7888. *Entrée gratuite.* Il appartient à une auberge de jeunesse, vous y trouverez donc une faune internationale et bigarrée. Les boissons y sont peu chères, et vous passerez à coup sûr une bonne soirée pleine de rencontres.

GREENWOOD HOTEL. The Greenwood Plaza, 36 Blue Street, North Sydney ✆ (02) 9964 9477. Construit dans une ancienne école en plein cœur de North Sydney, après le Harbour Bridge, le Greenwood est un des bars les plus populaires de la ville. Une ambiance branchée, un cadre sympa avec une terrasse agréable. Les jeudis et samedis soir réservent des nuits des plus à la mode.

BROOKLYN HOTEL. Cnr George and Grovenor Streets, City, tout près du Stock Exchange ✆ (02) 9247 6744 – L'un des derniers pubs des golden boys, un rien snob. Un party bar où vous pouvez manger, boire et danser bénéficiant de prix Happy Hour tous les soirs !

Gay & lesbien

Sydney est la capitale arc-en-ciel de l'Australie, en passe de devenir la destination n° 1 du tourisme gay mondial avec l'annuelle et médiatique Sydney Gay and Lesbian Mardi Gras Party en mars de chaque année. Ce n'est pas exagéré d'affirmer que Sydney est la ville de rêve des gays et lesbiennes : elle compte une communauté gay forte et active, un climat presque parfait toute l'année, une reconnaissance publique des lois anti-discrimination et surtout une nightlife non-stop ! En général les gens de Sydney sont «easy-going» (c.-à-d. très cools) et accueillent les étrangers à bras ouverts. Sydney présente également une telle diversité culturelle qu'elle offre à tout moment matière à réjouissance, entre autres, les festivals multiculturels. Il n'y a pas une culture ou subculture exclue : la St Patrick, La Nouvelle Année chinoise, le Festival vietnamien, le Festival latino-americain, le 14-Juillet (Bastille Day), Sydney Gay and Lesbian mardi gras, le Carnaval brésilien…

Le cœur de la scène gay est Oxford Street : en journée, traînez dans ses bars pour observer une foule bigarrée, et le soir, laissez-vous tenter par ses autres nombreux bars et clubs branchés où les drag queens se mêlent aux leather boys, banlieusards, fêtards, lesbiennes, transsexuels, bisexuels…

Dans les banlieues inner-west se trouvent également un centre gay actif entre Newtown et Leichardt, dont la curiosité principale est le Imperial Hotel à Erskineville, le fameux pub où se joue depuis des années le drag queen show le plus réputé : « *Priscilla Princesse du Désert* ».

Il existe deux hebdomadaires gay gratuits que vous récupérerez dans les bars et réceptions d'hôtels et qui vous informeront sur les événements gays principaux : le *Sydney Star Observer* et le *SX Magazine.*

Boire un verre

- **TILLBURY. 12-18 Nicholson St (cnr Forbes St), Woolloomoolo ✆ (02) 9368 1041 – www.tilburyhotel.com.au –** Lieu de rendez-vous branché chaque dimanche de 16h à 19h ; l'élite des internautes gays se retrouvent pour se montrer, boire un pot avec les amis ou tout simplement pour chasser le regard d'un passant ! Dress code : absolument trendy et chic ! La terrasse en haut est géniale !

- **SLIDE. 41 Oxford St ✆ (02) 89151899 – www.slide.com.au –** Le dernier cri à Oxford street. Bar, restaurant et club (patronne du restaurant : Claire de Lune, la dragqueen la plus réputée de Sydney). Un endroit très chic « à la Buddha bar, Paris » ; commencez avec un cocktail, suivez avec un dîner dans le restaurant de Claire et finissez sur la piste de danse dans un décor design et une atmosphère sympa. Ne pas manquer le Special Sunday AU$60 qui inclut un menu fixe dégustation et dragshow de Claire de Lune.

- **GREEN PARK HOTEL. 360 Victoria St, Darlinghurst ✆ (02) 9380 5311 – www.green-park-hotel.com –** Lieu branché gay friendly, chic, prix très raisonnables ; pool tables. Foule la plus sympa les vendredi et dimanche soir !

- **VICTORIA ROOM. 235 Victoria St, Darlinghurst ✆ (02) 9357 4488 – www.thevictoriaroom.com –** Lounge bar/restau très classe, le who's who de Sydney super branché pour rencontrer des amis avant d'aller en boîte les vendredi et samedi soir.

- **THE COLOMBIAN HOTEL. Angle Oxford and Crown st, Darlinghurst ✆ (02) 9360 2151 –** Il est nouveau, aux iconographies faussement sud-américaines ; la foule est mixe : gays, lesbiennes et hétéros ; sympa pour un verre ou même danser au 1er étage. The best, les vendredi et samedi après 21h.

- **MIDNIGHT SHIFT. 85 Oxford St Darlinghurst ✆ (02) 9360 4319- www.themidnightshift.com –** *Busy jour et nuit et nuit et jour, l'institution de la Oxford St, 2 étages, boys only le samedi ; horaires d'ouverture : Downstairs : 7j/7, de 12h à très tard la nuit. Upstairs : jeudi – dimanche, de 23h à 6h.*

Clubs

- **PALMS. Oxford Street.** Boîte gay friendly aux rythmes des années 70, 80, 90 ; difficile de rentrer après minuit, mieux vaut s'y pointer avant !

- **MANACLE. Taylor's Square.** Surtout pour les Cuirs, Bears and cubs, qui aiment les bécanes, le cuir et les ours ! Visiteurs plus âgés que la moyenne.

- **ARQ. 16 Flinders Street, à à peine 100 mètres de Taylor's Square ✆ (02) 9380 8700 – www.arqsydney.com.au –** La disco must de Sydney ! Propose deux pistes de danse, les drag queen shows les plus populaires et des soirées à thème spectaculaires en permanence.

Dix suggestions d'activités gratuites

- **Découvrez** les écrivains de la Aussie Writer's Walk autour de Circular Quay.
- **Joignez-vous** à une visite guidée des Jardins botaniques royaux à 10h tous les jours, ou à une visite guidée politique de la Parliament House.
- **Flânez** jusqu'à Darling Harbour, centre de loisirs, de restaurants et de boutiques.
- **Promenez-vous** dans les rues colorées et exotiques du petit Chinatown.
- **Traversez** le Harbour Bridge à pied, vue panoramique sur la City.
- **Assistez** à un match de foot australien ou de cricket le week-end en banlieue.
- **Faites** du footing sur les rochers entre Bondi et Bronte, vues sur l'océan.
- **Admirez** les couleurs d'un lever de soleil sur l'Océan Pacifique.
- **Cherchez** les opossums sauvages de Hyde Park à la tombée de la nuit.

THE IMPERIAL HOTEL. 35 Erskineville Road, Erskineville ✆ (02) 95199899 – www.theimperialhotel.com.au – Le meilleur du Drag show de Sydney au Priscilla's Bar (la salle intime de Cabaret), entre 22h et 2h du matin, les vendredi et samedi, au moins 5 shows par soir ; où figurait Claire de Lune régulièrement à ses débuts ! L'ambiance bat son plein les vendredi et samedi après minuit et les dimanche après 22h.

GAS NIGHTCLUB. 477 Pitt Street, Haymarket. Le tout dernier nightclub très style avec un décor extraordinaire, plusieurs dance floors, mezzanine... Ne pas manquer les nuits de Gang Bang le dimanche.

THE NEWTOWN HOTEL. 74 King St, Newtown. Pour ceux que la glameur d'Oxford Street ne plaît pas trop. S'y retrouvent une foule de gays et lesbiennes plus relax pour boire un coup et apprécier les drag shows réguliers. Entrée gratuite.

MANIFESTATIONS

- **Janvier.** Festival de Sydney, pendant tout le mois – www.sydneyfestival.org.au – The Australia Day Surf Classic
- **Février-mars.** Mardi gras, parade de gays et lesbiennes à Darlinghurst (informations :✆ (02) 9557 4332 – www.mardigras.org.au). Courses de bateaux du « dragon chinois » et Chinese New Year – www.sydneychinesenewyear.com.au
- **Mars.** The Golden Slipper, courses hippiques, Rosehill
- **Avril.** Courses hippiques, Randwick
- **Juin.** Sydney International Film Festival – www.sydneyfilmfestival.org
- **Août.** The City to Surf Fun Run – http://city2surf.sunherald.com.au
- **Septembre.** The Rugby League Grand Final – www.nrl.com.au, Spring Carnival
- **Octobre.** Ouverture de la saison de cricket ✆ (02) 9360 6601 – www.sydneycricketground.com.au
- **Décembre.** Yacht Race Sydney-Hobart, départ le jour du Boxing Day – www.rolexsydneyhobart.com

Les partys gays et lesbiens

- **Sleaze Ball.** A l'origine fundraiser pour le Sydney Gay and Lesbian Mardi Gras et maintenant l'événement gay de l'année à Sydney qui regroupe 18 000 personnes en une nuit.
- **Inquisition.** La cérémonie de clôture du Leather Pride Week, the « gayest » party au Dome and Kensington halls au Royal Agricultural Showground à Paddington (R.A.S.). Beaucoup de cuir et de chair ! Il faut acheter les tickets à l'avance !
- **Hand in Hand « on heat ».** Un fundraiser contre le Sida, organisé par le AIDS Council of NSW, chaque année le samedi soir du long week-end du Queens Birthday en juin.

POINTS D'INTÉRÊT

Balades

- **Tours de la baie de Sydney.** La ville n'est jamais aussi belle que vue de l'eau. Si les traversées en ferry offrent d'intéressants panoramas sur le plus beau port du monde, rien ne vaut une vraie balade en bateau pour voir de plus près les coins et recoins de la baie de Sydney, les petites îles, les bâtiments historiques et les riches villas sur ses rives. Les jours de régates, ou tout simplement en fin de semaine, quand les voiles et les spinnakers y ajoutent couleurs et mouvement, le spectacle est grandiose. Les ferries partent de Circular Quay et les bateaux de Circular Quay, Darling Harbour et King Street Wharf.

Plages. Aussi bien au sud qu'au nord de Sydney s'étendent des kilomètres de plages superbes. Aisément accessibles, elles se prêtent toutes admirablement à la pratique du surf. Vers le sud, les plages de Coogee, Bronte et Maroubra. La célèbre Bondi n'est qu'à vingt minutes en bus 380 ou L82 du centre-ville. Bordant la pointe nord de la baie de Sydney, celles de Manly (15 min en JetCat du centre-ville) donnent sur le Port Jackson et sur l'océan. Les plages de surf patrouillées par les life-savers (gardes) incluent Curl Curl, Avalon, Palm Beach au nord et Cronulla au sud.

Centre-ville

Pour tous les sites et monuments, se reporter plus loin aux rubriques concernées pour l'adresse exacte, les horaires et les éventuelles tarifications des visites.

Circular Quay. Plus communément appelé The Quay, c'est l'endroit précis où la First Fleet s'établit en 1788 après une traversée de neuf mois. Aujourd'hui, c'est un lieu charmant d'où partent les ferries pour les rives nord du Harbour et les plages de Manly. C'est aussi le départ principal des bus, dont le rouge Sydney Explorer et le bleu Bondi Explorer. Dans la journée, une foule très hétéroclite y déambule : écoliers en uniforme strict, flanelle grise et jupe plissée écossaise, touristes japonais, joueurs de didjeridu et autres spectacles de rues. Le soir, le Circular Quay illuminé devient une féerie sur l'eau et les « toits voiles » de l'Opéra prennent un nouveau relief. Tous les week-ends, les quais sont animés par des jongleurs, des musiciens, des mimes, des joueurs de didjeridoo…

Le City Centre n'étant qu'à dix minutes à pied, le Quay est un bon point de départ pour explorer la ville. La promenade suivante, longue d'environ 2 km, peut être combinée avec une visite de l'Opéra. En quittant Circular Quay, se diriger vers le bas de Macquarie Street. La rue est un peu raide, mais permet d'apercevoir quelques bribes de l'histoire de Sydney. En partant du bas de la côte, on voit à droite le Conservatorium of Music. Plus loin, à gauche, deux élégantes « terrace houses » historiques et le Royal College of Physicians. A gauche, la State Library.

Dans Macquarie Street, vous découvrirez la Parliament House, le Mint et, au bout, les Hyde Park Barracks et St Mary's Cathedral. A gauche de Macquarie Street, on peut visiter les Royal Botanic Gardens et The Domain. Ce dernier est encore un jardin où s'entraînent footballeurs et autres rugbymen. Au bout des Royal Botanic Gardens qui donnent sur la baie, l'Opéra de Sydney à Bennelong Point est tout simplement admirable et semble flotter sur les eaux. Pendant l'entracte, trempez vos lèvres dans une coupe de champagne australien en admirant la vue du foyer qui donne sur le Harbour. Longez ensuite le Circular Quay vers les Rocks en suivant les citations de grands écrivains comme Patrick White, gravées sur des plaques dans la chaussée. Elles mènent jusqu'au nouveau Museum of Contemporary Art. Anciennes prisons, les dépôts maritimes au bout des quais ont été reconvertis en restaurants avec terrasses, et les musées et galeries d'art ont remplacé les postes de police.

The Rocks

C'était le village originel des premiers colons arrivés d'Angleterre, il y a deux siècles. Ces rochers de « sandstone » ont donné leur nom au quartier. Lovés à l'extrême sud du Harbour Bridge face à l'Opéra, les Rocks sont un quartier très populaire auprès des touristes pour son shopping et ses restaurants. Un marché en plein air a lieu tous les week-ends de 10h à 17h au bout de George Street vers le pont, animé par des musiciens de tous genres. Il se passe toujours quelque chose aux Rocks, que ce soit de la musique dans les nombreux pubs, des concerts gratuits ou du théâtre de rue. Vous pouvez prendre des cartes de tours au Sydney Visitor Centre, 106 George Street ✆ (02) 9255 1788.

Près de Circular Quay, le Museum of Contemporary Art avec son agréable terrasse de cafétéria, lieu de rendez-vous branché. Un peu plus loin, au 110 George Street, le Cadman's Cottage est la plus ancienne habitation de Sydney et maintenant le centre d'information des National Parks and Wildlife Service.

Au bout de Argyle Street qui monte par les Rocks, Argyle Place, entourée de quelques beaux spécimens de « homes » du XIXe siècle ressemble à un ancien village de la vieille Angleterre. Tout près, l'église Garrison Church, construite en 1840, et deux parmi les plus vieux pubs de l'Australie, le Hero of Waterloo, dans Lower Fort Street, et le Lord Nelson Hotel, près d'Argyle Place, valent une visite.

Sur l'Observatory Hill tout proche, le Sydney Observatory permet de rechercher la Croix du Sud au télescope.

En poussant jusqu'au Harbour Bridge (appelé affectueusement le Coathanger, « le cintre »), on peut monter dans le pylône sud-est tous les jours de 10h à 17h. C'est le point de vue original de Sydney, avec un musée sur l'histoire et la construction du pont. Le chemin pédestre sur le pont avant d'arriver au pylône est assez long et les deux cents marches bien raides, mais la vue est splendide à 87 mètres au-dessus de la baie ! Pour traverser le pont à pied compter environ 20 minutes, avec possibilité de retour par ferry de Luna Park ou métro de North Sydney.

Vous pouvez aussi grimper tout en haut du pont grâce au BridgeClimb (voir « Visites guidées » dans « Pratique »). Les Sydneysiders ne se lassent pas de rappeler que Paul Hogan, l'acteur principal de « *Crocodile Dundee* », avait travaillé à ses débuts comme peintre sur ce même pont.

La City

Les rues principales sont numérotées à partir du Harbour donc la numérotation commence près de Circular Quay et remonte jusqu'à Central Station.

Sydney Tower et Skywalk. « Centrepoint » pour les Sydneysiders est à l'angle de Pitt et Market Streets. Ouvert de 9h à 22h30, avec accès par le Podium Level, entrée sur Market Street. Vous pouvez accéder à la plateforme d'observation panoramique (AU$24 par adulte et AU$14 par enfant). Vous pouvez également tenter la balade en extérieur au sommet de la tour (AU$109 par adulte et AU$85 par enfant). Du sommet de l'Observation Deck, à 250 mètres d'altitude, la vue est époustouflante et s'étend jusqu'aux Blue Mountains. Pour bien situer la ville et ses environs, y allez au début ou à la fin de votre séjour. C'est aussi l'endroit pour savourer les couchers de soleil magiques de Sydney.

Sur Macquarie Street, le Sydney Hospital. Appelé « l'hôpital de Rhum » car il fut construit en 1814 moyennant une concession exclusive d'importation de rhum. Plus tard ses ailes sont devenues le Mint d'un côté et, de l'autre, la State Parliament House. Tout près, la State Library of NSW est en fait un véritable centre culturel. Tour gratuit à 11h le mardi et 14h le jeudi. Au bout de Macquarie Street, les Hyde Park Barracks, bâties en 1819 sans la permission de Londres pour loger jusqu'à six cents convicts, et conçues par l'architecte-forçat Francis Greenway.

Martin Place, face à Sydney Hospital, est une zone piétonnière avec, au centre, un amphithéâtre où se donnent en semaine, de 12h à 14h, des concerts gratuits de musique en tout genre, africaine ou de jazz. En semaine, rejoignez les employés de bureau pour déjeuner dans un vaste et excellent food hall au rez-de-chaussée du MLC Centre.

Les Royal Botanic Gardens sont ouverts de 7h à 17h en hiver et de 7h à 20h en été. Accessibles par Macquarie Street ou à côté de l'Opéra, ils forment une véritable oasis tropicale remplie d'ibis blancs au cœur de la ville. Les jardins furent créés en 1816 par les convicts et recouvrent 30 hectares. Prévoir deux ou trois heures pour la visite. Les photos les plus spectaculaires de l'Opéra sont prises d'ici. Visites guidées gratuites à 10h30 tous les jours sauf jours fériés.

Enfin, Chinatown, à l'extrémité sud de la City, déborde d'activité avec une foule de petits restaurants bon marché, chinois et japonais.

Darling Harbour et Cockle Bay

Ce sont soixante hectares de parcs paysagers de jardins et de musées, un gigantesque centre commercial chic aux boutiques de souvenirs, aux innombrables restaurants pour toutes les bourses, ouvrant sur la promenade au bord de l'eau, et avec vue directe sur la City qui lui fait face. On y présente des spectacles gratuits tous les week-ends et il y a plein de choses à faire jour et nuit. Informations sur place au bureau de Sydney Visitor Centre ✆ (02) 92810788, à côté de l'Imax cinema.

De la City, on peut soit s'y rendre à pied (10 minutes), en monorail, ou prendre un ferry à partir de Circular Quay. Le bus Sydney Explorer fait plusieurs arrêts dans le quartier : n° 16, 20, 21 et 22.

Du côté City, on arrive sur le Sydney Aquarium. *Ouvert tous les jours de 9h à 22h.* Des promenades impressionnantes sous les eaux peuplées de créatures des mers du Sud. Outre les requins, les grandes raies et les phoques, noter l'océanarium exquis de la Grande Barrière de corail et de belles expositions sur les ornithorynques.

Comme vous êtes sur le port, passez par le National Maritime Museum, entrée libre de 9h30 à 17h. A l'ouest du Pyrmont Bridge, c'est un musée qui met en scène le rapport à la mer des Australiens. Un petit tour de Cockle Bay finit avec l'Imax Theatre qui passe pour le plus grand écran au monde et qui projette des films en 3D pour AU$18.

Pour les cafés ou souvenirs, allez traîner dans le Harbourside Shopping Centre. Il comprend des centaines de boutiques et de restaurants donnant sur l'eau. Si vous avez besoin de repos, faites un passage au Chinese Garden, véritable oasis de calme et de méditation derrière ses hautes murailles. Ouvert tous les jours de 9h30 à 17h, avec un salon de thé. Très zen.

Les « inner-City suburbs »

Kings Cross. A l'origine nommé Queen's Cross en l'honneur de la reine Victoria, The Cross est le mini Pigalle de Sydney – en plus sûr – malgré les jeunes junkies qui se prostituent et les rassemblements de Harley chromées du samedi soir. Tout s'y trouve en promotion, des articles de sex-shops aux vrais diamants en passant par les produits biologiques d'un « fruitolo-gist ». C'est aussi le plus grand « centre de voyages » de l'Australie, regroupant un nombre incroyable de hostels (auberges) pour backpackers (littéralement des jeunes – et moins jeunes – qui voyagent sac au dos). A l'entrée du métro vous trouverez souvent des joueurs de didjeridoo et le samedi soir un groupe de musique religieuse vient s'y produire. Si vous désirez acheter ou vendre votre voiture, un marché, le Kings Cross Car Market (✆ 1800 808188 – appel gratuit – www.carmarket.com.au –) est ouvert tous les jours de 9h à 18h dans un parking au coin de Ward Avenue et Elizabeth Bay Road, accessible seulement par les voyageurs. Compter AU$70 la semaine. Pour accéder au Cross, prenez le train-métro sur la ligne des Eastern Suburbs, le Sydney Explorer Bus (arrêts 9, 10 et 11), les bus n° 311, 324, 325 et 327 de la City, ou allez à pied en montant la William Street à partir de College et Park Streets.

Le quartier chaud de Kings Cross ne dort jamais : boutiques, restaurants et boîtes de nuit le long de Darlinghurst Road y sont ouverts 24h/24. Les cars et les taxis klaxonnent et s'interpellent sans cesse. Dans le petit square à la jonction avec Macleay Street se trouve la fontaine El Alamein en forme de gros chardon. Les terrasses des nombreux cafés et eateries sont un parfait poste d'observation des oiseaux de nuit. Restaurant, pub, dancing, discothèque, on peut en effet y passer pas mal d'heures.

Pour étancher la soif de ces chaudes nuits australes, les « fruitologistes » et les glaces néo-zélandaises aux jus de fruits offrent une alternative moins alcoolisée que les tequilas et autres oyster shots des waters-holes branchés. La « café culture » s'y pratique aussi. De l'atmosphère enfumée du Piccolo Bar (Amsterdam) au Barons (Vienne), de Cafe Roma au Cafe Bagdad en passant par le blues du Cafe Zanzibar, c'est un vrai tour du monde. Bayswater Road est une autre rue bordée d'une foule de lieux nocturnes. Kellett Street, juste derrière le panneau lumineux Coca-Cola, abrite quelques petits restaurants calmes et romantiques. Cette rue est un véritable havre de paix dans un océan d'agressions visuelles et sonores.

Le lendemain, si vous avez encore de la force, poussez jusqu'à Elizabeth Bay House, 7 Onslow Avenue, Elizabeth Bay House est ouverte du mardi au dimanche. Bâtie dans les années 1830 et classée monument historique, elle fut connue à l'époque comme la maison la plus belle dans la colonie et aujourd'hui est l'un des meilleurs exemples de l'architecture coloniale.

Paddington

Au sud-est du centre-ville et axé sur Oxford Street se trouve Paddington (ou « Paddo ») qui, tout comme les Rocks, bénéficie d'une ambiance et d'un charme particuliers. Les rues sinueuses sont bordées de jolies terrace-houses qui, comme leur nom ne l'indique pas, sont des maisons mitoyennes à un étage. En pierre ou en brique, à toit de tôle ondulée (matériau fétiche en Australie), ces petites maisons de poupée sont remarquables par les somptueuses dentelles de fer forgé (ou plutôt de fonte) qui ornent balcons et vérandas. Ce quartier chic fait penser au Chelsea de Londres, à la Nouvelle-Orléans ou au Greenwich Village de New York. Pour y aller à partir de la City, prenez le bus 380 ou L82 de Circular Quay ou d'Elizabeth Street, ou le bus 378 de Central Station. Le village, bâti dans les années 1840, était à l'origine destiné aux ouvriers charpentiers et maçons employés à la construction des Victoria Barracks pour l'armée coloniale. Dans ces bâtiments de style Georgian (style anglais d'inspiration classique), le Army Museum est ouvert le jeudi à 10h, avant la cérémonie de la relève de la garde (on n'est pas anglo-saxons pour rien !). Des vestiges de l'ancien village sont encore visibles dans le périmètre compris entre les rues Shadforth, Prospect et Spring (demandez le dépliant des promenades à pied). Derrière les Barracks s'étendent le Sydney Football Stadium, le Sydney Cricket Ground – www.sydneycricketground.com.au – et enfin le Fox Studios – www.foxstudios.com.au – Ce dernier (attention ! c'est loin à pied) consiste en un centre commercial avec studios de productions professionnels, cinémas, cafés, restaurants et magasins divers. Les studios sont du dernier cri (Babe, Star Wars, Quiet American, Matrix, Moulin-Rouge) mais ne sont pas ouverts au public.

Tout en haut d'Oxford Street, l'énorme Centennial Park. Etabli en 1888, il a marqué le centenaire de la colonie. Avec une superficie de 220 hectares, il reçoit 3,6 millions de visiteurs par an. Ici on loue des chevaux ✆ (02) 9360 5650, des vélos ✆ (02) 9398 5027 et des rollerblades ✆ (02) 9380 6356. Pendant les jeux Olympiques les épreuves de marathon et de cyclisme eurent lieu dans le parc.

Paddington.

Terrace houses dans le quartier de Paddington.

Paddington.

Terrace houses dans le quartier de Paddington.

En revenant en direction de la City, le Paddington Market à l'église Uniting Church est un must. Les samedis de 10h à 16h, les jardins de l'église se remplissent de stands d'objets artisanaux, d'alimentation et d'une foule bigarrée un peu bohème.

Tout le reste d'Oxford Street est bordé de boutiques de mode (Alannah Hill, Von Trotska, Scanlan & Theodore, Bettina Liano, Hype, Diesel...), de cafés et de galeries d'art. Dans les petites rues autour d'Oxford Street se cache un véritable trésor de boutiques spécialisées : chocolatiers, cordonniers, galeries et certains des meilleurs couturiers australiens telles Collette Dinigan, Leona Edmiston et Sylvia Chan.

Si rien ne vous presse, faites un détour par les petites rues transversales qui rejoignent William Street. De nombreux pubs et cafés dans ce quartier en font l'endroit parfait pour se restaurer. En particulier, les Five Ways (jonction de cinq rues) sur Glenmore Road, à cinq minutes en bas d'Oxford Street, offre une bonne sélection de cafés, restaurants et le fameux Royal Hotel où l'on peut manger en terrasse.

En descendant Oxford Street vers la City, on passe devant le Paddington Town Hall, structure imposante bâtie en 1891 En face, la Paddington Post Office qui date de 1885. Tout à côté, mais se cachant derrière une haie, Juniper Hall, peut-être le pavillon le plus vieux de Sydney. Ce dernier fut construit en 1824 pour Robert Cooper, un convict qui eut 28 enfants et Qui fit fortune, entre autres, grâce à l'importation illicite de vins de France ! Plus bas Glenmore Road quitte Oxford Street sur la droite en direction de Five Ways. Bon nombre de galeries d'art se trouvent près d'ici, souvent dans les petites rues. Restant sur Oxford Street, des librairies comme Ariel et Berkelouw, ouvertes jusqu'à minuit tous les jours, des cinémas et aussi Mambo, un des magasins de surf les plus représentatifs à Sydney.

A partir de South Dowling Street, Oxford Street passe dans le quartier de Darlinghurst. Le caractère change ici, avec d'abord une multitude de restaurants ethniques et pas chers et puis, à partir de Taylor Square, le haut lieu des nuits branchées des jeunes Sydneysiders. Kinselas, une véritable institution, est incontournable si vous êtes jeune, beau et bronzé. Surplombant Taylor Square, ce bâtiment de trois étages, un ancien « funeral parlour », comprend trois bars, des billards et deux boîtes de nuit dont la disco la plus branchée de la ville au dernier étage. Dans la chaleur de la nuit, la plupart des garçons dansent torse nu. Darlinghurst est aussi le bastion de la communauté gay (assez importante) de Sydney et c'est l'itinéraire traditionnel le jour du Mardi gras.

Les Eastern suburbs

Rushcutters Bay. Tout près de Kings Cross (cinq minutes à pied) et considéré comme un des meilleurs endroits pour apprendre à naviguer.

Double Bay. Dans les premiers temps de la colonisation de Sydney, Double Bay était connue sous les noms variés de Dlendgulla, Keltie Bay et Blackburn Bay. Plus tard, on nomma la baie tout simplement Double Bay. Cette banlieue cosmopolite à l'atmosphère de village méditerranéen est le centre vital du shopping chic (et cher : « Double Pay ») des Eastern Suburbs. Pour y aller, prendre les bus 324 et 325 sur Elizabeth Street ou de Circular Quay, ou bien encore le train jusqu'à Edgecliff sur la ligne Eastern Suburbs, pour finir par une petite marche à pied le long de New South Head Road. Vous pouvez aussi vous rendre à Rose Bay, Vaucluse ou Watson Bay par les mêmes bus 324 et 325.

Bondi Beach. Située à une vingtaine de minutes à l'est du centre-ville. Pour y aller, prendre le bus 380 ou L82 de Circular Quay, Elizabeth Street ou Oxford Street jusqu'à Campbell Parade qui longe la plage. Bondi s'enorgueillit d'une atmosphère de carnaval. The Bondi Pavilion, ou le « Pav », est souvent le centre de diverses manifestations tout au long de l'année avec, en vedette, de la musique aborigène, sud-américaine ou africaine. Avec un peu de chance, vous y verrez aussi un carnaval de life-savers (maîtres nageurs, gardes de plage). Si vous êtes surfer, Bondi Beach est un bon spot. Sinon, après une baignade dans l'eau turquoise du Pacifique, grignotez un sachet de fish'n'chips en écoutant de la musique au Pav et en soignant votre bronzage. La plage de Bondi fut le lieu des compétitions de beach volley-ball pendant les jeux Olympiques de l'an 2000.

A quelques centaines de mètres au sud de Bondi, la petite mais très jolie plage de Tamarama, avec des vagues pour les bons surfers. En continuant le long de la côte, on atteint d'abord la plage de Bronte, avec ses cafés en terrasse et son atmosphère décontractée, puis Coogee qui attire maintenant grand nombre de backpackers. Sachez que Bondi et Coogee sont des plages sûres, tandis que Tamarama et Bronte ont souvent des courants dangereux.

Western suburbs

Balmain, accessible facilement par ferry ou par bus (le 442 qui part du QVB), a une atmosphère de village dans la ville. Les terrasses sont noires de monde et les pubs sont on ne peut plus sympathiques.

Le North Shore

Au-delà du Harbour Bridge, connu localement sous le nom du Coathanger (le cintre), se trouve une cité entièrement différente, avec son propre Central Business District (CBD) et son propre mode de vie. Ici, le rythme est moins trépidant, l'herbe plus verte, les plages plus calmes et les paysages plus splendides encore ! A l'origine, la rive nord inférieure (Lower North Shore) servait de cimetière pour parer aux éventuelles épidémies dans la toute jeune colonie. Aujourd'hui, ironie du sort, cette rive à partir de Kirribilli jusqu'à Mosman compte parmi les quartiers les plus chers, et les banlieues les plus chics d'Australie. Mais il ne vous coûtera rien d'aller à la petite piscine publique extérieure, la McCallum harbourside pool, le long de la promenade de Cremorne Point entre Kirribilli et Mosman Bay. C'est l'un de ces endroits secrets qui n'est connu que des habitants, et d'où vous avez une vue merveilleuse (et gratuite) sur la City. Pour y accéder, le moyen le plus agréable est de traverser le Harbour en ferry. Il y a beaucoup de petits arrêts le long de la rive nord inférieure. Les bus qui traversent le pont partent de Wynyard et un taxi pour Neutral Bay coûte environ AU$12.

Balmoral Beach à Mosman est aussi un endroit privilégié, difficile d'accès si l'on n'est pas en voiture, qui a des airs de vacances. La plage est dans l'une des plus jolies baies de Sydney. Les restaurants en bord de mer sont excellents, et le week-end le Bathers' Pavilion sert un petit-déjeuner mémorable.

Pour aller à Neutral Bay, prenez le ferry de Circular Quay à Neutral Bay Wharf, puis faites un court trajet en bus qui monte jusqu'à Military Road. D'ici à Mosman, la rue est bordée de boutiques de designers, de cafés chic et de restaurants allant du classique élégant jusqu'aux plus pointus.

Manly

MANLY VISITOR INFORMATION CENTRE ✆ (02) 9977 1088 – www.manlytourism.com – Sur le quai à Manly. *Ouvert tous les jours de 9h à 17h (de 10h à 16h le samedi et dimanche).*

Manly fut nommée ainsi par le capitaine Arthur Phillip en 1788, parce qu'il trouva les Aborigènes locaux très « manly » (courageux, virils). Le surf australien connut ses débuts ici, où il fut présenté à la jeunesse locale pour la première fois dans les années 1890. Manly, qui fut aussi la première villégiature en Australie, attira un grand nombre de citadins et de touristes. Aujourd'hui la municipalité comprend seize plages, baies, criques et anses. Sur le mall piéton bordé de palmiers qui traverse l'étroit isthme, entre les quais du ferry et l'Ocean Beach, abondent hôtels, restaurants et boutiques. Pour y aller, prenez le ferry (30 minutes) ou le JetCat (15 minutes) de Circular Quay, ou un bus de Wynyard. Le moyen le plus agréable est certainement le ferry qui parcourt, pour le prix d'une glace, toute la longueur du Sydney Harbour, avec des vues splendides sur les quartiers résidentiels ayant fenêtres sur baie et brousse vierge. Il passe devant les Heads (têtes de rochers défendant le Harbour contre le Pacifique) avant d'entrer dans la baie de Manly Cove.

Le Manly Oceanworld sur la West Esplanade, à gauche du ferry en arrivant, est ouvert de 10h à 17h30 tous les jours. Pour AU$17,95 vous pouvez voir de près de grands requins et raies, des tortues et des poissons colorés de la Grande Barrière de corail. Il y a aussi un petit bassin où l'on peut caresser les bébés requins. Les extrémistes peuvent faire le « Shark Dive Xtreme» et plonger avec les plus grands requins en captivité en Australie.

Plus loin, le Manly Scenic Walkway (chemin piéton panoramique) de 10 km, qui suit la côte en passant par les plages de Fairlight, Forty Baskets et Reef pour rejoindre Spitt Bridge. Demandez la brochure relative à cette promenade au centre d'information.

Monuments et édifices

THE SYDNEY OPERA HOUSE. Bennelong Point, City ✆ (02) 9250 7111 – www.sydneyoperahouse.com – *Ouvert tous les jours de 9h à 20h, sauf le dimanche de 9h à 17h. Visites guidées d'une heure toutes les 30 minutes de 9h à 17h ✆ (02) 9250 7250. AU$23 par adulte et AU$16 par enfant.* Son architecte, le Danois Joern Utzon, fut choisi à l'issue d'un concours international. Les travaux commencèrent en 1957 mais dès le début le projet fut très contesté et Utzon fut forcé de démissionner en 1966, quittant l'Australie écœuré.

Maisons de North Shore.

Harbour Bridge et l'Opéra en arrière-plan.

Galerie marchande.

Statue du commandant Philip.

Vue générale de Sydney.

Son design n'a pas été respecté en totalité et il n'est jamais venu voir le projet achevé, bien qu'en 1999, dans un geste de conciliation, on l'ait invité à participer au plan stratégique de design et qu'il semble que plusieurs de ses idées originales seront incorporées au cours des travaux de conservation à l'avenir. Le projet a coûté quatorze fois le budget original et fut financé en partie, dans un style très « true-blue Aussie » par une loterie organisée par l'Etat. Au bout de seize ans de travaux, l'Opéra de Sydney fut inauguré par la reine Elizabeth II en 1973. L'architecture de l'Opéra est magnifique vue sous n'importe quel angle, mais la vision la plus parfaite est peut-être celle que donne l'arrivée par ferry vers Circular Quay, les multiples toits semblant se gonfler comme autant de voiles blanches prêtes à répondre à l'appel du large. Assister à un opéra dans la salle de concert coûte minimum AU$100 (Opera Australia ✆ (02) 9250 7777), mais il y a d'autres salles de musique et de théâtre où les séances sont moins chères. La dégustation d'un verre de vin blanc australien à la cafétéria, avec vue sur les bateaux et la plus belle baie du monde seront parmi les plus beaux souvenirs rapportés d'Australie.

■ **SYDNEY HARBOUR BRIDGE ✆ (02) 9240 1100 – www.pylonlookout.com.au** – Au bout des Rocks, le vieux « coathanger » fait passer le trafic de la City à Sydney Nord (North Shore). Terminé en 1932, il a coûté vingt millions de dollars dont le remboursement s'est terminé en 1988 ! Reste un péage de AU$3,00, seulement en direction du sud pour entrer dans la City. Un couloir pour cyclistes et un trottoir pour piétons pour le traverser. Le Pylon Lookout (pylône sud-est, accès de Cumberland Street, adulte AU$8,50, enfant AU$3) est ouvert tous les jours de 10h à 17h et offre un panorama remarquable sur Sydney et sa baie, et au-delà jusqu'aux Blue Mountains.

■ **SYDNEY TOWER ET SKYTOUR OU CENTREPOINT (entrée par Market Street) ✆ (02) 9223 0933 – www.sydneyskytour.com.au** – *Ouvert tous les jours de 9h à 22h30, le samedi jusqu'à 23h30. Entrée (ascenseur) adultes AU$24, enfants AU$14.* Une vue panoramique à 250 mètres d'altitude.

■ **SYDNEY TOWN HALL. 483 George Street ✆ (02) 9265 9230 – www.cityofsydney.nsw.gov.au** – *Seulement les jours ouvrables de 9h à 17h.* C'est un superbe bâtiment victorien, office touristique qui informe sur les différents théâtres et concerts à Sydney. Bâti dans les années 1870, la mairie était aussi la salle de concert de Sydney jusqu'à l'ouverture en 1973 de l'Opera House.

■ **PARLIAMENT HOUSE. Macquarie Street, en face de Martin Place ✆ (02) 9230 2111 – www.parliament.nsw.gov.au** – *Ouvert seulement les jours ouvrables de 9h à 17h.* Bâtiment en grès dans un quartier d'architecture coloniale, c'est le plus vieux parlement en Australie. Visites guidées ✆ (02) 9230 3444.

■ **GOVERNMENT HOUSE. Macquarie Street, dans le Royal Botanic Gardens ✆ (02) 9931 5222 – www.hht.net.au/museums** – *Entrée libre. Jardins ouverts tous les jours de 10h à 16h, l'intérieur se visite seulement accompagné d'un guide de 10h à 15h du vendredi au dimanche.* Un bâtiment Tudor gothique. La résidence officielle du gouverneur de la NSW.

■ **STATE LIBRAIRY OF NEW SOUTH WALES. Macquarie Street ✆ (02) 9273 1770 – www.sl.nsw.gov.au** – *Ouvert du lundi au vendredi de 9h à 21h, les samedi et dimanche de 11h à 17h. Entrée libre.* Très belle bibliothèque gouvernementale possédant de fabuleuses collections de livres, manuscrits et cartes historiques. S'y trouvent également le journal du capitaine Cook et le journal de bord du capitaine Bligh du fameux « Bounty ». En plus de la grande bibliothèque, on peut y voir des expositions, visionner gratuitement de films et vidéos, écouter des cassettes de musique, apprendre à se servir d'un ordinateur. La boutique du musée est spécialisée dans des livres d'auteurs australiens et le Glasshouse Café est parfait pour un afternoon tea.

■ **HYDE PARK BARRACKS. Queens Square, Macquarie Street, City ✆ (02) 9223 8922 – www.hht.net.au/museums** – *Ouvert tous les jours de 9h30 à 17h. Entrée adultes AU$7 AU$10, enfants AU$3 AU$5.* Conçu pour loger les bagnards en 1817, et gardant ce rôle jusq'en 1848, cet édifice de style Régence a été restauré. Ses deux étages abritent aujourd'hui un musée d'Histoire sociale à la gloire des bagnards, ces premiers pionniers. Le café (✆ (02) 9223 1155), idéal pour le morning ou afternoon tea à l'extérieur, peut accueillir 140 personnes. Bons sandwiches et quelques plats chauds (*environ AU$25*). Une terrasse extérieure agréable dans le centre du CBD (Central Business District) et l'intérieur, sous le très haut plafond aux ventilateurs qui tournent lentement, est un havre de paix au cœur de la cité. Comprend souvent d'autres expositions intéressantes sur le thème des bagnards

■ **SUSANNAH PLACE. 58-64 Gloucester Street, The Rocks ✆ (02) 9241 1893 – www.hht.net.au/museums** – *Ouvert les samedi et dimanche de 10h à 17h. Entrée adulte AU$8, enfant AU$4.* Construite en 1844, une maison-musée qui porte son passé avec honneur. C'est un ensemble de quatre maisons ouvrières de brique autour d'une terrasse, avec une boutique du début de siècle qui vend à présent de petits souvenirs touristiques. Visites guidées sur demande.

CADMAN'S COTTAGE. 110 George Street, The Rocks ✆ (02) 9247 5033 – www.npws.nsw.gov.au – *A côté du Sydney Visitor Centre. Ouvert tous les jours de 9h30 à 16h30 (week-end à partir de 10h seulement).* Construit en 1816, ce cottage est le plus vieux de Sydney. Il héberge maintenant le Centre d'informations du National Parks and Wildlife Service et c'est là que se font les réservations pour toutes excursions sur les îles de la baie de Sydney comme Fort Denision, Shark Island, Goat Island... La statue du capitaine Bligh, héros malheureux du « Bounty », monte la garde devant cette bâtisse historique. Autrefois à côté de l'eau, mais depuis la construction de Circular Quay la baie est à 100 mètres.

FORT DENISON. Ile dans Sydney Harbour ✆ (02) 9247 5033 – www.npws.nsw.gov.au – Originellement connu sous le nom de Pinchgut, c'était une prison à ciel ouvert pour les bagnards incorrigibles. C'est aujourd'hui un des endroits qui offre l'une des plus belles vues sur Sydney. Les tours sont organisés par le Centre d'informations à Cadman's Cottage, avec départ du Circular Quay tous les jours à 11h30 et 14h30 (*adultes AU$22, enfants AU$18*). Réservations essentielles. Les samedis et dimanches, on peut aussi prendre un « brunch » à l'anglaise sur l'île (*adultes AU$47, enfants AU$43, ferry compris, départ à 9h*).

LA STATION DE QUARANTAINE ✆ (02) 9247 5033 – www.manlyquarantine.com – était l'endroit où l'on isolait les nouveaux venus, et ce jusqu'en 1984. Accès par visite guidée seulement.

GOAT ISLAND HERITAGE TOUR. Ile dans Sydney Harbour ✆ (02) 9247 5033 – www.npws.nsw.gov.au – Les tours sont organisés par le Centre d'informations à Cadman's Cottage, avec départ du Circular Quay tous les jours à 11h30 et 14h30 (*adultes AU$22, enfants AU$18*).

QUEEN VICTORIA BUILDING. York Street ✆ (02) 9264 9209 – www.qvb.com.au – Un élégant bâtiment victorien (1898) de style romanesque superbement restauré en 1986. Vitraux, fers forgés et une grande horloge où chaque heure est illustrée par une scène de l'histoire britannique. Reconverti en shopping hall chic avec 190 boutiques, cafés et restaurants. Visites guidées.

VAUCLUSE HOUSE. Wentworth Road, Vaucluse (arrêt sur le Bondi Explorer Bus) ✆ (02) 9388 7922 – www.hht.net.au/museums – *Ouvert au public du mardi au dimanche de 10h à 16h30. Entrée adultes AU$8, enfants AU$4, famille AU$17.* Commencée en 1803, cette superbe demeure de style gothique a appartenu autrefois au Charles Wentworth, célèbre explorateur des Blue Mountains et père de la constitution australienne. Café-restaurant sur place pour les pauses-café, déjeuner et afternoon tea (leurs scones sont délicieux !).

ELIZABETH BAY HOUSE. 7 Onslow Avenue, Elizabeth Bay – www.hht.net.au/museums (accessible avec le Sydney Explorer Bus). *Ouvert du mardi au dimanche de 10h à 16h30. Adulte AU$8, enfant AU$4.* Ce superbe manoir de style régence dominant la baie abrite le musée du National Trust.

ST ANDREW'S ANGLICAN CHURCH. Au coin de George et Bathurst Streets (à côté de l'Hôtel de Ville de Sydney) ✆ (02) 9265 1661. *Ouvert tous les jours de 7h30 à 17h.* La plus vieille cathédrale d'Australie (1819), de style gothique.

THE GREAT HALL. Sydney University ✆ (02) 9692 2222. *Visites guidées AU$8,50.* Un hall dans le style néogothique conçu par l'architecte Edmund Blackett en 1859. Considérée comme l'œuvre d'art gothique la plus raffinée d'Australie. Grands vitraux figurant les rois anglais et les fondateurs d'Oxford et Cambridge.

Musées

MUSEUM OF CONTEMPORARY ART. 140 George Street, Circular Quay ✆ (02) 9252 4033 – www.mca.com.au – *Ouvert tous les jours de 10h à 18h. Entrée libre.* Ce nouveau musée d'art contemporain présente diverses collections de peintures et de sculptures, comprenant des travaux d'artistes locaux comme Sydney Nolan et Brett Whitely aussi bien que des œuvres de Juan Davila et d'Andy Warhol. La terrasse de sa cafétéria, très agréable, donne directement sur le Circular Quay.

ART GALLERY OF NEW SOUTH WALES. Art Gallery Road, The Domain ✆ (02) 9225 1700 – www.artgallery.nsw.gov.au – *Ouvert tous les jours 10h à 17h, le mercredi jusqu'à 21h. Entrée libre.* Bonne cafétéria, idéale pour le « afternoon tea ». Situé dans le Domain, c'est un musée d'art aux collections très complètes d'œuvres d'artistes européens depuis la Renaissance, d'art japonais et de peintres australiens depuis le début du XIXe siècle. Importante collection d'art aborigène, avec parfois des expositions temporaires d'art tribal.

AUSTRALIAN MUSEUM (Histoire naturelle). 6 College Street, City (à l'angle de William Street, en face de Hyde Park) © (02) 9320 6000 – www.austmus.gov.au – *Ouvert tous les jours de 9h30 à 17h. Entrée adultes AU$10, enfants AU$5, famille AU$25. Bonne librairie avec des livres sur l'art aborigène et l'art du Pacifique Sud.* Histoire naturelle avec explications sur la faune australienne. Un peu de culture aborigène et d'art mélanésien. Au rez-de-chaussée : un tigre de Tasmanie empaillé (race éteinte depuis 1936), des peaux de marsupiaux que l'on peut toucher. Home sweet home : un squelette dans un rocking-chair ! The Bone Ranger : un squelette de cavalier sur un squelette de cheval ! Boutiques, dont une pour les enfants, snack-bar, restaurant, pièce pour langer bébé. Au second étage, oiseaux et insectes où l'on peut voir la redoutée et redoutable Sydney funnel spider, mortelle pour l'homme, et les nombreux oiseaux de ce vaste continent comme le casoar avec son casque osseux sur la tête, son cou dénudé bleu vif et son plumage qui ressemble plutôt à une longue fourrure. Enfin, « Dreamtime to Dust » est le nom d'une exposition sur la vie et la culture des Aborigènes.

AUSTRALIAN NATIONAL MARITIME MUSEUM. Darling Harbour (au bout du Pyrmont Bridge piéton qui part de l'Aquarium) © (02) 9298 3777 – www.anmm.gov.au – *Entrée libre de 9h30 à 17h, AU$10 pour la visite guidée du sous-marin et du destroyer.* Les « vagues » du toit du musée font écho aux voiles du toit de l'Opéra. Toute l'histoire maritime de l'Australie, depuis les canoës des Aborigènes jusqu'aux voiliers du célèbre America's Cup à Perth en 1983. On peut y voir le bateau le plus rapide du monde, découvrir l'histoire des premiers explorateurs de l'Australie ou aller à la pêche sur les côtes australiennes – sur ordinateur !

LE MINT. Macquarie et Queen Streets © (02) 9232 3488 – www.hht.net.au/museums – *Ouvert de 9h à 17h. Entrée libre.* A l'origine, en 1816, dispensaire médical avant de devenir en 1854 le premier Royal Mint hors d'Angleterre, il abrite aujourd'hui une petite exposition rappelant l'histoire du site et un café.

THE MUSEUM OF SYDNEY. Au coin des Bridge et Phillip Streets © (02) 9251 5988 – www.hht.net.au/museums – *Ouvert tous les jours de 9h30 à 17h. Entrée adultes AU$10, enfants AU$5, famille AU$20.* Construit sur le site du premier Government House (1788) avec une série d'expositions et de films sur la vie quotidienne à l'époque coloniale, la culture aborigène, l'environnement et le commerce.

POWERHOUSE MUSEUM. 500 Harris Street, Ultimo (sur le Monorail) © (02) 9217 0111 – www.phm.gov.au – *Ouvert tous les jours de 10h à 17h. Entrée adultes AU$10, enfants AU$5, famille AU$25.* Dans une ancienne centrale électrique, un musée consacré à la technologie, au design, aux sciences et aux arts. Beaucoup le disent le meilleur musée de Sydney, surtout pour les enfants. Restaurant, café et intéressant magasin de souvenirs.

Opéra de Sydney illuminé.

JUSTICE AND POLICE MUSEUM. A l'angle d'Albert et Phillip Streets ✆ (02) 9252 1144 – www.hht.net.au/museums – *Ouvert les samedi et dimanche de 10h à 17h. Entrée adulte AU$8, enfants AU$4, famille AU$17.* Une histoire de la police australienne depuis 1850.

SYDNEY JEWISH MUSEUM. 148 Darlinghust Road, Darlinghurst ✆ (02) 9360 7999 – www.sydneyjewishmuseum.com.au – *Ouvert tous les jours de 10h à 16h, le vendredi de 10h à 14h et fermé le samedi. Entrée adultes AU$10, enfants AU$6, famille AU$22.* Toute l'histoire de l'Holocauste et des premiers colons juifs australiens jusqu'aux immigrants juifs d'aujourd'hui. La visite guidée est organisée par des survivants de la Seconde Guerre mondiale.

Parcs

BOTANY BAY NATIONAL PARK. www.nationalparks.nsw.gov.au – Situé à l'entrée de Botany Bay, le parc comprend deux sections distinctes. Du côté sud : Discovery Centre, Cape Solander Drive, Kurnell ✆ (02) 9668 9111. *Bus 987 de la gare de Cronulla. Le Centre est ouvert le week-end de 10h à 16h30 et en semaine de 11h à 15h. Entrée gratuite.* Sa célébrité historique tient au fait que le capitaine Cook aborda ici en 1770. Expositions sur les premiers contacts entre le capitaine Cook et les Aborigènes. **Du côté nord : La Pérouse Museum and Visitors Centre,** Anzac Parade, La Pérouse ✆ (02) 9311 3379. *A 15 km du centre-ville, par le bus 394 de Circular Quay. Ouvert du mercredi au dimanche de 10h à 16h.* Le capitaine Phillip et le comte de La Pérouse y ont fait escale à quelques jours l'un de l'autre en 1788. La Pérouse y séjourna pendant six semaines, bâtissant un observatoire, une palissade et un jardin, avant de continuer son voyage vers les îles de Salomon où son expédition périt.

CENTENNIAL PARK. Oxford Street (en haut de Paddington) ✆ (02) 9339 6699 – www.cp.nsw.gov.au – *Bus 380 ou L82 de Circular Quay. Ouvert tous les jours de l'aube au coucher du soleil. Entrée libre.* C'est une grande réserve de 220 hectares quadrillés de sentiers, avec champs, terrains de sport, bois, marais et, surtout, des lacs. Inaugurée en 1888 pour commémorer l'arrivée de la première flotte, c'est aussi un habitat important d'oiseaux aquatiques. Vous pouvez traverser le parc à vélo, à cheval ou à rollerblades. Le week-end c'est l'un des endroits préférés des Sydneysiders pour pique-niquer. Un café-restaurant le Centennial Parklands, des kiosques ouverts le week-end seulement et un grand nombre de BBQ's gratuits.

LES ROYAL BOTANIC GARDENS (plusieurs entrées dont la principale sur Mrs Macquarie's Road et une autre sur l'Opéra de Sydney) ✆ (02) 9231 8111 – www.rbgsyd.gov.au – *Ouvert tous les jours de 7h à 20h pendant l'été et de 7h à 17h le reste de l'année. Entrée libre.* Il est possible d'assister l'été à des opéras (programme dans les journaux locaux). Les jardins furent créés en 1816, quand les convicts terminèrent la route Mrs Macquarie, où se trouve le domaine du gouverneur du même nom. Un botaniste fut désigné pour établir le premier jardin botanique et scientifique de l'Australie. Ce parc, qui était en 1816 le potager des forçats sur les rives du Sydney Harbour, couvre aujourd'hui trente hectares au centre de la ville, à quelques minutes de marche du Central Business District et du Circular Quay. On peut y apporter son panier de pique-nique ou déjeuner dans le Gardens Restaurant. Les photos les plus spectaculaires de l'Opéra sont prises d'ici.

Les endroits les plus surprenants sont le Palm Grove (la palmeraie), le Rose Garden et le Tropical Centre. La boutique du centre d'information comporte la librairie d'horticulture et de botanique la plus importante de Sydney. A partir de ce centre, des visites guidées gratuites ont lieu à 10h30 tous les jours. **Le Tropical Centre avec le Pyramid Glasshouse** est un must. *Ouvert tous les jours de 10h à 16h. Entrée adultes AU$2,20, enfants AU$1,10.* **Le Palm Grove,** au centre des jardins, est un havre verdoyant, une palmeraie plantée voici plus de cent ans et qui comprend plus de quatre vingt-dix espèces de palmiers différentes. Au sud de la palmeraie se trouve une « nursery » de fougères (géantes en Australie). Arpenter aussi le sentier de plantes aborigènes. L'oiseau blanc au long bec courbe que l'on voit partout sur les pelouses c'est, bien sûr, un ibis ! **Le restaurant du parc** est l'un des lieux les plus agréables de Sydney pour un lunch très british. *Ouvert de 12h à 15h, réservations ✆ (02) 9241 2419. Le kiosque attenant est ouvert de 8h à 17h.* Tout au bout des Jardins botaniques, une large allée longeant la baie de Farm Cove mène à l'extrémité d'un promontoire où se trouve **Mrs Macquarie's Chair, la chaise de Mme Macquarie,** entourée de majestueux banians (ou fig trees). Taillée dans le roc par des bagnards, cette chaise accueillait l'épouse du gouverneur lors de sa promenade quotidienne. C'est l'un des plus beaux points de vue de Sydney sur l'Opéra avec, en arrière-plan, le Harbour Bridge et les buildings de la City. Sur le chemin de retour de Mrs Macquarie's Chair, passez par la **piscine découverte d'Andrew Boy Charlton** (médaille d'or du 1 500 m aux jeux Olympiques de Paris en 1924 à l'âge de 17 ans) ✆ (02) 9358 6686 – www.abcpool.org – *Entrée* *adultes AU$5,20, ouvert du 1er octobre au 30 avril.* Récemment rénovée, elle possède un site superbe donnant sur la baie de Woolloomooloo. Plus Loin, on arrive sur The Domain et l'Art Gallery of New South Wales. The Domain est un vaste espace gazonné où ont lieu des concerts en plein air et des matchs d'entraînement de foot australien. Certains arbres du parc, eucalyptus et banians aux racines aériennes, sont si grands qu'ils semblent avoir au moins mille ans. Au bout du Domain, en face de la très belle St Mary's Cathedral, en revenant vers la City, Hyde Park est un ancien champ de courses hippiques transformé en promenade ombragée sous les voûtes d'une allée d'immenses arbres. Vous vous arrêterez devant la fontaine Archibald et un échiquier géant.

A l'extrémité sud se dresse le **mémorial de la guerre de l'Anzac,** avec des sculptures commémorant les actions militaires australiennes de la guerre des Boers à celle du Vietnam War Memorial and Pool of Remembrance (monument aux morts). A la tombée de la nuit, les opossums se réveillent et descendent des arbres. Traversant les pelouses en courant sur leurs pattes raides, ils viennent facilement manger du pain dans votre main. Ils sont adorables avec leurs yeux ronds de myopes et leur longue queue préhensile pour grimper dans les arbres. Assez querelleurs, on les entend crier dans les fourrés sombres et se chamailler entre eux. Ces opossums sont en surpopulation dans les zoos des alentours de Sydney qui les relâchent dans Hyde Park. A Sydney, après un flamboiement de coucher de soleil dans une irréelle lumière diaphane, la nuit tombe presque comme un couperet. Derrière les tours de verre de la City qui s'illuminent de l'intérieur, le ciel transparent vire au mauve profond. Il paraît que ces féeries de couleurs sont dues à des particules dégagées dans l'atmosphère par les éruptions volcaniques en Indonésie.

Zoos

■ **FEATHERDALE WILDLIFE PARK.217 Kildare Road, Doonside © (02) 9622 1644 – www.featherdale.com.au** – *Adulte AU$19, enfant AU$9,50, famille AU$55. Ouvert tous les jours de 9h à 17h. Métro Western Line jusque Blacktown.* Ce parc très bien tenu est le plus grand zoo privé d'Australie. Vous y trouverez uniquement des animaux australiens : koalas, kangourous, wombats, dingos, émeus, casoars, crocodiles, échidnés, dasyures, quokkas, pingouins, etc. Vous pourrez caresser les koalas et poser avec eux pour une photo sans frais supplémentaires, et également nourrir à la main les kangourous et les wallabies.

■ **TARONGA PARK ZOO. Bradleys Head Road Mosman © (02) 9969 2777 – www.zoo.nsw.gov.au** – *Adulte AU$30, enfant AU$14,50, gratuit pour les enfants de moins de 4 ans, famille AU$79. Ouvert 365 jours par an de 9h à 17h. Ferries directs à partir de Circular Quay, compter AU$7 dollars supplémentaires pour le ZooPass.* Sa localisation en fait sans doute un des plus beaux zoos du monde, avec des vues imprenables sur la baie de Sydney et la City. Le zoo abrite des animaux des cinq continents, et plus spécialement des animaux natifs d'Australie.

■ **LE KOALA PARK. 84 Castle Hill Road, West Pennant Hills © (02) 9484 3141 – www.koalaparksanctuary.com.au** – *Adulte AU$19, enfant AU$9.* Où l'on peut caresser kangourous et koalas et se faire photographier en leur compagnie.

■ **WARATAH PARK EARTH SANCTUARY. 13 Namba Road, Duffys Forest © (02) 9986 1788 – www.esl.com.au** – *Ouvert de 16h à 22h tous les jours.* Nouveau sanctuaire nocturne, le meilleur moment de voir la faune australienne.

Aquariums

■ **SYDNEY AQUARIUM. Darling Harbour, à côté du Pyrmont Bridge © (02) 9262 2300 – www.sydneyaquarium.com.au** – *Ouvert tous les jours de 9h à 22h (entrée adultes AU$27, enfants AU$14, tickets de famille AU$65).* Ces réservoirs géants sous l'eau de Darling Harbour se visitent dans un tunnel transparent où requins et raies géantes vous frôlent presque, séparés de vous seulement par une mince paroi de verre. La partie représentant la Grande Barrière de corail est d'une beauté à vous couper le souffle. Il y a aussi des bassins avec des petits requins que l'on peut toucher et un vivarium des fameux crocodiles de mer, les « *salties* », mangeurs d'homme.

■ **MANLY OCEANWORLD. West Esplanade, Manly, à gauche du ferry en arrivant © (02) 8251 7877 – www.oceanworld.com.au** – *Ferries à partir de Circular Quay. Ouvert tous les jours de 10h à 17h30. Entrée adultes AU$17,95, enfants AU$9,50, famille AU$43,95.* C'est un aquarium géant à six mètres sous la mer, avec un tunnel transparent de 100 mètres (à tapis roulant), pour voir requins et poissons de la Grande Barrière de corail nager au-dessus de votre tête. Les aventureux peuvent faire un Shark Dive c'est-à-dire faire de la plongée avec les grands requins.

De l'autre côté de la City

THE CHINESE GARDEN. Darling Harbour, face à Chinatown et la City ✆ (02) 9281 6863. *Ouvert de 9h30 à 17h. Entrée adultes AU$6, enfants AU$3.* Derrière ses murailles, au cœur de la cité, c'est une oasis de sérénité que ce jardin agrémenté de pavillons chinois, dessiné par des horticulteurs du Guangdong en Chine, province jumelée avec New South Wales. Très beau.

SYDNEY OBSERVATORY. Watson Road, Observatory Hill, The Rocks ✆ (02) 9217 0485 – www.sydneyobservatory.com.au – *Entrée libre. Petit musée intéressant, ouvert de 10h à 17h tous les jours. Petite carte du ciel gratuite avec les constellations célestes du moment. Spectacle d'astronomie avec vue du ciel de l'Hémisphère sud au télescope tous les soirs à 18h15 et 20h15 en hiver et à 20h30 en été (réservation indispensable). Entrée adultes AU$15, enfants AU$10, famille AU$40.* C'est de cette petite colline que les Aborigènes interrogeaient le ciel du sud, cherchant à identifier les caractéristiques célestes de leur Dreamtime. Les Pléiades figuraient dans les histoires du Dreamtime sous la dénomination des Sept Sœurs. En partant de la rotonde, il y a une belle promenade à faire sur les pelouses de l'Observatory Hill, avec sa vue admirable sur la baie ouest et le pont de Sydney. L'escalier souterrain à droite mène aux Rocks et au passage piéton du Harbour Bridge.

SHOPPING

La liste est longue et pour que tout le monde s'y retrouve, la ville de Sydney a créé un site internet :

www.sydney-shopping.com.au – Tout y est indiqué, les promotions du mois, comment récupérer ses taxes ...!

Dans Pitt Street Mall (entre Market et King Streets) se trouvent plusieurs grands magasins et des arcades commerciales. Strand Arcade, une ravissante survivance de l'ère victorienne, est un passage couvert entre Pitt et George Streets, haut de trois étages, entièrement restauré avec ses dentelles de fer forgé, ses panneaux de cèdre et ses glaces biseautées. Plus de quatre-vingts boutiques spécialisées, dont une immense boutique de produits duty free. Dans tout le centre-ville, les centres commerciaux et les boutiques en tout genre abondent, notamment le long de George Street. Un énorme Westfield Shopping Centre vient d'être ouvert à Bondi Junction, augmentant encore plus les possibilités de shopping le long du Oxfort St Mall. Si vous préférez les boutiques de créateurs, les marques branchées et décalées, vous adorerez faire du lèche-vitrines sur Oxford Street et les rues adjacentes.

Art aborigène et peintures sur écorce

ABORIGINAL AND PACIFIC ARTS GALLERY. Level 8, Dymocks Building, 428 George Street ✆ (02) 9223 5900. *Une galerie collective ouvert du mardi au vendredi de 10h à 17h et le samedi de 10h à 14h.* Peintures sur écorce et sculptures.

ABORIGINAL ART PRINT GALLERY. 68 Oxford Street Darlinghurst ✆ (02) 9332 1722 – www.aboriginalartprints.com.au – Gravures, lithographes et estampes.

CASPIAN GALLERY. 469 Oxford Street, Paddington ✆ (02) 9331 4260. *Ouvert tous les jours de 11h à 17h30.* Petits masques, statuettes, piliers totems ancestraux notamment du Pacifique et Nouvelle Guinée. Aussi de l'art aborigène australien.

HOGARTH GALLERY. 7 Walker Lane, Paddington ✆ (02) 9360 6839 – www.aboriginalart-centres.com – *Ouvert du mardi au samedi de 10h à 17h.* L'art aborigène contemporain de qualité, à l'affiche et à la vente ainsi que des artistes australiens contemporains. L'une des galeries d'art des plus anciennes de Sydney.

UTOPIA ART SYDNEY. Danks Street Depot, 2 Danks Street, Waterloo ✆ (02) 9699 2900. Excellente galerie spécialisée dans les artistes de la région Utopia.

CHRISTOPHER AND ANNA THORPE TRIBAL ART. 2 Cascade Street, Paddington ✆ (02) 9331 8302 – thorpe@nettrade.com.au – Art tribal de la Mélanésie, du Pacifique et de la Nouvelle-Guinée, ainsi que des œuvres aborigènes.

Pétroglyphes aborigènes dans le parc national de Kakadu

Darling Harbour et la galerie marchande du centre

■ **FOLKWAYS. 282 Oxford Street, Paddington ✆ (02) 9361 3980.** *Ouvert tous les jours de 9h30 à 19h, le dimanche de 11h à 18h.* Une merveilleuse et éclectique collection de musique aborigène et australienne.

■ **SYDNEY ANTIQUES CENTRE. 531 South Dowling Street, Surry Hills (près de Paddington) ✆ (02) 9361 3244 – www.sydantcnt.com.au –** *Ouvert tous les jours de 10h à 18h.* Soixante magasins avec une large gamme d'antiquités : meubles, argenterie, porcelaine, bijoux, poupées, livres, horloges, ivoires…

Équipement pour l'Outback

Une multitude de boutiques d'équipement pour l'Outback dans Kent Street, au cœur de la City. Les principales sont les suivantes :

■ **KATHMANDU. Au coin de Kent et Bathurst Streets, City ✆ (02) 9261 8901 – www.kathmandu.co.nz –** Equipement outdoor de haute qualité, spécialement adapté aux rigueurs de l'Australie et de la Nouvelle-Zélande.

■ **PADDY PALLIN. 507 Kent Street, City ✆ (02) 9264 2685 – www.paddypallin.com.au –** La marque préférée des bushwalkers australiens.

■ **MOUNTAIN EQUIPMENT. 491 Kent Street, près YHA ✆ (02) 9264 5888.** Des parkas, de l'équipement pour l'alpinisme, des produits d'entretien des divers matériels et des cuirs.

Grands magasins et centres commerciaux

■ **DAVID JONES. Elizabeth and Market Streets (près de Centrepoint Tower) ✆ (02) 9266 5544 – www.davidjones.com.au –** *Ouvert du lundi au mercredi et le vendredi de 9h à 18h, le jeudi de 9h à 21h, le samedi de 9h à 17h et le dimanche de 11h à 16h.* Grand magasin situé dans deux bâtiments. C'est en quelque sorte l'équivalent australien des Galeries Lafayette.

■ **UN PEU PLUS LOIN, SUR GEORGE STREET, PRÈS DU SUPERBE TOWN HALL, LE QUEEN VICTORIA BUILDING (QVB) ✆ (02) 9264 9209 – www.qvb.com.au –** C'est une sorte de palace byzantin qui occupe tout un îlot du centre-ville. Cet édifice massif est aujourd'hui le siège de deux cents boutiques de luxe et de restaurants sur plusieurs niveaux. « Le plus beau centre commercial », selon Pierre Cardin, est ouvert sept jours sur sept, le dimanche de 11h à 17h. Ce bâtiment avait été construit en 1898 sur le site de l'ancien marché de la ville. Négligé, puis menacé de démolition en 1959, il a finalement été restauré avec des capitaux sino-malais dans les années 1980 pour retrouver son ancienne splendeur au prix de 75 millions de dollars. A l'intérieur, l'horloge royale sonne les heures entre 9h et 19h en faisant défiler six scènes des événements majeurs de l'histoire britannique. On voit, entre autres, Henry VIII entouré de ses femmes, l'exécution de Charles Ier et le sacre de la reine Victoria. Ne manquez pas de lever les yeux pour admirer le dôme de cristal. A l'extérieur, saluons le Wishing Well avec une statue immortalisant Islay, le chien préféré de la reine Victoria.

■ **LE ABC SHOP. Shop 48 Albert Walk, Queen Victoria Building ✆ (02) 9333 1635.** *Ouvert du lundi au mercredi et le vendredi de 9h à 17h30, le jeudi de 9h à 21h, le samedi de 9h à 17h et le dimanche de 11h à 17h.* Chaîne nationale fournissant le même service que les Fnac en France (livres, musique, CD audio, vidéo) ainsi que des vêtements et des jouets.

■ **MYER. 436 George Street ✆ (02) 9238 9111 – www.myer.com.au –** *Ouvert du lundi au mercredi, les vendredis et samedis de 9h à 18h, le jeudi de 9h à 21h, le dimanche de 11h à 17h.* Grand magasin, similaire aux Galeries Lafayette.

■ **MAMBO. 17 Oxford Street, Paddington ✆ (02) 9331 8034 – www.mambo.com.au –** Plus qu'une énième marque de surf-wear australienne, Mambo est une institution, et le symbole de la beach culture de Sydney.

Littérature de voyage et guides touristiques

■ **TRAVEL BOOKSHOP. Shop 3, 175 Liverpool Street ✆ (02) 9261 8200 – www.travelbooks.com.au –** Cartes, guides, « travellers », livres de cuisine.

■ **MAP WORLD. 280 Pitt Street ✆ (02) 9261 3601 – www.hemamaps.com.au –** Cartes, guides et livres.

SYDNEY MAP SHOP. 23 Bridge Street © (02) 9228 6466 – www.lands.nsw.gov.au – Cartes et guides et sur l'Australie.

DYMOCKS. 424 George Street © (02) 9235 0155 – www.dymocks.com.au – Grande librairie.

ANGUS AND ROBERTSON BOOKSHOP. 168 Pitt Street Mall, à côté du Skygarden Shopping Centre © (02) 9235 1188. Grande librairie.

Opales et souvenirs

OUTBACK CENTRE. 28 Darling Walk, 1-25 Harbour Street, Darling Harbour © (02) 9283 7477 – www.outbackcentre.com.au – *Ouvert tous les jours de 10h à 18h.* Vous y trouverez à coup sûr votre bonheur ! Cette immense boutique propose une large gamme d'objets aborigènes (didjeridoos, boomerangs, peintures, etc.), de vêtements, de chapeaux, de CD, de bijoux et de livres.

FLAME OPALS. 119 George Street, The Rocks © (02) 9247 3446 – www.flameopals.com.au – Spécialiste en opales : la Solid Opal du Queensland (claire et belle), la fameuse opale noire de Lightning Ridge, et l'opale blanche (ou laiteuse) de Coober Pedy.

THE NATIONAL OPAL COLLECTION. 176 Pitt Street Mall, City © (02) 9233 8844 – www.nationalopal.com – Très jolie boutique située dans Pitt Street Mall. Vous y trouverez également un petit musée où vous apprendrez beaucoup sur les opales.

THE SHEEPSKIN SHOP. 139 George Street, The Rocks © (02) 9241 1099 – www.sheepskinshop.com.au – *Ouvert tous les jours.* Bonne collection de peaux, chapeaux, chaussures et vêtements.

ANNE SCHOFIELD ANTIQUES. 36 Queen Street, Woollahra © (02) 9363 1326 – www.anneschofieldantiques.com – *Ouvert du mardi au vendredi de 10h à 17h, le samedi de 10h à 14h.* Spécialisé dans la joaillerie.

HOUSE OF GIULIANS. A l'angle de Bridge et George Streets © (02) 9252 2051 – www.giulians.com.au – Joaillerie et pierres précieuses.

OPAL FIELDS SHOP. Shop19, Level 2, Queen Victoria Building © (02) 9247 6800 – www.opalfields.com.au

STRAND HATTERS. Strand Arcade, 412 George Street © (02) 9231 6884 – www.strandhatters.com.au – Tous les chapeaux de bush en centre-ville.

R M WILLIAMS. 389 George Street © (02) 9262 2288 – www.rmwilliams.com.au – Tout pour habiller un gentleman du bush.

Puces

BALMAIN MARKET. 217 Darling Street, Balmain (autour de St Andrew's Church) © (02) 9555 1791. *Chaque samedi de 8h à 16h. Bus 433, 434, 442.* Antiquités, bric-à-brac, plantes, vêtements, fruits et légumes.

PADDINGTON MARKETS. En haut d'Oxford Street, Paddington © (02) 9331 2923 – www.paddingtonmarket.com.au – *Chaque samedi de 10h à 17h. Bus 380 ou L82 de Circular Quay.* Vif et éclectique : marché le plus populaire de Sydney pour vêtements et artisanat.

THE ROCKS MARKET. George Street, The Rocks © (02) 9240 8717 – www.therocksmarket.com.au – *Les samedi et dimanche de 10h à 17h.* Avec ses mille stands, ce marché offre un autre aspect du passé australien si haut en couleur.

PADDY'S MARKET. Au coin de Hay et Thomas Street, Haymarket © (02) 9325 6204 – www.paddysmarkets.com.au – *Du jeudi au dimanche de 9 h à 17h.* Le plus grand marché de Sydney où vous pouvez acheter de tout à des prix incroyablement bas !

BONDI MARKETS. Au coin de Campbell Parade et Warners Avenue, Bondi © (02) 9315 8988 – www.bondimarkets.com.au – *Dimanche de 10h à 17h, bus 380.* Très agréable pour se remettre d'un week-end agité.

GLEBE MARKETS. Au coin de Glebe Point Road et Derby Place, Glebe © (02) 4237 7499. *Samedi de 10h à 16h.*

LOISIRS

Aventure et sports extrêmes

BRIDGECLIMB. 5 Cumberland Street, The Rocks © (02) 8274 7777 – www.bridgeclimb.com – Une expérience intéressante, surtout si vous venez d'arriver à Sydney. Nous vous conseillons d'y aller au coucher du soleil. L'escalade dure environ deux heures et tout l'équipement vous est fourni sur place, combinaison, radio, harnais... Il y a un ou deux endroits assez impressionnants durant l'ascension, mais celle-ci ne nécessite pas une condition physique exceptionnelle et la vue sur l'Opéra et le reste de la City est vraiment saisissante. C'est une des premières choses à faire en arrivant à Sydney. Il est dommage que le prix de l'excursion soit aussi élevé (*entre AU$165 et AU$295*) mais cela permet sans doute de bénéficier d'une sécurité à toute épreuve.

SYDNEY TOWER SKYWALK. Sydney Tower, 100 Market Street, Sydney © (02) 9333 9222 – www.skywalk.com.au – Au cours de cette aventure, vous monterez au sommet de la Sydney Tower, le plus haut bâtiment de la ville, à 260 m au-dessus du sol.

LETS GO SURFING. 128 Ramsgate Ave, North Bondi © (02) 9365 1800 – www.letsgosurfing.com.au – *Entre AU$69 et AU$75 pour une leçon de 2 heures, maximum de 6 personnes dans un groupe.* Vous avez toujours rêvé d'apprendre à surfer ? Alors pourquoi ne pas commencer sur la plus célèbre plage d'Australie : Bondi ! Tout le matériel de surf est fourni.

SKYDIVE THE BEACH. North Beach, Wollongong © (02) 4225 8444 – www.skydivethebeach.com – *Train South Coast jusque North Wollongong (1h40).* Si vous avez envie de vivre une expérience inoubliable au-dessus des plages australiennes, ne cherchez pas plus loin ! Situés dans un cadre exceptionnel, ces parachutistes casse-cou sont les seuls à proposer des sauts en chute libre – en tandem – au-dessus d'une plage dans le New South Wales. Avec votre tandem, vous monterez à bord d'un petit coucou qui vous emmènera à 4 000 m d'altitude au-dessus des plages de sables blancs, puis il sera temps de sauter dans le vide. Adrénaline et sensations extrêmes garanties ! Ce saut restera sans doute une expérience inoubliable. Saut en tandem à partir de AU$275. Possibilité de faire filmer le saut pour AU$125 dollars supplémentaires. Cerise sur le gateau : une limousine peut venir vous chercher à votre hôtel à Sydney pour vous emmener directement sur le site.

OZ JET BOATING. Circular Quay © (02) 9808 3700 – www.ozjetboating.com – *Prix adulte AU$55 enfant AU$40, durée 30 minutes.* Balade dans un bateau de sport atteignant des vitesses de 80 km/h. Départs toutes les heures à partir de 11h, passant devant l'Opéra, le Harbour Bridge, Fort Denison, Rose Bay, Goat Island et Taronga Zoo.

SYDNEY PARAGLIDING CENTRE. Stanwell Park (une heure au sud de Sydney) © (02) 4294 9065 – www.sydneyparagliding.com – *Vol en tandem de 30 minutes à AU$175.* Comme pour le parachute, être un débutant suppose de commencer avec un instructeur. Mais, si après un jour d'entraînement, vous vous sentez pousser des ailes, alors à votre tour de voler… seul.

Canoë

SYDNEY HARBOUR KAYAKS © (02) 9969 4590 – www.sydneyharbourkayaks.com – Sous le pont « le Spit » à Mosman en allant à Manly. Loue des kayaks dans la baie de Sydney et vous permet de découvrir des superbes maisons longeant la falaise et de visiter les réserves naturelles de Middle Harbour par voie d'eau.

Équitation

CENTENNIAL PARK. A l'angle de Lang Road et Cook Road. Centennial Park Stables © 0414 690 780 – www.centennialstables.com.au

MOORE PARK TRAINING STABLES © (02) 9360 8747 – www.mooreparkstables.com.au

EASTSIDE RIDING ACADEMY © (02) 9360 7521. En plein cœur de Sydney, ce manège permet toutes sortes d'activités équestres, du dressage au saut d'obstacle en passant par les promenades dans le parc.

KURNELL BOARDING STABLES AND RIDING SCHOOL. Captain Cook Drive, Kurnell (45 minutes au sud de Sydney) ✆ (02) 9668 9817. Une balade sur la plage est de rigueur.

SYDNEY HORSERIDING SAFARIS ✆ 0419 289 155. Balades dans le Darkes Forest ou le Malabar Headland.

EQUITREK. 5 King Road, Ingleside ✆ (02) 9913 9408 – www.equitrek.com.au – Si une heure ne vous suffit pas, ce centre organise des randonnées, dont trois jours dans le bush est un minimum.

Golf

BONDI GOLF CLUB. 5 Military Road, North Bondi ✆ (02) 9130 1981 – www.bondigolf.com.au – Un 9 trous public surplombant la plage de Bondi. Un golf plutôt facile, mais les vues sont saisissantes. Généralement ouvert au public dans l'après-midi, moyennant AU$15 minimum.

MOORE PARK GOLF CLUB. Au coin d'Anzac Parade et Cleveland Street, Moore Park ✆ (02) 9663 1064 – www.mooreparkgolf.com.au – *Réservations indispensables.* En plein cœur de Sydney, à 10 minutes du centre-ville, un très bon 18-trous public. AU$45 minimum

NSW GOLF COURSE. Henry Head, dans le Botany Bay National Park sur Anzac Parade ✆ (02) 9661 4455. – www.nswgolfclub.com.au – *Minimum AU$120.* Sur les pelouses de « La Pérouse » où le capitaine Cook a débarqué, ce golf de championnat est parmi les plus beaux du monde. Souvent ouvert aux non-membres en semaine, vérifier à l'avance avec le Pro Shop.

RIVERSIDE OAKS GOLF CLUB. O'Brien's Road, Cattai au Nord de Sydney ✆ (02) 4560 3299 – www.riversideoaks.com.au – *AU$80 en semaine, AU$92 en fin de semaine.* Sur les rives broussailleuses de la Hawkesbury River, à une heure et demie au nord de Sydney, se trouve ce 18-trous spectaculaire. Hébergement possible sur place à partir de AU$150 par personne.

Marche

Les meilleures randonnées pédestres

Spit Bridge to Manly Cove. Cette promenade pas difficile d'environ trois heures permet de profiter d'une superbe vue sur le port, sur plusieurs petites plages de sable, et sur la ville. Intéressant toute l'année, mais avec une préférence pour le printemps et l'automne. N'oubliez pas votre pique-nique et maillot de bain !

Garingal National Park, East Killara. *Prenez un train tôt pour Killara Railway Station.* Commencez votre marche juste en dessous du Lindfield Oval, en suivant le fire trail jusqu'au pont de l'autre côté de Gordon Creek. Traversez la crique, et prenez le chemin du bas vers le nord le long de Middle Harbour jusqu'à Rocky Creek. Traversez la crique, et grimpez jusqu'au pipeline, puis suivez le fire trail le long de ce pipeline. Puis pour finir, suivez juste la route directe via Rosedale Road jusqu'à Gordon Station. Une bonne manière de se faire une idée du bush australien, cette randonnée fait 10 km de longueur et est classée facile/moyenne.

Bondi – Tamarama – Bronte. Prenez les escaliers à l'extrémité sud de Bondi et marchez le long des rochers qui relient ces superbes plages urbaines. Cette marche vous offre de magnifiques paysages variés et de fantastiques vues naturelles. C'est l'une des marches préférées des gens qui aiment se balader le soir, et elle est bien sûr très populaire auprès des joggers. On peut continuer et suivre la côte au-dela de Coogee.

The Sydney Rocks Walk. Connue sous le nom de « The Rocks », c'est une partie historique de la ville de Sydney. Elle est située juste au sud du Harbour Bridge de Sydney. Les marches dans ce coin vous font remonter dans l'histoire, avec l'architecture australienne des débuts. The Rocks a un caractère historique unique.

Milson's Point to Hyde Park via Mrs Macquaries Point. D'environ deux heures, cette promenade offre de beaux paysages et plein d'endroits où s'arrêter. Commencez à Milson's Point railway station, puis allez au sud sur le Harbour Bridge. Le Bridge Pylon Museum à l'extrémité sud – ouvert de 10h à 17h du soir – offre des vues historiques et panoramiques de la ville et du port. Descendez aux Rocks, puis via Circular Quay, Opera House, Farm Cove, Botanic Gardens à Mrs Macquaries Chair pour des vues magnifiques de l'Opéra avec le pont à l'arrière plan. La route mène à la galerie d'art du NSW et jusqu'à Hyde Park et St James Railway Station.

Centennial Park. Parfaite marche pour se maintenir en forme pas loin de la ville.

Nouveau

Pour permettre au public d'admirer la baie de Sydney dans son apothéose, une commission, le Sydney Harbour Trust – www.harbourtrust.gov.au – a été créée pour reconvertir toutes les anciennes bases militaires (fermées au public pendant plus de 100 ans) en parcs publics depuis avril 2005 seulement. Ces sites comme Georges Head, Georges Heights, Chowder Bay, Middle Harbour, Cockatoo Island offrent des vues imprenables de la Baie, du Harbour Bridge, Opéra, des milliers de voiliers, flore et faune, le bush, les Sydney gums...

Parcs nationaux

■ **POUR TOUS RENSEIGNEMENTS SUR LES PARCS NATIONAUX DE SYDNEY ET DU NEW SOUTH WALES VOIR :** www.nationalparks.nsw.gov.au

■ **BLUE MOUNTAINS NATIONAL PARK © (02) 4787 8877 et (02) 4739 2950.** A 60 km de Sydney, un vaste réseau de pistes pour des randonneurs de tout niveau. La nature vierge avec, si l'on le veut, un isolement total. Inoubliable.

■ **ROYAL NATIONAL PARK © (02) 95420648.** Une balade de 26 km le long de la côte, de Bundeena à Otford, à travers des forêts tropicales pluviales, des plages isolées et des falaises impressionnantes. Prévoir deux jours ou des options mi-chemin.

Piscines

■ **NORTH SYDNEY OLYMPIC POOL. 4 Alfred Street South, Milson's Point © (02) 9955 2309.** *Adulte AU$4,90, enfant AU$2,40. Ouvert de 5h30 à 21h en semaine, et de 7h à 19h le week-end.* Admirez une vue imprenable sur la City, l'Opera et le Harbour Bridge en faisant quelques longueurs.

■ **ANDREW (BOY) CHARLTON POOL. Mrs Macquarie Road, The Domain © (02) 9358 6686.** *Adulte AU$5,20, enfant AU$3,60. Ouvert de 6h à 20h. Fermée l'hiver*

Centre international aquatique de Sydney.

VICTORIA PARK POOL. City Road, Camperdown © (02) 9298 3090. *Adulte AU$4, enfant AU$2. Ouvert de 6h à 19h15 en semaine, de 7h à 17h45 le week-end.* Piscine extérieure uniquement, mais chauffée.

COOK + PHILIP PARK AQUATIC. 4 College Street, Sydney © (02) 9326 0599. *Adulte AU$6, enfant AU$4,40. Ouvert de 6h à 22h en semaine, et de 7h à 20h le week-end.*

Pêche

BALMORAL SAILING CLUB. The Esplanade, Balmoral Beach © (02) 9960 5344 – www.sailingschool.com.au – Louez un petit bateau pour aller tenter votre chance en solitaire ou en famille. Ils ont aussi des planches à voile et hobycats.

Planche à voile

ROSE BAY AQUATIC HIRE. 1 Vickery Ave, Rose Bay © (02) 9371 7036. Loue des planches à voile, catamarans et des petits dériveurs pour AU$10 à l'heure.

BALMORAL SAILING CLUB. The Esplanade, Balmoral Beach © (02) 9960 5344. Plongée La plupart de jeunes globe-trotters, argentés ou non, viennent en Australie pour pratiquer la plongée ou pour l'apprendre. En effet, faire de la plongée, c'est découvrir un monde jusqu'alors insoupçonné. Le plongeur dérive en apesanteur à travers un monde merveilleux, aux formes et couleurs d'une beauté fascinante. Un cours de base comprend en général six plongées en haute mer. Pour ceux qui n'ont pas le temps de suivre tout un cours, des « try dives » (plongées d'essai) peuvent être organisés.

PRO DIVE. 169-171 Pittwater Road, Manly © (02) 9977 5966 et 1800 820 820 (numéro gratuit) – www.prodive.com.au – *Cours de plongée de 3 jours avec certificat à l'arrivée : AU$ 300.*

DIVE CENTRE MANLY. 10 Belgrave Street, Manly © (02) 9977 4355 – www.divesydney.com – C'est le centre le plus important en New South Wales. Les cours commencent par de la théorie en salle, continuent par une session de plongées en piscine pour terminer par cinq plongées en mer. **Aussi à Bondi :** Dive Centre Bondi, 192 Bondi Road © (02) 9369 3855.

Vélo

CENTENNIAL PARK. Ce superbe parc en plein Sydney ressemble à Central Park à New York. Attention cependant aux cavaliers et aux rollerbladers.

www.bicyclensw.org.au – Organisme de cyclisme, bon site d'information.

ROADS AND TRANSPORT AUTHORITY © 1800 060 607 (numéro gratuit). Pour une liste des pistes cyclables et des cartes complémentaires.

CLARENCE STREET CYCLERY. 104 Clarence Street, City © (02) 9299 4962 – www.cyclery.com.au – Le plus grand magasin de vélos de toute la ville.

CENTENNIAL PARK CYCLES. 50 Clovelly Road, Randwick © (02) 9398 5027 – www.cycle-hire.com.au – Divers types de vélos à louer à l'heure ou à la journée.

MANLY CYCLE CENTRE. 36 Pittwater Road © (02) 9977 1189. Pour faire du vélo sur la plage.

WOOLYS WHEELS. 82 Oxford Street, Paddington © (02) 9331 2671 – www.woolyswheels.com.au – *Près de Centennial Park. Ouvert tous les jours.*

Voile

NORTHSIDE SAILING SCHOOL. Sous le pont le Spit an allant à Manly © (02) 9969 3972 – northsidesailing.com.au – Loue des petits dériveurs (laser) à l'heure ou à la journée.

SYDNEY BY SAIL. Maritime Museum, Darling Harbour © (02) 9280 1110. Propose des cours de voile à partir de AU$130.

Les environs de Sydney

BOTANY BAY

Penser que Sydney est bâtie autour de Botany Bay est une méprise fréquente des touristes qui visitent Sydney pour la première fois. La baie de Sydney correspond à Port Jackson et Botany Bay se trouve à une dizaine de kilomètres au sud. A Botany Bay National Park, sur la rive sud de la baie, l'endroit où le capitaine Cook mit pour la première fois le pied sur le sol australien est marqué par divers monuments.

LE DISCOVERY CENTRE ✆ (02) 9668 9923. On y apprend tout sur les exploits de cet excellent navigateur et sur la vie dans les marécages des alentours. Sur la rive nord de Botany Bay, est située La Pérouse, où le navigateur français arriva six jours après la Première Flotte du capitaine Phillip. La Pérouse et son équipage y campèrent pendant quelques semaines avant de mettre voile sur le Pacifique où ils disparurent à jamais. Le navire ne fut retrouvé que plusieurs années plus tard, naufragé sur l'île de Vanikoro. Une forteresse sur la petite île Bare Island fut construite en 1885 pour décourager une éventuelle invasion russe. Aussi incroyable que cela puisse paraître, les Australiens ont longtemps craint d'être attaqués par la Russie !

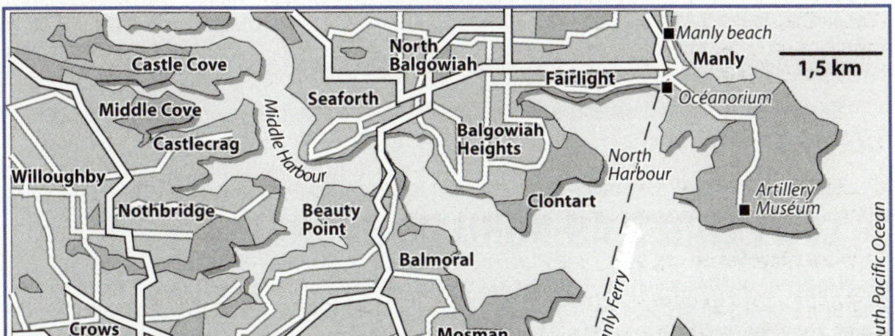

Les plus belles plages autour de Sydney

Avalon. Avalon est une petite plage à l'écart, et l'une des plus spectaculaires de Sydney. Elle a été choisie parmi toutes les plages d'Australie par la série « Alerte à Malibu ». Les habitants sont sympas, le village est joli, ce n'est pas trop fréquenté et les vagues déroulent bien !

Balmoral Beach. Protégée par la baie de Sydney, cette plage calme offre des paysages superbes. La plage immaculée est mieux pendant la semaine ou en hiver, mais on ne peut pas y surfer. Le ferry va de Manly à Balmoral, puis à Watson's Bay en été. Une baleine a même choisi Balmoral quand elle s'est arrêtée dans le port pour une petite visite ! C'est la plage la plus pittoresque de Sydney.

Bondi Beach. Pour un adolescent américain des sixties, c'était l'endroit où il fallait vivre. Une bonne plage pour apprendre à surfer. L'endroit où aller si vous cherchez des Néo-Zélandais (Kiwis) ou des Anglais (Brits).

Camp Cove. Près de Watson's Bay, cette plage est très à l'écart, et a de très belles vues sur le port.

Coogee Beach. C'est l'une des plages de sable les plus sûres de Sydney, avec de très bons pubs, boîtes et cafés, et une bonne sélection d'hébergements pour tous les goûts !

Cronulla and North Cronulla. Bien plus propre que la plupart des autres plages, une atmosphère relax, du bon surf et du shopping.

Dee Why Beach. Bons cafés, bonne bouffe, et les habitants du coin sont sympas !

Manly Beach. Une des plus belles plages pour le surf.

North Narrabeen. C'est la meilleure plage du nord pour le body board et le surf. Elle est surtout fréquentée par les habitants du coin, c'est une large plage avec des dunes de sable et parfois de l'excellent surf.

Palm Beach. Je n'en dirai pas trop, sinon tout le monde se précipiterait là-bas !

Shelley Beach. A côté de Manly, cette plage est très peu touristique, mais on ne peut pas y surfer.

LES PLAGES AU NORD DE SYDNEY

Les plages au nord de Sydney sont réputées pour leur excellent surf. Une route longe le bord de mer à partir de Manly, en passant par Curl Curl Beach, Dee Why Beach, Long Reef Lookout, Collaroy Beach, North Narrabeen Beach, Mona Vale Beach, Newport Beach, Avalon Beach, Whale Beach et Palm Beach, pour se terminer en cul-de-sac à la pointe de la péninsule, au bout de la pittoresque baie de Pittwater, à l'embouchure de la Hawkesbury River (à 30 km de Sydney).

MANLY BEACH

Hébergement

RADISSON KESTREL. 8-13 South Steyne, Manly ✆ (02) 9977 8866 – *Chambre double à partir de AU$224.* A quinze minutes du centre de Sydney, un hôtel de 83 chambres, toutes avec balcon. Deux piscines découvertes, whirlpool spa et sauna. Le restaurant « Sorrels » surplombe la plage.

NOVOTEL MANLY PACIFIC. 55 North Steyne, Manly ✆ (02) 9977 7666 – www.accorhotels.com.au – *Entre AU$220 et AU$370 la chambre double. A 15 minutes de JetCat en face de Sydney ou à 16 km par la route du centre-ville de Sydney. Gymnase, piscine.*

NORTH NARRABEEN BEACH

Les meilleures vagues de surf de Sydney, et c'est ici qu'habite le surfeur mondialement connu, Damian Hardman.

Shelly Beach, Sydney.

Bondi Beach, Sydney.

Hébergement – Restaurant

NARRABEEN SANDS HOTEL. 1260 Pittwater Road, Narrabeen ✆ (02) 9913 1166. *En face de la plage, chambres doubles à partir de AU$100.*

NEWPORT ARMS HOTEL. 2 Kalinya Street, du côté de Pittwater ✆ (02) 9997 4900. *Chambre double AU$130.* La salle intérieure de son restaurant est plutôt chic, le bistrot ouvert sur l'extérieur est beaucoup plus décontracté.

AVALON BEACH

AVALON BEACH HOSTEL. 59 Avalon Parade, Avalon Beach ✆ (02) 9918 9709 – *Chambre double AU$50, le lit en dortoir de six AU$22. Pour s'y rendre, prendre le bus n° 190 à partir de Wynyard, City.* L'hostel occupe une grande maison neuve de deux étages, avec véranda au premier pour prendre le frais. Toute une partie intérieure de la maison est à ciel ouvert, en prolongement de la cuisine-salle commune. Le tout est habillé de bois blond, et agrémenté d'une multitude de plantes et de fleurs tropicales qui n'ont aucun mal à pousser dans ce climat chaud et ensoleillé. La clientèle, composée surtout de surfers, est très jeune et branchée sports extrêmes. Location de surfboard, une demi-journée : AU$8, de vélo, une journée : AU$10, de wind surf, une demi-journée : AU$8, de masque et tuba, une journée : AU$8, de boogie board, une journée : AU$8.

PALM BEACH

Palm Beach a le surf le moins dangereux des plages nord. Endroit magique, avec une très belle promenade fléchée qui mène jusqu'au phare de Barrenjoey (comptez une demi-heure, visite guidée possible le week-end ✆ (02) 9427 5033). C'est à Palm Beach que fut tournée la série de « Home and Away ». Des ferries vont de Palm Beach au Ku-Ring-Gai Chase National Park, de l'autre côté de Pittwater : Palm Beach and Hawkesbury River Cruises ✆ (02) 9997 4815 – www.sydneysceniccruises.com – et le Palm Beach Ferry Service ✆ (02)9918 2747 – www.palmbeachferry.com.au

Hébergement – Restaurant

BARRENJOEY HOUSE. 1108 Barrenjoey Road, Palm Beach ✆ (02) 9974 4001 – www.barrenjoeyhouse.com.au – Bon restaurant avec chambres de AU$155 à AU$195.

Écolières à Avalon Beach.

JONAH'S. 69 Bynya Road, Palm Beach ✆ (02) 9974 5599 – www.jonahs.com.au – *Chambre double avec petit-déjeuner à partir de AU$449 en semaine. Forfait comprenant un dîner pour deux, une chambre double et un petit-déjeuner à la carte pour AU$700 en fin de semaine.* S'accrochant en haut du rocher qui forme le très mince isthme entre la baie de Pittwater et l'océan Pacifique, le Jonah's, avec ses huit chambres claires, est l'un des nids d'amour chics préférés des Sydneysiders. Mais on peut aussi n'y venir que pour dîner dans son excellent restaurant. Plusieurs forfaits aussi par hydravion de Rose Bay : Sydney Harbour Seaplanes ✆ 1800 803 558 – www.sydneyseaplane.com.au – Sydney By Seaplane ✆ 1300 656 787 – www.sydneybyseaplane.com

Loisirs

A partir de Palm Beach, des petites croisières sont organisées sur la baie de Pittwater et sur la Hawkesbury River jusqu'au « Basin » où les « convicts » et les « bushrangers » (hors-la-loi ou Robin des Bois australiens) avaient l'habitude de se cacher.

Le plus sympa est de prendre le ferry à Palm Beach qui dessert plusieurs petites plages et communautés le long de Pittwater dont le Basin-Mackerel et Ettalong Beach (aller retour AU$11.80) – www.palmbeachferry.com.au -

KU-RING-GAI CHASE NATIONAL PARK

A 24 km au nord de Sydney, dans le delta et les méandres de la Hawkesbury River. Un parc national sauvage avec de belles forêts, une faune et une flore riches et sauvages, de nombreuses pistes de randonnée et des peintures rupestres aborigènes.

On peut apercevoir le célèbre oiseau lyre à West Head de mai à juin, pendant la saison des amours. Les musts : West Head qui offre l'une des vues panoramiques les plus spectaculaires sur Pittwater et la Central Coast et la partie historique Bobbin Head avec ses nombreuses aires de pique-nique.

BUREAU D'INFORMATIONS ✆ (02) 9457 9853, sur Ku-ring-gai Chase Road, à côté de l'entrée du Mount Colah.

EN BORDURE DU PARC NATIONAL, LE WARATAH PARK EARTH SANCTUARY ✆ (02) 9986 1788 – www.waratahpark.com.au – *Ouvert de 16h à 22h tous les jours, avec BBQ's. L'entrée comprend la visite guidée, réservations impératives. Entrée AU$16,50 par adulte et AU$11 par enfant.* Namba Road, Duffy's Forest, est un nouveau sanctuaire nocturne qui permet de découvrir la faune australienne dans son état naturel.

HÉBERGEMENT A PITTWATER YHA. Ku-ring-gai Chase National Park, via Halls Wharf, Morning Bay et Church Point, Pittwater ✆ (02) 9999-5748 – www.yha.com.au – *A partir de AU$24 par adulte. Compter une heure de bus de Sydney à Church Point puis le ferry à Halls Point et dix minutes de marche. Il est prudent de réserver car l'endroit est magnifique donc facilement complet. Un « bush lodge » à 26 km de Sydney. A partir de Church Point, il n'y a plus de route, seulement le ferry ou un water-taxi pour Halls Wharf où est situé ce récent YHA.* De la véranda, on peut contempler les couchers de soleil magiques, observer les oiseaux et autres lorikeets (perruches arc-en-ciel) qui viennent vous manger dans la main ou encore écouter le rire contagieux des charmants kookaburras. Pour gagner le YHA perdu au milieu de nulle part, il vous faut prendre le ferry ✆ (02) 9918 2747 pour AU$7. Hawkesbury River, la voie d'eau principale à 40 km au nord de Sydney Harbour, se déverse dans le Pacifique. L'embouchure du fleuve forme un système de 20 km de criques et d'anses et attire un grand nombre de bateaux de toutes sortes. Hawkesbury River passe entre une succession de parcs nationaux qui peuvent être visités en de nombreux endroits dont Windsor, avec sa célèbre église Saint-Matthews. Ce réseau fluvial étendu, très apprécié des Sydneysiders, est environné de bush vierge où l'on peut pique-niquer. Pour explorer ses rives, trois possibilités s'offrent aux visiteurs : le bateau de location, le simple bateau postal ou le prestigieux « Hawkesbury Explorer ». Halvorsen Boats (✆ (02) 94579011) – www.halvorsenmarina.com.au – loue des canots à rames et runabouts.

LE « HAWKESBURY RIVERBOAT POSTMAN » ✆ (02) 9985 7566), qui délivre le courrier et les vivres, remonte la Hawkesbury River tous les jours en semaine, avec un commentaire fascinant. Le dernier de ce type en Australie. Il part de Brooklyn Wharf (sur Hawkesbury River) à 9h30 et revient à 13h45. *Prix : AU$35, enfant AU$17,50, déjeuner à bord AU$12. Une correspondance part de la Central Railway Station, à Sydney, à 8h16.*

AUTOUR DE GOSFORD

AUSTRALIAN REPTILE PARK. Pacific Highway, Somersby © (02) 4340 1022 – www.reptilepark.com.au – *Entrée adultes AU$20, enfants AU$10, famille AU$52. Ouvert tous les jours de 9h à 17h. A une heure et quart au nord de Sydney, près de Gosford.* L'une des plus importantes collections de reptiles d'Australie, des oiseaux et des marsupiaux : ornithorynques, koalas, opossums volants, kangourous, wallabies, diables de Tasmanie, tiger quolls, casoars, dingos et nombre de volières. Deux attractions principales : Eric, un crocodile de 5 m, et la « traite » du venin de serpents.

AUSTRALIAN RAINFOREST SANCTUARY. Askania Park, Creek Road, Ourimbah © (02) 4362 1855 – www.australianrainforest.com.au – *Entrée adultes AU$12, enfants AU$6, famille AU$30. Ouvert du mercredi au dimanche et jours fériés de 10h à 17h. A une heure et quart de voiture au nord de Sydney, près de l'Expressway d'Ourimbah.* Dans ces belles rainforest (forêts tropicales pluviales), parmi de très nombreux oiseaux, imprégnez-vous l'âme de la magie d'un monde millénaire. Promenez-vous sur les 5 km de chemins piétonniers, faites un pique-nique ou un BBQ dans un paysage vallonné. Terrain de jeux pour enfants, petite restauration et wallabies à caresser.

SUR LA ROUTE DES GRANDS LACS EN PASSANT PAR NEWCASTLE (À TROIS HEURES DE SYDNEY PRÈS DE BULAHDELAH) BARRINGTON TOPS NATIONAL PARK © (02) 6538 5300 – www.nationalparks.nsw.gov.au) est renommé pour ses randonnées pédestres.

LA BARRINGTON GUEST HOUSE. Salisbury © (02) 4995 3212 – www.barringtonguesthouse.com.au – située à une quarantaine de kilomètres de Dungog, offre des forfaits hébergement et repas pour AU$140 par personne.

MYALL LAKES NATIONAL PARK © (02) 4984 8200 – www.nationalparks.nsw.gov.au – Lieu de prédilection des campeurs et autres touristes. On peut y louer des bateaux, des canoës, des bungalows, ainsi que des petits bateaux à moteur à Bombah Point. Le séjour se fait au bord du lac et les couleurs au coucher de soleil y sont magnifiques. Vous pouvez aussi loger ou camper près des magnifiques plages de Seal Rocks.

LUXURY HOUSEBOAT HIRE. Bulahdelah Marina © (02) 4997 4380 – www.luxuryhouseboat.com.au – Pourquoi ne pas découvrir la magnifique région des Myall Lakes à bord d'une maison flottante (house boat) ? Luxury Houseboat Hire offre des forfaits extrêmement intéressants pour aller visiter la région des grands lacs. Plus de 130 kilomètres carrés d'eau où il fait bon se baigner et pratiquer tous les sports nautiques. Les prix sont plus intéressants en semaine : 2 nuits minimum de AU$550 (capacité de 4 personnes) à AU$9 900 (capacité de 10 personnes) suivant la période de l'année et la taille du bateau.

FROTHY COFFEE. Amaroo Drive, Smith Lake © (02) 6554 4202. *A vingt minutes de voiture au sud de Forster (3 heures de Sydney).* Un café-restaurant sur pilotis, posé directement sur l'eau. L'endroit est idéal pour louer des petits bateaux de pêche, des catamarans, des canoës et des pédalos.

New South Whales

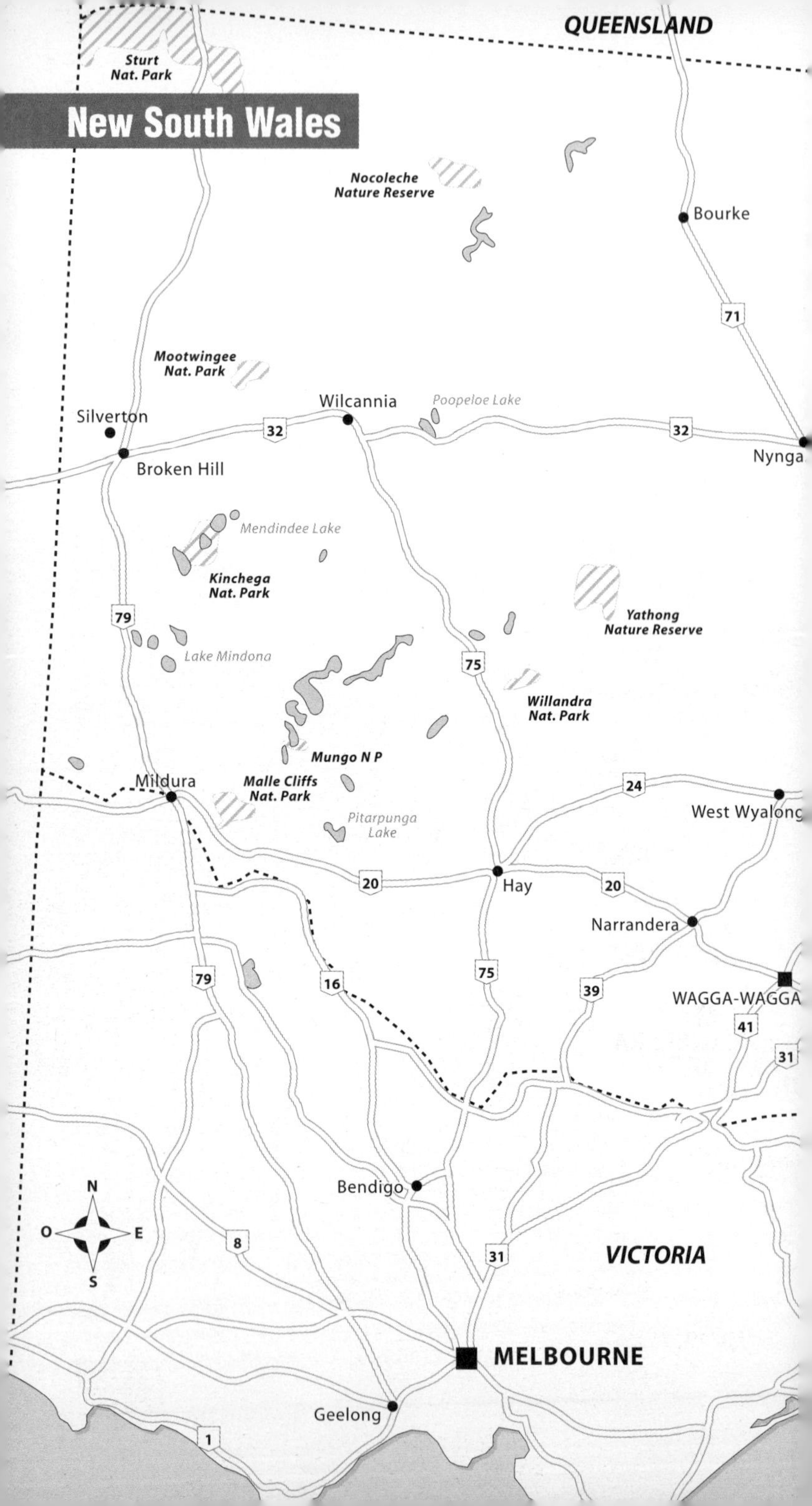

New South Wales
QUEENSLAND
Sturt Nat. Park
Nocoleche Nature Reserve
Bourke
71
Mootwingee Nat. Park
Wilcannia
Poopeloe Lake
Silverton
32
32
Broken Hill
Nynga
Mendindee Lake
Kinchega Nat. Park
79
Yathong Nature Reserve
Lake Mindona
75
Willandra Nat. Park
Mungo N P
Mildura
Malle Cliffs Nat. Park
24
West Wyalong
Pitarpunga Lake
20
Hay
20
Narrandera
79
16
75
39
WAGGA-WAGGA
41
31
Bendigo
N
O
E
S
8
31
VICTORIA
MELBOURNE
Geelong
1

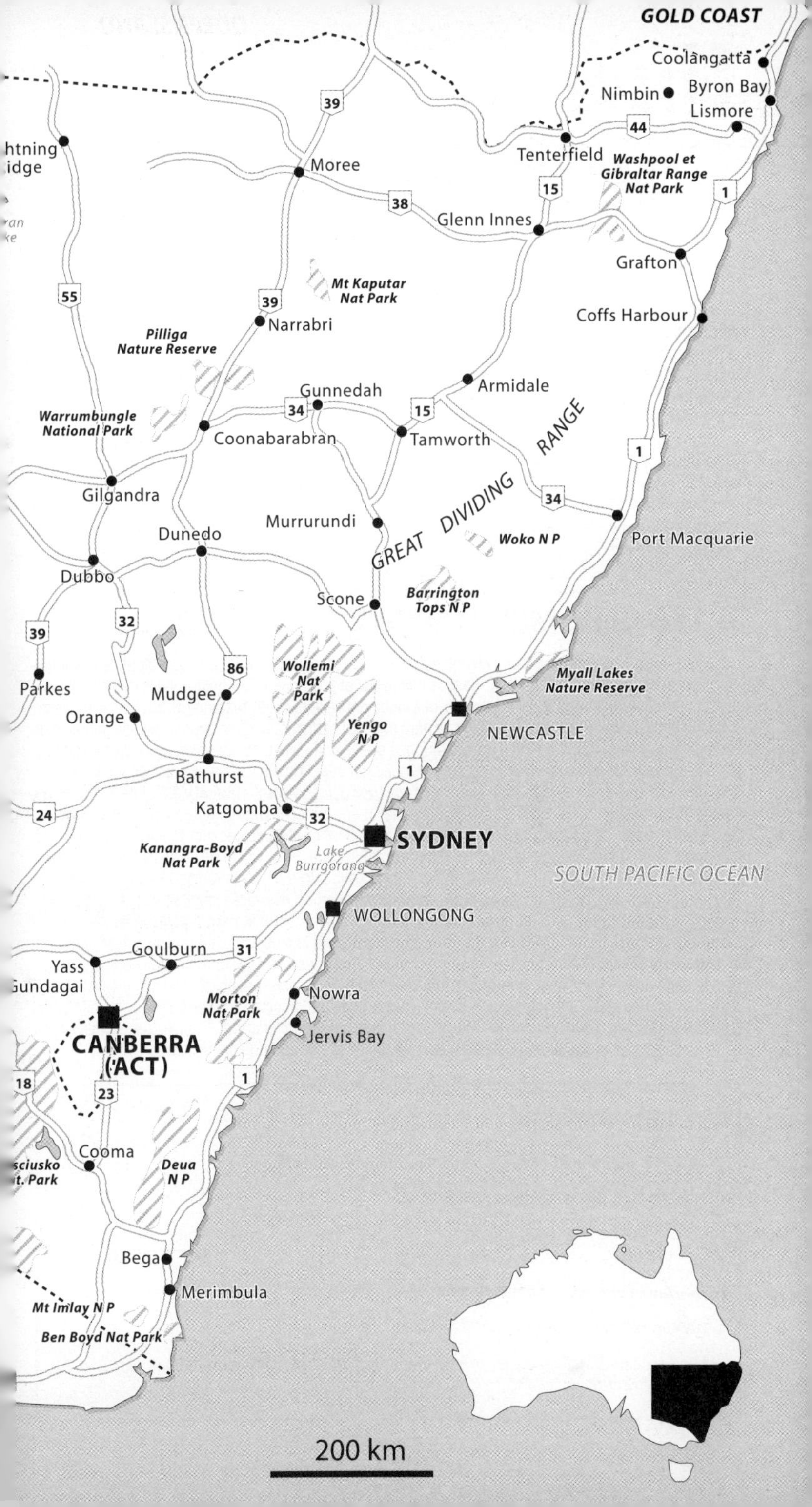
GOLD COAST
Coolangatta
Nimbin
Byron Bay
Lismore
44
39
Tenterfield
Washpool et Gibraltar Range Nat Park
Moree
15
1
38
Glenn Innes
Grafton
Mt Kaputar Nat Park
55
39
Coffs Harbour
Narrabri
Pilliga Nature Reserve
Gunnedah
Armidale
34
15
Warrumbungle National Park
Coonabarabran
Tamworth
RANGE
1
GREAT DIVIDING
Gilgandra
34
Murrurundi
Port Macquarie
Dunedo
Woko N P
Dubbo
Scone
Barrington Tops N P
39
32
86
Wollemi Nat Park
Myall Lakes Nature Reserve
Parkes
Mudgee
Orange
Yengo N P
NEWCASTLE
Bathurst
1
24
Katgomba
32
SYDNEY
Kanangra-Boyd Nat Park
Lake Burrgorang
SOUTH PACIFIC OCEAN
WOLLONGONG
Goulburn
31
Yass
Gundagai
Morton Nat Park
Nowra
Jervis Bay
CANBERRA (ACT)
18
23
1
Cooma
Deua N P
Bega
Merimbula
Mt Imlay N P
Ben Boyd Nat Park
200 km

New South Wales

La surface de New South Wales (ou Nouvelle Galles du Sud), soit 801 200 kilomètres carrés (presque deux fois celle de la France), représente seulement le dixième de l'Australie. La bande littorale fertile comprend certains des meilleurs pâturages du pays et quelque 1 900 kilomètres de côtes de plages de sable blanc, d'anses paisibles, de caps rocheux, de forêts pluviales, de plantations de fruits tropicaux. L'intérieur de New South Wales est riche en déserts, montagnes enneigées, élevages de moutons, villages endormis et villes fantômes datant de la grande ruée vers l'or.

Outre la capitale de l'Etat, Sydney, le New South Wales comporte de nombreuses petites villes dont deux aciéries : Newcastle au nord et Wollongong au sud. Les Sydneysiders ne perdent jamais une occasion pour aller passer quelques jours dans les Blue Mountains ou faire du bushwalking dans les parc nationaux (le Royal National Park au sud ou Barrington Tops au nord) ou visiter la Hunter Valley, réputée pour ses excellents vignobles. La South Coast, beaucoup moins touristique que les plages du Nord, descend sur 550 km au sud de Sydney vers la frontière du Victoria.

LES BLUE MOUNTAINS

Les Montagnes Bleues forment une chaîne dans l'arrière-pays de Sydney. Leur nom vient de la vapeur – une sorte d'aura bleue – flottant au-dessus des forêts et provoquée par l'huile volatile des eucalyptus (gum trees). Avec un grand choix d'activités, des logements divers et des restaurants de première classe, il est facile de passer quelques jours dans ce parc national magnifique. C'est aussi une base idéale pour explorer la région et visiter Jenolan Caves, Mudgee ou Hill End. Si le temps presse, une excursion d'une journée est toujours très conseillée, d'autant plus que cette région spectaculaire est facilement accessible de Sydney en bus, train ou voiture. Les prix des voyages guidés varient entre AU$90 et AU$200. Cette chaîne constituait jadis une barrière infranchissable, et une curieuse rumeur courait, parmi les convicts de l'époque, selon laquelle la Chine et la liberté se trouvaient au-delà de ces montagnes. Elles n'ont été franchies qu'en 1813, lorsque les trois explorateurs, Blaxland, Wentworth et Lawson, ont trouvé une passe permettant la traversée. Aujourd'hui, la plus grande partie de cette région est un parc national (d'une superficie de 248 000 hectares), avec de profondes gorges, des vallées tapissées de forêts denses et d'excellents chemins de randonnée (walking tracks). En l'an 2000 le parc fut classé au patrimoine mondial par l'ONU. Le mont Victoria, à 1 111 m, en est le point le plus haut. Grâce à sa nature sauvage, la région a pu échapper à un développement touristique trop poussé. Le fait que les quatre saisons y sont bien distinctes est important aux yeux des Australiens qui ne connaissent en général que les wets et les drys. Ils viennent ici pour échapper à la canicule de la côte, car on peut étouffer à Sydney et frissonner à Katoomba. Chaque saison dans les Blue Mountains a son propre charme. En hiver, les Sydneysiders ne dédaignent pas un week-end galant au coin du feu dans une auberge accueillante.

Les immanquables de la New South Wales

- **Les Blue Mountains** pour ses panoramas impressionnants.
- **La Hunter Valley** pour les amoureux du vin .
- **Bellingen et Byron Bay** pour ceux qui ont la nostalgie des années hippies et un style de vie baba cool.
- **Tamworth et Kosciusko National Park** pour de longues randonnées à cheval dans le bush.
- **Broken Hill** pour connaitre un désert vivant et culturel.
- **Les parcs nationaux:** au sud, Le Ben Boyd National Park et la route touristique au nord entre Armidale et Grafton, longée d'une série de parcs naturels d'une beauté à couper le souffle.

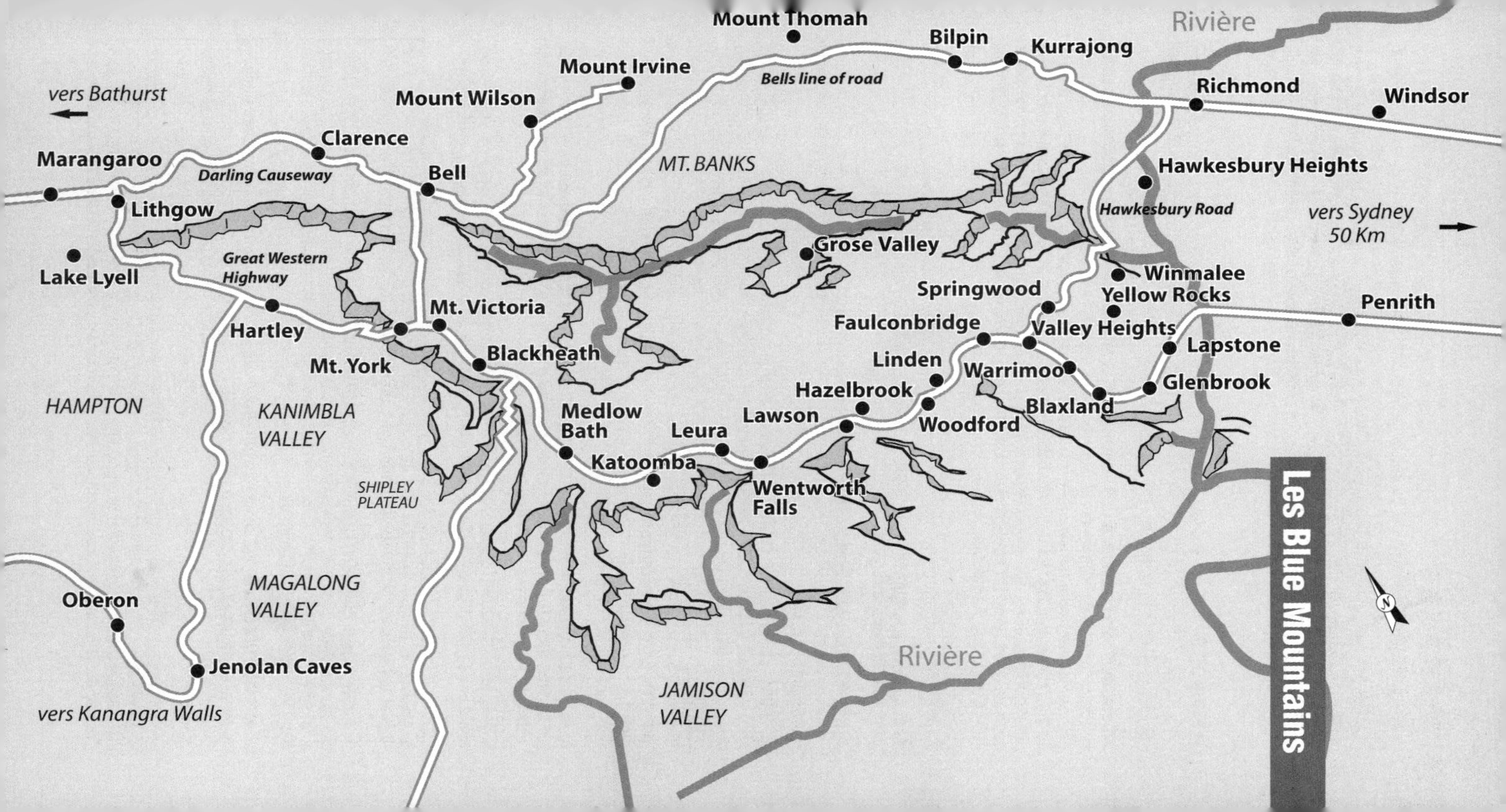

Les Blue Mountains
Mount Thomah
Bilpin
Kurrajong
Rivière
Mount Irvine
Bells line of road
Richmond
Windsor
vers Bathurst
Mount Wilson
Clarence
Marangaroo
Darling Causeway
Bell
MT. BANKS
Hawkesbury Heights
Lithgow
Hawkesbury Road
vers Sydney 50 Km
Grose Valley
Great Western Highway
Lake Lyell
Winmalee
Springwood
Yellow Rocks
Mt. Victoria
Penrith
Hartley
Faulconbridge
Valley Heights
Lapstone
Mt. York
Blackheath
Linden
Warrimoo
Glenbrook
Hazelbrook
HAMPTON
Blaxland
KANIMBLA VALLEY
Medlow Bath
Lawson
Leura
Woodford
Katoomba
SHIPLEY PLATEAU
Wentworth Falls
MAGALONG VALLEY
Oberon
Rivière
Jenolan Caves
JAMISON VALLEY
vers Kanangra Walls

La route des Blue Mountains est bordée de petites villes collées les unes aux autres (Glenbrook, Springwood, Lawson, Wentworth Falls, Leura, Katoomba, Medlow Bath, Blackheath, Mount Victoria...). Les profonds canyons qui zigzaguent entre d'énormes rochers et parois de sandstone (grès), des chutes d'eau et des forêts exubérantes d'eucalyptus et de fougères arborescentes, font de cet endroit un lieu idéal pour les « bushwalking » et autres balades vertes. Les Blue Mountains sont réputées pour leurs paysages spectaculaires et pour les meilleures pistes de bushwalking de toute l'Australie. Profusion de fleurs sauvages et festivals floraux au printemps et à l'automne. Excursion jusqu'aux Caves de Jenolan.

Transports

▶ **Des trains** partent de Central Station toutes les heures, s'arrêtant à Wentworth Falls, Leura, Katoomba, Medlow Bath, Blackheath et Mount Victoria.

▶ **Deux bus** font un circuit en permanence des attractions principales à Katoomba et Leura et offrent des tickets journaliers : le Mountain Link Trolley Tours (✆ 1800 801 577, appel gratuit – www.trolleytours.com.au), avec 29 arrêts et départs toutes les heures tous les jours à partir de 9h15, ticket Hop On and Hop Off valable 24h adultes AU$15 ; et Blue Mountains Explorer Bus (✆ (02) 4782 4807 – www.explorerbus.com.au) ; Un peu plus cher, départs toutes les heures à partir de 9h30, avec 30 arrêts, ticket Hop On and Hop Off valable 24h (adultes AU$25, enfant AU$12,50, famille AU$62,50).

Pratique

■ **CENTRE D'INFORMATION : le VISITORS CENTRE à Echo Point** ✆ (02) 4739 6266 – www.australiabluemountains.com.au –

■ **UN AUTRE SITE INTERNET UTILE :** www.bluemts.com.au

Tour-opérateurs

■ **TREAD LIGHTLY ECO TOURS. 100 Great Western Highway, Medlow Bath ✆ (02) 4788 1229 – Mobile 0414 976 752 – www.treadlightly.com.au –** Organise des bushwalks et trekkings avec guides spécialisés dans la luxuriante forêt des Blue Mountains. Leurs tours sont basés sur le respect de l'environnement et l'enseignement de la flore et faune naturelles. Tours à partir de AU$30.

■ **HIGH N WILD MOUNTAIN ADVENTURES. 5 Katoomba Street, Katoomba ✆ (02) 4782 6224 – www.high-n-wild.com.au –** Spécialiste en sports d'aventures : abseiling, escalade, canyoning, randonnées en V. T. T. et bushwalking.

■ **BLUE MOUNTAINS ADVENTURE COMPANY. 84a Bathurst Road, Katoomba ✆ (02) 4782 1271 – Fax (02) 4782 1277 – www.bmac.com.au –** Spécialiste en sports d'aventures : abseiling, l'escalade, canyoning et randonnées en V. T. T.

■ **DAL MYLES TOURS ✆ (02) 9977 5567 – www.dalmylestours.com –** Découverte des Blue Mountains en 4X4 guidée à AU$159, en minibus à AU$125. Tous les jours de Sydney, petit-déjeuner dans un zoo privé et déjeuner dans un pub historique compris.

■ **MOUNT 'N BEACH SAFARIS ✆ 1 300 366 627 – www.mountnbeach.com.au –** Tours en voiture tout terrain à AU$174, avec commentaires en français les lundi, mercredi, et vendredi.

■ **AUSTRALIAN ECO ADVENTURES ✆ (02) 9971 2402 – www.ozeco.com.au –** Spécialiste des tours en petits groupes depuis Sydney, avec commentaires détaillés sur l'histoire, la culture aborigène, la flore, la faune et la géologie pour comprendre l'évolution du pays. Tours à partir de AU$210 adultes et AU$150 enfants.

■ **AUSTRALIAN WILD ESCAPES ✆ (02) 9980 87 – www.australianwildescapes.com –** Organise des tours depuis Sydney à partir de AU$237. L'avantage est qu'ils limitent les tours à 8 personnes et incluent dans leurs programmes des destinations moins commerciales que les autres concurrents.

Centre commercial et administratif des Blue Mountains, Katoomba est l'endroit le plus connu vu sa proximité aux Three Sisters et au Scenic World. Cela en fait aussi l'endroit le plus mouvementé. Les villages avoisinants comme Leura (2 km), Medlow Bath (5 km) ou Blackheath (10 km) sont plus calmes et ont eux aussi leurs propres attraits. Noter qu'il est avantageux d'y aller en semaine, car non seulement il y a moins de monde, mais les tarifs sont souvent plus intéressants. De nombreux établissements ont d'ailleurs un séjour minimum de deux jours le week-end. Si vous êtes plusieurs et comptez y passer quelques jours, des agents immobiliers louent des maisons particulières (en fait des maisons secondaires des Sydneysiders), formule peu coûteuse. Contacter l'agence Soper Bros à Leura ✆ (02) 4784 1633 – www.soperbros.com.au – ou Century 21 à Blackheath ✆ (02) 4787 7266 – www.century21.com.au/blackheath (cliquer holiday lettings).

Points d'intérêt

Il est judicieux de faire une excursion commençant à Wentworth Falls en passant par Leura, Katoomba et Blackheath. Quant aux points de vue, essayez le Conservation Hut à Wentworth Falls, Sublime Point et Gordon Falls à Leura, les Three Sisters à Katoomba, Govetts Leap et Evans Lookout à Blackheath. Il y en a bien d'autres qui sont tout aussi impressionnants, mais parfois plus éloignés ou dont l'accès est moins facile. De toutes façons, en visitant ces sites, on aura un bon aperçu de la grandeur des deux vallées principales (la Jamison Valley et la Grose Valley). Le NSW National Parks and Wildlife Service (www.nationalparks.nsw.gov.au) propose des randonnées guidées pour le marcheur du dimanche comme pour le randonneur expérimenté. On peut aussi faire du cheval, du V. T. T., de l'escalade, des tours à moto ou en 4X4 dans le Wilderness.

Certains jardins sont splendides et valent le détour :

■ **LES BOTANIC GARDENS À MOUNT TOMAH ✆ (02) 4567 2154 – www.rbgsyd.gov.au** – *Entrée : AU$4.40.*

■ **LES EVERGLADES GARDENS. À Leura ✆ (02) 4784 1938 – www.nsw.nationaltrust.org.au/ever.html** – *Entrée : AU$6.*

▸ **Les premières collines s'élèvent déjà à 65 km à l'ouest de Sydney,** avec de vastes panoramas du bush, des vallées et des cascades. Dans l'arrière-pays des Blue Mountains, dans les petites villes qui connurent leurs heures de gloire au XIXe siècle, à l'époque de la ruée vers l'or, on peut encore faire de l'orpaillage et fouiller le sol de Hill End en espérant y trouver le précieux métal. Aujourd'hui, beaucoup d'artistes se sont installés dans ces petites villes de montagne, ce qui a entraîné l'ouverture de nombreuses galeries, boutiques d'artisanat local et antiquaires. A Katoomba, les plus populaires sites à visiter sont les Three Sisters et SkyWorld, qui comprend le Scenic Railway, Scenic Cableway et le Scenic Skyway.

▸ **Le point de vue le plus impressionnant des Three Sisters se trouve à Echo Point, à l'extrémité sud de Katoomba Street, à deux kilomètres de la ville.** Les formations rocheuses constituées de couches de grès horizontales se sont empilées les unes sur les autres pendant des millions d'années. Ces falaises vertigineuses, ces gorges tapissées de fougères, ces ravins escarpés forment l'un des reliefs les plus remarquables de l'Australie. Le soir, illuminée par des projecteurs, la vision est inoubliable.

■ **SCENIC WORLD. Cliff Drive, Katoomba ✆ (02) 4782 2699 – www.scenicworld.com.au** – *Ouvert tous les jours de 9h à 17h.* Composé du Scenic Railway, du Scenic Cableway, du Scenic Walkway et du Scenic Skyway, c'est l'endroit le plus visité dans les Blue Mountains. Evitez, si possible, la période d'affluence entre 11h et 15h. Le Railway est un petit train touristique qui descend les 310 mètres dans la Jamison Valley (aller simple AU$8, aller-retour AU$16).

Manifestations annuelles importantes

▸ **Janvier.** Australian Country Music Festival, Tamworth – www.tamworth.nsw.gov.au

▸ **Février.** Hunter Valley Vintage Walkabout (vendanges) – www.winecountry.com.au

▸ **Juillet.** Yulefest (festival de Noël), Blue Mountains – www.bluemountainstourism.org.au

▸ **Septembre.** Vinefire – www.hungerfordhill.com.au – Hunter Wine and Food Festival – The Mudgee Wine Celebration, Mudgee – www.mudgeewine.com.au

▸ **Octobre :** Opera in the Vineyards – www.wyndhamestate.com

■ **POUR LES AMOUREUX DE JAZZ, consultez le site Internet suivant pour toutes les manifestations en NSW :** www.jazzandbeyond.com.au -

Cette ligne ferroviaire a été construite dans les années 1880, pour les transports d'une mine de charbon. Sa pente de 45° est l'une des plus abruptes du monde. La descente peut se faire également à pied, en une vingtaine de minutes, mais les escaliers sont assez raides. Pour remonter, on peut prendre soit le Railway soit le Cableway, le téléphérique le plus vertical d'Australie (aller simple AU$8, aller-retour AU$16). Dans la vallée il y a une belle Rainforest Walkway de 2 kilomètres qui permet d'apprécier la flore de près. A côté, le Scenic Skyway est un autre téléphérique qui traverse la gorge offrant des vues merveilleuses sur Katoomba Falls, Orphan Rock et la Jamison Valley. Dans les Blue Mountains la neige tombe parfois entre juin et août. On organise alors un Yulefest (festival de Noël) avec des smörgasbord, buffets gargantuesques, dans tous les hôtels de la région. Cette tradition d'origine scandinave démontre que de nombreux Nordiques ont aussi émigré en Australie.

■ **THE EDGE MAXIVISION CINEMA. 225-237 Great Western Highway, Katoomba © (02) 4782 8928.** *Entrée adultes AU$14,50, tarif réduit AU$12,50.* Cinéma à écran géant IMAX qui projette toute la journée « *The Edge* », un film de 40 minutes, retraçant la découverte des étendues sauvages des Blue Mountains.

KATOOMBA

A 110 km à l'ouest de Sydney. A Katoomba, on peut admirer la formation rocheuse des Three Sisters (et entendre leur légende aborigène), à Echo Point, descendre dans le ravin tapissé d'anciennes rainforests et de fougères arborescentes par les « Giant Steps », et remonter par le Scenic Railway « le train le plus abrupt du monde ». Plus loin à Govetts Leap, près de Blackheath, la plus haute chute d'eau d'Australie se jette dans la Grose Valley, un canyon vaste et magnifique où l'on ne voit aucune trace d'homme. A Wentworth Falls, tout le monde fait du bushwalking au bord des falaises encadrant la Jamison Valley. A la fin de la journée, observation de kangourous qui se réveillent et sortent des bois d'eucalyptus pour aller brouter dans les clairières, de cacatoès à la huppe couleur de soufre qui se déplacent en nuées blanches et criardes, et de charmants kookaburras, mangeurs de serpents, aux rires moqueurs étonnants.

Hébergement

■ **BLUE MOUNTAINS YHA. 207 Katoomba Street © (02) 4782 1416 – Fax (02) 4782 6203 – www.yha.com.au –** *De AU$24 à AU$26 par adulte en dortoir. Arrêt de bus à un kilomètre (service quotidien pour Sydney et Adelaide), gare à un kilomètre (trains toutes les heures pour et en provenance de Sydney).* La nouvelle auberge allie une ambiance Art déco des années 1930 à une atmosphère jeune et amicale. Equipement moderne et salles de bains dans la plupart des chambres. Parmi les activités possibles : canyoning, V. T. T., escalade et équitation.

■ **THE FLYING FOX. 190 Bathurst Road © 1800 624 226 – www.theflyingfox.com.au –** *Lit en dortoir à AU$22, chambre double à AU$60.* C'est propre et spacieux, entièrement rénové depuis peu. Feu de bois en hiver.

■ **KATOOMBA MOUNTAIN LODGE. 31 Lurline Street © (02) 4782 3933 – Fax (02) 4782 3978 – www.katoombamountainlodge.com.au –** Un petit lodge sympa, chambre double à partir de AU$29 par personne, W.-C. et salle de bains sur le palier.

■ **KATOOMBA TOWN CENTRE MOTEL. 218-224 Katoomba Street © (02) 4782 1266 – www.katoombamotel.com –** *Chambre double à partir de AU$52 standard (en semaine), AU$78 (par jour en week-end), si réservation par Internet.* Le seul motel en centre ville, près de bons restaurants et seulement à quelques minutes des Three Sisters. Des unités modernes avec climatisation et lits king-size.

■ **CUCKOO'S NEST.132 Lurline Street © (02) 4782 2281 – www.swisscottage.com.au –** *A partir de AU$130 la nuit pour 2 personnes, AU$220 pour deux nuits.* Cottage privé dans le jardin du restaurant Swiss Cottage. Réservations par téléphone seulement. N'accepte pas les cartes de crédit.

■ **MOUNTAIN HERITAGE. Au coin de Lovel et Apex Streets © (02) 4782 2155 – Fax (02) 4782 5323 – www.mountainheritage.com.au –** *Chambre double entre AU$267 et AU$627.* Pour quelques jours rafraîchissants dans les Blue Mountains, à quelques minutes à pied du centre de Katoomba. Ce grand manoir restauré surplombe la Jamison Valley depuis bientôt un siècle. Cette retraite montagnarde offre le charme d'hier allié au luxe d'aujourd'hui. Un restaurant et un cocktail-bar avec une cheminée et du feu durant l'hiver, de beaux jardins et une grande piscine pour l'été, et une vue spectaculaire en toutes saisons.

■ **CLARENDON GUEST HOUSE. Au coin de Lurline et Waratah Streets ✆ (02) 4782 1322 – www.clarendonguesthouse.com.au** – *Des chambres doubles agréables pour AU$90.* La cheminée donne à cet hôtel un air d'autrefois.

■ **THREE EXPLORERS MOTEL. 197 Lurline Street ✆ (02) 4782 1733 – www.bluemts.com.au/3explorers** – *Chambres doubles à partir de AU$96.* A l'écart du centre ville, près des Three Sisters.

■ **ECHOES GUEST HOUSE. 3 Lilianfels Avenue, Echo Point ✆ (02) 4782 1966 – www.echoeshotel.com.au** – *Chambres doubles avec petit-déjeuner de AU$350 en semaine, et de AU$450 le week-end.* Petit hôtel perché au bord de la petite falaise avec une vue imprenable sur la Jamison Valley et les Three Sisters (trois rochers se dressant vers le ciel). Le restaurant aussi est tout à fait recommandable. Près des sentiers faciles, vous permettant de profiter de la beauté unique des Blue Mountains.

■ **LILIANFELS. LILIANFELS Avenue, Echo Point ✆ (02) 4780 1200 – Fax (02) 4780 1300 – www.lilianfels.com.au** – *Chambre double à partir de AU$400 (en semaine), AU$440 (par jour en week-end).* La maison Lilianfels, construite en 1889, a été restaurée à la gloire de son passé et abrite maintenant le restaurant Darleys, qui a gagné des prix d'excellence. Une maison de campagne attenante a été construite en 1992 et surplombe la belle et sauvage Jamison Valley, avec les Three Sisters pour voisines. Salon, piscines interne et découverte, salle de remise en forme, spa, salle de billard, tennis, vélos de montagne... Le salon est recommandé pour un afternoon tea à l'anglaise.

Restaurants

■ **SWISS COTTAGE RESTAURANT. 132 Lurline Street, Katoomba ✆ (02) 4782 2281 – www.swisscottage.com.au** – Un des endroits les plus sympas, et certainement parmi les meilleurs en terme gastronomique. Roland, propriétaire, chef cuistot et suisse de surcroît, vous régalera de ses petits plats savoureux. Quant à Monique, son épouse, elle vous accueillera dans un décor digne des chalets de nos bonnes vieilles Alpes franco-suisses. Une halte à ne pas manquer.

■ **CHORK DEE. 216 Katoomba Street, Katoomba ✆ (02) 4782 1913** – *Cuisine thaïe.* Les autres chefs y viennent, histoire de voir d'autres « paysages ». Excellente cuisine thaie à des prix extrêmement raisonnables.

■ **DRY DOCK. 54 Waratah Street, Katoomba ✆ (02) 4782 7902** – *Ouvert pour dîner du lundi au samedi. Poisson et fruits de mer, environ AU$45.*

■ **DARLEY'S. Lilianfels Avenue, Echo Point, Katoomba ✆ (02) 4780 1200 – www.lilianfels.com.au** – *Menu à partir de AU$68 par personne (sans les vins).* Excellent restaurant mené par le Chef Cordon bleu Hugh Whitehouse. Carte des vins remarquable. Réservation recommandée.

LEURA

Joli village classé par le National Trust, à 2 km de Katoomba, ambiance sophistiquée et bien agréable. Connu comme le « Garden Village », Leura est réputé pour ses cafés, boutiques et les magnifiques jardins privés qui se visitent en octobre, pendant le « Spring Festival ». En bas du Leura Mall, à 15 minutes à pied, se trouvent des points de vue exceptionnels et, la plupart du temps, déserts. Au coucher du soleil, on est parfois seul à regarder la magnifique Jamison Valley, avec l'imposant mont Solitaire en arrière-plan. Un panorama inoubliable.

Hébergement

■ **LEURA HOUSE. 7 Britain Street, Leura ✆ (02) 4784 2035 – Fax (02) 4784 3329 – www.leurahouse.com.au** – *Chambre double à partir de AU$160.* Une grande maison historique, avec véranda typique, située dans un beau jardin. A 200 mètres de la gare de Leura.

■ **MEGALONG MANOR. 151 Megalong Street (au coin de Grose Street) ✆ (02) 4784 1461 – Fax (02) 4784 2716 – www.bluemts.com.au/megalongmanor** – *Chambre double avec petit-déjeuner à AU$150 en semaine, AU$175 le week-end.* A deux minutes du village et des restaurants, un Bed and Breakfast de première qualité.

■ **LEURA GARDENS RESORT. Fitzroy Street, Leura ✆ (02) 4784 4000 – www.dohertyhotels.com.au** – *Chambre double entre AU$130 et AU$260.* Un hôtel-club de quatre-vingts chambres et deux restaurants. Activités : golf, tennis, squash, natation et mountain bikes.

Restaurants

■ **SILKS BRASSERIE. 128 The Mall, Leura ✆ (02) 4784 2534 – www.silksleura.com –** Elégant restaurant ouvert tous les jours à midi et le soir.

■ **SOLITARY. 90 Cliff Drive, Leura Falls ✆ (02) 4782 1164 – www.solitary.com.au –** *Environ AU$50.* Cuisine australienne moderne à la hauteur de sa situation surplombant la Jamison Valley, entre Echo Point et Leura.

■ **CONSERVATION HUT CAFE. Au bout de Fletcher Street, Wentworth Falls ✆ (02) 4757 3827.** *Fermé le soir.* Un petit café surplombant la falaise, à 1 km des Wentworth Falls. Vue spectaculaire, centre d'informations et point de départ de nombreux sentiers de randonnée.

MEDLOW BATH

C'est une bourgade minuscule traversée par une rue principale mais surtout le berceau du fameux Hydro Majestic Hotel, l'un des premiers hôtels de luxe pour les familles aisées de Sydney qui venaient en villégiature pour une cure d'air frais et profiter de chambres avec vues majestueuses sur les Montagnes Bleues. De nos jours, les visiteurs peuvent jouir de ce havre de paix en sirotant une boisson en terrasse ou en hiver auprès d'un feu de cheminée.

Hébergement

■ **THE CHALET BLUE MOUNTAINS. 46-50 Portland Avenue, Medlow Bath ✆ (02) 4788 1122 – www.chaletbluemountains.com.au –** *Chambre double à partir de AU$165, petit-déjeuner compris.* Un chalet-restaurant (BYO). Ce charmant homestead centenaire offre une hospitalité tranquille et l'un des meilleurs restaurants du coin. En hiver, du feu dans la cheminée et en été une terrasse dans les jardins.

■ **MERCURE GRAND HYDRO MAJESTIC HOTEL. Great Western Highway, Medlow Bath ✆ (02) 4788 1002 – Fax (02) 4788 1063 – www.hydromajestic.com.au –** *Chambre double entre AU$250 et AU$390.* Certainement l'hôtel des Blue Mountains offrant la plus belle vue sur la Megalong Valley. Un apéritif sur la terrasse par un ciel dégagé est l'arrêt idéal avant d'atteindre les montagnes.

BLACKHEATH

Pendant le mois de novembre ce village de montagne sort de sa torpeur hivernale pour célébrer le festival du rhododendron. A 10 km de Katoomba, dans une ambiance détendue et artistique, Blackheath offre une expérience exceptionnelle pour ceux qui aiment le calme, la nature et le bushwalking. C'est le seul village donnant accès à la magnifique Grose Valley avec ses 50 000 hectares de wilderness (forêts vierges). Des restaurants renommés, un golf réputé, et une extraordinaire sélection de randonnées expliquent pourquoi bon nombre de Sydneysiders s'y installent pour le week-end.

Hébergement

■ **FEDERATION GARDENS LODGE. 185 Evans Lookout Road ✆ (02) 4787 7767 – www.federationgardens.com –** *Chambre double AU$126 (en semaine), AU$350 (le week-end de 2 nuits minimum).* Les appartements familiaux comprennent cuisine équipée, salle de bains et cheminée. Dans le même lodge, les Possums Hideaways sont des cottages (pour couples) éparpillés dans un parc d'un hectare et demi. Pour deux, AU$110 (en semaine), AU$150 (par jour en week-end). Voiture nécessaire.

■ **GLENELLA. 56 Govetts Leap Road ✆ (02) 4787 8352.** Guesthouse historique dans le centre du village avec des chambres doubles à partir de AU$110.

■ **JEMBY-RINJAH ECO LODGE. 336 Evans Lookout Road ✆ (02) 4782 7622 – Fax (02) 4787 6230 – www.jembyrinjahlodge.com.au –** *Des cabines équipés à AU$150 en semaine, à AU$199 du vendredi au dimanche. Voiture nécessaire.* Endroit magique, situé en plein bush et près d'Evans Lookout et des sentiers de randonnée.

■ **KANANGRA LODGE. 9 Belvidere Avenue ✆ (02) 4787 8715.** *Chambre double avec petit-déjeuner à AU$130. Voiture nécessaire.* Un Bed and Breakfast paisible et charmant, près du golf de 18 trous réputé de Blackheath, avec un beau jardin.

■ **KANIMBLA VIEW ENVIRONMENTAL RETREAT. 113 Shipley Road © (02) 4787 8985 – Fax (02) 4787 6665 – www.kanimbla.com** – *Deux nuits pour 2 personnes en semaine AU$300, en fin de semaine AU$420. Voiture nécessaire.* Cottages écologiques en plein bush à 2,5 km du village. Tennis, spa, sentiers privés. Ambiance spéciale.

■ **ST MOUNT'S BOUTIQUE HOTEL. 194 Great Western Highway © (02) 4787 6111 – Fax (02) 4787 8165 – www.stmounts.com.au** – *Chambre double à AU$140 en semaine. Hôtes : Margret Pile et Paul Rand.* St Mount's Guesthouse, qui date de 1893, était déjà à l'époque une auberge réputée, appelée The Pines. Entièrement restaurée par les actuels propriétaires, elle compte parmi les maisons historiques des Blue Mountains.

Restaurants

■ **ASHCROFTS. 18 Govetts Leap Road, Blackheath © (02) 4787 8297 – www.ashcrofts.com** – *Ouvert le soir du mercredi au dimanche. Environ AU$50. BYO.* Très bonne cuisine australienne moderne.

■ **VULCANS. 33 Govetts Leap Road, Blackheath © (02) 4787 6899** – *Ouvert du vendredi au dimanche à midi et le soir. Comptez AU$55. BYO. Réservation indispensable.* Réputé comme le meilleur restaurant des Blue Mountains.

MOUNT VICTORIA

Mount Victoria est la bourgade la plus élevée des Montagnes bleues. Elle fait partie du patrimoine national en raison de son grand nombre d'édifices historiques.

■ **THE HOTEL IMPERIAL. 1 Station Street Mount Victoria Village © (02) 4787 1878 – Fax (02) 4787 1461 – www.hotelimperial.com.au** – *Chambre à partir de AU$99 en semaine et week-ends spéciaux tout compris à partir de AU$280 par personne.* Hôtel le plus vieux d'Australie au cœur des Blue Mountains. Le temps a l'air de s'y être arrêté et le charme doit y être toujours le même qu'au début du siècle dernier. Des week-ends spéciaux sont organisés comme, en juillet, l'organisation d'un Cluedo, où les invités sont les personnages du jeu et sont déguisés en conséquence.

WINDSOR

Centre agricole historique à 55 km au nord-ouest de Sydney, Windsor s'étend le long de la Hawksbury River et a gardé son cachet historique avec ses pittoresques magasins d'antiquités.

■ **SEBEL RESORT AND SPA HAWKESBURY. 61 Richmond Road, Windsor (à une heure du centre de Sydney) © (02) 4577 4222 – Fax (02) 4577 6939 – www.mirvachotels.com.au** – *Chambre double AU$130.* Hôtel-club de soixante-quatorze chambres situé au pied des Blue Mountains près de Richmond. Piscine couverte, bain bouillonnant, sauna, golf de 9 trous, deux courts de tennis et billard. Forfaits intéressants, les « week-end romantique » pour deux ou « week-end golf » comportent chambre fleurie, chocolat, champagne à l'arrivée et dîner aux chandelles dans la chambre.

JENOLAN CAVES

Grâce à sa proximité avec les extraordinaires grottes de Jenolan, c'est le centre touristique le plus important des Montagnes Bleues.

Hébergement

■ **JENOLAN CABINS. Porcupine Hill, 42 Edith Road, Jenolan Caves © (02) 6335 6239 – www.bluemts.com.au/jenolancabins** – *Cabine pour deux AU$98 (en semaine), AU$115 (par jour en week-end).* Vue panoramique spectaculaire sur le parc national des Blue Mountains de toutes les cabines, situées à seulement cinq minutes des célèbres Jenolan Caves.

■ **JENOLAN CAVES HOUSE. Jenolan Caves © (02) 6359 3322 – Fax (02) 6359 3227 – www.jenolancaves.org.au** – *Chambre double en demi-pension de AU$120 à AU$295.* Cette auberge traditionnelle de montagne, construite par étapes à partir de 1889, se trouve à cinquante mètres de l'entrée des caves. Chaque soir a lieu une petite réception, avec vin et fromages, dans le Guest Lounge, tandis qu'un guide local fait un bref exposé sur les Jenolan Caves et la région.

Points d'intérêt

■ **LES JENOLAN CAVES. À 80 km au sud-ouest de Katoomba. Bureau d'informations ✆ (02) 6359 3911 – www.jenolancaves.org.au –** *Se visitent indépendamment ou en excursions guidées, tous les jours de 9h30 à 17h pour AU$17.* Ce sont les grottes calcaires aux stalactites géantes les plus connues d'Australie.

■ **LE VILLAGE FANTÔME DE YERRANDERIE.** Du côté opposé au Kanangra Boyd National Park, mais il est difficile d'y accéder sans un véhicule 4X4.

MEGALONG VALLEY

Une belle vallée verdoyante traversée par la Cox River et surplombée par les Montagnes Bleues. Megalong signifie en langue aborigène « la vallée sous les falaises ».

Hébergement

■ **MEGALONG VALLEY HERITAGE FARM. Megalong Road ✆ (02) 4787 8188 – www.megalong. cc/farm –** *Lit en dortoir AU$25.* Cette propriété située dans une vallée tranquille, avec une vue spectaculaire, est l'un des lieux d'attractions les plus populaires des Blue Mountains, surtout pour des familles. On peut participer aux activités ou regarder différents shows tous les jours de la semaine : chevaux de trait Clydesdale, Stockman's show, présentation de bovins et de moutons, etc. Prix adulte, AU$16, enfant AU$12, famille AU$40.

Loisirs

■ **VOUS POUVEZ LOUER DES CHEVAUX À WERRIBERRI TRAIL RIDES,** sur la Megalong Road ✆ (02) 4787 9171 – www.bluemts.com.au/werriberri

BATHURST

Le Central West part des Blue Mountains et s'étend sur 400 km vers l'intérieur plus aride. Bathurst, qui en est la porte d'entrée, est la plus ancienne ville de l'époque de la ruée vers l'or. C'est ici que fut découvert, en 1850, le premier gisement aurifère rentable. C'est aussi dans cette ville que se déroule chaque année en octobre l'une des courses de voitures les plus connues d'Australie, la Bathurst Touring Car Race, une course de 1 000 km sur les routes publiques du mont Panorama.

■ **BUREAU D'INFORMATIONS** ✆ (02) 6332 1444 – www.bathurst.nsw.gov.au

Hébergement

■ **STRATHMORE. 202 Russel Street, Bathurst ✆ (02) 6332 3252 – www.strathmoremanor. com –** *Chambre double à partir de AU$100. Hôtes : Sharon et David Parrat.* Construit en 1882 dans le centre de Bathurst, le bâtiment a abrité un pensionnat, une clinique privée, puis a été partagé en appartements avant d'être racheté par les propriétaires actuels. D'importants travaux de restauration et de décoration furent nécessaires pour que le Strathmore retrouve sa splendeur passée. Le mobilier date de l'époque victorienne. Le petit hôtel propose une chambre single et quatre doubles, toutes avec salle de bains. Du café et du thé à volonté sont toujours disponibles dans l'élégante salle à manger.

■ **ABERCROMBIE MOTOR INN ✆ (02) 6331 1077 – Fax (02) 6331 8895 –** *Chambres doubles à AU$75.*

■ **COUNTRY COMFORT. Au coin de Great Western et Mitchell Highways ✆ (02) 6332 1800 – www.countrycomforthotels.com –** *Chambre double AU$97. Forfait voyage de noces avec champagne et fleurs pour AU$185.*

■ **L'ANTIQUE ROYAL HOTEL. Hill End ✆ (02) 6337 8261.** *Chambres doubles à AU$65.*

Points d'intérêt

■ **ABERCOMBIE CAVES. A 72 km au sud de Bathurst ✆ (02) 6368 8603 – www.jenolancaves.org.au – www.geocities.com/abercrombiecaves – Bureau d'informations ✆ (02) 6337 8206.** Ce sont de superbes monuments naturels sur un site d'une grande beauté.

■ **HILL END, au nord de Bathurst,** était le but vers lequel se hâtaient les chercheurs d'or dans les années 1870. Cette ville fantôme, restée pratiquement inchangée depuis, survit aujourd'hui grâce à sa petite colonie d'artistes. On peut y louer du matériel de prospection pour l'orpaillage.

■ **SOFALA,** autre petit village fantôme de la ruée vers l'or, plus proche de Bathurst et plus facile d'accès vaut vraiment le détour, surtout pour son General Store qui est un vrai musée en lui-même.

MUDGEE

Plus au nord, à environ 120 km de Bathurst, Mudgee rejoint pratiquement la Hunter Valley. Cette petite ville, pratiquement oubliée jusque dans les années 90 a connu un essor extraordinaire depuis l'an 2000 grâce à ces vignobles, surtout Poets Corner qui fut choisi comme vin officiel par Qantas pour la classe affaires quelques années auparavant – www.mudgeewines.com.au

■ **BUREAU D'INFORMATIONS.** 84 Market Street ✆ (02) 6372 1020 – www.mudgee-gulgong.org – www.mudgee.nsw.gov.au

Hébergement

■ **WINNING POST MOTOR INN. 101 Church Street ✆ (02) 6372 3333 – www.winningpostmotorinn.com.au** – *Chambre double AU$102.* Situé dans la rue commerçante de Mudgee.

■ **MUDGEE VINEYARD MOTOR INN ✆ (02) 6372 1022.** *Chambres doubles à AU$75.*

■ **LAURALLA HISTORIC GUESTHOUSE. Au coin de Lewis et Mortimer Streets, Mudgee ✆ (02) 6372 4480 – www.lauralla.com.au** – *Chambre double à partir de AU$199, petit-déjeuner compris. Hôtes : Vinh Van Lam & Stuart Horrex.* Le Lauralla, construit en 1882, est l'une des maisons les plus connues de Mudgee, d'ailleurs inscrite aux monuments historiques. Ce joyau de l'architecture victorienne présente des cheminées de marbre, des embrasures en bois de cèdre, des plafonds de « métal moulé », des murs de grès et de larges vérandas bordées de dentelle en fer forgé. Les six chambres du Laurella sont toutes équipées de salle de bains. Très bon restaurant.

Manifestation

▸ **Festival de vendanges** en septembre.

Points d'intérêt

C'est une petite ville viticole et plaisante, avec des maisons anciennes et le Colonial Inn Museum. On peut rendre visite aux viticulteurs de Mudgee pour goûter aux délices des petits crus de la région. Une vingtaine de caves à vin sont ouvertes au public pour la dégustation. Essayez **Miramar Wines,** ouvert tous les jours de 9h à 19h ✆ (02) 6373 3874 et **Poet's Corner** tous les jours de 10h à 18h ✆ (02) 6372 2208

▸ **A 30 km au nord-ouest de Mudgee, à Gulgong, se trouve une vieille mine d'or** et la ville natale d'un des plus grands poètes australiens, Henry Lawson, dont le père était norvégien et la mère anglaise. La grande collection « Lawsonia » dans le Centre d'art sur Mayne Street vaut le détour. Le musée des Pionniers mérite lui aussi une visite (*entrée AU$3*). Bureau d'informations 109 Herbert Street ✆ (02) 6374 1202. Plus au nord, dans le pays de Henry Lawson, il ne reste malheureusement plus grand-chose de la petite ville fantôme de Pipeclay, qu'il a si bien décrite dans ses livres.

DUBBO

Dubbo est une ville au milieu de la région des moutons et à l'entrée de l'Outback. C'est l'une des villes les plus importantes dans l'Ouest des Nouvelles Galles du Sud.

■ **CENTRE D'INFORMATIONS** ✆ (02) 6884 1422 – www.dubbotourism.com.au

Hébergement

■ **DUBBO BACKPACKERS YHA. 87 Brisbane Street ✆ (02) 6882 0922 – Fax (02) 6882 0922 – www.yha.com.au** – *Prix par adulte AU$23. A un kilomètre de l'arrêt de bus (Rendells de Canberra et Sydney) et à 250 mètres de la gare (train journalier de Sydney, Katoomba et Broken Hill) et 5 km de l'aéroport.* Hospitalité accueillante et campagnarde. Près du centre ville. Chaque chambre s'ouvre sur une véranda. Location de bicyclettes, vente aux enchères de bétail les lundis et jeudis. Promenades, équitation...

■ **ZOOFARI LODGE ✆ (02) 6881 1488 – www.zoofari.com.au** – *Comptez AU$530 pour 2 personnes en demi-pension.* Offre des forfaits complets avec entrée au zoo, visites guidées et nuit dans des bungalows africains.

Point d'intérêt

■ **L'ATTRACTION PRINCIPALE DE DUBBO EST SON WESTERN PLAINS ZOO (✆ (02) 6881 1400 – www.zoo.nsw.gov.au)** où lions, girafes, rhinocéros et autres espèces africaines évoluent en liberté. La visite peut se faire dans votre propre véhicule ou avec un vélo de location. *Ouvert tous les jours du 9h à 17h, entrée adultes AU$30, enfants AU$16.50*

SCONE

Scone est considérée comme la capitale du cheval en Australie où se trouvent les «studs» (éleveurs de chevaux) les plus réputés. Elle serait la région la plus vaste du monde en élevage de chevaux après le Kentucky aux USA. C'est ici que, chaque année au mois de mai, se tient le Scone Horse Festival.

■ **BUREAU D'INFORMATIONS. Kelly Street ✆ (02) 6545 1526.** Visites organisées dans les ranchs de la région.

Hébergement

■ **BELLTREES COUNTRY HOUSE. Gundy Road, Scone ✆ (02) 6546 1123 – Fax (02) 6546 1193 – http://babs.com.au/belltrees** – *Chambre double AU$400, petit-déjeuner compris ou cottage à AU$140.* Le Belltrees, avec ses sept chambres et sa cuisine régionale, s'enveloppe d'un charme particulier. Piscine, court de tennis et vélos pour les enfants. Equitation et initiation au polo, tir à l'arc et promenades en bateau. Bushwalking, tours et pique-niques organisés.

Points d'intérêt

■ **LES BURNING MOUNTAINS, à 20 km au nord-est de Scone.** *Entrée AU$5.* Un site spectaculaire où les montagnes fument comme des volcans. Ces fumées proviennent de la réaction de filons de charbon avec l'air.

■ LE PAYS DES COW-BOYS AUSTRALIENS ■

Les cowboys australiens sont appelés les Jackeroos et au féminin les Jilleroos. Ils sont souvent reconnaissables à leur chapeau Akubra, leur Drizabone, leurs bottes Blundestone et la plupart favorisent la marque RM Williams.

■ **REYNELLA ALPINE HORSEBACK SAFARIS ET FARMSTAY LODGE. Roslyn et John Rudd, Adaminaby ✆ (02) 6454 2386 – Fax (02) 6454 2530 – www.reynellarides.com.au** – Des safaris à cheval dans le Kosciuszko National Park, pays du légendaire « Man from Snowy River ». Cinq jours/six nuits pour AU$1650, d'octobre à mai. Première et dernière nuits dans le homestead, les autres nuits à la belle étoile. Feu de camp avec le tucker (goûter) des stockmen (cowboys australiens), composé de damper et de billy tea. Soirée de chants sous l'incroyable ciel étoilé de l'Outback. Le homestead offre aussi des chambres en demi-pension à AU$99 par personne. Prévoir : pull de laine, vieux jeans, bottes d'équitation, crème solaire, chapeau à larges bords, maillot de bain, serviette, lampe de poche et appareil photo. Eventuellement, une canne à pêche et un instrument de musique.

■ **SHEEP STATION GLEDSWOOD HOMESTEAD. 900 Camden Valley Way, Catherine Fields, au sud de Sydney, à une heure de voiture sur le South Western Freeway ✆ (02) 9606 5111 – Fax (02) 9606 5897 – www.gledswood.com.au** – Une journée dans une authentique sheep-station datant de 1810. La région de Camden fut à l'origine de la grande industrie lainière de l'Australie. Démonstration de tonte de moutons – les shearers australiens passent pour les plus rapides du monde et se livrent à des compétitions – et du travail d'un chien berger (sheep-dog). On peut aussi vous apprendre à lancer un boomerang. Après le déjeuner, promenade à cheval à travers le domaine de 60 hectares et visite de la cave à vin construite par les convicts.

VIGNOBLES DE LA HUNTER VALLEY

La région viticole la plus proche de Sydney, Hunter Valley, se trouve à 180 km au nord-ouest. Ses deux activités principales sont curieusement contrastées : les vignobles et les mines de charbon. Le charbon est expédié vers Newcastle sur la Central Coast. Cette ville industrielle est aussi la porte d'entrée de la région des vignobles aux crus célèbres. Les coteaux sablonneux et le microclimat de la Hunter Valley forment des conditions excellentes pour l'un des meilleurs vignobles de l'Australie. Des gentlemen farmers venus d'Europe commencèrent cette culture viticole comme un hobby il y a cent cinquante ans. Les meilleures vignes sont concentrées principalement dans la région de Pokolbin près de Cessnock où l'on déguste d'excellents blancs secs. Le Festival des Vendanges qui a lieu tous les ans en février attire une foule d'amateurs pour participer aux vendanges et goûter aux vins. Les cépages les plus importants de la Hunter sont le sémillon et le chardonnay pour les blancs et le shiraz (Hermitage) et le cabernet sauvignon pour les rouges. D'autres variétés de cépages comme le sauvignon blanc, le merlot et le pinot noir ont été plantés avec un grand succès. Il y a plus de quarante vignobles dans la Lower Hunter.

Les plus importants, également connus à l'étranger, sont : Lindemans, Wyndham Estate, Rosemount et Rothbury Estate. Si certains ont un coin réservé à la dégustation et proposent même des chambres à louer, la plupart des petites caves n'ouvrent leur porte que pour la vente de bouteilles d'un vin qui a pu être vendangé par la personne qui vous le vend. Les possibilités d'hébergement dans la Hunter Valley vont d'une simple cabine de rondins perdue dans le bush, en passant par des cottages familiaux, jusqu'aux chambres d'hôtes coloniales et aux hôtels clubs sophistiqués. Il faut compter deux heures de route de Sydney à la Hunter Valley. Noter qu'il y a moins de monde en semaine et que les prix sont plus avantageux, car les week-ends voient affluer les Sydneysiders. Les vendanges ont lieu en février-mars, pendant l'automne austral. A part le vin et la cuisine, la Hunter Valley est aussi renommée pour ses belles maisons coloniales, surtout autour de Maitland et de Morpeth. Regroupés dans les environs de la petite ville de Muswellbrook, les cépages de la Upper Hunter semblent améliorer leur qualité à chaque vendange. Des vignobles comme Arrowfield, Petersen et Rosemount ont déjà prouvé que cette région peut produire des qualités exceptionnelles de chardonnay aussi bien que de cabernet sauvignon et de shiraz.

■ **BUREAU D'INFORMATIONS** ✆ (02) 4990 4477.

Hébergement

■ **TWIN TREES COUNTRY COTTAGES. Halls Road, Pokolbin ✆ (02) 4998 7311 – Fax (02) 4998 7767 – www.twintrees.com.au** – *Cottage simple pour deux AU$150 (semaine), AU$240 (week-end).* Petits chalets avec une belle vue, climatisation en été, cheminée en hiver, cuisine équipée et barbecue, stéréo et télévision, draps et serviettes fournis.

■ **THE HUNTER RESORT. Hermitage Road, Pokolbin ✆ (02) 4998 7777 – Fax (02) 4998 7787 – www.hunterresort.com.au** – *Chambre double de AU$198 à AU$400.* Situé sur une propriété de 28 hectares, au milieu de ses propres vignobles, cet hôtel-club, à deux heures de Sydney, est déjà au cœur de la Hunter Valley. Grandes chambres aux lits king size. Bon restaurant et cave de dégustation. Tours guidés journaliers des vignobles de la région.

■ **PEPPERS CONVENT. Halls Road, Pokolbin ✆ (02) 4998 7764 – Fax (02) 4998 7323 – www.peppers.com.au** – *Suite pour deux AU$372 (semaine), AU$379 (week-end).* Un des meilleurs hôtels-restaurants de la Hunter Valley. La grande maison aux vérandas typiquement australiennes sur deux étages comprend dix-sept charmantes suites. Atmosphère paisible à la lueur des cheminées. Robert's Restaurant propose une cuisine italo-française. Il y a aussi une boutique de vente de vins et une cave de dégustation. Activités : piscine, spa, court de tennis, vélos.

■ **CESSNOCK MOTEL. 13 Allandale Road, Cessnock ✆ (02) 4990 2699 – Fax (02) 4990 5834 – www.cessnockmotel.com.au** – *Chambre double AU$85 (semaine), AU$130 (week-end).* Récemment rénové, le Cessnock propose vingt motel-rooms. Il est situé près des restaurants de cette petite ville, qui est la porte d'entrée des vignobles de la Lower Hunter Valley.

■ **NEATH HOTEL GUESTHOUSE. Cessnock Road, Neath, Cessnock ✆ (02) 4930 4270 – www.neathhotel.com.au** – *Chambre double AU$55 en semaine, AU$80 le week-end.* Construit au début du siècle, cet hôtel classé par le National Trust a été entièrement rénové. Il comprend un restaurant chic et deux bars où les clients peuvent déguster quelques-uns des meilleurs vins d'Australie (et dont certains viennent des vignobles juste à côté). L'hôtel, meublé d'antiquités chinées, est d'un charme suranné fort agréable.

■ **BELLBIRD HOTEL. 388 Wollombi Road, Bellbird © (02) 4990 1094 – Fax (02) 4991 5475.** *Chambre double AU$69 (semaine), AU$105 (week-end).* Cet hôtel-pub traditionnel, avec sa longue façade aux vérandas en fer forgé, conserve l'esprit de la campagne australienne d'antan. Le bâtiment comprend quinze chambres, trois bars et un bistrot qui sert des repas jour et nuit, sept jours sur sept.

■ **HUNTER HIDEAWAY COTTAGES. Tuckers Lane, North Rothbury © (02) 4938 2091 – www.hunterhideaway.com.au –** *Cottage double AU$99 (semaine), AU$460 (week-end, jusqu'à 4 adultes pour 2 nuits).* Cachés à l'écart dans le bush, trois cottages en bois de cèdre pour ceux qui cherchent le calme et l'intimité. Cuisine entièrement équipée, linge fourni, climatisation et cheminée.

■ **ROYAL OAK. A l'angle de Vincent et Snape Streets, Cessnock © (02) 4990 2366 – www.royaloak.com.au –** *Chambre double AU$50. A 180 km au nord de Sydney.*

■ **SEBEL KIRKTON PARK. Oakey Creek Road, Pokolbin © (02) 4998 7680 – www.mirvachotels.com.au –** *Chambre double AU$219.* Un pionnier écossais, James Busby, obtint un droit d'exploitation sur les terres de la Hunter Valley en 1824. Il navigua jusqu'en Europe afin de récolter plus de sept cents pieds de vigne pour les Botanic Gardens à Sydney et pour sa propriété, Kirkton, nommée d'après sa ville natale.

■ LA CÔTE AU SUD DE SYDNEY ■

Le Princes Highway, la route côtière de Sydney à Melbourne, passe par Wollongong (la troisième ville du NSW, à 82 km de Sydney), Batemans Bay (285 km), Merimbula (470 km) et, après la frontière du Victoria, par Lakes Entrances, Bairnsdale, Sale et Morwell. Au sud de Wollongong se trouvent les charmants villages de Gerringong, près de la Seven Mile Beach et Berry connu pour son artisanat. A deux heures de route de Sydney, Nowra, aux beaux paysages côtiers et montagneux, est situé près de Jervis Bay, également connu pour sa beauté.

WOLLONGONG

Wollongong est célèbre pour sa gigantesque aciérie. Cependant cette ville industrielle possède aussi de très belles plages de surf.

■ **BUREAU D'INFORMATIONS.** Au coin de Kembla et Crown Streets © (02) 4228 0300 – Fax (02) 4228 0344 – www.tourismwollongong.com

Hébergement

■ **CABBAGE TREE MOTEL. 1 Anama Street, Fairy Meadow (5 minutes au nord) © (02) 4284 4000.** *Chambres doubles pour AU$65.*

■ **BOAT HARBOUR MOTEL. Au coin de Campbell et Wilson Streets, Wollongong © (02) 4228 9166 – www.boatharbour-motel.com.au –** *Chambre double AU$120.* Un motel confortable, situé dans un environnement maritime, avec vue sur le charmant port de plaisance de Wollongong. Le restaurant Anchorage sert une bonne cuisine de fruits de mer et de poissons pêchés dans le coin.

GERRINGONG

Gerrigong est un village proche de Wollongong où les citadins viennent passer le week-end et les vacances scolaires pour profiter des nombreuses plages de surf et de la pêche en mer.

■ **NESTOR HOUSE YHA.** Fern Street, Gerringong © (02) 4234 1249 – Fax (02) 4234 1249 – www.yha.com.au – *A partir de AU$22 par adulte.*

BUNDANOON

Au sud-est de Wollongong, à l'entrée du Morton National Park.

■ **BUNDANOON YHA RAILWAY. Avenue, Bundanoon © (02) 4883 6010 – Fax (02) 4883 7470 – www.yha.com.au –** *De AU$22 à AU$52 par adulte. A un kilomètre de l'arrêt de bus. Priors Scenic Express, départ de l'aéroport de Sydney et de Central Station pour Moss Vale. De Moss Vale prenez le train ou le bus jusqu'à Bundanoon. A un kilomètre de la gare (services réguliers de Sydney et Canberra Airport – train de l'aéroport jusqu'à East Hills), changer pour Bundanoon ; deux heures et demie de voyage. A deux heures de route de Sydney ou Canberra.* Une maison d'hôtes avec un feu de cheminée pour les mois d'hiver et une véranda spacieuse pour les mois d'été. Autour, cinq hectares d'arbres et de jardins. Hospitalité campagnarde, accès au parc national de Morton.

NOWRA

■ **WHITE HOUSE GUEST HOUSE. 30 Junction Street, Nowra ✆ (02) 4421 2084 – www.whitehouseguesthouse.com** – *A 120 km au sud de Sydney. Chambre double à partir de AU$89.* De Nowra, on peut aller visiter la belle région de Shoalhaven avec ses plages de surf, Berry avec son marché et son artisanat, Kangaroo Valley et sa ferme pilote, Jervis Bay avec ses plages protégées, ses dauphins, la plongée sous-marine, etc.

JERVIS BAY

Jervis Bay est l'un des joyaux des New South Wales, et sa valeur a été reconnue par son statut de parc national. D'une beauté à couper le souffle, cette région est appréciée depuis longtemps par les touristes australiens et ceux du reste du monde. Jervis Bay est réputée pour avoir les eaux les plus claires et les sables les plus blancs du monde à Hyams Beach – selon le « Guinness Book of Records » Ces eaux bleues sont le foyer de nombreux dauphins, et c'est l'une des raisons pour lesquelles ce site est si apprécié par les amoureux de la nature. Les baleines sont aussi souvent visibles à Jervis Bay, et l'on peut y pratiquer de nombreuses activités aquatiques. Beaucoup de gens viennent ici pour plonger, pêcher, et explorer les célèbres eaux, et personne ne repart déçu ! Les grasses huîtres de Jervis Bay sont comparables aux belons françaises.

SHOALHAVEN COAST

Cette côte est connue pour son climat tempéré toute l'année et la diversité de ses paysages : côtes sauvages, forêts, montagnes et paysages ruraux cohabitent sur une petite superficie.

■ **SHOALHAVEN TOURIST INFORMATION.** Princes Highway, Nowra ✆ (02) 4421 0778 – www.southcoast.com.au/shoalhaven – tourism@shoalhaven.nsw.gov.au

ULLADULLA

Toute la côte Sud est réputée pour ses excellents fruits de mer. Le thon que vous achetez sur le port de Ulladulla est expédié par avion le jour même au Japon, où son prix sur le marché de Tsukiji, à Tokyo, est bien plus élevé. Ulladulla est une petite villégiature typique de la côte Sud, un endroit où presque une boutique sur deux vend des planches de surf.

■ **ULLADULLA TOURIST CENTRE.** Civic Centre, Princes Highway, Ulladulla ✆ (02) 4455 1269.

Hébergement

■ **BEACH HAVEN HOLIDAY RESORT. Princes Highway, Ulladulla ✆ (02) 4455 2110 – www.beachhaven.com.au** – Un hôtel-club familial sur la plage avec un grand choix d'hébergements. Cabines, chambres de motel, chalets et cottages entre AU$100 et AU$225, selon la saison. Deux piscines dont une avec toboggan, spa, sauna et tennis.

■ **SOUTHCOAST BACKPACKERS. 63 Princes Highway, Ulladulla ✆ (02) 4454 0500.** *Prix : AU$20 en dortoir.* BBQ et vélos à disposition. Comme à la maison.

BATEMANS BAY

Village de pêche réputé pour ses huîtres et crustacés, c'est l'une des destinations privilégiées des Sydneysiders et des habitants de Canberra. Elle est entourée par de belles plages et parcs nationaux. A Pebbly Beach, les kangourous viennent vous manger dans la main. Dans le parc national de Morton, on peut aller faire du bushwalking jusqu'à la Pigeon House Mountain.

■ **CENTRE D'INFORMATIONS** ✆ (02) 4472 6900 – www.naturecoast-tourism.com.au

Hébergement

■ **BATEMANS BAY SHADY WILLOWS YHA. A l'angle de Old Princes Highway et South Street, Batemans Bay ✆ (02) 4472 4972 – Fax (02) 4472 4045 – www.yha.com.au** – *AU$22 par adulte. A un kilomètre de l'arrêt de bus (service quotidien de/à Sydney, Melbourne et Canberra), à 20 km de l'aéroport de Moruya.* Situé près d'un terrain de camping-caravaning, entouré d'arbres et de jardins. Chaleureux et propre avec une grande cuisine, piscine, machines à laver et barbecue. Activités : belles plages, balades dans les parcs nationaux, plongée, canoë, pêche…

■ **COACHHOUSE MARINA RESORT. 49 Beach Road, Batemans Bay ✆ 1800 670 715 (appel gratuit) – Fax (02) 4472 3300 – www.coachhouse.com.au** – *A quatre heures de route de Sydney. Diverses possibilités d'hébergement. Villa (jusqu'à 5 personnes) à partir de AU$85, chambre spa AU$155.* Grande piscine, court de tennis, location de vélos et de planches de surf. Parfait pour des vacances familiales.

■ **ESPLANADE MOTOR INN. 23 Beach Road, Batemans Bay ✆ (02) 4472 0200 -www.esplanade. com.au** – *Chambre double à partir de AU$115, suite « lune de miel » à partir de AU$209.* L'Esplanade est idéal pour un week-end romantique ou simplement pour se délasser. Chambres agréables avec balcons et vue sur l'eau.

■ **SURF BEACH RETREAT. 63 The Ridge Road, Surf Beach (10 km au sud de Batemans Bay) ✆ (02) 4472 0200 – www.chaletswissespa.com.au** – *Chambre double AU$110-AU$250.* Un étonnant chalet austro-bavarois sur ces plages de l'hémisphère Sud, avec des vues panoramiques sur le Pacifique et sur la montagne. Sur la propriété de 40 hectares, on peut faire du bushwalking dans les poches de rainforest. Piscine couverte et spa. Massages suédois thérapeutique et aromathérapie.

NAROOMA

Village de pêche et base idéale pour aller voir les colonies de pingouins et de phoques de Montague Island (bateaux tous les jours ✆ (02) 4476 2888), les baleines en saison, et pratiquer de nombreuses autres activités aquatiques : surf, plongée, planche à voile, canoë...

■ **NAROOMA VISITORS CENTRE** ✆ (02) 4476 2881 – www.naturecoast-tourism.com.au

Hébergement

■ **ISLAND VIEW BEACH RESORT. Princes Highway, Narooma (3 km au sud) ✆ (02) 4476 2600 – www.islandview.com.au** – *Cabines doubles à AU$144.* Diverses possibilités d'hébergement, du camping aux cabines avec spa.

BEGA

Situé à une heure de la frontière du Victoria, Bega est le centre régional d'une campagne côtière magnifique, célèbre pour ses fromages et ses verts pâturages.

MERIMBULA

A mi-chemin entre Sydney et Melbourne, et à trois heures de route de Canberra, Merimbula est une charmante villégiature en bord de mer avec des marchés et des festivals tout au long de l'année. Les étés sont chauds et les hivers cléments. Ici, on peut pratiquer le surf, la plongée, observer les baleines dans leur migration annuelle au printemps (septembre-octobre) ou pêcher toute l'année. A partir de Merimbula, on accède facilement à cinq parcs nationaux différents où l'on peut découvrir des petites poches d'anciennes forêts pluviales, des chutes d'eau spectaculaires et des animaux sauvages.

■ **BUREAU D'INFORMATIONS.** Beach St ✆ (02) 6497 4900 – www.sapphirecoast.com.au

Hébergement

■ **MERIMBULA LAKEVIEW HOTEL. 1 Market Street, Merimbula ✆ (02) 6495 1202 – www. merimbulalakeview.com.au** – *Chambre double à partir de AU$79.* Un hôtel-pubmotel en centre ville, doté d'un « drive-in bottle shop », et qui est en train de s'agrandir. Dans le pub, on trouve toute la population (masculine) locale réunie, composée de pêcheurs et de fermiers des alentours.

■ **MERIMBULA YHA. 8 Marine Parade, Merimbula ✆ (02) 6495 3503 – Fax (02) 6495 3163 – www.yha.com.au** – *AU$24 par adulte. A un kilomètre et demi de l'arrêt de bus. Services journaliers de/à Sydney, Melbourne et Canberra. Aéroport à 4 km (Régional Express, services journaliers de/à Sydney et Melbourne).* L'auberge, récente, est située à deux cents mètres de la mer et du lac. Deux salons, trois salles pour le petit-déjeuner. Circuits bon marché en minibus pour visiter les parcs nationaux dans les alentours. Plage de surf à cent cinquante mètres. Si vous voyagez avec McCafferty, pensez à réserver pour que l'on vienne vous chercher à l'arrêt du bus.

■ **MERIMBULA BEACH CABINS. Short Street, Merimbula ✆ (02) 6495 1216 – www.beachcabins. com.au** – Des cabines directement sur la plage entre AU$60 et AU$125 selon la saison.

BEN BOYD NATIONAL PARK

Situé au sud d'Eden, le Ben Boyd National Park est une étendue spectaculaire de paysages côtiers sauvages, de plages secrètes, de champs de fleurs sauvages et de forêts d'eucalyptus. La côte rocheuse a été creusée par l'océan en de multiples caves, arches et promontoires. Au printemps (c'est-à-dire en septembre), les baleines à bosse migrent vers le sud en suivant la côte de New South Wales. Souvent elles s'approchent des baies de la côte afin que leurs petits puissent se reposer en chemin pendant leur long voyage vers l'Antarctique. La bourgade de Eden fut créée en raison de l'abondance des baleines et toute son histoire est liée à la pêche à la baleine. Eden est reconnu comme le centre d'observation des baleines en NSW et vous pouvez faire des sorties en mer, sur des bateaux locaux, pour observer ces mammifères impressionnants à Twofold Bay : Cat Balou Cruises ✆ (02) 6490 2027 est la première compagnie établie en NSW pour l'observation des baleines et vous garantit à 98% de trouver des baleines quel que soit le jour.

Pratique

■ **BUREAU D'INFORMATIONS À EDEN** ✆ (02) 6496 1953 – www.sapphirecoast.com.au – Pour le National Park ✆ (02) 6495 5000.

■ **LE MUSEE DES BALEINES D'EDEN** est très intéressant : Killer Whale Museum, Imlay Street – www.killerwhalemuseum.com.au – *Entrée payante, adultes AU$6 et enfants AU$2.*

Hébergement

■ **AUSTRALASIA HOTEL. 160 Imlay Street, Eden ✆ (02) 6496 1600.** *Lit en dortoir à AU$20, chambre double à AU$50.*

■ **TWOFOLD BEACH RESORT. 731 Princes Highway, Eden ✆ (02) 6496 1572 – 1800 631 006 (appel gratuit) – www.twofoldbeachresort.com.au** – Situé sur les rives magnifiques de Twofold Bay, à 7 km au sud d'Eden, ce camping propose des chambres doubles en chalet à partir de AU$127 et des « cabins » (sorte de bungalow) pour deux à partir de AU$68. Barbecue à la disposition des clients et terrain de jeu pour les enfants.

■ **WONBOYN LAKE RESORT ✆ (02) 6496 9162 – www.wonboynlakeresort.com.au** – *Cabines à partir de AU$75, avec piscine, canots et canoës.* A 40 km au sud d'Eden, situation idyllique au bord d'un lac et près des plages désertes.

■ SNOWY MOUNTAINS ■

Près de Canberra, la Hume Highway traverse les Snowy Mountains qui incluent le mont Kosciuszko, 2 228 m, le sommet le plus haut de l'Australie. Ces montagnes couvertes de neige de juin à octobre sont le haut lieu des sports d'hiver australiens. Les principales stations de ski s'appellent Thredbo (ouvertes même en été), Charlotte Pass, Perisher Valley, Smigging Holes, Mount Selwyn et Blue Cow.

Le printemps et l'été offrent de belles randonnées dans ces paysages somptueux et sauvages où fut tourné le célèbre film « *The man from Snowy River* », d'après la ballade du poète national Banjo Paterson. Les montagnes sont riches d'une flore alpine qui, durant l'été austral, étend un tapis coloré sur les pentes et les plateaux. Le modèle de l'Homme de Snowy River a réellement existé. C'était un stockman, nommé Jack Riley. Au début du siècle, il était manager à la Tom Goggin Station, un ranch isolé dans le « high country ». Le pays était inhospitalier, la vie n'y était pas facile, mais Jack Riley se nourrissait de la beauté de la montagne avec ses eucalyptus de neige, ses vallées cachées et la tumultueuse Murray River. Après trente années de chevauchées dans les Kosciuszko, il finit par y succomber dans des conditions pour le moins spectaculaires. Tombé malade durant l'hiver exceptionnellement sévère de 1914, Tom Goggin et quelques stockmen essayèrent de le transporter sur une civière jusqu'à des lieux plus civilisés pour voir un médecin. Mais la neige de juillet rendait le terrain trop difficile. On le remit alors en selle avec deux « mates » (camarades) de chaque côté pour le soutenir, mais il ne sortit pas vivant de ses chères montagnes. Jack Riley mourut après une chevauchée de 43 km dans une tempête de neige, dans un refuge de montagne à Corryong.

▶ **Les Snowy Mountains sont aussi célèbres pour leurs belles randonnées à cheval en été.** Contactez Thredbo Valley Horserides ✆ (02) 6456 2142 ou Snowy River Horseback Adventures ✆ (02) 6457 8385 – www.snowyriverhorsebackadventure.com.au –

L'Homme de la Snowy River

Tous les Australiens connaissent l'histoire de la chevauchée de l'Homme de Snowy River dévalant au grand galop les pentes raides du mont Kosciuszko à la poursuite d'un étalon pur-sang retourné à l'état sauvage. Le récit fut immortalisé par Banjo Paterson, le barde national australien.

« *The Man from Snowy River There was a mouvement at the station, for the word had passed around, The colt from old Regret had got away, and had joined the wild bush horses – he was worth a thousand pounds. (...) For both his horse and he are mountain bred. He hails from Snowy River,*

up by Kosciusko's side,

Where the hills are twice as steep and twice as rough :

Where a horse's hoof strikes firelight from the flint stones every stride. »

« L'homme de la Snowy River

Il y a du mouvement à la ferme, le mot est passé,

Le poulain du vieux « Regret » s'est échappé et a rejoint le troupeau des chevaux sauvages

Il valait bien 1 000 livres. (...)

Parce que lui et son cheval sont nés en montagne. Il est acclamé de la Snowy River jusqu'aux flans de Kosciusko

Où les collines sont très pentues et doublement plus dures à affronter :

Où les sabots d'un cheval provoquent à chaque enjambée des étincelles sur les pierres de silex. »

Banjo Paterson (1864-1941)

THREDBO

Thredbo, petit village perché sur les collines du Kosciusko National Park, est la station de ski la plus renommée d'Australie.

Pratique

■ **OZ SNOW ADVENTURE © 1800 851 101 (appel gratuit d'Australie) – www.ozsnowadventures.com.au –** Cette société organise des séjours de plusieurs formules pour les moins de 35 ans à Thredbo ou Perisher Blue : soit le week-end, soit 3 ou 6 jours en semaine, au départ de Sydney avec hébergement en dortoir, transferts, location de matériel (combinaison comprise), forfait remontées mécaniques, petits-déjeuners et soirées. Si l'ambiance dans le bus est survoltée, vous êtes ensuite indépendants sur les pistes pour l'organisation de vos journées. A partir de AU$225 (week-end), AU$499 (6 jours), sans compter les forfaits de ski (au moins AU$165 pour 2 jours) et location de matériel...

■ **MOJO SNOW © (02) 6639 5160 – www.mojosnow.com –** Cette société organise des week-ends à Perisher Blue au départ de Sydney avec hébergement en dortoirs ou chambres doubles, transferts, location de matériel (combinaison comprise), forfait remontées mécaniques, petits-déjeuners et soirées. Ambiance jeune, guides très sympathiques et décontractés. De AU$225 à AU$430 pour le week-end, sans compter les forfaits de ski (au moins AU$165 pour 2 jours) et location de matériel... Départs les vendredis soir et retour les dimanches soir vers minuit.

Hébergement

■ **THREDBO YHA. 8 Jack Adams Pathway © (02) 6457 6376 – Fax (02) 6457 6043 – www.yha.com.au –** *De AU$25 par adulte, AU$15 pour les moins de 18 ans. Tarifs pendant la saison de ski à partir de AU$50 par personne. Attention : l'hébergement est plus cher en hiver, c'est-à-dire de juin à septembre. Réservations indispensables pendant les vacances scolaires. A 400 mètres de l'arrêt de bus (liaisons pour Canberra et Sydney seulement pendant l'hiver, limitées en été). Aéroport de Cooma à une heure de voiture ou de bus de l'aéroport de Thredbo. Pas de parking à l'auberge.* Luxueux chalet de ski en plein cœur du village de Thredbo, atmosphère cosy avec cheminée et vue sur les pistes. Accès Internet. En été, festivals de musique, V. T. T., golf (le plus élevé d'Australie), tennis et balades nombreuses. L'auberge de jeunesse est plutôt luxueuse et située au cœur du village de Thredbo, une station de sports d'hiver (ouverte toute l'année) dans le parc national Kosciuszko. Shopping et banques à Jindabyne, le village d'à côté. Très belles balades à faire, le mont Kosciuszko étant la plus haute montagne d'Australie, et Thredbo l'une des meilleures stations de ski. On peut aussi visiter le Snowy Mountains Hydro Scheme et les Yarrangobilly Caves.

■ **KASEES LODGE. 4 Banjo Drive ✆ (02) 6457 6370 – www.kasees.com.au –** *De AU$100 pour deux personnes à AU$140 pour quatre personnes en été seulement. En hiver compter minimum AU$380 pour deux personnes.* Ouvert l'hiver comme l'été (fermeture annuelle de la mi-octobre à fin novembre), cet hôtel chalet situé en plein cœur de Thredbo vous accueillera dans une ambiance chaleureuse. La massive cheminée du foyer vous réconfortera après une dure journée de ski (en hiver) ou une balade en V. T. T. (en été).

COOMA

Cooma est la capitale des Snowy Mountains à plus d'1h de route des stations de ski du Kosciusko National Park. C'est une petite ville agricole séparée de la frange côtière par les Brown Mountains et que les visiteurs utilisent souvent comme base d'hébergement pour visiter la région.

■ **BUREAU D'INFORMATIONS.** 119 Sharp Street ✆ (02) 6450 1742 – www.coomatown.com.au – www.visitcooma.com.au

Hébergement

■ **BUNKHOUSE MOTEL.** 28 Soho Street ✆ (02) 6452 2983 – www.bunkhousemotel.com.au – *Lits à AU$30, chambres doubles à AU$55.*

JINDABYNE

Le lac de Jindabyne permet l'irrigation de la région. C'est maintenant le centre d'activités et d'hébergement pour tous les visiteurs qui souhaitent faire des randonnées en été ou skier en hiver dans le Kosciusko National Park.

■ **SNOWY REGION VISITOR CENTRE,** dans le National Parks and Wildlife Service, Kosciuszko Road ✆ (02) 6450 5600. *Ouvert tous les jours de 8h30 à 16h30.*

Hébergement

■ **BANJO PATERSON INN. 1 Kosciuszko Road ✆ (02) 6456 2372 – www.banjopatersoninn.com.au – banjo@snowy.net.au –** *Chambres doubles entre AU$90 et AU$155, selon la saison.* Diverses possibilités d'hébergement.

■ **SNOWY MOUNTAIN BACKPACKERS. 7 Gippsland Street ✆ (02) 6456 1500 – www.snowy-backpackers. com.au –** *Lits à partir de AU$30.* Excellent établissement.

ADAMINABY

Adaminaby est née suite au « Snowy Mountains Hydro-Electric Scheme » dans les années 1950, programme de construction d'un barrage sur la Eucumbene River. Cette petite bourgade est connue comme le centre de la pêche à la truite et s'enorgueillit de son centre touristique intitulé « The big trout » (La truite géante) !

■ **REYNELLA HOMESTEAD ✆ (02) 6454 2386 – Fax (02) 6454 2530 – www.reynellarides.com.au –** *Hôtes : Roslyn et John Rudd. Chambre à AU$99 par personne (avec demi-pension).* Reynella est une « station » d'élevage d'ovins et de bovins en activité. En été, les safaris à dos de cheval vous mènent loin dans le « high country » des Snowy Mountains. En hiver, Reynella est une excellente base pour aller faire du ski alpin dans des stations renommées telles que Mount Selwyn et Blue Cow Mountains, ou faire du cross-country dans la partie nord du Kosciuszko National Park.

■ OUTBACK ■

Sables rouges et terres arides, champs d'opales et cattle-stations, villes fantomatiques et, par-dessus tout, un ciel bleu velouté, tel est l'Outback.

BROKEN HILL

La « ville d'argent », à 1 200 km à l'ouest de Sydney, fournit à l'Australie et au monde son argent, son plomb et son zinc. Actuellement, son filon est le plus riche du monde, et il reste encore des minerais pour les vingt années à venir, même après 110 ans d'exploitation.

Broken Hill contribua à l'essor de l'industrialisation de toute la nation. Broken Hill est en fait plus près d'Adélaïde (500 km) que de Sydney, et les montres de la ville sont réglées sur l'heure d'Adélaïde (fuseau horaire central), en retard d'une demi-heure sur Sydney (fuseau horaire est).

Broken Hill est le principal centre de l'Outback du New South Wales. Ville natale de Pro Hart, l'un des artistes peintres les plus populaires et controversés, elle a attiré au fil des années une communauté d'artistes de qualité et regorge de galeries d'art.

■ **BUREAU D'INFORMATIONS.** Au coin de Bromide et Blende Streets ✆ (08) 8087 6077 – www.visitbrokenhill.com.au

Hébergement

■ **THE TOURIST LODGE YHA. 100 Argent Street, Broken Hill ✆(08) 8088 2086 – Fax (08) 8087 9511 – www.yha.com.au – brokenhill@yhansw.org.au –** *AU$22 par adulte, AU$14 pour les moins de 18 ans. Arrêt de bus à 500 mètres (Greyhound liaisons pour Adélaïde ou Sydney, Sunraysia de Mildura), gare à un kilomètre (Indian Pacific, liaison deux fois par semaine, Outback Explorer une fois par semaine, Countrylink de Sydney une fois par jour, Ghan deux fois par semaine) et aéroport à 5 km (vols quotidiens pour et de Sydney, Adélaïde, Mildura).* Atmosphère chaleureuse et familiale. La plupart des chambres sont doubles. Proche de toutes les activités, des pubs et boîtes. A cinquante mètres de l'office du tourisme.

■ **ROYAL EXCHANGE HOTEL. 320 Argent Street ✆ (08) 8087 2308 – www.royalexchangehotel.com –** *Chambres doubles à partir de AU$180.* Bel hôtel de style Art déco.

■ **OASIS MOTOR INN. 142 Iodide Street ✆ (08) 8088 2255 ✆ 1300 303 898 – Fax (08) 8088 2555 – http://brokenhilloasis.bestwestern.com.au –** *Chambre double à partir de AU$85.* Situé à 800 mètres du centre et commerces.

Points d'intérêt

Dominant l'industrie sidérurgique, la BHP, Broken Hill Proprietary Cie Ltd, était de loin l'entreprise privée la plus importante dont les actionnaires furent presque tous australiens et néo-zélandais. Maintenant elle fait partie du groupe multinational BHP Billiton.

Broken Hill est un arrêt sur la ligne du célèbre train The Indian-Pacific (Perth-Sydney) et aussi le foyer d'une cinquantaine d'artistes australiens – les « Brushmen of the Bush » (jeu de mots sur le modèle de « the Bushmen of the Bush ») – qui trouvent leur inspiration dans les paysages de l'Outback. Ses vingt-deux galeries constituent l'attraction majeure de la ville.

Les œuvres de Pro Hart, l'artiste le plus connu, sont exposées à la Ant Hill Gallery sur Bromide Street, face à l'office du tourisme. Dans cette ville minière également réputée pour ses artistes, on trouve de nombreuses galeries d'art, des musées de la mine et des circuits organisés pour visiter les mines elles-mêmes (Delprat's Mine).

La ville possède aussi ses **Royal Flying Doctors** (✆ (08) 8080 1777), une mosquée afghane datant de la fin du XIXe siècle et une School of the Air (école par radio pour la scolarité des enfants de l'Outback).

Excursions au départ du terminus des bus (à 50 mètres de l'auberge). Destinations : la ville fantôme de Silverton, les champs d'opales de White Cliffs, le système lacustre de Menindie, et des parcs nationaux comme Mutawintji pour ses peintures rupestres aborigènes (visites guidées mercredi et samedi à 11h, réservations indispensables ✆ (08) 8088 7000).

■ **LE BROKEN HILL SCULPTURE SYMPOSIUM au sein du Living Desert Reserve est une attraction à ne pas manquer.** Créée en 1993, elle regroupe un certain nombre de sculptures faites en « sandstone » provenant de Wilcannia, conçues par des sculpteurs venus du monde entier et situées au sommet d'une colline permettant une vue panoramique de Broken Hill et des Pinnacles.

SILVERTON

A moins de 30 km à l'ouest de Broken Hill, Silverton, une ville-champignon au temps de la ruée vers l'or, fut abandonnée il y a un siècle, une fois le filon tari et les mines transférées à Broken Hill.

Aujourd'hui, Silverton compte moins d'une cinquantaine d'habitants et ne regroupe que des galeries d'art et un pub. Mais ses qualités photogéniques – sa terre rouge, son église solitaire, sa vieille prison, ses couchers de soleil flamboyants et les chameaux dans la rue principale – en font un décor idéal pour le cinéma. Des scènes de films tels « *Mad Max II* », « *Razorback* », « *A Town like Alice* » (d'après le roman « *Le Testament* », de Nevil Shute), et des publicités pour les bières Four XXXX et Foster's ont été tournés ici.

■ **BARRIER RANGE CAMEL SAFARIS** ✆ **(08) 8088 5316 – www.silvertoncamels.com** – Propose des tours à dos de chameau pour les touristes : tour de la ville en 30 minutes à AU$15 et tour de deux heures au coucher du soleil à AU$50.

BOURKE

Au bout du goudron du Mitchell Highway, à 800 km de Sydney, Bourke est la ville des stockmen ou cow-boys australiens. « Back of Bourke » est synonyme de l'Outback, c'est-à-dire encore plus loin que l'arrière-pays. Après Bourke il n'y a plus rien, le pays est plat à perte de vue.

■ **BUREAU D'INFORMATIONS** ✆ **(08) 6872 2800 – www.backobourke.com.au** – Aux confins de l'Etat, à l'extrême angle nord-ouest, Sturt National Park est déjà en bordure du « Red Centre », le centre rouge de l'Australie. On y croise fréquemment des troupeaux de plusieurs centaines de grands kangourous rouges. A partir de Bourke, le Mitchell Highway se dirige vers la frontière du Queensland. Cunnamulla est la première petite ville au-delà de la frontière, à 120 km. A partir de là, le Mitchell Highway se double du surnom de Matilda Highway jusqu'à Normanton, sur le golfe de Carpentarie. La célèbre « dingo fence » qui suit la frontière entre les deux Etats fut érigée pour empêcher les chiens sauvages de ravager les troupeaux de moutons. Elle traverse l'Australie sur pratiquement toute sa largeur, soit près de 4 000 km ! Sur la piste de terre vers le sud, entre Bourke et Broken Hill, Wilcannia est la ville des Aborigènes. Au nord de Wilcannia, White Cliffs tout comme Lightning Ridge (au nord-est de Bourke) sont célèbres pour leurs opales et leurs galeries de mines souterraines comme à Coober Pedy. Ces mines produisent la majeure partie des opales noires du Nord. On peut les visiter et voir comment on taille et polit les pierres. Vous pouvez rester la nuit sous terre à White Cliffs dans le seul motel Underground Dug Out Motel.

■ VERS LE NORD ■

En suivant la Highway n° 1 qui fait le tour de l'Australie. De Sydney à Brisbane, on a le choix entre la Pacific Highway (Highway n° 1) qui longe la côte (1 025 km) et la New England Highway (n° 15) qui passe à l'intérieur (1 040 km). La Highway n° 1 prend des surnoms à certaines étapes : Pacific Highway jusqu'à Brisbane, ensuite Bruce Highway jusqu'à Cairns, puis Captain Cook Highway jusqu'à Port Douglas (au nord de Cairns). Ensuite il n'y a plus que des pistes praticables en véhicules tout terrain.

En montant vers le nord sur la Highway n° 1, et en traversant le parc national Ku-Ring-Gai, on est surpris par les « nuages bleus » flottant au fond des vallées d'eucalyptus, et s'étendant parfois sur la route tel un brouillard breton. Là où la forêt est moins dense, on aperçoit des homestead, grandes fermes à l'australienne, avec bétail et chevaux qui paissent dans des clairières ressemblant à de petites savanes. Sous le soleil de plomb, dans ces prairies quasi tropicales, les vaches rouges de race Hereford s'abritent à l'ombre des grands eucalyptus laissés çà et là à cet effet.

Les forêts d'Australie sont presque toutes constituées d'eucalyptus, qui comportent plusieurs centaines d'espèces. Ils sont une caractéristique du paysage australien avec leurs troncs gris clair et lisses, et leur feuillage léger vert argenté.

La végétation croît si rapidement sur cette côte fertile, que, dans ces jardins tropicaux, on pose des filets sur les arbres pour les empêcher de s'étioler en poussant trop vite. Sur la route, d'où l'on aperçoit des maisons en bois à toits de tôle ondulée, très typiques de l'architecture australienne, on commence à croiser des camions, pick-up et autres véhicules 4X4 munis de kangaroo-bars ou bull-bars, énormes « pare-chocs butoirs » supplémentaires.

Dans l'Outback les camions n'ont généralement pas le temps de freiner pour éviter les grands kangourous qui traversent les routes, en bondissant comme des jouets mécaniques à bascule, et donc on protège la carrosserie…

Vers Newcastle, ville industrielle à l'image de sa « sœur » anglaise, les usines n'arrivent heureusement pas à dominer la végétation exubérante, agrémentée de flamboyants à fleurs « perroquets » et de pins de Norfolk aux aiguilles sombres ressemblant à du plastique.

Quelques distances

- **Sydney à Port Macquarie :** 430 km.
- **Sydney à Brisbane :** 1 025 km.
- **Sydney à Coffs Harbour :** 600 km.
- **Sydney à Airlie Beach :** 2 300 km.
- **Sydney à Surfers Paradise :** 950 km.
- **Sydney à Cairns :** 2 500 km.

TERRIGAL

Endroit de villégiature des sydneysiders, proche de Avoca Beach, apparue sur la liste des plages à visiter depuis que Elle Macpherson a loué un cottage pour passer ses vacances.

■ **TERRIGAL BEACH LODGE YHA. 12 Campbell Crescent © (02) 4385 3330 – Fax (02) 4385 3330 – www.yha.com.au – yha@terrigalbeachlodge.com.au –** *AU$25 par adulte. L'arrêt de bus, à Gosford, est à 10 km (services quotidiens de/à Sydney, puis prendre le bus pour Terrigal qui est en service jusqu'à 19h). Gare également à Gosford (services quotidiens de/à Sydney, puis prendre le bus pour Terrigal). L'aéroport de Sydney est à 120 km. Service de bus direct de l'aéroport de Sydney à Terrigal.* Située au Terrigal Bowl, l'auberge n'est qu'à cent mètres de la plage, des cafés, restaurants, pubs et magasins. Accès Internet à l'auberge. Mise à disposition de bodyboards et surfs. Activités : surf, pêche, kayak, plongée, équitation, escalade, golf…

NEWCASTLE

Par endroits, la terre commence à se teinter de rouge, ce rouge vénitien que l'on retrouvera partout sur des distances infinies, dans l'Outback et surtout au Red Centre, le centre rouge de l'Australie. La route passe déjà près de quelques poches de rainforests (forêts tropicales), et vers l'intérieur du pays on devine les hauteurs de la Great Dividing Range, avec au-delà l'Outback mythique.Newcastle est à seulement 167 km au nord de Sydney, juste à l'embouchure de la Hunter River. Ville industrielle, Newcastle a souffert en 1997 de la fermeture de l'aciérie BHP, ce qui a entraîné la perte de plus de 2 500 emplois.

Cependant cette ville est aussi connue pour ses plages de surf, dont Bar Beach, à 5 km au sud, est le parfait exemple.

■ **BUREAU D'INFORMATIONS** © (02) 4974 2998.

Hébergement

■ **NEWCASTLE BEACH YHA. 30 Pacific Street (au coin de King St) © (02) 4925 3544 – Fax (02) 4925 3944 – www.yha.com.au – mail@newcastleyha.com.au –** *De AU$25 à AU$26 par adulte. A 150 mètres de l'arrêt de bus et de la gare (liaison avec Sydney toutes les heures. Service Northern NSW). Les aéroports de Belmont et Williamstown sont à 15 km.* Un bâtiment ancien joliment restauré, avec une superbe salle de bal servant de salle commune/salon TV, un beau jardin planté de palmiers, accès Internet, table de billard, jeux vidéo cuisine et salles de bains ultramodernes. A moins de cinquante mètres des plages de surf, magasins et boîtes. Activités : surf, observation de dauphins, vols en hélicoptère, plongée, balades…

■ **NEWCASTLE BACKPACKERS. 42 Denison Street, Hamilton © (02) 4969 3436 – www.newcastlebackpackers.com –** *Lit simple à partir de AU$18, chambre double à AU$50. Leçons de surf gratuites !* C'est propre et l'ambiance est conviviale.

■ **TRAVELODGE. Au coin de King et Steel Streets, Newcastle © (02) 4926 3777 – Fax (02) 4926 4379 – www.travelodge.com.au –** *Chambre double AU$120.* Un hôtel de 120 chambres, avec accès facile au Pacific Highway et aux vignobles de la Hunter Valley.

GIRVAN

Un hameau en plein milieu du bush qui ne compte qu'une auberge de jeunesse et quelques maisons. Un goût de bout du monde.

■ **GIRVAN YHA « CANBERRA ». 36 Greys Lane, Girvan via Stroud ✆ (02) 4997 6639 – www.yha.com.au** – *AU$14 par adulte, AU$7 pour les moins de 18 ans.* Isolée en plein bush, pas loin de Bulahdelah.

FORSTER

Petite station balnéaire familiale à plus de 3h de route au nord de Sydney, totalement endormie en dehors des grandes vacances d'été, Forster offre un grand nombre de plages merveilleuses et sûres pour les familles ainsi que de nombreux caravan parks (emplacement de mobile home). C'est aussi la camp de base idéal pour visiter les Myall Lakes, une série de lacs reliés entre eux par de nombreux cours d'eau.

■ **DOLPHIN LODGE YHA. 43 Head Street ✆ (02) 6555 8155 – Fax (02) 6555 8155 – www.yha.com.au – dolphin_lodge@hotmail.com** – *De AU$24-25 par adulte, doubles AU$ 58- AU$62, AU$18 pour les moins de 18 ans. A 500 mètres de l'arrêt de bus (bus Great Lakes de Sydney à 13h, liaison McCafferty's Greyhound quotidienne), 30 km de la gare (liaison quotidienne de Sydney puis prendre le bus), aéroport de Taree à 35 km (bus de l'aéroport à Forster trois fois par jour).* L'auberge est à trois minutes de marche de la plage principale, des bus, magasins, pubs et boîtes. Jeux, BBQ, table de billard, planches de boogie mises à disposition. Toutes les chambres ont leurs salles de bains. Forster est le centre de la région des Grands Lacs. Activités : plongée (leçons possibles) balades dans le bush, voile, équitation, ski nautique, observation des dauphins…

PORT MACQUARIE

Depuis quelques années, Port Macquarie est devenu une station balnéaire très en vogue, avec ses « serviced appartements » et restaurants de plus en plus branchés. Ne pas manquer la Lighthouse Beach. Si vous décidez de suivre la côte, sur le Highway n° 1, vous pouvez faire halte au :

■ **PORT MACQUARIE BACKPACKERS, au coin de Hastings River Drive et Gordon Street ✆ (02) 6583 1791** -- *Lits à AU$24, chambres doubles AU$65.*

■ **LIMEBURNERS LODGE BACKPACKERS. Shoreline Drive ✆ (02) 6583 3381 – www.limeburnerslodge.com.au** – *Thé, café, surf et vélo gratuits. Y accéder par le ferry (AU$1 en voiture, gratuit pour les piétons). AU$26 la nuit par personne.* C'est un petit hostel paisible avec étang, et animaux en liberté.

■ **PORT MACQUARIE YHA. 40 Church Street, Port Macquarie ✆ (02) 6583 5512 – Fax (02) 6583 5512 – www.yha.com.au – portmacquarie@yhansw.org.au** – *De AU$23 à AU$24 par adulte. L'arrêt de bus est à 800 mètres (liaisons quotidiennes de/à Sydney et Brisbane), la gare de Wauchope à 20 km (bus Countrylink pour Port Macquarie), l'aéroport à 5 km.* Une auberge très propre et familiale, à quelques minutes du centre ville et des plages. Port Macquarie est à mi-chemin entre Sydney et Byron Bay, avec le climat idéal pour des balades à dos de chameau sur les plages, du kayak, de la plongée, du 4X4, ou tout simplement pour aller voir les dauphins.

BELLINGEN

Belligen vaut vraiment le détour si vous voulez imaginer ce que Byron Bay était il y a 15 ans ! Perdue au milieu des collines, longée par la Bellingen River et entourée de parcs nationaux extraordinaires, cette petite bourgade est le rendez-vous des amoureux de la nature, produits organiques…, et surtout du Bellingen Jazz & Blues Festival chaque année en août – www.bellingenjazzfestival.com.au-

■ **BELLINGEN YHA BACKPACKERS 2 Short Street ✆ (02) 6655 1116 – Fax (02) 6655 1358 – www.yha.com.au** – *A partir de AU$25 – AU$27 par personne. Situé à 15 km du terminal/arrêt d'Urunga (liaison quotidienne de Sydney et Brisbane. Transfert gratuit). La station d'Urunga est également à 15 km (transfert gratuit, liaison quotidienne). L'aéroport de Coffs Harbour est à 39 km.* Une superbe auberge familiale dans un village bien agréable. L'immense balcon a une vue sur la rivière Ballinger, le parc national de Dorrigo et même au-delà. Profitez des hamacs, du camping dans le jardin, du piano, et des lits confortables. Appréciez la marche dans le bush, le V. T. T., le canoë dans la rivière juste en dessous de l'auberge, les balades à cheval, la natation.

COFFS HARBOUR

Un panneau indique « You are in Banana Country now ». Station balnéaire agréable, Coffs Harbour est située sur la Banana Coast, nommée ainsi en raison des nombreuses bananeraies. Une grande plantation, The Big Banana, est ouverte aux visiteurs. Les habitants de cette côte, et surtout au Queensland, sont appelés des Banana Benders, des « courbeurs (!) de bananes ». Le pays produit aussi des oranges, des ananas, des avocats et des kiwis. Son microclimat, absolument paradisiaque, rend les gens moins stressés qu'ailleurs. Le grand auteur australien, Peter Carey, situe son roman Oscar et Lucinda dans l'arrière-pays de Coffs Harbour et l'acteur australien Russell Crowe y a une grande propriété. C'est un centre régional de 60 000 habitants, un port un peu endormi et pas spécialement intéressant, mais avec de belles plages au nord. Les transports en commun sont pratiquement inexistants et il faut attendre longtemps pour avoir un bus quand il y en a un. Si l'on veut rester dans la région, il vaut mieux louer une voiture. C'est aussi le point de départ des descentes en Rafting des rapides de la Nymboida River. Si vous avez le temps, faites un détour par Sawtel, petite communauté beaucoup plus familiale que Coffs Harbour.

■ **BUREAU D'INFORMATIONS** ✆ (02) 6652 1522 – www.coffscoast.com.au

Hébergement

■ **COFFS HARBOUR YHA BACKPACKERS RESORT. 110 Albany Street ✆ (02) 6652 6462 – Fax (02) 6652 6462 – www.yha.com.au** – *A partir de AU$24 en dortoir. A un kilomètre de l'arrêt de bus (liaisons disponibles de/à Sydney/Brisbane/Tamworth). La gare est à 2 km (liaisons de/à Sydney/ Brisbane) l'aéroport à 3 km.* Auberge 4-étoiles avec une excellente ambiance. Très bien située, à seulement cinq minutes du centre. Bus gratuit pour les activités ou les plages.

■ **PLANTATION HOTEL ✆ (02) 6652 3855 – www.plantationhotel.com.au** – *Sur la Pacific Highway, face au centre commercial. Lit a AU$20 la nuit, Chambres doubles à AU$55.* Complètement rénové et moderne. Les resorts et autres hôtels touristiques sont regroupés plus près de la belle plage de surf, mais éloignés du centre.

■ **HOEY-MOEY BACKPACKERS. Ocean Parade ✆ (02) 6651 7966 – 1800 683 322 (appel gratuit) – www.hoeymoey.com.au** – *Lit à AU$20, chambre double à AU$42.* Quasiment sur la plage de Park Beach, ce qui est assez pratique pour emprunter une planche à l'hôtel et filer surfer. Ambiance très animée.

■ **AUSSITEL BACKPACKERS HOSTEL. 312 High Street ✆ (02) 6651 1871 – www.aussitel.com** – *Lit à AU$22, chambre double à AU$60.* Vous pouvez réserver toutes sortes d'activités à la réception et emprunter gratuitement la plupart des équipements nautiques comme boogie boards, canoës, cannes à pêche…

■ **COMFORT INN PARK BEACH. 97 Park Beach Road ✆ (02) 6652 2055 – Fax (02) 6652 2198 – www. parkbeach.uss.net.au** – *Motel avec chambre double à AU$75. Piscine et bain bouillonnant dans la cour intérieure.*

Restaurants

Un mini-centre commercial, avec un take-away chinois et un fish&chips, se trouvent un peu plus haut dans cette petite rue bordée de motels et de restaurants. La plage se cache derrière une frange d'arbres environ cinq cents mètres plus bas. Le bois n'est pas éclairé et il vaut mieux ne pas s'y aventurer le soir, dit-on, en raison de quelques « beach bums » qui peuvent traîner par là.

Points d'intérêt

Au centre, l'inévitable mall (allée piétonne) que l'on retrouvera dans tous les villages et villes australiens est une large promenade pavée de briques rouges, bordée de boutiques dignes d'un western et avec une petite palmeraie en plein milieu.

■ **LES BOTANIC GARDENS ne sont pas trop loin du centre et on peut s'y rendre à pied.** *Ouvert de 10h à 19h (entrée libre), c'est l'endroit idéal pour pique-niquer.* A partir du mall sur la High Street, tourner à droite dans Curacoa Street et passer devant le cimetière noyé dans la forêt semi-tropicale. L'entrée des jardins est à gauche du cimetière. Le grand parc de 19 hectares est divisé en plusieurs parties : rainforest sèche, rainforest tropicale et rainforest humide. Des chemins pontons en bois permettent d'y circuler ainsi que dans une petite mangrove de palétuviers. Une cafétéria salon de thé et une aire de pique-nique sont aménagées à l'entrée, près du petit bassin entouré d'un foisonnement de fleurs tropicales.

A la lisière du bosquet qui longe Park Beach Road, le très sympa **Joey Moey, pub et bowling,** est toujours rempli de jeunes locaux. En descendant la rue à droite, au bout de la plage se trouve **Muttonbird Island** à trente bonnes minutes de marche. Sur cette petite île de 600 mètres de longueur et de 200 mètres de largeur, les oiseaux du même nom viennent faire leur nid. Sur les rochers à 45 mètres au-dessus du niveau de la mer, on jouit d'une jolie vue sur Coffs Harbour. Les autres centres d'intérêt sont trop éloignés les uns des autres pour les visiter à pied, et les bus sont rares.

■ **LA PLANTATION TOURISTIQUE THE BIG BANANA – www.bigbanana.com – se trouve à un kilomètre plus au nord sur la Pacific Highway.** C'est la plus grande attraction touristique de Coffs Harbour. Un petit train fait un tour instructif de la plantation perchée sur la petite colline (*adultes AU$12 et enfants AU$9.50*). Le monstre local, le Bunyip, fait des apparitions pour le plus grand plaisir des enfants. Mais avec ses boutiques de souvenirs, restaurant et cafétéria, la Big Banana a un arrière-goût d'attrape-touristes.

■ **PLAGE.** Au nord, en tournant à l'opposé de la Big Banana, se trouve Diggers Beach, une belle plage pour surfers et nudistes.

Loisirs

■ **WOW Adventures THE WHITEWATER RAFTING Co 1448 Coramba Road, Coramba ✆ (02) 6654 4066.** *Douze heures sur 9 km de rivière dont vingt-cinq passages rapides : AU$153 la journée. Possible sur plusieurs jours. Un service de ramassage vient vous chercher à l'hôtel.* La journée comprend un déjeuner copieux sur la rivière et un BBQ sur la rive le soir. Vous pouvez aussi contacter Wildwater Adventures (✆ (02) 6653 4469 – www.coffscentral.com/Wildwater) pour la même expérience.

■ **WHALE WATCHING.** L'observation des baleines de mai à août (la meilleure période est juin – juillet). Les baleines à bosses (Humpback) émigrent devant Coffs Harbour pour la nouvelle saison des amours. Pour des sorties en bateau se renseigner à la Coffs Harbour Jetty ou au Visitors Centre ✆ (02) 6652 1522. On peut aussi voir les baleines passer au bout de la Muttonbird Island, un très beau point pour l'observation de ces grands mammifères (accès gratuit).

▸ **La région est excellente pour la pêche à la ligne, à partir des plages et des promontoires.** Les poissons les plus communs sont les brèmes (bream), que l'on prend habituellement sur toutes les plages, particulièrement près des promontoires rocheux. Les meilleures amorces sont des entrailles de poulet (chicken guts), des vers de plage ou de petites crevettes. La même amorce est utilisée pour les merlans (whiting) et autres têtes plates (flatheads). Le jewfish se pêche surtout sur les plages du Nord, de Sapphire à Red Rock. Les meilleurs appâts, paraît-il, sont de fines lanières de mulet ou de poisson taylor vivant. A essayer après la tombée de la nuit, de préférence à marée haute et à la pleine lune ! La pêche se pratique avec succès dans la plupart des rivières, des ruisseaux et dans les estuaires. Elle est souvent très bonne près des embouchures à la marée changeante.

■ DE COFFS HARBOUR À LA GOLD COAST ■

Les voyages en bus permettent de faire connaissance avec des jeunes Australiens qui utilisent principalement ce moyen de transport pour de courts voyages.

BYRON BAY

Population : 9 000 habitants. Presque sur la frontière du Queensland, Byron Bay, est le rendez-vous De la jeunesse australienne dorée. Se rassemble ici surfers australiens, globe-trotters et autres backpackers du monde entier. Les premiers surfers purs et durs se sont installés, dans les années 1960, dans cette petite ville en bord de mer aux plages superbes et au microclimat paradisiaque. Les hippies ont suivi. Certaines de leurs cultures de hachisch ont survécu sous le couvert de la rainforest tropicale, à l'intérieur du pays, vers la frontière du Queensland. Une fois l'an, des cultivateurs nostalgiques du flower power organisent une gigantesque party, le temps d'un week-end, où l'on distribue du shit gratuit pour tout le monde. Ceci au nez de la loi, car les hélicoptères de la police n'ont aucune chance de repérer un petit carré de hachisch vert sous l'épaisse voûte végétale que constituent ces poches de forêts tropicales. Dans cette station balnéaire, à 6 km du Pacific Highway, le climat est chaud l'hiver comme l'été. Cette « Mecque du surf » possède des logements bon marché, style backpacker's hostels plus ou moins regroupés autour de quelques boutiques d'articles de plage et de plongée, de petits restaurants et de take-away.

Location de voitures

■ **EARTH CAR RENTAL. Middleton Street ✆ (02) 6680 9577.** Prétend avoir les meilleurs tarifs sur Byron Bay, à partir de AU$50 par jour.

Pratique

■ **POINT D'INFORMATION TOURISTIQUE ✆ (02) 6680 9271 – www.visitbyronbay.com** – C'est le centre communautaire du 80 Jonson Street, facilement reconnaissable aux peintures murales de baleines et autres poissons sur fond bleu ciel. On peut y laisser ses bagages en consigne pour AU$3, entre 9h et 17h, ce qui permet de piquer une tête dans la mer sans avoir à payer de logement.

■ **LE BYRON BUS AND BACKPACKER CENTRE. Tout à côté ✆ (02) 6685 5517.** Organise des activités, tours guidées, logement et location de voiture pour AU$49 la journée. Un service de consigne de bagages coûte AU$5 par 24h.

■ **LECONS DE SURF :** Byron Bay étant La Mecque des surfeurs, il est recommandé de commencer votre baptême sur place. MOJO SURF. 2/65 Centennial Circuit ✆ (02) 663951 ou appel gratuit ✆1800 113 044 – www.mojosurf.com – Leçons individuelles ou packages sur 2 jours comprenant hébergement, leçons, équipement, AU$ 195/jour. Pick up gratuit de votre hébergement.

▶ **L'hebdomadaire gratuiy « *Echo* » – www.echo.net.au** – sort tous les mardi et donne de bonnes adresses de bars où écouter de la musique, de restaurants bon marché et végétariens ainsi que de toutes les activités de la culture « alternative » dont Byron Bay est un peu le centre.

Hébergement

Parmi la profusion de backpackers de Byron Bay, qui offrent tous plus ou moins les mêmes types de prestations, et au même prix, il y en a de meilleurs que d'autres. Un conseil : évitez la période de Noël et du Jour de l'An, les prix deviennent astronomiques, à moins que vous soyez logés ou décidiez de camper ! Les prix sont automatiquement moins élevés en hiver, de juillet à septembre.

■ **BYRON BAY YHA. 7 Carlyle Street ✆ (02) 6685 8853 – Fax (02) 6685 6766 – www.yha.com.au – byronbay@yhansw.org.au –**

De AU$27 à 33 par adulte. Arrêt de bus à 200 mètres (liaisons quotidiennes de Sydney et Brisbane), gare à 250 mètres (XPT quotidien de Sydney et Brisbane), aéroport de Ballina à 34 km, aéroport de Coolangatta à 95 km. L'auberge est à 200 mètres du centre ville et à 400 mètres de la plage. Les chambres ont toutes des ventilateurs et ouvrent sur de larges pontons. Une superbe cuisine est mise à votre disposition, piscine chauffée, BBQ, et salon télévision. Byron Bay a des kilomètres de plages immaculées, de belles balades à faire à vélo ou à pied. Et évidemment, surf, kayak, pêche, observation de baleines.

■ **BELONGIL BEACHOUSE. 25 Childe Street ✆ (02) 6685 7868 – www.belongilbeachouse.com** – *Offre plusieurs options : Dortoirs à, Chambres doubles à AU$70, studio appartements à AU$130, cottages à AU$160.* Juste sur la Belongil Beach beaucoup moins fréquentée que les autres. Possède son propre café qui sert petits-déjeuners et lunchs.

■ **ARTS FACTORY BACKPACKERS LODGE ✆ (02) 6685 7709 – www.artsfactory.com.au** – Le Backpacker le plus funky de Byron Bay depuis des années ! Un peu plus à l'écart du centre et de la plage, et très animé. Dortoirs à partir de AU$27, doubles à partir de AU$73. Plusieurs options comme dormir dans un TeePee (tipi) indien, bungalow en toile…

Dans les environs

■ **MOUNT WARNING-MURWILLUMBAH. Riverside Backpackers YHA. 1 Tumbulgum Road, Mt Warning – Murwillumbah ✆ (02) 6672 3763 – www.yha.com.au – murwillumbah@yhansw.org.au** – *A partir de AU$25 par adulte. A 700 mètres de l'arrêt de bus (liaisons quotidiennes de/à Sydney, Brisbane et Gold Coast), gare à 700 mètres (liaisons quotidiennes de/à Sydney, Brisbane et Gold Coast), aéroport de Coolangatta à 30 km (vols quotidiens de Sydney).* Une auberge accueillante et relaxante, idéalement située sur les bords de la rivière Tweed, avec des paysages magnifiques. Marcher à travers le bush dans une forêt subtropicale, escalader le mont Warning, faire du canoë ou du cheval, voilà l'une des nombreuses activités qui vous attendent. Si vous restez au moins 2 nuits, vous pourrez bénéficier d'un transfert gratuit jusqu'au mont Warning, et aussi utiliser gratuitement leurs canoës à disposition.

■ **BALLINA : Ballina Travellers Lodge YHA. 36 Tamar Street, Ballina © (02) 6686 6737 – Fax (02) 6686 6342 – www.yha.com.au – ballina@yhansw.org.au** – *De AU$22 par personne. A 4 km de l'arrêt de bus (service quotidien de Sydney et Brisbane), 26 km de la gare (prendre un train pour Lismore ou Grafton, puis le bus), 4 km de l'aéroport (trois vols quotidiens de Sydney).* Située dans le centre ville près des magasins, restaurants et pubs, l'auberge est moderne, calme et confortable. Les chambres accueillent quatre personnes maximum. Ballina a un climat chaud toute l'année. Bonne pêche, croisières pour aller voir dauphins ou baleines, plage, balades sont des activités accessibles ici.

■ **LENNOX HEAD : Lennox Head Beachouse YHA. 3 Ross Street, Lennox Head © (02) 6687 7636 – Fax (02) 6687 7739 – www.yha.com.au – lennoxhead@yhansw.org.au** – *De AU$27 par adulte. A 600 mètres de l'arrêt du Premier Motor Service, 12 km de l'arrêt des autres bus. Pick-up possible à Ballina. Bus local de Byron Bay. La gare est à 600 mètres (train/bus de Sydney). L'aéroport est à 12 km (pick-up possible à l'aéroport de Ballina).* Une petite auberge familiale à seulement cent mètres de la plage à l'est, et du lac Ainsworth au nord. Prêt de planches de boogie et de surf, vélos, matériel de pêche, raquettes de tennis, clubs de golf...

Restaurants

■ **THE BOWER ROOM. A l'angle de Jonson et Lawson Streets, Byron Bay © (02) 6685 7771.** Excellente cuisine italienne.

■ **DISH. Au coin de Jonson et Marvel Streets, Byron Bay © (02) 6685 7320.** *Comptez $50.* Cuisine asiatique moderne.

■ **FINS. Dans le Beach Hotel, au coin de Jonson et Bay Streets, Byron Bay © (02) 6685 5029 – www.fins.com.au** – *Minimum $50.* Poissons et fruits de mer fabuleux. Réservation recommandée.

■ **FRESH RESTAURANT-CAFE. 7 Jonson Street, Byron Bay.** Super branché offrant un menu varié de cuisine australienne moderne, méditerranéenne et asiatique.

■ **RESTAURANT WILD. 32 Lawson Street, Byron Bay © (02) 6680 8803.** Cuisine australienne moderne, d'influences françaises. Elu en 2005 meilleur restaurant européen de la côte nord du NSW.

Points d'intérêt

Byron Bay comprend des plages de 10 km de longueur aux petites anses secrètes, des plages populaires pour la bronzette et d'autres parfaites pour le surf.

■ **MAIN BEACH.** La très grande et belle plage qui suit la courbe de la baie et au sable blanc, se trouve au bout de la rue des boutiques. Elle est surplombée d'une large bande gazonnée et ombragée de grands arbres qui bercent doucement leurs branches aux longues aiguilles molles. Dans la journée, on est bien à l'ombre sur ce point d'observation parfait pour suivre du regard les nombreuses courses en mer des life-savers faisant à la rame le tour du rocher en face. A la tombée de la nuit, on peut admirer la lune tropicale et la Croix du Sud qui se reflète sur la mer chaude, tandis que les rouleaux de la marée montante viennent mourir sur la plage à demi-éclairée par les terrasses des club-houses. Vers le nord, les plages s'étirent sur plus de 50 km, jusqu'à la Gold Coast, interrompues seulement par des embouchures de rivières et quelques petits promontoires rocheux.

■ **BROKEN HEAD ET KINGS BEACH.** Les meilleures plages de surf situées vers le sud, de l'autre côté du Cape Byron. Le phare de 1901 est le point le plus à l'est du continent australien. Attention : Kings Beach est une plage de nudistes et récemment la plage officielle des gays.

Loisirs

■ **SURFBOARDS.** Certains backpackers hostels fournissent gratuitement des surfboards à leurs clients.

■ **BYRON BAY DIVE CENTRE. 9 Marvel Street, Byron Bay © (02) 6685 8333 – www.byronbaydivecentre.com.au** – Un snorkeling trip, c'est-à-dire une plongée avec masque et tuba, AU$50. Une plongée avec bouteilles et équipement : AU$80 en hiver, AU$100 en été. Départs tous les jours à 7h30, 10h30, 13h30. Le temps de chaque plongée correspond à la durée de l'oxygène dans les bouteilles. Cours de plongée à AU$350.

■ **MINYON FALLS ET MOUNT WARNING. Renseignements au Byron Bus and Backpacker Centre ✆ (02) 6685 5517** qui vend des excursions d'une journée en 4X4 dans l'arrière-pays. Il y a aussi des tours dans les Border Ranges et au marché du samedi à Nimbin, « la capitale alternative ».

NIMBIN

La « capitale alternative » de l'Australie. C'est un endroit très particulier, à 70 km de Byron Bay. Situé dans un parc national, un village de hippies, survivant des années 1960, avec une ambiance qui n'a pas changé depuis cette époque glorieuse si l'on se fie aux relents que l'on retrouve dans les spirales de fumée... C'est ici également que, sous le couvert de la rainforest (pour ne pas être repéré par les hélicoptères de la police), le cannabis pousse plutôt bien, et que l'on organise un festival annuel qui n'est plus qu'un secret de polichinelle. Les habitants se décrivent eux-mêmes comme tout à fait normaux, presque normaux et pas tout à fait normaux. Sur les 200 mètres de la North Coast Pace, la rue principale peinte aux couleurs vives, se côtoient « homeboys », hippies et touristes parfois devenus résidents.

■ **LE NIMBIN DESIGNERS FASHION SHOW** montre des trésors d'imagination et d'ingéniosité dans le domaine des travaux manuels.

■ **LE BUSH THEATRE & CAFÉ À LA BUSH FACTORY ✆ (02) 6689 1111,** dans une ancienne usine de beurre sur les rives de la Mulgum Creek, organise des projections de films les week-ends (les sièges sont des chaises longues) et sert de bons repas. La ville offre également une flopée de boutiques d'artisanat et de galeries d'art, de cafés et de restaurants.

▶ **Chaque année Nimbin organise son festival « Mardi Grass », qui se tient en mai,** pour célébrer ses « herbes » (musique, jeux « herbolympiques »...) mais aussi pour parler de sujets tels que la dépénalisation, l'effet sur la santé... Entrée payante, échanges acceptés. Avec le Nimbin Explorer, on peut visiter les forêts pluviales et les montagnes environnantes.

■ **CENTRE D'INFORMATIONS** ✆ (02) 6689 1764.

■ **TRANSPORTS.** Un bus – www.byronbayshuttle.com.au – fait la navette depuis Byron Bay pour AU$25 l'aller-retour.

Hébergement

■ **GRANNY'S FARM BACKPACKERS (sur le ruisseau Goolmanger Creek), Nimbin ✆ (02) 6689 1333.** *Emplacement de camping AU$10, lit AU$22 et chambre double AU$50. Hôte : Rod Harris.* La « ferme de grand-père », située à l'extérieur de Nimbin près d'un ruisseau bordé d'arbres, est spacieuse, avec des chambres doubles et familiales. Les dortoirs sont grands, mais les propriétaires essaient au maximum de disperser les backpackers pour qu'ils aient plus de place. Deux piscines, cuisine équipée, salle TV. L'auberge laisse une grande place à la nature et est située de l'autre côté de la rue par rapport au Bush Theatre. Ambiance tranquille.

■ **NIMBIN ROX YHA. 74 Thorburn Street, Nimbin ✆ (02) 6689 0022 – Fax (02) 6689 0022 – www.nimbinroxhostel.com – nimbinrox@hotmail.com –** *A partir de AU$24 par adulte.* Perchée au sommet d'une colline et avec vues sur le parc national, une très bonne auberge offrant vélos, accès Internet, cheminée, salle de lecture, piscine et BBQ.

DE BYRON BAY À LA GOLD COAST

Sur la Pacific Highway qui longe la côte est, les cars McCafferty's Greyhound sont bondés de surfers qui vont de plage en plage avec leur seule surfboard pour tout bagage. Les conducteurs de ces cars sont habillés comme d'éternels écoliers, avec bermuda et chaussettes blanches, la civilisation anglo-saxonne étant omniprésente même sous la chaleur écrasante. La campagne vallonnée est d'un vert qu'on dirait anglais, lui aussi, s'il n'y avait, çà et là, les palmiers éventails et les bosquets de bambous. En longeant les bananeraies, on ne peut s'empêcher de penser aux serpents et insectes venimeux qui doivent s'y plaire, mais les toutes petites bananes qui s'appellent lady fingers sont délicieuses. Juste avant Tweed Heads et Coolangatta, sur la frontière du Queensland, on traverse une région nommée Avocado Land. Immédiatement de l'autre côté, se trouve la Gold Coast, avec la Miami australienne, Surfers Paradise. Dans les embruns lointains, le long d'une plage infinie, bordée de maisons rose fuchsia et turquoise, ce centre dresse ses tours entre le Highway et la mer.

NEW ENGLAND

Au nord-est de l'Etat, à 400 km de Sydney, la région de New England offre le charme discret de l'Angleterre, de ses paysages campagnards, de ses plateaux et de ses plaines vallonnées. Ici, les principales ressources sont l'élevage des moutons, du bétail Hereford rouge et blanc, et des chevaux. Deux localités importantes : Tamworth, le temple de la country music, et Armidale, la petite ville universitaire historique à 550 km de Sydney. Quelques-uns des meilleurs parcs nationaux de New South Wales se trouvent à l'est de cette région telle que le Oxley Wild Rivers National Park connu pour ses gorges et cascades impressionnantes. On peut séjourner en bungalows ou camper, pêcher la truite ou faire du rafting sur les rapides de Gwydir ou de Nymboida Rivers.

Hébergement

■ **ARMIDALE : PEMBROKE TOURIST AND LEISURE PARK YHA. 39 Waterfall Way, Armidale ✆ (02) 6772 6470 – Fax (02) 6772 9804 – www.yha.com.au – armidale@yhansw.org.au –** *De AU$23 à 24 par adulte, AU$16 pour les moins de 18 ans. A 2 km de l'arrêt de bus (service quotidien de/à Sydney et Brisbane et routes pour Coffs Harbour et Port Macquarie), 3 km de la gare (service quotidien pour Tamworth, avec des connexions en bus ou alors directement par train Explorer pour Sydney) 4 km de l'aéroport (vols quotidiens pour la côte, deux fois par jour pour Sydney et Brisbane).* Dortoir bien équipé près d'un parc à caravanes. Située dans une région semi-rurale sur la route du New England National Park, de la New England University et du centre ville. Salle de jeux, cheminées et activités sur place. Armidale est une ville historique très belle, connue pour ses galeries, musées, cathédrales et ses couleurs d'automne.

■ **TAMWORTH : TAMWORTH YHA 169 Marius Street, Tamworth ✆ (02) 6761 2600 – Fax (02) 6761 2002 – www.yha.com.au – tamworth@yhansw.org.au –** *De AU$23 par personne, AU$18 pour les 18 ans. A un kilomètre de l'arrêt de bus (McCaffertys Greyhound de/à Sydney et Brisbane), 100 mètres de la gare, 8 km de l'aéroport.* Une atmosphère relaxante et chaleureuse dans cette auberge située dans le centre ville. Festival de country music, Kamilaroi Walking Track, vie nocturne, Parc Marsupial, séjours en ferme, événements autour du cheval. Enfin, on trouve des pierres précieuses dans la région d'Inverell et de Glenn Innes, où l'on peut tourner vers l'est pour rejoindre le Pacific Highway.

■ **TENTERFIELD : TENTERFIELD LODGE CARAVAN PARK AND BACKPACKERS. 2 Manners Street, Tenterfield ✆ (02) 6736 1477 – Fax (02) 6736 3552 – www.tenterfield.biz – tenterfieldlodge@ozemail.com.au –** *A partir de AU$16 par adulte. A 2 km de l'arrêt de bus (services quotidiens de/à Sydney, Brisbane et Tamworth. Routes pour Byron Bay, Murwillumbah et Ballina), à 1 300 mètres de la gare.* Le meilleur de l'hospitalité à la campagne. Superbe auberge construite en 1875. Les caravanes et l'auberge sont installés dans un parc d'un hectare et demi. Atmosphère relaxante, salle de jeux. Tenterfield est l'accès aux magnifiques parcs nationaux du nord du New South Wales tels que Le Bald Rock National Park où se trouve le plus grand monolithe d'Australie, le Boonoo Boonoo National Park avec des chutes d'eau spectaculaires de 250 mètres, le Gibraltar Range National Park...

Queensland

Queensland

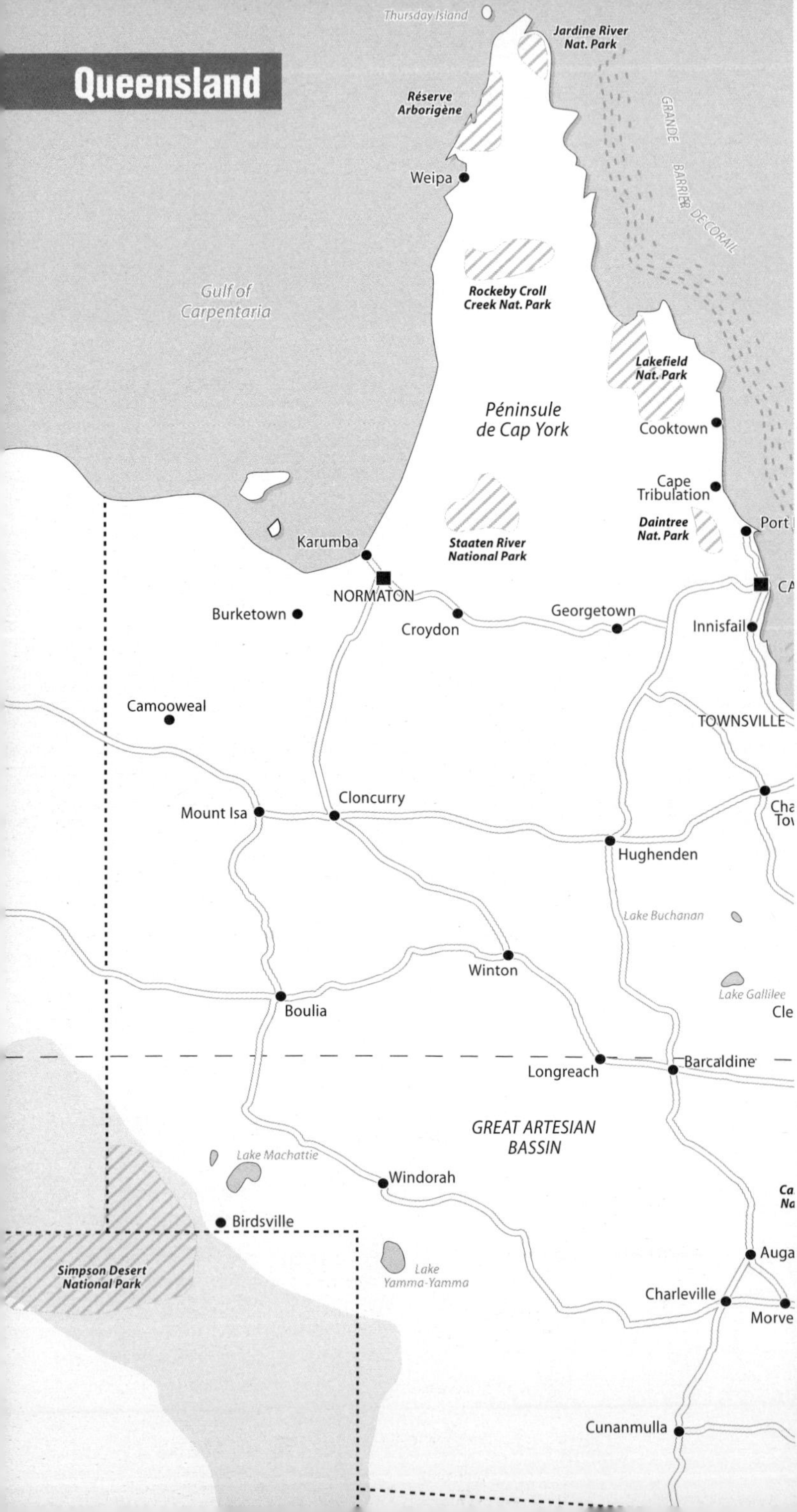
Thursday Island
Jardine River Nat. Park
Réserve Arborigène
GRANDE BARRIÈRE DE CORAIL
Weipa
Gulf of Carpentaria
Rockeby Croll Creek Nat. Park
Lakefield Nat. Park
Péninsule de Cap York
Cooktown
Cape Tribulation
Daintree Nat. Park
Port
Staaten River National Park
Karumba
NORMATON
Burketown
Croydon
Georgetown
Innisfail
Camooweal
TOWNSVILLE
Cloncurry
Mount Isa
Hughenden
Lake Buchanan
Winton
Lake Gallilee
Boulia
Longreach
Barcaldine
GREAT ARTESIAN BASSIN
Lake Machattie
Windorah
Birdsville
Simpson Desert National Park
Lake Yamma-Yamma
Charleville
Cunanmulla

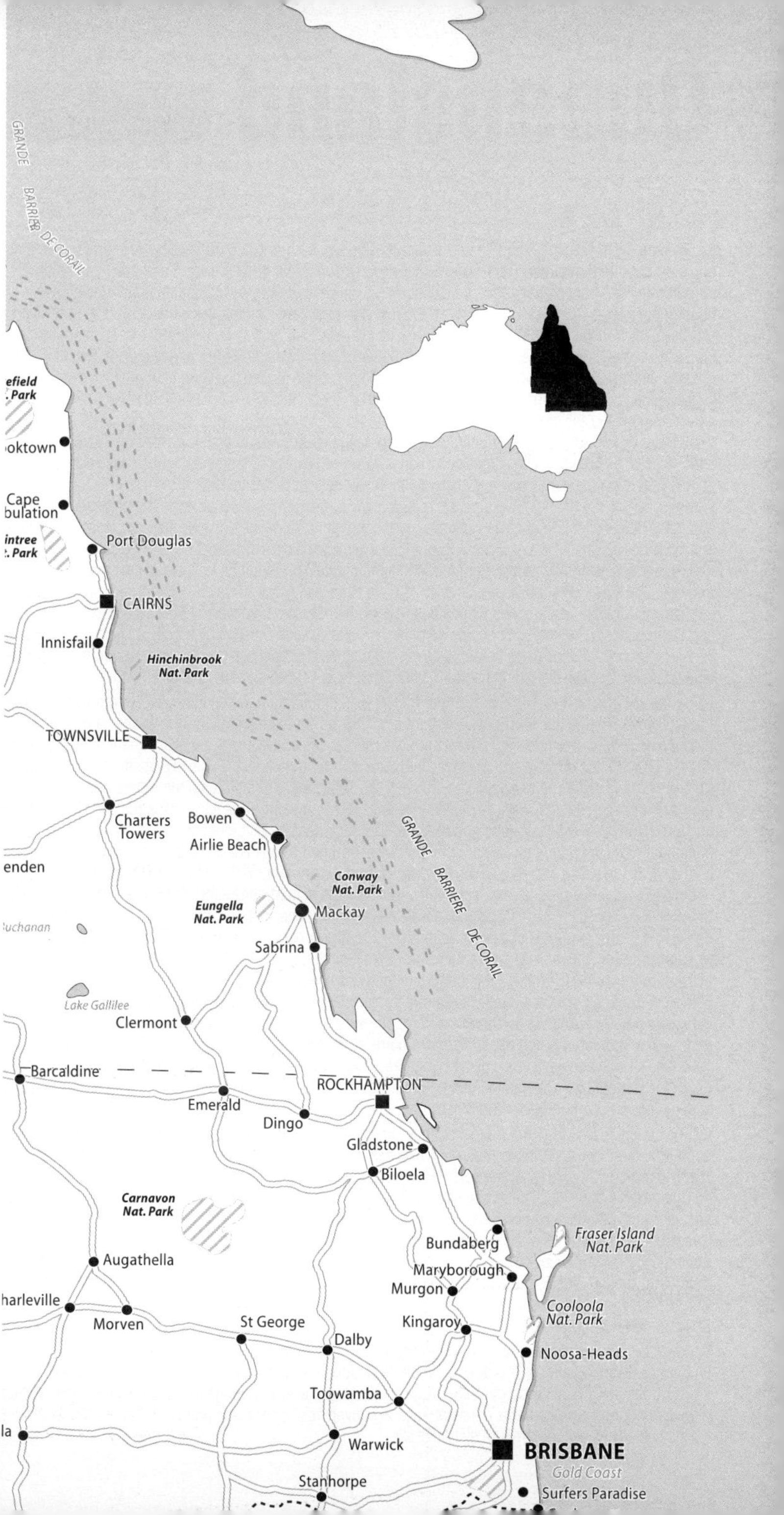

GRANDE BARRIERE DE CORAIL
efield
. Park
oktown
Cape
bulation
intree
. Park
Port Douglas
CAIRNS
Innisfail
Hinchinbrook
Nat. Park
TOWNSVILLE
Charters
Towers
Bowen
Airlie Beach
enden
Conway
Nat. Park
GRANDE BARRIERE DE CORAIL
Eungella
Nat. Park
Mackay
uchanan
Sabrina
Lake Gallilee
Clermont
Barcaldine
ROCKHAMPTON
Emerald
Dingo
Gladstone
Biloela
Carnavon
Nat. Park
Bundaberg
Fraser Island
Nat. Park
Augathella
Maryborough
Murgon
harleville
Morven
St George
Kingaroy
Cooloola
Nat. Park
Dalby
Noosa-Heads
Toowamba
la
Warwick
BRISBANE
Gold Coast
Stanhorpe
Surfers Paradise

Queensland

Le Queensland, deuxième Etat d'Australie par son étendue, couvre 1 730 000 kilomètres carrés, près d'un quart du continent australien, soit plus de trois fois la superficie de la France. La plupart des habitants, surnommés les « banana benders », sont concentrés dans l'angle sud-est qui jouxte le New South Wales et notamment à Brisbane, la capitale de l'Etat. Situé de part et d'autre du tropique du Capricorne, le Queensland ensoleillé (le Sunshine State) ressemble fort à un paradis touristique. Le Beautiful Queensland, comme disent les Australiens eux-mêmes, est composé d'une longue chaîne de plages magnifiques entrecoupées de lagunes. Au large, sur plus de 2 km de large et 2 000 km de long (entre Cape York et Bundaberg), s'égrènent les récifs de la Grande Barrière de corail (Great Barrier Reef), huitième merveille du monde. C'est au nord, à Port Douglas, qu'elle est le plus près du continent. De par sa longueur, vous longerez sur la côte des lieux totalement différents : la glamoureuse Gold Coast, les superbes îles Whitsunday, des rainforests sèches, subtropicales ou humides, des plages désertiques dans l'extrême nord. Cependant, une chose est commune à tout l'Etat : les champs de canne à sucre s'étalent sur des centaines de kilomètres. Dans le nord tropical, Cairns est un centre touristique pour toute la région environnante. Le Queensland est actuellement l'Etat qui connaît la plus forte croissance en Australie, surtout en raison du tourisme, dopé par son climat agréable et son mode de vie plaisant. Il a grandement contribué à faire connaître dans le reste du monde ce pays méconnu « down under » qu'est l'Australie. Pour le vacancier australien ou étranger, le Queensland est synonyme de tropiques, de soleil, de sable blanc. Chacun y trouve ce qu'il cherche car le choix est grand entre les néons de Surfers Paradise, les longues plages désertes sur la côte, les complexes hôteliers de luxe sur les îles coralliennes, les excellentes conditions de plongée sur la Grande Barrière de corail, les parcs nationaux à la nature encore sauvage et les immensités désertiques de l'Outback. Le Queensland est parsemé de villes plus ou moins isolées allant d'un habitant, pour Betoota, à 1,6 million pour Brisbane.

La bande côtière, fertile mais relativement mince, est séparée du reste de l'Etat par les montagnes de la Great Dividing Range qui court parallèlement à la côte sur toute sa longueur. Une épaisse forêt tropicale recouvre le rebord des massifs. Tout au nord, les montagnes couvertes de jungle cachent leurs sommets dans l'humidité des nuages, et Tully, avec la rivière du même nom, est la ville la plus arrosée d'Australie. Derrière cette chaîne montagneuse se trouvent les Tablelands, des plateaux de riches terres agricoles qui s'étendent vers l'ouest. Encore plus loin, le pays intérieur semi-aride se perd jusque dans le Territoire du Nord (Northern Territory). Les contrées de l'Outback sont rudes : c'est aussi l'isolement, la soif, les mouches... Les immenses plaines de spinifex (buissons d'herbes épineuses) paraissent s'étendre jusqu'aux confins de la terre. Ces plaines sèches vont jusqu'à l'extrême nord où la Great Dividing Range s'abaisse pour rejoindre les plaines marécageuses du Gulf of Carpentaria et continue jusque dans l'extrême nord du Gulf Country et de la péninsule de Cape York. De vastes régions vides sont découpées par les innombrables lits de rivières à sec qui peuvent se muer en torrents impétueux pendant la mousson et bloquer totalement le transport routier. La partie la plus active du Queensland reste la zone côtière. Les conditions climatiques extrêmement variées permettent la culture de nombreux fruits et primeurs : ananas, mangues, papaye, pommes, bananes, avocats dans les régions tropicales. L'exportation est supérieure à la consommation intérieure. Mais l'économie du Queensland repose surtout sur la canne à sucre, les énormes réserves de minerai d'aluminium (Weipa dans l'extrême nord) et les pâturages sur les hautes terres intérieures des Tablelands. Le Queensland possède des gisements extraordinairement riches d'argent, de cuivre, de plomb et de zinc (Mount Isa). Ces ressources naturelles et des sources d'énergie abondantes sous-tendent une activité industrielle florissante. Rockhampton, Mackay et Townsville sont les ports les plus actifs.

A l'origine, en 1824, l'Etat du Queensland était une colonie pénitentiaire prévue pour les plus coriaces des bagnards. Mais cette situation ne dura que quinze ans et Brisbane fut rapidement déclarée ville libre. En 1859, les colons du nord rompaient officiellement leurs liens avec le New South Wales en proclamant l'Etat du Queensland. Mais les pionniers rencontrèrent ici plus de difficultés à s'établir que dans les Etats du sud, en raison de l'attitude des Aborigènes qui ne se laissèrent pas dépouiller sans combats. Les premiers colons libres étaient des Italiens qui s'installèrent autour des plantations de canne à sucre du nord. Des Kanaks furent amenés au XIXe siècle pour travailler sur ces plantations dans des conditions proches de l'esclavage. Les trafiquants de cette main-d'œuvre furent appelés des blackbirders. Les premiers Kanaks furent « importés » en 1863 pour Robert Towns, le « père » de Townsville. Environ 60 000 autres suivirent jusqu'à la fin de ce trafic, en 1905. Aujourd'hui, de nombreux Kanaks vivent sur la côte au nord de Rockhampton.

Pendant de nombreuses années, le Queensland eut à sa tête le gouvernement le plus controversé de l'Australie. Il était conduit par le parti de droite de sir Johannes Bjelke-Petersen, mieux connu sous le nom de Joh. Dans des affaires aussi différentes que les droits fonciers des Aborigènes ou simplement l'installation d'un distributeur de préservatifs dans une fac, on pouvait être sûr que Joh prendrait une position contraire à celle des autres gouvernements de l'Australie.

En 1977, il annonça une interdiction totale de manifester dans la rue, ce qui provoqua de violents affrontements entre la police et les opposants. Il fut finalement destitué par son propre parti en 1987. Aujourd'hui le gouvernement du Queensland est plus paisiblement travailliste.

Climat

Le climat du Queensland est l'un des plus agréables du monde. Il n'y a pas quatre saisons comme en Europe mais deux, avec une mousson importante au nord de Townsville. Les températures de Brisbane ne descendent que rarement en dessous de 12 °C en journée au mois de juillet et peuvent monter jusqu'à 40 °C en janvier. A Cairns les températures sont comprises entre 28 °C en juillet et 35 °C en janvier, cependant, le taux d'humidité varie énormément. Les hivers ensoleillés, secs et chauds, attirent des visiteurs du monde entier. Les régions les plus au sud sont subtropicales, vers le nord le climat devient de plus en plus chaud et humide. L'extrême nord tropical ne comporte que deux saisons, saison des pluies, ou wet season (de décembre à mai) et saison sèche, ou dry season (de juin à novembre).

- **Attention :** de novembre à mars, il est dangereux de se baigner sur les plages non surveillées du nord tropical en raison des dangereuses méduses (box jellyfish). Par contre, à la même période dans le Sud, on peut se baigner jusqu'à la hauteur de Great Keppel Island.

Toujours dans le Nord, les crocodiles de mer sont aussi un danger pour l'homme. Ils vivent près des estuaires, et peuvent remonter les rivières sur des distances surprenantes. Les pluies de décembre à mai peuvent entraîner des inondations rendant les pistes impraticables. Même la route principale, le Bruce Highway, est parfois coupée en cette période à la suite des inondations. Des cyclones peuvent arriver pendant la saison des pluies.

Parcs nationaux

Au Queensland, il existe plus de deux cents parcs protégés comprenant un grand nombre d'îles ainsi que certaines parties de la côte. A l'intérieur des terres, les parcs les plus spectaculaires sont Lamington sur le bord d'un ancien volcan près de la frontière de New South Wales, Carnarvon avec ses gorges sur trente kilomètres au sud-ouest de Rockhampton, et Eungella près de Mackay, réputé pour sa faune sauvage.

Bureau d'information

- **GOLD COAST HIGHWAY. Burleigh Heads** © (07) 5535 3032.

Sports nautiques

- **Plongée avec bouteilles (scuba diving).** La Grande Barrière de corail est l'un des meilleurs endroits au monde pour faire de la plongée. Dans l'eau cristalline, les coraux et les poissons tropicaux composent un monde merveilleux. Un cours de quatre jours, couronné par un certificat de plongée Padi, coûte à partir de AU$320. Les sociétés se sont aussi spécialisées dans les baptêmes de plongée. Les plongées d'initiations durent en moyenne une demi-heure et ne demandent aucun cours au préalable. Les seules conditions sont de respecter les critères de santé. Les meilleurs endroits et les mieux équipés pour apprendre la plongée sont Airlie Beach, Townsville et surtout Cairns.

Les Immanquables du Queensland

- **Donner à manger aux dauphins de Tangalooma près de Brisbane.**
- **Fraser Island en 4x 4.**
- **Voir les baleines (de juillet à octobre) à Hervey Bay.**
- **Faire de la voile dans les îles Whitsunday.**
- **S'aventurer dans l'Outback et rencontrer les Australiens du bush.**
- **Passer une ou deux nuits dans une ferme de l'Outback.**
- **Participer à une expédition dans le Cape York.**
- **Passer quelques jours sur une île tropicale.**
- **Faire une croisière et plonger sur la Grande Barrière de corail.**
- **Visiter la Forêt tropicale à Cairns.**

Plongée avec masque et tuba (snorkeling). Cette plongée sans préparation se pratique partout et par tout le monde. On trouve de beaux coraux au large de la côte et autour d'un grand nombre d'îles. La plupart des excursions sur la Grande Barrière comprennent le prêt gratuit du masque, tuba et palmes.

Surf. Les meilleures plages sont situées au sud de Brisbane, sur la Gold Coast et sur la partie nord de la Sunshine Coast. Au nord de Fraser Island, les plages sont protégées de l'océan par la Grande Barrière de corail. Les vagues sont quasi inexistantes.

Baignade. On peut se baigner quasiment tout le long de la côte sauf à Cairns, Townsville ou Airlie Beach. Dans ces villes, les mairies ont fait construire des lagoon, piscines publiques et gratuites pour pallier ce problème. Dans le nord du Queensland, des filets sont installés pour protéger les baigneurs des méduses. Dans l'intérieur des terres, certains lieux de baignade naturels ou waterhole, sont ouverts à la baignade. Mais surtout, avant de mettre un pied dans l'eau, il faut s'assurer qu'il n'y a pas de danger. Les pancartes et les guides sont de bons conseils.

Voile. Airlie Beach, avec le passage de l'archipel des Whitsunday, est l'endroit le plus populaire où tout le monde peut pratiquer la voile. Croisière organisée pour profiter du bateau, location ou voiliers de course, chacun y trouvera ce qu'il souhaite.

Rafting. C'est un sport très populaire en Australie. Les meilleures rivières sont la Tully River et la North Johnston River entre Townsville et Cairns.

Golf. La Gold Coast et la Sunshine Coast sont des paradis pour les golfeurs du monde entier. C'est Greg Norman qui a mis l'Australie à l'honneur sur la carte des meilleurs greens. Les retombées à coups de dollars touristiques sont aujourd'hui très importantes. Certains trouvent cependant que le développement est allé trop loin, transformant les côtes sud du Queensland en un immense parcours de golf sans fin.

Festivals

Mai. Festival du vin et des fruits de mer, Brisbane ; Exposition Internationale de bateaux de Sanctuary Cove, Gold Coast ; Carnaval de Port Douglas.

Juin. Championnat national de feux d'artifices, Surfers Paradise.

Juillet. Marathon international, Gold Coast.

Août. Fête des baleines, Hervey Bay ; Festival des dinosaures, Hughenden, Rodeo, Mount Isa, Festival de musique country, Gympie.

Septembre. Birdsville Races, Birdsville Fosters Billfish Classic ; Festival de Cairns, Festival de jazz, Noosa ; Festival de la mer, Underwater World, Sunshine Coast.

Octobre. Festival de la ruée vers l'or, Gympi ; Indy Honda Grand Prix, Surfers Paradise.

Novembre. Festival du Reef et des Whitsundays, Airlie Beach.

Transports

Le Queensland est le seul Etat australien à posséder plusieurs **aéroports internationaux** : Brisbane, Townsville et Cairns.

Les **routes principales** sont les Pacific Highway et Bruce Highway, qui suivent la côte du Queensland jusqu'à Port Douglas. Les plus aventureux, qui veulent découvrir l'Outback et une vie radicalement différente de la côte, peuvent emprunter les diverses routes de l'intérieur aride : la Matilda Highway qui traverse l'Etat du sud au nord ; la Warrego Highway de Brisbane à Charleville, puis la Diamantina Highway jusqu'à Mount Isa ; la Capricorn Highway de Rockhampton à Longreach, puis la Landsbourough Highway jusqu'à Mount Isa ; et enfin la route principale vers le centre, la Flinders Highway de Townsville à Mount Isa. Il faut savoir prendre ses précautions en carburant, car il n'y a pas de station-service tous les 50 km ! Les sociétés de bus desservent la plupart des destinations de la côte comme de l'Outback.

Les **trains** les plus fréquentés sont, dans le sens sud-nord, le Sunlander, le luxueux Queenslander ou encore le Tilt train (style TGV) qui relient Brisbane à Cairns ; Brisbane à Rockhampton. Les trains qui vont vers l'intérieur sont le Westlander de Brisbane à Charleville ; le Midlander de Rockhampton à Longreach et l'Inlander de Townsville à Mount Isa, le Gulflander relie Cairns à Normanton. Attention : ces trains, qui ont repris du service grâce au tourisme, ne sont pas tous quotidiens.

Le train n'est pas toujours le moyen le plus rapide de voyager, mais les services se sont améliorés avec des bus qui relient les gares aux villes principales de la côte.

La Gold Coast et Surfers Paradise

425 000 habitants. La population de la Gold Coast est celle qui progresse le plus rapidement en Australie. Les plages infinies de cette côte s'étendent de la frontière de New South Wales sur 42 km vers le nord jusqu'à Southport, en passant par Coolangatta, Palm Beach, Broadbeach et Surfers Paradise. Brisbane n'est qu'à une heure par la route.

La Gold Coast, longtemps la station balnéaire préférée des Australiens, est devenue l'une des plus grandes stations du Pacifique Sud.

Des compagnies japonaises y sont propriétaires d'une grande partie du patrimoine foncier et de près de la moitié des chambres de l'hôtellerie. Hôtels, motels, appartements de vacances, forment une chaîne ininterrompue tout le long de la côte pour accueillir trois millions de visiteurs par an. Le choix de l'hébergement est vaste, à partir d'une simple tente de camping aux plus grands hôtels de luxe.

Surfers Paradise, la plage-ville principale de la Gold Coast, abonde en hôtels et appartements de vacances. Les tours qui les logent sont si hautes et si proches de la plage qu'elles cachent le soleil dès le milieu de l'après-midi.

Tous les sports « physiques » ou chic se pratiquent sur la Gold Coast : surf, planche à voile, le très populaire bungee jump (saut à l'élastique), paraflying (parachute ascensionnel), ski nautique et jet-ski. Les parcours de golf sont parmi les plus beaux du monde, des plus démocratiques aux très sélects comme à Sanctuary Cove.

Informations : www.goldcoastaustralia.com

SURFERS PARADISE

Life-savers et plages surveillées

Les rouleaux de surf de l'océan Pacifique de la Gold Coast n'ont de pacifique que le nom. Vingt-quatre life-savers permanents (maîtres nageurs) et cinquante-cinq temporaires sont employés pour surveiller quotidiennement dix-sept plages.

Pendant la haute saison et les vacances scolaires, vingt-six plages sont patrouillées par des 4x4 et des hélicoptères, tout en étant scrutées inlassablement à partir des tours de surveillance.

Le Council de la Gold Coast est soutenu par de centaines d'associations volontaires de lifesavers, très aimés et appréciés partout en Australie. Afin de faciliter leur tâche, ne nagez qu'entre les drapeaux de signalisation que vous verrez sur les plages. Drapeau rouge = baignade interdite, drapeau jaune = nager en ouvrant l'œil, drapeau vert = sécurité.

Surfers Paradise, à l'origine une plage parmi d'autres, est aujourd'hui une station balnéaire très sophistiquée. Un haut lieu de frime et de mondanités, de clubs et de discothèques, de revues réputées et de spectacles de cabaret. Une foule de restaurants et de petits bars se trouvent regroupés le long des plages autour de Surfers Paradise.

Les hôtels de luxe dans les gratte-ciel côtoient les backpackers, Jupiters Casino rivalise de popularité avec les dernières soirées de rave, les « eateries » ethniques ont leur clientèle, tout comme les dîners-croisières dans la moiteur tropicale ont la leur.

Les grands shopping-malls de ce Shoppers Paradise sont particulièrement appréciés des nombreux touristes japonais attirés ici par la relative proximité de leur pays et les superbes golfs publics et privés.

Citons aussi les grands parcs d'attractions comme le Sea World, le Dreamworld, le Movieworld et Wet'nWild, et, enfin, les plages infinies surveillées par de beaux life-savers, et où paradent les « golden girls » et les surfers bronzés.

Transports

Comment s'y rendre

Bus

Les cars arrivent au Coach Terminal, au centre de Surfers Paradise. Il est équipé de douches gratuites et d'une pièce, très propre, pour changer bébé. Copié sur le modèle d'un aéroport, on y trouve les comptoirs de toutes les compagnies de cars, une cafétéria avec de petits plats chauds et un take-away, un service de location de voitures, un bureau de réservation de backpackers hostels et une agence de voyage. La plupart des backpackers proposent des navettes.

Avion

L'aéroport le plus proche est celui de Brisbane. La société Coachtrans s'occupe des transferts de/vers l'aéroport, jusqu'aux portes des hôtels.

■ **COACHTRANS AUSTRALIA. ✆(07) 3238 4700 - www.coachtrans.com.au** - *AU$65 pour un aller-retour.*

Bus locaux

■ **LES GOLD COAST SHUTTLE BUSES.** Passent devant la plupart des grands hôtels toutes les quinze minutes à partir de 9h du matin. Les bus réguliers, « Surfside », environ toutes les dix minutes, 24h/24. On peut ainsi faire toutes les plages de Surfers Paradise du sud au nord. Horaires et destinations au kiosque d'informations touristiques sur le Mall.

Location de voitures

■ **THRIFTY/BRITZ. ✆ 1300 367 227 - www.britz.com.au** *(à partir de AU$33).*

■ **AVIS** ✆ 136 333 - www.avis.com.au (à partir de AU$55 par jour).

■ **HERTZ. ✆ 133039 - (03) 9698 2555 - www.hertz.com.au** *(à partir de AU$39).*

■ **DELTA EUROPE CAR. ✆ 131 390 - 1300 131 390 - www.deltaeuropcars.com.au** *(à partir de AU$45 par jour).*

■ **COSTLESS CAR RENTAL. Surfers Paradise Bus Station, Beach Road ✆ (07) 5592 4499 - www.costlesscarrental.com.au** - *A partir de AU$52 assurance comprise et pick-up gratuit à votre hôtel.* Egalement location de limousines.

■ **RED BACK RENTALS. Shop 3, 10 Beach Road, Surfers Paradise Bus Centre ✆ (07) 5592 1655 - 0418 754 211 (mobile, en dehors des heures d'ouverture) ✆ 1800 811 268 (appel gratuit d'Australie) - Fax (07) 5592 1472 - www.redbackrentals.com.au** - *Ouvert tous les jours de 8h à 17h. Location de voitures à partir de AU$48 par jour, assurances non comprises.*

Pratique

■ **www.hellogoldcoast.com.au**

■ **www.goldcoastaustralia.com**

■ **DOCTEURS : SURFERS PARADISE DAY & NIGHT. 3221 Surfers Paradise Boulevard, Surfers Paradise, Gold Coast 4217** ✆ (07) 5592 2299.

■ Il existe plusieurs **JOURNAUX D'INFORMATIONS TOURISTIQUES GRATUITS,** dont « Gold Coast Australia », « Wot's On », « Today » et « This Week », qui comprennent une carte de toutes les plages et des publicités pour les restaurants et les événements locaux.

■ **TOURIST INFORMATION CENTRE. Cavill Avenue, Surfers Paradise ✆ (07) 5538 4419 - info@gctourism.com** - *Ouvert de 8h30 à 17h30 du lundi au vendredi, de 8h30 à 17h le samedi et de 9h à 16h le dimanche et jours fériés.* Un autre bureau se trouve à **Coolangatta,** shop 14B, Coolangatta Place, Corner Griffith & Warner Streets ✆ (07) 5536 7765 - info@gctourism.com - *Ouvert de 8h30 à 17h30 du lundi au vendredi et de 8h à 14h les samedis, dimanches et jours fériés.*

Hébergement

Bien et pas cher

On trouve un grand choix d'hébergements bon marché de style backpackers hostels à Surfers Paradise même. Il y a aussi une cinquantaine de campings dans la région de la Gold Coast.

■ **ISLANDER BACKPACKERS RESORT. 6 Beach Road ✆ 1800 074 393 (appel gratuit d'Australie) ✆ (07) 5538 8000 - Fax (07) 5592 2762 - www.parkregis.com.au - Situé à côté du terminal de bus, en plein centre, à 3 minutes de la plage.** *Réception 24h/24. Prix à partir de AU$26 pour les dortoirs et AU$75 pour chambres doubles.* Dortoirs de 4 à 8 personnes, chambres doubles et twin, toutes avec salle de bains. Les draps sont fournis, vaisselle disponible en échange d'une caution. Parking gratuit (nombre de places limitées). Cuisine, laverie, salle télé, piscine, jacuzzi, tennis, squash et accès Internet. Aménagements sans prétention.

■ **THE BRITISH ARMS INTERNATIONAL BACKPACKERS HOSTEL. Mariners Cove. 70 Seaworld Drive, Surfers Paradise, Gold Coast ✆ (07) 5571 1776 ✆ 1800 680 269 (appel gratuit d'Australie) - Fax (07) 5571 1747 - www.britisharms.com.au -** *A partir de AU$22 par personne en dortoir ; AU$58 en chambre double.* A 4 km de l'arrêt de bus, 20 km de l'aéroport (service de bus de/à l'aéroport de Coolangatta). Les nouveaux propriétaires ont totalement rénové le backpacker, la fête y est aussi très présente. Draps fournis, navette, boogie boards, entrée dans un night-club, bière avec le repas, thé et café gratuits. Accès Internet, cuisine, laverie. A Mariners Cove on peut plonger, sauter à l'élastique, faire de la planche ou du bateau à voile, de la pêche, du jet-ski, du ski nautique.

■ **SURF' N' SUN BEACHSIDE BACKPACKERS. 3323 Gold Coast Highway ✆ 1800 678 194 (appel gratuit d'Australie) ✆ (07) 5592 2363 - www.surfnsun-goldcoast.com -** *Réservation recommandée. La plupart des dortoirs ont quatre lits : AU$25. Chambres doubles en basse saison : AU$68.* A cinq minutes à pied du shopping mall et du « nightlife district », dans la rue parallèle à l'Esplanade, c'est l'hôtel le plus proche de la plage dans le centre de Surfers Paradise. Lieu dédié à la fête. Cuisine, piscine, laverie et accès Internet. Location de surf boards et de boogie boards. Navette vers le terminal des bus.

Confort ou charme

Les motels et motor inns sont souvent des formules sans prétention et pas chères. Ils comportent néanmoins, dans les chambres, réfrigérateur, télévision et salle de bains, et presque toujours une piscine dans la cour.

■ **SILVER SANDS MOTEL. 2985 Gold Coast Highway, Surfers Paradise. ✆ (07) 5538 6041 - Fax (07) 5538 6041 - www.silversandsmotel.com.au -** *Chambre double à partir de AU$79.* Pendant les vacances d'été, les prix montent de beaucoup. Proche du centre et des plages. Climatisation, réveil, machine à café, réfrigérateur et télé dans les chambres.

■ **RUNAWAY BAY MOTOR INN. 429 Oxley Drive, Runaway Bay ✆ (07) 5537 5555 - ✆ 1800 644 188 (appel gratuit d'Australie) - Fax (07) 5529 0244 - www.runawaybaymotorinn.com.au -** *Chambre double à partir de AU$117 en basse saison.* Situation tranquille, proche de parcs à thème. Chambres pour famille, accessibles en fauteuil roulant, avec spa. Climatisation, kitchenettes, piscine, barbecue, laverie, restaurant.

■ **BREAKFREE BEACHCOMBER SURFERS PARADISE. 18 Hanlan Street, Surfers Paradise ✆ (07) 5570 1000 - Fax (07) 5531 5438 - www.beachcombersurfers.com.au -** *Chambre double standard à partir de AU$64 par personne, petit déjeuner inclus. Appartements, deux chambres (4 personnes) à partir de AU$45,75 par personne, petit déjeuner inclus.* C'est une grande tour sur la plage, avec 300 chambres aux balcons avec vue sur la mer. Piscines intérieure et extérieure, bain bouillonnant, saunas, salle de gym, court de tennis, salles de jeux et room-service 24h/24.

■ **COURTYARD SURFERS PARADISE RESORT. Corner Surfers Paradise Boulevard & Hanlan Street, Surfers Paradise ✆ (07) 5579 3499 - ✆ 1800 074 317 (appel gratuit d'Australie) - Fax (07) 5539 8370 - http://marriott.com/property/propertypage/OOLCY -** *Chambre standard de AU$135 à 290.* En plein centre de Surfers Paradise, une tour de 400 chambres avec balcon et vue, soit sur la plage, soit sur l'arrière-pays. Sèche-cheveux, réfrigérateur, minibar, nécessaire à thé/café, télévision, radio-réveil avec haut-parleur dans la salle de bains et room-service 24h/24. Dans l'hôtel : piscine, spa, BBQ, fitness, espace jeux pour enfants, leçons de golf, salles de jeu, tennis à pelouse synthétique, baby-sitting et service de location de limousines.

Luxe

Les hôtels 5 étoiles sont des havres de paix dans le centre trépidant de Surfers Paradise. Ils sont souvent équipés de piscines dessinées en forme de lagune avec sable et cocotiers. Les chambres ont parfois un spa dans la salle de bains. Monde à part, ils ont leurs propres restaurants, souvent parmi les meilleurs de la ville, de nombreux bars, night-clubs et boutiques privés.

■ **HOLIDAY INN SURFERS PARADISE. 22 View Avenue, Surfers Paradise ✆ (07) 5579 1000 ✆ 1800 000 867 (appel gratuit d'Australie) - Fax (07) 5592 2908 -www.holidayinn.com.au -** *Réception et room-service 24h/24. Chambre double à partir de AU$230 en basse saison et AU$360. Si vous réservez 2 semaines à l'avance AU$184.* Un immense building de près de 400 chambres avec accès direct au Galleria Shopping Plaza. Dans les chambres TV, machine à café, sèche-cheveux, air conditionné, minibar, balcon privé avec table et chaise. Dans l'hôtel, salle de gym, saunas, piscine, jacuzzi, massages, service de limousine, restaurants.

■ **MARRIOTT SURFERS PARADISE RESORT. 158 Ferny Avenue, Surfers Paradise (vers Main Beach et Seaworld) ✆ (07) 5592 9800 - Fax (07) 5592 9888 http://marriott. com/ property/propertyPage/OOLSP** - *Chambre double de AU$255 à AU$300.* C'est le deuxième Marriott en Australie (après celui de Sydney), ouvert en mai 1992. L'architecte australien Des Brookes a voulu éviter le luxe ostentatoire en utilisant des matériaux du pays comme le grès, l'érable et le bois de silky oaks dans un camaïeu de beiges. Dans l'immense hall d'entrée, une série d'éventails d'osier géants au plafond brassent l'air dans un lent va-et-vient plein de langueur coloniale. Les restaurants et bars, largement ouverts sur l'extérieur, communiquent avec le dehors par un jeu de bassins d'eau. Piscine extérieure en forme de lagon hawaiien – cernée de sable blanc et de cocotiers – pour s'initier à la plongée et à la planche à voile. Quelques suites pour voyages de noces, avec spa privé et vue panoramique sur Surfers Paradise et le Pacifique, sans oublier le service de stretch-limousine blanche. Dans le jardin, un kiosque à musique blanc (gazebo) où les jeunes mariés aiment à se faire photographier, un peu comme à Las Vegas.

■ **CONRAD JUPITERS CASINO. Broadbeach Island, Gold Coast ✆ (07) 5592 8130 - ✆ 1800 074 344 (appel gratuit d'Australie) - Fax (07) 5592 8219.** *Chambre double de AU$230 à AU$350.* Resort luxueux situé sur une très belle partie de la plage. Appartements (un minimum de trois nuits de location est souvent exigé). Il y a un grand nombre d'appartements à louer, souvent dans les grandes tours avec vue sur le Pacifique. Ils sont parfois luxueux, complétés par un service hôtelier. Les prix sont plus intéressants en basse saison. La haute saison correspond à la période de Noël et aux mois de juillet et août.

■ **PARADISE RESORT GOLD COAST. 122 Ferny Avenue, Surfers Paradise ✆ (07) 5579 4444 -** *Chambre double à partir de AU$260.* Cet hôtel est idéal pour les familles : jardins, clubs pour les enfants et activités organisées.

Protection contre le soleil

A Surfers Paradise on voit, étalés sur le sable, les descendants d'immigrés européens, dont de nombreux Anglo-Saxons à la pigmentation de la peau inchangée à la troisième génération. Un grand nombre d'entre eux ont des yeux clairs, allant du turquoise intense au bleu délavé, on ne sait si c'est à cause de la luminosité ou à force de regarder le bleu du Pacifique...

En raison de la forte proportion de cancers de la peau provoqués par le soleil impitoyable de l'Australie, le gouvernement du Queensland fait une campagne pour la protection des idolâtres contre les effets néfastes d'une exposition prolongée.

Aujourd'hui sur ces plages de surf, l'ancien slogan « sea, sex and sun » est remplacé par le plus sage « slip, slop, slap » : slip (on a shirt = un tee-shirt), slop (on a sunscreen = une crème solaire), slap (on a hat = un chapeau).

Pensez à emporter un chapeau de paille à larges bords, un tee-shirt ou une chemise à col et à manches longues et une crème solaire écran total résistant à l'eau. Evitez l'exposition au soleil au milieu de la journée quand les rayons ultra violets sont les plus forts. Cela avant que le cocktail exotique qu'est la vie à Surfers Paradise ne vous rende complètement « gone troppo » (pris par les tropiques).

Restaurants

Le climat de la Gold Coast permettant de vivre dehors pratiquement toute l'année, les restaurants prolongent leurs salles en terrasses à l'extérieur. Au Queensland, c'est un certain style mode de vie. Un nombre incalculable de fast-foods, de take-away et d'eateries ou food court pas chers tout le long des plages et du Highway, et autant de restaurants plus chics avec une cuisine inspirée de tous les pays du monde. Le soir, une tenue habillée est souvent exigée, avec pantalon long pour les hommes.

Sur la Plaza et dans le Cavill Avenue Mall. A l'intérieur du mall climatisé, sous les arches de la verrière et dans la verdure tropicale, on trouve des take-away ethniques, chinois et vietnamiens très compétitifs, des assiettes aux formules « all you can eat », où chacun trouvera la quantité pour son estomac.

Sur la Plaza côté plage, Charlie's déborde avec ses tables sous les palmiers et les parasols sur la Plaza extérieure, près de la « fosse » aux musiciens. Ce restaurant touristique, ouvert 24h/24, est un bon point d'observation pour regarder passer les belles et blondes golden girls de la côte.

Sur l'esplanade à côté, on peut héler des cyclo-pousse conduits par de jeunes étudiants pour faire un petit tour dans le centre de Surfers.

LE BAVARIAN HAUS RESTAURANT, 41 Cavill Avenue, Surfers Paradise (✆ (07) 5531 7150 - www.bavarianhaus.com.au) sert de solides steaks-frites et des bières importées d'Allemagne.

Sortir

Autour de Surfers Paradise, il y a plus de trente boîtes de nuit et discothèques (www.goldcoastnightclubs.com). La renommée de la Gold Coast tient beaucoup à sa vie nocturne et ici les vacances se vivent autant la nuit que le jour. Le soir, la plupart de ces endroits exigent une certaine tenue vestimentaire. La rue où tout bouge est incontestablement la Orchid Avenue.En dehors de **Jupiters Casino,** ouvert 24h/24 avec ses nombreux bars, restaurants et discos, le **Melba's** (46 Cavill Avenue, Surfers Paradise ✆ (07) 5538 7411 - www.melbas.net.au) et

Cocktails & Dreams (The Mark, 3 Orchid Avenue ✆ (07) 5592 1955) sont des night-clubs de très bonne qualité, ouverts de 20h à 3h du matin.

Points d'intérêt

Bien que le centre de Surfers Paradise soit dominé par les tours en béton, les vacanciers s'y pressent toute l'année. Surfers a bien changé depuis 1936, quand il n'y avait qu'un unique hôtel isolé à 9 km de Southport. Aujourd'hui, le mall de Cavill Avenue est un énorme complexe couvert comprenant une foule de boutiques et de restaurants touristiques. Mais malgré toute cette modernité rutilante, on n'a pas besoin d'aller très loin vers le nord ou le sud pour trouver une plage relativement tranquille.

La Highway 1, ici la Gold Coast Highway, coupe à travers le centre de Surfers Paradise, pratiquement parallèle à la plage. La plage de Surfers se prolonge vers le nord par Main Beach et le Spit, une langue de sable de 3 km séparant le Pacifique de Broadwater, l'estuaire lagune intérieure. Miss Surfers et bonnes mœurs.

Miss Surfers Paradise. En été 1993, le titre de « Miss Surfers Paradise » fut gagné pour la première fois par... un beau garçon ! Du coup, on a aussi voulu élire « Miss Nude », mais les Australiens qui aiment s'amuser d'une manière plutôt bon enfant furent choqués par cette percée du « hard ». C'est pour dire qu'ici on est loin de la violence de Miami à laquelle pourtant Surfers ressemble « physiquement ».

Parcs d'attractions

Des Shuttle-services passent devant la plupart des grands hôtels et font la navette toutes les trente minutes à partir de 9h. Billets d'entrée et renseignements au kiosque d'information sur Cavill Avenue Mall.

SEA WORLD. Sea World Drive, The Spit, Main Beach, Gold Coast ✆ (07) 5588 2205 (informations pré-enregistrées) ✆ (07) 5588 2222 - www.seaworld.com.au - *Ouvert tous les jours, sauf Noël, de 10h à 17h30. Entrée adultes AU$62.* Ce parc aquatique, à 3 km au nord de Surfers Paradise, réputé pour son ballet de ski nautique, est le plus grand de l'hémisphère Sud. Ici on peut se faire photographier avec un dauphin et découvrir les merveilles de la vie marine : dauphins, lions de mer, la parade des pingouins et plus récemment des ours polaires. On y apprend que le requin attaque seulement s'il a faim : un « morceau » de la taille d'un plongeur le ferait digérer pendant trois mois.

Plus au nord, sur le Pacific Highway

■ **DREAMWORLD. Dreamworld Parkway, Coomera © (07) 5588 1111 (appel gratuit 1800 073 300) - Fax (07) 5588 1110 - www.dreamworld.com.au ;** A 17 km au nord de Surfers Paradise. *Ouvert tous les jours, sauf Anzac Day et Noël de 10h à 17hr. Entrée adultes AU$62.* Ce gigantesque Luna Park propose neuf thèmes différents : les rollercoasters (montagnes russes), le bateau à aubes, le parc de koalas que l'on peut caresser, le pays de la ruée vers l'or, un terrain de jeux aquatiques (ne pas oublier son maillot de bain), le Village Green dans un environnement européen (eh oui, pour l'Australien, l'Europe c'est l'exotisme !). Des restaurants, fast-foods, salad-bars et snacks sont regroupés sur le Central Plaza autour d'un bassin, le tout au milieu de jardins tropicaux. La dernière attraction est la tour de la terreur avec une descente à la verticale à 160 km/h.

■ **WET N'WILD. Pacific Motorway, Oxenford, Gold Coast © (07) 5573 2255 (informations pré-enregistrées) © (07) 5556 1610 - Fax (07) 5529 7055 - www.wetnwild.com.au -** *Ouvert tous les jours, sauf Noël, à partir de 10h. L'heure de fermeture varie selon l'époque de l'année (du 26/01 au 30/04 et du 01/09 au 26/12 : 17h ; du 01/05 au 31/08 : 16h ; du 27/12 au 25/01 : 21h). A 20 km au nord de Surfers Paradise, près de Movie World. Entrée adultes AU$40.* Ce parc aquatique comprend une piscine à vagues géantes, la Giant Wave Pool, un toboggan pour kamikaze, des « glissoirs » et des tubes aquatiques de toutes sortes. N'y allez pas sans votre crème solaire ! Un nouveau spectacle pour enfants montre des pirates sur un galion espagnol du XVIIe siècle. Le samedi soir vous pouvez voir un film sur grand écran au bord de la piscine dans une chaise longue ou dans d'énormes bouées sur l'eau.

■ **MOVIE WORLD (WARNER BROS). Pacific Motorway, Oxenford, Gold Coast © (07) 5573 8485 (informations pré-enregistrées) © (07) 5573 3399 - www.movieworld.com.au -** *Ouvert tous les jours, sauf Noël, de 10h à 17h30. Le 25 avril (Anzac Day), le parc n'est ouvert que de 13h30 à 18h30. Entrée adultes AU$62, enfants AU$40.* A 20 km au nord de Surfers Paradise, c'est l'attraction la plus récente de la Gold Coast. Le pays des Looney Tunes est peuplé de Bugs Bunny, Daffy Duck, Yosemite Sam mais aussi de stars hollywoodiennes. En descendant la rue principale bordée de décors de cinéma reconstitués, on peut voir l'immeuble du Daily Planet de Superman ou la banque du film « Bonnie and Clyde ». La parade comprend la Batmobile et Batman avec Catwoman, Wonder woman et Beetlejuice. On peut faire un tour dans la voiture de Batman en passant par-dessus et en dessous des rues de Gotham City ; prendre l'express Kodak pour voir les effets spéciaux dans les coulisses, visiter l'intérieur d'un « screening room » pour rencontrer de vrais Gremlins, et passer dans la quatrième dimension. Sans oublier un écran géant haut de six étages ! Pour se restaurer, on a le choix entre le Rick's Cafe Americain à l'atmosphère inspirée du célèbre film « Casablanca », le Studio Commissary sur le modèle de la fameuse cantine de la Warner Bros à Hollywood, le Dirty Harry Bar, le Gotham City Cafe et le Chocolate Factory Candy Store.

Shopping

■ **PACIFIC FAIR. Hooker Boulevard, Broadbeach - www.pacificfair.com.au -** *Ouvert tous les jours (du lundi au samedi : de 9h à 17h30, nocturne le jeudi jusqu'à 21h00, dimanche : de 9h à 17h).* Centre commercial très intéressant de Broadbeach. C'est ici que l'on trouve le plus de boutiques réunies (300).

■ **KIRRA SURF SHOP. Gold Coast Highway, Kirra © (07) 5536 3922. - www.kirrasurf.com.au -** A 20 minutes au sud de Surfers Paradise. Surfs, combinaisons, vêtements... Tout ce qui permet de se fondre dans la population locale.

Loisirs

De nombreux endroits pour la location d'équipement de sports nautiques, surtout à Broadwater. Sur la Gold Coast, on peut pratiquer des sports aussi différents que le ski nautique, la varappe (abseiling) ou l'équitation.

■ **GUMNUTS FARM RESORT. Biddaddaba Creek Road, Canungra © (07) 5543 0191 - www.gumnutsfarm.com.au -** *Une demi-journée d'équitation à partir de AU$65.*

■ La dernière folie est le jeu de guerre **SKIRMISH,** à côté du **War Museum,** 42 John Rogers Road (à la sortie de Springbrook Road), à 5 km après Mudgeeraba **© (07) 5530 5222 - www.skirmishgoldcoast.com.au -** Paintball ou laser selon l'âge. Cette « guerre » dans le bushland derrière le musée se joue par groupes de cinq participants répartis en plusieurs divisions, et il s'agit de capturer le drapeau de l'adversaire. Appeler pour réserver, si vous voulez avoir une place dans une équipe. *A partir de AU$22. Deux séances de deux heures par jour : 10h et 13h.*

■ **GOLF.** La Gold Coast est un paradis pour les golfeurs. Les greens sont souvent envahis par des Japonais, grands amateurs de ce sport. Le choix est considérable entre les parcours de style international : Palms et Pines de Sanctuary Cove, Gainsborough Greens, Parkwood International, Windaroo à Beenleigh ou Southport et Arundel Hills Country Club.

Dans les environs

■ **LA MARINA MIRAGE. www.marinamirage.com.au -** Située du côté de Broadwater, est le port de départ de toutes les croisières de plaisance. Elle comprend de bons restaurants de poissons, des boutiques et une piscine et expose le glamour de la côte. Du côté océan se trouve le cinq étoiles **Sheraton Mirage Resort** (✆ (07) 5591 1488), un hôtel-club somptueux à deux pas de la marina Mirage.

■ **SOUTHPORT.** Protégé du Pacifique par le Spit, Southport fut le premier village fondé sur la Gold Coast. Il en est resté le centre d'affaires...

Sanctuary Cove

Sanctuary Cove est situé à environ 30 km au nord de Surfers Paradise sur Hope Island. Ce resort de luxe a ouvert en 1987 autour d'une marina et d'un shopping centre avec restaurants et boutiques chics. On y trouve des appartements luxueux et des maisons de vacances, deux greens de golf parmi les meilleurs d'Australie, et l'hôtel cinq étoiles Hyatt Regency.

■ **HYATT REGENCY. Manor Circle, Casey Road ✆ (07) 5530 1234 - Fax (07) 5577 8234 - http://sanctuarycove.regency.hyatt.com -** *Chambre double standard de AU$275 à AU$375.* A vingt-cinq minutes de la grande foule de Surfers Paradise, c'est une oasis de calme et de volupté avec ces petits bâtiments noyés dans la verdure tropicale. Les chambres sont réparties dans des unités de faible hauteur dissimulées dans des jardins plantés de jasmins, de frangipaniers et de gardénias, sous de grands eucalyptus et des palmiers où les oiseaux tropicaux sauvages viennent s'alimenter deux fois par jour. La conception de cet hôtel-village de luxe s'inspire des homesteads, maisons de maître de la campagne australienne. La décoration joue sur des alliances de terracotta, de beiges et de bois précieux. Les grands lits à moustiquaire ont des allures romantiques. On peut prendre le goûter dans le jardin de fougères, dans le petit pavillon de musique edwardien, ou dîner au restaurant The Grange donnant sur la piscine-lagon à l'eau de mer, bordée de cocotiers et d'une plage de sable.

A côté de l'hôtel, deux parcours de golf de 18 trous. The Palms est réputé le plus difficile d'Australie. Ian Baker-Finch s'y entraîne souvent. Le parcours The Pines est réservé aux membres du Country Club et aux clients de l'hôtel Hyatt.

Broadbeach et Jupiters Casino

Immédiatement au sud de Surfers Paradise se trouvent Broadbeach et Jupiters Casino (le premier casino légal au Queensland) dans le grand hôtel Conrad

■ **CONRAD JUPITERS. Broadbeach Island, Gold Coast ✆ 1800 074 344 (appel gratuit d'Australie) ✆ (07) 5592 8130 - Fax (07) 5592 8219 - www.conrad.com.au -** *Chambre double standard de AU$230 à AU$350.* Dans ce casino ouvert non-stop où l'entrée est gratuite, deux étages, avec plus de cent tables de jeux, sont consacrés à la roulette, au black-jack, au baccara et au craps. Des pièces aussi, plus confidentielles où, venus de Macao ou d'ailleurs, de gros bonnets asiatiques jouent gros. Pour le touriste néophyte, il n'y a que l'embarras du choix entre les milliers de machines à sous, mini-baccara, sic-bo, live keno, et 2-up, un jeu spécifiquement australien. Au bar Atrium, dans le hall d'entrée du casino, on peut essayer des cocktails comme le Gone Troppo et le G-String en écoutant des chanteurs locaux. Un petit food-hall chic regroupe plusieurs restaurants, comme le Sakura japonais, le bon Food Fantasy, le Charters Towers avec poissons et fruits de mer, le Prince Albert, un pub anglais traditionnel, ou le Garden Cafe qui reste ouvert 24h/24. Des ascenseurs en verre montent sous l'atrium jusqu'au Fortunes Night-Club tout en haut, la discothèque chic du casino d'où la vue est très belle sur Surfers Paradise,, et ses lumières la nuit. L'hôtel Conrad est relié par monorail à l'Oasis du Broadbeach Shopping Resort et au Pan Pacific Hotel.

Retrouvez en pages 4 et 5
la carte générale de l'Australie

■ **CURRUMBIN SANCTUARY. 28 Tomewin Street, Currumbin ✆ (07) 5534 1266 - www.currumbin-sanctuary.org.au** - A 18 km plus au sud, vers Coolangatta, à Currumbin Sanctuary, des milliers de lorikeets ou perruches arc-en-ciel sortent en masse de la forêt et se précipitent sur les touristes comme des rafales vertes pour être nourris deux fois par jour, à 8h et à 16h. *Le parc animalier est ouvert tous les jours de 8h à 17h30. Entrée adultes AU$29,50, enfants AU$19,50.* Les lorikeets, de la famille des perroquets, sont très répandus tout le long de la côte est, de la Tasmanie tempérée au sud jusqu'au Cape York tropical au nord. On peut voir, dans la partie de la forêt subtropicale, des kangourous arborescents et des wallabies qui sont des kangourous de petite taille. Des chemins suspendus, sorte de ponts en lattes, permettent d'admirer les koalas de près et d'en haut. Ce parc de 70 hectares est parcouru par une ligne de minitrain qui, sur 2 km, circule parmi des dingos, wombats, casoars, émeus et jabirus. Les eaux paisibles des lagunes couvertes de nénuphars sont le territoire des ibis, grues et pélicans. Une boutique dans le parc vend des souvenirs et un restaurant sert des plats chauds, des snacks et des glaces.

PARC NATIONAL DE LAMINGTON

Le parc national de Lamington, le plus célèbre du Queensland, est situé à l'ouest de la Gold Coast. Il couvre une partie de la spectaculaire chaîne montagneuse de McPhersons Range et rejoint le parc national des Border Ranges de New South Wales. Le parc couvre une région de 200 km² de ravins tapissés de jungle et de fougères géantes. Les montagnes déchiquetées sont couvertes de rainforests tempérées aux nombreuses cascades et chutes d'eau. La riche flore locale comprend le rare Antarctic Beech Tree, une espèce de hêtre ancien, survivant de l'ère glaciaire. Plus de 140 km de sentiers de randonnée sillonnent le parc.

Une tout autre région appelée Hinterland se niche dans les collines de l'arrière-pays, à trente minutes de la vie trépidante de Surfers Paradise. Ici, la plaine broussailleuse du bush australien est composée de l'open forest, savane herbeuse et arborée, riche d'une centaine d'espèces d'eucalyptus, dont le paper-bark à l'écorce qui se déchire en longues lanières, et le black boy (arbre-à-herbe).

Quelques éleveurs de bétail vivent dans ces royaumes d'eucalyptus bruissant de cigales et où l'on entend parfois le rire moqueur des adorables kookaburras, petits oiseaux natifs de l'Australie.

On voit souvent des arbres morts dans les prés. Pour obtenir facilement et rapidement de nouveaux herbages pour le bétail, les graziers tuent la forêt par des procédés chimiques, ne laissant subsister que quelques grands arbres épars pour que le bétail puisse trouver un peu d'ombre. On voit aussi, le long des routes, des forêts aux troncs noircis. Les eucalyptus, extrêmement résistants, supportent très bien les feux de brousse allumés régulièrement pour régénérer la terre pauvre d'Australie.

▶ **http://lamington.nrsm.uq.edu.au/ -**

■ **CEDAR GLEN FARM STAY. Darlington, Beaudesert 4285 ✆ (07) 5544 8170 - Fax (07) 5544 8240 - info@cedarglen.com.au - www.cedarglen.com.au** - En bordure du parc de Lamington, Cedar Glen est une station (ranch australien) de 470 hectares, dont l'ancien homestead (maison de maître) est en rondins. La station vit de l'élevage du bétail et des cultures agricoles. On y voit aussi des chevaux arabes et des paons en liberté. La cuisine familiale que l'on y sert comprend du pain fait maison, des légumes biologiques, des produits laitiers de la ferme et de la viande de bœuf. Le logement dans un homestead coûte AU$150 par personne par nuit, 2 nuits minimum. La transition entre l'open forest et la rainforest est brutale : sur un côté de la route s'étend une savane quasi africaine avec ses grands eucalyptus isolés çà et là ; de l'autre côté se dresse un haut mur végétal sombre. En pénétrant sous les voûtes de ces cathédrales de verdure, on passe de la chaleur écrasante des vastes pâturages ouverts à une bienfaisante fraîcheur humide comme celle d'une serre gigantesque.

■ **TRANSPORTS.** Sur la route de Surfers à O'Reillys, à 75 km de la Gold Coast en passant par Turang, Warvick et Canungra.

Hébergement

A l'intérieur du parc de Lamington lui-même, il n'existe que deux mountain lodges pour l'hébergement. O'Reilly's Guesthouse est située à l'entrée ouest du parc, et Binna Burra Mountain Lodge à l'entrée est.

Ces lodges offrent tous deux une gamme variée d'activités, de la bonne cuisine et surtout un logement dans un site fabuleux en plein cœur de la rainforest subtropicale. La plupart des sentiers de randonnée du parc partent de ces deux endroits.

■ Située pratiquement sur la frontière de New South Wales : **O'REILLY'S RAINFOREST GUESTHOUSE. Lamington National Park Road, Via Canungra ✆ (07) 5544 0644 ✆ (07) 5502 4911 (réservations) ✆ 1800 688 722 (appel gratuit d'Australie) - Fax (07) 5502 0988 - reservations@oreillys.com.au - www.oreillys.com.au** - *Chambre double à partir de AU$240 avec 2 ou 4 nuits minimum pour certaines périodes de l'année. Le prix comprend, le thé dans la matinée et le goûter l'après-midi, les promenades guidées à pied ou en minibus dans la rainforest et l'animation le soir (qui consiste parfois à visionner des diapositives expliquant la faune et la flore locales).* La plupart des visiteurs qui viennent ici sont intéressés par l'ornithologie, et des tours d'observation sont installées dans les arbres géants. Le Rainforest Room au premier étage de l'auberge, où l'on prend l'apéritif avant le dîner, permet d'admirer le coucher de soleil sur cet univers préservé où le temps semble s'être arrêté.

A cinquante mètres derrière le lodge, un système de neuf petits ponts suspendus à 15 mètres du sol permet de se promener parmi les cimes des arbres dans ces « jardins des nuages ». Les rainforests sont composées d'une végétation dense et luxuriante étagée en paliers. Plusieurs variétés d'orchidées et de cornes-de-cerf, qui sont en fait des parasites, vivent à la lumière au sommet des arbres. La forêt humide, dont l'altitude varie ici de 600 à 1 200 mètres, déploie ses variétés de plantes tropicales tels le figuier géant dont les tentacules étouffent l'arbre hôte, ou la feuille de l'arbre-qui-cuit. Sa forme en cœur, apparemment innocente, n'empêche pas cette feuille d'infliger une brûlure vingt fois plus vive que celle de l'ortie et parfois mortelle si les piqûres couvrent une grande partie du corps.

Dans ces hautes cimes qui s'agitent mollement dans la tiédeur de l'été éternel, une plate-forme d'observation des oiseaux est aménagée dans un ficus géant à 30 mètres du sol. Les meilleurs moments pour observer les oiseaux sont le matin tôt et la fin de journée quand les perruches, lorikeets et autres perroquets bariolés se chamaillent sous les voûtes ombragées de la forêt. Des nuées de rosellas s'abattent sur les visiteurs qui leur offrent à manger sur les pelouses dégagées devant le lodge. L'humidité qui sature la forêt favorise la pousse des végétaux, mais l'alchimie de ce monde enchevêtré est fragile.

Parmi sa faune, on trouve des espèces rares et timides comme l'oiseau-lyre, un grand volatile marron, et l'oiseau de paradis, rifle-bird. Sur le sol de ces galeries végétales se poursuivent en gloussant les brush-turkeys, dindons primitifs noirs, avec une tête rouge et un collier jaune qui ressemble à du caoutchouc, et autres log-runners. Les noisy-pitta sont des oiseaux poussifs, très colorés, à queue courte ; les scrub-wrens, eux, sont de petite taille, avec un masque facial noir. D'autres animaux inconnus s'ébattent dans les îlots : des marsupiaux de tout poil, comme des bandicoots et des wombats, tiennent compagnie aux sugar-gliders, sortes d'écureuils volants qui planent d'arbre en arbre. Les adorables pademelons sont les seuls kangourous assez petits pour pouvoir circuler à travers cette dense végétation.

■ **LE LODGE BINNA BURRA. Beechmont ✆ (07) 5533 3622 ✆ 1800 074 260 (appel gratuit d'Australie) - Fax (07) 5533 3658 - info@binnaburralodge.com.au - www.binnaburralodge.com.au** - A partir de AU$159 pour une chambre double, avec petits déjeuners, plateau de fromage australien à déguster sur la terrasse au moment du coucher du soleil et des activités en journée et en soirée. A partir de AU$251 pour une chambre double, avec tous les repas, thé l'après-midi, plateau de fromage australien au coucher du soleil et des activités en journée et en soirée. Compter AU$50 pour une tente avec 2 lits. Situé à 35 km de Nerang, sur une route pavée, il comporte aussi un camping.

DE SURFERS PARADISE À BRISBANE

Brisbane se trouve à une heure de route seulement au nord de Surfers Paradise. Après un trajet d'une vingtaine de minutes, on dépasse le parc aquatique Wet n'Wild à gauche de la route, tout de suite après Movie World et encore un peu plus loin, Dreamworld, avec ses montagnes russes qui font un « looping » complet. La végétation semble par moments un peu moins luxuriante et plus sèche que sur la Gold Coast. A certains endroits, les gens habitent dans des campings permanents transformés « en dur ». Bien que ces maisons-caravanes soient agrémentées de jardinets plantés de bananiers éventails, on a l'impression que la population y est beaucoup moins aisée que sur la côte. Quelques bâtiments industriels et des silos bordent aussi la route.

Brisbane

C'est la découverte d'une rivière, qu'on nomma Brisbane River en l'honneur du gouverneur de l'époque, sir Thomas Mackdougall Brisbane, qui allait donner le coup d'envoi à la colonisation de cette région. Brisbane, la capitale actuelle du Queensland, est située à 25 km de la mer, sur la rivière du même nom qui se jette dans la baie de Moreton.

En 1829, cette baie devenait la plus grande colonie pénitentiaire du continent australien avec un millier de bagnards. Les colons libres n'étaient autorisés à s'installer qu'à l'extérieur d'un rayon de 80 km autour de la Moreton Bay.

En 1842, le bagne fermé et ses prisonniers transférés ailleurs, la région fut déclarée zone ouverte pour les colons libres et les terres furent vendues. En 1845, on découvrit d'autres terres en amont des rivières Barcoo, Warrego et Beylando, ce qui conduisit à l'ouverture des riches pâturages du centre du Queensland. Les éleveurs (graziers et squatters) arrivèrent avec leurs troupeaux et colonisèrent de grandes surfaces mises en pâturages. Avec le temps, de belles maisons de maître (homestead) furent construites dans ces grandes stations (ranch australien).

Dans la vallée de Beaudesert, les jolies églises de Saint John's et d'All Saints sont des survivantes d'une époque où elles regroupaient les communautés entourant les stations de Mundoolun et de Tamrookum.

Dans la Brisbane Valley, des anciennes propriétés, telles Bellevue et Caboonbah, ont été préservées. Ipswich, un petit port fluvial sur la Brisbane River, reliait les riches stations de pâturages des Darling Downs à Brisbane. Cette prospérité est encore perceptible aujourd'hui dans l'architecture coloniale d'un grand nombre de bâtiments publics, hôtels particuliers et grandes maisons bourgeoises de la capitale du Queensland.

Sur la côte au nord de Brisbane, Maryborough devint le port principal d'exportation de la laine, du sucre et du bois. La découverte de l'or à Gympie, en 1867, donna un coup de pouce au développement de cette région dont la colonisation au début demeurait, malgré tout, très précaire. Peu à peu, Brisbane devint le centre de la région. Des ponts furent construits pour relier les quartiers nord et sud de la ville, séparés par les méandres de la rivière. Des entrepôts s'alignèrent sur ses rives et un imposant bâtiment des douanes vit le jour. La Brisbane des années 1880 était caractérisée par des églises victoriennes et de grandes banques coloniales. En 1988, les fêtes du bicentenaire de la colonisation de l'Australie furent une aubaine inespérée pour Brisbane qui était demeurée une ville tropicale un peu endormie. L'énorme succès de la World Expo (l'exposition mondiale) lui valut des millions de visiteurs. Une partie des constructions effectuées pour l'exposition a été conservée sur la rive sud de la Brisbane River, en plein centre ville, à deux pas de la City. L'Expo 88 a noyé l'endroit sous une floraison de cafés, bars et bistrots. Cette fête fut mémorable et dura six mois avant et après cet événement si déterminant pour le développement récent de la ville.

Bien que son tourisme à présent souffre quelque peu d'une « gueule de bois » (à la manière de Perth et de Freemantle qui endurèrent un calme plat après la fameuse America's Cup), la capitale peut proposer aujourd'hui un accueil touristique important avec un grand nombre de logements bon marché pour backpackers.

Transports

A partir de l'aéroport

■ **AIRTRAIN ✆ (07) 3216 3308 ✆ 131 230 (appel d'Australie) pour les questions concernant les horaires et les tarifs - www.airtrain.com.au** - *Le plus simple et le moins cher est de prendre le Airtrain à l'aéroport, en 20 minutes et, pour AU$12, vous serez en plein centre de Brisbane.* Il y a des trains toutes les 15 minutes. Ce réseau dessert Brisbane et toute la région y compris la Gold Coast. On trouve des machines automatiques à toutes les stations pour acheter les tickets.

■ **En taxi** comptez environ AU$33. **BLACK AND WHITE CABS** ✆ 131 008 • **YELLOW CABS** ✆ 13 19 24.

Longues distances

Les autres compagnies de cars locaux qui desservent l'arrière-pays et la côte est :

■ **KIRKLANDS. Transit Centre, Roma Street, Brisbane** ✆ (07) 3236 5222 ✆ 1300 367 077 (appel d'Australie) - www.kirklands.com.au

■ **MCCAFFERTY'S. Transit Centre, Roma Street, Level 3, Brisbane (Greyhound Australia)** ✆ (07) 3236 3035 ✆ 13 14 99 (appel d'Australie) - www.greyhound.com.au

■ **PREMIER. Premier Terminal, Roma Street, Brisbane** ✆ 13 34 10 - sales@premierms.com.au - www.premierms.com.au

■ **LE TRANSIT CENTRE (Roma Street, Brisbane),** un bâtiment de plusieurs étages, à seulement cinq cents mètres de King George Square dans le centre, regroupe tous les transports de longue distance. *Les navettes pour l'aéroport éloigné de 15 km partent toutes les demi-heures : aller simple AU$11.* Il comprend des boutiques, guichets de banque et de poste, comptoirs de réservation, des cafétérias et des fast-foods. Il y a aussi des douches gratuites, ce qui est très agréable quand on arrive après un long voyage, et un « mothers room » réservé aux mères et enfants en bas âge.

Train

Les grandes lignes « interstates » qui viennent de Sydney continuent vers le nord jusqu'à Cairns, et vers l'Outback dans l'arrière-pays jusqu'à Roma et Charleville.

■ **QUEENSLAND RAIL. 305 Edward Street, Brisbane ✆ 13 16 17 (renseignements. Appel d'Australie) ✆ (07) 3235 1133 ✆ 1300 131 722 (pour les réservations. Appel d'Australie) - www.qr.com.au - www.traveltrain.com.au -** Propose une gamme de voyages touristiques très intéressants à bord de trains spéciaux à thème comme le Queenslander, qui fait le trajet tout le long de la côte, le Savannahlander, le Spirit of the Outback, le Gulflander.

Location de voitures

Toutes les grandes compagnies ont un bureau à Brisbane.

■ **BRITZ. 2 agences : ✆ (07) 3006 3255 et aéroport (✆ 1300 367 227. Appel d'Australie) ✆ (03) 8379 8890 (centrale de réservation pour toute l'Australie)** ✆ 1800 331 454 (appel gratuit d'Australie) (à partir de AU$59) - www.britz.fr (en français).

■ **THRIFTY.** ✆ 1300 367 227 (réservations. Appel d'Australie) (à partir de AU$33) - www.thrifty.com.au.

■ **HERTZ.** ✆ 1300 132 607 (appel d'Australie) (à partir de AU$44 par jour) - www.hertz.com.au.

■ **EUROPCAR.** ✆ 13 13 90 (appel d'Australie) ✆ 1300 131 390 (appel d'Australie) (à partir de AU$45 par jour). - www.europcar.com.au

■ **APOLLO CAR RENTALS. 698 Nudgee Road, Northgate** ✆ (07) 3265 9200 ✆ 1800 777 779 (appel gratuit d'Australie) - info@apollocarrentals.com.au - www.apollocarrentals.com.au/locations/brisbane.html

Location de camping-cars

■ **BRITZ.** ✆ 1800 331 454 (appel gratuit d'Australie) - www.britz.com.au (en anglais) - www.britz.fr (en français).

■ **APOLLO MOTORHOME RENTALS. 698 Nudgee Road, Northgate** ✆ (07) 3265 9200 ✆ +800 3260 5466 (International. Appel gratuit) ✆ 1800 777 779 (appel gratuit d'Australie) - info@apollocamper.com.au - www.apollocamper.com/campervan-branches/brisbane.html

Pratique

■ **www.ourbrisbane.com**

■ **BRISBANE INFORMATION CENTRE. Queen Street Mall ✆ (07) 3229 5918.** *Ouvert de 9h à 17h, en semaine et de 10h à 16h le week-end.*

■ **QUEENSLAND GOVERNMENT TRAVEL CENTRE. A l'angle d'Adelaide et Edward Streets ✆ (07) 3221 6111.** S'occupe plus spécialement de réservations.

■ **RACQ (Royal Automobile Club cf Queensland). 261 Queen Street, Brisbane** ✆ (07) 3872 8465.

■ **QUEENSLAND PARKS & WILDLIFE SERVICE. 160 Ann Street ✆ (07) 3227 8185.** *Ouvert du lundi au vendredi de 8h30 à 17h.* Dispense toutes les informations sur les parcs des alentours.

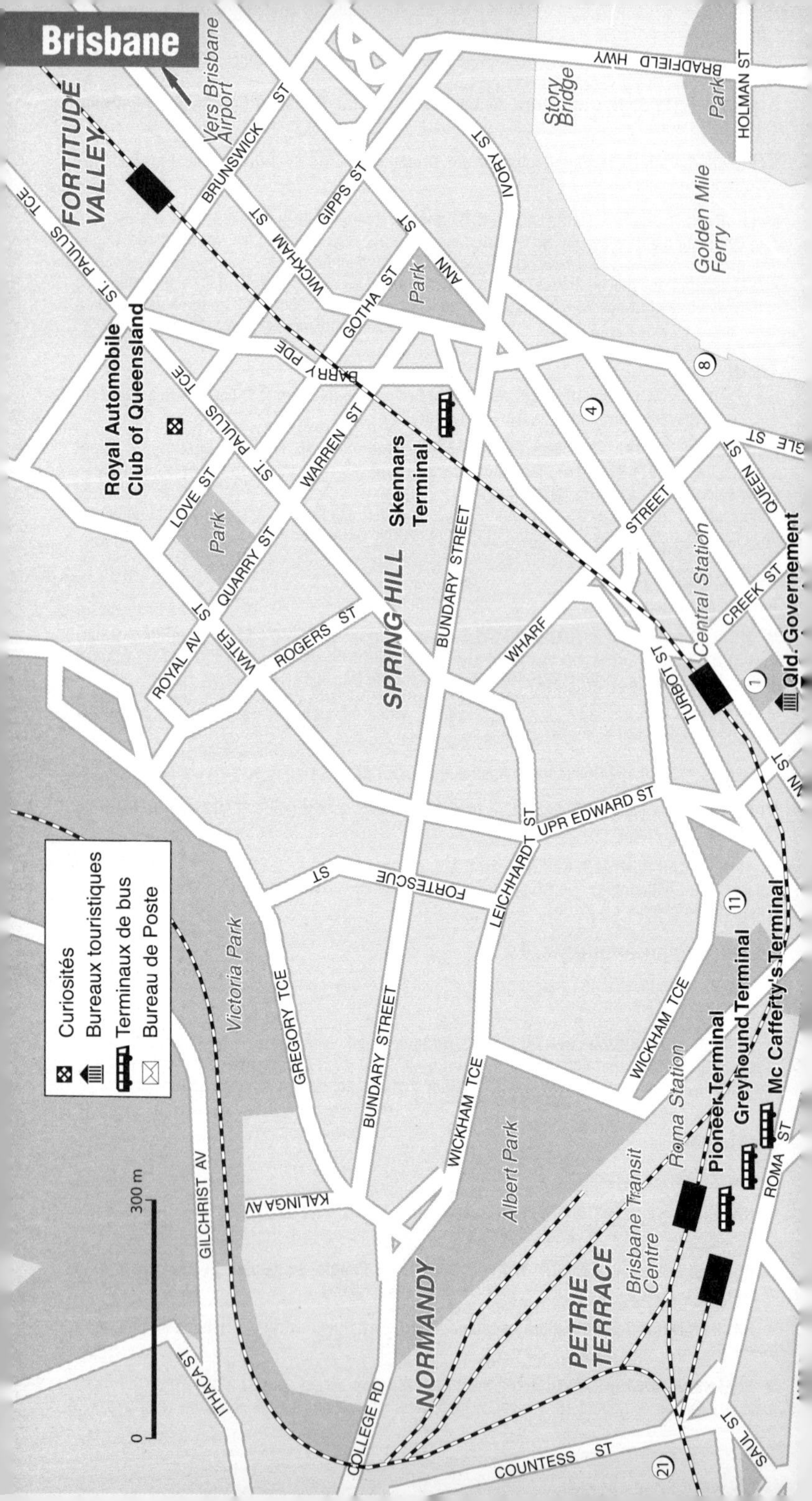
Brisbane
Vers Brisbane Airport
FORTITUDE VALLEY
ST. PAULUS TCE
BRUNSWICK ST
WICKHAM ST
GIPPS ST
IVORY ST
BRADFIELD HWY
HOLMAN ST
Park
Story Bridge
Golden Mile Ferry
ANN ST
GOTHA ST
Park
BARRY PDE
Royal Automobile Club of Queensland
LOVE ST
Park
QUARRY ST
WARREN ST
Skennars Terminal
SPRING HILL
BUNDARY STREET
ROGERS ST
WATER ST
ROYAL AV
WHARF ST
STREET
QUEEN ST
CREEK ST
Central Station
Qld. Governement
TURBOT ST
UPR EDWARD ST
LEICHHARDT ST
FORTESCUE ST
GREGORY TCE
Victoria Park
Curiosités
Bureaux touristiques
Terminaux de bus
Bureau de Poste
BUNDARY STREET
WICKHAM TCE
Albert Park
WICKHAM TCE
Roma Station
Pioneer Terminal
Greyhound Terminal
Mc Cafferty's Terminal
ROMA ST
Brisbane Transit Centre
PETRIE TERRACE
NORMANDY
KALINGA AV
GILCHRIST AV
ITHACA ST
COLLEGE RD
COUNTESS ST
SAUL ST
0
300 m

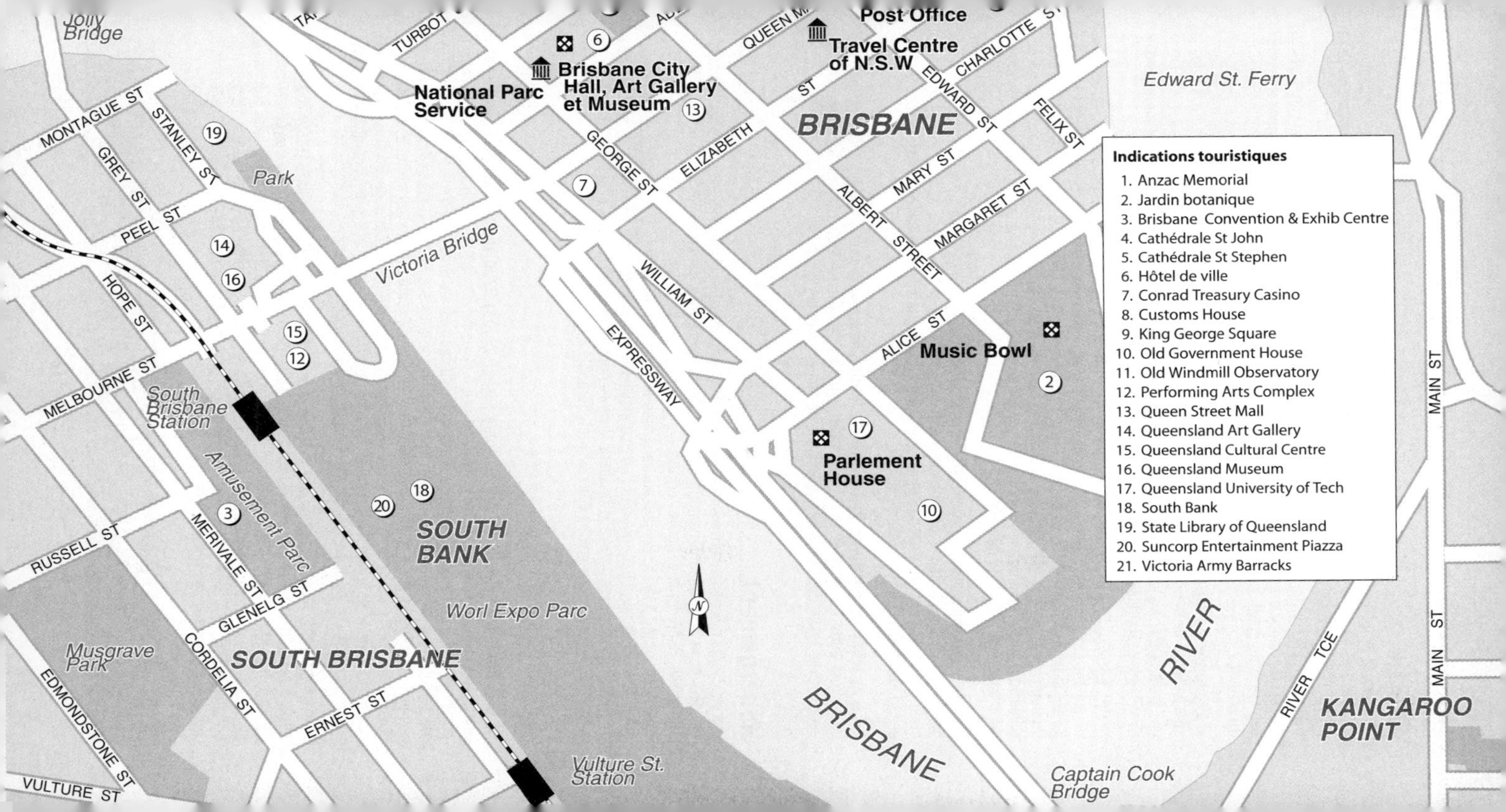
Indications touristiques
1. Anzac Memorial
2. Jardin botanique
3. Brisbane Convention & Exhib Centre
4. Cathédrale St John
5. Cathédrale St Stephen
6. Hôtel de ville
7. Conrad Treasury Casino
8. Customs House
9. King George Square
10. Old Government House
11. Old Windmill Observatory
12. Performing Arts Complex
13. Queen Street Mall
14. Queensland Art Gallery
15. Queensland Cultural Centre
16. Queensland Museum
17. Queensland University of Tech
18. South Bank
19. State Library of Queensland
20. Suncorp Entertainment Piazza
21. Victoria Army Barracks
BRISBANE
Post Office
Travel Centre of N.S.W
Brisbane City Hall, Art Gallery et Museum
National Parc Service
Music Bowl
Parlement House
Edward St. Ferry
Jolly Bridge
Victoria Bridge
Captain Cook Bridge
SOUTH BANK
Worl Expo Parc
SOUTH BRISBANE
South Brisbane Station
Vulture St. Station
Amusement Parc
Musgrave Park
Park
BRISBANE RIVER
KANGAROO POINT
TURBOT
QUEEN
CHARLOTTE
EDWARD ST
FELIX ST
ELIZABETH ST
GEORGE ST
MARY ST
ALBERT STREET
MARGARET ST
ALICE ST
WILLIAM ST
EXPRESSWAY
MONTAGUE ST
STANLEY ST
GREY ST
PEEL ST
HOPE ST
MELBOURNE ST
RUSSELL ST
MERIVALE ST
GLENELG ST
CORDELIA ST
ERNEST ST
EDMONDSTONE ST
VULTURE ST
RIVER TCE
MAIN ST

Quartiers

Brisbane la tropicale offre au visiteur un curieux visage de métropole moderne au passé colonial, une architecture où les flèches des églises victoriennes et les palmiers se mirent dans les façades de verre bleuté des hauts buildings de la City au pied desquels poussent des parcs exubérants.

L'alchimie intime de cette métropole hypermoderne, son climat agréable qui permet de vivre la plupart du temps à l'extérieur, ont favorisé une forme de vie douce et détendue, propre aux villes sous les tropiques. A Brisbane, les températures moyennes en été sont de 20 à 27 °C, en hiver de 20 à 21 °C.

▶ **Le centre d'affaires,** qui n'est pas aussi étendu qu'à Sydney ou à Melbourne, se trouve dans le quartier nord de la boucle décrite par la rivière.

Les tours, dignes de Wall Street à New York, sont peuplées d'hommes et de femmes d'affaires sanglés dans leurs costumes et leurs tailleurs, malgré la moiteur tropicale.

▶ **Les boutiques et le shopping** se concentrent le long des rues Adelaide, Albert et Edward, autour du grand centre piéton, le Queen Street Mall. Une foule cosmopolite s'y presse tous les jours, avec ses Australiens d'origine anglo-saxonne, ses nombreux Grecs et les Asiatiques du Viêtnam, de Corée ou du Cambodge. Dans les rues du Mall, des Aborigènes aux peintures corporelles ocre jouent du didgeridoo pour les touristes japonais surpris par ce son lancinant et monotone qui semble venir du fond des âges.

▶ **Les restaurants et la vie nocturne** se regroupent dans la City, sur le Queen Street Mall et en bas des tours du quartier d'affaires qui ouvre ses terrasses et ses pistes de danse sur les douces nuits de la Brisbane River. Quand la nuit de velours tombe, la ville s'illumine en face de ces terrasses, à Kangaroo Point au-delà de la rivière.

▶ **Le quartier de Fortitude Valley avec le petit Chinatown,** plus communément appelé The Valley, est situé au nord de la City. Les banlieues s'étirent dans toutes les directions autour du centre, avec les plages à environ une heure de voiture vers le nord ou vers le sud.

Hébergement

Les structures d'hébergement sont très largement développées à Brisbane depuis l'exposition mondiale de 1988 et se trouvent situées pour la plupart dans les environs directs de la City : Fortitude Valley, Spring Hill, Paddington et Petrie Terrace.

Il existe un grand nombre de backpackers hostels, de motels et de grands hôtels de luxe, comme le magnifique Heritage qui comprend l'un des meilleurs restaurants de la ville, le Siggy's. Au Centre de transit (3e étage) se trouve le Brisbane Visitors Accommodation Service (✆ (07) 3236 2020) qui peut effectuer vos réservations d'hôtels gratuitement.

Bien et pas cher

■ **BRISBANE CITY YHA. 392 Upper Roma Street ✆ (07) 3236 1004 - Fax (07) 3236 1947 - www.yha.com.au - brisbanecity@yhaqld.org** - *A partir de AU$24 par personne en dortoir, à partir de AU$58 pour une chambre double.* A 600 mètres du Brisbane Transit Centre, desservi par toutes les grosses compagnies de bus et de la Roma Street Station dans le Transit Centre de Brisbane. Aéroports internationaux et nationaux à 25 km. Prendre le Skytrans shuttle bus qui vous dépose à la porte de cette auberge colorée et moderne, située au cœur de Brisbane, avec des chambres à air conditionné. Fax, e-mail, Internet, machines à laver, coffres et consigne à bagages. Cuisine totalement équipée. Salle de lecture, salle à manger, restaurant.

■ **SOMEWHERE TO STAY. 47 Brighton Road (Cnr. Franklin Street), Highgate Hill ✆ (07) 3846 2858 - ✆ 1 800 812 398 (appel gratuit d'Australie) - www.somewheretostay.com.au** - *A partir de AU$19-20 en dortoir et à partir de AU$47 en chambre double.* Une grande maison de bois, avec piscine située à 5 minutes de marche des cafés et restaurants de Boundary Street, à 10 minutes du sud de Brisbane et de South Bank. Navette gratuite vers le centre, les pubs le soir, le terminal des bus. La plupart des dortoirs ont leur propre salle de bains.

Les bons plans pour voyager sont sur petitfute.com

■ **BUNK BACKPACKERS. Corner of Ann Street and Gipps Street, Fortitude Valley ✆ 1800 682 865 (appel gratuit d'Australie) - www.bunkbrisbane.com.au** - *A partir de AU$23 pour un lit en dortoir et AU$75 pour une chambre double.* Dortoirs de 4,6 ou 8 lits tous avec salle de bains, certains réservés aux filles. Climatisation, draps fournis, piscine, bar, restaurant, réception 24h/24, accès Internet, navette du/vers le terminal des bus, navette de l'aéroport qui passe devant.

■ **MORETON BAY BACKPACKER. 45 Cambridge Parade, angle de Stratton Terrace Manly Harbour, 4179 Moreton Bay ✆ (07) 3396 3824 – Fax: (07) 3396 1355 – www.moretonbaylodge.com.au – info@moretonbaylodge.com.au** – *Dortoirs à partir de AU$ 20.* Seul et unique backpacker à Manly, banlieue de Brisbane où vous devrez vous rendre pour trouver la mer. Cela vous prendra 25 minutes en bus environ depuis le centre de Brisbane. A noter la possibilité de profiter gratuitement d'une virée en bateau dans la baie de Manly.

■ **GLOBETREKKER HOSTEL BRISBANE. 35 Balfour Street, New Farm ✆ (07) 3358 1251 - Fax (07) 3358 4263 - www.globetrekkers.net** - *Dortoir à partir de AU$19 et chambre double à partir de AU$46.* Il offre un hébergement bon marché dans une maison de bois très seventies qui a en fait un siècle d'âge. Le patron est peintre et sculpteur à ses heures et ses « œuvres » décorent les murs. La maison est propre, gaie, les fraîches vérandas et les planchers qui craquent ont un charme fou. Cette bâtisse est proche de Chinatown, à vingt minutes du City Hall. Le lit à eau est une expérience agréable en matière de couchage. Cuisine et réfrigérateur pour ceux qui veulent préparer leurs repas.

Motels

■ **ANNIE'S SHANDON INN. 405 Upper Edward Street, Spring Hill ✆ (07) 3831 8684 - Fax (07) 3831 3073 - anniesshandoninn@hotmail.com** - *Chambre double avec douche AU$75, avec salle de bains commune AU$65, petit déjeuner compris.* A cinq minutes à pied de la City, un Bed & Breakfast dans une adorable maison de poupée (et avec des poupées de chiffon partout). Papier à petites fleurs bleues et roses, lits romantiques en cuivre et laqués de blanc, couvre-lit festonné, coordonné au papier peint. Salle de petit déjeuner commune dans le même style douillet, avec coin cuisine, micro-ondes, café et thé gratuit à volonté toute la journée.

■ **EXPLORERS. 63 Turbot Street ✆ 3211 3488 – Fax : 3211 3499 - stay@explorers.com.au – www.explorers.com.au** - *À partir de AU$ 95 la nuit pour des chambres simples, doubles ou familles.* À 200 m du Transit centre et 5 min de marche du Queen Street mall, l'Explorers propose un des plus bas tarifs de cette catégorie. Le restaurant situé au rez-de-chaussée permet également de prendre ses repas pour un prix des plus raisonnable. Un établissement bon marché pour les voyageurs qui souhaitent ne pas dépenser une fortune en logement à Brisbane.

■ **ASTOR METROPOLE BEST WESTERN HOTEL & APARTMENTS. 193 Wickham Terrace, Spring Hill ✆ (07) 3144 4000 - ✆ 1 800 046 835 (appel gratuit d'Australie) - Fax (07) 3144 4001 - www.astor.bestwestern.com.au** - *Chambre double à partir de AU$139.* Dans le même quartier que les deux précédents. Le charme de ce motel réside davantage dans ses vérandas ornées de fer forgé et de treillis peints en blanc, style Nouvelle-Orléans, que dans ses chambres. A 5 minutes du centre-ville, réception 24h/24, appartements disponibles.

Appartements

■ **DORCHESTER INN. 484 Upper Edward Street ✆ (07) 3831 2967 - Fax (07) 3832 2932 - www.dorchesterinn.com.au** - *Appartement pour deux personnes à partir de AU$85.* Situés à cinq minutes de la City, près de Wickham Terrace, ses appartements de différentes tailles (d'une personne à toute une famille) offrent télévision, salle de bains, cuisine avec frigo et cuisinière, laverie. Linge de maison fourni.

Confort ou charme

■ **GOODEARTH HOTEL. 345 Wickham Terrace Spring Hill ✆ (07) 3831 6177 - ✆ 1 800 777 789 (appel gratuit d'Australie) - stay@goodearth.com.au** - *Chambre double à partir de AU$99. Perché sur les hauteurs de la Wickham Terrace avec une belle vue sur la City et entouré de jardins.* A 7 minutes de marche du centre ville. Réception 24h/24. Grandes chambres impeccables avec salle de bains. Piscine extérieure. Machines à laver et à sécher le linge au sous-sol. Restaurant-bar au rez-de-chaussée. Service de navettes pour l'aéroport.

■ **MERCURE. 85-87, North Quay ✆ (07) 3237 2300 - Fax (07) 3236 3891 - www.mercurebrisbane.com.au** - *Chambre double à partir de AU$135.* Un hôtel de 190 chambres situé sur les rives de la Brisbane River, avec vue sur l'Exhibition Centre et le Southbank Leisure Park.

■ **HOTEL IBIS. 27-35 Turbot Street ✆ (07) 3237 2333.** *Chambre à partir de AU$110.* Situé sur la rive sud de Brisbane, près du Treasury Casino, cet hôtel de 141 chambres offre des vues panoramiques sur le centre ville.

■ **HOLIDAY INN BRISBANE. Roma Street ✆ (07) 3238 2222 - Fax (07) 3238 2288 - www.holidayinn.com** - *Chambre double à partir de AU$155.* C'est une très grande tour de 190 chambres, au bout du Brisbane Travel Centre dont elle fait partie. L'hôtel comprend des restaurants et des bars au niveau de la rue, avec animation et musique le week-end, jacuzzi, sauna, piscine.

■ **CARLTON CREST HOTEL. King George Square (cnx. Ann & Roma Streets) ✆ (07) 3229 9111 ou ✆ 1 800 777 123 (appel gratuit d'Australie) -www.carltonhotels.com.au/brisbane-** *Chambre à partir de AU$155.* Le plus grand hôtel de Brisbane, les chambres sont réparties en deux tours. Situé en plein centre, avec une décoration pseudo médiévale et toutes les commodités d'un grand hôtel international dont une piscine sur le toit. Intéressant surtout pour son pub très populaire et son night-club chic, le Spillane's.

Luxe

■ **QUAY WEST BRISBANE. 132 Alice Street ✆ (07) 4124 9943 - ✆ 1 800 248 824 (appel gratuit d'Australie) - www.ozhorizons.com.au/qld/bris/quaywest/qw.htm** - *Réception 24h/24. A partir de AU$265 pour une suite avec une chambre.* Suites et appartements de luxe avec vue sur les Botanic Gardens. Une ou deux chambres, salon, cuisine équipée et buanderie.

■ **SOFITEL BRISBANE. 249 Turbot Street ✆ (07) 3835 3535 - Réservations ✆ (07) 3835 4444 - www.sofitelbrisbane.com.au** - *Chambre double à partir de AU$235.* Le matin, petit déjeuner au restaurant Denisons (l'un des meilleurs restaurants de Brisbane) sur le sommet du building et « late check-out » à 16h.

■ **CONRAD TREASURY HOTEL. 130 William Street (Cnr William & George Streets) ✆ (07) 3306 8888 - ✆ 1 800 506 889 (appel gratuit d'Australie) - www.conrad.com.au** - *Package chambre double, petit déjeuner, casino, sauna à partir de AU$275.* L'hôtel de 97 chambres est aménagé au sein d'un très bel immeuble colonial qui fait partie du patrimoine architectural australien. Il s'agit de l'ancien hôtel des Domaines de Brisbane, qui donne sur Queens Park. On y trouve le seul restaurant à la carte ouvert 24h/24 de Brisbane. Cuisine du monde entier (méditerranéenne, maghrébine, asiatique...). Il fait face au Conrad Treasury Casino, qui occupe également l'un des plus beaux bâtiments coloniaux de la ville – l'ancien Hôtel des Finances – et qui propose, sur trois niveaux, 104 tables de jeu et 1224 machines à sous.

Restaurants

Bien que la cuisine de Brisbane ne jouisse pas de la réputation de celle de Sydney ou de Melbourne, il existe un grand nombre de bons restaurants inventifs qui utilisent des produits locaux, tels les mud crabs (crabes de vase), les huîtres, les Moreton Bay bugs (sortes d'écrevisses), les truites de corail, les barramundis (poisson des rivières du Nord) et les fruits et légumes comme les mangues et les avocats. Les nouveaux quartiers du Riverfront, au bas des tours de la City et du verdoyant South Bank, cultivent l'art de vivre et de dîner dehors avec leurs salles intérieur-extérieur grandes ouvertes sur la Brisbane River dans la torpeur de la nuit. De nombreux petits et grands restaurants sont visibles partout dans le centre, et des food-halls dans les galeries du Queen Street Mall ont des comptoirs qui proposent toutes les cuisines du monde. A l'extérieur, au milieu du Mall piéton, **Jimmy's On The Mall** étale ses trois terrasses sous des grandes voiles tendues qui protègent du soleil. *Ouvert jusque tard le soir.*

www.brisbane247.com -

LE BALCON DE JO JO'S, en étage dans le Pavillon Shopping Center, au 130 Queen Street Mall, (Cnr Albert & Queen Street © (07) 3221 2113) est un bon point surélevé pour observer les passants. Ce restaurant regroupe tout un choix de comptoirs de fast-foods : cuisines grecque, méditerranéenne, chinoise. *Ouvert de 9h30 à 23h en semaine et de 11h à 23h le week-end. Déjeuner et dîner entre AU$10 et AU$20.*

DECK'S SEAFOOD AND STEAK RESTAURANT. End of Tribune Street (Près de Little Stanley Street), Southbank, Parklands © (07) 3846 4036 - Fax (07) 3846 1315 - www.decksrestaurant.com.au - *Ouvert tous les jours de 11h30 à 14h30 (déjeuner) et de 17h à 22h (dîner). Plats à partir de AU$16.* Situé sur les bords de la Brisbane River, ce restaurant offre une terrasse sur la promenade. Le site est très agréable pour un dîner et permet une promenade après le repas. Un petit marché nocturne se trouve à quelques mètres. Le barramundi (AU$27) se laisse savourer avec plaisir.

PANE E VINO. 124 Albert Street (Cnr Albert & Charlotte Streets) © (07) 3220 0044 - Fax : (07) 3220 0044 - www.paneevino.com.au - Situé en plein centre ville, ce restaurant propose des plats italiens savoureux. On peut aussi s'y arrêter pour une boisson ou un café.

Dans un quartier plus excentré, **le Fortitude Valley, le petit Chinatown** comporte un certain nombre de restaurants groupés autour de Little Duncan Street. Tout à côté, dans Brunswick Street, il y a des restaurants italiens. Le Cafe Europe, un excellent endroit pour prendre le petit déjeuner ou juste un café.

LE RESTAURANT BAGUETTE. 150 Racecourse Road, Ascot © (07) 3268 6168 - www.baguette.com.au - Près des champs de courses à Ascot (à environ vingt minutes de la City, par les bus 160, 180, 190), jouit d'une très bonne réputation (élu meilleur restaurant de Brisbane et Queensland en 2005). *Le midi, menu avec deux plats à partir de AU$29, 50.* Les vins australiens de cépages français sont très bons, dont un sauvignon fruité particulièrement délicieux avec le plateau d'assortiment de pâtisseries. Ce restaurant est tenu par Francis Domenech, un Français qui vit en Australie depuis longtemps, et sa femme Marilyn. Cette Sydneysider qui aime les chats organise ponctuellement des expositions de peinture autour de ce thème. La salle du fond donne sur un minijardin d'orchidées que les opossums viennent manger à la tombée de la nuit, malgré les tentatives de dissuasion de Marilyn.

BREAKFAST CREEK HOTEL. 2 Kingsford Smith Drive, Breakfast Creek © (07) 3262 5988 - Fax (07) 3262 7545 - www.breakfastcreekhotel.com - Ce pub est presque légendaire et des rénovations récentes lui ont donné une bouffée de modernisme. Le pub est classé au patrimoine et vaut vraiment le détour. L'ambiance y est typiquement australienne, et c'est le paradis du steak ! La qualité est sans pareille. Même en pleine semaine il faut réserver. Hautement recommandé !

LE SIGGI'S. Stamford Plaza (Cnr Edward & Margaret Streets) © (07) 3221 1999 - Fax (07) 3221 6895. *Ouvert du mardi au samedi. Dîner à partir de AU$37,50.* Logé dans l'ancien bâtiment du Port Office et qui fait partie du Beaufort Heritage, c'est l'un des restaurants les plus réputés de Brisbane. Dans un décor de marbre et de miroirs à cadres dorés, on peut déguster un « cappuccino of lobster » (crème de homard) ou un filet de bœuf sauce champignon.

LE KABUKI. Stamford Plaza (CnrEdward & Margaret Streets) © (07) 3221 1999 - Fax (07) 3221 6895. *Déjeuner du lundi au vendredi (12h-14h) ; dîner du lundi au samedi (18h-22h). Plats de AU$26 à AU$38.* Dans le nouveau bâtiment, ce restaurant japonais donnant sur Margaret Street est spécialiste de « teppan-yaki », que le serveur prépare devant le client sur la plaque de cuisson incorporée à la table. Bon mais cher.

Sortir

Bars

A Brisbane, une « Cafe Society » est devenue florissante. Les cafés poussent en ville et dans presque toutes les banlieues, souvent avec une influence européenne mêlée à une nonchalance subtropicale. Les cafés jouent aujourd'hui un rôle important dans la vie de Brisbane. Le climat de la ville, superbe toute l'année, est idéal pour les cafés en plein air, et les tables et les chaises débordant sur le trottoir sont devenues très populaires !

Les endroits préférés des connaisseurs sont : les cafés de Park Road à Milton, Hamilton, Dockside, Paddington, South Bank, Fortitude Valley, New Farm et les terrasses le long de la rivière à Eagle Street. A Park Road Milton, les Français seront surpris de voir une mini tour Eiffel, couverte de bougainvillées et entourée de nombreux cafés, restaurants et boutiques plutôt chics (la Dolce Vita, Aromas, La Rue de Paris, Garibaldi's, Santorini, etc.).

■ **LE CAFÉ L'AMOUR. 189 George Street (en face du Treasury Casino) ✆ (07) 3229 6620.** Face au casino, le décor est joli et le service bon enfant.

■ **LE CAFÉ AROMAS.** 163-167 Queen Street (✆ (07) 3221 7998 - www.aromas.com.au), **le Café Da Vinci.** 141 Queen Street, Broadway on the Mall, (cnr Queen Street & T&G building (✆ (07) 3229 9878) et le **Coffee Club. Lower Group level, Broadway on the Mall, 171 Queen Street (✆ (07) 3221 1715)** se trouvent en plein centre ville.

Discothèques

Les habitants de Brisbane s'habillent plus qu'en Europe pour sortir dans les restaurants chics et les boîtes des grands hôtels. Dans les pubs traditionnels, les gens semblent être plus décontractés. Les week-ends, presque tous les pubs, les bars des grands hôtels et les bistrots, sont animés par de petits orchestres de rock ou de jazz.

■ Dans le quartier de Paddington (5 Petrie Terrace), **LE HOG'S BREATH** (l'haleine du sanglier) ✆ (07) 3236 4200 appartient à une chaîne de onze pubs branchés, façon Hard Rock Café à l'australienne. L'intérieur, de style saloon, est fait de planches brutes ; le bar, bien fourni en Four XXXX, Fosters et autres bières, est protégé par un auvent en tôle ondulée rappelant les constructions sommaires de l'Outback, si chères aux Australiens. Parmi les objets de culte exposés : une grosse Harley ainsi que d'anciens maillots des meilleurs rugbymen australiens. Le soir, après quelques bières, on danse au son du guitariste rock, nostalgique des années 1960. Dans la City, le nouveau Riverfront s'étire à partir des Jardins botaniques jusqu'au géant ficus banian du Bengale, planté en 1800, aux racines aériennes qui ressemblent à des tentacules monstrueux.

■ **CITY ROWERS. Eagle Street Pier, 1 Eagle Street ✆ (07) 3221 2888** Les terrasses du donnent sur la Brisbane River avec vue sur les bateaux à aubes, dont le « Kookaburra Queen ». Dès la fin de l'après-midi, le soleil joue à cache-cache derrière les tours de la City qui ombragent les rives. Le soir, le restaurant se transforme en boîte de nuit. En hiver, les terrasses semi-circulaires qui surplombent l'eau sont chauffées par des braseros. Tout au long de la nuit, on peut grignoter des Nachos au guacamole (purée d'avocats) pour AU$7, qui descendent encore mieux à l'aide d'un « oyster shot », une huître dodue au fond d'un petit verre de tequila qui se boit cul sec. C'est étonnant de voir ici ces jeunes cadres, tirés à quatre épingles après une journée à la Bourse, et femmes d'affaires en tailleur, au brushing un peu trop rigide pour le goût européen, laisser tomber la veste et boire d'énormes quantités de bière en pichet. Brisbane le samedi soir, c'est aussi la police qui passe le long du Riverfront avec ses « paniers à salade » tout blancs ramasser les jeunes fêtards qui rendent le trop plein de bière dans la rue. Mais tout cela est fait gentiment, sans violence.

nationalchange.com
Vos devises livrées à domicile
www.nationalchange.com
ou par téléphone au 0 820 888 154 *
(*) Prix appel local
Un cadeau offert avec le Code Avantage : PF06

■ **CONRAD TREASURY CASINO. Top of the Queen Street Mall, en haut de la rue piétonne, au coin de George et Queen Streets ✆ (07) 3306 8886 - ✆ 1 800 506 888 (appel gratuit de l'Australie).** *Ouvert 24h/24.* Inauguré en avril 1995 dans le magnifique bâtiment de l'ancienne trésorerie, le casino offre, sur trois étages, des possibilités diverses de se faire voler légalement son argent : en tout, 102 tables de jeu et 1224 machines à sous. On y trouvera aussi trois restaurants et sept bars. Le casino est relié par un souterrain au majestueux hôtel Conrad.

■ **P.J. O'BRIENS. 127 Charlotte Street ✆ (07) 3210 6822.** L'ambiance irlandaise est toujours présente dans ce pub où la bière et les groupes de musique sont à l'honneur.

■ **FRIDAY'S BAR RESTAURANT CLUB. Riverside Centre, 123 Eagle Street ✆ (07) 3832 2122 - www.fridays.com.au -** La vue sur la rivière y est superbe. A noter que les soirées étudiantes sont assez jeunes.

Points d'intérêt

L'architecture coloniale

L'un des plus grands charmes du Queensland, ce sont ses délicieuses maisons anciennes de bois, construites sur pilotis pour permettre à l'air de circuler au mieux dans la torpeur du climat tropical. Les imposants bâtiments publics sont souvent des répliques fidèles du style colonial des Indes. L'autre caractéristique du Queensland est l'inévitable toit de tôle ondulée, recourbé en forme de « bullnose » (mufle de taureau), qui coiffe le vaste et gracieux homestead tout comme l'humble cottage. Aux premiers temps de la colonie, les voiliers qui venaient chercher la viande et la laine avaient besoin de lest et emplissaient leurs cales de fonte brute.

Pour se protéger du soleil mordant et orner leurs modestes maisons, les premiers colons eurent l'idée de forger et de ciseler cette fonte en d'admirables dentelles. Les maisons construites de façon à profiter de la moindre brise sont souvent entourées d'une véranda. Celles-ci sont ourlées de dentelles de fer forgé, peintes en blanc ou en pastel, dentelles qui se suspendent aussi en guirlandes sur les piliers des maisons coloniales pour monter festonner les balcons. Détachées en guipures sur les façades, on retrouve ces ferronneries un peu partout, sur les maisons des planteurs parmi les champs de canne à sucre ou sur les homesteads des cattle-stations éparpillés le long des pistes du bétail dans l'arrière-pays. Jadis, dans les hôtels-pubs de l'Outback, on tirait le soir les paillasses sur les vérandas qui formaient ainsi de véritables galeries-dortoirs où les stockmen (cow-boys) pouvaient passer la nuit au frais. On ne refusait jamais non plus l'hospitalité aux swaggies (chômeurs à balluchon) et autres sundowners, nombreux au tournant du siècle, qui avaient toute liberté de s'installer sur la véranda pour la nuit. Les sundowners, étaient appelés ainsi parce qu'ils arrivaient en fin de journée pour se présenter au travail...

■ **CITY HALL (KingGeorge Square, entre Adelaide Street et Ann Street),** l'hôtel de ville de Brisbane, est un ancien bâtiment victorien sur la place centrale comprenant le Civic Art Museum. Malgré son voisinage de grandes tours, sa plate-forme d'observation est l'un des meilleurs points de vue de la ville.

■ **LES BOTANICAL GARDENS (Alice Street, ✆ (07) 3403 2535),** datant de 1855, sont situés au bout du coude formé par la Brisbane River, en plein centre ville. En pénétrant dans ce grand parc tropical à l'ancienne, on est saisi par l'étrange sentiment de changer d'univers, de se retrouver à l'intérieur d'une vieille gravure. Tout au fond des jardins se cache l'adorable City Garden's Cafe, dans une minuscule maison blanche à tuiles roses. De sa terrasse, on voit derrière la haie formée par les dattiers à barbe, les banians et autres figuiers géants à racines aériennes, les tours de la City qui reflètent l'image d'une société futuriste dans ses façades de verre bleuté.

■ **SOUTH BANK PARKLANDS.** On accède au quartier sud en traversant le pont Victoria qui donne sur le Queensland Cultural Centre (Cnr Grey & Melbourne Streets). Il comprend la **Queensland Art Gallery,** fermée pour rénovation du 1er août 2006 au 1er décembre 2006 (✆ (07) 3840 7303) qui expose quelques peintres européens comme Picasso et Renoir, le **Queensland Museum** (✆ (07) 3840 7555) et la **State Library** (✆ (07) 3840 7666 - www.slq.qld.gov.au). De l'autre côté de Melbourne Street, se trouve le **Performing Arts Complex** avec ses deux théâtres, une salle de concerts et un auditorium géant de 4 700 places. Ce complexe culturel comprend aussi des restaurants et des boutiques. Le grand site de l'exposition mondiale, le **South Bank Site,** occupe 16 hectares en pleine ville le long de la rivière. C'est une sorte de parc de la Villette tropical, comprenant une plage artificielle autour d'une piscine géante en forme de lagune.

Ce parc paysager, s'étirant le long de la rive sud de la Brisbane River, est truffé de petits restaurants à terrasses avec vue sur la City en face. Les chemins piétons le long de l'eau sont éclairés de petites guirlandes pour les promenades nocturnes, appréciées aussi bien des touristes que des habitants de Brisbane.

Shopping

On peut voir un nombre impressionnant de grands magasins et de centres commerciaux chics sur le Queen Street Mall, dans le centre ville. Dans Adelaide Street, rue parallèle au grand mall :

■ **TED'S CAMERA STORES. 146 Adelaide Street ✆ (07) 3221 9911 - www.teds.com.au - brisbane@teds.com.au –** L'une des rares boutiques pro où l'on trouve à coup sûr des diapos de bonne qualité stockées en chambre froide.

■ **LE RIVERSIDE MARKET. Riverside Centre, 123 Eagle Street ✆ (07) 3870 2807 - Fax (07) 3371 9371 - www.riversidemarkets.com.au - phackwor@eis.net.au -** *Se tient tous les dimanches de 8h à 16h.* Les nombreux étals de poteries et autres objets artisanaux se serrent tout le long du Riverfront de la City, à partir des Botanic Gardens jusqu'au banian géant.

■ **SOUTH BANK ART & CRAFT MARKET South Bank Parklands, Grey Street South Bank ✆ (07) 3355 7999 - www.acmg.com.au -** Dans le quartier sud un marché d'artisanat de plus de cent stands qui a lieu tous les vendredis (17h-22h), samedis (11h-17h) et dimanches (9h-17h).

Dans les environs

■ **LONE PINE KOALA SANCTUARY. Jesmond Road, Fig Tree Pocket ✆ (07) 3378 1366 - Fax (07) 3878 1770 - www.koala.net -** *Entrée adultes AU$19, enfants AU$14, familles (2 adultes et 3 enfants) AU$45. Ouvert tous les jours de 8h30 à 17h, à l'exception de l'Anzac Day (25 avril) : 13h30 à 17h, et Noël : 8h30 à 16h30.* A 11 km au sud-ouest du centre ville. On peut s'y rendre par le bus Cityexpress n° 430, départs toutes les heures, trajet d'environ 40 minutes (aller simple AU$3.40). Plusieurs bateaux touristiques remontent la Brisbane River.

■ **LE MIRIMAR ✆ (07) 3221 0300 Mob. 0412 749 426 - www.mirimar.com -** Il met une heure et demie pour parcourir les 19 km de la rivière jusqu'à Lone Pine (aller simple AU$20 par adulte, AU$10 par enfant, AU$60 par famille (2 adultes et 3 enfants). Départ à 10h (embarquement dès 9h30) près du Victoria Bridge au bout du mall, Possibilité de cumuler croisière aller-retour et visite du Lone Pine Koala Sanctuary (AU$45 par adulte, AU$25 par enfant, AU$125 par famille (2 adultes et 3 enfants), le retour du zoo se faisant à 13h30 pour une arrivée au Victoria Bridge à 14h45. Le Lone Pine (cf. paragraphe précédent) est un zoo assez touristique où les animaux sont en semi-liberté dans de grands enclos. Les touristes japonais, mais aussi les autres, y vont pour caresser les koalas et se faire photographier avec l'une de ces adorables créatures dans les bras. On peut aussi nourrir les nombreux kangourous de toute taille qui viennent manger dans la main des visiteurs. Le reste de la faune typique de l'Australie est représenté par des wombats, des dingos, des opossums, un diable de Tasmanie et un grand nombre d'oiseaux colorés de la région. Un café avec terrasse permet de se restaurer dans ce zoo situé dans la forêt. Egalement une petite boutique de souvenirs.

■ **MONT COOT-THA. A 8 km à l'ouest de Brisbane.** *Le bus 471 vous y amène. Deux départs par jour d'Adelaide Street à 9h15 et 15h15 (Public Transport Information ✆ 13 1230).* La vue y est époustouflante, elle porte jusqu'aux îles de Moreton et de Stradebroke, aux aiguilles des Glass House Mountains au nord, et vers les montagnes derrière la Gold Coast au sud. Au pied du mont Coot-tha, la ville de Brisbane étend ses quartiers traversés par les méandres de la rivière. A Mont Coot-tha se trouvent aussi des **Botanic Gardens** *ouverts de 8h30 à 17h30* (Pour toute information, appeler le Brisbane City Council Information ✆ (07) 3403 8888).

■ **LE SIR THOMAS BRISBANE PLANETARIUM (✆ (07) 3403 2578 - Fax (07) 3403 2575 - www.brisbane.qld.gov.au/planetarium),** *ouvert de 10h à 16h30 en semaine, de 10h30 à 18h30 le samedi et de 10h30 à 16h30 le dimanche, se trouve au même endroit.*

■ **KUMBARTCHO PARK WILDLIFE SANCTUARY. 15 Bunya Pine Court, Eaton Hill (à 19 km au nord-ouest de Brisbane) ✆ (07) 3264 3953 - www.kumbartcho.org.au0-** *Ouvert tous les jours de l'aube au crépuscule.*

■ **ALMA PARK ZOO & TROPICAL GARDEN. Alma Road, Dakabin (à 28 km au nord de Brisbane) ✆ (07) 3204 6566 - Fax (07) 3204 4330 - www.almaparkzoo.com.au. -** *Ouvert de 9h à 17h (entrées avant 16h) tous les jours, sauf Noël. Adultes AU$26, enfants AU$17, familles 2 adultes et 3 enfants) AU$62.*

■ **THE AUSTRALIAN WOOLSHED. 148 Stamford Road, Ferny Hills ✆ (07) 3872 1100 - Fax (07) 3351 5575 - www.auswoolshed.com.au/woolshed-kids-main.html -** *Ferme touristique à 15 km au nord de Brisbane. Entrée adultes AU$18, enfants AU$12,50, familles (2 adultes et*

3 enfants) AU$49. On assiste à des tontes de moutons et à d'autres spectacles comme le show des béliers à 11h et 14h tous les jours, et à des démonstrations du travail des chiens bergers. Le restaurant de la ferme propose un déjeuner entre 12h et 14h, dans l'après-midi un goûter avec le traditionnel billy tea et damper (le pain de l'Outback). Une fois par mois, on peut assister (et prendre part) au bush dancing, sorte de bal campagnard, pour AU$39,50.

DANS LA MORETON BAY

La petite île de St Helena est située à 6 km de l'embouchure de la Brisbane River. Des ferries partent de Breakfast Creek à Brisbane à 9h le week-end et reviennent à 17h. Saint Helena a servi de prison de haute sécurité de 1867 à 1932. Le matin est un bon moment pour explorer les ruines de cette « île du diable » du Queensland bordée de plages de sable blanc alternant avec des mangroves.

■ **MORETON BAY WHALEWATCHING. Redcliffe Jetty ✆ (07) 3880 0477 - Fax (07) 3880 1122- www.whalewatching.net** - *De juin à novembre les baleines à bosse viennent se reposer dans la baie pendant leur migration vers et de l'Antarctique.* Pour aller à leur rencontre, cette compagnie utilise un bateau rapide et très confortable, le « Supercat V ». Le capitaine Kerry (la seule femme dans l'hémisphère Sud à être responsable d'une telle opération) est une source intarissable d'informations sur ces animaux fantastiques. Vous aurez aussi peut-être la chance d'observer des dauphins qui ne sont jamais bien loin des baleines. Ils viennent vous chercher en autocar à votre hôtel à Brisbane. Adulte AU$115 ou AU$145 avec transfert de Brisbane (enfant AU$75, AU$95 avec transfert, famille (2 adultes, 2 enfants) AU$305, AU$385 avec transfert). Départ quotidien de Redcliffe Jetty à 10h (embarquement dès 9h30), retour entre 14h et 15h.

ÎLES STRADBROKE NORD ET SUD

L'île du Nord est une île de sable avec une végétation luxuriante et une petite population de locaux (contrairement à l'île du Sud qui est inhabitée). Les plus aventureux pourront essayer de surfer sur les dunes de sable juste derrière la plage principale. Il y a également de très belles plongées à faire le long de la côte avec le club de plongée local ou encore des excursions organisées en 4x4.

■ **L'EMBARCADÈRE ✆ 1300 303 766 - www.stradbrokeholidays.com.au** - Se trouve à Cleveland. Ils vous proposent hébergements et activités sur l'île.

■ **BUREAU D'INFORMATIONS. ✆ (07) 3409 9555** Près de l'embarcadère du ferry à Dunwich.

MORETON ISLAND

Moreton Island se trouve à une heure et quart en catamaran ou à quinze minutes en avion de Brisbane. C'est une grande île sauvage, composée d'étranges paysages de sable nu, de forêts, de lacs, de marécages et d'une plage de surf longue de 30 km à l'est. Les pistes de terre sur l'île sont uniquement praticables par des véhicules 4x4. Trois compagnies de ferries assurent la traversée :

■ **THE MORETON VENTURE. Howard Smith Drv Lytton ✆ (07) 3909 3333 - www.moreton-venture.com.au** - Aller-retour AU$48, ils organisent votre permis si vous désirez camper pour AU$5 par personne/nuit.

■ **THE COMBIE TRADER. Thurecht Parade Scarborough ✆ (07) 3203 6399- www.moreton-island.com** - *Possibilité de faire traverser votre 4x4 à partir de AU$175 aller-retour avec 2 passagers.*

■ **SUNROVER EXPEDITIONS ✆ 07 3203 4241 - 1 Eversleigh Road Scarborough - www.sunrover.com.au** - Organise des excursions en 4x4 de 1 à 3 jours (AU$455).

Hébergement

■ **TANGALOOMA ISLAND RESORT. PO Box 1102 Eagle Farm - ✆ (07) 3268 6333 - www.tangalooma.com** - *Chambre double à partir de AU$250, certaines activités sont comprises.* Le transfert depuis Brisbane coûte AU$60 aller-retour. Paradis pour les petits comme les grands, cet hôtel resort s'est établi à l'emplacement d'un ancien centre baleinier. Au coucher du soleil et à 21h, on donne à manger aux dauphins sauvages au bout de la jetée. Vous pourrez également faire une croisière pour voir les baleines de juin à octobre.

Les plaines vertes des Darling Downs du sud

La Highway 15 qui part de Brisbane passe par Ipswich, traverse la Great Dividing Range par Warwick, dans la région de la Granite Belt, et Stanthorpe. Le parc national de Girraween est situé au sud de Stanthorpe, sur la frontière de New South Wales.

Transports

Darling Downs est un bien joli nom pour cette région. Elle est desservie à partir de Brisbane par les cars **Crisps** (✆ (07) 4661 8333 - www.crisps.com.au) qui partent du Transit Centre. Le trajet de Brisbane à Warwick dure trois heures et demie. En Australie, le chauffeur souhaite toujours la bienvenue à ses passagers avant d'entamer un long trajet. Il explique le déroulement du voyage et indique les plus importants sites à voir. Si l'on a des questions à poser, on est cordialement invité à venir le voir.

Sur la route, outre les banlieues ennuyeuses comme partout, on voit d'adorables maisons surélevées sur pilotis. Les palmiers de la côte laissent la place aux forêts d'eucalyptus, même si on aperçoit encore quelques espèces aux troncs en forme de bouteille. Les troupeaux de bétail s'agrémentent de quelques vaches brahmanes venues des Indes qui ont l'air de mieux supporter le climat tropical que les Hereford d'Angleterre.

Vers Warwick, le pays devient plus sec. Le bétail broute l'herbe jaunissante et rare en cherchant l'ombre maigre des eucalyptus qui, eux, sont parfaitement adaptés à la sécheresse. Arbres au feuillage habituellement persistant, ils vont jusqu'à perdre exprès le leur pour mieux résister en attendant les prochaines pluies. Des panneaux « Road subject to flooding » indiquent que la route risque d'être coupée par des inondations. Ne vous y trompez pas, quand parfois il se met à pleuvoir, on réalise pourquoi un panneau a été planté là.

TOOWOOMBA

La région appelée « Toowoomba & the Golden West » présente un intéressant mélange des très beaux parcs et jardins de la ville, et des vastes étendues campagnardes de l'Ouest. Située sur la crête de la Great Dividing Range, Toowoomba est une cité réputée pour ses magnifiques espaces verts. Chaque printemps, un très joyeux « Carnival of flowers » (fête des fleurs) est organisé. Plus à l'intérieur des terres, le Golden West rural qui comprend de très jolies petites villes. Mieux connue par certains sous le nom de « Darling Downs », c'est une des régions agricoles les plus fertiles du monde.

Hébergement

Bien et pas cher

- **GARDEN CITY MOTOR INN. 718 Ruthven street ✆ (07) 4635 5377.** *A partir de AU$85 en semaine, et AU$85 les week-ends pour une chambre double.* Petite piscine, barbecue, machine… Ce petit motel de 15 units est en centre ville et près du terrain de golf.

Luxe ou charme

Imaginez-vous dans un manoir séculaire avec mobilier antique et vastes cheminées, dont les portes s'ouvrent sur de larges vérandas. Ajoutez à cela une bonne table et de bons vins, et vous voilà en plein roman… Voici deux de ces demeures :

■ **VACY HALL. 135 Russel Street, Toowoomba ✆ (07) 4639 2055 - www.vacyhall.com.au.** *Chambre double à partir de AU$115.* Situé au cœur de Toowoomba, la « ville-jardin » à une heure et demie de Brisbane, ce manoir colonial a été restauré pour procurer aux voyageurs fatigués le confort et le repos qu'ils méritent. L'endroit est classé par le National Trust et par la Heritage Commission. Au charme du passé s'ajoutent les bienfaits du confort moderne. Douze chambres très joliment décorées peuvent accueillir au total jusqu'à trente personnes. Toutes les chambres ont le téléphone et de quoi faire du thé et du café, la plupart s'ouvrent sur des vérandas. Toutes les suites possèdent des cheminées. Service sur place pour le petit déjeuner et le dîner.

■ **TALGAI HOMESTEAD. Dalrymple Creek Road Allora, Southern Darling Downs 4362 ✆ (07) 4666 3444 - Fax (07) 4666 3780 - talgai.homestead@bigpond.com** - *Chambre double à partir de AU$360 avec petit déjeuner.* Construction de grès du début des années 1860, le Talgai Homestead propose 168 m2 d'élégance coloniale : une très bonne idée de séjour si vous visitez les Darling Downs. Les six chambres d'hôtel avec salle de bains luxueusement aménagées et dîner est aux chandelles. On peut aussi déjeuner ou prendre le thé, dans une atmosphère très apaisante. Situé dans la partie sud des Darling Downs, à 6 km de la petite ville d'Allora, Talgai est facilement accessible par la route (goudronnée) et dispose même de sa propre piste d'atterrissage.

Restaurants

■ **HOG'S BREATH CAFE. Corner Neil & Bell Streets, Toowoomba ✆ (07) 4639 1400.** Restaurant au style un peu roots, où l'on sert des portions de steak gigantesques. Commandez le « Prime Rib of Beef », vous ne serez pas déçu !

■ **BANJO'S RESTAURANT. Ruthven Street (près de KMart), South Toowoomba ✆ (07) 4636 1033.** *Déjeuner du lundi au vendredi, dîner sept jours sur sept.* Un bon rapport qualité-prix, une atmosphère agréable. Excellent menu de fruits de mer et poisson mais aussi le traditionnel steak australien.

Perruche royale.

WARWICK

Ce petit centre rural à 160 km de Brisbane est surnommé la ville des roses et du rodéo.

- **www.warwick.qld.gov.au**
- **BUREAU D'INFORMATIONS. 49 Albion Street** ✆ (07) 4661 3122.

Hébergement

- **CITY MOTOR INN. 32 Albion Street. ✆ (07) 4661 3488 - www.centre pointmidcity.com.au - johnandliz@austarnet.com.au** - *A partir de AU$85 la chambre double ou $99 avec le spa, charme rustique et anglais.* En plein centre.

Manifestation

Les festivités de rodéo y ont lieu le dernier week-end d'octobre.

Dans les environs

- **CHERRABAH HOMESTEAD RESORT. Elbow Valley Warwick ✆ (07) 4667 9177.** *Compter AU$90 par personne en bed & breakfast, AU$120 en pension complète avec activités.* Un grand hôtel de style resort, capacité de 160 personnes. Des poneys sont à la disposition des enfants à partir de 8 ans. Les adultes peuvent partir en randonnée dans le bush environnant. Des boundary rides sont organisées une fois par mois ; ce sont des randonnées à cheval comprenant une nuit à la belle étoile autour d'un feu de camp. Les boundary riders étaient les cow-boys employés à surveiller les clôtures de ces immenses stations qui sont parfois aussi grandes que tout un département français.

- **PARC NATIONAL DE QUEEN MARY FALLS. Il est situé près de Killarney, à 30 km à l'est de Warwick.** La route qui serpente en montant vers le parc offre de nombreuses et belles vues sur les South Darling Downs, leurs doux paysages de champs cultivés et leurs vaches laitières. Le parc est constitué de 78 hectares sur le versant ouest de la Great Dividing Range. Une petite aire de pique-nique, dans une forêt de grands eucalyptus, marque le départ du sentier pédestre de 500 mètres qui mène aux petites chutes de Queen Mary Falls. Des tables et autres équipements de barbecue sont à la disposition de tous. Celui-ci étant très populaire, les kookaburras coquins ont pris l'habitude de plonger des cimes des arbres pour voler les grillades des touristes distraits. Beaucoup de rozellas (petits perroquets très colorés) dans le coin. De l'autre côté de la route, dissimulé derrière une haie d'arbres, le camping comprend un kiosque et un parc de caravanes. Des douches chaudes, machine à laver et téléphone public sont à la disposition des visiteurs.

Les nombreux sentiers pédestres sillonnent le par et permettent d'observer la faune et la flore locales. Le torrent de Spring Creek se jette par-dessus une gorge à pic d'une hauteur de 40 mètres, créant une petite poche de rainforest dans le ravin humide en bas. Il continue ensuite sa course vers la Condamine River, point de départ du système fluvial le plus long d'Australie et qui aboutit en South Australia.

LA GRANITE BELT

La Granite Belt (la ceinture de granit) est une région de petits plateaux granitiques en bordure de la Great Diving Range. A cette altitude variant entre 800 et 940 m, le climat est tout à fait différent du reste du Queensland : c'est la seule région qui connaît quatre saisons bien distinctes comme en Europe.

Le Yulefest, une tradition que les immigrants scandinaves ont apportée avec eux, est le nouveau cheval de bataille du tourisme australien, traditionnellement axé sur les plages de surf. Le Yulefest consiste à fêter Noël autour d'un feu dans la cheminée en juin (qui est la saison d'hiver en Australie). Les Darling Downs se vantent aussi d'avoir des arbres à feuilles persistantes (importés) qui colorent l'automne de rouges et de jaunes, car les Australiens sont très nostalgiques de tout ce qui peut leur rappeler l'Europe et leur mère patrie l'Angleterre.

La région de la Granite Belt est également appréciée pour ses vergers de « stone fruits » qui sont des fruits à pépins comme les pommes. De nouvelles cultures de fraises, de framboises, d'asperges, de champignons et d'oignons commencent aussi à se développer.

STANTHORPE

Située à 915 m d'altitude, cette ville est la plus froide du Queensland. Ce petit centre régional est appelé « le pays du verger et de la vigne du Queensland ». Plus d'une vingtaine de vignes sont cultivées dans les environs.

■ **OFFICE DU TOURISME. 28 Leslie Parade** © (07) 4681 2057.

Hébergement

■ **HIGH STREET MOTOR INN. 1 High Street © (07) 4681 1533 - www.highstreetmotel.com.au** - *Chambre double à partir de AU$85.* Chambres familiales avec chauffage. Le motel dispose d'un restaurant et d'un bar.

A 17 km de Stanthorpe sur la Highway 15, on trouve quelques adorables cottages construits autour d'une minuscule chapelle en bois.

■ **VINEYARD COTTAGES (Peter & Janine Cumming). New England Highway. Ballandean, © (07) 4684 1270 - www.vineyard-cottages.com.au** - *Logement en cottage pour deux AU$155 en saison basse et AU$175 en saison haute en semaine, et AU$175 en saison basse, et AU$199 en saison haute le week-end.* Les cottages comportent un petit salon aux meubles chinés et neufs, et une chambre à coucher. La couverture chauffante en plus de la couette est bien agréable dans cette région de petite montagne où l'air est vif et frais en hiver. La décoration attentionnée comprend de petits détails exquis comme des pots-pourris pour parfumer la maison et du papier à fleurs dans les tiroirs des meubles anciens. La grande salle de bains à carreaux de faïence gris et bleus est équipée d'une baignoire pour deux à bain bouillonnant. Eh oui, les Australiens ne dédaignent pas du tout les week-ends amoureux à deux dans une région champêtre qui les change de la vie trépidante des villes où habite l'immense majorité d'entre eux. Ici, il n'y a ni radio ni télévision. Un petit restaurant est aménagé dans la chapelle autour d'un ancien poêle. La cuisine familiale est préparée avec des produits de la région accompagnés de petits vins locaux. Des pots de confitures maison sont empilés sur les étagères... et le tout sent bon la campagne. Janine vous prépare aussi un panier pique-nique pour aller dans les champs environnants cueillir baies, asperges, roses et fleurs sauvages. De l'autre côté de Stanthorpe, un vrai petit homestead australien tout à fait comme on se l'imagine. Il est situé dans le bush au bord d'un petit billabong (un trou d'eau qui reste dans un lit de rivière asséchée).

■ **DIAMONDVALE BED & BREAKFAST. Diamondvale Road, Stanthorpe © (07) 4681 3367 - www.diamondvalecottages.com.au** - *Location d'un cottage avec chambre double et petit déjeuner à partir de AU$175.* L'authentique homestead de 1907 de ce ranch de 12 hectares est une petite maison bleue, bordée de dentelles de fer forgé peint en blanc. L'intérieur ressemble à une bonbonnière anglaise, style Laura Ashley. La salle à manger aux meubles anciens est agréablement préservée de la chaleur extérieure par de lourdes tentures. Un piano mécanique joue toutes les rengaines australiennes dont le célèbre « Waltzing Matilda ». La station est tenue par Lynn et Gambasin, qui reçoivent au maximum dix personnes à la fois. Des oiseaux multicolores et des galahs à ventre rouge volettent et caquettent dans les grands eucalyptus qui entourent la petite propriété.

■ **HAPPY VALLEY HOMESTEAD. Glenlyon Drive, Stanthorpe © (07) 4681 1370 - www.happyvalleyretreat.com** - *Un cottage avec petit déjeuner à partir de AU$135 par couple en semaine et AU$165 le week-end.* Dans le bâtiment principal dont l'ambiance de chaleur rustique est due aux murs en rondins, le dîner est servi devant la cheminée ouverte en hiver, et sur la terrasse sous l'auvent couvert de vigne en été. Le restaurant, où la cuisine australienne est préparée sur un vieux poêle en fonte, est un BYO, mais il y a plusieurs petits vignobles dans le coin ! Les cottages de deux, trois ou cinq chambres à coucher sont éparpillés dans le bush ou cachés dans les rochers. Très éloignés les uns des autres, ils sont idéaux pour ceux qui veulent être complètement isolés dans la nature.

Restaurants

Sur la route de Girraween National Park, le Picknick Basket prépare, comme son nom l'indique, des pique-niques pour les balades dans la nature. On y trouve aussi de jolis pots de « pickeled grannies », littéralement « des grands-mères au vinaigre », mais qui sont en réalité des légumes de la région.

Un peu plus loin, un vieux pépé style bûcheron à la barbe blanche recueille des bébés kangourous dont les mères sont tuées sur la petite route qui passe devant son échoppe d'artisanat. Il leur fabrique un substitut de poche maternelle avec des sacs de shopping en toile et les petits le prennent pour un père kangourou.

■ **WISTERIA COTTAGE CRAFTS. Pyramids Road, Wyberba via Ballandean © (07)4684 5121 - www.wisteriacottage.com.au** - Cottage et chocolatier.

GIRRAWEEN NATIONAL PARK

■ **WYBERBA VIA BALLANDEAN. Rangers du parc © (07) 4684 5157.** *Des dépliants sont à la disposition des visiteurs à l'information touristique de Stanthorpe, ouverte de 8h à 16h du lundi au samedi.* Ce parc national, à 26 km au sud de Stanthorpe, englobe des collines et des vallées entaillées de ruisseaux qui coulent sur des lits de granit. Les open forests d'eucalyptus alternent avec des formations de grands rochers nus et d'énormes « billes » de granit empilées en équilibre précaire.

Nommé « the place of flowers », le parc se couvre au printemps d'un tapis de fleurs sauvages, telles les golden wattle qui illuminent les forêts d'eucalyptus et les pea-flowers qui éclaboussent la broussaille gris vert de mauve à partir de la fin juillet jusqu'au mois d'octobre.

Les animaux sauvages du parc s'observent le mieux au crépuscule. A l'aide d'une torche le soir, on est presque sûr de surprendre l'opossum brushtail à la queue bien fournie, le moins timide de tous. Il s'aventure même à voler de la nourriture aux campeurs non avertis. Les deux variétés d'opossums volants sont plus difficiles à observer. Le feather-tail glider est de la taille d'une souris, le sugar-glider, plus grand, est long de 40 cm environ, queue comprise. Les wallabies et autres kangourous gris abondent partout dans le parc. Le wombat, par contre, est plus difficile à apercevoir, il ne sort que tard le soir pour chercher sa nourriture.

Les serpents (les « common brown » et « red-bellied » black snake qui sont venimeux), les lézards et parfois les geckos sont visibles surtout pendant les mois les plus chauds de l'été, d'octobre à février.

Une très grande variété d'oiseaux, flycatchers, honeyeaters et autres perroquets peuplent la forêt d'eucalyptus. Des rouges-gorges et autres petits oiseaux se tiennent près des cours d'eau. Les aigles et les faucons chassent dans les clairières herbeuses. Les kookaburras et les magpies noir et blanc fréquentent les aires de pique-nique, tout comme les superbes wrens bleus, les perruches crimson rozellas et, parfois, le superbe et rare lyrebird.

De nombreux sentiers pédestres sont aménagés dans le parc, allant d'une promenade d'une petite demi-heure jusqu'à la vraie randonnée de six heures pour visiter des sites comme le Balancing Rock (le Rocher en équilibre), les Pyramids, l'Arche de granit, le Sphinx et le Chas de l'aiguille. Situé à 900 m d'altitude, le parc bénéficie d'un climat agréablement frais, l'été il y fait entre 25-30 °C, l'hiver peut connaître des nuits de gel. Il pleut de novembre à mars. Il y a deux campings dans le parc, l'un à Castle Rock et l'autre à Bald Rock Creek avec douches chaudes, toilettes, tables et barbecue. Des sites de pique-nique sur la rive sud de Bald Rock Creek comportent des installations de barbecue avec bois et eau gratuits.

Quelques caves de dégustation

■ **SUNDOWN VALLEY VINEYARD. Sundown Road, Ballandean © (07) 4684 1226.** Tenue par Angelo et Mary Puglisi, d'origine italienne comme beaucoup de familles de la région. Des riesling et sémillon blancs et du cabernet rouge à déguster.

■ **MOUNTVIEW WINES. Mount Striling Road, Glen Alpin © (07) 4683 4316.** Vous y trouverez du rouge, du rose et des vins de méthode champenoise.

Les petits vins de la Granite Belt

Dans les années 1960, il eut un boom sur le marché du vin en Australie, ce qui provoqua les recherches d'une nouvelle cuisine australienne. Tout cela a abouti à une sorte de « harmony of life », un nouvel art de vivre. A l'époque, on introduisit de nouveaux cépages dans la région de la Granite Belt : shiraz, cabernet, sauvignon, sémillon, riesling, chardonnay, malbec et merlot. Des jeunes vignerons y ont pris pied et produisent de bons petits vins. Les vins australiens ne sont pas additionnés de sucre, ce qui est strictement interdit par la loi fédérale. D'ailleurs le pays bénéficie d'un climat beaucoup plus ensoleillé que la France...

Sunshine Coast

La Sunshine Coast s'étire de l'île de Bribie dans la Moreton Bay jusqu'au sud de la Tin Can Bay près de Fraser Island au nord, une distance qui couvre environ 150 km. Beaucoup moins développée que la Gold Coast, c'est une côte plus relaxe avec quelques superbes endroits pour le surf et de belles plages isolées. Toute l'année, on peut s'y baigner, pêcher, faire de la navigation en mer, du bushwalking dans l'arrière-pays à la végétation tropicale luxuriante. Sur le highway vers le nord, le foisonnement tropical de Brisbane laisse la place aux forêts d'eucalyptus plus clairsemées, aux champs de canne à sucre et à quelques rares plantations de tabac dont les feuilles poussent à l'état sauvage. La plupart des Australiens qui voyagent en bus sur de longs trajets, emportent leur « literie », de gros oreillers et une couverture. La nuit, la climatisation est réglée à fond pour maintenir une atmosphère respirable dans ces cars « au long cours » qui sont le moyen de transport le plus utilisé. Les surfeurs continuent à remonter vers les plages plus au nord, toujours à la recherche de la vague parfaite. Il peut arriver qu'une vague plus gigantesque que les autres surgisse du Pacifique pour les engloutir à jamais, la « killer wave », mais c'est tout de même l'exception. Au loin, dans les plaines désespérément plates, des pitons volcaniques isolés se dressent soudain à intervalles réguliers, telles des aiguilles géantes. Atteignant près de 300 mètres de hauteur, ils semblent accrocher la brume de chaleur pour former d'étranges paysages, ce sont les Glasshouse Mountains, les « montagnes de verre » nommées ainsi par le capitaine Cook. Le centre principal du tourisme de cette région se trouve à Noosa, une station balnéaire réputée de 44 000 habitants. Les autres petits centres touristiques comprennent Caloundra, Maroochydore-Mooloolaba et, vers l'intérieur, Nambour avec ses foires agricoles, et Gympie sur la côte.

MAROOCHYDORE

■ **BUREAU D'INFORMATIONS DE MAROOCHYDORE** ✆ (07) 5479 1566.

Hébergement

■ **HERITAGE MOTOR INN (Flag). 69 Sixth Avenue ✆ (07) 5443 7355.** *Chambre double à partir de AU$95.* A 100 mètres d'une plage surveillée par des life-savers, un motel avec lits de taille queen size ou à matelas à eau (water-beds).

■ **MAROOCHYDORE YHA BACKPACKERS. 24 Schirman Drive ✆ (07) 5443 3151 - www.yha.com.au** - *De AU$23 à AU$50 par personne.* A 2 km de l'arrêt de bus et 15 km de la gare. Prenez le bus local de la station Nambour. Aéroport à 6 km (bus de l'aéroport à l'auberge). Située dans des jardins tropicaux, avec piscine, cuisine mise à disposition, salle à manger de cinquante couverts, salle de télévision, accès Internet, location de vélos. Des kilomètres de plages pour surfer, nager, pêcher, plonger ou se relaxer…

■ **COTTON TREE BACKPACKERS. 15 The Esplanade ✆ (07) 5443 1755 - www.cottontreebackpackers.com** - *AU$22 la nuit en dortoir, AU$50 la chambre double.* Un cadre propre et très agréable, un accueil chaleureux. On vous propose gratuitement du boogie-board, surf, ski nautique ou monoski. Une salle vidéo et salle de billard également.

MOOLOOLABA

■ **SANDCASTLES ON THE BEACH Corner Parkyn Parade. River Esplanade ✆ (07)5478 0666 - www.sandcastlesonthebeach.com.au** - *Chambre double à partir de AU$150 en basse saison et AU$105/nuit sur 7 nuits.* Un hôtel ouvert en 1992, dans un complexe de boutiques et de restaurants, à 20 m de la plage et à 50 m d'Underwater World. Pour aller à Noosa, il faut sortir du Highway à Cooroy, qui n'est guère plus grand qu'un croisement de routes, et prendre la correspondance locale. Sur cette route de traverse, les champs doucement vallonnés paraîtraient d'un vert tout à fait anglais sans ces manguiers, ces bananiers éventails et autres arbres exotiques.

NOOSA HEADS

La Mecque des surfeurs depuis le début des années 1960 est un lieu de vacances agréable aux belles plages et un parc national au cap de Noosa Heads. Cette station balnéaire est en fait composée d'un long chapelet de petits centres, dont les noms peuvent prêter à confusion : de Noosa Head, promontoire sur le Pacifique, en remontant vers l'intérieur et en passant par Noosaville, Noosa Sounds et Noosa Junction.

Des jolies maisons d'habitation, et surtout un grand nombre d'hôtels et de logements pour vacanciers, sont éparpillés le long des nombreux bras de mer et de rivière. Il y a de l'eau partout, beaucoup de bateaux et de plaisanciers de toutes sortes – et des pélicans. La variété australienne de cet oiseau est de taille plus grande que celle de son congénère américain et diffère de ce dernier par la couleur rose pâle du bec à poche dont la texture ressemble à de la guimauve.

■ **BUREAU D'INFORMATIONS. Hasting St** © 1300 66672 - www.tourismnoosa.com.au

Hébergement

Bien et pas cher

■ **NOOSA BACKPACKERS RESORT. 9-13 William Street © (07) 5449 8151 - www.noosabackpackers.com -** *Lit AU$24, chambre double AU$55.* Navettes gratuites vers les cars, le centre et la plage, piscine, accès Internet, bar et restaurant. Prêt de surfs, kayak, boogie boards.

■ **KOALA BEACH RESORT. Noosa Junction © (07) 5447 3355 - www.koalabackpackers.com -** *Lit AU$25, chambre double AU$60.* Un resort avec piscine. On y fait souvent la fête dans son bar-restaurant très populaire. Navette gratuite vers les cars, le centre ville, la plage et le parc national. A noter cependant qu'une salle de bains est partagée entre un dortoir et deux chambres doubles.

Luxe

■ **HÔTEL-RESORT HYATT REGENCY COOLUM. Warran road © (07) 5446 1234 - www.coolum.hyatt.com - A 25 km au sud de Noosa, sur la route secondaire qui longe le bord de mer, cet endroit est synonyme de golf et de thalasso.** *Studio à partir de AU$250 pour deux.* Ce resort de 5 étoiles est constitué de petites maisons n'excédant pas un étage, dissimulées dans les fourrés d'un parc paysager. Celui-ci est doublé d'un immense green de golf de 18 trous au pied du Mount Coolom, un mont ressemblant à un gros rocher et qui a inspiré des légendes aborigènes. Le resort est réputé pour son centre de thalassothérapie. Pour lui préserver son caractère isolé et sauvage, on accède à la plage par un chemin de petits ponts en bois traversant la mangrove qui sépare la plage de la piscine-lagune de l'hôtel. Les lourds rouleaux du Pacifique viennent s'échouer sur cette longue ligne de sable blanc qui s'étire sur plusieurs kilomètres. La plage est bordée de she-oaks, pins maritimes tropicaux, qui bercent doucement leurs longues aiguilles souples dans la brise du soir. Attention, durant la période de Noël, les prix ont tendance à doubler.

Loisirs

■ **NOOSA FLYING SERVICES. 116 Atkinson Rd, Bli Bli © (07) 5450 0516 - www.noosaaviation.com -** Cette jeune société, tenue par un couple sympathique, organise des circuits combinant avion léger et 4x4. Les excursions ont pour but des destinations variées : Fraser Island, la Grande Barrière de corail, l'observation des baleines... Sybille, la patronne, se fera un plaisir de vous renseigner sur les environs et sur les excursions sortant de l'ordinaire.

■ **TOTAL ADVENTURES. Noosa Leisure Centre, Wallace Drive © (07) 5474 0177 - www.totaladventures.com.au -** Organise toutes sortes d'excursions, du VTT au canoë en passant par la varappe et le kayak.

■ **CLIP CLOP TREKS. 249 Eumarella Road, Weyba Downs © (07) 5449 1254 - www.clipcloptreks.com.au -** Propose de belles balades à cheval à la journée ou en séjour.

■ **CAMEL COMPANY © (07) 5442 4402 - Fax 07 5442 4397.** Vous emmène à dos de chameau sur le sable. *Une heure AU$45, deux heures AU$60, safari de six jours sur Fraser Island AU$1100.*

GYMPIE

De retour sur le Highway, Gympie est une ancienne ville de la ruée vers l'or dont les mines furent exploitées jusqu'en 1920. Un Gold Rush Festival d'une semaine y est célébré tous les ans au mois d'octobre.

Hébergement

■ **MUSTER INN (FLAG). 21 Wickham Street (Bruce Highway) © (07) 5482 8666.** *Chambre double AU$99.* Un motel ouvert en 1990, près du centre ville et du dépôt des bus. Le restaurant du motel est ouvert du lundi au samedi. Le motel s'occupe aussi des réservations pour les excursions à Fraser Island.

LE BUNYA MOUTAINS NATIONAL PARK

Il s'agit du deuxième plus ancien parc national de l'Etat. On y trouve des sentiers pédestres forestiers (500 m à 10 km) à travers des chutes et des torrents, avec des vues panoramiques et des aires de pique-nique. Le parc est célèbre pour ses Bunya Pine Trees, dont certaines ont plus de 500 ans. La Bunya Nut est une noix très appréciée que l'on sert dans certains restaurants locaux. Dans cette région de canne à sucre, on voit très souvent des petits trains transporter la canne des plantations aux centres régionaux.

MARYBOROUGH

Petite ville suivante sur le Highway, Maryborough a sauvegardé un certain nombre de maisons victoriennes imposantes à Wharf Street, rue où l'on trouve des logements bon marché dans les anciens hôtels-pubs tel le Criterion. Surnommée « Heritage City » du Queensland, Maryborough est une très belle ville historique à l'architecture coloniale. L'un des plus grands marchés du Queensland s'y tient tous les jeudis.

Hébergement

■ **MCNEVINS PARKWAY MOTEL. 188 John Street ✆ (07) 4122 2888 - maryborough@mcnevins.com.au** - *Chambre double à partir de AU$79.* Piscine derrière l'hôtel et jacuzzi. Restaurant.

■ **MINERAL SANDS MOTEL (Flag). Corner Ferry et Albert Streets ✆ (07) 4121 2366 - www.mineralsands.com.au** - *Chambre double à partir de AU$75.* Le motel effectue des réservations pour des excursions à Fraser Island et des sorties en mer pour la pêche au gros.

HERVEY BAY

Le principal point de départ pour Fraser Island est, avec Rainbow Beach, Hervey Bay. Rare endroit en bord de mer où l'on ne peut surfer car les vagues sont bloquées par Fraser Island. Son ancienne réputation de « capitale australienne de la caravane » a fait long feu, et Hervey Bay est devenue une destination pour les vacances au calme, en famille. La ville est surtout connue comme point de départ pour différentes autres visites et excursions.

Transports – Pratique

■ **LOCATION DE 4X4.** Il est plus intéressant de louer sa voiture à Brisbane, cependant si vous devez aller à Fraser et que vous avez besoin de louer un 4x4 à Hervey Bay, il existe plusieurs opérateurs.

■ **SAFARI OFF ROAD ✆ 1800 689 819 ou (07) 4124 4244.** *Location à partir de AU$120 minimum 2 jours.* Ils organisent également des tours.

■ **BAY 4WD CENTRE. 52-54 Boat Harbour Dr. ✆ 07 4128 2981 - appel gratuit 1800 687 178 - www.bay4wd.com.au - info@bay4wd.com.au** - *Location à partir de AU$165 pour une journée. Package de 2 jours de location avec une nuit d'hébergement resort à partir de AU$260.*

■ **BUREAUX D'INFORMATIONS.** ✆ 1800 811 728 ou (07) 4125 9855

Hébergement

On trouvera à Hervey Bay plusieurs logements pour ceux qui attendent d'aller sur Fraser, ainsi que des épiceries et de petits restaurants pour ceux qui viennent s'approvisionner avant de se rendre sur l'île.

Bien et pas cher

■ **COLONIAL LOG CABIN RESORT YHA 820 Boat Harbour Drive ✆ (07) 4125 1844 - Fax (07) 4125 3161 - herveybay@bigpond.com** - *A 7 km de l'arrêt de bus (navette gratuite entre 6h et 22h) et 30 km de la gare. A partir de AU$23 pour un lit, et de AU$50 pour une chambre double.* Bus local. L'aéroport est à 3 km. Implanté sur 8 hectares de bush, l'auberge vous propose deux terrain de tennis, un terrain de volley, un panier de basket, une table de billard, une piscine, un accès Internet et un bar. C'est l'auberge la plus proche de Fraser Island avec le port et la plage tout à côté.

■ **KOALA BACKPACKERS ON THE BEACH. 408 The Esplanade ✆ (07) 4125 3601 - www.koalaresort.com.au** - *Lit AU$25, chambre double à partir de AU$55.* Toutes les chambres avec dortoir (4 à 6 lits) sont construites au bord de la piscine. Salle TV, bar (où l'on passe du bon temps avec son groupe après un séjour sur l'île). Le staff y est vraiment accueillant et agréable. Koala utilise les chambres doubles du motel d'à côté avec salle de bains, TV pour ses chambres « de luxe ». Koala organise aussi des self-drive sur Fraser.

■ **LE FRIENDLY HOSTEL. 182 Torquay Road ✆ (07) 4124 4107 - appel gratuit 1800 244 107 - Fax (07) 4124 4619 - www.thefriendlyhostel.com** - *Lit AU$20, chambre double à partir de AU$46.* Petit backpacker très agréable qui propose également des petits apparts à partir de AU$80.

Motel et hôtel

■ **PLAYA CONCHA MOTOR INN. Torquay ✆ (07) 4125 1544.** *Chambre double AU$95. A partir de AU$150 par nuit pour 3 personnes.* Ce joli motel, situé face à la plage, offre barbecue, piscine, restaurant. Ils organisent des tours d'observation des grandes baleines humpback qui émigrent au large de cette côte d'août en octobre.

@ *« Accueil très agréable. Chambres parfaitement tenues et au calme avec, pour certaines, Spa privé, terrasse privée, et kitchenette équipée. Accès Internet à la réception, parking gratuit et piscine extérieure. Excellent rapport qualité prix. » Sandrine et Dominique Henrion, Reims*

■ **SUSAN RIVER RESORT. Maryborough ✆ (07) 4121 6846 - Fax (07) 4122 2675 - www.susanriver.com** - Situé à quelques kilomètres de Hervey Bay, cette ferme familiale offre tout le confort et les commodités d'un Club Med (à l'australienne). Plusieurs forfaits disponibles dont un incluant balades à cheval, ski nautique, trois repas et l'hébergement. Possibilité de faire du parachute ascensionnel. L'endroit est vraiment idéal pour les familles car les enfants en bas âge sont totalement pris en charge et paient moitié prix. *Chambre avec lits jumeaux et petit déjeuner à partir de AU$130 pour deux.*

Point d'intérêt

Depuis Hervey Bay, on peut observer les baleines à bosse pendant leur migration. La saison des baleines s'étend d'août à octobre et, chaque année, a lieu le Festival de la baleine.

■ **TOURS ORGANISÉS POUR VOIR LES BALEINES : Hervey Bay Whale Watch** ✆ (07) 4128 9611- www.herveybaywhalewatch.com.au - *AU$89 la 1/2 journée.* **Spirit of Hervey Bay** ✆ (07) 1800 642 544 - www.spiritofherveybay.com.au - *AU$99 la 1/2 journée.*

LADY ELLIOT ISLAND

Hervey Bay est aussi un point d'accès vers Lady Elliot Island, le « paradis des plongeurs » situé à l'extrême sud de la Grande Barrière. Non loin de ses côtes se trouvent plusieurs épaves anciennes qui rendent les plongées encore plus intéressantes. La visibilité sous-marine est généralement excellente car le trafic maritime autour de l'île est très réduit. On peut faire de superbes plongées directement depuis la plage. Croisières de pêche ou de plongée et séjours sur l'île peuvent être organisés depuis Brisbane ou Hervey Bay, d'où partent aussi régulièrement des croisières vers Lady Musgrave Island (départ du port de plaisance d'Urangan).

■ **www.ladyelliot.com.au**

L'hébergement sur Lady Elliot est assez sommaire et les prix comprennent le petit déjeuner et le dîner. Différentes formules existent : tentes de type « safari » érigées en permanence – bloc douches et sanitaires sur le site – ou hébergement de style motel par exemple. Les prix varient entre AU$140 pour deux personnes sous la tente, et AU169 par personne en motel. L'île est idéale pour les solitaires et les mordus de plongée.

LADY MUSGRAVE ISLAND

Lady Musgrave Island se trouve à 60 km au nord de Lady Elliot. Il s'agit également d'un « coral cay » où il fait bon passer une journée pour plonger. Avec un permis, on peut camper sur l'île,, mais il n'y a aucune installation – hormis les étonnamment luxueuses « bush toilets » !

FRASER ISLAND

D'une longueur de 120 km sur 15 km de largeur, Fraser Island est la plus grande île au monde, constituée uniquement de sable. La presque totalité de sa surface est couverte de végétation, percée par endroits de dunes de sable qui se déplacent petit à petit au gré des vents. L'île comporte de nombreux lacs d'eau douce dont certains sont parfaits pour la baignade, des plages superbes et des forêts denses. Ce petit paradis terrestre est préservé par un accès assez compliqué et l'absence de routes bitumées. Pour protéger cet environnement fragile, il est recommandé de ne laisser derrière soi que ses « traces de pas sur le sable » et de ne prendre que « des photos souvenirs ».

C'est en effet une vision spectaculaire que ces troupeaux de brumbies, chevaux retournés à l'état sauvage, galopant le long des plages et dans les forêts vierges où habitent aussi dingos (chiens sauvages), reptiles et tortues. Sur ces plages, qui forment de très bonnes pistes à marée basse pour les voitures tout-terrain, il faut néanmoins faire attention aux embouchures de rivières, surtout après de grosses pluies, et aux alentours des quelques hôtels et resorts qui utilisent ces endroits comme pistes d'atterrissage de leurs avions légers. Fraser Island, la plus grande île sablonneuse du monde, figure au nombre des sites classés au patrimoine mondial. Pour profiter de ses superbes lacs, de ses vastes forêts tropicales, de ses 200 espèces d'oiseaux et autres animaux comme les échidnés, les wallabies et les dingos, on a le choix entre diverses solutions depuis le camping sur la plage jusqu'aux hôtels de luxe, en passant par la location de chalets.

L'histoire de Fraser remonte au début du XIXe siècle, quand le capitaine Fraser échoua son bateau au nord de l'île, en 1836, et ne dut son salut qu'à l'aide des Aborigènes de l'île qui accueillirent les rescapés jusqu'à la venue d'un autre navire. Les arbres de Fraser étant exceptionnellement résistants à l'eau, les Australiens transformèrent l'île, dans les années 1860, en un énorme chantier pour bûcherons et déportèrent les Aborigènes dans des missions. Aujourd'hui l'île n'est plus qu'une destination touristique préservée dans sa splendeur naturelle.

Hébergement

La plupart des campings de Fraser Island sont dirigés par les National Parks & Wildlife Camping Services, mais il y a également deux campings privés. Les emplacements varient, aussi est-il conseillé de vérifier et de demander un permis avant d'arriver sur l'île.

■ **EURONG BEACH RESORT. Au nord de Hook Point © (07) 4127 9122 - 1800 111 808 - www.eurong.com** - *Motel AU$130 jusqu'à 4 personnes.*

■ **KINGFISHER BAY RESORT. Fraser Island © (07) 4120 3333 - ou 1800 072 555 - www.kingfisherbay.com** – *A partir de AU$125 par personne en chambre double avec le transfert depuis hervey bay et le petit déjeuner.* Rouvert depuis 1993, il se trouve sur le côté de l'île faisant face à Hervey Bay. Hôtel de style resort de conception « éco-touristique », il propose des excursions (dont un tour de l'île en 4x4), la possibilité d'observer les oiseaux et autres animaux exotiques ou de faire des randonnées intéressantes. Le restaurant sert une « nouvelle cuisine australienne », y compris quelques curiosités – plats à base de buffle, de crocodile, etc.

Loisirs

■ **THE FRASER ISLAND COMPANY © (07) 4125 3933 - www.fraserislandco.com.au - tours@fraserislandco.com.au** - *Journée à AU$135, 2 jours à AU$249.* L'idéal pour visiter Fraser Island est de rejoindre un safari surtout si vous ne disposez que de deux ou trois jours. Une journée pour visiter Fraser Island est très insuffisante et un minimum de deux jours est nécessaire. Tout est compris, la nourriture, l'hébergement en dortoir de quatre personnes (possibilité de réserver une chambre double en payant un supplément), les services du guide et le véhicule 4X4. Certaines compagnies offrent des circuits en 4x4 (à partir de AU$135, mais sans nourriture). Vous êtes regroupés avec sept ou huit autres backpackers (ambiance plutôt jeune) que vous ne connaissez pas. Les compagnies vous donnent les cartes et vous laissent vous débrouiller. Elles doivent aussi vous fournir des autorisations de camping : www.beaches.com.au - www.koalaresort.com.au

BUNDABERG

Bundaberg est un centre industriel de la canne à sucre.

Hébergement

■ **KELLYS BEACH RESORT. 6 Trevors Road. © (07) 4154 7200 - www.kellysbeachresort.com.au** - *Chambre double à partir de AU$116.* A 12 km de l'arrêt de bus, 13 km de la gare. Le TGV Tilt Train va et vient tous les jours de Bundaberg. Kellys Beach Resort est entouré de jardins tropicaux de 5 hectares. Piscine, spa, sauna, tennis, et la plage à cinq minutes. Activités : observation de baleines d'août à octobre, canoë, safaris à dos de chameau, plongée...

■ **BUNDABERG CITY MOTOR INN (Best Western). 246 Bourbon Street © (07) 4152 5011 - http://bundaberg.bestwestern.com.au** - *Chambre double à partir de AU$110. Piscine et spa.*

■ **SUN CITY MOTEL. 11a Hinkler Avenue © (07) 4152 1099 - www.suncitymotel.com.au** - *Chambre double à partir de AU$65.* Piscine, barbecue et repas familial si vous le désirez.

■ **DON PANCHO BEACH RESORT. 62 Miller Street ✆ (07) 4130 1000 - www.donpanchoresort.com.au** - *Chambre double à partir de AU$95 en basse saison et AU$135 en haute saison.* Situé en face de la plage. Piscine et spa.

Points d'intérêt

■ **MON REPOS BEACH** Allez visiter les plages où les tortues viennent pondre de la fin novembre au mois de janvier, les bébés naissent de mi-janvier à mars.

■ **LA DISTILLERIE DE RHUM sur Avenue Street à East Bundaberg ✆ (07) 4152 4077.** *Organise des tours guidés à 10h, 12h30 et 14h30 du lundi au vendredi.*

Dans les environs

A partir de Bundaberg, on peut faire des excursions à la journée sur les îles au sud de la Grande Barrière de corail.

■ **LADY MUSGRAVE BARRIER REEF CRUISES. Bundaberg ✆ (07) 4159 4519 - www.lmcruises.com.au** - *Adultes AU$140, enfants AU$72. Départ à 7h du matin et retour vers 17h45.* L'excursion comprend un buffet tropical pour le déjeuner, la sortie en bateau à fond transparent, l'équipement de plongée avec masque et tuba. Mardi, jeudi, samedi et dimanche. Il est recommandé d'apporter un chapeau de paille, de la crème solaire, un maillot de bain et une serviette bien sûr... et de ne pas oublier son appareil de photo. Des appareils photo « water proof » (étanches) peuvent être loués. Initiation à la plongée avec bouteilles dans la lagune par des instructeurs qualifiés : AU$70 (équipement fourni).

GIN GIN

La petite ville de Gin Gin, située à 51 km à l'ouest de Bundaberg sur la Gin Gin Highway, est plongée dans l'histoire. La région fut colonisée à l'origine par Gregory Blaxland et William Forster en 1847. L'emplacement actuel de la ville fit autrefois partie de la « Gin Gin Station », propriété de sir Thomas McIlwraith, ancien chef du gouvernement du Queensland. Elle est à présent le centre du Kolan Shire, dont la population compte 3 000 habitants.

■ CAPRICORNE COAST ■

Cette région subtropicale au milieu du Queensland marque le début de la Grande Barrière de corail, l'une des merveilles du monde. Les principaux centres de la Capricorne Coast sont la ville minière de Gladstone, la « capitale du bœuf » Rockhampton, et la station balnéaire Yeppoon sur la côte au large de laquelle est située Great Keppel Island, une île touristique. L'arrière-pays est réputé pour ses gem-fields, des mines de pierres précieuses dont des saphirs, des améthystes et des rubis. Mount Morgan, Blackwater, Emerald et Biloelah sont également des villes minières. Les gem-fields, littéralement « champs de pierres précieuses », tendent à devenir une région touristique où les visiteurs peuvent aller à la recherche de gemmes et découvrir un environnement fruste qui n'a guère changé depuis sa découverte (voir chapitre « Outback »).

BILOELA

■ **KROOMBIT LOCHENBAR STATION. Valentine Plains, Biloela, Kroombit 4715 ✆ (07) 4992 2186 - www.kroombit.com.au** - *Séjours de 2 jours et 2 nuits avec tous les repas à partir de AU$210.* Kroombit Tourist Park est situé sur une ferme de 10 000 hectares. Equitation et 4x4 sur la propriété. Vous apprenez à lancer au lasso et à tirer au fusil, à regrouper le troupeau... Superbes forêts et vie sauvage dans les environs.

L'île de Lady Elliot et celle de Lady Musgrave, à une centaine de kilomètres de Bundaberg, offrent de fantastiques plongées aux plus téméraires.

GLADSTONE

A 20 km du Highway en bord de mer, Gladstone est un port d'exportation qui centralise les produits agricoles, le minerai et le charbon produits à l'intérieur de l'Etat du Queensland. La bauxite qui vient des mines de Weipa tout au nord est transformée ici en aluminium. Gladstone est aussi le point de départ pour les premières îles de la Grande Barrière de corail comme la luxueuse Heron. - www. gladstoneholidays. info - Toutes infos sur les manifestations à Gladstone et les hébergements.

ROCKHAMPTON

La route, qui s'appelle ici Bruce Highway, contourne le centre-ville de Rockhampton, situé sur le tropique du Capricorne. C'est la cattle-town par excellence, les boutiques et les restaurants portent tous des enseignes aux sigles de cow-boys ou de taureaux. La ville possède aussi nombre de magnifiques bâtiments anciens, surtout sur Quay Street qui affiche quelques-unes des plus intéressantes façades victoriennes de toute l'Australie.

■ Si vous êtes à Rockhampton pendant le week-end, allez au **GREAT WESTERN HOTEL, 39 Stanley Street ✆ (07) 4922 3888 à l'arrière du pub se trouve un minirodéo.** L'hôtel appartient à une célébrité nationale, le chanteur de country Lee Kernaghan.

Hébergement

Les vieux hôtels-pubs offrent toujours un logement traditionnel et bon marché.

■ **CRITERION HOTEL. Au coin de Quay et Fitzroy Streets ✆ (07) 4922 1225 - www.thecriterion.com.au** - L'hôtel date de 1880. *Chambre double rénovée en style d'époque avec salle de bain AU$60.* En saison touristique vous aurez parfois de la musique Live, ambiance cow-boy.

■ **SOUTHSIDE CARAVAN VILLAGE. Lower Dawson Road, Highway 1 ✆ (07) 4927 3013 - www.sshv.com.au** - *Lit pour backpacker AU$20 ou cabine/chalet double à AU$60-AU$80.*

■ **MYELLA FARM, Baralabar ✆ (07) 4998 1290 - myella@bigpond.com** – *A partir de Au$200 pour deux jours et une nuit.* Pour vivre au rythme d'un vrai ranch australien. Visiter les Capricorn Caves en deux heures, où le clou du tour est une grotte immense dans laquelle l'acoustique égale celle du Sydney Opera House.

■ **ROCKHAMPTON YHA. 60 MacFarlane Street ✆ (07) 4927 5288 - Fax (07) 4922 6040 - www.yha.com.au - rockhampton@yhaqld.org** - *Lit à partir de AU$22 et chambre double à partir de AU$50.* Accueil chaleureux et petite auberge, ils viendront vous chercher à l'aéroport ou à l'arrêt de bus. Accès Internet. Rockhampton est le passage obligé à la superbe île de Great Keppel.

SARINA

Un peu avant Mackay, Sarina est un petit bled perdu dans les champs de canne à sucre, les distilleries et les élevages de bétail. Dans les poches de jungle des alentours, les cochons sauvages se nourrissent de manguiers lourds de fruits de décembre à la mi-janvier. Les mouches et les moustiques y sévissent en été quand il fait très chaud et lourd.

Hébergement – Restaurant

■ A l'écart du Highway, **LE SANDPIPER MOTEL, Owen Jenkins Drive, Sarina Beach ✆ (07) 4956 6130.** *Chambre double AU$70.* Il donne sur la plage de Sarina – attention, il y a des méduses en été. C'est un petit motel de campagne en brique, avec une terrasse tournée vers la mer et une piscine. Les chambres ne sont pas climatisées et disposent de ventilateurs au plafond. Cuisine équipée et de machines à laver le linge disponibles.

MACKAY

La région de Mackay est d'une beauté intense avec ses chaînes de montagnes couvertes de rainforests, une myriade de plages de corail blanc et des îles tropicales. Dans le grand parc national d'Eungella, à 75 km à l'ouest de Mackay, on est presque sûr de pouvoir apercevoir des platypus près du camping de Broken River. Eungella a probablement été séparée des autres rainforests il y a environ 30 000 ans, et plusieurs formes de faune et de flore archaïques qui n'existent nulle part ailleurs survivent ici. L'étonnante grenouille d'Eungella incube ses œufs dans l'estomac et accouche en recrachant les petits par la bouche. La ville de Mackay elle-même n'est pas très intéressante d'un point de vue touristique, mais c'est un important centre de transformation sucrière qui traite un tiers de la production de l'Australie.

■ **BUREAU D'INFORMATIONS** ✆ (07) 4944 5888 - 1300 130 001

Les bons plans pour voyager sont sur petitfute.com

Hébergement

■ **LARRIKIN LODGE YHA. 32 Peel Street, Mackay 4740 ✆ (07) 4951 3728 - www.yha.com -** *A partir de AU$22 pour un lit et AU$50 la chambre double.* A 200 mètres de l'arrêt de bus, 4 km de la gare et de l'aéroport. Charmante auberge située dans de spacieux jardins avec une piscine, un salon, salle à manger avec télévision, et une cuisine totalement équipée mise à votre disposition. Mackay est une destination populaire grâce à ses forêts tropicales, ses plages, et sa proximité avec la Grande Barrière de corail.

■ **ALARA MOTOR INN. 52 Nebo Road, Mackay ✆ (07) 4951 2699.** *Chambre double AU$105 ou AU$135 avec le spa.* Environ 34 appartements de plain-pied, à trois minutes du centre ville. Confort 3-étoiles. Air conditionné, télévision couleur, restaurant sur place, piscine d'eau salée, spa, sauna, lingerie, aménagements pour handicapés.

■ **EAGLE NEST FARM (gîte à la ferme). Cormley's Road Seaforth, à 40 km au nord de Mackay ✆ (07) 4959 0552 -** *Chambre double à partir de AU$75 avec le petit déjeuner.* Une ferme d'élevage idyllique de 250 hectares, en plein cœur de la savane tropicale avec vue sur la mer et sur les îles. Les chambres sont modernes, confortables, avec douches et toilettes privées et vastes vérandas ombragées. Le calme absolu à dix minutes de route des plages et du Cape Hillsborough National Park. Piscine, équitation, randonnée, possibilité de pêcher ou de naviguer.

@ *« Nous utilisons votre guide depuis deux mois pour voyager en Australie, et nous voudrions attirer votre attention sur une adresse particulièrement sympathique : Eagle Nest farm. les propriétaires Rudi et Rika Linkert, d'origine allemande, nous ont enthousiasmés par leur gentillesse et leur accueil. Ils ont 8 adorables enfants, leur maison est très agréable et ils nous ont reçus comme si nous faisions partie de leur famille. Leurs petits déjeuners sont très copieux et il est possible de dîner sur place (Rika et Rudi sont d'excellents cuisiniers !). La vue est superbe, le calme, les multiples activités proposées par les propriétaires, la proximité des plages et du Cape Hillsborough National Park en font un lieu de résidence idéal pour visiter la région de Mackay. Les chambres sont spacieuses et le rapport qualité/prix est imbattable (AU$80/nuit pour deux adultes avec petit déjeuner) A vraiment chaudement recommandé à vos lecteurs. » Caroline et Christophe Poncet www.pompizfamilytour.com*

■ **WHITSUNDAYS WATERS RESORT. Beach Road ✆ (07) 4954 9666 -www.whitsundaywaters.com.au -** *Chambre double AU$135 (gratuit pour enfants en dessous de 12 ans).* Sur le port de Mackay, avec vue sur les îles Brampton et l'archipel des Whitsunday.

■ **OCEAN RESORT VILLAGE. 5 Bridge Road, Mackay ✆ 1800 075 144 -www.oceanresortvillage.com.au -** *Chambre double AU$79.* - Le seul resort sur la plage de Mackay. A 3,5 km du centre ville (service bus quotidien). Confort 3-étoiles. Air conditionné, balcons, patios, télévision couleur, piscine, lingerie, tennis, aire de barbecue, baby-sitting. Activités : gym aquatique, pitch et putt de golf, bureau d'excursions (survol des récifs, tours panoramiques en autocar). A proximité : aire de jeux, centre trampoline, sanctuaire animalier.

Plages du nord (à environ 15 minutes de route au nord de Mackay)

■ **KO HUNA BEACH RESORT. The Esplanade, Bucasia ✆ (07) 4969 7777.** *Chambre double à partir de AU$135 pour une chambre avec spa.* Confort 4-étoiles sur 10 hectares de jardins tropicaux. En bord de mer. Air conditionné, balcons, patios, télévision couleur, restaurant sur place, piscine, spa, lingerie, tennis, aménagements pour handicapés. Sports aquatiques et activités gratuits. Excursions.

■ **THE SHORES HOLIDAY APARTMENTS. 9 Pacific Drive, Blacks Beach ✆ (07) 4954 9444 - www.theshores.com.au -** *Chambre double à partir de AU$145 ou AU$165 avec vue sur la plage.* En bord de mer. Confort 4-étoiles. 36 appartements, 24 « townhouses » sur deux niveaux et douze villas de plain-pied dans des jardins tropicaux. Accueil très sympathique. Air conditionné, balcons, patios, télévision couleur, piscine, spa, lingerie, tennis, aménagements pour handicapés.

PARC NATIONAL D'EUNGELLA

A une heure de route à l'ouest de Mackay.

Pratique

■ **ROYLEN'S CRUISES** vous emmène sur des catamarans géants de Mackay Harbour au récif de Credlin ou à Lindeman Island dans les Whitsunday.

■ **FANTASEA CRUISES. PO Box 616, Airlie Beach ✆ (07) 4946 5111 www.frantasea.com.au-** *Organise des excursions d'une journée : Hamilton Island AU$83, Long island AU$59, ou Whitheaven beach pour AU$94. La Grande Barrière de corail AU$395 par personne pour deux jours et une nuit tout compris.* Vous ferez du snorkeling ou de la plongée la journée et vous dormez sur la plate forme au milieu de la barrière de corail. Expérience inoubliable.

Hébergement

■ **BROKEN RIVER MOUNTAIN RETREAT. Eungella ✆ (07) 4958 4528 -www.brokenrivermr.com.au -** *Chambre double à partir de AU$95. Confort 3-étoiles.* Balcons, patios, télévision couleur, restaurant sur place, piscine, lingerie. On voit des platypus (ornythorinques) ! L'hôtel est situé sur la rive de la Broken River, et jouxte la Rangers Station et le Centre d'information du parc national.

■ **EUNGELLA CHALET MOUNTAIN RESORT. Dalrymple Heights, Eungella ✆ (07) 4958 4509.** *Chambre double à partir de AU$72, cabine à AU$88. Confort 2-étoiles.* Télévision couleur, restaurant sur place, piscine, tennis, équitation. Possibilité de pension complète, demi-pension, bed & breakfast. A proximité, le restaurant The Coach House, construit dans le style des années 1870, est ouvert tous les jours.

Points d'intérêt

■ **QUEENS PARK. Godsmith Street, East Mackay.** *Entrée libre.* Une allée de palmiers royaux, une rotonde d'origine et une aire de jeux pour les enfants. L'Orchid House contient plus de 180 espèces différentes.

■ **ILLAWONG FAUNA SANCTUARY. http://illawong.tripod.com/ The Esplanade, Illawong Beach ✆ (07) 4959 1777.** *Adultes AU$25, enfants AU$19,50.* Un sanctuaire animalier avec piscine, trampoline et kiosque. Circuit « repas des animaux » tous les jours. Des « sun night tropical feasts » ont lieu le soir à partir de 18h30. Vous pouvez aussi passer la nuit pour AU$65 par personne (dîner, petit déjeuner, et la nuit, l'entrée au zoo). Christine est suisse et parle français, elle organise des VIP tours dans le Queensland.

■ **REEFOREST ADVENTURE TOURS ✆ (07) 4953 1000.** *Tours à partir de AU$99 avec votre déjeuner.* Organise des circuits dans le parc national d'Eungella. Avec un peu de chance vous verrez des ornithorynques.

■ **ORCHIDWAYS. Masotti's Road, Homebush ✆ (07) 4959 7298.** *Prix : AU$21, jeunes enfants AU$16. Fermé en février.* Quittez le Bruce Highway au Rosella Store, à 8 km au sud de Mackay, et continuez sur 16 km. Orchidées et plantes tropicales sont exposées à l'air libre dans une ambiance de forêt tropicale. Thés du Devonshire, souvenirs, kiosque et vente de plantes sur place.

La canne à sucre

Les plantations de canne à sucre couvrent tout le littoral du Queensland du nord, de Mackay jusqu'à Cairns, soit une distance de 750 km.

Dès son introduction en 1865, la canne à sucre fit la prospérité de la région, mais les débuts de cette culture restent liés à l'histoire de l'esclavage. Des Kanaks furent importés de Nouvelle-Calédonie par des trafiquants appelés blackbirders pour travailler sur les plantations. Aujourd'hui, l'exploitation de la canne à sucre est hautement mécanisée. On peut visiter les plantations durant la moisson qui s'échelonne d'août à décembre. Le moment le plus spectaculaire (rare à présent) est celui où l'on met le feu aux champs de canne à sucre pour brûler les feuilles mortes et toutes les bestioles tels les serpents venimeux qui se plaisent au sol. Les immenses champs à perte de vue flambent dans le velours noir de la nuit tropicale et l'air se charge de l'odeur de sucre chaud. Un spectacle à couper le souffle au plus audacieux des pyromanes.

La canne est ensuite coupée et transportée jusqu'aux pressoirs à sucre par toutes les petites lignes de chemin de fer qui traversent les champs. On l'écrase pour en extraire le jus qui, ensuite, sera chauffé pour devenir un sirop épais, de la molasse et enfin du sucre. Rien de la canne ne se perdra. Les fibres écrasées fourniront du combustible, les impuretés extraites serviront d'engrais et la molasse alimentera le bétail, principalement pendant les périodes de sécheresse qui sévissent régulièrement dans l'Outback. Il existe à présent un carburant «vert» à base de canne à sucre (l'éthanol) vendu dans la région.

Airlie Beach et les îles Whitsunday

A 150 km au nord de Mackay, en bord de mer, Airlie Beach est le principal point de départ pour les Whitsunday, un groupe de plus de soixante-quatorze îles et îlots éparpillés au large entre Mackay et Airlie Beach. Les possibilités d'hébergement vont de l'île de luxe Hayman aux îles désertes où l'on peut faire du camping sauvage (avec permis). Les îles les plus populaires auprès des jeunes au budget limité sont Long Island, Hook Island et les campings de Whitsunday Island.

AIRLIE BEACH

Airlie Beach est éloignée de 23 km de Bruce Highway. La route d'accès passe sur une petite hauteur à l'entrée du village, d'où l'on a une belle vue sur la mer turquoise et la baie bordée de palmiers et d'eucalyptus.

Transports

L'aéroport local se trouve à Proserpine, sur Bruce Highway, mais il y a également une piste d'atterrissage à Hamilton Island même, pour mieux desservir son luxueux resort sur Hayman Island. Les habitants d'Airlie craignent que les touristes ne passent plus par leur village pour se rendre dans les îles, mais cela est peut-être un bien pour la sauvegarde de son charme.

Airlie Beach est aussi desservie par les compagnies de bus national Mc Cafferty's et Premier.

Pratique

■ **BUREAU D'INFORMATIONS. 277 Shute Harbour Road © (07) 4946 6665 - appel gratuit 1800 819 366. _ www.whitsundaytourism.com - www.airliebeach.com - © 1800 677 119.** Demandez Lola, la directrice, très sympa, elle parle français, et connaît parfaitement la région.

Hébergement

L'embarras du choix en ce qui concerne les backpackers hostels, souvent équipés de piscines, de fast-foods et offrant de bons plans d'activités nautiques et de sorties nocturnes.

■ **AIRLIE WATERFRONT BACKPACKERS. The Esplanade, Airlie Beach © 1800247543 - Enquiries@AirlieWaterfront.com -** A 50 m de l'arrêt de bus et donnant sur la mer. *Lit à partir de AU$20 et chambre double AU$60. Staff très accueillant.*

■ **KOALA. Shute Harbour Road, Airlie Beach © (07) 4946 6001 - 1800 466 444 - www.koalaresort.com.au/airlie.htm -** *Lit à partir de AU$22 et chambre double à partir de AU$60.* Les dortoirs sont construits au bord de la piscine, au rez-de-chaussée et bénéficient tous d'une terrasse. Cependant, l'accueil est assez froid et peu aidant.

■ **AIRLIE BEACH YHA. Club Habitat 394 Shute Harbour Road, Airlie Beach 4802 © (07) 4946 6312 - Fax (07) 4946 7053 - www.yha.com - airliebeach@yhaqld.org -** *Lit à partir de AU$22, chambre double à partir de AU$55.* A 200 mètres de l'arrêt de bus, 30 km de la gare de Proserpine (bus de liaison). Aéroport de Proserpine à 45 km (bus de liaison). Près de la plage et à quelques minutes de la célèbre vie nocturne de la ville. L'auberge permet de se relaxer après toutes les activités possibles dans le coin. Cuisine spacieuse, salle à manger et salle de télévision, billard. Plages immaculées, coraux, et les forêts tropicales des fabuleuses îles Whitsunday...

■ **BACKPACKERS BY THE BAY. Lot 5, Hermitage Drive ✆ (07) 4946 7267 - www.backpackersbythebay.com** - *Lit à AU$23, chambre double à AU$55.* Ce backpacker n'est pas dans la rue principale. Petit hôtel récemment rénové.

■ **BEACHES BACKPACKERS. 356-362 Shute Harbour Road ✆ (07) 4946 6244 - www.beaches.com.au** - *Lit à partir de AU$25, chambre double à partir de AU$60.* Le bâtiment est situé au milieu de la rue principale et dispose d'un bar ouvert sur la rue avec une bonne ambiance. Les couloirs sont assez bruyants et les installations sans grande prétention.

■ **WATER'S EDGE. 4 Golden Orchid Drive ✆ (07) 4948 2655. www.watersedgewhitsundays.com.au** - *A partir de AU$200 pour un appartement avec une chambre pour 1 nuit.* Appartements construits sur la colline d'Airlie avec vue sur la mer. Décor de rêve, piscines, restaurant, parking, salle de gym.

■ **MEDITERRANEAN RESORTS. 14 Golden Orchid Drive ✆ (07) 4946 6391 - www.medresorts.com.au** - *Villa à partir de AU$175 en double la nuit et prix à la semaine.* Situé sur la colline d'Airlie. Luxueuses villas de 2 et 3 chambres avec air conditionné, cuisine équipée, garage. Piscines et jacuzzi.

■ **CORAL SEA RESORT. 25 Ocean View Avenue ✆ (07) 4946 6458 - appel gratuit 1800 075061 - Fax 0749466516 - www.coralsearesort.com** - *Chambre double à partir de AU$210.* Le resort est situé sur un promontoire s'avançant dans la mer à côté de la plage d'Airlie. Chambres, suites et appartements.

■ **CLUB CROCODILE RESORT (Flag). Shute Harbour Road ✆ (07) 4946 7155 - www.clubcroc.com.au - airliebeach@clubcroc.com.au** - *Chambre double AU$130 avec petit déjeuner.* Un resort de 160 chambres à l'atmosphère typiquement australienne, situé juste en face de la plage. Activités dans la journée et spectacles le soir. Piscine, tennis, spas...

@ *« Club crocodile. Superbe complexe bien entretenu avec 2 piscines très agréables. Les repas sont copieux et le personnel sympathique. Il y a un parking gratuit. Au magasin de l'hôtel, une charmante femme saura vous guider honnêtement sur le choix des excursions. Ne manquez pas la croisière jusqu'au Whitsunday island ! » Henrion Sandrine et Dominique de Reims*

■ **ORANA LODGE WHITSUNDAY. 13 Beach Road, Cannonvale ✆ (07) 4946 7124 - oranalodgewhitsunday@bigpond.com** - A 2 km à l'ouest d'Airlie. *Chambre double/twin à partir de AU$75.* Orana en langue aborigène veut dire « bienvenue ».

@ *« Dans ce secteur, nous avons trouvé que le « camping-réserve animale » de Flametree, au milieu de Airlie Beach et Shute Harbour (✆ (07) 4946 9388 - www.flametreevillage.com.au) était idéal pour un hébergement bon marché en caravanes « fixes », AU$50 la nuit pour six personnes (mobile home). Le soir, les opossums trottinent sur les chemins ou sur les toits à la recherche de fruits. Ils se laissent approcher et caresser. Des tas d'oiseaux se plaisent également dans ce camping. » F. Druhen, Evry*

Restaurants

Les restaurants, style « eateries », sont tous regroupés autour de la rue principale Shute Harbour Road. Il y a aussi deux ou trois petits supermarchés permettant de s'approvisionner pour les îles.

■ **LE DELI VILLAGE.** Au bout de la petite allée dont le Mac Donald's fait le coin, avec la poste au fond. Le Open Tuna Nicoise rappelle des saveurs bien connues. Juice bar et pizzas.

■ **LE MOROCCO'S.** A côté du Koala. *Plats à partir de AU$13 et «jug» de bière à AU$6,50.* Bar et restaurant avec ambiance et happy hours. Réductions sur boissons et plats.

■ **KC'S CHARCOAL GRILL & BAR** sur Shuttle harbour road ont toujours de la musique «live» Vous pouvez manger dedans ou dehors et danser. Les «spare ribs», travers de porc grillés sont excellentes :

Sortir

Airlie Beach n'étant par très grand, il suffit de descendre la rue principale en suivant le son des décibels pour repérer les boîtes et bar.

■ **LE JUICE BAR.** Night-club au-dessus de la rue principale avec de délicieux cocktails.

■ **MAMA AFRICA. En face du Juice Bar.** *Entrée gratuite.* Avec sa piste de danse à motifs zébrés, ses banquettes avec coussins et sa musique à la mode.

Points d'intérêt

▶ **La toute nouvelle marina,** mouillage de nombreux plaisanciers, comprend un bâtiment d'accueil avec douches chaudes et machines à laver. Même le touriste néophyte peut naviguer sur les petits voiliers (munis d'un moteur de sécurité), dans le passage protégé des Whitsunday, après seulement quelques heures de briefing éclairé. A Airlie Beach même il n'y a pas de surf. La plage, située à 50 m de la rue principale n'est très jolie. La ville a ainsi construit un lagoon (bassin d'eau, baignade gratuite) et une promenade en bord de mer.

▶ **Le centre d'Airlie** consiste en une rue principale, la Main Street, bordée de très nombreux logements pour jeunes backpackers, de petits restaurants et take-away, de nombreuses boutiques de maillots de bain et d'équipement pour la plongée. Cet endroit éminemment sympathique connaît une incroyable popularité depuis une dizaine d'années. Des jeunes du monde entier viennent ici pour faire de la voile ou la plongée, l'ambiance est formidable. La nuit, les trois ou quatre pistes de danse à moitié intérieures, à moitié extérieures, ne désemplissent pas avant le petit matin, même en semaine.

▶ **Dans les environs immédiats,** de petites maisons bichonnées par les résidents permanents font l'âme de ce village qui ressemble comme un frère à Byron Bay. Le conseil municipal, qui est entre les mains des grands planteurs de canne à sucre, n'a pas su mener une politique de développement comme à Cairns, par exemple, qui a obtenu l'implantation d'un aéroport international en 1988.

Loisirs

■ **WILDLIFE PARK,** à une dizaine de kilomètres à l'ouest de la ville (bus gratuit de la ville), présente une collection impressionnante de serpents et animaux typiquement australiens.

Plongée

■ **OCEANIA DIVE. 257 Shute Harbour Road ✆ (07) 4946 7446.** *Certificat médical (AU$60 sur place) est exigé avant toute plongée ou apprentissage. Noter que l'on ne peut pas prendre l'avion et faire de la plongée le même jour. Leçon de 5 jours = AU$550.* Le prix comprend la PADI International Gold Card, trois jours de cours théoriques et d'entraînement en piscine, le manuel, le transfert en bus, le « Diving Log Book », les plongées de nuit, tous les repas et le linge lors des séjours à bord, ainsi que la location de l'équipement. Début des cours : les samedis et les mardis. Forfait « 3 jours-3 nuits ». Visite de Black Reef ou de Fairey Reef, ou circuit sur la Grande Barrière de corail. Plongée de nuit, plongée multi-niveaux, photographie sous-marine... ou simplement snorkeling et relaxation.

■ **PRO DIVE. 344 Shute Harbour Road 4802 Airlie Beach ✆ (07) 4946 7446 - www.prodivewhitsundays.com.au -** *Cours pour obtenir le PADI à AU$525.* Une des meilleures compagnies d'Australie.

Location de voiliers

La façon la plus agréable d'explorer l'archipel des Whitsunday consiste à louer un petit voilier et d'aller d'île en île en jouant les Robinsons modernes. Les voiliers sont équipés de moteur à essence et de réserves d'eau suffisantes pour plus d'une dizaine de jours (potable et pour la douche, car un grand nombre de ces îles paradisiaques ne comportent pas d'eau douce).

■ **HARBOUR SIDE BOAT HIRE. Shute Harbour Ferry Quay Terminal ✆ (07) 4946 9330.** *Bateau avec et sans permis à partir de AU$80 par jour.*

■ **WHITSUNDAY RENT A YACHT - www.whitsundays.com.au/bareboat/ -** *Voiliers, catamarans, bateau à moteur, avec ou sans permis à partir de AU$450 la journée minimum 5 jours.* Possibilité de vous le faire livrer à Hamilton Island.

Prendre un voilier pour deux, quatre ou six personnes pendant une semaine et faire le tour des soixante-dix îles qui bordent les Whitsundays est la façon la plus agréable de découvrir cette région. N'oubliez pas votre masque et votre tuba car la Grande Barrière de corail n'est plus très loin et la faune marine y est abondante. Constituer un groupe sur place avec des amis de voyage reste parfois la solution la plus économique pour profiter de ce luxe et de cette aventure inoubliable. La bonne nouvelle c'est que vous n'avez pas forcément besoin de savoir naviguer car les eaux ne sont pas dangereuses.

■ **WHITSUNDAY PRIVATE YACHT CHARTERS. Shop 18 Abel Point Marina. Airlie Beach © (07) 4946 6880 - appel gratuit 1800 075 055 - www.whitsunday-yacht.com.au** - *La location proprement dite des voiliers débute à partir de AU$480 la nuit (en basse saison) avec 5 nuits minimum à louer et varie selon la taille du bateau dont le couchage autorise de deux à neuf personnes.* Le prix comprend le linge, les ustensiles de cuisine, les équipements de pêche et de snorkeling, dinghy et le moteur hors-bord. Tous les bateaux sont équipés d'un coin cuisine et d'un congélateur pour la pêche.

Croisière dans les îles Whitsunday

■ **OZ SAIL © (07) 4948 2350 ou 1300 653 100- www.ozsailing.com.au** - *Croisière de deux jours et deux nuits à partir de AU$340.*Sans aucun doute le tour opérateur avec le plus grand choix de bateaux, pour tous les budgets et pour tous les goûts. Les bateaux sont impeccables et les équipages professionnels. Vous décidez de vous relaxer pendant toute la durée de la croisière ou de participer. Vous aurez aussi l'occasion de faire du snorkeling (masque, palmes et tuba), car certaines de ces îles ont des coraux continentaux.

Ils ne sont pas aussi spectaculaires que ceux de la Grande Barrière de corail mais valent quand même le détour.

■ **SOUTHERN CROSS © (07) 4946 4999 - appel gratuit 1800 675 790 - Shop 1, 4 The Esplanade - www.soxsail.com.au** - *Une autre compagnie qui offre des croisières de qualité à partir de AU$219 par personne pour deux jours et une nuit tout compris.*

Pêche en haute mer

■ **MV MORUYA © (07) 4946 6665.** Pour pêcher sur les récifs en bordure des îles extérieures de l'archipel. Les sites varient en fonction des conditions météorologiques (vents, marées). On pêche à l'ancre ou à la dérive, les cannes et les appâts sont fournis mais on peut apporter son propre matériel. Le skipper a trente ans d'expérience de la pêche en mer, dont plus de dix ans dans les Whitsunday. *Départ à 9h30 et retour à 17h30. Adultes AU$120, enfants AU$75.* Les prix comprennent une collation à l'heure du déjeuner (le « fisherman's lunch »), la pause-café de l'après-midi, le dîner, tous les appâts et le transfert en bus. Départs tous les jours de Shute Harbour.

Voiliers « Sailing Whitesundays ».

Excursion à « Reefworld »

■ **FANTASEA CRUISES. PO Box 616, Airlie beach ✆ (07) 4946 5111 - www.fantasea.com.au -** Une plate-forme flottante très grande et très sophistiquée sur la Grande Barrière de corail, équipée pour accueillir les visiteurs de jour. Elle comprend de vastes plates-formes de snorkeling, des cabines d'habillage, des douches d'eau douce, une pataugeoire où les enfants peuvent barboter en toute sécurité, ainsi que de vastes ponts pour les bains de soleil. Tout est conçu pour le confort et l'agrément des visiteurs. *Départ de Shute Harbour à 8h30. Adultes AU$176, enfants AU$30, étudiants et retraités AU$150.* Le prix comprend 3h30 à Reefworld, le matériel de snorkeling, les gilets de sauvetage, les conseils d'un instructeur qualifié disponible en permanence, l'observation des coraux à bord d'un semi-submersible, un observatoire sous-marin aménagé en petit théâtre, un exposé avec projection de diapositives présenté par un biologiste marin, le transfert aller-retour entre Shute Harbour et le lieu de résidence, un déjeuner-buffet, une pause-café matin et après-midi.

▶ **Le port de départ des bateaux pour les Whitsunday.** Dix minutes en bus ou en voiture entre Airlie Beach et Shute Harbour. La route suit un bras de mer qui ressemble à un fjord norvégien et ne va pas plus loin que ce petit port : quatre jetées pour les bateaux, un parking pour les voitures (AU$10 pour 24 heures) et quelques rares maisons dissimulées dans les collines couvertes d'une dense forêt tropicale.

▶ **La plupart des circuits partent de Shute Harbour.** Sont possibles des circuits à la journée dans une ou plusieurs îles entre à partir de AU$75, des tours en voilier la journée, des croisières jusqu'à la Grande Barrière de corail pour tous les budgets, enfin des croisières de nuit, sans oublier les voiliers à louer à titre individuel.

■ ÎLES WHITSUNDAY ■

La plupart des 74 îles subtropicales, situées dans un rayon de 50 km de la côte, ne sont pas habitées et n'ont, en général, pas d'eau douce. A la différence des îles coralliennes de la Grande Barrière, elles sont toutes d'origine continentale, mais sont souvent bordées d'un petit récif de corail. La vraie barrière de corail se trouve à environ 60 km, et Hook Reef est sa partie la plus proche. Le temps y est au beau fixe à longueur d'année, et la température de l'eau se maintient à 20-22 °C. Ces îles paradisiaques, doux mamelons aux pentes herbeuses, abritent des criques et des anses de sable blanc, frangées de forêts tropicales. La plupart sont protégées par les parcs nationaux, mais cinq d'entre elles ont le droit d'héberger des hôtels-resorts : Hamilton, Daydream, Hayman, South Molle, Lindeman et Long Island. Les touristes achètent en général un forfait séjour dans l'un de ces resorts ou villages-vacances comme le Club Med français à Lindeman.

▶ **Hook Island.** La deuxième plus grande île des Whitsunday est principalement constituée d'un parc naturel et de superbes plages de sable blanc. L'observatoire sous-marin permet aux non-plongeurs de descendre à 9 m sous le niveau de la mer pour voir les formations de corail et les poissons tropicaux. La profonde crique de Nara, ressemblant à un fjord, est un mouillage très prisé des plaisanciers. On peut aussi camper sur l'île à Maureens Cove.

▶ **Long Island.** C'est l'une des îles les moins éloignées et dont les resorts pratiquent les prix les plus raisonnables. L'île, une bande de 1,5 km de large sur 13 km de long, est classée parc national.

▶ **Daydream Island.** C'est la plus petite des îles avec hôtels, longue de 2 km sur seulement quelques centaines de mètres de largeur. C'est aussi la plus proche de Shute Harbour. Idéal pour les lunes de miel.

▶ **South Molle Island.** Elle rejoint pratiquement les deux îles de Mid Molle et de North Molle Island. Le resort ici comprend des logements plus familiaux, dans une baie au pied du mont Jeffeys que l'on escalade par des sentiers aménagés. A 15h tous les jours, des centaines de lorikeets sauvages arrivent pour être nourris.

▶ **Hamilton Island.** C'est la plaque tournante du tourisme grâce à sa piste d'atterrissage, sa marina pouvant accueillir 200 navires et ses 1 000 chambres d'hôtels à l'Holiday Inn avec sa tour en béton. L'île ressemble plus à une petite ville qu'à un village-vacances.

Whitsunday Island. La plus grande des îles du groupe, avec ses 109 kilomètres carrés et un sommet de 438 m, ne comporte pas d'hôtel, seulement des campings aménagés par les parcs nationaux à Whitehaven, sur la plage de Scrub Hen dans le nord-ouest, celles de Dugong et Sawmill à l'ouest et à Joe's Beach. La merveilleuse plage de 6 km de Whitehaven est certainement la plus longue et la plus belle de toutes les plages des îles Whitsunday.

Transports

Bateau

Deux petites compagnies déposent les campeurs sur l'une des îles désertes sur leur passage (et les reprennent à la date convenue).

CAMPING WHITSUNDAY ISLANDS © (07) 4946 9330. *Cinq destinations au choix à AU$40 l'aller-retour pour deux vers l'île la plus proche ou AU$120 pour Whitsunday beach.* Matériel de snorkeling et bidons à eau fournis. La seule condition est d'avoir son permis de camping. Celui-ci est à retirer au Queensland Parks and Wildlife Service © (07) 4946 7022 (numéro local) - 131 304 (numéro national pour tous les parcs nationaux) - www.qld.gov.au - Une taxe de camping est à payer.

BLUE FERRIES FANTASEA. www.fantasea.com.au - Allers-retours vers toutes ces destinations : Shute Harbour à Hamilton Island, Daydream Island, South Molle Island, Long Island, Whitheaven Beach... *Départs réguliers, jusqu'à 13 selon la destination. Prix d'un transfert à partir de AU$24.* Un bon moyen pour se balader dans les îles est de prendre le petit catamaran Whitsunday All Over quand il fait l'omnibus (milkrun) pour le Club Med à Lindeman Island, l'île habitée la plus éloignée au sud. Le trajet (2h30-3h) permet de voir une foule de petites îles et des resorts. Une très bonne « croisière de repérage ».

Daydream Island, l'île la plus proche de la côte, se trouve à 5 km de Shute Harbour.

Sur Hamilton, un grand building en béton se dresse au bout de la piste d'atterrissage comme une erreur monumentale dans ce décor par ailleurs idyllique. Les voyageurs aéroportés s'en iront d'ici en yacht de luxe pour l'île de Hayman. Là, reçus en grande pompe avec du champagne, de jeunes couples intimidés en voyage de noces s'embrouillent dans leurs papiers de réservations...

Le resort de Hayman est aussi un lieu de destination pour les stars du show-business et il se dit que le personnel se déplace dans des tunnels pour ne pas gêner la tranquillité des vacanciers.

South Molle semble d'une conception architecturale plus heureuse. Les « huttes » de luxe à la hawaiienne sont dissimulées dans les palmeraies et les rochers noirs au bout de la plage.

Plus loin, dans le passage des Whitsunday, les petites îles semblent sorties tout droit de l'imaginaire d'un Robinson Crusoe découvrant l'île aux cannibales. Parfois cette impression est renforcée par un filet de fumée s'élevant dans les airs et venant d'une minuscule île qui semble par ailleurs déserte. Le soir, les feux du couchant enflamment les parties rocheuses des îles avant d'assombrir les forêts épaisses sur lesquelles se détachent mieux encore les petites anses de sable blanc.

L'arrivée à Lindeman Island est un retour au temps présent. Une bande joyeuse de GO forme le comité d'accueil sur le ponton qui s'avance dans la mer devant le Club Med, cette enclave de civilisation française échouée en ces antipodes purement anglophones. C'est le premier et, pour le moment, unique village du Club Med en Australie, mais peut-être pas le dernier. Il est question d'en ouvrir un deuxième à Byron Bay. Le Club à Lindeman, ouvert fin 92, est composé d'habitations regroupées au bas de la colline, en bordure de plage.

Avion

L'accès aux îles Whitsunday en avion est prisé surtout de la jet-set australienne et internationale. Vous avez à présent le choix entre Virgin Blue, Jet star ou Qantas, vols directs pour Hamilton Island ou Proserpine (près d'Airlie Beach) à partir de AU$109, comparez les prix sur Internet car ils peuvent beaucoup varier.

Hébergement

Seules Long et Hook Island comportent des logements bon marché. Certaines des îles désertes possèdent des installations pour le camping. Il faut toujours prévoir cinq litres d'eau potable par jour et par personne, plus une réserve supplémentaire de trois jours en cas de problème.

Long Island

■ **PEPPER PALM BAY. Whitsunday Passage ✆ (07) 4946 9233.** *Logement en chambre double à partir de AU$355 avec le petit déjeuner.* Le resort est composé de 21 cabines situées directement sur la plage. Vues sur les îles voisines. Idéal pour les couples à la recherche d'un petit paradis romantique. Possibilités de dîner aux chandelles sur la véranda de la cabine ou au restaurant La Riviera.

■ **CLUB CROCODILE RESORT. Whitsunday Passage ✆ (07) 4946 9400 - Fax (07) 4946 9555 - www.clubcroc.com.au -** Dans le nord de l'île. Piscine, tennis, sports nautiques... Un des resorts les moins chers de l'île : chambre double à partir de AU$400 avec petit déjeuner, déjeuner et dîner mais des réductions stand-by (dernière minute) sont souvent pratiquées. Un hôtel de deux étages sur une longue plage tropicale. Piscine.

■ **WHITSUNDAY WILDERNESS LODGE. PO Box 842 Whitsunday ✆ (07) 4946 9777 - www.southlongisland.com -** Au sud de l'île. Le lodge propose une formule de 5 nuits à AU$2490 comprenant le transfert en hélicoptère de Airlie Beach ou Hamilton Island, une journée en hydravion, une croisière d'une journée, le logement en cabine avec vue sur la mer, tous les repas, les entrées dans le parc national et l'utilisation de l'équipement nautique.

Daydream Island

■ **DAYDREAM ISLAND RESORT. PMB 22 Mackay ✆ (gratuit) 1800 075 040 - (07) 4948 8488 - www.daydreamisland.com -** *Séjour de 3 nuits à partir de AU$426 par personne avec petit déjeuner et toutes les activités du resort.* Le resort, rénové en 2001, ne se trouve qu'à douze minutes de Shute Harbour. Il comporte 296 chambres, des restaurants, une thalasso. Des mariages y sont régulièrement organisés. On peut également passer seulement la journée à Daydream Island. Transfert en bateau, déjeuner et activités aquatiques : prix total AU$65.

South Molle Island

■ **www.southmolleisland.com.au**

■ **SOUTH MOLLE ISLAND RESORT ✆ (07) 4946 9433.** *A partir de AU$194 en chambre double, pension complète, activités aquatiques (aussi pour enfants) et golf 9 trous. Le ferry pour passer la journée sur l'île coûte AU$44.*

Hamilton Island

■ **CROWN PLAZA RESORT ✆ (07) 4946 9999 - www.hamiltonislandresort.com -** *Chambre double à partir de AU$340.*

Hayman Island

■ **www.hayman.com.au**

■ **HAYMAN ISLAND RESORT ✆ (07) 4940 1234 - 1800 075 175.** *Chambre à partir de AU$620, suite à partir de AU$2000 la nuit. Deux nuits minimum.* Champagne à l'arrivée, petit déjeuner et transfert d'Airlie compris. Troisième resort le plus luxueux du monde.

Lindeman Island

Le Club Med a racheté les droits d'une ancienne habitation de cette île de 8 kilomètres carrés, par ailleurs parc national. C'est l'île habitée située le plus au sud du groupe des Whitsunday, ce qui lui vaut une certaine tranquillité ; peu de day-trippers de Shute Harbour viennent jusqu'ici. Elle est dotée de petites criques en nombre suffisant pour que l'on puisse trouver facilement une plage pour soi tout seul. Lindeman Island est entourée de petites îles tout à fait désertes, où l'on peut se faire déposer par un gentil organisateur qui reviendra vous chercher à l'heure prévue. Une vraie vie de Robinson. Lindeman comporte aussi une petite piste d'atterrissage desservie par la Reef World Airlines de Mackay et de Proserpine.

■ **LINDEMAN ISLAND (Club Med) ✆ (07) 4946 9333 - appel gratuit 1800 809 73 -** *Forfait 7 jours au départ de Brisbane à partir de AU$1755 selon la période de l'année.* Le prix comprend le vol en classe économique, l'hébergement en chambre double, les transferts entre l'aéroport et le village, la manutention des bagages, la pension complète au village, l'utilisation de tous les équipements sportifs (également les leçons de trapèze).

BOWEN

La Bruce Highway continue, entre les plantations de canne à sucre, jusqu'à Bowen. C'est une petite ville provinciale avec des maisons sur pilotis et à toits de tôle ondulée, ombragée de cocotiers qui font bon ménage avec des terrains de polo aux airs très british. La région produit des fruits et des légumes. De nombreux jeunes globe-trotters s'y arrêtent pour la cueillette et le ramassage, travail saisonnier qui leur permettra de poursuivre plus loin leur quête du bout du monde. Nombre d'étudiants anglais viennent en Australie faire une année d'études ou simplement voyager. Les jeunes Français ont eu la chance d'avoir droit, depuis le 1er janvier 2004 au Working Holiday Visa qui permet d'obtenir un petit job et donc de voyager sans se ruiner.

■ **HÉBERGEMENT.** Pour une halte, **BOWEN BACKPACKER HOSTEL,** 56 Herbert Street ✆ (07) 4786 3433. Lit en dortoir pour AU$140 la semaine, ils vous trouveront également du travail. Plus loin, les collines prennent des airs plus montagneux, la Great Divide se rapproche de la côte qui laisse, par moments, apparaître un peu de turquoise entre les cultures d'arbres fruitiers. Mais la canne à sucre reprend vite ses droits. Parfois un aigle plane sur ces haies de verdure immenses.

TOWNSVILLE

Ville tranquille au charme tropical, Townsville la blanche s'adosse au rocher qui lui sert de montagne. C'est une ville bizarre, indéfinissable, au parfum colonial désuet, un peu gâchée par le port industriel et ses hautes grues. Oasis de végétation tropicale dans un environnement plutôt sec, ses jardins débordent de grands buissons de bougainvillées. Seuls, deux ou trois immeubles très laids apportent une note discordante parmi ses vénérables maisons coloniales et ses hôtels particuliers historiques. C'est la troisième ville du Queensland, avec une base militaire et d'importantes installations portuaires. L'industrie est axée sur les ressources du sous-sol et l'agriculture environnante. Son port centralise les produits fermiers et miniers qui viennent des vastes régions intérieures du Queensland du nord. Des millions de dollars ont été injectés ces dernières années pour son développement. C'est aussi la porte d'entrée touristique du Queensland du nord. Les avions de Californie et de Floride déversent à partir de juin les amateurs de la pêche au gros sur Lizard Island. « Gare de triage » de par sa situation sur la côte, Townsville ne retient pas longtemps les touristes.

Les attractions les plus importantes de la ville sont le casino et le Great Barrier Reef Wonderland. C'est un vaste aquarium aux récifs coralliens sur deux étages derrière de grandes fenêtres panoramiques et un tunnel transparent qui passe sous l'eau. L'organisation de protection de l'environnement (The Great Barrier Reef Authority) a son siège ici. Un car-ferry part du port pour Magnetic Island, île aux paysages de promontoire accidenté et au fort historique.

Transports

■ **DÉPÔT DES BUS, le Transit Centre, angle de Palmer et Plumes Streets** où toutes les compagnies s'arrêtent, Mc Cafferty's, Premier, Oz Experience. Il existe un service de navettes entre le Transit Centre et le port d'embarquement pour Magnetic Island. Il y a aussi un guichet de logements backpackers. Le pont piéton Victoria Bridge traverse le Ross Creek (dont l'embouchure sert de port) pour l'autre rive, avec le Fisherman's Wharf et le Tropical City Mall.

■ **LOCATION DE VOITURES. Apollo Motorhome Holidays Townsville.** 14 Langton Street, Garbutt. ✆ gratuit 1800 777 779 - www.apollotrade.com ou Britz car rental : www.britz.fr

■ **CAR RENTALS. 12 Palmer Street** ✆ (07) 4772 1093.

Pratique

■ **INFORMATION TOURISTIQUE. Bruce Highway ✆ (07) 4778 3555.** A mi-chemin du centre piéton, le Flinders Street Mall. Un intéressant marché d'objets artisanaux se tient ici tous les dimanches matin.

■ **www.townsvilleonline.com**

■ **CAFÉ INTERNET.** Transit Centre, là où sont les bus.

Hébergement

Il existe une « surproduction » de logements pour backpackers qui se font une dure concurrence, quelques hôtels-pubs traditionnels dans de vénérables maisons anciennes et surtout le flamboyant Breakwater Casino dans l'hôtel Sheraton.

■ **X BASE. TRAVELLER TRANSIT CENTRE. 21 Plume Street ✆ (07) 4721 2322 - www.basebackpackers.com** – *Petit déjeuner à partir de AU$6,50. Chambre de 6 lits de AU$18 à AU$20, chambre 4 lits de AU$20 à AU$22, chambre double ou twin de AU$55 à AU$60.* L'avantage de ce backpacker est d'être situé au-dessus du terminal des cars. La réception est ouverte jusqu'au dernier bus et une navette gratuite vous emmène au terminal des ferries vers Magnetic Island. Salle avec télévision géante, une heure d'internet pour AU$5, un jacuzzi sur la terrasse. Les chambres sont climatisées. L'auberge est équipée d'une cuisine et d'une laverie et se situe à 5 minutes de marche de la rue la plus active et à 10 minutes d'un supermarché. Une idée originale pour les filles uniquement : ils ont des chambres appelées Sanctuary où pour quelques dollars de plus vous serez entre vous, avec des petits plus dans la chambre comme le sèche-cheveux.

■ **CIVIC HOUSE BACKPACKERS INN. 262 Walker Street ✆ (07) 4771 5381 et (appel gratuit) ✆ 1800 008 533 - www.backpackersinn.com.au** - Navette gratuite de l'aéroport. *Lit à partir de AU$22 et chambre double à partir de AU$60.*

■ **GLOBETROTTERS. 45 Palmer Street ✆ (07) 4771 3242.- www.globetrottersinn.com.au**- Accès Internet, draps et serviettes fournis, parking. Petit backpacker simple mais très sympa. *Lit à partir de AU$21, chambre double à partir de AU$53.* Ils viendront vous chercher à l'arrêt de bus.

■ **REEF LODGE (AJ). 4-6 Wickham Street ✆ (07) 4721 1112 - www.reeflodge.com.au** - *Le lit en dortoir à partir de AU$18, chambre double à partir de AU$60.* Situé entre le casino et le Barrier Reef Wonderland en plein cœur de Townsville. Cours d'initiation à la plongée et excursions à la Grande Barrière.

■ **DOWNTOWN MOTEL. 121 Flinders Street ✆ (07) 4771 5000 - shahshah@ultra.net.au** - *Chambre double AU$65.* Motel à façade rose, style Miami Beach, avec piscine et spa, chambres climatisées, dans la rue principale en prolongement du Tropical City Mall, tout près du casino et des boîtes de nuit.

■ **SEAGULLS RESORT. 74 The Esplanade, Townsville ✆ (07) 4721 3111 - www.seagulls.com.au** - Chambre, appartements ou studio. Deux piscines. *Studios à partir de AU$110.* L'un des petits hôtels les plus agréables de Townsville situé sur l'esplanade.

■ **SOUTHBANK MOTOR INN (Flag). 23 Palmer Street ✆ (07) 4721 1474 - Fax (07) 21 20 10.** *Réception 24h/24, parking gratuit. Chambre double AU$163.* Grand bâtiment de 102 chambres, à 20 m du Coach Transit Centre.

Restaurants

Il y a plusieurs « enclaves culinaires » à Townsville.

■ **FISHERMAN'S WHARF,** avec ses terrasses sur la rive de Ross Creek, est un endroit apprécié des touristes et de la population locale pour les dîners à l'extérieur dans la chaleur de la nuit.

■ **THE STRAND,** longeant le port, propose de nombreux petits restaurants, tout comme Gregory Street, une rue qui lui est perpendiculaire. Des restaurants malais, italiens et mexicains y sont regroupés. Sur le Strand, le restaurant Flutes, dans l'hôtel Reef International, jouit d'une bonne réputation pour ses fruits de mer, ainsi que le Beach House juste à côté. Un excellent restaurant grec est situé tout près, dans Fryer Street, dans un ancien bâtiment superbe de style Queenslander.

■ **CHARTERS TOWERS ROAD** possède quelques bons restaurants pas chers proposant de la cuisine chinoise, indienne et italienne. Le Mall et Flinders East offrent une grande variété de restaurants français, italiens, thaïs et japonais, sans oublier le Hog's Breath de la ville.

■ **AUSTRALIAN HOTEL. 11 Palmer Street, South Townsville ✆ (07) 4722 6999** - Cuisine australienne.

■ **FLUTES. 63 The Strand. ✆ (07) 4721 1777.** *Plat principal pour un dîner à partir de AU$22.*

■ **METRO ON THE WATER. Pamer Street.** Ce restaurant est très accueillant et vous trouverez à l'arrière un jardin parfait pour que les enfants s'y amusent. Les repas sont copieux et l'ambiance décontractée.

■ **CAFÉ MICHEL. 7 Palmer Street, South Townsville ✆ (07) 4724 1460.** *Plats autour de AU$20.*

■ **WAYNE & ADELE'S GARDEN OF EATING. 11 Allen Street, South Townsville ✆ (07) 4772 2984. BYO,** repas dans le jardin, brunch le dimanche.

■ **THE EMBASSY. 1-13 Sturt Street ✆ (07) 4724 5000 - www.theemabssy.com.au -** C'est le plus grand restaurant de Townsville. Vous y trouverez de superbes steaks. Ambiance assurée du mercredi au dimanche, musique live.

■ **HOG'S BREATH. 247 Flinders Street East, Townsville ✆** (07) 4771 5747.

Sortir

Il y a un peu de tout. Le guitariste du pub au coin de la rue, les discothèques et, bien sûr, le casino. Là, il faut respecter un certain code d'élégance vestimentaire pour jouer à la roulette et autres « bandits manchots ».

■ **SHERATON BREAKWATER CASINO. Sir Leslie Thiess Drive ✆ (07) 4722 2333 - www.sheratontownsville.com.au -** Black Jack, roulette, baccara, Sheraton wheel, two-up, keno, minidice, craps, sic-bo, vidéo, machines à sous. Tenue correcte exigée.

■ **RHINO BAR. Palmer Street** est le dernier bar de la ville, un décor digne de Melbourne ou Sydney mais avec l'avantage du climat de Townsville. Le service est rapide et agréable et leur tapas excellents.

■ **SANT FE GOLD 108 Flinders St. ✆** (07) 4772 3700.

■ **CRITERION HOTEL ✆** (07) 4721 5777.

■ **FANNY O'DWYERS IRISH BAR & BISTRO 101 Flinders St ✆** (07) 4721 1655.

■ **MAD COW TAVERN 129 Flinders St.✆** (07) 4771 5727.

■ **THE BANK NIGHT CLUB. 169 Flinders Street ✆ (07) 4771 6148.** Très branché.

Les plus beaux hôtels-pubs traditionnels de Townsville sont le **Exchange Hotel** de 1868, situé au 151 Flinders Street, l'**Empire Hotel** de 1901 au 31 McIlwrait Street, le **Australian Hotel** de 1889 au 11 Palmer Street, le **Great Northern** au 500 Flinders Street avec sa longue véranda aux dentelles de fer forgé, et le **Criterion,** bleu ciel à véranda ivoire, à l'angle du Strand et King Street, avec des counter meals et un club de rock dans le jardin de la cour intérieure les week-ends. Tous ces bâtiments anciens typiques sont entourés de vérandas circulaires soutenues par une simple ou une double colonnade et plus ou moins agrémentées de fer forgé ouvragé dans un style qui n'est pas sans rappeler la Nouvelle-Orléans.

Pubs

■ **ALLEN HOTEL. Corner Eyre & Gregory Streets, North Ward ✆** (07) 4771 5656.

■ **AUSTRALIAN HOTEL. 11 Palmer Street, South Townsville ✆** (07) 4771 4339.

■ **EXCHANGE HOTEL. 151 Flinders Street, East Townsville ✆** (07) 47714215.

■ **GREAT NORTHERN HOTEL. 496 Flinders Street ✆** (07) 4771 6191.

■ **SEAVIEW HOTEL. The Strand, North Ward ✆ (07) 4771 5005.** Le « beer garden » est vraiment bien agréable le soir.

nationalchange.com
Vos devises livrées à domicile
www.nationalchange.com
ou par téléphone au 0 820 888 154 *
(*) Prix appel local
Un cadeau offert avec le Code Avantage : PF06

Points d'intérêt

■ **REEF HQ. 2-68 Flinders Street East ✆ (07) 4750 0800 - www.reefhq.com.au -** *Ouvert tous les jours de 9h30 à 17h. Adulte AU$21,50, enfant AU$10,50.* Le Reef HQ est un grand aquarium présentant la vie de la barrière de corail. Cette réserve contient toutes sortes de coraux, de poissons multicolores, des espèces dangereuses... Aucun des personnages du dessin animé de Walt Disney, « le Monde de Némo », ne manque à l'appel. Le bassin central de l'aquarium renferme des formations coralliennes vivantes et des centaines d'espèces de poissons habitant la barrière de corail. Un système de marées artificielles imite les conditions de vie naturelles sur la Grande Barrière. L'aquarium comprend aussi d'autres bassins plus petits et des expositions explicatives sur l'histoire et la vie de la Grande Barrière. Cependant il n'y a pas de guide parlant français et la plupart des explications sont faites oralement.

■ **Omnimax** est une salle de cinéma à projection en trois dimensions sur un écran en forme de dôme. *Des séances d'une heure y ont lieu tout au long de la journée de 9h30 à 17h. Entrée adultes AU$15, enfants AU$11.*

■ **QUEENSLAND MUSEUM. 70 -102 Flinders Street, Townsville, Qld 4810 ✆ (07) 4726 0600 - www.qmuseum.qld.gov.au -** *Entrée AU$9.* Se consacre à la faune et la flore du Queensland du nord. Oiseaux des marécages, rainforests, mais aussi navires naufragés et artisanat aborigène.

■ **BILLABONG SANCTUARY. Bruce Highway, Townsville (17 km au sud) ✆ (07) 4778 8344 - www.billabongsanctuary.com.au -** *Spectacles/repas des animaux : koalas à 10h30 et 15h, crocodiles à 11h30 et 14h. Excursions. Entrée AU$26 et AU$15 pour les enfants.* Parc animalier avec animaux indigènes, y compris koalas, dans leur environnement naturel. Souvenirs, kiosque, piscine, équipements pour handicapés, barbecue.

■ **HIGH CASTLE HILL.** En voiture ou à pied, allez jusqu'en haut de High Castle, une colline de 290 mètres sur les hauteurs de Townsville pour une vue magnifique de la ville.

▸ **Si le rugby vous intéresse,** allez voir jouer l'équipe «Cowboys» de Townsville, ils étaient en finale nationale l'année dernière ✆ (07) 4771 4000.

■ MAGNETIC ISLAND ■

Magnetic Island fut nommée ainsi par le capitaine Cook qui explorait les côtes en 1770 à bord de l'Endeavour. Le compas du navire se dérégla, et Cook pensa que c'était la masse granitique de l'île qui produisait des interférences. Magnetic Island est une île d'une dizaine de kilomètres de long, située à vingt minutes en ferry rapide au large de Townsville.

Pratique

Sur Magnetic, se procurer le « Magnetic Island Guide ». Petit magazine gratuit et plein d'informations sur l'île.

■ **INFORMATIONS TOURISTIQUES** ✆ (07) 4778 5211 - www.magnetic-island.com.au

Transports

■ **SUNFERRIES. City Terminal 168/192 Flinders St East Breakwater Terminal et Breakwater Terminal ✆ (07) 47713855 - www.sunferries.com.au -** Un bateau toutes les heures fait l'aller-retour en 25 minutes entre le continent et l'île de 5h35 à 00h05 selon les jours. *Aller-retour AU$25. Sunferries propose aussi des croisières à la journée sur la Grande Barrière de corail à partir de AU$139.*

■ **MAGNETIC ISLAND CAR FERRY. ROSS Street South Townsville ✆ (07) 4772 5422 - www.riversidemarine.com.au -** Spécialisée dans le transport de véhicules, à partir de AU$139 aller-retour avec les passagers.

Sur l'île

Une fois sur l'île, le meilleur moyen de locomotion est sans doute la bicyclette (location à Horseshoe Bay ou à Picnic Bay).

Cairns

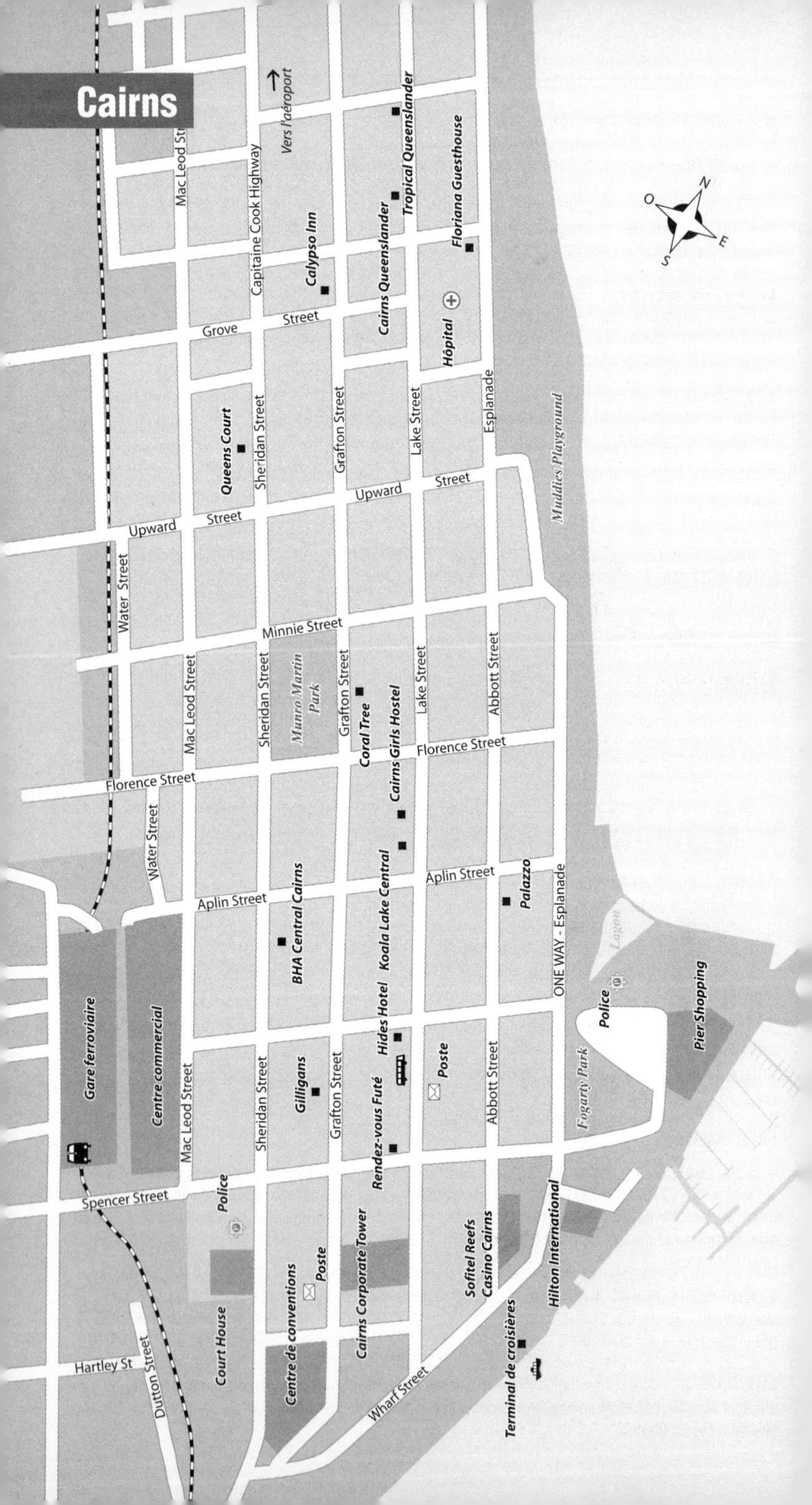
Vers l'aéroport
Mac Leod St
Capitaine Cook Highway
Calypso Inn
Cairns Queenslander
Tropical Queenslander
Floriana Guesthouse
Hôpital
N
O
E
S
Grove
Street
Queens Court
Sheridan Street
Grafton Street
Lake Street
Esplanade
Upward
Street
Muddies Playground
Water Street
Minnie Street
Munro Martin Park
Coral Tree
Cairns Girls Hostel
Abbott Street
Florence Street
Mac Leod Street
Aplin Street
BHA Central Cairns
Koala Lake Central
Palazzo
ONE WAY - Esplanade
Lagon
Pier Shopping
Police
Hides Hotel
Poste
Gilligans
Gare ferroviaire
Centre commercial
Rendez-vous Futé
Fogarty Park
Spencer Street
Cairns Corporate Tower
Sofitel Reefs Casino Cairns
Hilton International
Centre de conventions
Court House
Hartley St
Dutton Street
Wharf Street
Terminal de croisières

■ **MAGNETIC BUS. 44 Mandalay avenue Nelly Bay © (07) 4778 5130 - mibs@ballyhoo.com.au -** Le service de bus de l'île est très pratique et dessert toutes les baies de l'île. *Un bus toutes les heures. AU$2 l'aller de Nelly à Horseshoe Bay et Picnic Bay et AU$4,5 de Horseshoe Bay à Picnic Bay.*

■ **MOKE HIRE. 13 Pacific Drive, Horseshoe Bay © (07) 4778 5491. -www.miwheels.com.au -** *Location de Moke ou buggie de plage à partir de AU$45 par jour et ils viennent vous chercher au ferry ou à votre hébergement.* C'est la façon la drôle de découvrir l'île.

Hébergement

Magnetic Island est, depuis longtemps, la préférée des backpackers en raison de son grand choix d'hébergements bon marché et de son accès facile. Le parc de logement semble actuellement se dégrader quelque peu, probablement à cause du développement de celui de Townsville.

Picnic Bay

■ **DUNOON BEACHFRONT APARTMENTS. The Esplanade Picnic Bay © (07) 4778 5161 -** *Appartement avec 1 chambre pour 4 à partir de AU$149 la nuit et vue sur la mer.*

Nelly Bay

De très belles plages bordent cette baie qui jouxte Picnic Bay.

■ **MAGNETIC ISLAND TROPICAL RESORT. 56 Yates Street, Nelly Bay © 1800 069 122 - www.magneticislandresort.com -** *A partir de AU$99 par chalet.* Logement dans des chalets tropicaux individuels en lit double ou twin, salle de bains privée, télévision, climatisation, patio. A 200 mètres de la plage, lieu calme, piscine, restaurant.

Restaurant

■ **LE PARADIS. 98-100 Sooning Street, Nelly Bay © (07) 4778 5044 - Fax (07) 47785155.** Comme son nom l'indique, ce restaurant est français. Marc Palun se fera un plaisir de proposer (enfin) autre chose qu'un burger. Le chef marseillais prépare même la bouillabaisse. La salle est uniquement en extérieur et le service est à la française. Le Paradis est ouvert dès le petit déjeuner et les prix sont très abordables. Le restaurant est situé à 5 minutes de marche du terminal des ferries.

Arcadia Bay

Le village d'Arcadia sert de base aux habitants de cette baie.

■ **ACADIA BEACH GUEST HOUSE. 27 Marine Parade © (07) 4778 5668 - www.arcadiabeachhouse.com -** *La chambre budget à partir AU$35 ou en bed and breakfast AU$80 avec air conditionné.* Paul et Chris, très sympa, viennent de reprendre ce B&B et l'ont entièrement rénové. Ils viendront vous chercher au ferry. Le B&B est sur la plage, des vélos sont disponibles pour explorer l'Ile.

■ **MARSHALLS BED & BREAKFAST. 3-5 Endeavour Road, Arcadia Bay © (07) 4778 5112.** *Chambre double à partir AU$75, transfert et petit déjeuner compris, café et thé à volonté. Payez pour deux nuits et la troisième est gratuite.* Vieille demeure du Queensland, un demi-hectare de jardins tropicaux, en bordure d'un parc national, près de la plage, des boutiques, des moyens de transport.

■ **DANDALOO GARDENS UNITS. 40-42 Hayles Avenue, Arcadia © (07) 4778 5174.** *A partir de AU$85 la nuit sur la base de sept.* Des petits appartements entièrement équipés pour cinq personnes. Dans un jardin, vaste aire de jeux, piscine avec toboggan. A cinq minutes à pied des plages, des boutiques et des restaurants.

■ **ARKIE'S ON MAGNETIC. 7 Marine Parade. © 1800 663 666 - www.arkiesonmagnetic.com -** *Chambre de 10 à partir de AU$18, chambre de 6 à partir de AU$20, chambre twin ou double à partir de AU$55.* Les chambres de 6, doubles et les petits appartements sont équipés de télé et réfrigérateur. Toutes les chambres sont climatisées. L'Arkies a vue sur Arcadia Bay et est à 2 minutes d'Alma Bay. Tout sur place : points de restauration (dîner à partir de $5,9 pour les résidents), bar, accès Internet, cuisine, laverie, bottleshop (alcools), newsagent (presse). Cette auberge fait un peu usine mais les installations sont bien faites : deux piscines dont une où se déroulent des cours de plongée, diffusion gratuite d'un film tous les soirs.

Horseshoe Bay

Horseshoe Bay est le lieu le plus vivant de Magnetic Island et propose la plupart des activités nautiques de l'île, catamaran, canoë, etc.

■ **MAGGIE'S BEACH HOUSE. Pacific Drive. Appel gratuit 1800 001 544 - info@maggiesbeachhouse.com.au - www.maggiesbeachhouse.com.au** - *Dîner à AU$4 pour les résidents. Lit à partir de AU$21 et chambre double à partir de AU$59* Certaines chambres (même des dortoirs) ont un balcon avec vue sur la mer. Maggie's dispose d'un bar-restaurant, d'une petite piscine, d'accès Internet, d'une cuisine, d'une laverie. L'arrêt de bus est en face.

Loisirs

▶ **La plongée** est bien sûr la passion dominante des visiteurs de Magnetic Island (Diving Shop à l'Arcadia Resort ✆ (07) 4778 5788), qui peuvent pratiquer tous les sports nautiques sur la plage de Horseshoe Bay.

Au total, vingt-trois baies et plages de sable blond bordées de palmiers forment le tour de l'île, surnommée « capitale australienne du koala ». Ceux-ci évoluent très nombreux en totale liberté, accompagnés d'une variété d'autres animaux : opossums, wallabies, faucons, aigles, perroquets... Les passionnés d'ornithologie peuvent, en fait, y observer quelque 160 espèces d'oiseaux différentes. La population locale, au nombre de 2 500 personnes, travaille en général à Townsville et l'atmosphère est très différente de celle des îles à vocation purement touristique. L'île est recouverte sur sa moitié d'un parc national et de nombreuses randonnées sont à faire.

▶ **A partir de Horseshoe Bay, SEAKAYAKING** *tous les jours, départ à 8h pour une demi-journée. AU$63 (petit déjeuner inclus).* Tours en jet ski à partir de AU$135 la demi-journée, tube ride (bouées tirées par un bateau à moteur) à partir de AU$30 les 10 minutes. Sans doute une des activités les plus drôles mais aussi physiques de l'île.

■ **TROPICANA GUIDED ADVENTURE ✆ (07) 4758 1800 - www.tropicanatours.com.au** - *Tours guidés en 4x4 pour visiter l'île ; 3 heures pour AU$49 par personne, 5 heures pour AU$99.*

DE TOWNSVILLE À LA CASSOWARY COAST

Il faut environ 4 heures de route en voiture et 5 heures en bus pour aller de Townsville à Cairns. La Bruce Highway longe par endroits une ligne de chemin de fer où un train de marchandises passe de temps à autre. Les champs de pâturages s'ornent de quelques termitières, monticules blancs ou rouges selon la couleur du sol, avant que l'open forest d'eucalyptus ne reprenne le dessus. Au large de la côte, des stations balnéaires sont installées sur les îles Orpheus, Hinchinbrook, Bedarra et Dunk Island à la beauté idyllique.

INGHAM

Ingham est une petite ville d'industrie sucrière avec une population, en grande majorité de descendance italienne et espagnole.

■ **BUREAU D'INFORMATIONS. Au coin de Lannercost Street et Towwnsville Road** ✆ (07) 4776 5211.

ORPHEUS ISLAND

Au large de la côte, c'est une (petite) île granitique étroite, d'à peine 14 kilomètres carrés. Bordée de récifs coralliens, elle est couverte d'une dense forêt tropicale où nichent de nombreux oiseaux. Des tortues viennent pondre leurs œufs dans le sable des plages.

■ **www.orpheus.com.au**

Hébergement

Un resort de grand confort accueille les voyageurs :

■ **ORPHEUS ISLAND RESORT ✆ (07) 4777 7377 - www.orpheus.com.au/resort.html** - Forfaits voyage de noces ou plongée moins chers. Un resort petite de taille mais exclusif et luxueux où « télévision, téléphones, daytrippers et discothèques n'existent pas ». Calme, volupté et paysage de rêves à souhait.

Enfants non autorisés. Chambre double AU$725 incluant les repas, l'utilisation de zodiac, canoë, catamaran, ski nautique, matériel de pêche, équipement de snorkeling, bateau à fond transparent, piscine, salle de gym, terrain de tennis.

LA CASSOWARY COAST

La Cassowary Coast (la côte du casoar) englobe Cardwell, Tully et Mission Beach. Au sud de Cardwell, la Bruce Highway grimpe soudainement dans de petits reliefs montagneux pour offrir de magnifiques vues sur les marécages et le cours d'eau sinueux bordé de mangroves. Connu sous le nom d'Everglades, c'est un chenal qui sépare l'île de Hinchinbrook du continent. On y pêche le barramundi, le mangrove jack et autres bons poissons d'eau douce. En avril 2006, le cyclone Larry a touché la région et a créé beaucoup de dégâts.

CARDWELL

Cardwell est dotée d'une auberge de jeunesse (YHA) et d'un camping dynamique. Propriétaires charmants. Le Forest Scenic Drive permet de faire de splendides randonnées et aussi des plongeons dans les vasques et les cascades. F. Druhen, Evry

■ **HINCHINBROOK YHA. 175 Bruce Highway, Cardwell 4849 © (07) 4066 8648 - Fax (07) 4066 8910 - www.yha.com - kookaburra@znet.net.au -** A 800 mètres de l'arrêt de bus, 1 km de la gare (trois trains par semaine). Aéroport de Cairns ou Townsville (transferts en bus quotidiens). *Lit à partir de AU$18, chambre double à partir de AU$40.* L'auberge est située dans des jardins tropicaux. Cuisine mise à disposition, chambres spacieuses avec ventilateur, air conditionné payant. Piscine d'eau salée, vélos gratuits, matériel de pêche. Hinchinbrook Island est le plus grand parc national sur une île du monde. Plages, chutes d'eau, piscines naturelles, paysages superbes...

HINCHINBROOK ISLAND

C'est une très grande île de 635 kilomètres carrés sous la protection des parcs nationaux. C'est la préférée des amoureux de la nature et autres bushwalkers. Renseignements au bureau des parcs nationaux à Cardwell (© (07) 4066 8601). On y obtient des permis de camping et des cartes des randonnées de l'île. Pas débrouillards s'abstenir...

A présent sur la Bruce Highway, la canne à sucre reprend le dessus sur la mangrove. Elle finit par donner le sentiment d'avoir dominé le paysage depuis des dizaines d'heures de route. De petites bananeraies d'un même vert sombre viennent s'intercaler de temps à autre. Elles sont heureusement égayées de sacs poubelle en plastique turquoise servant à protéger les régimes. Quelques belles maisons de plantation dans le style Queenslander sont entourées de pelouses rases impeccables. Cyclone Larry a créé pas mal de dégâts en avril 2006, les bananeraies étaient entièrement détruites et beaucoup de maisons sont en reconstruction. La forêt tropicale de la région a également subi beaucoup de dégâts, même plusieurs mois après le passage de Larry, on a l'impression qu'un feu est passé récemment et les arbres demeurent dénudés. Vient ensuite Tully, presque toujours sous la pluie (c'est la ville où il pleut le plus), célèbre pour le rafting sportif sur sa rivière du même nom. Une journée de ce sport plutôt physique coûte environ AU$155. Les bus s'y arrêtent, mais il n'y a qu'un seul motel et quelques terrains de camping.

MISSION BEACH

Il est bien plus agréable de séjourner à Mission Beach toute proche, l'une des plus belles plages d'Australie. Située dans un paysage de rêve, sorte de réservoir naturel où l'on aperçoit fréquemment le casoar, oiseau bizarre de près de 1,80 m de haut. Il ressemble vaguement à quelque gigantesque dindon à cou bleu lumineux, coiffé d'un casque osseux qui lui permet de se frayer un passage dans la rainforest à la végétation impénétrable.

Première impression de Mission Beach : un arrêt de bus au bout d'une route de traverse qui s'arrête là, au fond d'une poche de jungle tropicale dense. Puis, de l'autre côté d'une rangée de cocotiers, la blancheur immaculée de Mission Beach, longue plage de sable blanc s'avançant doucement dans le turquoise du Pacifique qui fait un joli dégradé sur le bleu profond du ciel. Par endroits, la rainforest descend jusque sur la plage. Mission Beach c'est aussi plusieurs petites habitations éparpillées le long de sa plage de 14 km. Le nom vient d'une mission aborigène fondée ici en 1914, mais balayée par un cyclone en 1918.

■ **BUREAU D'INFORMATIONS** ✆ (07) 4068 7099.

Hébergement

Il y a plusieurs backpackers hostels à Mission Beach. Ils envoient des navettes gratuites chercher les touristes à l'arrêt du bus.

■ **SCOTTY'S MISSION BEACH HOUSE. 167 Reid Road, Wongaling Beach ✆ (07) 4068 8676 - Fax (07) 68 85 20 - www.scottysbeachhouse.com.au -** *Lit à partir de AU$18, chambre double à partir de AU$45.* Reflète la vie d'un vrai backpacker, pas de soucis, un staff qui vous conseille. Dortoir réservé pour les filles et dortoir de 10 (moins cher mais à éviter). Navette, piscine et bonne ambiance. Situé sur la plage voisine de Wongalong.

■ **TREEHOUSE. Bingil Bay Road ✆ (07) 4068 7137 - Fax (07) 4068 7028.** *Lit à partir de AU$20 et chambre double à partir de AU$55.* A 7 km de l'arrêt de bus (un bus est mis à disposition pour vous amener à l'auberge), 25 km de la gare de Tully. En pleine forêt tropicale, c'est l'endroit idéal pour se relaxer au milieu de nulle part.

■ **BEACH SHACK. 86 Porter Promenade ✆ (07) 4068 7783 - 1800 333 115 (appel gratuit) - www.missionbeachshack.com -** *Lit à partir de AU$20, chambre double à partir de AU$55.* Grande maison proche de la mer, chambres spacieuses dont deux avec jacuzzi, piscine et prêt de vélos, cannes à pêche et matériel de snorkeling.

■ **MISSION BEACH COMFORT RESORT. Wongaling Beach Road, Wongaling Beach ✆ (07) 4068 8288 - Fax (07) 4068 8429.** *Lit à AU$17 et chambre double à AU$70.* Les dortoirs de 6 lits comme le reste des appartements du resort sont construits autour des piscines et ont tous une terrasse. C'est ici le compromis entre le quasi-luxe et le budget.

■ **SANCTUARYRETREAT.HoltRdBingilBay✆(07)40886064-www.sanctuaryatmission.com-seek@sanctuaryatmission.com -** *Chambre double à partir de AU$65.* Construit en pleine forêt tropicale dans un souci écologique et proche de la plage.

Restaurants

Pour un repas complet, il faut se rabattre sur les restaurants des hôtels, mais il existe quelques chinois et, à l'arrêt du bus, un petit supermarché ouvert tous les jours de la semaine.

■ **OCEANIA. Porter Promenade ✆ (07) 4088 6222.** *Restaurant, pub et night-club. Plat chaud à partir de AU$15.* Ils prévoient même de vous ramener à votre backpacker.

■ **ON THE BEACH. Reid Road – aussi connu sous le nom du Scott'ys Bar.** *Plat à partir de AU$10.* Les plats cuisinés sont simples mais succulents et le dessert du chef à base de gâteau au chocolat, noix de coco et chocolat fondu est à tomber par terre ! Le restaurant fait aussi pub et dispose d'un night-club.

Loisirs

■ **RAGING THUNDER ✆ (07) 4031 1466.** *Vous invite à faire du rafting et du kayak sur la Tully River pour AU$145.*

Dans les environs

■ **MISSION BEACH ADVENTURE TOURS. ✆(07) 4068 7877.** Organise des randonnées dans la forêt tropicale dont les guides sont des membres de la tribu aborigène Girramay.

Dunk Island

A 5 km au large de Mission Beach, la petite île de Dunk Island, réputée pour ses nombreux papillons, semble être une invitation permanente. Des water-taxis y vont à partir de Mission. L'écrivain E. J. Banfield, qui vivait sur l'île de 1897 à 1923, a décrit dans son roman « The Confessions of a Beachcomber » cet endroit qui a peu changé depuis. Aujourd'hui, une petite communauté d'artistes vit sur l'île.

■ **www.dunk-island.com**

■ **DUNK ISLAND RESORT ✆ (07) 4068 8199 - www.poresorts.com -** *Chambre double à artir de AU$250.* Au sud de Dunk, Bedarra Island, l'une des sept petites îles du groupe Family Islands. Tout est prévu pour les couples ou les familles. Spa, massage sont disponibles et il existe également de nombreuses activités comprises dans le prix de votre chambre.

■ **BEDARRA ISLAND RESORT** ✆ **(07) 4068 8233.** *A partir de AU$2350 par personne pension complète pour 3 nuits dans une villa sur la plage.* Les enfants ne sont pas autorisés.

Sur la Bruce Highway, à 7 km au sud d'Innisfail, dans les éternels champs de canne à sucre, est situé le Australian Sugar Museum, ouvert tous les jours, de 9h à 16h30, pour ceux qui n'ont pas encore d'indigestion à force de les regarder depuis des centaines de kilomètres. La canne à sucre est si omniprésente, ses hauts murs tellement impénétrables que cela en devient oppressant…

Au-delà de ces champs, des hautes collines d'un vert sombre sont couronnées de nuages blancs. La jungle qui descend les flancs de collines, jusqu'à l'orée des plantations, semble tout aussi impénétrable, trouée seulement de quelques baraques de tôle rouillées, noyées dans cette luxuriance végétale et humide… Cependant depuis le Cyclone Larry, quelques endroits restent encore ravagés et la forêt tropicale va mettre quelque temps à s'en remettre. La ville a été occupée quelques temps par l'armée australienne afin d'aider les habitants de la région à se remettre des dégâts de Larry.

Innisfail

Ville d'industrie sucrière depuis plus de cent ans, Innisfail est située à la jonction des rivières Johnstone North et South. La Johnstone North qui descend des plateaux d'Atherton est une excellente rivière pour faire du rafting et du canoë. La majeure partie de la population d'Innisfail est d'origine italienne. Les premiers immigrants italiens arrivèrent dès le début du siècle pour travailler sur les plantations de canne à sucre. Certains devinrent des planteurs eux-mêmes. En 1930, il y avait même une mafia locale, appelée Black Hand, la main noire.

A Innisfail de nombreux jeunes backpackers s'arrêtent pour trouver du travail à la cueillette des fruits. Si vous passez en voiture allez voir Paronella Park au sud d'Innesfail. Un château en ruine, partiellement rénové pour des mariages, un superbe parc planté de plantes tropicales… D'Innisfall, la Palmerston Highway monte à l'assaut des hauts plateaux d'Atherton, en coupant à travers la rainforest du Palmerston National Park. Sur la Bruce Highway, à 28 km au nord d'Innisfall, se trouve l'une des rares plantations de thé d'Australie.

■ CAIRNS ■

Ville touristique tropicale, Cairns est le symbole de la barrière de corail. Son port de plaisance est la base de départ de la flotte de pêche au gros. Le port de Cairns vit autour de la Marlin Jetty et du Platypus Wharf. Cette bande de terre qui gagne artificiellement sur la mer donne à la ville un cachet chic qui se démarque de l'Esplanade du front de mer et de sa plage de vase, beaucoup plus agitée, jalonnée de backpackers et d'agences de location de bateaux et d'excursions dans les îles. En retrait de la frange côtière consacrée aux hôtels, la ville a conservé quelque peu une allure de début de XXe siècle : les anciens bâtiments de la poste et du tribunal ont visiblement subi les influences d'architecture coloniale. Cairns est restée, malgré tout, un endroit amical où les gens se sourient et semblent vivre loin du stress des grandes villes.

« Capitale » de la région du Far North Queensland (extrême nord), Cairns est la plaque tournante du tourisme de l'extrême nord grâce à son aéroport international construit il y a une vingtaine d'années (le cinquième d'Australie par le nombre de voyageurs qui y transitent).

Cairns est aussi la ville de la côte la mieux connue des touristes, centre d'un grand nombre d'activités, pas seulement de la plongée sur la Grande Barrière de corail, mais aussi du rafting, de l'équitation et de la dernière folie de la côte est, le bungy jump, le saut en élastique. La ville elle-même n'a pas de plage de sable, mais il en est de fort belles plus au nord, sur la Marlin Coast. Cairns est entourée de marécages et de mangroves. La mer est très peu profonde devant l'Esplanade, la promenade principale de la ville. Une plage artificielle très jolie, a été construite sous forme de lagon avec une piscine publique, ainsi qu'une promenade en bois, de 5 km de long, plateforme pour observer les oiseaux qui sont très nombreux à visiter l'Esplanade au cours de leur migration. L'endroit est très populaire tant pour les touristes que pour les locaux. Des barbecues gratuits sont disséminés un peu partout dans ce parc aménagé.

L'expansion rapide du tourisme a détruit une partie du charme discret de cette ville coloniale retirée dans les tropiques, mais heureusement, on n'y voit pas trop de grands buildings. Les bananiers décoratifs aux feuilles en éventail, des flamboyants aux fleurs ressemblant à des perroquets rouges poussent à côté de vénérables bâtiments néoclassiques. « Gone Troppo » est un certain état d'esprit des tropiques. La moiteur du climat incite à un laisser-aller vestimentaire et l'on voit souvent des personnes aller pieds nus. Les employées de bureaux qui gardent stoïquement leurs collants et escarpins à petits talons semblent d'une bienséance toute british.

Manifestations

▸ **De juillet à septembre** la ville s'anime de nombreux festivals culturels. Le temps se prête à écouter des concerts le long de l'esplanade ou regarder un film assis sur l'herbe dans le jardin botanique.

Transports

Cairns marque la fin de la Highway n° 1 (Bruce Highway) et du chemin de fer venant de Brisbane.

■ **LE DEPOT DES BUS GREYHOUND est au Trinity Wharf, Wharf Street ✆ (07) 4051 5899 / 13 14 99 - www.greyhound.com.au** - *heures d'ouvertures du lundi au vendredi de 08h30 à 17h30, du samedi au dimanche de 08h30 à 15h.*

■ **LE DESERT VENTURER ✆ 1300 858 099 - www.desertventurer.com.au** - Parcourt deux trajets : Cairns-Alice en trois jours (dans les deux sens) pour AU$339, comprenant deux nuits d'hébergement plus AU$73.50 pour la nourriture des trois jours et Cairns-Darwin en quatre jours (dans les deux sens) pour AU$415 avec 3 nuits d'hébergement plus AU$99 pour les repas.

■ **BRITZ LOCATION DE CAMPING CAR. 411 Sheridan Street** ✆ 1800 331 454 – www.britz.fr

■ **THRIFTY LOCATION DE VOITURES. Sheridan Street, au coin Aplin Street** ✆ (07) 4051 8099 - www. thrifty. com. au

■ **TRAVELLERS AUTO-BARN. 123-125 Bunda street ✆ 1800 674 374 (appel gratuit) – www.travellers-autobarn.com.au** – Location et ventes de voitures, campervan, 4x4, à budget raisonnable.

■ **MINICAR RENTALS. 150 Sheridan Street ✆ (07) 4051 6288 - www.minicarrentals.com.au** - Location de voiture, cabriolet, 4X4, scooters. Ils ont aussi des motos. Petite agence de location locale sympathique et honnête.

■ **SCOOTERS & BIKES. 47, Shield Street, Cairns ✆ (07) 4031 3444 - www.cairnsscootersandbikes.com.au** - *Location de vélo AU$12 pour la journée, AU$40 par semaine et AU$80 pour un mois.*

Pratique

■ **RENDEZ-VOUS FUTÉ. 28 Spence Street ✆ (07) 4031 3533 - fax : (07) 4031 3544 info@australie-voyages.com - www.australie-voyages.com** – Cette agence de voyage est tenue par deux Françaises, Pascale et Carole, qui habitent à Cairns depuis une douzaine d'années et ont l'avantage de connaître les infos futées de la région et de toute l'Australie. Vous trouverez également Dominique à l'accueil, il aura les bons plans pour les jeunes backpackers. L'agence s'occupe d'organiser votre voyage sur place ou à l'avance par Internet, des réservations de bus aux hébergements en passant par les safaris organisés. Rendez-vous futé représente la majorité des opérateurs sur l'Australie, n'hésitez donc pas à aller les voir ou les contacter par Internet pour vous assurer un voyage de rêve.

@ *« Nous sommes rentrés de nos vacances en Australie. Je voulais vous faire part d'une bonne adresse et remercier Carole et Pascale de Rendez-vous Futé de leur collaboration si précieuse avant et aussi pendant le voyage. Ce fut un fabuleux voyage, nous avons connu des moments magiques. Je n'hésiterais pas à les recontacter car leur disponibilité et leur sérieux m'ont séduit. J'envoie toutes mes amitiés à l'équipe et les remercie encore pour ces merveilleux souvenirs. » Jean-Yves Hilta*

■ **FAR NORTH QUEENSLAND PROMOTION BUREAU ✆ (07) 4051 3588.** Egalement une bonne source d'informations. C'est le seul office du tourisme… officiel.

■ **BUREAU DE L'ENVIRONNEMENT. Environmental Protection Agency, 5b Sheridan St ✆ (07) 4046 6600 - Fax (07) 4046 6606 - EPA Hotline 1300 130 372.** Si vous décidez de camper dans un parc national, la réglementation est très stricte et il faut un permis que vous obtiendrez ici.

■ **BUREAU DE LA RACQ. 520 Mulgrave Road ✆ (07) 4033 6433.** Donne de précieuses informations sur l'état des routes pour monter à Cooktown, partir sur des pistes jusqu'à la pointe de la péninsule de Cape York, ou encore traverser la brousse jusqu'au golfe de Carpentarie.

■ **L'ESPLANADE** offre une foule d'informations, et propose toute sorte de discounts sur les tours et les activités mais sans garantie sur ce qui est vendu. Certains backpackers refusent de garder vos sacs si vous ne réservez pas le circuit de leur choix chez eux !

Hébergement

Backpackers – Youth Hostels

Cairns est une ville où l'on trouve facilement à se loger confortablement à petits prix. Il existe une gamme très variée de solutions pratiques et compétitives de bonne qualité.

■ **YHA CENTRAL. 20-24 McLeod Street ✆ (07) 4051 0772 - www.yha.com** - *Lit à partir de AU$21 et chambre double à partir de AU$50.* Arrêt de bus à 10 minutes, gare à 100 mètres, aéroport à 12 km. En plein milieu de la ville, cette auberge populaire et confortable dispose d'une piscine, des chambres à ventilateur ou à air conditionné, une cuisine est mise à disposition, consigne de bagages, fax et e-mail.

■ **GILLIGAN'S. 57-89 Grafton Street ✆ (07) 4041 6566 - www.gilligansbackpackers. com. au** - *Lit en dortoir AU$27 et chambre double motel AU$92.* Sans aucun doute un des backpackers le plus confortable de Cairns (mais peut-être un peu grand). Toutes les chambres ont leur salle de bains et pour une fois, on a la place de se retourner dans le lit (4 ou 6 lits par chambre, ou chambres doubles avec air conditionné, cuisine à chaque étage). Le backpacker fait aussi motel. Situé en plein centre ville, neuf, avec une grande piscine et de l'espace. Internet café et night-club jusqu'à minuit, histoire de commencer la soirée sans empêcher les autres de dormir.

■ **CALYPSO. 5,9 Digger Street ✆ 1800 815 628 (07) 4031 0910 – www.calypsobackpackers. com.au.** *En dortoir de 4 ou 6 personnes AU$23 par personne, chambre twin ou double AU$50 par chambre.* Dans un bâtiment de style « Queenslander », un endroit très jeune et convivial. Pour AU$7 offrez-vous le buffet à volonté. Le bar Zanzibar attire le week-end beaucoup de locaux, party à gogo.

■ **LE FLORIANA. 183 The Esplanade. ✆ (07) 40517 886 - www.florianaguesthouse.com** - *AU$75 pour une chambre avec salle de bain et à partir de AU$85 pour un studio.* Une maison ancienne au style espagnol, offrant des chambres pleines de charme et des studios. Vue sur la mer et à 15 minutes à pied du centre. Piscine, cuisine, salle à manger, laverie dans le jardin aux fleurs tropicales. Calme. C'était parfait. Dommage que ce soit pris d'assaut. F. Druhen, Evry.

■ **CAIRNS GIRLS HOSTEL. 147 Lake Street ✆ (07) 4051 2016 - www.cairnsgirlshostel.com.au** - *Lit à AU$18 et chambre double à AU$22.* Trois salles de bain, cuisine, télévision et facilité Internet. Comme son nom l'indique, ce backpacker est uniquement réservé aux femmes. Amical, propre, proche du centre, tout ce qu'il faut pour passer un séjour tranquille.

■ **KOALA BEACH RESORT. 137-139 Lake Street ✆ 1800 066 514 - www.koalaresort.com.au** - *Lit à partir de AU$25 et chambre double à partir de AU$65.* Situé en plein centre. Toutes les chambres ont une télé et une salle de bains. Piscine, cuisine en commun, ambiance jeune et sympathique.

Appartements et motels

■ **TROPICAL QUEENSLANDER. 287 Lake Street ✆ (07) 4031 1666 - www.queenslanderhotels. com.au.** - Studio avec kitchenette équipée à AU$105. Deux piscines et jacuzzis, salle de gym, climatisation. Attention de réserver à l'avance car c'est très demandé surtout en juillet/août.

■ **NOMADS SERPENT RESORT. 341 Lake St, Cairns QLD 4870 ✆ (07) 4040 7777 – 1800 737 736 – www.serpenthostel.com – reservations@serpenthostel.com** *Dortoir à partir de AU$ 18 et chambre à partir de AU$ 55.* Navette gratuite de l'aéroport, repas gratuit le soir, bar/café, air conditionné, énorme piscine, cuisine, dortoirs exclusivement réservés aux filles, bureau d'excursions, Internet et activités quotidiennes gratuites.

NOMADS
NOMADS FLASHPACKING
SERPENT
RESORT
Nomads Serpent Resort - 341 Lake St, Cairns QLD 4870
Tél : +61 (0)7 4040 000 - Fax : +61 (0)7 403 18 401
www.serpenthostel.com - reservations@serpenthostel.com
Dortoirs à partir de $18, chambres à partir de $55

Cairns Beach House
Sheraton St, Cairns QLD 4870
Tél. : 1800 229 228 / +61 (0) 7 4041 2007
Fax : +61 (0) 7 4041 0431

Dortoir à partir de $21, chambres à partir de $50
Repas du soir compris, bar/restaurant, piscine, navette gratuite de l'aéroport, internet, bureau de réservations touristiques, dortoirs réservés aux filles, activités quotidiennes gratuites

11457

■ **CAIRNS BEACH HOUSE. Sheraton St, Cairns QLD 4870 ✆ (07) 4041 2007 – 1800 229 228 – Fax: (07) 4041 0431 – www.cairnsbeachhouse.com.au – talk2us@cairnsbeachhouse.com.au –** *Dortoir à partir de AU$ 21 et chambre à partir de AU$ 50.* Repas du soir gratuit, bar/restaurant, piscine, navette gratuite de l'aéroport, Internet, bureau d'excursions, dortoirs réservés aux filles, activités quotidiennes gratuites.

■ **HIDES HOTEL. Corner Lake et Shields Streets ✆ (07) 4051 1266 - www.clubcroc.com.au -** *Chambre double à partir de AU$75 avec petit déjeuner et repas léger du soir au pub PJ O'brien.* Bon rapport qualité prix mais parfois un peu bruyant le week-end, demander les chambres à l'arrière de l'hôtel. Situé à l'angle du mall, à l'arrêt des bus locaux, sa façade blanche et verte avec une véranda couverte au premier, très belle. Une partie de l'hôtel est classé historique.

@ CORAL TREE. 166-172 Grafton Street ✆ (07) 4031 3744 - www.coraltreeinn.com.au - Chambre à partir de AU$120. 3-étoiles, style motel, avec terrasse, cuisine, lingerie et piscine. A deux minutes à pied du centre ville. Agréable, réellement à recommander. Piscine, BBQ, laundry, terrasse. K. Pouilly, Aulnay-sous-Bois. U n pub irlandais y est jouxté, avec une bonne ambiance…

■ **IL PALAZZO BOUTIQUE HOTEL. 62 Abbott Street ✆ (07) 4041 2155 - www.ilpalazzo.com.au -** *Appartements luxueux en centre ville à partir de AU$165.* Toutes les facilités : piscine, salon de beauté, salon avec accès Internet, nettoyage à sec, garage surveillé. Très bien situé à proximité de l'Esplanade et de tous les restaurants et night-clubs.

■ **QUEENS COURT. 167-171 Sheridan Street ✆ (07) 4051 7722 -www.queenscourt.com.au - info@queenscourt.com.au -** *Chambre double standard à partir de AU$75, chambres pour famille jusqu'à cinq personnes à partir de AU$158, petit déjeuner inclus.* Toutes les chambres sont pourvues d'une petite kitchenette, chambres non-fumeurs, Rampe pour handicapés, crèche, piscine, Internet, lingerie, garage, transfert à l'aéroport inclus. Très confortable et bien situé (20 minutes à pied du centre ville). Bon rapport qualité-prix.

■ **WATERFRONT TERRACES. 233 The Esplanade ✆ (07) 4031 8333 - www.cairnsluxury.com -** *Appartements luxueux d'une ou deux chambres à partir de AU$170.* Classé 5-étoiles, ce complexe est situé du côté le plus calme de l'Esplanade avec une très belle vue sur la mer, et le parc qui la borde.

Sur les plages au nord de Cairns

■ **COSTA ROYALE. 59-61 Vasey Esplanade, Trinity Beach ✆ (07) 4057 8888 - www.costaroyale.com -** *Appartements ou townhouses (apparts sur deux étages) avec 2 chambres à partir de AU$130 en basse saison et AU$160 en haute saison.* Situé à vingt minutes de Cairns, directement en face de la plage de Trinity Beach, transports publics à la porte, proche des très bons restaurants du bord de mer. Les pièces sont beaucoup plus spacieuses que la moyenne et bien équipées. Idéal pour profiter de la plage dans une location paisible.

■ **TRINITY BEACH CLUB APPARTEMENTS. 19-23 Trinity Beach Road, Trinity Beach ✆ (07) 4055 6776 - www.trinitybeachclub.com.au -** *Appartements d'une chambre avec ou sans mezzanine à partir de AU$135.* Situé à vingt minutes de Cairns, à 300 mètres de la plage. Construit au milieu de jardins tropicaux, ce complexe offre piscine, BBQ, parking couvert.

Confort ou charme

■ **THE BALINESE. 215 Lake Street ✆ 1800 023 331 - www.balinese.com.au -** *Chambre double à AU$99 petit déjeuner et transferts à l'aéroport inclus.* Construit dans le style des habitations de Bali, chaque chambre est décorée de cette manière. Ambiance très familiale, cuisine commune, machines à laver, piscine. A une rue de l'Esplanade et proche du centre ville (15 minutes à pied).

■ **SOFITEL REEF CASINO. 35-41 Wharf Street © (07) 4030 8888 - www.reefcasino.com.au -** *Chambre double et suite à partir de AU$370.* Hôtel 5 étoiles, situé au centre ville avec vue sur Trinity Bay ; tout confort, piscine, sauna, gymnase, restaurant, bar et le Casino.

■ **MERCURE HARBOUR SIDE. 209-217 The Esplanade © (07) 4051 8999 -www.mercure-harbourside.com.au -** *Chambre double à partir de AU$168.* Situé sur l'Esplanade. Au café, les locaux viennent écouter du jazz le vendredi soir.

Caravan Parks

Certains sont très confortables, notamment :

■ **CAIRNS HOLIDAY PARK. 12-30 Little Street, Manunda © 1800 259 977 -www.cairnscamping.com.au.** *A partir de AU$17 pour un emplacement de camping, AU$22 un emplacement avec électricité, et à partir de AU$45 une cabine.* Cuisine, machines à laver, Internet et une toute nouvelle piscine. Très bien situé à 2,5 km seulement de la ville et à 600 mètres de l'Esplanade, il vient d'être rénové et a gagné en confort et standing.

■ **CAIRNS COCONUT CARAVAN BEACH. Bruce Highway South (à l'angle d'Anderson Road), © (07) 4054 6644 - www.coconut.com.au -** *Emplacements à partir de AU$34 en basse saison et AU$40 en haute saison.* 155 emplacements avec électricité et évacuation des eaux usées. Eau courante, sanitaires avec douches chaudes et salles de bains ; tennis, piscine, aire de jeux, minigolf, kiosque.

Coin gay

► **www.ozbeartravel.com -** Un site avec plein d'infos sur toute l'Australie. Ken est Danois, il lit le français mais vous répondra en anglais. Très sympa, il organisera votre voyage en Australie, toutes les infos également sur le Mardi gras à Sydney.

■ **SKINNY DIPS. 18-24 James Street © 1800 621 824 - www.skinnydips.com.au -** *Chambre à partir de AU$150 et studio à partir de $165.* Situé à 2 km du centre ville et proche de l'Esplanade.

■ **TURTLE COVE RESORT& SPA. Sur la route entre Cairns et Port Douglas, © 1300 727 979 - www.turtlecove.com.** *Chambres doubles à partir de AU$200 avec petit déjeuner inclus.* Très privé, un hôtel à 29 chambres en bord de mer et avec la forêt tropicale comme coulisse. Piscine, jacuzzi, restaurant et beach bar. Toutes les chambres ont une salle de bain, un balcon privé, l'air conditionné, la télé et un frigo.

■ **CLUB TRIX. 53 Spence Street © (07) 4051 8223.** Boîte de nuit.

Restaurants

L'Esplanade de Cairns, entre Shields et Aplin Streets, n'est qu'une suite de fast-foods proposant burgers, kebabs, pizzas, fruits de mer et glaces à toute heure du jour et de la nuit. La table à Cairns, un peu touristique et où certains des bons restaurants sont dans les grands hôtels, offre néanmoins de bons poissons et fruits de mer. Le barramundi, le célèbre poisson des rivières du Nord, est apprécié des pêcheurs comme des cuisiniers. Les poissons des récifs comprennent, entre autres, l'excellente truite de corail, l'empereur rouge ou sweetlip (lèvres douces) et le poisson perroquet. Les crevettes et gambas sont pêchées le long de la côte et dans le détroit de Torres. Les variétés locales sont le brown tiger (tigre brun), l'endeavour, le red spot king (royal point rouge) et le banana prawn. Les mud crabs très recherchés (crabes de vase), dont on ne pêche que le mâle pendant les mois chauds de l'année, vivent dans toutes les régions du Sud-Pacifique.

■ **RED OCHRE GRILL CAFÉ. 43 Shield Street, Cairns © (07) 4051 0100 - www.redochregrill.com.au.** *Plat autour de AU$30.* Très intéressant. Une cuisine innovante d'inspiration traditionnelle. Au menu, diverses préparations à base d'émeu, de kangourou, etc., et tous les fruits, légumes, épices et aromates du bush, ancestralement utilisés par les Aborigènes.

■ **C'EST BON. 20 Lake Street © (07) 4051 4488 - www.cestbon.com.au -** *Plat autour de AU$30.* Amélie et son père Michel proposent des plats traditionnels français. Si la bonne chère vous manque, n'hésitez pas à y faire un tour.

■ **LA FETTUCCINA. 41 Shield Street © (07) 4031 5959.** Très bon restaurant italien, terrasse sur la rue et ambiance sympathique. Bon rapport qualité-prix.

■ **BARNACLE GRILL. Esplanade ✆ (07) 4051 2241.** Spécialités fruits de mer. Et juste à coté, le **SPLASH** ✆ (07) 4031 9300 également poisson et fruits de mer.

■ **DUNDEES RESTAURANT près du nouvel Hôtel Harbourlight face à la mer ✆ (07) 4051 0399.** Spécialités australienne : kangourous, crocodiles ainsi que poissons et fruits de mer. Prix très abordables.

■ **MONDOS. ✆ (07) 4052 6780.** Situé dans le complexe du Hilton, au bord de l'eau, idéal pour l'apéro ou un petit snack.

■ **MATSURI JAPANESE CAFETERIA. 62-64 Abbott Street ✆ (07) 4031 0271.** Cuisine japonaise à bon prix. Les Japonais touristes et locaux s'y retrouvent, preuve que la nourriture est authentique.

■ Pour un petit café ou une pâtisserie, Allez sur Grafton Street Au **SWISS CAFE** ou au **BEETHOVEN.** On y trouve du «vrai» pain, des croissants...

Sortir

La vie nocturne de Cairns n'offre pas autant de pistes de danse que les villes glamoureuses de la Gold Coast. Par contre, les petits restaurants chez les backpackers ayant une licence d'alcool sont très populaires parmi les jeunes voyageurs qui sont pratiquement sûrs d'y retrouver des compagnons de route.

■ **CASA DE MEZE. Au coin d'Aplin et de l'Esplanade.** Musique latine live le vendredi et samedi, fréquenté plutôt par les plus de 25 ans. Ambiance conviviale, restaurant latino. Goûtez à leurs excellentes tapas sur la terrasse face à la mer. Cours de salsa le week-end.

■ **JOHNO'S BLUES BAR. Au coin d'Aplin et Abbott Street.** Souvent très bonne musique live de blues, jazz. Fréquenté plutôt par les locaux du genre Bikies. Le dimanche soir, un gong show : tout le monde peut chanter et gagner une caisse de bière.

■ **PJ O'BRIENS. Shields Street proche de la City Place de Lake Street.** Pub irlandais avec musique, piste de danse et des groupes en live. Bonne ambiance et entrée gratuite.

■ **WOOLSHED. Sur la City Place.** Ambiance très jeune : la légende dit que si vous n'emballez pas au Woolshed c'est que vous êtes un loser... En fin de soirée tout le monde se retrouve à danser sur les tables.

■ **THE VERTIGO BAR. Au casino.** Tous âges et groupe en live, musique diverse. Le samedi soir les «Swinging Alley Cats» mettent beaucoup d'ambiance et cela swingue fortement.

■ **THE GREEN ANT CANTINA. 183 Bunda street, derrière le Cairns Central.** Public hétéroclite, bar, jardin intérieur, table de billard. On peut bien manger pour par cher. Cuisine mexicaine.

■ **INBOX CAFE. Abbott Street.** Coin Internet, bar, petits plats sympas, musique avec DJ en live.

Points d'intérêt

▶ **Le centre ville et la City Place,** un hall piéton, sont regroupés derrière l'Esplanade qui ombrage la plage d'une rangée de banians. Au bout de l'Esplanade, le port de plaisance de Trinity Wharf regroupe les jetées où sont ancrés les bateaux de croisière et d'excursions sur la Grande Barrière, ainsi que les yachts de pêche au gros qui fait la renommée de la région.

▶ **Dans le centre ville, le petit Cairns Museum.** A l'**angle de Lake et Shields Streets,** ✆ 4051 2241. Il est ouvert de 10h à 16h du lundi au samedi. Entrée adultes AU$5, enfants AU$2.

▶ **La galerie régionale de Cairns.** Au **coin de Shield et Abbott Street, ✆ 4046 4800 - www.cairnsregionalgallery.com.au,** propose des expositions d'artistes locaux et australiens. *Ouvert du lundi au samedi de 10h à 17h et le dimanche et jours fériés de 13h à 17h. Entrée AU$5, entrée gratuite en dessous de 16 ans.* Perrotta's à la sortie de la galerie est également une bonne adresse pour prendre un café ou manger un morceau.

▶ **Le centre des « Royal Flying Doctors », 1 Junction Street,** mérite une visite pour découvrir l'épopée de ces docteurs qui volent par tout le bush pour soigner les plus isolés. En passant voir aussi le Botanical Garden dans un des plus vieux quartiers de Cairns, on longe de belles maisons typiques du Queensland.

> Aborigène

> Les Devils Marbles

> Moralana drive

> Sydney

> Perth

Le Jardin botanique. Edge Hill, une foule de plantes tropicales, l'ombre rafraîchissante des grand arbres, un petit café niché dans la verdure et une belle promenade à faire autour des Centenary Lakes, voila un endroit où passer l'après-midi.

Si vous louez une voiture ou un vélo pour les courageux, aller à Crystal Cascade à Redlynch (environ 15 km). Endroit très rafraîchissant, (surtout en été) pour une jolie baignade dans la forêt tropicale.

Prenez le Sunbus (au centre ville) pour vous rendre sur les plages, Trinity Beach ou Palm Cove sont conseillées. Visite du petit Cairns Tropical Zoo sur la route de Palm Cove où vous pouvez découvrir tous les animaux australiens. Achetez un Pass 24h pour AU$9.

Écoles de langue

Pourquoi ne pas venir à Cairns, non seulement pour visiter cette région exceptionnelle, mais aussi pour apprendre ou améliorer votre anglais ? Il existe de nombreuses écoles de langues à Cairns, certaines peuvent même combiner cours d'anglais avec plongée sous-marine ou golf !

■ **SUN PACIFIC COLLEGE. Level 2 Palm Court, 34 Lake St Cairns ✆ (07) 4051 5566 - www.sunpacificcollege.com.au (site en français).** Ecole sympathique et conviviale. Classe à petit nombre, cours spécialisés, maison d'étudiants et famille d'accueil.

■ **CAIRNS COLLEGE OF ENGLISH. 67 Lake Street, Cairns** ✆ (07) 4051 5383 - www.cce.qld.edu.au

Shopping

■ **PIER MARKETPLACE.** Des magasins et des restaurants au bord de l'eau avec vue sur la Marina. La Pier Taverna est le point de rencontre des locaux pour prendre l'apéritif.

■ **CAIRNS CENTRAL. Mc'Leod Street, grand centre commercial.** Supermarchés, magasins de vêtements, de musique, pharmacie, librairie, télécommunications (Vodaphone, Telstra etc.), fast-foods et autres.

■ **NIGHT MARKET. Passage entre l'Esplanade et Abbott Street.** Une foule de stands qui vendent des souvenirs, artisanat, produits locaux.

■ **RUSTY'S MARKET. Entre Grafton et Sheridan Street** - Marché de fruits et légumes ayant lieu le vendredi, le samedi et le dimanche dans le centre ville . Ambiance sympathique et animée, tout Cairns s'y retrouve. Des fruits tropicaux gorgés de soleil, papayes et petites bananes (Ladyfingers), aux légumes provenant des Tablelands, le choix est grand. L'Australie est le pays de l'opale par excellence et l'on en trouve dans beaucoup de magasins de Cairns. La qualité des pierres peut différer, il est donc conseiller de demander un certificat de garantie lors de l'achat.

■ **EVERT OPALS. 26 Abbott Street - www.evertopals.com.au -** Entreprise familiale et service personnalisé avec plusieurs magasins dans la région (certaines vendeuses parlent français), les pierres proviennent de leur propre mine à Winton dans le Queensland.

Loisirs

■ **LE TJAPUKAI ABORIGINAL DANCE THEATRE** *offre un mélange de danse traditionnelle et de théâtre moderne avec des représentations tous les jours à 11h et à 13h30 (www.tjapukai.com.au). Entrée adulte AU$3, enfant AU$15.50.* Pour les Aborigènes, l'action de peindre et de graver est déjà un rituel en soi. Cependant, ils peignent parfois pour le seul plaisir; il en va de même pour les chants et les danses appelés « corroborees ». Au cours de ces « corroborees », les danseurs ont le corps orné de peintures très élaborées et de parures de plumes et de duvet. Ils sont accompagnés de chants, claquements de mains et de la plainte lancinante du didjeridoo, trompe géante, d'eucalyptus évidée.

■ **GONGOLA CLASSIC ✆ (07) 4055 6279.** *Une sortie originale et romantique sur une gondole vénitienne à partir de AU$75 pour deux.* Votre gondolier vous emmènera en mer afin de profiter de la vue de cairns surtout au coucher du soleil. Possibilité d'organiser le petit déjeuner ou le dîner à bord.

■ **WAIT-A-WHILE RAINFOREST TOURS ✆ (07) 4098 2422 - www.waitawhile.com.au** - Tours guidés dans la forêt tropicale et l'arrière-pays, idéal pour les amoureux de la nature, découverte et observation de la faune et de la flore sauvages. Expédition nocturne possible.

■ **RAGING THUNDER. ✆ (07) 4030 7990 - www.ragingthunder.com.au** - Propose du rafting sur la Tully River, des vols en ballons dirigeables, du trekking, du kayak de mer à Fitzroy Island, de la plongée et du 4x4 dans la forêt tropicale.

■ **A. J. HACKETT BUNGY CAIRNS. Mc Gregor Road ✆ 1800 622 888 – www.ajhackett.com.au** - pour le saut à l'élastique.

@ *« Les personnes qui aiment les émotions fortes doivent à tout prix essayer le bungy (saut à l'élastique). Vous êtes accueilli à 15 km de Cairns, dans une forêt tropicale (décors paradisiaques), par une équipe jeune et très sympathique. Le saut coûte AU$125. Un diplôme est offert, et il est possible d'acheter la vidéo de votre saut ou des photos. L'équipe prend en charge les participants à partir de Cairns, les menant en minibus jusqu'au site. S. Froehlicher. Paris. »*

Pour AU$45, leur nouvelle attraction, le Minjin, est une espèce de pendule d'où on vous jette. Ils peuvent mettre trois personnes d'un coup, vitesse de 140 km/h.

■ **SKYDIVE CAIRNS ✆ 1800 444 568 - skydivecairns. com. au** - *Saut en solo ou en tandem. A partir de AU$219.* Possibilité de suivre des cours et d'avoir une licence internationale. Montez le dernier dans l'avion, ainsi vous aurez tout le loisir d'observer le paysage dans le trou qui sert de porte. Vous en arriverez même à oublier que vous allez sauter… jusqu'à ce qu'on vous dise « Let's go ». La vue est magnifique et l'atterrissage se fait en douceur.

■ **JUMP THE BEACH SKYDIVE. Pacific Drive, Mission Beach ✆ 1800 638 005 - www.jumpthebeach.com** - L'avantage de sauter à Mission Beach est de survoler la Grande Barrière de corail et les îles avant de se lancer. *A partir de AU$219.*

■ **MIKE BALL ✆ (07) 4053 0500 - www.mikeball.com** - Organise aussi des expéditions allant de 3 à 9 jours avec un choix de 4 bateaux dans le « Cod Hole » et la mer de Corail.

■ **SPRINGMOUNT STATION ✆ 1800 333 004.** *Randonnée à cheval AU$120 pour une journée, possibilité de séjourner à la ferme AU$240 tout compris.*

Plongée

La plongée est bien entendu au menu des locaux comme des visiteurs. Parmi les « shops dive » qui abondent à Cairns, les plus connus sont **Pro-Dive** ✆ (07) 40315255 233 - www.prodivecairns.com et **Down Under Dive** ✆ (07) 4052 8300 - www.downunderdive.com.au ou Deep Sea Divers Den 1800 612 223 - www.diversden.com.au

■ **TAKA DIVE. 131 Lake Street ✆ (07) 4051 8722 - www.takadive.com.au** - Pour une expérience inoubliable de plongée sur la Grande Barrière de corail, participez à une expédition sur un bateau. Elles vont jusqu'au bord extérieur de la barrière, et même au-delà dans la mer de Corail, où la visibilité sous-marine excède souvent plus de 300 pieds ! Plongée dans le « Cod Hole » et aussi shark feeding (ce sont des requins de coraux et non pas les requins blancs)

Excursions

■ Un petit train touristique grimpe les 34 km de Cairns à Kuranda. Cette ligne, construite en 1891, traverse quinze tunnels avant d'arriver à l'adorable gare de Kuranda, noyée sous les fougères géantes. Réservations à la gare de Cairns, ✆ **(07) 4036 9333 - www.ksr.com.au.** *L'aller-retour coûte. AU$52.*

■ **TROPICAL HORIZONS ✆ (07) 4058 1244 - www.tropicalhorizonstours.com.au** - *Propose des tours avec départ en Skyrail (téléphérique) et retour en train ou inversement à partir de AU$83. Option avec Tjapukai, au pied du Skyrail, ajouter AU$31.* Tropical Horizon vous propose également des tours guidés dans les Tablelands, à Daintree ou à Cap Tribulation prix allant de AU$122 à AU$250. *Ouvert tous les jours de 10h à 16h tours guidés toutes les quarts d'heures.*

■ **ON THE WALLABY ✆ (07) 4050 0650 - www.onthewallaby.com** - Des tours guidés dans la forêt tropicale à la rencontre de la vie de la forêt tropicale, découverte des animaux et d'arbres impressionnants, circuit des cascades et visite de lacs de cratères AU$95. Possibilité d'effectuer des tours en canoë, AU$95, ou de choisir un tour de deux jours, AU$165, ou trois jours, AU$185 avec une visite nocturne en canoë (en option, AU$25). Ambiance conviviale et joyeuse.

GRANDE BARRIERE DE CORAIL
RET TROPICALE, CAPE TRIBULATION
CROISIERE A PARTIR DE $85
E PLONGEE A PARTIR DE $320
SAFARI 4x4 A PARTIR DE $99
down under cruise&dive
THE ADVENTURE COMPANY
-61 7 4052 8300
www.downunderdive.com.au
www.adventures.com.au

Vols en hélicoptère avec Down Under Heli
Combinez un vol à coupez le souffle avec une croisière luxueuse !
down under HELICOPTERS
Vol/Croisière (demi-journée) : $235pp
Croisière/Vol (journée) : $269pp
Vol/Croisière/Vol (demi-journée) : $355pp
Ou pilotez vous-même votre hélicoptère! 'You-Fly' : $330pp
Pour tous renseignements sur notre sélection de tours
Ecrivez nous à www.downunderheli.com

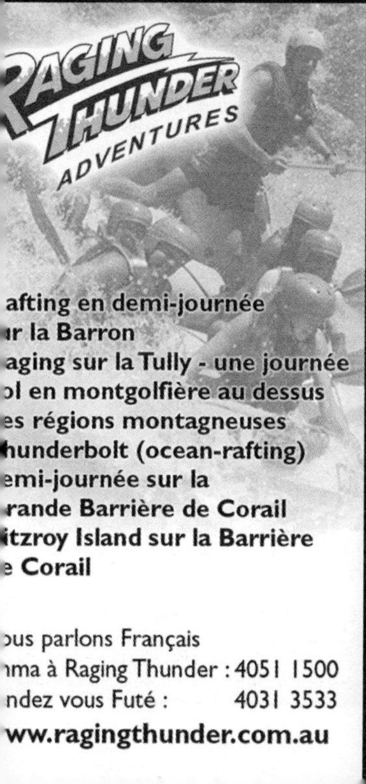
RAGING THUNDER ADVENTURES
afting en demi-journée
ır la Barron
aging sur la Tully - une journée
ol en montgolfière au dessus
es régions montagneuses
hunderbolt (ocean-rafting)
emi-journée sur la
rande Barrière de Corail
itzroy Island sur la Barrière
e Corail
ous parlons Français
ıma à Raging Thunder : 4051 1500
ndez vous Futé : 4031 3533
www.ragingthunder.com.au

fun, relax sous les tropiques
FROM $22
CALYPSO INN
BACKPACKERS RESORT • CAIRNS AUSTRALIA
Tranfert gratuit
ph: 1800 815 628
calypsobackpackers.com
ZANZIBAR
BAR & GRILL

■ **WOOROONOORAN** ✆ **1300 661 113 – www.wooroonooran-safaris.com.au –** Des tours dans la forêt tropicale pour voir et comprendre la faune et la flore australiennes. En français les lundi, mercredi et vendredi.

■ **WILDERNESS ECO SAFARI** ✆ **(07) 4041 1344 - www.wildernessecosafari.com -** *Départ tous les jours. AU$125 en basse saison et AU$145 en haute saison par personne. Repas compris.* Steve vous emmène là où la plupart des tours opérateurs n'ont pas accès. Plongez dans la magnifique forêt tropicale, entourée de lacs et d'arbres géants, c'est avec joie que vous bénéficiez des commentaires et conseils d'un guide expérimenté. Une journée de découvertes où tout est différent.

■ **ADVENTURE NORTH** ✆ **(07) 4051 0578 - www.adventurenorthaustralia.com -** Safari de 1 jour à Cooktown à partir AU$190. Safari de 3 jours à partir AU$399, avec une nuit à Cooktown et une à Cape Tribulation. Safari 2 jours 4X4, Daintree-Cooktown, AU$265 en dortoir.

■ **CAPE TRIB CONNECTION** ✆ **(07) 4041 7447 – www.capetribconnections.com -** *Cette petite compagnie organise des excursions à la journée pour Cape tribulation à AU$114 ou 2 jours et 1 nuit à AU$129 avec une nuit en dortoir ou AU$140 en chambre double.* Ils organisent également un tour fantastique de 3 jours dans l'Outback en français le vendredi, écrivez à l'avance à info@australie-voyages.

■ **UNDARA EXPERIENCE** ✆ **(07) 4097 1900 - 1800 990 992 - www.undara.com.au -** De Cairns, allez visiter l'Outback et ses lieux magnifiques, la faune sauvage, les tubes de lave. La visite des tubes de lave ne peut que se faire en tours organisés car ils se trouvent dans un parc national, AU$ 37 pour 2h. Le Sunset tour est conseillé (pour découvrir la faune et la flore), profitez d'un verre de champagne en regardant le soleil se coucher sur les vastes étendues du Outback. En pleine nature, des kangourous à proximité, l'hébergement se fait dans des compartiments de train réaménagés en chambre ou dans des tentes permanentes. On y trouve un restaurant et une cuisine en commun. Un séjour de minimum 2 jours est recommandé, vous pouvez louer une voiture pour vous y rendre vous-même. Si vous venez en octobre, ne manquez pas « Opera in the Outback » pour les amateurs d'opéra.

Sur la Grande Barrière de corail

Il existe plusieurs formules d'excursion à la journée à la Grande Barrière.

■ **PASSIONS OF PARADISE** ✆ **1800 111 346 - www.passionsofparadise.com -** *Journée en snorkeling, AU$109 déjeuner et matériel compris.* Passer une journée sur la Grande Barrière à bord d'un catamaran tout neuf pour faire du snorkeling et/ou de la plongée (certifiée ou en baptême). Un très bon moment de détente à partager. Visite de deux récifs dont Michaelmas Cay, banc de sable et réserve naturelle d'oiseaux. Membres d'équipage francophone. Peut-être aurez-vous la chance de voir une tortue de mer nager autour du bateau.

■ **OCEAN SPIRIT CRUISES** ✆ **1800 644 227 - www.oceanspirit.com.au -** *Semi-submersible et plongée possible, à partir de AU$179.* Excursion à bord d'un catamaran de luxe à Upolu Cay et Michaelmas Cay. Idéal pour passer une journée inoubliable sur la barrière de corail. Le bateau accoste près d'un banc de sable à partir duquel vous pouvez faire du snorkeling. Buffet chaud et froid.

www.reefcharter.com.au
NEW HORIZON
VISITEZ LA GRANDE BARRIÈRE DE CORAIL
VOILE ET PLONGÉE APNÉE OU BOUTEILLE
3 JOURS/2NUITS OU 2JOURS/1NUIT
DÉPART DE CAIRNS
WWW.REEFCHARTER.COM

■ **DOWN UNDER CRUISE © 1800 079 099 - www.downunderdive.com.au** - Cette compagnie possède deux bateaux qui font des excursions à la journée sur la barrière de corail à partir de AU$85, option budget sur Supercat, snorkeling et plongée ou AU$115 sur Osprey. Snorkeling, plongée, semi-submersible. Bateaux confortables et rapides. Transferts sur le bateau en hélicoptère en option. Pour passer votre certificat de plongée PADI : des cours de 4 jours, 2 jours en piscine et classe de théorie, ensuite deux sorties à la journée ou croisières de deux à quatre jours sur la Grande Barrière de corail, des forfaits vous sont proposés, prix à partir de AU$320

■ **DOWN UNDER HELICOPTERS © (07) 4034 9000 - www.downunderheli.com** - *Vol à partir de AU$90.* Cette compagnie vous offre la possibilité de découvrir la Grande Barrière de corail en hélicoptère : des vues spectaculaires.

■ **Il existe aussi LE SANTA MARIA ET CORAL SEA DREAMING © (07) 4055 6130 - www.reef- charter. com** - *Le « Coral Sea Dreaming » part pour deux jours, prix à partir de AU$380. Ils proposent des forfaits de plongée.* Le Santa Maria, un voilier en bois du temps des chercheurs de perle, part pour trois jours sur la barrière, avec un maximum de dix personnes, ambiance amicale et des skippers très sympathiques. Réserver suffisamment à l'avance. Prix à partir de AU$540 pour 3 jours ou prix en stand-by sur Cairns.

■ GREEN ET FIZROY ISLANDS ■

Green et Fitzroy sont des îles coralliennes couvertes de forêts situées immédiatement au large de Cairns. Elles attirent des hordes de daytrippers, surtout Green Island. A green Island, au bout de la jetée, on trouve l'observatoire sous-marin et des bateaux à fond de verre. L'île comprend aussi le Barrier Reef Theatre et le Marienland Melanesia avec des poissons tropicaux, des coraux dans des aquariums, et des bassins pour les bêtes plus grosses comme les requins, les crocodiles et les tortues. Egalement, une exposition sur l'art de la Papouasie Nouvelle-Guinée. Fitzroy est beaucoup plus naturelle et les coraux plus intéressants mais la plage n'est pas de sable blanc.

■ **GREEN ISLAND REEF RESORT © 1800 673 366 - www.greenislandresort.com.au** - *Prix à partir de AU$425/nuit pour un couple avec le petit déjeuner, le transfert, équipements de plages, entrée à l'observatoire sous-marin et au bateau à fond de verre.* Une courte promenade de dix minutes jusqu'au bout de cette petite île de 660 m de long sur 260 m de large permet de retrouver une nature toujours magnifique avec une belle plage et de nombreux poissons tropicaux dans l'eau claire et transparente.

■ **LE BIG CAT © (07) 4051 0444 - www.bigcat-cruises.com.au** - *Un aller-retour à Green Island en deux heures ou à la journée pour AU$62.* Compris dans le prix, l'équipement de snorkeling ou un tour dans un bateau à fond de verre.

■ **FITZROY ISLAND © (07) 4030 79 00 - www.fitzroyisland.com.au** - *Ferry AU$42.* Fitzroy Island, est plus grande et plus sauvage que Green Island. Les plages sont couvertes de bout de coraux (ça peut faire un peu mal aux pieds !) et la végétation est celle de la forêt tropicale. Il y a de belles randonnées à faire jusqu'au sommet de l'île, au phare ou à la fameuse «Nudey Beach».

Activités : kayak de mer, plongée, volley-ball, pêche à ligne, trampoline de mer. La piscine est ouverte à tous, petit snack bar. Vous pouvez louer votre équipement de snorkeling à AU$15. Egalement y aller avec le Thunderbolt un raft hyper rapide, sensation forte assurée.

LES HAUTS PLATEAUX D'ATHERTON TABLELANDS

L'arrière-pays entre Innisfail et Cairns est constitué de hauts plateaux de 700 m d'altitude faits de collines ondulantes où paissent des vaches laitières, de forêts tropicales luxuriantes, de cascades et de lacs volcaniques et parsemés de petits villages. La chaleur, tempérée par l'altitude moyenne, se combine avec des pluies abondantes et un sol volcanique pour donner une des végétations les plus vertes d'Australie.

Les forêts pluvieuses du plateau d'Atherton offrent des paysages surprenants. L'exubérance de la forêt tropicale, verte et vibrante de vie, coïncide assez mal avec l'image couramment véhiculée de l'Australie, continent aride. Pénétrer dans la haute futaie tropicale, c'est entrer dans une cathédrale végétale. La voûte sylvestre distille les rayons du soleil. Seuls, les diaphanes vitraux de feuilles laissent filtrer une douce lumière verdâtre.

Dans le Bellender Ker National Park, on peut se faire une idée de ce qu'a dû être « l'Amazonie ultime bastion des kangourous arboricoles. On peut garer sa voiture à Josephine Falls, à 50 km au sud de Cairns et à 8 km à l'ouest de la Bruce Highway. C'est un fouillis végétal d'où s'échappent constamment papillons et oiseaux. Dans la même région, on peut admirer les lacs de cratère Eacham et Barrine, accessibles par des routes pavées, s'y baigner et, mieux encore, s'offrir un festival ornithologique en suivant les chemins forestiers.

SKYRAIL

« Skyrail » est le premier funiculaire de la forêt pluviale : une première mondiale. Il permet de découvrir les forêts tropicales du patrimoine mondial, loin des routes et des parkings, du bruit, de la poussière. Le funiculaire circule sous la voûte des arbres entre Smithfield et Kuranda avec deux arrêts en cours de route. Avec 7,5 km, c'est le plus long funiculaire du monde et le plus « écologique ». Son élaboration n'a donné lieu à aucune construction de nouvelle route, tout comme son exploitation. Tous les matériaux ont été transportés par hélicoptère. Toutes les « gares » ont été aménagées dans des clairières déjà existantes, et ne peuvent être aperçues depuis l'autre côté de la gorge. En prenant votre place, préférez le côté ravin au côté montagne.

www.skyrail.com.au

Ne laissez plus vos écrits dans un tiroir !

Les Editions Publibook

Recherchent de nouveaux manuscrits à publier

Vous avez écrit un roman, des poèmes... ?
Envoyez-les nous pour une expertise gratuite.

Les Editions Publibook vous éditent et vous offrent leur savoir-faire d'éditeur allié à leur esprit novateur.
Plus de 1500 auteurs nous font déjà confiance.

Editions Publibook - 14, rue des Volontaires - 75015 Paris
Tél : 01 53 69 65 55 - Fax : 01 53 69 65 27
www.publibook.com - e-mail : auteur@publibook.com

KURANDA

Tout de suite au nord de Cairns se trouve le petit village de Kuranda, accessible par le train touristique, fort pittoresque, qui passe près des chutes spectaculaires de Stoney Creek et de la Barron River. Excursion d'une journée. La célèbre gare de Kuranda, bâtie en 1915, déborde de fougères dans la fraîcheur tropicale des hauts plateaux. Il y a un marché où l'on trouve de l'artisanat local, le village en soi s'est transformé d'une communauté alternative/hippie en un village assez touristique. Pour vous détendre un peu, profitez de la «rainforest walk» qui en passant par la forêt et longeant la rivière revient à la petite gare. Croisière sur la rivière possible. On peut aussi accéder à Kuranda par la route (très sinueuse d'ailleurs), le bus local (John's bus) y monte pour AU$2 avec un départ devant le super marché Woolworth Lake Street en centre ville.

■ **KURANDA RIVERBOAT & RAINFOREST TOURS www.kurandariverboat.com**- Derrière la gare centrale. Organise des tours de 45 minutes sur la Barron River ou vous pouvez observer la faune et la flore de la forêt tropicale, AU$14 prix adulte, AU$ 7 prix enfant, AU$ prix famille.

Hébergement

■ **KURANDA BACKPACKERS. 6 Arara Street ✆ (07) 4093 7355 - www.kurandabackpachostel.com -** AU$19 en dortoir ou AU$49 la chambre double.

■ **KURANDA RAINFOREST ACCOMMODATION PARK ✆ (07) 4093 7316 - www.kurandarainforestpark.com.au -** Situé dans la forêt tropicale, (à 10 minutes à pied de Kuranda en longeant la rivière), voilà un paradis pour ceux qui aiment observer les animaux. Bungalow famille à partir de AU$95, studios à partir de AU$ 65, et emplacement camping pour AU$17. Restaurant et piscine, un endroit agréable pour se relaxer.

■ **CEDAR PARK RAINFOREST RESORT ✆ (07) 4093 7892 www.cedarparkresort.com.au.** A 18 km de Kuranda. (dont 6 km de route non goudronnée mais praticable en voiture) un endroit très tranquille et romantique. De grands arbres entourent le bâtiment de style gothique qui comporte seulement 6 chambres toutes décorées différemment. La rivière est à proximité pour se rafraîchir. Grande terrasse ou les repas sont servis, le restaurant est très bon et qui ouvre aussi au public le vendredi, samedi et dimanche. *Chambre double AU$155, chambre à 4 personnes AU$215, petit déjeuner compris.*

Point d'intérêt

■ **LE AUSTRALIAN BUTTERFLY SANCTUARY 8 Rob Vievers Drive ✆ (07) 4093 7575 - www.australianbutterflies.com -** La plus grande volière de papillons exotiques du monde mérite une visite. On peut y admirer tous les merveilleux papillons du pays et le fameux Ulysses (papillon bleu) pour AU$14. Ouvert tous les jours de 10h à 16h, il y a des tours guidés tous les quarts d'heures en différentes langues.

ATHERTON

Cette petite ville, d'une population de 11 200 habitants est la capitale des Tablelands et elle s'agrandit très rapidement. Desservie par le bus local en provenance de Cairns on y accède facilement. Whitecar Coaches (*✆ (07) 4091 1855 - www.whitecarcoaches.com).* Pour les amateurs de pierre semi-précieuse, les Crystal Caves à Atherton vous proposent un tour intéressant. Près de Tolga, de l'artisanat et du bois sculpté qui valent bien la visite.

YUNGABURRA

A 13 km à l'est d'Atherton, faire une halte au charmant petit village de Yungaburra. Le dernier samedi de chaque mois il y a un marché local très sympa. Le pub historique vaut bien une visite. Profitez aussi d'aller au Lake Eacham (lac volcanique entouré d'une forêt tropicale) où les locaux vont se baigner le week-end.

Hébergement

■ **THE LAKE EACHAM HOTEL. Kehoe Place ✆ (07) 4095 3515 - www.yungaburrapub.com.au -** Ce pub traditionnel est un vrai vestige du passé et a été amoureusement restauré, les locaux viennent le soir y prendre une bière et se prêtent facilement à la conversation. A ne pas manquer ! Classé au patrimoine, chambres à partir de AU$68. Attention demandez les chambres à l'étage qui sont beaucoup plus aérées. En octobre, le festival de folk musique rassemble tous les musiciens du coin et les rythmes celtiques vous emportent tard dans la nuit.

■ **KOOKABURRA LODGE. Corner Eacham Road & Oak Street, Yungaburra © (07) 4095 3222 - www.kookaburra-lodge.com** - *Chambre double AU$80.* Le Kookaburra Lodge est un lieu de séjour très sympathique avec des appartements de style motel, confortables et très joliment décorés. Quant aux excursions, elles ne vous décevront pas : rencontre garantie avec les ornithorynques et autres animaux australiens. Dans les environs de Yungaburra pousse le célèbre Curtain Fig que l'on voit sur toutes les cartes postales, un banian aux racines aériennes qui forment un rideau compact de 15 mètres de haut.

LAKE TINAROO

Le Lake Tinaroo est à quelques kilomètres de Yungaburra, faites un petit détour pour aller vous baigner.

Hébergement

■ **LAVENDER HILL. 1, Favier Rd, Kairi, Atherton Tablelands © (07) 4095 8384 - www.lavenderhill-bnb.com** - *AU$150 en chambre double avec petit déjeuner.* Bed&Breakfast magnifiquement situé au bord du lac Tinaroo, le décor est de style provençal et la lavande domine en couleur. Le copieux petit déjeuner est préparé sous vous yeux et se prend sous la tonnelle avec vue sur le lac.

MILLAA MILLAA

Le tout petit village de Millaa Millaa est le point de départ du « waterfall circuit road », la pittoresque route des chutes d'eau de 16 km dans les Tablelands. Ce circuit commence à l'embranchement de la Teresa Creek Road, à un kilomètre à l'est de Millaa Millaa, sur le Palmerston Highway qui descend à Innisfall. Les premières chutes que l'on rencontre sur ce circuit, les Millaa Millaa Falls, sont les plus spectaculaires de toutes. Elles forment un très beau bassin, parfait pour la baignade entre la verdure tropicale et les fougères.

■ DE CAIRNS À PORT DOUGLAS ■

La Bruce Highway, couvrant près de 2 000 km à partir de Brisbane, se termine à Port Douglas. Récemment la route par l'intérieur des terres de Port Douglas à Cooktown a été goudronnée. Il reste toujours une piste, la Bloomfiled track, avec de très beaux panoramas uniquement pour les 4x4 de Cape tribulation à Cooktown par la route côtière.

De Cairns à Port Douglas, la route devient plus étroite, la jungle s'épaissit sur les hautes et abruptes collines de la Great Dividing Range qui descend vers le Pacifique. Elles semblent sculptées et ravinées par la saison des pluies. La route sinueuse, longe la côte, bordée de belles plages désertes.

A l'approche de Port Douglas, vous trouverez Hartley's Crocodile Farm célèbre pour son crocodile de 70 ans. Charlie, crocodile d'eau salée et mangeur d'homme, fut capturé à Browns Bay près de Cairns en 1934. Il a été la star du Crocodile Attac Show pour des centaines de milliers de visiteurs, et géniteur de trois générations de petits crocodiles. Dans la ferme, on peut aussi voir et nourrir des casoars.

■ **HARTLEY'S CROCODILE ADVENTURES © (07) 4055 3576 - www.crocodileadventures.com - A 40 km au nord de Cairns.** *Ouvert de 8h30 à 17h. Entrée adultes AU$28, enfants AU$14 et famille AU$70.* Consultez l'horaire pour les différentes activités proposées. Après Palm Cove, la route longe la mer et offre de magnifiques paysages. Un petit arrêt au Rex Lookout est conseillé pour admirer la vue. Un peu plus loin, elle grimpe sur des petites falaises ; en bas, les criques de sable blanc alternent avec de gros rochers noirs. La vue porte jusqu'à la montagne de Daintree River, où les collines couvertes d'une épaisse forêt dégringolent dans la mer. Des nuages s'accrochent aux sommets, la brume se glisse entre les ravins en créant un jeu d'ombres chinoises entre les crêtes hérissées des arbres à l'aspect inquiétant. On a l'impression de quitter le monde civilisé pour entrer dans le « wilderness » sauvage. Les « wet tropics » du Queensland du nord, c'est la plus vieille forêt tropicale du monde. Anciennes villes fantômes, Port Douglas et Cooktown survivent et prospèrent uniquement grâce au tourisme.

ELLIS BEACH

■ **HEBERGEMENT.** Ellis Beach, à mi-chemin, possède un terrain pour caravanes sur la plage avec des petites cabines privées à AU$155 et vue sur la plage et cocotiers. Vous pouvez également camper à partir de $26 à 2 personnes. En profiter d'avril à novembre quand il n'y a pas de méduses © 1800 637 036 - www.ellisbeachbungalows.com.au

PORT DOUGLAS

Port Douglas, à 75 km au nord de Cairns, est situé sur une mince langue de terre entre le Dickson Inlet et le Pacifique. C'est ici que la Grande Barrière de corail est la plus proche du continent. Les grandes marées se retirent au loin, mettant au jour ses trésors multicolores. Le port fournit un ancrage abrité aux yachts et autres plaisanciers de luxe. Les bateaux partent en excursion à la journée de Port Douglas à la Grande Barrière, à la découverte de ses fonds superbes, en plongée ou en bateau à fond de verre.

Jusqu'à une période toute récente, Port Douglas n'était qu'un petit village endormi à la frange de la civilisation dans l'extrême nord tropical. Aujourd'hui, des promoteurs, réalisant que le site était d'une beauté fabuleuse, ont investi des millions de dollars dans des resorts comme les hyperluxueux Sheraton Mirage et le Radisson Royal Palms. D'autres ont rapidement suivi, ainsi qu'une marina flanquée d'un shopping centre chic, des terrains de golfs bien sûr, un héliport et, pour couronner le tout, une « haie d'honneur » de cocotiers importés à prix d'or et bordant les 6 km de route entre le Captain Cook Highway et la marina de Port Douglas. La belle plage de Four Mile Beach invite à la baignade et à de longues balades.

- **BUREAU D'INFORMATIONS** © (07) 4099 5599.

Hébergement

- **PORT O'CALL LODGE YHA. Port Street. Appel gratuit © 1800 892 800 - www.yha.com** - *De AU$25 à AU$28 par personne en dortoir, de AU$69 à AU$89 pour une chambre double.* Bus gratuit depuis votre backpacker à Cairns vers 10h30 le matin ou 11h de l'aéroport, sauf le dimanche. A cinq minutes de la plage et dix du centre ville. Chambres modernes avec salles de bains privées. Table de billard, bar, bistro près de la piscine. Les propriétaires parlent un peu le français et peuvent vous aider à planifier votre visite à Port Douglas.

- **PELICAN INN PORT DOUGLAS RESORT. 123 Davidson Street © (07) 4099 5266.** *Chambre double de AU$110 à AU$145.* Une piscine avec cascade, une aire de barbecue et un restaurant font partie des facilités de cet hôtel.

- **SHERATONMIRAGE.DavidsonStreet,PortDouglas©(07)40995888-www.sheraton-mirage.com** - *Chambre double à partir de AU$387.* Occupant une bonne partie de la plage de Four Mile Beach, ils proposent toutes les activités liées à la mer : pêche en mer, ski nautique, scooters de mer. Des catamarans font les croisières jusqu'aux îles Low Isles et Cooktown. L'hôtel dispose d'un court de tennis et d'un golf de 18 trous.

- **RADISSON TREETOPS RESORT. 316 Port Douglas Road © 1800 252 668 -www.radisson.com/treetopsau** - *Chambre à partir de AU$210. A quelques minutes de Four Mile Beach. 300 chambres 3 à 4 étoiles et 180 villas indépendantes à une, deux ou trois chambres, catégorie « standard » à « luxe ».* Restaurants, piscines de style lagon dans des jardins tropicaux, excursions, activités sportives (piscine, gym, location de bicyclettes, centre de remise en forme), quatre restaurants, dont le Treehouse où l'on peut dîner tout en haut des arbres, l'Outback Bar & Grill et le Warf. Très grande piscine de style lagon, magnifique décor tropical. 213 chambres « supérieures » et 97 suites.

- **LAZY LIZARD MOTOR INN (Best Western). 121 Davidson Street © 1800 995 950 - www.lazylizardinn.com.au** - *A partir de AU$115 la nuit en basse saison, et AU$ 140 en haute saison. Pour les familles de AU$145 à AU$170.* Vingt-deux appartements entièrement climatisés, avec piscine d'eau salée et garages couverts. - Port Douglas - QUEENSLAND _240

Caravan Parks

Tout comme à Cairns, on trouve à Port Douglas des parcs à caravanes tout à fait confortables.

- **PANDANUS VAN PARK & TRAVELLERS LODGE. 111 Davidson Street © (07) 4099 5944.** *AU$22 pour un emplacement, AU$27 pour un emplacement avec l'électricité.* Les cabines 2 adultes, 2 enfants) sont à partir de AU$62, certaines avec salle de bain, télé, climatisation.

■ **MOSSMAN CARAVAN PARK. Park Street, Mossman 4873 ✆ (07) 4098 2627 - mossmancaravanpark@bigpond.com -** *Emplacement à AU$16 ; avec électricité à AU$22 ; cabines pour 4 personnes avec cuisine et salle de bain à AU$65.* A un kilomètre au nord du bureau de poste, situé au bord de la rivière de Mossman. A disposition, des sanitaires avec douches chaudes et salles de bains, trois piscines et une aire de barbecue, une cuisine en commun bien équipée, télé, laverie automatique.

Restaurants

■ **MANGO JAM CAFÉ. 24 Macrossan Street ✆ (07) 4099 4611.** Une bonne cuisine. Un mélange entre bar, lieu de rencontre et petit restaurant. Des prix intéressants, abordables pour les jeunes qui n'ont pas de gros moyens.

■ **COURT HOUSE HOTEL Macrossan Street Port Douglas ✆ (07) 4099 5181 -** Pub australien traditionnel. Dimanche soir musique, les locaux s'y retrouvent.

■ **LA CUCINA 4 Macrossan Street ✆ (07) 4099 6100 -** Excellente cuisine italienne bien qu'un peu chère. Ne manquez pas la glace au basilic ! Restaurant de fruits de mer sur la marina.

■ **IRONBAR RESTAURANT Shop2/5 Macrossan Street ✆ (07) 4099 4776 -** Très bonne ambiance, musique live.

■ **FLUID NIGHTCLUB & MEZ BAR Marina Mirage ✆ (07) 4099 5200 -** Boîte de nuit dans la marina.

Points d'intérêt

■ **LE PORT ET LA MARINA.** Des cocotiers et des maisons bien entretenues s'alignent sur la plage de sable du côté de la marina, faisant face aux mangroves barbouillées de vase au-delà du Dickson Inlet. De la jetée, des bateaux partent en excursion à la journée sur la Barrière de Corail et d'imposants yachts blancs y mouillent tranquillement. Certains appareillent pour la lointaine Lizard Island, l'une des îles les plus exclusives de la région. Sur la marina plusieurs cafés et restaurants invitent à un moment de détente. On y trouve aussi une galerie de magasins à l'intérieur.

■ **LE COURT HOUSE MUSEUM. Wharfstreet ✆ 4098 5395.** *Ouvert sauf le lundi et mercredi de 10h à 13h.* Raconte l'histoire de Port Douglas. Visiter aussi la petite église en bois avec une superbe vue sur la mer de l'intérieur.

■ **RAINFOREST HABITAT. Embranchement du Captain Cook Highway, Port Douglas Road ✆ (07) 4099 3235 - www.rainforesthabitat.com.au -** *Ouvert de 8h à 17h30. Entrée adultes AU$28, enfants AU$14.* Volière géante à l'extérieur. Sous les filets de la volière, un restaurant sert le très populaire « petit déjeuner avec les oiseaux » magnifique buffet rafraîchi de fruits tropicaux et de champagne pour AU$39. Des nuées de perroquets arc-en-ciel passent sous les voûtes en coup de vent comme une ondée verte, venant de la rainforest reconstituée de l'autre côté du bâtiment. 180 espèces d'animaux. Une trentaine d'espèces d'oiseaux tropicaux natifs de l'Australie, des papillons colorés et des chauves-souris (de grandes fruit-bats noires à collerette fauve) sont regroupés ici. L'une d'entre elles est d'ailleurs l'amie du gardien et vient se suspendre, tête-bêche, sur son doigt quand il l'appelle. Dans le parc environnant volettent des aigrettes, des brolgas, des jabirus et autres grues des wetlands marécageux du Nord, sans oublier le grand casoar, le plus étrange de tous.

nationalchange.com
Vos devises
livrées à domicile
www.nationalchange.com
ou par téléphone au 0 820 888 154 *
(*) Prix appel local
Un cadeau offert avec le Code Avantage : PF06

Shopping

Le dimanche matin marché d'artisanat très sympathique en bord de mer.

Loisirs

▪ **PLONGEE.** Comme à Cairns, on trouve ici un grand nombre d'opérateurs de plongée sous-marine.

▪ **LADY DOUGLAS Paddlewheeler. Marina Mirage ✆ (07) 4099 1603.** C'est un bateau à aubes pour découvrir Port Douglas par les voies d'eau, combiné avec un tour en « historical sugar train ». Départs du Marina Mirage, avec votre déjeuner A(U$40 pour les adultes et AU$30 pour les enfants).

Dans les environs

Port Douglas est le point de départ idéal pour des excursions à Cape Tribulation, les Low Isles et la Grande Barrière de corail, ainsi que la Mossman Gorge. Low Isles Au large du port, une très belle île de corail, la Low Isles, caillou vert émeraude encerclé d'une plage de sable parfaitement blanc, semble flotter sur les eaux turquoise du Pacifique. La grande jonque touristique aux voiles noires, ancrée sur la rive, ne trouble pas la sérénité de l'ensemble. **Le catamaran « Wavedancer » -** www. quicksilver-cruises.com fait aussi des excursions à la journée à Low Isles pour à AU$132 prix adultes et AU$66 pour les enfants, avec le déjeuner, l'équipement de plongée masque-tuba, et le plaisir plutôt mouillé du boomnetting (un petit groupe est dans l'eau, accroché à un filet et tracté par un bateau à moteur) pendant le trajet. Le forfait «Sail & Beach» AU$82 prix adultes et AU$41 pour les enfants comprend seulement le trajet jusqu'à Low Isles.

Excursion sur la Grande Barrière de corail

▪ **QUICKSILVER. Marina Mirage, Port Douglas ✆ (07) 4087 2100 - www.quicksilver-cruises. com.au -** *Adultes AU$189, enfants AU$94,50. Excursion à la journée jusqu'au bord extérieur de la Grande Barrière de corail (le récif d'Agincourt). Départ de Marina Mirage, à Port Douglas, à 10h.* Les Wavepiercers, pouvant contenir jusqu'à 300 personnes, sont des catamarans de 37 m. L'initiation et l'équipement de plongée avec masque et tuba sont compris dans le prix ainsi que l'observatoire sous-marin et la découverte des coraux en semi-submersible. Suppléments payants : AU$58 pour le snorkeling accompagné d'un spécialiste en biologie marine jusqu'au bord extérieur du récif (il faut pouvoir rester 45 minutes dans une eau de 8 m de profondeur, mais on flotte tellement bien dans le Pacifique salé...). Initiation à la plongée avec bouteilles : AU$134. Possibilité de faire un tour en hélicoptère et du Ocean Walker (plongée en scaphandre).

▪ **POSEIDON. Crn. Macrossam & Grant Streets, Port Douglas ✆ 1800 085 674 - www.poseidon-cruises.com.au -** Excursion à la journée sur les très beaux récifs d'Agincourt et du Ribbon Reef ; visite de trois sites différents ; *adulte AU$150, enfant AU$115, AU$190 avec deux plongées sous-marines.* Buffet tropical et transfert inclus.

La vie marine du récif d'Agincourt

Dans ces superbes jardins de coraux des récifs sur l'extrême bord de la plaque continentale australienne, Agincourt est le seul récif éloigné qui soit accessible en croisière tout au long de l'année. Au centre, il forme une lagune parfaite pour la plongée ou, simplement, pour la nage en surface avec masque et tuba (snorkeling). Dans ce pays des merveilles sous-marines, évoluent plus de 1 000 espèces de poissons multicolores tropicaux, entre plus de 200 coraux différents. Ce sont des paysages aquatiques enchanteurs que ces vallées sous-marines profondes et ensoleillées, ces escarpements de corail où ondule une multitude de poissons aux couleurs chatoyantes. Sous une eau limpide, la structure colorée du récif abonde en toutes sortes de spécimens de la faune marine, des minuscules poissons aux rayures fluorescentes aux bénitiers géants qui se ferment au moindre effleurement, sans oublier le poisson-perroquet hermaphrodite mâle qui devient femelle avec l'âge. Les grands mérous, prédateurs à chair succulente, passent la journée à se reposer au fond, sur leurs nageoires pectorales. La nuit, ils évoluent à la surface des récifs, camouflés par leurs ternes écailles.

La Grande Barrière de corail

Raconter la Grande Barrière, c'est aligner une série de cartes postales où les atolls entourés d'une bande de sable blanc se détachent sur des fonds turquoise. Dans la douceur d'un été qui n'en finit pas, l'eau reste claire et chaude tout au long de l'année.

Cette huitième merveille du monde – qui peut se voir de la Lune – est le plus grand récif corallien existant. La Grande Barrière de corail s'étire sur 2 000 km à partir de la Papouasie Nouvelle-Guinée au nord jusqu'au tropique du Capricorne au sud. D'une superficie de 345 000 kilomètres carrés, la Grande Barrière comprend 2 500 récifs dont la surface varie de moins d'un hectare à plus de 100 kilomètres carrés, ainsi que 71 îles coralliennes. En certains endroits, les récifs sont séparés par des passes qui n'ont pas plus de 200 m de largeur ; la plupart des récifs étant sous-marins, certains n'apparaissent qu'à la marée basse. Ces récifs constituent une chaîne opaline dans une mer turquoise et indigo. Certains s'entourent de petites îles de corail blanc à la végétation luxuriante où nichent des oiseaux tropicaux. Et il reste encore des îles dont certaines parties n'ont jamais été explorées…

Au nord, la Grande Barrière est large de 80 km. Au sud, les bancs de corail ne forment plus que des bastions avancés. Elle est comme un gigantesque aquarium. Rien de ce qui croît au-dessus de ses eaux ne peut égaler en beauté le spectacle des jardins coralliens sous-marins, où se côtoient les chatoiements pourpres, roses, lavande, lilas, verts, bruns, bleus ou jaunes.

Sillonnée de canaux enchevêtrés, la Grande Barrière peut être divisée en trois secteurs : le nord, où la profondeur n'excède pas 35 mètres ; le secteur central d'une profondeur de 55 mètres environ ; et le sud, aux fonds atteignant jusqu'à 145 mètres.

La plus grande réserve du patrimoine sous-marin mondial

La Grande Barrière de corail a commencé à se former il y a plus de 10 000 ans, et elle continue à se développer. Les milliards de polypes coralliens (organismes vivants dont chacun n'est guère plus gros qu'une tête d'épingle) ont jeté, par leurs innombrables squelettes, les fondations de la Barrière. Les anémones de mer, « fleurs des récifs » pouvant atteindre soixante centimètres de diamètre, sont en fait des animaux qui agitent leurs tentacules colorés au gré des courants, pour le plus grand péril des proies qui viennent s'y piéger. Ces jardins de corail aux poissons tropicaux couleur d'arc-en-ciel sont un monde fascinant de caves magiques, de formations coralliennes les plus bizarres et de plantes magnifiques.

Entre Brisbane et Cairns, cet enchevêtrement de récifs parsemés de quelques îles coralliennes est devenu une vitrine de l'écologie et du tourisme. On y trouve près de 400 espèces de coraux et plus de 1 500 poissons multicolores différents, le rêve pour des vacances de farniente ou sportives.

En 1976, un Marine Park Authority a été fondé afin de protéger ce parc sous-marin unique au monde. Avec le développement des lignes aériennes, la Grande Barrière de corail constitue actuellement l'atout majeur de l'économie touristique australienne. On vient des quatre coins du monde pour visiter cette étendue de corail avec ses merveilleux poissons tropicaux qui peuvent être vus à l'œil nu jusqu'à 60 mètres de profondeur. Les fonds s'explorent à partir d'observatoires sous-marins, de bateaux à fond de verre, avec un masque et tuba (snorkeling) ou en plongée (scuba diving).

Attention : dès la fin du mois d'octobre jusqu'à début mai, des méduses venimeuses (jelly fish) viennent infester les eaux de la côte nord. Ces méduses d'une dizaine de centimètres, avec de longs tentacules, sont transparentes donc pratiquement invisibles dans l'eau. Les plages concernées sont signalées par des panneaux bien en vue. Des enceintes protégées sont prévues sur certaines plages.

Les stations balnéaires dans les îles au large, ainsi que les récifs de la Barrière sont sûrs toute l'année. Se reproduisant dans les estuaires des rivières, les méduses se concentrent surtout près des côtes.

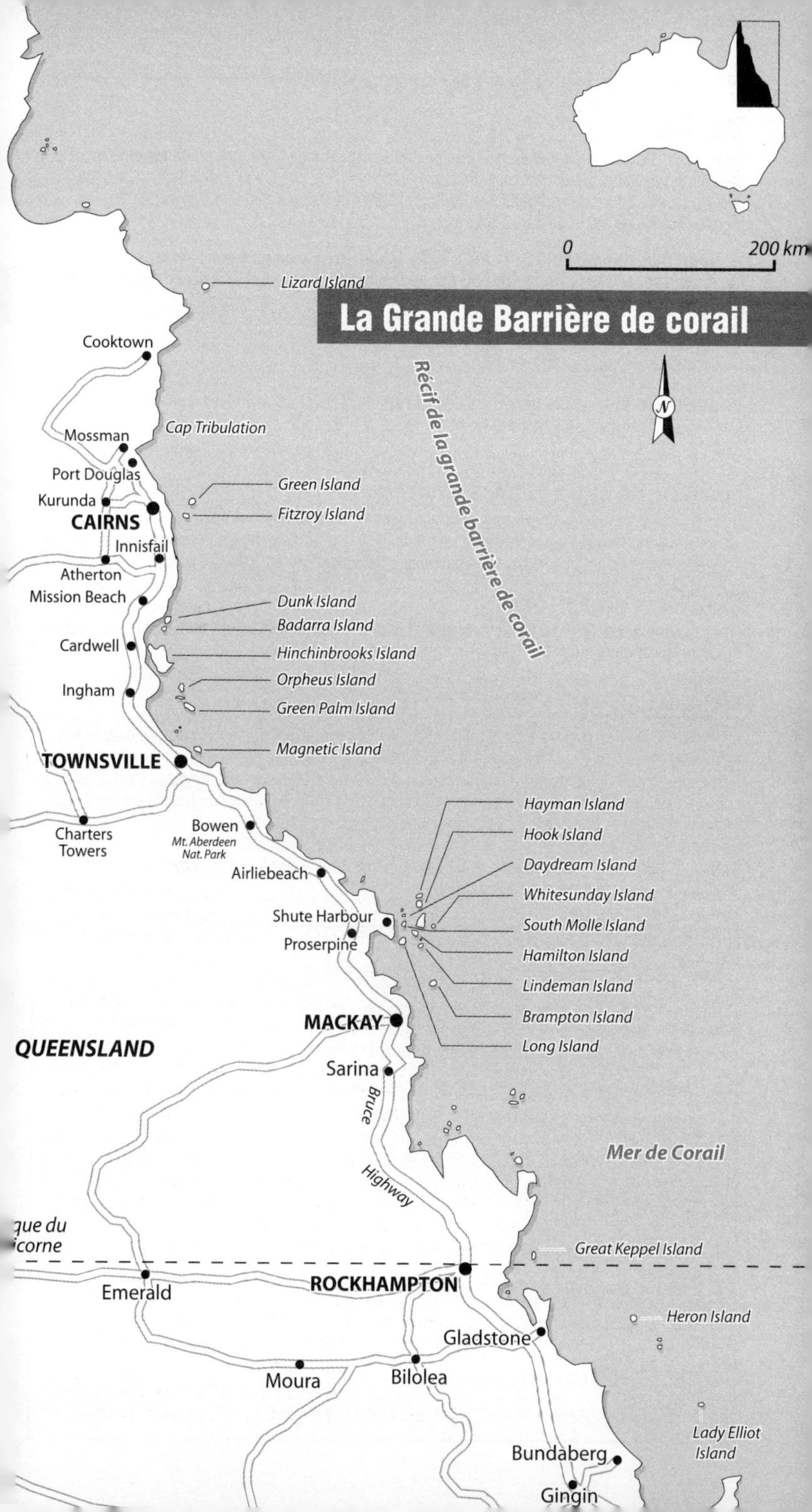
La Grande Barrière de corail
0
200 km
Lizard Island
Cooktown
Récif de la grande barrière de corail
Cap Tribulation
Mossman
Port Douglas
Kurunda
CAIRNS
Green Island
Fitzroy Island
Innisfail
Atherton
Mission Beach
Dunk Island
Badarra Island
Cardwell
Hinchinbrooks Island
Ingham
Orpheus Island
Green Palm Island
TOWNSVILLE
Magnetic Island
Charters Towers
Bowen
Mt. Aberdeen Nat. Park
Airliebeach
Shute Harbour
Proserpine
Hayman Island
Hook Island
Daydream Island
Whitesunday Island
South Molle Island
Hamilton Island
Lindeman Island
Brampton Island
Long Island
MACKAY
QUEENSLAND
Sarina
Bruce
Highway
Mer de Corail
que du
icorne
Great Keppel Island
Emerald
ROCKHAMPTON
Heron Island
Gladstone
Moura
Bilolea
Lady Elliot Island
Bundaberg
Gingin

Transports

On ne peut atteindre la Grande Barrière qu'en bateau ou en avion léger. Une centaine d'îles longent la côte du Queensland. La plupart sont inhabitées car elles n'ont pas d'eau douce. Dans le seul passage des Whitsunday, tout au sud de la Barrière, on trouve une cinquantaine de petites îles désertes aux longues plages de sable de corail blanc.

■ **DAINTREE AIR SERVICES ✆ (07) 4034 9300 - www.daintreeair.com.au** - Une journée inoubliable sur Lizard Island à AU$590 par personne, qui comprend le déjeuner, snacks, boissons non-alcoolisées, transfert de l'hôtel, vol scénique, masque, tuba et palmes.

■ **MACAIR ✆ (07) 4035 9505 - www.macair.com.au** - La compagnie propose des vols secs sur Lizard Island et Dunk island.

■ **QANTAS ✆ 13 13 13 www.qantas.com.au ou www.jetstar.com.au et www.virginblue.com.au.** Ces compagnies proposent des vols vers les Whitsunday au départ de Cairns, Brisbane ou Sydney.

Location de bateaux sans pilote

Dans les eaux tranquilles du passage des Whitsunday, on peut louer un voilier et naviguer tout seul après un court briefing sur les îles avec un pilote local compétent. Voguez là où votre imagination et les vents vous portent ! Bronzez, nagez, plongez, pêchez et explorez les îles désertes.

Croisières organisées

Les croisières sur la Grande Barrière et sur les îles sont organisées à partir de Mackay, d'Airlie Beach (pour les Whitsunday), de Townsville, de Cairns et de Port Douglas

Hébergement

La majorité des îles ont des « resorts » mais certaines proposent également du camping et offrent des équipements tels que réservoirs d'eau potable, douches, tables de pique-nique et grills pour barbecue. On peut s'arranger avec un bateau de croisière pour se faire déposer « en naufragé » sur l'une de ces îles désertes et se faire récupérer plus tard. Pour les îles faisant partie des parc nationaux, il faut se procurer un permis pour camper et prévoir de l'eau et de la nourriture. Les permis de camping peuvent être obtenus auprès d'**Environmental Protection Agency, (5b Sheridan St, Cairns ✆ 1300 130 372.)** On peut camper sur Fitzroy, Dunk, Lizard, Great keppel, certaines îles des Whisunday island (voir section whisunday)

Îles désertes et stations nalnéaires

Il existe en tout vingt-cinq stations balnéaires sur les îles. Trois d'entre elles sont des îles de corail sur la Grande Barrière : Heron Island, Green Island et Lady Elliot. Les autres stations sont situées dans le passage des eaux calmes, entre la côte du Queensland et la Grande Barrière.

- **Refuges de luxe :** Lizard, Bedarra et Orpheus au nord.
- **Les cinq étoiles :** Hayman et Hamilton dans les Whitsunday.
- **Les « lune de miel » :** Dunk et Brampton.
- **Les familiales :** South Molle et Lindeman dans les Whitsunday, Magnetic Island au large de Townsville.
- **Les jeunes et pas chères :** Whitsunday, Great Keppel.
- **Pour les amoureux de nature sauvage :** Fitzroy, Newry, Hinchinbrook.
- **Pour le camping :** Hook et Palm Bay dans les Whitsunday, Wappaburra Haven à Great Keppel.
- **Les plus éloignées de la Grande Barrière :** Fraser, Moreton au large de Brisbane, Bribie et Stradbroke.

▪ **DUNK ISLAND RESORT. ✆ 1300 134 044 -** *www.voyages.com.au - Par nuit en twin share : suite à AU$377, studios de AU$233 à $313, bungalows AU$208 (petit déjeuner-dîner buffet compris).* Le Dunk Island Resort vient d'être entièrement rénové, avec optimisation du confort de la totalité des chambres, modernisation du restaurant et des cuisines, addition d'un nouveau coffee-shop et rénovation de tous les équipements et installations. Les travaux ont également permis d'installer de nouvelles aires de loisirs couvertes et en plein air, avec notamment une aire de jeux aquatiques « high tech » et un club pour les enfants. L'environnement est fait de jardins exotiques et de forêts tropicales. Pêche et plongée, ski nautique et le hobby cat font partie des activités les plus pratiquées. Concernant les activités non-payantes, il y en a pour tous les goûts aussi, que ce soit un peu de relaxation au spa, du yoga, du tennis, une partie de boule ou du tir a l'arc. La ferme locale permet de découvrir les joies de la vie campagnarde. L'île est facile d'accès, le ferry la relie à Mission Beach.

▪ **BEDARRA ISLAND RESORT. Proche de Dunk Island.** *Par personne, par nuit en twin share : villas à partir de AU$880 (pension complète et boissons comprises).* Les enfants de moins de 15 ans ne sont pas admis. Bedarra est idéal pour ceux qui sont à la recherche d'un peu d'intimité, d'éloignement tout en s'offrant un séjour de luxe. Ils seront « chouchoutés » dans les seize villas nichées au creux de jardins dans la forêt tropicale entre deux plages isolées. Le ferry la relie à Mission Beach.

▪ **LE RESORT DE HERON ISLAND ✆ 1300 134 044 - www.voyages.com.au -** *Compte 117 « rooms » au total : 1 « Beach House », 4 « Point Suites », 38 « Heron Suites », 44 « Reef Suites » et 30 « Turtle Cabins ».* Il n'est pas possible de camper sur Heron Island, mais Voyages possède un camping haut de gamme sur Wilson Island, l'île voisine. Ferry ou vol depuis Gladstone.

▪ **BRAMPTON ISLAND RESORT. En face de la ville de Mackay.** *Par personne et par nuit en twin share à partir de AU$205 (petit déjeuner-buffet compris).* Un resort intime et romantique dans le décor d'un magnifique parc national. Une abondante faune exotique, notamment des kangourous et de nombreux oiseaux. Très apprécié par les couples (idéal pour les lunes de miel et les mariages)

▪ **GREAT KEPPEL RESORT ✆ 1300 305 005 - www.accor.com.au - L'île est connue sous le nom de Wappaburra. Chambre double : à partir de AU$148 avec les activités non motorisées et en réservant sur Internet.** Excellent pour des vacances actives, le resort propose un grand choix d'activités sportives, une vie nocturne animée et de très belles plages. Réservé aux jeunes de 7 à 77 ans !

▸ **Mais Great Keppel propose également une gamme de solutions bon marché,** y compris une auberge de jeunesse et deux campings. Plusieurs bateaux font régulièrement le trajet entre le Rockhampton et l'île. On y trouve le YHA Backpackers Village Great Keppel (✆ (07) 4927 5288 – www.yha.queensland.org) qui peut accueillir 55 personnes AU$22 la nuit en dortoir, chambres doubles également disponible AU$50, cabine avec salle de bain AU$56 pour 2 personnes et AU$64 pour 4 personnes. Cuisine en commun, télévision et parking. On peut louer sur place tout le matériel de snorkeling et participer à des excursions de pêche ou de plongée.

Lizard Island

Paradis des plongeurs. Le parc national comprend 24 plages de sable blanc, les eaux qui entourent l'île sont extrêmement claires – il s'agit d'un des récifs (Cod Hole) les plus réputés pour le snorkeling et la plongée (la pêche ou le ramassage des coraux et des coquillages y sont formellement interdits). Plus de quarante espèces d'oiseaux ont été recensées sur l'île, où vivent également onze espèces de lézards différentes.

▪ **LIZARD ISLAND RESORT ✆ - www.voyages.com.au.** Hôtel de luxe et petit paradis privé, très belle vue sur la mer, piscine, bar et restaurant à la carte. A partir de AU$720 par personne et par nuit avec les repas et beaucoup d'activités compris : tennis l'utilisation des catamarans, des randonnées guidées sur l'île, et le gymnase entre autres. Pour les amateurs de plongée et de pêche, des excursions payantes sont organisées régulièrement.

Restaurants

Le soir, réservez une table dans un des hôtels des stations balnéaires des îles, ou jetez l'ancre dans une baie et préparez un barbecue sous les étoiles et la Croix du Sud... Sur une île déserte, le monde entier semble à des milliers de kilomètres. Les bateaux de location sont disponibles dans la plupart des centres de la côte du Queensland, mais le plus grand choix est offert dans les îles Whitsunday.

DE PORT DOUGLAS À CAPE TRIBULATION

La plus grande forêt vierge d'Australie s'étend de Mossman à Cooktown. Mossman est la ville de raffinage du sucre la plus au nord, et le pont d'accès aux gorges de Mossman dans le parc national de Daintree. La route de Port Douglas à Mossman (30 minutes) est très jolie. La Mossman Valley étend ses cannes à sucre d'un vert brillant sous le majestueux Mount Demi. Mossman est proche de la fameuse Daintree River, aimée des crocodiles... Plus loin, dans le parc national de Daintree à la forêt primaire énigmatique, à mi-chemin entre Mossman et Cape Tribulation, se trouve une auberge de jeunesse (le Crocodylus) en pleine jungle, dans l'empire végétal. Actuellement, tous les globe-trotters avertis s'y rendent.

PARC NATIONAL DE DAINTREE

Ce parc national est l'un des plus anciens sanctuaires naturels de la planète : 900 000 hectares inscrits par l'Unesco au patrimoine de l'humanité. L'humidité rend la végétation exubérante encore plus intense ; les arbres géants de la jungle, d'où pendent des lianes et autres draperies végétales, forment les voûtes de ces cathédrales où poussent palmiers, fougères et orchidées. On est saisi d'un sentiment quasi religieux lorsqu'on franchit la rivière Daintree à bord d'un vieux bac qui glisse le long d'un câble pour entrer dans l'immense jungle. L'épaisse forêt tropicale envahit la rive du fleuve Daintree River où les crocodiles veillent... En remontant la rivière, on ne tarde pas à apercevoir de temps à autre dans la mangrove l'un de ces magnifiques carnassiers dont certains peuvent atteindre 9 mètres. Au cœur de cette forêt primaire qui a survécu depuis des millions d'années, on trouve un incroyable bestiaire : la grenouille d'un vert fluorescent à pattes-ventouses qui grimpe dans les arbres, parfois un opossum sugar-glider qui plane d'un arbre à l'autre, des marsupiaux-chats, sans oublier, en avril, des champignons fluorescents qui poussent sur les troncs d'arbres. Les routes sont bitumées et praticables sans grand danger, il n'est donc pas nécessaire de louer un 4x4. Attention au passage des casoars.

MOSSMAN ET DAINTREE

Le village de Mossman est situé à l'entrée des gorges de la rivière Mossman, à l'orée du parc national de Daintree. Cet ancien centre de raffinage du sucre se reconvertit actuellement dans la culture de fruits tropicaux. Sa population est en majorité d'origine italienne. Depuis quelque temps, les Australiens, farouches défenseurs de la nature, s'unissent pour lutter contre la vente aux planteurs d'arbres fruitiers exotiques, étrangers à la flore australienne. Le village de Daintree lui-même est équipé d'un camping, de quelques hôtels, d'un café modeste, et de tout nouveaux Barramundi Gardens.

Hébergement

Dans la magnifique Mossman Gorge, à 5 km du petit centre :

■ **SILKY OAKS WILDERNESS LODGE. Finlay Vale Road, Mossman. Appel gratuit d'Australie ✆ 1800 737 678 - www.silkyoakslodge.com.au -** *Chambre double à partir de AU$350.* Le petit déjeuner et le dîner sont compris. Les enfants en dessous de 15 ans ne sont pas admis. Logements composés de 35 petits chalets en bois sur pilotis, dans la jungle des montagnes du parc national de Daintree surplombant la rivière de Mossman. La nature et le calme de l'endroit sont magiques et le confort y est suprême. Beaucoup d'activités sont offertes ; tennis, tours en VTT, pique-nique dans la forêt et croisière sur la rivière de Mossman. Activités payantes : tour en hélicoptère, cheval, pêche dans les estuaires. A ne pas manquer un traitement au «Healing Water Spa», l'eau riche en minérale de la région est reconnue pour ces effets bénéfiques.

■ **DAINTREE RIVERVIEW CARAVAN PARK ✆ (07) 4098 6119 - www.daintreeriverview.com -** *Emplacement pour tente à $18, avec électricité AU$21, cabine à AU$77, jolie terrasse, facilités barbecue, télé et la seule laverie automatique de Daintree.*

■ **RED MILL HOUSE. Daintree Village ✆ (07) 4098 6233 - www.redmillhouse.com.au -** *Chambres confortables AU$145 pour une double, la chambre familiale est à AU$ 200 avec le petit déjeuner.* Large bibliothèque contenant toutes les informations sur la faune locale. L'endroit se prête à l'observation des oiseaux, différentes activités sont proposées et la piscine est là pour se relaxer.

Les bons plans pour voyager sont sur petitfute.com

Les fruits du paradis

Les wets tropics du Queensland produisent actuellement un grand nombre de fruits tropicaux, principalement originaires du Sud-Est asiatique. Parmi les fruits cultivés depuis longtemps on trouve bananes, papayes, fruits de la passion, ananas, mangues et melons d'eau. Les fruits plus récents sont : litchis, longans, rambutans, mangoustans, jakfruits, caramboles, durians et abius. L'abiu est un fruit jaune de la taille d'une pomme dont la chair au goût de caramel se mange à la cuillère. Le canistel est de la « sauce vanille » sur l'arbre, jaune et doux quand il est mûr. Le plus étonnant de tous, le chocolate persimmon, a la taille d'une grosse pomme à la chair molle qui, mélangée à de la crème fraîche, surprend par un goût prononcé de chocolat.

■ Sur la route montant vers Cape Tribulation : **CROCODYLUS VILLAGE YHA. Lot 5, Buchanan Creek Road, Cow Bay 4873 ✆ (07) 4098 9166 - www.crocodyluscapetrib.com -** *Lit à AU$23, cabine avec salle de bain à AU$75, les enfants jusqu'à de 5 à 15 ans paient moitié prix.* Crocodylus Village est caché dans la forêt tropicale et permet aux voyageurs de profiter de la tranquillité et de la splendeur de celle-ci. Restaurant, cuisine mise à disposition, bar, téléphone, machines à laver et vélos à louer. Parmi les activités, des balades dans la forêt de jour ou de nuit (avec une superbe faune et flore), équitation, kayak, 4x4, croisière à la recherche des crocodiles...Transfert de Cairns pour AU$60.

■ Un peu plus au nord, sur le torrent Cooper Creek : **Daintree Cape TRIBULATION HERITAGE LODGE ✆ (07) 4098 9138 - WWW.HERITAGELODGE.NET.AU -** *Chambre double AU$205 avec petit déjeuner.* Les 20 logements sont regroupés dans quatre clairières autour d'un bâtiment principal réception-restaurant-bar. L'ensemble est situé à 700 mètres du torrent Cooper Creek et de ses bassins d'eau d'une limpidité cristalline où l'on peut se baigner toute l'année. Les grandes chutes d'Alexandra Falls sont à deux heures de marche de l'établissement, la plage de Thornton Beach est à 3 km. Massage et thérapies naturelles, piscine, bar, restaurant à la carte, parking couvert.

Loisirs

■ **TOURS SUR LA DAINTREE RIVER.** Plusieurs bateaux, entre le ferry et le village, proposent des petites croisières fluviales pour observer les crocodiles d'eau salée qui infestent la Daintree River.

■ **DAINTREE RIVER CRUISE CENTRE Daintree Rd ✆ (07) 4098 6208.** *Croisières plusieurs fois par jour, prix adulte pour une heure AU$19, enfant AU$6.*

Grande Barrière de corail, Queensland.

CAPE TRIBULATION

Cape Tribulation est situé en bord de mer, là où la jungle descend vers les plages désertes. Le 17 juin 1770, l'« Endeavour » s'échoua sur un récif corallien, tout contre les mangroves barbouillées de vase, où écume le Pacifique.

L'équipage passa sept semaines à terre pour réparer le navire. En souvenir de cette mésaventure, l'endroit prit le nom de Cape Tribulation. Dans les années 1970, ce n'était qu'un endroit isolé, peuplé de quelques rares hippies. Aujourd'hui l'endroit est de plus en plus visité par les touristes. C'est une partie de côte incroyablement belle et sauvage, l'un des rares endroits où la forêt tropicale descend jusqu'à la mer, à la rencontre des récifs de corail.

Transports

Passage du ferry-câble AU$18 par véhicule pour un aller retour sur la Daintree River, il reste 35 km de route traversant la forêt tropicale avec quelques côtes à monter et des ruisseaux à traverser à gué avant d'arriver à Cape Tribulation.

Hébergement

■ **PK'S JUNGLE VILLAGE. Cape Tribulation Road ✆ 1800 232 333 - www.pksjunglevillage.com.au -** *Lit en dortoir AU$25, cabines de 4 personnes à AU$140 chambre double à AU$110 et camping à AUS15.* Un hôtel de très bon standard, avec huttes en rondins, une piscine et un restaurant, dans une chaude ambiance, jeune et conviviale. Le Jungle Bar est réputé. Des tours de kayak de mer, de cheval, des randonnées dans la forêt et une croisière sur la barrière de Corail peuvent être organisés sur place.

■ **LE CAPE TRIB RETREAT. 19 Nicole Drive, Cape Tribulation ✆ (07) 4098 0028 - www.capetribretreat.com.au - Bed and Breakfast.** *Chambre double à AU$150.* Dans un joli bâtiment en bois entouré de forêt. Le magasin au PK Village et différents restaurants de Cap Trib sont à proximité.

■ **FERNTREE RAINFOREST RESORT. Camelot Close, Cape Tribulation ✆ (07) 4098 0000 - www.ferntreeresort.com.au -** *Chambre double budget à AU$88, Chambre double dans de jolies cabines à AU$204 petit déjeuner compris.* Le voyage est magnifique jusqu'au Ferntree Rainforest Resort, près de la plage de Cape Tribulation, entièrement cernée par les forêts pluviales du patrimoine mondial. L'hôtel propose 50 chambres « studios » climatisées sur deux niveaux avec des lits doubles. On peut observer les oiseaux, faire des randonnées dans le bush, du VTT, observer les crocodiles – un grand choix d'activités dans la nature est offert. Deux fois par jour, une navette assure le transfert entre l'hôtel et Cairns ou Port Douglas.

■ **COCONUT BEACH RAINFOREST LODGE. ✆ 1300 134 044 -www.coconutbeach.com.au -** *Chambre double à AU$350 avec petit déjeuner compris.* Cet hôtel à 4-étoiles niché entre la forêt tropicale et la Barrière de Corail offre tout le confort et la tranquillité nécessaires pour un très beau séjour. Les chambres sont spacieuses avec leur propre salle de bain, vue sur la forêt, minibar et certaines ont l'air conditionné. Randonnées guidées dans la forêt, vélos et 2 piscines sont à votre disposition. Pour les loisirs choisissez entre la plongée sous-marine, le kayak de mer, le cheval, une croisière sur la rivière ou des tours en 4x4.

MV Reef Endeavour
Explorez les récifs de la Grande Barrière de Corail, des îles privées, et la forêt tropicale pendant votre croisière de 3, 4 ou 7 nuits. Départ de Cairns toutes les semaines.
+61-7-4031 4433
www.captaincook.com.au
reef@captaincook.com.au
Captain Cook Cruises™
THE SMALL SHIP CRUISE LINE
• Sydney Harbour • Murray River • Great Barrier Reef • Fiji Islands

■ **CAP TRIB CONNECTIONS. ✆ (07) 4041 7447.** De Cairns, ils organisent des excursions à la journée avec possibilité de passer une nuit au PK Village, Crocodylus, Beach House. Ils peuvent également vous transférer à Cape Tribulation si vous désirez camper.

Loisirs

■ **JUNGLESURFINGCANOPYTOURS ✆ (07) 4098 0090 - www.junglesurfingcanopytours.com -** *AU$75 par personne.* Situé à Cape Tribulation au sein du parc national de Daintree, vous pourrez littéralement survoler la forêt et avoir un autre point de vue. A l'aide de câbles et de harnais, définitivement pour les personnes avec le cœur bien accroché !

■ **CANOPY TOWER ✆ (07) 4098 9171 - www.daintree-rec.com.au -** *Entrée AU$25 par personne.*Juste après le ferry de la Rivière Daintree ; ce centre est consacré à l'environnement où vous aurez l'opportunité de comprendre la complexité et l'importance de cette région classée au patrimoine mondial. Beaucoup d'activités pour les petits et pour les grands.

■ COOKTOWN ■

La route de Cairns à Cooktown passe par Kuranda, jusqu'à l'embranchement de Lakelang où elle se sépare de la Peninsula Developmental Road qui continue vers Laura. La route vient d'être terminée, et est goudronnée jusqu'au bout. Par contre la route côtière, le «Bloomfield Track» qui commence à Cap Tribulation est accessible seulement en 4x4. Peu avant Cooktown, au bord du Pacifique, se dressent les Black Mountains, des milliers de rochers de granit noir empilés. Cette couleur ne vient pas de la roche mais du lichen qui la recouvre. Dernier sursaut de civilisation, Cooktown conserve l'atmosphère très particulière des villes du passé et du bout du monde. Servant de port pour les régions aurifères voisines au tournant du siècle, Cooktown ne survit actuellement que grâce au tourisme. La découverte de l'or dans les Palmers Fields, autour des années 1870, draina des milliers d'aventuriers qui mirent la région à feu et à sang. En 1874, Cooktown était déjà la deuxième ville du Queensland avec plus de 30 000 habitants. La moitié d'entre eux était des Chinois, ce qui provoqua quelques sanglantes « ratonnades ». A sa période la plus prospère, la ville ne comptait pas moins de 94 pubs et autant de bordels.
Mais les mines d'or s'épuisèrent et, après quelques cyclones et l'évacuation durant la Seconde Guerre mondiale, Cooktown retomba dans l'oubli comme nombre de villes fantômes qui sont aujourd'hui pratiquement envahies par le bush. Cooktown est une vraie ville coloniale, qui permet l'accès à la péninsule de Cape York et au Lakefield National Park.

■ **BUREAU D'INFORMATIONS. Charlotte Street** ✆ 1800 174 895 - www.cooktown.com

Transports

■ **COUNTRY ROAD COACHLINES ✆ (07) 4045 2794 -www.countryroadcoachlines.com.au -** Services réguliers de Cairns à Cooktown, par l'intérieur ou par la route côtière. AU$68 aller simple de Cairns à Cooktown.

■ **SKYTRANS AIRLINES. ✆ 1800 818 405 -** Vols le matin et l'après-midi de Cairns (30 minutes). AU$126 aller simple.

Restaurants

■ **COOKTOWN BOWLS CLUB. Dans la rue principale ✆ (07) 4069 5819.** Les plats sont bons et bon marché, et l'ambiance sympathique.

■ **COOK'S LANDING KIOSK. Sur le petit port ✆ (07) 4069 5101.** Très agréable pour le petit déjeuner, ce snack avec vue sur la baie où l'on peut regarder les locaux pêcher.

Hébergement

■ **PAM'S PLACE YHA. Corner Boundary and Charlotte Streets ✆ (07) 4069 5166 - www.cooktownhostel.com -** *De AU$18 à AU$22,50 par adulte.* Navette de l'aéroport à l'auberge. L'auberge de Pams Place est nichée près des jardins tropicaux au coin de la rue principale de Cooktown. Elle offre une atmosphère familiale, piscine d'eau salée, bar, table de billard, salle à manger, cuisine, machines à laver.

■ **SEAVIEW MOTEL Webber Esp © (07) 4069 5377 - seaviewm@tpg.com.au** - *Chambre simple AU$80, chambre double AU$90.»Townhouse», petite maison à 2 étages avec 2 salles de bain, salon, cuisine, chambre à coucher AU$ 170 pour 2 personnes.* Piscine, aire barbecue, facilité Internet.

■ **THE SOVEREIGN RESORT. Angle de Charlotte et Green Streets © (07) 4069 5400 - www.sovereign-resort.com.au** - *Chambres doubles à partir de AU$158 avec salle de bain, balcon, télévision, frigo et air conditionné. Appartements de 2 chambres pour AU$190.* Situé dans un jardin tropical avec une grande piscine, cet hôtel 4-étoiles se compose d'un restaurant, plusieurs bars, bureau d'informations et d'excursions, location de voitures et petit magasin.

Loisirs

■ **JAMES COOK MUSEUM Cnr Helen & Furneaux Streets © (07) 4069 5386** - *Ouvert de 9h30 à 16h. Adulte AU$7.50, enfant AU$2.00.* La ville compte le musée historique du Captain Cook (Helen Street) qui, logé dans un bâtiment datant de 1880, raconte les aventures de ce très fameux navigateur et explorateur, l'histoire de la ville, de ses premiers habitants et de sa population chinoise, ainsi que des Aborigènes de la région.

■ **NATURE'S POWERHOUSE. © (07) 4069 6004 - www.naturespowerhouse.info.** Situé dans le jardin botanique, expositions de la faune et flore de la région jusqu'à Cap York, café-terrasse, entrée AU$3. On y trouve le centre d'informations de Cooktown.

Excursions

■ **GUURRBI - TOURS © (07) 4069 5166 - www.guurbitours.com.au** - Tour d'art rupestre aborigène, Willy, votre guide vous racontera l'histoire de sa tribu et de ses croyances. *Rainbow Tour : 07h45-13.15 AU$105, enfant AU$70 ; Serpent Tour : 13h45-17h45 AU$80, enfant AU$50.* A ne pas manquer, bien plus qu'une excursion, c'est aussi une expérience spirituelle.

■ **COOKTOWN CRUISES. © (07) 4069 5712.** Propose des croisières de deux heures sur la rivière Endeavour. *Adulte AU$30, enfant AU$18, famille AU$90.* Location de bateaux (pas besoin de permis) à l'heure ou à la journée, à partir de AU$23.

■ **BART'S BUSH ADVENTURES. © (07) 4069 6229 - www.bartsbushadventures.com.au.** Safari en 4x4 dans la région, les plages, la Bloomfield track, Lakeland et Laura, à partir de AU$150. Lakefield et Cape York Safari, AU$250.

■ **COOKTOWN REEF CHARTERS. © (07) 4069 5519 - wwwreefcharters.com. au** - Tours specialisés pour la pêche en haute mer.

■ SPLIT ROCK ■

A une cinquantaine de kilomètres après Lakefield se trouve l'embranchement pour Split Rock où les plus importantes peintures rupestres ont été découvertes ces dernières décennies par l'archéologue Percy Trezise. Celui-ci organise des visites guidées de certaines grottes avec nuit sous la tente : Trezise Bush Guides, « Jowalbinna Station », Laura, Queensland 4871 © (07) 4060 3236. A Quinkan, les quatre sites principaux comprennent quelques superbes spécimens datant d'il y a 15 000 ans. Les peintures représentent, entre autres, un marsupial géant disparu depuis longtemps. Un seul de ces sites est ouvert au public et il faut obtenir un permis d'entrée auprès du ranger à Laura. Dans l'arrière-pays de Cooktown, Laura est un centre de la réserve aborigène. Il n'y a pas d'infrastructure d'hébergement à Laura, seul un camping existe.

Manifestations

Laura Aboriginal Dance Festival. Organisé depuis une dizaine d'années au mois de juin, ce festival perpétue la tradition de danses rituelles des Aborigènes de la péninsule de Cape York. C'est le seul événement qui rassemble des communautés aborigènes différentes. En 1993, année mondiale des peuples indigènes, ce festival réunit divers peuples du Pacifique du Sud : insulaires du détroit de Torres, Kanaks de la Nouvelle-Calédonie, Maoris de la Nouvelle-Zélande, Papous ex-cannibales de Papouasie Nouvelle-Guinée, Polynésiens des îles Guam et Fidji (noter que les habitants de l'île de Pitcairns sont les descendants métis des mutinés du « Bounty »). Le festival de Laura comporte aussi des stands de différentes cuisines, de l'art et de l'artisanat aborigène et insulaire, une documentation sur l'environnement et l'écologie. Grand problème parmi les populations aborigènes, l'alcool est totalement prohibé pendant ces festivités.

Loisirs

OZTOURS. © 1800 079 006 - www.oztours.com.au - Organise des expéditions d'au moins sept jours en camping ou hôtel et en 4x4 dans la forêt tropicale, Cooktown, Lakefield National Park à partir de AU$1995 par personne. Des vols également par Cape York Air Services © (07) 4035 9399 - www.capeyorkair.com.au.

PÉNINSULE DE CAPE YORK

Cape York Peninsula est l'une des dernières terres inexplorées de la planète, une « last frontier ». Plongeant ses racines au plus profond dans la nuit des temps et des légendes aborigènes, cette région sauvage, la moins peuplée d'Australie, est restée inchangée depuis des millions d'années. Elle est protégée en grande partie par les parcs nationaux et les réserves aborigènes. C'est un pays marécageux aux palétuviers à racines impénétrables, aux jungles tropicales humides, aux fourmilières géantes, aux montagnes accidentées. Un vrai pays d'aventure où il faut savoir mesurer les risques. La mousson déferle sur la péninsule de novembre à mars, avec des cyclones et des tempêtes impressionnantes. Les forêts, inondées par les trombes d'eau qui s'abattent pendant des semaines, ruissellent et forment une oppressante chape verte où croissent les plantes ivres de chlorophylle.

Certains paysages ressemblent à ceux de la Papouasie Nouvelle-Guinée, qui n'est plus très loin.

Transports

Même en véhicule tout-terrain, les pistes ne sont pas praticables pendant la saison des pluies, et le reste du temps les gués des rivières sont dangereusement « pittoresques ». « Ces eaux noires de la brousse, lourdes de branches incrustées... » Kenneth Slessor (1901-1971) « Visiteurs de la terre ». Si vous souhaitez tenter la traversée vous-même, vous pouvez louer un 4x4 via Britz © 1800 331 454 - www.britz.fr – Ils proposent de camping car tout équipé pour deux à partir de $139/jour. Plus vous réservez à l'avance et plus le prix est intéressant.

AEROTROPICS propose des vols réguliers au départ de Cairns jusqu'à la communauté Aborigène de Bamaga. © 1300 656 110 - www.aero-tropics.com.au.

LA COMPAGNIE DE LOCATION 4WD HIRE SERVICES. © 1800 077 353 - www.4wdhire.com.au à un choix de 4x4 équipés pour le camping sauvage. *Tout est fourni dans les forfaits : à partir AU$219 la location de moins de 20 jours.* Louer (en supplément) un téléphone satellite est vivement conseillé dans ces régions très isolées.

Hébergement

Cape York possède plusieurs resorts et un petit terrain de camping avec un kiosque.

LOYALTY BEACH © (07) 4069 3372 - www.loyalitybeach.com - Situé à 45 minutes de la pointe du Cape York (et de l'Australie !). Camping AU$9 par personne + AU$2 pour un emplacement avec électricité.

SEISA HOLIDAY PARK © 1800 653 243 - www.seisaholidaypark.com - Situé dans la communauté aborigène de Seisa, sur la pointe nord du Cape York. Camping à partir de AU$8 par personne, chambres doubles à AU$66 la nuit et cabines tout équipées sur la plage à AU$170 la nuit. Restaurant, supermarché, station-service.

RESORT BAMAGA © (07) 4069 3050 - www.resortbamaga.com.au - Le seul resort 4-étoiles au nord du Cape York. *A partir de AU$150 la nuit. Restaurant, piscine, location de 4X4.*

■ **LOTUS BIRD LODGE © (07) 4060 3400 - www.lotusbird.com.au** - *Fermé de janvier à mars.* Situé à 480 km au nord de Cairns, dans le parc national de Lakefield. Le paradis pour les amoureux des oiseaux sauvages (AU$230 par personne en cabine double avec les repas).

■ **STRATHBURN STATION. A 600 km au nord de Cairns, Strathburn Station propose l'hébergement en pension complète à partir de AU$300 par jour. © (07) 4060 3220 - www.strathburn.com** - Transport par avion privé léger sur demande. Cette cattle-station isolée dans la péninsule de Cape York longe la Horoyd River sur plus de 50 km. Tours guidés par un bushman expérimenté pour visiter d'anciens sites sacrés aborigènes ou les ruines d'une ville fantôme, des milliers de Chinois venant y chercher de l'or au siècle dernier. On peut s'aventurer dans les vastes pâturages à bétail, chercher des pierres précieuses, nourrir crocodiles, kangourous et oiseaux...

Loisirs

De mai à novembre, les moins téméraires peuvent s'y rendre en safari organisé :

■ **WILDERNESS CHALLENGE ©1800 354 486 - www.wilderness-challenge.com.au** - *A partir de AU$1895.* Circuits au départ de Cairns de 7 à 14 jours, certains en camping, certains avec vols aller ou retour.

■ **EXPLORING OZ © 1300 888 112 - www.exploringoz.com.au** - *A partir de AU$799 par personne.* Six jours de Cairns à Cairns en passant par Archer River, Laura... Le Cape York est aussi le paradis de pêcheurs avec des eaux encore très peu exploitées. Le mieux est de participer à une expédition qui peut aller jusqu'à 7 jours. Il faut compter AU$4 500 par personne tout compris au départ de Weipa.

WEIPA

Située à 135 km de la piste principale, Weipa est le plus grand chantier de bauxite au monde, laquelle est transformée en aluminium à Gladstone. L'exploitation en est aussi écologique que possible. La terre qui recouvre la veine de minerai, peu profonde, est pelletée, puis stockée. A mesure que le chantier avance, le sol d'origine est remis en place et les arbres sont replantés. En quinze ans, plus de 2 000 hectares ont ainsi pu être reboisés dans le nord-est. Les Australiens ont à ce point le sens de la nature qu'ils ont adopté une loi selon laquelle aucun projet minier ne peut voir le jour s'il ne comporte un plan de remise en état du site.

■ **HERITAGE RESORT © (07) 4069 8000 - www.heritageresort.com.au** - *Chambres à partir de AU$60 la nuit.* Restaurant, piscine, pêche.

DÉTROIT DE TORRES

Soixante-dix petites îles, dont dix-sept habitées, parsèment le détroit de Torres entre Cape York et la Papouasie Nouvelle-Guinée. Thursday Island avec ses 2 000 habitants est l'île qui comporte la plus grande population d'insulaires. Murray Island, enjeu du célèbre procès Mabo, se trouve à l'extrême pointe nord de la Grande Barrière de corail. Avant leur christianisation dans les années 1870, il semble que les insulaires aient été chasseurs de têtes, tout comme leurs cousins de la Papouasie Nouvelle-Guinée.

GOLFE DE SAVANNAH

La mer d'Arafura longe la côte Ouest de la pointe de Cape York. En redescendant vers le sud, cette côte inhabitée et dépourvue de routes, on arrive au « Gulf Country », le pays du golfe de Carpentarie. Les grandes plaines salines, entre l'ouest de la Great Dividing Range et la frontière des Northern Territories, sont coupées de gorges spectaculaires et traversées de rivières sinueuses réputées pour le poisson barramundi et les mud crabs. D'innombrables estuaires d'eau saumâtre s'enfoncent profondément dans les terres où sévissent la mousson, les moustiques et les maladies. Ce système fluvial du golfe de Savannah est aussi appelé « the wet desert », le désert humide. Les villes comme Croydon, Georgetown, Karumba et Normanton sont hantées par la fièvre de l'or du passé. Le « deep North » est bordé par les eaux peu profondes du golfe de Carpentarie, infestées de requins, de méduses à étreinte mortelle, de serpents marins mais aussi de paisibles dugongs. Normanton et Burketown furent établis à l'origine par des éleveurs de bétail européens dans les années 1860. Etendue et lointaine, c'est encore aujourd'hui une région difficile d'accès, séduisante pour ceux qui ont vraiment l'esprit aventurier.

Conseil : avant de vous lancer à l'aventure, renseignez-vous sur l'état des routes auprès de **RACQ © 1300 130 595 - www.racq.com.au** (Road Conditions Report) et prenez contact avec le Bureau d'informations.

■ **GULF SAVANNAH DEVELOPMENT - 74 Abbott Street, Cairns** © (07) 4031 1631 - www.gulf-savannah.com.au

Dans les environs

Mount Surprise

Les Undura Lava Tubes, à Mount Surprise, sont situés sur la route qui va de Cairns à Normanton, la Gulf Developmental Road, à près de 400 km à l'ouest de Cairns. Cet étonnant réseau de tunnels volcaniques qui serpente sur 160 km, ces couloirs géants souterrains de coulées de lave, en partie à ciel ouvert, forment de véritables oasis de végétation tropicale. Pour ceux qui ont le temps, il y a aussi un circuit à faire en 4x4 d'Undarra vers Forsaythe et Cobold Gorge.

Tour de Cobold Gorge avec un petit bateau électrique dans les gorges où l'on voit des crocodiles (les gentils). Un autre circuit mène à Agathe Creek pour y chercher des agates (on en trouve !). Un tour aussi de trois jours avec le transfert de Cairns en bus puis en train.

■ **UNDARA EXPERIENCE - Undara Volcanic National Park, Mt Surprise © 1800 990 992 - www.undara.com.au** - Le village de tentes de Undara's Swag met à votre disposition cuisine, salle à manger, restaurant, piscine, machines à laver, supérette, essence, douches et téléphones en pleine nature. Camping et wagons de chemin de fer du début du siècle spécialement aménagés. Une façon de découvrir l'Outback sans trop s'éloigner de la côte. Le lodge propose des petits déjeuners et dîners autour du feu de camp, et vous fait visiter les tunnels de lave et les volcans plus que millénaires de la région. *Il y a aussi des forfaits tout compris au départ de Cairns avec transferts, repas, hébergement et visites guidées à partir de AU$431 par personne.* Un paradis pour la faune et la flore et pour les amoureux de la randonnée. Une expérience unique au monde, à ne pas manquer ! Il est aussi possible de louer un véhicule pour aller jusqu'à Undara, compter deux jours minimum au départ de Cairns, *forfaits à partir de AU$271 par personne.*

■ **COBBOLD GORGE © 1800 669 922 - www.cobboldgorge.com.au** - *Camping à partir de AU$6.50 par personne et cabines équipées AU$80 la nuit. Restaurant, piscine et excursions dans les gorges à partir de AU$37 par personne.* Situé à 5 heures et demie de route à l'ouest de Cairns (véhicules 4X4 uniquement), c'est un petit paradis caché et très peu connu. Des gorges gravées dans le granite ancien qui peuvent se visiter à bord de petites barques électriques et complètement silencieuses.

GEORGETOWN

Petite ville tranquille qui survit grâce à son or découvert en 1870. Centre de ravitaillement pour les fermes environnantes et les "road trains" (camions avec 3 ou 4 remorques) qui traversent cette communauté avec un bruit de tonnerre.

Dans un souci d'attirer du tourisme, la mairie a construit un musée de plein air gratuit qui vaut bien le détour. Le Terrestrial Centre possède 4 500 spécimens de couleur, forme et texture différents, produits par la nature.

■ **LATARA MOTEL © (07) 4062 1190 - www.georgetownaccommodation.com - 1 km en sortant de Georgetown.** *AU$75 chambre double la nuit.*

CROYDON

Croydon, d'une population de 350 âmes, est reliée à Normanton par un curieux train, le Gulflander © 1300 131 722 - www.traveltrain.com.au

Cette ville était jadis le centre de 50 000 petites mines éparpillées un peu partout dans le pays. Ville historique avec une mine d'or qui fonctionne encore aujourd'hui. Pêche au barramundi au lac Belmore (très agréable au coucher de soleil).

■ **CROYDON CLUB HOTEL Brown Street, Croydon © (07) 4745 6184** - *Chambre de type motel AU$85 la nuit.* Pub très typique où vous pourrez faire la rencontre des habitants du coin.

Au bout de la voie ferrée du Gulflander, qui fonctionne deux fois par semaine, la grande gare isolée de Normanton (1 300 habitants) mérite une petite visite.

NORMANTON

Cette ville de pionniers a gardé tout son charme avec ses vieux buildings datant de la ruée vers l'or de 1870. La ville survit à présent grâce au tourisme, et à la pêche commerciale basée dans la ville voisine de Karumba.

■ **GULFLAND MOTEL. Landsborough Street Normanton ✆ (07) 4745 1290 - www.gulflandmotel.com.au** - *Chambres doubles confortables pour AU$90.*

DORUNDA CATTLE-STATION

Dorunda Cattle-Station, via Normanton, est une station de bétail de 1 200 kilomètres carrés, délimitée par les fleuves Staaten et Wyaaba Rivers. A 30 km après Normanton, sur la route vers Karumba, il faut tourner à droite et, une fois à Chillagoe Road, suivre la piste de terre pendant environ 145 km jusqu'à Dorunda Gate. La station se trouve à gauche, 25 km plus loin. Sunbird Airlines effectue des vols de Cairns à Normanton, et la station est pourvue d'une petite piste d'atterrissage privée. Les activités pratiquées sont la natation et la pêche. On peut aussi nourrir les crocodiles et faire du « pig shooting » (chasse au cochon sauvage).

KARUMBA

A 70 km de Normanton, Karumba (600 habitants) est un petit port de pêche à la crevette, au mud crab et au barramundi, sur le golfe de Carpentarie. Les explorateurs Burke et Wills arrivèrent ici, tout près de la mer, en 1861, après avoir traversé le continent australien du sud au nord. Mais l'inextricable ceinture de racines de palétuviers les empêcha de parvenir sur les plages du golfe. Ils moururent d'épuisement au cours du voyage de retour.

■ **KARUMBA PELICAN'S INN ✆ (07) 4745 9555 - www.pelicanskarumba.com.au** - *Chambre pour deux à partir de AU$65.* Piscine et vue superbe vers le golfe de Carpenterie.

BURKETOWN

Petite ville de 230 habitants, Burketown se distingue par son grand isolement. C'est aussi la capitale du célèbre barramundi, poisson australien très recherché par les pêcheurs australiens et du monde entier. Pour s'y rendre, il y a au moins 150 km de pistes de terre à parcourir, quelle que soit la direction d'où l'on vient. C'est un centre régional d'une zone d'élevage de bétail qui a servi de modèle au roman de Nevil Shute, « *Le Testament* » (« A Town like Alice »). Une partie du roman est située à Midhurst Station, près de Willstown.

■ **ESCOTT BARRAMUNDI LODGE RESORT. Burketown ✆ (07) 4748 5577 - Fax (07) 48 55 77** - *Chambre double à AU$90. Piscine.* A 18 km à l'ouest de Burketown. C'est une station de 8 000 têtes de bétail de croisement brahmane. Sur la propriété, il y a un réseau de 320 km de canaux et de puits naturels. On peut monter à cheval et aider les stockmen au rassemblement du troupeau.

Grande Barrière de corail.

L'Outback

Pour beaucoup d'Australiens, l'Outback constitue l'essence même de leur pays. Les immenses plaines semi-arides de l'intérieur du Queensland contrastent avec les villes de la frange côtière tropicale. L'Outback couvre la plus grande partie de l'Etat, et s'étire entre le golfe de Carpentarie au nord jusqu'au désert de Simpson au sud. Ces paysages, qui peuvent paraître monotones à certains, sont d'une beauté sauvage et magnifique. La nature y est extrêmement violente, des périodes de plusieurs années de sécheresse peuvent succéder à de vastes inondations consécutives à la mousson qui fait déborder le réseau fluvial, généralement asséché, dans ce pays plat du nord.

L'Outback comporte peu de villes, qui, de plus, sont très éloignées les unes des autres. Elles sont, pour la plupart, des survivantes d'anciennes ruées vers l'or, aux mines épuisées depuis longtemps, ou des centres régionaux pour les stations de bétail. Quelques-unes sont très étonnantes, comme Longreach dans le Centre-Ouest, et comme la légendaire Birdsville en lisière du Simpson Desert. C'est le pays des « flying doctors » (médecins volants), du Stockman's Hall of Fame, un musée construit pour 13 millions de dollars à la gloire du bouvier australien, c'est le village où Jackie Howe battit le record de tonte de moutons, c'est le billabong où Banjo Peterson composa le célèbre « Waltzing Matilda ». Les touristes étrangers ne voient que très rarement ces régions situées en dehors des sentiers battus, en raison du manque de temps et des énormes distances à parcourir pour les visiter. Il y a à peine 20 ans, le voyageur qui pénétrait dans l'Outback Queensland était regardé de travers. Aujourd'hui, de Toowoomba à Charleville, de Longreach à Winton, ces villes de nulle part commencent à s'ouvrir au tourisme, devenu une nouvelle source de revenus pour ces régions isolées qui ont beaucoup souffert de la sécheresse au cours des dernières années. Ces petites villes rurales sont établies le long des anciennes pistes de bétail. Composées de quelques maisons de part et d'autre d'une rue principale poussiéreuse, protégées du soleil par un auvent, elles ressemblent à une image de western spaghetti.

Le meilleur endroit pour lier connaissance avec la population locale, souvent haute en couleur dans l'Outback, est l'inévitable bar-hôtel typiquement australien. Tout le monde s'y rend pour descendre d'énormes quantités d'une des nombreuses bières locales, et chacun offre une tournée, le shout. Ces hôtels-bars ont toujours des chambres bon marché, mais il faut parfois être courageux pour y passer la nuit…

Nombre des cattle-stations proposent aussi des séjours « authentiques ». Les plus grandes stations d'élevage de bétail et de moutons de l'Australie se sont établies dans ces contrées reculées, immenses de centaines et de centaines de kilomètres de plaines sèches s'étirant d'un horizon à l'autre. Certaines de ces stations sont aussi grandes que tout un pays en Europe. Les distances sont telles que le rassemblement du bétail se fait parfois par hélicoptère, la scolarité des jeunes enfants est assurée par radio et le médecin arrive en avion léger pour une consultation à domicile.

Sur les cartes routières de l'Outback, on peut lire : « *Les pistes menant aux homesteads et cattle-stations sont sujettes aux changements fréquents.* » C'est-à-dire que quand une piste est défoncée, on la délaisse pour en tracer une autre un peu plus loin.

Dans l'Outback il n'y a que deux saisons : les « wets et les drys ». Les meilleures périodes pour voyager sont les « drys », d'avril à la fin d'octobre. Les pluies pendant les mois chauds, de novembre à mars, rendent souvent les routes impraticables aux voitures. Le 4x4 est alors indispensable. Les températures peuvent grimper au-delà de 40 °C en été (janvier) et chuter en dessous de zéro pendant les nuits d'hiver.

L'Outback légendaire

L'Outback, c'est aussi cette immense lande de Never Never, ce bush de nulle part d'Henry Lawson, le plus grand auteur classique d'Australie. Une région aussi sauvage et étrange aujourd'hui qu'il y a 200 ans… au début de la colonisation du continent. Pendant la Grande Dépression, les journaliers qui parcouraient le pays à la recherche d'un travail n'emportaient que leur swag (balluchon) et dormaient à la belle étoile. L'Outback était aussi un dernier refuge pour ceux qui vivaient en marge de la loi. Il y eut de grands bushrangers dont le plus célèbre était Ned Kelly, sorte de Robin des Bois à l'australienne.

Dans l'immensité du bush, ce sont les couchers de soleil rouge sang qui émerveillent le plus le voyageur européen. Ici, loin des villes, ils flamboient en dispensant une véritable magie. Le ciel nocturne est si limpide qu'on a l'impression de pouvoir toucher les étoiles tant elles semblent proches. Des pluies d'étoiles filantes tombent de la Voie lactée, qui s'étire comme une large bande opalescente sur la voûte céleste.

Noyée dans les ténèbres, une éolienne grince, pourvoyeuse d'eau saumâtre, seule preuve de l'acharnement des hommes. Les routes sont régulièrement ponctuées par la silhouette caractéristique de ces éoliennes qui ressemblent à une sorte de tour Mécano surmontée d'une roue à pales métalliques. Ces pompes à eau sont inévitablement flanquées d'un réservoir d'eau en tôle ondulée sur un échafaudage de métal.

Dans ce pays semi-aride, le spinifex forme d'énormes buissons aux piquants redoutables qui alternent avec des « open forest » clairsemées à eucalyptus et à gommiers pleureurs de sang. La faune sauvage est constituée de grands kangourous rouges et gris, des wallabies plus petits, des serpents et des goannas qui sont de très grands lézards. Des familles entières de grands émeus marchent sur leurs hautes pattes, avec l'affectation qui leur est propre. Pendant les grandes périodes de sécheresse, les émeus se rassemblent en troupeaux et parcourent le pays à la recherche d'une quelconque nourriture.

« Les grands eucalyptus avec leurs pâles branches lisses et leurs écorces pendantes s'élevaient droits et tranquilles, espacés, formant une forêt clairsemée qui s'étendait à l'infini... Le paysage était dégagé et pourtant, bizarrement, cette immense étendue vide semblait se refermer sur vous. Cette brousse dont il avait tant entendu parler ! »

D. H. Lawrence, « Jack dans la brousse ».

Transports

Bus

■ **GREYHOUND - www.greyhound.com.au** - *Fait 3 fois par jour le trajet entre Brisbane et Mount Isa (24 heures à partir de AU$172), Brisbane-Longreach (17 heures = AU$128).* Greyhound est la seule compagnie qui fait le trajet Rockhampton-Emerald-Longreach tous les jours.

Beef Roads, les highways de l'Outback

Anciennes pistes de bétail, les routes principales qui sillonnent l'Outback sont aujourd'hui parcourues par d'immenses camions transporteurs de bétail. A partir des années 1940, les roadtrains (trains de la route) prirent le relais des drovers, cow-boys qui conduisaient les troupeaux le long des pistes vers les ports d'exportation de la côte. L'Australie demeure le plus gros producteur et exportateur mondial de viande bovine : 16 000 tonnes annuelles, surtout vers les Etats-Unis, le Japon et l'Europe.

▶ **Les road-trains** sont appelés ainsi en raison de leurs remorques à rallonges (jusqu'à 50 m de long), pouvant transporter des milliers de têtes de bétail vivant. Ils récupèrent les animaux dans les stations pour les mener aux abattoirs des villes. Pendant la saison sèche, sur les pistes de terre qui remontent aux stations isolées, le moindre véhicule soulève de gigantesques nuages de poussière. Ces camions, monstres dignes du meilleur Mad Max, sont munis d'impressionnants butoirs appelés « kangaroo-racks ». Ils n'essayent même pas de freiner lorsqu'un kangourou traverse la route. C'est du temps et de l'essence perdus dans ce pays où l'efficacité règne. D'ailleurs, il leur faut une grande distance pour freiner – un peu comme les grands pétroliers. Alors, dans leur sillage, presque chaque kilomètre de l'Outback est marqué par le cadavre sanguinolent d'un kangourou.

Routes

▶ **A partir de Cairns,** pour aller vers les Northern Territories en bus, il faut redescendre à Townsville et prendre Flinders Highway, l'axe principal qui passe par Charters Towers, Cloncurry et Mount Isa. En voiture vous pouvez également passer par Normanton puis descendre à Cloncurry.

▶ **Capricorna Highway** part de Rockhampton en passant par Emerald et Longreach où il devient Landsbourough Highway allant à Winton jusqu'à Cloncurry et Mount Isa.

▶ **On peut aussi prendre Warrego Highway de Brisbane** qui passe par Ipswich, Toowoomba et Roma à Charleville, où il rejoint Diamantina Developmental Road qui continue par Quilpie, Windorah, Bedourie, Boulia jusqu'à Mount Isa. On sera alors passé par le Channel Country et le Great Artesian Basin.

▶ **Pour aller à Birdsville,** symbole de l'Outback mythique, il faut emprunter une route plus hasardeuse, la Birdsville Developmental Road après Windorah (ou Eyrie Development Road qui vient de Bedourie).

▶ **Matilda Highway** traverse l'Outback du sud au nord, de Cunnamulla (près de la frontière avec le New South Wales), en passant par Charleville, Blackall, Barcaldine, Longreach, Winton, Cloncurry jusqu'à Normanton sur le golfe de Carpentarie.

FLINDERS HIGHWAY

De Townsville à Mount Isa, 900 km. A 135 km de Townsville, Charters Towers est une ancienne ville de la ruée vers l'or. A l'époque faste des années 1870, elle était la seconde ville du Queensland avec 25 000 habitants. Actuellement, elle n'en compte plus que 7 000. Charters Towers est la capitale de la country music, un festival y a lieu tous les ans à la fin avril et le rodéo en août. La ville a gardé un certain nombre de belles maisons anciennes avec des vérandas et d'imposants bâtiments publics.

■ **BUREAU D'INFORMATIONS. Charters Towers Visitor Information Centre. 74 Mosman Street** © (07) 4752 0314 - tourinfocentre@httech.com.au

■ **PARK MOTEL 1 Mosman Street © (07) 4787 1022 - www.parkmotel.com.au** - *Chambre double à partir de $80.* Le motel datant de 1888, a encore le charme des vieux pubs australiens avec le confort moderne. Vous y trouverez également un restaurant.

Dans les environs

▶ **Dans le parc national de Porcupine Gorge,** près de Hughenden, ces gorges aux murs de grès, d'une profondeur approchant les 120 m, forment une sorte de canyon. Le Pyramid Lookout se trouve à environ 80 km du Highway, à Hughenden.

▶ **A partir de Julia Creek,** on atteint l'embranchement d'une route bitumée qui remonte vers le golfe de Carpentarie, jusqu'à Normanton (420 km) et Karumba.

▶ **Cloncurry,** anciennes mines d'uranium fermées. Le monument de John Flynn Memorial est dédié à ce missionnaire qui fonda le Royal Flying Doctor Service (médecins volants). Ce service très important dans l'Outback où les distances sont immenses, fournit une aide précieuse aux habitants de ces contrées éloignées de toute civilisation.

MOUNT ISA

La ville de Mount Isa (27 000 habitants) doit son existence à la puissante Mount Isa Mines, le plus gros producteur individuel d'argent et de plomb du monde, qui figure également parmi les dix plus gros producteurs de cuivre et de zinc. Mount Isa, Broken Hill et New South Wales possèdent les plus grandes mines d'Australie riches de ces mêmes métaux. A Mount Isa, le plomb, qui est abondant, a une teneur plus faible qu'à Broken Hill. Ingénieurs et mineurs, originaires d'une cinquantaine de nations, vivent aujourd'hui ensemble à Mount Isa.

■ **LA NATIONAL TRUST TENT HOUSE, sur Fourth Avenue,** est un exemple du style de maisons que l'on ne trouve qu'à Mount Isa. Environ 200 maisons semblables furent construites par Mount Isa Mines dans les années 1930 et 1940 afin d'améliorer les conditions de vie des mineurs. Ouvert d'avril à septembre.

■ **BUREAU D'INFORMATIONS dans le centre Outback at Isa Marian Street © (07) 4749 1555 - www.outbackatisa.com.au** - Si la vie des mineurs vous intéresse, ils organisent également des dîners le mardi et vendredi à partir de AU$66 - De précieuses informations sur les mines et les circuits organisés sous terre (balade de quatre heures à partir de $45).

Hébergement

■ **TRAVELLERS HAVEN BACKPACKERS. Au coin de Stanley et Pamela Streets © (07) 4743 0313 - www.users.bigpond.net.au/travellershaven** - *Simples AU$32, doubles AU$46, dortoirs AU$20, tous climatisés.* Cuisine communautaire, salon communautaire avec télévision. Piscine. Très bon accueil.

■ **MOUNT ISA CARAVAN PARK 112 Marion street © (07) 4743 3252 - www.mtisacaravanpark.com.au** - *Vous pouvez y camper à partir de $17 mais il se trouve également des cabines double à partir de $55 avec votre petite kitchenette.* Piscine, barbecue et parc ombragé agréable.

Manifestations

▶ **Le plus grand rodéo d'Australie** – et le troisième du monde – se tient à Mount Isa en août. A la sortie de la ville, la Highway passe près des terrains de rodéo situés dans le bush. Si vous y passez à cette époque, n'oubliez pas de réserver votre chambre à l'avance.

Points d'intérêt

Cette ville dans le spinifex, en pleine brousse, se présente comme un gigantesque ramassis d'habitations basses préfabriquées, dominées par les grandes cheminées de la mine. Le centre, avec des rues à angle droit, est traversé par la Highway et la rivière. Des boutiques poussiéreuses et des cabanes en tôle rouillée (à part le nouveau Kentucky Fried Chicken et le MacDo) donnent sur des arrière-cours aussi désolées qu'un terrain vague. La plupart des cabines téléphoniques sont hors d'usage, des canettes de bière traînent un peu partout. Quelques Aborigènes s'abritent du soleil sous les auvents des hôtels-pubs. De grands oiseaux planent continuellement au-dessus de la ville minière. Ils attendent probablement que la chaleur fasse tomber, comme des mouches, les quelques touristes assez imprudents pour s'être égarés ici.

Dans les environs

- **Au nord de Mount Isa,** Sun Rock est un site de peintures rupestres ocre rouge. Il faut un permis d'entrée qui s'obtient auprès du ranger de la Old Court House à Mount Isa.

- **188 km plus loin, Camooweal** est situé près de la frontière des Northern Territories. De là, il reste 418 km pour Tennant Creek, qui n'est guère plus qu'une croisée de chemins, et 1 356 km pour Darwin, la capitale du Territoire.

CAPRICORN HIGHWAY

De Rockhampton à Winton, 850 km, puis Cloncurry 350 km, Mount Isa 120 km. Au total : 1 320 km. Capricorn Highway suit littéralement le tropique du Capricorne jusqu'à Longreach où il rejoint Landsbourough Highway pour Mount Isa. La région fut à l'origine habitée par les mineurs de pierres précieuses dans les gem-fields autour d'Emerald, Sapphire et Anakie. Actuellement, c'est le bétail, la culture de céréales et le charbon qui forment la base de l'économie. Le parc national de Carnarvon est situé au sud d'Emerald. La région est superbe, les grottes et les sites sacrés aborigènes sont nombreux. La flore est magnifique, avec plusieurs variétés d'orchidées. Entourée de plaines plus sèches, Carnarvon Gorge est une étonnante oasis avec des fougères et des palmiers rares, près des piscines naturelles dans les rochers de grès.

- **Pratique.** Il vaut mieux disposer d'une voiture afin de pouvoir parcourir librement toutes ces merveilles. Pour vérifier l'état des routes téléphoner à RACQ ✆ 1300 130 595.

Hébergement

Vous pouvez obtenir des permis de camping en vous adressant aux **Rangers** ✆ (07) 4984 4505, ou bien passer la nuit dans une cabine au milieu de la nature au **Carnarvon Gorge Wilderness Lodge** ✆ 1800 644 150 - www.carnarvon-gorge.com - située à l'entrée de la gorge de Carnarvon. Compter à partir de AU$210 la cabine pour 2 et un pack pour 3 repas AU$195. Le **Takarakka Bush resort** ✆ (07) 4984 4535 - www.takarakka.com.au - Propose également du camping ou des cabines simples à partir de AU$85.

EMERALD

A 270 km de Rockhampton, Emerald ne doit pas son nom à la pierre précieuse mais à la propriété Emeralds Downs, une énorme sheep-station des années 1860. Après les périodes de sécheresse, ses pâturages resplendissaient d'un vert émeraude tout neuf. Dans la petite ville fondée en 1879, bien peu de maisons anciennes restent visibles. Elle fut dévastée par des incendies successifs en 1936, 1940, 1954 et 1968. Son plus beau bâtiment est la gare, de 1900. En 1948, la British Food Corporation choisit cette région pour la production de sorgho destiné à l'Angleterre, ce qui changea les vastes pâturages en des champs de cultures.

En 1972, fut construit le barrage de Fairbarn Dam, à 20 km d'Emerald. Il a fallu 2 ans pour que le lac se remplisse. Sa superficie fait maintenant trois fois et demie celle de la baie de Sydney. La culture du coton à Emerald et à Yamalda a été rendue possible par l'irrigation. Le blé et le sorgho restent les céréales principales, mais la région produit aussi des agrumes, du soja, des cacahuètes et des tournesols pour extraction d'huile. En l'honneur de ces derniers, on assiste maintenant à un Sunflower Festival.

L'eau de ce réservoir colossal qu'est le Fairbarn Dam sert aussi à laver le charbon des mines en surface du bassin Bowen Basin. Emerald, petit centre régional où la vente de bétail a encore lieu toutes les semaines.

Devenu une ville-dortoir pour les employés aux salaires élevés des deux grandes mines. Les gisements de charbon aux veines peu disloquées sont à faible profondeur. Grâce à la mécanisation, le rendement est excellent, et l'Australie est un des rares pays où l'extraction du charbon continue à progresser. Les exportations s'effectuent surtout vers le Japon et la France.

La Gregory Mine et la Gordonstone Mine, à 45 km d'Emerald, organisent des visites gratuites du site en minibus. Dans ces énormes tranchées en surface, des pans entiers de sol sont minés et soufflés par des déflagrations monstres auxquelles les visiteurs peuvent assister les mardis et jeudis.

Les meilleures périodes pour visiter la région sont le mois de juin, avec la floraison des tournesols, et le mois de février, quand on récolte le coton. Les gem-fields se visitent agréablement en hiver (mai-août), quand les journées claires et ensoleillées sont plus fraîches.

Hébergement

■ **THE EMERALD MOTEL 5 Esmond Street Emerald - ✆ (07) 4982 0777 - www.emeraldmotel.com.au** - En centre ville près du pub et du restaurant. Chambre double AU$120.

■ **LAKE MARABOUT RESORT Faribairn dam road ✆ (07) 4982 3677 - www.lakemaraboonresort.com.au** - *Sur les rives du lac, à 18 km d'Emerald, camping à partir de $15 ou cabine avec salle de bain et cuisine $70 pour deux.* Le petit restaurant surplombe le lac Maraboon qui veut dire en aborigène « où les canards noirs volent ». Tôt le matin, les nuées de lorikeets verts et arc-en-ciel s'abattent sur les pelouses et les terrasses des cabines. Les opossums, qui ne se réveillent que le soir, viennent dîner avec les clients. Sur le lac, on peut pratiquer le ski nautique et la pêche.

■ LES GEMFIELDS ■

A 60 km d'Emerald sur Capricorn Highway. Le désert d'Australie cache dans le lit de ses rivières asséchées un trésor de pierres précieuses, de saphirs et d'émeraudes. Les gem-fields, découverts en 1870, sont parmi les plus riches champs de saphirs du monde. Les pierres précieuses, plus lourdes que le gravier, forment des veines au fond d'anciens lits de rivières. Les saphirs n'existent pas qu'en bleu traditionnel, mais en bien d'autres coloris différents : jaune, vert et en « parti-colour », une combinaison de plusieurs teintes.

Les gem-fields produisent 70 % des saphirs du monde. 95 % de ces cailloux bleus sont vendus à la Thaïlande où la taille des pierres est moins chère. C'est également dans ces champs près d'Emerald que furent trouvés les fabuleux saphirs « McKinney » et le « Black Star of Queensland ». En 1979, Smiley Nelson, âgé de 14 ans, trouva un énorme caillou de saphir de 2 020 carats à... Sapphire. La pierre, achetée par Richardsons Bros, fut volée en 1983 pendant une exposition à Sydney. Aussi incroyable que cela puisse paraître, la pierre non taillée fut retrouvée en 1986. Elle a depuis été achetée par un Américain pour US$5,5 millions.

Les petites mines de Sapphire, de Rubyvale et de Willows se visitent, et on peut même y obtenir un permis de fossicking (d'orpaillage) de pierres précieuses, qui ne coûte que quelques dollars. Dans ces petits centres de bric et de broc, où les cabanes tiennent par des bouts de ficelles, on est sûr de rencontrer des personnages plutôt excentriques. Chercheurs professionnels et amateurs, ils semblent tous être un peu en marge de la société.

■ **MOUNT HAY'S GEMSTONE TOURIST PARK ✆ (07) 4934 7183 - www.mthaygems.com.au** - *On peut se livrer à la recherche des « Thunder Eggs », vieux de plus de 100 millions d'années, tour à partir de $17.* A 40 km à l'ouest d'Emerald, sur Capricorn Highway, Anakie possède un centre d'information touristique sur les gem-fields. Anakie est un plateau rocheux, sec et aride, où la chaleur en été devient écrasante. Ici, les dingos, qui n'aiment pas la plaine, ont de nombreux rochers pour se cacher.

A Clermont, petit ville 100 km au nord d'Emerald, vous pouvez acheter un permis pour chercher de l'or à l'aide d'un détecteur. Allez voir Barry et Olga Dunn au **Clermont Caravan Park** ✆ (07) 4983 2002 ou portable 0419 682 600 - nugget38@bigpond.com- Barry est un vrai caractère, invitez-le au pub et vous aurez toute l'histoire de la région mais aussi les bons tuyaux pour trouver de l'or. Il loue des détecteurs et donne également des leçons.

SAPPHIRE

Chercheurs de pierres précieuses, les quelques habitants de Sapphire, situé à 10 km du Highway, sur une petite route de traverse, sont aussi hétéroclites que leurs cabanes aux noms ronflants comme « Buckingham Palace » et « Desperado Mine » : un Finlandais, un Suédois, quelques pied-noirs, un couple d'Allemands, une Néo-Zélandaise... L'électricité n'est arrivée à Sapphire qu'en 1972. En l'espace de quelques kilomètres, on a l'impression de se retrouver au siècle dernier pendant la ruée vers l'or. La piste serpente entre les terrils des petites mines individuelles dans un paysage quasi lunaire, brûlé par la sécheresse et éventré par les chercheurs d'une fortune très hypothétique. Les longues feuilles des eucalyptus, immobiles dans la chaleur de midi, sont rendues encore plus grises par la poussière des mines.

Manifestations

S'ouvrant peu à peu au tourisme, les gem-fields organisent le festival Wheelbarrow Race, d'une durée de dix jours, à la fin juin tous les deux ans. Une course de brouette célèbre la mémoire d'un chercheur de pierres, Darkie Garnet, qui fit fortune à trois reprises. Il la dépensait aussitôt en vin et en femmes, et repartait comme il était venu : en poussant sa brouette et riche de son seul balluchon. Les Gemfest exposent pendant trois jours au mois d'août les plus beaux saphirs d'Australie.

Points d'intérêt

▶ **Une grande mine professionnelle** en surface occupe une partie des 7 km qui séparent Sapphire de Rubyvale.

■ **A Rubyvale, on peut visiter LA PETITE MINE MINERS HERITAGE** avec ses galeries souterraines. *Entrée : adultes AU$9.* On peut aussi acheter un seau de minerai brut et s'installer dehors pour laver le gravier en espérant y trouver « la » grosse pierre.

De retour sur Capricorn Highway, on croise le bétail qui erre dans les éboulis et les rochers près de la route. Il semble être à l'image du pays, maigre et résistant à la sécheresse. Les derniers contreforts de la Great Dividing Range cèdent la place aux immenses étendues sans fin de l'Outback. La Highway coupe tout droit à travers un pays sans colline ni montagne.

Shopping

■ **RUBYVALE GEM GALLERY & SAPPHIRE SAFARIS. Keilambete Rd, Rubyvale © (07) 4985 4388 - www.rubyvalegemgallery.com** - Une petite maison joliment restaurée avec un jardin ombragé, et un grand arbre sous lequel on peut prendre le Devonshire Tea (five o'clock tea à l'australienne). Peter et Eileen Brown montrent volontiers comment on taille un saphir et l'on peut admirer (et acheter) des pierres déjà taillées (de AU$60 à AU$75 000). Les belles bagues montées coûtent entre AU$1 000 et AU$2 500. Peter, un Néo-Zélandais blond dans la cinquantaine, a déjà passé vingt-huit ans à prospecter sa mine individuelle. Il raconte que, à l'époque de son arrivée, il suffisait de planter quatre piquets et la terre était à vous.

Dans les environs

Barcaldine

C'est juste quelques maisons, une pompe à essence et un hôtel-pub dans l'immensité grise et sèche... La plaine où la terre se colore de rouge est si plate que l'horizon en semble élargi. Quelques termitières s'efforcent de donner du relief au pays. Le soleil tape si fort qu'il paraît vouloir éteindre toute vie. L'industrie de tonte de moutons a beaucoup contribué à l'économie de l'Australie. La grève des tondeurs, en 1891, donna l'impulsion à la formation de l'Australian Labor Party, dont l'assemblée fut tenue sous le « Tree of Wisdom », un grand eucalyptus dans la rue principale de Barcaldine.

■ LONGREACH ■

Longreach, fondée en 1870, est devenue, avec ses 4 500 habitants, la plus grande ville du centre-ouest du Queensland. C'est là qu'est né, en 1959, le premier « Flying Surgeon Service » du monde, qui fournit des soins spécialisés aux petits hôpitaux des communautés isolées. C'est là également que Qantas a établi, en 1922, sa première base opérationnelle dans le Qantas Hangar, encore utilisée de nos jours. Dans ce hangar furent construits les six premiers avions australiens (DH 50 Biplanes). Il se trouve sur l'aéroport de Longreach, face au « Hall of Fame ». Le Cultural Centre, à l'origine un centre ambulancier construit en 1921, est classé par le National Trust et abrite une galerie d'art où sont exposées et vendues les œuvres d'art et d'artisanat local.

Voyager dans un avion léger à hélices de Flight West, c'est vraiment partir à l'aventure. Longreach, à mi-chemin entre Rockhampton et Mount Isa, a juste une petite piste d'atterrissage. Le hangar qui abrita le premier avion de la Qantas est encore utilisé aujourd'hui. Jusqu'en 1985, les deux seuls motels de Longreach étaient rarement occupés et la population baissait d'une manière inquiétante. Actuellement, l'expansion du tourisme a des retombées jusqu'à Barcaldine, Blackall et Winton.

■ **BUREAU D'INFORMATIONS. Longreach Information Centre Qantas. Park Eagle ✆ (07) 4658 3555. - www.longreach.qld.gov.au -** Toutes les infos sur la ville et ses environs, vous y trouverez également toutes les adresses de ferme que vous pouvez visiter, voire y dormir.

Hébergement – Restaurants

■ **ROYAL HOTEL. Eagle Street ✆ (07) 4658 2118.** *Chambre double à $40, mais mieux vaut visiter avant de payer.* C'est un vrai hôtel-pub de l'Outback, les gens peuvent paraître un peu inquiétants, mais finalement ils sont plutôt sympas dans l'ensemble. La véranda du premier étage est un bon point d'observation, un peu en retrait du va-et-vient local, pour se familiariser avec la vie de l'Outback. Eagle Street ressemble à une rue du Far West américain avec ses trottoirs protégés du soleil par les auvents des façades.

■ **GUNNADOO CARAVAN PARK & CABINS 12 Thrush Road ✆ 1800 356 099 - www.bestonparks.com.au/gunnadoocp.asp -** *Des emplacements de camping à partir de AU$23, une caravane pour deux à AU$45 ou bien un charmant bungalow pour AU$70.* Gunnadoo caravan park est réputé pour sa cuisine d'Avril à Mai, on vous servira un repas australien copieux. La soirée se finit souvent autour d'un feu de camp avec d'autres voyageurs. Une sympathique manière de récupérer des bons tuyaux pour la suite de votre voyage.

Points d'intérêt

■ **STOCKMAN'S HALL OF FAME Landsborough Highway - ✆ (07) 4856 2166 - www.outbackheritage.com.au -** *A 2 km à l'est de la ville. Entrée AU$27, ouvert de 9h à 17h.* Cet étonnant musée à la gloire des pionniers fut inauguré par la reine Elizabeth en 1988, à l'occasion du Bicentenaire. Entièrement construit en tôle ondulée, il commémore l'histoire des héros anonymes, ces stockmen, boundary riders, drovers et autres cow-boys qui chevauchèrent sur ces immenses étendues pour le compte des grands fermiers pionniers. Sont exposées différentes selles, aussi confortables que celles des cow-boys américains, ainsi que des fouets en lanières de kangourou tressées dont le whip cracking demande un certain coup de main.

On y apprend les hauts faits de Harry Redford, un cattle duffers qui vola plus de 1 000 têtes de bétail d'un seul coup et les mena sur 2 400 km pour les vendre à Adélaïde. On nous parle des dures années de la Grande Sécheresse, de 1895 jusqu'à 1903, pendant laquelle la moitié du cheptel australien périt... Les swaggies étaient des chômeurs vagabonds de la Grande Dépression, qui parcouraient l'Outback à la recherche d'un travail saisonnier. On n'oublie pas les Kelpies ou Bluey, de race incertaine, qui sont les seuls chiens bergers d'Australie (ici on s'occupe plus d'efficacité que de pedigree). On peut voir la photo du leader aborigène, le Rainbow Warrior, nom évocateur pour les Français, qui fut fusillé en 1802 après douze ans de guérilla. Il y a aussi une exposition fort savante sur le Grand Bassin artésien, la région la plus sèche du continent australien qui « flotte » littéralement sur un énorme réservoir d'eau souterraine.

■ **LE CITY HALL,** qui a brûlé à plusieurs reprises, fut soufflé par une violente tempête en 1927. L'eau de la ville vient des forages artésiens, qui fournissent directement de l'eau chaude chez les particuliers. Ça sent un peu le pétrole quand on se brosse les dents. Au bout de l'unique rue principale qui débouche sur la plaine, le pays est sec. Tout autour de Longreach, on a construit une sorte de digue basse pour protéger les habitations des inondations monstres consécutives aux pluies de la mousson plus au nord. Le pays est tellement plat que les rivières débordent pour, littéralement, noyer sur des centaines et des centaines de kilomètres ces plaines qui n'ont rien pour arrêter les flots.

■ **LONGREACH SCHOOL OF DISTANCE** est l'école par radio pour les 340 élèves de la région, disséminés sur 2 000 kilomètres carrés. Les enfants viennent une fois l'an à Longreach afin de mettre un visage sur la voix de leur professeur. L'école se visite, et il est très émouvant d'entendre une petite voix d'enfant venant de l'isolement du bush, parfois à des milliers de kilomètres, comme cette petite fille de 6 ans dans une station près de Birdsville. Parfois, les élèves interrompent leurs leçons pendant une quinzaine de jours pour aller aider leurs parents au « musterring ». De nombreux fermiers n'ont pas les moyens d'engager des ringers et drovers pour le rassemblement d'un bétail éparpillé sur des centaines de kilomètres dans l'Outback.

Pour visiter des fermes

■ **LONGREACH OUTBACK TRAVEL CENTRE & BILLABONG BOAT CRUISES. Greyhound Terminal, 115a Eagle Street ✆ (07) 4658 1776. - www.lotc.com.au -** Organise des visites de la ville à la journée ainsi qu'une croisière d'une durée de 3 heures sur la Thomson River (de 17h à 20h) à AU$44 avec le repas et musique country.

■ **BANJO'S OUTBACK THEATRE & PIONEER SHEARING SHED ✆ (07) 4658 2360.** Dans ce hangar, on peut assister à la tonte de moutons, aux démonstrations du travail de chiens de bergers, aux soirées de musique et de lecture de poèmes de l'Outback.

Shopping

Dans les boutiques d'équipement rural et chez Menswear, on trouve le vrai débardeur « Jacky Howe » à AU$7, et de beaux Akubra, le « Stetson » australien.

■ DE LONGREACH À LORRAINE STATION ■

Pays immensément plat et désespérément sec, pourtant rassurant dans sa monotonie, régulièrement ponctuée de la silhouette caractéristique d'une éolienne. L'horizon ressemble à un film en panavision, tellement il est vaste. La couverture de bitume, au milieu de la route, correspond à la largeur d'une seule voiture. En croisant un road-train, il vaut mieux descendre sur le large bas-côté. Des cadavres sanguinolents de grands kangourous red backs sont visibles partout sur les bords des routes, les émeus sont broyés au point qu'il n'en reste qu'un tas de plumes. Vers midi, le soleil chauffe à blanc. L'herbe a la couleur du foin sec, elle devient noire par endroits. Le bétail croisé brahmane cherche de l'ombre sous les maigres acacias à épines de la vaste plaine qui ressemble à la savane africaine.

Dans les «Stations» à l'écart des routes, le logement dans les quartiers des tondeurs de moutons est spartiate. L'hospitalité est néanmoins toujours à l'honneur, avec la devise : « *There are no strangers in the world, only friends we have not yet met* » (« il n'y a pas d'étrangers dans le monde, seulement des amis que nous n'avons pas encore rencontrés »). Les célèbres dunnies australiens (des toilettes à l'extérieur) sont objet de vénération au même titre que la tôle ondulée pour les toits des maisons. L'eau des douches à l'air libre est chauffée dans le traditionnel wood donkey heater, un grand réservoir en tôle ondulée surélevé.

Plus loin sur Landsborough Highway, Winton est une petite bourgade fondée en 1879, au cœur d'une importante région d'élevage de moutons. C'est aussi le berceau de la Qantas, la compagnie aérienne nationale, créée en 1920 par des éleveurs pour vaincre l'isolement et l'oppressante « tyrannie des distances ». A 120 km au sud-ouest de Winton, dans le parc régional de Lark Quarry, on a trouvé des empreintes de pieds de dinosaures, parfaitement conservées dans la roche et formées il y a 100 millions d'années. Information pour les visites : www.australiasdinosaurtrail.com.au

Kynuna est située sur Landsborough Highway, à 165 km de Winton. C'est ici, au billabong Combo Waterhole, que Banjo Paterson, en 1893, écrivit « *Waltzing Matilda* », la plus célèbre ballade d'Australie. Inspirée d'un fait réel, la chanson raconte l'histoire d'un vagabond (swagman) pendant la crise des années 1890 qui jeta des milliers d'ouvriers agricoles sur les routes. Les swagmen appelaient leur errance à pied à travers l'Outback « Waltzing the Matilda ». Toutes leurs possessions tenaient dans une couverture appelée swag ou matilda, nouée en balluchon. Ils allaient d'un endroit à l'autre, en « waltzant » leur « matilda » à travers le pays à la recherche d'un travail saisonnier. La chanson fut chantée publiquement pour la première fois à North Gregory Hotel, à Winton, où une statue est érigée en l'honneur de Banjo Paterson. Les Australiens sont très sensibles à ces héros populaires au grand cœur, un peu rustres mais astucieux et toujours opposés à l'autorité.

Dans la même veine, mais situé à l'époque contemporaine, « Crocodile Dundee » met aussi en scène un de ces héros australiens. Le Walkabout Creek Hotel se trouve à McKinley qui, sans la sortie du film, serait resté à jamais. L'hôtel-pub est une halte sur le trajet des grands bus. A Cloncurry, Landsborough Highway rejoint Flinders Highway pour Mount Isa.

« Waltzing Matilda »

« Oh ! there once was a swagman camped in a billabong under the shade of a coolibah tree.

And he sang as he looked at his old billy boiling.

« Who'll come a-waltzing Matilda with me ? » »

Banjo Paterson, 1895.

Les forages artésiens

Le bassin artésien couvre une superficie d'environ 1 760 000 km² et ces eaux souterraines de l'Outback sont largement utilisées. On se contente parfois d'atteindre les nappes phréatiques situées à assez faible profondeur. Le premier forage date de 1870. Aujourd'hui il y a environ 3 000 puits artésiens et plus de 5 000 puits subartésiens. Les sources jaillissantes s'appellent des mound springs. La pression, très forte au début des forages, a actuellement beaucoup décliné en raison de la multiplication des puits. Un contrôle strict de l'administration a été établi.

En général, cette eau souterraine a une concentration minérale trop élevée pour l'arrosage des cultures. Mais ces sources d'eaux sulfureuses, bouillantes autant que fétides, sont reliées aux douches des habitats ainsi qu'aux abreuvoirs du bétail quand la salinité n'est pas trop forte. Un forage de 900 m de profondeur fournit à Quilpie une eau si chaude qu'il faut la refroidir dans des installations spéciales avant de pouvoir l'utiliser.

■ CATTLE ET SHEEP-STATIONS ■

Le continent australien, composé à 70 % de déserts de sable, de pierres, de buissons ou d'herbes, est totalement inapte à une quelconque culture. L'insuffisance de l'eau courante limite le développement de l'irrigation. Afin de nourrir les troupeaux, les squatters (éleveurs qui louent leurs terres à l'Etat) sont obligés de coloniser de vastes étendues. La plus grande station est celle de la famille Clarke à Andado, sur la frange ouest du Simpson Desert. Elle couvre 35 600 km² (par comparaison, la surface de Belgique est de 30 500 km²). Sur les immenses étendues semi-arides de l'Outback, les sols sont constamment menacés par l'érosion. Les kangourous et les lapins en surnombre disputent la nourriture au bétail.

Afin d'empêcher les dingos de s'attaquer aux moutons, les éleveurs ont construit de gigantesques clôtures en fils de fer barbelés. La « dingo fence » coupe pratiquement le continent en deux, d'ouest en est, sur près de 4 000 km. Mouches et autres parasites s'attaquent également au bétail.

L'instabilité des prix sur le marché mondial a donné à l'éleveur australien une tout autre mentalité que celle du paysan européen. L'Australie possède le plus important troupeau de moutons du monde, cela malgré la grande sécheresse de 1944, qui avait fait périr 22 millions de bêtes, et celle de 1965-1966, qui provoqua une baisse sensible du cheptel.

Tous les domaines sont divisés en de grands quadrilatères par des clôtures de fils de fer (fencing). Des gardiens à cheval (jackeroos) déplacent les troupeaux de section en section (paddocks) pour éviter l'épuisement des pâturages. Des puits et des réservoirs d'eau permettent d'abreuver le bétail. Même les meilleurs pâturages ne nourrissent guère qu'un ou deux moutons à l'hectare. Dans les zones les plus arides, ce nombre tombe rapidement à un mouton pour 5 à 6 hectares.

L'habitation principale (homestead) est un bâtiment spacieux, entouré d'une véranda propice à la circulation de l'air et qui protège en même temps du soleil de plomb de l'Outback. La tonte des moutons est faite par des équipes spécialisées de 12 à 20 tondeurs (shearers) qui vont de station en station. Dans l'élevage extensif pour la laine en zone semi-aride, les troupeaux de moutons mérinos se promènent à travers d'énormes domaines loués à l'Etat. Une cinquantaine de grandes sheepstations possèdent plus de 50 000 moutons chacune, mais aucune n'égale le nombre incroyable atteint à la fin du siècle dernier par le squatter Samuel MacCaughey : 1 250 000 têtes.

Moins profitable que l'élevage du mouton, le gros bétail se trouve dans l'intérieur sec de l'Outback et dans les régions humides du golfe de Savannah, dans le Nord. Les plateaux humides d'Atherton Tablelands et les coteaux vallonnés des Darling Downs du Sud-Est comportent des fermes de vaches laitières sur une surface moins grande. Dans les plus vastes stations, le rassemblement des troupeaux se fait par hélicoptère, et la moto remplace parfois le cheval des jackeroos modernes.

Le long paddock

Dans les plaines semi-arides de l'Outback reculé, l'herbe (souvent du Mitchel Grass) supporte en général bien les sécheresses courtes ; elle sèche pour devenir une sorte de fourrage sec sur pied. Mais en période de grande sécheresse, ce fourrage vire au gris-noir et devient immangeable. Autre fléau du bush, les nuées de mouches qui s'abattent sur le bétail et les gens. Lorsque la sécheresse a ruiné leurs propres pâturages en rendant l'herbe insuffisante sur les terres de la station, certains petits éleveurs mènent leurs troupeaux le long des routes. Le long paddock (les longs pâturages) est un peu la version australienne de nos anciens chemins communaux. Après cette transhumance forcée, les troupeaux ne réintègrent leur territoire que lorsque des pluies suffisantes ont permis au fourrage de repousser.

DIAMANTINA DEVELOPMENTAL ROAD

L'une des régions les plus reculées du Queensland bordant Diamantina Highway est le Channel Country traversé d'un réseau de rivières à sec, dont la Diamantina. Cette région de 260 habitants éparpillés sur une superficie de 95 000 km^2 est fondée sur l'élevage du bétail. Aux confins de ce pays, la fameuse ville de Birdsville est située en bordure du Simpson Desert.

Pour rejoindre Diamantina Road, Warrego Highway part de Brisbane en passant par les Darling Downs, Roma, Mitchell et Charleville. Il y a 1 800 km entre Brisbane et Birdsville. Diamantina Road traverse le Channel Country, de Charleville à Mount Isa, en passant par Quilpie, Windorah, Bedourie, Boulia. C'est une longue route déserte de 1 340 km, dont seulement un peu plus de la moitié est asphaltée.

Pendant la saison des « wets », d'octobre à mai, l'autre moitié en terre peut devenir impraticable et parfois coupée par les inondations. De plus, pendant l'été humide, la chaleur devient insupportable. Le meilleur moment pour voyager sur cette route est l'hiver, de mai à septembre. Pour sortir de Diamantina Developmental Road par les petites pistes, il faut obligatoirement voyager en véhicule 4x4. Et par ailleurs, à l'ouest de Quilpie, il faut toujours prévoir de grandes réserves d'essence et d'eau.

Warrego Highway traverse la Great Dividing Range et passe par Toowoomba, la « Garden-City » du Queensland, qui est aussi le centre régional des riches coteaux des Darling Downs. A partir de Toowoomba on peut faire des excursions à Oakey, Dalby, Chinchilla, Tara et Miles. Renseignements au centre d'information touristique à Toowoomba : www.toowoombaholidays.info.

Pour ceux qui veulent échapper à toute trace de vie urbaine, il y a aussi des endroits comme Adora Downs Holiday Farm, à Pittsworth, près de Toowoomba.

Transports

- **De Charleville à Mount Isa :** 1 340 km
- **Brisbane-Charleville par Warrego Highway :** 720 km.
- **Total :** 2 060 km

Dans les environs

Roma est un centre régional pour les éleveurs de moutons et de bétail. Warrego Highway rejoint Diamantina Developmental Road à Charleville qui est la deuxième ville de l'Outback. Ce centre régional de 3 600 habitants se trouve au cœur du pays du mulga, un arbre qui ressemble au pin et qui sert à nourrir le bétail en cas de sécheresse.

- **Allez visiter Myendetta homestead,** une propriété unique de 116 ans. Vous pourrez visiter la ferme et connaître l'histoire de la famille Francis. Charles, l'arrière-petit-fils du premier propriétaire, tient la ferme toujours existante - www.myendettastation.com - ✆ (07) 4654 1672.

LE CHANNEL COUNTRY

On entre à présent dans le Channel Country. Incroyable, immense, démesurée, cette région aride très peu peuplée s'étend jusqu'en Western Australia au sud. Son nom vient des nombreuses rivières intermittentes qui présentent un écheveau compliqué de chenaux et de bras morts. Ces cours d'eau, en descendant vers le sud, se perdent littéralement dans les sables ou dans les lacs salés asséchés. Ils ne renaissent qu'après la mousson au nord, car il ne pleut presque jamais dans cette région.

Mais à la saison des pluies, l'eau de la mousson se déverse dans ce réseau qui enfle et déborde sur tout le Channel Country. Ce drainage non coordonné comprend les rivières temporaires de Diamantina, de Georgina, de Hamilton et de Cooper's Creek. Elles convergent vers la profonde dépression du lac Eyre en South Australia. Les inondations vont parfois jusqu'à remplir le lac, mais cela n'arrive qu'environ deux fois par siècle, la dernière étant en 1989. Les énormes masses d'eau qui se déversent sur cette immense plaine se perdent en général dans le sous-sol, formant des billabongs et des étangs salés.

Pendant une brève période après les inondations, le Channel Country reverdit avec de grands pâturages pour le bétail. Le réseau de beef-roads est relativement récent. La dingo fence, qui coupe pratiquement le continent sur 4 000 km, traverse le Channel Country afin de protéger le bétail de ce chien sauvage (dingo).

La station avait la forme d'un rectangle, d'une superficie de 400 000 hectares environ ; elle était bornée au sud par la rivière Darling...

« A vrai dire, ces lacs ne contenaient de l'eau que pendant les bonnes saisons : c'était tantôt des surfaces miroitantes sur lesquelles nageaient par centaines les canards et les cygnes noirs, tantôt des plaines de boue durcie et fendillée où erraient les moutons. Des criques traversaient la station en diagonale, lits desséchés qui attendaient longtemps une crue de la rivière. »

Paul Wenz, « L'Echarde ».

A 210 km de Charleville, Quilpie est le terminus de la voie ferrée qui transporte le bétail sur la côte. A Quilpie, on peut visiter des mines d'opale. On y trouve aussi deux motels et un caravan park : www.quilpie.qld.gov.au

240 km plus loin, à Windorah il fait soit très sec, soit très humide. Il y a un pub et un camping. Ici, les rivières de la Barcoo et de la Thomson se joignent pour devenir Cooper's Creek. A Windorah se trouve le célèbre arbre au pied duquel sont morts d'épuisement Burke et Wills au retour de leur expédition d'Adelaide au golfe de Carpentarie.

BIRDSVILLE

A une centaine de kilomètres après Windorah, l'embranchement de Birdsville Developmental Road va à Birdsville (environ 400 km de Windorah) et décrit un triangle avec Eyre Developmental Road qui remonte vers Bedurie, 260 km plus loin sur Diamantina Road. L'Australie profonde est parsemée de villes fantômes qui évoquent la ruée vers l'or des années 1890 et où traînent des cow-boys nostalgiques. Un véritable pan de décor de western est oublié à la lisière de l'imposant désert de Simpson : une rue, trente habitants permanents et un hôtel pub connu de tous les Australiens. Voilà Birdsville, qui fait frissonner le voyageur épris de confort et de sécurité.

Hébergement

Cette petite contrée, l'endroit le plus isolé du Queensland, possède le plus célèbre bar de l'Australie, le **Birdsville Hotel.** Adelaide Street ✆ (07) 4656 3244 - www.theoutback.com.au - Dans cet hôtelpub, qui date de 1884, une chambre double revient entre AU$110, vous pouvez également y dîner. Un camping aussi dans la ville.

Manifestation

▸ **Le grand événement de l'année** (le premier week-end de septembre) est le **Birdsville Races,** une course hippique pour laquelle jusqu'à 6 000 passionnés viennent à Birdsville en 4x4 ou en avion léger (près de 200 petits avions se retrouvent ce week-end à l'aéroport). Le festival comprend de nombreuses attractions, y compris le dernier tournoi de boxe itinérant.

BOULIA

De retour sur Diamantina, à mi-chemin de Mount Isa, Boulia est célèbre pour ses mystérieuses lumières à Min Min, dues probablement à des gaz venant des puits artésiens. Les explorateurs Burke et Wills passèrent aussi par ici et un minuscule musée leur est consacré dans une petite maison en pierre de 1888. Vous y trouverez deux motels et un camping - www.boulia.qld.gov.au - Au mois de juillet se déroule une célèbre course de chameaux.

MATILDA HIGHWAY

Matilda Highway traverse le Queensland du sud au nord, de Cunnamulla à Normanton, sur 1 670 km de routes asphaltées. Recoupant des parties de Landsborough et Flinders Highway, Matilda passe par Charleville, Blackall, Barcaldine, Longreach, Winton et Cloncurry.

Le plaisir de voyager sur ces immenses routes sans fin a un effet hypnotique. La lumière dure accentue les contrastes entre la poussière rouge de la terre et le bleu intense du ciel. Sur cette route, le voyageur peut être sûr de voir plus de kangourous et d'émeus que dans n'importe quel zoo. Il n'y a aucun danger à rouler sur les routes principales, mais il est néanmoins prudent d'emporter assez d'eau potable. Par contre, pour conduire sur les pistes de terre qui sillonnent ces immensités désertes, un 4x4 est indispensable. Si la voiture tombe en panne, il ne faut surtout pas s'en éloigner. Grâce à la gentillesse légendaire de l'Outback, le premier véhicule qui passe s'arrêtera pour porter secours ou pour chercher de l'aide.

ALDVILLE

A 120 km au nord-ouest de Cunnamulla.

■ **HÉBERGEMENT ET LOISIRS.** Aldville propose l'hébergement à Aldville Station ✆ (07) 4655 4814 - Wyandra, au nord-ouest de Cunnamulla, à AU$125 par personne en pension complète. C'est une propriété de moutons et de bétail au cœur du « Mulga Country ». Tonte de moutons, rassemblement du troupeau à cheval, escalade, recherche d'opales. Exploration du bush et observation de cochons sauvages, d'émeus et de kangourous. Le camping est possible et les logements des tondeurs (shearer's accommodation pour AU$15 la nuit) sont à la disposition des backpackers. Des repas à prix raisonnables sont disponibles au homestead.

■ **NARDOO STATION** est une sheep et cattle station où vous pouvez venir à la journée regarder la tonte des moutons, ou rester pour plusieurs nuits et participer à la vie de la ferme ✆ (07) 4655 4833.

QUILPIE

Sur l'Opal Byway, qui quitte la Matilda Highway et qui va de Charleville à Cunnamulla, se trouve la petite agglomération de Quilpie, connue sous le nom d'« Opal Town ». C'est ici qu'on exploite généralement l'opale « boulder » à ciel ouvert.

Hébergement

■ **QUILPIE MOTOR INN. 80 Brolga Street, Quilpie ✆ (07) 4656 1277 - quilpiemotorinn@bigpond. com -** *L'hospitalité de l'Outback pour AU$90 la chambre double.*

■ **ROSEGREEN. Rosegreen Station, Cloncurry** ✆ (07) 4742 5995 -rosegreen@bigpond. com

CHARLEVILLE

L'agglomération de Charleville se trouve entre Longreach et Roma. Outre ses sites historiques datant des premiers explorateurs, elle se targue d'avoir le ciel le plus clair de l'hémisphère Sud. Pour vous le prouver, elle vous invite à un « Sky Watch » avec télescope Celestrom 200 mm.

■ **BUREAU D'INFORMATIONS** ✆ (07) 4654 3057 - www.murweh.qld.gov.au

Hébergement

■ **WALTZING MATILDA MOTOR INN, 125 Alfred Street, Charleville ✆ (07) 4654 1720.** *Chambre double AU$71.* Accueil chaleureux. L'autre solution est le sympathique **CORONES HOTEL** 33 Wills street ✆ (07) 4654 1022.

■ Charleville possède également un **BAILEY BAR & CARAVAN PARK à 187 km au nord de Cunnamulla ✆ (07) 4654 1744.** Chalets, caravaning (emplacements avec électricité et caravanes sur site), aire de camping, sanitaires, kiosque.

BLACKALL

Après Charleville, Matilda Highway monte vers Blackall, situé sur la Barcoo River, au cœur du pays des moutons mérinos. L'endroit est aussi connu pour ses rodéos. - www.blackall.qld.gov.au

Hébergement

■ **AVINGTON OUTBACK HOLIDAY STATION ✆ (07) 4657 5952 - www.avington.com.au -** Cette cattle-station vous offre une véritable « expérience de l'Outback ». Il y a même une rivière où l'on peut se baigner. Fantastique également pour ceux qui aiment les oiseaux.

WINTON

Winton est une vaste zone d'élevage et de pâturage. C'est à Winton, sur la Dragworth Station, que Banjo Patterson écrivit, en 1895, « *Waltzing Matilda* », l'hymne national australien. Winton est également le lieu de naissance de Qantas Airways. Bon point de départ aussi pour les « Lark Quarry Dinosaur Footprints » – le seul site du monde où l'on trouve l'empreinte de la fuite d'une bande de dinosaures en déroute – ou pour les mines d'opales « boulder », exclusivité de la région. www. experiencewinton.com.au

Hébergement

■ **MATILDA HOTEL. 20 Oondooroo Street ✆ (07) 4657 1433.** *Chambre double AU$77.* Greg et Pam Taylor vous y réservent un sympathique accueil campagnard. On a droit à de copieux petits déjeuners et à de bons dîners à des prix raisonnables.

■ **PELICAN FUEL STOP. Caravan Park Budget Motel. 94 Elderslie Street ✆ (07) 4657 1478 -** *Au motel, la chambre double coûte $55 (AU$70 pour une chambre familiale).* Dans le caravan park, les emplacements de camping coûtent $7,50 par personne (AU$4,50 par personne supplémentaire). Emplacement de caravaning avec électricité : AU$18

■ **NORTH GREGORY HOTEL MOTEL. 67 Elderslie Street ✆ (07) 4657 1375 - www.babs.com.au/northgregoryhotel -** *Chambre double à partir de AU$72, le propriétaire, Graham, très accueillant est un fana de moto.*

Pratique

Si vous avez un 4x4 vous pouvez aller par les pistes de Winton à Alice Springs en passant par Boulia. N'oubliez pas bien sûr de faire le plein de fuel et de nourriture avant de partir car vous ne trouverez pas grand-chose sur la route. Pour connaître les conditions de la route, appeler ✆ (07) 4746 3144.

MCKINLAY

Si vous voulez savoir ce qu'a pu ressentir M. Crocodile Dundee himself, faites une halte à McKinlay, 90 km avant Cloncurry.

Hébergement

Comme le reste de la planète, ses trente habitants connaissent tous le **Walkabout Creek Hotel.** C'est ici qu'ont été tournées les scènes de taverne du célébrissime film ! **Walkabout Creek Hotel** « and Grassed Van Park and Discount Fuel » (c'est ce que dit leur publicité), **Matilda Highway, McKinlay .**✆ (07) 4746 8424. Caravaning, chambres climatisées, petits déjeuners, snack, restaurant. Demandez Paul Collins. Vous pouvez même y dormir pour environ $75 dans une chambre double.

Dans les environs

Dans la région de Gregory Downs, au nord-ouest de la Burke et Wills Junction, se trouve Adel's Grove. Population... trois habitants. Connu dans la région sous le nom de « Frenchman's Garden » (le jardin du Français), Adel's Grove doit son sobriquet au botaniste français Albert de Lestang qui s'y installa en 1920. Dix-neuf ans plus tard, il y avait fait pousser quelque 1 000 espèces différentes de plantes, de buissons, d'arbres indigènes et exotiques. Adel's Grove est adjacent au superbe Lawn Hill National Park et possède une aire de camping et un point d'approvisionnement de base (carburant, alimentation) pour les touristes. Il faut demander un permis de camper au National Park & Wildlife Services.

Le Matilda Highway rejoint le Capricorna Highway à Barcaldine (107 km avant Longreach) et file jusqu'à Cloncurry (117 km avant Mount Isa). De Cloncurry, Matilda Highway monte jusqu'au Normanton sur le golfe de Carpentarie. Cette portion de route de 378 km à travers un pays inhabité comporte une couverture de bitume tout le long. Les plaines ne sont interrompues que par une colline isolée, le Bang Bang Jump-up. Un embranchement de piste vers Burketown part de la station-service Burke & Wills Roadhouse, à mi-chemin entre Cloncurry et Normanton.

BIRDSVILLE TRACK

C'est une ancienne piste de bétail de 480 km qui descend vers Marree, en South Australia, en lon geant le Simpson Desert. Les voitures de tourisme peuvent faire le Birdsville Track, mais il faut obligatoirement remplir un formulaire à la police de Birdsville et signaler son arrivée à Marree. Jadis surnommé le « cimetière des voyageurs », le Simpson Desert se trouve à la jonction de trois Etats : le Queensland, les Northern Territory et South Australia.

BIRDSVILLE

Dernière étape avant le désert, à 12 km de South Australia, autrefois poste frontière sur la beefroad entre le Queensland et l'Australie du Sud, Birdsville est un coin perdu où il n'y a pratiquement que des cow-boys. On a l'impression de débarquer en plein western, avec tous ces jackeroos (gros buveurs de bière) à la gueule burinée. Ici, les cancers de la peau battent tous les records. A la fin du siècle dernier, Birdsville était une place affairée. Sur le Birdsville Track, le bétail était mené vers le Sud et une dîme était prélevée sur chaque tête de bétail qui quittait l'Etat du Queensland. A la création du Commonwealth d'Australie, cette taxe fut abolie. Le bétail est maintenant acheminé par train et par camions, et Birdsville n'est plus que l'ombre d'elle-même, presque une ville fantôme.

Birdsville doit son nom aux colonies d'oiseaux qui y viennent nidifier les rares années où tombe la pluie. Tout autour, le vaste plateau de Sturts Stony Desert est un vilain désert de cailloux couleur sang coagulé. A midi, le soleil tape si fort que les pierres sont brûlantes. Certaines nuits, elles explosent sous l'effet des écarts de température. La piste de Birdsville passe entre le Simpson Desert et le Sturts Stony Desert.

Il faut prévoir des réserves suffisantes d'essence, d'eau et de nourriture. En cas de panne, il ne faut pas tenter de partir à pied pour chercher de l'aide : l'habitation la plus proche pourrait se trouver à plusieurs centaines de kilomètres.

D'octobre à mai, la saison des pluies peut provoquer d'importantes inondations rendant les routes impraticables. Il est impératif de vérifier l'état des routes avant d'entreprendre tout voyage.

Pour l'hébergement et les manifestations à Birdsville, voir plus haut.

SIMPSON DESERT

En plein cœur de l'Australie, l'impressionnant désert de Simpson (200 000 km^2) est un océan immobile de sable rouge et de dunes allongées parallèlement. Avec seulement 125 mm de précipitations annuelles, c'est le plus aride des déserts australiens, le moins accessible et le moins étudié. Entre les grandes dunes interminables, le désert est loin d'être vide. Une pluie inespérée métamorphose les larges couloirs entre les dunes en jardins parfumés. De nombreuses graines attendent parfois des mois et des années avant de germer brusquement à la faveur d'une pluie. Un mécanisme subtil empêche la germination tant que le débit de pluie est insuffisant pour garantir à la plante son cycle complet de développement.

Les buissons de spinifex hérissés de longs piquants abondent un peu partout en toute saison. Ils jouent un grand rôle pour la faune du désert en assurant de multiples abris contre la chaleur, la lumière, la sécheresse et tous les prédateurs. Il y a là des lézards comme le grand goanna que l'on voit très souvent, même près des habitations, et d'autres aux noms évocateurs comme le horny devil (le diable cornu), le frilled necked lezard à collerette, le lézard à langue d'un bleu intense qu'il exhibe pour faire peur à l'ennemi. Ce désert de dunes rouges et d'épineux sur des centaines de kilomètres s'étend très en avant dans les Northern Territories voisin. Le Simpson Desert est inhabitable, et rares sont les véhicules, même de nos jours, qui tentent de le traverser.

Des voitures de tourisme peuvent faire le Birdsville Track, mais n'ont aucune chance dans le Simpson Desert qui demande tout une préparation. Il est recommandé de voyager en convoi d'au moins trois voitures tout-terrain et d'avoir une radio pour demander des secours si cela s'avérait nécessaire. Même pour traverser le Simpson Desert National Park, réserve qui se trouve au Queensland, il faut demander un permis et communiquer l'itinéraire prévu à la police.

■ **BUREAU D'INFORMATIONS À CHARLEVILLE** ✆ (07) 4654 3057, ou à **Longreach** ✆ (07) 4658 3555.

LAC EYRE

Il arrive que les plaines salines tout au sud soient privées d'eau des années durant ; puis, brusquement, c'est la catastrophe. Les pluies diluviennes gonflent les rivières Finke, Cooper's, Warburton et Diamantina. Les crues balayent tout sur leur passage. De véritables torrents boueux déferlent à la vitesse de trois mètres à la seconde. En partie épongée par le désert, l'eau furieuse achève sa course dans la vaste plaine saline de 10 000 km^2 du lac Eyre, en South Australia. Encastré à 15 m en dessous du niveau de la mer, de 240 km de long et de 80 km de large, c'est le plus vaste réseau de drainage du monde. Pour la première fois depuis le début du siècle, le lac d'Eyre se remplit à la suite des pluies torrentielles de 1974. La deuxième fois, ce fut en 1989. Mais, même en ces occasions exceptionnelles, l'eau du lac s'évapore sous un soleil impitoyable, ou se perd dans les sables, ne laissant pour seule trace qu'une croûte de sel stérile d'un blanc incandescent, réfléchissant le soleil brûlant.

Northern Territory

Le Territoire du Nord

Le Territoire du Nord, immensité vide d'hommes, a une population de 195 000 habitants sur 1 346 000 km² (presque trois fois la superficie de la France, 20 % du continent). Nulle part ailleurs les terres aborigènes ne sont aussi vastes. Un quart de la population est d'ailleurs aborigène, un taux beaucoup plus élevé que dans les autres Etats. Le Territoire du Nord est d'une si faible démographie qu'il n'a même pas le statut d'Etat. En 1998, il y eut un referendum pour savoir si le Territoire deviendrait un Etat, mais la population vota non. Les trois quarts des habitants vivent à Darwin, Palmerston et à Alice Springs. Les autres, les quatre M. : « mad, maniac, missionary or misfits » (fous, maniaques, missionnaires ou inadaptés), sont éparpillés un peu partout dans la brousse.

Avant de bénéficier de l'autonomie en 1978, le Territoire du Nord était administré par le New South Wales, ensuite, à partir de 1863, par South Australia et, en 1911, par le Commonwealth pendant plus de soixante ans. Jusqu'à une époque récente, il n'y eut dans tout le Territoire qu'un seul axe routier goudronné, la portion de 1 500 km du Stuart Highway reliant Alice Springs à Darwin. Depuis janvier 2004 la ligne du célèbre train The Ghan, qui n'allait que d'Adelaide à Alice Springs, est prolongée jusqu'à Darwin.

Entre le Centre Rouge, aride au sud, et le Top End tropical au nord, avec ses moussons, il y a un énorme contraste.

Le Territoire du Nord est une région sauvage qui comprend des déserts infinis, des forêts tropicales, des plateaux rocheux et des massifs montagneux soulevés voici cent millions d'années par les forces gigantesques de la nature. Berceau ancestral des tribus aborigènes, le Territoire regorge de vestiges témoignant de la richesse culturelle de la première société australienne. Les wetlands marécageux du parc national de Kakadu, que les touristes peuvent visiter, et les escarpements de la Terre d'Arnhem, réserve aborigène pour laquelle il faut un permis d'entrée, sont particulièrement riches en peintures rupestres. C'est une des dernières régions de la vraie aventure, une « last frontier », avec ses paysages de désert, de brousse, de végétation tropicale, et son climat violent. Darwin, au bord de la mer de Timor, fut balayée par un cyclone la veille de Noël 1974.

Au sud, cette terre grillée par le soleil est celle que l'on désigne du nom de « Red Centre », le « cœur rouge » de l'Australie. C'est l'incroyable Ayers Rock, monolithe « mammouth » au milieu de nulle part dans le désert rouge, ce sont des cratères de météorites les plus grands du monde et des oasis cachées au fond des canyons. C'est aussi la touristique Alice Springs avec ses folles courses en bateau sur la rivière asséchée, c'est le Ghan, train légendaire du désert qui descend jusqu'à Adelaide, au sud du continent australien.

Population

Ni agriculteurs ni éleveurs, les Aborigènes sont l'un des rares peuples à n'avoir jamais domestiqué la terre. Ils se contentent, depuis environ quarante mille ans, de ce que la nature leur apporte.

Au début du siècle, la plupart des Aborigènes étaient maintenus dans des réserves ou confinés dans des missions ; certains travaillaient dans les cattle-stations comme stockmen ou domestiques pour de maigres salaires, d'autres encore, attirés à la périphérie des villes par la nourriture et le tabac, devenaient trop souvent dépendants de l'alcool. Seuls de rares Aborigènes arrivaient à maintenir un mode de vie ancestral.

En 1963, la tribu Yirrkala des Terres d'Arnhem protesta contre un projet de mines de bauxite dans sa réserve. Elle n'eut pas gain de cause mais influença le mouvement « Outstation Movement ». En 1966, le peuple Gurindji manifesta à son tour pour récupérer des terres tribales sur une cattle-station. Il gagna les 3238 km² de la station Wave Hill. Les Aborigènes commencèrent à quitter la « civilisation » et à retourner sur leurs terres pour mener une vie de nomades traditionnels.

Aujourd'hui, un tiers du Territoire du Nord leur appartient, y compris Uluru National Park (avec Ayers Rock) qui fut redonné au peuple Pitjantjatjara en 1985. Néanmoins, un grand nombre d'entre eux demeure à la lisière des villes dans des conditions précaires. Et il existe toujours un énorme fossé entre la civilisation blanche et la culture aborigène. Les contacts vous seront donc difficiles, d'autant plus que les différences entre les tribus elles mêmes sont parfois importantes. Ainsi, il existe plus de 40 langages aborigènes dans le seul Territoire du Nord.

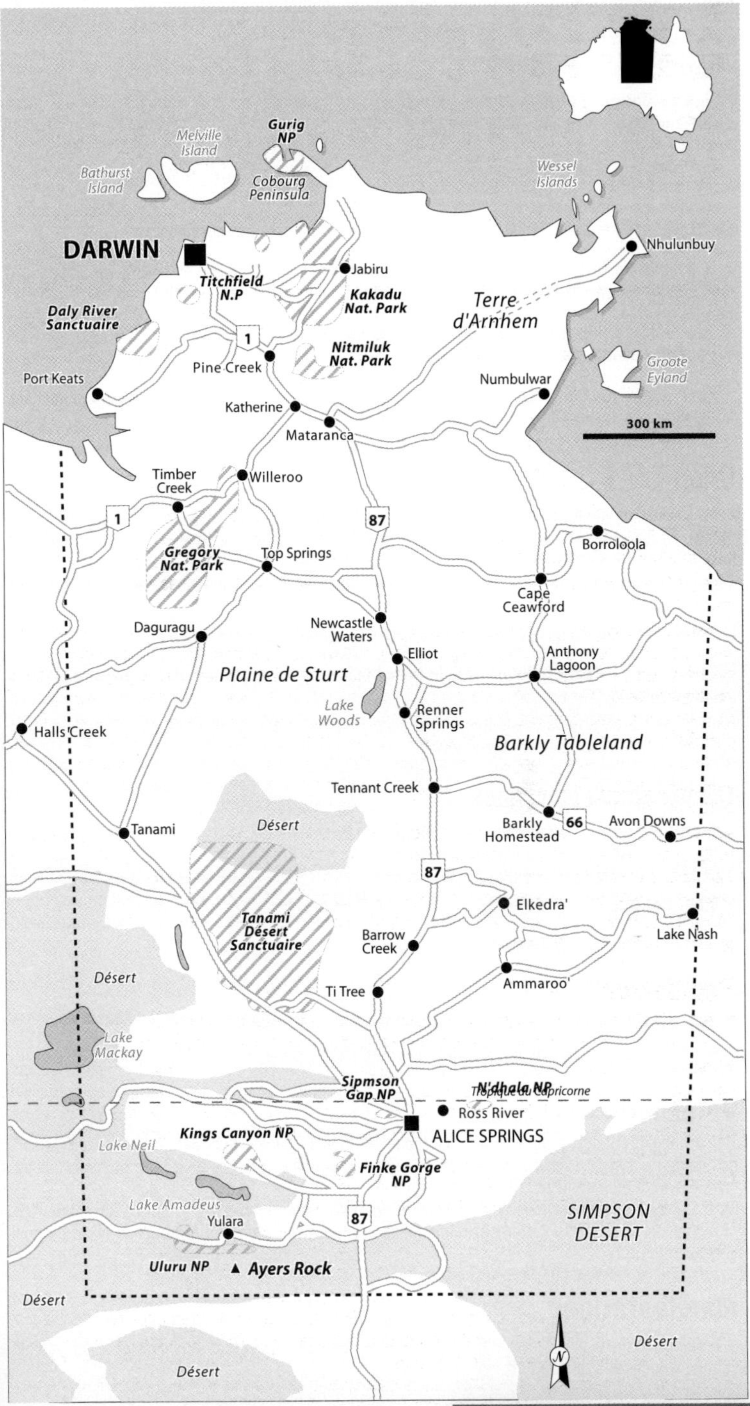

Northern Territory

Artisanat aborigène

Iles de Bathurst et de Melville (Iles Tiwi) : peintures sur écorce, sculptures sur bois inspirées de leurs pukamani (poteaux funéraires), tee-shirts aux motifs aborigènes. Voir le site www.tiwiart.com

Terre d'Arnhem : belles statuettes de bois peint, principalement aux motifs d'oiseaux, paniers en feuilles de palmier pandanus tressées, décorés de teintures végétales, didjeridu et boomerangs. Également des parures (diadèmes, ceintures, pagnes) destinées aux cérémonies.

Désert du Centre : batiques sur soie (technique consistant à l'application de cire sur un support textile qu'on va ensuite teindre), sculpture sur bois, boucliers et boomerang cérémoniels gravés, figures animales décorées au fer rouge.

Pour en savoir davantage, voir le site : www.artsdaustralie.com

Pour connaître les différentes galeries, centres culturels et tout ce qui concerne l'art aborigène, visiter le site : www.aboriginalart.org

Climat

Le « wet » de novembre à avril, dans le Nord tropical, est la période la plus chaude (34° C). La mousson, avec des pluies diluviennes et des « thunderstorms » (orages et pluies lourdes à partir de janvier), rend les pistes non goudronnées impraticables. Cette saison est pourtant particulièrement belle en raison de sa profusion de fleurs tropicales : le Kakadu fleurit et les orages dans « the build up » révèlent les forces brutales de la nature.

Le centre désertique a un climat sec avec des températures aux alentours de 40° C.

Le « dry » de mai à octobre dans le Nord tropical, une hygrométrie et des températures un peu plus basses.

Dans le centre désertique, les températures sont des plus extrêmes, allant du gel des nuits d'hiver (de juillet à août) à un bon 40° C en été.

Températures moyennes

TOP END	**Minimum**	**Maximum**
Novembre - Avril	25° C	32° C
Mai - Octobre	21° C	31° C
CENTRE ROUGE	**Minimum**	**Maximum**
Novembre - Avril	14° C	35° C
Mai - Octobre	3° C	20° C

Pour connaître le temps dans le Territoire du Nord : www.bom.gov.au/weather/nt/

Vêtements

Tout au long de l'année, il faut prévoir à la fois des vêtements légers et des vêtements chauds en raison des nuits fraîches. Prévoir également de bonnes chaussures de marche pour faire du bushwalking dans les nombreux canyons et sites de randonnée.

En été, il faut se protéger avec un chapeau et toujours emporter de l'eau, même pour de courtes promenades. Il est aussi fortement recommandé de se munir d'un filet à mouches et de produit anti-moustique.

Manifestations

A savoir : dans la partie « What's on», le site www.topendarts.com.au vous permet de tout savoir sur les événements du Top End.

Voici les principales manifestations auxquelles vous pourrez assister dans le Territoire du Nord.

Mars

▸ **Tiwi Island Football Grand Final.** (www.tiwiart.com/network/special events.htm) – A Nguiu, sur l'île de Bathurst. Un événement majeur pour une société qui reconnaît à ce sport une place culturelle privilégiée depuis 1930. Chaque année, l'événement est largement suivi par toute la communauté et des charters entiers sont affrétés pour permettre aux plus éloignés de rejoindre l'île. A noter que parallèlement à cette manifestation se déroule une grande vente d'objets d'art. (Îles Tiwi).

Avril

▸ **Katherine Country Music Muster.** www.kcmm.com.au - Festival annuel de musique country. (Katherine) ;

▸ **Norstock Rodeo :** en avril et mai. (Katherine) ;

▸ **Alice Is Wonderland.** Gay & Lesbian Festival. www.aliceiswonderland.com - Ce festival de deux jours à lieu lors de mardi gras. (Alice Springs) ;

▸ **Alice Springs Cup Carnival.** www.alicsprinsturfclub.org – Durant les 15 derniers jours. Des courses de chevaux, encore et encore… (Alice Springs).

Mai

▸ **Darwin Pride Festival.** ✆ (04) 1373 3793 (portable). www.darwinpride.com - Fin mai. Le festival consacré aux gays, lesbiennes, bisexuels et transsexuels à Darwin. (Darwin).

Juin

▸ **Orchid Spectacular.** Un double concours floral et photographique ouverte à tous. (Darwin) ;

▸ **Goldrush Festival (Pine Creek).** Lié au Goldrush Festival : le Didgeridoo Festival ;

▸ **Barunga Festival.** Festival aborigène qui se déroule à Barunga, à 80km au sud de Katherine, sur la Central Arnhem Road. Aucun permis n'est requis pour y assister. L'alcool y est interdit. Informations au Barunga Council ✆ (08) 8975 4504.

Les saisons à Kakadu

Les aborigènes de la région de Kakadu déterminent six saisons dans l'année. En Gundjeidmi, la langue des Maiili, ces saisons portent les noms suivants :

▸ **Gunumeleng (octobre - décembre).** C'est la saison des tempêtes d'avant la mousson. L'augmentation des températures et de l'humidité y est considérable.

▸ **Gudjewg (janvier - mars).** Le Wet proprement dit. Il est caractérisé par de violents orages et une multiplication des plantes et des animaux, qui prospèrent dans des conditions chaudes et humides

▸ **Banggerreng (avril).** La saison des tempêtes. Les vents couchent les herbes qui peuvent alors atteindre 2 m.

▸ **Yegge (mai - mi-juin).** C'est la saison des brumes. L'atmosphère se dessèche petit à petit et la plupart des pistes sont de nouveau praticables. Les chutes d'eau et les plaines inondables ne sont pas encore à sec.

▸ **Wurrgeng (mi-juin - mi-août).** C'est la saison froide. Le taux d'humidité et les températures sont au plus bas (30° C le jour et 17° C la nuit en moyenne). Les ruisseaux cessent de couler et les lits majeurs sont à sec.

▸ **Gurrung (mi-août - septembre).** C'est la saison chaude et sèche, et la fin du Dry. Les animaux et les oiseaux se rassemblent en grand nombre autour des derniers points d'eau.

▸ **Tattersall's Finke Desert Race.** (www.finkedesertrace.com.au) - durant le Queen's Birthday. La Finke Desert Race est une course hors piste de deux jours à travers le désert, entre Alice Springs et Finke (229 km au sud d'Alice Springs). La course suit la Finke River. (Alice Springs).

Juillet

▸ **Carlton Draught Darwin Cup Carnival.** www.darwinturfclub.org.au – 8 jours consacrés aux courses de chevaux. Une compétition de renommée internationale avec un prix de AU$1,3 million à la clef. (Darwin) ;

▸ **Beer Can Regatta.** www.beercanregatta.org.au - Une course de bateaux faits de cannettes de bières. L'origine de cette course remonte au cyclone Tracy de 1974 et aux dégâts qu'il infligea à la ville. (Darwin) ;

▸ **Alice Springs Show.** www.centaustshowsociety.com.au - La fête de l'agriculture qui se termine par un grand feu d'artifice. (Alice Springs) ;

▸ **Camel Cup.** www.camelcup.com.au - Et là, ce sont les chameaux qui courent ! (Alice Springs).

Août

▸ **Darwin Festival Held.** www.darwinfestival.org.au - Festival culturel (théâtre, musique, danse…). (Darwin) ;

▸ **Gove Peninsula Festival A Nhulunbuy.** www.govepeninsulafestival.org.au - Le festival se déroule sur un week-end. Arts, musique et épreuves sportives, clôturés par un feu d'artifices. (Gove Peninsula) ;

▸ **Garma Celebration Of Yolngu Aboriginal People.** www.garma.telstra.com - Fête traditionnelle aborigène. Le site de Gulkula où se déroule le festival est situé à 40 kilomètres de Nhulunbuy et à environ 14 kilomètres au sud de Gove airport. (Gove Peninsula) ;

▸ **Alice Springs Rodeo.** Pendant toute une semaine la ville se remplit de rudes stockmen aux jambes arquées à force de chevauchées, un Akubra aux larges bords vissé sur la tête. (Alice Springs).

Septembre

▸ **Alice Desert Festival.** www.alicedesertfestival.com.au - Un festival consacré aux arts, l'écriture, la danse… (Alice Springs) ;

▸ **Henley-On-Todd Regatta.** www.henleyontodd.com.au - Une course en bateau sur la rivière Todd. Sans doute l'événement annuel le plus médiatique d'Alice Springs. Le déroulement de cette course de bateaux est légèrement compliqué par le fait que la rivière est asséchée la plupart du temps. Néanmoins, de très nombreuses compétitions y ont lieu. Les bateaux sont dépourvus de fond, et les concurrents courent dans le lit de la rivière en portant leurs bateaux par le bastingage. (Alice Springs).

Octobre

▸ **World Solar Challenge.** Une course de voitures solaires Darwin-Adelaide (3000 km). (Darwin) ;

▸ **Alice Springs Masters Games.** www.alicespringsmasters.nt.gov.au - en octobre. Plus de 20 disciplines sportives réservées aux seniors. (Alice Springs).

Baignades

A la mer, on ne peut pas entrer dans l'eau pendant la saison des « wets » car les brûlures infligées par les méduses (*box jelly fish*) peuvent êtres mortelles.

Il faut également tenir compte des crocodiles d'eau salée qui, dans le Top End, vivent aussi bien dans la mer que dans les rivières et les plans d'eau. Vous pouvez consulter la fiche concernant les crocodiles à l'adresse **www.nt.gov.au/nreta/parks/find/pdf/crocodiles06.pdf.**

Enfin, en ce qui concerne les bassins naturels, attention aux températures élevées qui favorisent la prolifération des bactéries dans l'eau.

Le risque est souvent indiqué par de larges pancartes vous indiquant la nature du danger encouru. Toutefois, dans un pays sauvage où la nature reste souveraine, ne prenez pas de risques et restez attentif à l'environnement.

Transports

Avion

■ **AIR DEVELOPPEMENT GROUPE (ADG). www.ntapl.com.au.** Supervise les aéroports de Darwin, Alice Springs et Tennant Creek. Plusieurs autres aéroports de moindre importance (Jabiru, Katherine, Uluru...) permettent de relier ces villes et les sites touristiques entre eux. Vous trouverez sur le site d'ADG le détail des différentes compagnies disponibles et leurs horaires de vol.

Train

■ **GREAT SOUTHERN RAILWAY. ✆ 13 21 47 / (08) 8213 4444 - www.trainways.com.au .** Le Ghan (Adelaide-Darwin) traverse le Territoire du Nord avec des arrêts deux fois par semaine à Alice Springs et Katherine.

Adelaide – Alice Springs – Darwin		
	Dimanche	**Vendredi**
Départ Adelaide	5.15pm	5.15pm
	Lundi	**Samedi**
Arrivée Alice Springs	11.55am	11.55am
Départ Alice Springs	4.10pm	4.10pm
	Mardi	**Dimanche**
Arrivée Katherine	8.00am	8.00am
Départ Katherine	12.10pm	12.10pm
Arrivée Darwin	4.30pm	4.30pm
Darwin – Alice Springs – Adelaide		
	Mercredi	**Lundi**
Départ Darwin	10.00am	9.45am
Arrivée Katherine	1.40pm	1.40pm
Départ Katherine	6.20pm	6.20pm
	Jeudi	**Mardi**
Arrivée Alice Springs	9.20am	9.00am
Départ Alice Springs	12.45pm	12.40pm
	Vendredi	**Mercredi**
Arrivée Adelaide	9.00am	9.30am

Autocar

■ **GREYHOUND AUSTRALIA. ✆ 1800 801 294 / 13 14 99 / (07) 4690 9950. www.greyhound.com.au ,** dessert toutes les grandes villes par les itinéraires les plus rapides. D'autres compagnies, tel Desert Venturer et AAT Kings, empruntent des routes similaires ou non goudronnées.

Voiture

Conduire dans le territoire du Nord ne présente pas de difficulté particulière (si vous roulez à gauche !). Toutefois, tenez toujours compte des recommandations de sécurité que ne manqueront pas de vous rappeler les brochures touristiques et les panneaux d'information routière.

Adresses et numéros d'associations automobiles

- **Automobile Association of the Northern Territory (AANT) office:** Ground Floor, AANT, Building 78-81 Smith Street.Darwin ✆ (08) 8991 3837

- **AANT Emergency Road Services (24/24h sur tout le Territoire) :** ✆ 13 11 11

- **AANT Advisor Technical Service :** ✆ 1300 661 466

- **NT road Safety Council :** ✆ (08) 8924 7369

Différents types de route. Les Higways sont des routes goudronnées. Les routes non goudronnées sont désignées par les appelations suivantes : unsealead ou gravel road, dirt road, 4 wheel drive.

Etat des routes

Les adresses suivantes vous donneront des informations sur l'état des routes du Territoire du Nord :

- **Australian Tourism Visitor Information Center.** ✆ 1800 246 199 / (08) 8952 5800. www.ipent.gov.au : pour connaître l'état de praticabilité des routes.

- **www.nt.gov.au/nreta/parks/access.html :** consultation des accès routiers aux différents parcs.

En dehors des routes goudronnées, le 4x4 est indispensable pendant la saison des pluies, recommandé pendant la saison sèche.

Vitesse

Il n'y a pas de limitation de vitesse dans le Territoire du Nord en dehors de certaines zones bien signalées. La fin de limitation de vitesse est indiquée par un panneau représentant un cercle noir barré diagonalement sur fond blanc). Faite néanmoins attention aux animaux sur la chaussée.

Essence

Les stations d'essence sont en général espacées de 200 ou 300 km. N'hésitez pas à refaire le plein dès la moitié de votre réservoir atteint.

Sécurité

Portez toujours votre ceinture de sécurité. Si vous vous tombez en panne, ne quittez jamais votre véhicule qui sera plus facile à localiser, économisez votre eau (prévoir au minimum 20 litres par personne).

Les principaux loueurs de véhicules vous proposent un émetteur de secours (*EPIRB ou Emergency Position Indicating Radiobeacon*) pour indiquer votre position en cas de problème sérieux. A prendre si vous vous aventurez en dehors des routes classiques.

Fermier à moto près d'Alice Springs.

Les équipements complémentaires de sécurité habituellement disponibles chez les loueurs de véhicules sont :

- **Equipement**.. Prix indicatif
- **Téléphone satellite** .... AU$22 par jour et AU$4.50 la minute d'appel
- **EPIRB (Emergency Position Indicating Radiobeacon)** .... AU$88
- **Radio UHF** .... AU$72 Installation et AU$8 par jour
- **Unité de navigation GPS** .... AU$88
- **Kit de 1ère urgence**....................................... AU$39

Dangers potentiels

Pour ne citez que les plus connus : les animaux (kangourous qui traversent et rapaces longs à s'envoler), les virages en fin de longues lignes droites, les croisements de road trains, la fatigue due à la chaleur et aux distances parcourues, l'alcool (0,05 % est le maximum autorisé), les passages de route inondées ...et la conduite du mauvais coté de la route !

Assurances

N'oubliez pas que l'assurance des véhicules classique est minimum lors de la location et ne vous couvre pas systèmatiquement sur les routes non goudronnées.

Les franchises sont très importantes pour les véhicules 4X4 et les campervan. Elles peuvent être diminuées par la souscription d'une assurance complémentaire de limitation de franchise.

Pratique

Sites Internet d'informations générales

- **www.australieauthentique.com/nt/French** : tout, absolument tout, sur le Territoire du Nord en français.
- **www.nt.gov.au/nreta/parks** : le site des parcs australiens.
- **www.deh.gov.au** : le site gouvernemental de l'environnement et du patrimoine.
- **http://r2r.lgant.nt.gov.au/map/map.htm** : une adresse pour avoir accès aux différents Councils du Territoire du Nord. Il suffit de cliquer sur la carte !

Grands Itinéraires

Le Territoire du Nord comprend plusieurs grands itinéraires touristiques qu'il vous sera facile d'emprunter :

- **Explorer Highway** : 3000 km de Darwin à Adelaide, en passant par Katherine et Alice Springs. Cet itinéraire suit la route du premier explorateur européen qui traversa l'Australie : John Mc Douall Stuart.
- **Nature's Way** : 457 km dans la partie Est du Top End. Assez pour visiter la région de Kakadu en passant par Adelaide River et Mary River, mais aussi Pine Creek et ses champs de mines d'or.
- **Overlander's Way** : Un itinéraire qui, partant de la Stuart Highway, se diriger vers l'Est. Les champs de mines d'or de Tennant Creek, les Barkly Tablelands et ses cattles-stations avant de pénétrer dans le Queensland vers Townsville.
- **Savannah Way** : 3000 km d'est en ouest par la partie nord de l'Australie. En provenance du Queensland et de la Grande barrière de corail, l'itinéraire traverse Borroloola, Katherine, la région de Victoria River puis s'éloigne par les Kimberley dans Western Australia, en direction de Broome. 15 parcs nationaux sont ainsi visités.
- **Pionners' Path** : La route du Centre Rouge. Uluru, Kings Kanyon, les West McDonnell Ranges et Alice Springs sont au programme de ces près de 1500 km de chaleur et de poussière.

- **www.topendarts.com.au :** Tout concernant les arts et les manifestations dans le Top End.

Informations touristiques sur le Territoire du Nord

- **NORTHERN TERRITORY TOURISM COMMISSION. Head office. GPO Box 1155 Darwin NT 0801.** ✆ (08) 8999 3999. www.tourismnt.com.au et www.travelnt.com

Les différents offices du tourisme du Territoire du Nord

- **OFFICE DU TOURISME DU TOP END. Corner Knuckey and Mitchell Streets, Darwin.** ✆ 1300 138 886 / (08) 8936 2499. www.tourismtopend.com.au

- **OFFICE DU TOURISME DES ILES TIWI. Melville Island. ✆ (08) 8978 3975. www.tiwiart.com -** Sans être réellement un office du tourisme, le site de Munupi Arts & Crafts vous donnera beaucoup d'information sur les îles Tiwi, le mode de vie, ce qui s'y passe...

- **OFFICE DU TOURISME DE KATHERINE. Cnr Lindsay St & Katherine Tce, Katherine.** ✆ 1800 653 142 / (08) 8972 3249. www.krta.com.au

- **OFFICE DU TOURISME DE TENNANT CREEK & BARKLEY. Battery Hill, Peko Road, Tennant Creek.** ✆ 1800 500 879 / (08) 8962 3388. www.barklytourism.com.au

- **OFFICE DU TOURISME DU CENTRE ROUGE (CENTRAL AUSTRALIAN TOURISM INDUSTRY ASSOCIATION OU CATIA). 60 Gregory Terrace, Alice Springs.** ✆ (08) 8952 5199. www.centralaustraliantourism.com

Accès aux handicapés

- **DISABILITY SERVICES NICAN.** ✆ (02) 6285 3713 / 1800 806 769. www.nican.com.au

Les permis

Il faut un permis spécial pour voyager dans les régions aborigènes et l'obtention d'un tel permis en tant que voyageur individuel n'est pas du tout garantie ; il est parfois plus simple de suivre une visite organisée, l'organisateur ayant déjà réglé les formalités d'autorisations pour vous.

Les permis sont délivrés par le Conseil aborigène du territoire concerné. Demandez les plusieurs semaines à l'avance aux adresses suivantes :

- **NORTHERN LAND COUNCIL. 9 Rowling Street. Casuarina NT 0810 - PO Box 42921, Casuarina NT 0812. ✆ (08) 8920 5100 - www.nlc.org.au -** Pour entrer dans les territoires aborigènes dans le nord du Territoire.

- **CENTRAL LAND COUNCIL. 33 Stuart Highway. Alice Springs NT 0871 - PO box 3321 ✆ (08) 8951 6211 - www.clc.org.au -** Pour entrer dans les territoires aborigènes au centre du Territoire.

- **TIWI LAND COUNCIL. Unit 9, Wingate Centre, Sadgroves Crescent, Winnellie NT - PO Box 38545, Winnellie NT 0821. ✆ (08) 8981 4898. www.tiwilandcouncil.net.au -** Pour Melville ou Bathurst Islands.

- **PERMIT OFFICER COBOUR PENINSULA SANCTUARY AND MARINE PARK BOARD. ✆ (08) 8999 4814.** Pour le permis d'accès à la Péninsule de Cobourg.

- **DHIMURRU LAND MANAGMENT ABORIGINAL CORPORATION. ✆ (08) 8987 3992. www.dhimurru.com.au -** Pour le permis d'accès aux plages et aux rivières de la péninsule de Gove.

Information sur les parcs et la nature

Parks and Wildlife Services NT

- **NORTHERN REGION :** ✆ (08) 8999 4555

- **KATHERINE REGION :** ✆ (08) 8973 8888

- **SOUTHERN REGION :** ✆ (08) 8951 8259 / 8952 5800

Parcs Nationaux majeurs

- **KAKADU NATIONAL PARK :** ✆ (08) 8938 1120. www.deh.gov.au/parks/kakadu

■ **ULURU-KATA TJUTA NATIONAL PARK :** ✆ (08) 8956 3138. www.deh.gov.au/parks/uluru

▸ **Bushfire Council NT :** ✆ (08) 8922 0844

Vie animale

Animaux en danger

Les numéros suivants sont accessibles 24/24h :

▸ **Région de Darwin 24/24h :** ✆ (08) 8999 4536

▸ **Région de Katherine 24/24h :** ✆ (04)1884 3928 ou (04) 3868 5768

▸ **Région d'Alice Springs 24/24h :** ✆ (04) 1922 1128

Problème avec des crocodiles

A proximité de Darwin Harbour et des autres zones du Top End, appelez :

▸ **Crocodile Management Team :** ✆ (04) 19 82 2859

Problèmes avec des serpents

▸ **Région de Darwin, Palmerston et zones rurales :** ✆ 1800 453 210

▸ **Région de Katherine :** ✆ (04) 1982 8487

▸ **Région d'Alice Springs, appelez Rex Neindorf :** ✆ (04) 0798 3276

Travail dans le Territoire du Nord

La demande en travailleurs qualifiés ou non est élevée dans le Territoire du Nord. Même s'ils correspondent souvent à des travaux saisonniers, les emplois proposés concernent également des jobs que vous n'aurez pas la chance d'exercer ailleurs : travail d'enseignement ou d'infirmerie dans des collectivités aborigènes reculées ou dans de petites villes de l'arrière-pays commme barman dans une roadhouse n'en sont que quelques exemples, (extrait du site www.australieauthentique.com/nt/French).

Les emplois les plus courants

▸ **Hôtellerie.** De mai à octobre, les employés en hôtellerie sont très recherchés. Les postes offerts sont : cuisiniers, serveurs, administration hôtelière, travail en cuisine et entretien des hôtels. La manière la plus rapide de trouver du travail sur place est de se présenter et de demander à voir le directeur. Visitez le site http://jobsearch.gov.au

▸ **Récoltes de fruits.** La récolte saisonnière des fruits est une autre opportunité de main-d'œuvre temporaire. La plupart des fermes fruitières se trouvent entre Katherine et Darwin mais Ti Tree (près de Tennant Creek) est une région très productrice de raisin et de melons. À Darwin durant la saison des mangues 2000 travailleurs peuvent être employés, généralement entre fin septembre et octobre ou novembre. Certaines fermes fournissent l'hébergement. Appelez la :

■ **NT HORTICULTURAL ASSOCIATION** ✆ (08) 8983 3233 ou le **GRUNT** ✆ 1300 881 988 (une fois arrivé en Australie)

▸ **Fermes bio « WWOOF » (Willing Workers On Organic Farms).** Il y a environ 1000 WWOOF en Australie et le travail WWOOF est un excellent moyen pour les voyageurs étrangers de visiter le Territoire du Nord. Vous n'êtes pas rémunéré dans le programme WWOOF ; cependant, vous êtes hébergé gratuitement par une famille ou une ferme locale. Le fermier vous offre nourriture et hébergement contre trois à six heures de travail journalier. Le travail peut être du jardinage, du travail domestique ou fermier. Visitez le site : www.wwoof.com.au

▸ **Fermes d'élevage.** Le Territoire du Nord héberge certains des plus gros élevages australiens. De nombreux éleveurs embauchent des randonneurs pour qu'ils les aident dans leurs tâches quotidiennes : pose d'enclos, rassemblement des troupeaux, travaux domestiques, préparation des repas. Vous n'avez généralement pas besoin d'expérience mais si vous savez monter à cheval et que vous avez des connaissances en agriculture, c'est encore mieux ! Souvent, l'hébergement est offert dans des « dongas » ou annexes des bâtiments de la ferme mais songez à apporter votre sac de couchage pour les expéditions nocturnes de rassemblement des troupeaux. Visitez le site http://jobsearch.gov.au (extrait du site www.australieauthentique.com/nt/french).

Le Top End

Le Top End est une large bande de terre qui traverse le Territoire du Nord, du golfe de Carpentarie au golfe de Joseph Bonaparte. C'est une vaste région naturelle encore partiellement vierge et d'un accès difficile. Ici les pistes défoncées entraînent loin des frontières de l'imaginable. Le Nord tropical est plus près des îles indonésiennes que les grandes villes australiennes du sud du continent. Le Top End a le plus grand troupeau de buffles sauvages du monde : cent mille têtes. Leur capture se fait par hélicoptère et à dos de cheval. Etrangers à la faune australienne, ils sont devenus un fléau, à l'image des lapins, piétinant la flore autour des trous d'eau et constituant un danger pour le fragile écosystème. Ces régions sublimement sauvages sont inaccessibles pendant la mousson, de décembre à mai. Sévissent alors des trombes d'eau, des tornades et des cyclones. Les mauvaises pistes sont englouties sous un mètre d'eau, parfois davantage. Les rivières montent de 5 mètres en quelques heures ou en quelques jours. La touffeur tropicale est la plus intense du continent.

DARWIN

Darwin, la capitale du Northern Territory, se trouve à l'extrémité d'une péninsule, en bordure de la mer du Timor. Elle est délimitée à l'est et au sud par de vastes étendues de mangrove et le port. A l'ouest, et en remontant vers le nord, de nombreuses infrastructures et lieux de détente tels que : la Marina, le casino, le jardin botanique, les plages et la réserve naturelle d'East Point, contribuent à donner à cette ville tropicale un aspect de Côte d'Azur. La population de Darwin est composée de plus d'une cinquantaine d'ethnies et représente environ 100 000 habitants. De plus, un flux constant de voyageurs venant d'Asie, de touristes et de jeunes globe-trotters (les fameux backpackers) faisant le tour de l'Australie font partie du visage quotidien de Darwin. Darwin est une base idéale pour des excursions vers les sites touristiques du Top End : le Kakadu National Park, le Litchfield Park, les Katherine Gorge et les îles de Bathurst et de Melville, appelées également îles Tiwi.

La fondation de ce qui allait devenir Darwin n'intervint qu'en 1869, après l'échec de trois tentatives d'implantation. Appelée dans un premier temps Palmerston (à ne pas confondre avec la ville du même nom située à une vingtaine de kilomètres) puis Port Darwin, la ville resta pendant longtemps un avant-poste militaire pour prévenir une colonisation française ou hollandaise du Nord australien inhabité. Port Darwin verra son avenir assuré par la construction de la ligne de télégraphe transcontinentale, puis par la découverte de l'or à Pine Creek. Renommée Darwin en mémoire du célèbre naturaliste en 1911, ce n'est qu'à partir de la Seconde Guerre mondiale que son isolement extrême sera rompu. Devenue en 1942 une base importante des forces australiennes et américaines, sa route est goudronnée jusqu'au chemin de fer d'Alice Springs, ce qui permet de relier la ville au reste de l'Australie Ville miraculée des Territoires du Nord, elle a failli disparaître à deux reprises. Pendant la Seconde Guerre mondiale, les Japonais l'ont bombardée 64 fois, visant la destruction des garnisons australiennes et américaines. Puis, la nuit de Noël 1974, la ville fut frappée de plein fouet par le cyclone Tracy, qui la raya littéralement de la carte. La plupart des maisons anciennes furent détruites et il ne reste pas grand-chose de la ville originelle. Rebâtie en trois ans, Darwin comprend aujourd'hui de nombreuses structures d'accueil pour le tourisme.

Outre le tourisme, l'économie s'appuie pour beaucoup sur l'élevage. Mais si les cattles-stations ont en moyenne 2 500 km² de superficie, la terre ne fait vivre que quatre têtes de bétail au kilomètre carré. L'exploitation minière est importante car le Territoire recèle de gigantesques gisements d'uranium.

Tableau estimatif des distances et temps de conduite à partir de Darwin :

- **Litchfield Park**................129 km 1h30
- **Jabiru**..............................257 km 3h00
- **Katherine** ....314 km 3h30
- **Kununurra**........................827 km 9h00
- **Tennant Creek** ....986 km 10h00
- **Alice Springs** ....1491 km 15h00
- **Uluru**...............................1934 km 19h30

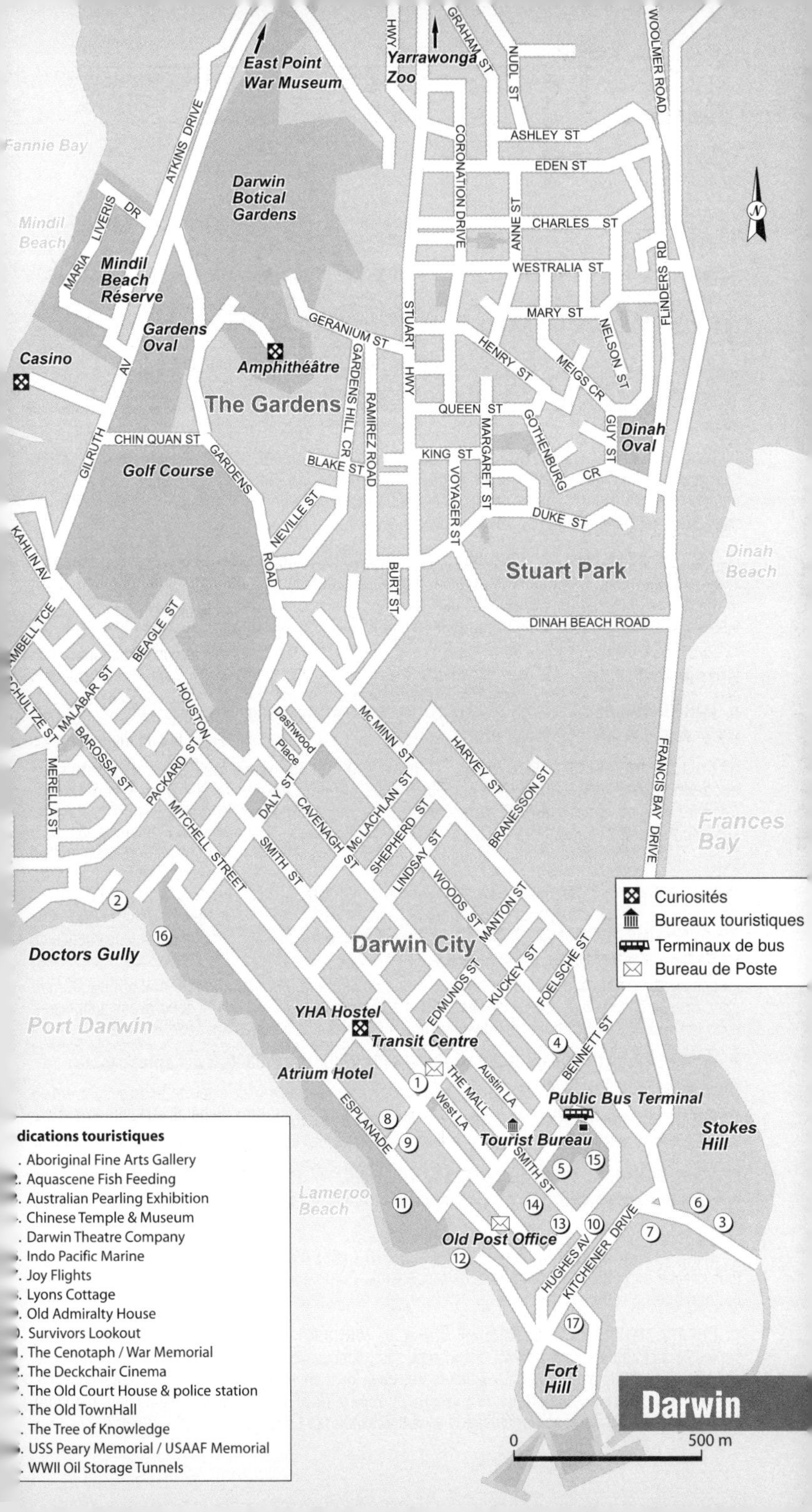

East Point War Museum
Yarrawonga Zoo
HWY
GRAHAM ST
NUDL ST
WOOLMER ROAD
Fannie Bay
ATKINS DRIVE
Darwin Botical Gardens
ASHLEY ST
EDEN ST
CORONATION DRIVE
ANNE ST
CHARLES ST
WESTRALIA ST
FLINDERS RD
Mindil Beach
MARIA LIVERIS DR
Mindil Beach Réserve
Gardens Oval
GERANIUM ST
STUART HWY
MARY ST
NELSON ST
HENRY ST
MEIGS CR
Casino
Amphithéâtre
GARDENS HILL CR
RAMIREZ ROAD
GILRUTH AV
The Gardens
QUEEN ST
GOTHENBURG CR
GUY ST
Dinah Oval
CHIN QUAN ST
GARDENS ROAD
Golf Course
BLAKE ST
KING ST
MARGARET ST
VOYAGER ST
DUKE ST
NEVILLE ST
Dinah Beach
KAHLIN AV
BURT ST
Stuart Park
DINAH BEACH ROAD
CAMBELL TCE
BEAGLE ST
MALABAR ST
SCHULTZE ST
HOUSTON
BAROSSA ST
MERELLA ST
PACKARD ST
Dashwood Place
Mc MINN ST
HARVEY ST
BRANESSON ST
FRANCIS BAY DRIVE
Frances Bay
MITCHELL STREET
DALY ST
CAVENAGH ST
Mc LACHLAN ST
SHEPHERD ST
LINDSAY ST
SMITH ST
WOODS ST
MANTON ST
Doctors Gully
Darwin City
KUCKEY ST
FOELSCHE ST
EDMUNDS ST
Port Darwin
YHA Hostel
Transit Centre
BENNETT ST
Atrium Hotel
Austin LA
THE MALL
West LA
Public Bus Terminal
ESPLANADE
Tourist Bureau
SMITH ST
Stokes Hill
Lameroo Beach
Old Post Office
HUGHES AV
KITCHENER DRIVE
Fort Hill
Curiosités
Bureaux touristiques
Terminaux de bus
Bureau de Poste
Darwin
0
500 m
dications touristiques
. Aboriginal Fine Arts Gallery
. Aquascene Fish Feeding
. Australian Pearling Exhibition
. Chinese Temple & Museum
. Darwin Theatre Company
. Indo Pacific Marine
. Joy Flights
. Lyons Cottage
. Old Admiralty House
. Survivors Lookout
. The Cenotaph / War Memorial
. The Deckchair Cinema
. The Old Court House & police station
. The Old TownHall
. The Tree of Knowledge
. USS Peary Memorial / USAAF Memorial
. WWII Oil Storage Tunnels

Transports

L'arrivée à Darwin

Avion

▪ **AÉROPORT. ✆ (08) 8920 1805. www.ntapl.com.au - L'aéroport international est à 13 km du centre ville.** *Le prix de la navette pour Darwin est de AU$9,5. Un taxi revient à environ AU$20.*

Train

▪ **THE GHAN. Darwin Train Station. Berrimah Road, East Arm. Renseignements ✆ 13 21 47 / (08) 8213 4592. www.trainways.com.au -** Le Ghan relie Darwin à Adelaide en 3 jours, avec des arrêts à Katherine et Alice Springs La gare est malheureusement en dehors de la ville, à une vingtaine de kilomètres au sud. Le train s'arrête deux fois par semaine (voir les horaires dans la partie Transports). *Comptez AU$8 à AU$10 de navette pour effectuer la liaison avec Darwin centre.*

Bus

▪ **MCCAFFERTY'S / GREYHOUND TERMINAL. 67-69 Mitchell Street, à coté des navettes aéroport. ✆ 13 14 99 / (08) 8981 8700. www.greyhound.com.au -** Les deux grandes compagnies n'en font plus qu'une depuis quelques années. Greyhound Australia vous permettra de traverser l'Australie de long en large sur les routes les plus rapides.

▪ **DESERT VENTURER. ✆ 1300 858 099/ (07) 4035 5566. www.desertventurer.com.au -** Cette société basée à Cairns vous propose pour AU$514 le parcours Darwin - Cairns en 4 jours à bords de bus 4x4 empruntant les chemins de traverse. Le prix est quasi-identique aux bus long-courrier classiques mais comprend l'hébergement et les repas. Une bonne alternative pour les voyageurs futés qui comptent leurs sous et souhaitent découvrir les pistes poussiéreuses.

Bateau

▪ **DARWIN HARBOUR. ✆ (08) 8922 0660. www.darwinport.nt.gov.au -** Pour obtenir les horaires de départ et d'arrivée des navires

▪ **CULLEN BAY FERRY TERMINAL. ✆ (08) 8999 5235. www.ipe.nt.gov.au/whatwedo/busandferry/ferry/index.html -** Pour obtenir les horaires de départ et d'arrivée des ferries. *Comptez environ environ AU$20 l'aller-retour et 14 minutes pour rejoindre Mandorah, située de l'autre coté de Cullen Bay.*

Voiture

L'unique grande voie d'accès à Darwin est la Stuart Highway.

Se déplacer

Location de voiture, campervan...

La concurrence est rude et de nombreux prétendants sont là. *Comptez AU$60 à AU$70 la journée pour un véhicule de base, avec un forfait limité à 100 km.* Les taxes ne sont en général pas annoncées dans les publicités vantant les prix les plus bas. Parmi les nombreuses agences, on trouve :

▪ **EUROPCAR. 77 Cavenagh Street. ✆ 1300 13 13 90 / (08) 8941 0300. www.europcar.com.au -** Voitures de tourismes et 4x4.

▪ **BRITZ. 17 Bombing Road. Winnellie. ✆ 1800 331 454 / (08) 8981 2081. www.britz.com.au -** Spécialisé dans la location de 4x4 et de campervans. Un accueil chaleureux et des services compétitifs.

▪ **MAUI RENTALS. 17 Bombing Road. Winnellie. ✆ 1300 363 800 / (08) 8981 0911 www.maui-rentals.com -** fonctionne avec Britz. Spécialiste des campervans. Transfert gratuit depuis l'aéroport

▪ **THRIFTY. 64 Stuart Higwhay ✆ 1800 626 515 / (08) 8924 0000. www.rentacar.com.au -** Plus proche du centre ville que les deux précédents. Propose des locations de 4x4 et de véhicules de tourisme.

▪ **CHEAPA RENT A CAR. 90 Mitchell Street. ✆ (08) 8981 8400. cheapa@rentacar.com.au -** Véhicules de tourisme uniquement. Une agence sympathique, fournissant d'excellents services à des prix très compétitifs par rapport aux poids-lourds de la location. Prise en charge à votre hôtel possible. Demander Nick. A noter le partage du bureau avec Top Oz Travel et l'accueil de Leanne pour répondre à vos questions concernant l'organisation de vos activités (✆ 1300 302 792 / (08) 8941 7222).

Les immanquables du Top End

Voici une liste, de Darwin à Alice Springs, des sites ou/et activités à ne pas rater dans le Territoire du Nord. Bien sûr, la liste n'est pas exhaustive et vous la compléterez sans mal une fois sur place.

Darwin

- **Visiter le Musée du Territoire du Nord,** prendre son déjeuner à la terrasse du Cornucopia cafe.
- **Se balader dans le Jardin botanique.**
- **Flâner aux marchés de Mindil Beach,** au milieu des senteurs orientales.
- **Contempler la mer depuis les plages** de Fany Bay, Casuarina Bay et East Point Reserve.
- **Dîner à Cullen Bay et sur le Wharf,** et goûter au Barramundi.
- **Participer en août au Darwin Festival.**

Aux alentours de Darwin

- **Approcher la faune et la flore** à Territory Wildlife Park.
- **Se baigner à Berry Springs Nature Park.**
- **Découvrir les crocodiles à la Ferme** des crocodiles et sur l'Adelaide River.
- **Observer la plaine de l'Adelaide River** depuis Window on the Wetlands.

Litchfield

- **Découvrir les Magnetic Termite Mounds.**
- **Admirer les cascades du parc et se baigner à Wangi Falls et Florence Falls.**
- **Suivre le chemin autour des Tolmers Falls,** au milieu des cycas.

Kakadu

- **Découvrir en bateau** Yellow water au matin.
- **Aller aux Jim Jim Falls et Twin Falls.**
- **Admirer les fresques d'Ubir Rock et de Nourlangie Rock,** puis assister au cocher du soleil sur l'escarpement du Plateau d'Arnhem.
- **Survoler la région** en avion léger ou en hélicoptère.

Iles Tiwi

- **Goûter les dampers,** des sablés qui accompagnent le thé fait sur le feu de camp, lors d'une randonnée exceptionnelle avec les femmes Tiwi.
- **Se baigner dans les cascades de Tomorapi Falls.**
- **Voir les artistes à l'œuvre dans l'un des centres artistiques.**
- **Ecouter le chœur dans la vieille église en bois** de la mission catholique datant de 1911.
- **Assister en mars à la grande finale de football.**

Terre d'Arnhem

- **Assister en août au Garma Festival** organisé par le peuple Yolngu, les habitants du nord-est de la Terre d'Arnhem.

Péninsule de Cobourg

- **Participer à une excursion en bateau vers les ruines de Victoria,** la première colonie établie en 1838 à Port Essington.

Péninsule de Gove

- **Découvrir l'art et l'artisanat** des habitants de la péninsule.
- **Participer à une partie de pêche en mer.**
- **Participer en août au Garma Celebration,** la fête aborigène du peuple Yolngu.

■ **ADVANCE CAR RENTALS. 86 Mitchell Street. © 1800 00 2227 / (08) 8981 29999. www.advancecar.com.au** - Principalement des véhicules de tourisme et des 4x4.

■ **APOLLO MOTORHOME HOLIDAYS DARWIN. 75 McMinn Street Darwin. © 1800 777 779 / (08) 3265 9200. www.apollocamper.com.au** . Campervans, motorhomes et 4x4.

■ **BUDGET. Cnr Daly & Doctor Gully Road. © 13 27 27 / (08) 8981 9800. www.budget.fr** - Voitures et 4x4. Transfert depuis votre hôtel.

■ **BACKPACKER CAMPERVAN RENTALS © 1800 670 232 / (03) 8379 8893. www.backpackercampervans.com** - Une bonne idée si vous voulez partagez vos frais de route avec plusieurs autres compagnons de voyage (2 à 3 personnes).

Autotour

Un compromis intéressant pour ceux qui voudraient louer une voiture et se débrouiller avec le minimum d'assistance.

■ **NORTHERN GATEWAY HOLIDAYS. © 1800 813 288 / (08) 8941 2167. www.northaustraliaholidays.com** – *Exemple de prix : autotour de 7 jours / 6 nuits Darwin, Kakadu, Katherine, Mataranka, Lichfield. AU$1780 (ou AU$995 chacun pour deux personnes).* Hébergement en Twin. Voiture climatisée, kilométrage illimité.

Achat de camping car

■ **TRAVELLERS AUTO BARN. 13 Daly Street. © 1800 674 374 / (08) 8941 7700. www.travellers-autobarn.com** - Un bon moyen pour ceux qui comptent rester quelques temps en Australie et voyager à plusieurs. Les petites annonces fleurissent dans la plupart des hébergements pour backpackers.

Bus - navettes

■ **DARWINBUS. Terminus Harry Chan Ave. Informations au © (08) 8924 5463. www.ipe.nt.gov.au/whatwedo/busandferry/bus/fares.html - Darwinbus.nt@nt.gov.au** - *Pour un trajet simple en ville, compter AU$1,4 dollar. Des tickets à la journée ou à la semaine sont disponibles pour AU$5 et AU$25.* Le réseau de bus est moderne est rapide.

■ **DARWIN AEROPORT SHUTTLE. 67- 69 Mitchell Street, en retrait de la rue. © 1800 358 945 / (08) 8981 5066.** *AU$9,5 à partir de l'aéroport, du terminus ou d'un hôtel. AU$6 à partir d'un backpackers. Fonctionne 7/7j, 24h/24h. Départ de l'aéroport toutes les 20 minutes.* Le bus vous dépose en général devant votre lieu d'hébergement.

■ **TOUR TUB. © 1800 632 225 / (08) 8985 6322. www.darwintours.com.au** - *Arrêt à Knuckey Street de 9h à 16h. AU$30.* Initialement destiné à la visite de Darwin, le Tour Tub peut également vous transporter sur certains sites éloignés du centre ville, tels que Crocodylus Park et le musée de l'aviation.

Taxis

■ **TAXIS DARWIN** © 131 008

■ **CITY RADIO TAXI** © (08) 8981 3777

■ **ARAFURA SHUTTLE. 21 Cavenagh Street. (08) 8981 3300 - 7/7 j et 24/24h.** *Comptez AU$5 pour un trajet court en ville.* Assure le transport de porte à porte. Dessert également le Ghan et l'aéroport pour des prix intéressants à compter de 4 ou 5 personnes (AU$6 et AU$8).

Location de scooters et de vélos.

Pourquoi pas un tour de la ville et des environs avec un deux roues ?

■ **DARWIN SCOOTER HIRE. Cnr Mitchell and Peel Street, face au pub Shenannigans. © (04) 1889 2885. www.scoota.com.au** - *A partir de AU$30 les 2h pour un scooter et AU$15 les 4h pour un vélo.*

■ **CHEAPA MOPED HIRE. 90 Mitchell Street. © (08) 8981 8400. cheapa@rentacar.com.au** - *A partir de AU$30 les 2h pour un scooter*

Pratique

Tourisme

■ **OFFICE DU TOURISME DU TOP END. Corner Knuckey et Mitchell Streets. ✆ 1300 138 886 / (08) 8936 2499 - www.tourismtopend.com.au -** Dès votre arrivée, vous pourrez vous y procurer la brochure de Darwin. Tout y est : plan de ville, annuaire, logements, loisirs, tours organisés, shopping, locations de véhicules...et ceci en détail. Avec ce guide, plus besoins des dizaines de prospectus encombrants proposés. Indispensable ! Ce guide est également disponible à l'aéroport et dans la plupart des hébergements.

Un autre truc est de trouver un annuaire de la ville. Les premières pages fournissent des infos utiles sur tout le Top End et les plans précis des différentes villes et bourgs jusqu'au delà de Daily Waters. En ce qui concerne les attractions, vous pouvez également visiter le site www.darwinattractions.com.au

■ **NORTHERN LAND COUNCIL. 9 Rowling Street. Casuarina NT 0810 - PO Box 42921, Casuarina NT 0812. ✆ (08) 8920 5100 - www.nlc.org.au -** Pour entrer dans les territoires aborigènes dans le Nord du Territoire.

■ **CENTRAL LAND COUNCIL. 33 Stuart Highway. Alice Springs NT 0871 - PO box 3321 ✆ (08) 8951 6211 - www.clc.org.au -** Pour entrer dans les territoires aborigènes au centre du Territoire.

■ **TIWI LAND COUNCIL. Unit 9, Wingate Centre, Sadgroves Crescent, Winnellie NT - PO Box 38545, Winnellie NT 0821. ✆ (08) 8981 4898. www.tiwilandcouncil.net.au -** Pour les Iles de Bathurst ou de Melville.

■ **PARK AND WILDLIFE COMMISSION OF NORTHERN TERRITORY (Darwin Office). 25 Chung Wha Tce. Palmerston. ✆ (08) 8999 4555. www.nt.gov.au/nreta -** Le Park and Wildlife Commission édite des feuilles d'informations pour chaque parc et point d'intérêt naturel de la Région. Certains vous informent sur la flore et la faune, d'autre sur les randonnées, quelques uns sont traduits en français. N'hésiter pas à les demander dans les offices du tourisme et visitor centre. De plus, en cas de découverte d'animal blessé, vous pourrez appeler 24/24h le ✆ (08) 8999 4536.

Tours organisés

Ils sont nombreux et il n'est vraiment pas difficile de s'inscrire rapidement pour la destination choisie. Quelques uns tirent plus particulièrement leur épingle du jeu. Toutefois, les prix deviennent vite élevés dès que l'on souhaite pénétrer dans Arnhem Land.

■ **WILDERNESS 4WD ADVENTURES. ✆ 1300 666 100 / (08) 8941 3360. www.wildernessadventures.com.au -** Propose des tours en 4x4 à des petits groupes en bonne condition physique, accompagnés par des guides spécialistes en faune et flore. Excursions à Kakadu, Lichfield et Katherine. Séjours de 3 à 5 jours. Extension possible dans les Kimberley (9 jours). *Exemple de prix : 3 jours Kakadu AU$445, et AU$390 avec la carte YHA.*

■ **ADVENTURE TOURS AUSTRALIA. ✆ 1300 654 604 / (08) 8132 8230. www.adventuretours.com.au (site en français).** Le plus grand choix pour Kakadu, Liechfield et Katherine. Séjours de 2 à 5 jours. Extensions possible vers Broome (8 jours) ou Alice Springs (6 jours). *Exemple de prix : safari de 3 jours Kakadu et Litchfield AU$495 (dry saison)*

■ **AUSSIE ADVENTURE HOLIDAYS. 52 Mitchell Street. ✆ 1300 721 365 / (08) 8923 6523 - www.aussieadventure.com.au.** Tours en français. Sites touristiques de Darwin. Excursions à Kakadu, Litchfield et surtout Tiwi Islands. *Séjours d'une journée à 4 jours. Exemple de prix : 3 jour s à Kakadu AU$605*

■ **AUSTRALIAN PACIFIC TOURING (APT). 54 Graffin Crescent. ✆ 1800 675 222 / 1300 655 965 / (03) 9277 8499. www.aptouring.com.au -** *Excursions de 1 à 3 jours. Exemple de prix 3 jours Kakadu et Jim-Jim Falls en 4x4 AU$620*

■ **SAHARA ADVENTURES. ✆ 1800 806 240 / (02) 8252 5333. www.saharaadventures.com.au -** Excursions à Kakadu (en français), Liechfield et Katherine. Excursions de 2 à 4 jours. Extensions possibles à Arnhem Land. *Exemple de prix : 7 passagers maxi en 4x4 à Kakadu AU$885.*

Numéros et adresses utiles

- **URGENCES POLICE / POMPIERS / AMBULANCE :** ✆ 000
- **SOINS MEDICAUX :** ✆ (08) 8981 2709
- **DARWIN PHARMACY :** ✆ (08) 8981 9202
- **ROYAL DARWIN HOPITAL : Rocklands Drive.** ✆ (08) 8922 8888
- **ETAT DES ROUTES :** ✆ 1800 246 199. www.roadreport.nt.gov.au
- **AANT ROAD SERVICES :** ✆ 13 11 11 / (08) 8981 3837. www.aant.com.au
- **INTERPRETE ANGLAIS 24/24 :** ✆ 13 14 50

Internet

- **ARAFURA INTERNET. Chin Arcade. 29 Cavenagh Street.** *Ouvert de 9h à tard dans la nuit.*
- **GLOBAL GOSSIP. 44 Mitchell Street. Face au Mitchell Centre.** *Ouvert 7/7j de 9h à tard dans la nuit.* Gravure de CD possible.

Supermarchés

- **COLES. Dans le centre commercial de Mitchell centre.** *Ouvert 7/7j et 24/24h.*
- **WOLWOORTHS. 2 magasins dans Smith Street à 400 m de distance.** *Ouverts 7j/7j, de 7h à minuit.*

Hébergement

En fonction de la saison, les prix varient peu pour les hébergements classés « Bien et pas cher » (compter AU$4 de différence avec les prix indiqués). En revanche, les tarifs des autres catégories peuvent varier de près de 40%. Les prix indiqués pour ces derniers sont donc les tarifs basse et haute saison. Tâchez d'arriver tôt ou réservez par téléphone car même si les hôtels sont nombreux à Darwin, ils sont encore souvent insuffisants compte tenu du nombre de visiteurs.

Camping

- **SHADY GLENN TOURIST PARK. Crn Stuart Highway et Farrell Crescent. Winellie. A 10 km du centre de Darwin. ✆ 1800 662 253 / (08) 8984 3827. www.shadyglen.com.au -** *Camping AU$25 et AU$27 (électricité), Budget Room AU$55, cabin à partir de AU$79.* L'un des campings les plus proches de la ville. Piscine, épicerie, accès internet...Un camping extrêmement propre et bien aménagé.

Bien et pas cher

- **CAVENAGH HOTEL. 12 Cavenagh St. ✆ 1300 851 198 / (08) 8941 6383. www.thecavenagh.com -** *Dortoirs de 16 à AU$18, dortoir de 8 à AU$20, chambre de 4 à AU$ 20-25, budget AU$52 - 65, motel AU$75 - 110.* Un cadre convivial et jeune autour d'une grande piscine à l'ombre de quelques arbres tropicaux. Très bon accueil. Bar et restauration en salle ou sur une terrasse très agréable.
- **MELALEUCA ON MITCHELL. 52 Mitchell Street. ✆ 1300 723 437 / (08) 8941 7800. www.momdarwin.com.au -** *Dortoir de 4 ou 6 AU$26 (carte YHA) à AU$28. Chambre double de AU$85 à AU$99.* Moderne et bien situé, l'établissement possède une belle terrasse au 1er étage avec 2 petites piscines, à coté d'un écran géant où sont projetés des films récents et beaucoup de clips musicaux (le calme revient vers 23h30). Coin cuisine, lingerie, Internet...tout le confort voulu dans un backpakers avec pas mal d'animation. Une extension est en cours depuis mi 2006.
- **CHILLI'S BACKPAKERS. 69a Mitchell Street. ✆ 1800 351 313 / (08) 8941 9722. www.chillis.com.au -** *Dortoirs de 4, 6 et 8 à AU$21, chambre double à AU$50.* Un backpackers très agréable en plein centre ville et un peu plus calme que le Melaleuca situé juste en face. Piscine et spa en terrasse à l'arrière du bâtiment.

■ **DARWINCITY YHA. 69 Mitchell Street ✆ (08) 8981 3995. www.yha.com** - *Dortoirs de 8 et 4, à partir de AU$19.* En plein centre-ville, l'auberge a une grande piscine entourée d'espaces ensoleillés et de palmiers, une salle de jeux et une cuisine à l'air libre. Les chambres ont toutes l'air conditionné et sont munies de coffres et de douches. En juin 2006, l'YHA devrait être transférée à quelques centaines de mètres, au Globetrotters Lodge.

■ **GLOBETROTTERS LODGE YHA. 97 Mitchell Street. ✆ 1800 800 798 / (08) 8981 5385. www.globetrotters.com.au / www.yha.com** - Devrait devenir le YHA officiel en 2006. *Dortoirs de 4, 6 et 8 sont à AU$24, 22 et 20 et la chambre double à AU$65, avec la carte YHA.* Au rez-de-chaussée, un bar et un centre d'information et de réservation.

■ **WILDERNESS LODGE. 88 Mitchell Street. ✆ 1800 068 886 / (08) 8981 8363. www.wildlodge.com.au - En face du Globetrotters Lodge et du Darwin Entertainement Centre.** *Le dortoir est à AU$22 et la chambre double à AU$50. Petit déjeuner gratuit.* Piscine, laverie, Internet, location de vélos, réservations de tours. Une petite maison sympathique aux tons bariolés en léger recul par rapport à la rue. Très proche du centre sans en connaître le bruit.

Même si les adresses ci-dessous paraissent excentrées par rapport au centre ville (en réalité quelques centaines de mètres), le calme et l'ambiance familiale en font des atouts de choix.

■ **ELKE'S CITY BACKPACKERS. 112 Mitchell Street ✆ 1800 808 365 / (08) 8981 8399. www.elkesbackpackers.com.au** - *Lit en dortoir AU$20, double room et twin room AU$55.* Toutes les chambres sont équipées de l'air conditionné, Pick-up à partir de l'aéroport, le petit-déjeuner est gratuit et la piscine et le spa sont bien agréables. Organisation d'excursions à des prix très concurrentiels.

■ **GECKO LODGE. 146 Mitchell Street. ✆ 1800 811 250 / (08) 8981 5569. www.geckolodge.com.au** - Dortoir de 4, 6 ou 8 lits de AU$16 à AU$24, chambre doubles et twin de AU$56 à AU$63. Air conditionné. Petit déjeuner gratuit. Un endroit jeune et familial. Le patron, un hollandais a fait le tour du monde durant 9 ans... Pick-up à partir de l'aéroport ou de la gare. Demander Sue ou Marcel.

■ **FROGS HOLLOW BACKPACKERS. 27 Lindsay Street ✆ 1800 068 686 / (08) 8941 2600. www.frogs-hollow.com.au** - *AU$22 pour un lit en dortoir de huit, AU$52 pour une chambre double avec la carte YHA.* Propre et sympathique, avec piscine et spa. Juste en face du Frogs Hollow historic park, un petit coin boisé. Pick-up à partir de l'aéroport.

Confort ou charme

Vous trouverez une bonne dizaine d'hôtels dans cette catégorie, dont, au centre ville :

■ **POINCIANA INN. Au coin de Mitchell & McLachlan Streets, en retrait de la rue. ✆ 1800 355 114 / (08) 8981 8111. poindarw@bigpond.net.au** - *51 chambres de AU$75 à AU$145.* Changement de propriétaire récent. Piscine. Bar et restaurant au Cozy Cafe.

■ **PENINSULAR APARTMENT HOTEL. 115 Smith Street ✆ 1800 808 564 / (08) 8981 1922. www.peninsularapartments.com** - *38 appartements de AU$88 à AU$180.*

■ **BEST WESTERN TOP END HOTEL. Cnr Mitchell and Daly Street. ✆ 1800 626 151 / (08) 8981 6511. http://topend.bestwestern.com.au** - *Chambre double à partir de AU$136.* A l'angle de l'Esplanade, mitoyen à Holiday Inn. Un choix idéal pour être à la fois au centre ville et avoir vue sur la mer.

Luxe

La plupart des hôtels de standing international sont situés sur l'Esplanade, une promenade aux pelouses bien tondues, bordée d'une rangée de cocotiers devant la mer de Timor. Il y fait tout de même un peu sombre et désertique le soir, et on peut rarement se baigner à cause des méduses et autres bestioles marines.

■ **MIRAMBEENA TOURIST RESORT. 64 Cavenagh Street ✆ 1800 891 100 - www.mirambeena.com.au** - *225 chambres à partir de AU$175.* Restaurant, spa, 2 grandes piscines, salle de sport, mini golf...une des exceptions en ce qui concerne l'emplacement : l'hôtel est situé en centre ville dans un environnement calme.

■ **HOLIDAY INN DARWIN. 122 The Esplanade. ✆ (08) 8981 5388. www.holidayinn.com.au** - *183 chambres de AU$105 à AU$300.*

■ **HOLIDAY INN THE ESPLANDE. The Esplanade. ✆ (08) 8980 0800. www.holidayinn.com.au** - *197 chambres de AU$110 à AU$350.* Plus récent que le précédent dont il est le voisin. Une importante extension du bâtiment est prévue mi 2006 avec un nouvel accès sur Mitchell Street, à coté du centre culturel.

■ **NOVOTEL ATRIUM. 100 The Esplanade ✆ (08) 8941 0755. www.accorhotels.com** - *139 chambres de AU$130 à AU$395.*

■ **SAVILLE PARK SUITES DARWIN. 88 The Esplanade ✆ 1300 881 686 / (08) 8943 4333. www.savillesuites.com** - *202 chambres de AU$160 à AU$960.*

Dans les environs de Darwin

■ **LA PASTORELLE. 85 Strangways Road. Hampty Doo, à 35 km au sud de Darwin. ✆ (08) 8988 1073 - www.gite-australie.com** - *Chambre 2 personnes à AU$98 avec petit-déjeuner. AU$60 pour une personne.* La maison comporte deux chambres dont une climatisée. En Australie depuis plusieurs années, Maryelle et Paul Bérard vous accueilleront dans un cadre tropical et chaleureux. Dîner sur demande. Possibilité de guide bilingue pour visiter là région pour AU$250 la journée

Restaurants - Pubs

Il y a peu de pubs qui ne fassent pas restaurant...et inversement. En semaine, la vie nocturne s'arrête à 22h pour la plupart des établissements. Les plus courageux oeuvrent jusqu'à 2h du matin.

Dans le centre

Sur le pouce

Des restos rapides et take-away de toute sorte au centre ville, dont les incontournables Subway (sandwichs), sur Knuckley Street, Mac Donald, à Darwin Central, et Red Buster (spécialités de poulet), à l'angle de Mitchell Street et de Knuckley Street.

Bien et pas cher

■ **HOG'S BREATH CAFE. 85 Mitchell Street, en face du cinéma. ✆ (08) 8941 3333. www.hogsbreath.com.au** - *Déjeuner à partir de 11h30, avec burgers à AU$11,50 et grillades à AU$25.* Là où une « Hog's breath is better than no breath at all » (une haleine de sanglier vaut mieux que pas d'haleine du tout). Un environnement très « américanisé ». Déco hétéroclite et coloré : plaques d'immatriculation au mur, veille pompe à essence à bras, motocyclette bleue d'un autre age...

■ **FOX N'FIDDLE 85 bis Mitchell Street. ✆ (08) 8942 18 44.** *Ouvert de 11h à 2h00. Plats à partir de AU$20.* Un pub anglais assez réussi à deux pas du cinéma. Bonne ambiance. Groupes Live en soirée.

■ **RORKE'S DRIFT. 46 Mitchell Street. ✆ (08) 8941 7171. www.rorkesdrift.com.au** - *Repas servis de 11 à 15h et de 17 à 22h. Plats de AU$15 à AU$20.* Un pub accueillant avec une clientèle assez sage au regard des endroits plus branchés situés à quelques mètres de là.

■ **SHENANNIGANS. 69 Mitchell Street. ✆ (08) 8981 2100. www.shenannigans.com.au/darwin** - *Ouvert de 10h à 2h. Plats entre AU$16 et AU$27.* Un pub irlandais avec toute l'ambiance attendue dans ce genre d'endroit. Plats spéciaux tels que le «taste of territory» rassemblant dans la même assiette crocodile, kangourou et barramundi avec épinards pour AU$26. A goûter !

■ **CAFE UNO 69. Mitchell Street. ✆ (08) 8942 2500.** *Ouvert de 8h30 à 2h. Plats de AU$15 à AU$25.* Des spécialités italiennes avant tout. Bien situé avec une terrasse agréable au centre ville. Ambiance relax et calme.

■ **WISDAM CAFE. 48 Mitchell Street. ✆ (08) 8941 4866.** *Ouvert de 7h à 22h. Grillades et fruits de mer, quelques salades pour des tarifs entre AU$20 et AU$38.* Une carte des vins offrant une trentaine de choix entre rouge et blanc. Une belle terrasse à l'ombre d'un immense arbre donne un petit air de campagne à l'endroit (on appelle ça un beer garden). La dominante bleu de la décoration et de l'éclairage donne un effet tape à l'œil particulièrement réussi.

■ **MOORISH CAFE. 37 Knuckley Street. ✆ (08) 8981 0010.** *Plusieurs sortes de tapas à AU$5. Plats à partir de AU$20.* Bonne cuisine typée méditerranée, espagnole et nord africaine, le tout accommodé à la sauce australienne. Cadre moderne et très sympathique. Marc, le jeune patron australien des lieux, parle très bien le français.

■ **HANUMAN THAI RESTAURANT. 28 Mitchell. St ✆ (08) 8941 3500.** *Ouvert de 12h à 14h30, et le soir à partir de 18h30. Plats en moyenne à AU$20.* Bonne cuisine thaïlandaise et tandoori, avec barramundi aux saveurs asiatiques.

■ **LEWINSKY'S. 28 Mitchell Street. ✆ (08) 8941 8666.** *Plats entre AU$25 et AU$40.* Un restaurant spécialisé dans les fruits de mer, à la décoration moderne dans les tons rouge. Un peu moins d'ambiance qu'ailleurs, sans doute du fait de son éloignement relatif des autres bars-restaurants sur Mitchell Street.

■ **LA CHAUMIÈRE. 13 Shepherd Street ✆ (08) 8981 2879.** *Ouvert de 12h à 14h, et le soir à partir de 19h. Plats entre AU$25 et AU$40. Cuisine française.* Ce sont Jean et Christine qui vous accueilleront pour vous faire goûter à des plats accommodés aux saveurs de l'Australie (canard à l'orange, coq au vin...). Pour vos moments de nostalgie du pays.

Luxe

■ **COLLONADE, 88 The Esplanade. ✆ 1300 881 686 / 08 8943 4333.** Jouxtant l'hôtel Saville, un restaurant assez chic qui propose à la carte du barramundi frais, des viandes et des fruits de mer.

Pour ceux logés à l'extrémité de Mitchell Street, à proximité de Cullen bay :

■ **LE NIRVANA, 138 Smith Street. ✆ (08) 8981 2025.** *Plats de AU$8 à AU$20.* Propose des spécialités indiennes, thaïs et malaises dans un cadre agréable et décontracté. En fin de semaine, du Jazz et du blue par des groupes locaux. Un endroit très prisé par ceux qui recherchent une ambiance plus que du bruit.

Des take-away (pizza, hamburgers et asiatique) sont également disponibles à proximité, sur Harriet Place.

A Cullen Bay (la Marina de Darwin)

Les restaurants sont là aussi nombreux. Bien que deux aient vue sur la mer, les plus intéressants se trouvent dans la Marina. Vous y aurez notamment le choix entre une cuisine grecque, italienne ou asiatique en admirant les bateaux de plaisance amarrés aux pontons. A retenir :

■ **BUZZ CAFE. The Slipway, 48 Marina Boulevard ✆ (08) 8941 1141.** *Plats entre AU$20 et AU$25.* Une ambiance agréable pour dîner au dessus de l'eau en observant les poissons curieux. Le soir, un éclairage particulièrement soigné donne à l'eau une nuance verte presque magique.

Sur le port

Plusieurs restaurants de fruits de mer et des Fish and chips. A retenir :

■ **CRUSTACEANS ON THE WHARF. Stokes Hill Wharf. ✆ (08) 8981 8658. www.crustys.com.au** – *Environ AU$55 pour un plat de fruits de mer pour 2 ou une langouste.* Un restaurant dans un hangar ouvert sur le quai en bois. A l'intérieur, un bateau malais capturé sert de scène à l'orchestre qui joue tous les soirs. Les tables débordent largement sur l'extérieur. Il vaut mieux prendre un taxi pour y aller, le pont d'accès décrit un large cercle. L'un des derniers restaurants branchés de Darwin. Dépaysement garanti dans la moiteur tropicale de la mer de Timor, avec les lumières de Darwin derrière, et, devant, Jakarta, quelque part au-delà de la mer...

En périphérie

■ **AU CASINO SKYCITY,** Gilruth Avenue, dans le quartier de Mindil Beach. ✆ 1800 891 118 / (08) 8943 8888. www.skycitydarwin.com.au - Trois restaurants aux prestations différentes.

■ **LE SUNSET.** *Ouvert 7/7j. Prix unique : AU$25.* Il s'agit d'un self avec buffet à volonté situé au rez-de-chaussée. Petit-déjeuner, déjeuner et dîner.

■ **LE DRAGON COURT.** *Ouvert de 12h à 14h30 et de 18h30 à 23h. Cuisine asiatique fine. Plats à partir de AU$20.*

■ **LE EVOO (un acronyme pour Extra Virgin Olive Oil), au dernier étage..** *Plats à partir de AU$30.* Un restaurant plus raffiné avec une cuisine australienne moderne, aux influences asiatiques et européennes.

Au museum

■ **CORNUCOPIA MUSEUM CAFE. Conacher Steet Vestey's beatch, Fanny bay. ✆ 08 8981 1002.** *Ouvert de 9h à 17h. Plats de AU$15 à AU$20.* Le restaurant du museum avec un service à l'assiette. Très agréable avec sa terrasse donnant sur la mer. Barramundi à AU$24, bien moins cher qu'en ville.

A East Point

■ **PEE WEE'S AT THE POINT. Alec Fong Lim Drive. East Point Reserve, à quelques kilomètres du centre ville. ✆ (08) 8981 6868.** *Ouvert pour le dîner à partir de 18h. Plats à partir de AU$20.* Service sur une terrasse en front de mer, au milieu de la végétation tropicale. Un cadre exceptionnel à ne pas manquer.

Sortir le soir

Il y a les bars et les restaurants, bien sûr, mais pour danser et écouter de la musique «qui bouge», rien de tel qu'un night-club avec Live band ou une discothèque.

■ **LE DISCOVERY ET LE LOST ARK. 89 Mitchell Street. ✆ (08) 8942 3300. www.discoverynightclub.com** - *Le premier est une discothèque pure et dure ouverte en 1999 ouverte de 22h à 2h / 4h du matin.* Le Lost Arc, mitoyen au Discovery, appartient au même établissement. On peut y dîner de 19h à 22h en écoutant de la musique, puis y danser jusqu'aux mêmes horaires que le Discovery.

■ **THE ROX. Mitchell Street, à coté du Parliament House. ✆ (08) 89417947.** *Ouvert de 22h à 2h / 4h du matin.* Moins fréquenté que le Discovery ou le Vic.

■ **THE VIC,** *au Victoria Hotel. 27 Smith Mall. ✆ (08) 8981 4011. www.thevichotel.com* – Sans doute l'endroit dont on parle le plus dans le milieu des backpackers pour sortir le soir.

■ **THE THROB. 64 Smith Street, 1er étage. ✆ (08) 8942 3435.** Réservé à la clientèle gay.

■ Le pub **SHENNANIGANS** sur Mitchell Street est également très connu pour son animation nocturne.

Pour jouer...ou regarder jouer

■ **SKYCITY DARWIN CASINO. Gilruth Avenue, dans le quartier de Mindil Beach. ✆ 1800 891 118 / (08) 8943 8888. www.skycitydarwin.com.au** - *Ouvert tous les jours.* Tenue convenable exigée (ni jeans ni tennis). Baccara, black jack, roulette, keno, sans oublier les machines à sous.

Pour se divertir sans transpirer ou risquer de perdre gros :

■ **LE DARWIN ENTERTAINMENT CENTRE. (D.E.C). 93 Mitchell Street. ✆ (08) 8980 3333. www.darwinentertainment.com.au** - Le D.E.C propose un programme extrêmement varié allant du concert rock au défilé de mode, en passant par les pièces de théâtres et les ballets.

■ **LE DARWIN CITY CINEMA. Cnr Mitchell & Briggs Street, en face du Darwin Entertainment Centre. Programmes (08) 8981 3111.** *AU$14,5. 5 grandes salles climatisées projettent des films récents, uniquement en anglais.*

■ **DEKCHAIR CINEMA. Jervois Road, Off Kitchener Drive. Wharf Precinct. (08) 8991 0700. www.dekchaircinema.com** - *Tous les jours à partir de 19h30. AU$13.* Le cinéma en plein air près du port, avec un accès piétons derrière le Parliament House. Beaucoup de films d'art et d'essai et étrangers, dont certains français. Snack et bar.

Points d'intérêt

Dans le centre-ville

▶ **Beaucoup d'endroits historiques à voir aux alentours du Parliament House :** WWII Oil storage tunnels, Lyons Cottage, Burnett House... Et pour ceux qui voudraient en savoir plus sur l'histoire de Darwin, la NT LIBRARY, à l'intérieur du Parliament House, est ouverte au public du lundi au vendredi (accès aux archives, recherches sur Internet...).

■ **TOUR TUB. ✆ 1800 632 225 / (08) 8985 6322. www.darwintours.com.au** - *Arrêt à Knuckey Street de 9h à 16h. AU$30.* Un bon moyen pour découvrir les points essentiels de la ville en visite guidée. Possibilité d'extension pour Crocodylus Park et le musée de l'aviation.

■ **AQUASCENE DU DOCTOR'S GULLY. 28 doctor Gully Road. Au bout de l'Esplanade, à l'angle de Daly Street. ✆ (08) 8981 7837. www.aquascene.com.au -** *Entrée adulte AU $6, enfants AU $3,60.* Tous les jours, à marée haute, des centaines de poissons viennent s'y faire nourrir. La mer bouillonne de petits et grands poissons, poissons-chats, mulets, perches et milkfish, longs de près d'un mètre, qui vous prennent le pain dans la main. C'est un spectacle étonnant que les enfants adorent. Les heures varient en fonction des marées. Il faut téléphoner pour vérifier l'heure de distribution de la nourriture. L'accès piéton à la plage s'effectue par un petit parcours à travers la végétation tropicale ponctuée de panonceaux historiques.

■ **FRAMED THE DARWIN GALLERY. 55 Stuart Hwy Darwin ✆ (08) 8981 2994.www.framed.com.au -** La plus grande galerie dans le Territoire du Nord avec dix salles, de l'art divers et du travail artisanal. Un petit coup d'œil sur leur site Internet vous donnera une meilleure idée de l'étendue de leurs produits.

Dans le quartier du port

■ **LE WHARF PRECINCT. Informations au ✆ (08) 8941 4268 ou (08) 8941 0631.www.nt.gov.au/dpa/cruiseship_wharf.html -** Le Wharf Precinct est ouvert depuis 1992. Actuellement, d'importants travaux ont lieu afin de réaliser une nouvelle zone touristique pour fin 2006. Nul doute que l'extension de cette partie du port aura un impact touristique très important pour la ville. L'accès ouest au Wharf Precinct (Stockes Hill Wharf) est fermé aux véhicules à partir de 21h30 mais reste accessible aux piétons. On peut y découvrir :

■ **L'AUSTRALIAN PEARLING EXHIBITION. A l'entrée du Stockes Hill Wharf. ✆ (08) 8999 6573.** *Ouvert de 10h à 17h. AU$6,60.* Une exposition sur la pêche des perles.

■ **L'INDO PACIFIC MARINES. A l'entrée de Stockes Hill Wharf. ✆ (08) 8981 1294.** *Entrée AU$16.* L'aquarium de Darwin avec la présentation de la vie corallienne. Dégustation de seafood sur réservation.

■ **STOKES HILL WHARF.** A l'extrémité ouest du Wharf Precinct, un endroit où l'on vient manger des fruits de mer mais aussi prendre l'air du large en observant Darwin Harbour. A noter l'exposition sur le quai de la Sandfly, une locomotive conçue pour relier Darwin à Adelaide mais qui n'a jamais dépassé Pine Creek, au temps de la ruée vers l'or.

A partir du casino, les points d'intérêt mentionnés ci-dessous se succèdent **le long de Fannie Bay jusqu'à l'extrémité d'East Point.**

■ **JARDINS BOTANIQUES. Gardens Road.** *Ouverts 24h/24 aux piétons. Entrée gratuite.* La Plant Display House présente une collection d'espèces rares de l'Asie et du Pacifique Sud, ainsi qu'une exposition d'orchidées. Le cyclone Tracy déracina les deux tiers des arbres, mais la végétation repousse vite à Darwin, et les jardins ont été bien restaurés. La magnifique partie rainforest a été implantée en 1982. Ne pas rater l'église méthodiste à l'entrée, à coté du low parking.

■ **LE MARCHÉ DE MINDIL BEACH.** Ce marché aux couleurs asiatiques se tient sur à 2 km du centre-ville (près du casino, bus n° 4 et 6 une navette Arafura Shuttle vous y emmène) tous les jeudis et dimanches soir pendant la saison sèche. Les gens arrivent vers 17h30 pour s'installer sous les cocotiers et admirer le coucher de soleil. Les stands offrent de la cuisine thaïe, indienne, malaise, chinoise, grecque, portugaise. On y vend également des pâtisseries, des salades de fruits mais aussi de l'artisanat, des vêtements indiens et balinais, et parfois s'y produisent des orchestres de rue. On trouve des marchés similaires sur le Parap Market le samedi matin, et à Rapid Creek le dimanche matin, mais ils sont plus éloignés du centre. Dans l'ancien Chinatown, derrière la Christ Church Cathedral, il y a souvent des réunions asiatiques sur les pelouses près du grand banian appelé le « Tree of Knowledge ». Les autres marchés ventés par les brochures touristiques n'ont pas d'intérêt particulier (Nightcliff Market et Palmerston Market).

■ **MUSEUM & ART GALLERY OF THE NT. ✆ 08 8999 6573 Conacher Street, Fannie Bay (à environ 4 km du centre, bus n° 4 ou 6). ✆ (08) 8999 8264.** *Ouvert tous les jours de 9h à 16h30. Entrée gratuite.* L'art aborigène est bien représenté avec des peintures sur écorce et du bois sculpté de Bathurst et Melville. On y apprend l'histoire du Territoire du Nord. Dans la section sciences naturelles, une box jellyfish est exposée dans un bocal avec plusieurs de ses congénères. A quelques pas, un crocodile de plus de 5 m de long attire la curiosité du visiteur. Après avoir causé bien des dégâts à des embarcations de pêcheurs, Sweetheart, c'est son nom, est mort alors qu'on essayait de le transférer dans un endroit plus adapté à son appétit glouton. Alors on l'a empaillé… Un autre endroit du musée à visiter est la salle où est projeté un enregistrement sonore du cyclone Tracy (celui qui ravagea la ville en 1974). A l'entrée, une pancarte avertit les personnes ayant vécu l'événement qu'elle pourrait être choquée…et c'est vrai.

■ **FANNIE BAY GAOL MUSEUM. East Point Road (un peu plus loin que le Museum.** *Ouvert de 10h à 17h. Entrée gratuite.* C'était la prison de la ville de 1883 à 1979. On peut y voir l'échafaud construit pour la dernière exécution dans le Territoire, en 1952. D'autres expositions concernent le cyclone Tracy.

■ **EAST POINT** est une réserve parfaitement aménagée située à la pointe nord de Fannie Bay. On peut s'y balader et regarder le soleil se coucher dans un cadre parfaitement idyllique.

■ **MILITARY MUSEUM. A l'extrémité d'East Point. ✆ (08) 8981 9702. www.epmm.com.au -** *Ouvert de 9h30 à 17h.* A l'extérieur, face à la mer, l'emplacement des deux énormes canons mis en place durant la 2ème guerre mondiale pour défendre Darwin de l'ennemi japonais. Installés trop tard, ils n'ont jamais servi.

En sortie de ville, sur la Stuart Highway

■ **AUSTRALIAN AVIATION HERITAGE CENTRE. 557 Stuart Highway (8km du centre), dans la zone arrière de l'aéroport. ✆ (08) 8947 2145. www.darwinsaiwar.com.au -** *Ouvert de 9h à 17h.* Si vous voulez voir un B-52, d'autres engins de la 2ème guerre mondiale et revivre l'épopée héroïque des aviateurs de l'époque. Liaison par bus n° 5 et 8 ou le Tour Tub.

Shopping

Pour le shopping classique, les nombreuses boutiques de Smith Mall et des alentours devraient faire l'affaire. Mais si vous souhaiter partir dans le bush ou l'Outback, il vous faudra certainement compléter votre matériel :

■ **NT GENERAL STORE. 42 Cavenagh Street, City ✆ (08) 8981 8242.** Des articles pour campeurs, randonneurs et chasseurs : vêtements, bottes, tentes, lotions anti moustiques, cartes, etc. Leur devise : « You can't go bush without seeing the NT General Store first ! », «Vous ne pouvez pas partir dans le bush avant d'avoir vu le General Store ». John, l'un des membres du personnel, parle français.

Pour ce qui est de l'art aborigène, celui-ci est un peu plus cher à Darwin qu'à Alice Springs mais présente un plus grand choix. Voici plusieurs adresses intéressantes :

■ **INDIGENEOUS CREATIONS. 14 Knuckey Street. (08) 8941 2858.** *Des objets d'art, des didgeridoos de AU$85 à AU$800 ...et un bon accueil.* 8% de discount avec la carte YHA. A voir, à deux pas de Smith Mall.

■ **ABORIGINAL FINE ARTS GALLERY. Cnr Mitchell and Knuckey Street, au 1er étage. (08) 8981 1315. www.aaia.com.au -** Un grand choix de toiles et de peintures présentés avec goût.

■ **FRAMED THE DARWIN GALLERY. 55 Stuart Hwy Darwin ✆ (08) 8981 2994 - www.framed.com.au.** Dans Stuart Park. Grande sélection de peintures aborigènes à des prix raisonnables.

Loisirs

■ **PLAGES.** Les belles plages de Fannie bay ne sont surveillées que certains jours. On ne peut pas se baigner entre octobre et mai, la mer étant alors infestée de méduses foudroyantes...sans compter les crocodiles le long de la côte et parfois aussi dans le port. Heureusement, à l'entrée d'East Point Reserve on trouve le lac Alexander, un plan d'eau aménagé où l'on peut se baigner toute l'année et faire des pique-niques sur les pelouses. Enfin, plus au nord, une des plages de Casuarina est réservée aux nudistes.

■ **PISCINES.** Il y en 4 qui vous permettront de profiter du soleil sans risquer de mauvaises rencontres avec la faune marine. Celle de Nightcliff est particulièrement bien située, et la route pour la rejoindre (Dick Ward Drive) est très belle...si vous avez un moyen de locomotion, n'hésitez pas.

■ **NIGHTCLIFF. Casuarina Drive.** ✆ (08) 8985 1682

■ **PARAP. Ross Smith Avenue.** ✆ (08) 891 2662

■ **CASUARINA . Trower Road.** ✆ (08) 8927 9091

■ **PALMERSTON SWIMMING POOL. ✆ (08) 8932 3474.** Bon, celle là est un peu loin (20 km)

Pêche en mer

■ Renseignements au **NORTHERN TERRITORY FISHING OFFICE. 5 Pandanus Street.** ✆ 1800 632 225 / (08) 8985 633. nt4fish@ntfishingoffice.com.au -
Plusieurs sociétés vous proposeront des sorties en mer pour pêcher le fameux barramundi. *Comptez environ AU$85 la ½ journée et AU$150 la journée :*

■ **TOUR TUB FISHING CHARTER** ✆ (08) 8985 6333

■ **DARWIN HARBOUR FISHING** ✆ 1800 632 225 / (08) 8985 6333

■ **CROISIERES EN BATEAU.** De nombreuses compagnies se disputent le marché. *Comptez au minimum AU$70, repas inclus, pour une croisière de 4 à 5 heures.*

■ **CULLEN BAY CHARTERS. 66 Marina Bld. Cullen Bay. ✆ (08) 8981 3049. www.fishdarwin.com** -Propose de la pêche mais également des plongées à partir de AU$160 les 2 plongées, location de matériel incluse. Mais autant le savoir à l'avance : la mer n'offre que peu de visibilité à Darwin.

Sur la Stuart Highway, en direction de Katherine

■ **CROCODYLUS PARK. 815 McMillans Road. Berrimah, à la sortie de Darwin. ✆ (08) 8922 4500. www.wmi.com.au** - *Ouvert de 9h à 17h. Entrée AU$25.* Le parc animalier de Darwin avec, c'est vrai, une prédilection pour les crocodiles. Mais aussi des tigres, des singes... Liaison par bus n° 9 ou le Tour Tub.

■ **HOWARD SPRINGS NATURE PARK, à 35 km de Darwin.** *Entrée gratuite.* Un grand bassin aménagé pour la baignade, antérieurement destiné à l'approvisionnement de Darwin en eau potable, vous permet de nager au milieu des poissons et des tortues d'eau douce. Aire aménagée pour le pique nique et court sentier de découverte de la flore. Les panneaux d'information historiques permettent de mieux comprendre l'importance du site durant la 2e guerre mondiale. C'est toutefois, et avant tout, un coin de verdure apprécié par les habitants de Darwin.

■ **LA FERME DES CROCODILES. Sur la Stuart Highway, à 40 km de Darwin. ✆ (08) 8988 1450. www.crocfarm.com.au** - *Ouvert de 9h à 16h. Entrée AU$10. Les peaux vendues dans la boutique le sont pour AU$42 le centimètre.* Plus de 2 000 crocodiles de toutes sortes (freshwaters, salties, alligators...) à portée de main...et de dents. C'est là que sont transférés, entre autres, les crocodiles trouvés trop près des zones habitées.

■ **BERRY SPRINGS NATURE PARK. Cox Peninsula Road. Berry Springs, à 55 km au sud de Darwin.** *Entrée gratuite.* 3 bassins de baignade sur un parcours naturel en eau vive de 300 mètres. Très agréable. D'autant plus qu'on retire les crocodiles égarés dans le cours d'eau au fur et à mesure de leur découverte (la zone est donc sécurisée !). En arrivant sur le site, un parc bien ombragé, aménagé pour le pique nique avec petit kiosque pour le café. Attention aux chevaux sauvages sur la route à proximité de Berry Springs.

■ **TERRITORY WILDLIFE PARK. Cox Peninsula Road. Berry Springs, à 45 mn au sud de Darwin (57 km), à coté de Berry Springs nature park. (08) 8998 7200. www.territorywildlifepark.com.au** - *Ouvert de 8h30 à 17h. Entrée AU$20.* Il s'agit d'une réserve nationale de 400 ha dans laquelle vous découvrirez la faune et la flore du Top End en toute liberté. 6 km de chemins agréables balisés pour faire le tour du parc ou utilisation du petit train qui vous dépose sur chaque site, dont un superbe lagon. Kangourous, buffles d'eau, émeus, reptiles, araignées, chauves souris....et plusieurs attractions dispensées par les dresseurs animaliers. Prévoir au moins ½ journée pour la visite. Transfert possible de Darwin par Darwin Day Tours (✆ 1300 721 365).

■ **LITCHFIELD NATIONAL PARK** est à 2 heures de voiture au sud par la Stuart Highway et Batchelor. (Voir la partie lui étant consacrée)

■ **LE LAC ARTIFICIEL BENNETT** est situé à 85 km au sud de Darwin, avant l'embranchement pour Batchelor sur la Stuart Highway. On peut y louer des canoës ou des bateaux à voile. Il est accessible toute l'année. Emplacements pour le camping. Hébergement possible en bungalows au Lake Benett Resort. ✆ 1800 999 089 / (08) 0976 0960 www.lakebenettwildernessresort.com.au

Sur la Arnhem Highway, en direction de Kakadu

■ **WINDOW ON THE WETLANDS. Arnhem Highway, à 60 km de Darwin. ✆ (08) 8988 8188. www.nt.gov.au/nreta/parks/find/pdf/windowwetlands_french.pdf** *Ouvert de 7h30 à 19h. Entrée libre. Aménagements spéciaux pour les handicapés.* Sur la colline appelée Ludawei par les aborigènes (Beatrice Hill). Un panorama exceptionnel sur la région et un observatoire incomparable pour les oiseaux. Au rez-de-chaussée, des brochures (certaines en français), un point d'information et des explications sur l'habitat. Excellent panneau photographique inventoriant 72 (eh oui !) variétés de moustiques infestant l'Australie, infos sur le water python, tout sur les termites, les oiseaux...

▶ **Sur l'Adelaide River,** à 65 km de Darwin, deux sociétés vous proposent une croisière d'une heure afin de faire connaissance avec les crocodiles sauteurs : des sauriens affamés qui bondissent hors de l'eau pour se nourrir de pauvres poulets. Très impressionnant.

■ **JUMPING CROCODILE CRUISE. A partir de la Arnhem Highway, à 2 km de Window on the Wetlands. ✆ (08) 8978 9077. www.jumpingcrocodile.com.au** - *Départs à 9h, 11h, 13h et 15h. AU$30.* Au bout de la piste, un petit endroit sympathique pour prendre une boisson rafraîchissante avant d'embarquer à la rencontre des monstres.

■ **ADELAIDE RIVER QUEEN. Sur la Arnhem Highway. ✆ (08) 8988 8144.** *Départs à 11h, 13h30 et 15h. Adultes AU$30.* Le lieu est facilement reconnaissable grâce au crocodile géant en résine sur le bord de la Highway, avant la traversée de l'Adelaide River.

Manifestations

Mai

▶ **Darwin Pride Festival.** ✆ (04) 1373 3793 (portable). www.darwinpride.com - Le festival consacré aux gays, lesbiennes, bisexuels et transsexuels à Darwin.

Juin

▶ **Orchid Spectacular.** Un double concours floral et photographique ouverte à tous.

Juillet

▶ **Beer can regarra.** www.beercanregatta.org.au - Une course de bateaux faits de cannettes de bières. L'origine de cette course remonte au cyclone Tracy de 1974 et aux dégâts qu'il infligea à la ville.

▶ **Carlton Draught Darwin Cup Carnival.** www.darwinturfclub.org.au - En juillet et août 8 jours consacrés aux courses de chevaux. De renommée internationale avec un prix de AU$1,3 million à la clef.

En août

▶ **Darwin Festival Held.** www.darwinfestival.org.au - Festival culturel de Darwin (théâtre, musique, danse...).

Octobre 2007

▶ **World Solar Challenge.** www.wsc.org.au/2007 - Course de voitures solaires Darwin-Adelaide (3000 km).

■ KAKADU NATIONAL PARK ■

Kakadu, le plus grand parc national d'Australie (19 000 km²), est classé Patrimoine mondial par l'Unesco. Une ligne droite, sur la carte, le sépare de la Terre d'Arnhem. En réalité, sa frontière naturelle est constituée par l'escarpement de la Terre d'Arnhem, une ligne impressionnante de rochers de 100 à 200 mètres de haut qui serpente sur quelque 500 km à travers l'est du Kakadu. Le plateau de la Terre d'Arnhem est délimité par cet escarpement au pied duquel court à l'infini la grande plaine de Kakadu, pratiquement vide de toute habitation, jusqu'à la mer d'Arafura.

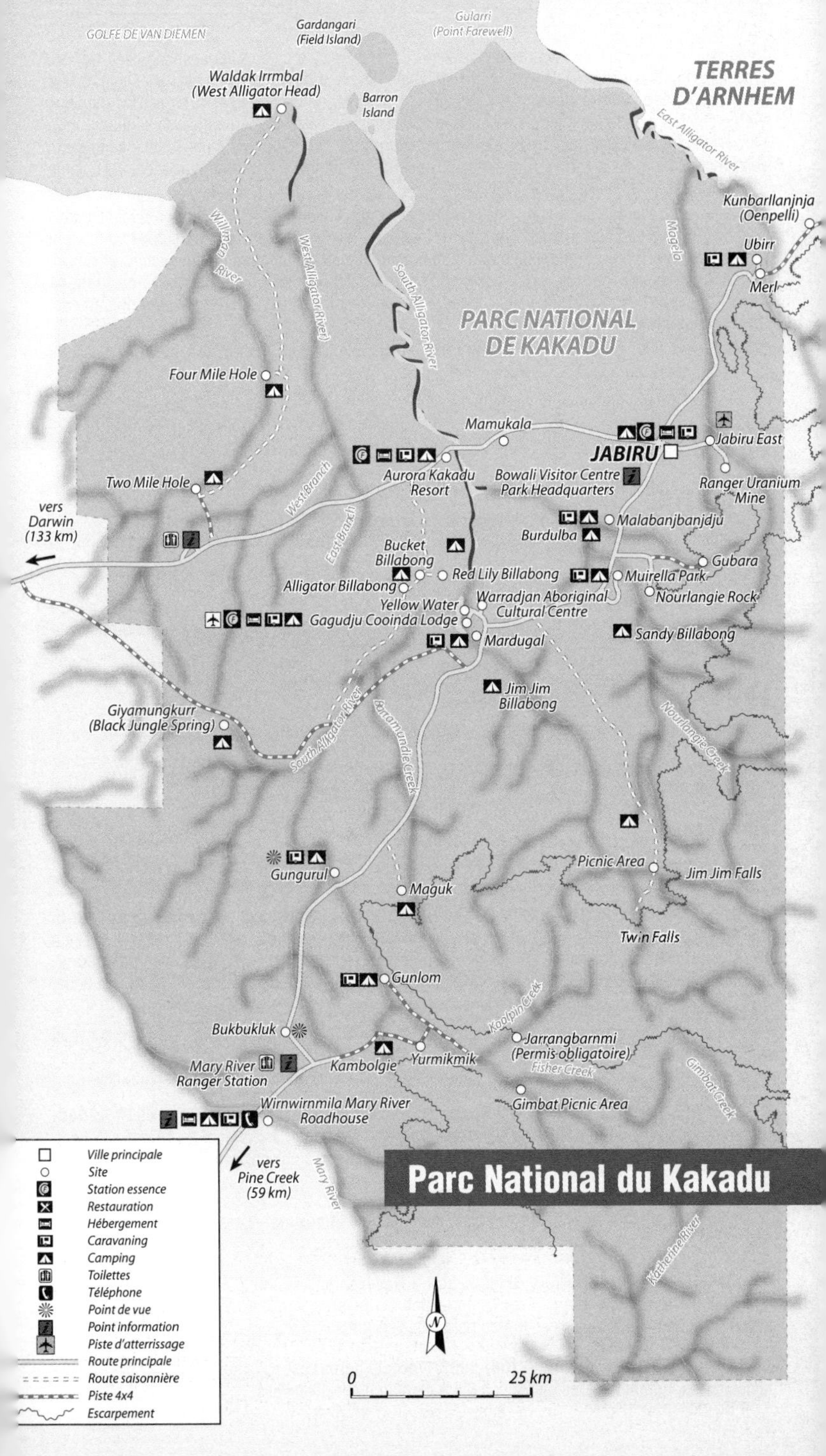

Parc National du Kakadu

L'intérieur de la plaine marécageuse est protégé des tempêtes par un bouclier de mangroves, fief des crocodiles marins, monstres de 5 à 6 mètres qui remontent le lit des rivières. Ce bourbier saumâtre est aussi peuplé de buffles et de sangliers sauvages, de varans préhistoriques et de serpents venimeux. Vierge comme à l'aube des temps, et telle un océan vert, la vaste plaine de Kakadu va buter sur la barrière rouge de l'escarpement qui s'étend d'un horizon à l'autre. Durant la mousson, des torrents venant du plateau de la Terre d'Arnhem se déversent du haut de l'escarpement pour noyer la plaine et la transformer en une sorte de lac végétal.

La plaine est traversée de trois grandes rivières au cours sinueux : la West Alligator River, la South Alligator River et la East Alligator River. La différence entre les saisons est telle qu'un lit de rivière asséché au mois de septembre s'emplira d'un flot impétueux de 3 mètres quelques mois plus tard. Pendant la saison sèche, les bras morts des rivières forment des billabongs qui se couvrent de nénuphars et de fleurs de lotus roses. La partie sud du Kakadu est plus sèche, avec des openforests d'eucalyptus et des poches de rainforest.

Les distances à parcourir en véhicule dans Kakadu étant relativement importantes, prévoyez plusieurs jours pour la visite du parc.

Transports

Avion

■ **DARWIN - JABIRU** *AU$155 (environ une heure de vol)*

Bus

▸ **Trajet Darwin-Kakadu quotidien.** Desserte de Frontier Kakadu Village, Jabiru, le centre d'information Bowali, Ubirr, Noulangie Rock, Cooinda, Yellow Water et le centre culturel aboibène Warradjan.

Voiture

▸ **Accès au parc** par la Arnhem Highway (Darwin) ou la Kakadu Highway (Pine Creek)

■ **Locations possibles à Jabiru : THRIFTY,** au Gagudju Holliday Inn. ✆ (08) 8979 2552.

Pratique

Tourisme

■ **BUREAU D'INFORMATION DU PARC (BOWALI VISITOR CENTRE), 5 km avant Jabiru, sur la Kakadu Highway ✆ (08) 8938 1120. www.deh.gov.au/parks/kakadu -** Un complexe créé en 1994 et qui dispose de tout ce qui est nécessaire pour répondre à vos attentes : point d'information, deux salles de projection (films sur Kakadu de 25 minutes), exposition sur Kakadu, boutique, restauration rapide ...vraiment très bien fait.

En plus du guide gratuit sur Kakadu, demandez les « Park notes » (feuillets d'information) qui vous renseigneront utilement sur les différents sites, la flore et la faune, les langages aborigènes et vous proposeront des itinéraires pour mieux visiter Kakadu. Quelques uns sont traduits en français.

■ **JABIRU TOURIST CENTER. Shop 6, Tasman Plazza. ✆ (08) 8979 2548. wendymchugh@bigpond.com.au -** L'autre point d'information indiqué à l'entrée du Kakadu Lodge est plutôt destiné à la réservation de tours avec Kakadu air ou en bateau. En dehors de cela, préférez le bureau d'information du parc.

■ **JABIRU COUNCIL. ✆ (08) 8979 2230. www.jabiru.nt.gov.au –** Le site d'information de la ville.

■ **NORTHERN LAND COUNCIL OFFICE. Unit 3 Government Building, Flinder Street. ✆ (08) 8979 2410. www.nlc.org.au -** Pour l'autorisation de traverser Arnhem Land par la route (permis gratuit destiné à contrôler le nombre de personnes traversant la région).

■ **KAKADU PERMIT CENTER. ✆ (08) 8983 1140.** Un permis est obligatoire pour accéder à certaines zones, notamment les plateaux à 6 km de marche de Twin Falls.

■ **STATIONS DES RANGERS.** Station et point d'information à l'entrée du parc, sur la Kakadu Highway en arrivant de Pine Creek. Arrêt indispensable pour connaître l'état et l'ouverture des routes et prendre des dépliants d'information sur les différents sites. Pour les urgences seulement, les autres stations de rangers se trouvent aux points suivants :

▶ **Sur la piste des Jim Jim Falls,** à environ 25 km de la Kakadu Highway

▶ **A South Alligator** (à proximité du Aurora Kakadu Resort)

▶ **A East Alligator** (près du camping de Merl)

▶ **A savoir :** toujours en cas de d'urgence, des ECD (Emergency Call Device) sont disponibles à différents endroits du parc (Jim-Jim Falls et Twin Falls notamment).

Tours organisés

De nombreuses compagnies organisent des tours pour Kakadu et il est très facile d'en trouver une par vous-même à Darwin. Voici les principales :

■ **ADVENTURE TOURS AUSTRALIA © 1300 654 604 / (08) 8309 2277. www.adventuretours.com.au (site en français).** Cette société organise des tours à Litchfield, Kakadu et Katherine Gorge. Les circuits sont bien conçus et durent de 3 à 6 jours. Certains circuits sont en tentes permanentes avec douches et des toilettes. Pour les aventuriers, il existe des tours en 4x4 où l'on dort en « swag » à la belle étoile. Une expérience australienne à faire au moins une fois.

Les tours opérators suivants proposent des circuits en français

■ **SAHARA ADVENTURES © 1800 806 240 / (02) 8952 5353. www.saharaadventures.com.au -** *De 2 à 4 jours de camping. Exemple de prix 3 jours à Kakadu en camping : à partir de AU$630 en solo.*

■ **UNIQUE INDEGENOUS LAND TOURS. (08) 8928 0022. www.uniqueindigtours.com.au -** *6 personnes maximum. Excursions de 1 à 3 jours. Exemple de prix 2 jours Kakadu et Arnhem Land AU$570.*

■ **BILLY CAN TOURS & SAFARIS. © 1800 813 484 / (08) 8947 1823. www.billycan.com.au -** *Excursions de 2 à 6 jours. Exemple de prix 3 jours Kakadu AU$790.* Les tours en français concernent les circuits Kadadu - Katherine (3 jours AU$695 en camping) et Kakadu, Litchfield et Katherine (4 jours AU$850 en camping).

Survol en avion ou en hélicoptère

Le survol du parc national de Kakadu est magnifique. L'immense plaine étale ses milliers de miroirs d'eau aux reflets tremblants sous le soleil, faits de billabongs, de lagunes et de marécages entre les cours d'eau sinueux des South et East Alligator Rivers. A la saison sèche, les Aborigènes allument des feux de brousse pour régénérer la terre. Vues d'avion, ces lignes de fumée s'étirent en de longues spirales jusqu'à la barrière de mangrove en bordure de la mer d'Arafura. A la fin de la journée, la roche rouge de l'escarpement de la Terre d'Arnhem capte les derniers rayons du couchant, qui contrastent avec cette mer d'eau et de verdure. Les différences de tarifs entre l'hélicoptère est l'avion sont importantes et un minimum de 2 personnes est toujours demandé.

■ **KAKADU AIR** © 1800 089 113 / (08) 8979 2411. www.kakaduair.com.au et www.kakadutours.com.au Aérodrome de Jabiru. 30 minutes *en avion AU$100, 1heure AU$175. 20 minutes en hélicoptère AU$170, 1h10 AU$425.*

Circuit en voiture (2 jours conseillés)

Le trajet proposé est une boucle d'environ 650 km à effectuer en saison sèche. Un 4x4 est recommandé, voire obligatoire pour les pistes (attention à l'assurance du véhicule). Informez vous de l'ouverture de la Old Jim-Jim Road avant votre départ et respectez les mesures élémentaires de sécurité (eau, essence, roue de secours…)

▶ **Jour 1 -** Partez de Darwin en prenant l'embranchement de l'Arnhem Hhighway à 33 km au sud. Traversez Humpty Doo, la dernière «ville» avant Mary National Park et Kakadu, vous verrez sur les premiers kilomètres beaucoup de fermes et de plantations de manguiers. Arrêtez vous à Window on the Wetlands pour admirer la vue. Traversez les plaines de Marrakai, l'Adelaide River, puis la Mary River. Quittez la route goudronnée pour entrer dans le parc de Kakadu en suivant Old Jim-Jim Road (90 km). Rejoignez la Kakadu Highway, puis arrêtez-vous au Warradjan Aborignial Cultural Centre. Arrêt à Yellow Water pour la nuit.

Jour 2 - Le lendemain, profitez des premières heures à Yellow Water puis dirigez-vous vers Nourlangie Rock pour admirer les peintures rupestres. Reprenez la Highway pour vous arrêtez au Bowali Visitor Centre. A partir de Jabiru, vous pourrez vous rendre à Ubir (environ 90 km de piste aller-retour). De Jabiru, retour vers Darwin par la Arnhem Higwhay entièrement goudronnée.

Si vous ne souhaitez pas (ou ne pouvez pas) emprunter de route non goudronnée, rejoignez Jabiru depuis Humpty Doo par la Arnhem Highway pour y passer la nuit. Le lendemain, redescendez vers Nourlangie Rock et Yellow Water.

Retour par le chemin inverse ou, pour les plus courageux, en suivant la Kakadu Highway vers Pine Creek. Le détour par Pine Creek est néanmoins assez important et présente peu d'intérêt.

Numéros utiles

- **URGENCES POLICE, POMPIERS, AMBULANCE :** ✆ 000
- **POLICE JABIRU :** (08) 8979 2122
- **JABIRU HEALTH CLINIC ET PHARMACIE :** ✆ (08) 8979 2018
- **INTERPRETE ANGLAIS 24/24H :** ✆ 13 14 50

Hébergement

Dans le parc

À Cooinda

- **GAGUDJU COOINDA LODGE YHA (ET CAMPING). Cooinda ✆ (08) 8979 0145. www.yha.com.au -** *AU$27 pour un lit en dortoir, AU$30,5 pour une single-bed et AU$70 pour une chambre double. Lodge Room à AU$160. Camping AU$15 à AU$30 (électricité).* Le lodge est situé près du billabong de Yellow Water. Les logements (48 chambres au total) sont dissimulés dans le bush et comprennent salle de bains et climatisation. Le bar de style campagnard sert des repas. Le buffet au restaurant Mimi coûte environ AU$25.

À Est alligator

- **KAKADU HOSTEL (ET CAMPING) ✆ (08) 8979 2232.** *Lits en dortoir à AU$25, chambre double AU$65.* Très bon rapport qualité-prix. Il y a même une piscine.

À South alligator

- **AURORA KAKADU RESORT (ET CAMPING) SOUTH ALLIGATOR RIVER ✆ 1800 818 845 / (08) 8979 0166 - www.auroraresorts.com.au -** *Chambre double pour AU$197.* Un bel hôtel au milieu de la nature avec piscine. Il y a une station d'essence juste à côté.

À Jabiru

La ville de Jabiru, à l'extrême nord de Kakadu, se situe à 230 km de Darwin. Conçue en 1982 pour abriter les employés de la Ranger uranium mine, cette petite ville de 2000 1100 habitants c'est peu à peu transformée en base idéale d'accueil pour les excursions dans le parc.

Conçue autours d'une place principale disposant de plusieurs commerces et services, la ville est composée de zones pavillonnaires et d'infrastructures d'hébergement.

Sans réelle charme, rien n'y manque : stade, piscine olympique, golf, école, supermarché, banque, poste, essence, centre de soins médicaux…et son aéroport situé à 9 km.

La mine Ranger d'uranium située à 6 km de Jabiru ne se visite plus malgré les indications sur certaines brochures et à l'entrée de l'aérodrome.

- **LAKEVIEW PARK YHA (ET CAMPING). Lakview Drive, juste en face du Kakadu Lodge. ✆ (08) 8979 3144. www.lakeviewkakadu.com.au et www.yha.com.au -** *Dortoirs de 3 avec salle de bain AU$15-20 (23,5 sans carte YHA), Bush bungalow AU$70-85, double room AU$90-110. Camping AU$25.* Le Lakeview offre un hébergement d'excellente qualité, très convivial, avec des tarifs bien en deçà du Kakadu Lodge. L'absence de bar-restaurant et de piscine (situés de l'autre coté de la route !) sont très largement compensés par la quiétude des lieux.

- **KAKADU LODGE (ET CAMPING). Jabiru Drive. ✆ 1800 811 154 / (08) 8972 2422.** *Dortoir de 5 à AU$34, lodge room avec kitchenette à AU$134, chambre double à AU$222. Camping AU$22,5 à*

AU$27,5 (électricité). Excellentes prestations à tous points de vue (confort, accueil, services) mais un peu cher. Bar et restauration près de la piscine. Capacité d'accueil très importante. Inscription aux excursions en bateau et en avion au point d'information du Kakadu Lodge.

■ **GAGUDJU CROCODILE HOLIDAY INN. Flinders Street. ✆ (08) 8979 9000.** *Chambre double AU$190.* Ce récent hôtel touristique de 110 chambres est célèbre pour sa forme de crocodile (mais elle ne se voit que d'avion et le bâtiment vu du sol est assez hideux). Il est situé au centre de Jabiru, ville construite en pleine brousse pour les ingénieurs et les travailleurs de la mine Ranger en 1982.

■ **CAMPINGS.** Il y a 14 sites répartis dans le Parc. Le tarif à Merl, Muirella Park, Mardugal et Gunlom est de AU$5,40 par personne. Après en avoir demandé l'autorisation auprès du visitors information, il est gratuit dans les autres zones.

En dehors du Parc

Sur la Arnhem Highway, à Mary River

■ **POINT STUART WILDERNESS LODGE. ✆ (08) 8978 8914, à 29 km de la Arnhem Hihway, route d'accès non goudronnée.** *Double Twin AU$80, De luxe AU$145. Camping AU$12 et AU$15 (électricité).* Un endroit agréable, retiré de tout, plutôt réservé à ceux qui veulent pêcher ou chasser.

■ **CORROBOREE PARK TAVERNE (ET CAMPING). Arnhem Highway. ✆ (08) 8978 8920.** *Dortoir 12 personnes AU$15, single room AU$55, Motel Room AU$75, camping AU$15 à AU$22.* Tout ce qu'il faut pour se rassasier et réorganiser son voyage : essence, resto rapide, bar, boutique. Coin sympathique même si le tout n'a pas le charme d'endroits plus authentiques (ça sent un peu le relais touristique). Excursions possibles en bateau sur le billabong tout proche et Crocodiles cruise. On en apprend beaucoup sur les panneaux des enclos à l'entrée du camping. Et les crocos sont juste derrière.... Bon accueil. Demandez Peter.

■ **BARK HUT INN. Annaburroo. Arnhem Highway ✆ (08) 8978 8988. www.barkhutinn.com.au -** *Chambre double AU$60. Camping AU$14 à AU$22.* Un road house modeste avec peaux de vaches sur les murs, cornes de buffle et croco empaillé en décoration. Une ambiance Outback qui fait du bien malgré la proximité de la Highway. Informations touristiques et dépliants à disposition.

■ **ANNABURROO BILLABONG. Annaburroo. Arnhem Highway, juste en face du Bark Hutt Inn. ✆ (08) 8978 8971.** *Chambre King size AU$65, cabines pour 6 personnes avec double lits AU$45 (ventilateurs). Camping AU$7,5.* Une entrée digne d'un vrai ranch, un long chemin bordé d'eucalyptus pour arriver à un coin de verdure retiré à coté d'un grand billabong. L'endroit est rustique (pas de bar, pas de restaurant) mais il est vrai que tout cela est facilement accessible de l'autre coté de la route. Alors pourquoi ne pas profiter du charme de cet endroit au réveil ?

■ **MARY RIVER YHA (ET CAMPING). Arnhem Highway. ✆ 1800 788 844 / (08) 8978 8877. www.maryriver.park.com.au et www.yha.com.au -** *Dortoir de 10 à 12 dans un grand hangar avec toutes les commodités (WC, douches, salle TV, laverie...) AU$ 18 par adulte. Camping AU$9 à AU$25.* Cabines de 3 personnes avec WC séparés. Chambre double. Superbe endroit pour vous reposer dans un grand parc retiré de la Higwhay, où broutent paisiblement les kangourous. Grande véranda dans le bâtiment central avec bar, salle de restauration...Niveau de confort largement supérieur aux Bark Hut et Annaburroo Billabong. Plusieurs types d'activités sont proposés dont crocodile cruise, bushwalking et birdwalking.

Sur la Kakadu Highway, en venant de Pine Creek

■ **WIRNWIRNMILLA MARY RIVER ROAD HOUSE ✆ (08) 8975 4564.** Une roadhouse sans prétention mais qui vous permettra de vous reposer afin de découvrir Kakadu le lendemain au petit jour. Une bonne alternative pour ceux qui hésiteraient entre un gîte à Cooinda et Pine Creek.

Points d'intérêt

■ **LE WARRADJAN ABORIGINAL CULTURAL CENTRE. ✆ (08) 8979 0145 www.kakadu-attractions.com/warradjan -** A Cooinda, 1 km avant Yellow Water. Inauguré en 1995. Entrée libre de 9h à 17h. Dans le 1er bâtiment, un parcours sinueux, sans doute en forme de serpent, vous permet d'approcher d'un peu plus près la culture aborigène. Le deuxième bâtiment abrite une boutique de vente de souvenirs. Un chemin ombragé dans le bush vous permet de rejoindre à pied Yellow Water.

■ **YELLOW WATER, à Cooinda (sur la Kakadu Highway, à 52 km de l'embranchement de l'Arnhem Highway).** Cette lagune tient son nom du tapis de fleurs jaunes qui recouvre ses eaux à la saison de floraison. Sur ses bords jacasse tout ce qui vole : hérons argentés et aigrettes blanches, ibis sacrés et spoonbills à bec en forme de cuillère, les petits Jesus birds et les lilytrotters.

Les tours en bateau à fond plat sur Yellow Water sont très populaires auprès des touristes qui visitent Kakadu. Ne pas rater le premier voyage, avec un festival d'oiseaux multicolores, ou le dernier, avec le coucher de soleil, un spectacle extraordinaire. Départs plusieurs fois par jour, à partir de 6h30 (tour de deux heures AU$40). Réserver la veille est parfois futé ✆ (08) 8979 0145. www.yellowwatercruises.com -. N'oubliez pas la crème anti-moustique.

Le jabiru est la seule cigogne qui court à pas légers sur les nénuphars roses qui tapissent les eaux. Les brolgas à tête écarlate sont des grues d'Australie de la taille d'un homme. Des nuées de cacatoès s'abattent en nuages blancs dans les grands eucalyptus alors que les crocodiles s'immergent au fond du billabong.

Un vieux mâle, plus malin que les autres, essaie parfois de monter dans les barques touristiques par l'arrière... Une trentaine d'incidents de ce genre ont eu lieu avec ces crocodiles marins tellement agressifs qu'ils mangent parfois leurs congénères. Il faut dire que les touristes ne sont pas toujours très futés. Les rangers racontent que certains se baignent dans les billabongs malgré les panneaux d'interdiction formelle.

■ **JIM JIM ET TWIN FALLS,** à 60 et 70 km de piste de la Kakadu Highway (accès en 4x4 et uniquement en saison sèche). Le dernier kilomètre pour Jim Jim se fait à pied. Prévoir de bonnes chaussures ces deux chutes d'eau spectaculaires sont les plus renommées du parc. Il se peut toutefois qu'à la fin de la saison sèche, les chutes le soient aussi. Nager est interdit aux Twin Falls et déconseillé aux Jim-Jim Falls en raison des saltwaters (crocodiles de mer) susceptibles de s'y trouver.

■ **GUNLOM.** A environ 60 km de la Kakadu Higwhay, à Waterfall Creek. il s'agit de la seule chute d'eau de Kakadu accessible en voiture durant le Dry. Un chemin partant du Billabong permet de rejoindre le haut des chutes en 1 heure, permettant de contempler la partie sud de Kakadu National Park.

■ **MIRRAI LOOKOUT.** Sur la Kakadu Highway, environ 50 kilomètre avant Jabiru. Un chemin en pierre de 800 mètres vous emmène à un observatoire d'où vous pourrez apprécier la vue sur les escarpements du plateau d'Arnhem et la vallée. Superbe panorama.

Les peintures rupestres

La nuit, en observant les étoiles filantes au firmament, si proche dans les mers du Sud, on comprend très bien comment les Aborigènes ont conçu leur mythologie du Lightening Brother (homme-tonnerre) descendant du ciel pour modeler la terre. Kakadu totalise plus de 5000 sites sacrés faisant de ce parc national l'un des « musées » les plus riches de la créativité humaine. Les peintures rupestres les plus récentes ont été faites il y a seulement une décade. Les plus vieilles datent d'au moins 20 000 ans, avant la dernière ère glaciaire, plus anciennes que les peintures paléolithiques de Lascaux, et bien plus sophistiquées que tout ce qui avait pu être fait en Europe dans cette nuit des temps avant la fonte des glaces. C'est dans le Kakadu que l'on trouve les célèbres peintures de style « rayons X ».

Elles sont nommées ainsi car elles dévoilent, à la manière d'une radiographie, le squelette et les entrailles de poissons, crocodiles, kangourous. A Ubirr et à Nourlangie, les deux seuls sites de Kakadu ouverts au public, des pontons en bois et des chemins délimités mènent les visiteurs devant les motifs cachés sous des surplombs de rochers. Les peintures étaient retouchées par les Anciens de la tribu, pour s'attirer les bonnes grâces de « l'homme-tonnerre » qui apportait chaque année la pluie, source de vie et de renouveau après la sécheresse. Aujourd'hui ces Anciens se comptent sur les doigts de la main. Dans l'Outback, on voit des Aborigènes, orphelins de leur culture et marginalisés, sombrer dans l'alcool. Ces peintures n'étant plus entretenues, à Obiri, sur une paroi rocheuse sujette à l'humidité, le Serpent Arc-en-Ciel, créateur de toute vie, se fane et devient de plus en plus pâle.

Dans le nord-est, au cœur de la Terre d'Arnhem, l'écorce servant de toile est recouverte d'ocre rouge et les peintures comportent des figures, des oiseaux et des végétaux, dont on trace la silhouette avant de la remplir de hachures. La trame, incroyablement chargée, regroupe sur l'entière surface de l'écorce des hachures, des bandes, des lignes, des losanges, des animaux et des figures. Ces peintures peuvent avoir un sujet central ou décrire divers épisodes d'une légende.

Nénuphars des Yellow waters.

Terres d'Arnhem

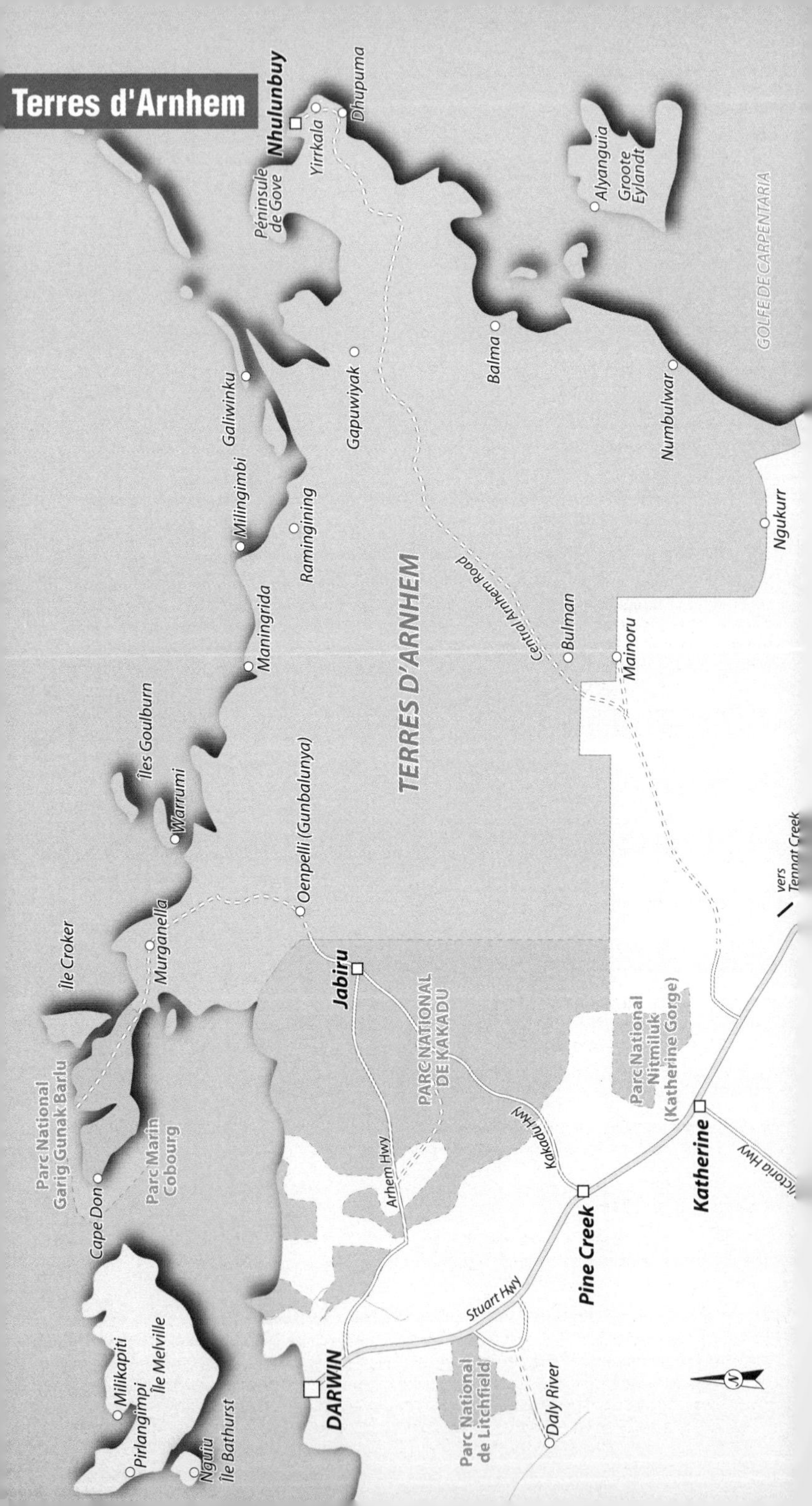

■ **NOURLANGIE ROCK (BURRUNGGI en aborigène)** et ses peintures rupestres, à 16 km à l'est de la Kakadu Highway. *Ouvert de 8h00 au coucher du soleil. Accès handicapés.* Un site magnifique et parfaitement aménagé qui commence par la Anbangang Gallery. L'une des peintures représente Namargon, l'homme-tonnerre du Dreamtime. Un sentier mène au point de vue sur le Lightening Dreaming, un endroit de l'escarpement, et la « maison » de Namargon. Le circuit de base fait 1,5 km mais un bushwalking de 12 km faisant le tour du rocher est possible. La Nanguluwur Gallery, sur la face opposée, est nécessite un aller-retour de 3,5 km. Le coucher du soleil sur le plateau de la terre d'Arnhem au loin est un moment à ne pas rater.

■ **UBIR ROCK** et ses peintures rupestres (à 43 km au nord de Jabiru). *Le site est ouvert d'avril à novembre de 8h30 au coucher du soleil, et à partir de 14h le reste de l'année.* Accessibilité aux handicapés au Rainbow serpent. Peintures rupestres style « rayons X » (parce qu'on voit le squelette) représentant wallabies, opossums, goannas, tortues, poissons ainsi qu'un tigre de Tasmanie, espèce aujourd'hui disparue. Certaines peintures datent de 20 000 ans...et d'autres de 1985. Le parcours pour visiter le site forme une boucle de 1 km.

▸ **De juin à septembre,** les rangers du parc proposent de nombreuses activités dont des visites commentées gratuites de Nourlangie et Ubir.

■ TERRE D'ARNHEM ■

Située « au bout du monde », la Terre d'Arnhem occupe toute la partie nord-est du Top End. Les péninsules de Cobourg et de Gove en sont les parties côtières les plus accessibles. Parfaitement protégées, des tribus aborigènes vivent ici sur une terre dont l'accès est strictement réglementé. Beaucoup moins vulnérables que leurs cousins de la côte qui furent, à l'arrivée des Blancs, massacrés ou parqués dans des réserves, les Aborigènes du Centre et du Territoire du Nord ont pu conserver leur mode de vie ancestral de chasseurs nomades. Proclamé territoire aborigène en 1931 par le gouvernement australien, la Terre d'Arnhem est le dernier grand bastion des tribus traditionnelles.

Pratique

Permis

■ **NORTHERN LAND COUNCIL OFFICE. Endeavour Square à Nhulunbuy. ✆ (08) 8920 5100 ou (08) 8987 2602. www.nlc.org.au** - Pour l'autorisation de traverser Arnhem Land par la route (permis gratuit destiné à contrôler le nombre de personnes traversant la région).

Tours organisés

Parmi les rares compagnies à organiser des expéditions dans la partie centrale ont peut citer :

■ **CENTRAL ARNHEMLAND EXPERIENCE -** http://bodeidei.camp.free.fr/bah.html – Inscriptions auprès de **TRAVELNORTH.** ✆ 1800 089 103 / (08) 8971 9999. www.travelnorth.com.au - et **DREAMTIME SAFARI TOURS.** ✆ (08) 89 75 44 66. AU$1685 (Dry) et AU$1820 (Wet). Suivez François **GINER,** implanté depuis 27 ans en Australie, en Terre d'Arnhem, au sein de la communauté aborigène Ngkalabon, durant 4jours et 3 nuits à Bodeidei Camp.

■ **DAVISON'S ARNHEMLAND SAFARIS ✆ (08) 8927 5240. www.arnhemland-safaris.com -** *Séjours de 3 à 5 jours. Exemple de prix : 3 jours pour 1 personne AU$3720.*

Points d'intérêt

▸ **Artisanat de tressage.** Il concerne des paniers ou « dilly bags », des tapis et des filets. Les plus célèbres tisserandes aborigènes aujourd'hui sont les femmes de Maningrida dans le centre d'Arnhem Land

▸ **Peinture sur écorce.** La Terre d'Arnhem recèle les témoignages les plus authentiques de l'art aborigène, essentiellement des peintures rupestres qui illustrent les grands cycles mythiques du Dreamtime et constituent l'histoire d'un peuple, depuis pratiquement le début de la présence humaine. Dans cette région, les peintres disposent d'une palette limitée aux quatre couleurs de base : rouge, noir, jaune et blanc. Les rouges et les jaunes viennent d'une série d'ocres comprenant l'hématite, le minerai de fer argileux et la limonite. Le blanc est du gypse ou de la terre de pipe.

Le noir, du minerai de manganèse ou du charbon de bois. Les pigments sont finement écrasés, puis mêlés à de l'eau et à un fixateur végétal, dont le plus courant est le suc d'orchidée.

Pour connaître les différentes galeries, centres culturels et tout ce qui concerne l'art aborigène, visiter le site : www.aboriginalart.org

PÉNINSULE DE COBOURG

La péninsule de Cobourg, partie intégrante de la terre d'Arnhem, est située à 200 km à vol d'oiseau au nord-est de Darwin. La péninsule est gérée par 4 groupes aborigènes (Agalda, Ngaindjagar, Madjunbalmi et Muran). On y va surtout pour la pêche et observer la faune marine dans le Garig Gunak Barlu Marine and National Park (dauphins, dugongs, tortues, crocodiles…). Des permis sont nécessaires pour y accéder et seulement 20 véhicules sont autorisés simultanément dans le parc, quelle que soit la saison. Chaque année, plus de 1 500 visiteurs sont admis dans la péninsule.

Transports

Avion

Des liaisons sont possibles par avion (45mn. de vol à partir de Darwin). L'aéroport est à 5 km de Black Point

Bateau

La liaison par bateau à partir de Darwin dure 2 jours (150 miles nautiques)

Voiture

La piste entre Jabiru (pointe est de Kakadu) et la péninsule de Cobourg demande environ huit heures de trajet pour 300 km. Elle n'est accessible qu'aux véhicules 4x4 et est fermée pendant les saisons du « wet ». Elle traverse une partie de la Terre d'Arnhem, réserve aborigène où le nombre de passages est strictement contrôlé.

► **Il n'y a pas de transports publics** dans la péninsule

Pratique

Tourisme

■ **SITE D'INFORMATION DU GARIG GUNAK BARLU MARINE AND NATIONAL PARK. www.nt.gov.au/nreta/parks/find/gariggunak.html.** Tout y est détaillé : Le prix des permis, comment y aller, quand visiter, quoi voir, où dormir…

■ **COBOUR PENINSULA SANCTUARY AND MARINE PARK BOARD. PO Box 496, PALMERSTON NT. 0831.** ✆ (08) 8999 4814. www.nt.gov.au/nreta/parks

■ **PARKS & WILDLIFE COMMISSION OF THE NORTHERN TERRITORY. Black Point Ranger Station.** ✆ (08) 8979 0244

■ **NORTHERN LAND COUNCIL OFFICE. Endeavour Square à Nhulunbuy. ✆ (08) 8920 5100 ou (08) 8987 2602. www.nlc.org.au** - Pour l'autorisation de traverser Arnhem Land par la route (permis gratuit destiné à contrôler le nombre de personnes traversant la région).

■ **PERMIT OFFICER COBOUR PENINSULA SANCTUARY AND MARINE PARK BOARD. ✆ (08) 8999 4814.** Pour le permis d'accès à la Péninsule (environ AU$232 pour 1 véhicules de 5 personnes durant 7 jours, camping compris).

Il est prudent de faire vos demandes de permis plusieurs semaines à l'avance.

Tours organisés

Parmi les différentes possibilités :

■ **VENTURE NORTH AUSTRALIA ✆ 1300 134 388 / (08) 8927 5500 www.northernaustralia.com** - *Exemple de prix : 5 jours Kakadu, Arnhem et Cobourg : AU$1585 dont AU$232 de frais de permis.*

■ **COBOURG ADVENTURES. ✆ (08) 8979 0455. www.cobourgbeachhuts.com.au** - Se charge d'organiser pour vous toutes les activités et visites possibles à Cobourg Peninsula.

Numéros utiles

- **URGENCES POLICE / POMPIERS / AMBULANCE :** ✆ 000

- **INTERPRETE ANGLAIS 24/24H :** ✆ 13 14 50

Hébergement

Tout est cher, évidemment. Des campings avec bungalows (camp 1 et 2) sont néanmoins disponibles à Smith Point, à quelques minutes de la plage.

- **COBOURG BEACH HUTS. Smith Point. Garig Gunak Barlu National Park. ✆ (08) 8979 0455. www.cobourgbeachhuts.com.au** - *Twin share à partir de AU$220.* Des packages comprenant vols, repas, hébergement, pêche sportive sont disponibles à partir de AU$2180 par personnes pour 3 nuits en twin share.

- **CAPE DON EXPERIENCE. Cape Don. Garig Gunak Barlu National Park. ✆ (08) 8979 0030. www.capedon.com.au** - *Exemples de prix : AU$450 par jour pour un forfait comprenant pêche-repas-hébergement ou AU$2775 pour 3 jours en chambre double, avion, pêche, repas, hébergement compris.*

- **SEVEN SPIRIT BAY WILDERNESS LODGE. Cape Don. Garig Gunak Barlu National Park. ✆ (08) 8979 0281 - www.sevenspiritbay.com - Infos en français.** *Le prix d'une chambre double et d'un séjour de 2 jours, 2 nuits, AU$1345 par personne, comprend aussi votre transport, la nourriture et les activités.* C'est un resort « écologique » unique en son genre, accessible uniquement en 4x4 ou par avion. Le nom de Seven Spirit Bay vient des sept types d'environnements protégés rencontrés dans Arnhem Land. L'hébergement se fait en bungalows, où chaque salle de bains est installée dans un jardin naturel privatif. L'endroit est idéal pour l'observation d'animaux comme les crocodiles, les buffles, etc.

- **ARNHEMLAND BARRAMUNDI NATURE LODGE. Près de Maningrida. ✆ (08) 8983 1544. www.barralodge.com.au** - *Exemple de prix : AU$4375 pour un forfait 4 jours/3 nuits comprenant pêche-repas-hébergement en twin share.*

Loisirs

Outre l'observation de la faune aquatique que vous pourrez probablement faire seul, **COBOURG ADVENTURES,** entre autres, vous propose des activités de loisirs telles que :

- **CULTURAL TOUR.** A partir de Black Point, heures de départ variable. Tour guidé d'une matinée sous la direction d'un guide aborigène. Groupes de 8 personnes maximum.

- **NIGHT EYES WALK.** *AU$20. Départ de la Ranger station à 19h30.* Si vous voulez voir las animaux nocturnes de la Péninsules tels opossums, bandicoots et autres marsupiaux, essayez cette randonnée d'observation de 2 heures avec un guide accompagnateur.

- **SUNSET CRUISE.** *AU$40. Départ de Black Point à 17h, retour à 19h.* Une croisière avant le coucher du soleil sur la mar d'Arafura aux alentours de Port Essington. Repas et champagne à bord.

- **PECHE SPORTIVE.** *Comptez AU$550 pour 2 personnes la journée.*

Points d'intérêt

- **LAMILMIL SWAMP WALKING TRACK.** Un chemin de 3 km aller retour dont le point de départ est près de Black Point Ranger station.

- **BLACK POINT CULTURAL CENTRE.** Un centre destiné à mieux faire connaître l'histoire de la Péninsule : maquette de Victoria Settlement, objets d'art d'origine aborigène, Macassan et européenne…

- **VICTORIA SETTLEMENT.** A 35 km de Black Point. Seulement accessible par bateau (50 mn) à partir de Black Point. *Départ à 8h - retour 13h. AU$95.* Vestiges de 1838 de ce qui fut un place forte anglaise durant 10 ans, avant que les maladies et un trop grand isolement ne forcent ses occupants à l'abandonner.

PÉNINSULE DE GOVE

Territoire des Yolngu, la péninsule de Gove est très éloignée de Darwin par la route : 350 km par la Stuart Highway avant d'emprunter la Central Arnhem Land sur près de 700 km, dont une bonne partie de piste. D'ou la nécessité d'un 4x4. Un permis est indispensable pour traverser Arnhem Land, et un autre pour accéder aux plages et aux rivières. Davantage que pour la péninsule de Cobourg, la visite de cette partie du Top End est à réserver aux inconditionnels de la nature qui ne trouveraient pas leur bonheur plus près.

Manifestations

Août

- **Garma Celebration Of Yolngu Aboriginal People.** www.garma.telstra.com - Fête traditionnelle aborigène. Le site de Gulkula où se déroule le festival est situé à 40 kilomètres de Nhulunbuy et à environ 14 kilomètres au sud de Gove airport.

- **Gove Peninsula Festival A Nhulunbuy.** www.govepeninsulafestival.org.au - Le festival se déroule sur un week-end. Arts, musique et épreuves sportives, clôturés par un feu d'artifices.

Transports

L'arrivée dans la péninsule de Gove

Avion

- Liaison possible par avion (1h40 de vol à partir de Darwin) avec **QANTAS.** L'aéroport est à 15 km de Nhulunbuy. La navette revient à environ AU$8.

Voiture

- Accès en 4x4 uniquement par la **Central Arnhem Land** (intersection de la Stuart Highway à 50 km au sud de Katherine).

Se déplacer

Plusieurs types de véhicules peuvent être loués sur place (4x4, voiture, vélos...). Un bus dessert l'aéroport et des taxis sont disponibles.

Location de voitures

- **GOVE RENTALS 4X4 & CARS. 9 Durack Close.** ✆ (08) 8987 1700

- **NHULUNBUY UTE HIRE.** ✆ (08) 8987 2872

- **MANNY'S CAR HIRE.** ✆ (08) 8987 2300

Pratique

Tourisme

- **EAST ARNHEM LAND TOURIST ASSOCIATION. Westall Street, Nhulunbuy. ✆ (08) 8987 2255. www.ealta.org** - A coté du Walkabout Lodge.

- **NORTHERN LAND COUNCIL. Endeavour Square, Nhulunbuy. ✆ (08) 8920 5100 ou (08) 8987 2602. www.nlc.org.au** - Pour l'autorisation de traverser Arnhem Land par la route (permis gratuit destiné à contrôler le nombre de personnes traversant la région).

- **DHIMURRU LAND MANAGMENT ABORIGINAL CORPORATION. ✆ (08) 8987 3992. www.dhimurru.com.au** - *Pour le permis d'accès aux plages et aux rivières (environ AU$25).*- ALCAN GOVE - www.alcangove.com.au - Pour tout savoir de la mine de bauxite et d'alumine toute proche.

Tours organisés

- **BIRDS, BEES, TREES & THINGS. ✆ (08) 8987 1814. www.birdsbeestreesandthings.com.au** – Propose aussi bien des éco-tours guidés que des sorties pour pêcher en mer ou pour l'observation des oiseaux.

■ **NOMAD CHARTERS. ✆ (08) 8987 8085. www.nomadcharters.com.au** – Fishing safari de plusieurs jours et pêche en mer à la journée ou à la ½ journée.

■ **GOVE FISHING & DIVING CHARTERS. ✆ (08) 8987 3445. www.govefish.com.au** - Au menu : plongée et fishing safari de plusieurs jours, pêche en mer à la journée ou à la ½ journée.

■ **ARNHEM LAND HELI FISHING ADVENTURES. ✆ (08) 8987 3155 / (04) 1880 8604.** Tours en hélicoptère, pêche et photographie.

■ **BAUXITE MINE TOURS, à 15km de Nhulunbuy. Réservations au ✆ (08) 8987 5345.** Visite de la mine chaque vendredi matin.

Numéros utiles

■ **URGENCES POLICE / POMPIERS / AMBULANCE :** ✆ 000.

■ **GOVE DISTRICT HOPITAL :** Matthew Flinders Way. Nhulunbuy. ✆ (08) 8987 0211.

■ **INTERPRETE ANGLAIS 24/24H :** ✆ 13 14 50.

Hébergement

Peu d'infrastructures hôtelières sur cette partie Est de la Terre d'Arnhem. La nature y est intacte et c'est cela qui en fait l'intérêt. Seuls un lodge et un motel sont disponibles dans la ville de Nhulunbuy (4000 habitants), construite en 1971 pour satisfaire à l'exploitation de la mine de bauxite. En dehors de cela, le camping est possible sur des aires bien délimitées.

■ **WALKABOUT LODGE. 12, Westal Street. Nhulunbuy.** ✆ (08) 8987 1777. www.walkaboutlodge.com.au

■ **GOVE PENINSULA MOTEL. 1, Matthew Finder Way. Nhulunbuy. ✆ (08) 8979 0700. www.govemotel.com** - *Chambre double à partir de AU$132, twin à partir de AU$154.*

■ LES ÎLES DE BATHURST ET DE MELVILLE (TIWI ISLANDS) ■

Situées au large, à 80 km au nord de Darwin, dans la mer du Timor, ces îles peuplées d'environ 2 500 personnes ont été découvertes par Abel Tasman en 1644. Si elles constituent la patrie de la tribu Tiwi depuis des millénaires, le droit de gestion des terres n'a été attribué aux aborigènes qu'en 1978.

Melville Island est la deuxième plus grande île d'Australie après la Tasmanie. Deux kilomètres la séparent de Bathurst Island où se trouve Nguiu, la ville principale fondée en 1911 par une mission catholique. L'alcool est interdit sur les îles Tiwi.

Transports

L'arrivée dans les îles Tiwi

L'avion (20 mn) et le bateau (2 heures) à partir de Darwin sont les deux moyens de rejoindre ces îles à partir de Darwin. Il est très difficile d'y accéder individuellement (permis d'entrée). En tant que simple touriste, vous devrez obligatoirement vous joindre à une excursion organisée qui se chargera des formalités pour vous. Renseignements à l'office du tourisme de Darwin ou au Tiwi Land Council.

Pratique

Tourisme

■ **OFFICE DU TOURISME DU TOP END. Cnr Knuckey et Mitchell Streets.** ✆ 1300 138 886 / (08) 8936 2499. www.tourismtopend.com.au

■ **TIWI LAND COUNCIL. Unit 9, Wingate Centre, Winnellie.** ✆ (08) 8981 4898. www.tiwilandcouncil.net.au

■ **TIWI ARTS. www.tiwiart.com - Melville Island ✆ (08) 8978 3975.** Le site de Munupi Arts & Crafts qui vous donnera beaucoup d'information sur les îles Tiwi, le mode de vie, ce qui s'y passe…

Litchfield National Park

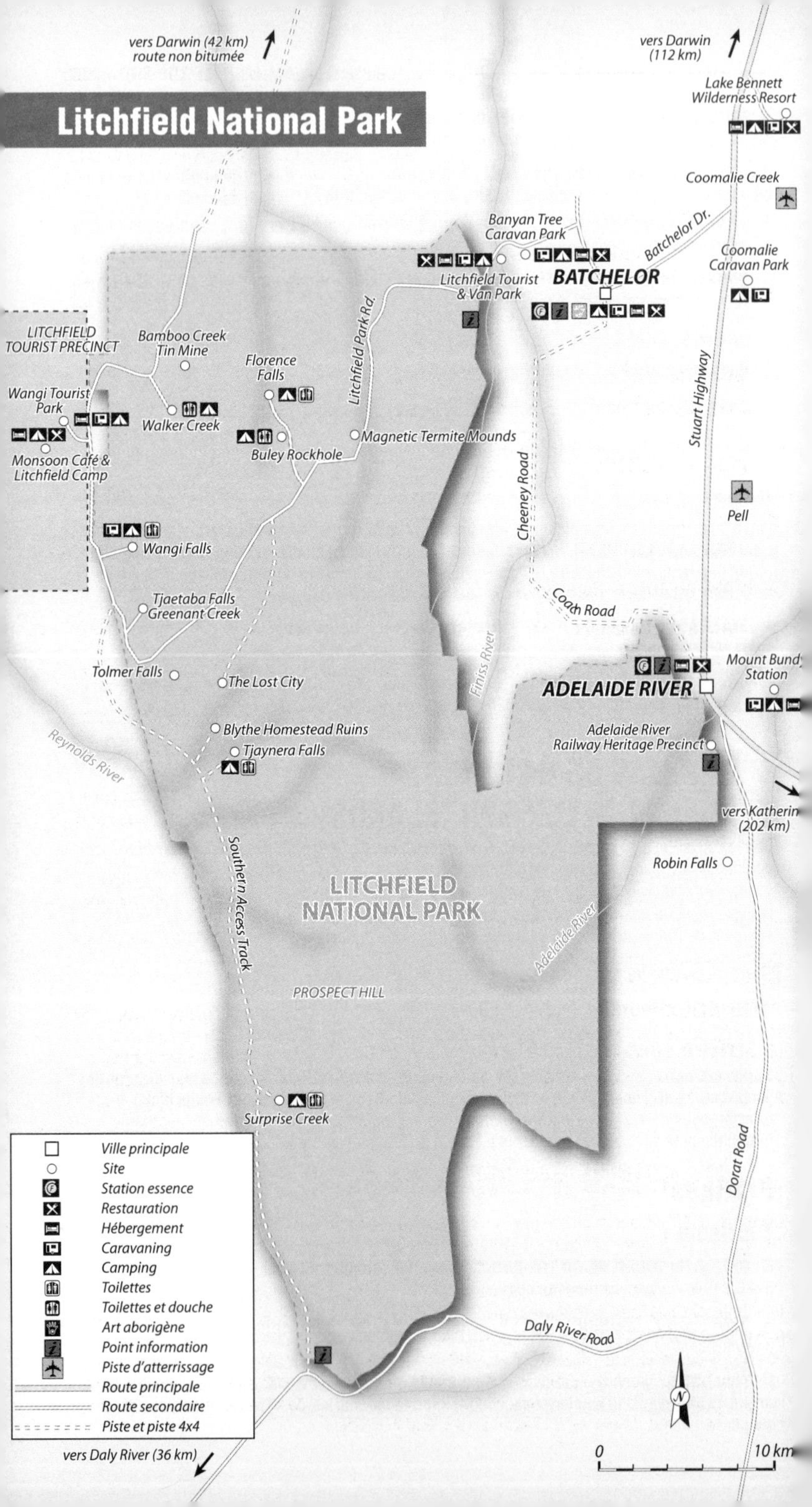

Tours organisés

■ **TIWI TOURS** © **(08) 9241115. www.aussieadventure.com.au** - En collaboration avec **Aussie Adventure Holidays** (©1300 721 365 / (08) 8923 6523). Cette compagnie aborigènes organise des excursions d'une journée pour AU$335, et de deux jours en camping pour AU$595 (dont AU$150 d'avion). Les frais de vol et de permis d'entrée sont inclus.

■ **TIWI ISLANDS ADVENTURE. SEA-CAT FERRIES & CHARTERS. Cullen Bay Ferry terminal.** © **(08) 8941 1991. www.tiwilandcouncil.net.au/Visiting/TIWI-Visiting.htm** - *Propose à partir de AU$235 (y compris le prix du permis) une traversée en catamaran et la visite guidée de Bathurst Island.* Départ à 8h00 à Cullen Bay et retour vers 14h45, repas à bord.

Hébergement

■ **CAMP SITE DE MOANTU.** C'est la seule structure d'hébergement sur l'île.

Points d'intérêt

La nature est là, bien sûr, mais on vient surtout ici pour l'art aborigène. Les coopératives d'artisanat de l'île produit des tee-shirts et des tissus colorés aux motifs aborigènes tiwis.

■ **MUNUPI ARTS & CRAFTS. Pularumpi, Melville Island** © (08) 8978 3975. www.tiwiart.com

■ **JILAMARA ARTS & CRAFTS. Melville Island.** © (08) 8978 3901. www.tiwiart.com

■ **TIWI DESIGN. Bathurst Island.** © (08) 8978 3982. www.tiwiart.com

▸ **Visitez également le site :** www.tiwilandcouncil.net.au/Contacts-Links/TIWI-Contacts_all.htm

▸ **La peinture.** Le peuple Tiwi a élaboré une culture et une technique artistique très différentes de celles des autres Aborigènes du continent. Les peintures des Tiwi sont purement abstraites. N'y figurent ni personnages ni animaux.

▸ **Les textiles imprimés.** Ces textiles ont connu une grande publicité en 1986, quand le peuple Tiwi a offert au pape Jean-Paul II, à l'occasion de son voyage à travers l'Australie, des vêtements imprimés de symboles chrétiens conjugués à des motifs géométriques tiwi.

▸ **Les sculptures en bois.** Les Tiwi se différencient également par leurs sculptures sur bois, ils en sont les seuls producteurs importants. Ces sculptures représentent des figures rituelles, des animaux totémiques, des oiseaux et des poteaux funéraires.

Manifestations

■ **TIWI ISLAND FOOTBALL GRAND FINAL. www.tiwiart.com/network/special events.htm** - *En mars à Nguiu sur l'île de Bathurst.* Un événement majeur pour une société qui reconnaît à ce sport une place culturelle privilégiée depuis 1930. Chaque année, l'événement est largement suivi par toute la communauté et des charters entiers sont affrétés pour permettre aux plus éloignés de rejoindre l'île. A noter que parallèlement à cette manifestation se déroule une grande vente d'objets d'art.

■ LITCHFIELD NATIONAL PARK ■

Ouvert en 1986, Litchfield est l'un des parcs nationaux les plus récents du Territoire du Nord. D'une superficie de 1 500 km², il est le territoire des Aborigènes Wagait. Il se situe à 130 km au sud de Darwin et est facilement visitable en 1 journée. L'accès par Batchelor est ouvert toute l'année.

On y trouve des escarpements de calcaire doré, avec des cascades spectaculaires au cœur de la forêt tropicale. Les bassins d'eau limpide où l'on peut se baigner dans les rochers et des sentiers de randonnées agréables font de ce parc le lieu d'excursion préféré des habitants de Darwin.

Pour les possesseurs d'un 4X4, et uniquement en saison sèche, Litchfield Park est accessible par une route non goudronnée à partir de Cox Peninsula Road. Avant de vous engager faite attention à l'ouverture totale, notamment le passage de la Finiss River (située à 35 km de piste de Cox Peninsula Road, quand même !). Info route Finiss River © 1800 246 199.

Enfin, pour ceux qui viendraient du sud toujours en 4x4, il leur est possible d'emprunter la Daly River Road avant de poursuivre par 42 km de piste. Là aussi, attention aux traversées des cours d'eau.

A l'intérieur du parc, durant le Wet et parfois au début du Dry, les routes non goudronnées peuvent être fermées, notamment Lost city, les ruines de Blyth Homestead, et Sandy Creek (Tjaynera Falls).

Sur la plupart des sites, les boîtiers ECD (Emergency Call Device) vous permettent d'appeler les rangers en cas de problème

Dernier point : les vols dans les voitures existent malheureusement, n'y laissez pas d'objets de valeurs.

Pratique

Tourisme

- **OFFICE DU TOURISME DU TOP END (DARWIN).** ✆ 1300 138 886 / ✆ (08) 8936 2499 www.tourismtopend.com.au

- **BATCHELOR INFORMATION CENTRE. Tarkarri Road, Batchelor.** ✆ (08) 8976 0444.

- **PARKS AND WILDLIFE COMMISSION et infos sur le parc :** ✆ (08) 8976 282 (Batchelor office).

- **INFORMATIONS SUR L'ETAT DES ROUTES.** ✆ 1800 246 199. www.roadreport.nt.gov.au

Numéros utiles

- **URGENCES POLICE, POMPIERS, AMBULANCE :** ✆ 000.

- **POLICE.** ✆ (08) 8976 0015 .

Points d'intérêt

En arrivant par Batchelor, les principaux sites accessibles toute l'année sont :

- **MAGNETIC TERMITE MOUNDS.** A perte de vue, un superbe champ de termitières dont certaines font plus de 2 mètres. L'orientation identique par rapport au soleil de ces monticules en forme d'immenses pierres tombales donne à l'endroit un aspect étrange.

- **FLORENCE FALLS.** Une double chute d'eau qui, après quelques minutes de marche, permet une baignade inoubliable et la rencontre de goannas (sortes de lézards géants) pouvant atteindre un mètre cinquante. Une balade de 4,9 km permet de rejoindre Buley Rockhole.

- **BULEY ROCKHOLE.** A 100 m du parking aménagé. Un cours d'eau et de petites cascades bien agréables pour une autre baignade.

- **TABLETOP SWAMP.** A 300 m de la route, une aire d'observation des oiseaux avec vue sur un marécage.

- **TOLMER FALLS.** De l'eau, encore, mais dans un cadre différent de Florence Falls et Buley rockhole. Peu ou pas de monde et une vue magnifique sur le site. Au pied de la chute d'eau, une grotte abrite différentes sortes de chauve-souris. Pour mieux découvrir les alentours, une balade de 45 mn permet de longer le cours d'eau jusqu'au haut des chutes au milieu des rochers et d'une végétation magnifique (notamment des Cycads, des plantes datant de l'ère des dinosaures). De nombreux panneaux ne manqueront pas de vous informer sur la flore présente autour de vous.

- **WANGI FALLS.** La cascade la plus connue pour la publicité faite par les nombreux tour opérators. Le site superbe est très (peut être trop) bien aménagé. A proximité, une cafétéria propose des plats et des boissons sur place ou à emporter.

Randonnées

Si vous avez l'intention de marcher, une randonnée de 39 km, le Tobletop track, traverse le parc. Son accès est possible à Florence Falls, Greenant Creek, Wangi Falls et Walker Creek. Se renseigner sur les conditions climatiques et signaler son départ au ✆1300 650 730. Quatre autres randonnées de 8 à 10,7 km sont possibles à partir de Florence Falls et Wangi Falls.

Visites guidées

Enfin, sachez que les Rangers organisent certains jours des activités de découverte à partir de Wangi Falls et de Termite Mounds. Renseignements au © (08) 8999 4555.

Hébergement

À Batchelor

Ancienne base militaire alliée durant la Seconde Guerre mondiale, Batchelor a connu son heure de gloire à partir de 1949, lors de la découverte d'un gisement d'uranium dans la zone de Rum Jungle, à 11 km an nord de la ville. C'est en 1952 que la ville fut officiellement créée pour accueillir les mineurs de la Jungle Uranium Mine. Depuis la fermeture de la mine en 1971, la petite communauté a retrouvé son calme. Batchelor est aujourd'hui connue pour être la porte du parc de Litchfield à 13 km de là. Peu de choses à voir si ce ne sont les vestiges de l'aérodrome et le **Coomalie cultural centre** (© (08) 8939 7404 www.aboriginalart.org) où sont vendus quelques objets d'art aborigènes.

La ville est desservie par les bus Greyhound Australia.

■ **BATCHELOR RESORT CARAVILLAGE (Big4). 37-49 Rum Jungle Road. © 1800 260 166 / (08) 8976 0166. www.batchelor-resort.com** - *Cabins AU$110 et camping de AU$11 par personne à AU$28 (électricité, jusqu'à 2 personnes).* Restauration au Rum Jungle restaurant.

■ **RUM JUNGLE MOTOR INN (Batchelor Resort) (Big4). 37-49 Rum Jungle Road. © 131 779 / (08) 8976 0123. www.batchelor-resort.com** - *22 chambres. Chambre double à partir de AU$155.* Piscine. Restauration au Rum Jungle restaurant.

■ **BIRD AND BUTTERFLY FARM HOMESTAY. 8 Menling Road. © (08) 8976 0199 www.butterflyfarm.net** - *Dortoir AU$25, chambres doubles à partir de AU$75.* Un hébergement au milieu d'un jardin tropical, des oiseaux et des papillons. Restauration de 7h (petit-déjeuner) à 20h30. Visite guidée des lieux matin et après-midi. Demandez Chris.

■ **HISTORIC RETREAT. 19 Pinaroo Crescent. © (08) 8976 0554. www.historicretreat.com.au** – *5 chambres disponibles. Hébergement à partir de AU$60 par personne.* Un endroit historique datant des années 50, lors de la découverte des gisements d'uranium et de la construction de la ville. 5 chambres sont disponibles. Toute la décoration vous rappellera cette époque. Vraiment très dépaysant.

Sur la route entre Batchelor et Litchfield

■ **BANYAN TREE CARAVAN PARK. Rum Jungle, à 12 km de Batchelor. © (08) 8976 0330. www.banyan-tree.com.au** – *Camping AU$9,5 à 23AU$ (électricité), budget room AU$40-45, cabins AU$90-95, business unit AU$120.* Du personnel y parle français. Piscine, café bar, restaurant.

■ **LITCHFIELD TOURSIT & VAN PARK. 2916 Litchfield Road, à 15 km de Batchelor. © (08) 8976 0070. www.litchfieldtouristpark.com.au** - *Camping AU$16 pour 2 à AU$22 (électricité), cabins et chambres à partir de AU$ 75.* Grande piscine, Spa, possibilités de cuisine, café bar, restaurant.

Dans le parc, seuls des campings sont disponibles

■ **MONSONCAFE&LITCHFIELDCAMPGROUND.LitchfieldParkRoad,4kmaunorddeWangiFalls © (08) 8978 2077.** *Camping AU$7,50, dortoir sous tente AU$18, tentes permanentes pour 2 personnes AU$25.* Pas de cuisine possible, vous devrez contentez de sandwich ou rejoindre le café pour les repas. Zone de posé pour les tours en hélicoptère (AU$155 les 20 minutes).

■ **LITCHFIELD SAFARI CAMP - WANGI TOURIST PARK, à 5 km au nord des Wangi Falls. © 08 8978 2185. www.wangitouristpark.com.au** - *Camping AU$8 à AU$13 (électricité), cabins AU$65. Rustique mais agréable.*

▶ **Plusieurs autres sites de camping sont aménagés à l'intérieur du parc :** Walker Creek, Florence Falls, Buley Rockhole, Tolmer Falls, Wangi Fall, Sandy Creek, Surprise Creek. *Tarifs : AU$3,30 à AU$6,60*

De Litchfield à Katherine

ADELAIDE RIVER

Située au sud de Litchfield National Park, à 112 km de Darwin, Adelaide River ne doit pas être confondu avec le lieu de traversée du même cours d'eau sur la Arnhem Highway. Petite bourgade en bordure de la Stuart Highway, Adelaide River eut une importance militaire capitale durant la Seconde Guerre mondiale en accueillant plus de 5 000 soldats. Un hôpital militaire et des états majors alliés furent bâtis ou transférés ici, alors que l'exploitation des fermes alentours permettaient de ravitailler les troupes au combat. Mais bien avant cela, Adelaide River fut un poste avancé lors de la mise en place des voies de communications filaires (télégraphe), routière (Stuart Hwy) et ferroviaire (bien avant The Ghan) reliant le sud au nord.

Adelaide River est aujourd'hui une étape obligatoire pour le voyageur qui a remplacé les prospecteurs du temps de la ruée vers l'or, quand les goldfields tous proches de Pine Creek attiraient des milliers d'aventuriers de toutes nationalités.

Pratique

■ **OFFICE DU TOURISME DU TOP END. Corner Knuckey et Mitchell Streets. ✆ 1300 138 886 / (08) 8936 2499. www.tourismtopend.com.au** - Plusieurs stations d'essence sont implantées dans la ville, sur la Stuart Highway.

Hébergement

■ **MOUNT BUNDY BED & BREAKFAST/FARMSTAY. Haynes Road, Adelaide River (à environ 100 km au sud de Darwin par la Stuart Highway) ✆ (08) 8976 7009. Homestead AU$150-180, chambre budget AU$50.** A 45 minutes de Litchfield Park. Détendez-vous et profitez du superbe environnement que vous offre la station de Mount Bundy. Natation, pêche, nature. Outre le bétail, vous y verrez des wallabies, des buffles et de superbes oiseaux. Une expérience paisible et relaxante.

■ **ADELAIDE RIVER INN (ET CAMPING). 106 Stuart Highway, à coté de la station BP. ✆ (08) 4976 7047.** *Camping AU$10 à AU$15. Cabin à partir de AU$65.* A l'intérieur du bar-restaurant, un décor pittoresque avec crane de crocodile et objets datant de la Seconde Guerre mondiale en trophée au dessus du bar. En fond de salle, un buffle d'eau empaillé trône devant l'image de Crocodile dundee, le film dont il a été la vedette un court instant. Sur les murs, des photos datant des années 40 à 60 avec un rappel historique des infrastructures militaires implantées alors. A l'extérieur des tables en plein air sous des lampions donnent un air de kermesse à tout cela. Bref, une ambiance qui fleure bon le bush et l'aventure. Il y a d'ailleurs foule ici, puisque c'est un arrêt « obligé » pour tous les voyageurs en transit sur la Stuart Higwhay. Camping et caravaning sur le terrain situé à l'arrière.

D'autres hébergements moins pittoresques sont disponibles dans le bourg.

Points d'intérêt

Devant le Adelaide Rivier Inn, de l'autre coté de la route, des panneaux d'information expliquent en détail l'intérêt stratégique passé de cette bourgade.

■ **CIMETERY WAR II.** A environ 1,2 km de la Start Higway, après avoir tourné derrière le Adelaide River Inn. 3e par sa taille en Australie, ce cimetière accueille les corps de 63 civils et 434 soldats (407 australiens, 26 britanniques, 1 canadien) tués lors des attaques sur Darwin et les installations militaires du Territoire du Nord dans les années 40. Au centre du cimetière, un mémorial érigé en l'honneur des 278 membres des forces australiennes tués lors des combats dans la mer du Timor et les régions du Nord de l'Australie sous le 20ème parallèle. Une affiche sur le panneau d'informations disposé à l'entrée propose de visiter plusieurs sites Internet, tels que www.anzacsite.gov.au et www.ww2australia.gov.au, dédiés aux différentes batailles auxquelles l'Australie a participé. Un lieu de respect exemplairement tenu par The Officie of Autralia war graves. A la sortie de la ville, sur la Stuart Highway en direction de Pine Creek.

■ **L'ANCIEN PONT DE CHEMIN DE FER.** Surplombant l'Adelaide River datant de 1888, parralèle à son remplacant destiné au Ghan.

■ **LA PREMIERE LOCOMOTIVE DIESEL.** Livrée en 1954 est exposée fièrement un peu plus loin, au bord de la Stuart Highway. Fabriquée en Grande Bretagne, elle est propulsée par un moteur suisse.

■ **LE CIMETIERE DES PIONNIERS.** Entre le pont et cette locomotive. A vrai dire, une seule tombe est vraiment visible, celle de John Georges Chapman. Quand on sait qu'il est décédé en 1976, cela fait bizarre en regardant cet endroit qui ressemble à une image de la ruée vers l'or. Mais cela vaut le coup d'œil, au moins en mémoire de celui qui repose là. En sortant de la ville en direction de Katherine, la route touristique n°23 (en fait de l'ancienne Highway), permet de quitter la Stuart Highway sur près de 60 km. On y trouve des termitières géantes et un paysage de bush superbe.

■ SUR L'ANCIENNE STUART HIGWHAY

(route n°23, parallèle à la Stuart Highway de Adelaide River à Hayes Creek Roadhouse) ■

Points d'intérêt

■ **ROBIN FALLS.** Pour y parvenir, il faut dans un premier temps suivre une piste d'environ 500 m qui longe le cours d'eau. Toutefois, ces chutes mineures ne sont pas toujours visibles tant la végétation et dense, notamment à la fin du Wet.

■ **LA ROUTE DE DELLY RIVER** (n°28), qui permet de rejoindre en 4X4 le Lietchfied National Park par le sud, peut être fermée durant la saison des pluies. A partir de Daily River, cette route permet aux 4X4 l'accès à Port Keats dans le Joseph Bonaparte Golf (permis pour traverser le territoire aborigène obligatoire).

Sur la route d'Oolloo, à environ 8 km de l'embranchement avec la route n°23

■ **FENTON AIRFIELD.** Une piste d'aviation goudronnée de 2 000 m de long sur environ 25 de large au milieu du bush. C'est tout ce qui reste de l'ancienne base aérienne où des bombardiers B17 Fortresses et B34 Liberator étaient stationnés durant la 2e guerre mondiale. A l'entrée du site, une photo datée de 1943 où une jeune femme et le Gary Cooper and Troup jouent en faveur d'une foule d'aviateurs en émoi. La base a été abandonnée en 1945. Les baraquements situés 1 km plus loin (Fenton base camp) sont inaccessibles sans 4X4 et ne présentent aucun intérêt, seules subsistent au milieu des herbes hautes les plates-formes bétonnées qui recevaient les bâtiments.

■ **LES DOUGLAS HOT SPRINGS.** Accessibles seulement en saison sèche par une piste de 7 kilomètres à partir de la route d'Oolloo. La source est à 60°C avec des bassins naturels pour se baigner, là ou l'eau est plus fraîche. 17 km plus loin, toujours pour les possesseurs d'un 4x4, le Buterffly gorge nature Park, vous permettra de plonger dans la Douglas River au milieu des gorges.

Les immanquables de la Stuart Highway

Daly Waters

- **Boire une bière bien fraîche** en découvrant le pub pittoresque.

Tennant Creek

- **Admirer les Devil's Marbles,** des pierres sphériques de plusieurs tonnes abandonnées là il y a plusieurs milliers d'années par la nature.
- **Visiter l'ancien poste télégraphique et le centre minier de Battery Hill.**

■ **DOUGLAS DALY TOURIST PARK. Oolloo Road. ✆ (08) 8978 2479.** *Camping AU$19 à AU$27, cabin AU$40 à AU$110.* En continuant vers Oolloo par la route goudronnée, 5 kilomètres après l'embranchement vers les Douglas Hot Springs. Un coin de verdure où l'on peut manger un hamburger, boire une bière et se rafraîchir dans la petite piscine extérieure du homestead. Accueil sympathique et endroit rêvé pour faire la sieste. Poste d'essence.

■ **THE ARCHES.** Toujours sur Ooloo Road. Des baignades en eau vive dans un bassin naturel sur la Daly River sont possibles avant de reprendre la route dans l'autre sens.

De retour sur la Stuart Highway, 7 km avant Hayes Creek Roadhouse

■ **NORTHERN GOLDFIELD LOOP.** Il s'agit d'une piste d'environ 70 km permettant de traverser les anciens champs de prospection situés entre Pine Creek et Hayes Creek. La zone à découvrir s'étend de Pine Creek à Hayes Creek et est délimitée par la Stuart Higway et la voie de chemin de fer. Les endroits les plus connus du coin sont Brocks Creek mine – Burrunndie – Ban Ban sp. Station – Frances Creek mine.

■ **GROVE HILL HOTEL & HÉRITAGE MUSEUM ✆ (08) 8978 2489, sur le Northern Goldfield Loop.** En reprenant la Stuart Highway vers Katherine, à environ 10 km de l'embranchement de la n° 23 et de la Stuart Highway, une route en terre de 16 km permet de rejoindre le Grove Hill hôtel. Au milieu de nulle part, mais jouxtant la voie ferrée du Ghan, se dresse une simple maison au toit en tôle datant de 1934 où l'on peu boire un verre, manger un petit quelque chose et dormir. Devant le bâtiment, un panneau explique comment la fièvre de l'or a gagné cette région dés 1870, lors de la construction de l'Overland Télégraph, et l'importance de la communauté chinoise dans les différentes mines qui virent alors le jour. L'exploitation de ces mines stoppa durant la deuxième guerre mondiale lorsque tous les mineurs, chinois et européens, furent sommés d'évacuer les lieux. Dans les années 1990, de nouvelles méthodes d'exploitation permirent de reprendre l'activité dans certains gisements.

■ **LE MC DONALD AIRFIELD.** Toujours sur la route vers Pine Creek, à environ 20 km de cette ville, un autre terrain d'aviation datant de la 2e guerre mondiale abandonné à la fin des conflits. Eloignée de 8 kilomètres de la Stuart Highway, on arrive aux vestiges de la piste d'aviation de 2 000 m de long par une route encore goudronnée. La base abrita successivement plusieurs escadrons dont des B25 Mitchells.

Avec le risque de trouver la route en très mauvais état, voire impraticable, on peut la poursuivre pour rejoindre 10 km plus loin la Stuart Highay en direction de Pine Creek.

Entre la reprise de la Stuart Highway et Pine Creek, deux roadhouses (**Hayes Creek Roadhouse.** ✆ (08) 8978 2430 et **Emerald Springs Roadhouse** ✆ (08) 8978 2320). Dans la première roadhouse, on peut voir à l'extérieur des photos de la base aérienne de Mc Donald Airfield lors de la tournée de John Waynes durant la Seconde Guerre mondiale.

■ PINE CREEK ■

A 90 km au nord de Katherine, 200 km au sud de Darwin. Pas grand chose à voir dans ce hameau à l'écart de la Stuart Highway (eh oui, il y a un contournement) qui fut autrefois le centre de la région ou l'or était recherché partout. Quelques vestiges historiques ça et là mais vraiment pas de quoi fouetter un chat. La ville est desservie par les bus Greyhound Australia.

nationalchange.com
Vos devises livrées à domicile
www.nationalchange.com
ou par téléphone au 0 820 888 154 *
(*) Prix appel local
Un cadeau offert avec le Code Avantage : PF06

Manifestations

Juin

- **Goldrush Festival.** www.pinecreek.nt.gov
- **Didgeridoo Festival.** www.pinecreek.nt.gov : lié au Goldrush Festival.

Pratique

Tourisme

- **PINE CREEK COMMUNITY GOVERNEMENT COUNCIL. Cnr Main Terrace & Moule Street.** ✆ (08) 8976 1391. www.pinecreek.nt.gov.au

Numéros utiles

- **URGENCES POLICE, POMPIERS, AMBULANCE :** ✆ 000
- **POLICE :** ✆ (08) 8976 1255
- **SOINS MEDICAUX :** ✆ (08) 8976 1268

Hébergement

Dormir ici ne se fera vraiment que par nécessité.

Bien et pas cher

- **LAZY LEZAR TOURIST PARK. Millar Terrace, face au Ah toys general stores. ✆ (08) 8976 1244.** *Emplacements de AU$10 à AU$16. Ne fait que camping et caravaning. Peu intéressant*
- **PINE CREEK SERVICE STATION AND CARAVAN PARK. Moule St. ✆ (08) 8976 1217.** *Camping de AU$10 à AU$16. Chambre double à AU$40.* Un caravan park sans prétention.
- **KAKADU GATEWAY CARAVAN PARK. Mc Clure Street. ✆ (08) 8976 1166.** *Un caravan park avec quelques chambres à AU$55 la chambre double.* Meilleur confort qu'au Pine Creek service station.
- **PINE CREEK HOTEL/MOTEL. 40 Moule Street. ✆ (08) 8976 1288. masons8@bigpond.com** - *14 chambres avec air conditionné à AU$88 la chambre double.* C'est également le bar et la salle de jeu de la ville.
- **PINE CREEK DIGGERS REST MOTEL. Pat Smith. ✆ (08) 8976 1442. www.pinecreek.nt.gov.au/services** - Chambre correctes dans des bangalows climatisés et très propres. *De AU$78 à AU$88 en chambre double.* Un endroit sérieux tenu par une grand-mère assez autoritaire mais qui vous donnera tous les renseignements nécessaires sur la ville et la région. Fait également office de laverie automatique.

Confort ou charme

- **BONROOK COUNTRY STAY RESORT (Horses sanctuary). Stuart Highway, à 7 km sud de Pine Creek. ✆ (08) 8976 1232. www.bonrook.com** – *AU$85 en chambre double petit déjeuner compris.* Un bed and breakfast à l'écart de la ville pour les amoureux des chevaux.

Points d'intérêt

La Railway Station, construite en 1888 et utilisé jusqu'en 1976, et les anciennes infrastructures des mines d'or, dont l'activité s'est terminée en 1985, sont les principaux points d'intérêt de cette petite ville.

Dans les environs

- A 3 km au nord, **Northern Goldfield Loop**
- A 60 km à l'est, **Kakadu** (voir la partie Kakadu)
- A 60 km au sud, **Edith Falls** (voir la partie Katherine)

La région de Katherine

KATHERINE

A 320 km de Darwin, Katherine est la 3e ville d'importance du Territoire du Nord après Darwin et Alice Springs. Peuplée d'environ 250 habitants dans les années 1930, la ville prospéra à l'issue de la Seconde Guerre mondiale (elle fut un centre de commandement militaire majeur) et regroupe aujourd'hui plus de 11 000 habitants. Essentiellement connue pour la beauté de ses gorges situées à l'Est, dans le parc national de Nitmiluk, Katherine est également considérée comme le croisement des routes du Nord. Chaque année, la région reçoit près de 300 000 visiteurs.

La Katherine River est la première rivière permanente que l'on rencontre en remontant d'Alice Springs vers Darwin. Katherine fut d'ailleurs gravement endommagée par la crue de 1998 où l'eau monta jusqu'à 2 mètres dans les maisons du centre. Bien que les habitants de Katherine parlent peu de cet épisode tragique récent, vous pourrez certainement voir ça et là des photos prises à l'époque. Les dégâts y sont vraiment impressionnants.

La rue principale est tout simplement la Stuart Highway qui traverse la petite ville. De part et d'autre de la route, quelques boutiques, un centre commercial bâti autour du supermarché Woolworth, plusieurs hôtels et petits restaurants. La Lindsay Avenue, en direction de Katherine Gorge, est coupée perpendiculairement par les First, Second, Third et Fourth Streets. Voilà pour le centre ville.

Les quartiers périphériques sont composés de trois quartiers sans intérêt particulier qui s'allongent sur un à deux kilomètres de part et d'autre de la Highway. Les infrastructure sportives sur la route d'Alice Springs sont nombreuses et de très bonne qualité : tennis, golf, piscine, stades tout y est.

Comme à Alice Springs, beaucoup d'aborigènes sont présents à Katherine. Silencieusement assis à l'ombre des eucalyptus ou discutant bruyamment aux alentours du bottle-shop du Woolworth, ils nous rappellent combien les difficultés sont encore importantes pour cette population trop longtemps ignorée et arrachée à ses valeurs (voir la partie « Histoire »).

Les immanquables de la région de Katherine

Katherine

- **Visiter l'école de l'air,** une classe couvrant une superficie trois fois plus grande que la Grande-Bretagne.
- **Se baigner dans les sources chaudes de Katherine.**
- **Faire un goûter à la Springvale Homestead** datant de 1978 après avoir traversé le Low lower bridge.

Katherine Gorge

- **Camper une nuit au camping de Nitmiluk.**
- **Emprunter les sentiers de randonnée,** en particulier Butterfly Gorge walk qui mène à la deuxième gorge.
- **Faire la randonnée de 2 km autours d'Edith Falls (Jatbular Trail).**

Transports

Avion

■ **AEROPORT. Stuart Highway, en direction d'Alice Springs, à 14 kilomètres de la ville.** Ce petit aéroport ouvert en 1975 dessert toutes les grandes villes d'Australie et quelques îles au nord du continent. Un hangar y est réservé pour les Flying doctors basés à Alice Springs (www.flyingdoctor.net).

Train

■ **LE GHAN. La gare est à 5 km de la ville, en direction de Broome. Renseignements ✆ 13 21 47 / (08) 8213 4592. www.trainways.com.au -** Passage 2 fois par semaine (voir les horaires dans la partie « Transports »).

Bus

■ **GREYHOUND AUSTRALIA. Tce Street, station BP, face au supermarché Woolworth.** ✆ 13 14 99. www.greyhound.com.au

Navettes

■ **TRAVEL NORTH.** ✆ 1800 089 103 / (08) 8971 999. www.travelnorth.com.au

■ **NITMILUK TOURS** ✆ 1300 146 743 / (08) 8972 1253. www.nitmiluktours.com.au - Transport aux gorges.

Location de voiture

■ **THRIFTY (avec Travel North).** ✆ 1800 626 515 / (08) 8924 0000. www.rentacar.com.au

■ **HERTZ. Mobil service station - Cnr Katherine and O'Shea Terraces.** ✆ 1300 132 105 / (08) 8971 1111. www.hertz.com.au

■ **EUROPCAR. Cnr Gile and Cameron Street.** ✆ 1300 131 390 / (08) 8971 2777. www.europcar.com.au

Pratique

Tourisme

■ **KATHERINE VISITOR INFORMATION CENTRE - www.krta.com.au - Cnr Lindsay St & Katherine Tce. ✆ 1800 653 142 ou ✆ (08) 8972 3249.** *Ouvert de 8H30 à 17h (16h le samedi).* A coté du centre commercial, un bâtiment très récent que vous ne pouvez pas manquer.

■ **KATHERINE REGION INFORMATION. www.krol.com.au -** Le site de la région de Katherine.

■ **KATHERINE TOWN COUNCIL. ✆ (08) 8972 5500. www.katherine.nt.gov.au -** Le site d'information de la ville.

■ **NORTHERN LAND COUNCIL. 5 Katherine Terrace.** ✆ (08) 8972 2799 - www.nlc.org.au

■ **PARKS & WILDLIFE OFFICE ET BUSHFIRE COUNCIL. 32 Giles Street ✆ (08) 8973 8888. www.nt.gov.au/ipe/pwcnt -** Des informations sur tout ce qui concerne la nature, les animaux, les plantes mais aussi les feux de forêt...et de la documentation gratuite sur les différents parcs que vous fait payer (20c) l'office du tourisme. En cas de problème sur la route, du genre : « j'ai renversé un kangourou qui bouge encore », appeler 24h/24 le (04) 0793 4252 ou le (04) 1295 5336 (il s'agit de portables). Pour ce qui concerne les informations sur la praticabilité des routes ou des chemins, composer le (08) 8973 8888.

Tours organisés

■ **TRAVEL NORTH. 6 Katherine Tce. ✆ 1800 089 103 / (08) 8971 9999. www.travelnorth.com.au/french (site en français).** A la Station BP, face au tourist information centre. Travel North, entreprise familiale fondée en 1966, est l'organisateur touristique incontournable de la région du Top End et de Katherine en particulier.

■ **NITMILUK TOURS.** ✆ **1300 146 743 / (08) 8972 1253. www.nitmiluktours.com.au** - Reprise depuis peu par le groupe Aurora au groupe Travel North, cette société gère toutes les activités touristiques sur le site de Katherine gorge.

■ **GEKO CANOEING** ✆ **1800 634 319 / (08) 8972 2294. www.geckocanoeing.com.au** - Organisation de safaris. Le tour le plus populaire dans la région de Katherine dure 3 jours pour 40 à 55 km parcourus. AU$625, 8 participants maximum.

■ **CROCODILE NIGHT ADVENTURE (groupe Travel North).** ✆ **(08) 1800 089 103 / 08 8971 9999. www.travelnorth.com.au** - *AU$49,50.* Croisière de nuit avec dîner à la rencontre des fres-hwaters et des animaux nocturnes. Départ sur la rivière à partir de la Springvale Homstead.

Hélicoptères

■ **SKYSAFARI. Nitmiluk Centre, à coté du camping des gorges.** ✆ **(08) 8972 2345. www.skysafari.com.au** - *AU$70 (10 mn) à AU$160 (20 mn) par personne avec un minimum de 2.* Des extensions vous permettant d'atteindre des lieux de baignade ou de peinture aborigène sont possibles.

■ **HELI-MUSTER. Katherine Gorge. A environ 4 km des gorges.** ✆ **(08) 8972 2402. www.heli-musternt.com.au** - *Plusieurs possibilités de tours en avion de AU$120 à AU$450 (2h30), ou en hélicoptère à partir de AU$70*

Numéros et adresses utiles

■ **URGENCES POLICE, POMPIERS, AMBULANCE : Stuart Highway, vers Alice Springs.** ✆ 000

■ **POSTE DE POLICE :** (08) 8973 8000

■ **HOPITAL : Giles St Gorge Road, à la sortie de la ville.** ✆ (08) 8973 9211

■ **INTERPRETE ANGLAIS 24/24H :** ✆ 13 14 50

Services

■ **BANQUES :** plusieurs banques aux heures d'ouvertures assez élastiques au centre ville sur la Stuart Highway. N'y venez pas après 16h00.

■ **POSTE :** à l'angle de Katherine Tce et Giles St, en plein centre ville.

■ **SUPERMARCHÉ :** le Woolworth, en plein centre ville, où vous trouverez vraiment tout ce qu'il vous faut pour vous rassasiez. Ouvert en règle générale jusqu'à 20h.

Hébergement

Hors saison sèche, les prix indiqués peuvent considérablement varier (jusqu'à 40%) pour les motels et les campings. Attention, les prix des chambres indiqués sur les panneaux publicitaires sont souvent ceux par personne, avec un minimum de deux.

En ville

Bien et pas cher

Mis à part le **Victora Lodge** qui se trouve sur la Victoria Highway en direction de Broome, les autres hébergements pour backpackers sont tous dans le même îlot. Ils présentent des prix et des services similaires : dortoir de 4 à 8, chambre double ou twin, air conditionné, kitchenette, laverie, petite piscine, réservations de tours, appel au bus pour se rende aux gorges (entre AU$18 et 20). La proximité des boutiques et du supermarché étant la même pour tous, c'est essentiellement la place disponible à votre arrivée et l'allure générale des lieux qui vous guideront dans votre choix.

■ **PALM COURT BACKPACKERS (groupe Travel North). Corner Third and Giles Street.** ✆ **1800 626 722 / (08) 8972 2722. www.travelnorth.com.au** - *Dortoirs de 4 et 8 à partir de AU$18, kitchen room AU$79, chambre double ou twin AU$48.* Accepte les cartes YHA. Palm Court Backpackers est un endroit chaleureux et animé idéal pour faire de nouvelles rencontres. Demander Dan qui travaille là depuis plusieurs années.

■ **KOOKABURRA LODGE BACKPACKERS YHA. Corner Lindasy & Third Avenue © 1800 808 211 / (08) 8971 0257 - www.kookaburrabackpackers.com.au ou www.yha.com.au** - *Dortoir de 4 à 8 lits AU$18, chambre double, AU$48 avec la carte VIP ou YHA. Petit-déjeuner avec thé ou café compris.* Piscine, réservation de tours des gorges, navettes vers les gorges et la gare. Plus calme que le Palm court backpackers. Possibilité de planter la tente dans un petit coin d'herbe pour AU$10.

■ **VICTORIA LODGE (backpakers). 21 Victoria Highway. © 1800 808 875 / (08) 8972 3464.** *AU$16 20 en dortoir de 6 maximum, AU$55 la chambre double ou AU$45 la twin.* Petit établissement en briques rouge vif sur la route du Low Naturel Park. La proximité de la Highway et l'isolement relatif du centre ville (500 m) sont deux inconvénients largement compensés par l'accueil sympathique d'Helen et la propreté des lieux. Profiter de votre position de ce coté ci de la ville pour aller aux Hot Springs et visiter l'O'Keeffe house (le mess des officiers durant la 2ème guerre).

■ **COCO'S BACKPACKERS. 21 FIRST ST. © (08) 8971 2889.** En face du cinéma de la ville et à coté du magasin d'art aborigène. Les prix sont identiques aux backpackers voisins. A choisir en dernier lieu dans cette catégorie.

Confort ou charme

■ **BEAGLE MOTOR INN. Cnr Fourth & Lyndsay. St © (08) 8972 3998.** *La chambre double à partir de AU$78.* Piscine, spa et BBQ. Essentiellement réservé aux businessmen. A défaut de ne pas avoir de place dans un backpackers.

■ **PINE TREE MOTEL (groupe Travel North). 3 Third St. © 1800 467 434 / (08) 8972 2533. www.travelnorth.com.au** - *Chambre double AU$124 (AU$104 pour une personne).* Motel classique en briques, mais d'une classe largement supérieure au Beagle Motor Inn, construit autour d'une piscine sous des cocotiers. Restauration dans une grande salle au rez-de-chaussée. Beaucoup de touristes en voyages organisés. La réception s'occupe des réservations pour les circuits dans les gorges.

■ **KATHERINE MOTEL. 3 Giles St - © (08) 8972 1622. www.katherinemotel.com.au** - *AU$125 la chambre double.* Motel propre et calme situé à quelques mètres de la poste et des magasins. Restaurant, bar et piscine. Moins agréable que le Pine Tree Motel pour des prix similaires. Demandez Anzo.

Sur la route d'Alice Springs (Stuart Highway)

■ **ALL SEASONS (groupe Accor). Stuart Highway, en direction d'Alice Springs. © 1300 65 65 65 / (08) 8972 1744. www.allseasons.com.au** - *Chambre double à partir de AU$120. Camping AU$15 à AU$25 (électricité).* Du confort à 4 km du centre ville.

Sur la route de Broome (Victoria Highway), dans le Low Level Natural Park

■ **KATHERINE LOW LEVEL CARAVAN PARK. © (08) 8972 3962. lowlevel@austranet.com.au** - *Camping AU$11 à AU$27 (électricité), cabine pour 2 personnes AU$95.* A environ 6 km de Katherine, sur la route de la Springvale homestead. Relativement récent, ce caravan park est d'un confort supérieur à celui du Springvale Homestead sans en avoir le charme historique. Piscine, bar, facilités pour handicapés. Demandez Cathy ou Terry.

En face du Katherine Low Level Caravan Park, l'accès au parc aménagé pour le pique-nique. On y trouve des indications concernant l'histoire de la région, et notamment des femmes de pionniers qui nourrirent durant la Seconde Guerre mondiale les forces stationnées là. En leur mémoire, beaucoup de rues des quartiers périphériques de la ville portent leur nom.

■ **SPRINGVALE HOMESTEAD (groupe Travel North). Shadforth Road © 1800 089 103 / (08) 8972 1355 - www.travelnorth.com.au** - *Chambre double ou Twin dans la section motel à partir de AU$ 58. Camping AU$9 à AU$23 (électricité).* A 8 km au sud-ouest de Katherine, dans le Low Park et sur les bords de la rivière, ce homestead, première cattle-station du Territoire du Nord datant de 1880, est classé monument historique. A l'ombre des raintrees, d'immenses arbres plusieurs fois centenaires, vous serez dans l'environnement des premiers pionniers. Piscine et bar mais pas de restauration. Endroit calme et reposant. Il est toutefois dommage que les sanitaires du camping aient été construits à quelques dizaines de mètre de la partie historique. Demander Jackie ou Neil. Activités proposées : Visite de la Homestead, Crocodile night adventure, location de canoës, tour en hélicoptère vers les gorges et Kakadu.

Sur la route des gorges de Nitmulk

■ **KATHERINE RIVER LODGE MOTEL. 50 Giles St, à 900 mètres de la ville. ✆ (08) 8971 0266. www.katherineriverlodge.net** – *chambre double de AU$69 à AU$79.* Ce petit hôtel classique est idéalement situé pour ceux qui possèdent un véhicule et qui veulent rester proches des commerces. Piscine, restaurant, internet.

■ **KNOTTS CROSSING RESORT. Cnr Giles and Cameron Streets. ✆ 1800 222 511 / (08) 8972 2511. www.knottcrossing.com.au** - *Cabine (1/2 p) AU$80, motel room (1/2 p) AU$127, camping AU$10 à AU$28 avec électricité.* Tout le confort souhaité dans tous les types d'hébergement. Evidemment, les prix sont plus élevés qu'ailleurs et il faut s'attendre à voir du monde.

■ **SHADDY LANE TOURIST PARK - Giles St - Gorge Road, à 6 km de la ville - ✆ 1800 043 043 / (08) 8971 0491 - www.shadylanetouristpark.com.au** - *Camping pour AU$11 à AU$26 (électricité), cabines pour AU$ 115 de 1 à 4 personnes.* Situé sur les bords de la Katherine River, l'endroit est tenu par Jill et son mari Geoffrey (qui parle un peu français). Un endroit agréable, pas trop loin de la ville et déjà sur la route des gorges.

■ **MAUD CREEK COUNTRY LODGE - Gorge Road, à 22 km de la ville. ✆ (08) 8971 1814. maudcreekcountrylodge@bigpond.com** – *Chambre double à environ AU$60.* L'hébergement le plus proche des gorges (6km) avant le camping du parc. Environnement calme et rural. Chambres avec air conditionné, piscine. Demandez Jennie ou Willem.

Points d'intérêt

Au centre ville

■ **RAILWAY STATION MUSEUM.** Au centre ville. Mis à part le Ghan, tout ce qui ici concerne le train date des années 1920. Vous pourrez voir à proximité de l'ancien pont traversant Katherine River une locomotive exposée et quelques panneaux d'information : bien pour prendre une photo et mesurer les changements intervenus depuis moins d'un siècle dans cette région. Un peu plus dans le centre, l'ancienne gare.

Vers l'ouest, sur la Victoria Highway

■ **KATHERINE HOT SPRINGS.** Sur la Riverbank, à l'angle de la Murray Street et de la Victoria Highway à environ 3 km du centre ville. Sources d'eau chaude à 32 degrés constants. Connues par les habitués, ambiance familiale.

■ **O'KOOFFE. 62 Riverbank.** Dans la rue parallèle à la Victoria Highway. L'ancien mess des officiers durant la 2e guerre mondiale. Une maison en tôle sans réel intérêt. On peut s'en passer.

■ **KATHERINE LOW LEVEL PARK.** A la sortie de la ville. Baignades possibles près du pont traversant la Katherine River. Réserver à ceux qui se dirigent vers la Springvale Homestead.

■ **SPRINGVALE HOMESTEAD. Shadforth road, dans le Low Level Nature Réserve, à partir de la Victoria Highway. ✆ 1800 089 103 / (08) 8972 1355.** Il s'agit de la plus vielle Homstead du Top End, construite en 1879 par Alfred Giles, un ancien employé des télégraphes qui s'établit ici. Les quatre superbes raintrees qui entourent la maison ont été plantés par sa femme pour chacun de leurs enfants.

A l'est, vers les gorges

■ **KATHERINE SCHOOL OF THE AIR (K.S.A). Giles St - Gorge Road. ✆ (08) 8972 1833. www.schools.nt.edu.au/ksa** - *Les visites, de préférence réservées aux groupes, ont lieu à 9h, 10h et 11h du lundi au vendredi, hors vacances scolaires. Entrée AU$5.* Plusieurs bâtiments modernes à simple rez-de-chaussée dans un ensemble scolaire situé à 1,5 km du centre ville. Dans le hall d'entrée, des photos d'enfants accrochées aux murs, comme dans toutes les écoles primaires. Mais là ce sont 250 enfants au delà de 7 ans répartis sur 800 000 km², soit 3 fois la Grande Bretagne, qui suivent les cours quelques heures par semaines devant leur micro.

■ **CLYDE FENTON AVIATION MUSEUM & KATHERINE OUTBACK HERITAGE MUSEUM. Giles St - Gorge Road, en face de l'hôpital. ✆ (08) 8972 3945.** *Entrée AU$5.* L'aéroport de la ville de 1945 à 1975 et l'ancien hôpital de campagne, tout à la gloire du docteur Fenton (le créateur des médecins volants en 1930) mais aussi de l'épopée de la 2e guerre mondiale. Dans un hangar voisin, l'exposition de machines agricoles et des panneaux d'information concernant les immigrants russes qui exploitèrent les terres de la région, notamment en cultivant les cacahuètes.

■ **KNOTT CROSSING. Giles St - Gorge Road, à proximité de l'hôpital.** Un endroit paisible au bord de l'eau réservé à la pêche et au pique-nique. Présente peu d'intérêt pour le tourisme.

Vers le sud, sur la Stuart Highway

■ **BASE ARIENNE MILITAIRE.** Située à 20 kilomètres au sud de la ville, à coté de l'aéroport civil. N'est visitable que lors des meetings aériens des journées portes ouvertes.

■ **GROTTES DE CUTTA CUTTA. © (08) 8972 1940.** A 24 km au sud de Katherine. Se visitent seulement pendant la saison sèche. Situé à 1 km de la Stuart Highway, le guichet de vente des billets et également le point de départ d'un court sentier destiné à vous faire connaître la végétation de la région. Des renseignements sur plusieurs plantes ou arbres, notamment le Green plum et le ironwood. Parking, toilette et aires de pique-nique ombragées. Le tour des grottes s'effectue en une trentaine de minutes, au bout d'un sentier serpentant au milieu des roches noires marquées par l'érosion.

Au nord de Katherine, sur la Stuart Highway

■ **LEILYN (EDITH FALLS). Accès handicapés. Sur la Stuart Higwhay.** A 60 kilomètres de Katherine, dans le Nitmiluk National Park, mais du coté opposé aux gorges. Superbes cascades avec bassin aménagé pour la baignade (le coin est vraiment bien prévu pour le tourisme). Attention toutefois aux avertissements concernant les crocodiles que vous pourriez rencontrer. Plusieurs ballades sont possibles. Celle de 2,6 kilomètres vous permettant d'apprécier les falaises du plateau est remarquables.

Manifestations

■ **KATHERINE COUNTRY MUSIC MUSTER. www.kcmm.com.au :** *en avril.* Festival annuel de musique country.

■ **NORSTOCK RODEO :** *en avril et mai.*

■ **BARUNGA FESTIVAL :** *en juin.* Festival aborigène qui se déroule à Barunga, à 80km au sud de Katherine, sur la Central Arnhem Road. Aucun permis n'est requis pour y assister. L'alcool y est interdit. Informations au Barunga Council, © (08) 8975 4504.

Loisirs

■ **CINEMA 3. 20 First Street. © (08) 8971 2522. www.katherinecinemas.com.au** - *Environ AU$14.* 3 salles climatisées proposant des films récents (tous américains !) avec un café attenant. Ambiance années 50 assurée.

■ **PISCINE.** *AU$3.* A 300 mètres du Tourist information centre, sur la Stuart Highway en direction d'Alice Springs. Un très beau bassin en plein air de 50 mètres, pour les férus de natation.

■ KATHERINE GORGE - NITMILUK NATIONAL PARK ■

Les gorges sont situées dans le parc national de Nitmiluk, à 29 km à l'est de Katherine. Elles sont constituées de treize canyons déchiquetés, sur une longueur de 30 km, au fond desquels serpente la Katherine River. C'est en bateau qu'elles se visitent le mieux.

L'embarcadère, un simple ponton, se trouve sous des grands arbres secoués sans cesse par d'énormes chauves-souris aux très grandes ailes puisque leur envergure peut atteindre plus d'un mètre. Elles pendent la tête en bas en de grosses grappes monstrueuses, s'éventant de temps à autre avec leurs ailes de cuir. Ces roussettes vivent dans des régions marécageuses où pullulent les insectes. Les croisières se font sur des bateaux en aluminium léger, à fond plat, protégés du soleil par un toit de toile tendue. Plusieurs possibilités de visites sont possibles 2h, 4h et 8h. Dans la plus courte, on visite les deux premières des treize « gorges-écluses ». Il y a 500 m à parcourir à pied d'une gorge à l'autre : prévoir des chaussures de marche.

Pratique

■ **NITMILUK VISITOR CENTRE © (08) 1300 146 743 - (08) 8972 1253. www.nitmiluktours.com.au -** Pour vous inscrire aux différentes excursions et activités du parc. Voir l'exposition permanente concernant l'historique des gorges et de ses habitants, le peuple Jaowni.

■ **TRAVEL NORTH ET NITMILUK TOURS -** Organisent des navettes vers les gorges. *Comptez AU$15 l'aller et AU$23 l'aller-retour.*

Hébergement

■ **NITMULK CARAVAN PARK CAMPING - Dans les gorges, à 29 kilomètres de Katherine - © 1300 146 743 / (08) 8972 1253. www.nitmiluktours.com.au (groupe Aurora) -** *AU$9,5 et AU$24 avec électricité.* Au milieu des wallabies et d'une multitude d'oiseaux chapardeurs, le camping est vraiment agréable et très bien aménagé. Le matin, c'est le piaillement des dizaines de chauve-souris nichées dans les arbres plus que celui des oiseaux qui vous réveille. Un self-service permet de se restaurer avant les activités de balades proposées à quelques mètres de la rivière et du ponton d'embarquement.

Restaurant

■ **RESTAURANT-CAFETERIA DU NITMILUK VISITORS CENTRE.** Assure le petit-déjeuner et le déjeuner. Le dîner n'est possible qu'en période touristique (durant le dry). Salades et hamburgers au menu. C'est le seul endroit ou vous pourrez vous restaurez avant Katherine. La vue sur la rivière de la terrasse est vraiment très agréable. Beaucoup d'oiseaux chapardeurs vous accompagneront au cours de votre repas.

Loisirs

Sur le site de Nitmiluk, plusieurs types d'activités sont proposés.

■ **MARCHE.** La seule activité gratuite. Mais que de choses à voir ! Plusieurs circuits de 3,2 km en 1h30 à 66 km sur cinq jours.

■ **CROISIERE.** De AU$43,5 à AU$104,5. 2h, 4h ou 8h pour aller au plus loin entre la 4e et la 5e gorge.

■ **POWER BOAT.** *AU$52,50.* 45 mn de fun pour rejoindre la fin de la 3e gorge. Seul problème, la hauteur d'eau minimale nécessaire pour l'activité n'est bien souvent obtenue que de janvier à mars.

■ **TOUR EN HELICOPTERE.** *Survol de la 3e à 13e gorges pour AU$70 et AU$160.* D'autres survols sont possibles

■ **CANOË :** *AU$35 par personne pour atteindre la 2e gorge en 4h.*

■ DE KATHERINE, EN DIRECTION DU SUD ■

MATARANKA

A l'entrée de l'Elsey National Park

Située à 110 km de Katherine et à 7 km de la Stuart Highway, Mataranka possède les plus grandes sources thermales du Territoire. La piscine naturelle dans une poche de rainforest près de Mataranka Homestead est une bénédiction après une journée chaude et poussiéreuse sur les interminables routes de l'Outback. Seul inconvénient, l'entrée étant gratuite, il y a parfois foule. Une deuxième source, la Bitter Springs, est accessible par Martin Road. Essayez également le Stevie's Hole, près du chemin botanique.

Pratique

Tourisme

■ **MATARANKA REGION COUNCIL :** www.mataranka.nt.gov.au

■ **KATHERINE REGION TOURIST ASSOCIATION :** www.krta.com.au/roper_region.htm

■ **NEVER NEVER RADIO :** 88FM.

Les immanquables de Mataranka

Mataranka

- **Se baigner dans les sources d'eau chaude.**
- **Visiter le Never Land Museum et la Stockyard Gallery.**
- Dans la rue principale, **s'arrêter devant le vieux banian** dont le tronc creux était autrefois utilisé comme prison temporaire.

Numéros et adresses utiles

- **URGENCES POLICE, POMPIERS, AMBULANCE :** ✆ 000.
- **INTERPRETE ANGLAIS 24/24H :** ✆ 13 14 50.

Services

Il existe un petit centre commercial au centre de la ville (le rural transaction centre) avec poste, Internet, soins médicaux et librairie.

Hébergement

Le choix de l'hébergement étant limité, et si vous vous dirigez vers le Nord, il est préférable de continuer la route jusqu'à Katherine, à une centaine de kilomètres de là.

- **TERRITORY MANOR MOTEL & CARAVAN PARK (groupe Travel North). A l'entrée de Mataranka.** ✆ **1800 089 103 / (08) 8975 4516. www.travelnorth.com.au** - *Chambre double de AU$ 84 à AU$98. Camping AU$9,5 et AU$22 (électricité).* Piscine et spa, restaurant. Vous pourrez prendre votre petit-déjeuner entouré de wallabies et de paons.

- **MATARANKA CABINS & CAMPING. Martin Road, à 3 km de Mataranka.** ✆ **(08) 8975 4838. www.matarankacabins.bigpondhostings.com** - *Cabine à partir de AU$90 (air conditionné, TV, radio, frigo, micro-ondes) et camping à AU$16 à AU$22 (électricité).* Situé dans une petite ferme, à coté des Bitter Spings themal pools.

Les Devils Marbles.

■ **MATARANKA HOMESTEAD TOURIST RESORT (ET CAMPING). Homestead Road, à 7 km de Mataranka. ✆ (08) 8975 4544.** *Dortoir et Twins rooms pour backpackers, cabine 6 personnes, 24 chambres à partir de AU$95.* Camping avec électricité. Accueil chaleureux, vous trouverez aussi un bistro et un « take away ». Le Homestead est à 200 m du bassin principal.

Entre Mataranka et Daly Waters (162 km)

■ **LARRIMAH HISTORIC HOTEL. Stuart Highway, à environ 70 km au sud de Mataranka ✆ (08) 8975 9932.** *Camping AU$6 à AU$10 (électricité) chambres de AU$28 à AU$40.*

Points d'intérêt

Les sources d'eau chaude, bien sûr...et surtout. Pour le reste, il faudra se contenter de quelques attractions à l'intérêt limité :

■ **LA REPLIQUE DE LA HOMSTEAD ELSEY STATION.** Celle-ci servit au tournage de «We of the Never Never », le célèbre roman de Jeannie Gunn, qui raconte la vie dans l'Outback près de Mataranka au tournant du siècle dernier. Le film peut d'ailleurs être vu sur le site.

■ **THE NEVER NEVER MUSEUM,** au centre de la ville

■ **THE TERMITE MOUND,** également au centre de la ville

■ **THE STOCKYARD GALLERY. ✆ (08) 8975 4530.** Un café qui vend également des objets aborigènes et des souvenirs.

■ **LA ROPER RIVER ET SON PARCOURS BOTANIQUE.** Le cours d'eau traverse l'Elsey National Park. Le sentier fait une boucle de 1,5 km

■ **LE VIEUX BANIAN.** Un arbre creux situé au centre de la ville autrefois utilisé comme prison temporaire

■ **THE ELSEY CIMETARY.** A environ 7 km de la Stuart Highway

■ DE KATHERINE, EN DIRECTION DE L'OUEST ■

TIMBER CREEK

Situé en bordure du Gregory National Park, à 285 km l'ouest de Katherine sur la victoria Highway, Timber Creek est le dernier bourg avant d'atteindre Kununurra, 220 km plus loin, en Western Australia.

La population n'est que d'environ 500 habitants. C'est un point de passage incontournable pour quitter par l'ouest le Northern Territorry. Ici, il fait chaud, très chaud : les températures oscillent souvent autour de 30°C et plus. Vous verrez ici de superbes baobabs, dont celui gravé par l'explorateur Gregory en 1855.

Comme ailleurs dans le Territoire du Nord, les crocodiles de mer sont là. Attention en vous approchant de la Victoria River.

Les immanquables de Timber Creek

Gregory National Park

▶ **Aller voir l'arbre de l'explorateur Gregory,** un grand baobab qui porte encore l'inscription des dates d'arrivée et de départ de l'expédition qui le mena ici.

▶ Pour ceux qui disposent d'un 4x4, **découvrir les magnifiques Limestone Gorge du Gregory National Park** et les spectaculaires escarpements de calcaire de la région.

Transports

Bus

- **GREYHOUND AUSTRALIA.** ✆ 13 14 99 / (08) 8981 8700. www.greyhound.com.au

Pratique

Tourisme

- **KATHERINE REGION TOURISM ASSOCIATION.** ✆ 1800 653 142 / (08) 8972 3249- www.krta.com.au/victoria_river.htm

- **GREGORY NATIONAL PARK INFORMATION. Victoria Highway, à environ 1 km à l'ouest de la ville. ✆ (08) 8975 0888. www.nt.gov.au/nreta -** Vous y trouverez notamment des plans d'accès au Parc.

- **TIMBER CREEK COMMUNITY COUNCIL.** ✆ (08) 8975 0860. www.timbercreek.nt.gov.au

Numéros et adresses utiles

- **URGENCES POLICE / POMPIERS / AMBULANCE** ✆ 000.
- **POLICE STATION** ✆ (08) 8975 0733.
- **MEDICAL CLINIC** ✆ (08) 8975 0727.
- **ETAT DES ROUTES** ✆ 1800 246 199. www.roadreport.nt.gov.au
- **AANT ROAD SERVICES** ✆ 13 11 11 / (08) 8981 3837. www.aant.com.au
- **INTERPRETE ANGLAIS 24/24 :** ✆ 13 14 50.

Hébergement

- **GUNAMU TOURIST PARK – (CIRCLE F). Victoria Highway.** ✆ (08) 8975 0722. Ce complexe comprends plusieurs types d'établissements dont le **Timber creek hotel Roadhouse** ✆ (08) 8975 0722 et le **Wayside inn & Caravan park** ✆ (08) 8975 0732. Vous pourrez y boire un verre, manger et dormir. **Camping** *AU$18 à AU$21 (électricité), cabine AU$88, chambre AU$115.*

Dans la région

- **VICTORIA RIVER ROADHOUSE. Victoria Highway, 90 km avant d'arriver à Timber Creek. ✆ (08) 8975 0744.** *Camping AU$15 à AU$20 (électricité), Budget room à partir de AU$35.Motel room AU$80.*

Sur Buntine Highway, à l'angle de Buchanan Highway

Pour ceux qui voudraient couper entre Victoria Higway vers la Stuart Highway :

- **TOP SPRINGS ROADHOUSE. Cnr Buntine & Buchanan Hwys. ✆ (08) 8975 0767.** A 182 km de Dunmarra et 164 km de la Victoria Highway

Points d'intérêt

- **GREGORY NATIONAL PARK. A 15 km au Sud de Timber Creek. www.outback-australia-travel-secrets.com/gregory_national_park.html -** D'une superficie de 13 000 km², ce parc est le deuxième du Territoire du Nord. Il est malheureusement en grande partie inaccessible sans 4x4.

- **GREGORY'S TREE.** Le tronc de ce grand baobab a été gravé aux dates d'arrivée et de départ de l'expédition menée par l'explorateur Gregory, à l'endroit même où fut établi son campement entre 1855 et 1856. Cet arbre est aujourd'hui sur un site sacré pour le peuple aborigène Ngaringman.

- **NGALIWURRU WULI ABORIGINAL CENTRE.** ✆ (08) 8975 0710. www.aboriginalart.org

- **TIMBER CREEK POLICE STATION MUSEUM. ✆ (08) 8981 2848. www.nsw.nationaltrust.org.au -** Un poste de police créé au début du 20ème siècle pour contrôler l'accès des Aborigènes « hostiles » à la petite ville.

En direction de Western Australia

- **KEEP RIVER NATIONAL PARK. www.nt.gov.au/nreta/parks/find/keepriver.html -** Situé à 190 km à l'ouest de Timber Creek, ce parc national est renommé pour ses formations rocheuses en calcaire et ses sentiers de randonnée.

DE TIMBER CREEK A KUNUNURRA

Le long de la Highway, une cordillère desséchée surgit parfois d'un enfer de sable, de pierraille ou de broussaille. A l'approche de la frontière, on commence à voir les fûts en forme de bouteille des grands baobabs, communs dans ces régions où le scrub-acacia constitue la végétation principale. Le maigre bétail erre dans les savanes exsangues, traversant parfois la Highway : il n'y a plus de clôtures. Et toujours ces oiseaux de proie qui planent dans le ciel chauffé à blanc...

Il y a un poste de contrôle de quarantaine à Kununurra. Tous les fruits et légumes, entre autres, doivent y être déposés sous peine d'une amende de AU$5 000.

En passant la frontière, il faut retarder les montres d'une heure et demie.

Hébergement

En direction de Kununurra

Luxe

■ **BULLO RIVER STATION. 33 Queen Street. Thebarton. ✆ (08) 8354 2719 et (08) 9168 7375 (via Katherine). www.bulloriver.com** - *A 170 km au nord-ouest de Timber Creek, après 76 km de piste. Chambre double à partir de AU$657, petit déjeuner inclus.* Il s'agit d'une cattle-station isolé à quelques kilomètres de l'embouchure de la Victoria River.

EN ARRIVANT PAR L'EST

Camooweal, le dernier arrêt au Queensland avant la frontière du Territoire du Nord, est composé en tout et pour tout d'un bureau de poste et d'un hôtel - motel sur la Barkly Highway. Les road-trains y stationnent souvent avec leur cargaison de bétail qui cuit au soleil. Un panneau routier prévient que « la prochaine pompe à essence est à 270 km, à Barkly Homestead ». Il reste 418 km jusqu'à Tennant Creek, et près de 1 500 km pour atteindre Darwin.

Au passage de la frontière, il faut retarder l'heure. L'immense plaine sèche continue de l'autre côté de cette limite invisible. Sous les rayons du soleil brûlant, l'herbe n'est plus que touffes roussies, et le lit des rivières, de la caillasse. Leur cours ne se devine qu'à la rangée de gallery forests composées d'arbres coolibah qui les bordent. Parfois, au coude d'un ruisseau, il reste un billabong d'eau stagnante. Les termitières géantes se dressent comme des châteaux imaginaires dans la plaine inhabitée, faucons et aigles planent silencieusement dans le ciel comme des oiseaux de mauvais augure.

Seuls les road trains et quelques aventuriers égarés traversent ces étendues sans limite, côtoyant les kangourous et les émeus. Outre les butoirs anti-kangourous, tous les véhicules, bus compris, ont un grillage sur le pare-brise pour se protéger des projections de gravier.

Il faut rappeler que les Highways de l'Outback n'ont qu'une seule bande de bitume au milieu et qu'en croisant une voiture, il faut descendre avec une roue sur les larges bas-côtés de gravier prévus à cet effet.

Lorsque vous croisez un road train, descendez complètement sur le bas-côté pour éviter que ce ne soit 6 ou 8 doubles trains de pneus qui vous noient sous une pluie de gravier et de poussière.

Pour ceux qui choisissent de rejoindre la Stuart Highway au plus court, sachez que la **Barkly Homestead** (✆ (08) 8964 4549) est le seul endroit où vous pourrez dormir avant d'atteindre le carrefour des Treeways.

BARKLY TABLELANDS ET LA REGION DU GOLF

Les plateaux de la Barkly Region sont des étendues sauvages réservées à l'élevage. Deux villes attirent l'attention sur la carte, Borroloola et Cape Crawford.

Située à 160 km de la mer, Cape Crawford est avant tout l'intersection de deux Highways : la Tablelands Highway, qui rejoint au sud la Barkly Highway, et la Capentria Highway qui s'éloigne vers l'ouest, en direction de Daily Waters.

A 113 kilomètres au nord-est de Cape Crawford, Borroloola est connue comme une base de départ idéale pour les excursions de pêche au barramundi. Pour ceux qui ne pratiquent pas ce sport, la seule chose à y voir est la Police Station datant de 1886, transformée aujourd'hui en musée aborigène.

Pratique

Tourisme

■ **KATHERINE REGION TOURISM ASSOCIATION. ✆ 1800 653 142 / (08) 8972 3249. www.krta.com.au/gulf region.htm** - L'office du tourisme de la région de Katherine donne sur son site quelques informations sur le Barkly Region.

■ **GULF REGION TOURIST PROMOTION ASSOCIATION. PO Box 421 Borroloola NT 0854.** ✆ (08) 8975 8799. www.grtpa.com.au

■ **BORROLOOLA COMMUNITY GOVERNMENT COUNCIL. ✆ (08) 8975 8799.www.borroloola.nt.gov.au** - Le site de la ville.

■ **BARKLY ARTS. www.barklyarts.com.au** - Pour avoir tous les renseignements concernant l'art dans la région de Barkly.

Tours organisés

■ **CAPE CRAWFORD TOURISM. A 2 km à l'ouest de Cape Crawford ✆ (08) 8975 9611. www.capecrawfordtourism.com.au** - Assure le survol en hélicoptère de Lost City et de la région pour AU$65 les 10 minutes et AU$150 les 30 minutes. Assure également un eco-tour pour AU$200 et le transport aux Poppy's pools pour AU$250. L'hélicoptère n'a pas de porte pour une meilleure visibilité. Ceux qui ont le vertige sont prévenus !

Hébergement

■ **HEARTBREAK HOTEL. Cnr Carpentria & Tablelands Higwhay. ✆ (08) 8975 9928.** *Camping de AU$12 à AU$22 (électricité). Chambres à partir de AU$40.*

Points d'intérêt

■ **THE LOST CITY.** A une vingtaine de kilomètres au sud de Cape Crawford, le site s'étend sur environ 10 km². Il s'agit en fait d'une formation géologique découverte en 1880 par des convoyeurs de bétail en traversant la région. Lost City est constituée de roches dont la forme ressemble étrangement à d'immenses cheminées en ruine de plus 10 mètres, serrées côte à côte. On estime leur ancienneté à deux fois celle d'Uluru, soit 1,4 million d'années. The Lost City n'est accessible que par voie aérienne. Voir le film de présentation de The Lost City sur www.capecrawfordtourism.com.au/getaway.mov

■ **POPPY'S POOLS.** *Accessible en voiture pour AU$50.* Il s'agit de bassins d'eau chaude situés à Bauhinia Downs Station, à 70 kilomètres de piste au nord de Cape Crawford. L'eau y est à une température constante de 27°C toute l'année.

■ **ECO-TOUR.** *AU$200 avec Cape Crawford Tourism.* L'eco-tour comprend le vol en hélicoptère et 2 heures de randonnée à The Lost City. Le dernier départ est à 16h30.

Borroloola

Tours organisés

■ **CROW DREAMING TOUR. Organisé par WARALUNGKU ARTS. Borroloola. ✆ (08) 8975 8677. www.waralungku.com/tours.html** - *AU$50.* A 15 minute de route Borroloola par la Robinson Road. Un tour d'une heure à Wangkulali afin de découvrir le site naturel et les peintures rupestres des grottes.

Hébergement

■ **BORROLOOLA GUEST HOUSE. Cnr Robinson Road & Broad Street. ✆ (08) 8975 8734. www.andr.com.au** – *Budget Room AU$50, cabine AU$80, double room AU$100.* Le seul endroit où dormir dans un vrai lit.

Point d'intérêt

■ **WARALUNGKU ART CENTRE. Borroloola.** ✆ (08) 8975867. www.barklyarts.com.au et www.waralungku.com

De retour sur la Stuart Highway

DALY WATERS

Situé à 7 km à l'ouest de la Stuart Highway, et à quelques kilomètres de l'intersection avec la Carpatenria Highway, Daly Waters est un bourg de 23 habitants qui ne comporte que quelques maisons et un pub. Mais quel pub ! Les voyageurs assoiffés ne manquent pas de s'y arrêter, pour savourer une bière fraîche et le pittoresque de l'endroit : de l'affichette interdisant l'accès aux kangourous aux deux parcmètres branlants à l'extérieur, en passant par les soutien-gorge aux murs et l'immense ours en peluche trônant au milieu d'un bric-à-brac impressionnant dans la cour, il faut peu de temps pour comprendre que l'humour, tout comme la poussière, sont omniprésents dans cette Australie profonde.

Daly Waters a néanmoins une longue histoire. L'endroit a été nommé ainsi en 1862 par l'explorateur Stuart, en référence à la source découverte lors de sa troisième tentative de traversée de l'Australie et en l'honneur du premier ministre d'Australie du Sud de l'époque, Sir Dominick Daly.

Dix ans plus tard, durant la construction de l'Overland Telegraph, une liaison à cheval de 460 km, le « pony express », reliait Daly Waters à Tennant Creek afin de transmettre les courriers pour l'étranger. La ligne télégraphique fut terminée le 22 août 1872. L'isolement des lieux imposait aux employés des télégraphes de réaliser deux fois par an la liaison avec Ropert Bar, 400 kilomètres à l'est, pour prendre livraison de leurs vivres et munitions en provenance d'Adelaide par bateau.

En 1930, Qantas construisit un aérodrome afin de permettre à ses avions reliant Sydney à Londres via Singapour de se réapprovisionner en carburant. En 1942, c'est la RAAF qui établit à son tour une base arrière destinée au ravitaillement de ses bombardiers.

Hébergement

Sur la Highway

■ **DALY WATERS HI-WAY INN ROADHOUSE & CARAVAN PARK. Cnr Stuart & Carpentaria Hwys. ✆ (08) 8975 9925. brenal@austranet.com.au** - *Camping AU$12 à AU$16 (électricité), Chambres de AU$65 à AU$80.*

A Daly Waters

■ **DALY WATERS PUB. Stuart Hwy. ✆ (08) 8975 9927. www.dalywaterspub.com** - *Camping AU$10 à AU$14 (électricité), Cabins de AU$65 à AU$95. Petits déjeuners et barbecue.* Un vieux poste d'essence avec deux pompes est situé juste en face du pub.

Les autres hébergements entre Daly Waters et The Three Ways (332 km)

■ **DUNMARRA WAY SIDE INN. Stuart Highway. ✆ (08) 8975 9922. dunmarra@bigpond.com** - *Camping AU$11 à AU$17 (électricité), Chambres de AU$65 à AU$75. Restaurant avec plats de AU$12 à AU$20.*

■ **ELLIOTT HOTEL. 102 Stuart Highway. ✆ (08) 8969 2069. www.elliott.nt.gov.au - elliotthotel@bigpond.com** - 17 chambres climatisées

■ **ELLIOTT MIDLAND CARAVAN PARK. 102 Stuart Highway. ✆ (08) 8969 2037. www.elliott.nt.gov.au** - *Camping AU$7à AU$20 (électricité), Cabins à partir de AU$65.*

■ **RENNER SPRINGS DESERT HOTEL MOTEL & CARAVAN PARK. Stuart Highway. ✆ (08) 8964 4505. www.rennersprings.com - A 665 km au nord Alice Springs et 840 km au sud de Darwin.** *27 chambres avec air conditionné. Camping AU$15 à AU$20 (électricité), chambres de AU$80 à AU$85.*

■ **BANKA BANKA STATION & CAMPGROUNDS. Stuart Highway. ✆ (08) 8964 4511. Stn@bigpond.com** - *Camping sans électricité uniquement AU$12.*

■ **THREE WAY ROADHOUSE. Cnr Stuart & Barkly Highways. ✆ 1800 448 163 / (08) 8962 2744. www.threewaysroadhouse.com.au** - *Ouvert de 6h00 à 23h00. Camping AU$7 et AU$18,5 avec électricité. Budget Room AU$ 35, Standard Room AU$70 à AU$90.*

Points d'intêret

■ **L'ARBRE DE STUART. Sur la route du bourg, à partir de la Stuart Highway.** L'explorateur John McDouall Stuart aurait gravé sur le tronc de cet arbre mort un grand S, le 23 mai 1862, lors de son voyage qui le mena d'Adelaide à Darwin. La marque est difficilement visible et c'est une plaque érigée en 1944 par les Northern Territory Forces qui en indique l'existence.

■ **THE DALY WATERS HOTEL. A l'angle de la Stuart et de la Carpentria Highways.** Construit en 1893 pour héberger les voyageurs et les nombreux convoyeurs de troupeaux qui transitaient des Kimberleys vers le Queesland, le Daly Waters Hotel est l'un des plus anciens bâtiments du Territoire du Nord.

■ **DALY WATER AIRSTRIP. Sur la route du bourg.** Après un passé prestigieux marqué par les premiers pas de Qantas et la Deuxième Guerre mondiale, il a été utilisé pour la dernière fois en 1989, à l'occasion de Kangaroo 89, des manœuvres militaires de l'armée de l'air.

■ TENNANT CREEK ■

A 507 km d'Alice Springs et 674 km de Katherine.

A 30 km au nord de Tennant Creek, l'intersection entre la Barkly Highway et la Stuart Highway est nommée Three ways, pour rappeler les 3 directions possibles au voyageur : l'Est, pour le Queensland, le Nord vers Darwin, et le Sud, vers Alice Springs.

Tennant Creek, connue comme le « golden heart » du Territoire du Nord, est une ancienne ville de chercheurs d'or qui fut fondée officiellement fondée en 1935. La population y est d'environ 3 500 habitants. On peut visiter les vieux entrepôts d'or et les mines désaffectées, mais ce n'est pas vraiment un endroit où rester.

Le train passe aussi par Tennant Creek, sauf pour les voyageurs ! En 1997, les gouvernements du Territoire du Nord et d'Australie du Sud créèrent l'AARC (Austral Asia Railway Corporation), dont le but était de mener à bien le projet d'une voie de chemin de fer destiné essentiellement au fret reliant enfin Alice à Darwin. Le marché final fut enlevé par Asia Pacific Transport en 1999. Les travaux furent réalisés de mars 2001 à octobre 2003, à la vitesse de 2 km de voie posés par jour. Les bases de productions, installées à Tennant Creek et Katherine fournissaient le béton, et l'aciérie de Whylla (Australie du Sud) les 146 000 tonnes de rails nécessaires à la réalisation du chantier pharaonique. 14 000 personnes y furent employés et le coût total est aujourd'hui estimé à AU$1,3 milliards.

Seule les gares intermédiaires de Katherine et Tennant Creek sont réellement aménagées pour le fret. Elles recevoient 5 fois par semaines des trains de marchandises mesurant jusqu'à 1 600 mètres de long. Mais le Ghan, réservé aux voyageurs, ne s'arrête pas à Tennant Creek.

Pour en savoir plus, voir le site passionnant www.aarc.com.au

Transports

Avion

L'aéroport est situé à environ 1 km du centre de Tennant Creek.

■ **AÉROPORT. Irvine Street, Stuart Highway and Scott Street.** www.ntapl.com.au

Les liaisons avec Alice Springs, Katherine, Darwin sont assurées par plusieurs compagnies :

■ **ABORIGINAL AIR SERVICES.** ✆ (08) 8953 5000. www.aboriginalair.com.au

■ **AIR NORTH** ✆ 1800 627 474 / (08) 89204000. www.airnorth.com.au

■ **VINCENT AIR.** ✆ (08) 8928 1366. www.vincentair.com.au

Bus

■ **GREYHOUND AUSTRALIA. 151 Patterson Street.** ✆ 13 14 99. www.greyhound.com.au

Il existe également plusieurs compagnies de taxis et des loueurs de voiture à Tennant Creek.

Pratique

Tourisme

■ **TENNANT CREEK REGIONAL TOURIST ASSOCIATION & BARKLY TOURISM. Battery Hill, Peko Road. ✆ 1800 500 879 / (08) 8962 3388 / 8962 2277. www.barklytourism.com.au** – Le Visitor information Centre se trouve à 1,5 km de la Highway, le long de Peko Road.

■ **TENNANT CREEK TOWN COUNCIL. www.tennantcreek.nt.gov.au** - Le site de la ville

■ **NORTHERN LAND COUNCIL. Shop 4/172 Paterson Street. ✆ (08) 8962 3729 / 8962 1884 - www.nlc.org.au** - Pour les demandes de permis dans les réserves du Top End.

■ **CENTRAL LAND COUNCIL. 63 Patterson Street. ✆ (08) 8962 2343. www.clc.org.au** - Pour les demandes de permis dans les réserves du Centre.

■ **PARKS & WILDLIFE COMMISSION. Tennant Creek Office** ✆ (08) 8962 4599.

Numéros utiles

■ **URGENCES POLICE, POMPIERS :** ✆ 000

■ **POLICE :** ✆ (08) 8962 4444

■ **PHARMACIE :** ✆ (08) 8962 2616

■ **TENNANT CREEK HOPITAL : Schmidt Street.** ✆ (08) 8962 4399

■ **INTERPRETE ANGLAIS 24/24H :** ✆ 13 14 50

Hébergement

En ville

Bien et pas cher

■ **SAFARI BACKPACKERS. 12 Davidson Street. ✆ (08) 8962 2207. www.tennantcreektourism.com.au - safari@switch.com.au** - *Dortoirs de AU$14 à AU$18. Chambres à partir de AU$40.* A 250 mètres de l'arrêt de bus et 1 km de l'aéroport. Au centre-ville, avec des chambres à air conditionné, un salon télévision, des informations touristiques.

■ **TOURISTS REST HOSTEL BACKPACKERS. Cnr Windly Street & Leichardt Street. ✆ (08) 8962 2719. www.touristrest.com.au** - *Dortoirs de 3 et 4, chambre double à partir de AU$18, twin et family room à partir de AU$38.* Cartes VIP, YHA et autres. Toutes les chambres et les dortoirs possèdent l'air conditionné.

Confort ou charme

■ **GOLDFIELDS HOTEL MOTEL. Paterson Street (Stuart Highway). ✆ (08) 8962 2030. goldfields@switch.com.au** - *A partir de AU$65.* Situé en plein centre de la ville, un motel classique sans charme particulier qui propose des chambres double et des twins. Bar et restaurant.

■ **DESERT SANDS SERVICE APARTMENTS. 780 Paterson Street. ✆ (08) 8962 1346. www.desertsands.com.au** - *A partir de AU$70.* Au sud de la ville. Des appartements avec air conditionné, cuisine, TV et réfrigérateur. Le bâtiment n'a rien d'exceptionnel mais est propre et moderne. Accès handicapés.

■ **SAFARI LODGE MOTEL. Davidson Street, en face du Safari Backpackers. ✆ (08) 8962 2207. www.tennantcreektourism.com.au - safari@switch.com.au** . *Chambres à partir de AU$75.*

■ **ELDORADO MOTOR INN. Paterson Street (Stuart Highway). 1800 888 010 / (08) 8962 2402. www.eldoradomotorinn.com.au** - *A partir de AU$100. Situé à l'est de la ville.* 80 chambres avec air conditionné. Bar-restaurant, laverie.

■ **BLUESTONE MOTOR INN. 1 Paterson Street (Stuart Highway). ✆ (08) 8962 2617. www.bluestonemotorinn.com.au** - *Chambre standard pour 2 personnes à partir de AU$97.* Situé au sud de la ville, sans doute le plus confortable des hébergements disponibles à Tennant Creek. 65 chambres tout confort, grande piscine, restaurant. Plusieurs caravan parks sont également disponibles à proximité directe de Tennant Creek. A 30 km, au nord, à l'intersection de la Barkly Highway

■ **THREEWAY ROADHOUSE. Stuart Highway. ✆ 1800 448 163 / (08) 8962 2744. www.threewaysroadhouse.com.au** – *Ouvert de 6h00 à 23h00. Budget Room AU$ 35, Standard Rooms AU$70 à AU$90. Camping AU$7 et AU$18,5 avec électricité.*

Entre Tennant Creek et Alice Springs (504 km)

■ **WAUCHOPE ROADHOUSE. Stuart Higwhay, à 8 km au sud des Devil's Marbles. ✆ (08) 8964 1963.** *Camping AU$12 à AU$16 (électricité), Chambres de AU$30 à AU65.* L'endroit le plus proche des billes du diable pour dormir dans un lit.

■ **WYCLIFF WELL ROADHOUSE. Stuart Higwhay, à 34 km au sud des Devil's Marbles. ✆ 1800 222 195 / (08) 8964 1966. www.wycliffe.com.au** - *Camping AU$20 à AU$25 (électricité). Cabins à partir de AU$42.*

■ **BARROW CREEK ROADHOUSE. Stuart Higwhay. ✆ (08) 8956 9753.** A 200 km au sud de Tennant Creek, au pied des Forsters Range. *Camping AU$10 à AU$16 (électricité). Chambres à partir de AU$50.*

■ **TI TREE ROADHOUSE & CARAVAN PARK. Stuart Higwhay. ✆ (08) 8956 9741. A 193 km au nord d'Alice Springs.** *Camping AU$17. Twin à partir de AU$45, motel room à partir de AU$75.*

■ **AILERON ROADHOUSE & CARAVAN PARK. Stuart Higwhay. ✆ (08) 8956 9703. www.aileronroadhouse.com.au** - A 370 km au sud de Tennant Creek et 132 km au nord d'Alice Springs. *Camping AU$8,5 par personne. Dortoir, chambres à partir de AU$80.*

Restaurants - pubs

En ce qui concerne la restauration, plusieurs endroits répartis entre les différents lieux d'hébergement : **Anna's Restaurant, Bootleggers Bar & Grill, Eldorado Motor Inn, Margo Miles Restaurant** et **Memories Restaurant.** Il existe aussi quelques take-aways.

Points d'intérêt

A Tennant Creek

■ **BATTERY HILL MINING CENTER.** Situés à 1,5 km à l'est de la ville. La visite des mines d'or. Informations au ✆ 1800 500 879.

■ **TELEGRAPH STATION.** A 11 km au nord de la ville. Créée en 1872. En souvenir de l'Overland Telegraph qui allait relier l'Australie au reste du monde.

■ **NYINNKA NYUNYU CULTURAL CENTRE.** En ville, près du Bluestone Motor Inn. Le centre culturel de la ville. Un endroit moderne destiné à mieux faire connaître la région et la culture Warumungu. Agréable cafeteria.

En direction d'Alice Springs

■ **LES DEVILS MARBLES (Karlwe Karlwe).** A environ 100 km au sud de Tennant Creek. Les billes du diable sont d'immenses rochers sphériques abandonnés là par la nature, en équilibre instable. Un spectacle merveilleux à ne pas rater. Dans les légendes du Dreamtime des Aborigènes Warumungu, ce sont des œufs du grand Serpent Arc-en-Ciel. Camping possible pour AU$3,3.

■ **WYCLIFF WELL. A environ 135 km au sud de Tennant Creek. ✆ 1800 222 195/ (08) 8964 1966. www.wycliffe.com.au** - L'endroit est connu comme site d'apparition de soucoupes volantes. Allez donc boire une bière au Wycliffe Well Holiday Park et découvrir ses étranges hommes verts www.wycliffe.com.au/ufo/index.htm - Un endroit à voir pour le kitch de la décoration et si vous croyez aux extra-terrestres. Vous pouvez également y dormir.

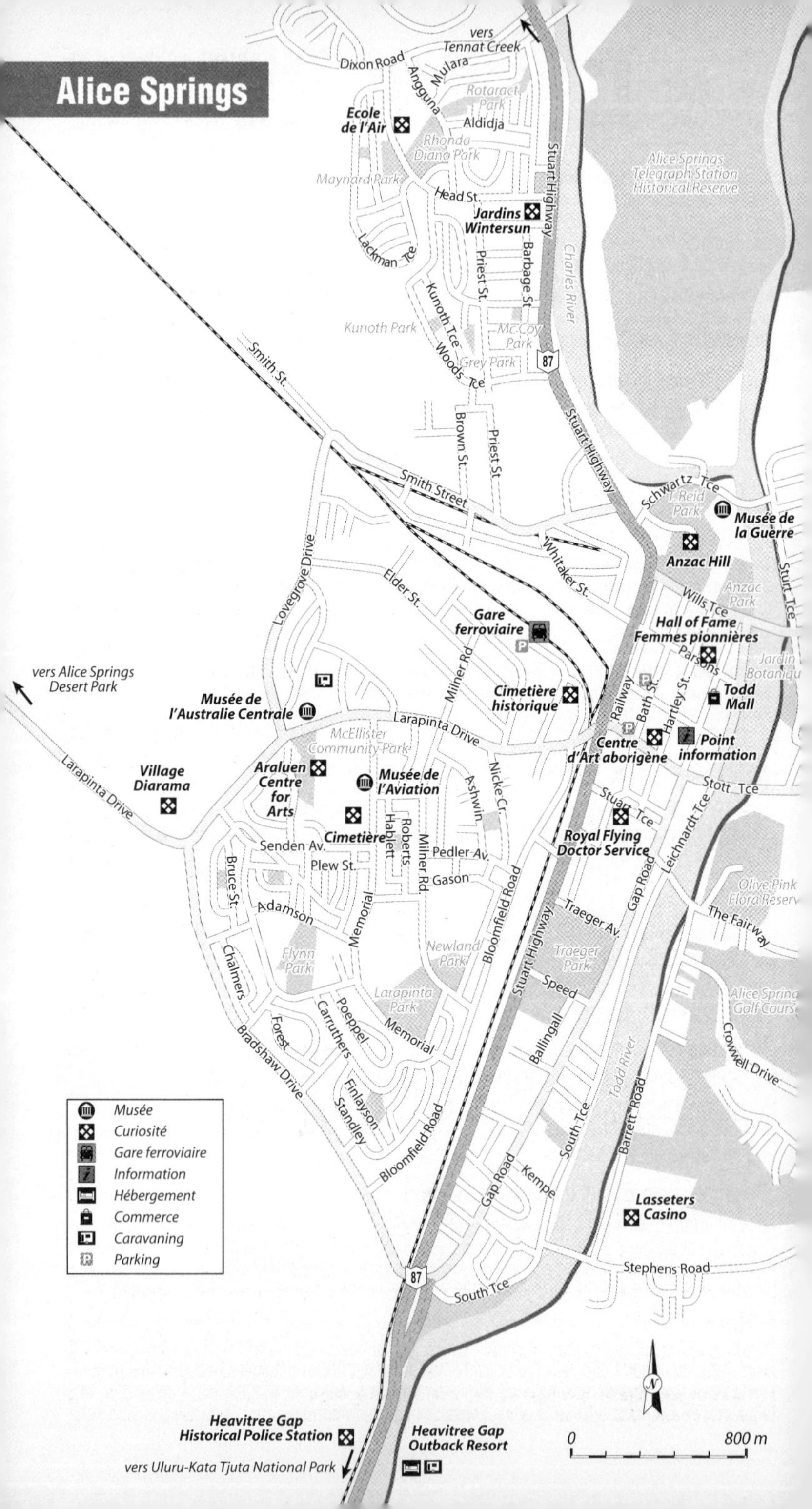
Alice Springs
vers Tennat Creek
Dixon Road
Angguna
Mulara
Rotaract Park
Ecole de l'Air
Aldidja
Rhonda Diano Park
Maynard Park
Head St.
Jardins Wintersun
Lackman Tce
Priest St.
Barbage St.
Stuart Highway
Charles River
Alice Springs Telegraph Station Historical Reserve
Kunoth Park
Kunoth Tce
Mc Coy Park
Grey Park
Woods Tce
87
Smith St.
Brown St.
Priest St
Smith Street
Schwartz Tce
T. Reid Park
Musée de la Guerre
Anzac Hill
Whitaker St.
Lovegrove Drive
Elder St.
Wills Tce
Anzac Park
Sturt Tce
Hall of Fame Femmes pionnières
Gare ferroviaire
Parsons
Jardin Botaniqu
Milner Rd
vers Alice Springs Desert Park
Musée de l'Australie Centrale
Cimetière historique
Railway
Bath St.
Hartley St.
Todd Mall
Larapinta Drive
McEllister Community Park
Centre d'Art aborigène
Point information
Village Diarama
Araluen Centre for Arts
Musée de l'Aviation
Ashwin
Nicker Cr.
Stott Tce
Larapinta Drive
Stuart Tce
Leichhardt Tce
Cimetière
Hablett
Roberts
Royal Flying Doctor Service
Senden Av.
Pedler Av.
Plew St.
Milner Rd.
Gason
Bloomfield Road
Gap Road
Bruce St.
Olive Pink Flora Reserv
Adamson
Memorial
Traeger Av.
The Fairway
Stuart Highway
Newland Park
Traeger Park
Flynn Park
Chalmers
Speed
Larapinta Park
Alice Spring Golf Cours
Poeppel
Carruthers
Forest
Memorial
Ballingall
Todd River
Crowell Drive
Bradshaw Drive
Finlayson
Standley
Bloomfield Road
South Tce
Barrett Road
Gap Road
Kempe
Musée
Curiosité
Gare ferroviaire
Information
Hébergement
Commerce
Caravaning
Parking
Lasseters Casino
Stephens Road
87
South Tce
Heavitree Gap Historical Police Station
Heavitree Gap Outback Resort
vers Uluru-Kata Tjuta National Park
0
800 m
N

Le Centre Rouge

Le centre de l'Australie est rouge et brûlant, comme enflammé par le soleil. D'étranges formations rocheuses s'y sont constituées dans les temps préhistoriques. Ayers Rock, à 450 km au sud d'Alice Springs, est le site le plus extraordinaire d'Australie. Visible de très loin, cette montagne monolithe dresse sa silhouette au-dessus de la plaine, et le coucher de soleil l'embrase tous les soirs de couleurs changeantes. Non loin de là, les Olgas sont un surprenant conglomérat de montagnes rouges et rondes en forme de dômes. Plus près d'Alice Springs, Kings Canyon est une gorge imposante avec une oasis au fond. Ce n'est que depuis une dizaine d'années que les touristes ordinaires ont facilement accès au Centre Rouge. Avant cela, cette brousse torride aux sables ocre était réservée à quelques rares éleveurs de bétail et aux Aborigènes. La région est devenue une grande destination touristique en raison de la renommée internationale d'Alice Springs et d'Ayers Rock.

ALICE SPRINGS

Alice Springs est une petite ville encaissée entre de basses collines, et irriguée très exceptionnellement par la Todd River, asséché en quasi permanence. Indolente, guettant les gouttes de pluie, la ville est entourée de désert. Tout semble laisser croire qu'il n'y a pas âme qui vive sur ces étendues arides, torturées par le soleil, mais des tribus d'Aborigènes n'ayant encore jamais été en contact avec la civilisation européenne y ont été découvertes il y a peu de temps. Ville sanctuaire des Aborigènes tout comme des voyageurs, Alice Springs est symbole de pèlerinage pour les uns, de tourisme pour les autres. Alice Springs a vu le jour dans les années 1870, comme point de ravitaillement pour le Overland Telegraph qui reliait l'Australie au reste du monde.

Les immanquables du Centre Rouge

Alice Springs

- **Admirer la ville et le désert en ballon,** bien au-dessus de la terre.
- **Boire un coup au pub « Bojangles »** et, comme tout le monde, jeter ses écorces de cacahuètes au sol.
- **Assister en septembre à la régate Henley-On-Todd,** où des équipes font une course en bateau… sans fond, sur le lit asséché de la rivière, et en juin à la course en véhicule motorisé dans le Finke Desert.

Mc Donnell Ranges

- **Admirer les étoiles à Glen Helen Gorge** avant d'y passer la nuit.
- **Parcourir une étape de randonnée du Larapinta trail.**
- **Visiter Hermannsburg,** une ancienne mission luthérienne allemande.
- **Découvrir les gorges de la Finke river,** l'une des plus vieille rivières du monde, et la Palm Valley.
- **Explorer la ville-fantome d'Artlunga,** une ancienne ville de chercheurs d'or.

Kings Kanyon

- **Contempler la vue du haut du canyon et découvrir Garden of Eden.**

Uluru

- **Prendre le temps de faire à pied le tour d'Ayers Rock.**
- **Aux Olgas, faire la randonnée dans la vallée des vents.**

Cependant, la ville ne s'est intégrée à l'Australie moderne que pendant la Seconde Guerre mondiale. Alice Springs, qui s'endormait dans sa solitude, au centre géographique du pays, était coupée de la côte nord. Les impératifs stratégiques de l'armée accélérèrent la construction d'une route menant à Darwin, et aujourd'hui le Stuart highway met la mer de Timor à vingt-quatre heures d'autobus d'Ayers Rock. La vieille route vers Adelaide, au sud, ne fut remplacée par une nouvelle, entièrement goudronnée, qu'en 1987.

La ville de 28 000 habitants, à présent conçue pour un tourisme intensif, possède une grande capacité d'accueil. Elle offre un certain nombre d'attractions touristiques mais la plus importante reste Ayers Rock, à 450 km au sud-ouest d'Alice Springs (5 heures de route ou 45 minutes en avion).

A une trentaine de kilomètres au nord de la ville, un monument érigé sur le coté de la route indique que le tropique du Capricorne traverse ici la Stuart Highway...et l'Australie.

Tableau des principales distances à partir d'Alice Springs

- **Arltunga Historical Reserve** .... 105 km
- **Ayers Rock / Uluru Kata Tjuta National Park** .... 461 km
- **Chambers Pillar Reserve** .... 155 km
- **Corroboree Rock** .... 47 km
- **Darwin** .... 1491 km
- **Devils Marbles** .... 403 km
- **Ellery Creek Big Hole** .... 96 km
- **Emily Gap Nature Park** .... 10 km
- **Henbury Meterorite Craters** .... 145 km
- **Jessie Gap Nature Reserve** .... 17 km
- **Kings Canyon / Watarrka National Park** .... 331 km
- **Mt Olga / Uluru Kata Tjuta National Park** .... 500 km
- **N'Dhala Gorge Nature Park** .... 80 km
- **Ormiston Gorge and Pound** .... 130 km
- **Rainbow Valley Reserve** .... 97 km
- **Redbank Gorge** .... 156 km
- **Ruby Gap Nature Park** .... 154 km
- **Serpentine Gorge** .... 102 km
- **Simpsons Gap** .... 17 km
- **Standley Chasm** .... 50 km
- **Tennant Creek** .... 504 km
- **Trephina Gorge National Park** .... 76 km

Transports

L'arrivée à Alice Springs

Avion

■ **AEROPORT. Santa Teresa Road. ✆ (08) 8951 1211. www.ntapl.com.au** - A 15 km au sud de la ville.

Train

▪ **THE GHAN. Alice Springs Station. George Crescent. Renseignements ✆ 13 21 47 / (08) 8213 4592. www.trainways.com.au -** A 1,5km du centre ville. Le train reliant Adelaide à Darwin s'arrête deux fois par semaine. (Voir les horaires dans la partie « Transports »)

Autocar

▪ **GREYHOUND AUSTRALIA TERMINAL. Gregory Terrace, au centre ville.** ✆ 13 14 99 / (08) 8952 7888. www.greyhound.com.au

▪ **DESERT VENTURER. ✆ 1300 858 099 / (07) 4035 5566. www.desertventurer.com.au - Alice Springs -** *Cairns en 3 jours pour AU$412,5 à bords de bus 4x4 empruntant les chemins de traverse.* Le prix est quasi-identique aux bus long-courrier classiques mais comprend l'hébergement et les repas.

Se déplacer

Autobus

▪ **ASBUS SERVICES. ✆ (08) 8950 0500. www.alicesprings.nt.gov.au/community/asbus.asp.** *Le prix d'un ticket varie de AU$1,40 à AU$2,20.* Les bus de la ville, confortables et particulièrement bien décorés pour certains, desservent 4 lignes et 3 zones.

Taxis

Comptez AU$26 à AU$30 pour le transport depuis l'aéroport.

▪ **ALICE SPRINGS TAXIS** ✆ 13 10 08 / (08) 8952 1877

▪ **DESERT PRIVATE HIRE CARS** ✆ (08) 8953 1600

Le télégraphe et les chameliers afghans

Persuadés de l'existence d'une mer intérieure, les premiers pionniers partant à sa recherche chargeaient leurs chevaux qui, peu adaptés au terrain, finissaient par périr, souvent suivis par leur cavalier.

En 1850, le premier chameau afghan fut introduit en Australie, permettant de s'aventurer beaucoup plus loin qu'à cheval. Les chameaux, au nombre de 24, participèrent à la première tentative de traversée nord-sud du continent australien sous la direction de Burke et Wills. Egarés dans le désert, hommes et animaux ne devaient jamais revenir. En 1895, on comptait déjà près de 5.000 chameaux. Ils s'étaient parfaitement adaptés au pays, mangeant les acacias et les eucalyptus généralement délaissés par les autres espèces domestiques. Il n'existait, de plus, aucun prédateur pour limiter les effectifs.

Pendant près d'un siècle après le début de la colonisation européenne, l'Australie est restée un avant-poste isolé de la civilisation occidentale dans l'hémisphère austral. Les nouvelles mettaient plusieurs mois à parvenir aux Australiens.

Cet isolement prit fin en 1872, lorsqu'un simple câble de fil de fer galvanisé, tendu sur quarante mille poteaux entre Darwin et Adelaide, signala la mise en œuvre des communications entre Londres et l'Australie. A Darwin le dispositif était relié à un câble sous-marin qui rejoignait l'Alexandrie. Ce progrès brisa enfin l'isolement de l'Australie.

C'est grâce aux chameaux et aux chameliers afghans que fut possible la mise en place de la ligne du télégraphe. Un chemin de fer, qui devait suivre le même trajet, n'alla jamais plus loin qu'Alice Springs. Il fut appelé The Ghan en l'honneur de ces équipiers peu communs. Les chameliers afghans disparurent mais leurs chameaux rendus à la liberté se reproduisirent rapidement dans ces régions qui leur convenaient. Ce n'est que depuis 2004 que le Ghan relie Alice Springs à Darwin.

L'Australie est ainsi devenue le seul pays au monde où vivent des troupeaux de chameaux sauvages. Aujourd'hui, on les trouve principalement dans le grand désert de Gibson. Leur nombre devient si important qu'ils commencent à empiéter sur les prairies réservées aux troupeaux. Etant actuellement les seuls chameaux sauvages de la planète, ils sont capturés et vendus à l'Arabie Saoudite. L'espèce australienne, particulièrement résistante, apporte du sang neuf au cheptel domestique des élevages arabes.

Navette

■ **ALICE SPRINGS AIRPORT SHUTTLE.** ✆ **(08) 8953 0310.** *A partir de AU$12 de l'aéroport à votre hôtel.*

Location de voitures

Comptez, au minimum, AU$50 pour une petite voiture et AU$90 pour un campervan. Les prix sont fluctuants selon la saison, la durée de la location et peuvent, en règle générale, se discuter chez les petits loueurs. Dans les prix d'appel, les taxes sont rarement annoncées et l'assurance est minimale. Plusieurs loueurs sont présents à l'aéroport. Voici quelques uns de ceux en ville et aux alentours.

■ **BRITZ RANTAL. Cnr Stuart Highway & Power Streets** ✆ **1800 331 454 / (08) 8952 8814. www.britz.com.au** - Spécialiste du 4x4 et du campervan.

■ **THRIFTY. Cnr Stott Terrace & Hartley Streer.** ✆ **1800 626 515 / (08) 8952 9999. www.rentacar.com.au** - Voitures et 4x4

■ **FOUR WHEEL DRIVE HIRE SERVICE. 40 Stuart Highway** ✆ **1800 077 353 / (08) 8953 1522 - www.4wdhire.com.au** - Vous y trouverez, entre autres, des 4x4 équipés de tente (sur le toit) et de kitchenette à partir de AU$175/jour en basse saison (se renseigner sur la disponibilité immédiate).

■ **APOLLO MOTORHOME. 40 Stuart Highway (CNR Smith Street)** ✆ **1800 777 779 / (08) 8955 5305 / (07) 3265 9201. www.apollocamper.com.au** - Essentiellement des campervans.

■ **BUDGET. Shop 6, Capricornia Centre. Greggory Terrace.** ✆ 13 27 27 / (08) 8952 8899. www.budget.com.au

■ **EUROPCAR. 10 Gap Road et aéroport** ✆ 1300 13 13 90 / 1800 811 541 / (08) 8955 5994. www.europcar.com.au

Pratique

Tourisme

■ **CENTRAL AUSTRALIAN TOURISM INDUSTRY ASSOCIATION (CATIA). 60 Gregory Terrace.** ✆ **1800 645 199 / (08) 8952 5800. www.centralaustraliantourism.com** - Le visitor Centre de la ville et de la région. Procurez vous le livret d'information régulièrement mis à jour pour tout savoir sur où dormir, où dîner, quoi faire, les routes à emprunter…

■ **ALICE SPRINGS TOWN COUNCIL.** ✆ **(08) 8950 0500. www.alicesprings.nt.gov.au** – Pour ce qui concerne la vie à Alice Springs, les activités, l'hébergement…

■ **CENTRAL LAND COUNCIL. 33 North Stuart Highway.** ✆ **(08) 8952 6211. www.clc.org.au** - Pour les demandes de permis dans les réserves du Centre.

■ **PARK AND WILDLIFE COMMISSION OF NORTHERN TERRITORY (Alice Springs Office).** ✆ **(08) 8951 8250. www.nt.gov.au/nreta** - Vous pourrez notamment vous y inscrire si vous comptez marcher, prendre la route seul ou dormir en camping dans un parc (✆ 1300 650 730 et www.nt.gov.au/nreta/parks/permits/camping.html)

■ **RADIO D'INFORMATION TOURISTIQUE : FM 87.6**

Tours organisés

■ **ADVENTURE TOURS AUSTRALIE.** ✆ **1300 654 604/ (08) 8309 2277. www.adventuretours.com.au (site en français)** - Propose des safaris de 3 ou 5 jours en « swag » ou en tente permanente ainsi que des safaris jusqu'à Darwin. Exemple de prix : 3 jours Alice-Uluru AU$475.

■ **SAHARA ADVENTURES.** ✆ **1800 806 240 / (02) 8952 5353. www.saharaadventures.com.au** - Voyage par petits groupes en camping. *Exemple de prix : 3 jours Alice-Ulur-Kings Canyon AU$525.*

■ **AUSTRALIAN PACIFIC TOURING (APT).** ✆ **1800 891 121 / (08) 8984 2900. www.aptouring.com.au** - Voyage en bus. Exemple de prix 3 jours Alice-Uluru-Kings Canyon AU$655

■ **WAYWARDBUS LE BUS CAPRICIEUX** ✆ **1800 882 8234 / (08) 8410 8833. www.waywardbus.com.au** - « Laissez les autres se précipiter. » Pour AU$375 leur safari de 3 jours et demi part d'Alice Springs, il a été créé pour les voyageurs qui veulent apprécier pleinement les sites essentiels du Centre Rouge. Il propose aussi, pour AU$845, un voyage intérieur de 8 jours en camping, partant du Centre Rouge jusqu'a l'océan du Sud, suivant les sites de la culture aborigène, de l'exploration européenne, des caravanes de chameaux menés par des marchands afghans, des mineurs risquant leurs vies avec leurs pioches et leurs pelles – et le train légendaire, le Ghan Railway. C'est un voyage qui vous permet d'apprécier l'Australie centrale avec une vision différente des visites classiques.

■ **WAYOUTBACK DESERT SAFARIS** ✆ **1300 551 510 / (08) 8952 4324. www.wayoutback.com.au(site en français)** - Wayoutback Desert Safaris est spécialisé dans les 4WD Safaris de 3 à 5 jours dans le désert, par petit groupe de 9-13 personnes. *Camping à la belle étoile. Exemple de prix : 3 jours de safari en 4x4 Alice-Uluru-Kings Canyon AU$540 (AU$510 avec la carte YHA).*

Numéros utiles

■ **URGENCES POLICE, POMPIERS, AMBULANCE :** ✆ 000.

■ **POLICE STATION :** ✆ (08) 8951 8888.

■ **HOPITAL :** ✆ (08) 8951 7777.

■ **BUSHFIRE COUNCIL :** ✆ (08) 8952 3066.

■ **AUTOMOBILE ASSOCIATION NT ALICE SPRINGS** ✆ (08) 8952 1087.

■ **ETAT DES ROUTES :** ✆ 1800 246 199. www.roadreport.nt.gov.au

■ **INTERPRETE ANGLAIS 24/24 :** ✆ 13 14 50.

Services

■ **BANQUES.** Ouvertes du lundi au vendredi de 9h30 à 16h et le vendredi de 9h30 à 17h.

■ **POSTE. Hartley Street.** Ouverte de 8h15 à 17 sauf week-end et vacances scolaires.

Supermarchés

■ **COLES. Bath Street.** Ouvert 7/7j et 24/24h.

■ **BI LO SUPERMARKET.** Ouvert 7/7j de 6h à minuit

■ **WOOLWORTH.** Ouvert 7/7j de 7h à 22h

Vêtements

L'été est très chaud à Alice Springs, jusqu'à 45° C à l'ombre, et même en hiver il y fait beau. Cependant, il peut geler pendant les nuits d'hiver (juin-juillet). Rapidement après le coucher de soleil, on sent la chaleur s'évanouir et la température moyenne, la nuit, n'est que de 4° C. Prévoir des vêtements légers et des vêtements chauds.

Hébergement

La ville, vivant de et pour le tourisme, comporte beaucoup d'auberges, motels et hôtels, dont la plupart se trouvent dans le centre-ville. On peut presque toujours réserver gratuitement ses excursions à partir de son hôtel.

Campings

■ **STUART CARAVAN & CABINTOURIST PARK. Larapinta Drive, à l'ouest de la ville.** ✆ **(08) 8952 2547. www.stuartcaravanpark.com.au** - *Cabine AU$62 à AU$90, camping AU$11 à AU$27 (électricité)*

■ **ALICE SPRINGS HERITAGE CARAVAN & TOURIST PARK. Ragonesi Road, au sud de la ville. (08) 8953 1418 / (08) 8952-3135. www.heritagecp.com.au** – *Cabine à partir de AU$94, camping AU$11 à AU$28 (électricité)*

Bien et pas cher

■ **MELANKA BACKPACKER RESORT. Todd Street, au centre ville. ✆ 1800 815 066/ 8952 2233. www.melanka.com.au** - Au centre de la ville, restaurant, bar night-club, piscine. Prise en charge à l'aéroport

■ **ALICE SPRINGS PIONEER YHA. Cnr Parsons Street and Leichhardt Terrace, au centre ville. ✆ (08) 8952 8855. www.yha.com.au - alicepioneer@yhant.org.au** - *AU$20-24.* Tous les cars longue distance s'arrêtent devant, l'auberge. La gare est à 2 km. Auberge moderne, avec l'air conditionné, près des magasins, cafés et, pubs. Belle surface de jeux extérieure et atmosphère chaleureuse et amicale. Alice Springs est, la capitale du Centre Rouge et l'accès à Simpson's Gap, Standley Chasm, Glen Helen et les gorges d'Ormiston. L'endroit où s'arrêter avant d'aller vers Uluru (Ayers Rock).

■ **ALICE'S SECRET TRAVELLERS INN. 6 Khalick Street, à coté du centre ville. ✆ 1800 783 633 / (08) 8952 8686. www.asecret.com.au** – *Dortoirs AU17$ à AU$20, single AU$38, Twin AU$46, double room AU$50.* Un backpacker avec tous les aménagements souhaités : air conditionné, grande cuisine, piscine, internet 24/24h... Demander Julia ou Ian. Réduction pour les possesseurs de carte YHA et VIP.

■ **ALICE LODGE BACKPAKERS. 4 Mueller Street, à coté du centre ville. ✆ 1800 351 925 / (08) 8953 1975. www.alicelodge.com.au** - *Dortoirs de 8 AU18$, single AU$48, Twin et double room AU$50. Petits déjeuners inclus.* Pick up à partir de la gare ou du terminal des bus. A 5 minutes des magasins, bien situé et tranquille. Réservations de tours pour Uluru, Kings Canyon... ou des méharées à dos de chameau.

■ **TODDY'S BACKPACKERS RESORT. 41 Gap Road, près du centre ville. ✆ 1800 027 027 / (08) 8952 1322 - www.toddys.com.au** - *Chambre dortoir à AU$18, chambre double à partir de AU$46 ou AU$62 avec salle de bains. Barbecue à AU$7,5 tous les soirs et petit-déjeuner gratuit.* Personnel accueillant, installations simples mais fonctionnelles. Un peu loin du centre.

Confort ou charme

■ **TODD TAVERN. 1 Todd Mall, au centre ville. ✆ (08) 8952 1255 - www.toddtavern.com.au** - *Chambre double à partir de AU$50et AU$70 avec salle de bains privée.* Orchestre rock dans le pub Maxim's le week-end. On y sert aussi des repas.

■ **ALICE TOURIST APARTMENTS. Corner Gap Road and Gnoilya Street, au sud du centre ville. ✆ 1800 806 142 / (08) 8952 2788. www.aliceapartments.com.au** - *Des petits appartements équipés à partir de AU$105 par nuit.* Des réductions sont possibles pour les backpackers.

■ **LARAPINTA LODGE. 3 Larapinta Drive. ✆ 1800 896 110 / (08) 8952 2233. www.melanka.com.au** - *Chambre double à partir de AU$88. Piscine.* Un peu a l'écart du centre-ville mais plutôt calme.

■ **ELKIRA COURT MOTEL (Best Western). 65 Bath Street, au centre ville. ✆ 1800 809 252 / (08) 8952 1222. www.elkira.com.au** - *A partir de : budget room AU$77, single AU$105, double AU$120.* Une très bonne adresse. L'accueil y est agréable, les chambres sont spacieuses, avec salle de bains et toilettes. Comme dans la plupart des hôtels/motels, vous pouvez y réserver vos circuits.

■ **AURORA ALICE SPRINGS. 11 Leichardt Terrace. ✆ 1800 089 644 / (08) 8950 6666 - www.auroraresorts.com.au** - *Chambre double à partir de AU$94, Deluxe à partir de AU$115.* Idéalement placé au centre ville, dans le Todd Mall. Piscine. Prise en charge à la gare et à l'aéroport.

Luxe

■ **ALICE SPRINGS PLAZA HOTEL. 34 Stott Terrace. ✆ 1800 896 110 / (08) 8952 2233. www.melanka.com.au**- *Resort 4 étoiles. Chambre pour 2 à partir de AU$90 en basse saison.* Juste à côté de Melanka Backpackers

■ **ALL SEASONS OASIS (groupe Accor). 10 Gap Road. ✆ 1300 656 565 / (08) 8952 1444. www.allseasons.com.au** - *Chambre double à partir de AU$105.* Resort avec restaurant, piscine, tennis et restaurant. A proximité du centre-ville et très calme.

■ **DESERT PALMS RESORT. 74 Barrett Drive (près du Sheraton), à 1km du centre ville. ✆ 1800 678 037 / (08) 8952 5977 - www.desertpalms.com.au** - *Bungalow pour deux à partir de AU$92.* Une sélection de petits bungalows avec kitchenette disséminés dans des jardins tropicaux, très reposant avec sa superbe piscine. Petit supermarché à la réception très pratique.

Restaurants - pubs

Il y a de nombreux fast-foods et de petites ateries avec terrasses le long du Todd Street Mall et, répartis un peu partout dans la ville, on trouve facilement des pizzas bars, des petits restaus chinois ou de la cuisine malaise.

■ **LE BOJANGLES. 80 Todd Street ✆ (08) 8952 2873. www.boslivesaloon.com.au –** *Plats de AU$20 à AU$30.* Si vous aimez l'ambiance saloon, voici un endroit à ne pas manquer. Le décor est superbe, l'ambiance unique et surtout allez voir l'aquarium avec le squelette, petite surprise... Les cacahuètes dans les tonneaux sont gratuites et il est obligatoire de jeter les pelures par terre. Vous pouvez y manger du bœuf mais aussi du buffle, du chameau, de l'émeu, du crocodile et du kangourou

■ **LE OVERLANDER STEAKHOUSE. 72 Hartley Street. ✆ (08) 8952 2159. www.overlanders.com.au -** *Plats aux environs de AU$30.* Un autre steakhouse. Ambiance typique de l'outback et excellente viande.

■ **LE RED OCHRE GRILL (Hôtel Aurora). Todd mall. ✆ (08) 8950 6666. www.auroraresorts.com.au/redochre.asp -** *Ouvert de 6h30 à tard dans la soirée. Plats de AU$10 à AU$33. 20% de réduction pour les dîners entre 18h et 19h.* Cuisine australienne. Décoration aux couleurs de l'Outback.

■ **LE SAMPIRE RESTAURANT au Lasseter's Casino, 93 barett Drive. ✆ 1800 808 975 / (08) 8950 7777. www.lhc.com.au -** *Ouvert de 6h à 23h.* Petits déjeuners, déjeuners et dîners. Tenue correcte exigée.

Sortir

■ **MELANKA PARTY BAR, à coté du Melanka Backpackers.** *Ouvert 7/7j de 17h à 4h du matin.* Un endroit idéal pour boire un pot et danser jusqu'au bout de la nuit (c'est d'ailleurs le seul night-club). 2 pistes de danse, Live bands, DJ...

■ **LASSETER'S HOTEL CASINO. 93 barett Drive. ✆ 1800 808 975 / (08) 8950 7777. www.lhc.com.au -** L'endroit où l'on joue ! 18 tables de jeux : roulette, blackjack, big six, craps, baccarat...

■ **RED CENTRE DREAMING DINNER & SHOW. Heavitree Gap Outback Lodge, Palm Circuit. ✆ 1800 896 119. / (08) 8950 6666 (Hôtel Aurora). www.auroraresorts.com.au/rcd.asp -** *Prix AU$98. De 19h à 22h (3 heures).* Un spectacle traditionnel aborigène vous est présenté au cours du dîner. Prise en charge à partir de 18h30 à votre hôtel. Menu avec trois plats principaux au choix, boissons incluses. Réservation conseillée.

Cinémas

■ **CINEMA COMPLEX. Todd Mall. ✆ (08) 89524999.** 8 films projetés en matinée ou en soirée.

■ **ARALUEN CENTRE. 61 Larapinta Dr. ✆ (08) 89511122.** 1 salle.

■ **PISCINE. Speed St. ✆ (08) 8953 4633.** *Ouverte de 6h à 19h, sauf samedi à partir de 10h, de septembre à avril. Entrée AU$3,2.* Le complexe comporte plusieurs bassins dont un Olympique.

Points d'intérêt

Art aborigène

Alice Springs est un important centre d'artisanat et un grand nombre de galeries d'art témoignent des traditions du Dreamtime : objets décoratifs et rituels, armes de chasse, peintures sur écorce ...

■ **ABORIGINAL ART & CULTURE CENTRE. 125 Todd Street ✆ (08) 8952 3408. www.aboriginalaustralia.com (site en français) -** Propose un grand choix de peintures sur écorce, d'objets en bois sculptés, d'armes et boomerangs, didjeridoo, etc. Vente par Internet.

■ **MBANTUA GALLERY. 71 Gregory Terrace ✆ (08) 8952 5571. www.mbantua.com.au -** *Ouvert du mardi au vendredi de 9h à 18h. Samedi 9h30-17h. Entrée gratuite.* Sont présentés sur plus de 500 m² des peintures, sculptures et poteries aborigènes.

■ **GALLERY GONDWANA. 43 Todd Mall ✆ (08) 8953 1577. www.gallerygondwana.com.au -** *Ouvert du mardi au vendredi de 9h30 à 18h. Samedi 10h-17h.* Inaugurée en1990, cette galerie de réputation internationale présente l'art contemporain aborigène, notamment bijoux, céramiques et textiles. Vente aux particuliers.

■ **BOOMERANG ART - GALLERY AD ARTIST STUDIO. 24 Paterson Street. ✆ (08) 8952 0199. www.boomerangart.com.au -** *Ouvert du mardi au vendredi de 9h à 18h. Samedi 9h-12h.* Des peintures d'artistes de renommée internationale mais aussi des opales.

■ **DESART. Suite 11 Reg Haris Lane. ✆ (08) 8953 4736. www.desart.com.au -** *Ouvert de 8h à 16h30.* Il s'agit d'une association (Association of Central Australian Aboriginal Art and Craft) assurant l'exposition et la vente d'œuvres d'art pour le compte de plus de 40 communautés aborigènes.

■ **CENTRAL AUSTRLIAN ABORIGINAL MEDIA ASSOCIATION (CAAMA). 101, Todd Street. ✆ (08) 8953 9207. www.caama.com.au -** Livres, musique et divers produits aborigènes. La plupart des enregistrements musicaux que vous trouverez ici ont été produits au studio du CAAMA d'Alice Springs.

Les autres points d'intêret

■ **ROYAL FLYING DOCTOR SERVICE VISITOR CENTRE & CAFE (médecins volants). 80 Head St. ✆ (08) 8952 1129. www.flyingdoctor.net/central -** *Ouvert de 9h à 16h, dimanche et vacances scolaires de 13h à 16h. Visites guidées d'une demi-heure AU$6,5.* Environ 80.000 personnes visitent le centre chaque année. La base du corps médical, équipée de petits avions pour aller soigner les familles isolées dans le bush, est située sur la Stuart Terrace, près du centre.

■ **ALICE EXPLORER HOP ON - HOP OFF TOUR. Départ Gregory Tce, face à l'Information Centre. ✆ 1800 722 111 / (08) 8952 2111. www.alicewanderer.com.au –** *AU$38. Départs toutes les heures à partir de 9h.* Pour découvrir la ville et la plupart des points d'intérêts cités ici en visite guidée.

■ **FRONTIER CAMEL FARM ✆ (08) 8953 0444 - www.cameltours.com.au -** *Ouvert tous les jours de 9h à 17h. Entrée adulte AU $6, enfant AU $3.* A 8 km au sud-est d'Alice Springs, sur le Ross Highway. Cette ferme présente un musée du chameau. On y organise des méharées à dos de chameau dans l'Outback d'une heure à trois jours.

■ **REPTILE CENTRE. En face des Flyings Doctors, 9 Stuart Terrace. ✆ (08) 8952 8900 - www.reptilecenter.com.au -** *Entrée adultes AU$9.* Une réserve de reptiles du désert. A ne pas manquer si vous voulez être sur de voir des frillneck lizards, des thorny devils, des goannas et des pythons.

■ **ALICE SPRING DESERT PARK. Larapinta drive, Alice Springs. ✆ (08) 8951 8788 - www.alicespringsdesertpark.com.au -** *AU$20 par personne. Ouvert tous les jours sauf le dimanche de 7h30 à 18h.* Un parc animalier avec la faune du désert à 10 mn du centre ville. 3 types d'habitats du désert vous sont présentés par un guide.

■ **ALICE SPRINGS TELEGRAPH STATION. Heritage Drive, au nord de la Stuart Highway. ✆ (08) 8952 3993.** *Ouvert tous les jours sauf le dimanche de 8h à 17h. Entrée AU$7.* A 2 km au nord de la ville, magnifique bâtiment restauré datant du début de l'histoire d'Alice Springs.

Médecins volants

Alice Springs est la base centrale du Royal Flying Doctor Service, les médecins volants, dont l'existence prouve bien les énormes difficultés à répondre aux demandes de secours urgents dans un pays aussi vaste et souvent très difficile d'accès. De très bonne heure, les Australiens ont tenté de mettre sur pied une organisation quadrillant le pays pour répondre aux urgences. Les médecins volants disposent de douze bases de départ pour couvrir 5 millions de km², aidés en cela d'une flottille de petits avions et d'un réseau radio efficace. L'antenne centrale des médecins de brousse à Alice Springs est un puissant générateur en liaison avec des stations installées dans le bush. Les consultations se font par radio et en cas d'urgence les médecins se déplacent en avion. La radio en Australie est aussi un moyen qui facilite la vie sociale. En effet, les distances interdisant tout quadrillage complet des secours d'urgence comme celui de l'enseignement, la radio a pour effet de rompre l'isolement et de fournir un enseignement correct aux habitants des contrées les plus reculées.

■ **ADELAIDE HOUSE MUSEUM. Todd Mall près de l'Uniting Church. ✆ (08) 8952 1856.** *Entrée AU$4. Ouvert de 10h à 16h en semaine. Samedi 10h-12h.* Dans le 1er hopital d'Alice Springs datant de 1926.

■ **ALICE SPRINGS CULTURAL PRECINT. Cnr Larapinta Drive & Memorial Ave. ✆ (08) 8951 1120. www.ascp.com.au** – *Entrée AU9$. Ouvert de 10h à 17h en semaine. 10h-15h le samedi.* Un ensemble d'expositions destinées à mieux faire comprendre la culture aborigène, l'Outback et le passé d'Alice Springs. A voir : Araluen Galleries, Central Australian Aviation Museum, Grand Circle Yeperenye Sculpture, Museum of Central Australia, Territory Craft...

■ **ALICE SPRINGS SCHOOL OF THE AIR. 80 Head Street. ✆ (08) 8951 6800 - www.assoa.nt.edu.au** - *Ouvert de 8h30 à 16h30 du mardi au samedi, le dimanche de 13h30 à 16h30. Entrée AU$5.* A visiter si vous n'avez pas l'occasion de voir celle de Katherine. La plus grande école du monde couvrant 1,3 millions de km² et destinée à 140 enfants de 4 à 13 ans disséminés dans l'immensité de l'Outback.

■ **ALICE SPRINGS TURF CLUB. Piner Park Racecourse. ✆ (08) 8952 4977. www.alicespringturfclub.org.au** – *Entrée AU$6.* Pour les passionnés d'équitation. Visite du champ de course et de l'infrastructure. Plus de 30 courses ont lieu dans l'année. L'événement majeur étant le Alice Cup Carnival qui se déroule en avril.

■ **SOUND OF STARLIGHT. 40 Todd Mall. ✆ (08) 8953 0826. www.soundsofstarlight.com** – *Entrée AU$30.* Une visite de l'Outback accompagnée par les sons mélodieux du digeridoo et d'autres instruments.

Loisirs

■ **HELICOPTER SCENIC FLIGTHS. ✆ 1300 669 225 / (08) 8952 4800. www.alicespringshelicopters.com.au** - *A partir de AU$110 pour 10 mn.*

■ **OUTBACK BALLOONING. ✆ 1800 809 790 / (08) 8952 8723. www.outbackballooning.com.au** - *A partir de AU$240, assurance comprise.* Propose des vols en montgolfière de 30 à 60 mn au dessus du désert. Petit déjeuner et champagne au lever du soleil, avec l'Outback en toile de fond.

■ **FRONTIER CAMEL TOURS ✆ (08) 9050 3030 - www.cameltours.com.au** - *AU$45 pour une balade à dos de chameau d'une heure le long de la Todd River et des MacDonnell Ranges.* Possibilité de tour d'une heure suivi d'un repas à la ferme des chameaux pour AU$110.

C'est d'Alice Springs que partent toutes les excursions et safaris (en 4x4 ou à dos de chameau) dans les McDonnell Ranges, à l'ouest, avec Simpson Gap, Standley Chasm, Palm Valley, Hermannsburg, Glen Helen et ses surprenantes formations rocheuses. Sont aussi prévues des visites de stations éloignées et de fermes à chameaux, ou encore une nuit autour d'un feu de camp dans le bush ou la montagne.

■ **DREAMTIME TOURS. ✆ (08) 8955 5095. www.rstours.com.au** - *AU$79 pour un tour de 3h. Départ à 8h30.* Un tour accompagné vous permettant de mieux connaître la culture aborigène.

■ **ABORIGINAL CULTURAL ROCKART. Wallace Rockhole Tourist Park. ✆ (08) 8956 7993. www.wallacerockholetours.com.au** - *Hébergement en cabine pour AU$130 et en camping pour AU$10.* Plusieurs possibilités de tours organisés par la communauté aborigène Aranda. Wallace Rockhole Tourist Park se situe à 120km d'Alice Springs, sur Larapinta Drive.

■ **OUTBACK QUAD ADVENTURES ✆ (08) 8953 0697 - www.oqa.com.au** - *A partir de AU$109.* Pour ceux qui veulent essayer le quad (moto à quatre roues). Tours de 2 heures à 2 jours dans le désert.

■ **LARAPINTA TRAIL. www.nt.gov.au/nreta/parks/walks/larapinta.html.** Pour ceux qui aime la marche. Il s'agit d'un trek de 223 km divisé en 12 sections traversant le West MacDonnell National Park. Chaque section demande 1 à 2 jours de marche.

■ **THE GEMTREE. Gemtree, Plenty Highway. ✆ (08) 8956 9855. www.gemtree.com.au** - A 140 km au nord est d'Alice Springs, venez ici trouvez vos propres gems. Visite du site et caravan park

Manifestations

Alice Springs organise un grand nombre de manifestations pendant la saison touristique, qui correspond aux mois les moins chauds, de mai à août. Voir : www.alicesprings.nt.gov.au/tourism/events.asp.

- **ALICE IS WONDERLAND GAY & LESBIAN FESTIVAL. www.aliceiswonderland.com :** *mars-avril.* Ce festival de deux jours à lieu lors de mardi gras.

- **ALICE SPRINGS CUP CARNIVAL. www.alicsprinsturfclub.org :** *15 derniers jours d'avril.* Des courses de chevaux, encore et encore...

- **TATTERSALL'S FINKE DESERT RACE. www.finkedesertrace.com.au -** *Le 2e week-end de juin, durant le Queen's Birthday.* La Finke Desert Race est une course hors piste de deux jours à travers le désert, entre Alice Springs et Finke (229 km au sud d'Alice Springs). La course suit la Finke River.

- **ALICE SPRINGS SHOW. www.centaustshowsociety.com.au :** *en juillet.* La fête de l'agriculture qui se termine par un grand feu d'artifices.

- **CAMEL CUP. www.camelcup.com.au :** *en juillet.* Et là, ce sont les chameaux qui courent !

- **ALICE SPRINGS RODEO :** *en août.* Pendant toute une semaine la ville se remplit de rudes stockmen aux jambes arquées à force de chevauchées, un Akubra aux larges bords vissé sur la tête.

- **ALICE DESERT FESTIVAL. www.alicedesertfestival.com.au :** *en septembre.* Un festival consacré aux arts, l'écriture, la danse...

- **HENLEY-ON-TODD REGATTA. www.henleyontodd.com.au :** *en septembre.* Une course en bateau sur la rivière à sec. Sans doute l'événement le plus médiatique de l'année. Le déroulement de cette course de bateaux est légèrement compliqué par le fait que la rivière est asséchée la plupart du temps. Néanmoins, de très nombreuses compétitions y ont lieu. Les bateaux sont dépourvus de fond, et les concurrents courent dans le lit de la rivière en portant leurs bateaux par le bastingage.

- **ALICE SPRINGS MASTERS GAMES. ✆ 1800 658 951. www.alicespringsmasters.nt.gov.au :** *en octobre.* Plus de 20 disciplines sportives réservées aux seniors.

Dans les environs

A l'est, vers la Ross River (East McDonnell Ranges)

- **ROSS RIVER HOMESTEAD. A 85 km à l'est d'Alice Springs. www.rossriverresort.com.au -** C'est la plus ancienne station des Territoire du Nord avec un homestead de 1896. Pour un goût vrai de l'Outback : bushwalks, goûter australien (billy tea et damper), lancer de boomerang et apprentissage du maniement du fouet. *Balade à cheval et à dos de chameau pour AU$34 l'heure.* Ross River Homestead est aussi une base idéale pour partir en safari à cheval ou à dos de chameau.

- **ARLTUNGA, à 112 km, dont 36 de piste, d'Alice Springs. www.nt.gov.au/nreta/parks/find/arltunga.html -** Une ville fantôme érigée en 1887, près d'une ancienne mine d'or. Le centre touristique est ouvert tous les jours.

Hébergement

- **ROSS RIVER RESORT (à l'emplacement de la Homestead). Ross Highway. ✆ 1800 241 711 / (08) 8956 9711. www.rossriverresort.com.au –** *Dortoirs à partir de AU$22. Cabine à partir de AU$50. Camping AU$10.*

Au Nord Ouest, dans le désert du centre

- **LES PEINTURES SUR LE SOL DE PAPUNYA.** A 240 km au nord-ouest d'Alice Springs (environ 120 km après Glen Helen Gorge). Accessible uniquement en 4x4 et après s'être renseigné sur les conditions d'accès. Dans le désert du Centre, de larges peintures sont exécutées sur le sol pour les cérémonies rituelles. Pour les couleurs et la texture, on utilise sang, plumes, brindilles et graines. Au début des années 1970, les artistes locaux de Papunya commencèrent à expérimenter la peinture acrylique sur toile où des touches de couleur reproduisaient les motifs de leurs peintures sur le sol. Aujourd'hui, les artistes du mouvement Western Desert sont reconnus parmi les meilleurs d'Australie. Visitez le site de l'Australian Museum qui détient près de 100 peintures de ce type : www.amonline.net.au/collections/aboriginal/western_desert.htm

A l'ouest, dans le McDonnell National Park (West McDonnell Ranges)

Alice Springs est située au pied de cette chaîne de montagnes spectaculaires. Les points de visites les plus proches sont Simpson Gap, situé à 22 km et Standley Chasme, à 50 km. Midi est un moment remarquable, lorsque les falaises changent de couleur et que le soleil éclaire pendant quelques instants le fond des gorges.

Hébergement

■ **GLEN HELEN RESORT. A l'extrémité goudronnée de Namatjira Drive, à 123 km d'Alice Springs. ✆ (08) 8956 7489.- www.glenhelen.com.au –** *Dortoirs à partir de AU$20, Chambre double à partir de AU$65 par personne.* Camping possible. Superbe paysage au milieu du bush où la Finke River coupe à travers les McDonnell. On peur rejoindre Hermannsburg par une piste.

■ **JIM'S PLACE / WAYSIDE INN. Stuart Highway. A 97 km au sud d'Alice, près de la Virginia Camel Farm. ✆ (08) 8956 0808.** *Camping AU$14 à AU$17 (électricité). Budget Rooms de AU$15 à AU$25, Cabins de AU$70 à AU$85.*

Au sud-ouest, dans le Finke Gorge National Park

■ **HERMANNSBURG.** A 126 km d'Alice Springs et à l'extrémité goudronnée de Larapinta Drive. Il s'agit d'une mission luthérienne allemande de 1877 à présent destinée aux aborigènes de la communauté Aranda. Profitez de votre visite pour découvrir l'œuvre de l'artiste aborigène de réputation mondiale, Albert Namatjira

■ **PALM VALLEY.** A 150 km d'Alice Springs. Accès aux 4x4 seulement. Une gorge rendue luxuriante par les nombreux palmes Red Cabbage et cycas qui s'y trouvent (des palmiers datant de l'ère des dinosaures). On l'atteint à partir de Hermannsburg en suivant sur 20 km de piste le lit tari de la Finke River, un des plus anciens cours d'eau du monde. Camping avec toilettes et eau chaude.

■ **MEERENIE LOOP.** Une piste magnifique d'environ 250 km qui relie Larapinta Drive à Kings Canyon. Réservée aux 4x4 munis d'un permis (AU$2,2) que vous pouvez achetez à Alice Springs, Glen Helen Homestead, Hermannsburg ou au Kings Kanyon Resort.

A l'intersection de Stuart Highway et de Lasseter Highway

Hébergement avant la route de Yulara

■ **DESERT OAKS RESORT & CARAVAN PARK. ✆ (08) 8956 0984. www.desertoaksresort.com** A 200 km au sud d'Alice Springs. 59 chambres dont 12 chambres pour backpackers. *Camping AU$10 à AU$16 (électricité). Dortoir de 4 à partir de AU$16,5. Motel Single AU$82, double AU$100.* Passage quotidien de Greyhound / McCaffertys à destination d'Uluru et Alice Springs.

Désert du Centre

A l'ouest des McDonnel Ranges s'étend le Gibson Desert, dont les dunes, orientées d'est en ouest, s'étirent comme tracées au cordeau d'un horizon à l'autre. Traverser le désert, même aujourd'hui, est une aventure totale. Ici le sortilège de la terre est puissant, et la paix ressentie, profonde. A l'est d'Alice Springs, le Simpson Desert étend sa lande de la mort jusqu'au carrefour de la soif, Birdsville. Des tornades sèches arrachent la poussière du sol. En hiver, le Simpson Desert accuse parfois des baisses de température de l'ordre de -10° C. Certaines nuits, les pierres explosent à cause de ces écarts trop brutaux.

Entre les dunes, il n'y a que de maigres prairies de spinifex, mais quelques semaines après de trop rares pluies, le désert se couvre de fleurs odorantes.

De vieilles pistes d'éleveurs de bétail descendent des monts McDonnell vers le sud, en passant par Oodnadatta et Marree. Pour remonter ces pistes, parfois impraticables, il faut toujours prendre l'avis des locaux et signaler sa route à la police.

Les Aborigènes sont les champions de la survie dans le désert.Ils se nourrissent, entre autres, de lézards ainsi que du witchetty grub, une larve comestible qui vit dans les racines de certains acacias du désert.

D'ALICE SPRINGS À KINGS CANYON

Le Stuart highway longe les savanes sèches au pied des monts McDonnel. Une dernière maison aux panneaux de cellules solaires et à la palissade en tôle ondulée, puis rien d'autre que les vastes plaines rouges de spinifex. Par endroits, dans l'ombre maigre des casuarinas, qui ressemblent à des pins préhistoriques, le bush étale de petits tapis de fleurs vertes et jaunes odoriférantes.

A 90 km au sud d'Alice Springs, **Noel Fullerton's Camel Rides** est un arrêt pause-café sur la longue route vers le sud. Fullerton élève des chameaux et organise des promenades et des raids dans le désert. Les touristes peuvent aussi faire un tour d'essai dans un enclos. A 132 km d'Alice Springs, l'**Ernest Giles Road,** partiellement non bitumée, bifurque vers Kings Canyon, situé à 180 km du Stuart highway. Les véhicules tout-terrain que l'on y croise soulèvent d'énormes nuages de poussière rouge qui recouvre tout d'une fine pellicule ocre. A quelques kilomètres de l'embranchement, le **Henbury Meteorite Crater** réunit un ensemble de 12 cratères, dont le plus grand a une circonférence de 180 m et une profondeur de 15 m. C'est l'un des plus grands au monde. Il n'y a plus de résidus sur le site, mais un bloc de 46,5 kg se trouve au musée **Spencer & Gilles d'Alice Springs.**

Plus loin sur la route, un lointain rocher vire, par moments, au violet. Dans le bush déjà clairsemé apparaissent quelques dunes de sable rouge aux vaguelettes sculptées par le vent..Dans le lit des rivières asséchées poussent des arbres ; l'eau ne doit pas y couler très souvent…

KINGS CANYON (WATARRKA NATIONAL PARK)

Situé à 331 km d'Alice Springs, Kings Canyon est une profonde faille atteignant 270 mètres. Un endroit vertigineux en plein désert qui facine par sa beauté et la richesse de sa flore.

A la tombée du jour, moment magique, les chants des oiseaux se taisent, tous les bruits deviennent plus feutrés. Les petites fleurs blanches au bout du boardwalk, entre le spinifex et le sable rouge, exhalent un parfum persistant. Le couchant se teinte de tons mauves, puis violets sur les rochers au loin, qui prennent une tout autre dimension.

Le lendemain matin, il faut se réveiller à 5h30 pour arriver avant le lever du soleil au Kings Canyon, un ravin de presque 2 km, aux parois rouges et pastel, atteignant une profondeur de 200 m. Dans la pénombre, une montée assez raide mène à la Lost Valley, mais la vue au-dessus du précipice sur le Garden of Eden, avec palmiers et cycas autour d'un billabong d'eau noire au fond du canyon, est saisissante. Ne pas oublier d'emmener de l'eau avec vous. Un ghost gum, un eucalyptus fantôme, appelé ainsi à cause de son tronc argenté fantomatique dans la nuit, s'accroche désespérément au-dessus d'un précipice. Au moment du lever du soleil, tout au sommet de Kings Canyon, on a le sentiment d'assister au lever du premier matin du monde.

Le parc de Watarraka est une zone de conservation pour 600 espèces de plantes et de nombreux animaux endémiques à l'Australie.

Hébergement

Sur la route de Kings Canyon

■ **KINGS CREEK STATION. A 35 km du canyon, sur Ernest Giles Road. © (08) 8956 7474 - www.kingscreekstation.com.au** - *Camping de AU$13 à AU$17 (électricité) par personne. Cabins avec petit-déjeuner AU$57 par personne.* Très sympathique ambiance cow-boy. Essayez le taureau mécanique, faites un tour à dos de chameau et visitez le ranch.

A Kings Canyon

Isolé dans le désert, **KINGS CANYON RESORT** est le seul complexe touristique situé à 6 km du Canyon. Il comprend plusieurs types d'hébergements.

■ **KINGS CANYON BACKPACKERS YHA. Watarrka National Park. © 1800 817 622 / (08) 8956 7442. www.yha.com.au** - *A partir de AU$34 par personne, chambre double et twin à partir de AU$90.* L'auberge est en fait dans le Kings Canyon Resort ; vous bénéficierez d'une réduction avec votre carte YHA.

■ **KINGS CANYON RESORT. Watarrka National Park. © 1300 134 044 - (08) 8956 7442. www.kingscanyonresort.com.au** – *Chambre double avec douches communes à partir de AU$100, chambre double avec salle de bains à partir de AU$156.*

■ **KINGS CANYON RESORT CAMPGROUD. Watarrka National Park. © 1300 669 051 / (08) 8956 7442. http://www.kingscanyonresort.com.au/campground** - *AU$13 à AU$14,5 (électricité).*

▶ **Vous pourrez y réservez plusieurs types d'activités :** tour en hélicoptère, Camel ride, quad…

Points d'intérêt

Les marches, bien sûr, pour admirer à sa juste valeur ce magnifique site.

- **KINGS CREEK WALK :** Environ 3 km aller retour (une heure). Facile. Il s'agit d'une randonnée à l'intérieur du canyon.

- **KINGS CANYON RIM WALK :** Environ 6 km (4 heures). Difficile, principalement au début dans la partie inclinée. Le trajet permet de faire le tour du canyon. C'est à environ un kilomère des gorges que vous découvrirez Garden Of Eden, un endroit paradisiaque doté d'un microclimat exceptionnel.

- **GILES TRACK :** une randonnée « facile » de 22 km aller qui vous mènera à Katheleen Springs en 2 jours (camping). A réserver aux marcheurs convaincus.

Plusieurs accès handicapés sont prévus sur le site.

DE KINGS CANYON À AYERS ROCK

280 km sépartent les deux sites. Le long de la route, sur les vallons ocre, poussent des eucalyptus malingres, aux feuilles oblongues argentées qui pendent immobiles sous la chaleur écrasante. Les chênes du désert, ou casuarinas, rappellent certains conifères. Leurs feuilles minces et longues comme des aiguilles permettent à l'arbre de survivre ; la surface réduite de son feuillage exposée au soleil empêche une trop grande évaporation. Le désert rouge vénitien tranche sur le bleu saturé du ciel. La région est dramatiquement aride. Un peu avant l'arrivée à Ayers Rock, qui s'élève déjà dans le lointain au-dessus de la plaine, le lac Amadeus étale ses croûtes de sel, comme une réverbération du soleil sur la neige, au-delà des dunes de sable rouge à côté de la route.

AYERS ROCK (ULURU)

Monolithe énigmatique, la montagne sacrée d'Ayers Rock trône en plein milieu du continent australien, à 400 km au sud d'Alice Springs. Ce gros caillou rouge, qui vire au carmin et au violet dans le coucher du soleil, fait plus de 9 km de circonférence et 348 m de haut. Il est vieux d'environ 600 millions d'années. Comme un iceberg, seul un dixième de sa masse émerge. Ayers Rock reste le plus grand site sacré pour les Aborigènes.

Le rocher a été vu pour la première fois par l'explorateur Ernest Giles, en 1872, à travers la brume de chaleur du lac de sel Amadeus. Même un Européen sera sensible à l'aspect sacré du lieu et au mystère complexe de ce monolithe puissant, aux crevasses lisses, quasi charnelles, et qui a inspiré la mythologie aborigène.

Son nom lui a été attribué en hommage à Sir Henry Ayers, Premier ministre d'Australie du Sud en 1863.Pour plus d'information, visitez : www.crystalinks.com/ayersrock.html

Les Aborigènes n'escaladèrent jamais le Rock, ce n'était pas dans leur Dreamtime. Le vieux rocher, s'il paraît uniformément lisse, est percé à sa base d'abris en surplomb servant depuis des millénaires à la pratique de rituels, cérémonies initiatiques ou cultes au Serpent Arc-en-Ciel.

Ses parois ont servi aux peintures rupestres depuis des temps immémoriaux. Aujourd'hui encore, les mères aborigènes tracent des dessins dans le sable pour raconter aux enfants les légendes du Dreamtime, qui expliquent comment les échidnés eurent leurs épines et pourquoi l'émeu ne sait pas voler. A certains endroits il est interdit de prendre des photos. Les couchers de soleil sur le rocher sont célèbres pour leur beauté.

Environ 100 kilomètres avant d'arriver à Yulara, vous découvrirez au loin le **Mont Conner** (ou Atila). Il s'agit d'un autre rocher moins connu qu'Uluru mais tout aussi remarquable à sa manière de défier l'horizon du haut de ses 863 mètres. Agé d'au moins 700 millions d'année, ce rock majestueux, dont on aperçoit depuis la route l'immense plateau situé à 20 km de là, est souvent confondu avec Ayers Rock.

Pratique

Tourisme à Yulara

- **VISITORS CENTRE. ✆ (08) 8957 7377.** Le centre d'information qui vous permettra de réserver pour les excursions.

- **TOUR & INFORMATION CENTRE ✆ (08) 8957 7324.** Vous y trouverez tous les renseignements nécessaires pour découvrir la région, sa faune, sa flore et connaître les prévisions climatiques.

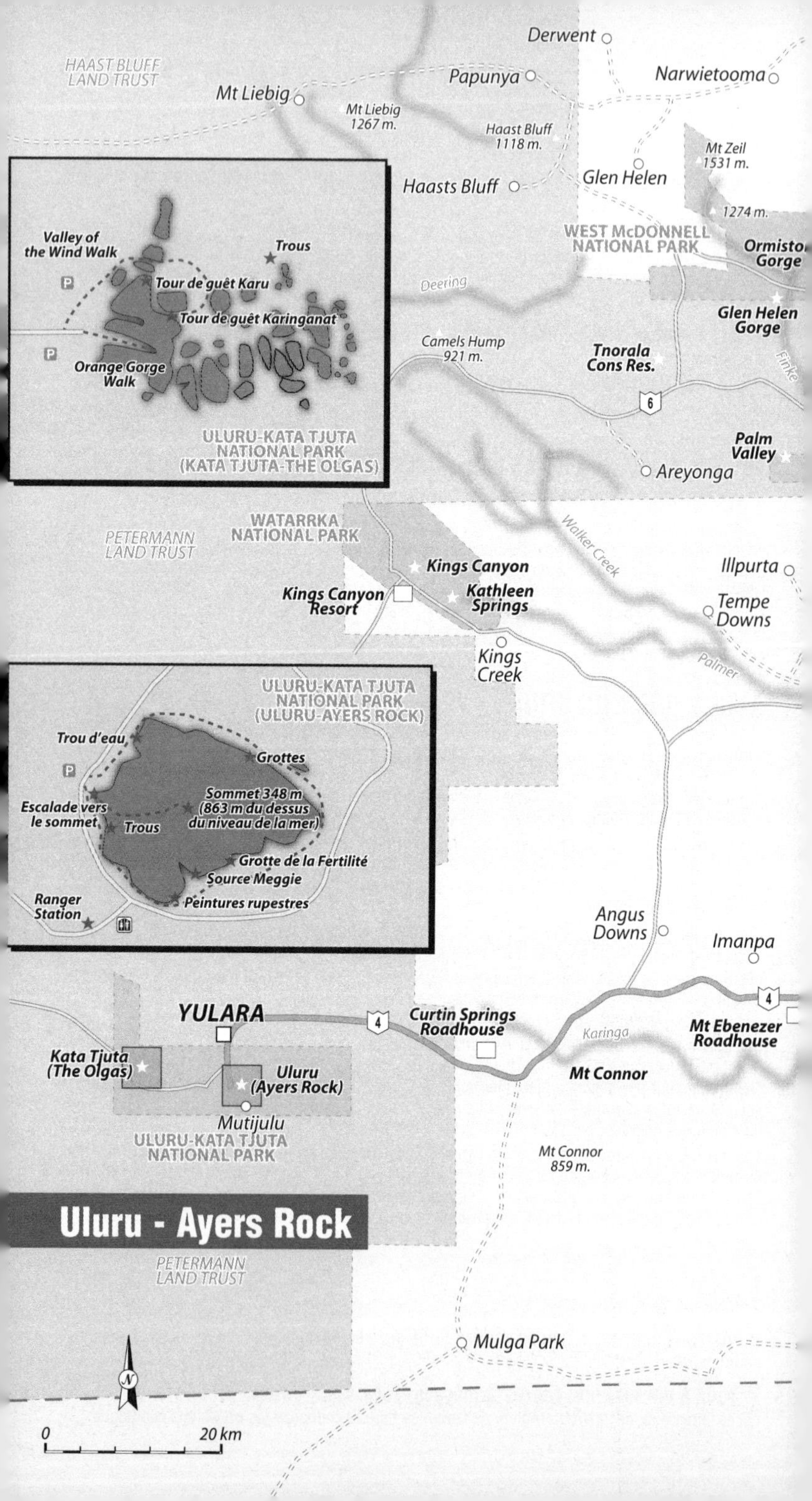
Uluru - Ayers Rock
Derwent
Narwietooma
Papunya
Mt Liebig
Mt Liebig 1267 m.
Haast Bluff 1118 m.
HAAST BLUFF LAND TRUST
Mt Zeil 1531 m.
Glen Helen
Haasts Bluff
1274 m.
WEST McDONNELL NATIONAL PARK
Ormiston Gorge
Deering
Glen Helen Gorge
Camels Hump 921 m.
Tnorala Cons Res.
Finke
6
Palm Valley
Areyonga
Valley of the Wind Walk
Trous
Tour de guêt Karu
Tour de guêt Karinganat
Orange Gorge Walk
ULURU-KATA TJUTA NATIONAL PARK (KATA TJUTA-THE OLGAS)
WATARRKA NATIONAL PARK
PETERMANN LAND TRUST
Walker Creek
Kings Canyon
Illpurta
Kings Canyon Resort
Kathleen Springs
Tempe Downs
Kings Creek
Palmer
ULURU-KATA TJUTA NATIONAL PARK (ULURU-AYERS ROCK)
Trou d'eau
Grottes
Sommet 348 m (863 m du dessus du niveau de la mer)
Escalade vers le sommet
Trous
Grotte de la Fertilité
Source Meggie
Peintures rupestres
Ranger Station
Angus Downs
Imanpa
YULARA
4
Curtin Springs Roadhouse
Karinga
Mt Ebenezer Roadhouse
Kata Tjuta (The Olgas)
Uluru (Ayers Rock)
Mt Connor
Mutijulu
ULURU-KATA TJUTA NATIONAL PARK
Mt Connor 859 m.
PETERMANN LAND TRUST
Mulga Park
N
0
20 km

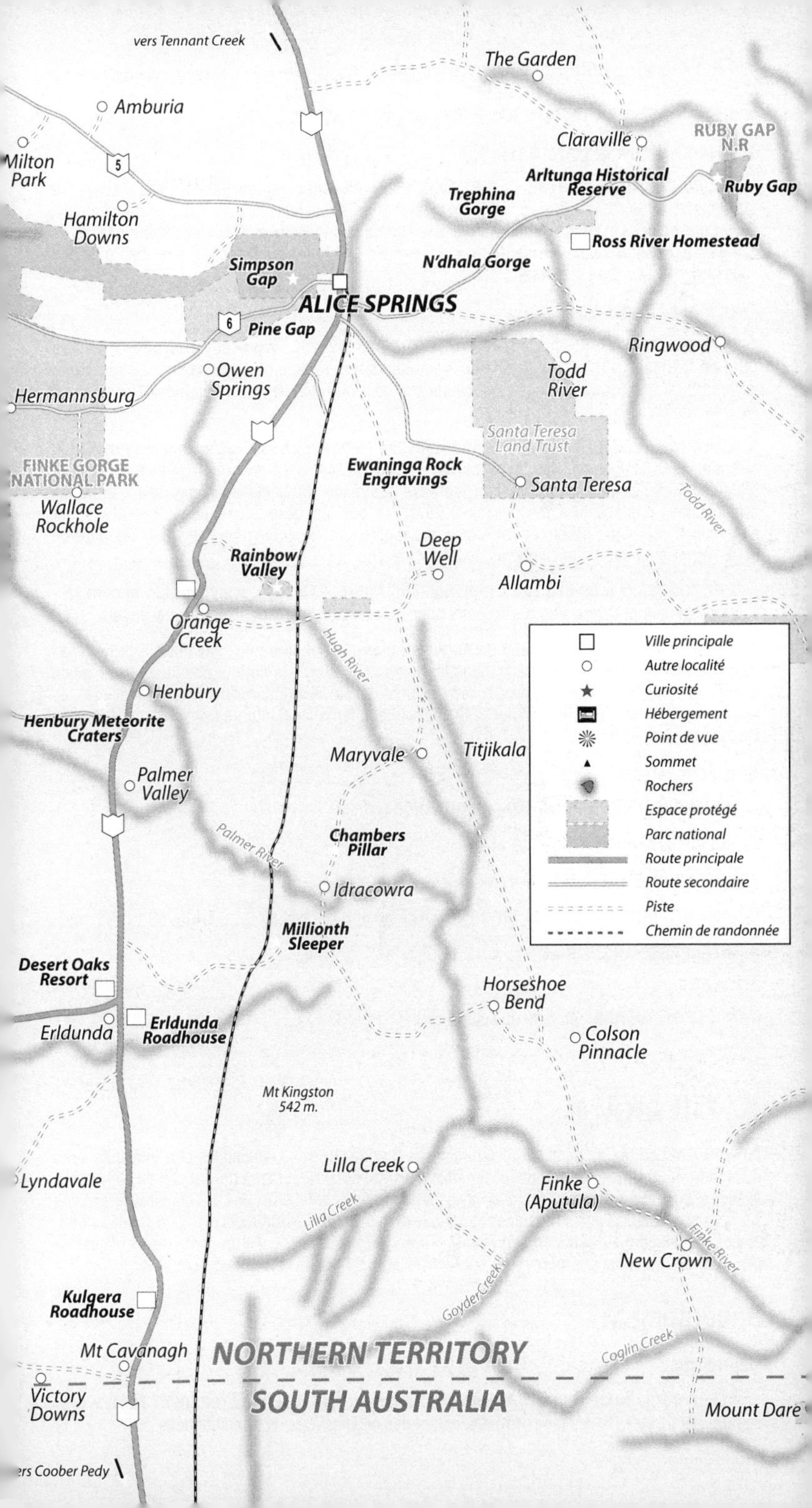

vers Tennant Creek
The Garden
Amburia
Milton Park
5
Claraville
RUBY GAP N.R
Arltunga Historical Reserve
Ruby Gap
Trephina Gorge
Hamilton Downs
Ross River Homestead
Simpson Gap
N'dhala Gorge
ALICE SPRINGS
6
Pine Gap
Ringwood
Todd River
Owen Springs
Hermannsburg
Santa Teresa Land Trust
FINKE GORGE NATIONAL PARK
Ewaninga Rock Engravings
Santa Teresa
Todd River
Wallace Rockhole
Deep Well
Rainbow Valley
Allambi
Orange Creek
Hugh River
Henbury
Henbury Meteorite Craters
Maryvale
Titjikala
Palmer Valley
Chambers Pillar
Palmer River
Idracowra
Millionth Sleeper
Desert Oaks Resort
Horseshoe Bend
Erldunda
Erldunda Roadhouse
Colson Pinnacle
Mt Kingston 542 m.
Lilla Creek
Finke (Aputula)
Lyndavale
Lilla Creek
New Crown
Finke River
Goyder Creek
Kulgera Roadhouse
Mt Cavanagh
NORTHERN TERRITORY
Coglin Creek
Victory Downs
SOUTH AUSTRALIA
Mount Dare
vers Coober Pedy
Ville principale
Autre localité
Curiosité
Hébergement
Point de vue
Sommet
Rochers
Espace protégé
Parc national
Route principale
Route secondaire
Piste
Chemin de randonnée

■ **ULURU-KATJA TJUTA NATIONAL PARK. Yulara.** ✆ (08) 8959 2299.

Tourisme dans le parc national

■ **ULURU CULTURAL CENTRE. ✆ (08) 8956 1128. www.deh.gov.au/parks/uluru** - *Ouvert de 7h à 17h30.* Situé sur la route venant de Yulara, à 1 km du rocher. Répartis dans deux bâtiments, vous trouverez des expositions consacrées à la culture aborigène et à l'environnement, ainsi qu'un complément d'information sur les tours guidés et les nombreuses balades à faire. Une cafétéria vous permettra de vous restaurer.

Tours organisés

■ **ADVENTURE TOURS. ✆ 1300 654 604 / (08) 81328230. www.adventuretours.com.au (site en français)** - Offre des safaris de 3 ou 5 jours en « swag » ou en tente dure. Ils proposent aussi des safaris jusqu'à Darwin. *Exemple de prix pour un safari de 3 jours à Uluru : AU$475, plus l'entrée du Parc*

■ **SAHARA ADVENTURES TOURS. ✆ 1800 806 240 / (02) 8252 5333. www.saharaadventures.com.au** - *Exemple de prix pour un safari de 3 jours : AU$ 495 en solo, tout compris..* Trois fantastiques journées pour découvrir l'arrière-pays australien (Outback) en compagnie d'un guide francophone : une aventure merveilleuse à travers un paysage désertique impressionnant. Le tour a été conçu pour votre plaisir, et en chemin vous apprendrez à découvrir les beautés naturelles de cette région et la culture ancienne du peuple aborigène.

■ **APT TOURS. ✆ 1800 675 222 / 1300 655 965 / (03) 9277 8499. www.aptouring.com.au** - Tours nombreux et divers d'un à trois jours pour les personnes aimant le confort des hôtels.

■ **ANANGU TOURS. ✆ (08) 8950 3030. www.ananguwaai.com.au** - Une société de voyages aborigène basée à Uluru spécialisée dans les tours consacrés à la culture aborigène, avec guide aborigène. En 2004, Anangu Tours a reçu le Prix «Legacy World Tourism Award» créé par les revues National Geographic Traveller et Conservation International afin de promouvoir le tourisme écologique.

Numéros utiles

■ **URGENCES POLICE, POMPIERS, AMBULANCE :** ✆ 000.

■ **POLICE STATION** ✆ (08) 8956 2166.

■ **AUTOMOBILE ASSOCIATION NT YULARA :** ✆ (08) 8956 2188.

■ **ETAT DES ROUTES :** ✆ 1800 246 199. www.roadreport.nt.gov.au

■ **INTERPRETE ANGLAIS 24/24 :** ✆ 13 14 50.

Services

■ **POSTE DE YULARA :** en face du supermarché.

■ YULARA ■

20 km avant l'entrée du parc. Ce village récent a changé l'une des régions les plus inhospitalières du monde en un centre touristique très confortable (400 000 visiteurs par an). Ouvert en 1984, c'est le seul et unique endroit dans le désert avec des structures hôtelières, des communications et des services touristiques, le tout regroupé sous la direction du **AYERS ROCK RESORT.** ✆ (08) 8957 7888. www.voyages.com.au (toutes réservations). Tout y est accessible dans un rayon de 15 minutes à pied. Vous y trouverez plusieurs types d'hébergements selon vos goûts et votre budget.

Hébergement

Camping

■ **AYERS ROCK CAMPGROUND. Ayers Rock Resort. ✆ 1300 134 044 / (08) 8957 7001. www.voyages.com.au** - Ce camping offre également des cabines avec air conditionnées

Bien et pas cher

■ **OUTBACK PIONEER HOTEL & YHA LODGE. Ayers Rock Resort. ✆ 1300 139 889 / (08) 8957 7888. www.yha.com.au** – *Dortoirs de AU$34à AU$41 par adulte.* Le bus s'arrête devant la porte. L'auberge dispose d'une piscine, d'un restaurant, d'un bureau de change, d'un bar, d'un bureau de location de voiture, et des activités gratuites. Ayers Rock (Uluru) est à 20 km et les Olgas (Kata Tjuta) à 53 km.

Luxe

■ **THE LOST CAMEL Ayers Rock Resort. Yulara Drive. ✆ 1300 134 044 / (08) 8957 7650. www.voyages.com.au** - *AU$235 à AU$349 pour une chambre double.*

■ **EMU WALKS APARTMENTS. Ayers Rock Resort. Yulara Drive. ✆ 1300 134 044 / (08) 8957 7399. www.voyages.com.au** - *AU$305 à AU$387 pour une chambre double.*

■ **DESERT GARDENS HOTEL. Ayers Rock Resort. Yulara Drive. ✆ 1300 134 044 / (08) 8957 7888. www.voyages.com.au** - *AU$280 à AU$387 pour une chambre double.*

■ **SAILS IN THE DESERT HOTEL. Ayers Rock Resort. Yulara Drive. ✆ 1300 134 044 / (08) 8957 74176. www.voyages.com.au** - *Chambre double à partir de AU$347 à AU$474.*

■ **LONGITUDE 131. Yulara Drive. www.longitude131.com.au** - *Tentes luxueuses en chambre double à partir de AU$785* par www.asiarooms.com/australia/ayers_rock.

Dans les environs

■ **MOUNT EBENEZER ROADHOUSE. Lasseter Highway. ✆ (08) 8956 2904. A 56 km de la Stuart Highway.** *Camping gratuit ou AU$8 avec électricité. Chambres à partir de AU$45.*

■ **CURTIN SPRINGS ROADHOUSE & CARAVAN PARK. Lasseter Highway. ✆ (08) 8956 2906. www.curtinsprings.com - Il s'agit de l'hébergement le plus près du Mont Conner, à 105 km à l'est d'Ayers Rock.** *Budget room AU$50 pour une personne et AU$60 pour 2, Family room AU$160 (1 grand lit et 4 lits), double room ou Twin AU$110 pour 2.* La visite de la cattle station et des tours à destination de l'Amadeus Salt Lake et de Mount Conner (appelé également « the Forgotten Wonder ») sont possibles.

Restaurants

Vous trouverez aisément de quoi vous restaurer à Yulara. Entre autres, **Le Pioneer Barbecue, le Winkiku, le Tali bar, le Bough House** ou le **Kuniya** sont là pour vous accueillir. *Comptez en moyenne AU$25 à AU$30 pour un plat.*

Points d'intérêt

■ **L'ULURU-KATA TJUTA NATIONAL PARK, à 20 km de Yulura.** *L'entrée du parc national regroupant Uluru et Kata Tjuta coûte AU$25 pour 3 jours consécutifs.* L'entrée est gratuite pour les moins de 16 ans. Une fois passée l'entrée, plusieurs kilomètres vous séparent encore de votre premier lieu de visite.

■ **ULURU (Ayers Rock).** Le rocher est superbe et tout ce qui l'on peut dire à son sujet ne remplacera jamais ce que vous découvrirez de vos propres yeux. Un seul conseil : ne le manquez sous aucun prétexte. Des parcours en bus ou à pied permettent d'en faire le tour.

Marches de découverte d'Uluru

▶ **Base Walk.** 9,4 km. Le plus populaire des circuits. Comptez 3 à 4 heures pour faire le tour du rocher. Le parcours est extrêmement agréable et ne comporte pas de difficulté : le terrain est rigoureusement plat. Les plus courageux pourront prendre leurs chaussures de course et faire le parcours en courant.

▶ **Liru walk.** Environ 2 km aller-retour. Relie le Cultural Centre à la base du rocher

▶ **Mutijulu Walk.** Environ 1km. A partir du Mutiujulu parking au sud d'Uluru, un circuit autour d'un trou d'eau résultant, selon la culture aborigène, d'une bataille entre Kuniya et Liru, deux serpents des temps anciens.

Mala Walk. Accessible aux handicapés. Environ 2 km aller retour à partir du Mala parking à l'ouest d'Uluru. Possibilité de continuer la marche sur le Base Walk.

The Climb. (1,6km aller-retour). En raison du caractère sacré du site et par respect pour les Aborigènes, cette ascension du rocher reste fortement déconseillée. Si vous souhaitez néanmoins vous y risquer, sachez qu'une bonne forme physique est demandée, essentiellement au début du parcours, lorsqu'il vous faudra utiliser les chaînes destinées vous aider à l'ascension. En haut, la température dépasse souvent les 36°C. Emportez impérativement de l'eau et rester très vigilant aux risques de chute et de malaise : chaque année, de nombreux touristes sont victimes d'accidents.

■ **KATA TJUTA (les Olgas).** A 32 km au nord-ouest d'Uluru, se profilent les étranges dômes des monts Olgas (Katatjuta). On pense qu'ils formaient une seule et même montagne, de taille plusieurs fois supérieure à celle d'Ayers Rock. Au cours des millions d'années, elle s'est érodée et scindée en une trentaine de dômes rouges ressemblant à de gigantesques crânes sortant soudain de la plaine. Kata-Tjuta veut d'ailleurs dire « beaucoup de têtes ».C'est le plus ancien massif montagneux du monde. Le dôme le plus haut mesure 546 m, soit plus de 200 m qu'Ayers Rock.

Marches de découverte des Olgas

Walpa Gorge. 2,6 km aller-retour. Une courte marche pour découvrir les gorges du Mont Olga, illuminées par le soleil dans l'après midi.

Valley of the Winds. 7,5 km aller-retour. Comptez environ 3 heures pour effectuer une boucle au cœur du massif. La température est souvent élevée et impose parfois au Rangers d'interdire l'accès au site. Même si le parcours présente peu de difficultés, il vous faut impérativement emporter de l'eau avec vous.

Des téléphones d'alarmes sont installés sur les deux parcours.

Loisirs

SURVOL DE LA REGION - Le survol d'Ayers Rock et des monts Olgas est une image de l'Australie à rapporter dans vos bagages. Plusieurs compagnies organisent des vols en avion ou en hélicoptère. Parmi celles-ci :

■ **PROFESSIONAL HELICOPTER SERVICES. ✆ (08) 8956 2003. www.phs.com.au -** *Propose un tour au dessus d'Ayers Rock à partir de AU$115 par personne les 10 à 15 mn.* Pour un supplément d'AU$60, on vient vous chercher à votre hôtel en Harley Davidson.

■ AVANT SOUTH AUSTRALIA ■

Hébergement

Sur Stuart Highway

■ **KULGERA ROADHOUSE, Stuart Highway, près du Mont Cavenagh, ✆ (08) 8956 0973. 20 km avant South Australia.** *Camping AU$13 à AU$20 (électricité). Budget Rooms AU$30, et Twin de AU$65 à AU$80.*

Pour ceux qui veulent aller plus loin, accessible uniquement en 4x4 :

■ **MOUNT DARE HOTEL WITRIJA NATIONAL PARK (ex Mount Dare Homestead). Witrija National Park. ✆ (08) 8670 7835 www.mtdare.com.au -** Très éloigné de la Stuart Highway. A 10 km avant South Australia et à la pointe ouest du Simpson Desert, l'ancienne Homestead à vu son nom modifié en 1984, à la date de création du Witrija National Park. *Camping AU$16,5 à AU$20 (électricité). Budget Rooms AU$30, et chambre à partir de AU$40 en single, double room à partir de AU$85. Repas pour AU$25.*

Victoria

Victoria

Le plus petit des Etats australiens (la Tasmanie exceptée) est un fertile jardin aux innombrables cultures, aux paysages et collines verdoyantes et aux sommets qui se perdent dans les nuages. Le climat est déterminé par la Great Dividing Range, qui pénètre dans le Victoria au Nord-Est. Au sud du massif, le climat est plus frais et humide qu'au Nord, mais, dans l'ensemble, l'Etat connaît quatre saisons comme en Europe. De plus, des conifères dont des pins, plantés par les premiers colons, ainsi que les maisons style vieille Europe prêtent au Victoria une atmosphère très british. Après deux vaines tentatives pour implanter une colonie pénitentiaire au début du XIXe siècle, Melbourne fut fondée en 1835 par John Batman, un squatter libre venu de Tasmanie. Les habitants refusèrent ensuite d'accueillir des bagnards envoyés de Grande-Bretagne.

En 1850, les éleveurs de moutons du Victoria se séparèrent de New South Wales pour former une colonie indépendante. Grâce à la découverte de l'or, en 1851 le nombre d'habitants augmenta rapidement. Les gisements de Ballarat et Bendigo attirèrent une population venue de tous les pays du monde, des milliers d'immigrants qui, après l'épuisement des gisements, restèrent pour cultiver la terre. Les Italiens devinrent l'une des communautés les plus actives dans les régions de vignes et de vergers du bassin d'irrigation du Murray.

Aujourd'hui Melbourne possède également la plus importante population grecque après Athènes. L'Etat de Victoria comprend actuellement plus de vignobles que tout autre Etat australien. Le blé représente une autre culture pionnière. Au fur et à mesure des progrès de la colonisation, la Wheat Belt a pénétré des zones de plus en plus arides

Au sud-est, un croissant de quelques centaines de kilomètres de large, compris entre la Great Dividing Range et la zone intérieure, commence dans le sud du Queensland, traverse le bassin du Murray et s'étend jusqu'à la péninsule d'Eyre. L'extension des terres irriguées du Murray est due à l'aménagement de l'eau des Snowy Mountains, qui a permis la culture d'arbres fruitiers. L'Etat de Victoria représente une grande partie de la richesse rurale de la nation. Il fait aussi des envieux pour la qualité de ses réseaux ferroviaires et autoroutiers. Actuellement, près d'un quart de la population de l'Australie est regroupé dans le Victoria, et notamment dans sa capitale, Melbourne.

Manifestations

- **Janvier.** Australian Open, tournoi de tennis du grand chelem, Melbourne - www.tennistours.com

- **Février.** Melbourne International Music and Blues Festival -www.melbournebluesfestival.com.au ; Heineken Classic. International Golf Tournament (Royal Melbourne Golf Club) ; Chinese New Year (Chinatown, Swanston & Little Bourke St, Melbourne).

- **Mars.** Melbourne Moomba Waterfest (Melbourne) ; Tastes of Rutherglen (Vendanges) ; **Formula one Foster's Australian Grand Prix** (Circuit Albert Park - http://cars.grandprix.com.au) ; International Dragon Boat Festival (Melbourne).

- **Avril. Rip Curl Pro (Bells Beach, Torquay :** Compétition internationale de Surf ; Festival international de la comédie, fin avril début mai : www.comedyfestival.com.au

- **Juillet.** Melbourne International Film Festival : www.melbournefilmfestival.com.au

- **Août.** Festival de la cuisine asiatique (un mois, de fin août à fin septembre).

- **Septembre.** Australian Football League Grand Final (Football australien - Melbourne Cricket Ground) ; **Australian Motorcycle Grand Prix .**

- **Octobre.** Melbourne International Arts Festival. Art Centre, 100 St Kilda Road. Présentation de pièces de théâtre internationales, musique, opéra, art visuel et danse ; **Melbourne Cup.** (Flemington Race Course, 400 Epsom Rd Flemington. Présente la plus prestigieuse des courses de chevaux d'Australie).

- **Pour plus d'informations :** www.visitvictoria.com ou www.visitmelbourne.com

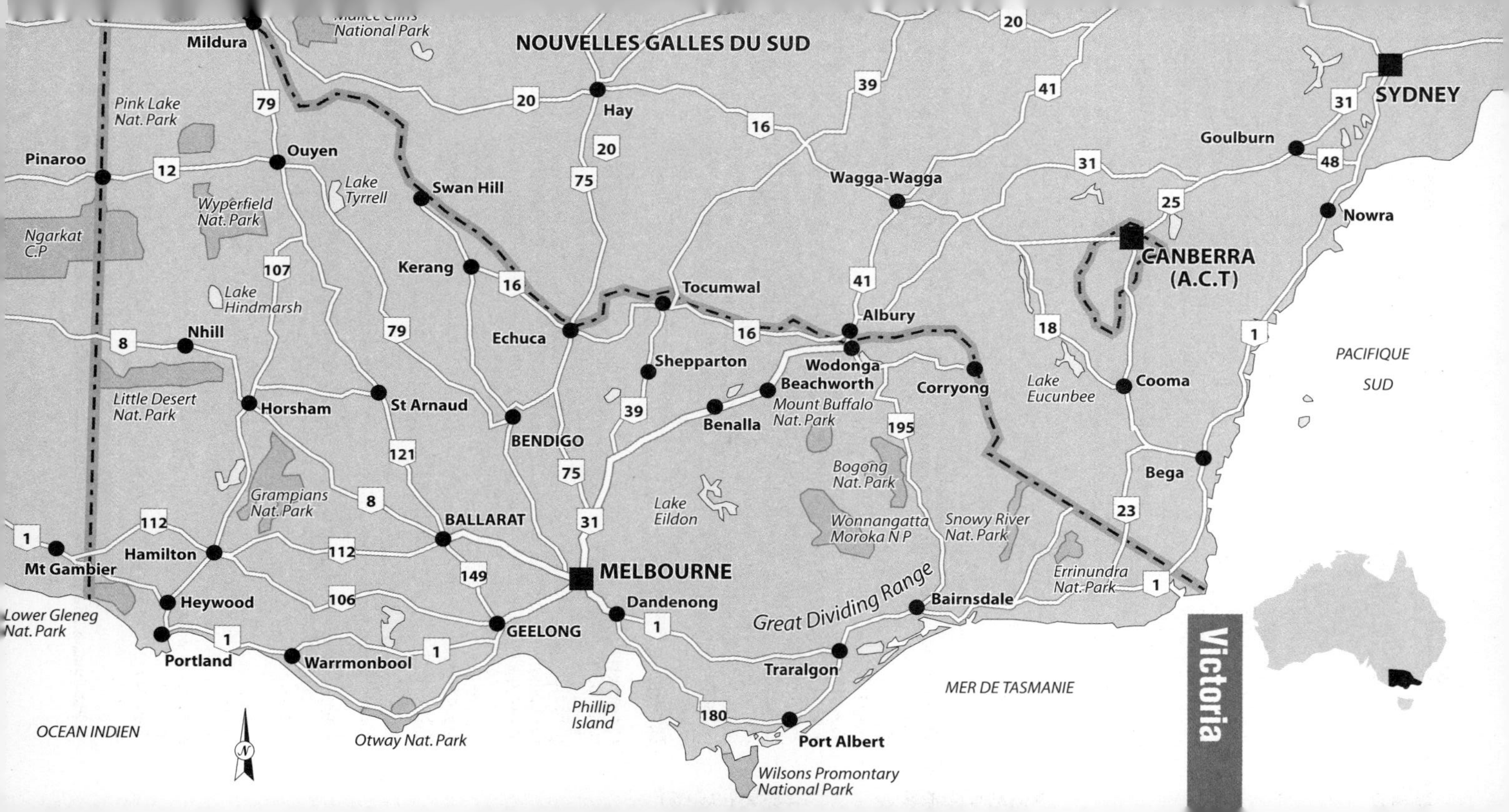
NOUVELLES GALLES DU SUD
SYDNEY
CANBERRA (A.C.T)
MELBOURNE
Mildura
National Park
Pink Lake Nat. Park
Pinaroo
Ouyen
Lake Tyrrell
Wyperfield Nat. Park
Ngarkat C.P
Swan Hill
Kerang
Lake Hindmarsh
Nhill
Little Desert Nat. Park
Horsham
St Arnaud
Echuca
BENDIGO
Grampians Nat. Park
BALLARAT
Hamilton
Mt Gambier
Heywood
Lower Gleneg Nat. Park
Portland
Warrmonbool
GEELONG
Dandenong
Otway Nat. Park
OCEAN INDIEN
Phillip Island
Port Albert
Wilsons Promontary National Park
Traralgon
Great Dividing Range
Bairnsdale
MER DE TASMANIE
Hay
Tocumwal
Shepparton
Benalla
Beachworth
Mount Buffalo Nat. Park
Wodonga
Albury
Wagga-Wagga
Corryong
Bogong Nat. Park
Wonnangatta Moroka N P
Lake Eildon
Snowy River Nat. Park
Errinundra Nat. Park
Lake Eucunbee
Cooma
Bega
Goulburn
Nowra
PACIFIQUE SUD
1
8
12
16
18
20
23
25
31
39
41
48
75
79
106
107
112
121
149
180
195
N

MELBOURNE

Elle fut, de 1901 à 1927 – avant la fondation de Canberra – la capitale du Commonwealth. Place financière et foyer culturel, Melbourne fut aussi, en 1956, le temple du sport en accueillant les jeux Olympiques. Parmi ses universités de grandes renommées, la Geelong Grammar School eut l'honneur de voir sur ses bancs (ou fauteuils) le prince Charles lui-même. Avec ses clubs exclusifs et le parler distingué de ses habitants (le Melbourne Educated), la ville snobe quelque peu ses voisins, plus rustiques, de Sydney. Même leurs habitudes vestimentaires les distinguent des habitants d'Adélaïde, où les hommes vont au bureau en bras de chemise. Ici, la voyageuse cherche instinctivement sa veste de tailleur, en tirant sur sa minijupe qui semble tout à coup trop courte. Quant au climat, on dit qu'il y a quatre saisons, comme en Europe, mais souvent elles surviennent dans une seule et même… journée. La ville est construite sur la rive Nord-Est du fleuve Yarra, légèrement en hauteur, non loin de la baie de Port Phillip.

Le centre ville rectangulaire est un mélange de bâtiments gothiques et victoriens sur fond de quelques buildings de verre et d'acier. L'artère principale, la Swanston Walk, est bordée d'immeubles victoriens et Art déco. Derrière les façades anciennes qui respirent la prospérité et la respectabilité, on trouve des intérieurs parfois très luxueux, avec une débauche de cuivre, de bois rares et de cristal du plus pur baroque victorien.

Le City Square, à l'angle de la Swanston Street, offre souvent des spectacles de rues. En haut de cette même rue, dans la section dite « parisienne », l'entrée des Treasury Gardens et des Fitzroy Gardens. La Royal Arcade de 1869 et la Block Arcade de 1892, toutes deux superbement restaurées, replongent les piétons dans l'atmosphère des boutiques du XIXe siècle. Flinders Street Station, l'ancienne gare qui ne dessert plus que la banlieue, est un bâtiment victorien monumental en brique sous des coupoles de bronze vert, à côté du pont Princes qui traverse le fleuve Yarra, aux rives toutes oxfordiennes. Les quartiers sud, comprenant le tout récent Southgate, sont situés entre le fleuve et la mer, dont le port et les plages sont moins attrayants qu'à Sydney. En matière d'art, Melbourne est indiscutablement la capitale de l'Australie.

C'est ici que se trouve le Victorian Arts Centre, coiffé d'une sorte de minitour Eiffel rachitique que les Melbourniens qualifient de cornet de glace renversé, le Victorian State Opera, le Melbourne Concert Hall et la National Gallery of Victoria, inaugurée en 1968, et reconnaissable à son rideau d'eau à l'entrée. Le King's Domaine, sur les rives sud du Yarra, offre au visiteur les somptueux Royal Botanic Gardens, avec leur profusion de chênes et de banians, d'azalées et de bambous, de magnolias et de fougères arborescentes, de pins et de palmiers. Ces romantiques jardins paysagers sont parcourus de lacs et de vallons. On y trouve même des kiosques à musique du début du siècle.

Transports

Avion

■ **L'AEROPORT DE TULLAMARINE Skybus © (03) 9335 3066 - © (03) 9670 7992.** est situé à 22 km au Nord de la City. Le bus qui fait l'aller-retour Tullamarine-Coach Terminal, sur Spencer Street, coûte AU$15. En taxi, compter environ AU$40.

Les immanquables de l'état de Victoria

- **Empruntez la Great Ocean Road** et admirez l'océan et ses magnifiques falaises.
- **Allez revivre l'époque de la ruée vers l'or à Ballarat,** découvrez-y les pratiques, les mines et tous les méandres de ce fabuleux univers.
- **Partez en randonnée dans les Grampians National Park.**
- **Prenez le frais et testez les pistes de ski des Alpes Australienne,** ou partez, en été en randonnée équestre dans le Kosciusko National Park.
- **Admirez nos amis les pingouins** à Phillip Island.
- **Tentez le surf** sur les plages de Torquay.
- Allez admirer les paysages et **observer les Kangourous du Wilson Promotory.**

Transports en commun

■ **DEPOT DES BUS AUSTRALIAN COACHLINES. 58 Franklin Street.** ✆ (03) 9639 0634.

■ **THE MET. Renseignements ✆ 131638 - www.viclink.com.au ou aux Met Shop situés à Flinders Street Station, Southern Cross Station ou 103 Elizabeth Street.** C'est le système de transports publics de Melbourne : bus, trains, trams et célèbres trams verts et jaunes de 1900. Les tickets permettent de sauter de l'un à l'autre. Ils sont valables deux heures (AU$3,20) ou la journée (AU$6,10), et existent également en cartes de 10 voyages (AU$26,70).

Il existe un tram gratuit, le **City Circle, qui dessert le centre ville.** Il roule toutes les 20 minutes de 10h à 18h.

Une autre solution plus locale est de sauter dans les **trams n° 8 ou 16,** et de se laisser guider pour une visite **des banlieues les plus sympas :** South Yarra et St Kilda.

■ **TAXIS : Yellow Cabs** ✆ 132227 ou **Astoria Taxi Service** ✆ 131008

Location de voitures

Vous pouvez également louer à l'aéroport :

■ **TRAVELLERS AUTO-BARN. 67 roden street, North Melbourne ✆ 1800 674 374 (appel gratuit) – www.travellers-autobarn.com.au**

■ **THRIFTY/BRITZ. 390 Elizabeth Street ✆ (03) 8661 6000 -1300 367 227 - www.britz.com.au** - *A partir de AU$33.*

■ **AVIS ✆ 136333 - www.avis.com.au** – *A partir de AU$55 par jour.*

■ **HERTZ. 97 Franklin Street. ✆ 133039 - (03) 9698 2555 - www.hertz.com.au** – A partir de AU$39.

■ **DELTA EUROPE CAR.** ✆ 131390 - 1300 131 390 (à partir de AU$45 par jour) - www.deltaeuropcars.com.au

Location de motos

■ **GARNERS MOTORCYCLES. 179 Peel Street, North Melbourne.** ✆ (03) 9326 8676 - www.garnersmotorcycles.com.au.

Location de vélos ou de rollerblades

La plupart des backpackers louent des rollers et des vélos sur place.

■ **BICYCLE VICTORIA.** ✆ (03) 9328 3000

Location de bateaux

Vous pouvez louer des dériveurs sur le lac d'Albert Park (autour duquel se déroule le circuit automobile de F1). Si vous êtes plutôt moteur, un centre nautique basé autour du lac Eildon (à deux heures de Melbourne) offre la possibilité de louer des bateaux permettant la pratique du ski nautique.

■ **EILDON BOAT HARBOUR. ✆ 1800 015 101.** Location de house-boats et de bateaux de ski nautique. Vous pouvez également en louer dans Melbourne.

■ **PARSONS MARINA. The Strand, Williamstown. ✆ (03) 9397 7312.** Pour naviguer sur la Yarra.

Pratique

▶ **Indicatif téléphonique :** 03 (si vous appelez d'un autre Etat). Les numéros commençant par 1800 sont les numéros d'appels gratuits.

Tourisme

■ **OFFICE DU TOURISME. Flinders Street, au coin de Swanston Street, Federation Square. ✆ (03) 9658 9658.** *Ouvert du lundi au dimanche de 9h à 18h.* Vous trouverez toutes sortes de brochures. Possibilité également d'y faire des réservations pour divers circuits.

■ **TRAVELLERS CONTACT POINT MELBOURNE. Level 1/361 Little Bourke Street, Melbourne.** ✆ (03) 9642 2911.

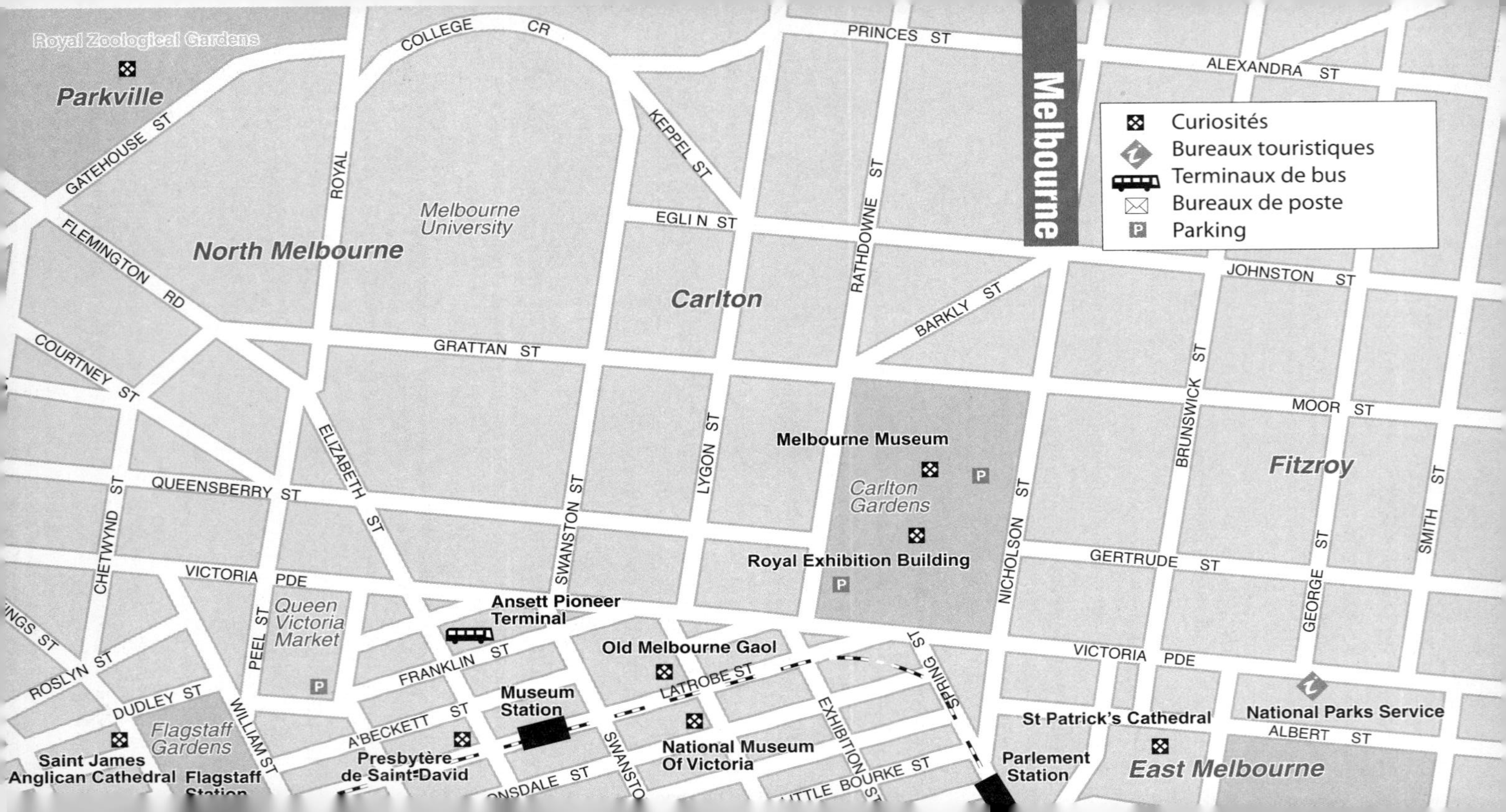
Melbourne
Curiosités
Bureaux touristiques
Terminaux de bus
Bureaux de poste
Parking
Royal Zoological Gardens
Parkville
North Melbourne
Melbourne University
Carlton
Fitzroy
East Melbourne
Melbourne Museum
Carlton Gardens
Royal Exhibition Building
Ansett Pioneer Terminal
Old Melbourne Gaol
Museum Station
National Museum Of Victoria
Presbytère de Saint-David
Queen Victoria Market
Flagstaff Gardens
Saint James Anglican Cathedral
St Patrick's Cathedral
National Parks Service
Parlement Station
PRINCES ST
ALEXANDRA ST
COLLEGE CR
GATEHOUSE ST
ROYAL
KEPPEL ST
EGLIN ST
RATHDOWNE ST
JOHNSTON ST
BARKLY ST
FLEMINGTON RD
GRATTAN ST
COURTNEY ST
MOOR ST
BRUNSWICK ST
ELIZABETH ST
LYGON ST
QUEENSBERRY ST
SWANSTON ST
NICHOLSON ST
SMITH ST
CHETWYND ST
GERTRUDE ST
GEORGE ST
VICTORIA PDE
PEEL ST
FRANKLIN ST
SPRING ST
LATROBE ST
ROSLYN ST
DUDLEY ST
WILLIAM ST
A'BECKETT ST
EXHIBITION ST
ALBERT ST
LITTLE BOURKE ST

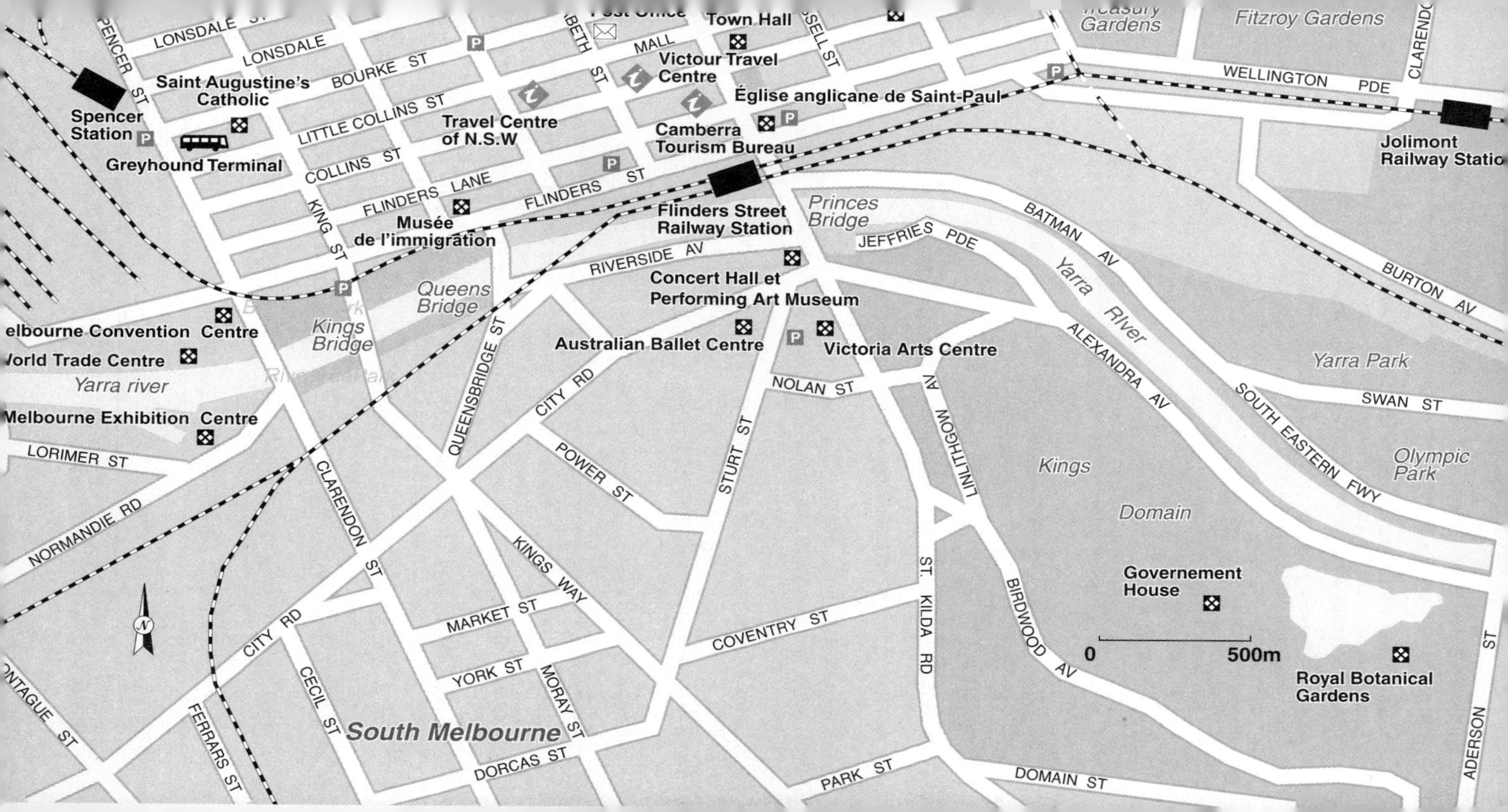

Fitzroy Gardens
Gardens
Town Hall
Victour Travel Centre
Église anglicane de Saint-Paul
Camberra Tourism Bureau
Travel Centre of N.S.W
Saint Augustine's Catholic
Spencer Station
Greyhound Terminal
Musée de l'immigration
Flinders Street Railway Station
Jolimont Railway Statio
Princes Bridge
Concert Hall et Performing Art Museum
Australian Ballet Centre
Victoria Arts Centre
Queens Bridge
Kings Bridge
elbourne Convention Centre
orld Trade Centre
Yarra river
Melbourne Exhibition Centre
Yarra River
Yarra Park
Olympic Park
Kings Domain
Governement House
Royal Botanical Gardens
South Melbourne
0
500m
LONSDALE ST
LONSDALE
BOURKE ST
LITTLE COLLINS ST
COLLINS ST
FLINDERS LANE
FLINDERS ST
MALL
WELLINGTON PDE
CLARENDO
SPENCER ST
KING ST
RIVERSIDE AV
JEFFRIES PDE
BATMAN AV
BURTON AV
ALEXANDRA AV
SOUTH EASTERN FWY
SWAN ST
NOLAN ST
LINLITHGOW AV
ST. KILDA RD
BIRDWOOD AV
STURT ST
CITY RD
POWER ST
QUEENSBRIDGE ST
CLARENDON ST
KINGS WAY
MARKET ST
COVENTRY ST
YORK ST
MORAY ST
CECIL ST
DORCAS ST
PARK ST
DOMAIN ST
ADERSON ST
LORIMER ST
NORMANDIE RD
FERRARS ST
ONTAGUE ST
N

■ **MELBOURNE VISITOR BOOTH. Bourke Street Mall.** *Ouvert du lundi au samedi de 9h à 17h et le dimanche de 10h à 17h.* Il existe un service d'accueil personnalisé à réserver trois jours à l'avance « Melbourne Greater Service », une autre façon de se familiariser avec la ville.

■ **SEE MELBOURNE CARD AND BEYOND. ✆ 1300 661 711 - www.seemelbournecard.com.au -** *Une carte valable 2 (AU$99), 3 (AU$129) ou 7 jours (AU$199),* qui donne droit à l'entrée dans une multitude de musées, parcs, sites historiques, jardins et permet de voyager dans la zone 1 des transports en commun.

■ **YHA AGENCE DE VOYAGE. 83 Hardware Lane, Melbourne. ✆ (03) 9670 9611.** Très pratique pour faire vos réservations dans les environs.

Formalités

■ **AUSTRALIAN IMMIGRATION OFFICE. Casselden Place, 2 Lonsdale Street. ✆ (03) 9235 3030.** *Ouvert du lundi au vendredi de 9h à 16h et le mercredi de 9h à 15h.*

■ **FRENCH CONSULATE IN MELBOURNE. 492 St Kilda road, Vic 3004.** ✆ (03) 982 0921 - Fax : (03) 9820 9363.

Services

■ **INTERNET.** Parmi les nombreux cybercafés qui fleurissent un peu partout à Melbourne, il y en a un, un peu plus atypique que les autres, chez le fleuriste de St Kilda. Entrez par la galerie piétonne au 123 Ackland Street, et asseyez-vous au milieu des fleurs…

Sites Internet utiles

■ **www.melbourne.vic.gov.au** (Toutes les infos pratiques de Melbourne (événements, parcs, transports, services).

■ **www.visitvictoria.com.au** (tout ce qui concerne la région, les attractions, information, logement…).

■ **www.federationsquare.com.au**

Hébergement

Backpackers

■ **CARLTON COLLEGE. 97 Drummond Street, Carlton. ✆ 1800 066 551 - (03) 9664 0664 - Fax (03) 9664 0680 - www.carltoncollege.com.au –** *Lit en dortoir AU$15 et chambre double AU$48.* Transports publics facilement accessibles après une petite marche, proche du centre commercial.

■ **NOMADS INDUSTRY. 196-198 A'Beckett St, Melbourne, Victoria 3000 ✆ (03) 9328 4383 – 1800 44 77 62 – Fax: (03) 9328 4863 www.nomadsindustry.com – bookings@nomadsindustry.com –** *Dortoir à partir de AU$ 24 et chambre à partir de AU$ 85.* Situé au centre de Melbourne, juste derrière les marchés Queen Victoria. Nomads Industry offre un dîner gratuit tous les soirs, café, barbecue, terrasse, Internet wifi, bureau d'excursions, dortoirs réservés aux filles, activités quotidiennes gratuites.

NOMADS[+=] FLASHPACKING
NOMADS industry
Nomads Industry
196 - 198 A'Beckett St, Melbourne, Victoria 3000
Tél. : 1800 44 77 62 / +61 (0) 3 9328 4383 - Fax: +61 (0) 3 9328 4863
www.nomadsindustry.com - bookings@nomadsindustry.com
Dortoirs à partir de $24 chambres à partir de $85

Dans le North Melbourne

■ **CHAPMAN GARDENS YHA. 76 Chapman Street. ✆ (03) 9328 3595 - Fax (03) 9329 7863 - www.yha.com.au - chapman@yhavic.org.au** - *De AU$27 à AU$29 par adulte.* A 2,5 km de l'arrêt du bus et de la gare. L'aéroport est à 26 km. Jardin ravissant, service de réservation touristique, vélos gratuits. La plupart des chambres sont doubles, accès facile au centre de Melbourne. Elizabeth Street Tram 57, arrêt 18.

Dans la City

■ **THE FRIENDLY BACKPACKER. 197 King Street. ✆ (03) 9670 1111 - Fax (03) 9670 9911 - www.friendlygroup.com.au - friendly@friendlygroup.com.au** - *Lit en dortoir 4 ou 6 personnes) AU$28, chambre double AU$78.* Très bien placé dans le centre ville, proche de Southern Cross Station et des transports en commun (bus, tram). Les restaurants, centres commerciaux, et pubs ne sont pas bien loin non plus. Accès à Internet, salle de TV, nombreuses activités. Backpacker très amical !

■ **THE GREENHOUSE BACKPACKER. 228 Flinders Lane. ✆ (03) 9639 6400 – Fax (03) 9639 6900 - www.friendlygroup.com.au – greenhouse@friendlygroup.com.au** - *Lit en dortoir (AU$29), chambre double (AU$78). Accès à Internet.* Proche de Flinders Street Station, pub au niveau inférieur et accès à une terrasse sur le toit avec possibilité de faire des barbecues. Salle de jeux vidéo, billard, TV, musique.

■ **BEST WESTERN MELBOURNE. 123 Queen Street, Melbourne. ✆ (03) 9602 1800 - www.bestwestern.com.au** - *A partir de AU$95.* Récemment rénové, le Best Western Melbourne offre des chambres spacieuses tout équipées. Dans le centre ville, à seulement 200 mètres des commerces du CBD et pas trop loin à pied du Crown casino, de Southbank, des Docklands, du Victoria Market et du tennis center. Best Western Melbourne dispose en outre d'une très belle carte de vins que l'on peut déguster au bar avec vue sur Queen street.

A St Kilda

■ **COFFEE PALACE ST KILDA. 24 Grey Street. ✆ (03) 9534 5283 - Fax (03) 9534 2005** - *Lit en dortoir AU$15-25, chambre double AU$45-60.* Un des plus vieux bâtiments historiques de St Kilda où l'on passe des moments agréables dans un environnement relax.

Bien et pas cher

■ **GEORGIAN COURT GUEST-HOUSE. 21 George Street, East Melbourne. ✆ (03) 9419 6353.** *Chambre simple à AU$79 et double AU$99 avec petit déjeuner continental.* Dans une charmante maison coloniale à 1,5 km du centre. Toutes les chambres comportent : radio, réveil, TV couleur, frigo.

Confort ou charme

■ **EXPLORERS INN. 16 Spencer Street. ✆ (03) 9621 3333/1800 816 168 - Fax (03) 9621 1922 - www.explorersinn.com.au** - *Les prix commencent à AU$120 pour une chambre standard.* Un des hôtels de Melbourne offrant le meilleur rapport qualité-prix. Situé en plein centre ville, tout près de la Yarra River, du Crown Casino, de l'aquarium, de l'observatoire et à 100m de Southern Cross Station.

■ **PUNT HILL. Serviced Apartments. Réservation ✆ (03) 9631 1111 ou 1300 731 299 - Fax (03) 9650 4409 - www.punthill-apartments.com.au - info@punthill.com.au** - Cette chaîne d'appartements propose des studios, des chambres pour 2 et 3, à la nuit comme à la semaine. Présent dans les quartiers les plus sympathiques de Melbourne, Punt Hill permet aux visiteurs de séjourner dans cette ville en étant comme chez eux à des prix plus avantageux que ceux d'un hôtel.

■ **CAUSEWAY INN ON THE MALL. 327 Bourke Street Mall. ✆ (03) 9650 0688/1800 650 688 - Fax (03) 9650 0711 – www.causeway.com.au - reservation@causeway.com.au** - Hôtel très central et assez bon marché vu son emplacement, entouré de cafés, magasins, boutiques et en face du Myer Shopping Centre. *Situé à 500 m de Flinders Station et Federation Square, les prix commencent à AU$185 pour une chambre standard.*

■ **HOTEL IBIS MELBOURNE. 15-21 Therry Street. ✆ (03) 9666 0000 - Fax (03) 9666 0050 - www.accorhotels.com.au - reservations @ibismelbourne.com.au** - *Chambre double AU$99.* Un hôtel de 250 chambres, toutes avec salle de bain et certaines avec kitchenette. Situé à 5 min à pied du centre et des principales attractions, il comprend un restaurant, un cocktail-bar et un club de gym.

Quartier de St Kilda

■ **TOORAK MANOR. 220 Williams Road. ✆ (03) 9827 2689 - Fax (03) 9824 2830 - www.toorakmanor.net - toorakmanor@froggy.com.au** - *Situé tout à côté d'Albert Park (là où se déroule le Grand Prix de F1). Chambre double de AU$145 à AU$200.* Il existe des forfaits avec dîner au restaurant Como House. Hôte : Nola Higgins. Situé à Toorak, la partie très chic de Saint Kilda « la bohème ». Ici, on a l'impression de retrouver l'élégance de l'ancienne Melbourne. L'actuelle propriétaire, qui reprit en 1993 ce qui était alors une résidence privée, l'a transformée en un petit hôtel raffiné. Chacune des douze chambres a sa propre personnalité, avec son mobilier, ses lits à baldaquin, ses chintz anglais... Les clients sont accueillis avec du thé ou du café dans un service en argent, et une corbeille de fruits les attend dans leur chambre. Une grande partie de l'argenterie de la maison provient des trophées de la longue carrière du mari de Nola (l'un des meilleurs jockeys de Melbourne, ville réputée pour ses courses de chevaux).

■ **CARLTON CREST HOTEL MELBOURNE. 65 Queens Road. ✆ (03) 9529 4300 ou 1800 633 888 - Fax (03) 9521 3111 - www.carltonhotels.com.au/melbourne - sales@carltoncrest-melbourne.com.au** - *Chambre double de AU$115 à AU$215.* Hôtel de 385 chambres et suites, situé en face d'Albert Park et de deux parcours de golf, tout près de la plage et des boutiques de St Kilda. Atrium ouvert sur neuf étages, club de remise en forme, deux piscines dont une couverte, sauna.

Luxe

■ **THE WINDSOR (Oberoi). 103 - 115 Spring Street. ✆ (03) 9633 6000 ou (03) 9633 6002 (réservations) ou 1800 033 100 - www.thewindsor.com.au -reservations@thewindsor.com.au** - *Chambre double à partir de AU$500, avec petit déjeuner et champagne d'accueil.* La suite royale dans la tour, avec vue sur le Parlement, là où descend le président fédéral, est fabuleuse. La nuit ne coûte que... AU$2 400 ! Le Windsor est le dernier vrai palace australien de l'ère victorienne (1883). Il compte aussi parmi les plus beaux hôtels du monde. D'ailleurs, la famille Oberoi, originaire de l'Inde, possède, notamment à Delhi, Madras et Bombay, une belle brochette de palaces coloniaux. The Windsor, pas très loin du Melbourne Cricketer Ground, et le Cricketer's Bar, avec sa propre entrée sur la rue, est une institution locale.

■ **NOVOTEL MELBOURNE ON COLLINS. 270 Collins Street. ✆ (03) 9667 5800 - Fax (03) 9667 5805 - www.novotelcollins.citysearch.com.au - H1587@accor-hotels.com** - *Chambre double AU$296 (prix plus intéressants suivant la période), avec petit déjeuner (en passant par une agence, AU$140).* Situé au cœur du centre ville, cet hôtel de 323 chambres fait partie d'un complexe commercial de boutiques chic et d'un food-court (« Australia on Collins »), réunis sous un dôme de verre. La piscine, avec sauna et salle de gym moderne, ouvre directement sur l'atrium. Egalement un agréable restaurant français dans l'hôtel.

Gay

■ **STAR HOTEL. 176 Hoddle Street, Collingwood.** ✆ (03) 9417 2696.

■ **GLASSHOUSE HOTEL. 51-55 Gipps Street, Collingwood.** ✆ (03) 9419 4748.

■ **ROCHESTER HOTEL. 202 Johnston Street, Fitzroy.** ✆ (03) 9416 3133.

■ **DT'S HOTEL. 164 Church Street, Richmond.** ✆ (03) 9428 5724.

■ **XCHANGE HOTEL. 119 Commercial Road, South Yarra.** ✆ (03) 3867 5144.

Restaurants

Le centre comprend un grand nombre de shopping malls chics, souvent complétés de food-courts comme celui de l'**Australia on Collins,** *ouverts de 11h à 18h en semaine, de 10h à 17h le samedi et de 12h à 17h le dimanche.* Dans le tout récent Melbourne Central, sous le dôme de verre de vingt étages, un autre food-court propose de la cuisine japonaise, malaise, chinoise, italienne. Le seul **restaurant Paul Bocuse** d'Australie est situé à côté du grand magasin Daimaru. A Chinatown,dans Little Bourke Street, on trouve des restaurants asiatiques comme le **Mask of China**et l'**Orchid's Garden.**

■ **THE COLONIAL TRAMCAR RESTAURANT. 183 Bank Street. South Melbourne ✆ (03) 9696 4000 - Fax (03) 9696 3787 - www.tramrestaurant.com.au - reservations@tramrestaurant.com.au** - Dîner dans Melbourne peut être une fabuleuse expérience et spécialement à bord de ce tram historique qui vous fera découvrir la ville tout en vous offrant des spécialités australiennes.

Vous en apprécierez la fine cuisine et les meilleurs vins australiens, ceci, dans un décor colonial (les installations modernes en plus !). Il est fortement conseillé de réserver au moins 24 heures à l'avance. Le point d'embarquement pour cette visite gastronomique se fait au Tram stop 125 sur Normanby Road, au niveau de l'intersection avec Clarendon street. *Compter par personne entre AU$66 (pour le premier service à 17h45 jusqu'à 19h15 comprenant 3 plats) et AU$104,50 (pour le service de 20h35 jusqu'à 23h30 comprenant 5 plats).*

Bien et pas cher

■ **THE HARD ROCK CAFE. Corner Bourke et Spring Streets. ✆ (03) 9650 4755.** Comme les autres 17 Hard Rock Café, disséminés un peu partout dans le monde, celui de Melbourne, ouvert fin 1995, est un temple à la gloire du rock construit autour d'une Cadillac rose des années 1960. Ce que l'on sait moins, c'est que le HRC est géré par la chaîne des hôtels Oberoï.

■ **TOTO'S PIZZA HOUSE. 101 Lygon Street, Carlton. ✆ (03) 9347 1888.** Propose sans doute les meilleures pizzas de Melbourne à des prix tout à fait raisonnables et jusque tard dans la nuit.

■ **DJAKARTA. 338 Bridge Road, Richmond. ✆ (03) 9428 7086.** Cuisine indonésienne moderne dans un vrai décor de musée.

Bonnes tables

■ **FLOWER DRUM. 17 Market Lane. ✆ (03) 9662 3655.** *Dîner pour environ AU$70.* Le meilleur restaurant chinois de Melbourne. Spécialités cantonaises, canard de Pékin et fruits de mer.

■ **JACQUES REYMOND. 78 Williams Road, Prahran. ✆ (03) 9525 2178 - www.jacquesreymond.com.au** - *Deux formules déjeuners à AU$38 et AU$46.* Jacques Reymond est l'un des meilleurs chefs cuisiniers de Melbourne. Si le temps le permet vous pouvez prendre un premier verre dans l'agréable jardin du restaurant.

■ **MELBOURNE OYSTER BAR. 209 King Street, City. ✆ (03) 9670 1881** - *Déjeuner pour deux à environ AU$90.* Malgré la carte inventive, les clients viennent surtout pour les huîtres classiques, les nostalgiques cocktails de fruits de mer et les grosses crevettes à l'ail. Les dîners aux chandelles sont très romantiques, avec un orchestre live jouant une musique langoureuse.

■ **BAMBOO HOUSE. 47 Little Bourke Street. ✆ (03) 9662 1565.** Excellente cuisine chinoise à prix raisonnables dans une atmosphère sympathique et un décor somptueux.

A St Kilda

■ **SUPERBO. 19 Fitzroy Street. ✆ (03) 9534 7332** - Un petit bar intimiste pour partager des moments en amoureux.

■ **THE STOKEHOUSE. 30 Jacka Boulevard. ✆ (03) 9525 5555** - Un des rares bars-restaurants donnant directement sur la plage. Un bon arrêt pour rencontrer les Australiens le week-end.

A Fitzroy

■ **AKARI. 177 Brunswick Street ✆ (03) 9419 3786.** Un très bon restaurant japonais à un prix raisonnable. Les sushis valent le coup.

■ **MATTEO'S RISTORANTE. 533 Brunswick Street. ✆ (03) 9481 1177.** Un restaurant pour venir entre amis, goûter une bonne cave australienne ou italienne. Recommandation : les lamb cutlets (côtelettes d'agneau).

■ **THAI THANI. 293 Brunswick Street ✆ (03) 94196463.** Pour les amateurs de cuisine thaïlandaise ou épicée (testez le Red curry !). Le décor est tout simplement fantastique.

A South Yarra

■ **SEL DE LA TERRE. 74 Toorak Road. ✆ (03) 9866 2744.** *Les prix ne sont pas excessifs, AU$25 pour deux plats et AU$35 pour trois plats.* Très agréable en hiver pour s'asseoir au coin du feu en appréciant une cuisine française moderne. Les bougies sur la table révèlent tout le charme de ce restaurant.

■ **CAFE E CUCINA. 581 Chapel Street, South Yarra - ✆ (03) 9827 4139.** Excellente cuisine dans un cadre chaleureux. La meilleure table est sans conteste celle du balcon. Essayez les antipasti misto.

Dans la City

■ **KUN MING CAFE. 212 Little Bourke Street. ✆ (03) 9663 1851.** Un des meilleurs chinois de la ville pour ce rapport qualité-prix.

■ **ARRIVEDERCI AROMA. 408 Queen's Street ✆ (03) 9606 0530.** La halte idéale après la visite du Victoria Market.

■ **ITALY 1. 27 George Parade. ✆ (03) 9654 4430.** Un bar-restaurant sophistiqué et moderne où les vins se commandent au verre. Pour AU$20-25, vous pouvez vous attendre à un délicieux repas.

■ **YAMATO. 28 Corrs Lane. ✆ (03) 9663 1706.** Mieux vaut réserver un peu à l'avance, tellement son succès est grand. Si vous avez la chance d'obtenir l'une des huit tables, vous apprécierez les délicieuses saveurs de l'Empire du Soleil-Levant, et l'addition aussi sera une bonne surprise.

Sortir

Melbourne est une ville culturelle et compte des théâtres de qualité tels Le Melbourne Art's Theater, le Princes Theater ou encore le Regent Theater.

■ **TICKETEK. ✆ 132849 - www.premier.ticketek.com.au –** L'agence principale où réserver vos billets pour tout événement, du théâtre au match de foot en passant par le Grand Prix de Formule un. Pour ce qui est de se distraire de façon plus prosaïque, le Crown Complexe Entertainment situé sur les rives de la rivière Yarra possède le plus grand casino d'Australie, ainsi que plusieurs restaurants, night-clubs et cinémas.

South Yarra

Au sud de la Yarra, les deux artères principales de ce quartier huppé (Toorak Road et Chapel Street) abritent une vie nocturne chic et animée. Boutiques branchées et magasins de cadeaux.

■ **BRIDIE O'REILLYS. 462 Chapel Street, South Yarra. ✆ (03) 9827 7788.** Récemment transformé en Irish bar. Si vous y allez en été, la terrasse est le meilleur endroit pour faire des rencontres.

■ **IMPERIAL. 522 Chapel Street, South Yarra. ✆ (03) 9826 5255.** Une boîte qui se veut très jet-set. Elle ressemble plutôt à un bar à vins.

Toorak

■ **SILVERS. 445 Toorak Road. ✆ (03) 9827 8244.** Night-club.

City

C'est le centre des affaires et peu de gens y habitent. Si elle grouille dans la journée d'hommes et de femmes d'affaires qui se retrouvent en début de soirée pour la traditionnelle VB (Victoria Bitter), elle rajeunit lorsque la nuit tombe autour des cinémas, restaurants, bars et boîtes de nuit.

■ **INTERNATIONAL. 18-24 Market Lane. ✆ (03) 9663 2085.** Rencontres en perspective !

■ **LOUNGE. 1 St Floor. 243 Swanston Street ✆ (03) 9663 2916.** Bar en semaine et soirée Electro le week-end.

■ **DALLAS. 189 King Street. ✆ (03) 9642 4666.** *Pour AU$10, bière à volonté durant 2h tous les jeudis, dans une très bonne ambiance.*

■ **BUBBLE night-club, discothèque. 28 Francis Street.** Le samedi de 23h à 1h, champagne et bières gratuits, 3 salles de musique dont la principale diffuse de la techno.

■ **GREENROOM BACKPAKER. 33 Elizabeth Street. ✆ (03) 9614 2777.** Bar très sympa, où la clientèle (jeune !) vient pour la plupart des backpackers. Live concerts et live music pratiquement tous les soirs.

■ **BLISS. 11 Queen Street. ✆ (03) 9621 1393.** Petit club qui passe tous les styles de musique, entrée à AU$10.

Prahran

■ **CLUB EVOLUTION. 138 Commercial Road, Prahran. ✆ (03) 9529 7132.** Très bon night-club : tous styles de musique passent sur le dance-floor ! Sans oublier les petits coins intimistes et nombreux bars qui favorisent les rencontres.

■ Dans Greville Street, vous trouverez, au n° 143 ; **The Greville Bar** ✆ (03) 9529 4800 (bar-restaurant aux influences asiatiques) ; au n° 162, **Le Candy Bar** ✆ (03) 9529 6566 (café le jour et club la nuit avec DJ ou guitariste. Le verre de vin coûte environ AU$5.50).

Albert Park

Depuis l'arrivée du Grand Prix de Formule un à Melbourne (aménagé autour d'Albert Park Lake) en 1996, ce quartier, à cinq minutes de la baie, a été totalement reconsidéré. Il accueille aujourd'hui un grand nombre de projets immobiliers et des complexes sportifs.

Carlton

Carlton, un des plus beaux quartiers résidentiels de Melbourne, abrite de nombreuses demeures historiques. Ce quartier italien par excellence, qui prolonge au Nord la City, est réputé pour sa rue principale, Lygon Street, remplie de cafés, restaurants, pizzerias et glaciers à très bon prix. Beaucoup d'étudiants ont élu domicile ici, car le campus universitaire de Melbourne ne se trouve qu'à un pâté de maison.

■ **NOTTURNO. 179 Lygon Street, Carlton.** Un café italien à 3h du matin, rien de tel pour commencer la nuit.

■ **LA CASA DEL GELATO. 163 Lygon Street.** Ce glacier italien propose une trentaine de parfums. Testez la double glace avec 4 parfums pour seulement AU$5. Délicieux !

St Kilda

Un quartier sans cesse en mouvement avec ses deux rues principales, Ackland et Fitzroy Streets, qui accueillent le soir et le week-end une foule cosmopolite venue se restaurer dans ses nombreux bars et restaurants.

■ **PRINCE OF WALES. 29 Fitzroy Street, St Kilda. ✆ (03) 9536 1166.** *Soirées Electro, AU$20 l'entrée.*

■ **VELUDO. 175 Acland street. ✆ (03) 9534 4456.** Restaurant-café-bar. Un endroit où il fait bon lézarder une VB à la main. *Spécial déjeuner à AU$10. Du mardi au jeudi de 19h30 à 21h30 : cours de salsa.*

■ **BAR CORVINA. 157 Fitzroy Street, St Kilda. ✆ (03) 9537 0244.** Très chic et confortable. Un intérieur design, une ambiance sympa et une cave relativement bien fournie.

■ **DOG'S BAR. 54 Acland Street, St Kilda. ✆ (03) 9534 3075.** Réputé pour sa carte des vins, il est une institution du quartier. Idéal pour commencer la soirée avec des guitares espagnoles.

■ **MELBOURNE WINE ROOM. 125 Fitzroy Street, St Kilda. ✆ (03) 9525 5599.** Unique en son genre, ce repaire sophistiqué est l'endroit idéal pour accorder fromage et vin en guise de repas.

■ **AREA 61. 61 Fitzroy Street. ✆ (03) 9537 1999.***Très bonne ambiance et bien fréquenté. AU$15 l'entrée.* Club hip-hop, disco, électro, house.

■ **THE PALACE. Lower Esplanade. ✆ (03) 9534 0655.** *Entrée à AU$10.* Tous les styles musicaux sont représentés dans différentes salles et différentes ambiances.

Fitzroy

La Brunswick Street, la rue à ne pas manquer dans ce quartier animé. Elle est en effet pleine de cafés, de boutiques « trendy », de restaurants branchés et « good value ».

■ Au n° 334, **LE GYPSY BAR. ✆ (03) 9419 0548.** C'est un bar plein de mystère où l'on sirote une margarita en écoutant les chuchotements des couples qui vous entourent.

■ Au n° 342, **LE RHUMBARALLA'S. ✆ (03) 9417 5652.** Offre l'occasion de savourer un risotto devant une baie vitrée et un panorama de rue surprenant.

Gay

■ **JET LOUNGE. 143 Commercial Road, South Yarra.** ✆ 0417 267 553. Upstairs.

- **K BAR. 41-43 Fitzroy Street, St Kilda.** ✆ 0418 869 350. Ultralounge

- **KITCH BAR.** 161 High Street. Prahran

- **DIVA. 153 Commercial Road, South Yarra.** ✆ **(03) 9824 2800.** Dance Bar.

- **SALON KITTY. 64 Smith Street (upstairs), Collingwood.** ✆ **0416 243 195.** Sexy Lounge Bar.

Points d'intérêt

- **NATIONAL MUSEUM & STATE LIBRARY. Swanston & Russel Streets.** *Ouvert de 10h à 18h.* Le célèbre cheval Phar Lap naturalisé (empoisonné en 1932 en Californie) est exposé ici, ainsi que deux tigres de Tasmanie également empaillés. Une exposition retrace l'histoire récente et la lutte des Aborigènes pour l'obtention des mêmes droits que les Blancs.

- **ZOO DE MELBOURNE. Elliott Avenue, Parkville.** ✆ **(03)9285 9300).** Pour les familles et les amateurs. Le zoo est l'un des plus célèbres au monde. Vous pouvez observer les pingouins nager dans leur piscine, les otaries faire des acrobaties et les koalas dormir ! Toutes les espèces sont représentées, vous pouvez aussi vous balader au milieu des serres exotiques avec des papillons multicolores sur vos épaules. Pour prendre un bol d'air, assistez à une projection du cinéma en plein air ou promenez-vous dans les jardins botaniques.

- **MELBOURNE OBSERVATION DECK. 525 Collins Street.** *Ouvert de 10h à très tard dans la nuit!*

La Rialto Tower, haute de 253 mètres offre une vue panoramique à 360 degrés sur la ville et ses alentours. La construction de ce gratte-ciel de 58 étages remonte à 1986. La plate-forme d'observation située au 55e étage fut ouverte en 1994 et l'ascenseur qui y conduit ne met que 38 secondes pour l'atteindre. L'infrastructure de l'observatoire comprend un bar, un marchand de souvenirs et des jumelles d'observation. L'idéal est d'arriver en fin d'après-midi pour pouvoir observer le coucher du soleil sur la ville.

Shopping

- **MELBOURNE CENTRAL, 300 Lonsdale street.** Ouvert en 1992. Le shopping centre « sous cloche » est un immense dôme en verre de vingt étages couvre la célèbre Shot Tower qui, au siècle dernier, servait à refroidir les balles de plomb. Un ballon dirigeable coloré flotte sous le dôme. Il y a aussi un vivarium de trois étages rempli de papillons exotiques multicolores. Le Melbourne central, l'une des galeries marchandes les plus populaires, offre quelque 180 commerces.

- **LA BLOCK ARCADE VICTORIENNE, 282 Collins Street.** Avec son sol en mosaïque et sa coupole centrale, c'est un autre endroit agréable pour faire du shopping dans les boutiques chics de cette ville où l'on trouve les plus grands créateurs, même européens. Construite entre 1891 et 1893, puis restaurée en 1988, la block arcade peut aussi faire l'objet d'une visite guidée.

- **SOUTHGATE COMPLEX, sur la rive sud de la Yarra River.** Les terrasses des restaurants s'étirent jusqu'au bord du fleuve et s'étendent sur 3 niveaux, à ceci s'ajoutent quelque 40 boutiques chics de prêt-à-porter, bijoux, chaussures, meubles... Le moment idéal pour une promenade au bord de la yarra river est en soirée quand les lumières de la ville se reflètent dans les eaux du fleuve, et que les tours du Crown Casino s'enflamment.

- **QUEEN VICTORIA MARKET.** Le « Vic Market » se trouve à un kilomètre au Nord du centre des affaires. Tous les trams allant vers le Nord le long d'Elizabeth et William Streets s'y dirigent. Ce marché qui occupe aujourd'hui une superficie de 7 ha et qui accueille chaque semaine environ 130 000 personnes a débuté en 1877 par un simple marché aux fruits et légumes. Le Queen Victoria Market qui est le principal de la capitale occupe le site du Premier Melbourne Cemetery ouvert en 1837, c'est donc pour cela que plusieurs bâtiments sont classés monuments historiques. Aujourd'hui, plus d'un millier de stands très variés. *Ouvert mardi et jeudi de 6h à 14h, vendredi de 6h à 18h, samedi de 6h à 15h, dimanche de 9h à 16h.*

- Les grands magasins **MYER ET DAVID JONES.** Ouverts 7j/7. Myer est le plus important des grands magasins. Son entrée principale est sur le Bourke Street Mall et s'étend sur 6 niveaux, alors qu'un deuxième bâtiment sur Londale Street comprend 7 étages. David Jones, dont l'entrée principale se trouve également sur le Bourke street Mall, possède trois immeubles et est réputé pour ses articles de qualité.

Manifestations

Tous les ans le Festival gay et lesbien du Midsumma se tient en janvier et février. Il comporte des événements d'art, un défilé de rue...

Melbourne est une ville gay-friendly. Les endroits les plus populaires sont : St Kilda, Acland Street ; St Kilda, Chapel Street ; South Yarra, Brunswick Street ; Fitzroy

Sports et loisirs

■ Une idée originale, **LE SAUT EN PARACHUTE. Melbourne City Skydiver.** ✆ **(03) 9739 0333/1300 734 471.** A 1h30 de Melbourne. L'équipe de Melbourne City Skydiver met en bonne condition pour un saut en toute sécurité : le saut en tandem avec un moniteur expérimenté (AU$360). Adrénaline garantie durant la chute libre à 260 km/h et ensuite, le temps de la descente, la vue spectaculaire sur la Yarra Valley est très impressionnante (le tout peut être filmé et photographié).

■ **BALLOON SUNRISE.** ✆ **(03) 9730 2422-1800 992 105.** Melbourne vue d'en haut, depuis un ballon, est une expérience inédite. *AU$310 par adulte et AU$248 par enfant en dessous de 12 ans. Minimum 6 ans.*

■ **Si vous choisissez de PLONGER DANS LES FONDS MARINS,** il est possible de louer du matériel et de suivre des cours de plongée dans des magasins spécialisés. Les sorties s'effectuent en général à Portsea, Wilson Promontory, ou du côté de la Great Ocean Road à Lorne, Angleasa ou Apollo Bay. **Melbourne Diving School, 144 Bell St Heidelberg West VIC 3081** (✆ **(03) 9459 4111) ou le Queenscliff Dive Centre, 37 Learmonth St Queenscliff VIC 3225** (✆ **(03) 5258 1188)** organisent de très bonnes plongées dans les environs (Flinders, Lorne, Apollo Bay, Sorrento...). Le réseau hydrographique du Victoria permet une intense saison de rafting du mois d'août au début de l'été. Prévoir au minimum un week-end de deux jours, 4 heures de route au minimum étant nécessaires pour atteindre les rapides.

■ **PISTES DE SKI A MOUNT BULLER** (3 heures de route). Le mont Buller est situé à 250 km nord-est de Melbourne, à une altitude de 1 805 mètres. *Le forfait pour la journée est de AU$88 par adulte (AU$132 avec location des skis et AU$140 avec location d'un surf), et de AU$47 par enfant (AU$77 avec les skis et AU$90 avec la location d'un surf).*

Les hôtels étant relativement chers, le plus économique est de faire l'aller-retour. Sinon, vous pouvez séjourner à l'auberge de jeunesse.

Croisière

■ **MELBOURNE RIVER CRUISES.** ✆ **(03) 8610 2600 - www.melbcruises.com.au -** Les départs se font quai n°6 Southgate, sur la rive sud de la Yarra River. Plusieurs croisières vous sont proposées, «Port et Docklands» ou «River Garden» pour AU$19.80, Melbourne Highlight qui combine les deux tours pour un prix très raisonnable de AU$33,60, «city to Williamstown» pour AU$17,20.

Dans les environs

■ **THE GRAMPIANS NATIONAL PARK.** Parfait si vous voulez retrouver la nature et les senteurs des forêts. Préparez-vous à rester en admiration devant la spectaculaire cascade McKenzie Falls. Petit conseil, prenez de bonnes chaussures de marche.

■ **HIGH COUNTRY GOURMET TOUR.** Promenade à travers les forêts de la Great Dividing Range pour voir les Giant Mountain Ash (jusqu'à 70 m), des fougères géantes, des poches d'anciennes rainforests, ces forêts pluviales qui couvraient presque tout le pays, réminiscences des temps préhistoriques où l'Australie faisait partie du super continent Gondwana, et avant que les eucalyptus eurent pris le dessus.

■ **SERENDIP SANCTUARY. 100 Windermere Road, Lara** ✆ **13 1963 (numéro special joignable uniquement d'Australie).** Une réserve de 250 hectares, à 1h30 de Melbourne, dédiée à la conservation de la végétation et des animaux des plaines et des marécages, et plus particulièrement des oiseaux que l'on peut observer à travers les « meurtrières » aménagées à cet effet dans le centre d'information et d'éducation de Serendip. C'est une sorte de « couveuse naturelle » d'où, plus tard, les oiseaux regagneront leur habitat naturel. L'élégante Brolga (grue cendrée australienne), la rare Cape Barren Goose (oie sauvage), le curieux Bustard qui n'existe plus que dans le Victoria, et l'incroyable Tawny Frogmouth, tellement expert en camouflage qu'on a du mal à le distinguer de l'écorce de l'arbre où il est perché. Ces oiseaux étaient jadis communs dans les grandes plaines du Victoria. S'étendant jusqu'au pied des Otway Ranges, ces plaines sont devenues aujourd'hui les pâturages les plus riches de la région pour les moutons mérinos.

Excursions d'une journée

Un grand nombre de compagnies de bus organisent des excursions à la journée. Les départs ont tous lieu à 180 Swanston Street, avec pick-up gratuit à l'hôtel.

■ **AUSTRALIAN PACIFIC TOURS.** ✆ 1300 655 965/(03) 9277 8499 - www.aptouring.com.au - info@aptouring.com.au

■ **GRAY LINE. 180 Swanston Street. ✆ 1300 858 687 - www.grayline.com.au - reservations@grayline.com.au** - *De AU$46 à AU$261.*

■ **PEREGRINE ADVENTURES. 380 Lonsdale Street. ✆ (03) 8601 4444/1300 854 444/655 433.** Une agence spécialisée en sports extrêmes, pouvant combiner rafting, escalade, ski, kayak, cycliste, canoë et autres options. Peregrine Adventures dispose de six bureaux à travers l'Australie, dont le principal est à Melbourne.

■ **JACK DROVER AUSTRALIS TOURS. 714 Glenferrie Road, Hawthorne 3122. ✆ (03) 9815 0266 - www.jdcorporateevents.com.au/jackdrover -info@jackdrover.com.au** - Tony Lee, expert en koalas (il a écrit plusieurs ouvrages scientifiques sur ce charmant animal), est aussi un expert des circuits guidés à la découverte de la nature australienne.

■ **AUTOPIA TOURS. 78 Howard Street, North Melbourne. ✆ (03) 9419 8878/1800 000 507 - www.autopiatours.com.au** - *AU$90-100 pour les tours à la journée, jusqu'à AU$395 les 4 jours.*

■ **PENGUINS & PENINSULA WINES.** Excursion d'une demi-journée pour voir les pingouins nains à Phillip Island.

Sorrento

■ **SORRENTO YHA. 3 Miranda Street, Sorrento 3943. ✆ (03) 5984 4323 - Fax (03) 5984 2430 - sorrento@yhavic.org.au - www.yha.com.au** - *AU$25 par personne.* A 100 mètres de l'arrêt de bus. Si vous arrivez de Melbourne en train, un bus vous emmène de la gare de Frankston à l'auberge. Il existe aussi une navette de l'aéroport de/à Frankston. Le ferry est à 1,3 km de l'auberge, et fait la liaison avec Queenscliff et Great Ocean Road et Cowes (vérifier les horaires). Au cœur de Sorrento l'historique, cette auberge chaleureuse est à quelques minutes des plages, restaurants, cinémas et cafés.

■ LA GREAT OCEAN ROAD (260 km à l'Ouest) ■

La plus belle route d'Australie. Allez observer ses magnifiques falaises et les magnifiques couleurs du coucher du soleil. Il y a un arrêt à Bells Beach pour le morning tea, et un autre à Apollo Bay pour le déjeuner. Avant le déjeuner, arrêt dans une forêt d'eucalyptus pour observer les koalas. Possibilité de prendre un hélicoptère pour apercevoir les 12 apôtres vus du ciel.

La route la plus spectaculaire de l'Australie longe sur 320 km les falaises et les plages désertes, et traverse de petits villages pittoresques jusqu'au Port Campbell. On peut voir des formations rocheuses surprenantes près de la côte où l'érosion continuelle a excavé les falaises et isolé des îlots de la terre ferme. Les Douze Apôtres, qui ressemblent à des sentinelles de pierre, veillent au large de Port Campbell sur les vagues venues de l'Antarctique. La mer remodèle constamment le profil côtier.

Elle ne laisse subsister, en les isolant du continent, que les rochers les plus durs qui finiront par s'écrouler sous la violence des éléments. London Bridge, une formation fantastique, se détacha de la côte par une arcade qui s'effondra en 1990 après une série de grosses tempêtes. Deux touristes se trouvaient sur la partie coupée de la terre ferme. Ils furent obligés d'y passer la nuit, l'hélicoptère de secours ne pouvant pas se poser à cause du vent. Le Grotto est une sorte de piscine naturelle qui se remplit d'eau de mer à marée montante. En été, les jeunes de Melbourne adorent venir faire la Great Ocean Road à moto, rivalisant parfois de vitesse sur cette route sinueuse. Pour y accéder, prendre la Princess Highway de Melbourne qui descend vers le sud, à Geelong, et rejoint la Great Ocean Road à Torquay où l'on peut visiter les superbes plages de surf de Bell (ce sport fut introduit en Australie en 1912) et de Jan Juc. Le long de la côte, les grands eucalyptus exhibent leurs troncs noués et torturés par les vents venant du large, ces vents qui soulèvent des crinières d'écume sur les rouleaux de surf issus des profondeurs de l'océan.

La côte de l'Australie du Sud accueille les courants froids venus du pôle. Les plus grosses vagues, tels des butoirs sur les falaises, envoient tout droit dans l'air des jets d'écume. Cette côte, vers Port Campbell, est aussi appelée la Shipwreck Coast en raison de nombreux naufrages dans ses parages.

La Great Ocean Road fut construite entre 1916 et 1932, enrôlant d'abord les soldats revenus de la Grande Guerre en Europe, puis les chômeurs de la Grande Dépression des années 1920. L'Armée du Salut était chargée du ravitaillement.

Le parc national qui borde la côte fut dévasté par un gigantesque feu de brousse en 1983. Le bush était desséché par un été très chaud, avec 43 °C à l'ombre. Il y eut 72 morts et une centaine de maisons détruites.

■ **WAYWARD BUS ✆ (08) 8410 8833** propose un circuit de 3 jours qui part de Melbourne et arrive à Adélaïde. Les prix commencent à AU$395 et comprennent tous les repas et l'hébergement. L'ambiance est décontractée et les arrêts sont fréquents pour vous permettre d'apprécier le paysage.

Hébergement – Restaurants

A Port Campbell

■ **SOUTHERN OCEAN MOTEL. Lord Street, Port Campbell ✆ (03) 5598 6231 ou 1800 035 093 -** *Chambre double AU$80.* Près des Douze Apôtres (à 12 km, pour être exact) et de London Bridge. Cet hôtel, situé juste en face de la plage, est une bonne base de départ pour Otway Ranges, Shipwreck Coast, les lacs et Crater City.

A Portland

■ **VICTORIA HOUSE (Historic Bed & Breakfast). 5 Tyers Street, Portland (à 365 km au sud-ouest de Melbourne). ✆ (03) 5521 7577 - Fax (03) 5523 6300 - vichouse@hotkey.net.au –** *Chambre double AU$140-150.* Victoria House (1853) est classée monument historique. Derrière la solide façade en « bluestone » (plutôt austère), on découvre un intérieur confortable et élégant, mis en valeur par une récente restauration et ses nouvelles annexes à l'architecture sympathique. Du thé, du café, et un verre de sherry sont offerts gracieusement dans le salon pendant toute la durée du séjour. La plage de Portland est accessible à pied.

A Port Fairy

■ **PORT FAIRY YHA. 8 Cox Street, Port Fairy 3284 ✆ (03) 5568 2468 - Fax (03) 5568 2302 - portfairy@yhavic.org.au - www.yha.com.au –** *Dortoir à AU$20 et chambre double à AU$50.*

A Port Campbell

■ **PORT CAMPBELL YHA. 18 Tregea Street, Port Campbell 3269 ✆ (03) 5598 6305 – Fax (03) 5598 6305 - portcampbell@yhavic.org.au - www.yha.com.au –** *De AU$20 par adulte à AU$12 pour les moins de 18 ans.* A 500 mètres de l'arrêt de bus et 53 km de la gare de Camperdown. Aéroport de Warrnambool à 65 km. Grande auberge spacieuse. Cuisine moderne, salle commune, salle de télévision, aire de BBQ, vidéo, machines à laver.

LORNE

Si l'on ne devait faire qu'un seul arrêt le long de la Great Ocean Road, ce serait dans la petite bourgade de Lorne. Après avoir admiré les superbes Erskine Falls, vous pourrez jeter un œil du haut de Teddy's lookout pour admirer la côte.

■ **BUREAU D'INFORMATIONS À LORNE. 144 Mountjoy Parade. ✆ (03) 5289 1152.** *Ouvert de 9h à 17h.*

Hébergement – Restaurants

■ **ERSKINE ON THE BEACH. Mountjoy Parade, Lorne. ✆ (03) 5289 1209 - www.erskineonthebeach.com. - info@erskineonthebeach.com –** *A partir de AU$190 pour une chambre double avec petit déjeuner.* Posée à même la plage, c'est une maison d'hôtes construite dans les années 1930. Piscine, tennis, restaurant.

■ **OCEAN LODGE MOTEL. 6 Armytage Street. ✆ (03) 5289 1330.** Le site est à 100 mètres au-dessus de la Great ocean Road. Petites suites très confortables pour AU$90 avec vue sur l'océan. L'historique Lorn Pier est seulement à quelques minutes de marche.

■ **Enfin, si vous préférez le CAMPING,** adressez-vous au Lorne Foreshore Committee ✆ (03) 5289 1382 - www.lorneforeshore.asn.au, qui gère quatre campings (avec location de caravanes pour la nuit).

Mountjoy Parade, la rue principale, réunit un grand nombre de restaurants. Ainsi, le **Arab Expresso Bar** au n° 94 ou **Kosta's Tavern** au n° 48. Pier Restaurant (en face du 22 Great Ocean Road) proposent de délicieux fruits de mer et un service irréprochable.

Pour arriver jusqu'à Port Campbell, la route croise les chemins de randonnée pédestre du parc national d'Otway, les chutes d'eau de Hopetoun et Beauchamps, le parc du Melba Gully State (on peut atteindre un immense eucalyptus de 27 mètres de circonférence). Il y a un bureau d'informations sur le parc national de Port Campbell, à Port Campbell.

Si vous préférez la forêt à la mer, n'hésitez pas à loger au **Great Ocean Road Backpackers YHA,** 10 Erskine Avenue, Lorne 3232. ✆ (03) 5289 1809 - Fax (03) 5289 2508 - lorne@yhavic.org.au – Dortoir à AU$20 et chambre double à AU$50. A 100 mètres de l'arrêt de bus. Si vous venez en train : train de Melbourne jusqu'à Geelong puis bus de Geelong à Lorne. L'aéroport de Melbourne est à 130 km. L'auberge la plus populaire sur la Great Ocean Road. Machines à laver, vélos, boady boards gratuits. Au milieu des bois.

APOLLO BAY

On pourra également pousser jusqu'à Apollo Bay en longeant l'une des plus belles routes côtières de l'Australie. Ce petit port de pêche est un point de départ idéal pour nombre d'excursions pédestres, équestres ou marines.

Apollo Bay est un petit port d'un millier d'habitants à 120 km de la ville de Geelong, entouré de magnifiques plages de sable blanc.

■ **LE BUREAU D'INFORMATIONS, 155 Great Ocean Road. ✆ (03) 5237 6529.** propose un grand nombre d'activités sportives.

Hébergement – Restaurants

■ **STEWART'S B & B. 2 Tuxion Road. ✆ (03) 5237 6447.** *Chambre double pour AU$140-190.* Vue spectaculaire de la Great Ocean Road. Ces spacieuses chambres sont équipées confortablement.

■ **PISCES HOLIDAY PARK. 311 Great Ocean Road. ✆ (03) 5237 6749.** Propose des bungalows à partir de AU$50, ou bien des emplacements pour camper, avec l'électricité, pour AU$24.

■ Pour les petits creux, le **BUFF'S BISTRO.** ✆ (03) 5237 6403.

■ **SURFSIDE BACKPACKERS, 7 Gambier Street. ✆ (03) 5237 7263.** *Lit en dortoir AU$17. Chambres doubles AU$50, et AU$65 avec salle de bains.* Tout à côté de la plage. Jolies vues.

■ **BAYSIDE GARDENS. 219 Great Ocean Road. ✆ (03) 5237 6248.** *Cabines entièrement aménagées pour AU$75 la nuit.* Vous assisterez au coucher du soleil sur les sept rochers gigantesques visibles de l'observatoire entre Moonlight Head et Peterborough.

Loisirs

■ Pour les plus téméraires, **L'ECOLE DE DELTAPLANE ET PARAPENTE WINGSPORT HANGLIDING & PARAGLIDING ✆ (03) 5237 6486)** *est ouverte toute l'année.*

QUAMBY

Quamby est un excellent point de départ pour des excursions dans la Great Ocean Road, les Grampians, Tower Hill, Port Fairy, Mount Eccles, les vignobles environnants et, de mai à septembre, des sorties en bateau pour observer les migrations des baleines à bosses et leurs petits.

Hébergement

■ **QUAMBY HOMESTEAD (Historic Guest-House). Caramut Road, Woolsthorpe (à 250 km à l'Ouest de Melbourne) ✆ (03) 5569 2395 - www.quambyhomestead.com.au - quambyhomestead@bigpond.com** – *Chambre double AU$135 - 180.* Hôtes : John & Jane Murphy. Fondée au début des années 1880 par un émigré écossais, William Lindsay, cette propriété aristocratique de 26 hectares est située dans de charmants jardins. Sa toiture est en forme de « bullnose » et sa véranda est joliment bordée d'une dentelle en fer forgé. Les propriétaires s'efforcent de maintenir l'ancienne tradition d'hospitalité australienne.

LES VINS DE LA YARRA VALLEY

50 km à l'Est de Melbourne. C'est l'occasion de goûter à quelques crus intéressants dans des domaines comme ceux du Chandon, les Fergussons Winery ou les Lilydale Vineyards.

A partir de Yarra Glen, les caves (winery) se succèdent tout le long de la Yarra Valley, idéale pour l'excursion d'une journée à partir de Melbourne. Il peut être intéressant de louer une voiture pour cette excursion. Toutefois, Healesville, Marysville (peut-être le plus charmant de ces villages) et Alexandra sont desservis par la compagnie McKenzie's Tourist Services ✆ (03) 9853 6264.

La route traverse de vertes vallées qui ondulent dans un paysage de collines boisées. Les champs sont bien délimités par des haies d'arbres, contraste frappant avec l'open forest indisciplinée de l'Outback. Finie la terre rouge semi-aride sur fond de ciel bleu violet ; dans le Victoria il fait même frisquet en hiver.

DOMAINE CHANDON

La visite du Domaine Chandon révèle un aspect de l'influence française en Australie.

■ **YARRA VALLEY DOMAINE CHANDON « GREEN POINT ». Maroondah Highway, Coldstream VIC 3770. ✆ (03) 9739 1110 - Fax (03) 9739 1095 - info@greenpointwines.com.au - www.greenpointwines.com.au -** La vigne est cultivée dans la Yarra Valley depuis le siècle dernier. Les vins de méthode champenoise ne sont pas nouveaux non plus, avec les premiers mousseux fabriqués, par Louis Lawrence Smith (1830-1910), à partir de vins provenant d'ici. L'œnologue d'alors était un Français, Auguste d'Argent, qui revendiquait l'introduction de la méthode champenoise aux Etats-Unis.

Une des cinq propriétés qui forment Chandon Estates (Chandon est aussi présent en Argentine, au Brésil, en Californie et en Espagne), Green Point, couvre 50 hectares de vignes plantées dans les cépages traditionnels de champagne (chardonnay, pinot noir et pinot meunier) formant une des bases pour les vins pétillants Chandon et les vins tranquilles Green Point. Les œnologues de Chandon Australie (Wayne Donaldson, Neville Rowe et James Gosper) veillent aux assemblages fabriqués à partir de raisins provenant de toutes les régions du sud-est de l'Australie (Tasmanie, Yarra Valley, Mornington Peninsula, Mount Macedon, etc.). Les bâtiments sont un savant mélange d'architecture traditionnelle champenoise, reconnaissant par là, l'héritage culturel de Moët & Chandon, et d'architecture australienne ; cela vaut le coup d'œil.

Ouverte depuis 1991, tous les jours de l'année (sauf le 25 décembre) entre 10h30 et 16h30, le Green Point Room, la salle de dégustation, offre une belle vue sur la vallée et les premiers contreforts du Great Dividing Range, que l'on peut admirer en dégustant une coupe accompagnée de petits fours (brie de Tasmanie et poires séchées, par exemple). Une fois par heure, un guide sera ravi de vous faire visiter le superbe caveau de remuage et découvrir les procédés de fabrication.

Hébergement

■ **THE YARRA GLEN GRAND HOTEL. 19 Bells Street, Yarra Glen. ✆ (03) 9730 1230 - Fax (03) 9730 1124 - www.yarraglengrand.com.au -enquiries@yarraglengrand.com.au -** *Chambre double AU$140.* C'est un charmant bâtiment victorien à arcades et à véranda ornée d'une dentelle de fer forgé. Il y a aussi deux chambres dans la grande tourelle, à AU$155 pour deux personnes. Ces chambres ont des vues superbes sur l'eau et la montagne, surtout au moment du soleil couchant.

FIVE OAKS

60 Aitken Rd - Seville Vic 3139. ✆ (03) 5964 3704 - Fax (03) 5964 3064 - www.fiveoaks.com.au - fiveoaks@bigpond.com - Judy et Wally Zuk ont repris cette exploitation, il y a quelques années, l'une des plus petites de la région. Ils se régalent et nous régalent de leurs cabernets bien faits et de leur traditionnel shiraz. Les vignes entourent la propriété et quelques semaines avant les vendanges, Judy sort les épouvantails pendant que Wally, ancien ingénieur reconverti, met en place les filets qui empêchent les oiseaux de venir picorer les succulentes baies de son vignoble. La cave est petite mais très pratique pour des micro-vinifications de type « garage ».

Les bons plans pour voyager sont sur petitfute.com

Vins de la Yarra Valley

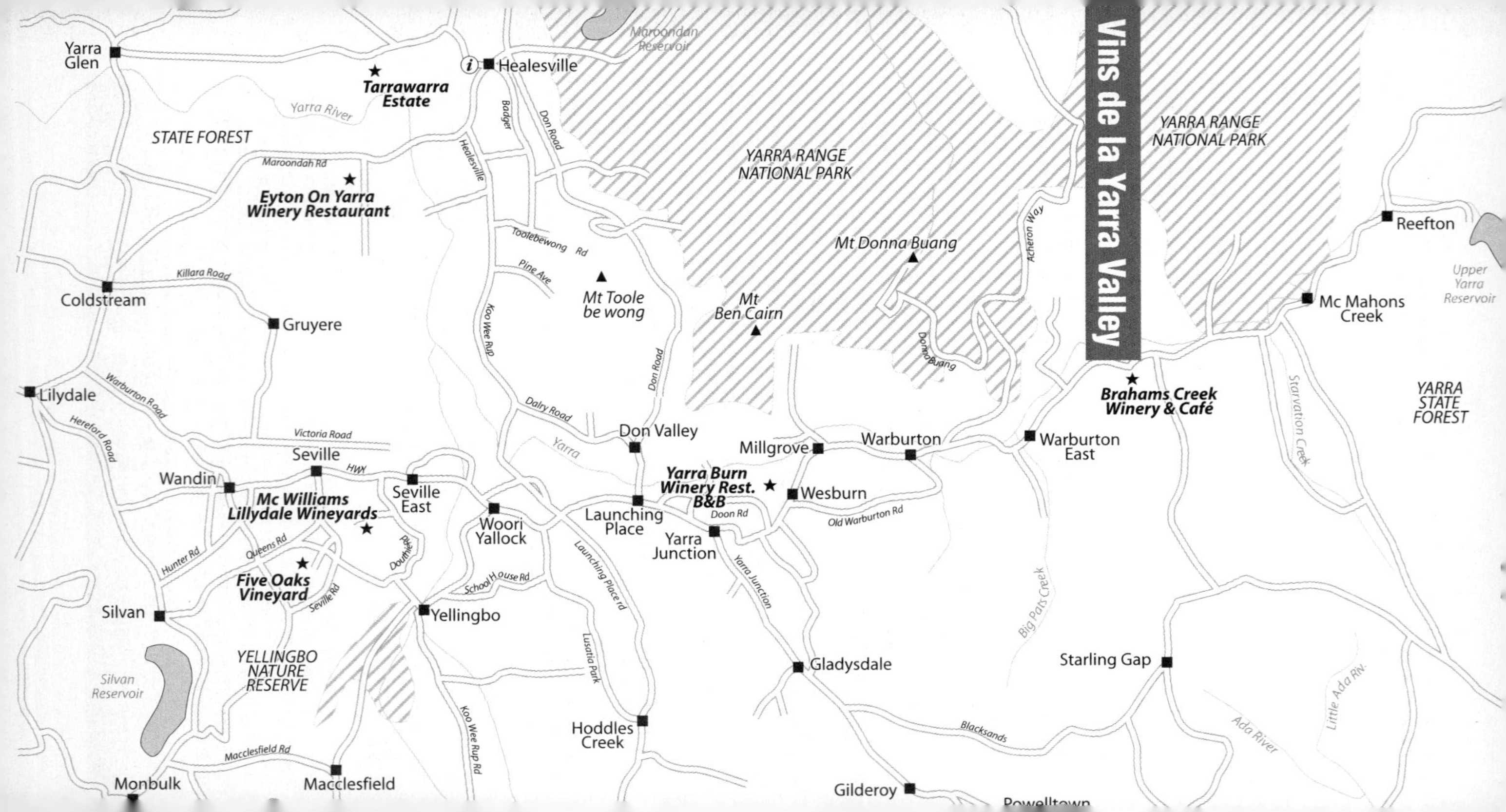

Les vignobles et leur vins

- **BIANCHET WINERY & VINEYARD. 187 Victoria Rd, Lilydale 3140. ✆ (03)9739 1779 -Fax (03) 97391277 - www.bianchet.com.** (Chardonnay, semilion, verduzzo, cabernet, sauvignon, merlot, pinot noir, cabernet franc, traminer).

- **DOMAINE CHANDON. Green Point, Maroondah Highway, Coldstream, 3770. ✆ (03)9739 1110 - Fax (03) 9739 1095. www.chandon.com.au – info@domainechandon.com.au -** Cuvée brute, cuvée chardonnay, cuvée pinot noir. L'idéal, après une bonne dégustation de ses somptueux vins, est d'aller se détendre à Moroondah DAM (barrage du réservoir Maroondah), pour un pique-nique dans le parc et ensuite se promener en direction du haut du barrage pour voir le réservoir.

- **FERGUSSONS WINERY. 82 Wills Road, Yarra Glen, 3775. ✆ (03) 5965 2237 - Fax (03) 5965 2405 - www.fergussonwinery.com.au - info@fergussonwinery.com.au -** (chardonnay, shiraz, cabernet sauvignon, riesling).

- **KELLYBROOK WINERY. Fulford Road, Wonga Park, 3115. ✆ (03) 9722 1304 - Fax (03) 9722 2092 - www.kellybrookwinery.com.au –** (chardonnay, shiraz, pinot noir, cabernet, sauvignon, traminer). Ce vignoble est très demandé pour les réceptions, mariages…en raison de son magnifique jardin, de la vue sur les vignes et de son restaurant.

- **LILLYDALE WINERIES. Lot 10, Davros Court, Seville, 3139. ✆ (03)59642016 – Fax (03) 5964 3009 - www.mcwilliams.com.au -** (chardonnay, cabernet sauvignon, merlot, pinot noir, sauvignon blanc, traminer).

- **ST HUBERTS WINERY. St Huberts Road, Coldstream, 3770. ✆ (03)97391118 – Fax (03) 9739 1096 - www.beringerblass.com.au –** (cabernet sauvignon, merlot, pinot noir, chardonnay, roussane).

- **YARRA BURN WINERY. Settlement Road, Yarra Junction, 3797. ✆ (03)59671428 - Fax (03) 5967 1146.** (chardonnay, cabernet sauvignon, pinot noir, sauvignon blanc, pinot gris, shiraz viognier).

- **DE BORTOLI YARRINYA ESTATE. Pinacle Lane, Dixon's Creek, 3775 ✆ (03) 5965 2271 - Fax (03) 5965 2442 - www.debortoli.com.au - yarra_cellar_door@debortoli.com.au –** (chardonnay, shiraz, pinot noir, cabernet, sauvignon, rhine riesling, traminer).

- **ROCHFORD YARRA VALLEY. Cnr Maroondah Hwy & Hill Rd. Coldstream 3770 ✆ (03) 5962 2119 - Fax (03) 5962 5319 - www.rochofordwines.com.au –** (traminer, riesling, sauvignon blanc, chardonnay, pinot noir, merlot, cabernet franc, cabernet sauvignon, shiraz).

- **YARRA RIDGE. Glenview Rd, Yarra Glen 3775 ✆ (03) 9730 1022 - Fax (03) 9730 1131 - www.beringerblass.com.au –** (cabernet sauvignon, pinot noir, chardonnay, sauvignon blanc).

- **YERING STATION. 38 Melba Hwy, Yarra Glen 3770. ✆ (03) 9730 0110 - Fax (03) 9739 0135 - www.yering.com - info@yering.com –** (pinot noir, cabernet, merlot, shiraz, chardonnay).

nationalchange.com
Vos devises
livrées à domicile
www.nationalchange.com
ou par téléphone au 0 820 888 154 *
(*) Prix appel local
Un cadeau offert avec le Code Avantage : PF06

MC WILLIAM'S WINES

The Lillydale Vineyards - Lot 10, Davros Court, Seville Vic 3139 ✆ (03) 5964 2016 -www. mcwilliams.com.au - Lillydale Vineyards, fondée en 1877, est une exploitation familiale reprise en 1976 et dirigée par Max Mc William. Elle est intégrée au groupe Mc William Wines, présent dans toute l'Australie tempérée. Cette terre produit non seulement un superbe vin, mais possède aussi une fantastique histoire. En effet, le vignoble, planté par des viticulteurs suisses à la fin du siècle dernier, fut épargné par le phylloxera. Ce vignoble est parmi les vins les plus intéressants d'Australie. Après le pinot noir, les merlots et les cabernets, ce vignoble est surtout connu pour ses blancs : sauvignon, chardonnay et surtout gewurztraminer. Enfin, le visiteur est reçu ici comme un prince par Max Mc William et son entourage dans un caveau moderne et lumineux ouvert de 11h à 17h (sauf le jour de Noël et le vendredi saint). Profitez également de votre passage pour déjeuner dans le restaurant du caveau. Vous pourrez faire cuire vous-même, sur le barbecue installé au milieu du caveau, de traditionnels morceaux de viandes exotiques et des fruits de mer. L'endroit et l'accueil sont simples, chaleureux et élégants.

■ DANDENONGS ■

■ **VISITE DE HEALESVILLE WILDLIFE SANCTUARY. Badger Creek Road, Helesville. ✆ (03) 5957 2800.** *Entrée adulte AU$17,50, enfant AU$8,50.* Cette réserve montre plus de 200 espèces de la faune australienne réparties sur 31 hectares de brousse naturelle. En plus de son programme de reproduction pour les espèces menacées, cette réserve d'animaux sauvages dans un environnement naturel accueille chaque année plus de 1 000 animaux sauvages, malades, blessés ou orphelins. On peut y voir le timide oiseau-lyre et le non moins timoré platypus qui, dans un aquarium, est visible seulement quelques heures dans l'après-midi afin qu'il ne soit pas trop perturbé ! Le noctarium comprend de nombreux animaux du bush qui ne sortent que le soir, comme l'opossum.

Vous aurez également la possibilité d'approcher les kangourous et les koalas de très près.

Plus au sud, à 35 km de Melbourne, soit moins d'une heure de voiture, on pénètre dans le **Dandenong Ranges National Park,** les Dandenongs étant une série de collines qui sont le prolongement de la Great Dividing Range. C'est un parc national aux ravins tapissés de fougères et aux magnifiques forêts, dont la Sherbrooke Forest, renommée pour sa fraîcheur alors que la température peut monter jusqu'à 45 °C à Melbourne. Il est traversé par le Puffing Billy, train miniature qui parcourt 13 km de bush spectaculaire et vous emmène de Belgrave à Lakeside. Il est fortement conseillé de réserver : ✆ (03)97546800 - www.puffingbilly.com.au - AU$28,50 aller-retour par personne, forfait famille AU$58.

Du haut du mont Dandenong (630 m), on peut voir toute la côte environnante et jusqu'à Melbourne. Des petits villages, nichés dans les collines entre vergers, pâturages et forêts, sont agrémentés de galeries d'art, d'ateliers d'artisanat, de boutiques d'antiquité et de bons restaurants.

Hébergement

De nombreuses possibilités d'hébergement dans les Dandenongs, mais un seul backpacker :

■ **EMERALD BACKPACKER. 2 Lakeview, Emerald. ✆ 0412 458 227 - www.emeraldbackpackers.com.au - info@emeraldbackpackers.com.au** – Lits à AU$20, chambres doubles à AU$23, accès Internet, téléphone, TV, salle de jeux, salle de gym, grand espace vert.

■ TORQUAY ■

Torquay, une des capitales du surf (Surf Beach, Bells Beach, Jan Luc) est un lieu idéal pour les amateurs de sports. Vous pouvez louer le matériel sur place dans pratiquement tous les magasins. Dans la rue principale et centrale, de grandes enseignes de magasins telles que Quicksilver ou encore Rip Curl rappellent que c'est ici précisément que ces marques mondialement connues ont été créées. Un bon conseil, allez aussi jeter un coup d'œil dans les magasins d'usines, situés dans les petites rues derrière les grands magasins, vous pouvez y trouver des T-shirts Quicksilver pour AU$10...

Torquay possède un excellent musée consacré au surf : le « **Surfworld Museum** », Surf City Plaza, Beach Rd - torquayvic@iprimus.com.au

Les amateurs de golf trouveront leur terrain favori (très fréquenté également par les kangourous) à Anglesea.

Hébergement

■ **SURF CITY MOTEL. 35 The Esplanade. ✆ (03) 5261 3492.** *Entre AU$100 et AU$175.* Chambre double avec spa privé. Piscine découverte.

■ **TORQUAY PUBLIC RESERVE. Bell street. ✆ (03) 5261 2496.** Plus près encore de Surf Beach, un camping directement sur la plage. Entre AU$19 et AU$117, dépend de la saison et du type d'hébergement (cabine ou tente).

■ MORNINGTON PENINSULA ■

Située à 90 km au sud-est de Melbourne, entre la baie de Port Phillip et celle de Western Point, Mornington Peninsula est une des villégiatures estivales préférées des Melbourniens. Avec ses plages, ses vignobles (plus d'une trentaine, éparpillée dans la région, dont la plupart sont ouverts au public pour la dégustation), ses collines vertes et ses magnifiques vues au-delà de Port Phillip Bay, Westernport et Bass Strait, elle compte de nombreux petits cafés, et quelques très bons restaurants. En plus de la dégustation et de la vente de vins, maints vignobles proposent également une bonne table. Les plages protégées au Nord, donnant sur la baie de Port Phillip, sont très populaires pendant l'été. Du côté océan, le rivage offre une succession de falaises basaltiques qui s'avancent en promontoires acérés, et de menues plages battues par le vent et la houle du détroit de Bass. Le ferry part de Sorrento et Portsea, et vous dépose à Queenscliff (renseignements au ✆ (03) 5258 3244), AU$16 l'aller-retour. Il y a des vues magnifiques à partir du télésiège d'Arthur's Seat. Au centre de la baie de Western Point, où les criques profondes et les marais de palétuviers remplacent les plages de sable de Mornington, se dresse, en forme de pyramide, la French Island, autrefois une prison.

■ **BUREAU D'INFORMATIONS. 359B Point Nepean Road, Dromana. ✆ (03) 5987 3078.** *Ouvert de 9h à 17h tous les jours.*

Hébergement

■ En face de la pointe de la péninsule : **QUEENSCLIFF HOTEL. 16 Gellibrand Street, Queenscliff. ✆ (03) 5258 1066.** *Pour un couple, comptez entre AU$190 et AU$290 pour la nuit avec petit déjeuner.* Un hôtel colonial aux réminiscences de l'époque où Queenscliff était une villégiature chic. On peut aussi y venir seulement pour le restaurant, excellent. Dîner pour environ AU$60 dans le courtyard restaurant et AU$80 dans le restaurant.

■ **THE QUEENSCLIFF INN. 59 Hesse Street, Queenscliff 3225. ✆ (03) 5258 3737 –** *De AU$21,50 à AU$25,50 par personne.* A 30 km de la station de bus de Geelong à l'auberge, 70 km en train, de la gare ferroviaire de Spencer Street à celle de Geelong. Le ferry de Sorrento à Queenscliff est à 15 km. Guesthouse chaleureuse, différente, avec un charme tranquille à l'ancienne. Cheminées, pots-pourris partout, bonne musique et pas de télévision. A une heure de Melbourne).

Restaurants

■ **DROMANA ESTATE VINEYARD. 25 Harrisons Road, Dromana. ✆ (03) 5987 3800.** Depuis ces dernières années, la salle de dégustation du vignoble de Garry Crittenden est devenue un endroit où l'on apprécie non seulement le vin mais aussi de bons petits plats. Margaret Crittenden prend soin du menu qui offre principalement un déjeuner léger. Pour accompagner la dégustation de vins, elle vous propose l'antipasta du vigneron, un plateau de fromages, des quiches et des bonnes salades.

■ **JOSEPHINE'S AT THE BRIARS. Nepean Highway, Mount Martha. ✆ (03) 5974 1104.** *Entrées AU$8-18 et plats principaux AU$18-35.* Le Briars est une grande propriété qui comprend un homestead, un vignoble, un terrain de pique-nique, un centre touristique et Josephine's, un charmant petit café sur la butte toute proche. Il est indispensable de réserver pour y dîner les vendredis et samedis soir. Tous les vins, au verre ou en bouteille, proviennent du domaine. Appelé tout simplement Hermann's par les habitués, le complexe est tenu par Herman et Faye Schneider. Le restaurant The Peak sert, entre autres délices, des magrets de canard aux cerises, tandis que le Vineyard Bistro convient parfaitement à un déjeuner léger : fish & chips, courgettes au coulis de tomates et de délicieuses pâtisseries. Les vins, dans leur grande majorité, proviennent de la région de Port Phillip.

Dans les environs

Au Nord de la baie de Western Point passent les routes de South Gippsland et de Bass. Elles drainent un flot impressionnant de touristes vers Phillip Island qui barre l'entrée de la baie.

Portsea

Portsea, située à la pointe de la péninsule, est une petite villégiature pour les habitants fortunés de Melbourne. Très populaire auprès des plongeurs, cette petite ville est entourée de superbes sites sous-marins.

■ **PORTSEA HOTEL. 3746 Point Nepean Road, Portsea. ✆ (03) 5984 2213 - www. portseahotel.com.au -** Sur le port avec une vue splendide. *Chambre double et petit déjeuner pour AU$75-105.* Le restaurant présente une carte variée à des prix très raisonnables.

■ PHILLIP ISLAND ET SES PINGOUINS NAINS ■

A 140 km (1h30) de Melbourne, se trouvent les pingouins les plus courus de l'Australie ! Chaque soir, à la tombée de la nuit, des centaines de ces petits individus sortent de la mer où ils ont passé la journée à pêcher et à batifoler. Courtauds et incroyablement mignons, ils se dirigent en colonnes vers leurs abris creusés dans les dunes. Le grand charme ! Au petit matin, avant que le soleil se lève, ils reviennent chercher leur nourriture dans la mer. Au retour, de grosses mouettes et autres goélands guettent ces pauvres petites créatures qui, serrées par petits groupes, tentent de traverser ce dangereux terrain à découvert. De temps à autre, les goélands, criant et caquetant, font des raids en piquant droit sur les pingouins, manège qui les effraie tellement qu'ils déglutissent les poissons pêchés dans la journée. Les goélands se régalent alors de cette pitance facile. Il n'y a qu'une seule route pour canaliser les flots de touristes qui arrivent par cars entiers en fin de journée. Ils passent ensuite par le « centre informatif-boutique de souvenirs » (✆ (03) 5956 8300), qui les oriente vers les caisses (AU$16). Une stricte surveillance est établie pour protéger ces animaux sans défense qui nidifient au bout de l'île, et plus particulièrement depuis que de jeunes imbéciles, probablement en état d'ébriété, en ont tué un grand nombre en faisant un morbide simulacre de golf avec ces pingouins nains, qui ne sont ni très farouches ni très agiles. Après avoir traversé leur réserve de nidification sur des « boardwalks » (chemins de planches sur pilotis), on arrive aux gradins en béton brut donnant sur la plage, éclairée de néons aussi forts et crus que ceux d'un stade sportif.

Prévoir une petite laine et un coupe-vent. Il faut parfois attendre plus d'une heure avant de voir les petits pingouins sortir de la mer. Entre le premier groupe de pingouins et le dernier, il s'écoule environ 50 minutes. Les flashs des caméras étant strictement interdits pour ne pas les gêner, pensez à apporter des pellicules sensibles.

Le petit port de Cowes est le centre de Phillip Island.

■ **BUREAU D'INFORMATIONS. 895 Phillip Island Tourist Rd, Newhaven, juste après le pont. ✆ (03) 5956 7447.** *Ouvert de 9h à 17h.*

Tours organisés

Un grand nombre de compagnies de bus organisent des excursions à la journée.

■ **AAT KINGS** ✆ 1300 555 434 ou (03) 9663 3377 - www.aatkings.com.au - reservations@aatkings.com.au

■ **AUSTRALIAN PACIFIC TOURS** ✆ 1300 655 965 - www.aptouring.com.au - info@aptouring.com.au

Hébergement

■ **AMAROO PARK YHA. 97 Church Street, Cowes, Phillip Island 3922 ✆ (03) 5952 2548 - Fax (03) 5952 3620 - phillipisland@yhavic.org.au** – *(De AU$19,50 à AU$23 par adulte. Un bus quotidien de Melbourne à Cowes).* Grand salon, salle à manger, cuisine à disposition, bar, piscine, à deux pas de la plage et des magasins. Dans un environnement verdoyant, un petit camping familial servant d'auberge de jeunesse. Le bâtiment principal, avec véranda, est typiquement australien. On peut y préparer ses repas ou acheter son dîner. Petit bar privé, avec la photo impressionnante d'un requin blanc de 7,30 m, pesant près d'une tonne, qui fut tué dans les eaux proches de l'île. Les propriétaires, très accueillants, organisent bien sûr l'excursion à la parade des pingouins, mais aussi des sorties en minibus au Wilsons Prom. Ils assurent également une navette gratuite entre Phillip Island et les deux AJ de Melbourne les mardis et vendredis.

> Nouvelle-Galles du Sud, Sydney

> Vue générale de Sydney

> Sport nautique

> Victoria, Les Douze Apôtres

> Territoires du Nord, Parc national d'Uluru

> Kangourous

> Blue Mountains, les trois sœurs

> Territoires du Nord, parc national de Kakadu

> Sydney, Broken Hill, Opéra

> Sydney

■ **THE CONTINENTAL PHILLIP ISLAND. The Esplanade, Cowes. ✆ (03) 5952 2316 - 1800 808 856 - www.the conti.com.au - info@theconti.com.au** - *Jolies chambres doubles à partir de AU$124.*

Points d'intérêt

■ **KOALA CONSERVATION CENTRE, sur Philip Island Tourist Road.** *Entrée AU$8,50.* La réserve de koalas de Phillip Island. Depuis des années, la population de koalas est en constante diminution en raison de leur habitat qui se réduit comme une peau de chagrin, des maladies qui les rendent aveugles et des accidents sur la route. La promenade sur les ponts suspendus dans les grands eucalyptus permet de voir de plus près ce marsupial fascinant. Les rangers leur donnent un supplément de nourriture à 16h. Il est alors plus facile d'observer cet animal essentiellement nocturne.

■ **LES NOBBIES,** sur la pointe Ouest de l'île, forment un rocher d'oiseaux peuplé par des goélands de l'espèce Silver Gull. A partir de la petite boutique (qui sert de centre d'information), on peut observer au télescope les colonies de lions de mer sur les rochers plus au large. Sur la route qui revient à Melbourne, le Giant Worm (le Ver géant) est une attraction touristique mais instructive. On nous dit tout sur les mœurs de ce ver de terre qui peut atteindre 3 mètres de long. Ce géant vit dans les environs de Korumburra.

■ **EXCURSION À PARTIR DE MELBOURNE POUR VOIR LA PARADE DES PINGOUINS.** *(Attention, il fait frais la nuit, apporter des vêtements chauds, même en été. Photos au flash interdites pendant la parade).* On peut nourrir les kangourous et les wallabies à Fauna Park, et même caresser un wombat avant de partir à la recherche de koalas sauvages à Phillip Island, sans oublier d'arriver tôt sur la plage pour être bien placé pour la parade.

■ DE PHILLIP ISLAND A LA FRONTIÈRE DU VICTORIA ■

■ **LE PARC NATIONAL DE WILSON'S PROMONTORY.** The Prom domine la côte à 200 km au sud-est de Melbourne, à la pointe de cette massive excroissance de granit noir, couverte de bruyère. C'est l'extrême pointe sud du continent australien. Il doit sa popularité à ses plages superbes, ses golfes, ses caps et ses falaises. Battu par les vents et les vagues puissantes du détroit de Bass, le Prom, comme l'appellent les habitants de Melbourne, offre de très belles vues de la côte. Sur les 49 000 hectares du parc, sans route carrossable, s'étendent des montagnes couvertes d'épaisses forêts, des vallées ombragées cachant des poches de rainforests tempérées, des petits ravins aux fougères arborescentes, des paysages côtiers spectaculaires, des landes, de bruyère, des plaines herbeuses, des marécages et des plages désertes. Le parc est idéal pour l'observation des animaux sauvages : des troupeaux de kangourous (Eastern Grey), des perroquets colorés (Crimson Rosellas), des émeus, un wombat ou deux, et des koalas. Les randonnées les plus populaires (et les plus faciles) sont les suivantes.

■ **LILLY PILLY GULLY.** Le ravin de fougères arborescentes. Une marche de trois heures pendant laquelle on peut voir des landes de bruyère, des poches de rainforest, des forêts d'eucalyptus avec leur population de koalas, de bizarres Grass-Trees ou Blackboy (l'arbre-herbe au tronc noir, couronné d'un plumeau d'herbe verte).

■ **LE MONT OBERON** avec sa végétation changeante. Il faut compter environ deux heures aller-retour sachant qu'il y a 6 km à parcourir (A/R). Du sommet de cette montagne, vue panoramique sur le Prom.

■ **SQUEEKY BEACH (plage « crissante »).** Une heure de marche à travers les Tea-Trees (arbre-thé ou melaleuca), les banksias et les bruyères jusqu'à cette étonnante plage au sable incroyablement blanc et qui crisse sous les pas.

MILLERS LANDING

Trois heures de marche pour voir la mangrove (palétuviers) la plus australe du monde.

Au Nord-Est du promontoire, par Princess Highway, une belle côte s'étend jusqu'à la frontière de New South Wales. Les plages désertes et les dunes de Ninety Mile Beach forment la région dite des Gippsland Lakes, 49 000 hectares de lagunes et de cours d'eau, paradis des pêcheurs et des plaisanciers.

■ **CENTRE D'INFORMATIONS À KORUMBURRA.** © **1800 630 704.** *Ouvert de 9h à 17h tous les jours.* On peut aussi écrire au Ranger in Charge, Wilsons Promontory National Park, Tidal River via Foster, Victoria 3960.

Hébergement

■ **FOSTER BACKPACKER HOSTEL. 17 Pioneer Street, Foster** © **(03) 5682 2614.** *Lit à partir de AU$21.5 par nuit en dortoir et AU$57,5 pour une chambre double.* Un véritable paradis des bushwalkers.

■ **PROM COAST BACKPACKERS YHA. 40 Station Road, Foster.** © **(03) 5682 2171 - foster@yhavic.org.au.** *Lit en dortoir 4 personnes AU$21,50 et double AU$ 57,50.* Possibilité de faire des barbecues, du vélo, de l'équitation, de la pêche, du golf....sans oublier les magnifiques plages et les balades dans le bush.

LAKES ENTRANCE

Lakes Entrance est un pittoresque port de pêche à l'extrémité Nord de ces plages.

Hébergement – Restaurants

■ **MAIN CARAVAN PARK HOSTEL. 7 Willis Street.** © **(03) 5155 2365.** *Lit en dortoir pour AU$14,30 à 24,20.*

■ **RIVIERA BACKPACKER YHA. 669 Esplanade.** © **(03) 5155 2444 - Fax (03) 5155 4558 - lakesentrance@yhavic.com.au - www.yha.com.au** – *Le lit en dortoir AU$18,50. Différents bus s'arrêtent devant l'auberge.* La gare est à 3 km. L'auberge est tout à côté du lac et à 1 km du centre ville. Les chambres, la salle commune et la cuisine sont spacieuses.

■ **BANJO PATERSON MOTOR INN. 131 Esplanade, Lakes Entrance.** © **(03) 5155 2933.** Un charmant motel donnant sur la très longue esplanade qui longe l'étrange port intérieur très étiré de Lakes Entrance. Vue sur le lac à partir du balcon des chambres au premier étage. Piscine et barbecue dans les jardins intérieurs. Egalement un restaurant.

■ **BELLEVUE QUALITY INN. 201 Esplanade.** © **(03) 5155 3055.** *Chambre double AU$145 ou AU$185 avec spa.* Certains appartements ont vu sur le lac. Piscine couverte et chauffée, spa, sauna. Il y a une jetée pour les bateaux.

BAIRNSDALE

■ **COMFORT INN RIVERSLEIGH. 1 Nicholson Street** © **(03) 5152 6966 - Fax (03) 5152 4413 - riversleigh@net-tech.com.au** – *La chambre double avec petit déjeuner AU$132.* Hôtes : Jenny et Russell Field. Le Riverlseigh se compose de deux bâtiments des années 1880 réunis par un bistrot et un bar. Ses 20 chambres ont un air romantique avec des lits en cuivre. L'hôtel est situé sur les rives de la Mitchell River qui coule paresseusement vers les lacs de Gippsland, à l'écart de la circulation et du shopping centre de Bairnsdale. La vue sur la bucolique vallée de la Mitchell River est une réelle bénédiction des dieux. L'hôtel comprend un très bon restaurant et un bistrot pour des repas plus légers.

■ **TARA HOUSE B&B. 37 Day Street.** © **(03) 5153 2253 - jimsif@optusnet.com.au** - *Une chambre double à partir de AU$135 avec petit déjeuner.*

GELANTIPY

Au Nord-Est de Bairnsdale, à l'entrée du Snowy River National Park.

■ **KAROONDA PARK. Gelantipy Road, Gelantipy 3885** © **(03) 5155 0220 - Fax (03) 5155 0308** – *Lit en dortoir AU$24 ou petit appartement AU$95.* Propose : des tours dans les snowy mountains ou la snowy river.

MALLACOOTA

A l'extrême est du Victoria, aux frontières du New South Wales.

■ **MALLACOOTA HOTEL MOTEL. 51-55 Maurice Avenue, Mallacoota 3892.** © **(03) 5158 0455 - Fax (03) 5158 0453** – *Lit en dortoir à AU$16. Barbecue, piscine d'eau salée.*

A L'OUEST ET AU NORD DE MELBOURNE

Les champs d'or. De l'or comme s'il en poussait ! En 1851, on découvrait dans les collines de Ballarat l'un des plus riches gisements d'or du monde. Aussitôt, des milliers de prospecteurs se ruaient vers ce nouvel Eldorado. Ce qui, en moins de dix ans, tripla la population de la jeune colonie. En 1918, on ferma la dernière mine. Au total, 650 tonnes d'or avaient été arrachées des entrailles de la terre. La plus grosse pépite trouvée pesait 64 kg.

BALLARAT

Cette ancienne ville de la ruée vers l'or est située à 110 km au nord-ouest de Melbourne, dans une région de collines basses et boisées, prolongement de la Great Dividing Range. Aujourd'hui Ballarat, au passé doré et aux superbes maisons victoriennes, ne survit que grâce au tourisme.

■ **BUREAU D'INFORMATIONS. 39 Sturt Street. © (03) 5320 5800 - 1800 446 633 - www.visitballarat.com.au** - *Ouvert de 9h à 17h.*

Hébergement

■ **CRAIG'S ROYAL HOTEL. 10 Lydiard Street. © (03) 5331 1377 ou 1300 651 477 - Fax (03) 5331 7103 - info@craigsroyal.com - www.craigsroyal.com** - Cet hôtel a été fermé en 2003 et 2004 pour rénovation et a ouvert à nouveau en septembre 2004. C'est maintenant un hôtel 5-étoiles. Construit à l'époque de la ruée vers l'or au milieu de la ville. Il possède plusieurs restaurants et bistrots, piscine, spa, gym, etc.

■ **GEORGE HOTEL. 27 Lydiard Street North. © (03) 5333 4866 - Fax (03) 5333 4818 - info@georgehotelballarat.com.au** – *Un 3-étoiles. Chambres simples à partir de AU$55 et doubles à partir de AU$70, petit déjeuner inclus.* Le night-club de l'hôtel est ouvert les vendredi et samedi soir jusqu'à 5h.

■ **MID-CITY MOTOR INN. 19 Doveton Street North. © (03) 5331 1222 - www.midcity.biz - info@midcity.biz** - *Chambre double à partir de AU$88-120.* Dans le centre, à 300 m de la gare. Boutiques, salles de jeux. Piscine découverte.

■ **COMFORT INN MAIN LEAD. 312 Main Road. © (03) 5331 7533 - mainlead@bigpond.com** - *Chambre double AU$115-130.* Situation calme, à 500 m de Souvereign Hill Historical Park et du Gold Museum. A 5 minutes du centre).

■ **SOVEREIGN HILL LODGE. Magpie Street. Ballarat 3350. © (03) 5333 3409 - Fax (03) 5333 5861 - lodge@sovereignhill.com.au - www.sovereignhill.com.au/lodge** - *De AU$19 à AU$22 par personne en dortoir. Chambre double AU$48-55, chambre double motel AU$126, chambre lune de miel AU$138.* Ils ont aussi des appartements qui peuvent recevoir jusqu'à 10 personnes : à partir de AU$180 pour 5 personnes et un supplément de AU$40 par personne en plus. L'arrêt de bus et la gare sont à 3 km. Le Lodge fait partie du Sovereign Hill Goldmining Township, qui est la reconstitution d'une ville des années 1850.

Restaurants

■ **EUROPA CAFE. 411 Sturt Street. © (03) 5331 2486.** Cuisine du sud de l'Europe.

■ **PORTER'S. 49 Mair Street. © (03) 5331 5066.** Un ancien pub transformé en café-bar branché avec des touches d'Art déco et une cour intérieure pour des barbecues l'été. Des plats pas chers, de bons casse-croûte et du vin de la région.

Points d'intérêt

■ **BALLARAT WILDLIFE PARK. A l'angle de Fussel et York street. Ballarat** - *Ouvert de 9h à 17h30 tous les jours.*

■ **SOVEREIGN HILL.** *Entrée sur le site : adulte AU$32,5, enfant AU$15,5. Ouvert de 10h à 17h tous les jours.* Le site de Sovereign Hill, situé près du premier filon d'or découvert, est un musée en plein air qui fait revivre l'atmosphère de cette époque révolue. La rue principale, reconstitution de cette époque faste, expose magasins, hôtels, diligences et passantes en crinoline. Des chercheurs d'or font des démonstrations dans un camp de mineurs sur la rivière aurifère. Un spectacle son et lumière d'une heure et quart retrace les événements de la révolte d'Eurêka, appelée « Blood on the Southern Cross ». A l'Est de Ballarat, un monument de marbre marque l'emplacement de ces barricades de la colère.

PYRÉNÉES AUSTRALIENNES

■ **VIGNOBLES PRES D'AVOCA : CHATEAU REMY/BLUE PYRENEES ESTATE. Vinoca Road. Avoca ✆ (03) 5465 3202 - www.bluepyrenees.com.au -** *A 160 km au nord-ouest de Melbourne par le Sunraysia Highway via Ballarat, jusqu'à Avoca où la bifurcation est clairement indiquée. Ouvert tous les jours, de 10h à 16h30.* La première vigne y était déjà cultivée, il y a plus d'un siècle. Aujourd'hui « Château Remy/Blue Pyrenees Estate » comprend les premiers vignobles développés par une société française en Australie. En 1963, après une étude sur toute l'Australie, Rémy Martin sélectionna ce superbe terroir situé au pied des Pyrénées australiennes (ainsi nommées par Major Mitchell, un explorateur anglais, et son cartographe français en 1836). Lors de la ruée vers l'or au siècle dernier, Avoca comptait jusqu'à 42 000 habitants et 42 pubs !

Actuellement, il n'en reste plus que deux, mais le village a gardé son cachet d'antan. Aujourd'hui, neuf caves à vin et plusieurs restaurants sont venus ressusciter cette région un peu oubliée. Bâti sur une ancienne mine d'or, Château Remy/ Blue Pyrenees Estate est la principale attraction de la région.

Son centre d'accueil comprend un restaurant, des chais souterrains, une galerie d'art, des jardins, une cave ultramoderne et impressionnante.

Mais c'est surtout l'un des plus beaux vignobles de l'Australie, perdu au pied de collines qui deviennent bleues en fin d'après-midi lorsque les forêts d'eucalyptus relâchent leurs essences dans l'éther... La vue à 980 m d'altitude permet d'embrasser toute la vallée. Un accueil chaleureux ainsi que des vins parmi les plus puissants et les plus élégants, vinifiés sous la direction d'un Français, Vincent Géré, attendent les visiteurs.

A partir de Ballarat, le Midland Highway se dirige vers le Nord à travers un paysage de mines abandonnées, cabanes effondrées et villes fantômes.

■ **EURÊKA STOCKADE MEMORIAL.** *Entrée : AU$8.* Ce centre abrite une statue commémorative des événements de 1854. Le 29 novembre 1854, près de 800 mineurs de Ballarat se révoltèrent contre l'injustice du système des licences pour chercher de l'or et, après avoir brûlé leur licence, se préparèrent à lutter contre l'autorité anglaise.

Le 3 décembre, une bataille décisive s'engagea sur les barricades entre les troupes de l'Etat et les mineurs. Les mineurs furent balayés, mais finirent par avoir gain de cause dans leurs revendications après avoir gagné la sympathie de la population du Victoria.

LES GRAMPIANS

Les montagnes des Grampians sont situées après Ballarat, immédiatement à l'ouest du Mount Ararat et au sud du Western Highway. Ce sont les dernières montagnes au bout de la Great Dividing Range qui prend fin ici.

Les Grampians forment un grand parc national renommé pour ses belles randonnées, ses superbes vues des sommets avec de bonnes escalades, sa faune abondante et, pendant le printemps austral, ses innombrables fleurs sauvages. Les Grampians offrent également de nombreuses peintures aborigènes, et des chutes d'eau spectaculaires telles les McKenzie Falls.

Halls Gap, à environ 250 km de Melbourne, se trouve en plein milieu de ce parc national offrant de bonnes possibilités de camping mais aussi des motels. Les montagnes accidentées de la Victoria Range sont célèbres pour leurs forêts de Red Gums (eucalyptus rouges) et leurs bruyères.

La Victoria Valley au centre des Grampians cache une réserve d'animaux, et des pistes sur lesquelles on peut conduire. Des kangourous étonnamment peu farouches et des émeus traversent souvent la route. On peut aussi apercevoir le lézard à courte queue, plus rare. Les grands perroquets comme les Longbilled Rosellas et les Galahs au ventre rouge et dos gris sont communs dans les Grampians.

Les chemins de randonnée les plus connus passent dans le Wonderland Range, près de Halls Gap. Les chemins fléchés, d'une durée de 2 à 4 heures, offrent des vues spectaculaires. A partir du centre de Halls Gap, on peut se rendre aux chutes de Clematis Falls, aux Venus Baths (bains de Vénus) et marcher le long du Fryans Creek.

La piste du Grand Canyon, qui mène aux Pinnacles puis à Boroka Lookout, est particulièrement recommandée (elle comporte même un accès pour les handicapés). Ensuite, on peut continuer jusqu'aux Jaws of Death (Mâchoires de la Mort).

▶ **www.visithallsgap.com.au**

■ **L'INFORMATION TOURISTIQUE DU PARC, Grampians National Park Visitors Centre, se trouve à 3 km au sud de Halls Gap (✆ (03) 5356 4616).** Derrière ce centre, on peut visiter

Brambuk (✆ (03) 5356 4452 - www.brambuk.com.au), un centre d'art aborigène très intéressant, tenu par la tribu des Kooris. Les tours guidés des peintures aborigènes partent d'ici. Le café sert une bonne cuisine d'inspiration... aborigène.

■ **LE CENTRE DE LOISIRS GRAMPIANS ADVENTURE SERVICES situé dans le centre com mercial de Halls Gap (✆ (03) 5356 4556)** propose toutes sortes d'excursions à pied, à mountain bike, en canoë à travers le parc national.

Hébergement – Restaurants

Halls Gap

■ **MOUNTAIN VIEW MOTOR INN. RMB 2074, Ararat Road, Halls Gap. ✆ (03) 5356 4364.** *A partir de AU$90 pour une chambre double.* Un petit hôtel familial situé en dehors de Halls Gap au milieu d'un parc de 6,5 hectares.

■ **MOUNTAIN GRAND HOTEL. Main Road. ✆ (03) 5356 4232 - www.mountaingrand.com** - *Formule « Indulgence getaway » pour AU$119/day comprend 3 repas (petit déjeuner, déjeuner et dîner) ainsi qu'un goûter. Formule « dinner B&B » pour AU$98/jour.* L'hôtel possède un restaurant avec un grand choix au menu, dont des plats végétariens ! Un hôtel confortable et convivial.

■ **Pour ceux qui circulent en camping-car, HALLS GAPS CARAVAN PARK.** Dunkeld Road, Halls Gaps. ✆ (03) 5356 4251.

■ **KOOKABURRA MOTEL. 26-28 Heath Street. ✆ (03) 5356 4395 - www.kookaburralodge.com.au** - *Chambre double AU$79-105.* Hôtes : John et Lyn Petty. Motel de 14 chambres en plein centre ville. Très calme avec tout le confort.

■ **GRAMPIANS YHA ECO-HOSTEL. Corner Buckler and Grampians Road, Halls gap 3381. ✆ (03) 5356 4544 - Fax (03) 5356 4543 - grampians@yhavic.org.au** – *Dortoir à AU$24 et chambre double à AU$60.* A 26 km de l'arrêt de bus, train quotidien de Melbourne à Ballarat. Auberge toute neuve qui s'intègre bien à l'environnement naturel des Grampians. Electricité solaire, moyens de conservation de l'énergie et de l'eau écologique.

■ **HALLS GAP COLONIAL MOTOR INN (Best Western). Grampians Road. ✆ (03) 5356 4344 - 1800 680 848 - www.bestwestern.com.au/hallsgapcolonial - hallsgapcolonial@bigpond.com.au** – *Chambre double à partir de AU$118.* Caché dans les montagnes, c'est un endroit idéal pour faire du bushwalking, observer les animaux sauvages ou découvrir la nature en 4x4. Le motel a aussi des chambres « lune de miel », avec champagne et chocolats à l'arrivée. Cette auberge est nichée au cœur des Grampians, à quelques mètres du Geriwerd National Park. A proximité se trouvent des attractions touristiques telles que The pinnacle, Mackenzie Falls et le populaire Boroka Look out. Au départ de cet hôtel, il est très facile d'explorer les Grampians, faire des marches, des excursions guidées et des activités. Établissements vinicoles, galeries et centre culturel de Brambruk à portée de main. Le Darcy's licensed restaurant (sur place) est une adresse sympathique pour finir une journée de randonnée en haute montagne, avec un verre de vin du pays et un repas somptueux. Beaux jardins, salles spacieuses, vues de la vallée et du parc national des Grampians. La meilleure auberge coloniale occidentale qui offre des standard rooms, family rooms et des spa rooms).

■ **BUSH TUCKER CAFÉ. Brambuk Cultural Centre, Dunkeld Road. ✆ (03) 5356 4452.** *Ouvert de 10h à 17h.* Situé dans le centre d'art aborigène, le restaurant au premier étage appartient également à la communauté des quatre tribus koories de la région. C'était le premier endroit à servir du kangourou et de l'émeu, ici préparés d'une manière délicieuse, avec des baies sauvages, des noix et des plantes qui ont, depuis toujours, fait partie de la nourriture de survie des Aborigènes dans le bush (bushtucker). Dans la journée, on peut y acheter des hamburgers de kangourou à un prix très intéressant. Le soir, on dîne aux chandelles et au son plaintif du didjeridu. Au menu, potage à la queue de kangourou, foie d'émeu avec des dampers (pain du bush cuit au feu de camp), ou un filet de crocodile avec une sauce aux feuilles de Darwin, du pâté de noix de bunya et du miel de banksia).

Ararat

■ **CHALAMBAR MOTEL. 132 Lambert Street, Western Highway. ✆ (03) 5352 7050.** *Chambres doubles à AU$85.* Chaque chambre comporte une TV LCD, un accès Internet, une kitchenette et le téléphone.

■ **ARARAT COLONIAL LODGE (Golden Chain). 6 Ingor Street. ✆ (03) 5352 4644 - www.araratcoloniallodge.com.au** - *Chambre double AU$109.* En plein centre, près de la poste, des banques et des boutiques. Ararat est situé dans la direction des Pyrénées et des vignobles de la Great Western. Le motel comporte un restaurant, fermé le dimanche, et une piscine extérieure non chauffée.

Horsham

■ **MAY PARK MOTOR LODGE. 2 Darlot Street (en plein centre ville). ✆ (03) 5382 4477 - 1800 032 905 - maypark@netconnect.com.au** - *Chambre double AU$139.* Toutes les chambres ont des lits queen size. Piscine couverte chauffée et spa.

■ **GLEN LOGAN Restaurant. 37-39 Dooen Road (Henty Highway).** ✆ (03) 5382 5013.

BENDIGO

Encore plus impressionnante que Ballarat, Bendigo marque la limite Nord des champs d'or du Victoria. Des chercheurs d'or auxquels la fortune a souri firent construire des bâtiments raffinés, des jardins publics et des statues, constituant ainsi un vrai décor anglais dans un paysage australien. Ils baptisèrent même Pall Mall l'avenue principale.

Des trams d'époque, sauvés de la démolition en 1970, promènent maintenant les touristes le long des somptueux boulevards qui mènent à la mine d'or de Deborah.

Hébergement

■ **LE SHAMROCK HOTEL. A l'angle de Pall Mall et Williamson Streets. ✆ (03) 5443 0333 - Fax (03) 5442 4494 - www.shamrockbendigo.com.au** - L'un de plus beaux bâtiments de l'époque, datant de 1897. *Chambre double à AU$145.* Parking privé et chambres entièrement équipées. C'est aussi un café-bar très chic.

■ **JULIE-ANNA MOTOR INN (Flag). 268-278 Napier Street. ✆ (03) 5442 5855 - 1800 355 148 - www.visitvictoria.com/julieannainn - julieannabendigo@bigpond.com** – *Chambre double à partir de AU$170 (pour la suite avec spa).* L'endroit idéal après une journée de visite en voiture. Situé à 1,5 km au Nord du centre-ville, ce motel, confortable, comporte aussi un très bon restaurant. Au menu, une simple soupe aux poireaux et pommes de terre, du bœuf élevé en liberté servi avec du beurre de tomate et de basilic. Pendant la saison de pêche, il faut essayer le saumon à l'huile d'olive. En dessert, on ne doit pas manquer le soufflé chaud au chocolat. La piscine n'est pas chauffée.

■ **BENDIGO YHA. 33 Creek Street South, Bendigo 3550. ✆ (03) 5443 7680 - Fax (03) 5443 7687 - bendigo@yhavic.org.au - www.yha.com.au** - *Dortoir à AU$19-20, chambre double à AU$48-50.* A 1 km de l'arrêt de bus et de la gare. Auberge Art déco entourée de jardins, à 3 minutes du centre.

BEECHWORTH

A 270 km au Nord de Melbourne. Beechworth est une jolie petite bourgade de 4 000 âmes.

■ **BUREAU D'INFORMATIONS. 103 Ford Street (dans le Old Shire Hall).** ✆ (03) 5728 3233.

Hébergement

■ **VICTORIA ROSE (Bed & Breakfast). 42 Camp Street. ✆ (03) 5728 1069.** *Le prix est de AU$143 par couple par nuit, petit déjeuner compris.* Hotes : Lyn & Tony McCure. Cette charmante maison d'hôtes a été construite récemment mais l'attention au détail est telle que l'on pourrait se croire en 1880. Avec ses deux chambres décorées d'antiquités de l'ère victorienne, on se croirait dans un musée. L'endroit n'est pas recommandé si vous avez des enfants, car la tentation de toucher à tout est très grande !

■ **FINCHES OF BEECHWORTH (Historic Guesthouse). 3 Finch Street. ✆ (03) 5728 2655 – Fax (03) 5728 2656 - www.beechworth.com/finches - finches@netc.net.au** – *Chambre double AU$160-197 avec petit déjeuner inclus.* Hôtes : Carol & Peter O'Neil. Caché dans les collines près des Snowy Mountains et des vignobles, le Finches of Beechworth est une maison victorienne superbement restaurée. Les six chambres sont décorées avec beaucoup de goût. L'hôtel est situé à l'écart, dans un jardin privé à l'anglaise, mais on peut aller à pied jusqu'au centre de Beechworth, ville historique avec galeries d'art, boutiques et restaurants.

■ **ROSE COTTAGE B&B. 42 Camp Street © (03) 5728 1069 - www.hotkey.net.au/~rose-cot/** - *Chambres doubles à AU$99, avec petit déjeuner.* Construit en 1876, élégant, riche, confortable et très romantique.

MOUNT BUFFALO

A 350 km au nord-est de Melbourne.

Hébergement

■ **MOUNT BUFFALO CHALET (Historic Hotels). National Park, Mount Buffalo. © (03) 5755 1500 - 1800 037 038 – Fax (03) 5755 1892.** *Chambre double de AU$150 à AU$470.* Datant de 1910, cette demeure historique est tapie entre de très hauts eucalyptus de neige sur le plateau du très spectaculaire parc national du mont Buffalo. Parmi les 102 chambres, le choix va d'une chambre standard aux suites situées dans les tourelles, avec vue panoramique sur les plaines du « haut pays » du Victoria et sur la vallée d'Ovens en contrebas. La grande salle à manger, aux couverts en argent sur nappe damassée blanche, propose une cuisine coloniale traditionnelle. Dans le lobby et dans le piano-bar, on peut se réchauffer devant le feu allumé quotidiennement dans la cheminée. Les activités proposées comprennent des marches guidées, l'équitation, la varappe, le croquet (eh oui ! on est dans un pays de tradition anglo-saxonne), un atelier d'artisanat, le VTT, le canoë et, durant l'hiver austral (notre été), le ski. On peut aussi nourrir les rosellas, ces magnifiques perroquets multicolores sauvages qui arrivent par nuées entières au lever et au coucher du soleil. L'hôtel comprend aussi une piscine d'eau salée, un sauna, un spa, un fitness-club et un billard.

BULLER

■ **HOTEL PENSION GRIMUS. 224 Breathtaker Rd, Mount Buller. © (03) 5777 6396 - Fax (03) 5777 6127 - www.pensiongrimus.com.au - info@pensiongrimus.com.au** – *Chambre double à partir de AU$215 en été (saison creuse) et AU$565 en hiver, petit déjeuner inclus.* Au restaurant, menu à prix fixe. La Pension Grimus – ou plutôt hôtel chic, style chalet autrichien bouillonne de vie à la saison de ski (devenu très branché en Australie ces dernières années). Les formules d'hébergement vont d'une chambre standard aux appartements luxueux. Le restaurant de 100 couverts a une très bonne réputation. Après une période asiatique, il revient à la bonne cuisine traditionnelle avec canard à l'orange, choucroute, wienerschnitzel, et des gnocchis à la sauce roquefort. Sur le Calder Highway qui descend vers Melbourne, à 160 km, juste au Nord de Mount Macedon (un volcan de 1 013 m de haut), le Hanging Rock est un lieu de pique-nique rendu populaire par le film de Peter Weir, « Picnic at Hanging Rock ».

Ce roman de Joan Lindsay, comme le tableau du même nom du peintre William Ford (1875), visible à la National Gallery de Victoria, a été inspiré d'un fait divers réel.

On peut se rendre à Hanging Rock de Melbourne en prenant le train qui va à Wooden, d'où l'on fera le reste du trajet en taxi pour environ AU$20.

LES MACEDON RANGES, KYNETON

A 85 km au Nord-Ouest de Melbourne.

Hébergement

■ **GAINSBOROUGH GUESTHOUSE B&B. 66 Jennings Street, Kyneton. © (03) 5422 3999 - Fax (03) 5422 1963 - gainsboroughbb@bigpond.com** - *Une chambre double pour AU$100-120 par personne.* Hôtes : Robert et Leanne Shomacker. C'est un magnifique « homestead » (1862) inscrit aux monuments historiques, construit avec des briques faites à la main par des « convicts ». Les quatre chambres sont meublées d'antiquités et agrémentées d'aquarelles originales. On peut aussi avoir une chambre avec dîner et petit déjeuner pour AU$160-170.

Le Kyneton est un point de départ idéal pour découvrir Daylesford et Hepburn Springs, le mystérieux Hanging Rock, les célèbres vignobles et jardins du Mount Macedon, et, enfin, Maldon et Castlemaine, anciennes villes de la ruée vers l'or du XIXe siècle.

■ **WILDWOOD YHA. 42 Main Road, Daylesford, Hepburn Springs 3461 - Daylesford. © (03) 5348 4435 - Fax (03) 5348 3555 - daylesford@yhavic.org.au - www.yha.com.au** – *AU$20-32 par adulte et AU$10 pour les moins de 18 ans.*

NORD DU VICTORIA ET LA MURRAY VALLEY

Tout au Nord, sur la frontière de New South Wales, Mildura est célèbre pour ses nombreux citronniers. Cette partie nord-ouest est appelée Mallee Country parce qu'il y pousse une variante d'eucalyptus, Mallee, dont les branches sortent directement du sol sec et dur. La Murray River est le cinquième plus grand fleuve du monde. Elle était le fleuve de la vie (ou de la survie) pour les premiers pionniers qui vivaient sur ce continent le plus sec du monde. Elle devint tout naturellement une artère de communication importante, et toute une flottille de bateaux à vapeur fendit ses eaux. La Murray coule sur plus de 2 000 km à travers le tiers du continent australien et prend sa source dans les Snowy Mountains, dans l'Etat de New South Wales. Elle traverse le Victoria pour finalement se jeter dans l'océan près de Goolwa, dans South Australia.

Croisière sur la Murray River

Au départ de Mannum, à une heure de route d'Adélaïde, le bateau à aubes le PS Murray Princess des Captain Cook's Cruises propose un choix de deux ou cinq nuits de croisière, à partir de AU$515 pour un week-end. Départs le vendredi à 18h30 en remontant le fleuve, en passant près de spectaculaires falaises, jusqu'à Nildottie, et retour à Mannum le dimanche à 14h. Croisière de cinq nuits à partir de AU$1230. Le bateau part de Mannum les dimanches, à 18h, et va jusqu'à la ville de Morgan (observation de nombreux oiseaux). La journée de retour comprend un barbecue à terre sur les rives du Murray et une visite à Ngaut Ngaut pour un tour guidé, mené par un ancien d'une tribu aborigène. Le Murray Princess propose deux spas et saunas, deux bars, restaurants et spectacle tous les soirs. Les soixante cabines climatisées sont toutes pourvues d'une salle de bains.

■ **SOUTH AUSTRALIA TRAVEL CENTRE. 200 Queen Street, Melbourne, Victoria.** ✆ 1300 366 770 - reservations@satcmel.com.au

■ **CAPTAIN COOK'S CRUISES.** ✆ (02) 2061 122 - 1800 804 843 - www.captcookcrus.com.au - cruise@captaincook.com.au

MILDURA

Cette ville de 24 000 habitants fut choisie à l'origine pour l'application du premier projet d'irrigation de la Murray River.

■ **BUREAU D'INFORMATIONS. 180-190 Deakin Avenue.** ✆ (03) 5018 8380 - www.milduravictoria.com.au - www.visitmildura.com.au

Hébergement – Restaurants

■ **GRAND HOTEL ET STEFANO'S RESTAURANT. 7th Street, Mildura. ✆ (03) 5023 0511 - www.milduragrandhotel.com.au** – *Chambre double de AU$127 à AU$485.* Piscine extérieure chauffée. Dans les caves éclairées par des chandeliers du vénérable Grand Hotel de Mildura, se trouve un excellent restaurant italien (généralement très bons en Australie). Risottos parfumés, ragoût de calmars avec polenta, pappardelles avec foies de volailles et épinards, langue de bœuf et queue de bœuf farcie.

■ **ROCKFORD MILDURA. 373 Deakin Avenue. ✆ (03) 5023 3823 - 1800 888 241 -www.rockfordhotels.com.au - mildura@rockfordhotels.com.au** – *Chambre double à partir de AU$118.* Situé dans un jardin. Piscine chauffée, tennis.

■ **MILDURA INTERNATIONAL BACKPACKER. 5 Cedar Avenue. ✆ (03) 5021 0133.** *Lit en dortoir AU$20.*

■ **RENDEZ-VOUS. 34 Langtree Avenue. ✆ (03) 5023 1571.** Le Rendez-Vous a évolué en quarante ans avec la famille Harding. D'un modeste coffee lounge, il est devenu un complexe de restaurants pour tous les goûts et budgets. Il offre un restaurant classique chic, un bistrot style pub, et un bar-café-crêperie appelé « Liaison ». Celui-ci ouvre sur la rue quand il fait beau, et est relié au bistrot par une cour. Le restaurant sert du poisson de la Murray River, et un filet de bœuf de King Island (entre autres).

ROCHESTER

A 175 km au Nord de Melbourne

■ **RANDOM HOUSE (Historic Country Retreat). 22 Bridge Road. ✆ (03) 5484 1792.** Un homestead traditionnel (1852), situé parmi des jardins qui descendent jusqu'à la rivière Campaspe où s'ébattent une multitude d'oiseaux dans les magnifiques Peppercorn Trees (eucalyptus rouges) et les banians australiens (Moreton Bay figs). La Random House est remplie de meubles anciens et ses quatre chambres sont luxueusement décorées avec beaucoup de goût. Dans le restaurant (cité dans le Good Food Guide), on dîne réunis autour d'une grande table dressée avec de l'argenterie et du cristal.

Dans les environs

Dans la région, on peut visiter plusieurs vignobles, faire une croisière sur la Murray River avec les Captain Cook's Cruises, explorer les Barmah Forest Wetlands et les sites aborigènes.

ECHUCA

A 205 km au Nord de Melbourne. Cette petite ville de 10 000 habitants a été créée en 1853 par l'ancien bagnard Henry Hopwood, aux croisements des rivières Murray, Goulburn et Campaspe.

■ **BUREAU D'INFORMATIONS.** ✆ 1800 804 446 - www.echucamoama.com

Hébergement

■ **ECHUCA'S RIVER GALLERY INN (Historic Inn B & B). 578 High Street.** ✆ **(03) 5480 6902 - inn@echuca.net.au** – *Chambres doubles de AU$150 à AU$225 en semaine. Hôtes : Robert & Judith Pickup.* C'est un ancien bâtiment restauré des années 1860, situé au cœur du vieux port d'Echuca. Derrière les arcades de la grande façade vous attendent huit chambres luxueuses avec cheminée, et spa dans la salle de bain. Chaque chambre est d'une époque différente, et certaines ont un balcon qui donne sur la rue (idéal pour prendre l'apéritif). En été, le dîner peut être servi dans la cour ombragée par les feuillus.

■ **HOWQUA DALE GOURMET RETREAT. Howqua River Road (via Mansfield).** ✆ **(03) 5777 3503.** *AU$1100 par personne en pension complète pour un week-end, arrivée le vendredi soir pour le dîner.* Pour fins gourmets, une retraite de campagne qui a gagné des prix d'excellence. Toutes les chambres sont personnalisées et le menu est élaboré en fonction des désirs des clients. Elle abrite aussi une école gastronomique.

■ **ECHUCA GARDENS YHA & B&B. 103 Mitchell Street 3564.** ✆ **(03) 5480 6522 - Fax (03) 5482 6951 - www.echucagardens.com.au - echucagardens@origin.net.au** – *AU$35 par adulte, AU$15 pour les moins de 18 ans. Au B&B une chambre double coûte de AU$130 à AU$150.*

Manifestation

Devenue un site touristique bien connu, Echuca accueille chaque année en octobre le Festival de la Riche Rivière. Pendant sept jours consécutifs, la fête bat son plein.

Points d'intérêt

Balade sur la High Street, une vieille rue aux demeures historiques, qui abonde en boutiques anciennes et échoppes d'antiquités et de brocante. Aucun problème pour se promener dans la petite ville ; Echuca possède le plus grand parc d'Australie de voitures tirées par des chevaux.

Loisirs

■ **KINGFISHER WETLAND CRUISES.** ✆ **(03) 5480 1839.** Croisière de 2h. Tours écologiques et observation d'oiseaux. Prix : AU$25/adulte et AU$18/enfant. Famille : 2 parents et 2 enfants pour AU$82.

■ **P.S. EMMYLOU. 57 Murray Esplanade, Echuca.** ✆ **(03) 5480 2237- www.emmylou.com.au -** Ce bateau à aubes a été complètement restauré et c'est le seul au monde à fonctionner au bois. Les prix commencent à AU$190 par personne pour 2 jours et une nuit et à AU$395 pour 2 jours et 2 nuits. Egalement possible des petites croisières de 1h (AU$18.5/adulte et AU$9/enfant) ou 1h30 (AU$22,5/adulte et AU$10,5/enfant).

■ **M.V. MARY ANN.** ✆ **(03) 5480 2200. Réservation : Shop 1, 41 Murray Esplanade, Echuca.** Croisière-déjeuner ou croisière-dîner.

■ **ECHUCA BOAT AND CANOE HIRE.** ✆ **(03) 5480 6208 - www.echucaboatcanoehire.com.** Location de canoës-kayaks (environ AU$ 120 pour 2 jours) ou de petits bateaux à moteur (environ AU$33 pour 1h).

Dans les environs

Dans le Nord-Ouest, les Alpes victoriennes sont le prolongement des Snowy Mountains de New South Wales. Dans les stations de montagne on peut skier ou faire des randonnées, monter à cheval ou encore admirer la flore alpine (selon les saisons bien sûr).

South Australia

South Australia

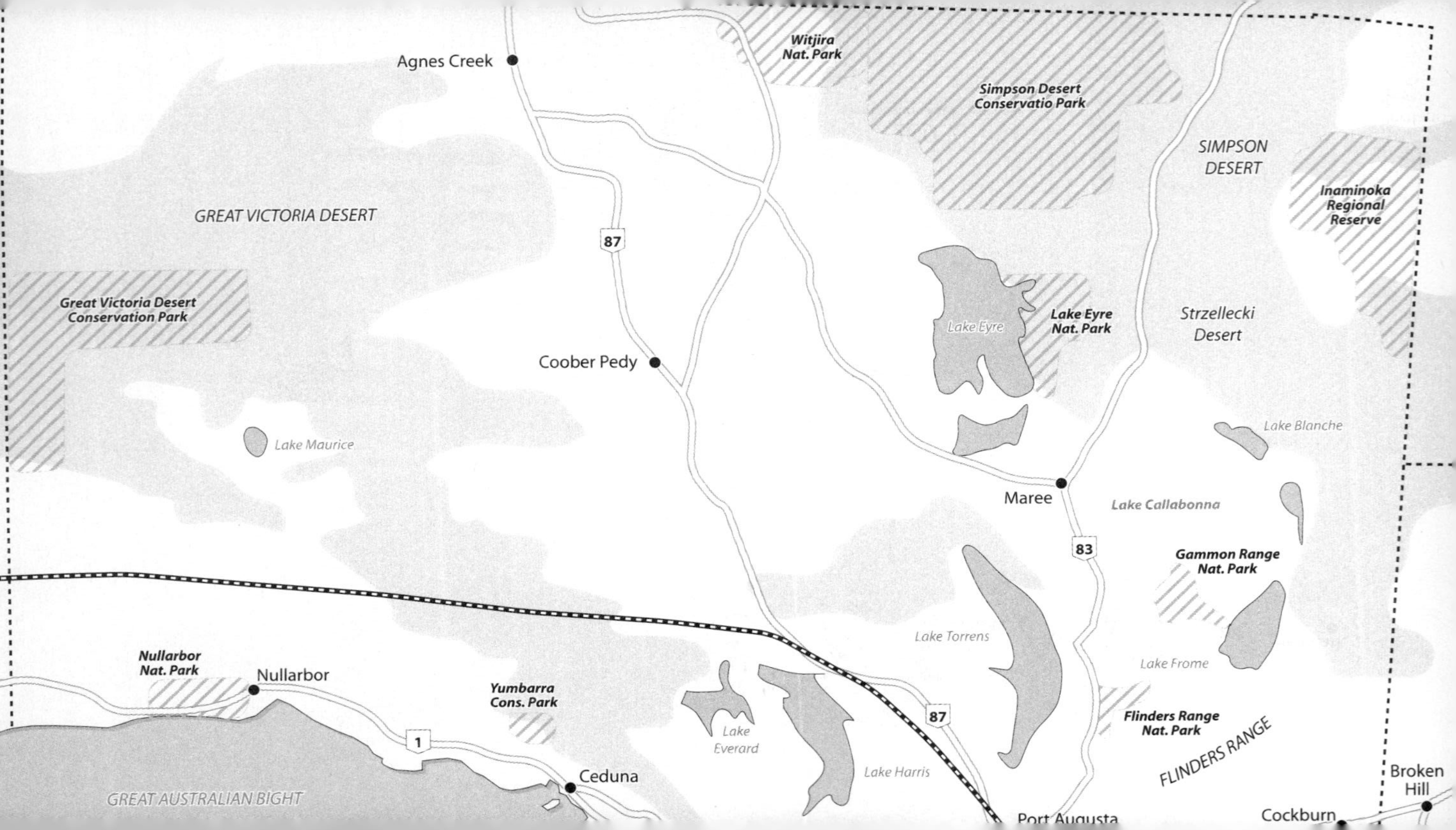

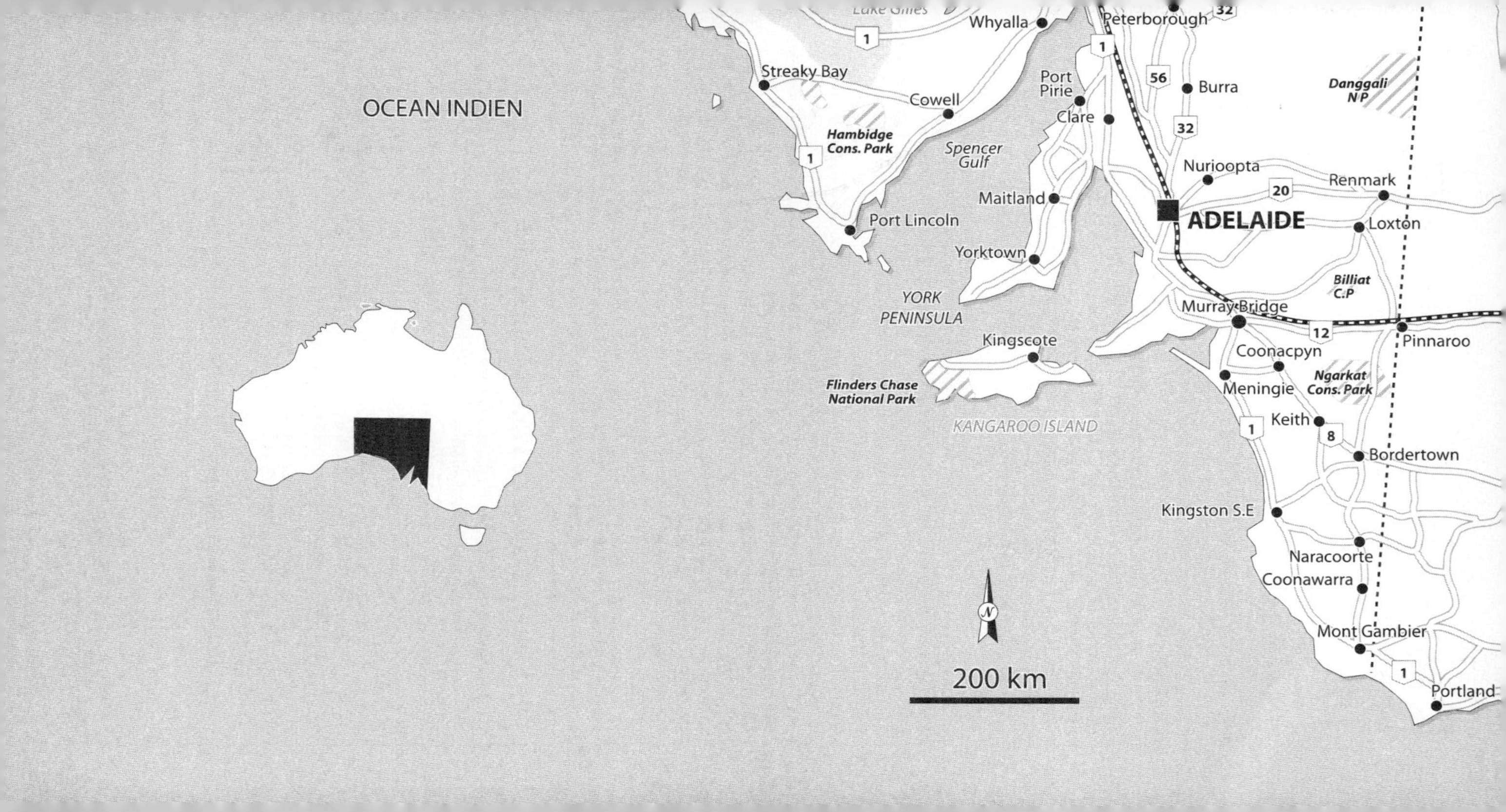
OCEAN INDIEN
Whyalla
Streaky Bay
Cowell
Hambidge
Cons. Park
Spencer
Gulf
Port Lincoln
Port
Pirie
Clare
Maitland
Yorktown
YORK
PENINSULA
Kingscote
Flinders Chase
National Park
KANGAROO ISLAND
Peterborough
Burra
Nurioopta
ADELAIDE
Renmark
Loxton
Danggali
N.P
Billiat
C.P
Murray Bridge
Pinnaroo
Coonacpyn
Meningie
Ngarkat
Cons. Park
Keith
Bordertown
Kingston S.E
Naracoorte
Coonawarra
Mont Gambier
Portland
1
56
32
20
12
8
200 km

South Australia

L'Australie du Sud occupe un cinquième de la superficie du continent. Cet état dont Adelaide est la capitale, est le plus sec de tout le territoire australien. En grande partie aride, la majorité de la population habite Adelaide et ses environs immédiats. Les trois quarts du vin australien sont produits ici, notamment dans les vignobles de la vallée de la Barossa. On appelle South Australia le « Festival State », en raison de ses nombreux festivals organisés dans l'ensemble de l'Etat tout au long de l'année.

L'Australie du Sud diffère grandement du reste de l'Australie : cet Etat, dont les premiers colons étaient tous des hommes libres, ne reçut jamais de forçats sur son sol. William Light, débarquant à Glenelg en 1836, prit possession de la région au nom de la Couronne britannique et établit, à 10 km à l'intérieur, la capitale, qu'il baptisa du nom de la femme du roi, Adelaide. Les premiers colons libres étaient surtout anglais, irlandais et écossais. Peu après, se produisit un afflux d'immigrants qui, pour beaucoup, fuyaient l'oppression dont ils étaient victimes en Europe. Parmi les premiers arrivants figuraient des luthériens chassés de la Silésie prussienne par les persécutions. Plus de 4 000 réfugiés arrivèrent dans les années 1840. Le village de Hahndorf, situé dans les collines d'Adelaide, fut alors fondé. A ce jour, il garde encore le charme et les traditions de ces immigrants d'alors. Dans la vallée de Barossa, les vignerons revêtent des costumes traditionnels allemands pour célébrer les vendanges sur fond de danses folkloriques, de défilés et de banquets bien arrosés. D'autres immigrants apportèrent avec eux leurs talents et leur culture, et quelques Français enrichirent le pays de leur connaissance de la vigne et du vin. Au nord de l'état, Port Pirie, près de Port Augusta, est le port d'exportation des riches mines de Broken Hill, en New South Wales. C'est ici que la plus importante raffinerie de plomb du monde a été installée. A l'ouest, la plaine de Nullabor, sans eau ni ressources, est coupée en deux par la frontière qui sépare l'Australie du Sud de l'Australie occidentale. Les plaines intérieures sont traversées par quelques rivières et un fleuve majestueux, le Murray, qui prend sa source dans les Snowy Mountains pour se jeter dans l'océan Antarctique près d'Adelaide.

A l'ouest, les plaines du Murray sont fermées par les monts Lofty. L'agriculture de la région est assez variée : élevage de vaches laitières, culture de légumes et de fruits pour le marché de la capitale, Adelaide, vins de bonne qualité dans les vallées de la Barossa, Clare, McLaren Vale et les collines d'Adelaide. Plus l'on remonte vers le nord de l'Etat, plus le climat devient aride et l'irrégularité des pluies ne permet alors que l'élevage des moutons. Les «sheep-stations». L'aridité du sol influence non seulement l'agriculture, mais il rend également difficile l'implantation humaine. Les régions les plus au nord comme le Great Victorian Desert, le lac salé Eyre et le Simpson Desert ne sont donc que très faiblement peuplées. Seule la ville de Cooper Pedy, capitale mondiale de l'opale, a su s'adapter aux conditions hostiles de l'extrême nord de l'Australie méridionale : tout comme les mines d'opales, toutes les habitations sont souterraines pour ne pas subir les températures extrêmes qui sévissent tout au long de l'année (jusqu'à 50 degrés).

Les immanquables de l'Australie du Sud

- **Déambuler dans les allées du Central Market d'Adelaide,** s'imprégner du mélange des odeurs, et terminer la matinée par un café à Limoncello's.
- **Se promener sur North Terrace et longer la Torrens River** pour un bel aperçu de la ville.
- **Admirer un coucher de soleil depuis Henley Beach,** et dîner face à l'océan chez Stella.
- **Passer quelques nuits sur Kangaroo Island,** profiter des paysages déserts, faire du « sand surf » dans les dunes de Little Sahara, et passer un après-midi chez «Paul», pour tenir un kangourou dans ses bras, caresser des opossums, nourrir des émeus.
- **Participer à une journée de « wine tasting » dans la vallée de la Barossa** ou les Adelaide Hills, se laisser conduire de vignoble en vignoble et profiter de la beauté des paysages tout en savourant un verre de shiraz, cabernet sauvignon ou sémillon blanc.
- **Arpenter les Flinders Ranges en 4x4,** s'arrêter au Prairie Hotel à Parachilna pour y dévorer un excellent « Emu Burger » et découvrir l'ambiance traditionnelle d'un pub de l'Outback.
- **Embarquer à bord du Ghan pour un voyage dans le temps** et à travers l'Australie du Sud jusqu'à Alice Springs.
- **Admirer les côtes sauvages des nombreux parcs naturels qu'offre l'Australie du Sud.**

Aujourd'hui, la plus grande partie de la population est regroupée au sein d'Adelaide ou en proche banlieue, soit un million d'habitants. L'Australie du Sud se distingue par ses nombreux festivals (arts, musique, gastronomie et vin) et ses nombreux événements sportifs internationaux organisés au fil des différentes saisons.

Climat

Plus on descend au sud de l'Australie, plus il y fait froid l'hiver et chaud l'été. Le climat de l'Australie du Sud est généralement comparé au climat méditerranéen, avec des étés très chauds, et des hivers tempérés. La saison des pluies s'étend entre les mois de mai et août. Malgré des soirées parfois très fraîches en hiver, l'Australie du Sud ne connaît pas l'humidité des territoires du Nord, ce qui est fort agréable.

Manifestations

Pour des renseignements concernant les manifestations, vous consulterez aisément le site de l'office du tourisme de l'Australie du sud : www.southaustralia.com

- **Janvier.** AAPT Australian Hardcourt Champion ships (Adelaide), Oompah Fest (Barossa Valley), Hahndorf Founders Day (Hahndorf), Schutzenfest (festival allemand) (Adelaide).
- **Février.** Adelaide Fringe Festival (Adelaide) (années paires seulement), musique, danse, et arts contemporains du monde entier, Jacob's Creek Golf Open, Adelaide Festival of Arts, The parade food music and wine (festival gastronomique et musical).
- **Mars.** World police & fire games a lieu tous les deux ans et rassemble des policiers et des pompiers de plusieurs nationalités dans une compétition de plus de 65 sports différents, WOM Adelaide (musiques du monde entier), Adelaide Clipsal 500 (courses de voitures V8).
- **Avril.** Oakbank easter racing carnival (course de chevaux), Stansbury & Port Vincent wooden & classic boats regatta (régate de bateaux), Barossa Vintage Festival (vendanges), Cooper Pedy Opal Festival.
- **Mai.** Commonwealth bank international police tattoo (défilé des polices)
- **Juin.** McLaren Vale Sea & Wines Festival (vins, cuisine, nourritures de la mer et musique), Adelaide Cabaret Festival.
- **Août.** Barossa Jazz Week-end (Barossa Valley), Coopers Pale Ale Rally SA (rallye de voitures).
- **Septembre.** Hills Affare (Adelaide Hills), Barossa Wine Show (Barossa Valley). Royal Adelaide show est le plus grand événement annuel de l'Australie du Sud (carnaval, attractions, handisport, sans oublier le vin), Bay to birdwood run, cet événement rassemble plus de 1 500 véhicules anciens, Australian university games est un des plus grands événements multisports d'Australie. Compétition entre plusieurs universités.
- **Octobre.** Mois du zoo (Adelaide), Tasting Australia, Glenelg Jazz Festival (Glenelg).
- **Novembre.** Feast (Manifestation culturelle Lesbian & Gay d'Adelaide), Christmas Pageant (défilé dans les rues d'Adelaide), Classic Adelaide rally, une course automobile de 1 025 km à travers les collines avec des voitures construites avant 1982.

ADELAIDE

De toute l'Australie, Adelaide est la seule ville construite selon un plan rectiligne, entourée de nombreux parcs et jardins. Parcourue d'opulentes artères, elle est « quadrillée par quatre avenues » : North, East, West et South Terraces. La ville est traversée en son milieu par la King William Street, et un pont traversant la Torrens River relie le centre ville à la victorienne North Adelaide. Le long passé puritain de la ville lui a valu le surnom de « City of Churches ». Les Australiens aiment à plaisanter sur la réputation de la ville aujourd'hui, se demandant si Adelaide est désormais « la ville aux nombreuses églises » ou bien « la ville aux nombreux pubs ». Après la Seconde Guerre mondiale, Adelaide accueillit un flux important d'immigrants européens principalement Grecs et Italiens. La douceur de son climat et le brassage de sa population lui donnent beaucoup de charme. Adelaide a échappé aux nombreux gratte-ciel étincelants des autres capitales australiennes. La présence de quelques immeubles modernes ne dénature pas son caractère colonial. Evitant « l'américanisation » de ses sœurs, elle est restée une cité provinciale, avec un style de vie plus lent, plus détendu. Elle se veut en revanche la métropole des arts et des lettres. Toutes les années paires un Festival des arts y a lieu et, les autres années, un Festival du vin de la vallée de Barossa. Le Festival des arts, qui dure deux semaines, offre une grande diversité de spectacles : ballets, concerts, expositions, théâtres, opéras, variétés. Un peu en « off » du festival, le Living Arts Centre, à l'angle de North Terrace et Morphett Street, comprend la Jam Factory. C'est une ancienne usine de confitures reconvertie en ateliers d'artiste que l'on peut visiter. Un endroit très intéressant.

La création en 1985 du Grand Prix de Formule 1 a donné à la ville une dimension médiatique internationale. La course se déroulait dans les rues des quartiers Est de la ville et attirait des milliers de spectateurs, tant Australiens qu'étrangers. (Alain Prost fit ses adieux à la course automobile à Adelaide le 7 novembre 1993). Mais au plus grand regret des habitants d'Adelaide le Grand Prix a été transféré à Melbourne en 1995.

Orientation

En plein cœur de la ville se trouvent Victoria Square et sa fontaine représentant les trois rivières qui traversent South Australia : Torrens, Onkaparinga et Murray. La place est entourée de bâtiments de l'époque coloniale dont le General Post Office, surmonté de l'imposante Victoria Tower, de plusieurs églises, de deux majestueux palais de justice.

Toute visite à Adelaide doit passer par North Terrace. Cette longue rue est idéale pour découvrir l'architecture typique de la ville. La majorité des immeubles sont classés monuments historiques, et c'est sur cette rue également que se concentrent la plupart des galeries d'arts, musées et la bibliothèque nationale. L'imposante gare ferroviaire, remise à neuf, a été transformée en casino en 1985. C'est l'un des plus élégants d'Australie. Il comporte une centaine de tables de jeu, d'excellents restaurants et cinq bars.

Au bout de North Terrace, le Jardin botanique (Botanic Garden) s'étend sur 16 ha d'arbres australiens et de flore exotique. Des promenades sont offertes par des guides spécialisés tous les jours, les horaires sont affichés à l'entrée du Jardin.

Rundle Mall, construit en 1976, est un complexe de boutiques et de grands magasins. Rundle Mall est la rue principale pour le shopping, une séance qui peut agréablement se terminer dans l'un des nombreux cafés de Rundle Street, prolongation de Rundle Mall. Diverses arcades et allées commerçantes relient Rundle Mall aux rues voisines.

Hindley Street, en face à l'ouest du mall, est le centre de la vie nocturne avec ses boîtes de striptease, ses cabarets, ses néons flamboyants et ses trottoirs surpeuplés.

Glenelg, lieu de naissance de l'Etat, se trouve à 30 minutes au sud-ouest d'Adelaide. On prendra un des deux types de tram, l'ancien (une pièce historique) ou le nouveau, depuis Victoria square pour y arriver. C'est un faubourg balnéaire en vogue, avec ses parcs paysagers et ses anciens bâtiments coloniaux restaurés.

Les North Parklands s'étendent de North Terrace aux rives de la Torrens. Sur deux hectares dominant la rivière, se trouve le Festival centre spécialement construit pour le Festival des arts.

North Adelaide est un faubourg aux maisons particulières. L'architecture ici est typique de l'Australie du Sud : larges vérandas protégeant de la chaleur venant du désert, toits de tôle ondulée, murs de grès et jardins arrosés en permanence. North Adelaide se différencie du reste de la ville par son calme, ses avenues boisées, son atmosphère de village. O'Connell Street regorge de restaurants et de pubs en tout genre. Melbourne Street de son côté se veut plus chic, et revendique l'esprit de petite communauté à part entière. Bien que plus calme que sa sœur O'Connell Street, on y trouve une quantité des restaurants fort sympathiques. Une promenade au cœur de North Adelaide est conseillée car il est très facile d'y circuler à pied.

D'autres banlieues s'étalent sur les hauteurs boisées des Adelaide Hills. Certains habitants se sont installés dans d'anciennes fermes sur les collines.

A partir d'Adelaide, on pourra prendre l'Explorer's Way, la grande route qui traverse le centre de l'Australie et va jusqu'à Darwin. En route, on visitera les champs de Coober Pedy pour leurs opales, la Barossa Valley pour ses vignobles et les Flinders Ranges. En allant vers l'est, c'est la Murray River sillonnée par des bateaux à aubes. Vers le sud, on traverse la péninsule de Fleurieu, elle aussi sillonnée des vignobles de McLaren Vale, et au bout de laquelle se trouve Kangaroo Island, bien connue pour sa faune et sa flore.

Transports

- **www.adelaidemetro.com.au** est le site à visiter pour toute information concernant les transports publics (trains, trams et bus) A l'angle de King William Street & Currie Street.

- **DEPOT DES BUS. Central Bus Station. 105-111 Franklin Street.** Ce terminal sera bientôt réaménagé. Premier Stateliner Terminal ✆ (08) 8415 5555.

Accès à Adelaide

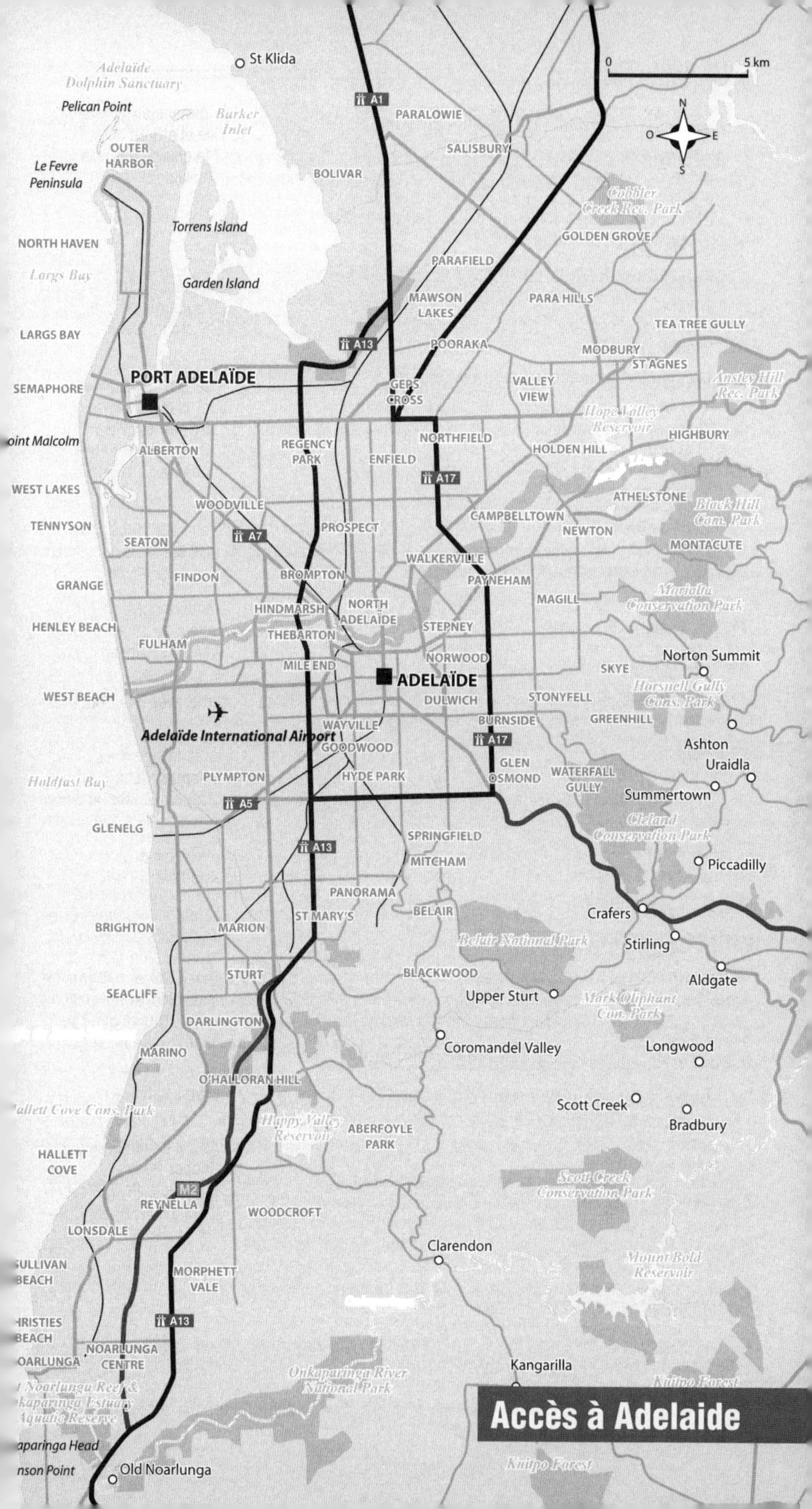

■ **AUSTRALIAN COACHLINES. Greyhound Terminal, 101 Franklin Street** ✆ (08) 8233 2777.

■ **BEE LINE BUS** est un service gratuit qui va de Victoria Square, par King William Street, à North Terrace et George Street. Il revient par Hindley Street et West Terrace.

■ **L'AEROPORT** est situé à 5 km à l'est du centre ville. Bus toutes les demi-heures et nombreuses navettes gratuites à partir des hôtels.

■ **GARE FERROVIAIRE INTER-ETATS : Keswik, à 2 km au sud-est du centre ville.** Centre de réservation (« Ghan », « Indian Pacific » et « Overland ») au 52 Hindley Street ✆ (08) 8212 5200. Navette à partir de la plupart des grands hôtels. Depuis la gare de North Terrace, ne partent que les trains de banlieue.

■ **TAXIS. Adelaide Independent Taxi Services** ✆ 132 211; Yellow Cab ✆ 132 227; Suburban taxi ✆ 131 008.

■ **LOCATION DE VELOS. Flinders Camping. 187 Rundle St Adelaide SA 5000** ✆ (08) 8223 1913.

Location de voitures et de deux-roues

Bien sûr, vous trouverez les incontournables **Hertz, Avis** et **Thrifty** à l'aéroport, mais il existe également **Delta** ✆ 137 271 ou **Hawk** ✆ 1800 004 295 - ✆ (08) 8371 3688.

■ Si vous souhaitez un **deux-roues, SHOW & GO MOTORCYCLES** (✆ (08) 8376 0333 - www.showandgo.com.au) saura répondre à vos besoins.

Pratique

▶ **Indicatif téléphonique :** (08). A faire seulement en dehors de l'Etat.

■ **www.adelaidecitycouncil.com - 55 Pirie Street.** Pour trouver toutes les informations nécessaires sur Adelaide, et des petits «plus» pour la bonne organisation de son séjour. Ce site s'adresse aussi bien aux touristes qu'aux habitants de la ville. Idéal pour s'orienter dans la ville, découvrir les événements à ne pas manquer.

■ **OFFICE DU TOURISME. 18 King William Street, Adelaide ✆ 1300 655 276 - www.southaustralia.com** - Un bureau d'information également sur South Australia dans la plupart des grandes villes.

Hébergement

Bien et pas cher

■ **CANNON STREET BACKPACKERS. 110 Franklin Street ✆ 08 8410 1218 - cannonst@bigpond.net.au** - *Le lit avec petit déjeuner de AU$19 à AU$22 en dortoir, ou AU$57 en chambre double.* Cuisines, TV, machines à laver, tables de ping-pong, billard, accès à Internet et bar à partir de 20h. Considéré comme l'un des Backpackers les plus chaleureux de la ville, vous rencontrerez plusieurs nationalités. Ambiance très jeune.

■ **SUNNY'S BACKPACKERS. 139 Franklin Street ✆ 1800 786 697 - beds@sunnys.com.au** - *Le lit avec petit déjeuner à partir de AU$20 la nuit, ou AU$50 en chambre double.* Petit, propre et accueillant. L'hôte John Dwyar est avenant et serviable. Location de vélos AU$10 pour la journée.

■ **ADELAIDE CENTRAL YHA. 135 Waymouth Street ✆ (08) 8414 3010 - www.yha.com.au - adlcentral@yhasa.org.au** - *Chambres de 2, 4 ou 6 personnes. AU$23 par lit, chambres doubles à partir de AU$60 avec salle de bains commune, ou AU$75 avec salle de bains privée. Bus à 100 mètres.* A 1 km de la Central Railway Station et 5 km de l'aéroport. Possibilité de venir vous chercher ou de vous ramener à l'aéroport. Au cœur de la ville. Moderne, grande cuisine équipée, salle à manger, salle de télévision, consigne à bagages, accès Internet. L'une des auberges les mieux situées ainsi que l'une des plus récentes.

■ **SHAKESPEARE INTERNATIONAL BACKPACKER. 123 Waymouth Street ✆ 1800 555322 - 08 8231 7655 - www.shakeys.com.au - info@shakeys.com.au** – *Lit AU$23 (AU$19 étudiant) en dortoir (haute saison), AU$19 (saison creuse), et AU$138 pour la semaine. Chambre double AU$66.* Backpacker récent, situé dans un immeuble historique qui fut autrefois un cabinet d'avocats, ainsi qu'une banque. C'est propre et bien équipé !

■ **ANNIE'S PLACE. 239 Franklin Street ✆ (08) 82122668 - 1800 818011 - www.citybackpackers.com.au - info@citybackpackers.com.au** - *A partir de AU$20 en dortoir, AU$70 la chambre double. Petit déjeuner inclus.* Bâtiment âgé de 137 ans, mais restauré et moderne (cuisine, machine à laver, TV,Internet, location de vélos...) Très propre et aéré. Recommandé.

■ **GLENELG BEACH RESORT. 7 Moseley Street ✆ (08) 8376 0007. City Central Motel. 23 Hindley Street ✆ (08) 82314049 - Fax (08) 82314804 - citycentralmotel1@hotmail.com** - *A partir de AU$30 la nuit dans une chambre de 7 lits, et AU$80 la chambre double avec salle de bains.*

Confort ou charme

■ **ADELAIDE OLD TERRASSES ✆ (08) 8364 5437 - www.adelaideoldterraces.com.au** - Des petites maisons situées dans 4 quartiers historiques de la ville. De 2 à 4 chambres. Très sympa si vous voulez être indépendant.

■ **NORTH ADELAIDE HERITAGE GROUP. www.adelaideheritage.com - res@adelaideheritage.com - ✆ (08) 82721355** - Ce groupe offre l'occasion de découvrir l'Australie autrement, dans des logements uniques, tous situés dans North Adelaide. Chacune des 21 propriétés est aménagée, richement meublée et entièrement à disposition le temps d'une nuit, d'une semaine ou plus. Cottages ou appartements de luxe dans des bâtiments historiques (notamment l'ancienne caserne des pompiers), l'originalité et la convivialité sont les maître mots de la compagnie. Les prix varient de AU$196 à AU$330 pour deux personnes, avec provisions pour le petit déjeuner.

Luxe

■ **HYATT REGENCY. North Terrace, Adelaide ✆ 131 234 (réservations) - Fax (08) 8231 1120 - www.adelaide.hyatt.com** - *Chambre double AU$220 ou AU$240 avec vue sur la rivière Torrens.* L'hôtel le plus chic d'Adelaide, adjacent au casino.

■ **HILTON INTERNATIONAL. 233 Victoria Square ✆ (08) 8217 2000 - Fax (08) 8211 7035 - www.adelaide.hilton.com** - Les prix varient souvent d'un jour à l'autre et selon la saison. Situé en plein cœur de la ville sur la place de Victoria Square.

Restaurants

Rundle Street, avec une grande quantité de terrasses extérieures de style méditerranéen est très prisée des Australiens : cuisines grecque, italienne, argentine, et asiatique.

■ **GAUCHO'S 91 Gouger Street ✆ (08) 8231 2299. www.gauchos.com.au** - Le meilleur restaurant argentin de la ville ! Pour les amateurs de viande rouge, Gaucho's détonne par la qualité et la taille de ses pièces de viande. Il est préférable de réserver à l'avance, parfois même d'une semaine, tant ce restaurant est connu ! *Ouvert tous les soirs de 17h30 à 22h, et les midis du lundi au vendredi de 11h30 à 15h.*

■ **AMALFI. 29 Frome Street ✆ (08) 8223 1943** au coin de Rundle (italien), sont les incontournables de ce quartier. Un peu plus loin au sud, Hutt Street accueille de nouveaux restaurants branchés.

Le quartier « rouge » de Hindley Street propose un grand choix de petits restaurants avec cuisines grecque, libanaise, italienne (notamment le Tapas Café, un restaurant-bar espagnol) et des brasseries plus chics.

■ **LE CHINATOWN sur Gouger Street,** est le fief de la cuisine chinoise, japonaise, thaïe et aussi italienne, française, argentine et malaise.

■ **YING CHOW, 114 Gouger Street ✆ (08) 82117998.** Un des meilleurs restaurants chinois et très bon marché, il faut réserver. Ouvert jusqu'à 1h du matin.

■ **COWLEY'S PIE CART** est une institution à Adelaide depuis 1915. Le plat unique est un « Pie Floater », un pâté de viande qui flotte dans une soupe de pois verts. Ces stands à roulettes sont situés devant la gare de North Terrace. *Ouvert le soir à partir de 18h jusqu'à tard.*

■ **BRIDGEWATERMILL. Mount Barker Road ✆ (08) 8339 9200. www.bridgewatermill.com.au** - Ce restaurant est l'un des plus réputés de l'Australie du Sud, la carte proposant des spécialités australiennes dans un cadre magnifique. *Ouvert du jeudi au lundi de 12h à 14h30.*

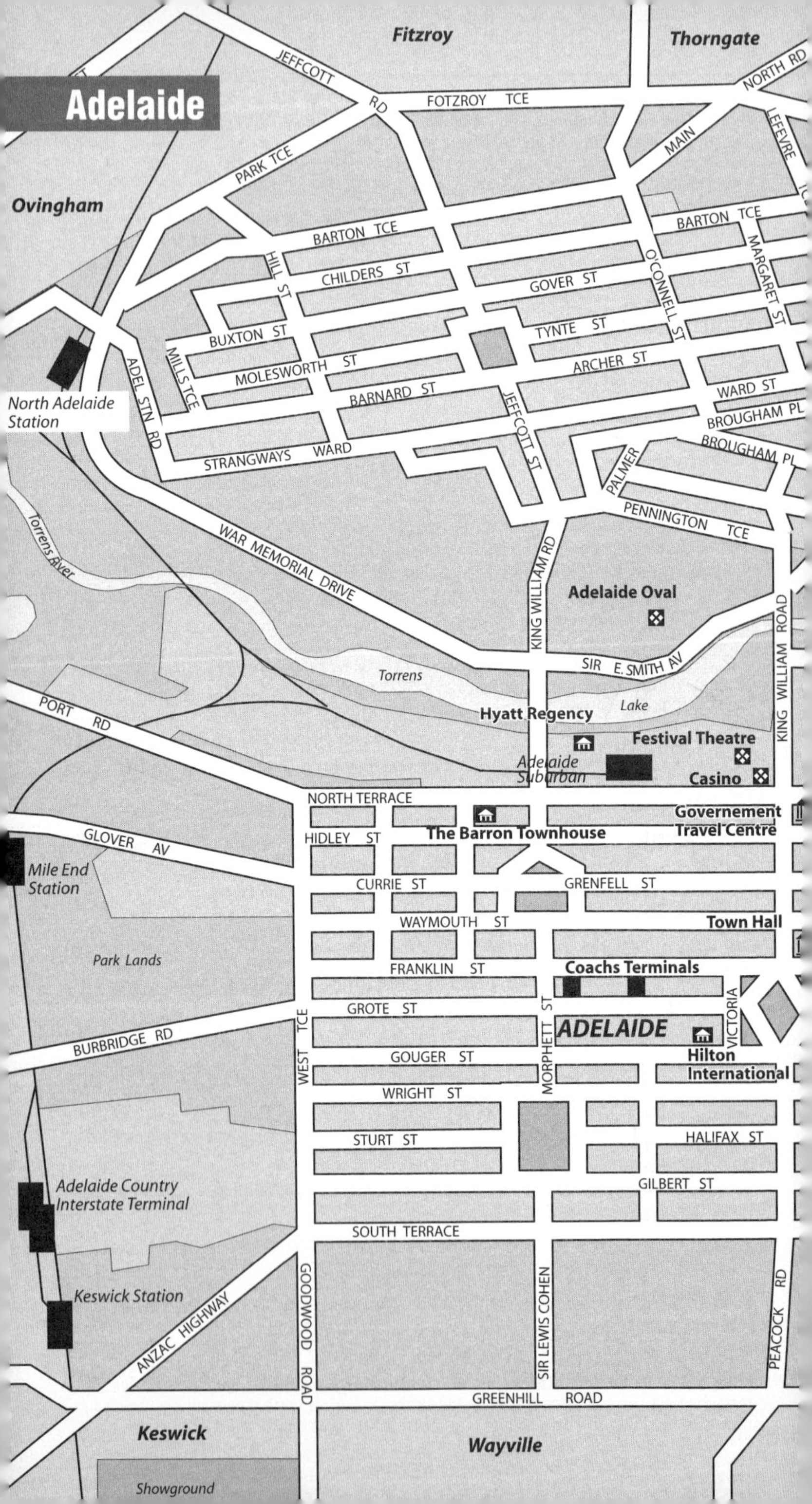
Adelaide
Fitzroy
Thorngate
Ovingham
North Adelaide Station
JEFFCOTT RD
FOTZROY TCE
NORTH RD
LEFEVRE TCE
MAIN
PARK TCE
BARTON TCE
CHILDERS ST
HILL ST
GOVER ST
O'CONNELL ST
MARGARET ST
BUXTON ST
TYNTE ST
MILLS TCE
MOLESWORTH ST
ARCHER ST
ADEL STN RD
BARNARD ST
JEFFCOTT ST
WARD ST
BROUGHAM PL
STRANGWAYS WARD
PALMER
PENNINGTON TCE
WAR MEMORIAL DRIVE
Torrens River
KING WILLIAM RD
Adelaide Oval
KING WILLIAM ROAD
SIR E. SMITH AV
Torrens
Lake
Hyatt Regency
PORT RD
Festival Theatre
Adelaide Suburban
Casino
NORTH TERRACE
Governement Travel Centre
HIDLEY ST
The Barron Townhouse
GLOVER AV
Mile End Station
CURRIE ST
GRENFELL ST
WAYMOUTH ST
Town Hall
Park Lands
FRANKLIN ST
Coachs Terminals
GROTE ST
WEST TCE
MORPHETT ST
ADELAIDE
VICTORIA
BURBRIDGE RD
GOUGER ST
Hilton International
WRIGHT ST
STURT ST
HALIFAX ST
GILBERT ST
Adelaide Country Interstate Terminal
SOUTH TERRACE
GOODWOOD ROAD
Keswick Station
ANZAC HIGHWAY
SIR LEWIS COHEN
PEACOCK RD
GREENHILL ROAD
Keswick
Wayville
Showground

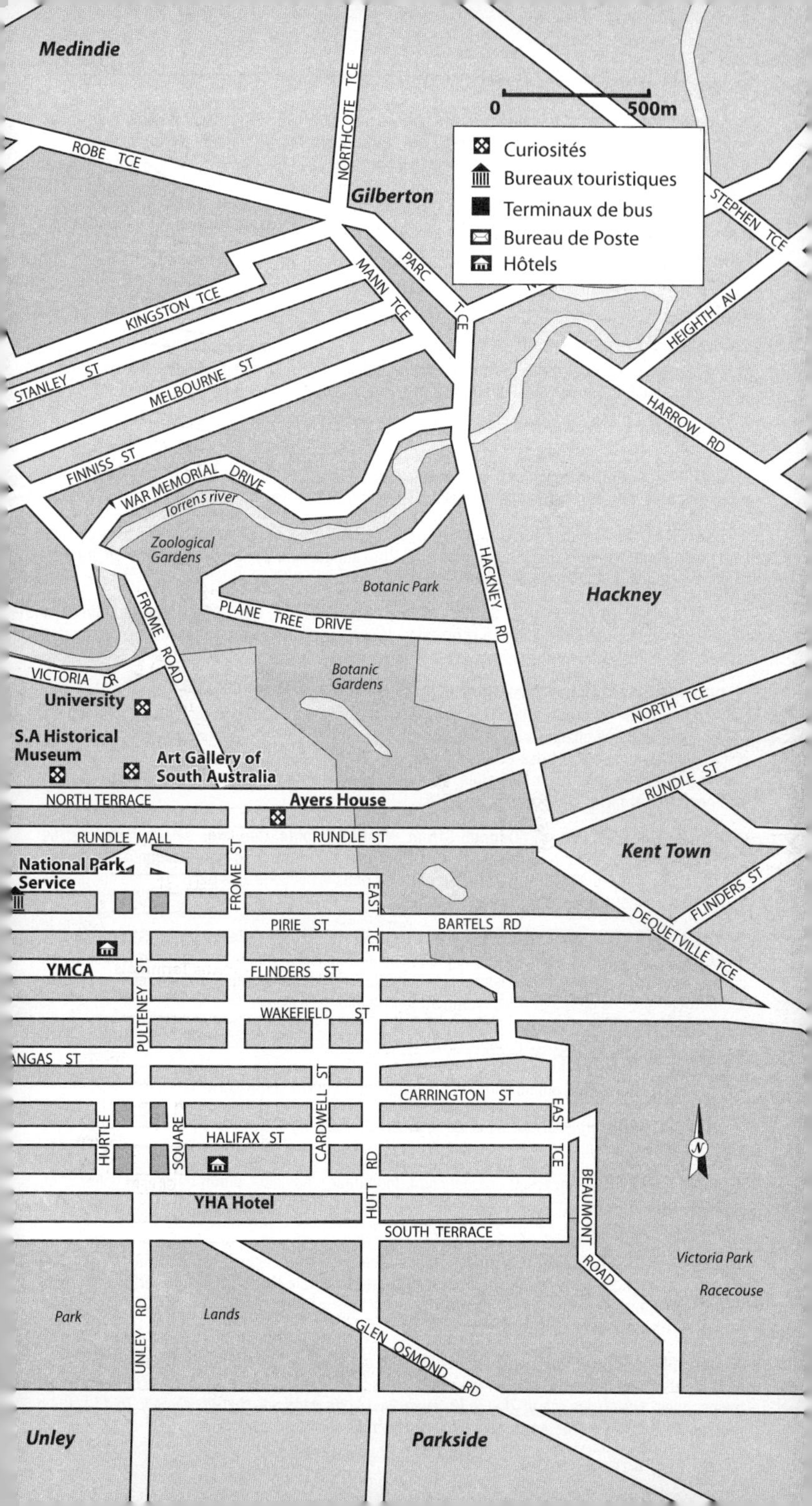

Medindie
0
500m
Curiosités
Bureaux touristiques
Terminaux de bus
Bureau de Poste
Hôtels
ROBE TCE
NORTHCOTE TCE
Gilberton
STEPHEN TCE
KINGSTON TCE
MANN TCE
PARC TCE
HEIGHTH AV
STANLEY ST
MELBOURNE ST
HARROW RD
FINNISS ST
WAR MEMORIAL DRIVE
Torrens river
Zoological Gardens
Botanic Park
HACKNEY RD
Hackney
PLANE TREE DRIVE
FROME ROAD
VICTORIA DR
Botanic Gardens
University
NORTH TCE
S.A Historical Museum
Art Gallery of South Australia
NORTH TERRACE
Ayers House
RUNDLE ST
RUNDLE MALL
RUNDLE ST
Kent Town
National Park Service
FROME ST
EAST TCE
FLINDERS ST
DEQUETVILLE TCE
PIRIE ST
BARTELS RD
YMCA
FLINDERS ST
PULTENEY ST
WAKEFIELD ST
ANGAS ST
CARDWELL ST
CARRINGTON ST
EAST TCE
HURTLE
SQUARE
HALIFAX ST
HUTT RD
YHA Hotel
BEAUMONT ROAD
SOUTH TERRACE
Victoria Park
Racecouse
Park
Lands
UNLEY RD
GLEN OSMOND RD
Unley
Parkside

■ Enfin un très bon restaurant australien au bord de mer **GRANGE JETTY KIOSK, au coin de Jetty Road et de l'Esplanade à Grange ✆ (08) 8235 0822.** Menu à la carte, fruits de mer locaux.

■ Pour sortir des sentiers battus, un petit tour chez **BABANUSA** sera fortement apprécié. **86 Prospect Road, ✆ (08) 8342 1222.** A 5 minutes en voiture d'Adelaide, un dîner ici est l'occasion de découvrir la cuisine du Soudan. Même si le cadre est épuré, le service est sympathique et la nourriture délicieuse, le tout s'appréciant sur fond de musique africaine. Des viandes rouges aux poissons et plats végétariens, il y en a pour tous les goûts et l'addition est tout aussi légère que la nourriture.

Sortir

■ **CASINO SKYCITY ADELAIDE ✆ (08) 8212 2811.** Il se trouve dans les mêmes bâtiments que la vieille gare sur North Terrace. Ouvert de 10h à 4h du matin en semaine, et 24h/24 le week-end. Attention : il faut être bien habillé pour pouvoir y entrer.

Nombre de pubs sont des micro-brasseries. La meilleure bière locale est la Coopers (Ale et Sparkling).

■ **COOPERS ALEHOUSE, au coin de Pulteney et Carrington Streets ✆ (08) 8223 6433.** Un autre pub très populaire, renommé pour ses steaks et fruits de mer.

■ **EXETER HOTEL. 346 Rundle Street ✆ (08) 8231 5795.** Ce pub typique est le lieu où se réunissent les Australiens après une journée de travail. Une atmosphère zen où des concerts de groupes locaux s'ajoutent à l'ambiance amicale.

■ **BULL AND BEAR ALE HOUSE. 89 King William Street ✆ (08) 8231 5795.** Ce beau pub de la rue principale sert 13 ales et bières à la pression. Vous pouvez assister à des spectacles présentés au Centre des festivals en réservant : ✆ 131 246.

■ **CROWN & SCEPTE. 308-312 King William Street ✆ (08)8212 4159 - www.sceptre.com.au -** Un incontournable ! Il propose la plus longue et originale liste de cocktails de toute la ville et il s'y passe quelque chose chaque soir de la semaine. La musique varie du funk au hip-hop en passant par le groove et le rock, et des groupes jouent live le week-end. La déco funky encourage l'ambiance détendue et une clientèle variée. Le « garden beer » (petite cour extérieure couverte) est très populaire et fort agréable les soirs d'été.

■ **ROYAL OAK HOTEL. 123 O'Connell Street, North Adelaide.** Une large sélection de vins, de bonnes bières et de nombreux cocktails, The Oak Hotel est un bar très sympathique à l'ambiance décontractée. Plusieurs soirées à thèmes proposées dans la semaine, des films projetés sur grands écrans aux concerts live, bonne soirée garantie.

■ **THE LION HOTEL. Au croisement entre Melbourne Street et Jerningham Street ✆ (08) 8367 0222.** Sans aucun doute le pub le plus populaire de North Adelaide. Ancienne brasserie, ce bâtiment date des années 1870. Désormais transformé en bar-restaurant, on y apprécie aussi bien ses burgers que ses bières ! Service souriant et efficace.

Points d'intérêt

La plupart des musées et points d'intérêt historique se trouvent sur la North Terrace.

■ **BOTANIC GARDEN.** *Visites guidées les lundi, mardi, vendredi et dimanche à 10h30.* Rendez-vous au kiosque dans les jardins.

■ **MONTFIORE HILL,** lieu dit où Colonel Light, fondateur d'Adelaide, aurait décidé de l'endroit où serait construit la ville, en 1837. La vue sur Adelaide y est magnifique, et une statue est érigée en l'honneur du Colonel.

■ **ST PETERS CATHEDRAL.** Magnifique cathédrale anglicane commencée en 1869 et achevée en 1901. La façade sud rappelle l'architecture de la cathédrale Notre-Dame-de-Paris, en France. Visite guidée gratuite le dimanche à 14h30. Ouverte tous les jours de 9h30 à 16h. 27 King William Street, North Adelaide.

■ **GOUGER ST.** Quartier asiatique toujours animé, qui abrite le fameux Central Market de la ville. Le bruit et les odeurs se mélangent pour notre plus grand plaisir, et il est bien rare de repartir les mains vides. *Ouvert les mardi 7h-17h30, jeudi 9h-17h30, vendredi 7h-19h, samedi 7h-15h. Il est recommandé de s'y rendre en matinée car les étalages sont vite dévalisées.*

■ **ART GALLERY.** *Visites guidées à 11h et 14h du lundi au dimanche.*

■ **SOUTH AUSTRALIAN MUSEUM.** *Entrée gratuite. Visites guidées de l'exposition permanente d'art aborigène du mercredi au dimanche à 11h et 14h.* Cette exposition est la plus importante au monde. Réservations pour les visites guidées au magasin du musée.

■ **STATE LIBRARY.** Salle de lecture avec la presse internationale.

■ **LA JAMFACTORY. 19 Morphett Street ✆ (08) 8410 0727.** *Ouvert tous les jours sauf dimanche.* Un magasin et une galerie d'objets d'art moderne qui expose les œuvres d'artistes locaux.

■ **MIGRATION MUSEUM. 82 Kintore Avenue,** ✆ (08) 8207 7580.

■ **ABORIGINAL MUSEUM. ✆ (08) 8207 7500.** *Entrée gratuite.*

■ **TANDANYA - National Aboriginal Cultural Institute 253 Grenfell Street ✆ (08)8224 3200.** Galerie d'art aborigène (peinture et sculpture). *Démonstration de didgeridoo chaque jour à 12h. Adulte AU$4, enfant AU$3. Visite guidée AU$20. Ouvert tous les jours de 10h à 17h.*

■ **ADELAIDE FESTIVAL CENTRE. King William Road ✆ (08) 8216 8600.** *Visites guidées les samedi à 9h30 et jeudi à 10h. Ouvert tous les jours.* Ce centre accueille une grande partie des festivals d'Adelaide.

■ **ADELAIDE UNIVERSITY ✆ (08) 8303 4455 .** Conférences et concerts gratuits les vendredis à l'heure du déjeuner dans le bâtiment Elder Hall.

■ **CLELAND CONSERVATION PARK situé au Mt Lofty à 12 km du centre d'Adelaide.** Parc animalier où la plupart des animaux sont en liberté (émeus, kangourous, wallabies...) vous pouvez ainsi les toucher et leur donner à manger. Les koalas ne sont pas en liberté, mais à certains moments de la journée un employé du parc vous invite à entrer dans l'enclos pour les caresser. Le diable de Tasmanie est aussi présent.

■ **JARDINS ZOOLOGIQUES. Frome Road ✆ (08) 8267 3255.** *Ouvert tous les jours. Entrée AU$14,50 (adultes) et AU$9 (enfants).* Pour suivre la tradition, on prendra le bateau Pop-eye depuis Elder Park, à moins de préférer s'y rendre à pied.

■ **LE NATIONAL WINE CENTRE, au coin de Botanic Road et Hackney Road ✆ (08) 8303 3355.** *Entrée AU$11.* Pour en savoir plus sur l'œnologie et les vins australiens.

Shopping

■ **LA RUE PIETONNE RUNDLE MALL** bien sûr, mais il existe également des marchés très intéressants les week-ends et en semaine.

■ **LE CENTRAL MARKET entre Grote Street et Gouger Street, près du Chinatown,** est un marché principalement de fruits, légumes, viandes et poissons. *Il est ouvert les mardi (de 7h à 17h30), jeudi (de 9h à 17h30), vendredi (de 7h à 21h) et samedi (de 7h à 15h).* C'est le marché principal d'Adelaide, là où la plupart des habitants se retrouvent pour prendre un café, déjeuner avec des amis et faire leurs courses. Les produits sont bon marché, locaux et de bonne qualité.

■ **BRICKWORKS MARKET, 36 South Road,** à 3 km au nord-ouest, à Torrensville, est un grand complexe, style marché aux puces, qui vend un peu de tout. Enfin, si vous êtes à la recherche de produits aborigènes, la boutique Tandanya, au 253 Grenfell Street (✆ (08) 8224 3200), mérite que vous vous y arrêtiez.

Dans les environs

■ **ADELAIDE SIGHTSEEING** ✆ (08) 8339 0000 - www.adelaidesightseeing.com.au

■ **KANGAROO ISLAND AIR & SEA ✆ (08) 8231 1744.** Propose 2 jours sur l'île à partir de AU$327 le tour « Coast to Coast » (navette et ferry, visite de l'île, déjeuners et une nuit dans un hôtel).

■ **A KANGAROO ISLAND** une organisation remarquable de safari par Adventure charters of Kangaroo Island ✆ (08) 8553 1185 - www.adventurecharters.com.au - Avec pique-nique de choix et guide naturaliste super.

■ **ENJOY ADELAIDE** ✆ **(08) 8332 1401 - Fax (08) 83321403 - www.enjoyadelaide.com.au - info@enjoyadelaide.com.au** - Une demi-journée : Adelaide Hills, Mount Lofty (avec vues panoramiques sur Adelaide), Hahndorf (le village allemand) et l'usine de chocolat Haigh : AU$35. Sur la route de Barossa Valley, à une heure d'Adelaide par les beaux paysages de la Torrens River Gorge, se trouve le Big Rocking Horse, à Gumeracha. C'est une fabrique de jouets, avec des aires de pique-nique. La boutique The Toy Factory, à Gumeracha, vend des jouets en bois. Ouvert tous les jours de 9h à 17h ✆ (08) 8389 1085.

■ ADELAIDE HILLS ■

Adelaide Hills est l'une des régions les plus importantes de production viticole en climat frais. Elle fut la première à produire en Australie méridionale dès 1841 (les premières vignes furent plantées en 1839) puis à exporter, grâce à un certain Walter Duffield qui envoya en cadeau à la reine Victoria du vin d'Echunga en 1845. Dans les années 1850 on recherchait surtout des plants à maturité précoce, afin de les acclimater aux pentes fraîches des collines. Dans les années 1860, plus de 200 domaines, anglo-saxons et allemands, étaient enregistrés dans les Adelaide Hills. La production d'Adelaide Hills atteint 720 000 litres en 1871 pour 600 ha. Mais dans les années 1920, elle cessa quasiment à cause de l'évolution des goûts des consommateurs et de la chute des exportations. Cette désaffection se poursuivit jusque dans les années 1970. Depuis une dizaine d'années, ces vins connaissent un retour en grâce. Actuellement on compte plus de 180 éleveurs et 35 appellations.

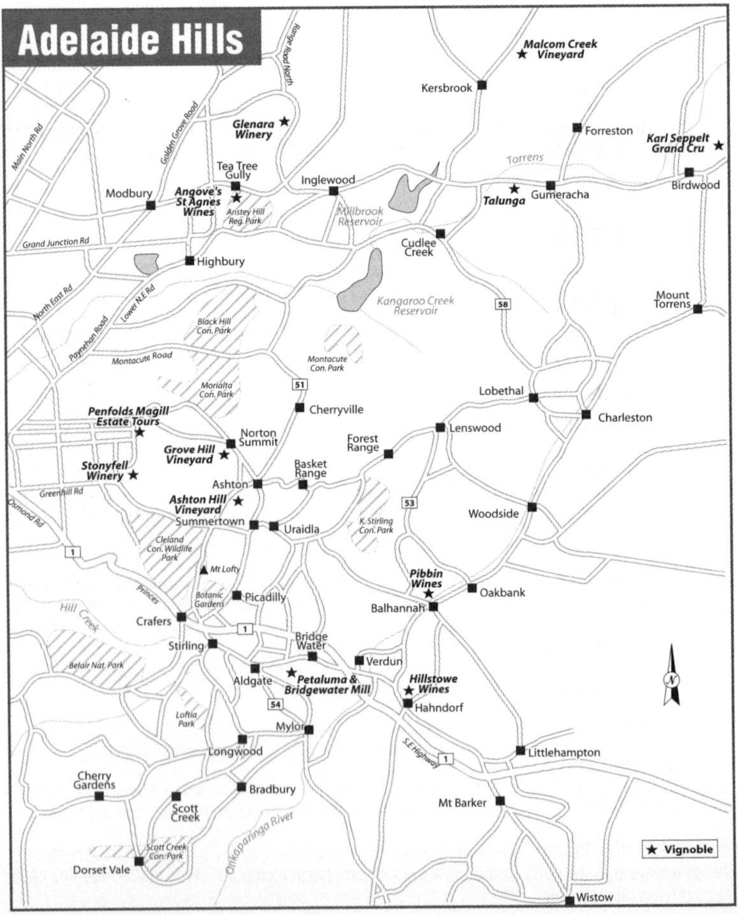

Sol et climat

Cette région fait partie du Mount Lofty Ranges, l'altitude y est supérieure à 400 m et le point culminant est le Mount Lofty à 727 m. Les collines, escarpées, généralement fraîches et verdoyantes, permettent la culture de la vigne au-delà de 400 m d'altitude. Les sols sont généralement assez peu fertiles, composés d'argiles plus ou moins légères. Les précipitations varient, mais sont plus fortes en hiver et au printemps. Il faut y suppléer par un arrosage. L'abondance des vallons crée de multiples microclimats favorables à la diversité de la production.

Variétés

Les contraintes du terrain donnent lieu à une culture sur de petites parcelles à forte typicité privilégiant la qualité et un grand savoir-faire, qui ont contribué à la renaissance de cette région. L'altitude et la fraîcheur permettent une production de vins pétillants. Les vins rouges des Hills sont plus fins et élégants que ceux de la Barossa Valley. Les blancs sont plus frais et vifs que la plupart des vins australiens, se rapprochant des rieslings européens. Ils sont généralement fortement aromatiques, avec une bonne acidité, élégants et équilibrés. On trouve du pinot noir, du merlot, du sauvignon blanc, du riesling et du chardonnay, du sémillon dans les zones les plus chaudes et du cabernet sauvignon, du cabernet franc, du shiraz à moindre altitude. Quelques essais sont faits avec du pinot gris et du viognier.

Plantations

- **Surface totale plantée :** 1 766 ha
- **Blancs :** 767 ha
- **Rouges :** 999 ha

POUR TOUTE INFORMATION : ADELAIDE HILLS WINE REGION INC. Suite 1, 85 Mount Barker Road, Stirling, SA 5251 ✆ (61) 88370 8808 - Fax (61) 88370 8872 - www.adelaidehills.com.au -

AU NORD

ADELAIDE PLAINS

A 35 km au nord d'Adelaide, cette région exporte beaucoup vers l'Asie et vers les restaurants et hôtels européens.

Sol et climat

Cette région est incluse entre les collines et la mer au sud de la Barossa Valley. Les sols sont composés d'argiles rouge ou brune sur un sous-sol alcalin et calcaire à plus grande profondeur. On trouve aussi quelques zones d'argiles plus lourdes. Dans les plaines, le climat est méditerranéen, chaud et ensoleillé l'été, doux et humide l'hiver, sur un sol d'alluvions bien drainé, ce qui protège les vignes des maladies. La majorité des précipitations est reçue au printemps, mais on y supplée par l'irrigation.

Variétés

Les plaines chaudes et planes donnent un vin au corps puissant. Le shiraz s'expose dans toute sa splendeur, le cabernet sauvignon donne une robe foncée, les arômes de chocolat y sont plus développés qu'ailleurs. Le colombard est un cépage blanc idéal pour les plaines. Le chardonnay, le sémillon, le riesling et le sauvignon blanc réussissent aussi. Quelques plantations utilisent des variétés italiennes : barbera, sangiovese, nebbolio. Le sangiovese, plus léger que le barbera est d'ailleurs le plant traditionnellement cultivé en Italie et le composant majeur du chianti.

Plantations

- **Surface totale plantée :** 427 ha.
- **Blancs :** 147 ha.
- **Rouges :** 280 ha.

Pour toute information : ADELAIDE PLAINS GRAPE GROWERS & WINE PRODUCERS ASSOCIATION INC. P.O. box 847, Virginia, SA 5120 ✆ (08) 8336 4522 - adelaideplains@senet.com.au

BAROSSA VALLEY

La plus célèbre région viticole de l'Australie est située à une heure de voiture au Nord-Est d'Adelaide. Plus de cinquante vignobles, de la petite entreprise familiale aux grandes exploitations, fournissent le quart de la production de vins australiens. La plupart des caves sont ouvertes aux visiteurs, et certaines d'entre elles ont de bons restaurants. Cette région pittoresque fut colonisée par des réfugiés allemands, et toute l'architecture de la Barossa Valley reflète ces origines.

Les premières cultures ont été réalisées par des émigrés anglais en 1842. Une fausse légende veut que les plantations aient été le fait de la colonie allemande émigrée, nostalgique de la Bohême. Les premiers vignerons furent anglais, des réfugiés silésiens prirent la suite, s'initiant sur le tas à cette culture, cette région de l'actuelle Pologne n'ayant jamais été connue pour la qualité de ses vins. La nature des vignobles était largement dictée par les contraintes culturales. Ce fut la plus grande région de production de la deuxième moitié du XIXe siècle, et la plupart des sociétés vitivinicoles y ont encore leur siège aujourd'hui. La Barossa et l'Eden Valley sont le fruit du mélange des cultures anglaise et allemande.

▶ **A ne pas manquer :** le Barossa Vintage Festival célébré en avril, tous les deux ans. Le prochain se tiendra en 2007. C'est l'occasion de fêter la fin des vendanges. On y écrase le raisin pieds nus.

Sol et climat

Le sol du fond de la vallée est sablonneux ; dans les Barossa Ranges, il est plus pierreux et léger. Ces sols peu fertiles sont exploités de façon traditionnelle avec peu d'arrosage sur de petites parcelles. Le climat méditerranéen, étés chauds et secs et hivers doux et humides, permettant l'accumulation des réserves d'eau, donne un terroir très sain.

Variétés

Il y a dix ans les variétés traditionnelles – le shiraz, le grenache, le mourvèdre, le sémillon, le riesling – étaient sur le point de disparaître au profit du chardonnay, du cabernet sauvignon et du pinot noir. Leur renaissance est due à l'entêtement d'un Australo-Irlandais de la quatrième génération, Robert O'Callaghan. En rouge, le shiraz domine, suivi du cabernet sauvignon et du grenache. En blanc, ce sont le riesling, le sémillon, le chardonnay. Le shiraz est riche en arômes de fruits rouges avec une touche de chocolat, un caractère fort et une pointe d'eucalyptus. C'est un vin rond et puissant à la robe foncée, de bonne garde. En blanc, le classique riesling exprime sa typicité australienne par des arômes marqués de fruits de la passion, de fruits tropicaux et d'agrumes. Il s'améliore avec l'âge.

Plantations

▶ **Surface totale plantée :** 8 469 ha.

▶ **Blancs :** 3 152 ha.

▶ **Rouges :** 5 317 ha.

■ **Pour toute information : BAROSSA WINE & TOURISM ASSOCIATION. PO BOX 420 Tanunda SA 5352 Australia** ✆ (61) 8 8563 0600 - Fax (61) 8 8566 0616 - info@barossa-region.org - www.barossa-region.org

Transports

■ **GROOVY GRAPE GETAWAYS ✆ (08) 8371 4000 ou 1800 661 177 -www.groovygrape.com.au -** *On parcourt la route des vins de la Barossa pour AU$69, déjeuner BBQ australien inclus et visite de 4 vignobles avec dégustation.* Le guide est du coin et connaît bien la région ainsi que ses vins. Arrêt à la Toy Factory où l'on verra le plus grand cheval à bascule du monde. Egalement, visite de Bethany, le plus vieux village allemand de la vallée. Arrêt aussi au Whispering Wall de Barossa. Jovial et décontracté.

Hébergement – Restaurants

■ **BAROSSA WIENTAL RESORT. Murray Street, Tanunda ✆ (08) 8563 2303 - 1800 648 269 - www.barossa-weintal.com** - *Chambre double AU$105 pour une personne, ou AU$129 pour deux personnes. Chambre luxe avec spa AU$165.* Situé au cœur de la Barossa Valley, le restaurant Die Galerie a une bonne cave à vins.

■ **NOVOTEL BAROSSA VALLEY RESORT. Rowland Flat, entre Lyndoch et Tanunda ✆ 1300 657 697 ou (08) 8524 0000 - www.novotelbarossa.com** - *A partir de AU$161 par chambre et par nuit.* C'est un grand complexe qui offre tout un choix d'hébergement (appartements, chambre luxe avec spas, etc.), et qui comprend des restaurants (Harry's restaurant) ouverts toute la journée, des terrains de tennis, un terrain de Gold 18 trous, etc.

Barossa Valley

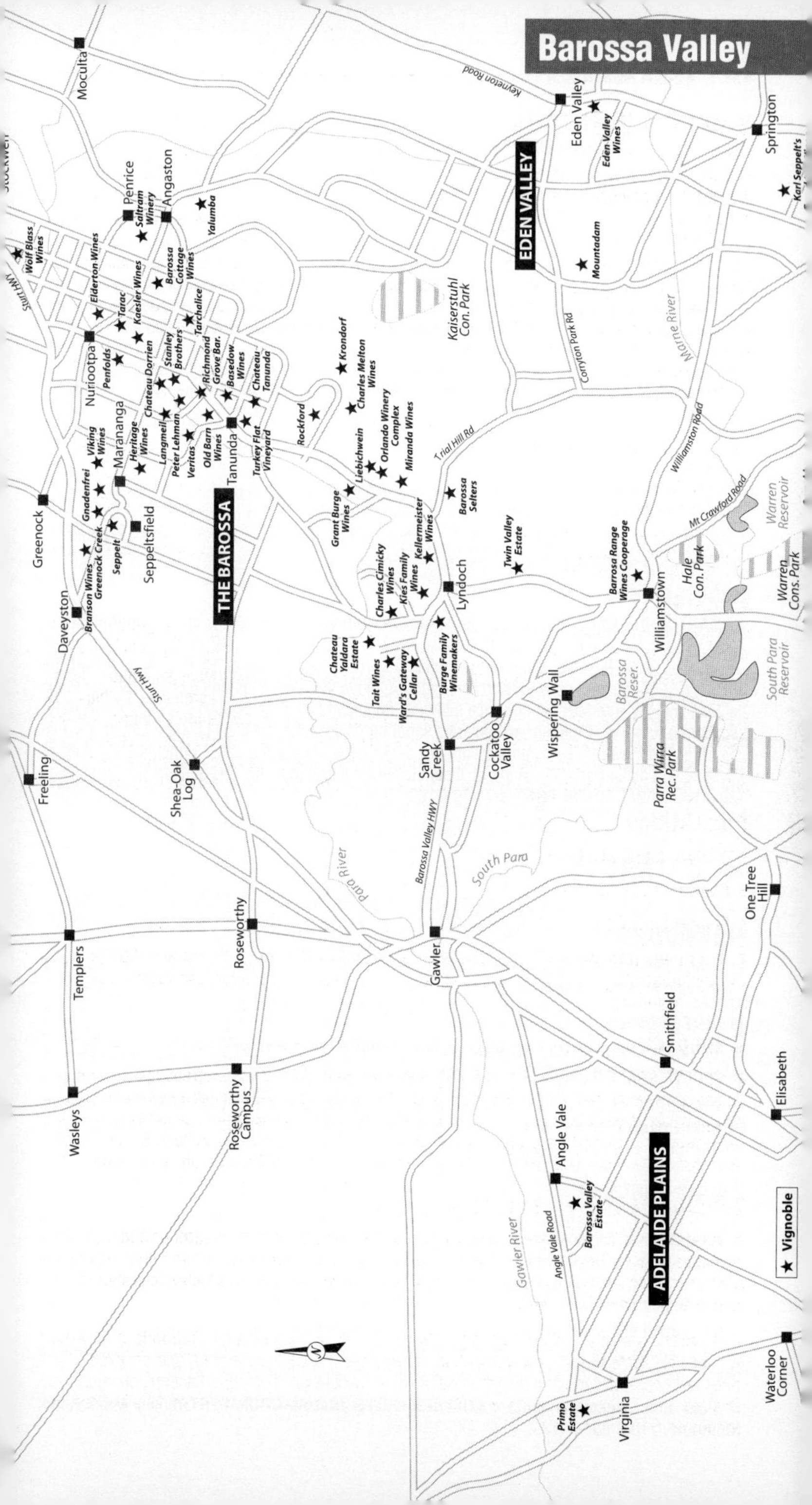

■ **COLLINGROVE HOMESTEAD RESTAURANT. Eden Valley Road, Angaston ✆ (08) 8564 2061 - www.collingrovehomestead.com.au -** Dans un bâtiment classé. Cuisine internationale.

CLARE VALLEY

Au nord de la Barossa Valley, à 135 km d'Adelaide et sur le chemin des Flinders Ranges, la Clare Valley est aussi une des plus vieilles et célèbres régions viticoles, parsemée de jolis villages et parcourue par la Piste du Riesling. Cette piste est dédiée aux cyclistes ou aux marcheurs afin d'apprécier au mieux les paysages ainsi que les vins. La région fut d'abord habitée par des colons anglais, irlandais et polonais dans les années 1840. Les premières vignes furent plantées à cette époque. Il reste maintenant encore de jolies maisons transformées principalement en restaurants ou hôtels.

Sol et climat

Avec un climat continental modéré, la région vallonnée a des altitudes qui varient. Les étés étant généralement chauds et secs, il est parfois nécessaire de recourir à l'irrigation. La couleur des terres change du rouge au gris marron en fonction du temps et des saisons.

Variétés

Parmi les vins rouges, on trouve principalement des cabernet-sauvignon et des shiraz de bonne qualité et variés, en raison des différentes techniques et de la variété du terrain. Dans les blancs, c'est bien sûr le riesling qui domine car c'est l'Australie est sa région mère. Ces vins ont gagné de multiples prix nationaux ou internationaux.

Hébergement

■ **MARTINDALE HALL. Manoora Road, Mintaro ✆ (08) 8843 9088 - www.martindalehall.com -** *AU$195 par personne et compter AU$15 de plus le samedi, petit déjeuner et dîner élégant inclus. Réservation indispensable.* Dans une campagne verdoyante, se dresse ce manoir imposant, de 1879, qui servit de décor à la version cinématographique du célèbre roman *Picnic at Hanging Rock*, de Joan Lindsay. Intérieur Renaissance italienne, imposant hall d'entrée sous une coupole de verre, escalier en forme de T menant aux galeries supérieures ouvertes. Salle de billard à l'ancienne. Les chambres sont restaurées comme à l'origine. Dîner dans la salle à manger principale au mobilier XIXe. On peut aussi visiter le manoir du lundi au vendredi de 11h à 16h et le samedi et dimanche de 12h à 16h. Entrée adultes AU$7, enfants AU$2,50.

■ À L'EST ■

HAHNDORF

Le village allemand le plus célèbre de la région. Les bus de Transit Plus (✆ (08) 83397544) peuvent vous y emmener depuis Adelaide.

Hébergement

■ **GERMAN ARMS HOTEL. 69 Main Street ✆ (08) 8388 7013.** On pourra s'y rendre pour se restaurer et étancher sa soif. C'est l'un des plus vieux pubs de la région.

■ **HANHDORF RESORT. 145 Main Street ✆ (08) 8388 7921 - Fax (08) 8388 7282 - www.hahndorfresort.com.au** - *Chalet avec spa AU$159, sans spa AU$105, et chambre double à AU$99.* Situé à l'entrée de la ville.

Points d'intérêt

Le petit village bavarois est à 37 km au sud-est d'Adelaide. La rue principale est bordée de magasins touristiques, avec une boulangerie allemande, artisanat et cafés. Une visite à Hahndorf est également l'occasion de visiter **The Cedars**, propriété de feu Sir Hans Heysen. Découvrez la maison de l'artiste et son studio, et la promenade dans les jardins vaut le détour. **Heysen Road**, ✆ (08)8388 7277. *Adulte AU$10, enfant de moins de 14 ans, gratuit. Ouvert du mardi au dimanche de 10h à 16h, et vacances scolaires.*

▶ **Un festival est organisé au mois de mars en l'honneur de premiers pionniers de 1839.** On expose fièrement les us et costumes du temps jadis, avec vente d'artisanat allemand, parade de gala, compétitions, étals et musique. On se croirait en plein « Biergarten » de Bavière !

■ **Pour tous renseignements : ADELAIDE HILLS INFORMATION CENTRE. 64 Main Road, Hahndorf** ✆ (08) 8388 1185.

AU SUD

McLAREN VALE

Plus de cinquante vignobles dans la région. Le centre régional de McLaren Vale se trouve à 45 minutes en voiture au sud d'Adelaide dans les champs d'amandiers et les vignobles de la péninsule de Fleurieu. La région dispose d'une quarantaine de caves de dégustation et de vente directe.

Sol et climat

Le terrain est varié : des sols peu fertiles et sablonneux aux terres riches, à la terra rossa, aux terres noires et grasses, et de bonnes réserves aquifères en sous-sol. Le climat est influencé par les Adelaide Hills et les Mount Lofty Ranges, ainsi que par le golfe St-Vincent. Les pluies sont saisonnières, le soleil arrivant à point pour la période de la maturation des raisins et les brises de mer rafraîchissant les terres.

Variétés

Connue seulement pour ses vins matures, fortement aromatiques, la région produit des vins à la robe densément colorée, riches, pleins d'arômes de chocolat et de baies, acidulés, grâce au shiraz, au cabernet sauvignon, et parfois au grenache dans les vieilles plantations. Le merlot est également en train de s'implanter. Les blancs sont dominés par le chardonnay donnant des résultats très variés : des vins élégants et acidulés, riches et gras ayant plus de corps, tirant sur la pêche. C'est la meilleure région pour le sauvignon blanc, avec un caractère affirmé de fruits tropicaux et de groseille. Le riesling n'est pas mal non plus. D'autres variétés sont testées : viognier, marsanne et sangiovese.

Plantations

Il y a plus de 60 exploitations et 27 vignerons indépendants.

- **Surface totale plantée :** 5 000 ha
- **Blancs** : 1 750 ha
- **Rouges :** 3 250 ha

■ Pour toute information : **MC LAREN VALE GRAPE WINE AND TOURISM ASSOCIATION. PO BOX 169 Mc Laren Vale SA 5171 Australia** ✆ (61) 8 8323 8999 - Fax (61) 8 8323 9332 - info@mclarenvale.info

McLaren Vale et Langhorne Creek (zone Fleurieu)

Un aventurier natif du Devonshire, John Reynels, arriva à Port Adelaide en 1838, moins de deux ans après la création de la colonie. Il avait acheté quelques pieds de vigne au cap de Bonne-Espérance, qu'il mit en terre, devenant ainsi un des pionniers de cette région. Un autre aventurier du Devonshire, Thomas Hardy, arriva en 1850. Il commença par une exploitation près d'Adelaide, puis s'installa à Mc Laren Vale. Il s'associa avec un médecin, le Dr A C Kelly, qui défendait les vertus médicinales du vin. Dans les premières années du XXe siècle, la vingtaine d'exploitations de la région produisait 3 millions de litres par an, en tête des exportations australiennes. Les Anglais, en particulier, appréciaient ces vins charpentés, gorgés de soleil. Les deux guerres mondiales interrompirent cette prospérité.

Lorsque les temps fastes revinrent, au début des années 1970, tout était à refaire. La demande portait désormais sur le blanc et l'on n'appréciait plus que les vins élevés sous des climats frais, au lieu de ce qui avait fait la célébrité des rouges de Mc Laren Vale (3 rouges pour 1 blanc). On planta donc de nouvelles variétés : chardonnay, sauvignon blanc pour les blancs, merlot et cabernet pour les rouges. On élabora ainsi un vin brillant, élégant, plein d'arômes. La preuve que les temps avaient changé vint au début des années 1990, quand les prix les plus élevés dans les ventes de vins furent atteints par les chardonnays de Mc Laren Vale. On trouve une grande variété de vins dans cette région : des rouges charpentés et profonds, accompagnant à merveille les viandes, aux blancs liquoreux pour le dessert, des lambrusco rappelant l'héritage italien.

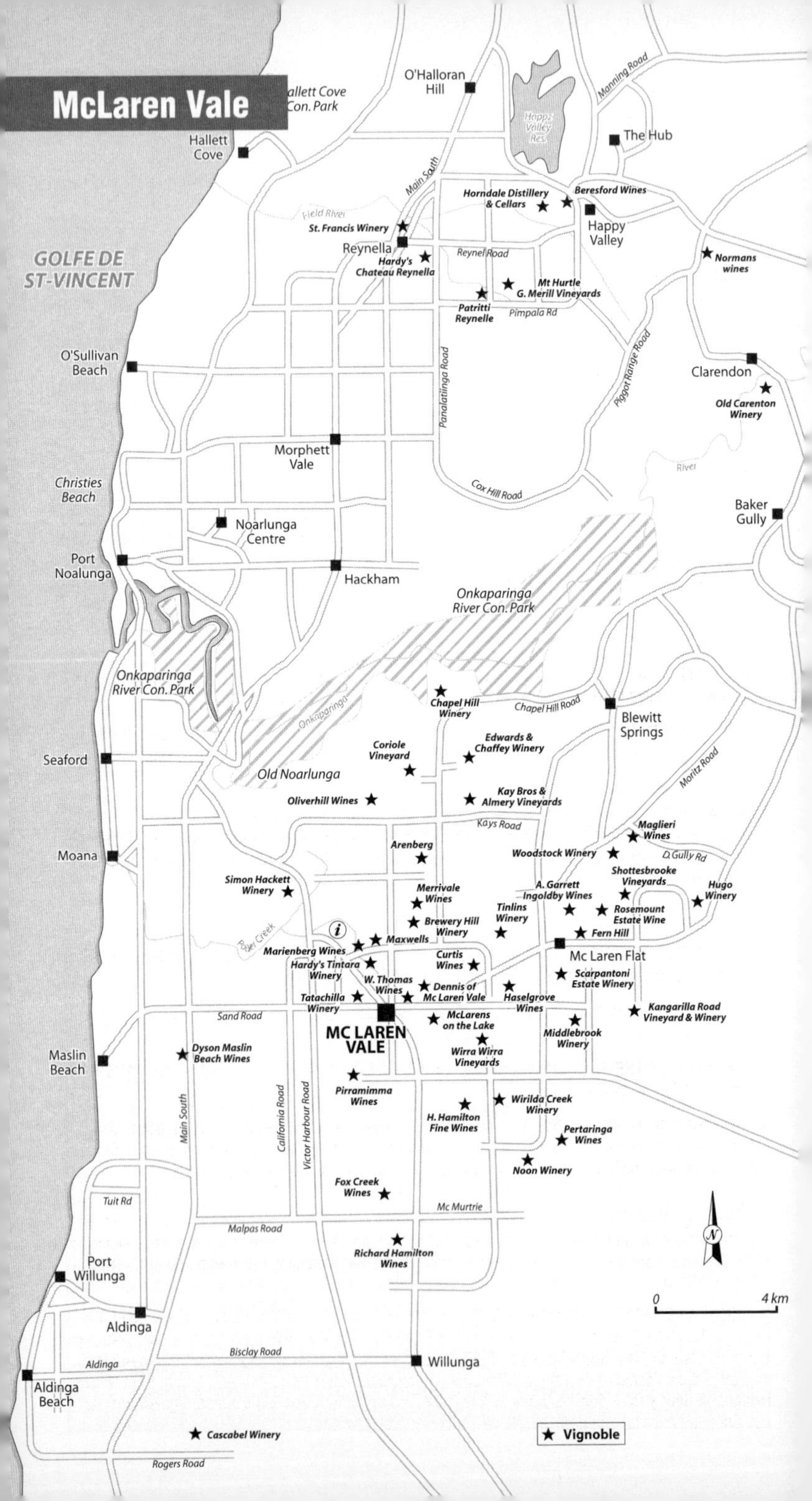
McLaren Vale
Hallett Cove Con. Park
O'Halloran Hill
Happy Valley Res.
Manning Road
The Hub
Hallett Cove
Main South
Horndale Distillery & Cellars
Beresford Wines
Field River
St. Francis Winery
Happy Valley
Reynella
Hardy's Chateau Reynella
Reynel Road
Normans wines
GOLFE DE ST-VINCENT
Mt Hurtle
G. Merill Vineyards
Patritti Reynelle
Pimpala Rd
Piggot Range Road
Panalatinga Road
O'Sullivan Beach
Clarendon
Old Carenton Winery
Morphett Vale
River
Christies Beach
Cox Hill Road
Baker Gully
Noarlunga Centre
Port Noalunga
Hackham
Onkaparinga River Con. Park
Onkaparinga River Con. Park
Chapel Hill Winery
Chapel Hill Road
Blewitt Springs
Onkaparinga
Edwards & Chaffey Winery
Coriole Vineyard
Seaford
Old Noarlunga
Moritz Road
Oliverhill Wines
Kay Bros & Almery Vineyards
Kays Road
Maglieri Wines
Arenberg
Moana
Woodstock Winery
D.Gully Rd
Shottesbrooke Vineyards
Simon Hackett Winery
Merrivale Wines
A. Garrett Ingoldby Wines
Hugo Winery
Tinlins Winery
Rosemount Estate Wine
Brewery Hill Winery
Fern Hill
Maxwells
Marienberg Wines
Mc Laren Flat
Curtis Wines
Hardy's Tintara Winery
Scarpantoni Estate Winery
W. Thomas Wines
Dennis of Mc Laren Vale
Tatachilla Winery
Haselgrove Wines
Sand Road
Kangarilla Road Vineyard & Winery
McLarens on the Lake
MC LAREN VALE
Middlebrook Winery
Maslin Beach
Dyson Maslin Beach Wines
Wirra Wirra Vineyards
Piramimma Wines
Wirilda Creek Winery
H. Hamilton Fine Wines
Pertaringa Wines
Main South
California Road
Victor Harbour Road
Noon Winery
Fox Creek Wines
Tuit Rd
Mc Murtrie
Malpas Road
Richard Hamilton Wines
N
Port Willunga
0
4 km
Aldinga
Biscay Road
Aldinga
Willunga
Aldinga Beach
Cascabel Winery
Vignoble
Rogers Road

Hébergement

■ **MCLARENS ON THE LAKE. Kangarilla Road, McLaren Vale ✆ (08) 8323 8911 - Fax (08) 8323 9010 - www.mclarensonthelake.com.au** - L'hôtel est proche de plusieurs vignobles et à 10 km de la plage.

Manifestation

▶ **Festival du « Wine Bushing ».** Il a lieu au début de novembre et s'accompagne de dégustations à n'en plus finir. La visite des vignobles peut s'effectuer à vélo ou, plus original, à dos de chameau (Bush Safari Co ✆ (08) 8543 2280).

LA PÉNINSULE DE FLEURIEU

La péninsule s'étire sur 110 km au sud d'Adelaide. Nicolas Baudin lui donna le nom du ministre de la marine de Napoléon. Des plages de sable pour le surf, entrecoupées de criques pour la baignade, s'étendent tout le long de la côte jusqu'à la pointe du cap Jervis (embarcadère du ferry pour Kangaroo Island).

A partir de la région de McLaren Vale, des chemins de randonnée parcourent la péninsule avec ses parcs naturels. Victor Harbour, à 85 km d'Adelaide, est une station balnéaire des plus populaires. Au large de Victor Harbour se trouve Granite Island : une petite île où habite une colonie de manchots nains. Les vues depuis l'île valent le détour. Elle est reliée à Victor Harbour par un petit tram tiré par un cheval. Le Cockle train est un petit train historique à vapeur qui relie Victor Harbour à Goolwa en longeant la côte. Le court voyage en vaut la peine.

Transports

■ **LE PORT DE GOOLWA** est le point de départ pour certaines des croisières en bateau à aubes remontant le fleuve Murray. D'autres partent depuis Murray Bridge et Mannum.

■ **UN SERVICE D'AUTOBUS PREMIER STATE LINER** (✆ (08) 8415 5555) dessert régulièrement Adelaide (Goolwa AU$17) et avec **Adelaide Sightseeing** ✆ (08) 82311744 (Victor harbour AU$18).

■ **Un autre moyen de transport pour visiter cette région** est de joindre un circuit de 3 jours et demi avec **WAYWARD BUS (✆ (08) 8410 8833) - www.waywardbus.com.au** - Il va d'Adelaide à Melbourne et suit la spectaculaire Great Ocean Road. Une ambiance très décontractée avec des arrêts fréquents. *Tout est compris et les prix commencent à AU$320.*

Hébergement

■ **OLD CAPE JERVIS STATION HOMESTEAD. A 4 km du ferry ✆ (08) 8598 0233 ou 1800 252668** - *Lits à partir de AU$20.*

■ **THE GOOLWA RIVER PORT MOTEL ✆ (08) 8555 2194 - Fax (08) 8555 5022** - *Chambre double à partir de AU$130. Possibilité de chambre avec spa.*

■ **ARNELLA BY THE SEA YHA.** 28 North Terrace, Port Elliot ✆ (08) 8554 3611- *Prix : AU$20 en dortoir, AU$50 en chambre à 2 lits.*

■ **ANCHORAGE GUEST HOUSE. 21 Flinders Parade, Victor Harbour ✆ (08) 8552 5970** - *Chambre et petit déjeuner à partir de AU$55.* Hôtel / restaurant / bar situé au bord de mer. Belle et vieille maison arrangée avec goût. Bon restaurant dans une ambiance agréable.

Points d'intérêt

La ville de Goolwa, à l'embouchure de la Murray River, sert de point de départ à des excursions sur cette dernière. Pour vous y rendre, réservez sur l'un des bus réguliers entre Adelaide et Goolwa (✆ 0884 155 555).

■ **CROISIERES SUR LA MURRAY RIVER.** La Murray River (2 750 km de long) est le plus grand fleuve d'Australie. Il prend sa source dans les Snowy Mountains. Délimitant la frontière naturelle entre les Etats de New South Wales et du Victoria avant de traverser tranquillement South Australia, il se jette dans l'océan à l'est de la péninsule de Fleurieu. A partir de Renmark, Mannum et Murray Bridge, on peut y faire des excursions, à la journée ou plus longues. On trouvera également, dans ces mêmes endroits, des péniches et des house-boats à louer.

■ **RIVERLAND HOLIDAY BOOKING CENTRE. Murray Ave, Renmark ✆ (08) 8586 4444. - www.murrayriverqueen.com.au** - *Environ AU$1 000 la semaine pour un house-boat de 4 lits.* A partir de Goolwa : AU$20 par nuit par personne sur le Murray River Queen jusqu'à Mildura dans le Victoria, AU$724 par personne pour une croisière de 3 nuits sur le Murray Princess Capitain Cook ✆ (08) 8569 2511). Il est possible, cependant, de faire baisser considérablement les prix des house-boats à certaines saisons (peu de clients en hiver).

■ **ASSOCIATION DES LOUEURS DE HOUSE-BOATS** ✆ (08) 82318466 - www.houseboat-centre.com.au

RENMARK

Renmark est la première grande ville en descendant la rivière, et le point de départ de nombreuses croisières sur celle-ci.

■ **RENMARK RIVER CRUISE** ✆ (08) 8595 1862 - www.renmarkrivercruises.com.au

■ **RENMARK HOTEL ✆ (08) 8586 6755 - 1800 7366 275 - Fax (08) 8586 6186 - www.renmarkhotel.com.au - mail@renmarkhotel.com.au** - *Offre de jolies chambres doubles à partir de AU$75.*

KANGAROO ISLAND

A 113 km au sud d'Adelaide, l'île, une Australie en miniature et troisième plus grande île australienne, est célèbre pour son splendide bush, ses spectaculaires côtes escarpées, ses paysages vallonnés ou désertiques. C'est un véritable sanctuaire zoologique : colonie de morses, phoques, koalas, kangourous, émeus, cacatoès noirs, aigles de mer et bien d'autres. Kingscote en est la ville principale. L'île a une histoire qui remonte avant même la création d'Adelaide. Pour en apprendre plus, se rendre au musée « Hope Cottage Folk » à Kingscote. Les autres villes de l'île sont American River, Parndana et Penneshaw, où arrive le ferry reliant Kangaroo Island au continent. www.kangarooisland.com.au

Transports

Ferry

■ **FERRY SEALINK** à partir de Cape Jervis qui est le point le plus proche (traversée en bateau de 45 minutes, 4 fois par jour) - www.sealink.com.au - 440 King Williams Street ✆ 131301.

Avion

■ **EN AVION, AVEC REGIONAL EXPRESS AIRLINE ✆ 131 713 ou (08) 85532938 - www.regionalexpress.com.au** - *Offre un aller simple à partir de AU$73.*

■ **QUANTAS LINK ✆ 131313 - (08) 85532398 - www.quantas.com)** *offre un aller-retour à partir de AU$75.*

Tour guidé

■ **SEALINK ✆ 131 301 - www.sealink.com.au** - *Une journée au départ d'Adelaide, AU$182. Départ le matin de Franklin Street en car, retour vers 21h. Ferry Sealink à partir de Cape Jervis à 9h.* Bus et tour guidé à Seal Bay Conservation Park pour voir la colonie des lions de mer. Pause déjeuner composé d'un « Aussie barbecue », puis observation de kangourous, wallabies et koalas dans leur environnement naturel. Visite des Remarkable Rocks, du cap du Couedic Lighthouse et de l'Admirals Arch.

■ **WAYWARD BUS ✆ (08) 8410 8833 - www.waywardbus.com.au** - *Circuit de 2 jours et 1 nuit tout compris : à partir de AU$345 (en dortoir) Option également en chambre double et simple motel.* Compagnie très sympa et relax, ambiance décontractée pour les jeunes et jeunes d'esprit. Possibilité d'avoir une chambre double avec salle de bains privée pour AU$385 par personne. Petits groupes de 16 personnes maximum. Les guides vivent sur l'île et sont des experts en kangourous. Départ d'Adelaide les lundi, mercredi, samedi (de juillet à avril) et mercredi et samedi (de mai à juin).

■ **ADVENTURE TOURS ✆ (08) 83092277 - www.adventuretours.com.au** - Autre compagnie qui offre des circuits de deux jours (à partir de AU$365) avec différentes options à choisir. Ambiance style aventure. Petit groupe.

Location de voiture

A partir de l'aéroport : Thrifty ✆ 1300 367 227. Vous y trouverez également Avis et Hertz.

La navette entre l'aéroport et Kingscote *coûte 10AU$.*

Hébergement

American River

■ **LA MAISON D'HOTE WANDERERS REST, Bayview Road, American River ✆ (08)855 37140 - Fax (08) 8553 7282 - www.wanderersrest.com.au - wanderers@kin.net.au** Un hôtel à conseiller pour sa tenue, sa vue, ses chambres, son restaurant et la gentillesse de sa direction :

Kingscote

■ **KANGAROO ISLAND CENTRAL BACKPACKERS. 19 Murray Street, Kingscote ✆ (08) 8553 2787 - kingbrown39@yahoo.com** - *Lit en dortoir AU$22, chambre double AU$55.*

■ **ELLSON'S SEAVIEW GUESTHOUSE. Chapman Terrace, Kingscote ✆ (08) 8553 2030 - Fax (08) 8553 2368 - ellsons@seaview.net.au** - *A partir de AU$138 la chambre double.*

■ **COMFORT INN WISTERIA LODGE. 7 Cygnet Road, Kingscote ✆ (08) 8553 2707 - www.wisterialodgeki.com** - *Chambre double AU$156. Chambre avec spa AU$186.* Le petit déjeuner est inclus. Vue sur Nepean Bay et le Yacht Club.

Penneshaw

■ **KANGAROO ISLAND YHA. 33 Middle Terrace, Penneshaw - Kangaroo Island ✆ (08) 8553 1233 - Fax (08) 8553 1190** *à partir de AU$23 par adulte.* Située au cœur de Penneshaw et seulement à deux minutes à pied de l'arrivée des ferries et à une minute de la plage, l'auberge donne sur une jolie baie de la côte est de Kangaroo Island. Elle a été remise à neuf fin 2003.

■ **LE PENNESHAW YOUTH HOSTEL, 43 North Terrace ✆ (08) 8553 1284.** *Chambre à partir de AU$20.* Juste en face du continent.

■ **SEAVIEW LODGE B&B. 3 Willoughby Road ✆ (08) 8553 1132 - www.seaviewlodge.com.au** - *Chambre double à partir de AU$195.*

Points d'intérêt

■ **FLINDERS CHASE NATIONAL PARKS ET LES REMARKABLE ROCKS.** S'il y a une chose à ne pas manquer sur Kangaroo Island, ce sont les drôles de rochers de granit qui forment les Remarkable Rocks. Fruit de l'érosion du vent, de la pluie et du temps qui passe, c'est l'un des sites les plus appréciés de l'île.

■ **SEAL BAY.** Pour regarder des lions de mer de très près, dans leur environnement naturel.

■ **ADMIRALS ARCH, AU CAP DU COUEDIC.** Un lieu mythique de l'île. Cette arche rocheuse naturelle forme une petite enclave protégée et devenue désormais le lieu d'habitation d'une colonie de phoques à fourrure de Nouvelle-Zélande.

■ **CHEZ PAUL'S FARM.** Une expérience mémorable. Pendant quelques heures, touchez et nourrissez des animaux natifs australiens ainsi que des moutons, poneys, coqs et poules. Du cockatoo à l'échidna, de l'émeu au kangourou, en passant par le koala et l'opossum, tout y est, pour le plaisir des petits comme des petits ! Si la saison le permet, il est même possible d'observer un petit «Joey» (bébé kangourou) dans la poche de sa maman. Stokes Bay Road, Stokes Bay ✆ (08) 8559 2232.

■ LA CÔTE CALCAIRE (Limestone Coast) ■

Elle commence à l'est de la bouche du Murray avec le parc national du Coorong (wetlands de renommée internationale). Elle s'étend vers le sud jusqu'à la frontière avec le Victoria et inclut la région viticole du Coonawarra. Robe est une jolie petite ville historique. A Mount Gambier, les caves souterraines et le lac bleu sont à visiter. En continuant vers l'est, on retrouve la Great Ocean Road qui longe la côte jusqu'à Melbourne. A l'embouchure du Murray, se trouve une bande de terre très étroite appelée le Coorong. C'est là qu'une multitude d'oiseaux migrateurs viennent se reposer et se reproduire.

■ **ROCK SOLID ADVENTURE** ✆ **(08) 8270 4244.** *Propose de découvrir cet endroit en kayak sur deux jours et deux nuits (du vendredi au dimanche) pour AU$299 par personne.*

COONAWARRA VALLEY

L'exploitation viticole des terres du Coonawarra a débuté, il y a plus d'un siècle, en 1890, grâce à l'installation de la Coonawarra Fruit Colony de l'Ecossais John Riddoch. A sa mort en 1901, la famille Ridman reprend la production, traversant tant bien que mal les périodes agitées de la Grande Dépression et les deux guerres mondiales.

En 1951, Samuel Wynn fait renaître le terroir de ses cendres. D'autres investisseurs le suivent, prélude à la renaissance viticole de la région. Le Coonawarra a commencé à être connu au milieu des années 1950, et vraiment à partir des années 1970 et 1980, si l'on excepte sa brève période de célébrité dans les années 1890.

Cette « terra rossa » produit un des meilleurs vins rouges du pays. Les vignobles s'étendent sur une étroite bande de terre en forme de cigare de 12 km de long sur 2 km de large. Cette surface, presque entièrement plantée, est répartie entre une vingtaine d'exploitations. Bien que les prix de ces vins aient augmenté ces dernières années, ils sont toujours très intéressants en comparaison à ceux des bordeaux ou des vins californiens. A première vue, le Coonawarra n'a rien pour lui. C'est une région froide et humide l'hiver, très ventée et chaude l'été, qui est cependant la terre d'élevage d'un vin de grande qualité.

Ses caractéristiques varient beaucoup, mais les meilleurs crus sont riches, avec une certaine verdeur, une grande profondeur et une bonne durée en bouche, un goût fruité sur le palais.

Sol et climat

Le plateau calcaire sur lequel repose la région a été créé lorsque l'océan austral recouvrait les terres. Les dépôts d'alluvions ont recouvert sa surface progressivement, capturant les réserves d'eau nécessaires à la culture des sols. Le climat est océanique, avec des étés secs et chauds ; il se rapproche de celui du Bordelais, bien que l'extension de la couverture nuageuse minore la température durant la période de maturation du raisin.

Variétés

Chardonnay et cabernet-sauvignon sont les principaux, bien que les assemblages soient de plus en plus complexes, avec notamment du merlot et du cabernet franc. Les arômes de fruits dominent, du cassis à la prune, de la cerise rouge au pruneau.

Plantations

De 1890 à 1950 le shiraz était quasiment le seul cépage, mis à part quelques cabernet-sauvignon et grenaches. Puis la célébrité grandissante du cabernet l'a menacé. Aujourd'hui les deux plants principaux sont le cabernet (50 %) et le shiraz (21 %). On trouve également du chardonnay (10 %), du riesling (6 %), du merlot (6 %), du pinot noir (3 %).

- **Surface totale plantée :** 4 447 ha
- **Blancs :** 691 ha
- **Rouges :** 3 756 ha.

■ **Pour toute information : COONAWARRA VIGNERONS'ASSOCIATION INC. PO BOX 304 Coonawarra SA 5263 Australia** ✆ (61) 8 8737 2392 - Fax (61) 8 8737 2433 - www.coonawarra.org - cvacga@coonawarra.limestonecoast.net

Transports

■ **BUS.** Les bus Stateliner s'arrêtent à Robe (route côtière d'Adelaide au mont Gambier).

■ **AEROPORT.** Mont Gambier.

Hébergement

■ **ROBE LONG BEACH TOURIST PARK YHA. 70 The Esplanade, Robe** ✆ **(08) 8768 2237 - 1800106 106 - Fax (08) 8768 2730 - robelongbeachpark@bigpond.com** – *Prix : AU$24-30 par adulte.* Accès à la belle plage de Long Beach, jardins, salle de jeux.

L'OUTBACK

Les anciennes pistes du bétail

Pour ceux qui cherchent l'aventure à tout prix, la piste des anciens convois de bétail de l'Oodnadatta Track suit l'ancienne ligne ferroviaire du vieux Ghan. La piste, goudronnée jusqu'à Lyndhurst, part de Port Augusta à travers les Flinders Ranges, à Marree, pour rejoindre l'Explorer's Way, un peu au sud de la frontière des Northern Territories. De Marree part l'embranchement du Birdsville Track. L'Oodnadatta Track longe la côte ouest du grand lac salé d'Eyre, tandis que le Birdsville Track passe à l'est pour remonter entre le Simpson Desert et le Sturts Stony Desert jusqu'à Birdsville, au Queensland.

L'Outback de l'Australie du Sud comprend une importante partie du Simpson Desert, le Sturts Stony Desert, et de grands lacs salés qui se remplissent très rarement d'eau. Le lac Eyre, que Donald Campbell utilisa pour son essai de record mondial de vitesse dans les années 1960, s'est rempli pour la dernière fois en 1989, la troisième fois seulement depuis la colonisation de l'Australie ! Ana Creek, l'une des plus vastes cattle-stations d'Australie, est située dans ces régions extrêmement reculées mais aux noms poétiques, comme dans « Country Places » de Hope :

« Patter, patter... Boollcoomatta, Adelaide et Oodnadatta, Pepegoona, parched and dry, laugh beneath a dripping sky. Riverina's thirsting plain, knows the benison of rain. Ararat and Arkaroola render thanks with Tantanoola For the blessings they are gaining, and it's raining, raining, raining ! »

FLINDERS RANGES

Le pays à la sortie d'Adelaide est plat, avec de petits maraîchers tout le long de la voie ferrée, puis les champs s'élargissent, prenant plus d'ampleur. Après Port Augusta, les paysages commencent à changer pour devenir de la terre rouge avec du saltbush vert argenté des plaines de sel, quelques mulgas (petits arbustes du désert) plus sombres, et les délicates courbes grises du myall (autre variété d'arbustes) qui n'arrivent qu'à la hauteur d'un mouton. Des troupeaux d'émeus s'affairent, cherchant de la nourriture dans le maigre mallee-scrub. Dans le ciel chauffé à blanc planent les aigles royaux (wedge tail eagles), emblème de l'Indian-Pacific, dont on suit la ligne entre Port Pirie et Tarcoola.

Le **parc national des Flinders Ranges** (✆ (08) 8648 0048) abrite des splendeurs naturelles telles que Wilpena Pound, un immense bassin naturel qui est sûrement le site de l'Australie méridionale le plus connu. C'est le point de départ d'une multitude de voies de randonnée. Les amateurs d'art rupestre feront bien de se rendre ici et d'apprécier les trésors du coin. La faune et la flore y sont tout aussi impressionnantes. Il y a deux possibilités de découvrir cette région. Soit en 4x4, ce qui permet d'accéder au nord des Flinders Ranges vers Arkaroola. De là, on peut continuer vers le nord sur les pistes longeant l'ancien tracé du Ghan, en passant par Marree, Oodnatdatta et Marla où l'on rejoint l'Explorer's Way. Avec un autre véhicule, on accède seulement au sud des Flinders Ranges. De là, il est possible de louer un 4x4 pour explorer le nord, et ensuite de reprendre l'Explorer's Way en se dirigeant vers le nord vers Coober Pedy. La dernière partie du Explorer's Way, qui relie Darwin et Alice Springs à Adelaide, a été goudronnée en 1987 seulement. Même si la route est bonne, il y a tout de même 933 km de Port Augusta à la frontière des Northern Territories ! D'autres endroits encore valent le détour comme Roxby Downs, Andamooka et Arkaroola.

Transports

■ **ADVENTURES TOURS ✆ 1300 654 604 - www.adventuretours.com.au -** Propose des tours dans les Flinders Range en petit groupe et remonte vers Alice Springs et Uluru.

■ **WAYWARD BUS ✆ (08) 8410 8833.** *Cette compagnie offre un choix de deux circuits, l'un de 6 jours (AU$595) et l'autre de 8 jours (AU$820),* qui explorent les Flinders Range ainsi que le nord très isolé de l'Australie méridionale. Ambiance décontractée et relax.

Un bouquet de magnifiques eucalyptus d'un ton gris-blanc, dont les feuilles étroites s'agitaient à quelque vingt mètres au-dessus du sol, protégeait la maison de l'impitoyable soleil ; leurs branches se cernaient d'un éclat cramoisi là où les lianes des bougainvillées se mêlaient à elles. Même ces indispensables monstruosités de l'intérieur du pays, les châteaux d'eau, disparaissaient sous un enchevêtrement de vignes rustiques, de rosiers et de glycines.

Colleen McCoullough, *Les oiseaux se cachent pour mourir.*

Hébergement

■ **ANDU LODGE YHA. 12 First Street, Quorn, Flinders Ranges ✆ (08) 8648 6655 - Fax (08) 8648 6898 - headbush@bigpond.com** – *Prix : AU$20 en dortoir, AU$30 en chambre double. Petit déjeuner inclus et BBQ gratuit les mardis.* A 40 km de la gare des bus et des trains. Auberge chaleureuse et amicale avec des prestations de qualité. Grande cuisine, salles télévision et vidéo.

■ **WILPENA POUND RESORT ✆ (08) 8648 0004 - Fax (08) 8648 0028 - www.wilpenapound.com.au - administration@wilpenapound.com.au** - *Chambre double à partir de AU$125.*

COOBER PEDY

Une ville extraordinaire, bizarre et hors du commun à ne pas manquer. Etablie en 1915 à 860 km au nord d'Adelaide, Coober Pedy est la plus importante mine d'opales de l'Australie du Sud. Le nom de Coober Pedy vient du mot aborigène « kupa piti » signifiant « homme blanc dans un trou ». La plupart des maisons ont été aménagées dans des galeries souterraines, des « dugouts » (littéralement des excavations) pour échapper à la chaleur écrasante du désert l'été, et aux nuits très froides de l'hiver. Il y a même des églises, des bars, des hôtels et plusieurs magasins sous terre !

Le Ghan, train mythique

▶ **www.gsr.com.au** - Le Ghan est un diminutif du mot « Afghan » en hommage aux chameaux qui participèrent à la grande aventure que fut la construction du train transcontinental et du « Ghan », premier train du désert. Le Ghan, commencé en 1877, ne fut terminé qu'en 1929. Des centaines d'hommes, 1 200 chameaux importés d'Afghanistan, des chevaux et des mulets furent enrôlés pour poser les 1 300 km de rails de Port Augusta à Alice Springs, via l'ouest du Simpson Desert. L'histoire du Ghan commença en 1877, quand on décida de relier Adelaide à Darwin par une ligne de chemin de fer : cinquante années furent nécessaires pour arriver à Alice Springs seulement. Le tracé même de la ligne fut une erreur.

A l'époque, personne n'avait jamais vu d'eau dans les ruisseaux secs au nord de Marree, on en conclut qu'il n'y en aurait pas non plus dans l'avenir. En fait, la ligne fut construite à travers une plaine sujette aux inondations venant du Channel Country au nord. Bien que ces inondations soient rapidement drainées par le sol, elles endommageaient inévitablement les rails. Mais ce ne fut pas la seule complication. A l'origine, l'écartement des rails était trop large. En 1884, la ligne fut prolongée de Marree jusqu'à Oodnadatta avec des rails plus étroits.

De plus, les montées étaient trop raides pour la locomotive et la ligne serpentait sans raison apparente. La vitesse maximale du Ghan n'était que de 30 km/h. Les voyageurs étaient obligés de changer de train à Marree à cause de l'écartement des rails et, à partir d'Oodnadatta, de continuer vers Alice Springs avec un attelage de chameaux. Ces attelages de chameaux afghans servaient de transport dans les régions semi-désertiques.

La ligne fut finalement prolongée jusqu'à Alice Springs en 1929. Mais, bien qu'un voyage avec le Ghan ait représenté une grande aventure, le train ne fonctionnait pas très bien. Extrêmement lent et inconfortable, il était de plus rarement à l'heure. Une forte pluie suffisait à l'immobiliser dans le désert. Des vivres parachutés par hélicoptère pour les voyageurs affamés font partie des légendes entourant ce train imprévisible. A une occasion, il arriva avec un retard de dix jours à Alice Springs.

Au début des années 1970, un nouveau tracé plus sûr fut établi jusqu'à Alice Springs, à partir de la ligne de l'Indian Pacific à Tarcoola. La nouvelle ligne fut inaugurée en 1980. A la fin de la décennie, le vieux Ghan faisait son dernier voyage avant que les rails fussent arrachés. L'une de ses dernières apparitions eut lieu dans le film *Mad Max III*. La ligne vient récemment d'être prolongée jusqu'à Darwin, ce qui en fait la ligne de chemin de fer la plus longue du monde reliant le Nord et Sud d'un même continent. Le voyage d'Adelaide à Darwin dure 47 heures. Le Ghan va d'Adelaide à Darwin deux fois par semaine : les vendredis et dimanches. Classe économique, siège seul : AU$525. Classe vacances, couchette : AU$1460. Première classe, cabine et repas : AU$1890. Les « backpackers » peuvent voyager au tarif étudiant en classe économique pour AU$430. Il existe aussi des forfaits pour les voyageurs internationaux.

Pendant huit mois de l'année, la température oscille entre 35 °C et 57 °C, sans ombre, avec d'occasionnelles tempêtes de sable. Les autres mois, il gèle à pierre fendre pendant la nuit. L'eau est une denrée précieuse et chère. Arrivant par pipeline d'un forage à 25 km, sur la route d'Oodnadatta, elle est désalinisée dans une usine de la ville et redistribuée. Un point d'eau fonctionne 24h/24 pour les touristes qui en ont besoin en grandes quantités (expéditions dans le désert). Les panneaux solaires le long du highway alimentent les piles qui font partie du système de fibres optiques des Télécom. Coober Pedy est habitée par une étrange communauté d'une cinquantaine de nationalités différentes, dont un grand pourcentage d'Aborigènes (environ 400 sur un total de 2 500).

L'aspect de la ville est peu engageant : une sorte de bidonville dans un désert de pierres, un agglomérat de maisons de planches poussiéreuses, le tout donnant une impression de bout du monde... Ne manquant pas d'humour, on y a même installé un golf au green couvert de poussière où l'on peut jouer à plus de 50 °C à l'ombre ! Depuis la découverte du premier filon, les champs de mines se sont étalés sur 35 km au nord, 50 km au sud et 15 km à l'ouest. Le paysage s'est truffé de centaines de cratères, de « shafts » (trous), de monticules de terre en forme de cônes. D'un aspect quasi lunaire, le terrain est aussi très dangereux. Les chercheurs, pour la plupart amateurs, forent un trou d'une trentaine de mètres de profondeur, juste assez grand pour qu'un homme puisse y descendre, à l'aide du moteur d'un camion transformé dans le style Mad Max. Ces trous de forage ne sont jamais comblés.

Les visiteurs sont invités à ne pas s'aventurer sur ces champs en dehors des circuits guidés, et à ne jamais marcher à reculons – spécialement en prenant des photos de ces paysages hallucinatoires. En 1987, un nouveau filon a été découvert. Une amende de AU$1 000 peut être infligée à quiconque viendrait sur une mine privée sans y avoir été invité.

■ **LE BUREAU D'INFORMATIONS (✆ 1800 637 076 ou (08) 8672 5298) et L'UNDERGROUND BOOKS (✆ (08) 8672 5558)** sont situés en plein milieu la ville, et délivrent beaucoup d'informations détaillées.

Transports

■ **VOITURE.** On peut accéder à Coober Pedy par la route (Greyhound Pioneer - McCafferty's ✆ 131 499 - 132 030 - www.greyhound.com.au) comme par avion (Rex Regional Express - www.regionalexpress.com.au – Prix : AU$180 d'Adelaide).

■ **LE TRAIN GHAN ✆ 132 147 - www.gsr.com.au** - s'arrête à Manguri, à 40 km à l'ouest de Coober Pedy. Il existe des navettes entre Manguri et Coober Pedy.

■ **ADVENTURE TOURS ✆ 1 300 654 604 - www.adventuretours.com.au** - *Ils proposent aussi des safaris de Adelaide à Alice Springs à partir de $775 en 4x4 et petit groupe.*

Hébergement

■ **RADEKA'S DOWNUNDER. Underground Backpackers Inn ✆ (08) 8672 5223 - Fax (08) 86 72 5 821 - www.radekadownunder.com.au - radekadownunder@ozemail.com.au** - *Lit en dortoir AU$22, chambre double AU$55.* Salle de billard et video-room. Ce backpackers, construit à 6,50 m sous terre dans une ancienne mine, est tenu par Yveline, une demoiselle de chez nous, et Tony. L'Underground organise des tours en minibus pour AU$50. Visite des champs d'opales, de l'église souterraine, des Mounts Breakaways avec The Moon Plain, the Castles et le Painted Desert (où furent tournés les films *Mad Max III*, *Ground 0* et *Stark*). Le tour passe également au Crocodile Harry's Nest. Ce « nid » est une ancienne mine d'opales où le vieux Harry a fait un squatt d'artistes. Les jolies filles ont le droit de faire des dessins - graffitis sur les murs, qui en sont déjà entièrement couverts. L'extérieur est une œuvre d'Arte Povera faite d'un bric-à-brac invraisemblable. Tina Turner tourna ici une partie de *Mad Max III.*

■ **DESERT VIEW UNDERGROUND APARTMENTS. Shaw Place ✆ (08) 8672 3330.** *Appartements à AU$75-100.*

■ **THE OPAL INN. Hutchison Street ✆ (08) 8672 5054 - 1800 088 523 - Fax (08) 8672 5501 - www.opalinn.com.au - reservations@opalinn.com.au** - *Offre des chambres doubles à partir de AU$60.*

■ **DESERT CAVE HOTEL. Hutchison Street ✆ (08) 8672 5688 - 1800 088 521 - Fax (08) 8672 5198 - www.desertcave.com.au - reserve@desertcave.com.au** - *Chambres à partir de AU$195.* Grand hôtel international, le seul au monde avec des chambres sous terre. Restaurant Umberto's, Crystal Cafe, boutiques d'opales, et petit musée dans les galeries souterraines.

Restaurants

@ UMBERTO'S. Situé dans l'hôtel Desert Cave. Cuisine européenne, soupe, pavé au poivre, filet mignon… Vraiment pas cher pour la qualité du service. P. Lapoutge, Paris.

■ **OLD MINER'S DUGOUT CAFÉ. Hutchison Street ✆ (08) 8672 5541.** Tatiana, la chef, cuisine des plats des quatre coins du monde.

Shopping

■ **« DO YOU WANTA GOANNA »,** dans Hutchison Street, est une boutique intéressante. Tee-shirts Churinga, tricots Coogi et de beaux imprimés originaux figurant des fleurs (Stuart's Desert peas), des kangourous et des goannas.

Dans les environs

▸ Non loin du centre, près de l'ancienne Old Timers Mine, **le Big Winch** offre un beau point de vue sur le coucher de soleil. La Old Timers Mine, une des plus vieilles mines de la région, offre d'intéressants vestiges.

▸ **A 32 km au nord de Coober Pedy, les Breakaways** sont une suite d'escarpements de grès, détachés de la Stuart Range, et donnant sur le Painted Desert (le désert peint) situé dans la Moon Plain (la plaine lunaire) qui était autrefois une mer intérieure. Plusieurs films y ont été tournés, dont « Mad Max beyond Thunderdome ». Renseignements auprès de Underground Books pour explorer les mines.

▸ **Au-delà se trouve la Dingo Fence, une clôture anti-dingo de 1,40 m à 2,40 m de haut sur 9 600 km de long.** Un autre symbole de la démesure de ce pays. Divisant le continent australien en deux, elle contient les chiens sauvages au nord afin de les empêcher de s'attaquer aux troupeaux de moutons. En South Australia et au Queensland, il est déconseillé de voyager le long de la dingo fence, en New South Wales, c'est formellement interdit. Appâts empoisonnés et pièges métalliques (steeljaws) sont disposés le long de cette barrière par les pasteurs et autres éleveurs.

> *« Le buggy suivait maintenant une de ces clôtures dont la perspective de poteaux semblait aller rejoindre l'horizon. Les cinq fils de fer et leurs poteaux régulièrement espacés figuraient une portée de musique, sans notes, obsédante à voir. »*
>
> Paul Wenz, *L'Echarde.*

■ VERS L'OUEST, LE NULLARBOR ■

En traversant la péninsule de Eyre, on arrive sur le Nullarbor, une plaine calcaire vieille de 50 millions d'années. Au nord de celle-ci se trouve le Great Victoria Desert, au sud l'océan et à l'ouest, les Goldfields, la région d'Esperance et les jolis paysages de la Western Australia. Ici aussi, les paysages sont uniques, ainsi que la faune et la flore. C'est une expérience typiquement australienne. On traverse 12 degrés de longitude. Calme, pureté et la tranquillité font partie du voyage.

■ **Pour faire la traversée, LE NULLARBOR TRAVELLER ✆ 1800 816 858 - www.the-traveller.com.au - info@the-traveller.com.au -** Organise des tours de 7 et 9 jours reliant Adelaide à Perth, par groupe de 19 personnes au maximum. Les guides partagent leur savoir sur la région et ses habitants (humains et animaux !).

Canberra Act

Canberra Act

Le territoire de Canberra est ridiculement petit en comparaison des autres Etats de l'Australie : 80 km du nord au sud et 30 km de largeur. Les collines entourant la plaine de Canberra montent pour devenir des montagnes escarpées au sud et à l'ouest du territoire que traverse la rivière de Murrumbidgee du sud-est au nord-ouest. En 1901, les colonies australiennes décidèrent de former un Commonwealth, une fédération d'Etats. Le problème du choix d'une capitale entre Sydney et Melbourne parut si épineux que les législateurs décidèrent d'en créer une de toutes pièces, un peu à l'image de Brasilia. On choisit Canberra, un territoire situé à mi-chemin entre les deux villes rivales. Le projet de l'architecte américain Walter Burley Griffin, qui gagna le concours international, reposait sur le principe d'une ville en harmonie avec la nature : un lac artificiel, un triangle qui renfermerait les bâtiments officiels et des zones résidentielles disposées géométriquement par rapport au centre. L'édification connut des hauts et des bas, et avança avec lenteur jusqu'à l'inauguration de la ville, en 1927. La crise de 1929 et la Seconde Guerre mondiale causèrent de nouveaux retards et en 1947 la population ne dépassait pas 15 000 habitants. La pièce maîtresse du projet, le lac central, ne vit le jour qu'en 1963.

CANBERRA

Canberra, c'est un peu une Brasilia à l'australienne, dans un paysage entièrement remodelé : lac Burley Griffin artificiel, centre ville circulaire, 12 millions d'arbres plantés. C'est un peu bizarre de voir des forêts de pins et de sapins dans ce pays d'eucalyptus. Mais il n'est pas besoin d'aller loin avant que la formidable nature australienne reprenne le dessus. Canberra est donc une ville où la nature est respectée dans la mesure du possible, et où d'immenses réserves naturelles séparent les différentes banlieues. Malheureusement cela a facilité les dévastateurs bushfires de 2002, dans lesquels 4 personnes moururent et presque 500 maisons disparurent. Les quartiers se regroupent autour d'importants centres commerciaux fort bien fournis. En plus d'être le siège du gouvernement fédéral, la ville est un centre culturel apprécié.

Transports

■ **GARE ROUTIERE.** Jolimont Centre, 65-67 Northbourne Avenue, Civic. Pour Sydney, Melbourne, Brisbane et Adelaide : McCaffertys Greyhound - ✆ (02) 6211 8545 - www.greyhound.com.au - Pour Wollongong et la côte sud : Murrays ✆ 13 22 51 - www.murrays.com.au

■ **AEROPORT DE CANBERRA, à Fyshwick, à 7 km à l'est du centre.** *Taxi environ AU$16. Bus Airliner Shuttle : AU$7 aller simple (peu fréquent, en semaine seulement).*

Trains

Le train **Xplorer** lie Canberra et Sydney à Queanbeyan : 3 trains par jour, trajet de 4h. Se renseigner au bureau de Countrylink dans le Jolimont Centre ✆ 13 22 32 - www.countrylink.info

Location de voitures

■ **AVIS** ✆ (02) 6249 1601.

■ **BUDGET** ✆ 13 27 27.

■ **HERTZ** ✆ (02) 6257 4877 et ✆ 13 30 39.

■ **THRIFTY** ✆ 1300 367 227 et ✆ (02) 6247 7422.

Taxis

■ **CANBERRA CABS** ✆ 13 22 27.

■ **QUEANBEYAN TAXI COOP** ✆(02) 6297 3000.

Bus locaux

■ Il n'y a que des bus à Canberra. **ACTION BUSES ✆ (02) 6207 7611 et 13 17 10 - www.action.act.gov.au -** La station principale est à l'angle d'Alinga Street et East Row, près du Jolimont Centre. Un ticket « Off Peak Daily » (prix, AU$4 valable en semaine toute la journée les samedi et dimanche, et de 9h à 16h30 ou après 18h) permet de monter et descendre à volonté. La route n° 34 recouvre effectivement la plupart des monuments touristiques.

■ **CANBERRA DAY TOURS «HOP ON HOP OFF». www.canberradaytours.com.au - ✆ 0418 455 099. Passent par tous les centres d'intérêt de la ville.** *Le ticket à la journée (adultes AU$40, enfants AU$30) permet de faire des haltes où l'on veut.* Départs tous les jours du Melbourne Building au 35 Northbourne Avenue à 9h30 puis toutes les 90 minutes, dernier départ à 15h30.

Vélo

Le vélo est le plus agréable moyen de se déplacer à Canberra, une ville très éclatée. Les pistes cyclables autour du lac et dans les parcs sont tellement nombreuses qu'on n'a pratiquement jamais besoin de passer sur une route.

■ **MR SPOKE'S BIKE HIRE.** Barrine Drive, Acton (à côté du débarcadère du ferry) ✆ (02) 6257 1188. *Prix : AU$12 par heure.*

Location de catamarans et canoës-kayaks

■ **BURLEY GRIFFIN BOAT HIRE ✆ (02) 6249 6861 -http://lakecruises.com.au/boathire.htm -** Sur le côté nord du lac (près du débarcadère du ferry).

■ **LE CANBERRA YACHT CLUB ✆ (02) 6273 4777 - www.canberrayachtclub.com.au -** *Une sélection de catamarans et dériveurs à louer à partir de AU$ 35 l'heure.*

Pratique

▸ **Indicatif téléphonique :** (02)

■ **ALLIANCE FRANÇAISE. 66 McCaughey Street, Turner** ✆ (02) 6247 5027 - www.afcanberra.com.au

■ **CANBERRA VISITOR INFORMATION CENTRE. A 2 km au nord du centre au 330 Northbourne Avenue, Dickson ✆ (02) 6205 0044 - www.visitcanberra.com.au -** *Ouvert du lundi au vendredi, de 9h à 17h30, les samedi et dimanche de 9h à 16h.*

■ **POLICE** ✆ (02) 6256 7777.

■ **AMBULANCE ET POMPIERS** ✆ 000.

■ **HOPITAL DE CANBERRA** ✆ (02) 6244 2222.

■ **AMBASSADE DE FRANCE. 6 Perth Avenue, Yarralumla** ✆ (02) 6216 0100 - www.france.net.au -

Hébergement

■ **CAROTEL MOTEL AND CARAVAN PARK. Federal Highway Watson (à 6 km au nord du centre)** ✆ (02) 6241 1377 - www.carotel.com.au - Caravanes à louer et camping.

On peut trouver à se loger bon marché au **Bed and Breakfast Lodges à Kingston** ou, pendant les périodes de vacances, à l'Australian National University d'Acton ✆ (02) 6295 0123 et (02) 6279 4300.

■ **VICTOR LODGE. 29 Dawes Street, Kingston ✆ (02) 6295 7777 - www.victorlodge.com.au -** *AU$27 lits en dortoir, AU$76 la chambre double avec un copieux petit déjeuner. Thé et café gratuits toute la journée.*

@ *Les chambres sont très propres, les draps sentent bon, chauffage individuel. Et, comble du bonheur, on dort sous la couette. P. Marietta Combe, Grenoble*

■ **QUALITY HOTEL DIPLOMAT (Flag). Canberra Avenue, au coin de Hely Street, Manuka ✆ (02) 6295 2277.** *Chambre double à partir de AU$150 . A 3 km derrière la Parliament House.* Près de Kingston et Fyshwick. Piscine.

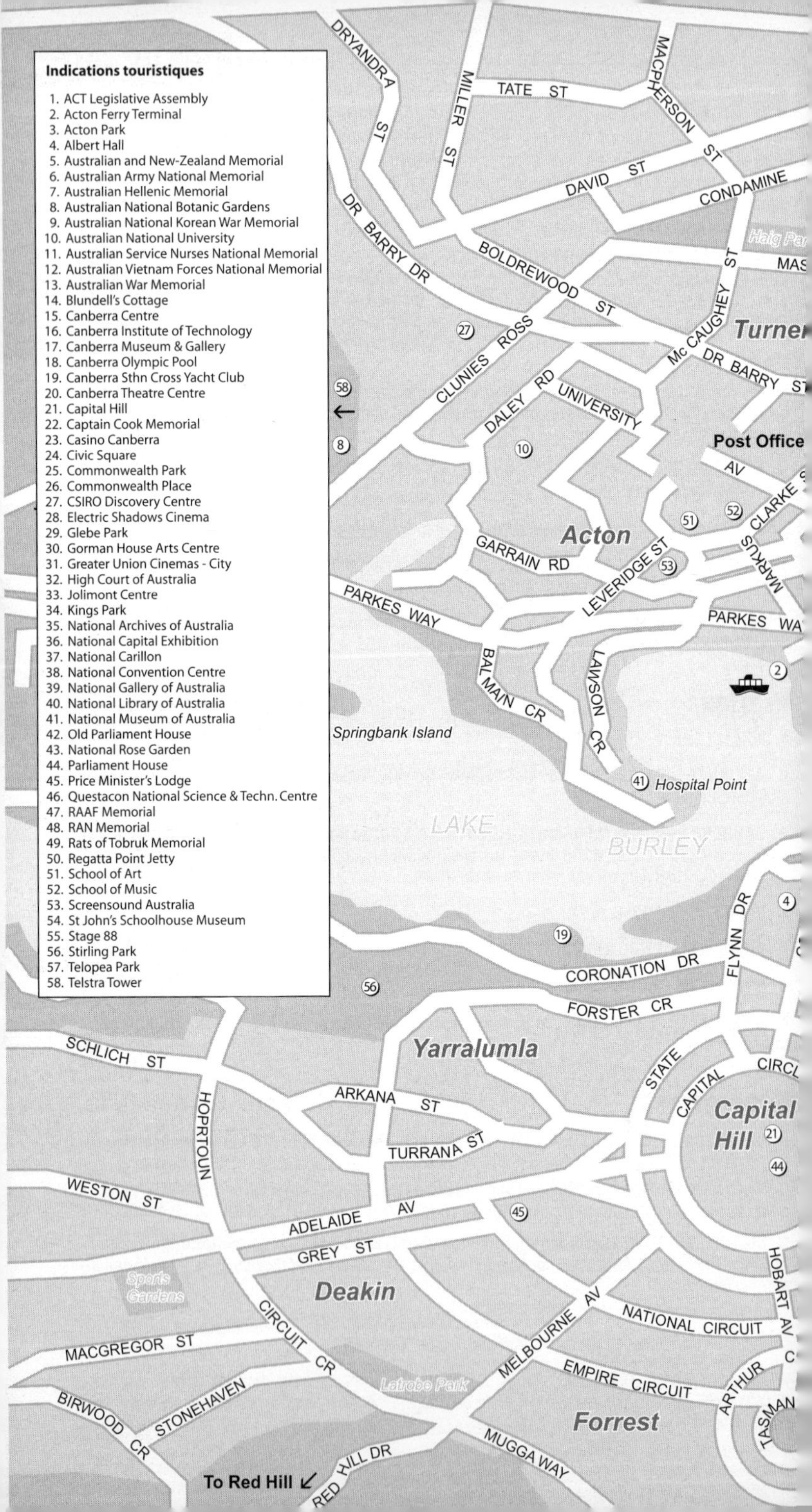
Indications touristiques
1. ACT Legislative Assembly
2. Acton Ferry Terminal
3. Acton Park
4. Albert Hall
5. Australian and New-Zealand Memorial
6. Australian Army National Memorial
7. Australian Hellenic Memorial
8. Australian National Botanic Gardens
9. Australian National Korean War Memorial
10. Australian National University
11. Australian Service Nurses National Memorial
12. Australian Vietnam Forces National Memorial
13. Australian War Memorial
14. Blundell's Cottage
15. Canberra Centre
16. Canberra Institute of Technology
17. Canberra Museum & Gallery
18. Canberra Olympic Pool
19. Canberra Sthn Cross Yacht Club
20. Canberra Theatre Centre
21. Capital Hill
22. Captain Cook Memorial
23. Casino Canberra
24. Civic Square
25. Commonwealth Park
26. Commonwealth Place
27. CSIRO Discovery Centre
28. Electric Shadows Cinema
29. Glebe Park
30. Gorman House Arts Centre
31. Greater Union Cinemas - City
32. High Court of Australia
33. Jolimont Centre
34. Kings Park
35. National Archives of Australia
36. National Capital Exhibition
37. National Carillon
38. National Convention Centre
39. National Gallery of Australia
40. National Library of Australia
41. National Museum of Australia
42. Old Parliament House
43. National Rose Garden
44. Parliament House
45. Price Minister's Lodge
46. Questacon National Science & Techn. Centre
47. RAAF Memorial
48. RAN Memorial
49. Rats of Tobruk Memorial
50. Regatta Point Jetty
51. School of Art
52. School of Music
53. Screensound Australia
54. St John's Schoolhouse Museum
55. Stage 88
56. Stirling Park
57. Telopea Park
58. Telstra Tower
DRYANDRA ST
MILLER ST
TATE ST
MACPHERSON ST
DAVID ST
CONDAMINE
Haig Park
DR BARRY DR
BOLDREWOOD ST
McCAUGHEY ST
Turner
DR BARRY ST
CLUNIES ROSS
DALEY RD
UNIVERSITY
Post Office
AV
CLARKE
Acton
GARRAIN RD
LEVERIDGE ST
MARKUS
PARKES WAY
PARKES WAY
BALMAIN CR
LAWSON CR
Springbank Island
Hospital Point
LAKE
BURLEY
FLYNN DR
CORONATION DR
FORSTER CR
Yarralumla
SCHLICH ST
HOPRTOUN
ARKANA ST
TURRANA ST
STATE
CAPITAL
CIRCL
Capital Hill
WESTON ST
ADELAIDE AV
GREY ST
Sports Gardens
Deakin
HOBART AV
NATIONAL CIRCUIT
MELBOURNE AV
CIRCUIT CR
MACGREGOR ST
EMPIRE CIRCUIT
Latrobe Park
ARTHUR
BIRWOOD CR
STONEHAVEN
Forrest
TASMAN
MUGGA WAY
RED HILL DR
To Red Hill

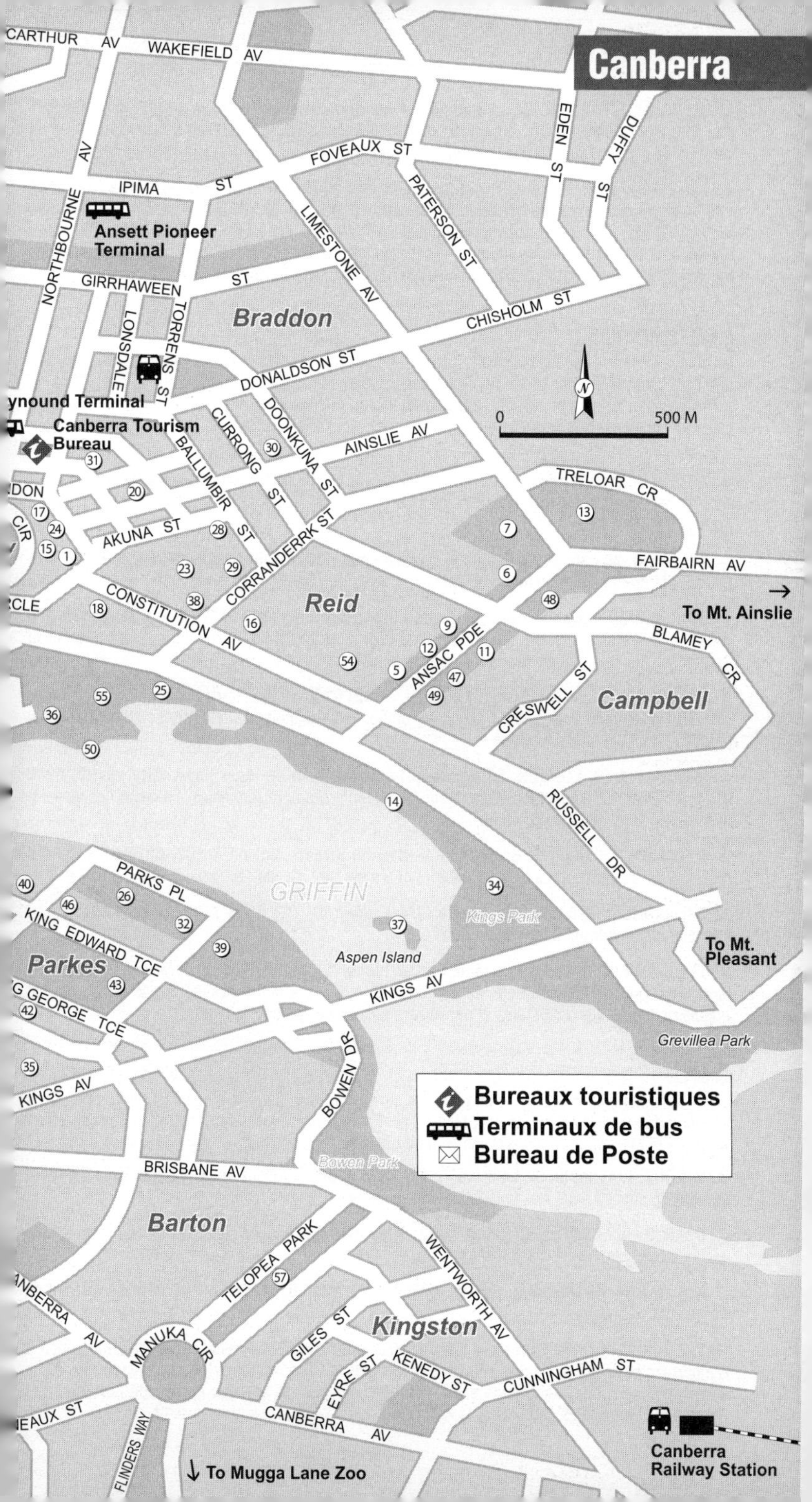
Canberra
WAKEFIELD AV
FOVEAUX ST
IPIMA ST
Ansett Pioneer Terminal
GIRRHAWEEN ST
NORTHBOURNE AV
LONSDALE
TORRENS ST
LIMESTONE AV
PATERSON ST
EDEN ST
DUFFY ST
CHISHOLM ST
Braddon
DONALDSON ST
DOONKUNA ST
CURRONG ST
BALLUMBIR ST
Canberra Tourism Bureau
AINSLIE AV
AKUNA ST
CORRANDERRK ST
TRELOAR CR
FAIRBAIRN AV
To Mt. Ainslie
CONSTITUTION AV
Reid
ANSAC PDE
BLAMEY CR
CRESWELL ST
Campbell
RUSSELL DR
GRIFFIN
Kings Park
Aspen Island
To Mt. Pleasant
PARKS PL
KING EDWARD TCE
Parkes
KINGS AV
Grevillea Park
BOWEN DR
Bureaux touristiques
Terminaux de bus
Bureau de Poste
Bowen Park
BRISBANE AV
Barton
TELOPEA PARK
WENTWORTH AV
Kingston
MANUKA CIR
GILES ST
EYRE ST
KENEDY ST
CUNNINGHAM ST
CANBERRA AV
FLINDERS WAY
To Mugga Lane Zoo
Canberra Railway Station
0
500 M

■ **OLIMS CANBERRA HOTEL. A l'angle d'Ainslie et Limeston Avenue ✆ (02) 6248 5511 - Fax (02) 6247 0864 - www.olimshotel.com** - *Chambre double de AU$105 à AU$139.* A 1 km du centre ville et à 700 m du War Memorial. Logements regroupés autour d'une cour-jardin.

■ **CANBERRA YHA. 7 Akuna Street Canberra City 2601 ✆ (02) 6248 9155 - Fax (02) 6249 1731 - www.yha.com.au - canberra@yhansw.org.au** - *De AU$ 24 à AU$27 par adulte, AU$16 pour les moins de 18 ans, chambres doubles AU$70.* A 5 minutes à pied du Jolimont Centre. Ambiance chaleureuse avec une grande salle commune, des cuisines totalement équipées, des machines à laver, un parking. Une bonne base pour découvrir la capitale de l'Australie.

Restaurants

On dit que Canberra est une belle ville mais qui manque d'âme et d'animation. Ses résidents estiment que cela commence à changer. Au cours des dernières années, les restaurants se sont dotés de terrasses à l'extérieur pour profiter des rives du lac au lieu de s'enfermer dans d'ennuyeux shopping center qui composent le centre ville éclaté. Nous vous conseillons les quartiers de Manuka et Kingston si vous aimez les ambiances animées.

■ **ARTESPRESSO. 31 Giles Street, Kingston ✆ (02) 6295 8055 - www.artespresso.com.au** - Très bonne cuisine australienne moderne. Le week-end, c'est aussi l'endroit parfait pour un brunch.

■ **ATLANTIC. 20 Palmerston Lane, Manuka ✆ (02) 6232 7888.** *Comptez AU$45 sans les vins.* Restaurant branché où l'on mange bien.

■ **BOAT HOUSE. Grevillia Park, Menindee Drive, Barton ✆ (02) 6273 5500.** *Environ AU$55 sans les vins.* Sur le lac, un ancien hangar à bateaux transformé en restaurant avec vue sur la Parliament House en face - www.boathousebythelake.com.au

■ **SILO BAKERY. 36 Giles Street, Kingston ✆ (02) 6260 6060.** *Ouvert de 7h à 16h du mardi au samedi.* Boulangerie café, endroit idéal pour un bon petit déjeuner. Faites attention, l'endroit est si populaire qu'il est souvent bondé !

■ **MEZZALIRA ON LONDON. 55 London Circuit (au coin de West Row), City ✆ (02) 6230 0025.** Bon endroit pour une cuisine italienne moderne à prix raisonnables. La carte des vins est excellente. www.mezzalira.com.au

■ **OTTOMAN. A l'angle de Broughton et Blackall Streets, Barton ✆ (02) 6273 6111.** Un des restaurants les plus populaires de Canberra et à juste titre. Cuisine turque.

■ **THE CHAIRMAN & YIP. 108 Bunda Street, Civic ✆ (02) 6248 7109.** Cuisine asiatique et vietnamienne moderne de première qualité.

■ **THE LOBBY. King George Terrace, Parkes Place ✆ (02) 6273 1563.** *Environ AU$45 sans les vins.* Situé près de l'ancien Parlement et des bureaux des Affaires étrangères, ce restaurant est populaire auprès des diplomates et des journalistes. www.thelobby.com.au

Sortir

La plupart des cocktails bars, clubs et pubs se trouvent sur Garema Place ou City Walk ou dans les bâtiments historiques Sydney et Melbourne. Egalement à considérer les quartiers branchés de Kingston et Manuka, et dans la Chinatown de Dickson.

■ **MINQUE. 17 Franklin St, Manuka ✆ (02) 6295 8866 :** le rendez-vous des fêtards de Canberra depuis des années pour son ambiance fun et animée.

■ **BBAR. 21 Kennedy St, Kingston ✆ (02) 6295 1949.** Bar à tapas super trendy et une excellente carte de boissons.

■ **NORTH BAR. 46 Northbourne Ave, Civic ✆ (02) 6248 0102.** Bar lounge de classe offrant de très bons cocktails.

■ **THE PHOENIX BAR. East Row, City ✆ (02) 6247 1606.** Maintenant une vraie institution à Canberra, c'est là où les classes populaires et artistes se retrouvent tous les jours depuis plus d'une dizaine d'années pour une bonne bière, pour discuter affaires sociales et jouir de performances théâtrales et musicales « grass-roots ».

Manifestations

- **Février :** Royal Canberra Show (www.rncas.org.au), National Multicultural Festival (www.multiculturalfestival.com.au), Tropfest (www.tropfest.com.au)

- **Mars :** Canberra and Region Heritage Festival (www.environment.ac.gov.au)

- **Avril :** Canberra Balloon Fiesta (www.canberraballoonfiesta.com.au), Anzac Day www.awm.gov.au

- **Aout :** Fireside Festival (www.firesidefestival.com.au)

- **Septembre :** Floriade (www.floriadeaustralia.com)

- **Novembre :** Wine, Roses and all that Jazz (www.canberrajazzfestival.com)

Points d'intérêt

Les incontournables

■ **LE NOUVEAU PARLEMENT. www.aph.gov.au** - *Ouvert tous les jours de 9h à 17h, entrée libre. Visite guidée gratuite toutes les 30 minutes de 9h à 16h.* Le Coffee Shop au premier étage propose des plats chauds et une belle vue de la terrasse. C'est un bâtiment assez massif surmonté d'un mât géant. Une grande partie de la colline avait été rasée puis, une fois le bâtiment terminé, remise en place et recouverte de gazon. Les Australiens disent que c'est le seul parlement au monde où les gens peuvent marcher sur la tête de leurs hommes politiques. L'architecture intègre des thèmes australiens dont une grande mosaïque d'artistes aborigènes papunya sur la terrasse de devant. Ladite terrasse offre une jolie perspective sur le mont Ainslie, au-delà du lac Burley Griffin.

■ **THE AUSTRALIAN WAR MEMORIAL. Limestone Avenue ✆ (02) 62434268 - www.awm.gov.au** -*Tous les jours de 10h à 17h. Entrée libre.* Sanctuaire et musée national de la Guerre, c'est ici qu'on se rend compte des sacrifices consentis par l'Australie pour aider les Européens lors de tous les conflits. Il est impressionnant de voir que ces soldats australiens ont été de tous les combats. La guerre des Boers, au Soudan, en Chine, en Corée, en Malaisie, au Vietnam, la guerre du Golfe. Ils sont tombés nombreux à Gallipoli, sur la rivière Kwaï, à Villiers-Bretonnaux où se trouve un cimetière australien. Une tombe du Soldat inconnu abrite la dépouille d'un soldat australien tombé en France.

■ **THE TELSTRA TOWER** (Télécoms). Tour de 195 mètres de haut au sommet de la Black Mountain, à 6 km du centre ville. *Ouvert tous les jours de 9h à 22h, avec restaurant tournant.* La vue panoramique est splendide, surtout la nuit.

■ **NATIONAL GALLERY OF AUSTRALIA. Parkes Place ✆ (02) 6240 6502 - www.nga.gov.au** - *Ouvert tous les jours de 10h à 17h. Entrée libre.* Une grande collection d'art australien, couvrant la période du XXe siècle et comprenant des œuvres d'artistes aborigènes. Vaut incontestablement la visite.

Monuments et institutions

■ **LE VIEUX PARLEMENT. www.oldparliamenthouse.gov.au** - *Ouvert tous les jours de 9h à 17h, entrée adulte AU$2, famille AU$5. Visite guidée gratuite de 9h30 à 15h45, presque toutes les heures.* Construit en 1927 et en vigueur jusqu'en 1988, le vieux Parlement a connu les plus grandes crises économiques de l'histoire australienne ainsi que très peu de rénovation depuis sa création, ce qui nous donne une idée parfaite du patrimoine politique australien depuis le début du siècle. Il a été fermé pour manque de place ! Devant l'entrée principale ne pas manquer l'« Ambassade aborigène », le symbole de la souveraineté aborigène qui leur a permis de devenir citoyens australiens à part entière en 1967.

■ **THE ROYAL AUSTRALIAN MINT. Denison Street, Deakin ✆ (02) 6202 6999 - www.ramint.gov.au** - *Ouvert de 9h à 16h du lundi au vendredi, de 10h à 16h en fin de semaine. Entrée libre.* Pour voir comment on bat la monnaie australienne.

■ **QUARTIER DES AMBASSADES.** Le quartier de Yarralumla rassemble le plus grand nombre des 70 ambassades que compte Canberra. Chacune possède une architecture spécifique correspondant à celle du pays représenté.

Musées

■ **NATIONAL MUSEUM OF AUSTRALIA. Acton Peninsula, Acton (au bord du lac, 5 km du centre) ✆ (02) 6208 5000 - Fax (02) 6208 5148 - www.nma.gov.au** - *Ouvert de 9h à 17h tous les jours. Entrée libre.* Nouveau musée d'Histoire naturelle et patrimoine australien avec des expositions interactives. Bon restaurant donnant sur le lac et magasin de souvenirs.

■ **QUESTACON (National Science and Technology Centre). King Edward Terrace, Parkes ✆ (02) 6270 2800 - Fax (02) 6270 2833 - www.questacon.edu.au** - *Tous les jours de 9h à 17h. Entrée adultes $14, enfants $8.* Un musée très moderne et l'un des plus populaires à Canberra, surtout pour les enfants.

Jardins

■ **JARDINS BOTANIQUES. Clunies Ross Street, Black Mountain - www.anbg.gov.au** - *Ouverts tous les jours de 8h30 à 16h (17h le week-end). Entrée libre.* Visites guidées libres tous les jours à 11h et 14h ; se renseigner au Bureau d'informations ✆ (02) 6250 9540. On y trouve plus de 6 000 espèces de plantes australiennes.

Shopping

■ **THE OLD BUS DEPOT MARKETS. Wentworth Avenue, Kingston Foreshore ✆ (02) 6292 8391 - www.obdm.com.au** - *Ouvert le dimanche de 10h à 16h et le samedi en période de Noël.* Marché aux puces artisanal avec une grande sélection de friandises. Bonne ambiance.

■ **THE BRICKWORKS MARKET. Denman Street, à Yarralumla.** *Tous les week-ends, entre 11h et 17h.* Un marché aux puces d'antiquités.

■ **LONSDALE STREET, BRADDON.** A quelques minutes à pied du centre ville, cette rue regroupe toutes les boutiques chics, design, artisanats internationaux et australiens.

Dans les environs

Barton

■ **THE BRASSEY OF CANBERRA (Historic Hotels). Belmore Gardens et Macquarie Street, Barton ✆ 1800 659 191 et (02) 6273 3766 - Fax (02) 6273 2791 - www.brassey.net.au** - *Chambre double à partir de AU$132, petit déjeuner campagnard compris.* L'ouverture de l'hôtel Brassey coïncida avec l'ouverture de la Parliament House et le déménagement du gouvernement fédéral pour Canberra en 1927. Classé monument historique, cet hôtel au charme suranné est entouré de 2,5 acres de pelouses et de jardins. Le Brassey comprend 81 chambres avec salle de bains. Le restaurant Belmore est ouvert le soir du lundi au vendredi. Barton n'est qu'à quelques minutes du très chic Manuka Village, et l'on peut aller à pied jusqu'à la National Gallery, l'ancien et le nouveau Parlement, la Haute Cour et le lac Burley Griffin.

■ SNOWY MOUNTAINS ■

230 km au sud. Circuit d'une journée à faire en voiture en été pour se promener ou faire du cheval, VTT... ou en hiver pour skier (préférable de passer le week-end entier sur place) : la route passe par la Tuggeranong Valley, traverse les contreforts des Brindabella Mountains pour arriver à Cooma, la porte des Snowy Mountains. On peut ensuite passer par Berridale pour se rendre à Jindabyne située sur le lac artificiel du même nom. De là, on entre dans le parc national de Kosciusko (accès payant : AU$14/voiture) soit la station de ski Perisher Blue qui regroupe plusieurs domaines skiables comme Smiggin Hole, Guthega, Blue Cow, Perisher Valley, joignable en voiture ou en Skitube (ou métro des neiges) qui parcourt 4 km sous terre, et qui dessert Perisher Valley et Blue Cow, une des stations les plus jeunes en vogue actuellement. Soit l'Alpine Way jusqu'à Thredbo Alpine Village, la station de ski la plus branchée en NSW. Ici, un télésiège monte au sommet de la chaîne de Crackenback d'où un chemin assez facile (12 km aller-retour, compter entre trois et quatre heures) mène au Mount Kosciuszko – ou « Kozzy » – à 2 228 mètres d'altitude, le point le plus haut en Australie.

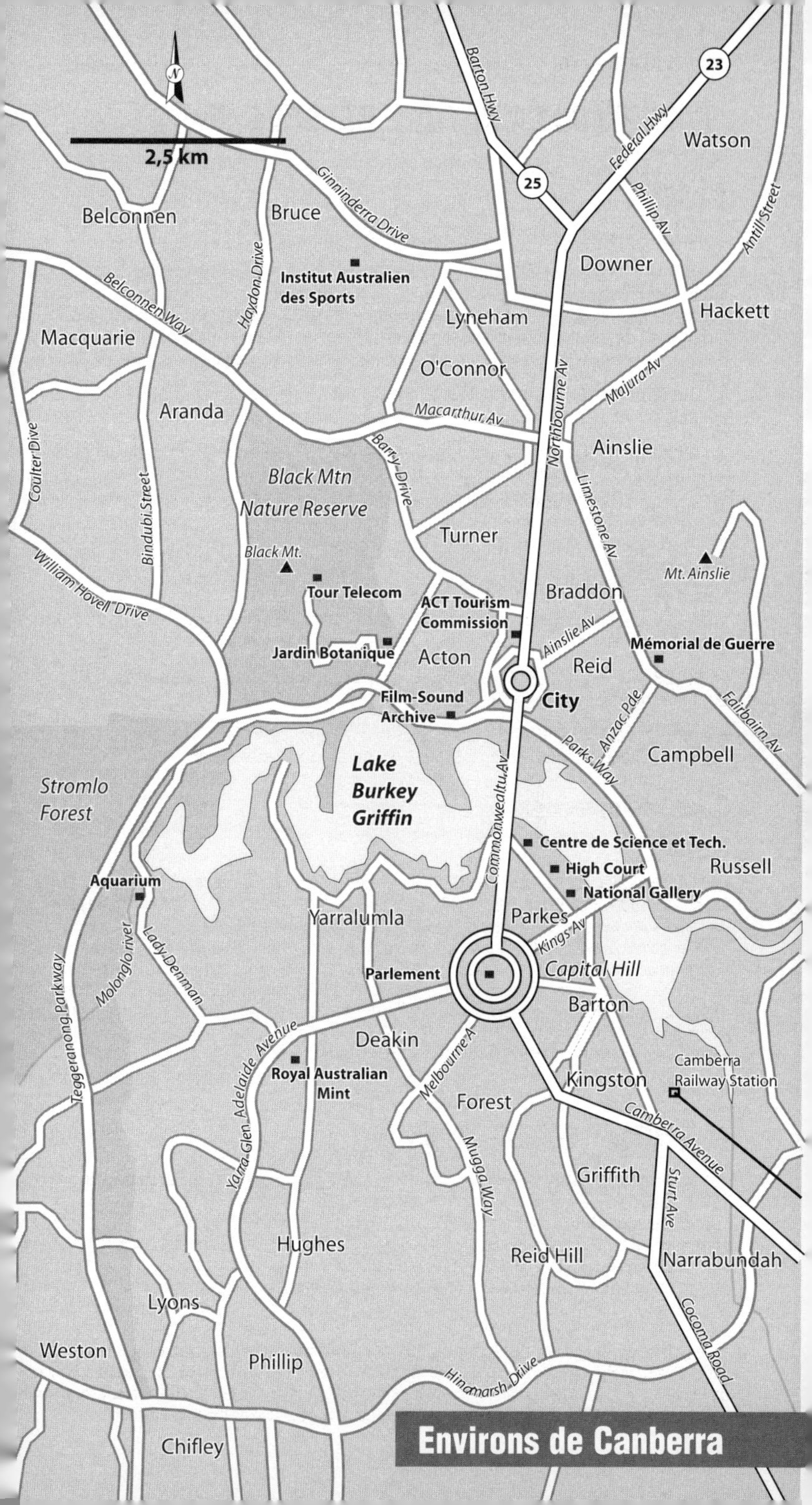
Environs de Canberra
2,5 km
N
23
25
Barton Hwy
Federal Hwy
Watson
Phillip Av
Antill Street
Ginninderra Drive
Belconnen
Bruce
Downer
Hackett
Institut Australien des Sports
Belconnen Way
Haydon Drive
Lyneham
Macquarie
O'Connor
Majura Av
Northbourne Av
Aranda
Macarthur Av
Ainslie
Coulter Drive
Bindubi Street
Barry Drive
Black Mtn Nature Reserve
Limestone Av
Turner
Black Mt.
Mt. Ainslie
William Hovell Drive
Tour Telecom
ACT Tourism Commission
Braddon
Ainslie Av
Mémorial de Guerre
Jardin Botanique
Acton
Reid
Film-Sound Archive
City
Fairbairn Av
Anzac Pde
Parks Way
Campbell
Stromlo Forest
Lake Burkey Griffin
Commonwealtu Av
Centre de Science et Tech.
High Court
Russell
Aquarium
National Gallery
Yarralumla
Parkes
Kings Av
Molonglo river
Lady Denman
Parlement
Capital Hill
Teggeranong Parkway
Barton
Adelaide Avenue
Deakin
Melbourne A
Royal Australian Mint
Kingston
Camberra Railway Station
Forest
Camberra Avenue
Yarra Glen
Mugga Way
Griffith
Sturt Ave
Hughes
Reid Hill
Narrabundah
Lyons
Cocoma Road
Weston
Phillip
Hindmarsh Drive
Chifley

TIDBINBILLA NATURE RESERVE

C'est un immense parc naturel où l'on trouve des troupeaux de kangourous, des émeus, des koalas, sur Paddys River Road, à 40 minutes à l'est de Canberra sur la tourist drive 5. Ouvert tous les jours de 9h à 18h (jusqu'à 20h en été), entrée libre, avec de nombreux sentiers, BBQ's et lieux de pique-nique.

▸ **Centre d'informations** ✆ (02) 6237 5120 - www.environment.act.gov.au

■ **MILTON PARK COUNTRY HOUSE HOTEL. Horderns Road, Bowral ✆ (02) 4861 1522 - www.milton-park.com.au** - Près de Mittagong sur le Hume Highway, à mi-chemin entre Canberra et Sydney. Chambres avec petit déjeuner à partir de AU$330. Un homestead historique entouré d'un magnifique jardin dans un vaste domaine de hauts plateaux. Cuisine régionale et bonne cave à vin. Détente, raffinement, luxe. Equitation, promenades, héliport, service limousine.

■ **THE CARRINGTON OF BUNGENDORE. 21 Malbon Street, Bungendore (à 24 km au nord-est de Canberra) ✆ (02) 6238 1044 - www.thecarrington.com** - *Chambre double à partir de AU$185 avec petit déjeuner servi dans la chambre.* Le Carrington de Bungendore commença sa carrière en 1885 comme le Cobb & Co Coachning Inn. Au fil des ans, il servit respectivement de prison temporaire, d'hôpital, de boutique, de maison particulière et de maison close ! Actuellement, le Carrington, restauré, a retrouvé sa beauté passée et ses antiquités, ses dentelles, les cristaux de ses chandeliers, ses tentures somptueuses et ses cheminées de caractère. Vingt-six chambres de style colonial ont été rajoutées au bâtiment d'origine. L'excellent restaurant a gagné plusieurs prix.

Tasmanie

Tasmanie

Au sud de l'Australie, l'île de Tasmanie est un « bout du monde » où la nature est reine.

L'île, à 240 km au sud de Melbourne, est séparée du continent australien par le détroit de Bass.

Bien que la Tasmanie soit le plus petit Etat de l'Australie, grande comme la Suisse environ, sa diversité géographique assure un dépaysement total et chacun y trouvera son bonheur. La Tasmanie est une terre à part. Une île d'une grande beauté sauvage, un patrimoine naturel préservé, un paradis pour les randonneurs et les amoureux de la nature. Une terre à découvrir, à explorer et à apprécier, une destination idéale pour échapper aux chaleurs et à la surpopulation des vacances européennes, mais aussi pour passer un Noël et une fin d'année estivale.

La moitié de la Tasmanie est couverte de forêts, un quart du territoire a été déclaré en zone de Parc national.

Les paysages, principalement composés de montagnes, ressemblent plus à ceux de la Nouvelle-Zélande qu'à l'Outback australien. Avec une succession de collines, vallées, plateaux, volcans et côtes déchiquetées, l'île fait penser tour à tour à la vieille Angleterre, à une pampa d'Argentine ou une savane d'Afrique, ou encore aux Grandes Rocheuses...

D'anciens glaciers ont façonné des montagnes majestueuses et creusé des lacs profonds sur le haut plateau central de l'île. La majeure partie de la Tasmanie Ouest, couverte d'une végétation impénétrable, est inaccessible. Ici s'étend une région de montagnes couronnées de brouillards, une région de fleurs sauvages, de rivières indomptées et de gorges humides et froides. C'est l'un des derniers territoires vierges tempérés de la planète.

L'éloignement du continent australien a favorisé dans l'île une faune et une flore locales uniques. La Tasmanie possède des espèces d'arbres uniques au monde, pin Huon, pin à feuilles de céleri, myrte, sassafras... Une faune curieuse existe tout comme en Australie et l'on retrouve tous les marsupiaux, kangourou, wallaby, opossum, échidné, wombat, ornithorynque, mais aussi des espèces endémiques comme le diable de Tasmanie (tasmanian devil). Quant au célèbre tigre de Tasmanie, un marsupial carnivore disparu seulement depuis les années 1930, des randonneurs prétendent parfois l'avoir aperçu dans les régions vierges les plus reculées de l'île...

À savoir

Il y a environ 478 000 habitants en Tasmanie, 220 000 vivent dans la région de Hobart capitale de l'Etat, 100 000 dans celle de Launceston et environ 78 000 dans le bassin de Devonport.

La population est principalement concentrée dans le Nord, l'Est et le Sud. Le Sud-Ouest et la côte Ouest sont des régions incroyablement sauvages et pratiquement intactes.

Les Tasmaniens sont chaleureux et accueillants. Ils privilégient un style de vie calme et relaxant.

La majorité de la population est de descendance anglo-saxonne et semble parfois plus anglaise que les Anglais. Errol Flynn et l'écrivain Christopher Kock, auteur de *L'Année de tous les dangers*, comptent parmi les personnages les plus célèbres originaires de l'île, et maintenant la Princesse Mary, future reine du Danemark.

Climat

Le climat est maritime et tempéré, voire frais, influencé par les vents violents et glacés venant du pôle Sud. On pourrait le comparer avec le climat du Sud de l'Europe : pas de température extrême, jamais de gel, rarement de grosses chaleurs.

En hiver (juillet-août), la neige recouvre les sommets au-dessus de 1 000 m. En été, les journées sont longues et la nuit ne tombe pas avant 21h30 ; l'Antarctique ne se trouve qu'à 2 500 km.

Février est le mois le plus chaud avec une moyenne de 21 °C. Le soleil des quarantièmes est puissant, gare aux coups de soleil !

Histoire

La Tasmanie fut découverte en 1642 par le navigateur hollandais Abel Tasman, qui la nomma Van Diemen's Land, du nom du gouverneur qui avait commandité l'expédition. Elle a ensuite été visitée et cartographiée en grande partie par les explorateurs français, Marion du Fresne, Fourneaux Nicolas, Bruni d'Entrecasteaux, Huon de Kermadec, Baudin. L'île fut annexée à la couronne britannique en 1802 pour empêcher les Français de s'y installer. Les Anglais implantèrent leur deuxième colonie pénitentiaire, après Sydney, à Hobart, les convicts provenaient pour la plupart de l'infâme bagne de Norfolk Island. Cette colonisation blanche est un chapitre peu glorieux de l'histoire tasmanienne.

En 1828, le gouverneur Arthur établit une loi martiale autorisant les pionniers à tirer à vue sur tout Aborigène à proximité des campements. Dans l'année qui suivit, les colons formèrent une chaîne humaine et descendirent l'île pendant trois semaines consécutives afin de refouler les Aborigènes dans la péninsule Tasman située au sud-est de l'île.

En l'espace de quelques décennies, pratiquement tous les Aborigènes furent massacrés. Les survivants du génocide périrent de maladies apportées par la venue de l'homme blanc. Truganini, la dernière Aborigène tasmanienne de sang pur mourut en 1876.

Pour les autorités de l'époque, l'île de Van Diemen's Land était un bagne facile à contrôler. Pour les prisonniers, c'était l'antichambre de la mort. L'écrivain Marcus Clarke décrit cette vie impitoyable dans son livre *La Justice des hommes*. Pendant près de cinquante ans, Port Arthur fournit le modèle de l'efficacité du système carcéral britannique. En 1856, l'île fut rebaptisée Tasmanie pour attirer des colons plus respectables. Les ruines du bagne de Port Arthur sont aujourd'hui une grande attraction touristique.

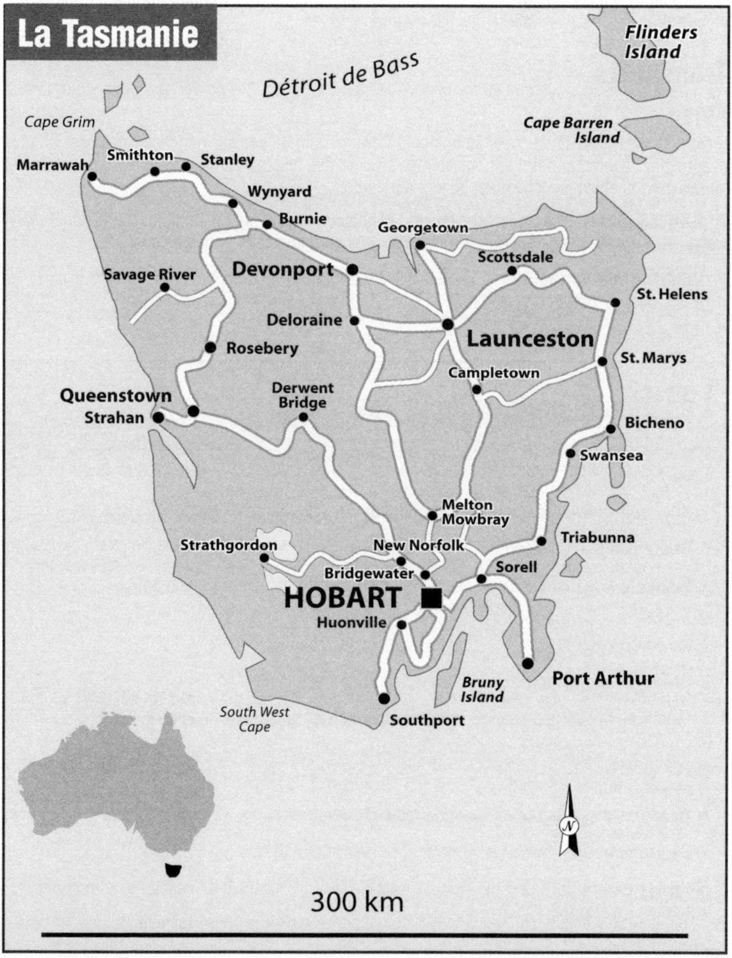

Économie

La pêche a toujours été l'une des principales activités de l'île : langoustes, crabes, coquilles St- Jacques, ormeaux, moules et huîtres représentent près des trois quarts de la pêche australienne. Les ressources proviennent également de la forêt, des mines, de l'élevage de moutons pour la laine, des vaches, l'industrie laitière est prospère et à présent on trouve d'excellents fromages provenant principalement de « King Island » et fabriqués par des fromagers français. Malgré les tentatives d'industrialisation entreprises par le gouvernement local, l'île est restée un Etat agricole. L'agriculture est très diversifiée : cultures maraîchères, viticulture, arbres fruitiers ; cerisiers – noyers – oliviers – pommiers, la Tasmanie a reçu le surnom d'île des Pommes. La construction de barrages sur les cours d'eau de l'île fut violemment contestée par les écologistes. La mise en œuvre d'un gigantesque barrage sur la Gordon River entraîna, en 1983, une crise politique qui ébranla toute l'Australie.

La Tasmanie développe aussi de nombreuses technologies de pointe, importants centres de recherche marine, chantiers maritimes construisant des bateaux en bois pour la pêche et la plaisance, et en aluminium : ferries et catamarans exportés dans le monde entier.

Aujourd'hui, la plus grande richesse de l'île est le tourisme. Les Britanniques de l'époque, avec leur incorrigible nostalgie, s'efforcèrent de recréer la vieille Angleterre aux antipodes avec ses petits villages provinciaux composés de cottages et de fermes.

Même aujourd'hui, tout paraît parfaitement anglais, les murets de pierre comme les haies d'aubépines, n'était-ce la présence incongrue des eucalyptus.

Transports

Avion

Il est conseillé de réserver trois semaines à l'avance afin de pouvoir bénéficier des prix les plus avantageux. Avec Internet il est possible de trouver des billets très intéressants, mais cela n'est jamais garanti et les prix changent un jour sur l'autre.

- **QANTAS ✆ 131 313 (vols intérieurs).** *Melbourne-Hobart A/R à partir de AU$200. Sydney-Hobart A/R à partir de AU$300 (« red e-deals » prix sur Internet www.qantas.com.au).*

- **VIRGIN BLUE ✆ 136 789 – www.virginblue.com.au** – *Melbourne-Hobart A/R à partir de AU$130, Sydney-Hobart A/R AU$190.*

Les immanquables de la Tasmanie

- **Promenez-vous dans le marché de Salamanca** tous les samedis à partir de 9h à Hobart.
- **Aller voir le soleil se Lever ou se coucher sur la cime de Mount Wellington.**
- **Bruny Island –** Une journée d'exploration !
- **Visiter le site historique de Port Arthur** (Tasman Arch – Remarkable Cave).
- **Visiter le parc national de Freycinet :** grimper jusqu'au belvédère et redescendre sur la place de Wineglass Bay.
- **Observer des pingouins** sur la plage à la tombée de la nuit.
- **Vallée de la Tamar :** visiter un vignoble et déguster des vins tasmaniens.
- **Parcs et jardins :** Launceston est appelé « La ville des jardins » (City parc – Royal parc – Puncbowl Reserve avec une superbe collection de rhododendrons).
- **Randonner autour du lac Dove** à Cradle Mountain.
- **Se promener (la nuit aussi !) pour observer les animaux.**
- **Visiter le parc national de Mount Field** Visite et les Cascades Russell Fall et randonner autour du lac Dobson.

■ **JETSTAR ✆ 131 538 - www.jetstar.com.au – Melbourne-Hobart -** *A partir de AU$160 l'aller-retour, Sydney-Hobart à partir de AU$200 l'aller-retour.*

Ferry

▶ **De Melbourne à Devonport :** compagnie Spirit of Tasmania I - II. Réservations ✆ 1800 634 906 - www.spiritoftasmania.com.au

▶ **Melbourne-Devonport :** en haute saison, aller simple, le siège coûte AU$145/183. Une cabine double coûte AU$195/205 par adulte. En saison basse les prix sont de 20 à 30 % moins cher. Pour une voiture, supplément de AU$59. Gratuit en basse saison.

Bus

■ **NAVETTE AEROPORT -** Hobart ✆ 0419 382 240 - 0419 383 462. *Tarif AU$11 l'aller simple et AU$19 l'aller-retour.* **Launceston** ✆ 0555 512 009 AU$10 – **Devonport** ✆ 0400 035 995.

■ **TASMANIAN REDLINE COACHES ✆ 1300 360 000 ou 6336 1446 - www. tasredline.com.au - Ses principaux dépôts :** Devonport. 9 Edward Street ✆ (03)6421 6490. Launceston. Corner of Cimitiere and St John Streets ✆ (03) 6336 1444. Hobart. Hobart Transit Centre, 199 Collins Street ✆ (03) 6233 9466. Burnie. 117 Wilson Street ✆ (03) 6434 4488.

■ **TASSIELINK ✆ 1300 300 520 www.tassielink.com.au -** Hobart. Bus terminal 34 Brisbane Street.

▶ **Forfaits bus TASSIELINK COACHES** Explorer Bus Pass, *7 jours AU$172, 10 jours AU$205, 14 jours AU$234, 21 jours AU$280.*

Pratique

Tourisme

■ **BUREAUX D'INFORMATIONS DE TASMANIE À TRAVERS L'AUSTRALIE ✆ 1300 655145 - www.tastravel.com.au -** 259 Collins Street, Melbourne 3000 ✆ (03) 9206 7947. 60 Carrington Street, Sydney ✆ (02) 9202 2055.

■ **TASMANIE VOYAGE HOBART. ✆ (03) 6239 1636 – 0409 391 636 - www.tasmanievoyage.com -** Michèle est d'origine française. Après avoir voyagé à bord d'un voilier pendant 25 ans, elle a définitivement mis pied à terre à Hobart. Elle connaît parfaitement la Tasmanie, et y travaille comme tour coordinateur, interprète et guide d'aventure. Michèle est la personne à contacter avant votre départ ou dès votre arrivée en Tasmanie, pour faciliter et organiser votre séjour et passer d'excellentes vacances au bout du monde.

■ **GAY AND LESBIAN VISITOR'GUIDE.** www.gaytravelguides.info

■ **LE TRAVELWAYS - www.travelways.com.au –** Un journal d'informations sur la vie tasmanienne : événements, manifestations, hébergements et location de voitures… On le trouve gratuitement dans tous les offices de tourisme, gares routières, aéroports…

TASMANIE VOYAGE

Tourisme d'aventure, destination inédite et lointaine à la découverte d'une nature sauvage, d'un patrimoine culturel, d'un art de vivre.

L'agence Tasmanie voyage est spécialisée dans l'organisation des séjours en Tasmanie

Vacances à la carte - Voyages à thèmes - Voyages de groupes
Séminaires d'entreprise, séjours linguistiques

Michèle Meffre
Tél. : 61 3 6239 1636 - 0409 391 636
michele@tasmanievoyage.com - www.tasmanievoyage.com

Manifestations

▶ **www.discovertasmania.com.au/events**

▶ **Janvier :** www.thefallfestival.com - Ce festival attire de nombreux spectateurs qui campent sur la plage, une ambiance jeune et décontractée. Le 2e week-end de janvier : Folk Festival, musique et spectacle dans les rues.

▶ **Février :** Wooden Boat Festival, festival des bateaux en bois, Hobart Waterfront (www.woodenboatfestival.com.au) - Cette manifestation durent 4 jours et a lieu tous les deux ans seulement. Elle est inspirée d'une manifestation ayant lieu à Brest. Tous les propriétaires de bateaux en bois se rassemblent dans le port, les drapeaux flottent dans le vent. Démonstrations de construction, outils traditionnels, les vieux métiers, courses et compétitions en rapport au « nautisme ».

▶ **Mars :** 10 Days On The Island - Seulement tous les deux ans en alternance avec le Wooden Boat festival. Pendant 10 jours, des artistes (seuls des insulaires venant du monde entier) tournent dans l'île et offrent un spectacle : pièces de théâtre, ballets, concerts, spectacles de rues.

▶ **Avril :**Targa tasmania - 300 des plus belles voitures au monde - www.targa.org.au

▶ **Juin.** Suncoast Jazz Festival

▶ **Octobre :** Hobart Royal Show – Fête de l'agriculture, un mélange de fête foraine avec manèges, loteries et journée agricole, exposition et démonstration de machinerie, concours d'animaux, concours d'adresse en particulier d'abattage d'arbre à la hache.

▶ **Novembre :** BMW Safari-Motos. Australian Motorcycle Week – Tour de la Tasmanie en 5 jours – info@motorcycleweek.com.au

▶ **Décembre.** Sydney-Hobart Yacht Race – Arrivée de la course 28 décembre-9 janvier : Hobart Summer Festival, Hobart.

■ LE SUD ■

HOBART

Hobart est nichée au pied du Mount Wellington, d'où la vue embrasse la ville et ses environs, les îles et les péninsules de l'estuaire de la Derwent River qui vient du plateau central.

La capitale est un havre de paix. L'architecture coloniale des quartiers du port ajoute à l'atmosphère désuète de la ville. Des demeures victoriennes côtoient d'humbles cottages en bois. Les maisons de l'époque coloniale donnent le sentiment d'être transporté au siècle dernier. Intimement liée à la survie et au développement de Hobart, la Derwent River permettait le transport d'un grand nombre de marchandises, telle la laine mérinos.

Transports

Avion

■ **Aéroport à 30 minutes. Navette AIRPORTER BUS SERVICE Hobart transit centre 199 Collins Street ✆ 0419 382 240 – 0419 383 462 –** *Compter AU$11.* Une navette part de l'aéroport 10 à 15 minutes après chaque arrivée, et dépose les clients à leur hébergement. En taxi, entre AU$25 et AU$40.

Locations de voiture

Les loueurs les plus importants disposent d'une agence à l'aéroport, mais la bonne combine consiste à contacter les petites compagnies comme **Rent a Bug** (✆ (03) 6231 0300) 105 Murray street - Une entreprise familiale tasmanienne qui opère depuis plus de 25 ans ou **Selective Cars,** 47 Bathurst Street (✆ (03) 6234 3311).

■ **THRIFTY ✆ 1800 030 730 – (03) 6427 9119 - www.thrifty.com.au**

■ **DELTA EUROPE CAR** ✆ 1800 030 118 – (03) 6427 0888 www.deltaeuropcars.com.au –

■ **AVIS** ✆ (03) 6427 9797- www.avis.com.au –

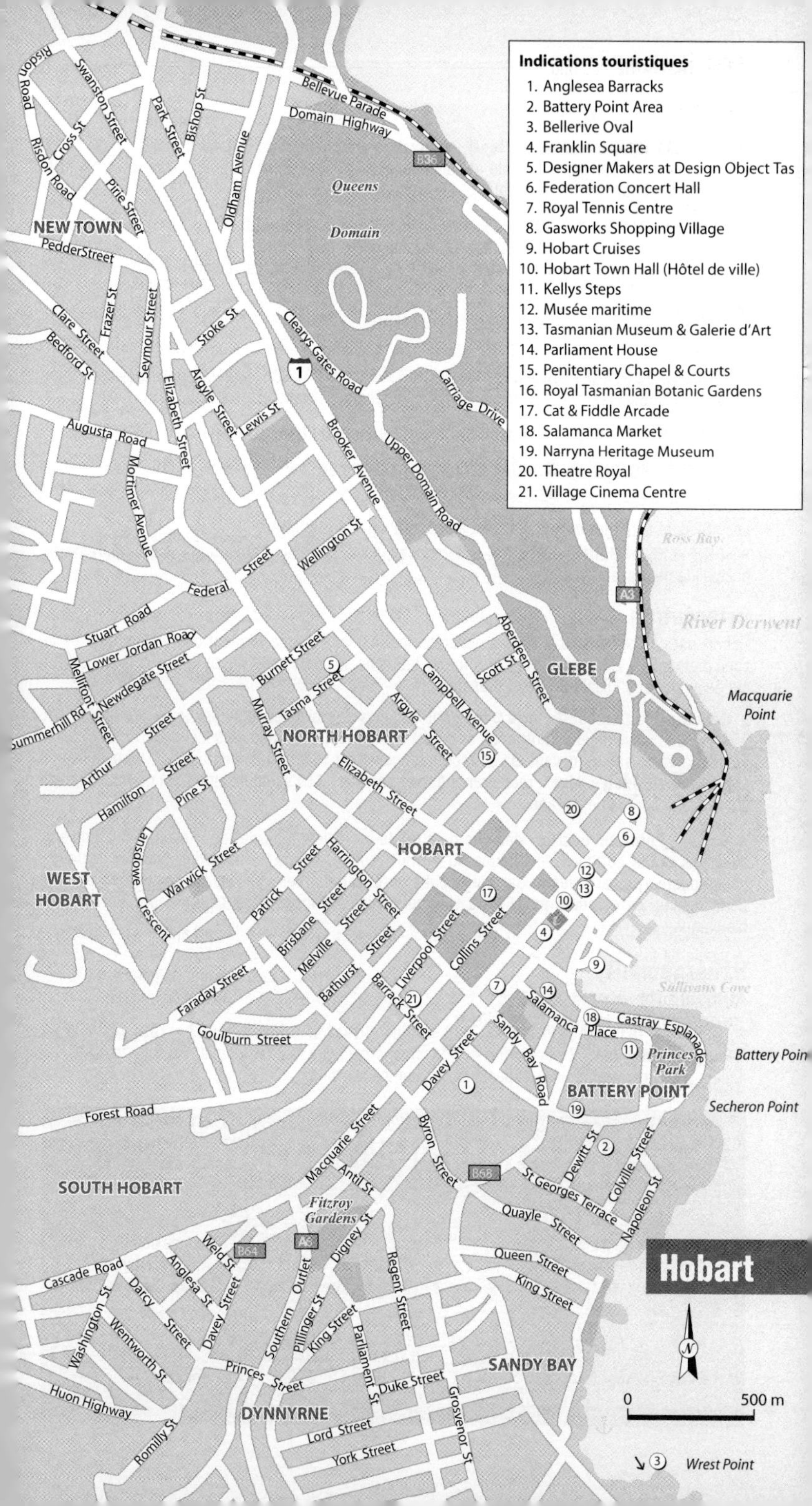
Indications touristiques
1. Anglesea Barracks
2. Battery Point Area
3. Bellerive Oval
4. Franklin Square
5. Designer Makers at Design Object Tas
6. Federation Concert Hall
7. Royal Tennis Centre
8. Gasworks Shopping Village
9. Hobart Cruises
10. Hobart Town Hall (Hôtel de ville)
11. Kellys Steps
12. Musée maritime
13. Tasmanian Museum & Galerie d'Art
14. Parliament House
15. Penitentiary Chapel & Courts
16. Royal Tasmanian Botanic Gardens
17. Cat & Fiddle Arcade
18. Salamanca Market
19. Narryna Heritage Museum
20. Theatre Royal
21. Village Cinema Centre
Hobart
NEW TOWN
Queens
Domain
Ross Bay
River Derwent
GLEBE
Macquarie Point
NORTH HOBART
HOBART
WEST HOBART
Sullivans Cove
Princes Park
Battery Poin
BATTERY POINT
Secheron Point
SOUTH HOBART
Fitzroy Gardens
SANDY BAY
DYNNYRNE
0
500 m
Wrest Point
Risdon Road
Swanston Street
Park Street
Bishop St
Bellevue Parade
Domain Highway
Oldham Avenue
Cross St
Pirie Street
PedderStreet
Frazer St
Seymour Street
Clare Street
Bedford St
Stoke St
Clearys Gates Road
Elizabeth Street
Argyle Street
Lewis St
Carriage Drive
Augusta Road
Mortimer Avenue
Brooker Avenue
Upper Domain Road
Wellington St
Federal Street
Stuart Road
Lower Jordan Road
Mellifont Street
Newdegate Street
Summerhill Rd
Burnett Street
Tasma Street
Aberdeen Street
Scott St
Campbell Avenue
Murray Street
Arthur Street
Hamilton Street
Pine St
Lansdowe Crescent
Warwick Street
Patrick Street
Harrington Street
Brisbane Street
Melville Street
Bathurst Street
Liverpool Street
Collins Street
Faraday Street
Barrack Street
Goulburn Street
Salamanca Place
Castray Esplanade
Sandy Bay Road
Davey Street
Forest Road
Macquarie Street
Byron Street
Dewitt St
Colville Street
Napoleon St
St Georges Terrace
Quayle Street
Antil St
Weld St
Cascade Road
Anglesea St
Darcy Street
Southern Outlet
Digney St
Regent Street
Queen Street
King Street
Washington St
Wentworth St
Pillinger St
Parliament St
Princes Street
Duke Street
Grosvenor St
Huon Highway
Romilly St
Lord Street
York Street
B36
A3
B68
B64
A6
1

Bus

Les bus MTT (Metro Transport Trust) : www.metrotas.com.au et **Hobart Coaches** ✆ **13 2201** – Ils assurent les transports en ville et banlieue, départs et arrivées face à la poste centrale et à Franklin square au coin de Macquarie et Elisabeth Street.

■ **TASMANIAN REDLINE COACHES.** 199 Collins Street ✆ 1300 360 000 ou (03) 6233 9466 - www.tasredline.com.au - **TASSIELINK.** 64 Brisbane Street ✆ 1300 300 520 - Les deux compagnies assurent les liaisons avec toutes les villes et tous les villages de Tasmanie.

Pratique

Tourisme

■ **TASMANIE VOYAGE HOBART.** ✆ (03) 6239 1636 – 0409 391 636 - www.tasmanievoyage.com –
■ **www.discovertasmania.com -** informations générales traduites en français.

■ **OFFICE DU TOURISME. 80 Elizabeth Street (au coin de Davey Street)** ✆ (03) 6230 8233.

■ **CENTRE DES YHA. 28 Criterion Street** ✆ (03) 6234 9617 –

Internet

Les hôtels et auberges de jeunesse ont en général un accès Internet.

■ **DRIFTERS INTERNET CAFE.** 33 Salamanca Place. (e-mail, connection rapide, impression, possibilité de graver des CD).

Orientation

Hobart est une petite ville, ses rues généralement en sens unique forment une grille autour de la zone piétonnière, Elisabeth Street. L'office du tourisme, la poste centrale, et le départ des bus sont situés au début d'Elisabeth Street près du port.

▶ **Constitution Dock et Victoria Dock** sont les ports de plaisance et de pêche du centre ville. On y trouve des poissonneries flottantes et de bons restaurants. Un peu plus loin s'étend Salamanca Place, un vaste square devant les entrepôts en pierre de 1840 qui longent le port. La plupart ont été reconvertis en boutiques, restaurants et galeries d'art. Les samedis matin, un marché se tient sur la place bordée de platanes.

▶ **Battery Point,** un quartier vieux de près de deux siècles, a gardé tous ses charmes anciens avec ses petits cottages de briques ou de bois coloré, entourés de jardins fleuris, quelques belles demeures baroques et des vieux pubs de pêcheurs. Les canons, le promontoire avaient pour mission de défendre en 1818 la ville contre les Français... lesquels aujourd'hui sont les bienvenus !

Hébergement

Auberge de jeunesse

■ **CENTRAL CITY BACKPACKERS. 138 Collins Street** ✆ **1800 811 507 - (03) 6224 2404 – Fax (03) 6224 2316.** *Lit en dortoir AU$18, chambre double AU$48, location de couette AU$3.* Un ancien hôtel transformé en backpackers en plein centre ville.

TASMANIE VOYAGE

Tourisme d'aventure, destination inédite et lointaine à la découverte d'une nature sauvage, d'un patrimoine culturel, d'un art de vivre.

L'agence Tasmanie voyage est spécialisée dans l'organisation des séjours en Tasmanie

Vacances à la carte - Voyages à thèmes - Voyages de groupes
Séminaires d'entreprise, séjours linguistiques

Michèle Meffre
Tél. : 61 3 6239 1636 - 0409 391 636
michele@tasmanievoyage.com - www.tasmanievoyage.com

■ **NARRARA BACKPACKERS. 88 Goulburn Street © (03) 6231 3191 - nigelruddock@hotmail.com** - *Dortoirs et chambres doubles de AU$19 à AU$24 par personne.* Hôtel confortable, à 10 minutes du centre ville,

■ **THE PICKLED FROG BACKPACKERS. 281 Liverpool Street © (03) 6234 7977 - Fax (03) 6234 4628 – info@thepickledfrog.com** – *Compter AU$18 avec petit déjeuner.* Le backpacker le plus populaire de la ville ! Il est situé près du Hobart Hostel à 5 minutes du centre ville.

■ **MONTGOMERY'S PRIVATE HOTEL & YHA BACKPACKERS. 9 Argyle Street 7000 © (03) 6231 2660 - Fax (03) 6231 4817 - montys@southcom.com.au** - *De AU$20 à AU$23 par adulte.* A 100 mètres de la poste et du départ des bus. Karaoké les vendredi et samedi soir.

Bien et pas cher

■ **CUSTOMS HOUSE. 1 Murray Street © (03) 6234 6645.** *Chambre double AU$105/120,* hôtel classé aux monuments historiques, situé sur le port à quelques mètres de Salamanca, très bon rapport qualité prix.

■ **MAYFRAIR PLAZA STUDIO UNITS. 236 Sandy Bay Road © (03) 6220 9900 – plazamotel@bigpond.com** - Une vingtaine de studios-appartement de 1 à 4 personnes. Compter AU$109/149. Sandy Bay est la banlieue chic de Hobart, à 5 minutes de la mer et du yacht club. L'hôtel est situé dans le centre commercial, avec ses nombreuses boutiques, restaurants, cafés.

Luxe

■ **CROMWELL COTTAGE B&B. 6 Cromwell Street, Battery Point © (03) 6223 6734 - www.cromwellcottage.com.au** - *Chambre double à partir de AU$130 à AU$140.* Avec seulement cinq chambres de caractère (avec salle de bains), le Cromwell Cottage est une maison centenaire, située au cœur du quartier historique de Battery Point. De l'hôtel, la vue est magnifique sur le port de Hobart.

■ **BARTON COTTAGE B&B. 72 Hampden Road © (03) 62241606 - Fax (03) 6224 1282.** *Très belles chambres à AU$165, avec petit déjeuner.* Dans un bâtiment de la fin du XIXe classé par le National Trust.

■ **HOTEL GRAND CHANCELLOR. 1 Davey Street © (03) 6235 4535 - Fax (03) 6223 8175.** *Chambre double de AU$175 à AU$285.* Avec vue sur le port. L'hôtel a deux restaurants : The Cove et Meehin's.

■ **WREST POINT CASINO. 410 Sandy Bay Road © (03) 6225 0112 - Fax (03) 6225 3909 - www.wrestpoint.com.au** - *Chambre double à partir de AU$184, avec vue sur le jardin, et à AU$250/209, vue sur le port.* A 2 km du centre, sur les rives de la Derwent, ce premier casino légal est resté très populaire auprès des Australiens. Le grand complexe comprend, en outre, un hôtel international de 17 étages et un restaurant tournant tout en haut, ainsi que d'autres restaurants et bistros. Piscine, tennis, sauna…

■ **LENNA OF HOBART. 20 Runnymede Street, Battery Point © (03) 6232 3900 - 1800 030 633.** *Chambre double AU$185/215 avec vue sur la montagne, AU$240 avec vue sur le port.* Petit manoir en pierre de taille, atmosphère intime. Un classique de Hobart. Le restaurant Alexandre tout en arcades dorées, est décoré de belles tentures lourdes.

Restaurants

Il existe un grand choix de bons restaurants allant de la cuisine traditionnelle anglaise, de spécialités de poissons et fruits de mer, aux diverses cuisines étrangères (asiatique, italienne, grecque, turque… etc.). Le port, Salamanca place et Elisabeth Street dans la partie Nord de la ville sont les endroits les plus réputés pour la bonne cuisine.

■ **MURES FISH CENTRE. Victoria Dock © (03) 6231 2121.** Au rez-de-chaussée, poissonnerie, sushi-bar, bistrot. Fish & chips du jour, huîtres. Au premier étage, Mures Upper Deck menu à la carte.

■ **THE DRUNKEN ADMIRAL. 17 Hunter © (03) 6234 1903.** *Plat principal à partir de AU$19,90, plateau de fruits de mer AU$25,90.* Un restaurant dans l'un des plus anciens bâtiments du port.

■ **THE GOLDEN HARBOUR. 15 Hunter Street – Victoria Dock** © (03) 6234 4200. Cuisine chinoise.

■ **MACHINE LAUNDRY CAFE. Salamanca Square ✆ (03) 6224 9922.** Ce café laverie est très populaire, situé dans le coin de la place. En effet, prendre son déjeuner en attendant que son linge soit lavé, n'est ni banal ni stupide !

■ **BALL & CHAIN GRILL. 87 Salamanca Place ✆ (03) 6223 2655.** *Réputé pour ses grillades, repas entre AU$25/45.* En été, dîner dans la cour entourée de maisons du siècle dernier.

■ **CAFE TOULOUSE. 79 Harringon street ✆ (03) 6234 3806 –** Sélection de pâtisseries, quiches, tourtes cuisinées par un chef français.

■ **BARILLA BAY. 1388 Tasman Highway Cambridge ✆ (03) 6248 5458 –** Ce restaurant situé à 1 km de l'aéroport, fait partie d'une ferme d'élevage d'huîtres. Il propose donc des spécialités de fruits de mer. Vente et dégustation d'une très importante sélection de produits tasmaniens : vins, liqueurs, fromages, miels, confiseries et pâtisseries etc.

Sortir

Pour rester debout une grande partie de la nuit, ou pour siroter un dernier verre avant de se coucher, consulter le journal local « The Mercury » du vendredi, qui informe sur les derniers concerts et événements.

Points d'intérêt

■ **MUSEE ET GALERIE D'ART. 40 Macquarie Street - www.tmag.tas.gov.au -** *Ouvert tous les jours de 10h à 17h. Entrée gratuite. Visites guidées gratuites du mercredi au dimanche à 14h30.* Collection d'œuvres d'art coloniales. Exposition sur les Aborigènes de Tasmanie, sur la vie au temps des colonies britanniques, et encore et toujours, sur le tigre de Tasmanie que l'on pense aujourd'hui disparu. Une nouvelle section vient d'être ouverte avec une superbe et très intéressante exposition sur l'Antarctique, Island to Ice, à ne pas manquer.

■ **MARITIME MUSEUM. 16 Argyle St ✆ (03)62341427.** *Ouvert de 10h à 16h30. Entrée AU$6,60.* Dans un bâtiment de 1831, une importante collection de photos et peintures relatant l'histoire maritime de la ville de Hobart.

■ **ART CENTRE AND MOB-ABORIGINAL FINE ART GALLERY– Hunter street – Victoria Dock.** Centre et école des arts, galeries et expositions, installés dans les bâtiments de l'ancienne confiturerie, au bout du port.

■ **BOTANICAL GARDEN. Tasman Highway, à 2 km du centre.** Le jardin botanique est à 10 minutes de marche du centre ville, juste après le centre aquatique. Ouvert de 8h à 16h45. Entrée gratuite. La fontaine « Antipodean Voyage » fut érigée en avril 1972 pour commémorer le 200e anniversaire du début de l'exploration française dans les eaux de la Tasmanie. Egalement, un jardin japonais ouvert en 1987, une serre de fougères et de cactus, ainsi que la maison subantarctique qui reproduit le climat et la végétation de l'île Macquarie, située à mi-chemin entre la Tasmanie et l'Antarctique.

Loisirs

Visites guidées

■ **CASCADE BREWERY (la plus ancienne brasserie d'Australie) ✆ (03) 6224 1117.** *Tours guidés de deux heures à 9h30 et 13h pendant la semaine. Adultes AU$18, enfants AU$7. Réservation indispensable.*

■ **CADBURYS CHOCOLATE FACTORY ✆ 1800 627 367.** *Ouvert tous les jours de la semaine. Adultes AU$12,50, enfants AU$6,50 (de 5 à 15 ans).* Il est nécessaire de réserver. Vidéo explicative. L'usine produit 28 000 tonnes de chocolat par an.

■ **LARK DISTILLERY. 14 Davey Street ✆ (03) 6231 9088 –** Juste derrière l'office du tourisme, visite et dégustation de whisky.

■ **LADY NELSON CRUISE. Elisabeth pier ✆ (03) 6234 3348 –** *Prix : AU$10* - Croisière (1h30) dans l'estuaire de la Derwent river, et la baie des tempêtes à bord de la réplique du voilier qui amena les premiers pionniers à Hobart.

■ **DERWENT RIVER CRUISES ✆ (03) 6223 2914.** *Croisière et repas à bord de l'ancien ferry Cartella, compter AU$45 par personne.*

Excursions à la journée en bus

- **BRUNY ISLAND VENTURES** ✆ 1300 653 633.

- **BRUNY ISLAND CHARTERS** ✆ **(03) 6203 1465.** *Cette compagnie inclut une croisière de 3 heures avec visite d'une colonie d'otaries Adultes AU$145, enfants AU$100.*

- **IBUS TOURS.** ✆ (03) 6230 8233 - wwwibustours.com.au

- **BOTTOM BITS FUN BUS.** ✆ 1800 777 103 - www.BottomBitsBus.com.au

- **LETS SHOW YOU TASMANIA TOURS.** ✆ 0418 576 489 - www. showyourtasmania.com.au - heather@showyourtasmania.com.au

Excursions sur plusieurs jours

- **EXPERIENCE TASMANIA / « GRAY LINE » 129 Liverpool Street** ✆ (03) 6234 3336 - info@experiencetas.com.au

- **TASSIELINK. Bus terminal 34 Brisbane Street.** ✆ 1300 300 520 – www.tassielink.com.au

- **INALA NATURE TOURS. 320 Cloudy Bay Road Bruny Island** ✆ (03) 6293 1217 - 0418 124 934 – www.inalabruny.com.au

- **UNDER DOWN UNDER TOURS.** ✆ (03) 6362 2237 - 1800 064 726 www. underdownunder.com.au

- **ADVENTURE TOURS AUSTRALIA** ✆ **1300 654 604 - www.adventuretours.com.au -** Site en français.

Sports

- **THE MARIA ISLAND WALK.Lower Sandy Bay** ✆ **(03)6227 8800 - www. mariaislandwalk.com.au -** Au départ de Hobart, Ian et Bronwyn organisent 4 jours de randonnée sur l'île de Maria. La compagnie fournit sac à dos, vêtements de protection, deux guides accompagnent les groupes de maximum 8 personnes. *Environ AU$ 1700 par personne tout compris.*

- **TASAFARI DISCOVER TASMANIA BY 4X4. Camping aventure** ✆ **1300 882 415.** Plusieurs circuits de 3, 5 ou 9 jours.

- **ISLAND CYCLE TOURS** ✆ **1300 880 334 – (03) 6231 06 53.** Cette compagnie organise des tours guidées de 1 à 10 jours avec véhicule accompagnateur.

- **AKOOLA FISHING CHARTER.** ✆ **(03) 6229 2905 – 0409 879 798 – peter@akoola.com.au -** Pêche en mer.

- **GO DIVE. 246 Murray Street** ✆ **(03) 6231 9749 – 0408 360 157.** Spécialiste de la plongée à la carte, location du matériel et de l'équipement photographique.

- **ROARING 40'S OCEAN KAYAKING, Oyster Cove Marina Kettering.** ✆ **(03) 6267 5000 - 1800 653 712 – www.seakayakingtasmania.com.au -** De novembre à avril, ils organisent des excursions de 3 jours.

- **RAFTING TASMANIA** ✆ **(03)6239 1080 - www.raftingtasmania.com -** Au départ de Hobart Graham Mitchell organise depuis 1989 des Rafting expéditions sur la Franklin. Compter 5 jours, AU$1 550.

- **HUON VALLEY HORSETREKKING. 179 Judds Creek Road JUDBURY** ✆ **(03) 6266 0343 –** Coony organise des promenades à cheval à l'heure, à la journée et des randonnées de 4 à 12 jours.

HUON VALLEY

En direction du sud, la route longe le canal d'Entrecasteaux et l'île Bruny. C'est une région entrelacée de baies et de rivières, de cultures d'arbres fruitiers : pommiers, cerisiers, vignobles. C'est aussi une zone d'élevage et d'exploitation de la forêt. La pêche et la pisciculture sont très importantes dans la région.

HUONVILLE

Hébergement

▪ **HORSE HAVEN FARM STAY B&B. 179 Judds Road JUDBURY ✆ (03) 6266 0343.** Séjour à la ferme chez Conny, promenade à cheval à l'heure ou à la journée ou randonnées de 2 à 14 jours.

PARC NATIONAL DES HARTZ MOUNTAINS

Ce parc englobe une petite chaîne de montagnes située dans le Sud de la Tasmanie, dont le plus haut sommet est de 1 254 mètres d'altitude. Cette chaîne de montagnes est très exposée aux vents des quarantièmes rugissants. L'endroit est connu pour ses changements de météo soudains et imprévisibles. Les tempêtes de neige peuvent apparaître rapidement même en été. L'ascension du pic se fait en 4h à 5h aller-retour. Au départ, on traverse la forêt humide, puis la végétation devient alpine vers le sommet.

TAHUNE FOREST AIRWALK

Nichée au milieu de la forêt vierge la « Air-Walk », passerelle de 620 mètres de long, construite à 37 mètres au-dessus de la canopée, est une expérience magique et unique qui permet de côtoyer les géants de la forêt, de faire connaissance avec différentes espèces et d'avoir une vue panoramique sur le paysage alentour. Aire de pique-nique, barbecues, restaurant, souvenirs. E*ntrée Adulte AU$ 11.*

HASTINGS

▪ **HASTINGS CAVE ✆ (03) 6298 3209 –** Une visite guidée pour descendre vers le centre de la terre et découvrir d'extraordinaires formations créées il y a plus de 40 millions d'années. *Entrée des grottes et de la piscine : AU$19,50.*

LUNE RIVER

A quelques kilomètres de Hastings. Excursion (1h30) jusqu'à la superbe plage du « Deep hole » avec le petit train restauré de Ida bay. *Prix : AU$12.*

COCKLE CREEK - RECHERCHE BAY

La route la plus au sud d'Australie. Une région spectaculaire de montagnes et superbes plages de sable blanc. Mais aussi le départ (ou la fin) du South-west track. A Recherche Bay, les explorateurs français ont mis pied à terre pour la première fois en Tasmanie. Cette région vient d'être sauvée du déboisement par les écologistes et restera à jamais un site historique.

KETTERING

Petit port de pêche situé 34 km au Sud de Hobart – Terminal du ferry pour l'île de Bruny Marina très abritée pour les voiliers.

ÎLE DE BRUNY

Nommée d'après Bruni d'Entrecasteaux, et Huon de Kermadec, explorateurs français de passage en 1792, à bord de deux bateaux, la Recherche et l'Espérance. Chaque heure, un ferry emmène les voitures à travers le canal AU$25 l'aller-retour. L'île offre environ 100 km d'exploration, de découvertes et d'histoires fascinantes.

Hébergement

▪ **MORELLA ISLAND RETREATS. 46 Adventure Bay Road ✆ (03) 6293 1131 - www.morella.island.com.au –** *Prix : AU$ 120/140.* Pour une soirée vraiment spéciale, louer The Cockpit ou The Shed, deux chalets originaux et confortables, massage, jacuzzi, champagne sont les extra à disposition !

Points d'intérêt

A la tombée de la nuit, sur l'isthme séparant les deux parties de l'île on peut observer des pingouins dans leur habitat naturel (de décembre à mars). A la pointe du Cap Bruny, la visite du phare et du belvédère du bout du monde offre une vue spectaculaire sur l'océan.

▪ **MAVISTA NATURE WALK.** Randonnée de 30 minutes à travers les fougères arborescentes.

KINGSTON

■ **ANTARCTIC DIVISION** ✆ **(03) 6232 3209.** A 11 km au sud de Hobart se trouve la base des expéditions polaires australiennes. Visite gratuite du lundi au vendredi de 9h à 5h. Présentation des explorations et études écologiques du continent blanc, documentaire vidéo.

PÉNINSULE DE TASMAN

Points d'intérêt

A 1h30 (102 km, sud-est) de Hobart, la péninsule de Tasmanie offre des paysages superbes et d'étonnantes formations naturelles telles que la Tasman Arch, le Blowhole, la Devil's Kitchen (le chaudron du diable) et Remarkable cave, où la mer, emprisonnée entre des falaises vertigineuses bouillonne comme dans une marmite infernale.

■ **WATERFALL BAY TO DEVILS KITCHEN.** Sentier de randonnée, 1h aller-retour avec de superbes vues sur les falaises de la péninsule.

EAGLEHAWK NECK

Café-restaurant

■ **THE OFFICIERS MESS** Eaglehawk café propose des repas et sandwichs, des boissons, des produits locaux et des articles de pêche. Ce café a été construit devant la plage sur le site de l'ancien chantier de marine, la charpente est faite d'énormes eucalyptus.

Loisirs

■ **SEALIFE EXPERIENCE TASMANIA. Pirates Bay, Eaglehawk Neck** ✆ **0428 300 303 - www.sealife.com.au -** *Croisière de 3h. Prix : Adulte AU$ 95, enfant AU$50.* Superbe croisière le long des spectaculaires falaises du Tasman National Park, qui s'élèvent jusqu'à 300 m au-dessus du niveau de l'océan. Nick et Craig engagent leur petit catamaran dans des passages à peine plus larges que le bateau, pénètrent dans les grottes, se jouent de la puissante houle du Sud. Des dauphins et des albatros accompagnent l'embarcation jusqu'à île de Tasman où s'élève le phare construit en 1906. Suit une visite de la colonie d'otaries qui n'en finissent pas de jouer autour du bateau. Une expérience à ne pas manquer.

A partir du mois de juin, Nick et Craig vous emmènent à la rencontre des baleines qui remontent le long de la côte pour passer l'hiver dans les eaux plus tempérées.

■ **EAGLEHAWK DIVE CENTRE. 178 Pirates Bay Drive -** ✆ **(03) 6250 3566 – www.eaglehawkdive.com.au -** Plongée sous-marine dans la forêt de kelp géant où l'on peut voir des hippocampes dans leur habitat naturel, visite de grottes sous-marines.

Points d'intérêt

■ **TESSELLATED PAVEMENT.** Formation géologique remarquable, prolongée par une superbe plage de sable blanc.

■ **TASMANIAN DEVIL PARK. Arthur Highway Taranna.** ✆ **(03) 6250 3230 - 1800 641 641 - www.tasmaniandevilpark.com -** *Ouvert jour et nuit, tour guidé AU$19,50.* Réserve naturelle d'animaux et centre d'étude et de sauvegarde des diables de Tasmanie. Restaurant sur place.

PORT ARTHUR

Port Arthur était le bagne idéal aux yeux des autorités britanniques de l'époque. La péninsule n'était rattachée au reste de la Tasmanie que par une étroite langue de terre, le Eaglehawk Neck. Ces quelques mètres étaient gardés par une meute de chiens féroces attachés par des chaînes, les eaux étaient infestées de requins mangeurs d'homme.

L'ex-colonie pénitentiaire est devenue un centre touristique de premier plan. Ce n'est plus une ville mais des ruines restaurées de ce qui fut le principal bagne entre 1830 et 1877. La plupart des bâtiments, qui formaient une véritable petite ville capable de loger plus de mille prisonniers et leurs gardiens, furent détruits par des feux de brousse à la fin du siècle dernier. Des baraques en bois, il ne reste rien. On peut voir seulement aujourd'hui les imposants murs du pénitencier principal et son hôpital, l'église néogothique qui ne fut jamais consacrée et l'asile des fous, soit les édifices en pierre et en briques.

De nombreux récits de cruauté et d'infamie s'attachent à Port Arthur. La discipline y était certainement stricte, mais les conditions de vie n'étaient pas beaucoup plus dures que dans les prisons d'Europe de l'époque (une prison modèle fut expérimentée où les punitions corporelles étaient remplacées par l'isolement complet dans des cellules insonorisées mais le seul résultat fut de rendre fous nombre de prisonniers).

Les bagnards pouvaient apprendre un métier (nécessaire pour bâtir la nouvelle colonie) ; après le repas du soir, des cours d'alphabétisation étaient dispensés. Une prison séparée pour les jeunes garçons fut construite à Point Puer pour éduquer les enfants condamnés. Une fois leur peine purgée, certains convicts recevaient un lopin de terre, d'autres étaient placés comme domestiques ou chargés des tâches les plus pénibles dans les plantations.

D'autres encore travaillaient pour le compte du gouvernement en construisant des routes, des ponts et des bâtiments publics. Ce sont eux qui ont bâti la Tasmanie telle qu'on peut la voir aujourd'hui.

Le site de Port Arthur a été restauré. Sept ans de travaux subventionnés par l'Etat ont permis ce témoignage sur la vie des bagnards de la première époque. Une croisière d'une heure mène à l'Isle of the Dead (l'île des morts) où bagnards et geôliers reposent côte à côte pour l'éternité.

Hébergement

Sur le Tasmanian Highway, à 5 minutes en voiture de Port Arthur.

■ **CHANCELLOR INN. Port Arthur Highway ✆ (03) 6250 2217 - 1800 635 840 - www.grandhotelsinternational.com -** *Chambres doubles à partir de AU$150.* A 10 minutes du site historique, dans des cottages anglais de style Tudor.

■ **COMFORT INN. Safety Cove Road ✆ (03) 6250 2101 - 1800 030 747.** *Chambre double AU$115-145.* L'auberge de jeunesse mise à part, c'est le seul hôtel à l'intérieur du site historique. Vue panoramique du restaurant sur les divers bâtiments musées de Port Arthur.

■ **ROSEVIEW YHA. Champ Street, ✆ (03) 6250 2311 - yhatas@yhatas.org.au -** *A partir de AU$19 par adulte en dortoir, AU$44 la chambre double, AU$57 la suite familiale.* Bus à 30 m. Cette auberge, construite en 1890, donne sur le site historique de Port Arthur.

■ **PORT ARTHUR CARAVAN ET CABINS PARK. Garden point** ✆ (03) 6250 2509 - 1800 620 708 – paccp@tassie.net.au

Points d'intérêt

■ **LES RUINES DE PORT ARTHUR. www.portarthur.org.au -** *Entrée du site : AU$25 adulte ou AU$20 étudiant, et AU$12 enfant.* Compris dans le prix : 1 visite guidée et 1 croisière de 30 minutes.

■ **GHOST TOURS** (AU$17 par adulte) nécessite une bonne compréhension de l'anglais.

■ L'EST ■

MARIA ISLAND

Un peu plus au nord, au large de Orford sur la côte est se trouve l'île de Maria. Loin de la civilisation, cette paisible petite île est fascinante, par son histoire et ses paysages : ruines du pénitencier, bâtiments historiques restaurés, musée, cellules transformées en gîtes. L'île possède un parc maritime protégé avec des forêts d'algues géantes, des rivières, des plages de sable blanc, des falaises de safres colorés, de nombreux sentiers aménagés pour des randonnées pédestres, escalade du mont Maria (700 m) ou du Bishop and Clerk qui surplombe l'océan. C'est aussi un paradis pour les animaux et les oiseaux que l'on peut approcher facilement.

On rejoint l'île Maria par un petit ferry au départ de Triabunna. Pas de voiture sur l'île, seules les bicyclettes sont autorisées à débarquer. L'île est un parc national, il y a des barbecues aménagés et des douches chaudes gratuites, mais pas de magasin : il est nécessaire de faire les provisions au départ de Triabunna.

La traversée aller-retour coûte AU$25 par personne, on peut y rester le temps que l'on veut.

Hébergement

■ **MARIA ISLAND CAMPING GROUND Darlington ✆ (03) 6257 1420.** *Emplacement AU$9, et AU$4,40 pour chaque personne supplémentaire.*

■ **PENITENTIARY ACCOMMODATION Darlington ✆ (03) 6257 1420.** *Dortoir AU$9, gîte AU$22 pour 6 personnes.* Les cellules du pénitencier ont été transformées en gîte. Chaque cellule contient 6 couchettes superposées, il est nécessaire d'avoir son duvet. Une grande table en pin et des étagères, un poêle à bois avec une pile de bois à disposition. Il n'y a pas de réchaud pour cuisiner, c'est rustique mais très agréable. Toutes sortes d'animaux, wallabies, wombats, oies sauvages, poules d'eau, perroquets, et Kakatoès, à votre porte.

SWANSEA

Hébergement

■ **MEREDITH HOUSE (Colonial Guest-House). 15 Noyes Road, Swansea (à 140 km au nord-est de Hobart) ✆ (03) 6257 8119 - www.meredith-house.com.au** - *Chambre double à partir de AU$170.* Meredith House offre une belle vue panoramique sur Swansea et la baie de Great Oyster jusqu'à la presqu'île majestueuse de Freycinet. C'est une chambre d'hôtes luxueusement aménagée, au mobilier en cèdre australien rouge.

■ **KABUKI BY THE SEA. Rocky Hills Tasman Highway ✆ (03) 6257 8588 rockyhills@vison.net.au** - Vue spectaculaire sur l'océan de ces chalets construits sur la falaise. Une touche japonaise dans la décoration, chalets équipés d'un jacuzzi, à partir de AU$180. Le bâtiment principal possède un restaurant entièrement décoré à la japonaise.

Point d'intérêt

■ **SWANSEA BARK MILL.** Cette usine de tannage de cuir qui utilisait l'écorce de l'acacia noir est la seule usine restaurée en Australie. L'outillage est unique, la plupart des machines sont le résultat du génie inventif de Frank Morey, qui les construisit avec tout ce qui lui tombait sous la main : boîtes de conserves, caisses, bois et métal de récupération.

PRESQU'ÎLE DE FREYCINET NATIONAL PARK

Lors de son exploration, Nicolas Baudin en 1802, a nommé cette presqu'île d'après Louis Desaulses de Freycinet, le second officier du Géographe, un des bateaux de l'expédition. La péninsule a été déclarée parc national en 1917, protégeant ainsi la beauté de cet endroit unique au monde.

La péninsule est influencée par un climat maritime tempéré. L'eau ici est extrêmement limpide. La côte découpée est formée de nombreux îlots, caps, falaises, arches, caves sous-marines et dunes de sable.

La beauté particulière de Freycinet vient de son granit rose, poli par les vagues, et de ses roches souvent couvertes par des lichens orange et vert vif. Les Hazards (485 m) qui s'élèvent abruptement au-dessus de l'océan offrent un spectacle extraordinaire et de splendides couchers de soleil, ainsi que d'excellentes possibilités d'escalade. Superbe vue sur l'océan, sur les îles Shouten et Maria. Au pied des Hazards, la plage de Wineglass Bay est classée comme l'une des dix plus belles plages du monde.

La flore est constituée de petites orchidées sauvages, mimosas et acacias, spinifex, casuarina, bruyères, banksia, melaleuca (arbre à thé) mauves et eucalyptus.

Parmi les animaux, on trouve les étranges échidnas, le célèbre diable de Tasmanie, l'opossum à queue rayée, différentes espèces de wallabies et le wombat lourdaud.

Parmi les oiseaux locaux, citons le cacatoès noir à queue jaune, le pigeon à aile cuivrée, le rosellas vert, la poule de Tasmanie, le queue de feu, le cygne noir et le magnifique aigle de mer à ventre blanc.

La faune aquatique comporte des colonies de phoques, de pingouins nains, de dauphins, de baleines (en hiver), des barracudas, abalones, homards, moules, huîtres et coquilles Saint-Jacques...

Circuit pédestre accompagné

■ **FREYCINET EXPERIENCE LTD. Friendly Beaches Lodge Freycinet National Park ✆ (03) 6223 7565 ou 1800 506 003 - www.freycinet.com.au** - *Ce trekking de quatre jours est classé comme une marche de difficulté moyenne. Prix : AU$1 975 par personne d'octobre à avril.* Comprend trois nuits dans des camps « en dur » à Cook's Beach et Bluestone Bay (tentes pour deux sur une plate-forme en bois sur pilotis, avec de vrais lits), et dans le lodge de Friendly Beaches, tous les repas et le transport au départ de Old Woolstore Appartement Hôtel, 1 Macquarie Street, Hobart.

BICHENO

Bicheno est une petite ville de villégiature au bord de mer, et un port de pêche atypique. La côte est formée d'énormes rochers de granit rouge aux formes arrondies, couverts de lichen orange et vert. La houle qui s'engouffre entre ces rochers provoque de puissantes soufflеries « The Blowhole ». Belles plages de sable blanc où les pingouins viennent nicher. Un belvédère offre un beau point de vue.

Hébergement

■ **BICHENO HIDEAWAY CHALET, 179 Harveys Farm Road. © (03) 6375 1312 – Fax (03) 6375 1700 – www.bichenohideaway.com** - *A 3 km de Bicheno, chalet à partir de AU$130 pour 2 personnes (spécial hors saison).* Arabella et Nick vous accueillent dans des chalets à l'architecture originale, nichés au cœur de 3 hectares de forêt d'eucalyptus qui s'étendent jusqu'à l'océan, symphonie des vagues à vos pieds, somptueux levers de lune et de soleil, et à la tombée de la nuit les animaux de la forêt vous rendent visite ... Une très bonne escale dans un coin de paradis.

■ **BICHENO BACKPACKERS HOSTEL, 11 Morrison Street. © (03) 6375 1651.** *Dortoir AU$20/22.* Situé au centre ville, l'ameublement en pin donne une chaleureuse atmosphère de chalet.

Loisirs

■ **LE FROG TRIKE RIDES – 41B Foster Street © (03) 6375 1777 - 0407 511 454.** Ne manquez pas cette escale ! Bertrand est français, il habite Bicheno depuis plus de 20 ans, il est plus connu sous le nom de « Le Frog ». Dans sa boutique, on ne trouve que des grenouilles, mais il propose aussi des tours avec une moto à trois roues (Trike), à partir de AU$11.

■ **BICHENO PINGUIN TOURS. Centre ville © (03) 6375 1333. Adulte AU$18.** A la tombée de la nuit, visite guidée d'une colonie de pingouins, (de décembre à mars).

ST-HELENS

Un peu plus au nord, St-Helens est un petit port de pêche. Un immense lagon protège le port, de nombreuses activités maritimes sont offertes, pêche au marlin et au thon, promenade en mer, mais aussi les plaisirs de la gastronomie, tous les produits de la mer, poissons, coquilles St-Jacques, langoustes, ormeaux, huîtres et moules, excellents vins, fromages et produits laitiers, produits régionaux, olives, huile d'olive, noix, et fruits rouges.

Hébergement

■ **BAYSIDE INN. 2 Cecilia Street © (03) 6376 1466 – Fax (03) 6376 1656 – bayside_inn@vision.net.au** - Au bord du lagon avec piscine chauffée, bar – restaurant. *Chalet 2 chambres à partir AU$68.*

■ **ST-HELENS YOUTH HOSTEL. 5 cameron street © (03) 6376 1661.** *Endroit tranquille près de la place. Dortoir AU$20/22.*

■ **BAY OF FIRE CARACTER COTTAGES. 64-74 Main Road Binalong Bay © (03) 6376 8262 - bayoffirescottages@bigpond.com** - *Chambre double AU$150.* Huit cottages équipés avec vue sur la magnifique plage et la côte jusqu'au phare d'Eddystone. De la terrasse, il est parfois possible d'apercevoir des baleines. Charter pêche et promenade en mer.

Points d'intérêt

■ **PERON DUNES - BINALONG BAY** 10 km de St Helens.

■ **BINALONG BAY COASTAL RESERVE.**

BICHENO HIDEAWAY Un havre de détente et de confort.

Chalets équipés nichés au cœur de la forêt d'eucalyptus,
à quelques pas seulement de l'océan.
L'endroit idéal pour se relaxer et découvrir la région.

179, Harvey Farm Road Bicheno - www.bichenohideaway.com

■ **EDDYSTONE POINT.** Phare de 42 mètres de haut construit en bloc de granite en 1889.

■ **BAY OF FIRE.** Superbe plage de sable blanc et côte panoramique. Pêche, natation, plongée, randonnées, observation des oiseaux et des animaux.

■ **WELDBOROUGH PASS.** Scène de montagne et forêt vierge.

■ **ST-COLUMBA FALLS.** 24 km de St-Helens. Les plus hautes cascades de Tasmanie (90 m de haut), à 10 minutes de marche du parking.

Loisirs

■ **BREAK O' DAY TOURS.** ✆ **(03) 6376 1935.** Tours guidés à la journée et demi-journée avec Rob.

■ **SAIL ST-HELENS** ✆ **(03) 6372 5342.** Croisière de 2 heures dans les eaux abritées du lagon à bord du catamaran « Elekra » avec John Hoult.

■ **BEACH TO BUSH ADVENTURES. 137 Tasman Highway** ✆ **(03) 6372 5468.** Explorez le Nord-Est de la Tasmanie en 4X4 avec Paul et Kerryn Richardson.

■ LE NORD ■

BRIDPORT

Sur la côte, à une soixantaine de kilomètres à l'ouest de George Town et une centaine de kilomètres au nord de Launceston.

■ **BRIDPORT SEASIDE LODGE YHA. 47 Main Street, Bridport 7262** ✆ **(03) 6356 1585 – Fax (03) 6356 1585 - bridportseasidelodge@hotmail.com -** *Dortoir AU$19, chambre double AU$47, suites AU$70/85.* Bus depuis Launceston, l'aéroport de Launceston étant à 95 km. A quelques minutes de marche de la plage et du centre. Bridport est un petit village en bord de mer sur la côte nord de la Tasmanie. Depuis les chambres de l'auberge, vous verrez la vie de l'estuaire, pélicans, oiseaux... Les plus actifs pourront explorer la rivière en canoë, ramasser des huîtres, se balader...

LAUNCESTON

A 198 km au nord de Hobart (2 heures de bus) - 100 km environ au sud-est de Devonport. Launceston, deuxième ville de la Tasmanie, est située dans la vallée de la Tamar River, à une cinquantaine de kilomètres de la mer. Le centre ville aux maisons coloniales anciennes restaurées est entouré de beaux parcs.

Launceston est appelée « La ville des jardins » : à voir le City parc et ses singes offerts par le gouvernement japonais, le Royal parc, la Puncbowl Reserve avec une superbe collection de rhododendrons... etc.

Le soir, le Brisbane Street Mall et le Civic Square sont déserts mais tous les dimanches un marché aux puces se tient dans Yorktown Square.

Transports

■ **LOCATION DE VOITURES.** Entreprises locales - **Apple Car Rentals.** 192 wellington Street ✆ (03) 6343 3780. **Advance Car Rentals.** 32 Cameron Street ✆ (03) 6344 2164. **Rent a Bug** ✆ (03) 6334 3437. *Les prix vont de AU$45 à AU$100 par jour.*

■ **AEROPORT. A 14 km du centre. Navette (✆ 0500 512 009).** *AU$10, taxi AU$25.*

■ **BUS. Redline Coaches,** Corner of Cimetiere and St-John Streets ✆ (03) 6336 1446 – 1300 360 000. **Tigerline Coaches** ✆ 1300 653 633 - (03) 6272 6611 - www.tigerline.com.au

■ **METRO** assure le service de bus en ville et en banlieue, tickets à la journée.

■ **LAUNCESTON CITY TOUR.** *Prix : AU$32-35, tous les jours, dure 3 heures.*

■ **LOCATION DE VELOS :** dans la plupart des auberges de jeunesse.

■ **RENT A CYCLE** ✆ (03) 6334 9779

Pratique

■ **OFFICE DU TOURISME. Corner Cimitiere and St-John Streets ✆ (03) 6336 3133.** *Ouvert de 9h à 17h en semaine, de 9h à 15h le samedi, et de 9h à 12h le dimanche et jours fériés.*

■ **www.discoverlaunceston.com**

■ **www.northerntasmania.info**

Hébergement

Auberges de jeunesse

■ **LAUCESTON BACKPACKERS. 103 Canning Street ✆ (03) 6334 2327 www.launcestonbackpacker.com.au** - *Dortoir AU$ 18/19, triple AU$20, Double AU$48 par personne.* Bâtiments anciens récemment rénovés, propres et bien équipés. L'hôtel est situé au centre ville, ouvert 24h/24, accès Internet bon marché.

■ **LAUNCESTON METRO BACKPACKERS YHA. 16 Brisbane Street ✆ (03) 6334 4505 – Fax (03) 6334 8777 - www.backpackersmetro.com.au - metrolaunceston@bigpond.com** - *Lits en dortoir AU$20, chambres doubles AU$50. Auberge récente et moderne. Situation centrale.*

■ **THE DEVIL'S PLAYGROUND YHA. 10 Morris Street Prospect ✆ 1800 133 555 (03) 6343 3119 – Fax (03) 6344 7917 – info@thedevilplayground.com.au** - *Dortoir AU$24/26, chambre double AU$56/66.* Hôtel moderne à 3 km du centre ville et tout près des Cataract Gorge. Restaurant, barbecue et facilités pour cuisiner. Parc pour enfants, gym, piscine.

Bon rapport qualité prix

■ **PENNY ROYAL POWDERMILL MOTEL. 147 Paterson Street ✆ 1800 060 954 - (03) 6331 6699 - Fax (03) 6331 1632.** *Appartement AU$250, chambre double AU$ 125.*

■ **COLONIAL MOTOR INN. Corner Elizabeth & George Streets ✆ 1800 060 955 (03) 6331 6588 - Fax (03) 6334 2765.** *Chambres doubles avec ensuite AU$235.* Situé à 500 m du centre ville, cet hôtel propose également deux restaurants. Le bâtiment, de style Tudor, fut construit en 1847 pour être une école publique, The Launcheston Church Grammar School. Restauré en 1972.

■ **THE OLD BAKERY INN (Boutique Hotel). Au coin de York & Margaret Streets ✆ (03) 6331 7900 - 1800 641 264 - oldbakeryinn@bestwestern.com.au** - *Chambre double à partir de AU$125/133. Studio appartement AU$135 /155.* Son histoire est celle d'une boulangerie fondée en 1870 par E. Crosby et sa femme. En l'an de grâce 1897, les propriétaires furent chargés de s'occuper de l'intendance pour le jubilé de la reine. Le bâtiment est aujourd'hui protégé par les monuments historiques de Tasmanie. Pour le journaliste Charles Scriber du quotidien « The Australian » le Folly lui « rappelle de petits hôtels d'Europe où l'attention aux détails élève un établissement à une qualité supérieure ».

Restaurants

■ **CALABRISELLA PIZZA. 56 Wellington Street ✆ (03) 6331 1958.** Comme son nom l'indique, la spécialité est italienne et elle se cuit au feu de bois.

■ **CANTON. 203 Charles Street ✆ (03) 6331 9448.** C'est ce qu'on appelle ici un « good value ». Spécialités chinoises.

■ **QUIGLEY'S. 22 Tamar Street ✆ (03) 6331 6971.** Dans une maison victorienne de 1860.

Points d'intérêt

■ **QUEEN VICTORIA MUSEUM & ART GALLERY. 2 Wellington Street ✆ (03) 6323 3777 - www.qvmag.tas.gov.au** - *Ouvert de 10h à 17h. Entrée AU$10.* Dans un superbe bâtiment du siècle dernier, une collection d'histoire naturelle, dont le tigre de Tasmanie, des objets d'art aborigène et des peintures de l'époque coloniale. Le musée abrite aussi un planétarium (seulement 4 en Australie) et shows d'une demi-heure pour AU$5.

■ **CATARACT GORGE ✆ (03) 6323 3468 - www.launcestoncataractgorge.com.au** - A l'est du centre, mais accessible à pied, voici l'attraction touristique majeure de la ville. Les eaux de l'Esk

Sud se mêlent à celles de la Tamar au fond d'une gorge emprisonnée entre deux falaises abruptes. Au fond de cette gorge, le Gorge Restaurant, et un téléphérique offre une vue spectaculaire sur les falaises plongeant dans le fleuve.

■ **LE PENNY ROYAL WORLD, au 147 Paterson Street ✆ (03) 6331 3377.** *Entrée Adulte AU$15.* A l'entrée des gorges, il s'agit d'une reconstitution d'un village du siècle dernier sur le site de l'arsenal du Gunpowder Mill (fabrique de poudre à canon). Ouvert de 9h à 16h30 tous les jours. La croisière en bateau est incluse dans le prix. Dans le petit complexe touristique, on peut loger dans les cottages autour d'un lac avec son minuscule bateau à aubes. Maisons mitoyennes, chambres à coucher au premier étage.

■ **FRANKLIN HOUSE. 413 Hobart Road, Franklin Village ✆ (03) 6344 6233.** A 6 km du centre sur la route de l'aéroport, c'est une maison de 1838, restaurée récemment par le National Trust. *Ouverte tous les jours de 9h à 17h. Entrée adultes AU$ 8, enfants : gratuit s'ils sont accompagnés par un adulte.*

■ **NATIONAL AUTOMOBILE MUSEUM OF TASMANIA. 86 Cimitiere ✆ (03) 6334 8888.** *Ouvert de 9h à 5h tous les jours sauf le 25 décembre. Entrée adulte AU$8,50.*

Circuits accompagnés

■ **ADVENTURE TOURS AUSTRALIA ✆ 1300 654 604.** *Tours sur plusieurs jours (3 jours côte est). A partir de AU$395 (tour de l'île en 7 jours).* A partir de AU$ 785 logement en dortoir. Petits groupes et site en français.

■ **LAUNCESTON WILDERNESS TOUR. 110 George Street ✆ (03) 6334 3477 - 1800 030 230.** Tours à la demi-journée et à la journée. Cyclisme, canoë, randonnée pédestre.

■ **THE GRAPE ESCAPE ✆ (03) 1800 054 618.** Tour vallée de la Tamar, route des vins.

■ **TASSIELINK COACHES ✆ 1300 300 520.** *Tours à la journée aux choix : Cradle Mountain (AU$127), City tour, Cataract Gorge (AU$51).*

Dans les environs

■ **LE SEAHORSE WORLD, ✆ (03) 6383 4111 - www.seahorseworld.com.au** - *Entrée Adulte AU$16.* Au nord-ouest le long de la Tamar à Beauty Point, cet élevage d'hippocampes est ouvert tous les jours et propose des visites guidées.

■ **THE PLATYPUS HOUSE, ✆ (03)6383 4884 - www.platypushouse.com.au** - Le monde des ornithorynques, échidnés, grenouilles, lézards, papillons... Ouvert tous les jours, visites guidées. *Entrée adultes AU$15, famille (2 adultes et 3 enfants) AU$40.*

■ **LA FERME DE LAVANDE BRIDESTOWE.** *Entrée gratuite sauf en décembre et janvier : AU$5.* A l'est de Nabowla, cette ferme de 1921 est le plus grand producteur d'essences de lavande exportées vers les parfumeries européennes et américaines.

GEORGE TOWN

A 50 km au nord de Launceston. Au bout de la vallée de Tamar, en bord de mer sur le détroit de Bass, cette petite ville fondée en 1811 possède des bâtiments historiques, un musée maritime et un phare. Elle est située dans une région de fermes et de vergers. Cueillette de fruits à la ferme de Hillwood, au sud de George Town.

Hébergement

■ **PIER HOTEL. 5 Elizabeth Street ✆ (03) 6382 1300 - Fax (03) 6382 2085.** *Appartement AU$170, chambre double AU$145.*

■ **GEORGE TOWN HOSTEL « TRAVELLERS LODGE ». 4 Elizabeth Street ✆ (03) 6382 3261.** *De AU$18-19 par adulte en dortoir, à AU$50 pour un chambre double.* Le bus de Launceston s'arrête en face de l'auberge, l'aéroport de Launceston est à 60 km. Un cottage situé dans des jardins magnifiques en face de la rivière et au centre de la ville. Feu de cheminée, livres, vidéos, vélos à disposition.

LONGFORD

Une ville de 2 800 habitants classée par le National Trust, à 27 km au sud de Launceston.

Hébergement

■ **THE RACECOURSE INN (Bed & Breakfast). 114 Marlborough Street © (03) 6391 2352 - Fax (03) 6391 2430 - www.racecourseinn.com** - *Chambre double à partir de AU$150/190.* Le Race course Inn (1840) est situé dans un jardin bucolique au pied des montagnes des Western Tiers. Elle offre quatre chambres mansardées sous les toits, plus une chambre très raffinée en bas, toutes meublées d'antiquités.

Points d'intérêt

■ **WOOLMERS ESTATE. © (03) 6391 2230.** Exemple de ferme pionnière des années 1850. *Entrée AU$18, enfant AU$5. Appartement AU$150.*

■ **BRICKENDON HISTORIC FARM VILLAGE & GARDEN. 286 wellington Street © (03) 63 91 2073 - accommodation@brickendon.com.au** - *A partir de AU$95. Visite guidée de la ferme AU$9, démonstration de tonte.*

DELORAINE

A 48 km au nord-ouest de Launceston. C'est une ville pittoresque de 2 200 habitants, aux nombreuses maisons victoriennes restaurées, entourée d'une campagne luxuriante.

Hébergement

■ **DELORAINE YOUTH HOSTEL. 8 Blake Street © (03) 6362 2996 -bodach@microtech.com.au** - *AU$20 par adulte, AU$10 pour les moins de 18 ans, AU$45 chambre famille.*

■ Si vous souhaitez un peu plus de confort, vous pouvez frapper à la porte du **BED & BREAKFAST BONNEYS INN, 19 West Parade © (03) 6362 2974 - www.bonneys-inn.com** - *Chambres à partir de AU$-148/174 (suivant la période).*

Loisirs

■ **TASMANIAN TRAIL – DEVONPORT – DOVER.** Le Tasmanian trail est un chemin qui traverse la Tasmanie du nord au sud, utilisé principalement par les randonneurs à cheval et en V.T.T. et les randonneurs pédestres. Le Tasmanian Trail guide donne tous les renseignements nécessaires sur le parcours. En vente dans les magasins de sports et les magasins d'équitation, il peut aussi être commandé à The Bronte Park Highland village GPO Bronte Park 7140 © (03) 6233 2995.

MOLE CREEK

A une vingtaine de kilomètres plus loin, à Mole Creek, les cascades et les grottes calcaires. Des visites organisées par les Rangers (© (03) 6363 5182) mènent aux grottes les plus connues King Solomon et Marakoopa. Prix adulte AU$13.

Une route non pavée conduit au parc national montagneux des Walls of Jerusalem (murs de Jérusalem). Des routes secondaires sillonnent le versant nord du plateau central de la Tasmanie pour arriver aux Cradle Mountain, avec leurs vallées et leurs lacs de l'ère glaciaire.

■ **TROWUNNA WILDLIFE PARK. 1892 Mole Creek Road © (03) 0418 177 518.** *Entrée AU$14, enfant AU$7,50.*

Hébergement

■ **BLUE WREN HIDEAWAY B&B. 36 South Mole Creek Road © (03) 6363 1393.** *Chambres doubles AU$90.*

DEVONPORT

A 280 km au nord de Hobart). Devonport peut servir de base pour explorer la côte Nord-Ouest.

Pratique

■ **NAVETTE AEROPORT** © 0400 035 995.

■ **OFFICE DU TOURISME. 92 Formby Road** © (03) 6424 4466 - www.dcc.tas.gov.au

■ **THE BACKPACKERS BARN. 10-12 Edward Street ✆ 6424 3628.** Café, magasin de camping, librairie spécialisée. On peut obtenir tous renseignements sur les tours, activités, locations, agent des bus Redline. «The Backpackers Barn » s'occupe également des réservations, de la surveillance de vos bagages et met une douche à disposition des voyageurs.

Transports

■ **LOCATION DE VOITURES. Avis** ✆ (03) 6427 9797 - www.avis.com.au - **Thrifty** ✆ 1800 030 730 – (03) 6427 9119 - www.thrifty.com.au – **Delta Europe Car** ✆ 1800 030 118 – (03) 6427 0888 - www.deltaeuropcars.com.au –

Il existe aussi des compagnies locales offrant des tarifs de location économique :

■ **RENT A BUG, 5 Murray street East Devonport. ✆ (03) 6427 0796 - www.rentforless.com.au -** Une entreprise familiale tasmanienne qui opère depuis plus de 25 ans

Hébergement

■ **FORMBY HOTEL. 82 Formby Road ✆ (03) 6424 1601.** *Une chambre double à partir de AU$75, petit déjeuner inclus.* Hôtel bon marché situé en centre ville.

■ **RIVER VIEW LODGE. 18 Victoria Parade ✆ (03)64247357 - Fax (03) 64236026 - riverviewlodgedevonp@bigpond.com -** *B&B 24 hôtes, chambres doubles très agréables pour AU$85, avec petit déjeuner, et AU$105 avec salle de bains.*

■ **ALEXANDER HOTEL. 78 Formby Road ✆ (03) 6424 2252 - Fax (03) 6424 1046.** *Chambre double AU$45.* Un petit hôtel de 13 chambres avec salle de bains commune. Situé en face de l'embarcadère du ferry.

■ **MACWRIGHT HOUSE YHA HOSTEL. 115 Middle Road ✆ (03) 6424 5696 - Fax (03) 6224 9952 - info@devonfield.com.au -** *Lits en dortoir. Chambre individuelle avec lit simple AU$22, chambre double AU$ 32. Navette entre le terminal du ferry et l'auberge AU$6.* Une auberge de jeunesse spacieuse et située dans une nature agréable, avec d'excellentes pistes pédestres et cyclables à sa porte (jusqu'à la piscine olympique, en passant par le musée des Aborigènes Tiagarra et le Bluff).

■ **TASMAN HOUSE BACKPACKERS. 169 Steele Street. ✆ 6423 2335.** *Dortoir AU$11, twin AU$13, et chambre individuelle double AU$37.* L'auberge est située à 15 minutes du centre ville, lors de la réservation le transport peut-être organisé, accès internet.

Points d'intérêt

■ **TIAGARRA. Tasmanian Aboriginal Culture & Art Centre. Mersey Bluff ✆ (03) 6424 8250.** *Ouvert tous les jours, de 9h à 17h. Entrée AU$4. Plus de 2 000 objets d'art et peintures répartis en 18 expositions.*

■ **DEVONPORT GALLERY. 45 Stewart Street ✆ (03) 6424 8296.** *Ouvert de 10h à 17h.* Exposition de céramiques, objet de verre et de bois dans une église historique transformée en galerie d'art. Entrée gratuite.

■ **PLATIPUS EXPERIENCE . 48 Gilbert Street Latrobe ✆ (03) 6421 4699.** *Entrée adulte AU$5, famille AU$15.* Vivarium des ornithorynques, où l'on peut faire connaissance et apprendre tout à propos de cet étrange animal.

Circuits accompagnés

■ **ADVENTURE TOURS AUSTRALIA ✆ 1300 654 604.** Cette compagnie propose plusieurs circuits au départ de Devonport. Dont un circuit de 3 jours qui couvre Bicheno, Freycinet, Port Arthur et finit à Hobart (*à partir de AU$395 par personne*) et un autre de 7 jours couvrant la totalité de la Tasmanie (à partir de AU$785 par personne) et qui finit à Devonport. Atmosphère décontractée et style aventure.

■ **TASMAN BUSH TOURS. ✆ 6423 4965, 0418 373 113 - tasmanbush@tasadventures.com - Départ de Tasman House Backpackers 169 Steele Street.** Plusieurs tours à la journée et aussi un tour de 3 jours vers le parc national du « Murs de Jérusalem » et Cradle Mountain. Tarifs AU$175/250 par personne.

L'OUEST

CRADLE MOUNTAIN

A 145 km au sud-ouest de Launceston. La partie centrale de la Tasmanie, the Lake Country, est un immense plateau sillonné d'innombrables rivières. Cette « terre des 3 000 lacs » porte encore les cicatrices de la dernière ère glaciaire sous la forme de lacs glacés, de prairies ondoyantes, de falaises escarpées et d'étonnants tumulus – restes d'anciennes coulées de lave. Le haut plateau est recouvert de neige et balayé par des vents violents durant l'hiver. La flore alpine d'été se compose de button grass et de broussailles torturées. La plupart des lacs ne sont accessibles qu'à pied. Venant du sud, le Lake Highway longe le Great Lake sur une cinquantaine de kilomètres, avant de redescendre le versant nord au milieu de chutes d'eau, de falaises volcaniques, avec des points de vue superbes sur le détroit de Bass. Les Walls of Jerusalem et les Cradle Mountain sont situés dans cette partie nord du plateau central.

Le lac Saint-Clair, le plus profond des lacs australiens, est cerné de montagnes imposantes du parc national des Cradle Mountain. Le Mount Ossa (1 617 m) est le pic le plus élevé de la Tasmanie. Le lac Saint-Clair marque le départ d'un sentier de randonnée qui traverse tout le parc national, en passant par le Mount Ossa jusqu'aux Cradle Mountain : il faut compter cinq jours de marche.

Pratique

Le parc offre un service navette gratuite entre le centre d'information et les destinations les plus fréquentées. Les navettes partent toutes les 20 minutes (30 minutes les week-ends seulement de mai à septembre).

■ **BUREAU D'INFORMATIONS** ✆ (03) 6492 1133.

■ **EXCURSION DANS LE PARC NATIONAL.** Il est nécessaire de payer à l'entrée du parc national. Le Pass coûte AU$10 par jour par personne et AU$20 pour la voiture. Il est aussi possible d'acheter un Pass valable deux mois pour AU$ 30,00 par personne et AU$50 la voiture qui donne le droit d'entrée dans tous les parcs de Tasmanie.

Overland Track

C'est la randonnée la plus réputée des circuits longs en Tasmanie. Du 1er novembre au 31 mars il est nécessaire de s'inscrire en ligne pour cette randonnée - www.overlandtrack.com.au - ✆ 1300 135 513 et de payer les droits d'entrée AU$100 par personne. L'Overland Track serpente sur 80 km à travers les paysages alpins les plus spectaculaires de la région, en passant au pied de la montagne la plus haute de l'île, le Mount Ossa.

Il faut compter entre cinq et dix jours en moyenne pour faire la piste dans sa totalité. La grande majorité des marcheurs (90 %) font la piste dans le sens nord-sud. Douze refuges sont éparpillés le long du Overland Track. Ils peuvent parfois être complets. Les chalets sont des abris rudimentaires, leur seul confort est le poêle à charbon. Pour faire la cuisine, il faut emporter son camping-gaz. En outre, dans tous les parcs nationaux, il est interdit d'allumer un feu de camp.

On peut également faire le Overland Track en circuit accompagné de 6 jours, seulement l'été, du 1er novembre au 1er mai.

■ **CRADLE HUTS PTY LTD. PO Box 1879, Launceston ✆ (03) 6391 9339 - Fax 63919338 - www.cradlehuts.com.au** - *Prix AU$1995.* Comprend le transport au départ de Launceston, cinq nuits en chambre double dans les chalets de la Cradle Huts Ltd et tous les repas. Un ou deux guides expérimentés accompagnent les randonneurs selon le nombre des participants (de 4 à 10 au maximum). En raison de la demande et du nombre limité des participants, le paiement est exigé soixante jours avant le départ. En raison de l'isolement de cette région et pour protéger l'environnement, toutes les fournitures, nourriture, bois de chauffage, etc. sont apportés par hélicoptère. La journée de trekking est souvent coupée par des pauses café, permettant de se reposer et de jouir de la vue de cette région extraordinaire. Le déjeuner, en général un pique-nique, sera pris sur les rives d'un lac de glacier ou à côté d'un torrent dont on pourra boire l'eau pure. Tous les soirs, le guide prépare le dîner selon un menu chaque jour différent et qui comprend un potage suivi d'un solide plat de résistance et d'un dessert.

Si vous désirez obtenir plus d'informations sur cette randonnée, adressez-vous au **Department of Parks & Wildlife** ✆ (03) 6233 5732, ou aux **Rangers** ✆ (03) 6492 1133. Ou contacter Michele@tasmanievoyage.com qui vous adressera une documentation complète.

■ **CRADLE MOUNTAIN VISITORS CENTRE. Dove Lake, Waldheim Chalet.**

▸ **Pour d'autres renseignements**, telle la liste des articles essentiels et les règles de survie, contacter les numéros suivants : Cradle Mountain-Lake St-Clair National Park. Cradle Valley ✆ 6492 1133. Lake St-Clair ✆ (03) 6289 1172. Walls of Jerusalem National Park. Mole Creek ✆ (03) 6363 5182. Franklin-Lower Gordon Wild Rivers National Park. Queenstown ✆ (03) 6471 2511. Strahan ✆ (03) 6471 7122.

▸ **Pour des informations supplémentaires** sur toutes les activités pratiquées dans le parc, appeler le bureau du Parks & Wildlife ✆ (03) 6233 5732.

▸ **Mise en garde.** Des accidents graves, parfois mortels, sont arrivés aux randonneurs mal préparés. Informez-vous auprès des rangers du parc national et signalez le départ de votre randonnée dans le registre.

Des touristes débarquent ici directement de Brisbane ou de Sydney (avec 30 °C à l'ombre), complètement ignorants des brusques changements de température qui interviennent en quelques minutes dans ces montagnes. Il faut prévoir des bonnes chaussures de marche, des survêtements protecteurs, un lainage mais aussi des vêtements légers, une crème et des lunettes solaires, de la nourriture et de l'eau.

Hébergement

■ **CRADLE MOUNTAINS CAMPGROUND ✆ (03) 6492 1395 - cradle@cosycabins.com** - *Un hôtel-camping situé à 2,5 km du parc national. Lits en dortoir AU$25/30, cabanes pour deux AU$98/165 et emplacements pour tente AU$13-15.* Bloc sanitaire avec douches chaudes et toilettes. Deux grands abris avec installations pour barbecue. Le centre comprend trois dortoirs (72 lits), 29 cabanes, 3 chambres doubles.

■ **CRADLE MOUNTAINS HIGHLANDERS ✆ (03) 6492 1116 – info@cradlehighlander.com.au (à droite, juste après le Cradle View).** *Chambre double à partir de AU$105/180, avec petit déjeuner.* Restaurant, qui possède d'ailleurs une station-service ouverte l'été et d'où partent les excursions aériennes avec Seair ✆ (03) 6492 1132).

■ **CRADLE MOUNTAINS LODGE. PO Box 153, Sheffield 7306 (à 6 km de Dove Lake et à une heure de Devonport) ✆ (03) 6492 1303 ou 1800 737 678 - www.cradlemountainlodge.com.au** - *Chalet simple pour deux AU$230 (AU$60 par personne supplémentaire). Chalet avec spa AU$294.* Cette résidence de montagne propose des logements dans le bâtiment principal ou dans des bungalows indépendants avec cheminée. Décor de bois blond et pierres naturelles. Un restaurant et un bistrot font partie du complexe. Dans les environs, on peut observer des animaux nocturnes comme le wombat, les quolls tachetés et des opossums.

■ **CRADLE MOUNTAIN BACKPACKERS YHA. Cradle Mountain Road, Cradle Mountain 7306 ✆ (03)64921395 – 1800 068 574 Fax (03) 64921438 - cradle@cosycabins.com** - *De AU$18 à AU$28 par adulte, de AU$12 à AU$17 pour les moins de 18 ans.* Services de bus direct à l'auberge de Devonport et Launceston. A 93 km de l'aéroport de Devonport et à seulement 2 km de l'entrée du parc de Cradle Mountain. dortoirs, salle commune, cuisine équipée, chambres chauffées.

PISTE DU FRENCHMANS CAP

Cette marche, qui nécessite quatre ou cinq jours, est en fait un aller-retour jusqu'au Frenchmans Cap – une montagne de quartzite s'élevant au-dessus de la vallée de Franklin River. Le bus quotidien entre Hobart et la ville minière de Queenstown s'arrête au point de départ de cette marche. Ce trajet, bien plus ardu que le Overland Track, présente de longues montées très escarpées et de grandes sections de terrain boueux dans le button grass. Deux refuges sur la piste, à Lake Vera et Lake Tahune, mais ils sont en général complets. Il est obligatoire d'emporter sa tente et son propre camping-gaz.

LES WALLS OF JERUSALEM

C'est un territoire de plus en plus en vogue, et dont la distance est souvent sous-estimée. De nombreux voyageurs essayent d'y parvenir en une journée, mais si l'on veut voir l'amphithéâtre principal des « Murs de Jérusalem », il faut absolument prévoir deux jours. Pour protéger la beauté de cet endroit, il est conseillé de ne pas faire du camping sur le site même, mais à Solomons Jewel ou à Dixons Kingdom.

Aux « Murs de Jérusalem », on trouve la plus grande forêt subsistante de Pencil Pines - un pin survivant des époques révolues et qui peut atteindre l'âge de 1 000 ans.

RÉGION SAUVAGE DE LA CÔTE SUD-OUEST

Les « villes » principales de la côte ouest sont Queenstown, Strahan, Zeehan et Roseberry. Elles ont survécu durant des années, isolées du reste de la Tasmanie par les forêts impénétrables et les montagnes escarpées de la région. Aujourd'hui, on ne peut imaginer les conditions dans lesquelles les premiers pionniers téméraires partaient pour six mois vers l'inconnu de la côte ouest.

La première colonie permanente fut le pénitencier de Sarah Island, établi en 1822, le plus brutal de tout Van Diemen's Land. Une fois passées les bien nommées Hell's Gates (Portes de l'Enfer), une des premières tâches des prisonniers consistait à abattre des pins de Huon. Réputé pour son imputrescibilité, le bois servait à la construction de bateaux.

Plus tard, la colonie pénitentiaire vit arriver les premiers colons libres, toujours à la recherche de « l'or vert » le Huon Pine. Enfin, au début des années 1870, arrivèrent les chercheurs d'or et les mineurs. Depuis cette époque, la côte ouest n'a cessé de livrer les richesses de son sous-sol : cuivre, plomb, zinc, étain, fer, argent et or.

Cependant ce ne fut qu'en 1932 que Queenstown fut reliée à Hobart par route. La construction de la route de la côte ouest (ou le Lyell Highway) fut à l'époque une entreprise gigantesque. Pour un tronçon de 50 miles, trois années de labeur étaient nécessaires pendant lesquelles les familles des travailleurs campaient le long de la route.

De petites routes secondaires relient aujourd'hui le Highway aux centres régionaux tels que Strahan, Zeehan et Savage River. A mesure qu'on se rapproche de la côte ouest, le désastre écologique causé par les débuts de l'exploitation minière devient de plus en plus visible.

Les ruines de Linda, ville jadis bruissante d'activité minière et ses hôtels alors surpeuplés, sont actuellement quasi abandonnées. Gormanstown, près de la mine du Mount Lyell, est maintenant, elle aussi, presque déserte.

STRAHAN

La Tasmanie est réputée pour ses régions vierges les plus spectaculaires de toute l'Australie. Tout le Sud-Ouest est aujourd'hui une réserve naturelle placée sous la protection des parcs nationaux. On dit que l'eau ici est la plus pure de la planète. Pendant les jeux Olympiques d'Atlanta, les sportifs australiens se faisaient livrer de l'eau de source de Tasmanie.

Sur cette côte ouest pratiquement inhabitée (à 290 km au nord-ouest de Hobart), le village isolé de Strahan se trouve au bout de la route, en lisière d'une région appelée le Franklin-Gordon Wilderness Area, protégée par l'Etat depuis 1980.

Il est possible de faire du rafting (très sportif) sur la Franklin River (très isolée), d'une durée de cinq à dix jours, ou une croisière touristique beaucoup plus pépère sur la dernière partie de la Gordon River.

La Tasmanie, l'une des dernières régions sauvages de la planète, garde encore une bonne partie de son territoire entièrement vierge tant le terrain est difficile d'accès : rivières tumultueuses, gorges et ravines, et une végétation impénétrable qui abriterait encore, paraît-il, des spécimens du tigre de Tasmanie, officiellement disparu depuis les années 1930.

Le port naturel formé par Macquarie Harbour se trouve bien à l'abri grâce au goulet de Hell's Gates qui le protège des assauts de l'océan Indien. Au large, à partir de l'Antarctique, l'océan s'étend sur 20 000 km avant de toucher terre ici, permettant aux Quarantièmes Rugissants de monter la mer pour la fouetter en de monstrueuses vagues.

Ces vagues ont causé la perte de maints navires qui essayaient d'entrer au port Macquarie par les Hell's Gates. Elles ont même fait s'échouer des baleines sur l'Ocean Beach, au nord de Strahan. Tous les ans, à la fin septembre, des milliers de muttonbirds (puffins) arrivent ici pour nidifier après leur migration depuis les lointaines régions arctiques.

Pratique

On peut se procurer des informations sur le parc national au Strahan Wharf Centre ✆ (03) 6471 7622 – Fax (03) 6471 7533, et à la Custom House (de 1900), près du bureau de la poste. Le Wharf Centre raconte l'histoire de la région à travers une exposition édifiante sur les Aborigènes, les convicts, les mineurs et les bûcherons.

Les bons plans pour voyager sont sur petitfute.com

Hébergement

■ **STRAHAN YHA. 43 Harvey Street, Strahan 7468 ✆ (03) 6471 7255 - 1800 444 442.** *De AU$20 en dortoir à AU$48/60 la chambre double.* Service de bus 5 fois par semaine pour l'auberge. Feu de cheminée dans la salle commune. Chauffage, téléphone, tables de pique-nique abritées, machines à laver.

■ **HILLTOP MOTOR INN ✆ (03) 6471 4200 - 1800 628 286 - Fax (03) 6471 4389 - bookings@strahanvillage.com.au** - *Chambre double à partir de AU$140-170.* Avec ses 36 chambres, ses 7 appartements et ses vérandas traditionnelles, cet hôtel fait partie de la petite rangée de maisons anciennes qui se trouvent sur la colline et donnent sur le port.

■ **THE STRAHAN VILLAGE. Esplanade ✆ 64714200 - Fax 64714389 - bookings@strahanvillage.com.au** - Petits cottages avec terrasse, pour deux : AU$199 selon la saison, l'emplacement (bord de l'eau) et l'équipement (salle de bains avec jacuzzi.

■ **STRAHAN WILDERNESS LODGE. Sur Ocean Beach Road, à la sortie de la ville (3 km) ✆ (03) 6471 7142.** Chambre double AU$50-80. Propre et bien tenu mais un peu excentré.

■ **FRANKLIN MANOR (Historic Guest-House), Esplanade, Strahan ✆ (03)6471 7311-franklinmanor@bigpond.com.au** - *Chambre double de AU$130 à AU$210 en saison basse et de AU$185 à AU$260 en saison haute.* Hôte : Debbie et Meyjitte Boughenout. Meyjitte est un chef français (2 étoiles au guide Michelin). Construit pour l'usage personnel de l'ancien maître du port, Franklin Manor, avec ses 14 chambres et 4 cottages, a été méticuleusement restauré pour offrir à ses visiteurs ses larges vérandas surplombant un jardin déjà centenaire. Le restaurant (renommé) recourt à des produits locaux. Franklin Manor est un paradis pour ceux qui cherchent le confort allié à la solitude et à la beauté pure.

Points d'intérêt

■ **SARAH ISLAND,** était le pénitencier le plus inhumain qui ait jamais existé du temps de Van Diemen's Land (l'actuelle Tasmanie). Fondé en 1822 (fermé en 1833), totalement isolé, loin de tout, il accueillait les prisonniers les plus récalcitrants. On tentait d'y établir une colonie en vue d'exploiter le pin Huon et de construire des navires.

Les convicts, qui vivaient là l'enfer sur terre, se « distrayaient » en jouant à une macabre loterie : l'un gagnait le droit de se suicider, l'autre d'être envoyé à Hobart pour s'y voir pendu haut et court. Parallèlement, dans le pénitencier de Port Arthur, on tirait à la courte paille les rôles d'un scénario noir comportant un assassin, un témoin et une victime, qui tous ensuite « jouaient » la pièce avec un meurtre réel.

■ **LE CIMETIÈRE DE STRAHAN** reflète les situations extraordinaires et les privations que durent affronter les premiers colons. Les stèles en pin de Huon témoignent en outre de l'extrême résistance de ce bois unique.

■ **LE HUON PINE** est un pin de couleur miel qui ne pousse qu'en Tasmanie. Ce bois très particulier était très apprécié des constructeurs de bateaux et des ébénistes en raison de son imputrescibilité. Le bois dégage une odeur particulière provenant de l'huile à laquelle il doit sa résistance, l'eugénol de méthyle. En 1994, des chercheurs australiens ont découvert un pin fossile, vieux de 38 000 ans, enfoui dans le lit de la Stanley River sur la côte nord-ouest. Aujourd'hui, l'accès aux futaies de pins de Huon est limité. Mais l'exploitation du Huon Pine, restreinte à la forêt de Teepookana près de Strahan, permet néanmoins aux visiteurs qui passent par les tours de South West Adventure (basée à Strahan) d'aller les voir en 4x4.

■ **HENTY DUNES OCEAN BEACH** une série de dunes géantes (30 m de haut) à 14 km de Strahan sur la route de Zeehan. Cette région est unique en Tasmanie et a une importante signification pour la communauté aborigène.

Le camping est autorisé et gratuit, pêche, randonnée. Pour plus d'informations, contacter Parks and Wildlife Services ✆ (03) 6471 71 22 – Fax (03) 6471 7326.

Loisirs

■ **WILDERNESS AIR (✆ (03)6471 7280) et Seair ✆ (03) 6471 7718 - www.adventureflights. com.au** – Ils organisent un survol de la rivière et de la forêt tropicale. Départs à partir du wharf de la ville de Strahan. Il existe plusieurs itinéraires à partir de AU$140 par personne.

■ **HYLAND ADVENTURE TOURS. 105 Cop Road, Erriba © 0408 921 221 - (03) 6492 1212. « Teepookana Huon Pine Reserve ».** L'excursion, qui dure trois heures, suit l'ancien trajet du chemin de fer longeant les rives de la King River. La piste traverse cette rivière à Teepookana (ancien petit port minier aujourd'hui ville fantôme), et continue en montant sur le plateau où pousse une forêt centenaire de pins de Huon, de King Billy et de Celery Top Pines. Le tour se poursuit par une marche de 40 minutes le long des rails, à travers une forêt de myrtes, jusqu'aux ruines du pont Quarte Mile, sur la King River. Au retour à Strahan, le tour se termine par la visite d'une scierie artisanale où l'on travaille le bois du Huon Pine.

Excursion en train 1900 à travers la forêt vierge

■ **WEST COAST WILDERNESS RAILWAY – © (03) 6471 1700 - 1800 628 288 –** *Adulte AU$97, enfant AU$55.* Le West Coast Wilderness Railway propose des excursions journalières de Strahan à Queenstown. Le voyage dure environ 4 heures avec des escales.

En bateau sur la Gordon River

Strahan est le point de départ des tours en bateau sur la dernière partie de la Gordon River et des vols en avion léger au-dessus des gorges inaccessibles par tout autre moyen.

■ **GORDON RIVER CRUISES (© (03) 6471 4300 - 1800 628 288)** *organise des tours à la journée à partir de AU$ 85.*

■ **WORLD HERITAGE CRUISES © (03) 6471 7174 - www.worldheritagecruises.com.au -** *Départ de l'Esplanade tous les jours à 9h, retour à 15h. Prix à partir de AU$89.* On peut acheter à manger et à boire sur le bateau. On peut aussi opter pour la formule avec buffet à bord. En traversant Macquarie Harbour, on admirera son panorama de montagnes sauvages, avant de remonter la partie basse de la Gordon River dont les eaux sombres, teintées par le tanin venant des plaines de button grass sur les hauts plateaux, ont un pouvoir de réflexion extraordinaire. La Gordon River est réputée pour être le paradis des photographes. Arrêts à Hells Gates et une ferme de saumons. Après avoir franchi la deuxième gorge de la rivière, le bateau s'arrête à Heritage Landing. Un chemin, construit au-dessus du sol de la forêt à travers la rain forest et les myrtles, permet d'observer un certain nombre d'arbres endémiques, y compris un pin de Huon vieux de 2 000 ans

■ Pour plus d'émotion encore, vous pouvez passer une heure en Jet-boat avec **WILD RIVERS JET (© (03) 6471 7174 - www.wilderriversjet.com.au -** *Ses bateaux rapides remontent jusqu'à la King River pour AU$60 de l'heure.*

FRANKLIN-GORDON WILD RIVERS

A 200 km de Hobart. La petite ville de Derwent Bridge, sur le Lyell Highway, se trouve au sud du plateau central. A l'ouest de Derwent Bridge, le paysage devient encore plus imposant à partir des hauteurs de la King William Range.

Le Highway plonge ensuite vers les sources de la fameuse Franklin River. Encaissée par des falaises abruptes aux forêts épaisses, la dernière des rivières complètement sauvages, longue de 190 km, lance ses rapides à travers une région de montagnes pratiquement inexplorée. Les falaises sombres se reflètent dans les eaux bleu-noir de la Franklin, dont le grand pouvoir de réverbération est dû à la concentration de tanin de button grass que le fleuve charrie.

La vallée de la Franklin est l'une des dernières régions vierges de la planète, un site unique au monde pour sa faune et sa flore, inscrit au patrimoine mondial de l'Unesco depuis 1982. C'est un endroit superbement sauvage pour faire des randonnées, et surtout du rafting sur les rapides de la rivière. Au sud s'étend le parc national des Franklin-Gordon Wild Rivers.

Loisirs

■ **RAFTING TASMANIA. © (03) 6239 1080 – Fax (03) 6239 1090 - www.raftingtasmania.com -** Au départ de Hobart Graham Mitchell organise depuis 1989 des expéditions de 5, 7 et 10 jours sur la Franklin, pendant la période du 20 novembre au 20 mars.

LE LYELL HIGHWAY DE QUEENSTOWN

Highway est un bien grand nom pour cette route qui, en France, serait une départementale. Elle coupe à travers le parc national de Franklin-Gordon Wild Rivers, au sud du Cradle Mountain-Lake Saint Clair, et rejoint l'arrivée du célèbre Overland Track à Derwent Bridge, situé à la pointe sud du lac St Clair.

De Strahan à Queenstown, ce sont 41 kilomètres de petites routes qui serpentent avant de s'élever vers les plaines et d'offrir quelques vues spectaculaires sur les montagnes.

QUEENSTOWN

Queenstown, la plus grande « ville » de ce Far West, fut fondée après qu'on eut trouvé de l'or dans la Queen River en 1881. La ville et ses environs ressemblent à un véritable désert à l'aspect lunaire, brûlé par les fumées soufrées des cheminées de la mine. Les forêts furent rasées pour alimenter les fonderies.

■ **LE BUREAU DE TASMANIAN PARKS & WILDLIFE SERVICES** se trouve à côté de la Cie Mount Lyell Mining & Railway, sur la route de Strahan.

Hébergement

■ **EMPIRE HOTEL. 2 Orr Street** © **(03) 6471 1699 - Fax (03) 6471 1788 - empirehotel@tassie.net.au** - *Un petit hôtel de charme avec de jolies chambres pour AU$50.* Pour les repas, frappez plutôt à la porte à côté, au Mount Lyell Motor Inn (© (03) 6471 1888).

■ **PENGHANA B&B. 32 Esplanade** © **(03) 6471 2560 – Fax (03) 6471 1535** – *Prix : AU$150/175.* Construit en 1898 sur les hauteurs pour le premier directeur de la Compagnie minière Mt Lyell.

Excursion à partir de Queenstown

La plate-forme du point de vue de Newall Creek se trouve à un quart d'heure de route. Des panneaux expliquent les forêts pluviales tempérées de la Tasmanie et on peut y voir des pins King Billy pousser à côté du très rare Huon Pine. A cinq minutes de là sur le chemin, le Mount Jukes Lookout offre des vues spectaculaires sur la région.

Bird River, à environ 40 km au sud de Queenstown, n'est accessible qu'en 4x4. La piste serpente le long des rails du vieux chemin de fer construit en 1897 pour transporter le minerai. Les rails coupent à travers un paysage spectaculaire de forêts pluviales. A certains endroits, les arbres et les fougères géantes se rejoignent pour former un tunnel végétal. L'aller-retour sur cette piste parfois boueuse, mais sans trop de dénivellation, prend environ 4 heures.

De retour sur le Lyell Highway, Collingwood River est un point de départ du rafting descendant la Franklin River dont la Collingwood est un affluent. Plus loin sur la route, à 3 km à l'ouest du pont de la Franklin River, se trouve le point de départ de la piste de trekking qui va jusqu'au Frenchmans Cap. Une petite promenade agréable de 15 minutes, le long de cette bonne piste sèche, vous mène à la rivière. Un parking à 150 m à l'ouest, sur le côté sud du Lyell Highway, pour ceux qui veulent faire le trekking jusqu'au Frenchmans Cap (4-5 jours).

A partir de King Williams Saddle, le Lyell Highway monte en lacets le côté sud du Mount Arrowsmith, au-dessus de la Surprise Valley. D'ici la vue est excellente sur la vallée glaciaire en forme de U, encadrée d'arbres comme le myrte et le Leatherwood (bois de cuir). Vers le sud-ouest, on aperçoit le Frenchmans Cap, un sommet étrange qui ressemble au bonnet phrygien français, d'où le nom. Ce sommet reste couvert de neige jusque tard dans la belle saison, et même quand la dernière neige a fondu, il reste blanc et brillant en raison du quartz dont ce demi-dôme est formé.

DERWENT BRIDGE

A partir de la modeste commune de Derwent Bridge sur le Lyell Highway, une petite bifurcation de 6 km mène jusqu'à la pointe sud du lac Saint-Clair, point d'arrivée (ou de départ) de l'Overland Track.

Hébergement

■ **LAKESIDE ST CLAIR Wilderness Holidays** © **(03) 6289 1137 - Fax (03) 6289 1250 - www.view.com.au/lakeside** - *Lits en hostel (AU$25-30) et lodges individuels (AU$141-176), sortes de maisonnettes en duplex sur pilotis, aux grandes fenêtres donnant directement sur la forêt d'eucalyptus.* Le soir, on est assailli par d'adorables opossums qui quémandent de la nourriture. Il y a aussi un terrain de camping attenant.

■ **DERWENT BRIDGE WILDERNESS HOTEL. Lyell Highway,** © **(03) 6289 1144 - Fax (03) 6289 1173 - derwildhotel@trump.net.au** - *Chambres doubles à partir de AU$105 et en dortoir AU$23 par personne. Situé un peu à l'écart.*

MOUNT FIELD NATIONAL PARK

Créé en 1917, ce parc national est le plus ancien de Tasmanie, et l'un des tout premiers créés en Australie.

Il offre de superbes randonnées plus accessibles que les randonnées de l'Ouest. A l'entrée, un centre d'informations et d'explications avec magasins, café et restaurant.

Le bas du parc est couvert de forêt vierge dense et humide. Un sentier aménagé serpentant au milieu des fougères arborescentes géantes conduit à une superbe cascade à trois niveaux - Russell Falls. De là, on continue, toujours sur des sentiers aménagés, vers la forêt d'eucalyptus géants (Swamp Gum). Le plus grand du parc mesure 79 mètres de haut. Le plus haut de Tasmanie a été mesuré à 98 mètres, c'est aussi la plus haute plante à fleurs connue.

Plus haut, à partir du lac Dobson, plusieurs chemins de randonnée permettent de parcourir le plateau parsemé de lacs glacières et d'accéder à différents sommets à 1 200 m d'altitude environ. Une végétation alpine très spéciale : Snow Gum (Eucalyptus des neiges) - Pencil Pine (l'arbre crayon) au tronc torturé, Pandanus, Waratah, Sassafras, Bottle Brush...

STRATGORDON ET LAKE PEDDER

En 1972, un barrage hydroélectrique très contesté a été construit sur le site du lac Pedder. Une région d'une naturelle beauté a disparu sous les eaux du nouveau lac, le plus grand lac artificiel d'Australie. Cette région est devenue une destination populaire pour les randonnées pédestres, escalade, la pêche et les sports nautiques. C'est aussi le point d'arrivée ou de départ du South West track. Tassielink Coaches assure la liaison avec Hobart régulièrement.

NEW NORFOLK

A 35 km au nord-ouest de Hobart.

■ **GLEN DERWENT (Historic Guest-House), Lyell Highway © (03) 6261 3244 - www.glenderwent.com.au** - *Chambre double de AU$162/182.* Le Glen Derwent, probablement l'un des plus anciens hôtels de Tasmanie, est entouré de 6 hectares de jardins à l'anglaise avec des arbres européens centenaires. Construits par des convicts en 1820, le bâtiment principal, les écuries des chevaux des maîtres, les cottages et la grange sont restaurés fidèlement. Activités : piscine chauffée, pelouses pour le croquet.

RICHMOND

Richmond est l'un des villages les plus anciens de Tasmanie. Il faut visiter la vieille geôle, les belles galeries d'art, les « tea rooms » et le célèbre pont construit par les convicts.

Hébergement

■ **STRAWBALE COTTAGES 110 Merriworth Road Tea Tree © (03) 6268 0719 – www.strawbaleestatecottages.com.au** - *Chambre double avec jacuzzi AU$128* . Situés à 12 km de Richmond, et à 30 minutes de Hobart, dans la vallée de la Coal river, en plein cœur d'une région viticole. Cottages à l'architecture et à la construction originale dont les murs sont constitués de bottes de paille crépies. L'ambiance y est chaleureuse et on y retrouve le charme de l'ancien mêlé à tout le confort moderne.

Western Australia

Western Australia

Du soleil, de l'aventure, des paysages impressionnants et un accueil chaleureux, c'est ce que l'on trouve en venant visiter l'Australie occidentale ! Tout au long de l'année, cet immense territoire de 250 millions d'hectares offre des activités et des spectacles naturels uniques : plonger avec les requins baleines et les raies manta, nager avec les dauphins, marcher au milieu des cimes des arbres géants dans les forêts de karris, dormir à la belle étoile dans un désert lunaire, faire de la randonnée dans le bush, explorer les curiosités naturelles, accompagné par un guide aborigène ou encore profiter des 12 500 km de côtes pour trouver une plage idyllique où faire du surf... En Australie occidentale, on peut être touché par la grâce de la nature et vivre de formidables expériences d'activités de plein air ! Certains endroits sont si reculés et sauvages qu'ils vous donnent le sentiment d'être le premier à en fouler la terre. L'Ouest australien est le plus vaste, le plus mystérieux et le moins peuplé des six Etats. Il occupe le tiers de la superficie du continent, soit un territoire approximativement cinq fois plus grand que la France (2 526 000 km^2) avec seulement 1,8 million d'habitants.

Histoire

L'Australie est l'une des terres les plus anciennes de la planète : un rocher découvert près de Marble Bar contiendrait sous forme de fossile les plus anciennes traces de vie connues. Les Aborigènes furent les premiers habitants d'Australie occidentale, et de l'ensemble du territoire d'ailleurs, il y a de cela plus de 40 000 ans. Chassés de leur territoire par la colonisation, beaucoup sont morts par les armes ou les maladies. Aujourd'hui, 16 % de la population est aborigène et essentiellement concentrée dans le Nord du territoire. Les explorateurs européens sont arrivés entre les XVIe et XVIIe siècles, emmenés par les navigateurs hollandais et français. Ils ont laissé leur nom à de magnifiques endroits tels que Cape D'Entrecasteaux, Cape Leeuwin ou encore Rottnest Island au large de Perth... Les Européens ne se sont pas réellement installés avant 1826 en transformant le port d'Albany en poste militaire avancé, même si tout le commandement britannique avait déjà pris place à Perth. Cependant, l'Australie occidentale reste différente des autres Etats australiens dans la mesure où elle n'était pas une colonie pénitentiaire comme eux. La première grande vague d'habitants survient dans les années 1890 avec la découverte de l'or dans le centre et l'ouest de l'arrière-pays ; Australiens et étrangers arrivent en masse avec l'espoir de s'enrichir des terres de « l'Outback ». Le 1er janvier 1901, l'Australie occidentale rejoint les autres Etats pour former une fédération. A la tête de celle-ci, un gouvernement central, chaque Etat possédant en outre son propre gouvernement. Le 7 juin est le jour de la création de l'Etat (jour férié en Western Australia « foundation day »). L'Australie occidentale a joué un rôle stratégique pendant les deux guerres mondiales avec notamment des batailles maritimes dans des villes portuaires telles que Broome dans le Nord où l'on peut toujours voir d'anciens bunkers. Le boom économique avec l'exploitation des perles, du pétrole, des minerais et de l'agriculture se produit après la Seconde Guerre mondiale. La population de l'Etat augmente toujours, mais dorénavant les raisons en sont son climat exceptionnel et sa grande qualité de vie (lifestyle).

Climat

L'Australie occidentale est l'Etat le plus ensoleillé du continent. Ce soleil présent au milieu d'un ciel bleu soutenu rend facile l'organisation des déplacements et des activités. Il arrive que la pluie ne tombe que durant quelques jours, mais en trombe. Ainsi, le Nord est soumis à un régime de moussons tropicales, mais l'intérieur est subdésertique sur d'immenses surfaces. Au sud, le climat est plus tempéré. On peut représenter une fresque avec le Nord rouge et sec et le Sud vert et doux. Ce climat varié permet à cette immense région d'accueillir les visiteurs durant les douze mois de l'année. D'ailleurs, les habitants du Sud montent au nord pendant l'hiver (de mai à août) et les habitants du Nord descendent dans le Sud pendant l'été (de novembre à février). Il faut cependant s'attendre à avoir une amplitude thermique importante durant le printemps et l'automne (on peut passer de 30 °C le jour à 5 °C la nuit). Le vent est également souvent présent mais aussi le bienvenu et favorise la douceur de vivre... La moyenne des températures à Perth est de 20 °C et la moyenne des précipitations de 100 mm. Une mention particulière pour le soleil qui peut causer beaucoup de dégâts. Les UV sont très forts en Australie et il est indispensable de se protéger : crème solaire à appliquer régulièrement, lunettes de soleil, chapeau, hydratation. Ces précautions de base sont indispensables pour profiter des beautés du pays en toute sécurité.

Manifestations

- **Janvier :** Hopman Cup tennis, Superdome (Perth), Heineken Classic golf, Vines Resort (Perth).
- **Février-mars :** Festival of Perth.
- **Mars :** Rainbow Coast Air Show (Albany).
- **Mars-avril :** Masters International Surfing (Margaret River).
- **Avril :** National Boomerang Championship (Perth).
- **Août-septembre :** Pearling Festival (Broome).
- **Septembre :** Wildflower Festival, Kings Park (Perth).
- **Décembre-janvier :** Whitbread Yacht Race (Freemantle) - Sunset cinema, Kings Park (Perth).

Les attraits touristiques

On peut distinguer sept grandes régions en Australie occidentale, ayant chacune quelques incontournables touristiques :

- **Perth** et ses environs.
- **South West** (région du sud-ouest et du sud de WA).
- **Outback** (région intérieure du sud-est, de l'est et du nord-est de Perth).
- **Central West** (région du nord-ouest de Perth).
- **Coral Coast** (région de la pointe nord-ouest du WA).
- **Bilbara** (région du nord-centre de WA).
- **Kimberley** (région du nord-est de WA).

(*Source « australia explorer.com »*)

Les Australiens sont très ouverts, accueillants et sont ravis de rencontrer d'autres cultures. Les contacts sont aisés lors des déplacements et des visites. La plupart des merveilles naturelles sont gérées par le CALM « Department of Conservation and Land Management » qui s'occupe de la conservation des parcs nationaux, des parcs maritimes, des réserves naturelles et des forêts. Il est possible de se procurer différents forfaits pour accéder aux 24 parcs nationaux payants parmi les 63 recensés en Australie occidentale : un Pass pour les vacances qui est valable pour tous les parcs pendant un mois (AU$26.50), un Pass pour un parc spécifique, un Pass annuel pour un parc spécifique (AU$21), un Pass annuel pour tous les parcs de Western Australian (AU$55). Il faut se renseigner dans l'un des bureaux présents dans toutes les villes.

Les immmanquables de l'Australie occidentale

- **Se promener dans Kings Park** et profiter de la vue imprenable sur la baie et la ville.
- **Se baigner dans l'une des superbes plages,** City Beach, Cottesloe Beach, Scarborough Beach et admirer le soleil se coucher sur l'océan indien.
- **Longer la côte magnifique et sauvage des surfeurs à Margaret River.**
- **Se balader dans les gigantesques forêts d'eucalyptus** géants et centenaires entre Pemberton et Denmark.
- **Découvrir les Pinnacles** en passant par les énormes dunes de Lancelin.
- **Explorer les merveilleux fonds marins et coralliens** de Coral Bay à Ningaloo Reef.
- **Accéder à l'étourdissant Karijini National Park avec ses chutes d'eau** dans un canyon de rochers rouges et sa piscine naturelle, couleur émeraude.
- **Visiter Broome et sa fameuse plage Cable Beach.**
- **S'aventurer dans les Kimberley,** la région la plus sauvage et dépaysante.

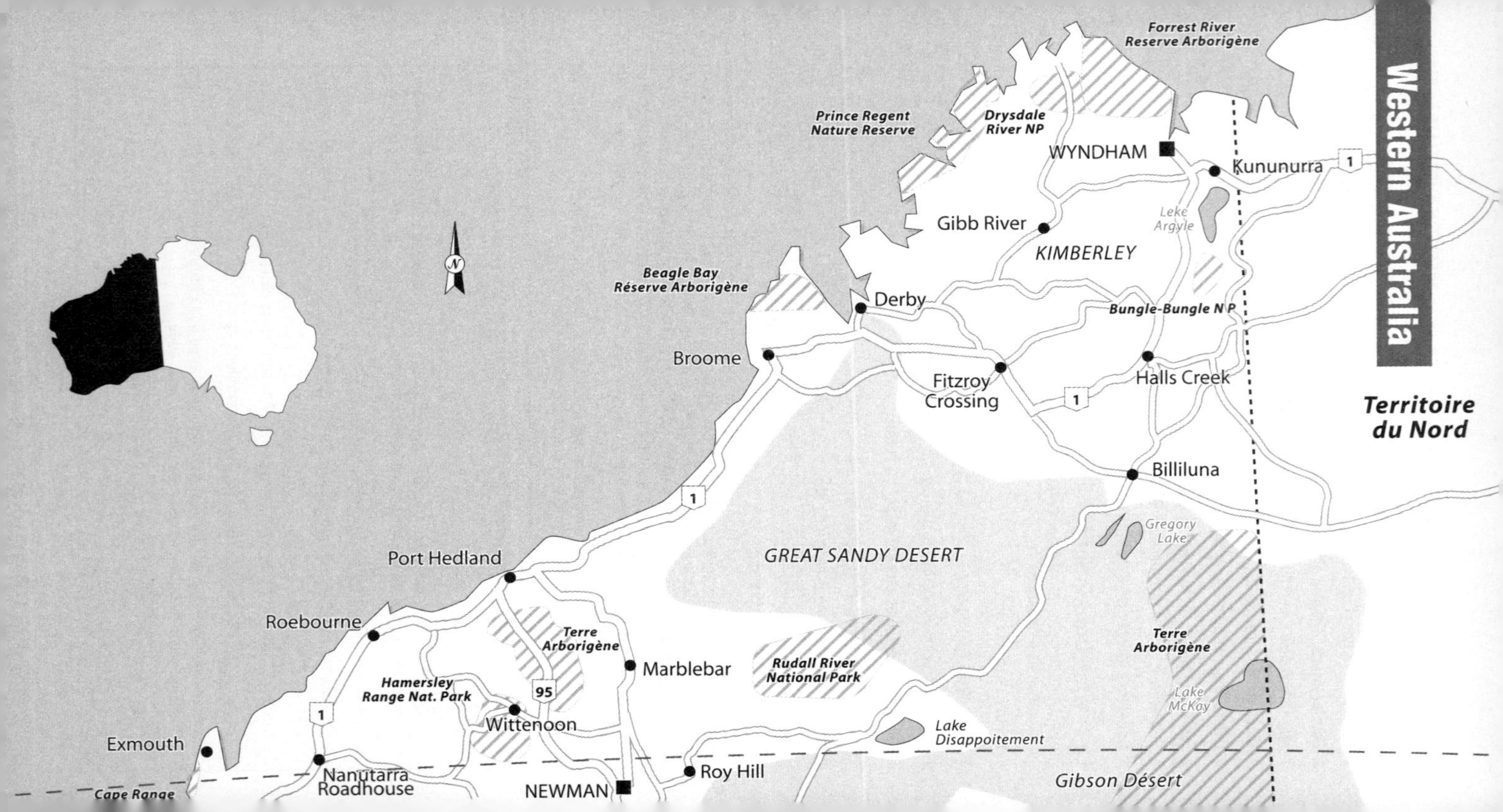
Western Australia
Territoire du Nord
Forrest River Reserve Arborigène
Prince Regent Nature Reserve
Drysdale River NP
WYNDHAM
Kununurra
1
Leke Argyle
Gibb River
KIMBERLEY
Beagle Bay Réserve Arborigène
Derby
Bungle-Bungle N P
Broome
Fitzroy Crossing
Halls Creek
Billiluna
Gregory Lake
GREAT SANDY DESERT
Port Hedland
Roebourne
Terre Arborigène
Marblebar
Rudall River National Park
Hamersley Range Nat. Park
95
Wittenoon
Lake Disappoitement
Lake McKay
Exmouth
Nanutarra Roadhouse
Roy Hill
Cape Range
NEWMAN
Gibson Désert
N

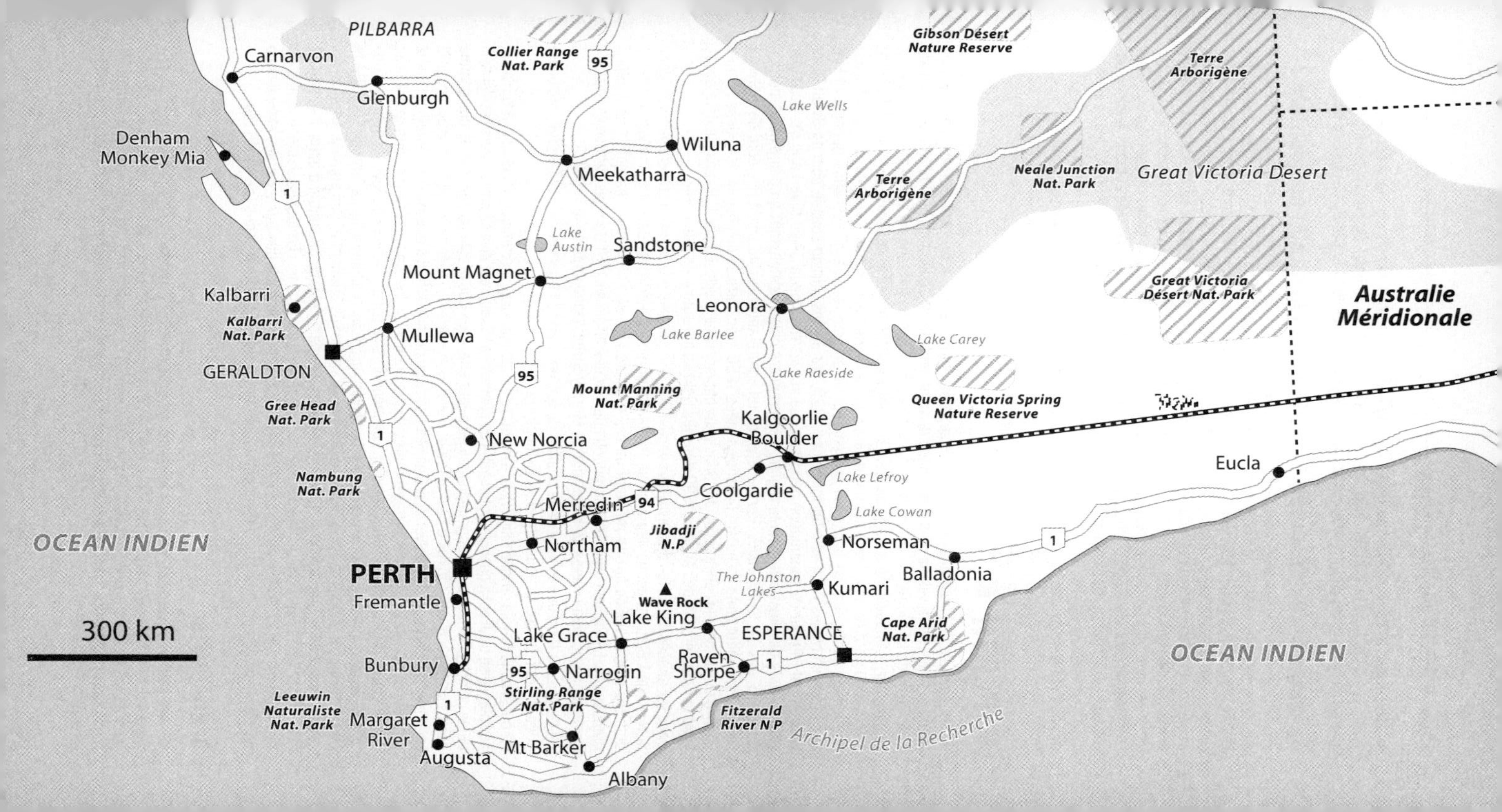
PILBARRA
Carnarvon
Glenburgh
Collier Range Nat. Park
95
Gibson Désert Nature Reserve
Terre Arborigène
Lake Wells
Denham Monkey Mia
Wiluna
Meekatharra
1
Terre Arborigène
Neale Junction Nat. Park
Great Victoria Desert
Lake Austin
Sandstone
Mount Magnet
Great Victoria Désert Nat. Park
Kalbarri
Kalbarri Nat. Park
Leonora
Australie Méridionale
Mullewa
Lake Barlee
Lake Carey
GERALDTON
95
Lake Raeside
Mount Manning Nat. Park
Gree Head Nat. Park
Queen Victoria Spring Nature Reserve
Kalgoorlie Boulder
1
New Norcia
Eucla
Nambung Nat. Park
Lake Lefroy
Coolgardie
94
Merredin
Lake Cowan
OCEAN INDIEN
Jibadji N.P
Northam
Norseman
1
PERTH
The Johnston Lakes
Balladonia
Kumari
Wave Rock
Fremantle
Lake King
300 km
Lake Grace
ESPERANCE
Cape Arid Nat. Park
OCEAN INDIEN
Raven Shorpe
1
Bunbury
95
Narrogin
Stirling Range Nat. Park
Leeuwin Naturaliste Nat. Park
1
Fitzerald River N P
Margaret River
Archipel de la Recherche
Mt Barker
Augusta
Albany

■ **INFORMATIONS © (08) 9334 0333 - www.naturebase.net -** Les principaux parcs nationaux sont : le Kimberley, le Karijini et le Cape Range au nord, le Kalbarri au centre-ouest, les terres aborigènes au centre-est, le Walpole Nornalup, le Stirling Range et le Cape le Grand au sud.

De quelle façon découvrir le meilleur de l'Australie occidentale ?

Les vols internationaux se posent à Perth. La capitale peut être le point de départ de l'aventure australienne. L'immensité de l'Etat nécessite souvent un choix d'itinéraires et d'activités : un budget illimité permet la découverte de tout le territoire de l'Ouest via l'avion, sinon il faut se restreindre à une région. A moins de disposer de 2 à 3 mois de vacances pour tout découvrir, il faut songer à revenir ! Le transport peut déterminer le voyage à effectuer car il faut parcourir beaucoup de kilomètres pour profiter des merveilles de cet Etat. Ainsi, un 4x4 est certainement le mode de transport le plus approprié pour sortir des sentiers battus, mais reste plus onéreux que les déplacements en lignes régulières d'autocars. Globalement, le choix de la découverte peut se faire entre les tours organisés, les autobus, le camping-car ou le 4x4 pour les déplacements et entre le réseau d'auberges de jeunesse (YHA), les campings, les hôtels et les chambres d'hôtes pour l'hébergement. L'avion est également un bon compromis si l'on désire vivre le contraste du Nord et du Sud (qui demande 4 à 6 jours de route en voiture).

■ PERTH ■

Perth, capitale de l'Australie occidentale et séparée de Sydney par 4 000 km, est une cité moderne réputée pour être la ville la plus ensoleillée du continent. C'est également la plus isolée du monde avec 80 % de la population de l'Etat (soit environ 1,5 million de personnes) habitant dans la ville et sa périphérie. Située sur les bords de la rivière, entre l'océan Indien et la chaîne des Darling Ranges, à 10 km du bord de mer, Perth est une ville qu'on dit « heureuse » et qui a vraiment de quoi faire le bonheur de ses habitants : la plupart passent leur vie au grand air. La ville est aussi appelée « l'Etat des fleurs sauvages ». La ville fut fondée en 1829, par James Stirling sous le nom de Swan River Settlement (du fait de sa situation géographique sur les rives de la Swan River) afin de dissuader les Français de s'installer dans la région. Les premiers colons s'établirent un peu plus au nord, à Guildford, dans la Swan Valley. Perth n'était qu'un centre administratif sur la rive nord de la Swan. Sa croissance fut lente, débutant dans les années 1850 avec l'arrivée des bagnards utilisés comme main-d'œuvre pour la construction des principaux bâtiments de la ville. La cité s'est ensuite développée avec la ruée vers l'or des années 1890 dans les Gold Fields autour de Kalgoorlie.

Dans les années 1960, les découvertes successives d'immenses gisements de divers minerais dans le Nord de l'Etat ont donné lieu à un véritable boom minier. Perth est devenue une ville moderne dont les gratte-ciel de la City reflètent un ciel toujours bleu et où l'on peut ressentir une sérénité quotidienne. La City est organisée autour du quartier des affaires sur St Georges Terrace et des rues commerçantes piétonnières de Hay Street et Murray Street (zone appelée le « mall »).

Au nord de la City, une fois passé le chemin de fer, on trouve le quartier de Northbridge, populaire pour ses hôtels, ses restaurants et sa vie nocturne.

A l'ouest de la City se dévoile Kings Park avec entre autres une vue panoramique sur la ville et la rivière. Les plages se trouvent à quelques kilomètres du centre ville. La ville est divisée en quartiers résidentiels et les centres commerciaux sont implantés en périphérie. Bien que la ville soit encore perçue comme campagnarde aux yeux du reste de l'Australie, Perth ne boude ni la modernité ni la technique, ce qui la rend très dynamique. Ville universitaire et très cosmopolite, son attrait s'explique certainement par la douceur de vivre qu'il fait bon partager autour du traditionnel barbecue toute l'année durant grâce au climat et à la profusion des parcs équipés. Les méandres de la très belle Swan River constituent une toile de fond magnifique pour le yachting et la navigation à voile en pleine ville. Le ferry de South Perth opère tous les jours sur la Swan River jusqu'au célèbre port de Fremantle. Des autobus gratuits, les cats, parcourent le centre ville du lundi au vendredi. Pendant l'été, de décembre à mars, il fait de 30 °C à 40 °C, et très sec. Mais cette chaleur est tempérée le soir par le « Fremantle Doctor », une brise bienfaisante venant de l'océan Indien. L'hiver, de juin à août, connaît quelques averses et beaucoup de soleil, avec une température d'environ 18 °C. Les nuits sont alors fraîches (de 4 à 10 °C).

Transports

■ **AEROPORT A REDCLIFFE, à 20 minutes du centre ville.** *Compter AU$30 en taxi pour vous y rendre.* La navette de l'aéroport © (08) 9277 7958) permet les transferts du terminal international ou national au centre ville pour AU$15 par adulte, AU$12 par enfant et AU$42 pour une famille de 2 adultes et 2 enfants. Il existe également une navette pour les transferts de l'aéroport à Fremantle © (08) 9335 1614.

Découvrir l'Australie occidentale autrement

Bibbulmum Track

BIBBULMUM TRACK FOUNDATION. Cloisters Suare, Perth ✆ (08) 9481 0551 - (08) 9321 0649 - www.bibbulmumtrack.org.au - Ouvert depuis 1998, le Binnulmum Track est un sentier pédestre d'une distance de 1 000 km entre Perth et Albany. Accessible à tous les niveaux, on peut y effectuer une balade, y faire une randonnée ou le parcourir dans sa totalité (compter 8 semaines). Sur le chemin, des aires de repos sont aménagées (abris, toilettes et barbecues) mais on peut également séjourner dans les communes traversées. On peut partir à l'aventure avec son sac à dos, ou partir en groupe. Un calendrier regroupe les événements qui ont lieu sur le Bibbulmum Track.

Munda Biddi

MUNDA BIDDI TRAIL FOUNDATION BENTLEY DELIVERY CENTRE ✆ 04 22 112 229 - (08) 9481 2483 - www.mundabiddi.org.au - Signifie « chemin à travers la forêt » en dialecte aborigène. Cette piste de 900 km relie Perth à Albanie et offre la possibilité aux cyclistes de faire du vélo hors des sentiers battus, sur le même principe que le Bibbulmum track.

ABOUT BIKE HIRE ✆ (08) 9221 2665. Forfait pour le parcours, compter AU$160 pour la 1re semaine, puis AU$90 la 2e, puis AU$51 la 3e et AU$28 la 4e.

Golden pipeline heritage trail

NATIONAL TRUST OF AUSTRALIA. 4 Havelock Street, West Perth - ✆ (08) 9321 3088 - www.goldenpipeline.com.au - Cet oléoduc permet l'approvisionnement en eau d'environ 100 000 personnes et de plus de deux millions de moutons. Sur le chemin, écoutez les histoires des ouvriers et de leur famille, découvrez le passé minier de la région et rencontrez les gens qui y vivent.

Indian Pacific

www.railaustralia.com.au/introduction.htm - Le train Indian Pacific relie l'océan Indien à l'océan Pacifique et traverse donc le continent dans sa totalité soit 4 352 km d'ouest en est. C'est la voie ferrée droite la plus longue. Le trajet relie Perth à Sydney en passant par Adelaide et en traversant des paysages uniques (plaines, désert, outback, montagnes...). Il est possible de faire des excursions lors de l'arrêt du train dans certaines régions ou villes traversées (en vente à bord du train). Il existe différentes façons d'emprunter l'Indian Pacific et l'on peut emmener sa voiture si l'on ne désire utiliser qu'un tronçon. Les prix commencent à AU$560 pour un aller simple Perth-Sydney (mais on dort sur son siège), AU$1290 pour dormir en cabine et AU$1690 pour une cabine 1re classe.

Craddle Mountains,.

Les parcs nationaux

■ **LE CALM gère les 63 parcs nationaux recensés en Australie occidentale. Informations ✆ (08) 9334 0333 - www.naturebase.net -** Il est possible de se procurer différents forfaits pour accéder aux 24 parcs nationaux payants : un Pass pour les vacances qui est valable pour tous les parcs pendant un mois (AU$26.50), un Pass pour un parc spécifique, un Pass annuel pour un parc spécifique (AU$21), un Pass annuel pour tous les parcs de Western Australian (AU$55). Il faut se renseigner dans l'un des bureaux présents dans toutes les villes. Les principaux parcs nationaux d'intérêt sont le Kimberley, le Karijini et le Cape Range au nord, le Kalbarri au centre-ouest, les terres aborigènes au centre-est, le Walpole Nornalup, le Stirling Range et le Cape Le Grand au sud.

Les circuits organisés

Beaucoup de circuits sont organisés au départ de Perth. Ce mode de voyage permet de découvrir le pays et de faire des rencontres. Que ce soit à la journée, à la semaine, au mois, en autocar, en 4x4, en autocar 4x4, un grand choix est proposé, notamment par thème et destination. Citons entre autres les organisateurs suivants.

■ **EASYRIDER BACKPACKER TOURS ✆ (08) 9226 0307 - www.easyridertours.com.au -** Une option pratique est proposée par cet organisateur : le JIJO (Jump In Jump Off - montée, descente) qui permet de descendre dans une des villes-étapes et de reprendre l'un des autres cars pour poursuivre son circuit initial, ce qui offre une grande liberté dans ses déplacements et visites.

■ **AUSTRALIAN ADVENTURE TRAVEL ✆ 1800 621 625 - www.safaris.net.au - email@safaris.net.au -** Certains circuits ciblent les aventuriers extrêmes (après les cyclones et grosses pluies dans le nord de l'Etat entre autres).

■ **ADVENTURE TOURS ✆ 1600 654 604 - Site en français - www.adventuretours.com.au -** *Petits groupe et guide expérimentés. Ils organisent des tours de 8 jours à partir de AU$1595.*

■ **AUSTRALIAN PINNACLES TOURS ✆ (08) 9417 5555 - www.pinnaclestours.com.au -** Certainement le plus complet des organisateurs avec une gamme diversifiée de circuits par lieu, thème, mode de transport. Mention particulière pour l'organisation, l'accueil et pour l'ensemble des prestations.

Parc national de Kakadu.

■ **TAXIS. Swan Taxis** ✆ 13 13 30. **Yellow cab** ✆ 13 19 24. **Black & White** ✆ (08) 9333 3333. **Taxis pour personnes handicapées** ✆ (08) 9333 3337.

Location de voitures

■ **HERTZ AÉROPORT** (terminal 3) ✆ (08) 9479 4788 - www.hertz.com.au

■ **AVIS AÉROPORT** ✆ (08) 9277 1177 - www.avis.com.au

■ **BUDGET** ✆ 130079434 - www.budget.com.au Europcar ✆ 131390 - www.europcar.com.au

■ **THRIFTY** - www.thrifty.com.au - ✆ 1800 331 454

Pour louer un 4x4

■ **BRITZ** ✆ 1800 331 454 - www.britz. fr

■ **SOUTH PERTH FOUR WHEEL DRIVE RENTAL** ✆ (08) 93334333 - www.sp4wd.com.au

Location de vélos

■ **ABOUT BIKE HIRE. Causeway Carpark - Riverside Drive (près de Causeway Bridge) Perth** ✆ (08) 9221 2665 - www.aboutbikehire.com.au

Location de camping-cars

■ **TRAVELLERS AUTO-BARN. 365 Newcastle street, NorthBridge ✆ 1800 674 374 (appel gratuit) – www.travellers-autobarn.com.au**

■ **BRITZ CAMPERVAN** ✆ 1800 331 454 - www.britz.fr

■ **BACKPACKER CAMPERVAN RENTALS** ✆ 1800 670 232 - www.backpackerscampervans.com

■ **WICKED CAMPERVAN** ✆ 1800 246 869.

■ **APOLLO MOTORHOME HOLIDAYS PERTH. 141-151 Adelaide Terrace. Réservations** ✆ 1800 777 779.

Lignes d'autocars

■ **GREAT WESTERN COACH TOURS** ✆ (08) 9490 2455 - gwct@iinet.net.au

■ **SWAN GOLD CHARTER TOUR** ✆ (08) 9451 5333 - www.swangold.com.au

Train

■ **GARE INTERSTATE. GREAT SOUTHERN RAILWAY ✆ 13 21 47 - www.trainways.com.au -** C'est du East Perth Terminal que part l'Indian Pacific vers l'est.

■ **GARE LOCALE. Wellington Street (entre le mall et Northbridge).** Le train local s'appelle le Fastrak et va à Fremantle, Midland, Armadale et Clarkson.

■ **L'AGENCE TRANSWA, à la gare locale de Wellington Street, est très efficace.** Transperth gère le Fastrack, les bus et les navettes bateaux. **Transperth Infoline** ✆ 13 62 13. Il est possible de mettre son vélo dans le train, hors heures de pointe pendant les jours de semaine, c'est-à-dire entre 7h et 9h et entre 16h30 et 18h30 - www.transwa.wa.gov.au

Bus – Tram

■ **LE CAT** est un service de bus gratuit desservant le centre ville : Blue Cat va du nord au sud, Red Cat va de l'est à l'ouest, et Yellow Cat circule dans le centre ville.

■ **WELLINGTON STREET BUS STATION ✆ 13 62 13.** *Le ticket à l'unité (AU$2,00) permet les transferts entre bus, train local ou ferry dans la zone concernée (il existe 9 zones). Ticket pour la journée : AU$8.*

■ **THE PERTH TRAM** est une copie du premier tram de 1899. Il part du 306 Murray Street et va à Kings Park, au Burswood Casino, à Barrack Street Jetty via la City. Le trajet est commenté par le conducteur. Sept départs quotidiens du lundi au vendredi de 8h à 16h30. Tour complet d'une durée d'une heure et demie, avec haltes sur demande. *Les tickets s'achètent à bord : adultes AU$24, enfants moins de 15 ans AU$10, famille (2 adultes et 2 enfants) AU$48.* **Renseignements** ✆ (08) 9322 2006 - www.perthtram.com.au

Perth
Highgate
East Perth
Northbridge
West Perth
Perth Terminal Rly
Claysbrook Station
Perth Oval
Wellington Square
City Station
West Perth Station
Bus Station
Post Office
Miss Maud
Ansett Pioneer, Greyhound Terminals
Concert Hall
The Esplanade
Central Bus Station
Transport Information Center
Car Park
Quality Princes Hotel
Aboriginal Art Gallery
Narrows Interchange
Kings Park
JEWELL ST
PLAIN ST
BROOK ST
ROYAL ST
GODERICH ST
BENNETT ST
CLAISEBROOK ROAD
SUMMERS ST
LORD ST
WINTTENOOM ST
WELLINGTON ST
HILL ST
LINCOLN ST
SMITH ST
PARRY ST
SHORT ST
BULWER ST
BEAUFORT ST
PIER ST
MOORE ST
VICTORIA SQUARE
VICTORIA AV
IRWIN ST
BRISBANE ST
WILLIAM ST
MURRAY ST
LAKE ST
ABERDEEN ST
FRANCIS ST
JAMES ST
PALMERSON ST
NEW CASTLE ST
MALL
GEORGES TCE
BARRACK ST
ESPLANADE
STUART ST
PARKER ST
ROE ST
FITZGERALD ST
JOHN ST
KING ST
HAY ST
MILL ST
DRIVE
CHARLES ST
MILLIGAN ST
ELDER ST
FWY
DYER ST
MALCOM ST
MOUNTS ST
BAY ROAD
MOUNTS
CAMBRIDGE ST
FRASER AV
1
2
3
4
5
6
7
8
9
10
11
12
13
16
17
18
19
21
22
23
24
25
26
27
28
29
30
31
34
35
36
37

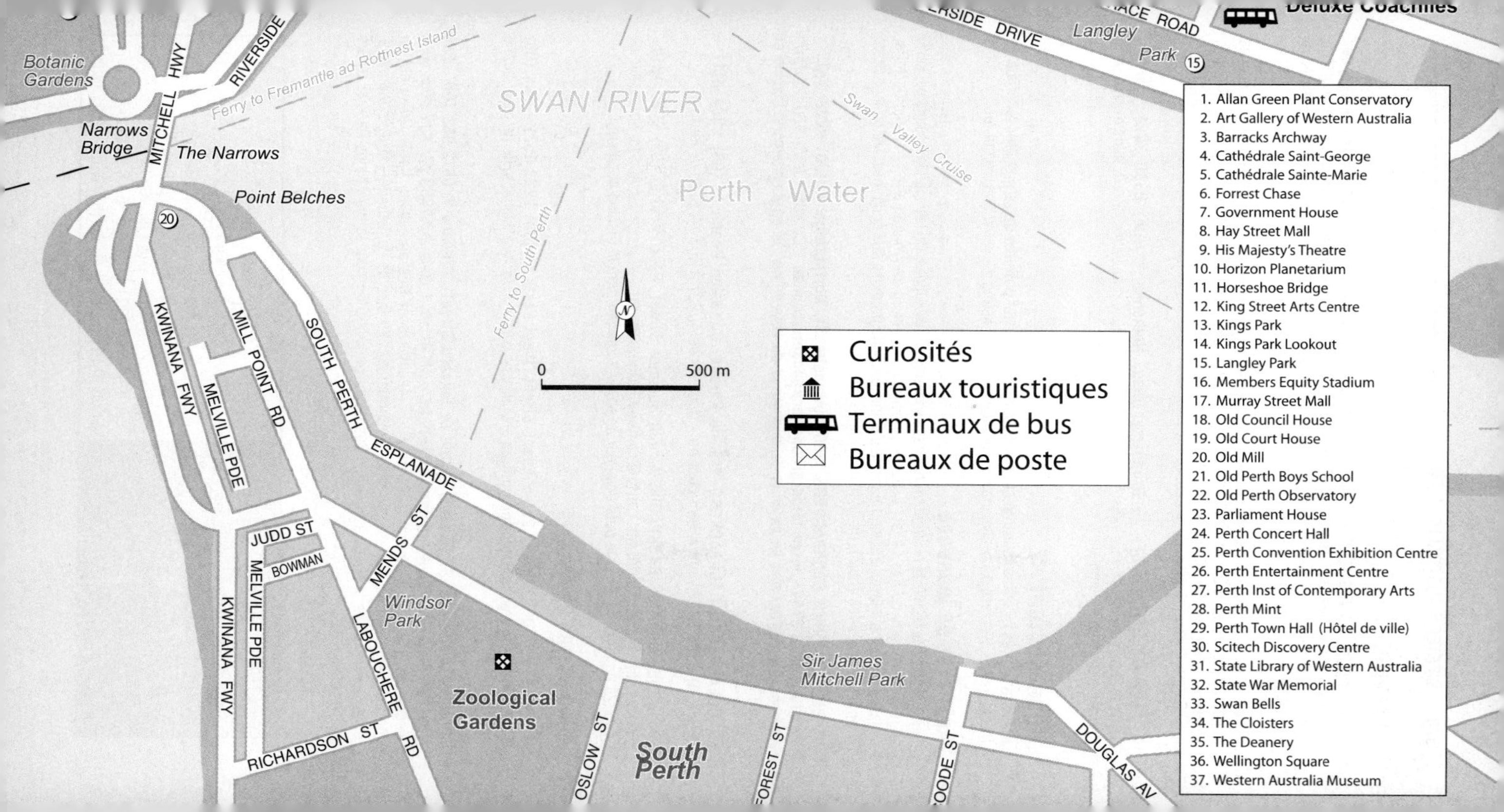
Deluxe Coachlines
Botanic Gardens
Narrows Bridge
MITCHELL HWY
RIVERSIDE
Ferry to Fremantle ad Rottnest Island
The Narrows
Point Belches
SWAN RIVER
Perth Water
Swan Valley Cruise
Ferry to South Perth
Langley Park
RIVERSIDE DRIVE
KWINANA FWY
MELVILLE PDE
MILL POINT RD
SOUTH PERTH ESPLANADE
JUDD ST
BOWMAN
MENDS ST
LABOUCHERE RD
RICHARDSON ST
Windsor Park
Zoological Gardens
OSLOW ST
South Perth
Sir James Mitchell Park
DOUGLAS AV
0
500 m
N
Curiosités
Bureaux touristiques
Terminaux de bus
Bureaux de poste
1. Allan Green Plant Conservatory
2. Art Gallery of Western Australia
3. Barracks Archway
4. Cathédrale Saint-George
5. Cathédrale Sainte-Marie
6. Forrest Chase
7. Government House
8. Hay Street Mall
9. His Majesty's Theatre
10. Horizon Planetarium
11. Horseshoe Bridge
12. King Street Arts Centre
13. Kings Park
14. Kings Park Lookout
15. Langley Park
16. Members Equity Stadium
17. Murray Street Mall
18. Old Council House
19. Old Court House
20. Old Mill
21. Old Perth Boys School
22. Old Perth Observatory
23. Parliament House
24. Perth Concert Hall
25. Perth Convention Exhibition Centre
26. Perth Entertainment Centre
27. Perth Inst of Contemporary Arts
28. Perth Mint
29. Perth Town Hall (Hôtel de ville)
30. Scitech Discovery Centre
31. State Library of Western Australia
32. State War Memorial
33. Swan Bells
34. The Cloisters
35. The Deanery
36. Wellington Square
37. Western Australia Museum

Pratique

■ **OFFICE DU TOURISME. Perth Visitor Centre. Corner Wellington Street et Forest Place, sur le Mall ✆ 1300 361 351 (appel gratuit) - www.westernaustralia.net/** - Un petit guide gratuit complet est disponible pour toutes les informations de base sur Perth et ses environs, « What's on » www.whatson.com.au

▶ **Les vacances scolaires en Western Australia :** rentrée scolaire début février ; vacances d'automne en avril (Pâques) ; vacances d'hiver en juillet ; vacances de printemps en octobre ; vacances d'été mi-décembre (Noël et jour de l'An). Durant ces périodes, les prix augmentent, quelquefois de façon importante.

■ **ALLIANCE FRANÇAISE. 75 Broadway Road, Nedlands ✆ (08) 9386 7921 - www.afperth.asn.au** - Venez vous ressourcer en langue française, magazines, livres, films et chansons dans une ambiance familiale.

Hébergement

Il existe un très grand nombre de choix d'hébergement. Il est possible de se procurer à l'office de tourisme le « Western Australia accommodation and tours listing » - www.staywa.net.au

Auberges de jeunesse

Les auberges de jeunesse en Western Australia sont très bien équipées. On les appelle les backpackers, tout comme ceux qui les utilisent. Sur le principe de la vie en communauté, on partage dortoirs, cuisine, machine à laver, souvent aussi la piscine. Endroits propices aux échanges, les backpackers proposent aussi des chambres doubles pour les couples.

■ **UNDERGROUND BACKPACKERS. 268 Newcastle St, Northbridge ✆ (08) 9228 3755 - Fax (08) 9228 3744 - www.undergroundbackpackers.com.au** - *Compter de AU$20 à AU$65 par personne et par nuit en fonction de la durée et du type de dortoir ou de chambre.* Piscine et billard.

■ **OCEANBEACH BACKPACKERS. Marine Parade, Cottesloe Beach ✆ (08) 9384 5111 - Fax (08) 9384 5222 - www.obh.com.au** - *Compter de AU$21 à AU$84. Salle de jeux.*

■ **RAINBOW LODGE BACKPACHERS. 133 Summer Street, East Perth ✆ (08) 9227 1818 - www.rainbowlodge.com.au - info@rainbowlodge.com.au** - *A partir de AU$15 en dortoir ou AU$ 28 en chambre avec le petit déjeuner et accès à Internet gratuit.* Piscine et billard.

Bien et pas cher

■ **BEATTY LODGE HOTEL. 235 Vincent Street, West Perth ✆ (08) 9227 1521 - Fax (08) 9227 6509 - www.beattylodge.com.au** - *Chambre double AU$50.* Piscine, salle de jeux, bonne situation.

■ **KENATA RENTAL. 37 Fairway (angle de Edward Street), Crawley ✆ 0412 953 100 - Fax (08) 9389 8326 - www.reachme.at/kenata** - *Minimum 4 nuits à AU$65 par nuit pour deux personnes.* Idéal pour de courts séjours, les meublés sont très agréables. Rod Bradley est en charge de cet endroit et c'est une mine d'information. En face de l'université, centre commercial et take-away dans le Brodway Center. Bus direct pour la City, pour la mer, Kings Park et rivière accessibles à pied.

SULLIVANS
HOTEL
Un charmant petit hôtel
Situé à côté de Kings Park
Tarifs à partir de AU$120
T. +61 8 9321 8022 F: +61 8 9481 6762
www.sullivans.com.au perth@sullivans.com.au

Bed and Breakfast

■ **CAESIA HOUSE. 32 Thomas Street, Nedlands ✆ (08) 9389 8174 - 1800 008 206 (appel gratuit) - Fax (08) 9389 8173.** *Sur réservation seulement, à partir de AU$85 la nuit, avec piscine.* Location idéale, proche de Kings Park, des plages et non loin du centre ville.

■ **PARKSIDE. 21 Woolnough Street, Daglish ✆ (08) 9388 6075 - www.parksidebandb.com.au -** Situé non loin de la City et du quartier authentique de Subiaco avec ses marchés, ce Bed and Breakfast propose des chambres avec salle de bains et spa, télévision, frigo à partir de AU$110.

Appartements

■ **MOUNTS BAY WATERS. 112 Mounts Bay Road ✆ (08) 9213 5333 ou 1800 241 343- Fax (08) 9486 7998 - www.mounts-bay.com.au -** Situés sur les bords de la Swan River et à proximité de Kings Park, choix entre 250 appartements tout confort (5 étoiles) et tout équipés à partir de AU$176 pour une nuit sur la base d'une chambre ; compter AU$342 pour une nuit sur la base de 3 chambres. Pour les longs séjours, possibilité de réduction des tarifs.

Luxe

■ **BURSWOOD INTERNATIONAL RESORT. Great Eastern Highway ✆ (08) 9362 8888 ou 1800 999 667 - Fax (08) 9470 2553 - www.burswood.com.au -** *Chambre double allant de AU$200 à AU$840.* Hôtel 5-étoiles de 413 chambres situé sur les rives de la Swan River à 5 minutes du centre ville, très luxueux avec tous les services au sein du resort : piscines, tennis, centre de sport, golf, night-club, casino, 9 restaurants, 6 bars. C'est également un centre de loisirs avec les spectacles en vogue. Le parc permet de magnifiques promenades.

■ **PACIFIC INTERNATIONAL SUITES. 305 Murray Street, centre ville ✆ (08) 9347 7013 - 1800224584 - www.pacificinthotels.com.au.** *Chambre double AU$255.*

■ **RENDEZ-VOUS OBSERVATION CITY HOTEL. The esplanade, Scarborough beach ✆ (08) 9245 1000 - www.rendezvoushotels.com -** *A partir de AU$160 pour une nuit en chambre double.* Pour une vue imprenable sur la mer, hôtel 5-étoiles avec 327 chambres donnant sur l'océan Indien, et qui propose toutes les services à ses clients : 3 restaurants, 4 bars, spa et piscine chauffée, court de tennis et salle de fitness. Accès direct à la plage. Ce quartier est plus jeune que le centre ville, avec beaucoup de surfers et une ambiance estivale tout au long de l'année.

Restaurants

Il y en a pour tous les goûts et toutes les bourses, à tous les coins de rue. Petits déjeuners, brunchs, déjeuners, morning or afternoon break (goûters), dîners, collations, sur le pouce, à table ou à emporter, traditionnel ou exotique… La mention BYO indique que l'on peut venir avec sa bouteille de vin. C'est une habitude très répandue ici, mais il faut savoir que l'on ne peut pas acheter de vin au supermarché, il faut aller dans les « bottles shops » qui sont les seuls habilités à vendre de l'alcool.

Gourmet

■ **RESTAURANT LOUNGE IN THE SKY.Level 33 St Martins Tower, 44, St Georges Terrace ✆ (08) 9220 8333 -www.crestaurant.com.au -** *A la carte : 2 plats AU$70.* Vue imprenable sur la ville et la rivière. Cuisine moderne et variée allant des sushis au filet de kangourou.

■ **MATILDA BAY RESTAURANT. 3 Hackett Drive, Crawley ✆ (08) 9423 5000 -www.matbay.com.au -** *Compter AU$80.* Sur les bords de la rivière à Matilda Bay, près du Royal Perth Yacht Club. Produits locaux, viande et fruits de mer.

Traditionnel

■ **THE BRASS MONKEY. 209 William Street, Northbridge ✆ (08) 9227 9596.** Rien à signaler en ce qui concerne la cuisine de ce restaurant qui est aussi un très agréable pub, c'est plutôt pour son superbe cadre intérieur et extérieur qu'on y vient.

■ **FRASER'S RESTAURANT. Fraser Avenue, Kings Park ✆ (08) 9481 7100. - www.frasersrestaurant.com.au -** Une institution, avec une superbe vue sur la ville. Bonne cuisine variée mais un peu chère. Il faut réserver à l'avance.

Exotique

■ **HANS CAFE. 822 Hay Street Perth © (08) 93222259, 245 William Street Northbridge, 500 Hay Street Subiaco.** Chaîne de restaurants asiatiques un peu partout, sympa, bon et pas cher.

■ **TOBA ORIANTAL DINING HOUSE. 340 Beaufort Street, Highgate © (08) 9227 1191.** Cuisine asiatique (indonésienne, thaïe et birmane). *Ouvert pour le déjeuner du mardi au vendredi et pour le dîner du mardi au dimanche.*

■ **NAGOYA SUSHI. Shop 8, Central Park, 777 Hay Street © (08) 9481 8100.** *Ouvert du lundi au samedi de 9h à 21h et le dimanche de 11h à 17h.* Cuisine japonaise au cœur de la ville.

■ **PAVAROTTI CAFÉ. 25 Hampden Road, Nedlands © (08) 9386 5550. BYO.** *Ouvert tous les soirs du lundi au vendredi. Cuisine italienne.*

■ **SANTA FE. 315 Hay Street, Subiaco © (08) 9381 2571.** *Ouvert tous les jours le soir. Réservation recommandée.* Cuisine sud-américaine et mexicaine.

■ **GEORGE'S MEZE. 26 Denis Street, Subiaco © (08) 9388 1585.** *Ouvert pour déjeuner et dîner.* Spécialités grecques. Petit jardin. Un peu bruyant à l'intérieur mais délicieux.

Take-away

■ **SUBWAY.** Chaîne présente dans tous les quartiers. Faites votre propre sandwich avec un grand choix d'ingrédients. Pratique et sympa.

■ **WOK IN A BOX.** Nooddles et autres plats asiatiques. Chaîne présente dans de nombreuses banlieues.

■ **HOT BOX. 38, Broadway Road, Nedlands ©(08) 93866600.** Noodles et curries. Bon et pas cher.

■ **KEBABZZBAR. Shop G18 Westcentre 1260 Hay Street, West Perth © (08) 9322 9988.** Aussi au centre ville **Shop** 19, St Georges Terrace © (08) 94861777. Toutes les variétés de kebabs.

Manger et se divertir

■ **UNIVERSAL BAR. 221 William Street, Northbridge © (08) 9227 6771 - www. universalbar. com.au** - *Ouvert tous les jours à partir de 16h.* Jazz et musique live.

■ **ALBION HOTEL. 535 Stirling Highway, Cottesloe © (08) 9384 0021.** *Musique live du mercredi au dimanche.* On peut faire griller sa viande soi-même et manger dans de vieilles rames de tramway.

Sortir

■ **PERTH CONCERT HALL. 5 Saint George Terrace © (08) 9231 9900.** Auditorium et théâtre. Cet endroit très populaire propose une grande variété de divertissements.

■ **ENTERTAINMENT CENTRE. Wellington Street © (08) 9322 4766.** Une salle de spectacle récente de 8 000 places qui témoigne de l'ambition culturelle de Perth d'atteindre un niveau international.

■ **BURSWOOD RESORT CASINO. Great Eastern Hwy © (08) 9362 7777.** *Casino ouvert tous les jours, entrée gratuite.* L'une des plus grandes surfaces de jeux du monde. Grande salle de jeux : vingt et un, mini baccara et la roulette. Burswood se targue d'être le casino d'Australie où l'on joue le plus gros. Une tenue habillée est exigée à l'entrée : ni jeans ni tennis. Burswood renferme également une salle de concert, d'événements culturels et de spectacles.

■ **KINGS PARK SUNSET CINEMA.** Cinéma en plein air pendant la période estivale (de décembre à mars). Tickets en vente sur place. Ambiance très détendue, l'idéal est d'arriver vers 18h pour s'installer (prévoir plusieurs couvertures pour l'humidité du sol et la fraîcheur de la nuit) et pique-niquer avant la projection du film.

Branché à Northbridge

■ **ABERDEEN HOTEL (Cherry Bar). 84 Aberdeen Street, Northbridge © (08) 9227 9361.** *Ouvert du lundi au dimanche jusqu'à minuit. Pub et musique live les vendredi et samedi.*

■ **BOG. 361 Newcastle Street, Northbridge © (08) 9336 7751.** *Pub irlandais ouvert le lundi de 18h à 4h, du mardi au samedi de 18h à 6h et le dimanche de 20h à 1h.*

Cool à Cottesloe

■ **COTTESLOE BEACH HOTEL. 104 Marine Parade, Cottesloe © (08) 9383 1100.** *Musique live du jeudi au samedi.* Après la plage, laissez-vous tenter par « le jardin des bières ».

Tranquille à Subiaco

■ **CLANCY'S FISH PUB. 531 Hay Street (angle Railway Rd)** © (08) 9388 3293.

■ **SUBIACO HOTEL. 465 Hay street** © (08) 9381 3069.

■ **IRISH CLUB THE OF WA. 61 Townshend Road, Subiaco © (08) 9381 5213.** *Musique live du jeudi au samedi.*

Points d'intérêt

Entre la Swan River et la voie ferrée, Perth est traversée par dix rues dans le sens de la longueur, et cinq dans celui de la largeur. La ville se découpe en quartiers. Il y a quelques incontournables lieux touristiques et typiques à ne pas manquer.

Le centre ville

Malgré les buildings modernes, Perth a encore gardé le charme de ses maisons coloniales anciennes qui n'ont pas été détruites. La City comprend deux rues piétonnières commerçantes, appelées le Mall : Hay street et Murray street. Elles se rejoignent par plusieurs arcades, dont l'une donne accès à la vieille rue de London Court (construite dans les années 1930), de style Tudor revisité

A l'entrée de London Court, saint George et le dragon apparaissent tous les quarts d'heure au-dessus de l'horloge. Forrest Place est le point d'entrée des passerelles couvertes qui donnent accès au vieux quartier populaire de Northbridge, très couru à présent.

De préférence, ignorez les « walkways » modernes, et traversez les lignes du chemin de fer par le pittoresque Horseshoe Bridge (classé par la National Trust). Une fois dans Northbridge, une maison sur deux semble être un restaurant.

Et si ce n'est pas le cas, c'est un joaillier, une galerie d'art ou une salle de gym. L'emporium des Kakulas Brothers (à gauche sur William Street juste après le pont) est un bazar des mille et une nuits. Cafés torréfiés, épices, poissons séchés, huiles d'olive et graines de toutes sortes.

■ **ST GEORGES CATHEDRAL. St George Terrace.** Cathédrale gothique achevée en 1880 après huit ans de travaux. On peut assister à des concerts lyriques.

■ **ST MARY'S CATHEDRAL. Au bout de Victoria Street.** Cathédrale gothique construite dans les années 1840 et qui est maintenant une chapelle.

■ **MUSEE DES POMPIERS. Murray Street.** *Ouvert tous les jours de la semaine de 10h à 15h.* Exposition d'équipements, de voitures et d'uniformes, photographies.

■ **WESTERN AUSTRALIAN MUSEUM. Francis Street © (08)9427 2700.** *Ouvert de 9h30 à 17h tous les jours. Entrée gratuite.* Collection variée d'animaux marins, avec un squelette de baleine de 25 m. Faune locale. Histoire coloniale et aborigène. La plus grande météorite du monde (11 tonnes).

■ **PERTH MINT. 310 Hay Street, East Perth. Accès avec la Red Cat navette © (08) 9421 7277 - www.perthmint.com.au** - *Ouvert du lundi au vendredi de 9h à 16h et du samedi au dimanche de 10h à 13h. Compter AU$11 par adulte et AU$6.50 par enfant.* Toute l'histoire et le processus de fonte de l'or et des métaux précieux sont expliqués dans cet endroit très surveillé où l'on peut soupeser un lingot.

■ **SWAN BELLS TOWER. Barrack Square, Riverside Drive ✆ (08) 9218 8183 - www.swanbells. com.au** - *Accès avec la Blue Cat navette. Ouvert tous les jours de 10h à 16h. Adulte AU$6 et enfant de 5 à 14 ans AU$ 4. Entrée gratuite le premier mardi du mois.* Swan Bells est le plus grand instrument du monde composé de 18 cloches. Elles sonnent entre 11h30 et 12h30 la semaine et 12h et 14h le week-end, mais il est préférable de vérifier sur le site Internet les événements spéciaux qui sont susceptibles de modifier ces horaires.

■ **KINGS PARK. Fraser Avenue, West Perth ✆ (08) 9480 3600 - www.kpbg.wa.gov.au** - 400 ha de parc, dont une grande partie en bush (nature). On peut se promener par des sentiers dans le bush ou préférer l'une des deux aires aménagées avec des jeux pour les enfants et des barbecues pour les pique-niques. Le parc est un lieu prisé par les habitants de Perth qui se retrouvent autour du traditionnel BBQ. Ne pas manquer le Wildflower Festival dans le Botanic Garden au printemps (octobre) qui fête les tapis de fleurs sauvages qui recouvrent le sol du parc. Le jardin botanique est quant à lui ouvert toute l'année et il est très agréable et instructif de s'y promener. Kings Parc offre une magnifique vue sur la ville et sur la rivière, notamment en empruntant le « top walk », un pont à travers les arbres qui permet d'admirer le paysage. Pendant certaines périodes de l'année (cf. site), les allées d'eucalyptus sont éclairées de lumières multicolores qui donnent au parc une dimension irréelle.

■ **LE MONUMENT AUX MORTS** est dédié aux innombrables soldats australiens morts au combat loin de chez eux (il n'y a jamais eu de guerre sur le sol australien), de la guerre des Boers de 1902 aux « killing fields » du Viêtnam.

■ **PERTH ZOO. 20 Labouchere Road, South Perth ✆ (08) 9474 3551 - www.perthzoo.wa.gov.au** - *Ouvert de 9h à 17h. Entrée AU$16 pour les adultes et AU$8 pour les enfants de 4 à 15 ans (gratuit pour les enfants de moins de 4 ans) et AU$40 pour une famille de 2 adultes et 2 enfants.*

La visite est très agréable, un sentier traverse le jardin des kangourous et autres animaux typiquement australiens. Différentes activités sont proposées (ouverture nocturne l'été avec musique, introduction à la culture aborigène, repas aux animaux...) à vérifier sur le site en fonction de la période de visite.

Dans les environs

■ **AQWA AQUARIUM. 91 Southside Drive, Hillarys Boat Harbour (nord de Perth 20 minutes) ✆(08) 9447 7500 - www.aqwa.com.au** - *Ouvert tous les jours de 10h à 17h. Adulte AU$23, enfant de 4 à 17 AU$13,50 et gratuit pour les enfants de moins de 4 ans ; famille 2 adultes 2 enfants AU$62.* L'aquarium permet de rencontrer toutes les variétés de vie sous-marine peuplant l'Australie occidentale. Dans un tunnel transparent, on visite les grands fonds marins et leurs nombreux habitants, si proches qu'ils semblent être à portée de la main. Tortues, requins, étoiles de mer et poissons innombrables vous environnent de toutes parts. Profitez de votre présence à Hillarys Boat Harbour pour flâner dans les boutiques du port et sur la plage.

■ **WHITEMAN PARK. Entrée par Lord Street, Whiteman (nord-est de Perth 20 minutes) ✆ (08) 9209 6000 - www.whitemanpark.com.au** - *Ouvert tous les jours de 8h30 à 18h.* Grande réserve (4 300 ha dont beaucoup de bush) propice à la détente. Sentiers pour les balades à pied ou à vélo. Boutiques d'artisanat local, activités pour les enfants, parade de tracteurs, tramway. **Musée de l'Automobile** (adulte AU$6, enfant AU$3, famille AU$15) et beaucoup d'autres activités tout au fil de l'année. A côté du village se trouve le **Caversham Wildlife Park** ✆ (08) 9248 1984 - www.cavershamwildlifepark.com.au - Adulte AU$15, enfant AU$6). Il abrite une grande diversité d'animaux du pays : koalas, kangourous, wombats, dingos... et autres espèces exotiques. Le parc est très bien entretenu et le personnel très accueillant.

■ **ADVENTURE WORLD. 179 Progress Drive, Bibra Lake (sud de Perth à 20 minutes) ✆ (08) 9417 9666 - www.adventureworld.net.au** - *Adulte AU$35, enfant de 5 à 15 ans AU$30, famille 2 adultes et 2 enfants AU$116. Ouvert entre octobre et avril de 10h à 17h.* Grand parc d'attraction et de jeux d'eau pour petits et grands. Il faut prévoir la journée complète pour profiter de toutes les activités.

■ **YANCHEP NATIONAL PARK. Wanneroo Road, Yanchep (nord de Perth, à 45 minutes) ✆ (08) 9561 1004.** *Droit d'entrée AU$10 par voiture.* Autour du lac, profitez de la faune et de la flore et partagez la culture aborigène traditionnelle. Possibilité de visiter des grottes. Des tables de pique-nique, des barbecues ont été installés sur place pour passer une journée nature (mais à éviter le week-end car cet endroit est très populaire).

■ **LES DAUPHINS DE ROCKINGHAM. The Cruising Yaght Club Jetty, Val Street ✆ (08) 9591 1333. Environ 35 minutes au Sud de Perth - www.dolphins.com.au** - *Pour voir et entendre les dauphins dans un bateau à fond transparent, 2 heures de croisière avec rafraîchissements, $50 par adulte, $25 par enfant, $125 par famille.* Pour nager avec les dauphins, compter $165 par personne, équipement et déjeuner compris.

■ **PENGUIN ISLAND. ✆ (08) 9528 2004 - www.penguinisland.com.au - Environ 45 minutes au sud de Perth.** Départ de 153 Arcadia Drive, Shoalwater Bay, Rockingham. Un bateau vous emmène dans cette île où vous rencontrerez des pingouins, louerez un kayak pour aller à la rencontre des phoques ou tout simplement nagerez et pique-niquerez (adulte $16, enfant $13). Possibilité de réserver des tours de plongée à partir de $38 par adulte et $28 par enfant.

Plages

Perth se targue d'avoir des plages de surf plus belles qu'aucune autre ville d'Australie. De fait, il y a tout un chapelet de plages surveillées sur l'océan Indien, et aussi des plages plus calmes sur les rives de la Swan River. La plupart des plages sont dotées d'un parc avec des barbecues gratuits à disposition. En fin d'après-midi, amenez vos saucisses, une bonne bouteille, et admirez le soleil se coucher sur la mer.

■ **COTTESLOE BEACH (bus 102 du centre ville ou train direction Fremantle)** est la plus connue pour son cadre verdoyant et la sûreté de la baignade.

■ **SWANBOURNE BEACH (bus 102 du centre ville)** est la plus populaire pour les naturistes.

■ **CITY BEACH (bus 84 du centre ville)** est parfois calme, parfois agitée et reste donc incertaine.

■ **SCARBOROUGH BEACH (bus 400 du centre ville)** est davantage fréquentée par les surfeurs.

■ **FLOREAT BEACH (bus 84 du centre ville)** est une plage familiale.

■ **TRIGG BEACH (juste au nord de Scarborough Beach)** pour les surfeurs, et encore un peu plus au nord, Mettam's Pool, plage aux eaux plus calmes, avec quelques petites criques.

■ **MULLALLO BEACH (train en direction de Currambine, s'arrêter à la gare de Whitfords et prendre le bus 460),** plage familiale et sûre pour la baignade.

Shopping

La City reste le lieu idéal pour trouver les magasins de souvenirs. Pour éviter la cohue du centre ville, vous pouvez privilégier les quartiers de Subiaco ou aller à Fremantle. Il faut savoir que les magasins ferment généralement à 17h sauf le vendredi soir pour la City et le jeudi soir pour les autres quartiers où les portes se ferment à 21h.

Art aborigène

L'art aborigène est varié mais l'incontournable reste le didgeridoo qui est un instrument de musique.

■ **SUBIACO INDIGEN ART. 115, Hay Street ✆ (08) 9388 2899.** Vaut vraiment le détour.

■ **CREATIVE NATIVE ABORIGINAL ART GALLERY. 32 King Street** ✆ (08) 9322 3398.

■ **ABORIGINAL ART CRAFT GALLERY. Botanic Garden Kings Park.** Exposition de la culture aborigène. Accueil chaleureux.

Bijouteries

De nombreux bijoutiers proposent des opales dans London Court en centre ville.

■ **CHARLES EDWARD. Shop 31, Plaza Arcade 650 Hay St Mall Perth ✆ (08) 9327 1388.** Diamants de la mine d'Argyle.

Marchés

■ **SUBIACO PROPOSE DEUX MARCHES. L'un sur Rokeby Road,** *ouvert du jeudi au dimanche, et l'autre au* **Market Station,** *ouvert du vendredi au dimanche.* On trouve de l'artisanat local et des étals de fruits et légumes, ce qui rend la promenade colorée.

ENVIRONS DE PERTH

FREMANTLE

19 km au sud-ouest de Perth. Fremantle, fondé en 1829, est un port animé très pittoresque, à l'embouchure de la Swan River, d'accès facile en bus, en train, ou en bateau. Les faits historiques rendent la ville très cosmopolite et ce grand port reste le lieu principal pour l'import-export. L'atmosphère y est artiste, presque méditerranéenne... Il est très agréable d'y flâner le week-end, de visiter son célèbre marché ou de s'arrêter aux terrasses des cafés sur South Terrace (cappuccino strip).

Transports

■ **LES BUS N° 97 ET 103 desservent Fremantle ainsi que le train Transperth.** Départs réguliers de la City. Horaires disponibles au bureau d'information de la gare centrale de Perth (Wellington Street). Les billets s'achètent aux arrêts. Au départ de Perth, il est également très agréable de prendre le ferry sur la Swan River qui coule en larges boucles paresseuses.

■ **FERRY CAPTAIN COOK'S CRUISES. N° 3 Per, Barrack Street Jetty ✆ (08) 9325 3341 - www.captaincruises.com.au** - *Départs à 9h45, 11h et 14h (compter 1h30 de trajet), Perth-Fremantle aller simple adulte AU$18, enfant 4-14 ans AU$10, famille 2 adultes 2 enfants AU$51.* Il est également possible de faire une « croisière déjeuner et tram dans Fremantle » départ à 9h45 et retour à 14h tous les jours. Comprend une pause thé ou café, les commentaires du capitaine, un tour d'une heure de la ville en vieux tram puis le retour sur Perth avec un déjeuner-buffet et une dégustation de vin. *Adulte AU$60, enfant AU$40.*

■ Dans le centre de la ville, **LE FREMANTLE CAT** est une ligne de bus qui dessert gratuitement les principaux lieux touristiques et historiques, avec un passage toutes les 10 minutes. Les parkings étant tous payants et limités en temps, il est plus judicieux de se garer en dehors de la ville et de se déplacer avec le CAT.

■ **LE TRAMWAY ✆ (08) 9433 6674.** *Départ de l'hôtel de ville toutes les heures entre 10h et 17h à la découverte de Fremantle, pendant 45 minutes, AU$12.*

Hébergement

■ **BACKPACKERS INN. Freo YHA 11 Pakenham Street ✆ (08) 9431 7065 - Fax (08) 9336 7106.** *De AU$20 à $30 par personne.* A deux minutes à pied de l'arrêt de bus et de la gare. Dans cette atmosphère chaleureuse et relax, les gens restent souvent plus longtemps que prévu. Salle de lecture, table de billard, ping-pong, soirées cinéma et BBQ.

■ **FREMANTLE VILLAGE. Lot 1 Cockburn Road, South Fremantle ✆ (08) 9430 4866 - Fax (08) 9430 8053 – E-mail : info@fremantlevillage.com.au** - *De AU$23 (tente) à AU$77 (cabine).*

■ **ESPLANADE HOTEL. Corner Marine Terrace et Essex Street ✆ (08) 9432 4000 - www.esplanadehotelfremantle.com.au** - *Chambre double AU$165, suite AU$300.* Près du port, un ancien hôtel-pub restauré, avec des vérandas. Trois restaurants et un bar.

Restaurants

Les nombreuses terrasses de cafés et de restaurants ethniques le long du « cappuccino strip », South Terrace, sont très agréables dans ce climat béni par les dieux.

■ **LITTLE CREATURES MICRO BREWERY. 40 Mews Street ✆ (08) 94305155 - 1300 722850 - www.littlecreatures.com.au** - Pour les amateurs de bière faite maison et de cuisine sympa.

■ **CICERELLO'S. Mews Street, Fishing Boat Harbour ✆ (08) 93351991 - www.cicerellos.com.au** - Le fish and chips le plus connu, ambiance décontractée sur la terrasse au bord de la rivière. Pas cher. Attention aux mouettes qui ne se gênent pas pour picorer dans votre assiette.

■ **KAILIS FISH MARKET CAFE. Mews Street, Fishing Boat Harbour ✆ (08) 9335 7755 - www.kailis.com** - Café-restaurant de fruits de mer attenant au marché de poisson, fraîcheur garantie. Grande terrasse en bord de mer. Prix variés.

■ **SAILS SEAFOOD RESTAURANT. 47 Mews Road, Fishing Boat Harbour ✆ (08) 9430 5050.** Un restaurant de poisson au premier étage, donnant sur l'adorable port de pêche et vue sur l'océan.

■ **USINE DE CHOCOLATS « FREMANTLE CHOCOLATE FACTORY ». 312-314 South Terrace-South Fremantle ✆ (08)9335 5529 - www.freochoc.com.au** - Offre une large variété de délicieux chocolats et gâteaux.

■ **THE OYSTER BAR ON THE BEACH. 42, Port Beach Road, North Fremantle ✆ (08) 94306866.** Venez déguster des huîtres au naturel ou épicées et d'autres plats de fruits de mer les pieds dans l'eau. *Le mardi et mercredi, pour le déjeuner, $8 la douzaine d'huîtres.*

Points d'intérêt

Le port de Fremantle offre de nombreux exemples de belles constructions coloniales et des bâtiments historiques. La vie de ce port tranquille fut totalement bouleversée par l'America's Cup en 1987, gagnée par un bateau sponsorisé par Alain Bond. Dans le port de plaisance, on voit encore des yachts d'une taille et d'un luxe impressionnants.

■ **FREMANTLE MARKET. South Terrace, au coin de Henderson Street, reste l'attraction principale de l'endroit.** *Ouvert les vendredi (9h-21h), samedi (9h-17h) et dimanche (10h-17h) dans un magnifique hall victorien de 1897.* On y trouve les légumes et fruits de saison mais surtout l'artisanat local dans une atmosphère détendue (on peut se faire masser le dos pour AU$8 les 10 minutes).

■ **FREMANTLE PRISON. 1 The Terrace ✆ (08) 93369200 - www.fremantleprison.com.au** - *Visites tous les jours de 10h à 17h pour une durée d'1h25.* Visites nocturnes à la bougie les mercredi et vendredi soir à partir de 19h (sur réservation seulement). Adulte AU$15,50 de jour/AU$19,50 de nuit, enfant (4 à 15 ans) AU$8/10,50 et famille (jusqu'à 3 enfants) AU$ 40/50.

■ **MUSEE MARITIME DE FREMANTLE. Victoria Quay ✆ (08) 9431 8444 - www.mm.wa.gov.au** - *Ouvert tous les jours de 9h30 à 17h avec des expositions temporaires et la possibilité de visiter un sous-marin.* Adulte AU$10 ou AU$15 avec le sous-marin, enfant de 5 à 15 ans AU$3/5, famille (jusqu'à 4 enfants) AU$22/35.

■ **MUSÉE DE L'AUTOMOBILE. B Shed, Victoria Quay ✆ (08) 9336 5222.** *Ouvert tous les jours de 9h30 à 17h. Adulte AU$9,50, enfant AU$5, famille AU$23.* Ce musée est constitué d'une collection privée de voitures anciennes ainsi que de motos.

■ **FREMANTLE ART CENTRE. 1 Finnerty Street ✆ (08) 9432 9555 - www.fac.org.au** - *Ouvert de 10h à 17h tous les jours.* Venez à la rencontre de l'art qui fait la réputation de cette ville culturelle. Les expositions ciblent essentiellement les artistes de l'Australie occidentale. Des ateliers créatifs s'y tiennent régulièrement avec différents thèmes (musique, littérature, peinture...) et il y a une boutique de créations.

■ **ROUND HOUSE. 10 Arthur Head. Sur donation.** *Ouvert tous les jours de 10h à 17h.* Première prison de la ville achevée en 1831. On y retrace la vie de l'époque.

▶ Tous les ans a lieu le **Festival de Fremantle** pendant 10 jours au mois de novembre. Les festivités autour du folklore se déroulent dans les rues du South Terrace.

ROTTNEST ISLAND

A 18 km au large de Fremantle, cette île était à l'origine une prison pour les Aborigènes, car les premiers colons avaient beaucoup de mal à faire respecter leurs idées concernant la propriété des terres par ce peuple nomade. La prison fut abandonnée en 1903 et l'île devint un lieu populaire de villégiature des habitants de Perth. L'île tire son nom du découvreur qui a cru y rencontrer un rongeur insolite de la famille des rats mais qui est en fait un marsupial appelé « quokka ». On ne le trouve que sur cette île mais en grande quantité et il n'est pas farouche. On ne peut pas le manquer à la tombée de la nuit car c'est le moment où il sort se nourrir.

Transports

■ **ROTTNEST EXPRESS. C Shed, Victoria Quay, Fremantle Port ✆ (08) 9335 6406 - www.rottnestexpress.com.au** - *Durée de la traversée : 25 minutes. Adulte AU$51 pour un aller-retour le même jour, enfant AU$21, enfant de 1 à 3 ans AU$5. Départ possible de Perth (1h).*

■ **JETTY 2. Estearn Pavilion, Barrack Street Jetty ✆ (08) 9421 5888 - www.boattorque.com.au** - *Adulte AU$66, enfant AU$28, enfant de 1 à 3 ans AU$5.*

■ **LA BICYCLETTE ET LA MARCHE A PIED** sont les seuls moyens de transport sur Rottnest Island. Il est possible d'emmener son propre vélo ou de louer les vélos à l'embarcadère de Fremantle (*à partir de AU$20 par jour*) ainsi que sur l'île ✆ (08) 9292 5105 (*à partir de AU$15 par jour*). La circulation motorisée est interdite, sauf pour les navettes et les bus touristiques qui font des tours commentés de l'île.

Pratique

Pour organiser son séjour sur l'île, contacter :

■ **LE ROTTNEST ISLAND AUTHORITY ADMINISTRATION. Level 1, E shed, Victoria Quay, Fremantle** ✆ (08) 9432 9300 - www.rottnest.wa.gov.au

■ **Une fois sur l'île, LE BUREAU D'INFORMATIONS** ✆ (08) 9372 9732 est la première halte utile pour tous les renseignements nécessaires.

Hébergement

■ **ROTTNEST HOTEL ✆ (08) 9292 5011.** *A partir de $170 la chambre double avec petit déjeuner.*

■ **ROTTNEST LODGE ✆ (08) 9292 5161 - www.rottnestlodge.com.au** - *De AU$155 à AU$460 en fonction de la période et de la chambre* .Petit déjeuner compris.

■ **ROTTNEST ISLAND AUTHORITY** gère l'ensemble des autres types de logements disponibles sur l'île : le camping (*à partir de AU$8 par personne la nuit*), les bungalows (*à partir de AU$80 la nuit*), les cabines (*à partir de AU$105 la nuit*), les villas (*à partir de AU$195*) et les cottages (*à partir de AU$220 la nuit*).

Restaurants

On trouve des « take-away » ainsi qu'une boulangerie et un petit supermarché au village. Pour un repas plus consistant, essayez « Le Dôme » qui est une chaîne de brasseries implantée un peu partout dans la région et d'un bon rapport qualité-prix.

Points d'intérêt

■ **DEUX PHARES VEILLENT SUR L'ILE ET SES LACS SALES.** Une journée entière pour cette très agréable excursion à Rottnest permet de faire le tour de l'île ou de profiter d'une baie pour la baignade et le « snorkeling » (masque et tuba). Le surf et la pêche sont également deux activités bien implantées sur l'île. L'île dispose de 40 km de magnifiques plages de surf et de criques de sable blanc. Les limpides eaux turquoise sont riches en flore marine et en poissons (163 espèces différentes). Pour se relaxer durant quelques jours, cette île est l'endroit idéal car même en pleine saison, l'affluence ne se fait pas sentir et l'ambiance paisible permet de se ressourcer. Les navettes permettent d'aller d'un point à un autre de l'île sans limitation du nombre de trajets sur un même ticket journalier, pour découvrir et profiter de toutes les criques. *Prix pour un adulte AU$7 ; pour un enfant de 3 à 5 ans AU$3,50 et pour une famille de 2 adultes et 2 enfants AU$16,50. La visite commentée de l'île dure deux heures, compter AU$22 par adulte, AU$11 par enfant et AU$49,50 par famille. Renseignements et départs journaliers du Bureau d'informations touristiques.*

AVON VALLEY

■ **WILDFLOWER COUNTRY (le pays des fleurs sauvages).** A 1 heure de route à l'est de Perth. Les paysages semi-arides sont également réputés pour la diversité de leur flore. Plus de 7 000 espèces forment, au printemps, un gigantesque jardin naturel. Quand arrive la pluie, d'un seul coup ces vastes néants se transforment en une immense floraison qui s'étend d'un horizon à l'autre. La plupart de ces fleurs sauvages d'Australie occidentale s'épanouissent en une débauche de couleurs vers septembre-octobre.

YORK

Après les tapis de fleurs de l'Avon Valley, le petit centre rural de York se présente entouré de menus vallons. York date de 1831 et reste chargée d'histoire.

■ **BUREAU D'INFORMATIONS. 81 Avon Terrace ✆ (08) 9641 1301 - www.yorktouristbureau. com.au** - *Ouvert tous les jours de 9h à 17h.*

Hébergement

■ **MOUNT BAKEWELL CARAVAN PARK. Eight Road ✆ (08) 9641 1421.** *Camping car sur site AU$50.*

■ **CASTLE HOTEL. 81 Avon Terrace ✆ (08) 9641 1007.** *Chambre double à AU$100.* Un hôtel pub historique de 1853 avec piscine.

■ **YORK MOTEL. 10 William Street ✆ (08) 9641 2066.** *Chambre double à compter de AU$90.* A l'entrée de la ville en venant de Perth.

Points d'intérêt

■ **SKYDIVE EXPRESS. 353 Oxford Street, Leederville Perth ✆ (08) 9444 4199 - www.skydive. com.au** - Bureau à Perth mais zone de largage à York pour les sauts en chute libre.

■ **WINDWARD BALLOON ADVENTURES ✆ (08) 9621 2 000 - www.windwardballoonadventures.com.au** - La découverte des paysages vus du ciel en montgolfière.

SWAN VALLEY

A 15 km au nord-est de Perth. Rurale et pittoresque, c'est la plus ancienne région viticole de l'Etat, avec une vingtaine de vignobles. La plupart proposent des dégustations et des ventes directes.

DARLING RANGES

A 20 km à l'est, par le Great Eastern Highway. Ces collines, qui s'étirent parallèlement à la côte, au bout de la longue plaine, sont appréciées des habitants de Perth. Ils y pique-niquent au cours de leurs randonnées dans le bush. Pour s'y rendre, prendre les bus 300 et 302 sur George's Terrace.

De ces hauteurs dominant la plaine de Perth, la vue est très belle sur les gratte-ciel de la métropole qui se dressent dans le lointain. Dans le parc national de John-Forrest, les fleurs sauvages s'épanouissent au printemps.

NEW NORCIA

Environ 130 km de Perth, sur le Great Northern highway en direction de Port Headland.

■ **ACCÈS EN AUTOCAR. Great Western Coach Tour** ✆ (08) 9490 2455.

New Norcia est une étonnante mission espagnole établie en 1846. L'endroit a peu changé. Les moines bénédictins vivent et travaillent toujours dans le monastère. Endroit idéal lors d'une retraite spirituelle. Visite sur donation, compter AU$50 la nuit.

■ **BUREAU D'INFORMATIONS** ✆ (08) 9654 8056 - www.newnorcia.wa.edu.au

Hébergement

■ **NEW NORCIA HOTEL ✆ (08) 9654 8034.** *Chambre double à AU$85.*

Points d'intérêt

De beaux exemples d'architecture espagnole ont été conservés.

WALYUNGA NATIONAL PARK

Sur le Great Northern highway, à une heure de route de Perth. Balade agréable dans le bush. Beaucoup d'oiseaux. Kangourous garantis en fin d'après-midi.

■ RÉGION DU SOUTH WEST, SUD DE PERTH ■

▸ **source www.auinfo.com**

En voiture, le plus agréable est de longer la côte par la South Western highway. Au départ de Perth, prendre Fremantle, Rockingham, Mandurah et Bunbury.

■ **Le site www.downsouth.com.au** est riche en informations sur les principales villes du Sud.

■ **PAR CHARTER, Air Australia** ✆ (08) 9417 2246 ou Australia West Air - www.auswestair.com

■ **PAR LIGNE REGULIERE D'AUTOCAR, South West Coach Lines** ✆ (08) 9324 2333.

■ **PAR TRAIN, TRANSWA** ✆ 13 62 13

BUNBURY

A deux heures au sud de Perth, c'est une petite ville qui se développe autour des dauphins.

■ **BUNBURY VISITOR INFORMATION CENTRE** ✆ (08) 9721 7922 - www.bunburybreaks.com.au

Hébergement

■ **BUNBURY VILLAGE HOLIDAY PARK. Angle Washington Avenue et Bussell Heighway ✆ (08) 9795 7107 - www.resortparks.com.au** - *A partir de AU$25 (tente basse saison) jusqu'à AU$120 en chalet.*

■ **BUNBURY BACKPACKERS. Wander Inn.16 Clifton Street ✆ (08) 9721 3242.** *A partir de AU$25.* Proche du centre ville et de la plage, accueillant et bien géré.

Points d'intérêt

■ **DOLPHIN DISCORVERY CENTRE. Bunbury ✆ (08) 9791 3088 - Fax (08) 9791 3420 - www.dolphindiscovery.com.au** - *Adulte AU$4, enfant AU$2 et famille AU$9.* Institution à but non lucratif. Centre d'informations sur les dauphins avec des films et des croquis. Café et restaurant dans l'enceinte du centre. Rendez-vous tous les matins sur la plage délimitée pour attendre les dauphins, en présence de volontaires qui travaillent au centre, toujours disponibles pour répondre aux questions. Les dauphins peuvent venir seuls ou en groupe et la plupart sont bien connus du centre. Ils sont nourris sans excès pour éviter la dépendance et il n'est pas possible de les toucher pour préserver leur habitat naturel et éviter la transmission de microbes inoffensifs pour nous mais qui peuvent être dangereux pour eux. La protection des dauphins est très bien expliquée. Il est également possible d'aller nager avec eux (de novembre à mars) : adulte ou enfant à partir de 8 ans, AU$115. Un peu cher car les dauphins ne sont pas toujours au rendez-vous, mais l'expérience est magique lorsqu'ils sont là !

■ **DEKKED OUT ADVENTURES ✆ /Fax (08) 9796 1000 - dekkedout@iprimus.com.au** - Pour toute activité sportive telle que le kayak de mer, le VTT, l'escalade.

BUSSELTON

Deux heures et demie au sud de Perth. Station balnéaire familiale, au bord de Geographe Bay.

■ **TOURIST BUREAU. 38 Peel Terrace** ✆ (08) 9752 1288 - www.downsouth.com.au

Hébergement

■ **AMBLIN CARAVAN PARK. 583-585, Bussell Highway ✆ (08) 9755 4079 - Fax (08) 9755 4739 - www.amblin-caravanpark.com.au - amblin@amblin-caravanpark.com.au** - *De $19 la tente en basse saison à $105 le cottage en haute saison. Piscine et tennis.*

■ **MOTEL BUSSELTON. 90 Bussel Highway ✆ (08) 9752 1908.** *Chambre double AU$50, avec petit-déjeuner. Réservation très conseillée.*

Points d'intérêt

■ **BUSSELTON JETTY AND UNDERWATERWORLD OBSERVATORY. Main Beachfront, Queen St ✆ (08) 9754 3689 - admin@busseltonjetty.com.au** - La jetée de Busselton, vieille de 140 ans, est longue de 2 km et une partie est toujours en bois. On peut l'emprunter à pied, ce qui est très agréable ou utiliser le petit train qui y circule et qui conduit à l'observatoire sous-marin. On descend alors de 8 m et on peut observer la vie sous-marine dans son milieu à travers de grandes vitres. Le spectacle est garanti. Il faut absolument réserver car il peut y avoir jusqu'à 5 jours d'attente en haute saison. *Pour entrer sur la jetée, compter AU$2,50 (gratuit pour les enfants). Pour la jetée et le train, compter AU$7,50 par adulte et AU$5,50 par enfant (3 à 14 ans). Pour la jetée et l'observatoire, compter AU$15 et AU$7,50. La jetée, le train et l'observatoire, compter AU$20 et AU$11,50.*

Plongée

■ **DIVE SHED. 21A Queen Street ✆ (08) 9754 1615 - diveshed@compwest.net.au** - *A partir de $70.* Débutant ou confirmé, équipement fourni et plongée sous la jetée entre autres.

DUNSBOROUGH

■ **DUNSBOROUGH TOURIST BUREAU. Dunsborough Park Shopping Centre, Seymour Boulevard, Dunsborough** ✆ (08) 9755 3299 - info@dboro.downsouth.com.au

Points d'intérêt

■ **CAPE DIVE. 222 Naturaliste Terrace © (08) 9756 8778.** *Compter AU$85 pour la plongée, matériel inclus.* Organise des plongées dans une épave de navire militaire coulé dans Geographe Bay, le HMASwan. Il est situé à la pointe de Geographe Bay. Plusieurs sentiers permettent de profiter des magnifiques vues sur l'océan. On peut faire des circuits de 30 minutes ou des randonnées d'une demi-journée. Le phare construit en 1903 se visite et l'on trouve également un petit musée de la marine qui retrace l'histoire des lieux.

■ **CAPE NATURALISTE LIGHTHOUSE © (08) 9755 3955.** *Ouvert tous les jours de 9h30 à 16h, visites guidées pour AU$9 par adulte et AU$4,5 par enfant de 5 à 17 ans, famille AU$24.*

YALLINGUP

Hébergement

■ **YALLINGUP BEACH HOLIDAY PARK. ©(08) 9755 2164 ou 1 800 220002 (appel gratuit) - www.yallingupbeach.com.au** - *Tente à partir de AU$20 et cabines jusqu'à AU$125 en haute saison.* Vue imprenable sur la baie, près d'un lagon (sûr pour la baignade) et du très célèbre surf break (grosses vagues pour les surfeurs pro).

Points d'intérêt

■ **SURF.** Tous les bureaux touristiques de la région peuvent donner les informations vitales aux surfeurs (hauteur des vagues, houle, direction du vent...).

■ **NGILGI CAVE.** *Ouvert tous les jours avec des départs toutes les demi-heures. AUD$15 par adulte et AU$5 par enfant (5-17ans), famille (2 adultes/enfants illimités) AU$40.* C'est également la région où l'on trouve d'étonnantes grottes renommées (anciennement nommées Yallingup Caves) du fait d'une légende aborigène relatant le combat entre un bon et un mauvais esprit.

MARGARET RIVER

Située à 277 km au sud de Perth. C'est une petite commune entourée de hautes forêts, de coteaux verdoyants, de grottes de calcaire dans un littoral sauvage et découpé. La petite ville pittoresque de Margaret River, sur la rivière du même nom, se trouve à 8 km de la côte. Réputée pour ses beaux paysages et ses spots de surf, Margaret River est également reconnue pour ses excellents vignobles et son raffinement culinaire.

■ **BUREAU D'INFORMATIONS. Au coin de Bussell highway et Tunbridge Road © (08) 9757 2911.** *Ouvert tous les jours de 9h à 17h.* Vous trouverez toutes les réponses concernant les vignobles.

Hébergement

■ **SURF POINT RESORT. Riedle Drive, Gnarabup Beach © (08) 9757 1777 - www.surfpoint. com.au** - *Compter de AU$25 (dortoir) à AU$165 (familiale).* Sur la plage. Piscine et accès à Internet.

■ **THE MARGARET RIVER LODGE. 220 Railway Terrace © (08) 9757 9532.** *Lit en dortoir AU$20, chambre double AU$50.*

■ **MARGARET BED AND BREAKFAST. 28 Fearn Avenue © (08) 9757 2118.** *Compter AU$100 la chambre double.* En plein cœur de la ville dans une atmosphère détendue pour un bon rapport qualité-prix.

Points d'intérêt

■ **LES VIGNOBLES.** A ne pas manquer. Avec une production de 20 % des meilleurs vins australiens, ils sont renommés dans tout le pays. Environ 50 vignobles différents se trouvent dans la région. Toutes les propriétés, les petites maisons comme les plus importantes, proposent des dégustations. Margaret River est une destination très populaire auprès des habitants de Perth, qui viennent ici en villégiature gastronomique.

■ **WATERSHED WINERY . A l'intersection de Bussell Highway et Darch Road, 4,8 km au sud de Margaret River ✆ (08) 9758 8633 - www.watershedwines.com.au -** *Compter AU$25 pour un plat principal. Il est prudent de réserver à l'avance. Demander Claire*Dans un beau cadre paisible, avec une vue magnifique, venez déguster les vins de ce vignoble et ensuite prenez le temps de déjeuner dans le café-restaurant attenant qui a gagné de nombreux prix pour découvrir une cuisine australienne délicieuse et surprenante. Un espace a été aménagé spécialement pour les enfants.

■ **LES GROTTES** sont également nombreuses (une centaine de grottes calcaires). On y a retrouvé des squelettes du tigre de Tasmanie, race aujourd'hui disparue.

■ **LAKE ET JEWEL CAVE.** *Visites guidées toutes les heures entre 9h30 et 15h30, à 8 km d'Augusta.* Sans doute les plus jolies. Lake cave se trouve dans une forêt dense avec un cratère auquel on accède par un escalier. La grotte produit un effet de salle de bal. Dans l'éclairage artificiel, les murs et le plafond reflètent les eaux du lac intérieur. Mammoth Cave (*visites de 9h à 17h*), sur la Caves Road. Ouvertes depuis 1901. Grandes stalactites. Contacter **CaveWorks** pour un regroupement de tarif pour l'ensemble des grottes ✆ (08) 9757 7411 - www.margaretriverwa.com

AUGUSTA

La Busselton highway (l'axe routier principal) s'arrête à Augusta avec, à proximité, le Cape Leeuwin, le point le plus au sud de Western Australia.

■ **AUGUSTA VISITOR CENTRE. 75 Blackwood Avenue ✆ (08) 9758 0166.** *Ouvert tous les jours de 9h à 17h (9h à 13h le week-end).*

Hébergement

■ **TURNER CARAVAN PARK. 1 Blackwood Avenue ✆ (08)9758 1593 - turnerpark@westnet.com.au -** Au bord de la rivière.

■ **LEEUWIN RIDGE CHALET. ✆ (08) 9758 1443** Tranquillité assurée et vue imprenable dans l'un de ces 2 chalets confortables pouvant accueillir jusqu'à 8 personnes. Possibilité de faire des promenades hors du commun. Paul et Angelica vous guideront. *A partir de AU$130 le chalet pour une nuit.*

■ **AUGUSTA HOTEL MOTEL. Blackwood Avenue ✆ (08) 9758 1944 - www.augustaresorts. com.au -** *Compter AU$85 pour une chambre double.*

■ **LEEUWIN NATURALISTE NATIONAL PARK.** *Camping rudimentaire à Conto pour AU$10 par personne.*

Points d'intérêt

■ **LE CAPE LEEUWIN.** Son phare se dresse sur les bords irréguliers de la côte où se rejoignent les deux océans. A Hillview lookout, on peut profiter d'un panoramique de 360°. En saison (de mai à octobre) on peut voir de la côte les baleines « humpback » au cours de leur longue migration des eaux polaires aux eaux chaudes de l'équateur.

PEMBERTON

La petite ville de Pemberton (900 habitants) se trouve dans une impressionnante forêt de karris, qui peuvent être comparés aux séquoias de Californie. Certains de ces arbres, de 60 mètres de haut, sont âgés de 300 ou 400 ans. Leur bois dur fut exploité et exporté en Angleterre. Ainsi, les traverses en bois du métro de Londres viennent de ces forêts.

■ **BUREAU D'INFORMATIONS. Brokman Street ✆ (08) 9776 1133.** *Ouvert tous les jours de 9h à 17h.*

Hébergement

■ **KARRI VALLEY RESORT. Vasse highway ✆ (08) 9776 2020 - www.karrivalleyresort.com.au -** *Chambre double AU$185 avec petit déjeuner et vue sur le lac.* Situé au milieu de la forêt, dans un paysage magnifique : lac, pont suspendu, chutes d'eau…

■ **GLOUCESTER MOTEL. Ellis Street ✆ (08) 9776 1266 - www.gloucestermotel.wes-oz.com -** *Compter AU$75-85 pour une chambre double.*

La vallée des géants

Le Sud-Ouest de l'Australie occidentale renferme d'impressionnantes forêts de jarrah, marri et de karris. Paysages démesurés lorsque l'on se trouve à côté des ces arbres géants. On y accède par Vasse Highway de Busselton ou par Brockman Highway à partir d'Augusta.

Points d'intérêt

■ **LE GLOUCESTER TREE.** *Droit d'accès au parc AU$10 par voiture.* Pour trouver cet arbre, suivre la route fléchée à partir de Brockman Street dans Pemberton (la route est carrossable). Cet arbre, le plus haut de tous, est muni d'une plate-forme de guetteurs de feux de forêt. 153 pieux fichés dans son tronc forment une sorte d'escalier qui monte en spirale autour de lui, jusqu'à cette plate-forme située à 60 mètres du sol. La vue y est époustouflante, mais la montée n'est pas recommandée à ceux qui sont sujets au vertige. L'arbre doit son nom au duc de Gloucester, qui le visita en 1946. On y rencontre aussi beaucoup d'oiseaux colorés qui mangent dans la main.

■ **BEEDELUP FALLS.** Situées dans le Beedelup National Park, ces chutes d'eau sont impressionnantes l'hiver et le parc se colore de fleurs sauvages pendant le printemps. Une très agréable balade fait le tour du lac et passe par les ponts suspendus de la forêt. Cet endroit est paisible pour un rendez-vous avec la nature.

■ **THE PEMBERTON TRAMWAY ✆ (08) 9776 1322 - www.pemtram.com.au -** Tram ou train qui voyage à travers les forêts gigantesques de karris et de jarrah. Au départ de Pemberton avec le choix de différents trajets. *Adulte de AU$18 à AU$28, enfant (4 à 6 ans) de AU$9 à AU$14, enfants moins de 4 ans AU$3. Possibilité également de prendre un cours à la journée, de conduire vous-même le train pour AU$580.*

■ **PEMBERTON DISCORVERY TOURS ✆ (08) 9776 0484. - www.pembertondiscoverytours.com.au -** Propose des circuits en 4x4 avec différents thèmes : les vins, la pêche (à la truite), les dunes et les forêts, croisières en bateau, canoë...*Compter environ AU$75 pour la demi-journée avec rafraîchissements.* Un bon moyen de sortir des sentiers battus. Réservation indispensable (demander Toni).

Shopping

Plusieurs boutiques d'artisanat local se situent dans la rue principale de Pemberton et l'accueil est très chaleureux. On trouve surtout des objets en bois sculptés, de la poterie et des bijoux.

WALPOLE

■ **WALPOLE VISITOR CENTRE. Pioneer Park, South Coast Highway ✆ (08) 9840 1111.** *Ouvert de 9h à 17h la semaine et de 9h à 16h le week-end.*

Hébergement

Dans le Shannon National Park qui se situe entre Pemberton et Walpole.

■ **LE CAMPING** se trouve dans la forêt et en haute saison, le ranger en charge s'occupe de tout. *Compter AU$15 (tente) et AU$25 pour une cabine.* Des activités sont proposées au sein du parc dont l'observation des oiseaux au lever du jour ou des randonnées. Accueil très chaleureux et tranquillité assurée. Pas de réservation.

■ **TREE TOP WALK MOTEL. Nockolds street ✆ (08) 9840 1444 - 1 800 420777 (appel gratuit) - www.treetopwalkmotel.com.au -** *Compter AU$120 pour une chambre double. Piscine.*

Points d'intérêt

■ **LE TREE TOP WALK. South Coast Highway entre Walpole et Denmark ✆ (08) 9840 8263.** *Adulte AU$6, enfant (6 à 15 ans) AU$2.50, famille (2 adultes 2 enfants) AU$14. Ouvert de 9h à 17h (dernière entrée à 16h15).* Un système de ponts suspendus volontairement vacillants (mais sécurisés bien sûr) vous propulse au sommet des arbres géants de la forêt de karris. Etre à la cime de ces majestueux arbres vous rendra songeur et la beauté du paysage procure un sentiment d'infini.

Un circuit pédestre vous conduit ensuite au cœur de ces géants. Compter deux heures de visite au total pour apprécier ces beautés naturelles.

■ **GIANT TINGLE TREE. Sur la Hilltop Road,** suivre les indications touristiques qui conduisent tout d'abord à un point de vue (lookout) sur la baie puis à un arbre géant complètement évidé, très impressionnant vu de l'intérieur. La balade vaut le détour.

DENMARK

Sur les rives de Denmark River.

■ **DENMARK VISITOR CENTRE. 60 Strickland street ✆ (08) 9848 2055.** *Ouvert tous les jours de 9h à 17h.*

Hébergement

■ **OCEAN BEACH CARAVAN PARK. Ocean Beach Road** ✆ (08) 9848 1105.

■ **TURICUM CHALETS. Wentworth Road, à 10 km de Denmark ✆(08) 9840353 - www.turicumchalets.com.au** -*De AU$85 à AU$135 la nuit (jusqu'à 5 personnes).* En partant de Denmark, longez le Southcoast Highway et tournez à gauche dans Wentworth Road, après 2 km sur un chemin naturel, vous arrivez aux chalets. Si vous aimez le calme et la nature, vous vous régalerez dans l'un de ces trois chalets confortables tous avec une vue imprenable. Herman et Regula se feront un plaisir de vous faire déguster leur vin bio Monkey Rock, sans conservateur, leur huile d'olive faite maison, et de vous parler un peu français.

Points d'intérêt

■ **BALADES TOURISTIQUES ET NATURE LE LONG DES PLAGES :** Green's Pool (piscine naturelle), Elephant Rocks (criques), Ocean Beach (surf)...

■ **LOOKOUT. La Mount Shadforth Scenic Drive** (circuit de 25 km circulaire) part du centre ville. Panorama sur l'anse intérieure Wilson, la péninsule Nullaki et l'océan du Sud.

■ **VIGNOBLES.** De plus en plus connus, ces vignobles proposent des dégustations. Vous pouvez les trouver en longeant Mt Shadforth Scenic Drive ou Scotdale Tourist Drive, deux routes avec un superbe panorama.

ALBANY

Albany est la plus ancienne colonie de Western Australia, fondée en 1826. La partie ouest du continent australien fut négligée pendant des décennies par les Britanniques qui établirent simplement un petit avant-poste à Albany, à quelque 3 000 km de la colonie la plus proche : Hobart, en Tasmanie. Albany est un excellent port, à 400 km au sud de Perth. La pêche au phoque et à la baleine fut à l'origine des premières industries de l'Australie. Ces industries baleinières s'implantèrent aux endroits propices telle the Frenchman Bay.

En 1826, à Sydney, l'« Amity » mettait les voiles pour aller fonder une colonie pénitentiaire à King George Sound avec seulement 23 convicts (bagnards) et 18 soldats. Il y avait aussi à bord un capitaine, un sergent, un médecin, un comptable et des vivres pour six mois, consistant en moutons et en cochons vivants. Une réplique de l'« Amity » fut construite en 1975 par des ouvriers spécialisés locaux qui utilisèrent le bois dur des forêts de la région. Le navire, exposé près du port, est ouvert au public.

Albany est aussi un centre rural. On peut voir dans la région d'immenses hangars qui ressemblent à des usines. Ils abritent des stocks de balles de laine de mouton. Le tout petit centre ville possède la belle Stirling Terrace, légèrement en surplomb face à la mer, avec quelques superbes façades victoriennes.

■ **ALBANY VISITOR CENTRE. Old Railway Station ✆ 1800 644 088 (appel gratuit) - www.albanytourist. com.au** - *Ouvert en semaine de 8h30 à 17h30 et le week-end de 9h à 17h.*

Transports

■ **EN VOITURE :** Albany highway relie Perth à Albany.

■ **EN TRAIN ET BUS : Transwa** ✆ 10 62 13. *8 heures de trajet, AU$65.*

Hébergement

■ **ALBANY BACKPACKERS LODGE. Corner Stirling Terrace et Spencer Streets ✆ (08) 98418848 - 1800 260 130 (appel gratuit) - www.albanybackpackers.com.au** - *Lit en dortoir AU$25, chambre double AU$56. Internet café.*

■ **THE ESPLANADE HOTEL. Middleton Beach ✆ (08) 9842 1711 - www.albanyesplanade.com.au** - *AU$215 la chambre double dans un appartement donnant directement sur la plage.*

Points d'intérêt

■ **BÂTIMENTS HISTORIQUES** de style victorien le long de Stirling Terrace dans la ville.

■ **WHALEWORLD. Frenchmans Bay Road ✆ (08) 9844 4021. - www.whaleworld.org** - *AU$18 adulte, $9 enfant, $65 famille. Ouvert de 9h à 17h tous les jours. Visites guidées à 10h et 11h.* Vous aurez toutes les réponses aux questions que vous vous posez sur les baleines dans ce lieu historique marqué par la chasse à la baleine stoppée en 1978.

■ **SILVER STAR CRUISES ✆ (08) 9842 9876 - www.whales.com.au** - *Départ à 9h30 et à 11h de la jetée, le bateau vous conduira dans King George Sound. Compter AU$65 par adulte, AU$35 par enfant (5 à 17 ans) et AU$150 par famille (2 adultes et 2 enfants). Rafraîchissements compris.* La meilleure période pour voir les baleines est de juin à octobre.

■ **THE OLD FARM. A Strawberry Hill,** cachée au bout de Middleton Road, non loin du centre ville, est une ferme où l'on cultive des fraises. C'est aussi le site de la première ferme gouvernementale de la colonie.

Dans les environs

Au sud d'Albany, à une vingtaine de kilomètres par la Frenchman Bay Road, les Blowholes sont très impressionnants quand la mer est lourde et qu'elle souffle d'immenses jets d'écume. Ces « trous de respiration » sont creusés par les éléments dans la roche qui surplombe l'océan. Le Gap (la Brèche) et le Natural Bridge sont d'autres formations excavées dans la roche. Attention : la mer est imprévisible et il arrive que des visiteurs soient emportés par une lame plus grosse que les autres.

STIRLING RANGE

A 75 km d'Albany. Le parc national a été nommé ainsi en l'honneur du premier gouverneur de Western Australia, le capitaine James Stirling. Le parc couvre 115 670 ha. Un grand nombre de sentiers permettent d'observer les animaux et les fleurs sauvages. Des installations pour pique-niquer se trouvent un peu partout. L'accès du parc par le Tourist Drive n° 253, à partir de Cranbrook, rejoint la Salt River Road, la Red Gum Springs Road et le cœur du parc national. Cinq des sommets du parc s'élèvent à plus de 100 m. Au milieu de l'hiver, en août, ils peuvent être couverts d'une légère couche de neige.

Hébergement

■ **MOUNT TRIO BUSH CAMPING AND CARAVAN PARK ✆ (08) 9827 9270 - www.mounttrio.com.au** *Compter AU$10 par personne pour l'emplacement de la tente.* Pour y accéder depuis Albany, prendre la Chester PassRoad sur 85 km puis à gauche sur Formby South Road sur 8 km, puis à gauche sur la Salt River Road, où vous verrez le panneau indicateur du camping. John vous fera faire le tour de la région vallonnée.

■ **FITZGERALD RIVER NATIONAL PARK - BREMER BAY.** En allant sur Esperance, un détour par Bremer Bay s'impose. Petite cité aux portes du parc national.

▶ **Bremer Bay Tourist Information. 59 Gnombup Terrace** - ✆ (08) 98374093

■ **QUAALUP HOMESTEAD. ✆ (08) 98374124 - www.whalesandwildflowers.com.au** - En plein milieu du parc national, plusieurs types d'hébergement possibles. *Camping, AU$8 par personne, camping-car sur place AU$40 jusqu'à 4 personnes, cabine avec 3 chambres (7 personnes maximum) AU$85, chalet avec 2 chambres (5 personnes) AU$98, petits appartements pour 2 personnes AU$75. Possibilité de commander des repas faits maison pour AU$22 par personne et petit déjeuner AU$10.* Nombreuses balades possibles dans les collines et sur les plages pour aller observer les baleines qui se reposent avec leurs petits dans l'anse.

ESPERANCE

A 450 km à l'est d'Albany (700 km de Perth). Esperance, aux charmantes criques de sable blanc, aux eaux turquoise et aux belles îles dans sa baie, doit son nom à un navire français qui s'abrita ici lors d'une grosse tempête. Un deuxième navire donna son nom à l'archipel de la Recherche, au large d'Esperance.

■ **BUREAU D'INFORMATIONS. Dempster Street** ✆ (08) 9071 2330 - www.visitesperance.com

Hébergement

■ **ESPERANCE BACKPACKERS. 14 Emily Street ✆ (08) 9071 4724.** *Lit en dortoir AU$20, chambre double AU$50.* Accès à internet.

■ **BAYVIEW MOTEL. Dempster Street ✆ (08) 9071 1533.- www.bayviewmotel.com.au -** *Compter AU$90 la chambre double.*

Dans les environs

Il y a quatre superbes parcs nationaux aux alentours d'Esperance : Cape Le Grand, qui s'étend sur 40 km, à une vingtaine de kilomètres à l'est d'Esperance, possède de superbes plages et de nombreux campings. Plus loin dans cette direction, Cape Arid, moins facile d'accès et plus sauvage. Stokes à l'ouest (90 km d'Esperance) et Peak Charles au nord (130 km d'Esperance) sont moins populaires. Remonter vers le nord par le Coolgardie-Esperance highway jusqu'à Norseman (200 km) pour rejoindre l'Eyre highway qui traverse la Nullarbor Plain.

■ RÉGION DE L'OUTBACK, SUD-EST DE PERTH ■

NULLARBOR PLAIN

Il y a près de 2 700 km entre Perth et Adelaide en South Australia. Le long et désert Eyre highway traverse la plaine de Nullarbor dans sa partie sud. Nullarbor signifie « aucun arbre » en latin, ce qui est purement exact lorsque l'on emprunte cette section de route. Cette plaine aride est bordée, sur toute la longueur de la Grande Baie australienne, par une gigantesque falaise de calcaire (plus de 1 500 km), qui laisse place, à l'est, à de nombreuses plages de sable, percées de profondes échancrures. La haute muraille subit les assauts des lames de fond venues de l'Antarctique. Plus que partout ailleurs, les eaux ici sont infestées de grands requins blancs. Attirés par la présence des colonies d'otaries dont ils sont friands, ces redoutables prédateurs règnent en maîtres absolus sur les profondeurs.

La Nullarbor n'est pas un désert, mais de la broussaille sur une terre rouge et desséchée et l'horizon s'étire à l'infini, sans nul arbre. La pensée que le paysage restera le même pendant plusieurs jours de voyage a quelque chose de rassurant et de propice à la réflexion. L'immensité de ce pays magique qu'est l'Australie se déroule pendant des heures, des jours, on serait tenté de dire des semaines... Seul un buisson mallee (espèce endémique d'eucalyptus), de temps à autre, crée la diversion en se détachant de la plaine sur le ciel saturé de bleu. Même si le vert argenté poussiéreux de la petite broussaille change parfois de ton pour devenir le gris-noir de la végétation morte de soif dans l'Outback, cette plaine est différente. On sent bien que personne n'y vit. Quelques légers nuages moutonneux s'étirent vers la Grande Baie australienne.

Vers l'intérieur, la chaleur tremble et miroite. Elle enfante des mirages en faisant flotter dans l'air des franges de la plaine vers les grands déserts brûlants de l'Australie. En fin de journée, les nuages s'effilochent en de grandes draperies aériennes pour mieux capter les couchers de soleil somptueux, mise en scène grandiose qui annonce le spectacle nocturne du ciel austral où les étoiles et la Croix du Sud se rapprochent de la terre.

Sur la route

▶ **La Eyre highway.** La route porte le nom de John Eyre, l'explorateur qui, en quatre mois, traversa la plaine pour la première fois en 1841. Son compagnon mourut en route. En 1877, une ligne télégraphique fut tendue à travers la plaine. A l'époque de la ruée vers l'or, les gens suivaient cette ligne pour traverser l'étendue vide. La route transcontinentale ne fut construite qu'en 1941, comme celle d'Alice Springs à Darwin. Ce n'était qu'une piste de terre et, dans les années 1950, seules de rares voitures s'aventuraient à traverser la plaine brûlante. Le gouvernement de Western Australia, en 1969, a fait goudronner la route jusqu'à la frontière. La dernière partie a été terminée en 1976. Bien que cela reste toujours une aventure, la traversée de la plaine de Nullarbor est aujourd'hui grandement facilitée. Sur l'Eyre highway, il y a des roadhouses où l'on peut faire le plein d'essence et passer la nuit. La dernière partie de l'Eyre highway a été goudronnée, il y a une dizaine d'années. La plaine de Nullarbor étant un semi-désert, et l'un des lieux les plus inhospitaliers du globe, sa traversée exige une préparation et une sérieuse vérification du véhicule. Même s'il n'y a pas plus de 100 ou 200 km entre les roadhouses, il faut toujours prévoir de l'eau (4 litres par personne) et une trousse à outils. Entre Norceman, et Eucla qui représente la dernière ville avant la frontière de l'Etat pour passer dans l'Australie méridionale et rejoindre Adelaide, il y a 700 km et les habitations sont rares.

- **Balladonia.** Après Norseman, c'est la première halte de ravitaillement que l'on rencontre sur une distance de 190 km.

- **Caiguna.** Entre Balladonia et Caiguna, on a droit à 145 km de route toute droite, la plus longue du monde !

- **Cocklebiddy.** C'est une ancienne mission pour Aborigènes. Dans la Cocklebiddy Cave, la plus grande caverne de la plaine de Nullarbor, une équipe française a effectué, en 1983, la descente la plus profonde jamais tentée.

- **Madura.** A 90 km de Cocklebiddy. On a de belles vues sur la plaine de la route.

- **Mundrabilla.** A 116 km de Madura.

- **Eucla.** Située juste avant la frontière, on peut visiter les Koonalda Caves.

- **Nullarbor Roadhouse.** Ici, l'Eyre highway passe près des falaises et offre quelques points de vue spectaculaires. Près du motel de la ville, une piste de terre mène à une petite plage.

- **Ceduna.** Sur l'embranchement de Flinders highway, Ceduna marque la fin d'Eyre highway. Les baleines émigrent au large de juin à octobre. Pêche et tours dans l'Outback organisés par le motel de la ville.

LA WHEAT BELT

La Wheat Belt, la région de culture du blé, s'étend au sud du Great Eastern highway (qui va de Perth à Kalgoorlie) jusqu'à Albany sur la côte Sud. Ici, le blé est associé à l'élevage des moutons, essentiellement des mérinos, qu'on reconnaît aisément à leur triple menton. Les ovins restent dehors, tout au long de l'année, dans des pâturages enclos ou sur les chaumes du blé. Dans ces immenses champs cultivés, ponctués d'un eucalyptus de temps à autre, on ne voit pratiquement jamais de maisons. Dans les années 1920, des terres défrichées dans ce pays de profondes forêts furent abandonnées lors de la Grande Dépression, car la première production touchée par la crise fut le blé. Il y eut ensuite une seconde tentative de colonisation et un nouvel abandon, suivi d'une revente des terres, ce qui produisit de plus grands domaines. Au début des années 1960, de nouvelles terres furent encore défrichées dans l'open-forest et les scrub-lands plus clairsemées. Malheureusement, ces labours favorisent l'érosion et les cultivateurs se sont trouvés confrontés au problème de terres rendues improductives. L'exploitation intensive a provoqué récemment une salinisation du sol qui le rend complètement stérile par endroits. Les arbres et l'herbe meurent pour laisser la place au sable et aux flaques d'eau salée.

Dans la région après York, il ne reste plus qu'un seul lac d'eau douce. Les autres sont devenus des lacs salés. Sur les routes vers Hyden et Wave Rock, on aperçoit à plusieurs reprises des champs transformés en plaines salines. On voit aussi, par endroits, des red gums qui saignent des gouttes de sève rouge. La petite route de York-Hyden, qui mène à Wave Rock, passe près d'une ferme d'émeus expérimentale. On y élève ces grands oiseaux pour leur graisse, leur viande et leur peau qui ressemble à celle de l'autruche. Les débuts furent difficiles car, chez les émeus, c'est le mâle qui couve, et pendant la couvée, il ne féconde pas les femelles, ce qui ne favorise pas une exploitation intensive. Actuellement, les couveuses artificielles remplacent les mâles qui, libérés de cette tâche, peuvent se consacrer exclusivement à la reproduction.

WAVE ROCK

Situé à 350 km de Perth, au milieu de nulle part. Dans cette vaste plaine du Sud-Ouest australien, à plus de 300 km des côtes, le bush environnant revit au printemps en une profusion de fleurs sauvages des plus variées. La période de septembre à décembre est le moment idéal pour le bushwalking.

Pratique

■ **BUREAU D'INFORMATIONS** ✆ (08) 9880 5182. - www.waverock.com.au -

■ **EXCURSIONS A LA JOURNEE À PARTIR DE PERTH.** Beaucoup d'Australiens pensent que le rocher ne vaut pas vraiment l'excursion, sauf s'il est sur un itinéraire. Cependant, beaucoup d'excursions à la journée sont proposées au départ de Perth.

■ **WESTERN TRAVEL BUG. 224 Scarborough Beach Road ✆ (08) 9204 4600 - www. travelbug. com.au -** *Départ les mardi, jeudi et samedi. Compter AU$135 par adulte et AU$90 par enfant (moins de 12 ans), déjeuner inclus.* Passage à York, lieu de la première colonisation dans la vallée d'Avon et qui a sauvegardé son architecture victorienne.

■ **PERTH DAY TOUR ✆ (08) 9475 2900 - www.featuretours.com.au -** *Départ les lundis, jeudis et samedis à 8h. AU$150 par adulte et AU$90 par enfant, déjeuner compris et visite des grottes aborigènes, tour guidé.*

Transports

Par le Westrail Bus au départ de Perth le mardi ✆ 13 10 53.

Hébergement

■ **HYDON HOTEL.** Lynch Street ✆ (08) 9880 5052. *AU$115 la chambre double.*

Point d'intérêt

Wave Rock est situé à 3 km du petit centre rural de Hyden, mais on y trouve un camping avec un café-boutique qui sert des « déjeuners pique-nique ». Cette charmante boutique est remplie de fleurs sauvages séchées, de flacons d'huile d'émeu contre les rhumatismes,et d'autres spécialités du coin. Elle expose aussi une petite collection de dentelles anciennes. Un enclos derrière la boutique fait office de zoo où cohabitent cygnes noirs, quelques kangourous blancs, cacatoès bruyants et autres oiseaux. En 1963, un reporter rendit célèbre ce rocher, jusqu'alors totalement inconnu mais éminemment photogénique, par une photo publiée dans le magazine « National Geographic ». Cette roche solitaire se dresse, au-dessus de ce pays plat, comme une monumentale vague de surf pétrifiée. Long d'une centaine de mètres, haut de quinze, Wave Rock semble prêt à déferler sur les touristes qui viennent en nombre se promener dans le creux de cette lame colossale. Son âge est estimé à quelque 2 milliards d'années, pendant lesquelles la vague a été creusée par les forces de la nature, polie par le vent et striée par la pluie.

Dans les environs

■ **FORMATIONS DE ROCHERS. A une dizaine de kilomètres au nord de Wave Rock.** Hippo's Yawn (le Bâillement de l'Hippopotame) est une cave qui ressemble à la gueule ouverte d'un… hippopotame. Dans la légende aborigène, Mulka's Cave abritait le cannibale Mulka, un géant qui dévorait les enfants. Au plafond de la caverne, 140 empreintes de main sont faites au pochoir, en positif et en négatif.

La légende de Mulka

Mulka était le fils illégitime d'une femme amoureuse d'un homme que la loi lui interdisait d'épouser. Le garçon né de ces amours interdites était affecté d'un tel strabisme qu'il fut incapable d'apprendre à viser et à lancer une arme. La mère fut ainsi punie parce qu'elle n'avait pas respecté les lois de la tribu. En grandissant, Mulka devint un homme d'une taille colossale. Son défaut de vision l'empêchait de chasser et de se procurer de la viande. Il commença alors à s'emparer des enfants humains pour les manger et devint la terreur de la région.

On raconte qu'il habitait dans Mulka's Cave, où l'on peut toujours voir les empreintes de ses mains, placées beaucoup plus haut que celles d'un homme ordinaire. Sa mère essaya de le remettre dans le bon chemin. Quand elle le sermonna, il se retourna contre elle et la tua. A la suite de quoi, il tomba dans une disgrâce encore plus grande et dut fuir sa cave en direction du Sud. Outragés, tous les peuples aborigènes de la région se regroupèrent pour traquer cet homme qui avait transgressé toutes les lois de la société.

Capturé finalement près de Dumbleyung, à 156 km au sud-ouest de Hyden, il fut transpercé de lances. Parce qu'il ne méritait pas un enterrement rituel, sa dépouille fut laissée aux fourmis pour être dévorée. Gare à ceux qui transgressent les lois du clan !

■ **LES GNAMMA HOLES,** près de Mulka's Cave, sont une preuve évidente du génie dans l'art de la survie des Aborigènes. Ils ont agrandi dans le rocher plat quelques trous servant à collecter l'eau de pluie. En bons nomades passant et repassant par certains endroits à des mois d'intervalle, ils avaient une astuce pour garder cette eau propre. Les trous étaient simplement recouverts de sable qui servait de filtre et empêchait moustiques et larves de polluer l'eau. Il suffisait ensuite de creuser dans le sable et l'eau arrivait filtrée.

KALGOORLIE

Kalgoorlie, qui a gardé ses anciennes maisons closes dans la Hay Street, est la ville d'or la plus riche, et celle qui a duré le plus longtemps. Elle est jumelée avec la ville fantôme voisine, Boulder, un très étonnant centre minier qui vit toujours de l'exploitation de l'or. Kalgoorlie, elle aussi, avait failli péricliter avant que le prix de l'or n'eût remonté de nouveau. Après la Première Guerre mondiale, la production stagna en raison de la baisse des cours mondiaux. Alain Bond avait repris l'exploitation de la célèbre Golden Mile, « le kilomètre carré le plus cher du monde », juste avant d'être déchu de son titre de milliardaire et jeté en prison. Au début, les chercheurs d'or du Golden Mile ramassaient des pépites plus ou moins grosses en surface, ensuite on commença à creuser des mines. Le minerai y est tellement riche que les anciens terrils, prospectés par des méthodes modernes, sont toujours rentables. Maintenant, la mine ouverte du Super Pit, d'Alain Bond, commence à être exploitée. On dit qu'il s'y trouve de l'or pour dix à vingt ans encore. Karlgoorlie abrite une école des Mines très connue, où est présentée une exposition intéressante portant sur la plupart des minerais australiens. Des ingénieurs et géologues du monde entier viennent ici pour des études ou des conférences.

Les grandes constructions du tournant du siècle témoignent de l'immense richesse de la région. Sur les quelque cent anciens et superbes hôtels-pubs que possédait la ville, il en demeure environ trente. Ce sont de vastes bâtiments, entourés de larges vérandas soutenues par de fines colonnades. Les rues sont très larges. Elles étaient conçues afin de permettre aux attelages de faire demi-tour. Ces attelages comportaient parfois jusqu'à 34 chameaux. Et puis, il y a le quartier des maisons closes, trois subsistent. Ce sont des baraques en tôle ondulée, repeintes en couleurs pastel, qui ouvrent sur une rue débouchant sur le bush. Elle est pour le moins curieuse cette rue, digne d'un quartier du port d'Amsterdam, quand on est en plein désert ! Les prostituées, dans leurs petites cabines, dans l'embrasure de leur porte éclairée de lumière rouge, y sont exposées comme des marionnettes. Il paraît que ce n'est ni légal ni illégal. En tout cas, elles n'ont pas le droit de racoler au-delà la minuscule terrasse de leurs baraques, et elles sont surveillées médicalement. Le puritanisme australien teinté de luthérianisme est ainsi sauvegardé.

The Gold-Fields (Les Champs d'or)

Cinquante ans après son établissement en 1829, la colonie de Western Australia végétait toujours. La première ruée vers l'or, découvert à Southern Cross, allait donc avoir une importance capitale pour l'avenir de la colonie. Ces filons s'épuisèrent rapidement, mais, en 1892, d'autres filons importants furent trouvés dans la région appelée the Gold-Fields et principalement à Coolgardie. Un an plus tard, Paddy Hannan trouva de l'or éparpillé à la surface de ce qui est aujourd'hui Kalgoorlie.

Un grand nombre de villes-champignons poussèrent, de zéro à 10 000 habitants, puis retournèrent au néant en l'espace d'une dizaine d'années. Les mines de Coolgardie furent exploitées jusqu'en 1905. La vie dans les Gold-Fields était extrêmement rude. Dans cette région semi-désertique où il ne pleut pratiquement jamais, quand un peu de pluie tombe, l'eau s'infiltre immédiatement dans le sol poreux. Le gouvernement comprit que pour favoriser le peuplement de la région, il fallait l'approvisionner en eau potable. L'eau distillée par évaporation provenant de lacs salés ou de forages artésiens, ne faisait que pallier provisoirement les besoins immédiats.

En 1898, l'ingénieur O'Connor proposa une solution inattendue : faire venir l'eau de Perth par un pipeline (bien avant que le système d'oléoducs ne fût inventé). Beaucoup pensaient que ce serait impossible, Kalgoorlie se trouvant 400 m plus haut que Perth. Le projet fut néanmoins réalisé à une vitesse record et l'eau arriva à Kalgoorlie en 1903. Le même système, en version améliorée, fonctionne encore aujourd'hui. O'Connor, cependant, avait tellement souffert des critiques injustifiées dont il était l'objet qu'il se suicida juste avant l'aboutissement de son projet.

Kalgoorlie est toujours une ville d'or prospère, mais tout autour, dans les Gold-Fields, un chapelet de villes fantômes s'étiole un peu partout dans le désert.

■ **BUREAU D'INFORMATIONS. 250 Hamman Street** © (08) 9021 1966.

Transports

■ **EN VOITURE.** De Perth, emprunter la Great Eastern Highway. 600 km.

■ **EN BUS.** Quotidien de Perth, bus pour Esperance trois fois par semaine.

■ **EN TRAIN.** L'Indian-Pacific, qui arrive à Kalgoorlie à 22h30, y fait un arrêt d'une heure. Un minibus vient chercher les passagers qui veulent faire un tour guidé rapide de la ville avant que le train reparte : AU$10.

Hébergement

■ **KALGOORLIE BACKPACKERS YHA. 166 Hay Street © (08) 9091 1482.** *De AU$20 en dortoir à AU$50 en chambre double, AU$15 pour les moins de 18 ans.* A 750 mètres de l'arrêt du bus. Une auberge récente avec accès Internet, piscine et BBQ gratuit. A 10 minutes du centre ville.

Points d'intérêt

■ **VISITE DES MINES.** Se renseigner au bureau touristique.

■ **GOLDFIELDS AIR SERVICES © (08) 9093 2116.** *Organise des survols des mines d'or à partir de AU$50.*

■ **UNE STATUE EN BRONZE DE PADDY HANNAN EN TAILLE REELLE,** tenant un réservoir d'eau, sert de fontaine dans la rue principale, Hannan Street.

■ **KALGOORLIE A EGALEMENT UNE ECOLE DE « TWO-UP »,** une arène en tôle ondulée. Le « two-up » est un jeu de hasard typiquement australien dans lequel on parie pas mal d'argent (les Australiens sont presque aussi joueurs que les Asiatiques). Le jeu consiste à jeter deux dés en l'air à l'aide d'une spatule et les joueurs misent sur pile ou face.

Shopping

Beaucoup d'art aborigène est exposé dans cette région.

■ **GOLDFIELDS ABORIGINAL ART GALLERY. 222 Dungan Street © (08) 9021 1710.** *Ouvert du lundi au vendredi de 9h à 17h et le week-end sur rendez-vous.*

■ **KALGOORLIE GALLERIES. 93 Egan Street © (08) 9021 5929.** Artisanat local aborigène. Le Sud-Ouest de l'Etat, qui se caractérise par un climat de type méditerranéen, constitue la limite de la région de cultures du blé qui s'étire d'Esperance, au sud, à Geraldton, sur la côte nord.

LES TERRITOIRES ABORIGÈNES

La partie la plus à l'est de l'Australie occidentale regroupe des terres aborigènes. Pour y circuler, il faut se munir d'un **permis délivré par le Department of Indegenous Affairs** 197 st Georges Terrace © (08) 9235 8000. Partir dans l'Outback représente beaucoup de kilomètres à parcourir et peu de villes, ce qui signifie qu'il faut se munir de beaucoup d'eau, être sûr de son véhicule et si possible partir en avisant quelqu'un de son itinéraire. En remontant de Kalgoorlie, la ville de Leonera-Gwalla permet de continuer vers le nord pour rejoindre la région du Kimberley ou bien de continuer à l'est et passer la frontière avec le Territoire du Nord.

► **En poursuivant au nord,** on traverse la ville de Leinster, où se trouve une mine de nickel, et ensuite Wiluna, également ville minière. En empruntant la Canning Stock Route, on se sent très isolé et pourtant le challenge est facilité de nos jours par rapport aux moyens des découvreurs de la belle époque ! On peut rejoindre le Gibson Desert ou continuer sur Halls Creek en passant voir la Wolfe Creek Meteorite Creter Reserve.

► **En poursuivant à l'est de Leonera-Gwalla,** on emprunte les magnifiques routes de terres rouges et l'on traverse plusieurs territoires aborigènes pour rejoindre Warburton et pénétrer dans le Great Victoria Desert, ocre tout au long de l'année et qui laisse place à un tapis de fleurs sauvages au printemps, donnant vie au désert.

▸ **Il existe des circuits organisés en 4x4** qui comprennent une approche de la culture et du mode de vie des Aborigènes. Aussitrax ✆ 1800 062 275 (appel gratuit) - info@aussietrax.com.au - Compter AU$200 de location par jour pour le 4x4, plus des frais en fonction de l'endroit de retrait du véhicule et si on préfère un aller simple.

LE CENTRAL WEST, NORD DE PERTH

Souvent beaucoup de kilomètres séparent les villes les unes des autres. On ne rencontre pas beaucoup de monde et il est de coutume de saluer les voitures que l'on croise. Ne vous fiez pas au point qui est censé représenter une ville sur une carte, quelquefois il ne s'agit que d'une roadhouse qui représente la ville en question à elle seule. On y trouve l'essentiel (carburant, eau et nourriture) et on peut souvent y passer la nuit. En montant vers le nord, on rencontre vite des paysages insolites et les terres peuvent devenir arides et hostiles. Beaucoup d'endroits sont uniques et valent les kilomètres parcourus.

LANCELIN

A 130 km de Perth. Petite station de villégiature qui vit de la pêche.

Hébergement – Restaurant

■ **LANCELIN LODGE YHA. 10 Hopkins Street ✆ (08) 9655 2020 - Fax (08)9655 2021 - www.lancelinelodge.com.au - lanlodge@windspeed.net.au** - *Compter AU$23 par personne en dortoir, AU$55 en chambre double. Piscine, Internet.*

Points d'intérêt

■ **SANDGROPER SAFARIS. 12 Salvaire Crescent ✆ (08) 9655 2550.** Le Bigfoot Bus, gros bus doté d'immenses pneus, vous conduira au sommet des dunes blanches qui se profilent derrière le village. C'est aussi l'occasion de faire du surf ou du quad sur ces dunes qui forment un mini désert. Lorsque le vent souffle, le plus simple est de se munir de lunettes de piscine pour éviter le sable dans les yeux, ça marche mieux que les lunettes de soleil !

■ **ADRIFTSURFING LEARN TO SURF ✆1800 094 480 appel gratuit - www.adriftsurfing.com -** Apprenez à surfer en vous amusant en toute sécurité. Plusieurs options possibles. *A partir de AU$40 pour 3 heures de cours, AU$70 la journée complète, déjeuner compris, et de AU$180 pour 2 jours complets avec transport de Perth, déjeuner et hébergement*

CERVANTES

A 260 km de Perth. Ce petit village de pêche est toujours vivant grâce aux Pinnacles.

Transports

▸ **De Lancelin** il est possible de rejoindre Cervantes par le Nambung National Park. Accessible en 4x4 uniquement, il faut compter 4 heures pour rejoindre la sortie. Les indications sont rares. A l'embranchement des dunes et du chemin de pierres, prendre les dunes, vous y retrouverez ensuite la piste qui traverse un village « hippie » où vous pourrez acheter une carte du parc pour AU$1 ainsi que des boissons ou des glaces (tout en self-service !).

▸ **Il est également possible d'emprunter la Brand Highway** qui est la route traditionnelle.

▸ **Beaucoup de circuits** sont organisés à la journée au départ de Perth.

■ **AUSTRALIAN ADVENTURE ✆ (08) 9248 2355 - 1800 621 625 (appel gratuit) - www.safaris.net.au** - *AU$135 par adulte et AU$80 par enfant.* A bord d'un minibus 4x4 dévaler les immenses dunes de sable et adonnez-vous au sand-boarding. Sensations fortes assurées.

■ **AUSTRALIAN PINNACLE TOURS ✆ (08) 9417 5555 - www.pinnacletours.com.au** - *Compter AU$150 par adulte et AU$ 80 par enfant.*

Hébergement

■ **CERVANTES LODGE PINNACLES BEACH BACKPACKERS. 91 Seville Street ✆ (08) 9652 7377 - 1800 245 232 (appel gratuit) - www.cervanteslodge.com.au** - *De AU$23 en dortoir à AU$95 en chambre double avec vue sur la mer.*

■ **PINNACLES CARAVAN PARK. 35 Arragon Street © (08) 9652 7060. cervpinncpark@wesnet.com.au** - *Compter AU$22 pour une tente.* Au bord de la plage, ce camping est bien entretenu et l'on peut y trouver tous les renseignements désirés.

PINNACLES DESERT

A une quinzaine de kilomètres de Cervantes se trouve le désert des Pinnacles. *Compter AU$10 d'entrée par voiture.* Le désert des Pinnacles ne fut redécouvert qu'en 1960, lorsqu'un avion y fit un atterrissage forcé. Le pilote, indemne, réussit à vaincre le labyrinthe d'arbres minéraux et à trouver de l'aide. Cette découverte aussi tardive, à 2 km de la côte et à moins de 30 km d'un village, illustre bien les difficultés à vaincre pour découvrir cet immense Etat encore pratiquement vide de toute population. En chemin, la voiture cahote sur une petite route. Puis, sans transition, un paysage lunaire s'étend à l'infini. Sur un désert de sable blond et mouvant, se dressent des milliers de piliers et d'aiguilles de pierre aux formes multiples, une véritable forêt minérale couvrant 300 hectares.

Ces formations verticales, proches les unes des autres, apparaissent étrangement rigides, sur un sable soyeux qui se ride et se soulève doucement sous la caresse du vent. La lumière du soir, passant du rose le plus doux à l'ocre le plus profond, transforme sans cesse l'aspect des piliers. Le désert des Pinnacles a servi de décor aux photographes de mode de magazines internationaux. L'idéal est de visiter les Pinnacles au lever ou au coucher du soleil (et attention aux kangourous qui débouchent sur la route) pour intensifier les couleurs et donner encore un peu plus de magie à ce lieu si isolé.

GERALDTON

Située à 420 km de Perth. C'est la ville la plus importante de cette partie de la côte, avec une population avoisinant les 25 000 habitants. Cette côte est restée célèbre pour les nombreux naufrages de navires hollandais, au XVIIe siècle, dont celui du « Batavia », qui a donné son nom à la Batavia Coast. En tout, 320 bateaux se sont échoués dans les parages. Geraldtown est la ville de la pêche au homard.

■ **GERALDTON VISITOR CENTRE. Angle de Chapman Road et Baylay Street © (08) 9921 3999 - www.geraldtontourist.com.au** - *Ouvert de 8h30 à 17h en semaine, de 9h à 16h30 le samedi et de 9h30 à 16h30 le dimanche.*

Hébergement – Restaurant

■ **HOSPITALITY INN (FLAG). Cathedral Avenue © (08) 9221 1422 - www.hospitalityinngeralton.com.au** - *Chambre double AU$99. A 2 km du centre ville, près des plages.*

■ **AFRICAN REEF RESORT. 5 Broadhead Avenue © (08) 9964 5566 - www.africanreef.com.au** - *Tente AU$20. Chambre double à partir de AU$60. Restaurant et piscine.*

■ **BATAVIA MOTOR INN. Gallery Restaurant. 54 Fitzgerald Street © (08) 9921 3500.** Grand choix de bières nationales et internationales au bar écossais. Plats de spécialités locales (langoustes). Possibilité de karaoké au piano-bar.

Points d'intérêt

Le centre de la ville a conservé quelques merveilles historiques.

■ **ST-FRANÇIS XAVIER CATHEDRAL,** située sur Cathedral Avenue, est de style byzantin, construite entre 1916 et 1938. La ville est également un lieu propice aux sports d'eau tels la planche à voile, le skate surfing ou le surf.

■ **ABROLHOS ISLANDS.** A environ 60 km au large de Geraldton, cet archipel d'îles a fait sombrer plusieurs navires sur ses côtes rocheuses. On ne peut pas y séjourner (ces îles sont préservées) mais il est possible de visiter quelques lieux et de faire le tour de l'archipel pour admirer la beauté des coraux.

KALBARRI

A environ 530 km au nord de Perth. Kalbarri (1 700 habitants) est située en bord de mer, à 66 km du highway, dans le parc national du même nom. Une magnifique anse rend la mer turquoise au cœur de la ville. La côte sauvage aux gorges profondes est très populaire auprès des vacanciers australiens qui viennent aussi y pêcher.

■ **BUREAU D'INFORMATIONS. Grey Street dans l'Allen Community Centre ✆ (08) 9937 1104 - 1800 639 468 (appel gratuit) - www.kalbarriwa.info** - *Ouvert de 9h à 17h.*

Transports

■ **WESTRAIL (✆ 13 10 53) et GREYHOUND (✆ 13 20 30)** desservent Kalbarri trois fois par semaine et Integrity Coachlines (✆ 1800 226 339) deux jours par semaine.

■ **UN SERVICE AERIEN** existe mais il faut se renseigner auprès du bureau d'informations.

Hébergement – Restaurants

■ **RED BLUFF CARAVAN PARK. Red Bluff Road ✆ (08) 9937 1080.** Sur le bord de mer. Calme et bien entretenu.

■ **KALBARRI PALM RESORT (Flag). 8 Porter Street ✆ (08) 9937 2333 ou 1800 819 029 (appel gratuit) - www.kalbarripalmresort.com.au** - *Chambre double AU$120.* A deux pas du shopping centre et à cinq minutes de la plage, avec piscine.

■ **GILGAI TAVERN. Porter Street ✆ (08) 9937 1083.** *Ouvert tous les jours de 10h à 24h pour boire et s'amuser et de 12h à 14h et de 18h à 21h pour y manger.*

LE KALBARRI NATIONAL PARK

1 000 km² de bush, avec la Murchison River qui coule entre les rochers rouges, les piscines naturelles et les rares arbres font du parc un endroit propice à la randonnée et au canoë. Le parc est accessible à tout type de véhicule. Plusieurs arrêts sont aménagés. Le Ross Graham où l'on peut descendre dans les gorges par un petit sentier. Le Z Bend qui offre une vue spectaculaire sur les gorges (le contraste des couleurs y est incroyable). Le Loop avec sa fenêtre naturelle (The Natural Window) et la possibilité d'y faire des randonnées de 30 minutes à 3 heures. En fonction de l'époque de l'année, les paysages seront tout à fait différents (verdoyants ou arides).

■ **KALBARRI ADVENTURE TOURS. Gray Street ✆ (08) 9937 1677 - www.kalbarritours.com.au** - Canoë et trecking dans les gorges de la Murchison River.

■ **KALBARRI AIR CHARTER. Grey Street ✆ (08) 9937 1130 - www.kalbarriaircharter.com.au** - *Plusieurs plans de vol allant de 20 minutes (AU$45 par adulte et AU$30 par enfant pour survoler le parc) à 1h45 (AU$180 par adulte et AU$120 par enfant pour survoler la côte, les îles Abrolhos, le lac intérieur et le parc).*

SHARK BAY WORLD HERITAGE AREA

Quand on quitte la North West Coastal Highway pour emprunter la Shark Bay Road, on entre dans la Shark Bay World Heritage Area. Zone aux nombreuses beautés naturelles. Le Hollandais Dirk Hartog fut le premier homme blanc à avoir officiellement mis le pied sur le sol australien en 1616, dans cette zone. Le premier Anglais était William Dampier qui, en 1699, passa sept jours dans la baie sur son navire le « Roebuck ». C'est lui qui nomma l'endroit Shark Bay, la baie des requins. Dans les années 1850, on pêchait les perles à Shark Bay. La nacre servait à la fabrication de boutons, les perles étant destinées à la bijouterie. Les perles baroques, moins parfaites, étaient vendues aux Chinois pour être pilées et revendues comme aphrodisiaque. On procédait également au ramassage commercialisé du guano.

Dans la Shark Bay, outre les dauphins, on aperçoit parfois des baleines Humpback, d'impressionnantes raies manta, occasionnellement des serpents de mer et des requins (la baie ne s'appelle pas Shark Bay pour rien !). Les rares dugongs ont leur principal habitat entre Monkey Mia et la côte des Kimberley, où l'on en dénombre environ 900, mais ils n'aiment pas se mêler aux humains.

HAMELIN POOL MARINE NATURE RESERVE

41 km de la North West Coastal Highway.

■ **TELEGRAPH STATION. ✆ (08) 9942 5905.** *Ouvert tous les jours.* Etablie en 1884, la station télégraphique propose un rappel historique de l'endroit. Très isolé, vous pourrez vous y restaurer ou planter votre tente pour AU$15 par personne et trouver quelques souvenirs. Les propriétaires pourront vous indiquer des balades, et parfois vous y accompagner, pour découvrir les fameux stromatolithes.

■ **SHELL BLOCK QUARRY.** Cette carrière de coquillages indique comment on découpait des blocs composés de minuscules coquillages agglomérés et qui servaient à la construction de maisons (voir The Pearler à Denham). Les stromatolithes. Ces micro-organismes représentent la plus ancienne forme de vie sur terre. Une petite boucle vous permet de les approcher et des panneaux indiquent le processus de formation et de vie.

■ **SHELL BEACH.** Sur la route, un arrêt s'impose pour cette plage de 110 km formée de minuscules coquillages sur une profondeur pouvant atteindre 10 m. L'eau est limpide et peu profonde sur 100 m environ. Ne marchez pas sans chaussures sur cette plage !

DENHAM

Située dans la péninsule de Peron, Denham est la principale ville de la zone de Shark Bay. Station balnéaire où il fait bon se baigner, pêcher et se promener en bateau. Point central pour ceux qui veulent à la fois profiter des dauphins de Monkey Mia et du parc national François Peron. Au large de Denham, l'île de Dirk Hartog semble être une pellicule de sable blanc flottant entre le bleu du ciel, et le turquoise de la mer. En 1772, le Français François de Saint Allouarn mettait pied à terre à Dirk Hartog Island, et revendiquait officiellement le lieu en y enterrant deux pièces de monnaie et un parchemin dans une bouteille.

En juin 1801, une expédition française, à bord des corvettes « Géographe » et « Naturaliste », placées sous le commandement de Nicolas Baudin et d'Emmanuel Hamelin, entreprit une exploration minutieuse de la baie. Faure Island porte le nom du géographe de l'expédition, François-Xavier Faure. En 1818, embarqué sur l'« Uranie », l'explorateur français Louis de Freycinet (un ancien membre de l'expédition Baudin) visitait la péninsule de Peron. La plupart des îles et baies à Shark Bay tiennent leurs noms des expéditions françaises et de leurs membres.

Denham doit le sien au commandant Henry Mangles Denham, du Herald, qui dressa la carte de la baie en 1858. Il laissa une plaque commémorative sur le rocher d'Eagle Bluff, mais depuis que ce rocher est tombé dans l'océan, la plaque a été apposée dans le Pioneer Park, à Denham.

Pratique

■ **www.outbackcoast.com**

■ **SHARK BAY TOURIST VISITOR CENTRE. 22 Knight Terrace à Denham** ✆ 1300 135 887.

Hébergement – Restaurant

■ **DENHAM SEASIDE TOURIST VILLAGE. Knight Terrace ✆ (08) 9948 1242 - 1300 133 733 - www.sharkbayfun.com -** *Compter de AU$21 pour une tente à AU$95 une cabine avec vue sur la mer.* La famille Diggins vous y accueille chaleureusement.

■ **SHARK BAY HOLIDAY COTTAGE. 3-13 Knight Terrace ✆ (08) 9948 1206 ou 1800 681 777 - www.sharkbaycottages.com.au -** *Chambre double AU$65. Possibilité de louer des bateaux (AU$130 un 4 m, la journée).*

■ **THE OLD PEARLER. Knight Terrace ✆ (08) 9948 1973.** Un adorable restaurant aménagé dans une maison basse ancienne faite de blocs de coquillages agglomérés.

MONKEY MIA

Le nom de Monkey Mia provient du nom d'un navire, le « Monkey », qui est venu accoster sur ces rivages et du mot aborigène « mia » qui signifie maison. Cette zone protégée est vraiment un endroit particulier et magique.

Pratique

■ **DOLPHIN INFORMATION CENTRE ✆ (08) 9948 1366.** *Ouvert de 7h30 à 16h.*

■ **MONKEY MIA DOLPHIN RESORT. Shark Bay** ✆ (08) 9948 1320 - 1800 653 611 (appel gratuit) - www.monkeymia.com.au - sales@monkeymia.com.au -

■ **THE DEPARTMENT OF CONSERVATION AND LAND MANAGEMENT (CALM)** est en charge de la protection de la zone et pour cela un droit d'entrée est demandé. *Compter AU$6 par adulte, AU$2 par enfant et AU$12 par famille.*

Hébergement

■ **LE RESORT.** Tout un complexe d'accueil touristique s'est développé sur cette pointe de la péninsule. En franchissant l'entrée du resort, on arrive au bout du bout. Une large gamme de logement est proposée. *Caravan Park AU$11 (tente) et AU$27 (van). Backpackers AU$22. Family Park Homes AU$109 (4 personnes). Garden Villas AU$195 (3 personnes). Dolphin Lodge Beachside Units AU$200 (2 personnes). Beachfront Villas AU$230 (3 personnes).* The Bough Shed Restaurant dispose d'une terrasse avec vue sur la mer. Ouvert pour le petit déjeuner, le déjeuner et le dîner (aux chandelles pour les romantiques). The Bough Shed Cocktail Bar est ouvert pour le déjeuner et le dîner et le Peron Cafe est ouvert pour la vente à emporter et la boisson. On trouve aussi une épicerie qui fait office de photographe ou de magasin souvenirs. Pour les activités extérieures, on trouve une piscine et un court de tennis.

Les plus. Il est possible de réserver pour des activités à l'accueil : location de voiture, excursion pêche, safari 4x4 dans le Cape Peron National Park (Shark Bay Majestic Tours ✆ (08) 9948 1627), sortie en catamaran (Shotover ✆ (08) 9948 1481. Eco-croisière très dépaysante animée par des passionnés et qui croise la route de dauphins, tortues, serpents de mer et rares dungongs).

Points d'intérêt

■ **LE DOLPHIN DISCORVERY CENTRE.** Des vidéos très instructives sur la vie et les mœurs des dauphins sont projetées, gratuitement, dans la salle derrière le bureau des rangers. Une partie de la longue plage de Shark Bay est réservée aux dauphins et aux spectateurs. On y croise aussi beaucoup de pélicans. Seul un petit ponton en bois (où un couple de tortues a élu domicile) s'avance dans les eaux turquoise et transparentes, il n'y a rien d'autre. On peut aller se baigner plus loin, mais il est conseillé aux visiteurs de ne pas trop s'aventurer car il n'y a pas de surveillance et la plage n'est pas équipée de filets anti-requins. Les dauphins sont des mammifères comme les baleines. Ils respirent bruyamment, presque humainement, par le trou des narines, au sommet de la tête. C'est un grand moment que celui où l'on voit ces grands animaux arriver du large. Leur nageoire dorsale ressemble à s'y méprendre à l'aileron d'un requin…

FRANCOIS PERON NATIONAL PARK

■ **LE RANGER EN CHARGE DU PARC se trouve à Denham ✆ (08) 9948 1076.** Le parc doit son nom à un naturaliste français qui a visité Shark Bay en 1801 et 1803 avec l'expédition du « Géographe ». Dans son journal, il décrit toutes les beautés naturelles qu'il a découvertes et ses rencontres avec les Aborigènes. Le parc de 52 500 ha n'est accessible qu'en 4x4, on peut y camper mais attention à la côte sur la pointe qui est un peu hasardeuse. Le parc est propice à l'observation de la faune et de la flore dans son milieu naturel : les plantes, les oiseaux, les serpents, les wallabies, les émus, les thorny devil (sorte de lézard piquant).

L'histoire des dauphins de Monkey Mia

Les dauphins « bottlenose » ont toujours fréquenté les eaux de Shark Bay, s'approchant librement de la plage. Ils ont commencé à avoir des contacts avec les hommes au début des années 1960. A cette époque, ils suivaient les bateaux de pêche qui revenaient au port, et attrapaient les poissons que les pêcheurs jetaient. En 1964, Alice « Ninnie » Watts, femme de pêcheur, commença à nourrir les dauphins systématiquement tous les jours. Avec un peu de persévérance, elle habitua un dauphin à venir prendre le poisson dans sa main. Ce premier dauphin se nommait Charlie, mais on n'a jamais su si c'était un mâle ou une femelle.

Depuis 1986, des rangers du parc national ont été engagés pour protéger ces dauphins mi-apprivoisés et donner des conseils aux touristes qui viennent de plus en plus nombreux les voir. Plus de 70 dauphins ont été répertoriés dans ces eaux, et quelques-uns d'entre eux viennent occasionnellement près de la plage. Des mesures ont été prises pour que les dauphins ne deviennent pas complètement dépendants de l'homme pour leur subsistance. Chacun d'entre eux ne reçoit qu'environ 2 kg, c'est-à-dire un tiers de sa ration quotidienne. Les heures de repas varient également pour éviter la dépendance.

CARNARVON

A l'embouchure de la Gascoyne River, Carnarvon est située sur la highway, à 200 km au nord de la bifurcation de Overlander Roadhouse. Ici, sur le tropique du Capricorne, le climat chaud et l'eau de la rivière permettent la production de fruits tropicaux, en particulier des bananes. Même quand la rivière est à sec, l'eau souterraine est pompée pour les irrigations. La rue principale est large de 40 mètres, un rappel du temps où les attelages de chameaux avaient besoin de toute cette place pour pouvoir tourner.

Pratique

- **CARNARVON TOURIST BUREAU. 11 Robinson Street (Civic Centre)** © (08) 9941 1146.
- **ROAD CONDITIONS (état des routes)** © (08) 9941 0777.

Hébergement

- **HOSPITALITY INN. West Street © (08) 9941 1600. - www.hospitalityinncarnarvon.com.au -** *Chambre double AU$105.* Sur les rives de la Gascoyne River, à 800 m du centre ville.
- **CORAL COAST TOURIST PARK. 108 Robinson Street © (08) 9941 1438 (demander Jon ou Liz) - www.coralcoasttourisrtpark.com.au -** *De AU$21 la tente à AU$125 la petite villa.* A quelques kilomètres du centre ville et de la mer. Piscine.

Points d'intérêt

- **ONE MILE JETTY.** On peut y marcher ou prendre le « Coffee Pot », petit train qui parcourt cette jetée historique construite en 1897. Vue sur la rivière, la mangrove et la vie marine.

Dans les environs

- **BLOWHOLES.** A 70 km au nord de Carnarvon, la côte rocheuse se découpe et laisse passer les vagues par les trous creusés par l'érosion, avec force et sifflements.
- **HMAS « SYDNEY » MEMORIAL CAIRN.** Un peu plus haut, un mémorial a été érigé pour commémorer la bataille entre le « HMAS Sydney » et le « Kormoran » allemand qui a eu lieu au large de Carnarvon le 19 novembre 1941.
- **ROCKY POOL.** A 55 km à l'est de Carnarvon. Sur les bords de la rivière, Rocky Pool, une piscine d'eau douce où l'on peut se baigner tout au long de l'année.
- **GASCOYNE JUNCTION.** A 150 km à l'est de Carnarvon. A la jonction de la Lyons River de la Gascoyne, cette ville anciennement appelée Killili (jusqu'en 1939) offre tous les services à la mode du passé.
- **KENNEDY RANGE NATIONAL PARK.** Au nord de Gascoyne Junction, le parc national étale ses couleurs de fleurs entre les mois d'août et octobre, période idéale pour y faire des randonnées et du camping. A la nuit tombée, autour du feu de camp, laissez-vous transporter par le spectacle de la voie lactée.

DE LA CORAL COAST À LA POINTE NORD-OUEST

Cette région du nord-ouest de l'Australie occidentale est un endroit fabuleux pour sa richesse et sa diversité naturelle. Beaucoup d'Australiens de Perth et du Sud y viennent durant la période de juin à octobre lorsque le temps se rafraîchit chez eux alors qu'il est très clément ici. Plages de sable blanc, eau turquoise, nature éblouissante : dépaysement assuré.

NINGALOO MARINE PARK

Ningaloo Marine Park protège une magnifique barrière de corail et un habitat marin très riche sur cette partie située à l'extrême nord-ouest du pays. Il s'étend de Hamherst Point (sud de Coral Bay) à Bundegi Reef (dans la baie de Exmouth) soit 260 km de côte sur 10 miles au large. Cette zone protégée regroupe plus de 500 espèces de poissons et abrite plus de 220 variétés de corail à moins de 2 km du rivage et par endroits très accessible comme à Coral Bay.

CORAL BAY ET NINGALOO REEF

Entre Carnarvon et Exmouth, Coral Bay a développé un pôle touristique autour des beautés naturelles et marines. Aux portes de Coral Bay, Ningaloo Reef (qui signifie « pointe de terre ») est aussi appelée « la barrière de corail de l'Ouest » en référence à celle de la côte est.

- **EXMOUTH VISITOR CENTRE. Murat Road** ✆ (08) 9949 1176 - 1800 287 328 (appel gratuit)

- **ROAD CONDITIONS (état des routes)** ✆ 1800 013 314.

Hébergement

- **NINGALOO REEF RESORT. 1 Robinson Street ✆ (08) 9942 5934. - whaleshark@bigpond.com.au -** *Compter AU$150 pour une chambre double et AU$200 pour un appartement sur la base de 2 personnes (n°1 à 12 vue sur la mer sans supplément de prix et n°13 à 17 vue sur le resort).* Piscine, Internet, bar-restaurant.

- **BAYVIEW CORAL BAY. French Street ✆ (08) 9942 5932.- www.coralbaywa.com -** *Compter AU$22 en dortoir, AU$25 pour un emplacement de tente (base 2 personnes), AU$150 la chambre double et AU$230 le chalet équipé (base 8 personnes).*

Shopping

- **CORAL BAY ARCADE.** *Ouvert tous les jours de 7h30 à 19h.* Les coquillages sont d'une vraie beauté et un grand choix de bijoux est proposé.

Points d'intérêt

- **CORAL BAY ADVENTURES. Robinson Street ✆ (08) 9942 5955 - www.coralbayadventures. com.au -** Sortie en mer pour voir les baleines (juin à novembre AU$100), Manta ray (AU$130) et vous pourrez nager avec les requins baleines à partir de AU$330.

Loisirs

Plongée

- **Le corail.** En mars, durant quelques nuits après la pleine lune, le corail qui se reproduit en masse (libérant sperme et œufs) est un vrai spectacle. Le reste du temps, le corail peut être admiré avec masque et tuba depuis le rivage. Il est formellement interdit de cueillir le corail qui est protégé dans son milieu naturel. Pour ceux qui ne souhaitent pas aller dans l'eau, il est possible d'admirer le récif corallien depuis un bateau à fond de verre. *Compter AU$30 par adulte, AU$15 par enfant et AU$75 par famille (2 adultes et 2 enfants).*

- **Plonger et faire du snorkeling (masque et tuba)** avec la faune marine. Variée et impressionnante sont les mots qui résument la faune peuplant cette région. Les requins baleines sont les plus stars de la région. Elles peuvent peser jusqu'à 40 tonnes pour 16 m de long. Ces requins sont inoffensifs car ne se nourrissent que de plancton et de petits poissons. Il est possible de plonger pour les approcher (*on peut les apercevoir de mars à juin*). *Compter AU$330 par adulte et AU$210 par enfant.* **Les baleines Humpback** (qui poursuivent leur migration depuis les eaux du sud) sont quant à elles présentes *entre juin et novembre* et peuvent être accompagnées de baleines Bride ou Pilot. Des bateaux permettent d'aller les observer au large. *Compter AU$100 par adulte.* **Les raies manta** sont présentes toute l'année. Ces majestueuses raies viennent jouer avec les plongeurs. Pour nager en leur compagnie, *compter AU$150 par adulte, AU$80 par enfant.* Plusieurs espèces de **tortues** sont visibles toute l'année dans ces eaux, mais les tortues vertes sont les plus répandues. La ponte des œufs a lieu entre novembre et janvier et l'éclosion entre janvier et mars. Des sorties d'observation, y compris de nuit, sont organisées.

- **NINGALOO REEF DIVE ✆ (08) 9942 5824 - www.ningalooreefdive.com**

La pêche

Depuis des années, la région est un lieu unique pour les amateurs de pêche. Les zones sont réglementées (dont 8 sont interdites à la pêche et appelées « sanctuaires » pour la protection de la vie sous-marine). La pêche peut s'effectuer à partir de petits bateaux ou sur des charters qui s'éloignent pour la pêche au gros.

- **BLUEWATER. 3 Maley Street ✆ (08) 9949 1315 - www.bluewater.net.au -** Pour la pêche.

EXMOUTH

Exmouth (2 600 habitants) fut fondée en 1967 en tant que point de ravitaillement d'une base navale américaine qui se trouve au nord de la ville. Exmouth est aujourd'hui un paradis pour l'éco-tourisme. Outre ses trésors marins, les gorges de calcaire du Cape Range National Park sont aux portes de la ville et le contraste des paysages laisse sans voix.

■ **EXMOUTH VISITOR CENTRE. Murat Road** ✆ (08) 9949 1176.

Transports

En voiture

De Coral Bay, il est possible de gagner Exmouth par la Minilya Exmouth Road (150 km) ou d'emprunter la route qui longe le Ningaloo Reef et traverse le Cape Range National Park (180 km dont la majeure partie n'est accessible qu'en 4x4).

En car

■ **INTEGRITY** ✆ (08) 9226 1339 - www.integritycoachlines.com.au. Départ de Perth (Wellington Street Bus Station) les samedi et jeudi.

■ **GREYHOUND PIONNER** ✆ 13 14 99 ou (08) 9481 7066 - www.greyhound.com.au - *Compter AU$200 pour environ 20 heures de trajet.*

En avion

■ **SKYWEST AIRLINES** ✆ 1300 660088. Effectue des vols journaliers de Perth jusqu'à l'aéroport de Learmonth situé à 37 km d'Exmouth et 120 km de Coral Bay.

Hébergement

■ **LIGHTHOUSE CARAVAN PARK. Vlaminghead Peninsula ✆ (08) 9949 1478 www.ningaloolighthouse.com.au** - *Tente AU$25, cabine AU$75, chalet AU$115.* Situé au bord de la plage.

■ **EXMOUTH VILLAGE TOURIST. Angle de Truscott Crescent et Murat Road ✆ (08) 9949 1101 - 1800 621 101 (appel gratuit) - www.exmouthvillage.com** - *Compter AU$25 par adulte en dortoir et AU$55 la chambre double.* A 1 km de l'arrêt de bus et 36 km de l'aéroport. Prêt de vélos.

■ **NINGALOO LODGE. Centre ville** ✆ (08) 9949 4949 - www.ningaloolodge.com.au

■ **POTSHOT HOTEL RESORT. Murat Road ✆ (08) 9949 1200 - 1800 880 949 (appel gratuit) - www.potshotresort.com** - *Compter AU$130 pour un studio (base 3 personnes), AU$92 pour une chambre double et AU$25 en dortoir. Le restaurant propose les poissons et fruits de mer de la pêche (ouvert le vendredi et le samedi soir). Le snack take-away est ouvert de 11h30 à 14h et de 18h30 à 21h.*

Points d'intérêt

On y pratique les mêmes activités qu'à Coral Bay puisque la ville est située à l'extrême nord du Ningaloo Marine Park.

■ **VILLAGE DIVE (au sein du Exmouth Village Tourist) ✆ (08) 9949 1101 - www.exmouthvillage. com** - *Une sortie et deux plongées dans les Muiron Island coûtent AU$160, équipement compris, mais tout type d'excursion est proposé, se renseigner au village.* Une autre façon originale de découvrir les rivages est d'utiliser un kayak de mer. **Capricorn Kayak Tours** ✆ 1800 625 688 ou (08) 9438 1911 - www.capricornkayak.com.au. Propose des sorties allant de la demi-journée à 7 jours.

■ **NINGALOO REEF BUS ✆ 1800 999 941.** Des trajets vers les différentes plages (pratique pour la journée) prisées pour leur beauté telle Turquoise Bay (*aller-retour AU$20*). Propose également des visites guidées telles que le snorkeling avec les tortues pour AU$90.

CAPE RANGE NATIONAL PARK

■ **Source : www.naturebase.net**

D'Exmouth ou de Coral Bay, le parc national Cape Range éblouit par ses couleurs et son contraste en bord de mer.

Pratique

■ **MILYERING PARK VISITOR CENTRE** ✆ **(08) 9949 2808.** *Ouvert tous les jours de 10h à 16h.* Centre d'informations complet. Pause café. Rangers en permanence.

Hébergement

Il est possible de camper dans le parc. *Pas de réservation (AU$5 à AU$7 par adulte par nuit).* Dépaysement garanti. Les plus grands sont **Mesa** et **Ned's Camp** mais il existe également **Lakeside** et **Osprey Bay**. Pour du confort et un moment privilégié entre les gorges du parc et le récif corallien, **Ningaloo Reef Retreat** propose du vrai mobilier sous de grandes tentes (✆ 1800 999 941 - www.ningalooreefretreat.com). *Compter AU$265 par personne par nuit avec repas, matériel de snorkeling et kayak.*

Points d'intérêt

Se promener en 4x4, à pied ou en kayak dans les gorges du parc promet une journée pleine de souvenirs. Se renseigner au Centre d'informations avant de s'aventurer, notamment pour le passage de Yardie Creek.

■ **NINGALOO SAFARI TOURS** ✆**(08) 9949 1550 - www.ningaloosafari.com -** Cet expert de la région est un passionné qui transmet son enthousiasme aux visiteurs. *Une journée entière de découverte pour AU$170 par adulte et AU$125 par enfant, repas compris.*

■ **YARDIE CREEK.** Gorge multicolore formée par l'érosion. Il y a toujours de l'eau dans cette gorge où l'on trouve des mangroves qui servent d'habitat aux oiseaux. Contacter Exmouth Visitor Centre pour des tours guidés d'une heure en bateau dans cette gorge.

■ LA RÉGION DE PILBARA AU NORD ■

La région de Pilbara, où la savane, les canyons et les oasis se partagent le paysage, est encore totalement sauvage. Au cœur de Western Australia, Mount Newman est la plus grande mine de fer du monde. Des convois de trains, longs de près de deux kilomètres, transportent le minerai jusqu'au Port Hedland, situé à 425 km sur la côte. Le fer sera ensuite exporté au Japon.

Transports

En voiture

on entre dans le Pilbara par la North West Coastal Highway si l'on vient de Ningaloo Reef ou par la Great Northern Highway si l'on vient de Perth.

En car

■ **INTEGRITY** ✆ (08) 9226 1339 - www.integritycoachlines.com.au - Départ de Perth.

■ **GREYHOUND PIONNER** ✆ 13 34 9999 ou (08) 9481 7066 - www.greyhound.com.au -

En avion

■ **SKYWEST AIRLINES** ✆ 1300 660088

KARRATHA

Karratha est la ville centrale du Pilbara. Son nom signifie « bon pays », ce qui caractérise bien la région, principale productrice de gaz naturel, de sel et de minerai.

Pratique

■ **KARRATHA VISITOR CENTRE. Karratha Road** ✆ (08) 9144 4600.

■ **CENTRE D'INFORMATION SUR LES CYCLONES** ✆ 1300 659 210.

■ **CENTRE D'INFORMATION SUR L'ETAT DES ROUTES** ✆ 1800 013 314.

Les bons plans pour voyager sont sur petitfute.com

Lors de vos déplacements dans cette région ainsi que celles du Kimberley, il faut être vigilant. La côte est sujette aux cyclones, habituellement entre novembre et avril. Certains causent beaucoup de dommages à cause des vents violents et des pluies torrentielles qui peuvent rendre les routes impraticables. Il faut toujours se renseigner dans les offices d'informations touristiques avant de projeter une excursion et avoir une carte routière récente. Dans l'arrière-pays, l'attention est portée aux campeurs car les zones proches des cours d'eau deviennent vite inondables. De plus, il faut toujours prévoir suffisamment d'eau (4 à 5 litres par personne) et un minimum de matériel de survie. En cas de panne de voiture, toujours rester près de son véhicule en attendant les secours.

Hébergement

■ **KARRATHA INTERNATIONAL HOTEL. Angle de Hillview et Millstream Roads** ✆ 1800 099 801 - www.kih.com.au -

■ **PILBARA HOLIDAY PARK. Rosemary Road ✆ (08) 9185 1855 - 1800 451 855 - www.aspenparks.com.au -** *Compter AU$28 pour un emplacement de tente et AU$120 pour une chambre double.*

Points d'intérêt

■ **PASSE ABORIGENE.** Un grand nombre de sites aborigènes entourent la ville, notamment des peintures et des grottes présentes le long du Jaburara Heritage Trail qui est un sentier de 3,5 km (départ du Visitor Centre). Beaucoup d'autres peintures peuvent être admirées dans la Burrup Peninsula. On les nomme les Petroglyphs et ils sont considérés comme les plus anciennes formes d'art.

DAMPIER

Ce petit port est le point de départ pour les îles de l'archipel (42 îles) et est aussi un port où s'arrêtent les bateaux de commerce. La ville doit son nom à l'explorateur anglais William Dampier qui accosta sur ces terres en 1688. On profite des îles pour se reposer ou pour pêcher. Oceanus Sport Fisching Charters ✆ (08) 9144 4322.

ROEBOURNE

Ville minière (or et cuivre). Certains bâtiments de la ville sont intéressants d'un point de vue architectural.

MILLSTREAM NATIONAL PARK

Havre de paix et de verdure dans ce parc. Les palmiers et les piscines naturelles cohabitent. Des sentiers de randonnée parsèment le parc et il est possible de passer la nuit à Snake Creek, Crossing Pool ou encore à Deep Reach Pool ✆ (08) 9184 5144.

KARIJINI NATIONAL PARK

Le Karijini National Park abrite le Hamersley Range et ses étourdissants contours rocheux. Tout semble démesuré dans le parc pourtant très facile d'accès. On se gare, on marche 100 m, et l'on se retrouve dans un canyon avec des chutes d'eau et une piscine naturelle couleur émeraude...

■ **KARIJINI NATIONAL PARK VISITOR CENTRE** ✆ (08) 9189 8121.

Hébergement

On peut camper de façon basique dans le parc, à Dales Gorge, Joffre Falls et Weano Gorge. Se renseigner auprès du centre touristique du parc pour les conditions.

Points d'intérêt

■ **FORTESCUE FALLS.** Les chutes d'eau sont impressionnantes sur ces terres rouges. La descente est relativement aisée et sûre. Le chemin conduit ensuite à Fern Pool qui est une piscine naturelle où se reflètent les rochers et la verdure.

■ **JOFFRE LOOKOUT PEER.** Cette gorge est incurvée de telle sorte qu'elle forme un amphithéâtre naturel.

■ **MOUNT BRUCE.** Seconde montagne par sa hauteur en Australie occidentale. Tout au long de l'ascension, les paysages se succèdent et s'embellissent jusqu'à atteindre les 1 165 m de la cime.

■ **WEANO GORGE.** C'est une bonne introduction à la découverte du paysage car dans cet endroit, il y a un peu de tout et l'accès est aisé. Faire la petite promenade pour descendre les rochers et rejoindre le bassin pour une baignade.

■ **TOM PRICE.** A 80 km du Karijini, Tom Price vaut le détour car il est proche du mont Nameless qui offre de belles vues sur la région.

PORT HEDLAND

On rejoint Port Hedland par la Great Northern Highway. Cette ville de 15 000 habitants vit grâce aux gisements de fer. Le port semble parfois minuscule devant les immenses tankers qui y stationnent.

■ **PORT HEDLAND VISITOR CENTRE. 13 Wedge Street** ✆ (08) 9173 1711.

Hébergement

■ **COOKE POINT HOLIDAY PARK. Athol Street ✆ (08) 9173 1271 - 1800 459 999 (appel gratuit) - www.aspenpark.com.au** - *Compter AU$28 pour une tente et AU$90 pour une chambre double.*

■ **DINGO'S OASIS BACKPACKER AND BUNKHOUSE YHA. 59 Kingsmill Street ✆ (08) 9173 1000 - dingosoasis@hotmail.com** - *Compter AU$ 25 par personne.* Cet établissement propose une grande gamme d'excursions (dont le Karijini).

Points d'intérêt

■ **PONTE DES TORTUES SUR CERTAINES PLAGES.** Il est possible de les observer d'octobre à mars sur Cemetery Beach, Cook Point ou Pretty Pool. Tour d'observation haute de 26 m et qui se situe derrière le centre d'information. Il faut veiller à être bien chaussé. La vue est vertigineuse.

■ **MARBLE BAR,** qui est à quelque 200 km de Port Hedland, est réputé pour être le point le plus chaud d'Australie avec une température moyenne de 40 °C. Son nom vient des pierres marbrées de rouge.

■ LA RÉGION DU KIMBERLEY AU NORD-EST ■

Le meilleur moment pour visiter le Kimberley est d'avril à septembre, hors de la saison sèche trop étouffante ou de la saison humide trop imprévisible (il peut tomber des trombes d'eau qui rendent les routes impraticables). La région du Kimberley rappelle le Northern Territory par ses immensités sans âmes. Dernière terre de pionniers, elle est restée l'un des sites les plus préservés du monde, encore inconnu il y a une dizaine d'années.

Dans le massif crevassé des Bungle Bungle, une mine de diamants (ouverte dans les années 1980) assure 40 % de la demande mondiale. Les ouvriers font les trois-huit en avion à partir de Perth. L'exploitation des diamants à Argyle, et celle du pétrole dans le golfe de Bonaparte, ont révolutionné le marché mondial.

Les Kimberley, à 2 500 km au nord de Perth, ont été une « last frontier », l'ultime frontière, la plus éloignée de la civilisation, la plus isolée, la moins peuplée. C'est une vaste région aux contrastes spectaculaires, des chaînes rouges et déchiquetées de l'East Kimberley à la ville perlière de Broome. Les premiers colons des années 1880 s'octroyaient des propriétés allant jusqu'à 400 000 hectares pour y pratiquer l'élevage extensif. Depuis cette époque, le bétail vagabonde sur des superficies infinies, de Derby à Wydam, sans que rien n'ait été fait pour améliorer le rendement, ni surtout pour préserver ces immensités qu'on appelle pâturages, souvent plus rouges que verts et rarement clôturés. Malgré cela, le troupeau des Kimberley représente la moitié du cheptel australien.

Le seul grand progrès pour ces pionniers de l'Ouest fut la construction de la beef-road qui permet aujourd'hui, par des road-trains (camions de 4-5-6 wagons pouvant atteindre 40 m de long), d'acheminer le bétail en quelques heures aux abattoirs de Wydam et de Derby. Autrefois, les troupeaux de milliers de têtes de bétail étaient menés pendant des semaines par des « drovers » à cheval. L'avion, ici, a précédé les routes. Il n'y a pas de réseau ferroviaire sur la côte ouest et les routes carrossables, destinées principalement au transport du bétail, sont encore rares.

Les villes sont peu nombreuses, ce sont plutôt de petites bourgades, aux bâtiments de plain-pied, couverts de toits en tôle ondulée. Le climat et l'isolement ont engendré un rythme de vie lent et une attitude bon enfant dans une population comportant un grand nombre d'Asiatiques et de métis. Enfin, le tourisme, hier encore inexistant, est en plein essor.

Les pionniers et les cattle-kings

Pour encourager les pionniers, le gouvernement a offert des concessions gratuites de 40 000 ha. L'ambition et une sorte d'ivresse procurée par les grands espaces, l'acharnement né du défi lancé à la nature hostile, ont incité quelques pionniers à créer de véritables empires dans la brousse. Certains éleveurs possèdent tellement de têtes de bétail qu'ils en ignorent le nombre. En 1879, la famille de Patrick Durack, du Queensland, traversa tout le nord du continent d'est en ouest, région alors inconnue, avec 7 500 têtes de bétail, 200 chevaux et 22 hommes. Ils parcoururent 4 800 km. Le voyage fut rendu cauchemardesque par la chaleur tropicale, les inondations soudaines ou, au contraire, la sécheresse, les herbes nocives, « l'eau rouge » mortelle et les fièvres du bétail. Lorsque les Durack atteignirent enfin les Kimberley, deux ans après avoir quitté le Queensland, ils avaient perdu la moitié de leurs troupeaux. Mais ils avaient donné le départ de l'élevage dans la région.

L'élevage du bétail pour la viande est surtout localisé dans la zone de climat tropical. Au nord du tropique du Capricorne, les bœufs remplacent les moutons qui supportent mal les pluies de la saison chaude. Dans les Kimberley, des cattle-stations, qui appartiennent souvent à des sociétés, louent à l'Etat d'énormes surfaces couvrant généralement plusieurs milliers de kilomètres carrés. Les exploitations sont assez rudimentaires, les clôtures peu nombreuses, et le bétail, bien nourri pendant les quelques mois de pluies, supporte difficilement la longue saison sèche. Dans ces immenses domaines arides et vides, les bêtes sont rassemblées une fois par an par les rangers et les jackeroos. Le cheval reste le moyen de travail préféré, mais les cow-boys australiens utilisent également la moto et la jeep. Dans les régions particulièrement inaccessibles, l'hélicoptère fait gagner un temps précieux aux éleveurs. Les pilotes sont de véritables virtuoses, capables de faire voler leurs appareils à quelques centimètres du sol entre les arbres, de repérer et de pourchasser les bêtes les plus sauvages et les plus récalcitrantes, retournées à l'état sauvage.

BROOME

Le Great Northern highway longe au plus près le Great Sandy Desert, dont on sent le souffle chaud s'échapper d'entre les dunes. Les plaines caillouteuses sont irisées de mirages. Le désert, tapi derrière les maigres broussailles et les dunes, baigne dans un halo de chaleur et de mystère. La luminosité insoutenable déforme la vision. Le soir, les nuages ourlés des feux du couchant s'effilochent au ras du désert immobile. Sur la route de plus de 600 km entre Port Hedland et Broome il n'y a absolument rien d'autre que deux roadhouses. Ancien port de perles sur l'océan Indien, Broome est située sur une côte isolée et accidentée, riche en histoires de naufrages, de pirates et de trésors enfouis.

La découverte, en 1880, dans les eaux au large de Roebuck Bay, de la Pinotada Maxima, la plus grande huître perlière du monde, donna le coup d'envoi à l'industrie perlière de Broome. Ce gisement perlier, le plus important du monde, s'étend du golfe d'Exmouth, à l'ouest, jusqu'à Cairns. Les pêcheurs de perles vinrent du Japon, de Chine, de Malaisie, des Philippines, de Nouvelle-Guinée et des îles du détroit de Torres pour former une communauté haute en couleur. L'établissement d'un câble sous-marin de Broome à Java, en 1889, marqua une date importante dans l'expansion de la ville en permettant une communication internationale rapide du cours des perles. C'est lui qui est à l'origine du nom de la plage de Cable Beach.

Au début du XXe siècle, Broome produisait 80 % de la nacre mondiale. Sa flotte culmina en 1913 avec 403 navires enregistrés. Alors que l'industrie perlière était florissante pour les magnats, elle se montrait souvent fatale pour les plongeurs, exposés aux dangers de la décompression, attaqués par les requins et menacés par les cyclones. A l'époque de l'apogée de la fièvre perlière, les plongeurs étaient des aventuriers qui jouaient avec la mort à chaque incursion sous l'eau. Ils descendaient par groupes de six à des profondeurs d'environ 80 m, et étaient reliés à la surface par un simple tuyau. L'invention du bouton en plastique, dans les années 1950, scella le destin de l'industrie de la nacre.

Aujourd'hui il ne reste plus que quatre bateaux perliers. Une petite industrie fut relancée par l'élevage des perles de culture. On rencontre toujours à Broome des Malais, des Japonais, des Chinois, des Philippins, des Indonésiens ; ce sont en général les descendants d'anciens pêcheurs de perles.

■ **BROOME VISITOR CENTRE. Angle de Broome Highway et Bagot Street** ✆ *(08) 9192 2222 - www.broomevisitorcentre.com.au -*

Hébergement

■ **MOONLIGHT BAY SUITES. 51 Carnavon suite ✆ (08) 61 08 9193 7888 - stay@moonlightbaysuites.com.au** - *De très jolis appartements de 1 ou 2 chambres à partir de AU$235 dans une resort.* La vue de la piscine presque olympique est magnifique, vous êtes en bord de mer, le long des palétuviers. Un restaurant, gym, parking et machine à laver.

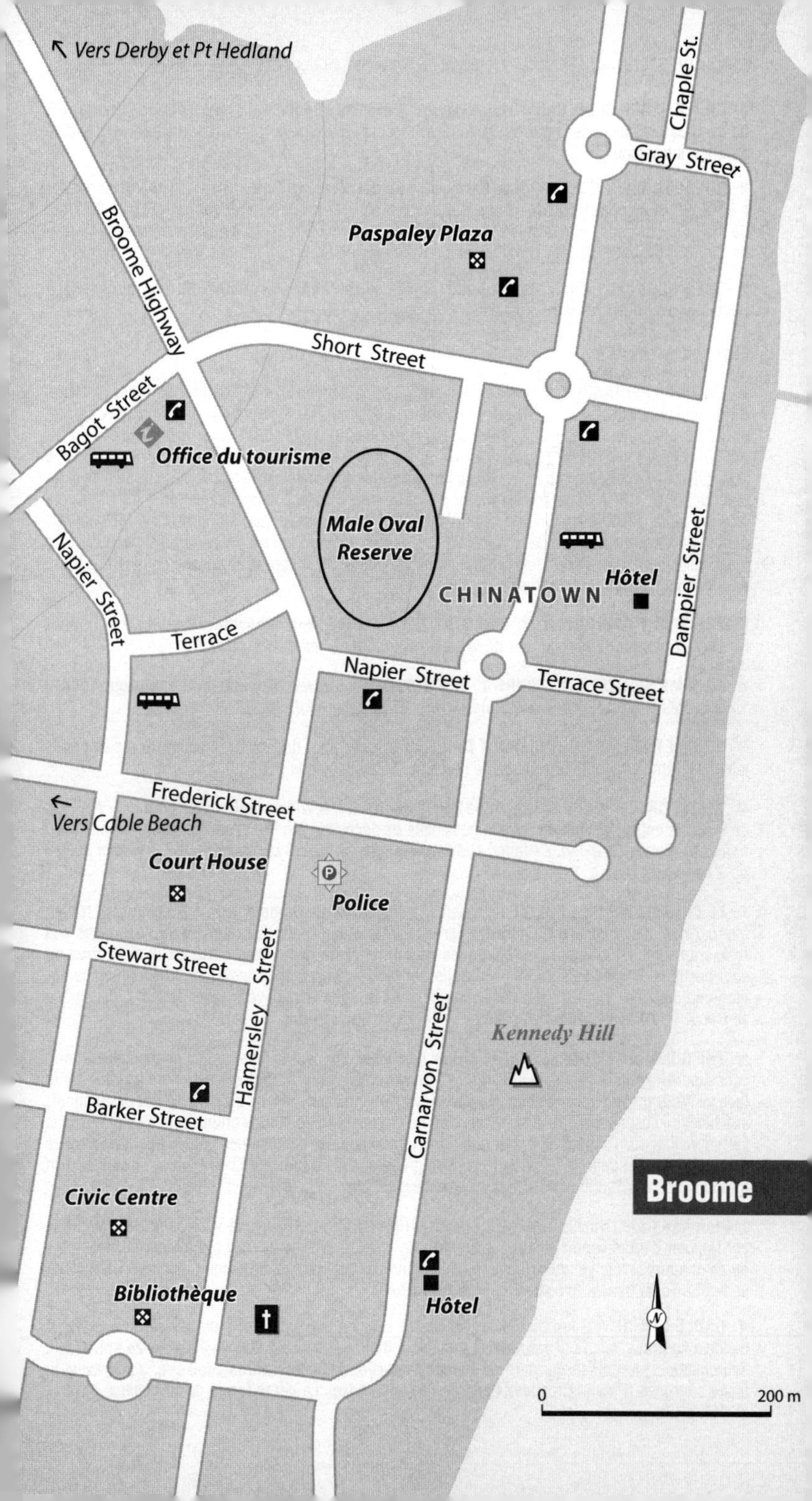

Vers Derby et Pt Hedland
Chaple St.
Gray Street
Paspaley Plaza
Broome Highway
Short Street
Bagot Street
Office du tourisme
Male Oval Reserve
Napier Street
CHINATOWN
Hôtel
Dampier Street
Terrace
Napier Street
Terrace Street
Frederick Street
Vers Cable Beach
Court House
Police
Stewart Street
Hamersley Street
Carnarvon Street
Kennedy Hill
Barker Street
Civic Centre
Bibliothèque
Hôtel
Broome
0
200 m

■ **CABLE BEACH CLUB. Cable Beach Road ✆ ((08) 9192 0400.** *Studio entre AU$350 et AU$480.* Ce très beau resort, à deux pas de Cable Beach, est composé de cottages répartis dans des jardins paysagers tropicaux.

■ **ROEBUCK BAY HOTEL MOTEL. Carnarvon Street, près de Chinatown ✆ (08) 9192 1221 - 1 800 098 824 (appel gratuit) - www.roey.com.au** - *Chambre double entre AU$90 et AU$150.* Ce resort comprend le pub le plus vivant de la ville, et un restaurant. Il y a aussi une auberge de jeunesse à l'autre bout. Le tout compose une sorte d'agglomération d'habitats variés. Très animé !

■ **OCEAN LODGE. 1 Cable Beach Road ✆ (08) 9193 7700 - 1800 600 603 (appel gratuit) - www.oceanlodge.com.au** - *Chambres à partir de AU$130.*

Points d'intérêt

■ **DAMPIER PENINSULA.** A faire absolument si vous avez loué un 4x4, comptez 3 heures de route. Cette péninsule est en partie une terre aborigène. La communauté aborigène de Beagle Bay permet de visiter une superbe église. **Le Middle Lagoon** (✆ (08) 9192 4002) *vous offre la possibilité de dormir dans un abri sur la plage pour AU$45 mais aussi de planter une tente pour AU$30.* Cape Leveque est la pointe de la péninsule avec un **phare** et des couleurs de terres magnifiques au lever ou coucher du soleil. Vous pouvez rester à **Kooljaman** - www.kooljamna.com.au - *Il y en a pour tous les goûts et tous les budgets : camping AU$16 par personne, abri sur la plage AU$60 ou une cabine privée pour AU$120 avec superbe vue depuis votre véranda privée.* Paradis des pêcheurs mais aussi idéal pour ne rien faire et bronzer sur la plage. Ou encore la possibilité de faire des tours pour connaître la culture aborigène locale.

■ **THE SPIRIT OF BROOME ✆ (08) 9193 5025 - www.broomehovercraft.com.au** - Un petit Hovercraft permet de faire le tour de la baie à son bord (*1 heure pour AU$72*).

■ **BROOME SIGHTSEEING TOURS ✆ (08) 9192 5041. - www.broomesightseeingtours.com** - *Trois heures de visite guidée par un passionné, AU$80 par adulte et AU$60 par enfant.*

■ **LE CIMETIERE AU BOUT DU PORT DRIVE,** avec les tombes de presque mille pêcheurs de perles japonais, témoigne de l'importance de l'époque de la pêche à la perle.

■ **WILLIE CREEK PEARL FARM ✆ (08) 9192 6300 - www.williecreekpearls.com.au** - A 35 km de Broome, cette exploitation offre la possibilité de découvrir une ferme perlière en activité. *Ouvert tous les jours de 9h à 17h. Compter AU$65 par adulte et AU$33 par enfant pour une visite guidée de 4 heures.*

■ **LE CHINATOWN DE BROOME** représente la vieille ville de Broome, même si cela ne se traduit que par quelques maisons bordant Carnarvon Street. Les échoppes chinoises sont devenues des restaurants pour touristes, des boutiques de perles et de nacre. Les barreaux aux fenêtres ne sont pas là contre les voleurs, mais pour limiter les dégâts des cyclones. Un petit shopping centre moderne, pseudo-chinois, s'est développé à l'autre bout de la ville, vers Town Beach. C'est ici que se trouve un célèbre cinéma de plein air de 1916, le Sun Pictures.

■ **THE GOLDEN STAIRCASE TO THE MOON** (l'escalier d'or pour la lune) est un phénomène naturel occasionné, les nuits de pleine lune (entre avril et octobre) aux marées extrêmement basses, par la lune se reflétant sur les longs bancs de boue, un reflet que les anciens pêcheurs de perles japonais appelaient « l'escalier d'or ». Il faut y aller en fin d'après-midi, quand le crépuscule s'estompe dans l'éther violine sur l'océan Indien, et que les brumes montent des longues plages de vase bordées de mangrove. Soudain, le lever de la lune saupoudre d'or les bancs de boue, créant l'illusion d'un très long escalier montant vers le disque opalescent.

▶ **Stairway Cafe** (situé sur la Town Beach ✆ (08) 9193 5433) avec sa vue sur la Roerbuck Bay est le point d'observation idéal pour admirer ce phénomène. Le bureau touristique en donne les dates et heures exactes, qui varient selon les marées. Les soirs où se produit la magie, un marché se tient à Town Beach, avec des musiciens locaux.

■ **CABLE BEACH.** A 6 km du centre, de l'autre côté de la pointe, cette plage est l'une des plus belles d'Australie. Ici, il n'y a ni vase ni mangrove mais du sable blanc qui s'étire sur 24 km, et une eau chaude et turquoise. Au nord du rocher, la partie naturiste est très populaire. Juste avant la plage se trouve Broome Crocodile Park ✆ (08) 9192 1489. La petite ferme de crocodiles, ouverte de 10h à 17h.

LE CŒUR DU KIMBERLEY

Deux routes relient Broome à Kununurra, dernière ville avant la frontière avec le Territoire du nord. Vous pouvez prendre la route principale, goudronnée qui vous emmène au Bungle Bungle ou bien, entre Derby et Kununurra se trouve la très célèbre **Gibb River Road,** elle ne peut se faire qu'en 4x4. Possibilité de louer un 4x4 et de rester dans les **fermes B&B** ou bien de louer un camping-car 4x4 et camper également dans les parcs nationaux. Une compagnie locale de **bus** qui propose un Pass de 3 mois (AU$260) vous arrêtera dans des campings et fermes : - www.gibbriverbus.com.au

La piste est magnifique. Vous traversez des rivières et le long de la piste, un détour s'impose pour aller voir les **gorges Billabong,** et des baobabs géants. La route fait à peine 600 km mais prévoyez plusieurs jours pour vous arrêter, notammment sur au **King Leopold Park** et à **Bell gorge.** Un peu plus bas, Windjana gorge est également spectaculaire. Vous pouvez vous promener le long de la gorge, vous y verrez des crocodiles d'eau douce se dorer au soleil le long de la rivière.

Voici quelques sites de «station» (ferme) où camper ou dormir en B&B :

- **www.mthart.com.au**
- **www.australianwildlife.org**
- **www.charnelyriverstation.com.au**
- **www.holiday-wa.net/station.htm**
- **www.homevalley.com**

On vous y proposera une visite des alentours pour y voir des gorges isolées ou bien des sorties à cheval. Vous aurez peut-être la chance de partir à la recherche du bétail perdu au milieu de cette ferme immense. La ferme a également un programme pour les jeunes aborigènes locaux qui veulent apprendre les métiers du tourisme rural.

- **www.elquestro.com.au** fait partie des resort de Voyages. Vous pouvez camper ou bien rester dans des bungalows de luxe au bord de la rivière. Même si vous n'y restez pas, allez voir Zebedee Springs, Amalia et Emma gorge.

FITZROY CROSSING

- **FITZROY TOURIST BUREAU. Flynn Drive** ✆ (08) 9191 5355.

Hébergement

- **FITZROY RIVER LODGE. Great Northern Hyghway ✆ (08) 9191 5141 - www.kimberleyhotels.com.au** - *De AU$25 la tente à AU$175 la chambre double.*

- **CROSSING INN. Skukthorpe Road ✆ (08) 9191 5080 - www.kimberleyhotels.com.au** - *Compter AU$110 la chambre double ou AU$9 par personne pour camper.*

Points d'intérêt

- **GEIKIE GORGE. Située dans le Devonian Reff National Parc,** il faut emprunter une route sujette aux inondations. Bien se renseigner avant son départ. Pendant la saison des pluies, la rivière Fitzroy peut monter jusqu'à 12 m et être quasiment à sec pendant la saison sèche. Il est possible de faire une sortie en bateau sur la rivière.

- **TUNNEL CREEK.** Ce passage de 750 m de long sur quelques mètres de large permet d'admirer des peintures aborigènes pendant la saison sèche. Il faut cependant marcher dans l'eau froide à la lueur d'une lampe.

HALL CREEKS

- **HALL CREEK VISITOR CENTRE** ✆ (08) 9168 6467.

Hébergement

- **KIMBERLEY HOTEL. Roberta Avenue ✆ (08) 9168 6101 - 1800 355 228 (appel gratuit) - www.kimberleyaccomodation.com.au** - *Compter AU$25 pour un lit en dortoir et AU$100 pour une chambre double.*

Point d'intérêt

■ **WOLFE CREEK CRATER.** Ce cratère de météorite mesure 835 m de diamètre et 50 m de profondeur. Il est possible de survoler le cratère avec **Oasis Airlines** ✆ (08) 9168 6462 - 1800 501 462 (appel gratuit) - oasisair@bigpond.com.au -

BUNGLE BUNGLE NATIONAL PARK (Purnululu)

Ouvert de mai à septembre, ce parc présente des tours rocheuses qui s'élèvent parfois isolées, parfois en rangées. Il est interdit et impossible de les escalader car la roche est friable. Ce paysage, le plus étonnant, le plus mystérieux de tout le continent australien, a été révélé par hasard il y a seulement quelques années.

Pour atteindre les Bungle Bungle, il faut rouler plusieurs jours, traverser des étendues de sable aussi fin que peu carrossable, éviter de profondes et larges cassures du sol, dissimulées par des touffes de hautes herbes épineuses. « *The lost World of the Bungle Bungle* », le monde perdu des Bungle Bungle, devint célèbre en 1982 à la suite d'une série télévisée australienne, les « *Wonders of Western Australia* ». Les dômes et les flèches de la frange nord-est, Piccaninny Creek et Gorge, Cathedral Gorge et Echdna Chasm, sont particulièrement impressionnants. Les Bungle Bungle sont constitués par une prodigieuse succession de dômes de roche rouge stratifiée. Pendant des millions d'années, le vent, la pluie, le soleil, les écarts de température entre le jour et la nuit arrachèrent le sable et la terre, jusqu'à ce que seuls les squelettes décharnés des montagnes subsistent. Une masse de dômes de grès de près de 400 m de haut est coupée de canyons extrêmement étroits où poussent des Livestona palms et autres plantes tropicales. Une multitude de gorges non baptisées sont réparties sur les 440 km^2 du massif. Telles de grosses cloches, ces dômes se succèdent, s'imbriquent, se déforment, reprennent leur arrondi sur des kilomètres. Cette infinité de petits monts forme un véritable labyrinthe où il est facile de se perdre. Comme pour mieux en éloigner les intrus, les parois de cette roche nue, écartées parfois de quelques mètres à peine, diffusent leur chaleur avec une violence inouïe.

■ **ADVENTURE TOURS ✆ 1600 654 604 - Site en français - www.adventuretours.com.au -** *Organise des tours de 8 jours de Darwin à Broome à partir de AU$1595.*

■ **AUSTRALIAN ADVENTURE TRAVEL ✆ 1800 621 625 - www.safaris.net.au -** *Organise des tours de 4 à 15 jours entre AU$895 et AU$3090.*

LA MINE DE DIAMANTS D'ARGYLE

Les premières gemmes furent déjà trouvées dans les Kimberley dans les années 1930, par des prospecteurs individuels. Mais, malgré de nombreuses recherches (notamment françaises), les terrains diamantifères importants restèrent inconnus. Les grands consortiums ne s'intéressèrent à l'exploitation que quand la « cheminée » principale fut localisée en 1979. Le Ashton Joint Venture commença alors la construction de la Argyle Diamond Mine. Des moyens techniques et des investissements fabuleux furent mis en œuvre, pour un coût de 450 millions de dollars. Pour exploiter ce potentiel peu commun, il fallait une main-d'œuvre importante. La société Ashton résolut de ne pas construire de ville dans une région aussi désertique, mais opta pour un système de permutation d'équipes : 18 jours de travail sur le site, suivis de 9 jours de repos à Perth, un trajet en avion représentant la distance Londres-Moscou. La mine fut officiellement ouverte en 1985.

La seule cheminée de la mine Argyle fournit 25 millions de carats de diamants par an, ce qui représente une augmentation de la production mondiale de 40 %. Une révolution sur le marché mondial ! L'Argyle Diamond Mine est actuellement la plus grande mine de diamants au monde. Quelque 7 % de ses diamants sont d'une qualité propre à la joaillerie.

■ **LES DIAMANTS ROSES DES KIMBERLEY.** Les diamants d'Argyle ont été formés à 180-200 km sous terre, sous une « pressure » plus grande que pour les diamants d'autres pays. Ils sont plus durs que ceux d'Afrique et de Russie, lesquels ne peuvent pas couper ceux d'Argyle. Outre les diamants « blancs » traditionnels, la mine recèle aussi des diamants colorés qu'on ne trouve nulle part ailleurs, entre autres l'Argyle Pink, le célèbre diamant rose. Il est probable qu'une irradiation naturelle ait contribué à cette coloration. Les joailliers de Kununurra créent des bijoux sur commande dans leurs ateliers, qui sont « free taxe » pour les touristes étrangers. Les diamants de couleur champagne, cognac et jaune, montés en bijoux d'or jaune, adaptent spontanément leur teinte à celle de l'or. L'effet est spectaculaire.

KUNUNURRA

Kununurra, du nom aborigène qui signifie « beaucoup d'eau », n'était à l'origine qu'un centre rural pour les immenses cattle-stations des environs, telles que les Argyle Downs. Mary Durack raconte l'histoire de ces incroyables pionniers dans son livre « *Kings in Grass Castles* » (Rois aux châteaux d'herbe). Aujourd'hui, ses 4 000 habitants sont pour la plupart des fonctionnaires de l'Etat. Afin que les Kimberley ne restent pas une terre sauvage totalement improductive, le gouvernement a décidé de les transformer en une vaste région d'agriculture. Un projet d'irrigation de la vallée de l'Ord fut réalisé dans les années 1960 sous la forme du barrage de Diversion Dam (11 millions de dollars). Le lac Argyle ainsi créé, qui pourrait irriguer 75 000 hectares, forme le plus grand réservoir d'eau du continent australien. Hélas, la culture du coton, suivie par celle du sorgho, ensuite remplacée par le riz, les cacahuètes et le blé, n'a pas survécu aux échecs répétés. Insectes et oiseaux avalaient les semences plus vite que la terre fertile ne les faisait pousser. L'ultime essai, la plantation de canne à sucre, a été un succès, mais le Queensland, lui-même grand producteur, s'est montré immédiatement opposé à cette concurrence. Les fonctionnaires, pionniers modernes de Kununurra, vivent aujourd'hui dans des habitations climatisées, cachées dans les bougainvillées et éparpillées tout autour de la ville. En raison de la proximité de la mine de diamants, quelques boutiques de souvenirs vendent de superbes solitaires et autres diamants roses, champagne ou blancs. *Les bagues avec de petits brillants sont vendues à partir de AU$400 ; les plus grosses coûtent entre AU$3 000 et AU$7 000.*

■ **KUNUNURA VISITOR CENTRE. Coolibah Drive** ✆ (08) 9168 2598 - www.eastkimberley.com

Hébergement

■ **TOWN CARAVAN PARK. 40 Bloodwood Drive ✆ (08) 9168 1763 - 1800 500 830 - www.townpark.com.au -** *Compter AU$26 pour un emplacement de tente et AU$105 la chambre double.*

■ **DESERT INN « BACKPACKERS OASIS » YHA. Konkerberry Drive ✆ (08) 9168 2702.** *Compter AU$22 par personne en dortoir et AU$60 la chambre double.*

■ **KUNUNURRA BACKPACKERS. 24 Knutwood Crescent ✆ (08) 9169 1998.** *Compter AU$22 pour un lit en dortoir et AU$60 la chambre double.* Le backpacker comprend plusieurs cuisines. Jolie piscine ombragée. Bus pick-up. Divers circuits proposés.

Points d'intérêt

■ **BELRAY DIAMOND TOURS ✆ (08) 9168 1014. Du lundi au vendredi.** *Compter de AU$200 à AU$350 par personne.* Interdit aux enfants de moins de 12 ans en raison de la surveillance stricte des diamants de la mine. Départ de Kununurra Airport, vue aérienne des Bungle Bungle, et trois heures de visite de la mine. Les diamants, bruts et taillés, s'admirent à travers une vitre blindée.

■ **TRIPLE J TOURS ✆ 1800 242 682.** *Compter AU$120 la journée.* Pour découvrir des paysages sauvages et fantastiques à bord d'un speed boat.

■ **ALLIGATOR AIRWAYS ✆ 1800 632 533 - www.alligatorairways.com.au -** *Compter AU$200 par personne.* A 95 km de Kununurra, sur la Gibb River Road. Organise des survols du lac.

■ **SURVOL PANORAMIQUE DES BUNGLE BUNGLE AVEC SLINGAIR. Kununurra ✆ (08) 9169 1300. - www.slingair.com.au -** *Survol, pendant environ deux heures, des Bungle Bungle. Compter AU$230 par personne.* Au décollage, on voit la plaine de Packsaddle avec ses champs de cultures variées, comme des bananes, rock melons, mangues, potirons et concombres, en tout 2 000 hectares irrigués par le Lake Kununurra et le Diversion Dam. Le Sleeping Buddha (le Bouddha endormi) est une formation rocheuse à l'est de la rivière Ord. La Hidden Valley fut, pour les ancêtres du peuple Mirriwung, le lieu des « corroborrees », chants et danses traditionnels, illustrés par les peintures et gravures rupestres sur les parois rocheuses de la vallée. Argyle Downs Homestead-Lake Argyle Tourist Village s'est développé à partir du chantier de construction du lac d'Argyle où logeaient quelque 350 ouvriers. Le barrage fut rempli à sa capacité maximale en 1973, et le trop-plein a constamment duré jusqu'en 1984. Depuis, les sécheresses répétées empêchent le barrage de remonter au-dessus de son niveau minimal. L'avion survole aussi les énormes mines de diamants.

Organiser son séjour

Pense futé

ARGENT

Monnaie

La monnaie australienne est le dollar australien (AU$). Le dollar australien est la monnaie locale de l'Australie, mais vous pourrez aussi l'utiliser sur plusieurs îles et territoires dont voici la liste : Australian Antartic Territorry, Christmas Islands, Cocos islands, Heard and Mcdonald Islands, Kiribati, Nauru, Norfolk Island, Territory of Ashmore and Cartier Islands, Territory of Coral Sea islands and Tuvalu.

Ces îles et Territoires dépendent de l'Australie (équivalent de nos DOM et TOM pour la France)

Elle existe en coupures de 5, 10, 20, 50 et 100 dollars, ainsi qu'en pièces de 1 et 2 dollars, et de 5, 10, 20 et 50 cents. Il est à noter que ces billets ont une particularité propre : en effet pour la petite histoire, l'Australie a pensé à ses surfeurs en plastifiant ses billets. Vous pouvez donc vous baigner avec vos dollars sans les détériorer. De plus, ils ont un temps de séchage extrêmement rapide.

Change

Le taux de change est d'un dollar australien pour 0,62 € (avril 2006). Ainsi, 1 AU$ = 0,792 US$ et 1 € = 1,617 AU$). On peut attendre l'arrivée dans le pays pour changer de l'argent, car il existe des bureaux de change dans tous les aéroports ainsi que dans les grands hôtels.

Possibilités de commander vos dollars australiens sur le site (www.nationalchange.com) avant votre départ en réglant par carte bancaire et les recevoir à domicile. Ou si vous n'avez pas Internet, par téléphone au 0820 888 154.

Les moyens de paiement

Tous les modes de paiement sont acceptés dans les principales villes. Munissez-vous d'espèces si vous devez effectuer des séjours dans le Bush australien.

Carte de crédit

Les cartes de crédit sont acceptées dans la plupart des lieux touristiques. Les plus courantes sont l'American Express, la Diners Club, la MasterCard et la Visa. Cependant, il peut être difficile de les utiliser dans les zones rurales, dans les petits bourgs et dans les magasins de détail. On trouvera des guichets automatiques (ATM) dans la plupart des villes et certains roadhouses.

POUR FAIRE OPPOSITION À SA CARTE EN CAS DE PERTE OU DE VOL. Visa © 08 00 90 11 79, numéro vert international. **Master card** © 08 00 90 23 90, numéro vert international.

Travellers chèques

On peut s'en munir par précaution, de préférence libellés en dollars américains, ceux-ci ayant un taux de change plus intéressant sur place, mais les chèques de voyages ne sont acceptés que dans les grandes villes, et il vaut mieux les changer dans les grands hôtels ou les banques. Attention : une commission peut être prélevée lors de la transaction.

Banques

Grandes banques australiennes : ANZ, National Australia Bank, Westpac. Les grandes banques en Australie sont ouvertes de 9h30 à 16h et jusqu'à 17h le vendredi.

Douane – Taxes

Les marchandises suivantes peuvent être importées en Australie par les personnes de plus de 18 ans sans encourir de droits de douane : 250 cigarettes ou 250 g de tabac ou cigares ; 2, 25 litres de boisson alcoolisée ; articles de toilette, parfum non compris ; autres marchandises d'une valeur maximale de 900 AU$.

Intelligent, spirituel, esprité, brillant, doué, génial, ingénieux, talentueux, dégourdi, délié, éveillé, prompt, vif, astucieux, avisé, débrouillard, **futé**, finaud, finet, ficelle, fine mouche, rusé comme un renard, malin comme un voyageur **opodo**

www.opodo.fr
0 892 23 06 82
(0,34 € TTC/min, à partir d'un poste fixe en France métropolitaine)

opodo.fr
voyagez plus loin

hôtels / vols / séjours / locations / croisières / voitures

Taxes et TRS (tourism refund scheme)

Une taxe de 10 % est appliquée sur les biens et les services en Australie (GST). Elle est incluse dans le prix de vente. Vous pouvez vous la faire rembourser avant votre départ sur les achats que vous emporterez avec vous grâce à la TRS. Seule condition, avoir acheté pour 300 dollars minimum chez un même fournisseur et se faire rembourser dans les 30 jours avant votre départ.

Le livret concernant le TRS est disponible sur le site : www.customs.gov.au/webdata/resources/files/Travellers___french1.pdf

Vous devez déclarer toute somme supérieure à 10 000 dollars (6 200 €) australiens à l'arrivée ou au départ. www.customs.gov.au

Articles interdits

Outre la réglementation sur les armes, la réglementation est très stricte concernant l'importation de certains médicaments sans ordonnance, d'animaux et de denrées alimentaires. Le trafic de drogue est passible d'amendes sévères.

Pour en savoir plus sur les réglementations douanières, contacter le centre d'information des douanes australiennes © 1300 363 263 / (02) 6275 6666 – www.customs.gov.au

Des dépliants d'informations sur les réglementations douanières peuvent être obtenus auprès des hauts-commissariats et ambassades australiennes. De plus, les services de la quarantaine procèdent à des contrôles stricts de tout voyageur en provenance de l'étranger, y compris d'Europe. Il convient de remplir avant l'entrée une carte (généralement fournie par les compagnies aériennes) servant à déclarer les produits importés et à signaler tout séjour récent dans une exploitation agricole. La liste des produits prohibés ou réglementés est accessible sur le site du Département fédéral de l'agriculture, des pêches et des forêts : www.affa.gov.au

nationalchange.com
Vos devises livrées à domicile
www.nationalchange.com
ou par téléphone au 0 820 888 154 *
(*) Prix appel local
Un cadeau offert avec le Code Avantage : PF06

Budget

Budget journalier

- **Petit budget :** environ AU$50 à 70 par jour et par personne.
- **Budget moyen :** environ AU$140 par jour et par personne.

Transports

- **Vol intérieurs** de AU$60 à AU$300 (Jetstar – Qantas et Virgin Blue). Faites jouer la concurrence !
- **Pass bus 2 000 km :** AU$320.
- **Un trajet en ferry à Sydney :** AU$5.
- **Taxi de l'aéroport de Sydney au centre-ville :** AU$25.
- **1 litre de carburant :** de AU$1,20 à AU$1,40.

Hébergement

- **Camping :** de AU$10 à 25.
- **Auberge de jeunesse, backpackers :** de AU$19 à 27 (dortoir), chambre de AU$40 à 50.
- **Hôtel catégorie moyenne :** de AU$80 à 130.

Repas / boissons

- **Repas restaurant :** AU$30.
- **Bière dans un pub :** de AU$3 à 5.

Loisirs

- **Ticket de cinéma :** AU$15.
- **Place dans un stade :** AU$20 à 70.

Sydney.

ASSURANCE ET SÉCURITÉ

Assurance – Assistance médicale

Une assurance médicale, pour couvrir vos dépenses médicales (remboursement des médicaments et des frais de consultation ou d'hospitalisation, rapatriement sanitaire, etc.) est indispensable. Bien souvent, les sociétés de cartes de crédit (Visa, etc.) et les mutuelles incluent aussi dans leurs contrats un service d'assurance pour l'étranger, quand le séjour ne dépasse pas une certaine durée. Renseignez-vous. Lisez toujours attentivement les conditions de prise en charge et encore plus attentivement les clauses d'exclusion ; les sports dits à risques, comme la plongée sous-marine, sont-ils pris en charge ?

Sécurité

Voyager seule

Comme beaucoup de pays, sinon la plupart, il est déconseillé aux femmes de voyager seules. L'Australie est un pays sûr, en matière de violence (rien à voir avec les Etats-Unis), mais les précautions d'usage restent nécessaires comme partout dans le monde, surtout dans les zones isolées, le bush et l'Outback en particulier.

Il est de même risqué de faire du stop seule, mais cette recommandation est aussi valable en France.

Dans certains pubs de grandes villes, vous verrez des affiches prévenant contre la « drogue des violeurs », car des femmes ont été abusées sexuellement après avoir bu un verre offert par un inconnu. La drogue qu'il verse dans votre verre à votre insu vous plonge dans l'inconscient et vous livre à votre agresseur.

Handicapés

Les moyens de transports et les infrastructures publics, comme beaucoup de lieux touristiques, sont particulièrement bien aménagés pour accueillir les personnes à mobilité réduite.

▸ **Vous pouvez contacter l'ACROD** (Australian Council for Rehabilitation of the Disabled) PO 60, Curtin ACT 2605 ✆ (02) 6283 3200 – www.acrod.org.au ou le NICAN (National Information Communication Awareness Network) PO 407, Curtin ACT 2605 ✆ (02) 6285 3713 – appel gratuit ✆ 1800 806 769 – www.nican.com.au

Route

Si vous partez seul dans l'Outback, il est important de signaler votre départ et surtout de bien préparer votre itinéraire et d'emmener un moyen de communication. Le bush pullule de kangourous invisibles le jour pendant les fortes chaleurs. Dès la nuit tombée ou si le temps est relativement frais, les kangourous sortent et ont la fâcheuse habitude de sauter sous les roues des voitures, donc soyez très prudent si vous roulez le soir ou la nuit, les rencontres peuvent être dangereuses. Et dernier conseil qui pourrait paraître évident, en Australie on roule à gauche. Dans l'Outback après des heures de conduite sans une autre voiture, on a tendance à l'oublier.

Mer

Pour éviter toute surprise désagréable, respecter quelques principes simples. Ne jamais se baigner dans un endroit que l'on ne connaît pas, surtout si personne ne s'y baigne.

Demander à un local, s'il n'y a aucun risque et, quand les plages sont surveillées, se baigner entre les drapeaux de surveillance des maîtres nageurs sauveteurs.

SANTÉ

Vaccinations

Aucun vaccin particulier n'est requis. La vaccination contre la fièvre jaune est obligatoire seulement pour les voyageurs en provenance directe des pays où la maladie existe. Elle n'est pas nécessaire pour les voyageurs venant directement d'Europe.

Partez en vacances en toute sécurité

AXA ASSISTANCE & petit futé

Vous proposent une assistance rapatriement pendant votre voyage

Premier réseau mondial d'assistance, AXA Assistance intervient 24 h/24 et 7 jours sur 7 n'importe où dans le monde.

Résumé indicatif des garanties d'assistance aux personnes

- Rapatriement médical
- Visite d'un membre de la famille (en cas d'hospitalisation supérieure à 6 jours)
- Retour (en cas de décès d'un proche ou en cas d'hospitalisation supérieure à 6 jours)
- En cas de décès (rapatriements du corps et des bénéficiaires accompagnants)
- Conseils médicaux 24 heures sur 24
- Envoi de médicaments introuvables sur place
- Transmission de message urgent
- Etc.

Frais médicaux .... **15 250 € zone 2 / 152 500 € zone 3 - Franchise : 46 €**
Avance de caution pénale .... **15 250 €**
Frais d'avocat .... **3 050 €**

Tarifs 2005 - 2006 (en € TTC, TVA incluse 19,60)

Tarif par personne	*zones 1 et 2*	*zones 3*
16 jours	16 €	33 €
32 jours	27 €	55 €
61 jours	41 €	82 €
90 jours	52 €	96 €

Zone 1 : France, Andorre, Monaco
Zone 2 : Albanie, Allemagne, Autriche, Belgique, Bosnie-Herzégovine, Bulgarie, Chypre, Croatie, Danemark, Espagne, Estonie, Finlande, FYROM (ex. Macédoine), Grèce, Hongrie, Italie, Irlande, Islande, Israël, Lettonie, Liechtenstein, Luxembourg, Malte, Maroc, Moldavie, Monténégro, Norvège, Pays-Bas, Pologne, Portugal, République Islamique d'Iran, Roumanie, République Tchèque, Royaume-Uni, Serbie, Suède, Suisse, Tunisie, Turquie, Ukraine, Yougoslavie
Zone 3 : Monde entier

Demande d'adhésion

A nous retourner dûment remplie, ainsi que votre chèque de règlement à l'adresse suivante :

AXA ASSISTANCE

AXA ASSISTANCE FRANCE
12 bis boulevard des Frères Voisin
92798 Issy-Les-Moulineaux Cedex 9

Convention
n° 5000177*99

Adresse du souscripteur en France ....

....

....

Nom et prénom des bénéficiaires

1re personne ....

2e personne ....

3e personne ....

4e personne ....

5e personne ....

Durée ❍ 16 jours ❍ 32 jours ❍ 61 jours ❍ 90 jours

Date de départ ....

Date de retour ....

Destination ❍ Zones 1 et 2 ❍ Zones 3

Prime............ x nb de personnes = ...€ TTC

Fait le.................... **à** .... **Signature**

Nous pouvons également vous proposer des contrats d'assistance à l'année ainsi que des garanties d'annulation, responsabilité civile, individuelle accidents et bagages.

Contactez nous !

Pour toute information et souscription

Téléphonez au 01 55 92 19 04
du lundi au vendredi de 9h à 18h

SA au capital de 26 840 000 euros - 311 338 339 RCS Nanterre
Siret 311 338 339 000 55 - N° Intracommunautaire FR 89 311 338 339 - Code APE 660 E

Une prise en charge de A à Z, 7 jours sur 7 et 24h sur 24.

Nul n'est à l'abri d'un accident lorsqu'il voyage !

Spécialiste de l'assistance d'urgence, nous sommes à vos côtés 24h sur 24 et 7 jours sur 7 dans les domaines de l'assistance aux personnes partout dans le monde et de la santé.

Choisir AXA Assistance c'est pouvoir compter sur un partenaire capable de mobiliser ses forces et ses réseaux pour gérer les situations d'urgence avec le maximum d'efficacité et de psychologie.

AXA
ASSISTANCE

Recommandations

- **Les vaccins classiques** (diphtérie, tétanos, poliomyélite) doivent être mis à jour.

- **La vaccination contre l'hépatite A** est recommandée en l'absence d'immunité antérieure (d'autant plus fréquente que vous avez des antécédents de jaunisse, de séjour prolongé à l'étranger, ou si vous êtes âgé de plus de 45 ans

- **La vaccination contre l'hépatite B** peut se discuter en fonction des modalités du voyage (c'est avant tout une maladie sexuellement transmissible). Le virus VHB est toutefois, et de loin, le virus le plus contagieux : 100 fois plus que le virus du sida (VIH) et 10 fois plus que le virus de l'hépatite C (VHC). La vaccination se fait en deux injections espacées d'un mois, puis par une dernière entre cinq et douze mois plus tard. Pensez-y en fonction de votre date de départ.

A savoir. Bien que les bénéfices de cette vaccination pratiquée depuis 1992 soient indéniables pour la santé publique, le risque secondaire de développer une sclérose en plaques évoqué dans les années 2000 fait toujours l'objet de recherches médicales.

Maladies transmises par les insectes

Les moustiques

Il n'existe pas de paludisme. Mais il est toujours préférable d'avoir de quoi se protéger des piqûres de moustiques et autres insectes. Le mieux reste d'utiliser un répulsif à appliquer sur les zones découvertes pour les sorties et un insecticide pour la chambre. Une efficacité supérieure peut être obtenue en portant des vêtements couvrants et imprégnés d'insecticides le jour, et en dormant sous une moustiquaire la nuit.

Au nord du Queensland et dans le Territoire du Nord, il existe plusieurs maladies transmises par les moustiques telles la « fièvre rouge » ou dengue, (principalement à Cape York Peninsula) et la « Ross River fever ». Des cas de « Murray Valley Encephalitis » (MVE) ont également été signalés dans une région qui s'étend entre l'Australie occidentale et le Queensland.

A savoir : contrairement au moustique du paludisme qui agit en soirée, celui porteur de la dengue pique toute la journée. Il n'y a pas de vaccin contre cette maladie.

Les tiques

Alors que la toxicité généralisée est rare en Europe, les tiques présentes en Australie peuvent provoquer des troubles neurologiques graves. Les symptômes sont une irritation locale, avec fièvre et malaise, suivie de troubles sensoriels qui peuvent dans les cas graves évoluer vers la paralysie respiratoire. Normalement, les symptômes disparaissent quand la tique a été retirée. Un antivenin pour lutter contre la paralysie due aux tiques est disponible en Australie.

- **Premiers soins.** Tuer au préalable la tique avec un coton imbibé d'alcool ou d'éther. La tique doit ensuite être enlevée à l'aide d'une pince avec beaucoup de soin pour éviter de laisser en place l'appareil buccal enfoncé dans la peau. Une bonne désinfection doit être réalisée. Toute apparition de fièvre dans les jours suivants doit mener à la consultation d'un médecin.

- **Pour en savoir plus sur la partie sanitaire, visiter le site :** www.cimed.org – www.travel-sante.com

Sexe

Comme partout dans le monde avoir des relations sexuelles non protégées fait courir le risque de maladies sexuellement transmissibles dont le sida mais aussi beaucoup d'autres (herpès, hépatite B, chlamydiae…). Rappelez-vous : une seule fois suffit, ce n'est pas écrit sur le visage de vos partenaires et le préservatif est la plus sûre des protections.

Drogues

Bien que depuis les années 90, certains états d'Australie aient dépénalisé l'usage du cannabis, les avertissements du ministère français des Affaires étrangères (le premier à pouvoir vous aider en cas de problème) sont très clairs : « L'importation ou la consommation de stupéfiants (y compris le cannabis ou l'ecstasy) en Australie entraînent une peine minimale d'emprisonnement de 5 ans. Les touristes condamnés pour trafic de drogue ont peu de chance d'obtenir un sursis et sont détenus jusqu'à leur jugement. Toute arrestation pour un délit grave entraîne une garde à vue pour une durée indéterminée. Une personne arrêtée a le droit de téléphoner deux fois : un appel pour son consulat, un pour un avocat. «

Sans parler d'emprisonnement ou d'amende salée, il serait dommage d'être expulsé en plein séjour avec l'impossibilité de renouveler votre visa.

Mer et plages, plans d'eau

La mer est dangereuse. Soyez prudents : ne pas se baigner seul, loin du bord, après un repas lourd (de surcroît bien arrosé) ou une exposition solaire prolongée, entrer dans l'eau progressivement. Se méfier des oursins, coraux et poissons pierres (parmi le plus dangereux des empoisonnements – voir la conduite à tenir dans la partie Faune et flore). Ne pas marcher pieds nus dans les lagons. Enfin, même si les accidents sont rares, ne sous-estimez pas les indications mentionnant la présence de crocodiles ou de jellyfishes.

En ce qui concerne les plans d'eau où elle n'est pas suffisamment renouvelée, attention à la chaleur qui peut provoquer l'apparition de bactéries. Elles sont susceptibles d'apporter des désagréments sévères (diarrhées, fièvre, irritations de la peau…). Se doucher si possible… et ne pas boire la tasse.

Soleil

L'abus de soleil n'est pas bon pour la peau. Si à court terme, les coups de soleil ne sont pas bien embêtants, à long terme, trop de soleil provoque un vieillissement accéléré de la peau et de possibles cancers de l'épiderme. Mieux vaut donc prévenir que guérir et choisir les heures où le soleil est le moins agressif pour s'exposer.

AVANT DE PARTIR

Saisons

Les saisons sont inversées par rapport à nos latitudes : printemps de septembre à novembre, été de décembre à février, automne de mars à mai, hiver de juin à août. Ceci en se rappelant que la partie nord est soumise à deux saisons : la saison sèche (*Dry*) et la saison humide (*Wet*).

Qu'emporter dans ses bagages

En plus de vos vêtements, les indispensables du voyage en Australie, ou quelques règles d'or pour y voyager avec un maximum d'efficacité et un minimum de bagages.

- **Une trousse de pharmacie** contenant sparadraps, analgésiques, antitourista et antinausée.
- **Une crème solaire** à indice élevé (minimum 15), du Biafine contre les brûlures, un chapeau et des lunettes filtrantes pour se préserver du soleil.
- **Une lotion répulsive antimoustique** (valable également contre les sandflies, ces moucherons minuscules semblables aux aoûtats) et une lotion calmante.
- **Un filet à mouches** pour le bush et l'Outback.
- **Des chaussures confortables.** Un voyageur averti ne partira jamais avec des chaussures neuves. Prévoir des chaussures à semelle épaisse et de grosses chaussettes pour le bushwalking et des sandales pour la plage.
- **Deux jeux de photocopies** du passeport, des billets, de l'itinéraire et d'autres documents de voyage (laissez-en un jeu à la maison ou chez des amis, et gardez l'autre avec vous, séparément des originaux.)
- **Vos permis de conduire national et international** (obtenus gratuitement à la Préfecture et valables 3 ans) si vous souhaitez louer un véhicule.
- **Un adaptateur** à trois fiches plates pour vos appareils électriques.
- **Un réveil :** le voyageur futé ne se fiera pas seulement au rire matinal du Kookaburra remplaçant le chant du coq (ou le réveil des hôtels). D'autant plus que le décalage horaire peut vous jouer des tours à votre arrivée.
- **Un sac de couchage léger,** ou au moins un drap pour vos nuits à l'extérieur ou en hébergement.
- **Une lampe de poche,** indispensable pour le camping dans le bush et aussi très pratique pour les resorts, bungalows et résidences, souvent éloignés du bâtiment principal.

Vêtements

▸ **Pendant l'été, de novembre à mars,** quand il fait chaud et même très chaud partout, prévoyez des vêtements décontractés, tee-shirts et shorts pour ne pas détonner parmi les Australiens.

Si vous avez l'intention de naviguer, ou de parcourir une région de mousson, emportez un coupe-vent imperméable et tout l'équipement nécessaire pour supporter l'humidité tenace.

Dans les régions tempérées du Sud, où la température, même en été, peut dégringoler sérieusement, une petite laine sera bienvenue. Habillez-vous légèrement le reste du temps.

▸ **Durant l'hiver, de juin à août,** dans les régions tropicales, les vêtements légers sont recommandés toute l'année. Dans la journée, il fait chaud ou très chaud. Les soirées sur la côte sont agréables, mais les nuits dans l'Outback à l'intérieur des terres peuvent devenir froides, donc encore une fois, prendre une petite laine. L'Australie tout au sud est fraîche. Prévoir un lainage et un imperméable. De plus, les maisons anciennes et certaines auberges de jeunesse, ou backpackers, n'ont pas de chauffage.

Dans tous les casinos, certains restaurants chic et boîtes de nuit, il faut être « habillé ». La règle qui prévaut dans la plupart de ces établissements est le « relax » soigné. C'est-à-dire qu'en jeans, tee-shirts ou tongs, on n'entre pas. De même, dans certains golfs privés, il convient de porter le bermuda classique jusqu'aux genoux et des chaussettes longues.

Matériel de voyage

■ **AU VIEUX CAMPEUR. A Paris, Quartier Latin : 23 boutiques autour du 48, rue des Ecoles, Paris Ve – A Lyon, Préfecture-université : 7 boutiques autour du 43, cours de la Liberté, Lyon IIIe – A Thonon-les-Bains, entre lac et montagne : 48, avenue de Genève – A Sallanches, au pied du Mont Blanc : 925, route du Fayet – A Toulouse Labège : 23, rue de Sienne, Labège Innopole – A Strasbourg : 32, rue du 22-novembre – Et à Albertville : 10, rue Ambroise Croizat ✆ 03 90 23 58 58 – infos@auvieuxcampeur.fr – www.auvieuxcampeur.fr –** Qui ne connaît pas le fameux Vieux Campeur ? Vous qui partez en voyage, allez y faire un tour : vous y trouverez cartes, livres, sacs à dos, chaussures, vêtements, filtres à eau, produits anti-insectes, matériel de plongée… Et pour tout le reste, n'hésitez pas à leur demander conseil !

■ **BAGAGES DU MONDE. 102, rue du Chemin Vert 75011 Paris ✆ 01 43 57 30 90 – Fax 01 43 67 36 64 – www.bagagesdumonde.com – info@bagagesdumonde.com –** Une véritable agence de voyage pour vos bagages : elle assure le transport aérien de vos effets personnels depuis Orly ou Roissy-Charles de Gaulle à destination de tout aéroport international douanier, et vous offre une gamme complète de services complémentaires : enlèvement, emballage, palettisation, stockage (à l'aéroport), assurance, garantie… Vous pouvez déposer vos effets au bureau de l'agence à Paris. Une idée futée pour voyager l'esprit serein et échapper aux mauvaises surprises que réservent les taxes sur les excédents de bagages.

■ **DECATHLON. Informations par téléphone au ✆ 0 810 08 08 08.** Liste des adresses de points de vente consultable sur Internet : wwww.decathlon.com – Le grand spécialiste du matériel de sport (plongée, équitation, pêche, randonnée…) offre également une palette de livres, cartes et CD-rom pour tout connaître des différentes régions du monde.

■ **WWW.INUKA.COM –** Ce site vous permet de commander en ligne tous les produits nécessaires à votre voyage : vous recevrez ensuite vos achats chez vous, en quelques jours. Matériel d'observation (jumelles, télémètre, lunettes terrestres...), instruments outdoor (alimentation lyophilisée, éclairage, gourde, montres...) ou matériel de survie (anti-démangeaison, hygiène). Tout ce qu'il vous faut pour préparer votre séjour que vous partiez dans les montagnes ou dans le désert.

■ **LOWE ALPINE. Inovallee. 285, rue Lavoisier 38330 Montbonnot Saint Martin ✆ 04 56 38 28 29 – Fax 04 56 38 28 39 – www.lowealpine.com – infoconso@lowealpine.fr –** En plus de ses sacs à dos techniques de qualité, Lowe Alpine étoffe chaque année et innove avec ses collections de vêtements haut de gamme consacrés à la randonnée et au raid, mais aussi à l'alpinisme et à la détente.

■ **TREKKING. BP 41, 13410 Lambesc ✆ 04 42 57 05 90 – Fax 04 42 92 77 54 – www.trekking.fr –** Partenaire incontournable, Trekking propose dans son catalogue tout ce dont le voyageur a besoin : trousse de voyage, ceinture multipoche, sac à dos, sacoches, étuis… Une mine d'objets de qualité pour voyager futé et dans les meilleures conditions.

La ceinture
Multipoches
Adoptée par les plus grands voyageurs !
www.trekking.fr TM
TREKKING
Poche interne pour traveler chèques, devises ...
Boucle de réglage (75 à 125 cm)
Portefeuille, passe-port, billets d'avion
Boucle avec système de sécurité
Lunettes, GSM, appareil photo ...
La ceinture multipoches est disponible en maroquineries, Printemps, BHV, Vieux Campeur... Consultez www.trekking.fr pour connaître le revendeur le plus proche de chez vous !
TREKKING
BP41 13410 LAMBESC
Tel : 04 42 57 05 90
Fax : 04 4 2 92 77 54

NATURE & DECOUVERTES. Pour obtenir la liste des 45 magasins ✆ 01 39 56 70 12 – Fax 01 39 56 91 66 – www.natureetdecouvertes.com – serviceclient@nature-et-decouvertes.com – Retrouvez dans ces magasins une ambiance unique dédiée à l'ouverture sur le monde et à la nature. Du matériel de voyage, mais aussi des livres et de la musique raviront celles et ceux qui hésitent encore à parcourir le monde.... Egalement vente par correspondance.

Formalités

Passeport

Il est nécessaire pour toute demande de visa. De plus, il doit être encore valable au moins six mois après le voyage en Australie.

Visa

Pour entrer en Australie, il vous faudra obligatoirement être en possession, soit d'un visa soit d'un ETA (Electronic Travel Authority).

ETA (Electronic Travel Authority) : en 1997, le gouvernement australien a instauré un nouveau système pour certains pays (dont la liste est consultable sur le site Internet d'informations touristiques www.australia.com rattaché à l'ambassade, ou ✆ 01 40 59 33 06), afin de supprimer la démarche des visas pour leurs ressortissants. Dénommé ETA (Electronic Travel Authority), ce système permet un contrôle des entrées sur le territoire australien par l'intermédiaire des agences de voyages (à l'émission de billets d'avion). Les touristes n'ont plus à postuler pour un visa (pour une durée inférieure à trois mois). L'ETA peut également être émis par l'ambassade d'Australie par Internet (payant dans ce cas : AU$ 20 début 2006).

Pour des renseignements complémentaires, le service des visas de l'ambassade d'Australie. 4, rue Jean-Rey 75015 Paris – *Ouvert au public de 9h15 à 12h15 du lundi au vendredi, sauf les jours fériés.*

VISAS EXPRESS. 54, rue de l'Ouest BP 48 75661 Paris Cedex 14 ✆ 0 825 08 10 20 (0,15 € la minute) – www.visas-express.fr – Vous êtes accaparé par votre travail, récalcitrant aux démarches administratives ou tout simplement vous n'avez pas envie de vous préoccuper de l'intendance de votre voyage; le recours aux services de Visas Express vous apporte une garantie supplémentaire dans la réussite de votre périple. Depuis 1985, Visas Express accompagne les hommes d'affaires, les voyagistes et le grand public dans leurs démarches auprès des ambassades et des consulats pour l'obtention de visa.

VSI SAS. 19-21, avenue Joffre, 93806 Epinay-sur-Seine ✆ 0 826 46 79 19 – Fax : 0 826 46 79 20. Vous pouvez confier l'obtention de vos visas à la société VSI. Renseignements et bon de commande sur le site : www.vsi.1er.fr

Étudier en Australie

Si vous souhaitez partir étudier en Australie, et que vous êtes déjà inscrit auprès d'un organisme d'études, il vous faudra, pour obtenir un visa, en faire une demande écrite à l'ambassade. Pour des informations concernant les études en Australie, contacter le service étudiant à l'ambassade.

Toutes les infos sur les études en Australie : www.francaustralia.com – www.boomerangaustralia.com

Working Holiday Visa ou Visa Vacances Travail

Depuis le 2 janvier 2004, les ressortissants français peuvent obtenir un visa « Vacances Travail » valable 1 an. Sur place, vous pourrez travailler jusqu'à 6 mois chez le même employeur. La France est ainsi le 19e pays à offrir cette opportunité à ses ressortissants.

Le WHV s'adresse aux 18-30 ans. Vous devez demeurer en dehors de l'Australie, avoir un passeport d'un des pays participants, ne pas avoir d'enfants à charge et pouvoir justifier d'au moins 3 000 euros sur un compte en banque. Depuis le 1er novembre 2005 les personnes qui ont déjà bénéficié d'un premier WHV et qui ont fait au moins trois mois de récoltes saisonniers dans certaines régions d'Australie peuvent demander un deuxième WHV.

Ce visa s'obtient par Internet rapidement (certains l'on obtenu en deux heures, d'autres en deux jours).

Lien sur le site de l'ambassade d'Australie à Paris : www.france.embassy.gov.au

PHOTOS

Conseils et choix de pellicules

Lors de vos déplacements en avion, prenez vos pellicules et votre appareil photo avec vous. Les rayons X pour vérifier les bagages à main sont plus faibles que pour les valises qui vous suivront dans la soute de l'avion. Cela vous évitera d'avoir vos magnifiques photos d'Australie voilées ou, plus grave, toutes noires. En complément de votre équipement, prenez quelques appareils jetables, ils pourront vous suivre partout dans les situations périlleuses, rafting, escalade… et vous donneront des souvenirs de bonne qualité sans risquer votre équipement.

De même un appareil photo jetable panoramique vous permettra de mieux restituer la beauté de certains paysages.

Pour la plongée si vous ne voulez pas investir dans un caisson étanche pour votre appareil, achetez un appareil photo jetable étanche jusqu'à 10 mètres, profondeur idéale pour la Grande Barrière dans la plupart des cas.

Utiliser en permanence un filtre UV sur l'objectif de votre appareil, il aura comme fonction de protéger votre objectif, de diminuer le voile atmosphérique et de rendre plus nettes vos photos.

Prendre des pellicules de 50 à 100 Asa adaptées pour les régions ensoleillés, mais emportez aussi quelques pellicules plus sensibles 400 Asa pour le coucher ou le lever de soleil et les photos en intérieur.

Horaires de prise de vues

Pour obtenir de belles photos privilégiez le matin ou le soir, la lumière est rasante, elle augmente les contrastes et cette période de la journée donne des teintes plus chaudes. Evitez les photos quand le soleil est haut dans le ciel, les photos risquent d'avoir une dominante froide avec des ombres dures.

Qualité du développement

Les développements photos en Australie sont de qualité, il est possible de faire développer facilement ses photos en 24 heures ou une heure. Possibilité de demander un transfert sur CD, dans les nombreux cybercafés, pour les envoyer par email à vos amis, la famille et leur faire partager votre voyage.

Photo numérique

Avec un appareil photo numérique, vous pourrez facilement transférer vos photos sur le Net dans les nombreux cybercafés d'Australie, y créer votre carnet de voyage, transférer vos photos et faire partager sans attendre vos aventures et mésaventures Downunder.

- **Créez votre carnet de voyage sur :** www.carnets.australia-australie.com

MÉDIAS

Journaux

- **Chaque grande ville possède quelques grands journaux quotidiens.** « *The Sydney Morning Herald* » et le « *Telegraph* » pour Sydney, le « *Melbourne Age* » pour Melbourne.

- **La plupart des journaux gratuits,** distribués par banlieue dans les immeubles, informent sur les activités culturelles et les divertissements locaux (ex. : le « *Manly Daily* »).

- **Il existe toutes sortes de magazines conformes à nos titres français** (« *Marie-Claire* », « *Elle* », « *Vogue* »), et, bien entendu, divers magazines consacrés au sport (un très bon magazine sur les activités pratiquées en Australie s'appelle « *Wild and Outdoor Australia* »).

- **Si vous êtes à la recherche des actualités françaises,** vous pouvez vous procurer, avec quelques jours de délai, la plupart des quotidiens et des magazines français dans les Alliances françaises.

Carnets d'Aventures - Sports Nature

Un concentré de liberté en vente libre
À découvrir chez votre marchand de journaux

Carnets d'Aventures
Récits et photos de voyages **d'aventure**, **dossiers destinations**, **dossiers techniques** (matériel, équipement), brèves et actualités sur le milieu de l'aventure...
Au bout du monde ou près de chez soi, le **voyage sans moyen motorisé** constitue une belle alternative pour découvrir ou redécouvrir notre planète : à pied, à vélo, en kayak, à cheval, en parapente...

Sports Nature
Enfin un **magazine multisports** destiné aux pratiquants des **sports de pleine nature** !
Infos pratiques, **topos** d'itinéraires avec récits et photos, encarts et **dossiers techniques**... VTT, randonnée, escalade, sports de montagne (alpinisme, ski de randonnée, raquettes...), canoë, kayak, parapente...

Offre abonnement découverte : 12 € pour 3 numéros du magazine de votre choix
☐ Carnets d'Aventures ☐ Sports Nature

Nom .... Prénom ....
Adresse ....
Code postal .... Ville .... Email ....

Envoyez ce bulletin (ou sur papier libre) accompagné d'un chèque à l'ordre d'Alcyon Média à : Editions Alcyon Média - 8 route de Plascassier - 06650 Opio

Plus d'infos sur
WWW.EXPEMAG.COM

Télévision

L'usage de la télévision est gratuit dans toutes les chambres d'hôtels, et dans la salle de séjour commune des hôtels et auberges de jeunesse.

- **Les grandes chaînes de télévision gratuites** en Australie sont Seven 7, Win 9, Ten 10 et une chaîne complètement différente des trois autres, appelée SBS, qui serait l'équivalent de la chaîne ARTE en France (elle diffuse de nombreux films et documentaires étrangers, notamment des films français et le journal télévisé français de la veille au soir). La chaîne publique ABC propose également des films et des documentaires français.

- **Le Bouquet français (LBF)** propose les programmes d'un ensemble de 23 chaînes et services thématiques de télévision (TV5, RFOSat, Tempo, Euronews, LCI, RTL9, MCM, RFM TV, Trace. TV, Cinecinema Premier, Action, TCM, Planète, Ma Planète, Planète Thalassa, Cartoon Network, Season), deux radios (Europe 1, RFMTV), un service météo et un guide interactif des programmes. La réception du Bouquet français est possible dans toute l'Australie.

- **TV5,** la télévision internationale diffuse 24h/24 des programmes de TF1, France 2 ou France 3 et d'autres chaînes de télévision francophones.

Radio

De nombreuses radios diffusent des programmes en français en Australie. Il s'agit principalement des stations du réseau SBS et de radios communautaires. Sur SBS, des programmes en français les mardi, jeudi et vendredi de 11h à 12h ; le jeudi à 21h et le dimanche de 16h à 17h sur les fréquences suivantes :

- **Adelaide** 106.3 FM
- **Adelaide Foothills** 95.1 FM
- **Brisbane** 93.3 FM
- **Canberra** 105.5 FM
- **Darwin** 100.9 FM
- **Hobart** 105.7 FM
- **Melbourne** 93.1 FM et 1224 AM
- **Newcastle et la Hunter Valley** 1413 AM
- **Perth** 96.9 FM
- **Sydney** 1107 AM et 97.7 FM
- **Wollongong** 1485 AM

■ **POUR AVOIR LA LISTE DE TOUTES LES RADIOS COMMUNAUTAIRES** diffusant des programmes francophones en Australie ainsi que leurs fréquences, consulter le site internet : www.aaprefa.com

BIBLIOGRAPHIE

Romans

L'Australie connaît plusieurs générations d'écrivains tout à fait exceptionnels, dont certains sont traduits en français.

- **Peter Carey,** romancier né en 1943 à Melbourne, a obtenu le Booker Prize en 1988. *Oscar et Lucinda*, Plon.

- **Brian Castro,** *Les Oiseaux de passage*, éditions Ombres.

- **Nancy Cato,** *L'Australienne* (sur la rivière Murray), *Les étoiles du Pacifique*, Presses de la Renaissance, *Sucre brun*, sur l'esclavage dans les plantations du Queensland et l'émancipation d'une jeune fille d'Adelaide dans les années 1930.

- **Marcus Clarke,** *La Justice des hommes*, Presses de la Renaissance.
- **Rosemary Dobson** (poétesse née en 1920, Sydney), *L'enfant au cacatoès*, recueil de poésies, éd. Pierre Seghers, 1967.
- **Rodney Hall,** né en 1935 en Angleterre, vit à Bermagui en New South Wales. *In memorandum* (1984) et *Secrets barbares* (1990), Presses de la Renaissance.
- **Elizabeth Jolley,** Foxybaby, *L'héritage de Miss Peabody*, Deux Temps/Tierce, *Le mensonge*, Calmann-Lévy. Son livre, *Tombé du ciel* (Deux Temps/Tierce), a obtenu en 1994 le prix franco-australien de la traduction.
- **Christopher Koch,** *L'année de tous les dangers*, Presses de la Renaissance, et, plus récemment (1996), « *Les autoroutes pour la guerre* ».
- **D. H. Lawrence,** *Jack dans la brousse*, Gallimard.
- **Joan Lindsay,** *Picnic at Hanging Rock*, Flammarion.
- **David Malouf,** poète et romancier, né en 1934 à Brisbane de parents libanais et anglais, prix du meilleur écrivain étranger en 1991, vit entre Sydney et la Toscane. *L'enfant du pays barbare* , Lieu commun, Hartland et son domaine, Albin Michel.
- **Colleen McCullough,** « *Les oiseaux se cachent pour mourir* », « *Tim* », « *Un autre nom pour l'amour* », « *La passion de Dr Christian* », « *Les dames de Missalonghi* », Pierre Belfond.
- **Franck Moorhouse,** nouvelliste et romancier, né en 1938 à Nowra, vit dans la banlieue de Sydney à Balmain, près de l'ancienne maison de Peter Carey. « *Coca-Cola kid* », Presses de la Renaissance (un film en a été tiré), « *Un Australien garanti d'époque* », La Petite Maison.
- **Katharine Susannah Prichard,** « *Coonardoo* », roman d'amour entre une Aborigène et un Blanc, publié en 1929, La petite maison.
- **Nevil Shute,** né en 1899 en Angleterre, s'installa définitivement en Australie en 1950. Le testament (en anglais « *A town like Alice* », version série télévisée en 1982), Livre de Poche et Stock, « *Le lointain pays* », « *Les Frontières du cœur* », « *Le dernier rivage* », Stock.
- **Morris West,** « *Cassidy* », Pierre Belfond.
- **Paul Wenz,** « *L'Echarde », « Un Australien tout neuf* », La petite maison.
- **Patrick White** (Prix Nobel 1973), « *Eden Ville », « Le char des élus », « Voss », « Les échaudés », « Le mystérieux Mandala », « L'œil du cyclone », « Le vivisecteur », « Une ceinture de feuilles », « Les incarnations d'Eddie Twyborn », « Défauts dans le miroir* » (autoportrait), « *Mémoires éclatées d'Alex Xenophon Demirjian Gray », « Des morts et des vivants* », Gallimard.

Sans être Australiens, les auteurs qui suivent vous aideront à mieux connaître l'Australie :

- **A.D.G,** « *Kangourou Movie* », Gallimard – série noire – Un livre policier où deux gardiens de la barrière antidingos se retrouvent impliqués dans le meurtre de cinq personnes.
- **Aruthr Upfield.** Né en 1888 en Angleterre, il découvre à 19 ans le bush, les immenses plaines semi-désertiques et la vie sauvage d'Australie qu'il ne quittera plus. Auteur d'une trentaine de romans policiers, il fait résoudre à son héros, le détective Napoléon Bonaparte, des affaires mystérieuses dans le bush australien.
- **Bill Bryson,** « *Nos voisins du dessous : Chroniques australiennes* ». 2005 Editions Payot – Un livre de voyage où l'auteur raconte avec beaucoup d'humour son dernier périple en Australie.
- **Michèle Decoust,** « *Australie, les pistes du rêve* » J.-C. Lattès, Paris, 2000 – Un récit au cours duquel la journaliste et écrivain raconte sa passion pour l'Australie, pays qu'elle a visité il y a vingt ans sans jamais l'oublier.

Lectures concernant les Aborigènes

- « *Australie noire, les Aborigènes* », Un peuple d'intellectuels, Autrement, 1993.
- « *Les Aborigènes australiens* », A. P. Elkin, Gallimard, 1967.
- « *Le chant des pistes* », Bruce Chatwin, Grasset.

- « *Les rêveurs du désert* », Barbara Glowczewski, Plon.
- « *Talahue* », Sally Morgan. Editions Métailié – 1997. Elle décrit dans cette autobiographie la découverte et la prise de conscience de son ascendance aborigène.
- « *Le Temps du Rêve : la mémoire du peuple aborigène australien* » de Cyril Havecker. Editions du Mail – 1992. Retrace cette époque mythique où l'Intelligence suprême donna forme au monde.

Lectures concernant l'histoire

- « *La Rive maudite* », Robert Hughes, Flammarion, 1987. Traite de l'histoire de la déportation des forçats en Australie de 1787 à 1868. Historien, l'auteur compare le système pénitentiaire australien à un « goulag britannique ».
- **«** *Le Géant du Pacifique* **»,** Xavier Pons, Economica, 1988.
- **«** *La généreuse et tragique expédition de La Pérouse* **»,** François Bellec, Ouest France Université, 1985.
- *« Histoire de l'Australie »,* Robert Lacour-Gayet, Fayard, 1973.
- *« La Guerre en Nouvelle-Calédonie »***,** John Stanley James, dit le Vagabond, reportages faits en 1878, illustrations de l'époque, La Petite Maison.
- *« Finding Australia »***,** Russel Ward. Evocation historique, depuis l'arrivée des premiers Aborigènes jusqu'en 1821.
- *« Packhorse & Waterhouse »***,** Gordon Buchanan. Relate l'époque des pionniers dans l'Outback. Gordon Buchanan est fils d'un légendaire conducteur de bétail du Territoire du Nord.
- *« Histoire de l'Australie (de 1770 à nos jours), Naissance d'une nation du Pacifique »***,** Michel Bernard. L'Harmattan, Paris, 1995.
- *« L'Australie, naissance d'une nation »,* Georges-Goulven Le Cam. Presses universitaires de Rennes, 2000.

Ouvrages en anglais

- **Jeannie Gunn,** « *We of the Never Never* ». Célèbre roman sur la vie dans l'Outback du Northern Territory, près de Mataranka.
- **Mary Durack,** « *Kings in Grass Castles* ». Mary Durack raconte l'histoire de ces incroyables pionniers, ses propres ancêtres, dans les immenses cattle-stations d'Argyle Downs dans les Kimberly, près des fabuleuses mines de diamants roses.
- **Joseph Conrad,** « *The wild colonial boy* ».
- **Bruce Chatwin,** Songlines, « *Les Chemins invisibles du Walkabout* ».
- **Thomas Keneally,** « *Outback* ».
- **Big Bill Neiijie,** « *Australia's Kakadu man* ». Raconte les légendes aborigènes, la terre et comment la conserver.
- **A. B. dit « Banjo » Paterson,** « *The man from snowy river* ».

Guides touristiques

Ils sont nombreux à traiter du sujet. Certains sont spécifiques à une région, d'autres sont vraiment très généralistes. A vous de déterminer vos besoins en les feuilletant avant l'achat.

Reportages vidéo

- ***Faut pas rêver : l'Australie* – 2004 (France 3 télévision).** Date de parution : mars 2005. France 3 télévision nous propose de revoir, en DVD, l'émission « Faut pas rêver » intitulée « *Australie, la grande traversée* ».
- ***Tippi en Australie* – 2004 (France télévision).** La jeune Tippi nous sensibilise au travail des hommes et des femmes qui œuvrent pour la préservation de la nature.

Publiez vos récits de voyage

Vous rentrez de voyage, la tête encore pleine d'images et le carnet de bord rempli de notes, d'impressions, d'anecdotes, de témoignages. Vous souhaiteriez prolonger le rêve, le fixer noir sur blanc ? Faire partager votre expérience, vos émotions, vos aventures, vos rencontres ? Publibook est la société leader en France dans le domaine de l'édition à la demande.Elle se propose de prendre en charge votre manuscrit, de vous accompagner, du conseil éditorial jusqu'à l'impression, dans toutes les étapes de la publication de votre ouvrage.

■ **POUR PLUS D'INFORMATIONS, CONTACTER PUBLIBOOK** ✆ 01 53 69 65 55 – Web : www.publibook.com

- ***DVD guides : Australie* – 2000 (TF1 vidéo).** Date de parution : septembre 2003. Nouvelles destinations pour Pierre Brouwers et sa collection DVD Guides avec l'Australie.

- ***Des trains pas comme les autres : l'Australie* (France 2 – Editions Montparnasse).** Date de parution : 2000 et 2005. C'est à bord de « l'Indian Pacific » que l'on découvre les 4 000 km du continent australien au départ de Sydney.

Filmographie

- **« *Murielle* »,** de J.-P. Hogan, avec Toni Colette. Une comédie douce amère qui se déroule dans une petite ville de la côte Est

- **« *La dernière vague* »,** de Peter Weir. Un thriller où la culture et les croyances aborigènes sont la clef de l'énigme.

- **« *Gallipoli* »,** également de Peter Weir. Malgré une bataille bien loin de l'Australie (les Dardanelles et la première Guerre mondiale), ce film permet de mieux comprendre les espérances et les motivations des hommes de l'époque.

- **« *Crocodile Dundee* »** de Peter Faiman, avec Paul Hogan qui incarne le bon Australien typique, débrouillard et un rien macho.

- Plus récent, **« *Priscilla, folle du désert* »** de E. Elliott, un petit régal de plumes et de paillettes entre Coober Pedy et Alice Springs, « *Welcome to Woop Woop* », du même réalisateur et, enfin, « *The Castle* », une satire de l'Australie profonde.

- **« *Le chemin de la liberté* »** de Philippe Noyce. L'histoire de trois jeunes filles aborigènes isolées de chez elles dans le cadre de la politique d'intégration des années 1930, et leur périple pour revenir au milieu des leurs.

- **« *Ned Kelly* »** de Gregor Jordan avec Heath Ledger. Un film qui retrace l'histoire du célèbre hors-la-loi australien du siècle dernier.

SUR PLACE

Poste

La poste australienne est assurée par Australia Post. Leurs bureaux sont ouverts de 9h à 17h du lundi au vendredi. Les lettres internationales arrivent entre 5 et 10 jours après l'envoi. Pour les envois nationaux, il existe un système très pratique, les « Express Post », qui sont des enveloppes jaunes et noires délivrées le lendemain de l'envoi. Les prix sont de AU$1,30 pour une carte postale par avion pour la France.

Pour les colis, mieux vaut utiliser les services de sociétés spécialisées (DHL, FeDex...) ou des colis postaux internationaux qui sont assurés et dont on peut connaître le jour d'arrivée.

Courrier et timbres

Il existe des bureaux de poste dans les villes principales de chaque état. Un service de poste restante est disponible dans plusieurs bureaux de poste à travers le pays ; le courrier y est conservé gratuitement pendant 30 jours.

Télécommunications

Téléphones portables. Le réseau de téléphones mobiles fonctionne sur deux réseaux dont l'un est le même système GSM que le réseau français. La couverture est bonne sur la côte Est, Sud-Est, Sud-Ouest et les grandes villes mais en ce qui concerne l'intérieur des terres, rien à faire sans un téléphone satellite ou, au minimum, un téléphone fonctionnant sur le réseau CDMA.

A votre arrivée en Australie, vous pourrez louer des téléphones portables pour des prix vraiment intéressants. Même si vous ne comptez pas vous en servir, cela peut être utile pour que l'on puisse vous joindre ou dans des situations d'urgence (sachez que votre portable français fonctionnera avec une puce australienne à la condition d'être bibande et débloqué).

Cabines téléphoniques

Elles fonctionnent avec un minimum de 50 cents (pièces de AU$2 et 1ou 5, 10, 20 et 50 c) ou à l'aide de cartes prépayées. Certaines vous permettent d'envoyer des SMS. Vous pouvez appeler le 1234 pour connaître les tarifs d'appel longue distance.

Cartes téléphoniques

Pour appeler l'international, il est très avantageux de passer par des opérateurs locaux comme One Tel, Global One, APPT ou Vodaphone, qui vous proposent des cartes téléphoniques de AU$15, 20, 30, 50 ou 100 (40 c la minute pour la France). Les cartes s'achètent à la poste, les boutiques d'opérateurs ou chez les marchands de journaux (news agencies).

Le service Country direct

Ce service donne accès à plus de 50 pays pour des appels en P. C. V. ou payés par cartes de crédit.

Visiter le site comparatif de tous les opérateurs de téléphonie (fixe, mobile, internet) : www.phonechoice.com.au

Indicatifs

- **Pour appeler en Australie depuis la France,** composer avant le numéro à 8 chiffres de votre correspondant le 00 + 61, puis : 2 pour la New South Wales, 3 pour le Victoria et la Tasmanie, 7 pour le Queensland, 8 pour South Australia, Western Australia et le Northern Territory,

- **Pour appeler la France depuis l'Australie,** composer le 00 + 11 + 33 + le numéro de votre correspondant sans le 0.

- **Pour appeler d'un état à l'autre en Australie,** vous devez composer le 0 devant l'indicatif de l'état (Ex : pour appeler Sydney de Cairns : 0 +2 + numéro local (8 chiffres en général) de votre correspondant).

- **Pour appeler dans le même état,** taper directement le numéro de votre correspondant (8 chiffres en général) sans l'indicatif (exemple : 5332 8871).

- **A savoir.** Les numéros commençant pas 1800 sont gratuits. Les appels pour les numéros à 6 chiffres commençant par 13 sont facturés au prix d'un appel local dans toute l'Australie. Un tarif plus élevé peut s'appliquer aux téléphones portables et cabines publiques. Enfin, tous les numéros de portables australiens commencent par 04.

Urgences

- **AMBULANCE, POLICE, POMPIERS** © 000.

Autres numéros utiles

- **SERVICE DE RENSEIGNEMENTS NATIONAL** © 1223.
- **SERVICE DE RENSEIGNEMENTS INTERNATIONAL** © 1225.
- **OPÉRATEUR** © 1234.

Internet

Les cybercafés se trouvent à peu près partout en Australie. Les hôtels peuvent également vous offrir l'accès à Internet. Pour ceux qui n'auraient pas d'adresse Internet, vous pouvez souscrire une adresse E-mail gratuite (sur www.hotmail.com – www.yahoo.fr par exemple) grâce à laquelle on pourra vous joindre partout.

Quelques fournisseurs d'accès

- **TELSTRA BIG POND** ✆ 1800 804 282 – www.bigpond.com
- **PACIFIC INTERNET** ✆ 13 36 35 / (03) 9674 7592. www.pacific.net.au
- **Un site Web vous donnant l'adresse des cybercafés :** www.netcafes.com

Jours fériés nationaux

- **Jour de l'an (New Year's Day) :** 1er janvier.
- **Australia Day :** 26 janvier. Il précède l'Australia Day Holiday (sauf Victoria).
- **Good Friday :** 28 mars.
- **Easter Monday (lundi de Pâques) :** en mars ou avril.
- **Anzac Day :** 25 avril.
- **Labour Day :** 1er mai.
- **Queen's Birthday :** 14 juin (sauf pour Western Australia).
- **Christmas Day :** 25 décembre.
- **Boxing Day :** 26 décembre.

Et beaucoup d'autres jours fériés et de manifestations exceptionnelles selon les Etats.

Langue

La langue officielle est l'anglais, mais vous aurez très vite des doutes car elle est parsemée d'argot et de termes locaux que l'accent rend encore moins compréhensibles. Pour les non-anglophones, il existe un service d'interprétariat dans toutes les grandes villes.

Achats

Toutes les grandes villes australiennes ont des shopping malls dans le centre-ville, de grands magasins, des arcades ou des galeries de boutiques. Les articles les plus spécifiquement australiens sont les pierres précieuses et semi-précieuses comme les opales de Coober Pedy, les saphirs d'Emerald, les diamants roses d'Argyle, uniques au monde, les perles de Broome.

- **L'art aborigène est de plus en plus populaire auprès des touristes :** peintures sur écorce, didjeridoos peints de symboles rituels, tee-shirts aux motifs du Dreamtime, paniers tressés par les femmes aborigènes appelés « dilly bags », boomerangs (à partir de AU$5), sculptures sur bois, poteries et terres cuites. Les boutiques de souvenirs regorgent aussi de « beer-coolers » (à partir de AU$5) pour garder les canettes de bière au frais dans ce pays de canicule, d'affreuses descentes de lit en peau de kangourou, de koalas en peluche, de peaux de mouton…

- **Bien plus intéressants sont les accessoires typiques des cow-boys de l'Outback.** Les chapeaux de la marque Akubra (le Stetson australien) existent en différents modèles : le « stockman », le « pastoralist », le « cattleman », le « Snowy River » (à partir de AU$75). Un ruban de chapeau en dents de crocodile (à partir de AU$35) leur donnera un air de Crocodile Dundee.

On trouve aussi des ceintures en cuir tressé de kangourou (AU$30). Le célèbre « Jackie Howe » est un débardeur bleu marine (très bien) nommé d'après la tondeuse de moutons la plus rapide de l'Outback. Les beaux impers huilés de la marque Drizabone sont la version locale du Burberrys anglais. R. M. Williams fait aussi des vêtements « authentiques » : chemises, jeans, impers huilés et accessoires dans le style de Drizabone. Les Grizzly Workforce figurent en bonne place parmi les plus belles chaussures de brousse de marque australienne. Les plus beaux tricots de laine sont indiscutablement les jacquards fins et multicolores de la marque très mode Coogi, malgré ou à cause de leur prix assez élevé.

Les Australiens font partie des leaders de l'équipement de sports nautiques et de plongée. Toute une mode balnéaire s'en est inspirée pour des « wet-suits » de ville, des tee-shirts « Shark Attac » (pseudo sanguinolent avec des morceaux manquants figurant la morsure d'un requin, à partir de AU$24), et beaucoup d'autres, pas chers, de couleurs vives ou fluos qui vont si bien sur une peau bronzée. On trouve un grand choix d'huiles solaires performantes, de baumes à lèvres fluo, de tout petits pots de crème de zinc protection totale (à 50 c), des « sex-vax » et autres « body-glove » de protection et de frime (plus chers) ainsi que des lunettes de soleil aux reflets multicolores façon scarabée.

Horaires d'ouvertures des administrations, des magasins et des banques

Variables selon les états, les horaires sont en règle générale :

- **Bureaux :** de 8h30/9h à 17h/18h.
- **Administrations :** de 9h à 17h.
- **Banques :** de 8h30/9h30 à 16h30 (ou plus rarement 17h30).
- **Bureaux de poste :** 9h à 17h du lundi au vendredi. Certains bureaux sont également ouverts le samedi de 9h à 12h.
- **Magasins :** de 9h à 17h30/18h30, avec nocturne le jeudi soir (jusqu'à 19h, 20h ou 21h). Certains supermarchés sont ouverts jusqu'à minuit, y compris le dimanche.
- **Quelques pharmacies** sont ouvertes jusqu'à 21h.

Poids et mesures

Le système métrique est d'usage, même si certaines personnes parlent en pounds, en inches et en miles. Les températures sont indiquées en degrés Celsius.

Tailles

Les correspondances suivantes vous permettront de mieux choisir votre habillement. Restez toutefois prudent, tant les différences de tailles peuvent être grandes.

CHAUSSURES HOMMES								
France	38	39	40	41	42	43	44	45
Australie	5 1/2	6 1/2	7	7 1/2	8	8 1/2	9 1/2	10 1/2
CHEMISES								
France	36	37	38	39	40	41	42	43
Australie	36	37	38	39	40	41	42	43
COSTUMES								
France	44	46	48	50	52	54	56	58
Australie	81	84	87	90	93	96	99	102
CHAUSSURES FEMMES								
France	35	36	37	38	39	40	41	42
Australie	3 1/2	4 1/2	5	6	7	7 1/2	8	8 1/2
ROBES								
France	34	36	38	40	42	44	46	48
Australie	6	8	10	12	14	16	18	20

Électricité

La tension électrique est de 220/240 volts – 50 Hz. Tous vos appareils électriques devraient donc fonctionner à la condition de posséder un adaptateur à 3 fiches plates dont vous pourrez faire l'acquisition avant votre départ, dans les aéroports ou sur place dans les shopping-centres.

CARNET D'ADRESSES

L'Australie en France

AMBASSADE D'AUSTRALIE. 4, rue Jean-Rey 75015 Paris ✆ 01 40 59 33 00. Services des visas ✆ 01 40 59 33 06 – www.france.embassy.gov.au – M° Bir-Hakeim. *Le service des visas est ouvert au public de 9h15 à 12h15 du lundi au vendredi, sauf les jours fériés.*

OFFICE DU TOURISME AUSTRALIEN. Seulement par téléphone ✆ 01 41 91 38 61.

www.australia.com – Ce site vous donne, en plusieurs langues, toutes les informations dont vous avez besoin pour partir en Australie (formalités, bonnes adresses, marché du travail, études…).

Musées

MUSÉE NATIONAL DES ARTS D'AFRIQUE ET D'OCÉANIE. 293, avenue Daumesnil 75012 Paris ✆ 01 44 74 84 80 (standard) et 01 44 74 85 00 (renseignements, visites individuelles) – M° Porte Dorée. *Ouvert tous les jours de 10 h à 17h30. Fermé le mardi.* Collection d'art aborigène.

ANZAC MUSEUM (MUSÉE FRANCO-AUSTRALIEN SUR LA PREMIÈRE GUERRE MONDIALE). 9, rue Victoria 80380 Villers-Bretonneux ✆ 03 22 83 14 18

MUSÉE DU QUAI BRANLY. www.quaibranly.fr – Le musée du quai Branly, conçu par l'architecte Jean Nouvel, a ouvert ses portes en juin 2006. Il est dédié aux Arts et Civilisations d'Afrique, d'Asie, d'Océanie et des Amériques. Plusieurs artistes australiens ont été sollicités pour la décoration intérieure (voir la partie Arts et Culture).

Associations diverses

AUSTRALIA FRANCE FOUNDATION. 4, rue Jean-Rey 75724 Paris Cedex 15 – M° Bir-Hakeim ✆ 01 40 59 33 00. L'Australia France Foundation (AFF) se consacre à la promotion de la culture australienne en France.

AUSTRALIAN BUSINESS IN EUROPE (ABIE). 4, rue Jean-Rey 75724 Paris cedex 15 ✆ 01 40 59 34 91 – Fax : 01 40 59 33 10

ASSOCIATION FRANCE AUSTRALIE (AFA). Paris Les Bateaux Marnais 33, quai du Halage 94000 Créteil ✆ 01 48 99 20 – www.france-australie.org

ASSOCIATION CULTURELLE FRANCO-AUSTRALIENNE. 39, quai d'Anjou 75004 Paris ✆ 01 40 46 84 76 – www.australiemag.com – Commande de brochure personnalisée sur www.australia.com

CINÉMA DES ANTIPODES. 42 rue Villiers-de-l'Isle-Adam, 75020 Paris ✆/Fax : 01 47 97 45 98 – Mobile : 06 08 78 91 95 – www.cinemadesantipodes.com

Boomerang et didjeridoo

LMI & FOX. BP 16 32502 Fleurance Cedex ✆ 05 62 06 10 67 – www.lmifox.com – Atelier de fabrication de boomerangs. Vous trouverez, sur le site internet, des informations concernant les boomerangs, les flyings discs (frisbees), les didjeridoos (possibilité d'écouter quelques extraits musicaux), les bracelets de montre de sport, des modèles réduits d'avions et de fusées. Possibilité de commander les objets fabriqués dans l'atelier depuis le site.

POUR PRATIQUER LE BOOMERANG (ENTRAÎNEMENT, COMPÉTITIONS…) ET TOUT SAVOIR SUR CET OBJET : Art boomerang club Paris : www.artboomerangclub.fr.st – France boomerang féderation (FBF) : http://franceboomerang.free : Boomerang passion www.boomerangpassion.com

"Rendez-vous avec vos Rêves..."

En direct d'Australie,
Rendez-vous Futé organise votre Voyage"

Conseils et réservations en français !
Rendez-vous Futé
28 Spence Street, Cairns QLD 4870 - Australie
tél : +61 740 313 533 - fax : +61 740 313 544
info@australie-voyages.com
www.australie-voyages.com

- **ATELIERS WOODSLIDE. 10, rue de la Pierre-Anne 44340 Bouguenais. www.woodslide.com – info@woodslide.com ✆ 08 70 63 03 78.** Vous pouvez même passer à l'atelier si vous souhaitez essayer les didgeridoos.

- **VENT DU RÊVE (musique de didjeridoo). Chez Caty Castellon. 3, allée Gaston-Bachelard, 75014 Paris** ✆ 01 45 42 56 38 – www.ventdureve.net

Et plusieurs sites internet où l'on peut acheter un didgeridoo et participer à des forums, tels que :

- **www.charly-didgeridoo.com**
- **www.francedidgeridoo.com**
- **www.didgevibes.com**

Librairies et bibliothèques

- **POUR TROUVER DES LIVRES EN ANGLAIS SUR INTERNET : www.barnesandnoble.com –** Un site fourni en livres ainsi qu'en magazines, en CD, affiches, logiciels... Vous pourrez même envoyer une e-card (carte postale électronique) musicale avec message personnalisé.

- **BIBLIOTHÈQUE DE L'AMBASSADE D'AUSTRALIE. 4, rue Jean-Rey 75015 Paris ✆ 01 40 59 33 00.** *Ouverte du lundi au vendredi de 9h à 18h.* De nombreux ouvrages consacrés à l'Australie, à consulter sur place.

- **BOUTIQUE DU PETIT FUTÉ. 44, rue des Boulangers 75005 Paris ✆ 01 45 35 46 45. Métro : Cardinal Lemoine.** *Du mardi au samedi inclus de 10 h 30 à 14 h et de 14 h 45 à 19 h.* Vous y trouverez, parmi la collection complète des guides du Petit Futé, des CD de musiques du monde, des beaux livres, des cartes touristiques ainsi que des cartes postales.

- **BRENTANO'S. 37, avenue de l'Opéra 75002 Paris ✆ 01 42 61 52 50 – www.brentanos.fr – M° Opéra ou Pyramide.** Brentano's, c'est la référence en la matière lorsque vous rêvez d'un livre qui n'est disponible qu'outre-Atlantique. Ses commandes spéciales vous permettront de l'importer à condition d'être un peu patient (parfois plus de trois semaines d'attente).

- **GALIGNANI. 224, rue de Rivoli 75001 Paris ✆ 01 42 60 76 07. M° Concorde ou Tuileries.** Des milliers d'ouvrages anglais, irlandais, américains, australiens et même français sur de longues bibliothèques en bois, remplies de haut en bas.

- **L'ASTROLABE. 46, rue de Provence 75009 Paris ✆ 01 42 85 42 95. M° Havre-Caumartin.** Librairie de voyage : guides, littérature, beaux livres, cartographie, sur trois étages, vous attendent afin de préparer au mieux votre voyage.

- **LIBRAIRIE ITINÉRAIRES. 60, rue Saint-Honoré 75001 Paris ✆ 01 42 36 12 63 –www.itineraires.com – M° Louvre-Rivoli ou Les Halles.** Passez-y avant de partir : guides, cartes géographiques, littérature, ethnologie, actualité politique sont autant d'objets ou d'infos dont vous aurez besoin pour votre voyage.

- **LIBRAIRIE ULYSSE. 26, rue Saint-Louis-en-l'Ile 75004 Paris ✆ 01 43 25 17 35 – www.ulysse.fr – M° Pont Marie.** *Ouvert du mardi au samedi de 14h à 20h.* Plus de 20 000 ouvrages neufs et anciens sur tous les pays. N'hésitez pas à interroger la libraire pour trouver votre bonheur, et laissez-vous narrer quelques-unes de ses aventures : l'écouter c'est déjà partir un peu !

- **WH SMITH. 248, rue de Rivoli 75001 Paris ✆ 01 44 77 88 99 – Minitel 3615 SMITH – M° Concorde.** La maison des livres de langue anglaise en France : un vrai petit paradis pour qui se veut anglophile jusqu'au bout des ongles. Presse, littérature, beaux livres et même les Petit Futé se côtoient dans des rayonnages en bois, l'antre des lecteurs passionnés.

- **AUSTRALIAN BOOKSHOP.** Uniquement par Internet : www.australianbookshop.com.au – info@australianbookshop.com.au

- **BRADLEY'S BOOKSHOP. 8, cours d'Albret 33000 Bordeaux** ✆ 05 56 52 10 57

Magazines

- **AUSTRALIE MAGAZINE. 16, rue Charlemagne, 75004 Paris ✆ 01 40 46 84 76 – www.australiemag.com/ – education@australiemag.com –** Magazine d'information sur... l'Australie et l'éducation australienne. Il s'adresse avant tout aux étudiants.

Galeries

- **GALERIE BAUDOIN LEBON.** 38, rue Sainte-Croix-de-la-Bretonnerie, 75004 Paris © 01 42 72 09 10.

- **ARTS D'AUSTRALIE – STÉPHANE JACOB.** 179, boulevard Péreire, 75017 Paris © 01 46 22 23 20 – www.artsdaustralie.com

- **YILPINJI GALERIE (Gounod Share House).** 43, rue Gounod 06000 Nice © 06 83 54 06 09 – www.ifrance.com/yilpinji

Bières et vins australiens

- **A.I.C. AUSTRALIAN IMPORT CENTRE. 5, rue Saint-Louis 94410 Saint-Maurice © 01 55 12 17 70 – Fax : 01 55 12 17 71.** Importation de bières australiennes pour l'approvisionnement des bars. Ce centre n'est pas ouvert au public.

- **A.P.C. AUSTRALIAN PRODUCT CENTRE. 8, rue Mandar 75002 Paris © 01 40 26 06 58 – Fax 01 42 33 53 44 – M° Sentier ou Etienne-Marcel.** Importation de vins australiens et de produits alimentaires (viande de kangourou, plats cuisinés à base de kangourou, tourtes, tarte aux noix de macadamia) pour l'approvisionnement des restaurants. Ce centre n'est pas ouvert au public.

- **NICOLAS © 01 41 73 81 81 – 08 00 80 20 20 – www.nicolas.com –** Caviste aux nombreux magasins de proximité disséminés dans toutes les villes. Quelques vins australiens, notamment du Yellow Tail Shiraz, du kalbarri cabernet sauvignon, du kalbarri chardonnay et du kalbarri merlot.

Pubs et cafés

- **CAFÉ OZ. 18, rue Saint-Denis 75001 Paris © 01 40 39 00 18 – M° Châtelet.** Le seul bar australien à Paris, patronné par la bière Foster's. Le décor est tout à fait comme dans l'Outback avec un petit auvent en tôle ondulée au-dessus du comptoir et un crocodile empaillé sur le mur.

- **WILLI'S WINE BAR. 13, rue des Petits-Champs 75001 Paris © 01 42 61 05 09 – Fax : 01 47 03 36 93 – M° Palais-Royal ou Pyramides.** Grand comptoir à l'entrée pour la dégustation de délicieux petits vins blancs de toutes provenances mais aussi d'Australie. Au fond, petite salle aux murs blanchis et aux poutres apparentes. Chaque année, Mark Williamson, le propriétaire anglais, renouvelle la collection d'affiches réalisées par de grands artistes, amis de la maison.

Cafés – Restaurants

- **KIWI CORNER. 25, rue Servandoni 75006 Paris © 01 46 33 12 06 – www.kiwicorner.fr – M° Mabillon.** *Ouvert du lundi au samedi : 12h à 15h et à partir de 19h. Brunch le dimanche de 11h à 15h.* Cuisine créative de Nouvelle-Zélande, d'Australie et du Pacifique Sud à des prix abordables.

- **BONZA. 19, rue Sainte-Marthe 75010 Paris © 01 42 03 27 97.** Né de l'imagination d'un Australien, ce bar-restaurant propose une carte des vins internationale, de cocktails et de vraies bières australiennes.

LE BOOMERANG. Les Pézières-Résinand 01110 Aranc ✆ 04 74 38 58 60.

SYDNEY CAFÉ. 26, cours d'Estienne-d'Orves 13001 Marseille ✆ 04 91 33 94 78.

CAFÉ REX. 15, avenue Honoré-Serres 31000 Toulouse ✆ 05 61 12 16 39 39 – Fax : 05 61 12 16 67.

L'AUSTRALIAN CAFÉ. ZAC Montredon 1, rue Ariane 31240 L'Union (proche de Toulouse) ✆ 05 34 25 18 28. www.australian-cafe.com – Un bar-restaurant australien qui vous propose de nombreuses spécialités australiennes. Ouvert tous les midis du lundi au vendredi et tous les soirs.

CAFÉ OZ. 33, place Louise-de-Bettignies 59800 Lille ✆ 03 20 55 15 15 – Fax : 03 20 31 96 48.

THE OUTBACK. 10, rue Monsigny 62200 Boulogne-sur-Mer ✆ 03 21 30 25 82. Bar-restaurant à la déco typiquement australienne, BBQ, Bière Foster, vins australiens.

WOOLLOOMOOLOO. 16 bis, rue des Teinturiers, 84000 Avignon ✆ 04 90 85 28 44.

Élevage de kangourous

CENTRE ORNITHOLOGIQUE DE MONTLHÉRY. M. Houpert et M. Lastere, 64-66, route d'Orléans (N20) 91310 Montlhéry ✆ 01 69 01 00 99. Quelques espèces d'animaux à protéger, kangourous, perruches royales d'Australie, et d'autres oiseaux provenant d'horizons divers. Si vous souhaitez venir découvrir cet élevage privé, n'hésitez pas à les appeler pour convenir d'un rendez-vous, vous serez bien accueilli.

Parcs zoologiques

BEAUVAL. Zoo Parc de Beauval, 41110 Saint-Aignan ✆ 33 02 54 75 50 00 – www.zoobeauval.com – Dans ce superbe zoo, découvrez plusieurs magnifiques spécimens de kangourous (red kangaroo, wallabies), et la serre recréant les conditions de vie dans un décor australien.

CHÂTEAU ET RÉSERVE ZOOLOGIQUE DE SAUVAGE. Château de Sauvage 78125 Émancé (10 km de Rambouillet) ✆ 01 34 94 00 94. La réserve zoologique de Sauvage est située dans un parc à l'anglaise de 40 ha. Outre de nombreux autres animaux (plus de 1 600), elle accueille près de 200 kangourous que vous pourrez voir évoluer en toute liberté au milieu de flamants roses, de biches et d'antilopes… Voir le site :

www.leszoosdanslemonde.com/html/zoomonde/europe/zoofrance/emance/emance.htm

A savoir. La forêt de Rambouillet accueille depuis une trentaine d'années plusieurs dizaines de kangourous dont les parents se sont échappés du Parc du château de Sauvage. Faisant partie du folklore régional, ils représentent néanmoins un danger potentiel pour les automobilistes surpris par ces hôtes inhabituels de la forêt, tentés de traverser la nationale à la tombée du jour.

L'Australie en Suisse

MISSION PERMANENTE AUSTRALIENNE AUPRÈS DES NATIONS UNIES ET CONSULAT. 56, rue de Moillebeau 1209 Genève ✆ (022) 799 91 00.

L'Australie en Belgique

AMBASSADE D'AUSTRALIE. 6, rue Guimard 1040 Bruxelles ✆ (02) 286 05 00.

OFFICE DU TOURISME. Même adresse ✆ (02) 714 31 99.

L'Australie au Canada

HAUTE COMMISSION AUSTRALIENNE. Suite 710, 50 O'Connor Street, Ottawa, Ontario K1P 6L2 ✆ (613) 236 08 41.

Les droits du voyageur

Par Maître Cyril GORY, Avocat au Barreau de Paris

Pour voyager sans souci, mieux vaut connaître ses droits. Le législateur encadre la relation contractuelle entre les professionnels du voyage et les voyageurs à tous les stades du voyage : de l'achat du voyage jusqu'au retour au point de départ.

ACHAT DU VOYAGE EN AGENCE OU EN LIGNE

Forfait touristique et vente en ligne

Le voyageur bénéficie de droits renforcés car il peut dorénavant engager la responsabilité du vendeur sans devoir établir sa faute.

Définition. Le législateur définit le forfait touristique comme une prestation comprenant classiquement le transport et l'hébergement, vendue à un prix tout compris et incluant une nuitée (article 2 de la loi n°92-645 du 13 juillet 1992, codifié article L.211-2 du Code du tourisme instauré par ordonnance n°2004-1391 du 20 décembre 2004) et la vente en ligne comme l'activité économique par laquelle une personne propose ou assure à distance et par voie électronique la fourniture de biens ou de services (article 14 de la loi n°2004-575 du 21 juin 2004).

Quels droits ? En effet en cas de vente de forfaits touristiques en agence (article 23 de la loi n°92-645 du 13 juillet 1992, codifié article L.211-17 du Code du tourisme) ou de toutes prestations commercialisées en ligne (article 15 I de la loi n°2004-575 du 21 juin 2004), celui-ci est automatiquement responsable de tout manquement, de son fait ou de celui de ses prestataires, aux prestations contractuelles promises.

A qui s'adresser ? Adressez-vous à votre vendeur, en ligne ou en agence.

Prestations hors forfait vendues en agence

En revanche, en cas de commercialisation de prestations individuelles, vols secs ou nuits d'hôtels, en agence, les droits du voyageur sont moins étendus.

Quels droits ? Vous devez établir une faute de la part de votre cocontractant, agent de voyages, transporteur, hôtelier…

A qui s'adresser ? Votre vendeur n'est pas responsable des autres prestataires, vous devez donc vous adresser au prestataire fautif.

Exemple

L'avion que vous devez prendre est annulé et reporté de 24 heures.

En cas de forfait touristique ou d'achat en ligne, le vendeur est automatiquement responsable, sans avoir à démontrer sa faute, et il doit vous indemniser dans la mesure de votre préjudice.

En cas de vol sec vendu en agence, l'agent de voyages n'est responsable que des informations mentionnées sur le titre de transport émis par ses soins, mais nullement de la non exécution du transport, dont il n'a pas la charge… aucune indemnité ne vous est due par l'agent de voyages ! Vous devez vous adresser au transporteur.

Consultez pour plus d'informations le *Guide pratique des droits du voyageur*, Cyril GORY, Avocat au Barreau de Paris, Editions CHIRON, 240 pages.

VOYAGEZ SANS SOUCI, avec le

Guide pratique des Droits du voyageur

par Maître Cyril GORY, Avocat au Barreau de PARIS

Réussir votre voyage :
Conseils, Exemples, Jurisprudence, Lettres-types...

Agences de voyages, Annulations, Assurances, Bagages, Charters, Internet, Réclamations Surbooking, Visas, Vols secs, Voyages organisés...

A retrouver chez votre libraire ou sur la boutique en ligne **www.petitfute.fr**

A consulter AVANT, PENDANT et APRÈS VOS VOYAGES

Paiement en ligne

Afin d'éviter toute fraude, assurez-vous que votre paiement en ligne est sécurisé et recourrez à l'E-Carte Bleue qui vous permet d'obtenir un numéro de carte pour chaque transaction.

En tout état de cause, votre responsabilité n'est pas engagée en cas de paiement avec votre numéro de carte effectué frauduleusement, à distance, sans utilisation physique de la carte.

Vous disposez alors d'un délai de 70 jours pour contester par écrit toute opération de paiement ou de retrait et votre banque est dans l'obligation de recréditer votre compte des sommes contestées sans frais, au plus tard dans le délai d'un mois à compter de la réception de la contestation (articles L.132-1 à L.132-6 du Code monétaire et financier).

MODIFICATION DU VOYAGE ORGANISÉ : AVANT LE DÉPART

Modification imposée des éléments essentiels du voyage

Avant le départ, les éléments essentiels du voyage - destination, hébergement, moyen de transport... - ne sont pas modifiables, ni par le voyageur ni par l'agence de voyages, exception faite en cas d'élément extérieur qui s'impose au vendeur et dont il doit justifier (article 2 de la loi n°92-645 du 13 juillet 1992, codifié article L.211-14 du Code du tourisme et article 101 du décret n°94-490 du 15 juin 1994), telle qu'une tempête ou des inondations obligeant à un changement d'hôtel.

Choix du voyageur

En cas de non-respect d'une obligation essentielle du contrat, l'agent de voyages doit vous en informer par lettre recommandée avec avis de réception, tout en vous indiquant votre choix entre :

- obtenir l'annulation du voyage et le remboursement immédiat des sommes versées sans frais ni pénalité, outre une indemnité complémentaire en cas de préjudice (vacances annulées, frais annexes engagés pour l'occasion, etc...),
- accepter la modification proposée.

Si la prestation modifiée n'est pas remplacée ou si elle est d'un niveau inférieur, son remboursement total ou partiel vous est dû avant le départ.

En retour, vous devez informer votre agence au plus tôt.

Exemple

Si une croisière au tarif de 1.500 € en bateau 5* est remplacée par une croisière identique mais sur un bateau 3* au prix de 1.300 €, l'agence de voyages doit vous rembourser avant le départ la différence de prix, soit la somme de 200 €, si vous avez accepté la modification du voyage.

ANNULATION DU VOYAGE ORGANISÉ

Conditions d'annulation

Le voyage peut être annulé tant par le voyageur, moyennant le paiement de l'indemnité mentionnée au contrat, fonction du nombre de jours restant avant le départ, que par l'agence de voyages moyennant le remboursement de la totalité des sommes versées ainsi que le montant de la pénalité que le voyageur aurait dû acquitter s'il avait annulé son voyage (article 21 de la loi n°92-645 du 13 juillet 1992, codifié article L.211-15 du Code du tourisme et article 102 du décret n°94-490 du 15 juin 1994).

Les bons plans pour voyager sont sur petitfute.com

Exemple

Supposons que la pénalité contractuelle soit de 50% du prix du voyage d'un montant de 1 000 €, en cas d'annulation par l'agence de voyages, celle-ci doit rembourser le montant du voyage de 1 000 € et verser au voyageur la pénalité de 500 €.

A titre indicatif, la pénalité n'est généralement due qu'en cas d'annulation plus de 30 jours avant le départ. Vous êtes remboursé du prix du voyage et vous ne supporterez alors que les frais de dossiers.

En revanche, si vous annulez votre voyage moins de 30 jours avant le départ la pénalité est due et plus tard vous annulez votre voyage, plus importante sera la pénalité. Vous n'êtes alors remboursé que partiellement du prix du voyage, déduction faite du montant de la pénalité, soit dans notre exemple un remboursement du voyage d'un montant de 500 €.

Les assurances annulations vous permettent d'être indemnisé du montant de la pénalité d'annulation, si l'annulation est due à une cause prévue au contrat, comme le décès d'un proche, une convocation administrative, les complications de grossesse, un licenciement économique, une mutation professionnelle...

Exonération

Toutefois, la pénalité n'est pas due si l'annulation est imposée par un cas de force majeure - attentat, tempête, grève surprise... paralysant l'ensemble du trafic - (article 23 de la loi n°92-645 du 13 juillet 1992, codifié article L.211-17 du Code du tourisme) ou en cas d'insuffisance de voyageurs, si cette faculté est expressément prévue par le contrat (articles 96 et 98 du décret n°94-490 du 15 juin 1994).

TRANSPORT AÉRIEN

Le transport aérien est régi par la convention de Montréal du 28 mai 1999 entrée en vigueur depuis le 28 juin 2004 ainsi que par le règlement européen n°261/2004 du 11 février 2004, applicable à compter du 17 février 2005.

Les droits des passagers sont renforcés, en cas de surbooking, d'annulation de vol et de retard d'avion, dès lors que le vol, régulier ou charter, est :

- au départ d'un aéroport situé sur le territoire d'un État membre de l'Union européenne,
- à destination d'un aéroport situé sur le territoire d'un État membre de l'Union européenne, s'il est assuré par un transporteur aérien communautaire.

Surbooking : une pratique légale encadrée

Le transporteur aérien, qui émet plus de titres qu'il n'y a de places disponibles, se trouve dans l'impossibilité d'embarquer tous les passagers pour cause de surbooking.

C'est une pratique admise par le droit communautaire, qui prévoit cependant le droit à une indemnisation pour les voyageurs munis d'une réservation confirmée et présents à l'enregistrement avant l'heure limite d'enregistrement.

Vous bénéficiez d'une indemnité financière ainsi que de l'assistance et d'une prise en charge par le transporteur.

Quelle Indemnisation financière ?

L'indemnisation, qui doit vous être offerte immédiatement par le transporteur et payée en espèces, par virement bancaire ou par chèque, ou, avec l'accord signé du passager, sous forme de bons de voyage, est fonction de la distance du vol :

- 250 € pour les vols de moins de 1 500 kilomètres,
- 400 € pour les vols intracommunautaires de plus de 1 500 kilomètres et pour tous les autres vols de 1 500 à 3 500 kilomètres,
- 600 € pour tous les autres vols.

Cette indemnité est diminuée de moitié lorsque le transporteur propose de vous réacheminer à destination finale sur un autre vol dont l'heure d'arrivée ne dépasse pas celle du vol initialement réservé respectivement de deux heures, trois heures et quatre heures.

Quelle prise en charge ?

Vous bénéficiez gratuitement de rafraîchissements, de la faculté de vous restaurer en suffisance, de passer 2 contacts (appels téléphoniques, télex, télécopies ou e-mails) ainsi que d'un hébergement à l'hôtel et du transport depuis l'aéroport jusqu'au lieu d'hébergement, si le réacheminement est prévu au moins le jour suivant.

Quelle assistance ?

Vous avez également le choix entre le remboursement du billet dans un délai de sept jours, et le cas échéant un acheminement gratuit à votre point de départ, ou au report de votre vol vers votre destination finale, dans des conditions de transport comparables et dans les meilleurs délais ou à une date ultérieure à votre convenance.

Annulation de vols

Vous bénéficiez de la même indemnité financière qu'en cas de surbooking ainsi que de l'assistance et d'une prise en charge par le transport, sous réserve de deux exceptions :

- vous êtes informé au moins deux semaines avant l'heure de départ prévue,
- vous êtes réacheminé par la compagnie au plus tôt deux heures avant l'heure de départ prévue permettant d'atteindre la destination finale avec un retard de moins de deux heures.

Si l'annulation est due à des circonstances extraordinaires qui n'auraient pas pu être évitées, même si toutes les mesures raisonnables avaient été prises, l'indemnité financière n'est pas due par le transporteur, qui vous doit tout de même assistance et prise en charge.

Retard d'avions

En cas de retard, aucune indemnité financière n'est due par le transporteur, sauf preuve d'un préjudice. Toutefois, il doit vous offrir une prise en charge (rafraîchissements, restauration, 2 contacts, hébergement et transport à l'hôtel si nécessaire), au-delà de :

- 2 heures de retard pour les vols de moins de 1 500 kilomètres,
- 3 heures de retard pour les vols intracommunautaires de plus de 1 500 kilomètres et pour tous les autres vols de 1 500 à 3 500 kilomètres,
- 4 heures de retard pour tous les autres vols.

Dans ce dernier cas, si le retard est supérieur à 5 heures, vous avez le droit au remboursement de votre billet d'avion dans un délai de sept jours et, si nécessaire, à un billet de retour vers votre point de départ dans les meilleurs délais.

Perte, détérioration et retard des bagages

Au titre du contrat, le transporteur s'engage également à transporter vos bagages à bon port et sans retard (article 17 et 19 de la convention de Montréal).

- **Que faire si vous ne trouvez pas vos bagages ?** Adressez-vous dans les plus brefs délais au comptoir du transporteur pour lui signaler l'absence de vos bagages par une déclaration écrite, contre récépissé.
- **Quelle indemnisation ?** L'indemnisation couvre votre préjudice subi, tant au titre du contenant que du contenu de votre bagage, dans la limite du plafond de garantie de 1 000 DTS (Droits de Tirage Spéciaux), soit environ 1 150 € par passager (article 22 de la convention de Montréal).

Toutefois, si vous transportez des objets de valeur et que vous voulez échapper au plafond de garantie, il vous appartient alors de procéder à une déclaration spéciale au transporteur lors de la remise de vos bagages, moyennant la paiement une somme supplémentaire.

Comment prouver le préjudice ? Il vous appartient d'établir votre préjudice.

En cas de retard des bagages, l'indemnité couvre le coût de l'acquisition des effets de première nécessité, dont vous devez justifier par vos factures d'achat.

En cas de perte ou de détérioration des bagages, vous devez fournir un inventaire de votre bagage et les factures des effets contenus.

Toutefois et à titre indicatif, les transporteurs vous indemnisent généralement sans justificatif à hauteur de 100 €.

MODIFICATION DU VOYAGE ORGANISÉ : APRÈS LE DÉPART

En cas de modification du voyage après le départ, le professionnel doit instantanément proposer une prestation de remplacement afin de vous permettre de profiter du voyage dans les meilleures conditions (article 22 de la loi n°92-645 du 13 juillet 1992, codifié article L.211-17 du Code du tourisme et article 103 du décret n°94-490 du 15 juin 1994).

Vous pouvez refuser la modification proposée pour des « motifs valables », par exemple l'affrètement d'un autocar au lieu et place d'un transport aérien. Vous bénéficiez alors d'un titre de transport gratuit pour votre retour immédiat au point de départ et du remboursement des prestations non exécutées, outre l'allocation de dommages et intérêts, notamment du fait de la perte de vacances.

Si vous acceptez la prestation de remplacement, aucune indemnité n'est due. Mais vous devez être remboursé de la différence de prix, si la prestation de remplacement est d'un niveau inférieur à la prestation initialement prévue, par exemple, si l'agence vous propose un hébergement dans un hôtel de standing inférieur à celui payé.

METTRE EN ŒUVRE LES ASSURANCES VOYAGE

Constat

En cas de sinistre, prenez toutes mesures pour attester du lieu, de la date, de l'heure et de l'étendue du sinistre (photographies, vidéos, témoignages…) et pour limiter l'étendue des dommages (rafistoler une valise déchirée, conserver les objets de valeur...).

Information

Ensuite, informez, verbalement et par écrit, dans les meilleurs délais l'agence de voyages et le prestataire local, ainsi que l'assureur dans un délai de 5 jours ouvrés. En cas de vol, le délai est ramené à 2 jours et les autorités de police locales doivent être saisies d'une déclaration de vol.

Preuve du sinistre et du préjudice

Enfin, adressez à l'assureur tous documents utiles à votre indemnisation (contrat d'assurance, bulletin de voyage, titres de transport, cartes d'hébergement, certificat médical, constat des autorités locales de police…) pour établir la réalité du sinistre et l'étendue de votre préjudice.

Attention

Pour bénéficier des garanties d'assistances médicales et de rapatriement, l'accord préalable de la compagnie d'assistance est obligatoire pour engager le moindre frais, sauf cas d'urgence médicale.

Consultez pour plus d'informations le *Guide pratique des droits du voyageur*, Cyril GORY, Avocat au Barreau de Paris, Editions CHIRON, 240 pages.

FORMALITÉS DOUANIÈRES

Voyage dans l'UE

La libre circulation des biens vous autorise à acheter pour vos besoins personnels des biens dans un autre Etat membre de l'UE sans limitation de quantité ou de valeur, sauf tabacs et alcools pour l'achat desquels, au-delà des franchises, vous devez acquitter les droits de douane.

Voyage hors l'UE

Dans un souci de protection de l'économie européenne, vous ne pouvez importer tous objets licites que pour un montant total de 175 € maximum par personne et 90 € par mineur de moins de 15 ans (sous réserve de modification, vous renseigner).

Taxes et droits de douane. Si vous rapportez des biens en valeur ou en quantité supérieurs aux franchises indiquées, vous devez alors les déclarer à la douane et acquitter la TVA (en principe 19,6%) sur la valeur des marchandises, majorée du montant du droit de douane.

Franchises par personne âgée de plus de 15 ans

Informations indicatives, hors Andorre et DOM-TOM (vous renseigner)

Provenance → / Produits ↓		Depuis l'UE	Depuis un Etat tiers
Tabac	Cigarettes (unités)	800	200
	Tabac à fumer (g)	1 000	250
	Cigares (unités)	200	50
Alcools	Vins (litres)	90	2
	- 22°C (litres)	20	2
	+ 22°C (litres)	10	1
Parfums (g)		-	50
Eaux de toilettes (litre)		-	0,25
Café ou extraits et essences de café (g)		-	500 / 200
Thé ou extraits et essences de thé (g)		-	100 / 40
Carburant		-	Réservoir du véhicule plus un bidon de 10 litres

Biens prohibés et réglementés

En raison de leur dangerosité et du monopole de l'Etat, la détention et la commercialisation de certains biens sont prohibées (animaux et végétaux protégés, armes, biens culturels, drogues et médicaments, sauf usage personnel justifié par une ordonnance) ou strictement réglementées (tabac, alcools...). Les espèces et devises font l'objet d'une déclaration de douane, si leur montant est au moins égal à 7 600 €.

Contrefaçon

La contrefaçon se définit comme l'utilisation sans droit d'un élément de la propriété intellectuelle protégée par le Code de la propriété intellectuelle, notamment en cas d'atteinte aux droits des marques.

Vous vous exposez à la confiscation du bien (article L.716-8 du Code de la propriété intellectuelle) et à une peine d'amende de 300 000 € et jusqu'à deux fois la valeur de l'objet de fraude et à une peine d'emprisonnement de trois ans (articles 414 du Code des douanes et L.716-10 du Code de la propriété intellectuelle). Toutefois, si vous n'êtes pas le contrefacteur, l'utilisation et la détention en vue de l'utilisation ne sont sanctionnées que si vous avez eu connaissance de la contrefaçon. Celle-ci est généralement déduite du prix d'achat que vous avez acquitté.

SÉCURITÉ & RÈGLES DE VIE À L'ÉTRANGER

Tout voyageur se rendant à l'étranger est tenu de se renseigner et de se conformer à la législation, aux uses et coutumes du pays, notamment en ce qui concerne la conduite automobile, la consommation d'alcool, les relations sexuelles...

Infractions & Incarcération

Pour tout litige à l'étranger, sollicitez des autorités locales votre mise en relation avec le consulat ou l'ambassade de France et mettez en œuvre votre assurance protection juridique, si vous en disposez, afin de bénéficier d'un avocat et de joindre vos proches.

Soins médicaux

Vous bénéficierez du remboursement des soins médicaux grâce au paiement de ceux-ci dans les Etats de l'UE avec la carte européenne d'assurance maladie (qui remplace le formulaire E111), que vous devez solliciter avant le départ auprès de votre Caisse Primaire d'Assurance Maladie. Dans les Etats tiers, vous devez effectuer à votre retour une demande de prise en charge à votre caisse d'assurance maladie accompagnée de vos factures.

Droits du ressortissant communautaire

En cas de perte de vos papiers d'identité et des titres de transport à l'étranger, à défaut de représentation de la France, en qualité de citoyen européen adressez-vous au corps diplomatique d'un Etat membre de l'UE. Il doit demander aux autorités françaises de vérifier votre nationalité et vous remettre un titre de voyage provisoire afin de regagner la France.

TRAVAUX PHOTOS

De retour de voyage, le scénario tourne au cauchemar quand le laboratoire, auquel vous avez confié le développement de vos pellicules, les égare... ou les endommage.

Quelle indemnisation ?

Réparation intégrale ou forfaitaire ? En principe, le montant de l'indemnisation allouée est égal au préjudice subi, qui prend en compte certes la perte financière du coût de la pellicule et de son développement, mais encore le préjudice moral que constitue l'absence de souvenirs de vacances.

Les clauses écartant toute responsabilité du laboratoire sont sans effet à l'égard des consommateurs, en revanche les clauses limitant sa responsabilité « au coût de la pellicule et leur développement » sont valables.

Le professionnel doit alors vous offrir la faculté d'opter (Recommandation 82-04 du 24 septembre 1982 de la Commission des clauses abusives) :

- soit pour une réparation intégrale, en cas de preuve par vos soins de la faute du laboratoire,
- soit pour une indemnisation forfaitaire fonction de la valeur déclarée des travaux photos selon leur importance.

En pratique, la déclaration de valeur de votre part a pour effet de majorer le prix du développement et du tirage afin d'intégrer le coût des assurances.

Partir en voyage organisé

Même si cela est possible, l'Australie n'est pas une destination simple à organiser tout seul lorsque l'on s'y rend pour la première fois. De nombreuses agences de voyages proposent donc leurs services et toutes les formules sont possibles. Seul ou en groupe, culturel ou plus sportif (rafting, plongée), à la carte, l'Outback australien s'ouvre à vous grâce à des cicuits de 15 à 30 jours.

Les spécialistes

- **ADEO. 68, boulevard Diderot 75012 Paris ✆ 01 43 72 80 20 – Fax 01 43 72 79 09 – infos@adeo-voyages.com – www.adeo-voyages.com –** Adeo...« je vais vers » en latin. Vers d'autre lieux, d'autres pays, mais surtout vers les autres. Partez à la découverte des rites et coutumes aborigènes, grâce à un circuit de 27 jours de Sydney à la Grande Barrière de corail en passant par Adélaide et les mines de Coober Pedy. N'hésitez pas à composer un itinéraire original pour un circuit sur mesure.

- **AILLEURS ✆ 0 892 161 192 – www.ailleurs.com –** L'Australie est l'une des spécialités de cette agence lyonnaise. Ailleurs propose des circuits présentant les principaux sites culturels de cette destination.

- **ARTS & VIE. 251, rue de Vaugirard 75015 Paris ✆ 01 40 43 20 21 – Fax 01 40 43 20 29 – info@artsetvie.com – www.artsvie.com – M° Volontaires ou Vaugirard.** Pour « voyager sur les routes du savoir et des réalités du monde », l'association culturelle de voyages, administrée par les grandes organisations du monde enseignant, Arts et Vie, a composé un circuit au cœur de l'île-continent, à travers le nord tropical, le désert rouge, le bush – la brousse australienne – et le pays de l'opale. Dix-huit jours de découverte pour tenter de comprendre l'extraordinaire complexité de ce pays à la fois ultra-moderne aux racines de l'Humanité. Et sur le mode prestigieux, Arts et Vie a mis en place un « Tour du Monde » exceptionnel qui met l'accent sur l'Océanie, avec un long passage en Australie. A noter qu'il existe des agences dans de nombreuses villes en France.

- **AURIGE. Groupe Phileas Frog – 23, rue La Condamine 75017 Paris ✆ 01 43 46 31 21 – Fax 01 34 29 44 82 – infos@aurige.fr – www.aurige.fr –** Des circuits en petits groupes à partir de 6 personnes, accessibles à tous ceux qui sont à la recherche de l'authenticité des personnes et des lieux. Grâce à des hébergements en hôtels simples ou auberges de jeunesse, et à l'utilisation de transports locaux, ces circuits encadrés par des accompagnateurs passionnés sont à des prix « budget ». Vous pourrez être conseillés également pour l'organisation de vos voyages à la carte à partir de 2 personnes en fonction de la saison.

- **AUSTRALIE A LA CARTE. 37, rue Saint-Léonard BP 33221 44032 Nantes Cedex 1 ✆ 0 825 82 22 95 – Fax 02 40 89 74 89 – info@australie-a-la-carte.com – www.australie-a-la-carte.com –** Ce tour-opérateur nantais s'est spécialisé dans l'organisation de séjours à la carte en privilégiant les thématiques originales. Construisez votre voyage en bénéficiant des pass transports, des locations de véhicule et de la sélection d'hôtels. Parmi la large palette de prestations, le circuit individuel « Esprit d'aventure » programme de multiples activités : rafting, croisière sur la Grande Barrière, canoë au cœur de Kakadu National Park. Une mention spéciale pour les circuits œnologiques organisés le long de la route des vins.

Oz'ez Autrement...

Vous cherchez l'aventure,
sortir des sentiers battus,
des logements de charme,
du classique avec
la "touche" Autrement ?
Dites-nous toutes vos envies...
nous sommes là
pour créer sur mesure
votre voyage de rêve !

Demandez notre brochure

Antipodement vôtre...

Australie Autrement...

14, rue Servandoni - 75006 Paris - France
Tél. : ++33 (0) 1 40 46 99 15
Fax : ++33 (0) 1 56 24 91 13
info@australieautrement.com - www.australieautrement.com

nationalchange.com
Vos devises livrées à domicile
www.nationalchange.com
ou par téléphone au 0 820 888 154 *
(*) Prix appel local
Un cadeau offert avec le Code Avantage : PF06

■ **AUSTRALIE AUTREMENT / NELLE ZELANDE VOYAGES. 14, rue Servandoni 75006 Paris ✆ 01 40 46 99 15 – Fax 01 56 24 91 13 – info@australieautrement.com /info@nzvoyages.com – www.australieautrement.com/www.nzvoyages.com –** Métro : Saint-Sulpice. Un « u-tour » de 25 jours qui relie Cairns à Darwin, des circuits dans « l'Ouest explorateur » ou la route Larapinta, des randonnées à pied ou en vélo au cœur de l' « Outback », et des voyages à thème (pêche, équitation, ornithologie, rafting, canoë, golf). Une visite active du continent rouge. Et si vous tenez à votre indépendance, imaginez vous-même votre parcours : en train, en voiture, en camping-car, avec les pass aériens pour les vols intérieurs, les pass de la compagnie de cars Greyhound, les nuits en hôtel, motel, bed & breakfast, « backpackers ».

■ **AUSTRALIE TOURS. 25, avenue Raymond-Poincaré 75016 Paris ✆ 01 53 70 23 45 – Fax 01 53 70 23 46 – infos@australietours.com – www.australietours.com –** Pour préparer votre voyage, profitez des conseils de ce tour-opérateur spécialiste de l'Australie depuis 1979. Organisez votre voyage à la carte et selon votre budget:vols réguliers à prix négociés, pass aériens, circuits guidés en français, circuits en camping, expéditions en 4X4, location de véhicules, coupons pour les nuits en hôtel, journées de plongée, croisière, rafting, Road & Rail Pass. Découvrez Sydney, Melbourne, la Tasmanie, l'île de Kangaroo ou encore le Centre Rouge, le parc de Kakadu, la Grande Barrière de Corail, la région de Cairns... Des sites incontournables au plus petit village du bush australien, Australie Tours ouvre toutes les portes du continen et propose aussi vols secs, promotions et locations de voitures.

Australie Tours
OCEANIE

Architecte de vos rêves, Australie Tours, le « spécialiste du bout du Monde » depuis plus de 20 ans, vous attend pour préparer votre voyage sur mesure en Australie.

Notre équipe, composée de spécialistes passionnés connaissant parfaitemen cette destination, saura vous écouter et vous conseiller pour construire votr voyage, à la carte.

Découvrez les contrastes et les couleurs extraordinaires de cette île-continent L'opéra de Sydney, Le Centre Rouge situé au cœur de l'Australie, en terre abori gène, Darwin et le parc national de Kakadu, Cairns, la Grande Barrière de Corail e ses îles, ou encore les paysages uniques de la région des Kimberley. La grand diversité de paysages qu'offre l'Australie saura séduire tous les voyageurs. Nou vous proposons des voyages organisés et à la carte ou des formules plus libre incluant les vols, des locations de véhicules, des hôtels et un très large choi d'excursions.

Notre circuit Australie Express (13 jours) base deux personnes permet de décou vrir les trois sites immanquables de ce continent. Le circuit Couleurs d'Australi propose un itinéraire original pour les amateurs de paysages grandioses.

L'autotour Le Grand Tour (25 jours) ravira les épris de liberté. Ces circuits son flexibles et peuvent être modifiés ou combinés à souhait.

Nous saurons toujours vous proposer une formule adaptée à vos envies.

BIENVENUE AU PAYS DES KANGOUROUS

Pour tous renseignements :

AUSTRALIE TOURS : TÉL. : 01 53 70 23 45 - FAX : 01 53 70 23 58

Nous écrire : infos@australietours.com

Nos meilleurs tarifs aériens sont sur : www.airaustralie.com

Toutes les informations sont sur : www.australietours.com

Pour vos prochains voyages sur mesure, Australie Tours vous propose : la Nouvell Zélande, la Nouvelle Calédonie et les îles du Pacifique, l'Argentine, la Bolivie, le Chi et le Pérou.

Australie Tours
25 avenue Raymond Poincaré
75116 Paris

AVENTURIA. 213, boulevard Raspail 75014 Paris ✆ 01 44 10 50 50 – Fax 01 44 10 50 55 – paris@aventuria.com – www.aventuria.com – Spécialiste de l'Australie, ce tour-opérateur original fabrique ses propres programmes, édite ses propres brochures et les distribue exclusivement dans ses propres agences de Lyon, Paris, Marseille, Lille, Nantes, Bordeaux, Strasbourg et Bruxelles. Avec l'aide de nos équipes de vente, vous pourrez construire votre itinéraire, et personnaliser votre voyage à l'aide de notre sélection d'étapes de charme et de nos modules d'escapades. Tout à la carte!. Brochure sur demande par téléphone ou sur le web.

CFA VOYAGES. 16, boulevard de la Villette 75019 Paris ✆ 0 892 23 42 32 ou +33 1 40 03 98 45 (depuis l'étranger) – Fax 01 40 03 82 85 – infos@cfavoyages.fr – www.cfavoyages.com – La Compagnie Franco-Asiatique de Voyages propose des billets d'avions à prix malins à destination de la plupart des grandes villes d'Australie. Une fois sur place, profitez des circuits, notamment celui de l'« Outback expérience » qui vous mène en 4X4, 24 jours durant, à Sydney, Blue Mountains, Ayers Rock, Kings Canyon, Alice Springs, Cairns et la Grande Barrière de Corail.

CLUB AVENTURE. 18, rue Séguier 75006 Paris ✆ 0 826 88 20 80 – Fax 04 91 09 22 51 – info@clubaventure.fr – www.clubaventure.fr – En 4X4, pirogue, felouque, à dos de dromadaire et d'éléphant, Club Aventure vous entraîne à la rencontre de terres lointaines et d'autres cultures. Une grande traversée de l'« Outback » australien en 22 jours entre végétation sauvage, ruisseaux limpides et gorges profondes, dont 9 demi-journées de marche.

DIRECTOURS. 90 avenue des Champs-Elysées 75008 Paris ✆ 0 811 906 262 / 01 45 62 62 62 – serviceclients@directours.com – www.directours.com – Directours est un tour opérateur qui vend en direct au public, sans passer par les agences de voyages. De plus sa brochure est uniquement sur internet, ce qui présente l'avantage de coller à l'actualité des promotions.Voyages individuels à la carte, conseils de vendeurs connaissant la destination et prix constamment réactualisés.

EXPLORATOR. 16, rue de la Banque 75002 Paris ✆ 01 53 45 85 85 – Fax 01 42 60 80 00 – explorator@explo.com – www.explorator.fr – M° Bourse. Une expédition très complète de 22 jours en Australie : balades à pied ou en 4X4 à la découverte de l'île. A travers ce circuit « Merveilles de la nature », découvrez ainsi le territoire du Nord, terre des Aborigènes, le Centre Rouge, le silence magique du désert de Simpson et la végétation luxuriante de Kangaroo Island. Avec tous les avantages logistiques que présente ce spécialiste du voyage d'aventure.

FORCE 4. 29, rue de Clichy 75009 Paris ✆ 01 53 68 90 70 – info@force4plongee.com – www.force4plongee.com – Spécialiste du voyage plongée, une équipe passionnée organise pour vous des séjours en Australie avec le centre Mike Ball Expeditions : nombreuses croisières dans les eaux de Flinders Reef-Scubazoo, dans la mer de Corail, autour de l'épave du Yongala. C'est aussi l'occasion d'aller observer les requins-baleines à Ningaloo Reef grâce aux expéditions de l'Undersea Explorer. Extensions possibles pour partir visiter les principaux points d'intérêt de l'Australie.

IKHAR. 16, rue de la Banque 75002 Paris ✆ 01 43 06 73 13 – Fax 01 40 65 00 78 – ikhar@ikhar.com – www.ikhar.com – Allier culture, nature et confort, c'est ce que vous propose Ikhar. Des circuits en petits groupes (au maximum 16 personnes) dirigés par des conférenciers, ou des voyages sur mesure dans des hôtels toujours haut de gamme. Au programme, un très beau circuit de 17 jours (« Du centre rouge à la barrière de corail ») qui vous fera découvrir intelligemment les plus beaux sites de l'Australie.

Plage d'Albany, Australie occidentale.

TCH VOYAGES,
le voyagiste de l'Authentique
& TOURISME CHEZ L'HABITANT,
le spécialiste des chambres d'hôtes dans plus de 40 pays depuis 1992 vous proposent
li 095950003
en AUSTRALIE
Le privilège de découvrir un pays par ses habitants !
«Tourisme chez l'Habitant», une formule originale, économique et conviviale : des centaines de maisons d'hôtes et chambres chez l'habitant dans toute l'Australie en ville, à la campagne ou à la mer.
Egalement des vols à tarifs négociés vers l'Australie.
Et plein d'autres propositions sur www.tch-voyages.com
Nous acceptons les chèques vacances
Informations et réservations :
TCH VOYAGES & Tourisme chez l'Habitant
«Service privilège»
Attente téléphonique réduite
08 92 680 336*
*0,34 euros/mn
www.tch-voyages.com
email : informations@tch-voyage.fr
BP 38338 - 15 rue des Pas Perdus
95804 Cergy St Christophe Cedex
fax : 01 34 25 44 45 - tél : 01 34 25 44 72

OBJECTIF NATURE
Photo C. Courteau
A la découverte des mondes sauvages..
AUSTRALIE
Circuits - Séjours
Voyages à la carte
Catalogue de voyages
01 53 44 74 30
www.objectif-nature.com

■ **KEY LARGO. 82, rue Balard 75015 Paris ✆ 01 45 54 47 47 – Fax 01 45 54 81 44 – info@keylargo.to – www.keylargo.to –** Key Largo vous emmène découvrir les magnifiques fonds marins australiens, dont la Grande Barrière de Corail, et parcourir les centres d'intérêts les plus étonnants de ce pays-continent. Croisières en yachts de croisière-plongée, circuits découverte de deux à trois semaines, plongées sur les plus beaux sites (Cod Hole, Ribbon Reefs, Yongala wreck), etc., le tout encadré par des professionnels reconnus.

■ **LA ROUTE DES VOYAGES. 59, rue Franklin 69002 Lyon ✆ 04 78 42 53 58 – Fax 04 72 56 02 86 – lyon@route-voyages.com – www.route-voyages.com – 2 bis, avenue de Brogny – 74000 Annecy && 04 50 45 60 20 – Fax 04 50 51 60 58 – 9, rue Saint-Antoine-du-Taur – 31000 Toulouse && 05 62 27 00 68 – Fax 05 62 27 00 86 – 10, rue du Parlement – 35000 Bordeaux && 05 56 90 11 20 – Fax 05 56 52 74 92 –** La Route des Voyages vous mène à la découverte des grands espaces australiens. Des sites « classiques » à vous couper le souffle aux immensités presque vierges de ce désert habité, toutes les formules sont proposées: itinéraires camping conviviaux, circuits individuels en hôtels pittoresques, Bed & Breakfast de charme sélectionnés pour leur cadre exceptionnel. Les activités proposées se déclinent en fonction de chaque région : Quad dans le centre rouge, rafting en forêt tropicale, canoë sur la grande barrière de corail, survols en avion. Et pour les amateurs d'expériences insolites : la tournée du facteur dans le désert, la grande transhumance bovine d'Australie du Sud...chaque voyage reste une invention

■ **LEGENDES AUSTRALIENNES. Fax 0825 134 500 – infos@legendesaustraliennes.com – www.legendesaustraliennes.com –** Hôtels, tours, excursions, mais aussi locations de voiture, de 4X4 et de motorhome. Tous les grands sites australiens à découvrir : Adélaide, Brisbane, Cairns, la Grande Barrière, Alice Springs… Vous pouvez également opter pour un séjour plongée, rafting, une visite de la forêt tropicale en 4X4 amphibie, un saut à l'élastique ou un safari dans le centre rouge.

■ **MELTOUR. 103, avenue du Bac 94210 La Varenne-Saint-Hilaire ✆ 01 48 89 85 85 – meltour@meltour.com – www.meltour.com –** Spécialiste du voyage sur mesure, Meltour concocte un itinéraire à votre image en fonction de votre budget. Du mini-séjour 4X4 dans l'Outback » (3 jours) ou « Le Kakadu National Park » (3 jours), au circuit très complet « L'essentiel de l'Australie » (17 jours), vous construisez votre parcours selon vos envies avec les conseils avisés de cette équipe, qui connaît parfaitement le pays. Une nouveauté à retenir : le circuit « Un train pas comme les autres », une croisière ferroviaire de 7 à 16 jours à bord d'un train transformé en hôtel roulant.

■ **OBJECTIF AUSTRALIE. 11, rue Gentil 69002 Paris ✆ 04 78 30 10 24 – legendre@petitfute.com – www.objectif-australie.fr –** « Toutes les formules de la découverte », c'est ce que l'on vous y propose. Sur mesure et avec professionnalisme, les circuits préparésvous offre un tour des sites les plus spectaculaires de l'île, en 15 ou 28 jours (Sydney, Alice Springs, Ayers Rock, Cairns...).

■ **OBJECTIF NATURE. 63, rue de Lyon 75012 Paris ✆ 01 53 44 74 30 – Fax 01 53 44 74 35 – info@objectif-nature.tm.fr – www.objectif-nature.com –** La beauté du monde animalier à travers l'objectif. La photographie est la spécialité de cette équipe. L'un des circuits proposés en Australie (18 jours en terre aborigène, en hébergement varié allant du lodge au camp de brousse) est donc destiné à des amateurs de photo et de nature. Vous serez sur le terrain du lever au coucher du soleil. Objectif Nature vous prête le matériel photographique (appareils, jumelles...) et vous offre des tarifs préférentiels sur les pellicules.

■ **OK TOURS. 9, rue Rambuteau 75004 Paris ✆ 01 42 74 66 44 – Fax 01 48 04 07 58 – www.ok-tours.com –** Une très large palette de suggestions d'itinéraires détaillés pour explorer l'ensemble du pays (territoire du Nord, Perth et le Sud-Ouest, le centre rouge, la côte Est et la Grande Barrière, les Kimberley, la Tasmanie…) Mais l'objectif de cette équipe, forte d'une expérience de plus de 20 ans, est de vous concocter, en y consacrant le temps nécessaire, un voyage sur mesure, en individuel et de vous permettre ainsi de sillonner l'Australie hors des sentiers battus. Dans cette gamme de prestations originales, la formule « Voyager gratuitement » mérite le détour…

■ **TCH / TOURISME CHEZ L'HABITANT. 15, rue des Pas perdus BP 38338 95804 Cergy Saint-Christophe Cedex ✆ 0 892 680 336 (service privilège) ou 01 34 25 44 72 – Fax 01 34 25 44 45 – informations@tch-voyage.fr – www.tch-voyages.com –** TCH vous propose des chambres chez l'habitant dans toute l'Australie. C'est une formule économique et conviviale, qui vous permettra de vous immerger dans la culture australienne et de profiter des conseils de votre hôte pour ne rien manquer et connaître tous les bons plans. Un correspondant TCH sur place est également à votre disposition pour rendre votre séjour le plus agréable possible.

■ **ULTRAMARINA. 25, rue Thiboumery 75015 Paris ✆ 0 825 02 98 02 (0,15 €/min) – Fax 01 53 68 90 78 – info@ultramarina.com – www.ultramarina.com –** Pour découvrir l'environnement marin de l'île-continent, jetez un œil sur les virées exotiques qu'Ultramarina organise en mer de Corail. De nombreux séjours sur les îles, des croisières de 3-4 jours ou 6-10 jours, des plongées à thème avec les requins-baleines, les phoques et dragons des mers. Sachez que tous ces programmes peuvent se combiner entre eux. Des agences à Bordeaux, Lyon et Marseille.

Australie
A LA CARTE
Siège
37 rue Saint Léonard - BP 3322
44032 Nantes Cedex 1 - Franc
TELEPHONE 0 825 82 22 95
0 15 € TTC / MN
En suisse : 022 786 14 8
Email : info@australie-a-la-carte.com
www.australie-a-la-carte.com
Li 044 95 00 08 - Garantie APS - Création ORKA 02 51 72 01 7

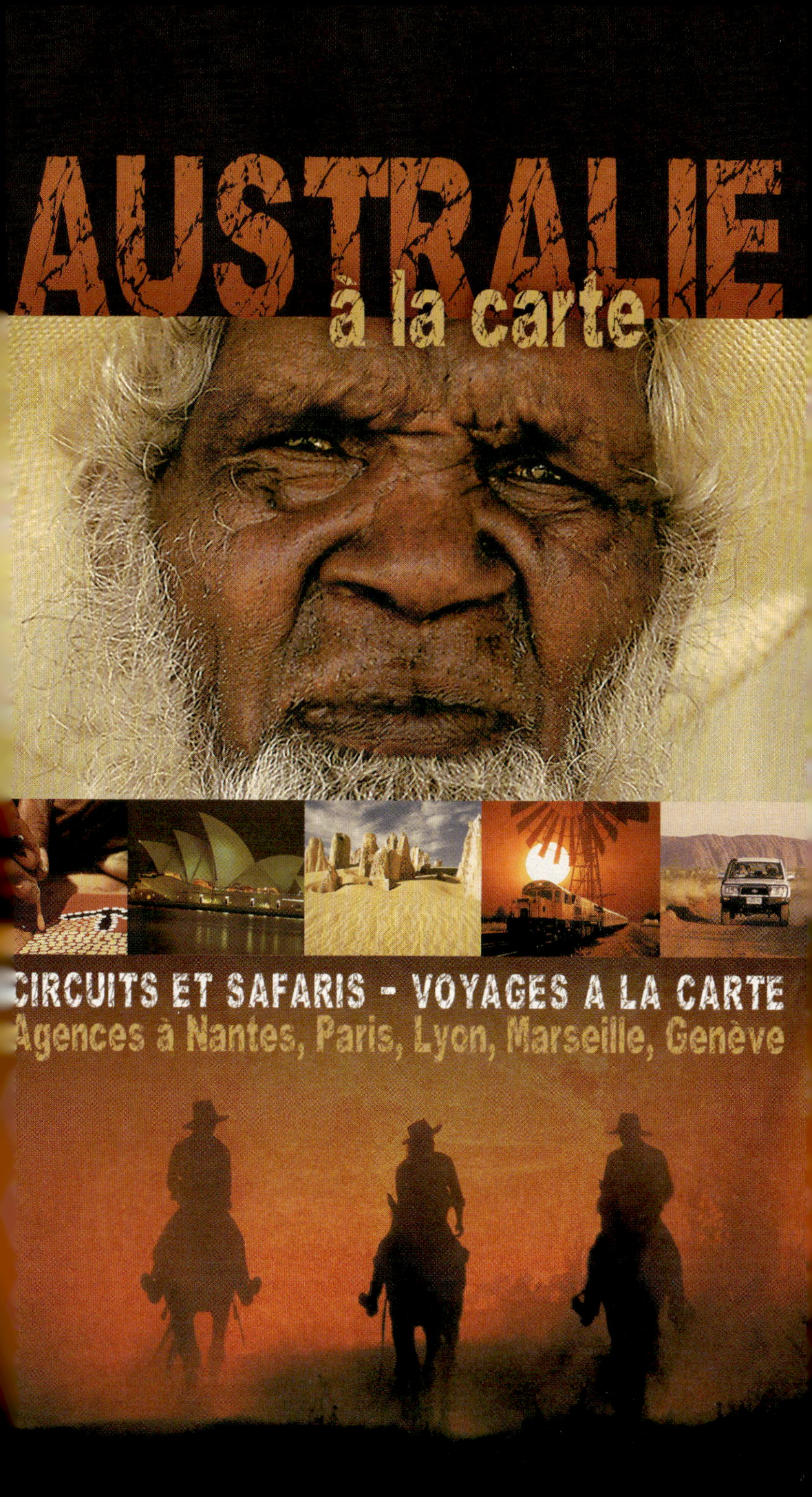
AUSTRALIE
à la carte
CIRCUITS ET SAFARIS - VOYAGES A LA CARTE
Agences à Nantes, Paris, Lyon, Marseille, Genève

Adventure Tours
AUSTRALIA

ADVENTURE TOURS AUSTRALIA

PETITS GROUPES… GRANDE AVENTURE!

Safaris de 2 à 16 jours en petits groupes avec des guides expérimentés. D'Ayers Rock à Kakadu, de Kangaroo Island aux Flinders Ranges sans oublier les territoires sauvages des Kimberleys, venez découvrir avec nous l'Australie sauvage.

• ULURU • KINGS CANYON • KAKADU
• KANGAROO ISLAND • CAPE TRIBULATION
• MONKEY MIA • TASMANIA
• FLINDERS RANGES • GREAT OCEAN ROAD

1998, 2001, 2002, 2003 & 2004
Winner
Northern Territory Tourism
Brolga Award
Tour & Transport
Operator - Major

www.adventuretours.com.au

Allez sur notre site en Français pour plus d'information

■ **TOURMONDE / CARTOUR / LOCATOUR. 67, boulevard Haussmann 75008 Paris ✆ 01 44 56 30 30 – Fax 01 42 66 12 20 – resa@locatour.fr – www.tourmonde.fr –** Spécialiste du circuit depuis 1933, Tourmonde propose 3 circuits en Australie : le premier de 16 ours intitulé « Panorama Australien » vous entraîne de Sydney à Cairns en passant par Ayers Rock et le Parc National de Kakadu. Le second de 20 jours, « L'Australie et la Grande Barrière de Corail », labellisé grand voyage extraordinaire, permet d'explorer de nouvelles facettes de cet immense pays comme Melbourne, Ballarat, Adélaïde, Kangaroo Island… Enfin, Tourmonde propose un circuit Australie et Nouvelle-Zélande, un combiné de 19 jours.

■ **YOKETAI/ATELIERS DU VOYAGE. 54-56, avenue Bosquet 75007 Paris ✆ 01 45 56 58 20 – Fax 01 45 56 14 05 – yok@atlv.net – www.yoketai.fr –** Pour les Ateliers du Voyage, le voyage sur mesure est un ouvrage dont il faut prendre soin. Yoketaï, spécialiste de l'Asie du Sud-Est et maître d'œuvre de son art, vous offre une approche de l'Australie privilégiant la découverte individuelle (excursion à la carte avec chauffeur et guide privé) pour une meilleure prise de conscience de son étonnante culture. Sinon, un superbe circuit de 18 jours ravira ceux qui préfèrent se laisser guider.

Les généralistes

■ **EXPEDIA FRANCE. 58-60, rue de Prony 75017 Paris ✆ 0892 301 300 – serviceclient@support.expedia.fr – www.expedia.fr –** Un des nombreux spécialistes des réservations en ligne, Expédia dessert l'Australie à des prix très compétitifs. Il est également possible de réserver hôtels, voitures ou formules « All inclusive ».

■ **SWITCH/PARTIRPASCHER.COM. 100, avenue Stalingrad 94800 Villejuif ✆ 01 53 14 60 00 – www.partirpascher.com –** Ce tour-opérateur est un spécialiste des réservations en ligne, cependant vous pouvez aussi utiliser le service téléphonique ou vous rendre dans une des agences de la région parisienne.Un grand choix de destinations ensoleillées vous est proposée, le tout à des prix très intéressants. pour l'Australie de nombreuses offres très compétitives à retrouver sur le site Internet.

■ **THOMAS COOK ✆ 0 826 826 777 (0,15 €/min) – www.thomascook.fr –** Tout un éventail de produits pour composer son voyage en Australie: billets d'avion, location de voitures, séjours en hôtels, etc. Et toujours une mine de conseils utiles sur toutes les prestations des voyagistes.

Partir seul

A titre indicatif, compter un minimum de 1 000 € avec Air France pour un vol aller/retour entre Paris et Sydney ou Melbourne. Le vol durera au minimum 23h avec une escale. Arrivées et départs de toutes les compagnies à Orly et Roissy Charles de Gaulle. Renseignez-vous sur Internet: www.aeroportsdeparis.fr et sur www.aeroport.fr vous pourrez consulter tous les horaires des vols au départ de France.

Compagnies aériennes

- **AIR FRANCE ✆ 0 820 820 820 – www.airfrance.fr –** Air France dessert Sydney et Melbourne par plusieurs vols quotidiens au départ de Roissy CDG, via Singapour, Hong Kong et Tokyo. Compter un minimum de 23h de vol. Il n'existe pas de vols directs et pour la deuxième partie du voyage (après l'escale) le vol s'effectue à bord d'une compagnie partenaire d'Air France. Air France propose une gamme de tarifs attractifs accessibles à tous : Tempo 1 (le plus souple) au Tempo 5 (le moins cher) selon les destinations. Pour les moins de 25 ans, Air France propose des tarifs très attractifs Tempo Jeunes, ainsi qu'une carte de fidélité (Fréquence Jeunes) gratuite et valable sur l'ensemble des lignes d'Air France et des autres compagnies membres de skyteam. Cette carte permet de cumuler des miles et de bénéficier d'avantages chez de nombreux partenaires. Tous les mercredis dès minuit, sur www.airfrance.fr, Air France propose les tarifs « Coups de cœur », une sélection de destinations en France pour des départs de dernière minute. Sur Internet, possibilité de consulter les meilleurs tarifs du moment, rubrique « offres spéciales », « promotions »…

- **CATHAY PACIFIC. 8, rue de l'Hotel-de-Ville 92522 Neuilly-sur-Seine cedex ✆ 01 41 43 75 75 ou 77 – Fax 01 41 43 75 72 – www.cathaypacific.com/fr –** Cette compagnie dessert Sydney et Melbourne par un vol quotidien, départ à 14h de Roissy CDG. Tous les vols comportent une escale à Hong Kong. Compter un minimum 23 heures de trajet.

- **QANTAS AIRWAYS. Tour Kupuka A. – 18, rue Hoche 92980 Paris la Défense ✆ 0 820 820 500 – Fax 01 55 91 00 86.** La compagnie australienne propose des vols quotidiens en direction de Sydney, Adélaide, Brisbane, Perth, Cairns, Melbourne ou encore Darwin via Londres et/ou Singapour. Départs de Roissy CDG à 14h15 (20h15 pour Brisbane, Cairns et Darwin).

Cars Air France

- **RENSEIGNEMENTS ✆ 0 892 350 820.** Pour vous rendre aux aéroports de Charles-de-Gaulle et d'Orly dans les meilleures conditions, utilisez les services des cars Air France, qui vous offrent confort, rapidité, vidéo, climatisation à bord ainsi qu'un bagagiste qui prend en charge vos valises à chaque arrêt!

Quatre lignes sont à votre disposition :

- **Ligne 1 :** Orly – Montparnasse – Invalides : 7,50 € pour un aller simple et 12,75 € pour un aller/retour.
- **Ligne 2 :** CDG – Porte Maillot – Etoile : 10 € pour un aller simple et 17 € pour un aller/retour.
- **Ligne 3 :** Orly – CDG : 15,5 € pour un aller simple.
- **Ligne 4 :** CDG – Gare de Lyon – Montparnasse : 11,50 € pour un aller simple et 19,55 € pour un aller/retour.

Roissybus – Orlybus

- **RENSEIGNEMENTS ✆ 0 892 68 77 14 ou sur www.ratp.fr –** La RATP permet de rejoindre facilement les deux grands aéroports parisiens grâce à des navettes ou des lignes régulières.

- **Pour Roissy CDG,** départs de la place de l'Opéra entre 6h et 23h toutes les 15 ou 20 minutes. Compter 8,30 € l'aller simple et entre 45 et 60 minutes de trajet. Possibilité également de prendre le RER B.

- **Pour Orly,** départs de la place Denfert-Rochereau de 5h30 à 23h toutes les 15 à 20 minutes. Compter 5,80 € l'aller simple et 30 minutes de trajet. Possibilité également de prendre le RER C ou l'Orlyval (connexion avec Antony sur la ligne du RER B).

faire du ciel le plus bel endroit de la terre
Les Vacances selon Air France.
Les Vacances plus accessibles que jamais avec les tarifs Tempo.
Les Vacances dans le monde entier vers plus de 650 destinations, les Vacances où l'on devient le centre de toutes les attentions, les Vacances en toute sérénité, les Vacances selon Air France.
www.airfrance.fr
A petit prix
sur airfrance.fr

Harbour bridge, Sydney.

■ **SINGAPORE AIRLINES. 43, rue Boissière 75116 Paris ✆ 0 821 230 380 – Fax 01 53 65 79 05 – par_reservations@singaporeair.com.sg – www.singaporeair.fr** – Singapore Airlines assure un vol quotidien à destination de Sydney via Singapour. Départ de Roissy CDG autour de midi selon les jours et la période de l'année.

■ **THAI AIRWAYS INTERNATIONAL. 23, avenue des Champs Elysées 75008 Paris ✆ 0144 20 70 80 – Fax 01 45 63 75 69 – www.thaiairways.fr** – Thai Airways International assure depuis Paris CDG un vol quotidien vers la Thaïlande. Depuis Bangkok, sa plaque tournante, Thaï propose 38 vols hebdomadaires vers l'Australie et la Nouvelle-Zélande. Sydney, à raison de deux vols quotidiens, mais aussi Perth, Brisbane, Melbourne, Auckland.

Location de voitures

■ **AUTO ESCAPE ✆ 0 800 920 940 ou 04 90 09 28 28 – www.autoescape.com** – En ville, à la gare ou dès votre descente d'avion. Les meilleures solutions et les meilleurs prix de location de voitures sont sur www.autoescape.com. Cette compagnie qui réserve de gros volumes auprès des grandes compagnies de location de voitures vous fait bénéficier de ses tarifs négociés. Grande flexibilité. Pas de frais de dossier, pas de frais d'annulation, même à la dernière minute. Des conseils et des informations précieuses, en particulier sur les assurances.

■ **AUTO EUROPE – www.autoeurope.fr** – Louez-vous une voiture en Australie avec Auto Europe, consolidateur de location de voitures qui travaille avec plusieurs loueurs de véhicules dans de nombreux pays. L'équipe négocie toute l'année des tarifs privilégiés auprès des loueurs de voitures afin de les proposer à leurs clients à des prix compétitifs avec un service inégalé.

■ **AVIS ✆ 0 820 05 05 05 – www.avis.fr** – Décidé à faire « mille fois plus », Avis a installé ses équipes dans plus de 5 000 agences réparties dans 163 pays. Un large choix de véhicules de location, du cabriolet à l'utilitaire, et un système de réservation rapide et efficace.

■ **HERTZ. Renseignements au ✆ 0 803 853 853 – www.hertz.com** – Dans cette agence de location, vous pouvez obtenir différentes réductions si vous possédez la carte Hertz ou celle d'un partenaire Hertz. Le prix de la location comprend un kilométrage illimité, des assurances en option, ainsi que des frais si vous êtes jeune conducteur. Toutes les gammes de voitures sont représentées.

■ **HOLIDAY AUTOS France. 54/56, boulevard Victor-Hugo 93585 Saint-Ouen cedex ✆ 0892 39 02 02 (0.34 €/min) – reservation@holidayautos.fr – www.holidayautos.fr** – Avec 4 000 stations dans 70 pays, Holiday Autos vous offre une large gamme de vhicules allant de la petite voiture économique au grand break. Holiday Autos dispose également de voitures plus ludiques telles que les 4X4 et les décapotables. Un moteur de recherche à ne pas manquer !

TCH VOYAGES,
le voyagiste de l'Authentique
& TOURISME CHEZ l'HABITANT,
le spécialiste des chambres d'hôtes dans plus de 40 pays depuis 1992 vous proposent
li 095950003
en AUSTRALIE
Le privilège de découvrir un pays par ses habitants !
«Tourisme chez l'Habitant», une formule originale, économique et conviviale : des centaines de maisons d'hôtes et chambres chez l'habitant dans toute l'Australie en ville, à la campagne ou à la mer.
Egalement des vols à tarifs négociés vers l'Australie.
Et plein d'autres propositions sur www.tch-voyages.com
Nous acceptons les chèques vacances
Informations et réservations :
TCH VOYAGES & Tourisme chez l'Habitant
«Service privilège»
Attente téléphonique réduite
08 92 680 336*
*0.34 euros/mn
www.tch-voyages.com
email : informations@tch-voyage.fr
BP 38338 - 15 rue des Pas Perdus
95804 Cergy St Christophe Cedex
fax : 01 34 25 44 45 - tél : 01 34 25 44 72

"Rendez-vous avec vos Rêves..."

"En direct d'Australie,
Rendez-vous Futé organise votre Voyage

Conseils et réservations en français !
Rendez-vous Futé
28 Spence Street, Cairns QLD 4870 - Australie
tél : +61 740 313 533 - fax : +61 740 313 544
info@australie-voyages.com
www.australie-voyages.com

Sites Internet futé

- **www.australia-australie.com –** Site de découverte et d'échanges sur l'Australie. Ce site propose vols, hôtels, location de voitures et circuits en tous genres. Il est également possible d'avoir un devis. Le site contient par ailleurs des milliers de photos, un forum et des carnets de voyage interactifs.

- **www.diplomatie.fr –** Un site pratique et sûr pour tout connaître de votre destination avant de partir : informations de dernière minute, sécurité, formalités de séjour, transports et infos santé.

- **www.directours.com –** Directours, tour-opérateur en vente directe, propose des choix différents : un moteur de vols spécifiques permettant la réservation en ligne et des hôtels tous visités et validés. Vous pouvez consulter l'intégralité de la brochure de ce T.-O .en ligne. Vous avez ainsi accès à la totalité de sa production de voyages individuels à la carte. Directours met l'accent sur la qualité de ses prestations. Ce n'est pas forcément plus cher ; c'est même souvent très accessible.

- **www.e-australie.com –** Site et portail de tourisme sur l'Australie, par des spécialiste du continent, réservez votre voyage de France ou d'Australie parmi plus de 400 produits en français et profitez du forum des voyageurs et de conseils personnalisés pour préparer son voyage.

- **www.easyvoyage.com –** Le concept de Easyvoyage.com peut se résumer en trois mots : s'informer, comparer et réserver. Gros plan sur cette triple fonction. Des infos pratiques sur quelque 255 destinations en ligne (saisonnalité, visa, agenda...) vous permettent de penser plus efficacement votre voyage. Après avoir choisi votre destination de départ selon votre profil (famille, budget...), easyvoyage.com vous offre la possibilité d'interroger plusieurs sites à la fois concernant les vols, les séjours ou les circuits. Enfin grâce à ce méta-moteur performant, vous pouvez réserver directement sur plusieurs bases de réservation (Lastminute, Go Voyages, Directours, Anyway... et bien d'autres).

*Tarifs valables au mois d'Août 2006, calculés par chambre et par nuit. Les prix incluent tous suppléments, taxes et autres frais additionnels sauf indication contraire. Les offres sont valables jusqu'à épuisement des stocks.

- **www.ebookers.fr –** Il vous suffit de quelques minutes pour réserver votre vol en ligne avec ebookers.com Sur ce site, des billets d'avion à prix réduits, négociés en direct auprès de 100 grandes compagnies aériennes sur plus de 900 destinations.

- **www.govoyages.com –** Go Voyages propose un grand choix de vols secs, charters et réguliers, au meilleur prix, au départ et à destination de n'importe quelle ville du monde entier. Le voyagiste propose également des packages sur mesure « vol + hôtel permettant de réserver simultanément et en temps réel un billet d'avion et une chambre d'hôtel.

- **www.kelkoo.com –** Ce site vous offre la possibilité de comparer les tarifs des vols ou des voyagistes. Pratique et indispensable. Vous aurez du mal à vous en passer une fois que vous l'aurez découvert !

- **www.lastminute.com –** Vols secs à prix négociés, dégriffés ou publics.

- **www.meteo-consult.com –** Pratique, ce site Internet vous donne des prévisions météorologiques pour le monde entier.

- **www.nationalchange.com –** Le premier site français de vente de devises en ligne avec un paiement sécurisé par carte bancaire et le plus qui caractérise cette offre est la livraison à domicile. Les taux proposés sont meilleurs que ceux des banques et le choix des devises est important (27 devises et 7 travellers chèques). Vous aimerez la convivialité du site ainsi que la rapidité pour commander la devise de son choix. Après validation de votre commande, vous la recevrez très rapidement à votre domicile ou sur votre lieu de travail (24h à 72h). Un site à utiliser sans modération !!!

- **www.opodo.fr –** Pour préparer votre voyage, Opodo vous permet de réserver au meilleur prix des vols de plus de 500 compagnies aériennes, des chambres d'hôtels parmi plus de 45 000 établissements et des locations de voitures partout dans le monde. Vous pouvez également y trouver des locations saisonnières ou des milliers de séjours tout prêts ou sur mesure ! Opodo a été classé meilleur site de voyages par le banc d'essai Challenge Qualité – l'Echo touristique 2004. Des conseillers voyages à votre écoute 7 jours/7 au 0892 23 06 82 (0,34 €/min).

- **www.partirpascher.com –** Ce spécialiste des destinations soleil vous propose toute une gamme de séjours en hôtel. N'hésitez pas à vous connecter sur le site pour connaître les dernières promotions !

- **www.travelsante.com –** Un site intelligent qui vous donne des conseils santé selon votre destination : vaccinations, trousse de secours, précautions à prendre sur place.

- **www.vivacances.fr –** Vivacances est une agence de voyages en ligne créée en 2002. Depuis elle est devenue une référence incontournable sur le web grâce à ses prix négociés sur des milliers de destinations et des centaines de compagnies aériennes. Vous trouverez un catalogue de destinations soleil, farniente, sport ou aventure extrêmement riche : vols secs, séjours, week-ends, circuits, locations... Enfin, vous pourrez effectuer vos réservations d'hôtels et vos locations de voitures aux meilleurs tarifs. Vivacances propose des offres exclusives sans cesse renouvelées, à visiter régulièrement. Vous pouvez également compter sur l'expérience de ses conseillers voyage pour répondre à toutes vos questions et trouver avec vous le séjour de vos rêves. Et, pour vous, « petits futés » munis de cartes de fidélité, vous pourrez en plus échanger en ligne les points S'Miles distribués par près de 80 enseignes en France !

Le seul site de voyages qui a tout compris !

Temps de recherche cumulé **49 minutes**	*Temps de recherche* **3 minutes**
www.billets-avion-pas-cher.fr	www.easyvoyage.com
www.voyage-topdiscount.fr	
www.promo-du-voyage.com	
www.forum-du-voyage.com	
www.chambres-hotels.fr	
www.info-pays.com	

EASY VOYAGE .com

Tout savoir pour mieux voyager

- Plus de 250 fiches pays mises à jour par nos journalistes.
- Billets d'avion, séjours, circuits : comparez les voyagistes.
- 10 000 offres accessibles par notre moteur de recherche.
- 1800 hôtels de séjours visités et testés par nos équipes.
- Le grand forum de discussions des voyageurs.

Easyvoyage - RCS B432 123 446

Séjourner

SE LOGER

Partout en Australie il existe un très vaste choix de grands hôtels internationaux de luxe, de motels confortables ou d'appartements à la semaine. Pratiquement toutes les chambres des hôtels et motels sont équipées de téléphone, de réfrigérateur, d'une bouilloire électrique avec du café et du thé gratuits, d'une télévision et d'un radio-réveil. Des appartements sont à louer dans la plupart des grandes villes, des stations touristiques et des villages balnéaires.

Certaines des grandes cattle-stations louent des chambres d'hôtes pour des vacances authentiques dans l'Outback, loin de la foule touristique des plages. Pour les petits budgets, partout, dans les grandes villes comme à la campagne et près des plages, des auberges de jeunesse pour tous, des « backpackers hostels » et des campings.

Réductions

En faisant vos réservations d'hébergement par certaines agences de voyages et par les offices du tourisme, vous pourrez obtenir jusqu'à 40 % de réduction sur les prix.

Hôtels

De l'hôtel de luxe à l'ancien « Hotel » ce qui, en Australie, veut dire pub avec chambres (à éviter si vous voulez vous coucher tôt car la musique ne s'arrête généralement pas avant 2h du matin). Un hôtel moderne comporte généralement plusieurs bars et restaurants. Les prix varient selon le site et les services offerts.

Hôtels-pubs typiquement australiens

Une formule d'auberge traditionnelle ou de pub, dans les villes et sur les principales routes de campagnes. Les « hotels » australiens occupent souvent d'anciens bâtiments aux belles façades et aux vérandas en fer forgé. Le confort, très variable, peut quelquefois laisser à désirer. Ces hôtels-pubs, où les Aussies viennent étancher leur soif de bière, comportent toujours un restaurant ou comptoir.

Les chambres simples, parfois communes, sont à partir de AU$30. Dans les petites villes, l'hôtel-pub est souvent le seul endroit animé à partir de 20h. Le plus célèbre de tous est certainement le Birdsville Hotel, dans l'un des villages les plus isolés de l'Outback, sur une ancienne piste de bétail à la lisière du Simpson Desert. Voir le site www.theoutback.com.au

Hôtels classiques et chaînes hôtelières

Dans les villes et particulièrement dans les centres-villes, vous trouverez une très large gamme d'hôtels avec des normes équivalentes au standard européen de 2 à 5-étoiles ainsi que la plupart des grandes chaînes, telles Best Western, Comfort Inn, Holiday Inn, etc.

Vous pensez à l'Australie?
Pensez Best Western.

Plus de 220 hôtels, motels, resorts et appartements à travers l'Australie.

www.bestwestern.com.au

Pour plus d'informations/réservations :
inboundsales@bestwesternaustralia.com.au

Best Western

Nous prendrons soin de vous

connections
travel experiences with a difference

Découvrez l'Australie avec Connections

De Sydney à la Barrière de corail, de Kakadu à Uluṟu, de Perth aux Bungle Bungles.

Choisissez le tour qui vous convient : le camping confort dans le centre rouge et le Top End avec nos safaris Connections, ou des vacances à petit budget pour les 18-35 avec Connections Adventures.

Pourquoi voyager avec Connections

- ☑ Petits groupes
- ☑ Amis pour la vie
- ☑ Bon rapport qualité-prix
- ☑ Des options au choix
- ☑ Itinéraires uniques

Nos véhicules en safari dans le centre de l'Australie

Voici deux exemples de nos nombreux tours qui vous intéresseront.

[LA CÔTE EST DE L'AUSTRALIE]

à partir de **$1795** par personne AUD

14 jours Island Suntanner

Cairns à Sydney

Découvrez l'incroyable côte Est : faites de la voile dans les Whitsundays, un tour en 4x4 sur Fraser island ou buller à Byron Bay!

[DÉCOUVREZ LE TOP END]

à partir de **$635** par personne AUD

3 jours Kakadu et Katherine

Safari en camping

Explorez le magnifique Top End avec ce safari en camping dans l'outback. Tous vos repas, sac de couchage et guide compris. Safari en Français également disponibles!

Pour plus d'informations en français sur nos circuits, contactez Rendez-vous futé à info@australie-voyages.com

réservations +61 2 8252 5300

www.connections.travel

Hôtels-resorts

Ce phénomène commence tout juste à faire son apparition en Europe. Les resorts sont des complexes hôteliers, style village Club Med autour d'un golf, sur la Grande Barrière ou tout autre site touristique agréable. Ils offrent un service de grande qualité, un large choix d'activités et de loisirs, et attirent un grand nombre de vacanciers.

Les resorts balnéaires principaux se trouvent sur la Gold Coast, la Sunshine Coast, dans les îles Withsunday, à Cairns et sur les îles de corail.

Motels

Les motels sont situés dans les villes et le long des routes principales. Ils proposent des chambres indépendantes avec salle de bains, téléphone, télévision, théière électrique et petit réfrigérateur. La plupart possèdent des restaurants et certains disposent d'une piscine. Compter entre AU$50 et AU$80 pour une chambre double.

Bed & Breakfast

Cette appellation désigne un éventail très large de logements qui va de la petite maison particulière au romantique et haut de gamme « country home ». Une nuit avec petit déjeuner coûte entre AU$40 et AU$100.

Auberges de jeunesse

Plus de cent trente auberges de jeunesse sont réparties à travers l'Australie. L'âge n'a pas d'importance. De plus en plus, les auberges aménagent des chambres pour les couples et familles. Le lit en chambre commune (souvent deux ou quatre lits) coûte entre 14 et 20 dollars. L'avantage des auberges de jeunesse est de permettre à tous, sans limite d'âge, de voyager, de se rencontrer et de pratiquer des activités sportives à moindre coût. Il y a toujours une cuisine collective, parfois une cafétéria. Les auberges ont souvent une piscine extérieure.

Vous n'avez pas besoin d'être membre des YHA pour y dormir, mais si vous envisagez d'y séjourner pour plusieurs nuits, vous avez tout intérêt à le devenir, moyennant une cotisation de AU$37. Si vous n'êtes pas membre, une surcharge de quelques dollars vous sera en effet demandée pour chaque nuit.

D'une façon générale, les YHA sont plus coûteuses, de AU$2 à AU$5, dans les villes comme Sydney ou Melbourne mais, à service proposé équivalent, elles sont d'une propreté exemplaire.

- **YHA HOSTELS NATIONAL OFFICE. PO box 314 Camperdown NSW 1450** ✆ (02) 95 65 16 99 – www.yha.com.au

- **UN AUTRE RÉSEAU D'AUBERGES DE JEUNESSE, NOMADS BACKPACKERS (43 The Parade, Kent Town, SA 5067 – www.nomadsworld.com –** Propose des services équivalents aux YHA.

Backpackers Hostels

C'est une formule très répandue en Australie, entre auberge de jeunesse et YWCA, sans carte d'adhérent. Le lit pour une nuit en dortoir de 4 à 6 personnes coûte en général entre AU$14 et AU$20. Les backpackers sont le plus souvent équipés de salles communes, mais on trouve également des chambres doubles. Le standing varie beaucoup d'un endroit à l'autre, et entre les grandes villes et les stations balnéaires (beaucoup plus propres et mieux fréquentées), mais des rencontres intéressantes sont garanties. Les backpackers sont bourrés de jeunes globe-trotters faisant le tour du monde, de surfers (ou parfois de « beach bums ») qui testent toutes les plages du sud au nord avec leur seule planche pour bagage.

Les backpackers sont disséminés dans toute l'Australie, en plein centre-ville comme dans les stations balnéaires. Parce que la jeunesse (pas toujours dorée) voyage le plus souvent en autocar avec un Pass (ce n'est pas cher), il y a toujours un service de minibus gratuit à la gare routière pour vous y emmener (il suffit de prévenir de son arrivée).

La libre concurrence étant féroce en Australie, il y a, dans les stations balnéaires les plus populaires, une flopée de ces minibus appelés affectueusement « backpackers attack » (pour rimer avec « shark attack »). Ils sont d'ailleurs souvent conduits par des backpackers, ceux-ci se faisant ainsi un peu d'argent de poche pour pouvoir continuer leur voyage. Pour bénéficier d'un rabais de quelques dollars par nuit, achetez une carte VIP (AU$43) dans n'importe quel backpacker.

YHA AUSTRALIA

Faites le tour d'Australie avec YHA

Hébergement sympathique, propre, sûr et abordable.

- Plus de 140 fantastiques auberges
- Super ambiance
- Plus de 800 prix réduits sur les voyages et les activités
- Forfaits autocar et hébergement d'un excellent rapport qualité-prix

Super réductions pour les membres!

- Vols
- Location de voiture
- Forfaits de bus
- Excursions d'une journée
- Excursions «aventure»

Réservez en ligne à

www.yha.com.au

HOSTELLING INTERNATIONAL

YHA Australia, Hostelling International et les logos YHA et HI figurant « la maison et l'arbre » sont des marques déposées de YHA Australia Incorporated - PO Box 314, Camperdown NSW 1450 Australie

VIP BACKPACKERS © **(07) 3395 6111 – www.vipbackpackers.com –** Ce site offre un choix de 140 backpackers sur tout le continent australien.

BACPACKERS TRAVEL CENTRE. 234 Sussex Street, Sydney, NSW 2000 © **(07) 4041 0999 – www.backpackersworld.com.au –** C'est l'une des organisations les plus intéressantes et les plus efficaces pour le voyageur indépendant.

Appartements

Ce type de logement existe surtout dans les grandes villes, les stations balnéaires et aux abords des plages.

Ils comportent au moins un salon et une ou deux chambres à coucher. Le linge de maison et l'équipement de cuisine sont le plus souvent fournis (mais il est prudent de s'en assurer au préalable). Certains appartements disposent d'un service de ménage, tous les jours ou une fois par semaine. Les prix s'échelonnent en général de AU$100 à $200 par nuit, et il est beaucoup plus avantageux de louer à la semaine.

Pour de longs séjours, préférez la colocation, un excellent moyen de partager une belle expérience. Cette pratique est très répandue dans le pays et vous trouverez les petites annonces dans les journaux locaux, les backpackers et sur le site : www.tntmagazine.com/au

À la ferme

Pour rencontrer de véritables « Aussies » en milieu rural et partager leurs activités quotidiennes. Les grandes cattle-stations comprennent souvent des dizaines de milliers de moutons ou de têtes de bétail.

On peut participer au rassemblement du troupeau, à la tonte des moutons et faire du cheval. Dans les fermes, vous aurez la possibilité, contre quelques heures de travail, d'obtenir le gîte et le couvert et de vivre à l'australienne.

Avec l'association WWOOF, vous trouverez toutes les fermes pouvant vous accueillir. Il vous en coûtera pour adhérer à l'association, AU$30 pour une personne et AU$35 pour deux personnes voyageant ensemble.

WILLING WORKERS ON ORGANIC FARMS © (03) 5155 0218 – www.wwoof.com.au

Aide et Action

Photographe : Anne-Emmanuelle THION - Espace offert par votre support.

ELLE EST PUISSANTE.

Grâce au parrainage, dans son école, Fatou apprend des choses vitales sur la santé, l'hygiène, la nutrition, qu'elle transmet à son tour à tout son village. Par exemple, c'est grâce à elle que les femmes de son village savent pourquoi il faut faire bouillir l'eau du puits avant de la boire. Parce que là-bas, les règles d'hygiène de base sont tout simplement une question de survie, et les ignorer est une des premières causes de mortalité.

Son parrain, Frédéric, un informaticien, cherchait à faire quelque chose de vraiment efficace. Après avoir donné ponctuellement à plusieurs associations, il a été convaincu par le parrainage qui permet de travailler sur le long terme avec une communauté. Aujourd'hui, avec Fatou, ils peuvent mesurer le chemin parcouru.

www.aide-et-action.org

L'éducation change le monde

AIDEZ-LES À AGIR, DEVENEZ PARRAIN.

Vous voulez que votre aide soit vraiment efficace ? Pour 20€ par mois (6,8€ en tenant compte de la déduction fiscale), parrainez avec Aide et Action. Vous recevrez votre dossier de parrainage, avec la photo de votre filleul ou du projet que vous soutenez. Un parrainage d'enfant ou de projet permet d'agir directement et durablement sur le niveau de vie, la santé et la paix.

- ☐ **Oui je veux parrainer le développement par une éducation de qualité, je choisis de suivre particulièrement :**
  - ☐ **la scolarité d'un enfant et de ses camarades**
  - ☐ **un projet de développement scolaire collectif au bénéfice de plusieurs enfants**
  - ☐ **une action au choix d'Aide et Action**

Je joins un chèque de 20€ correspondant à mon premier mois de parrainage. Je recevrai par la suite mon formulaire d'autorisation de prélèvement. J'ai bien noté que je pourrai interrompre à tout moment mes versements et les reprendre par la suite. Le montant de mon parrainage est déductible de mon impôt sur le revenu à hauteur de 66% du montant total annuel, dans la limite de 20% de mes revenus (tous dons ouvrant droit à réduction d'impôt confondus), je recevrai un reçu fiscal chaque année en début d'année.

☐ Je ne peux pas parrainer pour l'instant, je fais un don de : ☐25€ ☐40€ ☐80€ ☐autre (merci d'indiquer la somme) : __________ €

☐ Je souhaite d'abord recevoir une documentation complète sur Aide et Action.

☐Mme ☐Mlle ☐Mr Prénom : .... Nom : ....

Adresse : ....

Code Postal : |_|_|_|_|_| Ville : ....

Tél. : |_|_|_|_|_|_|_|_|_|_| E-mail : ....

Aide et Action, 1ère association française pour le parrainage.
60 000 parrains et donateurs - 1 800 000 enfants concernés par nos programmes dans 18 pays en Afrique, en Asie et dans les Caraïbes.
Association Reconnue d'Utilité Publique - 2 fois récompensée par le Prix Cristal de la Transparence Financière (1990, 1995).

Comité de la Charte — donner en confiance

Aide et Action, 53 bd de Charonne - 75545 Paris Cedex 11. www.aide-et-action.org
0811 001 003 (coût d'un appel local)

Conformément à la loi N°78-17 du 6 janvier 1978, vous disposez d'un droit d'accès et de rectificaton pour toute information vous concernant, figurant sur notre fichier. Il suffit pour cela de nous écrire.

Aide et Action

L'éducation change le monde

DOMAINE & CHATEAU
AUZIAS
11610 PENNAUTIER - LANGUEDOC - FRANCE
VDP de la CITÉ DE CARCASSONNE - AOC CABARDÈS
DOMAINE AUZIAS
Mis en bouteille au Domaine
2004
2003
CABARDÈS
Château
AUZIAS
Caberet-Syrah
DOMAINE AUZIAS
PARETLONGUE
Cabardès
CHATEAU AUZIAS
PARETLONGUE
Recherche Agent et
importateur en Australie
Contact : auzias@auzias.fr
Tél : + 33 4 68 47 28 28

Universités

Dans les villes universitaires, vous pourrez profiter des campus pendant la période des vacances scolaires.

Bateau-maison ou house boat

Ce type de logement, fort prisé des vacanciers australiens, est très répandu : il est possible de louer un house boat presque partout où il existe une étendue d'eau fraîche.

Camping

Les terrains de camping sont souvent très bien aménagés en Australie et vous y trouverez presque tout le temps (si vous évitez les vacances scolaires) une place pour une dizaine de dollars (AU$15 à AU$20 pour les emplacements d'eau). On peut parfois y louer à AU$25 un « camp motel », sorte de bungalow simple pour deux personnes, ou bien, à partir de AU$40, des cabines disposant d'une chambre pour deux, avec cuisine, toilettes, salle de bains.

Si camper près d'une ville n'est pas forcément très agréables, camper dans le désert ou sur une île comme Fraser Island (Queensland) peut rester un des plus beaux souvenirs de votre voyage en Australie. Tout comme pour les backpackers, l'organisme Big 4 (www.big4.com.au) vous fournira une carte de membre qui vous donnera droit à des réductions et avantages dans tous les campings/caravaning du réseau.

SE DÉPLACER

L'immensité du pays a eu pour conséquence la création d'un réseau de transports démesuré pour une population de près de 20 millions d'habitants. Melbourne et Sydney, qui paraissent proches l'une de l'autre sur les cartes à petite échelle, sont en réalité, distantes de 950 kilomètres par le train et de 730 kilomètres par la voie aérienne. La côte Est (Sydney) est distante de 4 025 kilomètres de la côte Ouest (Perth), soit 65 heures en train (trois jours et trois nuits sans interruption) ou 4 à 5 heures en avion. Le financement des travaux s'est révélé très lourd pour le pays, et les lignes de transport ne constituent un réseau dense que dans la partie sud-est de l'Australie (les grandes villes de Sydney et de Melbourne). Un seul grand axe routier fait le tour complet du continent, la Highway n° 1.

Avion

Aéroports internationaux : Sydney, Adelaide, Melbourne, Perth, Darwin, Brisbane, Canberra, Cairns et Hobart. Tous les aéroports ont des boutiques hors taxes, banques/bureaux de change, cafés, bars et restaurants, guichets d'information touristique, service de location de voitures et station de taxis. Ces services seront presque toujours disponibles aux arrivées et départs internationaux.

AÉROPORT DE SYDNEY (SYD) (KINGSFORD SMITH). www.sydneyairport.com.au – Se trouve à 8 km au sud de la ville (environ 30 minutes). Une ligne de métro relie l'aéroport avec la Gare Centrale de Sydney Central (environ 10 minutes).

AÉROPORT D'ADELAIDE (ADL). www.aal.com.au – A 7 km à l'ouest de la ville (environ 15 minutes).

AÉROPORT DE MELBOURNE (MEL) (TULLAMARINE). www.melbourne-airport.com.au – A 22 km au nord-ouest de la ville (durée du trajet : environ 30 minutes).

AÉROPORT DE PERTH (PER). www.perthairport.net.au – A 12 km au nord-est de la ville (environ 25 minutes).

AÉROPORT DE DARWIN (DRW). www.darwinairport.com – A 13 km du centre ville (environ 20 minutes).

AÉROPORT DE BRISBANE (BNE). www.bne.com.au – A 13 km au nord-est de la ville (environ 35 minutes).

AÉROPORT DE CANBERRA (CBR). www.canberraairport.com.au – A 8 km à l'est de Canberra (environ 15 minutes).

- **AÉROPORT DE CAIRNS (CNS). www.cairnsport.com.au/airport/ –** A 8 km du centre ville (environ 10 minutes).

- **AÉROPORT DE HOBART (HBA). www.hobartairpt.com.au –** A 16 km au nord-est de la ville (environ 25 minutes).

L'isolement des habitations ainsi que les grandes distances ont fait que l'Australie est l'un des pays où l'on voyage le plus en avion. Le nombre de passagers transportés par les lignes intérieures est élevé par rapport à la population. Si vous ne disposez pas d'un temps suffisant pour voir ce pays immense, l'avion peut être la meilleure solution. Les Pass à acheter hors frontières sur les lignes intérieures sont en général plus économiques que les billets d'avion achetés sur place.

- **LES PLUS GRANDES COMPAGNIES DOMESTIQUES SONT :** Qantas (www.qantas.fr), Virgin Blue (www.virginblue.com), Jetstar (www.jetstar.com) – Les réservations sur cette dernière peuvent être faites directement auprès de Qantas, dont elle est une filiale et avec laquelle une correspondance totale est assurée. Zones desservies : Brisbane, Maroochydore, Maryborough, Hervey Bay, Bundaberg, Gladstone, Thangool, Blackwater, Emerald, Rockhampton, Great Kepple, Mackay, Brampton Island, Proserpine, Dunk Island, Townsville, Cairns, Lizard Island, Bamaga, Thursday Island, Lord Howe Island.

Quelques tuyaux pour éviter de payer plein tarif

- **Acheter son billet (entre deux villes australiennes)** vingt et un jours à l'avance (55 % moins cher), quatorze jours à l'avance (50 % moins cher).

- **Une carte d'étudiant international (ISIC)** peut vous faire bénéficier de 25 % de réduction. Si vous êtes étranger (avec passeport et billet international à l'appui), vous bénéficiez de 30 % de réduction sur Qantas. La meilleure offre semble toutefois résider dans le Pass mis au point par la compagnie Qantas.

- **Le Boomerang Pass de Qantas** correspond à un système de coupons qui ne peuvent s'acheter qu'à l'étranger. Il existe deux types de coupons (courte et longue distance) et les prix sont exceptionnellement avantageux (AU$200 et AU$250).

Vols intérieurs

58 villes sont à ce jour desservies par Qantas

- **Pour plus d'informations, r**enseignez-vous auprès des agences de voyages Qantas en France ou dans une agence spécialisée sur l'Australie (voir rubrique « Organiser son voyage ».

- **Les compagnies « low cost » ou à petits prix proposent des tarifs très intéressants :** AU$60 par exemple pour un Sydney / Melbourne. Virgin Blue et Jetstar se livrent une concurrence acharnée.

- **Il faut ajouter à cela de nombreux avions-taxis,** qui desservent aussi bien les villes que les exploitations rurales. L'avion est également utilisé dans les campagnes pour l'épandage des engrais ou des insecticides, pour les semailles ou pour rassembler le bétail. Nombre de cow-boys australiens ont troqué le cheval pour l'avion. Des médecins volants installés dans les rares villes des immenses territoires arides, tels Alice Springs, Port Augusta et Cloncurry, visitent en avion leur clientèle répartie sur des milliers de kilomètres carrés.

Train

Attention, le réseau ferré est loin de couvrir la totalité du pays. Deux grandes lignes de voyageurs traversent intégralement l'Australie, l'Indian-Pacific de Sydney à Perth (4 352 km) et Le Ghan qui relie depuis 2004 Adelaide à Darwin (2 979 km).

Plusieurs autres lignes sont accessibles aux voyageurs dans le Queensland et le New South Walles.

Dans le Queensland

- **« The Overland » :** Melbourne – Adelaide.

- **« The Spirit of the Outback » :** Brisbane – Rockhampton – Longreach.

- **« The Sunlander » et « The Tilt Train » (plus rapide et de meilleur confort que le Sunlander) :** Brisbane – Rockhampton – Townsville – Cairns.

Découvrir le monde avec LibertyTV

LibertyTV est une chaîne non cryptée, sur Hotbird 13° Est (12 577 Mhz, polarisation horizontale) et sur Astra 19,2° Est (12 552 Mhz, polarisation verticale)

la télé des vacances

Canalsat canal 59 **TPS** canal 83 **Numéricâble** canal 92
Noos/UPC canal 94 **Ma Ligne TV** canal 35
FreeBox TV canal 87 **Neuf Telecom** canal 65
Alice TV canal 71 **Est Video Communication** canal 77
France CitéVision canal 144 **AOL TV**
T-Online/Club internet **Orange mobile 3G**
Citéfibre canal 133 **Erenis Paris** canal 45

libertyTV

LibertyTV vous propose:
- des reportages sur le monde entier pour choisir vos prochaines vacances.
- des offres de vacances aux meilleurs prix toutes les 15 minutes.
- un journal sur le tourisme toutes les heures.
- des comparaisons sur toutes les destinations de vacances.
- les meilleures promotions de vacances en permanence.

0892 700 313 (0,34€/min)

www.libertytv.fr

Réseau ferroviaire

- **« The Inlander » :** Townsville – Mont Isa.
- **« The Westlander » :** Brisbane – Charleville.

A noter : deux trains uniquement à vocation touristique du fait des quelques dizaines de kilomètres des voies au nord du Queensland

- **« The Kuranda Scenic Railway » :** Cairns – Kuranda
- **« The Gulflander » :** Croydon – Normanton

Dans le New South Walles

- **« The XPT » :** Brisbane – Sydney – Melbourne – Dubbo
- **« The Xplorer » :** Canberra – Sydney – Broken Hill – Morrey – Armidale

Chaque Etat a construit ses voies de pénétration pour acheminer les matières premières vers les ports d'exportation, sans se soucier des voisins et en adoptant son propre écartement de voies. La longueur totale est néanmoins restée médiocre pour un pays aussi vaste. Depuis décembre 1982, les capitales sont reliées par une voie à écartement standard, sauf pour la liaison Adelaide-Melbourne.

Au Queensland, les voies ferrées est-ouest qui pénètrent jusque dans la zone semi-aride de l'Outback et leurs points d'aboutissement constituent des gares importantes pour l'expédition du bétail. L'une d'elles permet l'exportation du minerai de Mount Isa.

Toutes ces voies ferrées aux écartements différents provoquaient un profond désordre aux frontières des Etats, où il fallait procéder au transfert des marchandises et des passagers.

En 1970, une liaison ferroviaire à écartement unique fut établie entre Sydney sur la côte Est et Perth sur la côte Ouest. Avant l'inauguration de l'Indian-Pacific reliant l'océan Indien à l'océan Pacifique, ce voyage de 4 000 kilomètres était ponctué par quatre changements de voies.

Réseau routier

A l'instar des voies ferrées, l'immensité du pays constitue un sérieux handicap pour la création et l'entretien du réseau routier. Encore récemment, une bonne partie des routes n'était en réalité que des pistes difficilement utilisables après les grosses pluies. En dehors de quelques grandes artères « interstates », le réseau ne devient suffisamment dense que dans la partie sud-est du pays, en particulier dans l'Etat de Victoria et autour des grandes capitales.

Au nord

Dans les régions du Nord, le gouvernement fédéral a financé tout un réseau de beef-roads afin de permettre un transport rapide du bétail en toute saison vers les ports et les abattoirs. Le grand nombre des road-trains, les camions à multiples remorques, s'explique par l'insuffisance des transports ferroviaires.

Au sud

Au sud du continent, seule une piste poussiéreuse, creusée de nids-de-poule, traversait les immensités brûlantes de la plaine de Nullarbor. Jusqu'en 1976, c'était le seul lien routier entre Perth et les Etats de l'Est. Depuis cette date, l'Eyre Highway a enfin été goudronnée. Elle représente la dernière étape de l'amélioration de l'asphaltage de la Highway n° 1 qui s'étire sur plus de dix milles kilomètres faisant le tour de l'Australie.

Quelques tuyaux pour éviter de payer plein tarif

- **Le Austrail Flexipass** coûte environ AU$865 et vous permet de voyager pendant une période de quinze jours. Pour une période de vingt-deux jours vous payerez $1210. Ces Pass sont valables uniquement pour les étrangers.
- **Le GSR Pass** donne la possibilité de voyager 6 mois sur le réseau du Great Houthern Railways en 2e classe (Indian Pacific, Ghan et Overland). Tarif AU$590 (étudiant : AU$450).
- **Le East Coast Discovery Pass** est valable 6 mois sur le réseau de la côte Est et Sud-Est. Exemple de prix : Cairns – Melbourne AU$349.
- **Numéro général de réservation (gratuit)** © 13 22 32 ou consulter www.railaustralia.com.au – www.gsr.com.au

Rien de tel qu'un camping-car Britz pour passer d'inoubliables vacances en Australie. Offrant un confort incomparable, les véhicules Britz peuvent accueillir jusqu'à six personnes et sont dotés de gazinière, réfrigérateur et four à micro-ondes. La plupart des modèles disposent également de douche et de toilettes.

Vous avez soif d'aventure et souhaitez redécouvrir la nature? Annulez votre séjour 5 étoiles et... OZez Britz!

Evadez-vous...

Britz

www.britz.fr

Location de camping-cars, 4x4 et voitures

Sur la côte Est

- **A partir de Sydney, la Highway n° 1** remonte la côte Est sur 2 500 kilomètres, à peu de distance des plages, et traverse des zones de végétation tropicale jusqu'à Cairns, dans l'extrême nord du Queensland.

- **De Cairns à Darwin, dans le Northern Territory,** elle continue sur 2 800 kilomètres à travers l'Outback. Ensuite, les 4 200 kilomètres de Darwin à Perth passent par les plateaux du Kimberley et longent le Great Sandy Desert sur cette côte Ouest pratiquement vide de toute habitation.

- **De Perth à Adelaide,** le Highway longe, sur une grande partie des 1 500 kilomètres qui séparent les deux villes, les falaises de la plaine de Nullarbor, cette dernière s'arrêtant au bord de la Great Australian Bight.

- **La distance d'Adelaide à Melbourne** n'est que de 700 kilomètres (on revient à des distances un peu plus à l'échelle humaine).

- **Enfin, le trajet Melbourne-Sydney** fait près de 1 000 kilomètres à travers des campagnes beaucoup plus peuplées.

Au nord du Queensland

Dans l'extrême nord, à partir de Port Douglas, les pistes dans la forêt vierge sont souvent impraticables pendant la mousson. Il reste pourtant plus de 500 kilomètres pour Cape York, situé sur la pointe extrême de la péninsule du même nom. Même les routes principales de l'Outback peuvent être inondées et coupées pendant un certain temps durant la saison des « wets ».

Reliant initialement Adelaide à Alice Springs, au centre de l'Australie, la Stuart Highway longeait sur 1 500 kilomètres le Simpson Desert.

On doit aux besoins de transport pendant la Seconde Guerre mondiale la continuation de la route goudronnée entre Alice Springs et Darwin, ce qui fait 1 500 kilomètres de plus.

Sur le tour de l'Australie

La Highway n° 1, qui fait le tour de l'Australie, ne possède plusieurs voies qu'à la proximité des grandes villes. Dans le nord et dans l'Outback, la chaussée goudronnée se rétrécit pour ne former qu'une seule voie au milieu d'une large route de gravier. Pour croiser les voitures, il faut descendre avec les roues extérieures sur l'accotement prévu à cet effet.

Auto-stop (hitch-hiking)

Se pratique peu et reste déconseillé aux femmes seules. Si vous utilisez ce mode de transport, faites-vous de préférence déposer dans une agglomération ou près d'une station-service : c'est plus sûr et un abri ne sera pas de trop lors des attentes prolongées. L'auto-stop peut être interdit dans certains états.

A savoir : en Australie, on utilise indifféremment le pouce ou l'index tendu vers le bas. Visiter le site www.smartraveller.gov.au/tips/womtrav.html pour les avertissements... et www.bugaustralia.com/transport/hitch.html pour les conseils ! Enfin, le site http://oceania.hitchhikers.org (accessible en français) vous permet de déposer une demande ou de consulter les offres de transport.

Autocars

Ils constituent le moyen de transport le plus usité et le plus économique. Il existe une centaine de formules Pass, d'un court trajet jusqu'au tour complet de l'Australie. Les économies ainsi réalisées sont considérables. Seul inconvénient : si le Pass n'est pas un Pass kilomètres, on ne peut pas revenir « sur ses pas ». Tous les cars qui font de longs trajets sont climatisés et équipés d'une télévision vidéo, d'eau potable et de toilettes. Dans ces cars, qui fonctionnent un peu comme nos trains, les bagages sont enregistrés et transportés dans la soute. Penser à se présenter quelques dizaines de minutes avant le départ, et prévoir les choses dont vous aurez besoin pendant le voyage en les mettant dans un petit sac à part.

Les conducteurs commentent les curiosités à voir dans les différentes régions traversées. Ils indiquent toujours, avant l'arrivée dans une ville, le fonctionnement des transports en commun et les possibilités d'hébergement. Pendant les longues traversées de l'Outback quasi désert, des pauses dans les road-houses (stations-service campagnardes) permettent de se détendre les jambes, de boire et de manger quelque chose de chaud, ce qui n'est pas négligeable lors de trajets qui peuvent durer une ou plusieurs journées.

Numéro général de réservation pour « Greyhound Australia » ✆ 13 14 99, la plus grande compagnie d'Australie. Elle propose bien souvent des Pass extrêmement intéressants. Site web : www.greyhound.com.au

Les Pass autocars « Australian Coachlines » permettent de voyager individuellement en bénéficiant de tarifs très intéressants. Le Aussie Kilometres Pass permet de voyager partout en Australie sans limitation de kilométrage avec les cars d'Australian Coachlines, les Greyhound Pioneer. Validité de 12 mois. Le Aussie Explorer Pass est valable pour des voyages dans une seule direction, pour ceux qui connaissent déjà leur itinéraire. Chaque Pass est valable de 30 à 365 jours.

Attention ! Le Aussie Explorer Pass ne permet de revenir sur ses pas que sur quelques trajets précis, ceux où l'on ne peut pas faire autrement. Mais pour les deux, vous n'êtes pas tenu à des dates fixes et pouvez vous arrêter quand vous le souhaitez sans aucune restriction. Des réductions sont octroyées aux détenteurs de cartes de membres Nomads ou VIPbackpackers.

Certains opérateurs proposent des circuits touristiques à faible coût pour les backpackers tels : www.waywardbus.com.au – www.desertventurer.com.au

Location de voitures et camping-car

Conduite automobile

Les Australiens conduisent à gauche. En règle générale, La vitesse est réglementée à 60 km/h dans les villes, 100 km/h sur les routes et autoroutes. La police applique strictement la législation. Un permis de conduire rédigé en anglais, ou à défaut international, est nécessaire, en plus de votre permis national. Il s'obtient gratuitement à la préfecture de police en France et est valable trois ans. Attention aux excès de vitesse et à l'alcool au volant : 0,05 % est le maximum légal autorisé

Une solution intéressante dans un pays comme l'Australie où l'essence est près de deux fois moins chère qu'en France. Des voitures de location sont disponibles dans tous les aéroports, les gares ferroviaires et routières. Les sociétés de location s'arrangent souvent pour livrer la voiture à votre hôtel. Ils vous proposent leurs conseils et fournissent des cartes routières et des guides locaux. Hertz, Avis, Budget, Thrifty sont représentés dans la plupart des villes, mais il y a aussi des compagnies locales aux tarifs souvent plus avantageux. Comptez entre AU$55 et AU$80 par jour.

Attention : il faut avoir plus de 21 ans et au moins deux ans de permis pour louer une voiture. Pensez également à consulter les tarifs d'assurances complémentaires : sans demande explicite de votre part, vous n'êtes assuré qu'au minimum légal. Les carburants disponibles à la pompe sont : le super, deux qualités de super sans plomb et le gazole. La plupart des stations acceptent les cartes de paiement internationales. Le carburant est vendu au litre.

« Petit conseil pour les backpackers : consultez scrupuleusement les panneaux d'affichage qui proposent des « lifts », vous n'avez qu'à partager l'essence avec l'heureux possesseur de la voiture. Profitez également de la « relocation ». Il s'agit d'emmener ou de ramener une voiture d'un endroit à un autre. Les adresses de ces boutiques se trouvent dans les pages jaunes. Il vous en coûtera AU$10 par jour avec l'essence en sus. Un exemple : vous pouvez mettre sept jours pour vous rendre de Sydney à Cairn (2 700 km). C'est un délai imposé par l'organisme, mais cela peut se négocier. Munissez-vous avant votre départ d'un permis de conduire international. » S. Levitte, Paron

Des camping-cars sont à louer dans tous les Etats, en général pour une période minimale de sept jours. Les « vans » de camping (deux à quatre couchettes) et les « motor-homes » (quatre à six couchettes) permettent une grande indépendance. La plupart de ces véhicules sont équipés de cuisine, d'un réservoir d'eau potable et même, parfois, d'une douche et de toilettes.

Quelques loueurs de voitures ou de camping-cars

TRAVELLERS AUTO-BARN © 1800 674 374 (appel gratuit de toute l'Australie) – www.travellers-autobarn.com.au – Avec des locaux à Sydney, Melbourne, Brisbane, Cairns, Darwin et Perth, Travellers Autobarn vous permettra de voyager sans soucis tout autour de l'Australie. Ils proposent un large choix de véhicules, voitures, camper van, 4x4 aussi bien à la vente qu'à la location. Et ce, pour des budgets raisonnables. Avec une assistance 24h/24h, 7j/7, vous pourrez voyager en toute sécurité sur les longues routes australiennes.

AUTO ESCAPE © 0 800 920 940, appel gratuit en France ou 00 33 4 90 09 28 28 depuis l'étranger – www.autoescape.com – Une centrale de réservation qui ne propose que de la location de voiture. Spécialiste dans ce domaine, Auto Escape offre les meilleurs tarifs parmi les plus grands loueurs. Les agences gèrent les tarifs, la réservation et le service relation-client. Vous pouvez modifier ou annuler à tout moment sans frais. Ils ont des solutions très compétitives dans 92 pays. Solution de location de voiture prépayée depuis la France. Avantage : disponibilité et élimination des surprises de dernière minute.

- **BRITZ** © 1800 331 454 / (03) 8379 8890 – www.britz.com.au
- **MAUI CAMPERVANS** © 1300 363 800 / (03) 8379 8891 – www.maui-rentals.com
- **THRIFTY** © 1300 367 227 / (02) 8337 2790 – www.thrifty.com.au
- **AVIS** © © 136 333 / (02) 9353 9000 – www.avis.fr
- **HERTZ** © 1800 335 888 / (03) 9698 2555 – www.hertz.fr
- **BUDGET** © 1300 794 344 / (02) 9353 9399 – www.budget.fr

Pour les longs séjours, l'achat d'un véhicule d'occasion est très rentable, vous trouverez dans les grandes villes des sociétés qui vous vendent des véhicules et vous les rachètent au retour de votre périple. Les petites annonces se trouvent dans les quotidiens locaux et dans les backpackers. Pour vous faire une idée, consultez : www.travellers-autobarn.com

Pour la location d'un camping-car ou d'un 4X4, prévoir AVANT votre départ de faire augmenter le plafond de paiement autorisé de votre carte bancaire car lors de la prise du véhicule, la caution élevée (exemple : AU$5000 pour un 4X4, hors options de réduction) vous sera débitée au départ et recréditée au dépôt du véhicule, avec évidemment les intérêts dus aux transactions entre banques restant à votre charge…

Les bons plans pour voyager sont sur petitfute.com

Ne laissez plus vos écrits dans un tiroir...
Envoyez-nous votre manuscrit !

ROMANS . POEMES . PIECES DE THEATRE . CARNETS DE VOYAGES . NOUVELLES . ESSAIS .

Vous écrivez ?

Les Editions Publibook

vous éditent !

Les Editions Publibook c'est aussi un comité de lecture gratuit donnant leur chance aux auteurs novices, un interlocuteur à chaque étape de la création du livre, un catalogue généraliste, des collections spécialisées, un réseau de libraires-partenaires, une visibilité permanente sur le site, une communication ciblée, l'impression à la commande des ouvrages, la protection de l'œuvre, ...

Les Editions Publibook vous éditent et vous offrent leur savoir-faire d'éditeur allié à leur esprit novateur.

Plus de 1500 auteurs nous font déjà confiance.

REFERENCEMENT . DIFFUSION CIBLEE . COMMUNICATION . DEDICACES . SALONS DU LIV

Editions Publibook - 14, rue des Volontaires - 75015 Paris
Tél : 01 53 69 65 55 - Fax : 01 53 69 65 27
www.publibook.com - e-mail : auteur@publibook.com

Véhicules 4X4

Attention, il existe des règles élémentaires de survie à respecter pour partir à la grande aventure en 4X4 dans les régions désertiques.

Il est important de bien préparer le voyage, de demander un avis local et de faire connaître votre parcours à la police ou aux rangers dans les parcs nationaux.

- **Assurez-vous de posséder, au minimum :** le plein des réservoirs, des cartes routières détaillées, une roue de secours, des réserves d'eau.

- **Il est utile de posséder un téléphone satellite ou un émetteur de secours par satellite** (location souvent possible avec le véhicule).

Automobile Clubs Interstates

- **NORTHERN TERRITORY – AUTOMOBILE ASSOCIATION OF NORTHERN TERRITORY (AANT)** – www.aant.com.au

- **VICTORIA – ROYAL AUTOMOBILE CLUB DU VICTORIA (RACV)** – www.racv.com.au

- **TASMANIE – ROYAL AUTOMOBILE CLUB DE TASMANIE (RACT)** – www.ract.com.au

- **NEW SOUTH WALES ET ACT – NATIONAL ROADS AND MOTORISTS ASSOCIATION (NRMA)** – www.mynrma.com.au

- **QUEENSLAND – ROYAL AUTOMOBILE CLUB DU QUEENSLAND (RACQ)** – www.racq.com.au

- **WESTERN AUSTRALIA – ROYAL AUTOMOBILE CLUB D'AUSTRALIE-OCCIDENTALE (RACWA)** – www.rac.com.au

- **SOUTH AUSTRALIA – ROYAL AUTOMOBILE ASSOCIATION D'AUSTRALIE-MÉRIDIONALE (RAASA)**– www.raa.net

Taxis

On trouve des taxis dans toutes les grandes villes, aux terminaux des transports en commun, dans les grands hôtels et les shopping-centres. On peut aussi les héler dans la rue. Les taxis libres ont un signal lumineux sur le toit. Une prise en charge minimale est ajoutée à la distance à parcourir. Un petit supplément pour les valises et les réservations par téléphone est ajouté au prix du compteur. Les grandes compagnies de taxis figurent dans les pages jaunes du bottin téléphonique. Certains taxis acceptent le paiement par carte de crédit.

Ferry

Peu utilisé pour de longs trajets, excepté pour aller en Tasmanie. Le meilleur moyen de locomotion pour découvrir Sydney au départ de Circular Quay.

Voyages organisés (car, avion et bateau)

Il existe un grand nombre de visites organisées en car, d'une durée de quelques heures à plusieurs semaines (Adventure Tours, Australian Coachlines, AAT Kings, Contiki, Australian Pacific Tours, Wayoutback, Wayward...). Dans les régions isolées, aux pistes de terre, on trouve souvent des tours organisés en 4X4.
Sont également proposés de nombreux survols touristiques en avion léger ou en hélicoptère, au-dessus des grands parcs nationaux comme le Kakadu ou les Bungle Bungle. Sur la Grande Barrière de corail, il existe toutes sortes de croisières de plongée et de pêche au gros.

Retrouvez l'index général en fin de guide

Principaux trajets

Bien que les Australiens parlent souvent des distances en heures, voici un aperçu du kilométrage entre les principales villes.

	Adelaide	Alice Spring	Brisbane	Broome	Cairns	Darwin	Melbourne	Perth	Sydney
Ayers Rock	1 573	437	3 334	3 067	2 807	1 844	2 214	3 668	2 899
Sydney	1 394	2 766	1 019	5 502	2 722	3 967	998	4 057	
Perth	2 770	3 535	4 492	2 241	5 905	4 113	3 472		
Melbourne	741	2 181	1 702	5 649	3 116	3 836			
Darwin	2 947	1 407	3 489	1 865	2 845				
Cairns	3 545	2 370	1 703	4 020					
Broome	5 170	2 630	4 712						
Brisbane	2 103	3 111							
Alice Springs	1 540								

RESTER

Visa

Prolonger un visa touristique

Les formalités de prolongation d'un visa sur place imposent de remplir un formulaire auprès d'un service de l'immigration, payer AU$200 (environ 124 €), produire une attestation d'une banque australienne d'un avoir d'environ AU$800 pour deux semaines.

Il semble bien plus simple de sortir du pays pour demander un autre séjour gratuit de trois mois.

Prolonger le Working Holiday Visa ou Visa Vacances Travail

Depuis le 1er novembre 2005 les personnes qui ont déjà bénéficié d'un premier WHV et qui ont fait au moins trois mois de récoltes saisonniers dans certaines régions d'Australie peuvent demander un deuxième WHV.

POUR EN SAVOIR PLUS, contacter le service des visas de 10h à 12h du lundi au vendredi à l'ambassade d'Australie en France. 4, rue Jean-Rey 75724 Paris CEDEX 15 ✆ 01 40 59 33 00 – www.france.embassy.gov.au

D'après le document en ligne sur le site de l'ambassade d'Australie en France (www.france.embassy.gov.au/parifrancais/WHM%5fart%5ffr.html), les titulaires de WHV et de visas de stage (Occupational Trainee visa) pourront désormais faire une demande pour l'obtention d'un Skilled Independent Regional visa sans avoir à quitter le pays. Ce type de visa constitue une étape vers la résidence permanente.

Immigrer en Australie

Si vous souhaitez partir vivre et travailler en Australie, il vous faudra contacter le service immigration de l'ambassade qui vous fournira un « dossier de renseignements préliminaires » à remplir. Par la suite, il vous faudra remplir un « dossier immigration ». Se connecter sur le site Internet (www.expat-magazine.com) qui vous conseille quant aux démarches à effectuer pour immigrer en Australie et le site www.immi.gov.au, site Internet officiel pour les questions d'immigration.

- **FORUM IMMIGRATION AUSTRALIA-AUSTRALIE :** http://forum.australia-australie.com

Index

Koala du zoo de Sydney.

Chutes de Gunlom, Parc National De Kakadu.

N

O

P

Q

R

Collaborez à la prochaine édition

Australie

édition n° 7

Pour compléter la prochaine édition du Petit Futé de l'Australie améliorer les guides du Petit Futé qui seront utilisés par de futurs voyageurs et touristes, nous serions heureux de vous compter parmi notre équipe afin d'augmenter le nombre et la qualité des enquêtes.

Pour cela, nous devons mieux vous connaître et savoir ce que vous pensez, très objectivement, des guides du Petit Futé en général et de celui que vous avez entre les mains en particulier. Nous répondrons à tous les courriers qui nous seront envoyés dès qu'ils seront accompagnés d'au moins une adresse inédite ou futée qui mérite d'être publiée.-

Dès lors que vous nous adressez des informations, bonnes adresses... vous nous autorisez par le fait même à les publier gracieusement en courrier des lecteurs dans les guides correspondants.

Qui êtes-vous ?

Nom et prénom ....

Adresse ....

....

E-mail .... Quel âge avez-vous ? ....

Avez-vous des enfants ? ❑ Oui (combien ?)......... ❑ Non

Comment voyagez-vous ? ❑ Seul ❑ En voyage organisé

Profession : ❑ Etudiant ❑ Sans profession ❑ Retraité

❑ Profession libérale ❑ Fonctionnaire ❑ Commerçant

❑ Autres ....

Comment avez-vous connu les guides du Petit Futé ?

❑ Par un ami ou une relation ❑ Par un article de presse

❑ Par une émission à la radio ❑ A la TV

❑ Dans une librairie ❑ Dans une grande surface

❑ Par une publicité, laquelle ? ....

Durant votre voyage,

Vous consultez le Petit Futé environ .... fois

Combien de personnes le lisent ? ....

Vous utilisez ce guide surtout :

❑ Pour vos déplacements professionnels ❑ Pour vos loisirs et vacances

Comment avez-vous acheté le Petit Futé ?

❑ Vous étiez décidé à l'acheter ❑ Vous n'aviez pas prévu de l'acheter

❑ Il vous a été offert

Utilisez-vous d'autres guides pour voyager ?

❑ Oui Si oui, lesquels ? ....

❑ Non

Le prix du Petit Futé vous paraît-il ?

❑ Cher ❑ Pas cher ❑ Raisonnable

Comptez-vous acheter d'autres guides du Petit Futé ?

❑ Oui, lesquels :

❑ City Guides ❑ Guides Département ❑ Guides Région ❑ Country Guides

❑ Non Si non, pourquoi ? ....

Quels sont, à votre avis, ses qualités et ses défauts ?

Qualités ....

Défauts ....

Date et lieu d'achat ....

Testez vos talents de critique

Faites-nous part de vos expériences et découvertes. N'oubliez pas, plus particulièrement pour les hôtels, restaurants et commerces, de préciser avant votre commentaire détaillé (5 à 15 lignes) l'adresse complète, le téléphone et les moyens de transport pour s'y rendre ainsi qu'une indication de prix.

Nom de l'établissement ....

Adresse exacte et complète ....

....

Téléphone .... Fax ....

Votre avis en fonction de l'établissement :

	Très bon	Bon	Moyen	Mauvais
Accueil :	❑	❑	❑	❑
Cuisine :	❑	❑	❑	❑
Rapport qualité/prix :	❑	❑	❑	❑
Confort :	❑	❑	❑	❑
Service :	❑	❑	❑	❑
Calme :	❑	❑	❑	❑
Cadre :	❑	❑	❑	❑
Ambiance :	❑	❑	❑	❑

Remarques et observations personnelles, proposition de commentaire :

....

....

....

....

....

....

....

Afin d'accuser réception de votre courrier, merci de retourner ce document avec vos coordonnées

LE PETIT FUTE COUNTRY GUIDE

18, rue des Volontaires • 75015 Paris • FRANCE

soit par fax : 01 53 69 70 62 ou par E-mail : infopays@petitfute.com

OUPON-RÉPONSE À RETOURNER À : Nouvelles Editions de l'Université - 18, rue des Volontaires - 75015 Paris

Nom .... Prénom ....

Adresse ....

....

Email : ....

Je commande les guides suivants : ....

....

Je joins en règlement un chèque de .... € (frais de port inclus)

Je préfère régler par carte bancaire la somme de .... € (frais de port inclus)

C.B. n° .... signature obligatoire

N° de contrôle (Les 3 derniers chiffres au dos de votre carte) .... Expire fin : .... /........

Fait à .... le ....

Vous pouvez également commander en ligne sur www.petitfute.fr

- 101 idées de voyages insolites..... 15,00€
- Açores Madère .... 15,00€
- Afrique du Sud .... 15,00€
- Alaska.......................... 16,00€
- Algérie .... 18,00€
- Allemagne .... 13,00€
- Amsterdam.................. 11,00€
- Andalousie.................. 12,00€
- Andore .... 13,00€
- Argentine.................... 15,00€
- Arménie...................... 18,00€
- Asie centrale .... 15,00€
- Australie .... 16,00€
- Autriche...................... 13,00€
- Bahamas .... 15,00€
- Baléares .... 12,00€
- Barcelone/Catalogne.... 12,00€
- Bavière .... 13,00€
- Belgique .... 14,00€
- Bénin .... 16,00€
- Berlin .... 12,00€
- Birmanie...................... 14,00€
- Bolivie......................... 15,00€
- Bosnie .... 16,00€
- Botswana .... 17,00€
- Brésil .... 15,00€
- Budapest/Hongrie .... 14,00€
- Bulgarie .... 14,00€
- Burkina Faso .... 15,00€
- Californie .... 14,00€
- Cambodge .... 15,00€
- Cameroun.................... 16,00€
- Canada .... 15,00€
- Cap Vert .... 15,00€
- Chili/Ile de Pâques .... 15,00€
- Chine .... 15,00€
- Chypre .... 13,00€
- Colombie .... 16,00€
- Comores Mayotte .... 15,00€
- Corée .... 16,00€
- Costa Rica .... 16,00€
- Crète........................... 12,00€
- Croatie .... 12,00€
- Cuba .... 14,00€
- Danemark/Iles Féroé.... 12,00€
- Dublin .... 10,00€
- Ecosse .... 12,00€
- Egypte .... 13,00€
- Equateur .... 15,00€
- Espagne...................... 14,00€
- Ethiopie .... 17,00€
- Finlande...................... 14,00€
- Florence/Toscane .... 13,00€
- Floride .... 13,00€
- Géorgie .... 17,00€
- Ghana .... 16,00€
- Grand-Sud-Marocain ... 15,00€
- Grande-Bretagne.......... 14,00€
- Grèce/Iles Grecques..... 13,00€
- Guadeloupe .... 13,00€
- Guatémala .... 15,00€
- Guide du voyageur .... 15,00€
- Guinée/Guinée-Bissao . 16,00€
- Guyane .... 15,00€
- Haïti .... 14,99€
- Himalaya .... 16,00€
- Honduras/Nicaragua .... 16,00€
- Hong Kong/Canton .... 14,00€
- Iles anglo-normandes .. 14,00€
- Iles Canaries................ 13,00€
- Iles Grecques............... 13,00€
- Inde du Nord/Rajasthan . 15,00€
- Inde du Sud .... 15,00€
- Indonésie..................... 11,99€
- Iran .... 20,00€
- Irlande .... 12,00€
- Islande .... 15,00€
- Istanbul....................... 11,00€
- Italie............................ 15,00€
- Jamaïque .... 16,00€
- Japon.......................... 20,00€
- Jordanie .... 16,00€
- Kenya .... 13,99€
- Laos .... 15,00€
- Laponie....................... 16,00€
- Liban........................... 15,00€
- Lisbonne...................... 11,00€
- Londres .... 11,00€
- Louisiane..................... 15,00€
- Madagascar .... 13,00€
- Madrid .... 12,00€
- Malaisie Singapour ...... 13,00€
- Maldives...................... 16,00€
- Mali............................. 16,00€
- Malte .... 13,00€
- Maroc .... 13,00€
- Marrakech .... 12,00€
- Martinique................... 13,00€
- Maurice Rodrigues....... 14,00€
- Mauritanie .... 16,00€
- Mexique...................... 15,00€
- Milan/Lombardie .... 13,00€
- Mongolie..................... 18,00€
- Moscou/Volga/St-Pet ... 16,00€
- Mozambique................ 15,00€
- Namibie .... 16,00€
- Naples/C. Amalfitaine .. 13,00€
- Népal .... 15,09€
- New York .... 14,00€
- Niger........................... 16,00€
- Norvège....................... 14,00€
- Nouvelle-Calédonie...... 16,00€
- Nouvelle-Zélande .... 17,00€
- Oman .... 16,00€
- Ouzbékistan .... 17,00€
- Panama .... 15,00€
- Patagonie .... 19,00€
- Pays Baltes.................. 16,00€
- Pays Basque Espagnol .. 14,00€
- Pays de Galles............. 12,04€
- Pékin .... 15,00€
- Pérou .... 15,00€
- Philippines.................. 15,00€
- Pologne .... 15,00€
- Portugal....................... 12,00€
- Prague......................... 13,00€
- Québec .... 13,00€
- Rép. Dominicaine .... 13,00€
- Réunion .... 13,00€
- Rome .... 12,00€
- Roumanie.................... 15,00€
- St-Martin/St-Barth. ...... 14,00€
- Saint-Pétersbourg........ 15,00€
- Sardaigne .... 14,00€
- Sénégal .... 13,00€
- Serbie/Monténégro ...... 16,00€
- Seychelles................... 17,00€
- Sicile........................... 12,00€
- Slovaquie..................... 16,00€
- Slovénie....................... 16,00€
- Sri Lanka .... 14,00€
- Suède .... 13,00€
- Suisse.......................... 13,00€
- Syrie .... 14,00€
- Tahiti/Polynésie .... 16,00€
- Taiwan .... 16,00€
- Tanzanie Zanzibar .... 17,00€
- Tchad........................... 15,09€
- Thaïlande..................... 14,00€
- Togo............................ 16,00€
- Trinidad et Tobago .... 15,00€
- Tunisie .... 12,00€
- Turquie........................ 12,00€
- Ukraine .... 17,00€
- Uruguay .... 16,00€
- Venezuela.................... 15,00€
- Venise et sa région....... 13,00€
- Vienne .... 12,00€
- Vietnam .... 14,00€
- Wallonie....................... 11,00€
- Yémen .... 16,00€
- Zimbabwe .... 15,09€

et retrouvez toutes nos nouveautés au jour le jour sur internet !

www.petitfute.fr

ABONNEZ-VOUS

OFFRE SPÉCIALE DÉCOUVERTE

Partez toute l'année pour 15 € seulement

1 an - 6 numéros

Petit Futé mag, le nouveau magazine de vos week-ends & vacances.

Prix de vente au numéro : ~~2,90~~ €

Pour vous 2,50 € seulement

+ En cadeau,

ce guide du Petit Futé des 1001 meilleures chambres d'hôtes et fermes-auberges

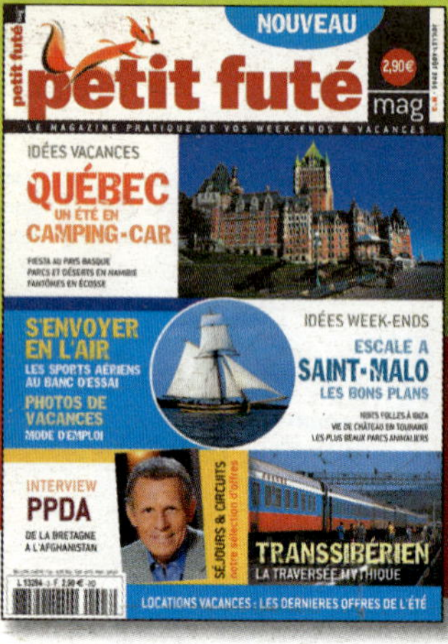

BULLETIN D'ABONNEMENT

A retourner à :
Petit Futé mag – service abonnements
18-24, quai de la Marne - 75164 Paris Cedex 19

votre cadeau

❒ **Oui,** je souhaite m'abonner au Petit Futé mag pour 1 an (soit 6 n^{os}) au prix de 15 € et je recevrai en cadeau le guide Petit Futé 1001 meilleures chambres d'hôtes et fermes-auberges.

❒ **J'offre** un abonnement d' 1 an (soit 6 n^{os}) au prix de 15 € et je recevrai en cadeau le guide Petit Futé 1001 meilleures chambres d'hôtes et fermes-auberges.

❒ Je joins mon règlement par chèque bancaire ou postal à l'ordre de Petit Futé mag

❒ Je préfère régler par carte bancaire :

CB n° |_|_|_|_| |_|_|_|_| |_|_|_|_| |_|_|_|_|

Expire fin : |_|_| / |_|_|

Clé : (3 derniers chiffres figurant au dos de la carte) |_|_|_|

Date et Signature

Mes coordonnées :
❒ Mme ❒ Mlle ❒ M.

Nom .... Prénom ....
Adresse ....
Code Postal .... Ville ....
Tél. ....
Email ....

J'offre cet abonnement à :
❒ Mme ❒ Mlle ❒ M.

Nom .... Prénom ....
Adresse ....
Code Postal .... Ville ....
Tél. ....
Email ....

Offre France métropolitaine réservée aux nouveaux abonnés jusqu'au 31/04/2007, dans la limite des stocks disponibles. Tarif DOM et étranger, merci de nous consulter au 01 44 84 86 87. Conformément à l'article 27 de la loi «Informatique et libertés» du 6 janvier 1978, vous disposez d'un droit d'accès, de rectification et de suppression des informations vous concernant. Elles pourront être cédées à des tiers sauf refus de votre part (en cochant cette case ❒)

PC02